D1699825

DICIONARIO
BÁSICO
DA LÍNGUA PORTUGUESA

Chloé
Breyd

Porto
Editora

A **cópia ilegal** viola os direitos dos autores.
Os prejudicados somos todos nós.

MAR/2012

Rua da Restauração, 365
4099-023 Porto | Portugal

Execução gráfica **Bloco Gráfico, Lda.** Unidade Industrial da Maia. **Sistema de Gestão Ambiental** certificado pela APCER, com o n.º 2006/AMB.2S8

www.**portoeditora**.pt

DEP. LEGAL 338987/12   ISBN 978-972-0-01710-9

palavra no dicionário

d		de **d**ezembro
	i	de **i**deia
c		de **c**ara
i		de **i**nverno
	o	de **o**rtografia
n		de **n**ão
á		de **á**gua
	r	de **r**eta
i		de **i**ogurte
	o	de **o**bjeto

Começa por procurar a letra **d** no teu dicionário.
Depois de encontrares a página onde surgem
pela primeira vez palavras começadas
por **d** (página 170) repara nas letras seguintes
i e **c**, e procura uma página que tenha, nos
cantos superiores, palavras começadas por **dic**
ou por letras próximas na ordem alfabética.
Na página 191 encontrarás *diabetes*
e *didáctico*, o que significa que dicionário
se encontra entre essas palavras.

Abreviaturas

abrev.	abreviatura	*irón.*	irónico
adj.	adjetivo	*loc.*	locução
adv.	advérbio	*m.*	masculino
Ang.	Angola	*Moç.*	Moçambique
art.	artigo	*mult.*	multiplicativo
Bras.	Brasil	*n.*	nome
card.	cardinal	*num.*	numeral
comp.	comparativo	*ord.*	ordinal
conj.	conjunção	*pess.*	pessoal
CV	Cabo Verde	*pl.*	plural
def.	definido	*pop.*	popular
dem.	demonstrativo	*poss.*	possessivo
det.	determinante	*prep.*	preposição
dim.	diminutivo	*pron.*	pronome
elem.	elemento	*quant.*	quantificador
exist.	existencial	*rel.*	relativo
f.	feminino	*sing.*	singular
fig.	figurado	*STP*	São Tomé e Príncipe
frac.	fracionário	*superl.*	superlativo
GB	Guiné-Bissau	*Tim.*	Timor-Leste
indef.	indefinido	*univ.*	universal
infant.	linguagem infantil	*v.*	verbo
inform.	linguagem informal	*2 gén.*	dois géneros (masculino e feminino)
interj.	interjeição	*2 núm.*	dois números (singular e plural)
interr.	interrogativo		

Acordo Ortográfico

Neste dicionário, tanto as entradas como as definições estão atualizadas segundo o **Acordo Ortográfico**, seguindo-se a indicação do governo português de tomar como referência o *Vocabulário Ortográfico do Português* (VOP), do Instituto de Linguística Teórica e Computacional. As grafias assumidas refletem os critérios do VOP à data de publicação deste dicionário.

Estão registadas como entradas tanto as grafias novas como as grafias anteriores ao Acordo Ortográfico. A seguir às grafias anteriores indicam-se as novas grafias, onde se encontram as definições.

grafia anterior

óptimo *a nova grafia é* **ótimo**

nova grafia

ótimo (ó.ti.mo) *adj.* [*superl. de* bom] magnífico; excelente **ANT.** péssimo

Nos casos em que o Acordo Ortográfico admite **duas formas de escrever uma palavra**, a definição encontra-se na forma considerada preferível, isto é, na forma mais usada da palavra.

dupla grafia

característico (ca.rac.te.rís.ti.co) *adj.* que caracteriza ou que distingue **SIN.** distintivo, próprio

caraterística (ca.ra.te.rís.ti.ca) *a grafia preferível é* **característica**

No texto das definições optou-se sempre pelas **novas grafias** e, no caso de duplas grafias, pelas **grafias preferíveis**.

nova grafia

abelha (a.be.lha) *n.f.* **inseto** voador que pode picar, vive em enxames e produz cera e mel

flora (flo.ra) *n.f.* vegetação **caracterís**-tica de uma região

grafia preferível

Guia de Utilização

apresentado em esquema no final deste dicionário

Quando procuras uma palavra no dicionário, repara no **alfabeto** que está no lado direito das páginas ímpares. Aí encontras uma letra numa caixa azul (indicador alfabético); ela indica-te que todas as palavras nessa página começam pela letra que está destacada dentro da caixa.

As palavras que se encontram no canto superior de uma página são as **cabeças** ou **palavras-guia**; elas ajudam-te a saber quais são as entradas registadas nessa página.

Se procuras, por exemplo, a palavra *juba*, vais encontrá-la entre as palavras *jovem*, a primeira da página 329, e *jurar*, a última entrada dessa página.

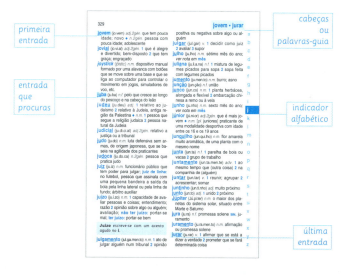

A **entrada** é a palavra que procuras; está destacada a azul para que a encontres com facilidade. As entradas podem ser constituídas por uma única palavra como *livro*, ou por duas ou mais palavras, como *urso-polar*.

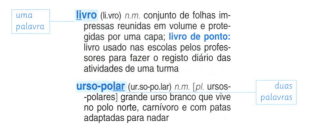

A entrada pode também ser uma forma abreviada (abreviatura, sigla e símbolo).

As entradas são registadas com **inicial minúscula**, exceto no caso de planetas, festas e palavras que têm um sentido diferente quando são escritas com minúscula ou com maiúscula.

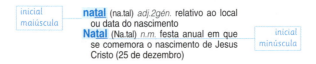

As entradas (quando são nomes) estão registadas no **masculino singular**.

ator (a.tor) *n.m.* [*f.* atriz] pessoa que representa no teatro, cinema, televisão, etc.

Se procuras uma **forma feminina**, por exemplo a palavra *campeã*, deverás procurar a entrada *campeão*, e encontrarás a forma feminina entre parênteses retos.

campeão (cam.pe.ão) *n.m.* [*f.* **campeã**] vencedor de uma prova num campeonato

Estão registadas no feminino as palavras que têm um sentido diferente no **feminino**, como é o caso de *macaca*.

macaca (ma.ca.ca) *n.f.* **1** fêmea do macaco **2** jogo infantil em que se salta sobre uma figura desenhada no chão

Estão registadas no **plural** as palavras que são mais usadas nesta forma.

aspas (as.pas) *n.f.pl.* sinal gráfico " " que se utiliza para destacar uma ou mais palavras ou para citar as palavras de alguém

Os verbos estão registados no **infinitivo**. Se procuras a **forma reflexa** (ou pronominal) de um verbo, deves procurá-la dentro da entrada correspondente, depois do símbolo ♦.

admirar (ad.mi.rar) *v.* **1** sentir respeito ou consideração por **2** observar com prazer **3** causar surpresa ou espanto ♦ **admirar-se** ficar surpreendido

As palavras estrangeiras que são frequentes em português estão registadas em *itálico*, seguidas da indicação da *pronúncia*.

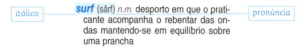

Além das entradas que são empréstimos de outras línguas, há outras entradas em que pode haver dúvidas sobre a sua pronúncia. Nesses casos, a *pronúncia* correta é indicada entre parênteses curvos. Esta informação é muito útil no caso de palavras que se escrevem da mesma maneira e se leem de modo diferente, como em *molho*.

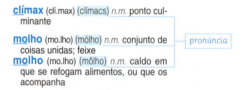

Nesta edição do dicionário apresenta-se a *divisão silábica* das entradas, bem como a marcação da *sílaba tónica*.

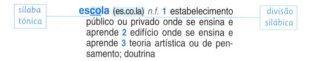

A divisão silábica pretende auxiliar a *translineação*. Geralmente a translineação respeita a divisão silábica, mas em alguns casos apresenta regras próprias (separam-se as consoantes dobradas *rr*, *ss*, *mm* e *nn*, não se separam vogais isoladas no início ou no fim das palavras, e repete-se o hífen em final de linha em palavras que se escrevem com hífen).

Na palavra *carro*, por exemplo, a divisão silábica é *ca-rro* (porque os dois *rr* representam um único som) e a translineação *car-ro* (porque se separam graficamente as consoantes). A palavra *abaixar* divide--se silabicamente *a-bai-xar*, mas a sua translineação é *abai-xar*; na palavra *colmeia* a divisão é *col-mei-a* e a translineação é *col-meia*.

No caso de palavras que se escrevem com hífen, quando um dos elementos da palavra ocorre no final da linha, repete-se o hífen na linha de baixo; por exemplo, em *estrela-do-mar*, a partição será:

estrela-
-do-mar

ou

estrela-do-
-mar

As abreviaturas e siglas não podem ser divididas, pelo que não se indica a sua partição nem a sua sílaba tónica. Não se apresenta a **divisão silábica** das palavras estrangeiras, por não seguirem as regras de partição da língua portuguesa.
Nos monossílabos, a palavra é repetida a seguir à entrada para indicar que não se separa.

com (com) *prep.* estabelece várias relações, como companhia, modo, tempo,
causa, adição, etc. (*foi com os amigos,
estudava com vontade, arrefeceu com
a noite, suei com calor, pão com manteiga,* etc.)

> monossílabo

As grafias anteriores ao Acordo Ortográfico não apresentam divisão silábica neste dicionário porque, em princípio, são formas que os alunos não terão de escrever e translinear.

ação (a.ção) *n.f.* **1** maneira de agir; atuação **2** aquilo que se faz; ato **3** efeito de
uma coisa sobre outra; influência **4** sucessão de acontecimentos de uma narrativa, de um filme, etc.; enredo

> grafia
> anterior

acção *a nova grafia é* **ação**

No caso de palavras que podem escrever-se de duas maneiras, ambas apresentam divisão silábica e marcação da sílaba tónica.

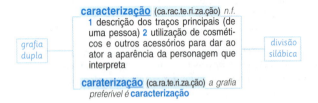

grafia dupla

caracterização (ca.rac.te.ri.za.ção) *n.f.*
1 descrição dos traços principais (de uma pessoa) **2** utilização de cosméticos e outros acessórios para dar ao ator a aparência da personagem que interpreta

divisão silábica

caraterização (ca.ra.te.ri.za.ção) *a grafia preferível é* **caracterização**

A **classificação gramatical** aparece em itálico, de forma abreviada, e indica a classe da palavra (verbo, nome, adjetivo, advérbio etc.). Para decifrares as abreviaturas, consulta a lista no início deste dicionário.

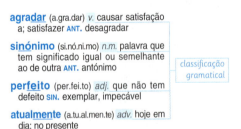

agradar (a.gra.dar) *v.* causar satisfação a; satisfazer ANT. desagradar

sinónimo (si.nó.ni.mo) *n.m.* palavra que tem significado igual ou semelhante ao de outra ANT. antónimo

perfeito (per.fei.to) *adj.* que não tem defeito SIN. exemplar, impecável

atualmente (a.tu.al.men.te) *adv.* hoje em dia; no presente

classificação gramatical

Nos casos em que a classificação gramatical sofreu alteração do **Dicionário Terminológico** (DT), indica-se a antiga classificação seguida da nova.

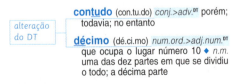

alteração do DT

contudo (con.tu.do) *conj.>adv.*^{DT} porém; todavia; no entanto

décimo (dé.ci.mo) *num.ord.>adj.num.*^{DT} que ocupa o lugar número 10 ♦ *n.m.* uma das dez partes em que se dividiu o todo; a décima parte

Uma palavra pode ter diferentes classificações gramaticais, que são separadas pelo símbolo ◆.

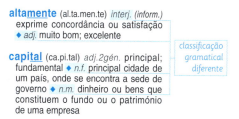

altamente (al.ta.men.te) *interj. (inform.)* exprime concordância ou satisfação ◆ *adj.* muito bom; excelente

capital (ca.pi.tal) *adj.2gén.* principal; fundamental ◆ *n.f.* principal cidade de um país, onde se encontra a sede de governo ◆ *n.m.* dinheiro ou bens que constituem o fundo ou o património de uma empresa

classificação
gramatical
diferente

Neste dicionário, encontrarás ainda indicações sobre **plurais** irregulares, plurais de palavras com hífen e de palavras de origem estrangeira e informações sobre a estrutura interna das entradas: **aumentativos**, **diminutivos** e **superlativos**.

bombom (bom.bom) *n.m.* [*pl.* **bombons**] guloseima de chocolate, com ou sem recheio

plural

chi-coração (chi-co.ra.ção) *n.m.* [*pl.* **chi-corações**] *(infant.)* abraço

email (imeil) *n.m.* [*pl.* **emails**] **1** sistema que permite trocar mensagens através de computadores; correio eletrónico **2** mensagem enviada por esse sistema

valentão (va.len.tão) *n.m.* **1** [*aum. de* valente] aquele que é muito valente **2** fanfarrão; gabarola

aumentativo

diminutivo

beijinho (bei.ji.nho) *n.m.* **1** [*dim. de* beijo] beijo pequeno **2** búzio muito pequeno

ótimo (ó.ti.mo) *adj.* [*superl. de* bom] magnífico; excelente **ANT.** péssimo

superlativo

Muitas vezes, as palavras têm significados diferentes em função do contexto em que são usadas; esses **diferentes sentidos** das entradas estão identificados por meio de algarismos.

diferentes sentidos

frango (fran.go) *n.m.* **1** galo jovem **2** no futebol, situação em que o guarda-redes falha uma defesa fácil e permite o golo

rato (ra.to) *n.m.* **1** pequeno mamífero roedor de focinho pontiagudo, orelhas grandes e cauda comprida **2** dispositivo que permite executar funções no computador sem usar o teclado

Uma palavra também pode ter um sentido diferente quando é usada no **plural**.

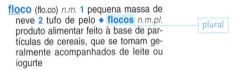

floco (flo.co) *n.m.* **1** pequena massa de neve **2** tufo de pelo ♦ **flocos** *n.m.pl.* produto alimentar feito à base de partículas de cereais, que se tomam geralmente acompanhados de leite ou iogurte

plural

Por vezes, usamos as palavras para expressar algo diferente do seu sentido principal. Nestes casos, estamos a usar as palavras em **sentido figurado**.

sentido figurado

criança (cri.an.ça) *n.f.* **1** ser humano de pouca idade; menino ou menina **2** filho; rebento **3** *(fig.)* pessoa com comportamento infantil

garra (gar.ra) *n.f.* **1** unha forte, curva e pontiaguda de alguns animais **2** *(fig.)* força de vontade

Por vezes usas determinadas palavras com os teus colegas, ou com a tua família, mas não com pessoas que não conheces bem, ou em situações formais.

Quando usas palavras como *fixe* estás a usar uma **linguagem informal**. Podes também exprimir-te de **forma irónica** ou usar **linguagem infantil**.

fixe (fi.xe) *adj.2gén.* **1** *(inform.)*; simpático **2** *(inform.)* ótimo ◆ *interj. (inform.)* exprime prazer, entusiasmo ou alegria

linguagem informal

anjinho (an.ji.nho) *n.m.* **1** [*dim. de* anjo] pequeno anjo **2** *(irón.)* criança traquina **3** *(irón.)* pessoa que se faz de inocente

linguagem irónica

popó (po.pó) *n.m. (infant.)* automóvel

linguagem infantil

Quando uma determinada palavra ou um sentido de uma palavra são usados apenas em determinada região ou em determinado país, essa **indicação geográfica** é dada entre parênteses antes da respetiva definição.

matabicho (ma.ta.bi.cho) *n.m. (Ang., GB, Moç., STP)* pequeno-almoço

morabeza (mo.ra.be.za) *n.f. (CV)* amabilidade; gentileza

indicação geográfica

oi (oi) *interj. (Bras.)* usa-se para cumprimentar ou chamar alguém; olá

Muitas vezes combinamos duas ou mais palavras para formar **expressões** que têm um significado próprio. As expressões estão registadas a azul, por ordem alfabética, e são seguidas da respetiva definição.

acordo (a.cor.do) *n.m.* **1** pacto entre pessoas sobre determinado assunto **2** entendimento; harmonia ANT. desacordo; **acordo ortográfico:** convenção que estabelece normas sobre a grafia das palavras de uma língua; **estar de acordo:** concordar

expressões

Em algumas entradas deste dicionário encontrarás uma **remissão** (seta seguida de uma palavra a azul), em vez da definição. Isso significa que a definição que procuras se encontra na entrada que está depois da seta (forma mais correta ou mais comum da palavra).

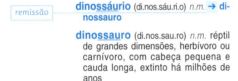

remissão

dinossáurio (di.nos.sáu.ri.o) *n.m.* ➜ **dinossauro**

dinossauro (di.nos.sau.ro) *n.m.* réptil de grandes dimensões, herbívoro ou carnívoro, com cabeça pequena e cauda longa, extinto há milhões de anos

Para te ajudar a perceber um conceito ou o significado de uma palavra e para enriquecer o teu vocabulário, indicamos a relação de semelhança (**sinónimos**) ou de diferença (**antónimos**) que essa palavra tem com outras palavras.

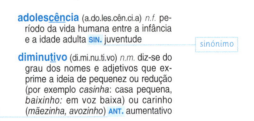

adolescência (a.do.les.cên.ci.a) *n.f.* período da vida humana entre a infância e a idade adulta SIN. juventude

sinónimo

diminutivo (di.mi.nu.ti.vo) *n.m.* diz-se do grau dos nomes e adjetivos que exprime a ideia de pequenez ou redução (por exemplo *casinha*: casa pequena, *baixinho*: em voz baixa) ou carinho (*mãezinha, avozinho*) ANT. aumentativo

antónimo

No final da definição de alguns verbos, encontras a indicação da preposição que se utiliza o verbo em causa, de forma a permitir fazer **construções verbais** corretas e frases bem construídas.

tratar (tra.tar) *v.* **1** ocupar-se de **2** dar tratamento a **3** aplicar um curativo **4** alimentar **5** cuidar de **6** combinar ◆ **tratar-se 1** receber cuidados médicos **2** estar em causa (tratar de, tratar-se de)

construção verbal

Ao longo do dicionário, encontrarás **notas** em caixas azuis que chamam a atenção para pormenores importantes da língua portuguesa e do novo Acordo Ortográfico e te ajudam a evitar erros.

aonde (a.on.de) *adv.* a que lugar; para onde

> **Aonde** e **onde** são palavras diferentes. Aonde indica movimento e onde indica permanência:
> **Aonde** vão eles?
> **Onde** estudas?

característica (ca.rac.te.rís.ti.ca) *n.f.* propriedade que distingue uma pessoa, um animal ou uma coisa dos restantes; traço distintivo

> O Acordo Ortográfico admite duas formas de escrever uma palavra nos casos em que essa palavra pode ser dita de duas maneiras: por exemplo, **característica** (se lermos o **c**) e **caraterística** (se não lermos o **c**).

mês (mês) *n.m.* cada um dos doze períodos em que se divide o ano

> Com o Acordo Ortográfico, os **meses do ano** passam a escrever-se com inicial minúscula.

porque (por.que) *conj. e adv.* por causa de; por motivo de; por que motivo

> Repara que **porque** (por causa de) é diferente de **por que** (por qual), escrito com duas palavras:
> *Molharam-se **porque** estava a chover.*
> *A professora explicou **por que** razão faltou.*

A

a (á) *n.m.* primeira letra e primeira vogal do alfabeto

a (a) (â) *det.art.def.f.* antes de um nome, indica o seu género e número (*a casa, a rapariga*) ♦ *pron.pess.* substitui *ela* ou uma palavra referida antes (*viu a mãe e cumprimentou-a*) ♦ *pron.dem.* substitui *esta, essa, aquela* (*na foto, a Maria é a da esquerda*) ♦ *prep.* exprime várias relações: direção, tempo, modo de agir, etc. (*ir a casa, a meio da tarde, sair a correr.*)

à (à) contração da preposição *a* com o determinante artigo definido ou o pronome demonstrativo *a*

> Repara na diferença entre **à** e **há** (forma do verbo haver):
> *Vais **à** festa de anos da Alice?*
> **Há** *tanto tempo que não falamos!*

aba (a.ba) *n.f.* **1** rebordo do chapéu **2** parte pendente de uma roupa

abacate (a.ba.ca.te) *n.m.* fruto semelhante a uma pera, de casca acastanhada, polpa doce e cor amarelada

abacaxi (a.ba.ca.xi) *n.m.* fruto doce e aromático, semelhante ao ananás

ábaco (á.ba.co) *n.m.* quadro que permite representar operações aritméticas por meio de pequenas argolas que deslizam em hastes fixas

abade (a.ba.de) *n.m.* [*f.* abadessa] superior de uma abadia SIN. pároco

abadia (a.ba.di.a) *n.f.* igreja onde vive uma comunidade religiosa SIN. mosteiro

abafado (a.ba.fa.do) *adj.* **1** coberto; tapado **2** quente; pesado

abafar (a.ba.far) *v.* **1** cobrir (algo) para manter o calor; tapar **2** esconder (facto, informação); ocultar **3** impedir o desenvolvimento de (processo); travar **4** não poder respirar; asfixiar

abaixar (a.bai.xar) *v.* **1** tornar mais baixo **2** fazer descer ♦ **abaixar-se** inclinar-se; curvar-se

abaixo (a.bai.xo) *adv.* **1** em posição inferior ANT. acima **2** em local menos elevado **3** em direção descendente

abaixo-assinado (a.bai.xo-as.si.na.do) *n.m.* [*pl.* abaixo-assinados] documento assinado por várias pessoas para protestar ou para exigir alguma coisa

abajur (a.ba.jur) *n.m.* peça de candeeiro que reduz a intensidade da luz

abalado (a.ba.la.do) *adj.* **1** que não está firme ou seguro; instável **2** (*fig.*) que sofreu um choque; perturbado

abalar (a.ba.lar) *v.* **1** fazer tremer; sacudir **2** (*fig.*) causar choque ou comoção; perturbar

abalo (a.ba.lo) *n.m.* **1** estremecimento; trepidação **2** (*fig.*) perturbação emocional; choque; **abalo de terra:** terramoto, sismo

abalroar (a.bal.ro.ar) *v.* **1** ir (barco, automóvel) de encontro a um obstáculo **2** ir (uma pessoa) de encontro a (outra)

aban (a.ban) *adv.* (*Tim.*) amanhã

abanador (a.ba.na.dor) *n.m.* objeto de palha com cabo de madeira que serve para atear o lume

abanão (a.ba.não) *n.m.* movimento rápido ou brusco

abanar (a.ba.nar) *v.* **1** agitar o ar com abanador ou com leque **2** deslocar de um lado para o outro; sacudir

abanat (a.ba.nat) *n. (Tim.)* feitiço para conquistar alguém; maninga; mandinga

abandonado (a.ban.do.na.do) *adj.* **1** que não recebe atenção ou que não tem companhia **2** diz-se do lugar onde não há pessoas nem atividade

abandonar (a.ban.do.nar) *v.* **1** não cuidar de (alguém ou alguma coisa) **2** deixar (um lugar, uma atividade)

abandono (a.ban.do.no) *n.m.* **1** ato de deixar de cuidar de alguém ou de alguma coisa **2** partida definitiva de um lugar; **ao abandono:** sem proteção

abarcar (a.bar.car) *v.* **1** incluir; conter **2** alcançar com a vista

abarrotado (a.bar.ro.ta.do) *adj.* cheio; superlotado

abarrotar (a.bar.ro.tar) *v.* encher em demasia

abastado (a.bas.ta.do) *adj.* rico

abastecedor (a.bas.te.ce.dor) *adj. e n.m.* fornecedor

abastecer (a.bas.te.cer) *v.* fornecer ◆ **abastecer-se** obter o que é necessário

abastecido (a.bas.te.ci.do) *adj.* que tem aquilo que é necessário

abastecimento (a.bas.te.ci.men.to) *n.m.* fornecimento

abate (a.ba.te) *n.m.* **1** corte (de árvores) **2** matança (de animais)

abater (a.ba.ter) *v.* **1** fazer cair; derrubar **2** matar (animais para serem usados como alimento) **3** ir abaixo; cair

abatido (a.ba.ti.do) *adj.* **1** que foi deitado abaixo; caído **2** diz-se do animal que foi morto **3** diz-se da pessoa que está desanimada

abatimento (a.ba.ti.men.to) *n.m.* **1** ato de abater ou fazer cair **2** diminuição de preço; desconto **3** perda de força ou de ânimo; desânimo

abc (abc) *n.m.* **1** alfabeto **2** livro para aprender a ler **3** noções básicas de uma disciplina ou de uma arte

abcesso (ab.ces.so) *n.m.* acumulação de pus (num dente, por exemplo)

Repara que **abcesso** *se escreve primeiro com um* **c** *e depois com dois* **s**.

---

abdicação (ab.di.ca.ção) *n.f.* **1** renúncia **2** desistência

abdicar (ab.di.car) *v.* **1** renunciar a (um cargo, por exemplo) **2** desistir de (abdicar de)

abdómen (ab.dó.men) *n.m.* [*pl.* abdómenes] parte do corpo humano onde se encontram o estômago e os intestinos SIN. barriga, ventre

abdominais (ab.do.mi.nais) *n.m.pl.* exercícios para fortalecer os músculos do abdómen

abdominal (ab.do.mi.nal) *adj.2gén.* relativo ao abdómen

abecedário (a.be.ce.dá.ri.o) *n.m.* conjunto das letras de uma língua colocadas por ordem alfabética SIN. alfabeto

abelha (a.be.lha) *n.f.* inseto voador que pode picar, vive em enxames e produz cera e mel

---

Um conjunto de abelhas forma um **enxame**.

---

abelha-mestra (a.be.lha-mes.tra) *n.f.* [*pl.* abelhas-mestras] abelha que põe os ovos; rainha

abelhão (a.be.lhão) *n.m.* macho da abelha, que não produz mel; zângão

abelhudo (a.be.lhu.do) *adj.* **1** que é curioso ou indiscreto **2** que é bisbilhoteiro

abençoado (a.ben.ço.a.do) *adj.* **1** que recebeu bênção **2** *(fig.)* que é feliz ou bem-sucedido

abençoar (a.ben.ço.ar) *v.* dar bênção a; benzer

aberta (a.ber.ta) *n.f.* **1** buraco ou abertura numa superfície **2** interrupção da chuva ou da neblina **3** *(fig.)* ocasião favorável; oportunidade

aberto (a.ber.to) *adj.* **1** que não está fechado ANT. fechado **2** diz-se do espaço sem cobertura **3** diz-se do céu sem nuvens

abertura (a.ber.tu.ra) *n.f.* **1** buraco ou fenda numa superfície **2** início de uma atividade, de um espetáculo ou de um trabalho **3** inauguração de um espaço, de uma loja, ponte, etc.

abeto (a.be.to) *n.m.* árvore cuja madeira é utilizada no fabrico de papel

abismado (a.bis.ma.do) *adj.* muito admirado SIN. espantado

abismo (a.bis.mo) *n.m.* **1** buraco profundo numa rocha; precipício **2** *(fig.)* diferença ou distância entre pessoas ou coisas

aboamado (a.bo.a.ma.do) *adj. (Ang.)* absorto; admirado

abóbada (a.bó.ba.da) *n.f.* teto em forma de arco; **abóbada celeste:** céu

abóbora (a.bó.bo.ra) *n.f.* fruto da aboboreira, com polpa comestível de cor alaranjada; cabaça

aboboreira (a.bo.bo.rei.ra) *n.f.* planta rasteira que produz abóboras; cabaceira

abolição (a.bo.li.ção) *n.f.* desaparecimento total

abolido (a.bo.li.do) *adj.* que foi eliminado; que deixou de existir

abolir (a.bo.lir) *v.* acabar com; eliminar

abominar (a.bo.mi.nar) *v.* odiar; detestar

abominável (a.bo.mi.ná.vel) *adj.2gén.* horrível

abordagem (a.bor.da.gem) *n.f.* **1** primeiro contacto com um assunto **2** aproximação de um navio ao cais **3** modo de encarar algo; ponto de vista

abordar (a.bor.dar) *v.* **1** aproximar-se de alguém, falando-lhe **2** tratar ligeiramente (um assunto)

aborígene (a.bo.rí.ge.ne) *n.2gén.* pessoa que é natural de uma região ou de um país SIN. indígena

aborrecer (a.bor.re.cer) *v.* causar aborrecimento; incomodar ♦ **aborrecer-se** sentir-se aborrecido ou incomodado (aborrecer-se com, aborrecer-se de)

aborrecido (a.bor.re.ci.do) *adj.* **1** que aborrece; maçador ANT. divertido **2** irritado; zangado

aborrecimento (a.bor.re.ci.men.to) *n.m.* **1** sentimento de tédio ou de mal-estar **2** coisa que aborrece

abotoar (a.bo.to.ar) *v.* fechar (peça de roupa) com botões ANT. desabotoar

abracadabra (a.bra.ca.da.bra) *n.m.* palavra mágica à qual antigamente se atribuía a capacidade de curar certos males

abraçar (a.bra.çar) *v.* **1** rodear com os braços **2** *(fig.)* aderir a (crença, ideia)

abraço (a.bra.ço) *n.m.* ato de apertar alguém nos braços em sinal de afeto, amizade, etc.

abrandamento (a.bran.da.men.to) *n.m.* **1** diminuição da força ou da intensidade de (chuva, dor, etc.) **2** redução da velocidade ou da temperatura

abrandar (a.bran.dar) *v.* **1** diminuir a intensidade de **2** diminuir de intensidade (chuva, dor, vento) **3** reduzir a velocidade (automóvel)

abrangente (a.bran.gen.te) *adj.2gén.* que se aplica a vários casos

abranger (a.bran.ger) *v.* incluir; conter

a b c d e f g h i j k l m n o p q r s t u v w x y z

abre-latas (a.bre-la.tas) *n.m.2núm.* utensílio cortante que serve para abrir latas de conserva

abreviado (a.bre.vi.a.do) *adj.* resumido

abreviar (a.bre.vi.ar) *v.* tornar breve SIN. resumir

abreviatura (a.bre.vi.a.tu.ra) *n.f.* letra ou grupo de letras seguidas de ponto que representam uma palavra (por exemplo, *pág.* é abreviatura de página, *v.* é abreviatura de verbo)

abrigado (a.bri.ga.do) *adj.* protegido de uma ameaça, da chuva ou do frio

abrigar (a.bri.gar) *v.* **1** dar abrigo **2** proteger de uma ameaça, da chuva ou do frio

abrigo (a.bri.go) *n.m.* **1** local que serve para abrigar **2** proteção contra o mau tempo ou contra uma ameaça; **ao abrigo de:** a salvo de

abril (a.bril) *n.m.* quarto mês do ano; *ver nota em* **mês**

abrir (a.brir) *v.* **1** retirar a tampa de (embalagem, garrafa) ANT. fechar **2** dar início a (atividade, espetáculo) **3** desabrochar (a flor) **4** *(Moç.)* ir-se embora; fugir; emigrar clandestinamente ♦ **abrir-se** desabafar; **num abrir e fechar de olhos:** num instante, rapidamente

abrótea (a.bró.te.a) *n.f.* peixe semelhante ao bacalhau, comum nos mares frios e temperados

absolutamente (ab.so.lu.ta.men.te) *adv.* inteiramente; totalmente

absolutismo (ab.so.lu.tis.mo) *n.m.* sistema político em que quem governa tem todos os poderes SIN. despotismo

absolutista (ab.so.lu.tis.ta) *adj.2gén.* que defende o absolutismo

absoluto (ab.so.lu.to) *adj.* **1** que não depende de nada; independente **2** que não tem limites; total **3** diz-se do sistema político em que um chefe tem todo o poder

absolver (ab.sol.ver) *v.* perdoar

absolvição (ab.sol.vi.ção) *n.f.* perdão

absorção (ab.sor.ção) *n.f.* **1** ato ou efeito de absorver **2** passagem dos alimentos ingeridos para o sangue

absorvente (ab.sor.ven.te) *adj.2gén.* **1** que absorve **2** *(fig.)* que atrai ou cativa

absorver (ab.sor.ver) *v.* **1** recolher e reter em si uma substância (líquido, pó, etc.); encher-se de **2** puxar para dentro; inalar **3** tomar para si; assimilar

absorvido (ab.sor.vi.do) *adj.* **1** embebido (líquido) **2** inalado; aspirado (gás, pó) **3** diz-se da pessoa que está concentrada nos próprios pensamentos

abstenção (abs.ten.ção) *n.f.* recusa em votar ou em participar em

abstração (abs.tra.ção) *n.f.* **1** ideia ou pensamento sobre determinada coisa **2** processo de formação de ideias a partir de coisas concretas

abstracção *a nova grafia é* **abstração**

abstracto *a nova grafia é* **abstrato**

abstrato (abs.tra.to) *adj.* **1** que não é concreto; que não se pode tocar **2** *(fig.)* que é difícil de compreender; obscuro

absurdo (ab.sur.do) *adj.* contrário à razão e ao bom senso SIN. disparatado

abundância (a.bun.dân.ci.a) *n.f.* grande quantidade; fartura ANT. escassez

abundante (a.bun.dan.te) *adj.2gén.* que existe em muita quantidade; farto ANT. escasso

abundar (a.bun.dar) *v.* existir em grande quantidade ANT. escassear

abusador (a.bu.sa.dor) *adj. e n.m.* que ou o que abusa

abusar (a.bu.sar) *v.* **1** usar de maneira incorreta **2** usar em excesso **3** aproveitar-se de alguma coisa ou de alguém (abusar de)

abuso (a.bu.so) *n.m.* **1** uso incorreto **2** uso excessivo **3** ato de usar a confiança ou amizade de alguém para obter alguma coisa para si próprio

abutre (a.bu.tre) *n.m.* ave de rapina diurna, grande, sem pelo na cabeça e no pescoço, que se alimenta de animais mortos

acabado (a.ca.ba.do) *adj.* concluído; terminado

acabamento (a.ca.ba.men.to) *n.m.* **1** ato ou efeito de acabar; fim **2** trabalho final para completar ou aperfeiçoar algo; retoque

acabar (a.ca.bar) *v.* **1** concluir; terminar ANT. começar **2** chegar ao fim; terminar

acácia (a.cá.ci.a) *n.f.* árvore que dá flores amarelas e perfumadas

academia (a.ca.de.mi.a) *n.f.* **1** escola de ensino superior; faculdade **2** grupo de escritores, artistas ou cientistas que têm interesses comuns e se reúnem para trocar ideias; sociedade **3** local onde se ensinam e praticam várias atividades desportivas

académico (a.ca.dé.mi.co) *adj.* relativo a academia

açafrão (a.ça.frão) *n.m.* **1** planta de cuja flor se extrai um corante alaranjado **2** erva aromática usada como condimento

açaime (a.çai.me) *n.m.* peça de couro ou metal que se põe no focinho dos animais para eles não morderem

acalmar (a.cal.mar) *v.* tornar calmo; tranquilizar ◆ **acalmar-se** ficar calmo; tranquilizar-se

acalorado (a.ca.lo.ra.do) *adj.* **1** que sente muito calor **2** *(fig.)* entusiasmado; animado

acampamento (a.cam.pa.men.to) *n.m.* **1** lugar onde se montam tendas para aí ficar durante algum tempo **2** parque de campismo

acampar (a.cam.par) *v.* montar uma tenda num campo ou num parque de campismo

acanhado (a.ca.nha.do) *adj.* **1** diz-se do espaço que é pequeno; apertado **2** diz-se de quem é tímido; envergonhado

acanhamento (a.ca.nha.men.to) *n.m.* timidez; vergonha

ação (a.ção) *n.f.* **1** maneira de agir; atuação **2** aquilo que se faz; ato **3** efeito de uma coisa sobre outra; influência **4** sucessão de acontecimentos de uma narrativa, de um filme, etc.; enredo

acariciar (a.ca.ri.ci.ar) *v.* **1** fazer carícias ou festas (a alguém); afagar **2** passar a mão sobre (um tecido, uma superfície)

acarinhar (a.ca.ri.nhar) *v.* **1** tratar com carinho **2** fazer festas a

ácaro (á.ca.ro) *n.m.* animal minúsculo, que vive na pele de certos animais e que pode transmitir doenças

acarretar (a.car.re.tar) *v.* **1** transportar **2** ser causa de; causar

acasalar (a.ca.sa.lar) *v.* juntar-se (um macho e uma fêmea) para procriar

acaso (a.ca.so) *n.m.* **1** conjunto de factos que não se podem prever; destino **2** acontecimento que não se espera; casualidade; **ao acaso:** sem pensar; **por acaso:** de modo inesperado

acastanhado (a.cas.ta.nha.do) *adj.* que tem cor semelhante ao castanho

acção *a nova grafia é* **ação**

accionar *a nova grafia é* **acionar**

aceção (a.ce.ção) *n.f.* sentido de uma palavra ou frase, de acordo com o contexto em que é usada (por exemplo, *rato* é um animal e um acessório do computador, portanto tem duas aceções diferentes); significado

aceder (a.ce.der) *v.* ter acesso a (aceder a)

aceitação (a.cei.ta.ção) *n.f.* **1** ato de receber aquilo que é oferecido **2** ato de concordar com alguma coisa

aceitar (a.cei.tar) *v.* **1** receber (aquilo que é dado ou oferecido) **2** concordar com (uma opinião, uma sugestão)

aceitável (a.cei.tá.vel) *adj.2gén.* que se pode aceitar SIN. admissível

aceite (a.cei.te) *adj.2gén.* **1** que se aceitou **2** que é admitido ou aprovado

acelera (a.ce.le.ra) *n.2gén.* (*inform.*) pessoa que conduz um veículo a grande velocidade

aceleração (a.ce.le.ra.ção) *n.f.* **1** aumento de velocidade de um veículo **2** rapidez na execução de uma atividade ou de um trabalho **3** redução do tempo que dura alguma coisa (um processo, um tratamento, etc.)

acelerado (a.ce.le.ra.do) *adj.* **1** diz-se do movimento que está mais rápido **2** diz-se de quem tem muita pressa

acelerador (a.ce.le.ra.dor) *n.m.* dispositivo para aumentar a velocidade de um veículo

acelerar (a.ce.le.rar) *v.* **1** aumentar a velocidade ou o movimento de **2** reduzir o tempo de; encurtar

acenar (a.ce.nar) *v.* fazer sinais com a cabeça ou com as mãos para chamar a atenção de alguém, mostrar alguma coisa, dizer adeus, etc.

acender (a.cen.der) *v.* **1** pegar fogo a; fazer arder ANT. apagar **2** pôr em funcionamento; ligar

aceno (a.ce.no) *n.m.* sinal que se faz com a cabeça ou com as mãos SIN. gesto

acento (a.cen.to) *n.m.* **1** maior força ou intensidade com que se pronuncia uma sílaba de uma palavra **2** sinal que se coloca sobre uma vogal para indicar a sílaba tónica ou o modo de a pronunciar

Lembra-te que **acento** *(sinal ortográfico) é diferente de* **assento** *(lugar para sentar).*

acentuação (a.cen.tu.a.ção) *n.f.* colocação de acentos nas palavras

acentuado (a.cen.tu.a.do) *adj.* **1** que tem acento tónico ou gráfico **2** (*fig.*) que se destaca

acentuar (a.cen.tu.ar) *v.* **1** colocar acento gráfico ou tónico em **2** (*fig.*) pôr em destaque; sublinhar

acepção *a nova grafia é* **aceção**

acerca de (a.cer.ca de) *loc.prep.* a respeito de; relativamente a

Acerca de (que significa a respeito de) é diferente de **há cerca de** *(que significa há perto de):*
Eles falaram **acerca** *do assunto.*
Vi-o **há cerca** *de três semanas.*

acercar (a.cer.car) *v.* aproximar ♦ **acercar-se** aproximar-se (acercar-se de)

acérrimo (a.cér.ri.mo) *adj.* [*superl. de* acre] muito azedo

acertado (a.cer.ta.do) *adj.* **1** bem dito ou bem feito **2** correto; certo

acertar (a.cer.tar) *v.* **1** atingir o alvo ANT. errar **2** descobrir **3** ajustar **4** ter o resultado ou efeito esperado

acerto (a.cer.to) *n.m.* **1** ato ou efeito de acertar **2** correção; **acerto de contas:** vingança

aceso (a.ce.so) *adj.* **1** que se acendeu (luz, fósforo) **2** que tem chama (lareira, vela)

acessível (a.ces.sí.vel) *adj.2gén.* **1** que é fácil de atingir **2** que é fácil de entender **3** que tem um valor razoável

acesso (a.ces.so) *n.m.* **1** entrada **2** circulação; passagem

acessório (a.ces.só.ri.o) *adj.* **1** que se junta a um elemento principal, complementando-o **2** que não é fundamental; secundário

acetato (a.ce.ta.to) *n.m.* folha de plástico transparente que se usa no retroprojetor

acetona (a.ce.to.na) *n.f.* líquido incolor, de cheiro forte, usado como dissolvente de verniz, cera, etc.

acha (a.cha) *n.f.* pedaço de madeira para queimar; **deitar achas na fogueira:** piorar ainda mais uma situação

achado (a.cha.do) *adj.* encontrado; descoberto ♦ *n.m.* **1** aquilo que se achou; descoberta **2** coisa que se compra por um preço muito baixo

achar (a.char) *v.* **1** encontrar; descobrir **2** pensar; considerar

achatado (a.cha.ta.do) *adj.* **1** plano; liso **2** amassado; amarrotado

achatar (a.cha.tar) *v.* tornar plano ou liso; alisar

achocolatado (a.cho.co.la.ta.do) *adj.* **1** semelhante a chocolate **2** que sabe a chocolate

acidentado (a.ci.den.ta.do) *adj.* diz-se de um terreno com altos e baixos ♦ *n.m.* pessoa que sofreu um acidente; ferido

acidental (a.ci.den.tal) *adj.2gén.* que acontece por acaso SIN. casual

acidente (a.ci.den.te) *n.m.* **1** acontecimento casual ou inesperado; acaso **2** acontecimento desagradável ou infeliz que causa dor ou morte; desastre; **acidente de viação:** desastre que envolve veículos automóveis; **por acidente:** por acaso

acidez (a.ci.dez) *n.f.* **1** qualidade do que é ácido **2** *(fig.)* mau humor; má vontade

ácido (á.ci.do) *adj.* que tem sabor azedo, como o do vinagre ♦ *n.m.* composto que contém um ou mais átomos de hidrogénio e que reage com uma base para formar um sal

acima (a.ci.ma) *adv.* **1** por cima ANT. abaixo **2** em parte mais alta; **acima de:** em lugar superior; de preferência

acinzentado (a.cin.zen.ta.do) *adj.* que tem cor semelhante a cinzento

acionar (a.ci.o.nar) *v.* pôr em funcionamento; ligar

aço (a.ço) *n.m.* metal muito duro que se obtém a partir do ferro

> Repara que **aço** (metal) é diferente
> de **asso** (forma do verbo assar):
> *O prego é de* **aço**.
> *No outono* **asso** *castanhas.*

açoite (a.çoi.te) *n.m.* **1** palmada **2** castigo

acolá (a.co.lá) *adv.* naquele lugar; ali

acolchoado (a.col.cho.a.do) *adj.* que tem forro; forrado

acolhedor (a.co.lhe.dor) *adj.* que oferece bom acolhimento

acolher (a.co.lher) *v.* **1** oferecer refúgio ou proteção **2** dar hospitalidade; hospedar

acolhimento (a.co.lhi.men.to) *n.m.* maneira de receber alguém ou algo SIN. receção

acomodar (a.co.mo.dar) *v.* hospedar

acompanhamento (a.com.pa.nha.men.to) *n.m.* **1** orientação (dada por especialista); supervisão **2** alimentos (salada, arroz, batatas, etc.) servidos com um prato de carne ou de peixe

acompanhante (a.com.pa.nhan.te) *n.2gén.* **1** pessoa que acompanha **2** músico que acompanha quem canta ou toca outro instrumento

acompanhar (a.com.pa.nhar) *v.* **1** fazer companhia a alguém **2** seguir na mesma direção de alguém

a
b
c
d
e
f
g
h
i
j
k
l
m
n
o
p
q
r
s
t
u
v
w
x
y
z

aconchegar (a.con.che.gar) *v.* **1** colocar em lugar ou posição confortável **2** ajeitar (roupa, lençol, etc.)

aconchego (a.con.che.go) *n.m.* sensação de conforto e proteção

aconselhado (a.con.se.lha.do) *adj.* **1** que recebeu conselho **2** sugerido; recomendado

aconselhar (a.con.se.lhar) *v.* **1** dar conselho(s) a alguém; orientar **2** sugerir; recomendar ♦ **aconselhar-se** pedir conselho(s) a alguém

aconselhável (a.con.se.lhá.vel) *adj.2gén.* que se pode ou deve recomendar

acontecer (a.con.te.cer) *v.* ter lugar (um acontecimento, um facto); ocorrer

acontecimento (a.con.te.ci.men.to) *n.m.* **1** aquilo que acontece; facto **2** *(fig.)* grande êxito; sucesso

açor (a.çor) *n.m.* ave de rapina diurna, menor que a águia, que se alimenta de aves mais pequenas

açorda (a.çor.da) *n.f.* refeição preparada com pão esmigalhado, temperado com azeite, alho e ervas aromáticas

acordado (a.cor.da.do) *adj.* **1** que despertou do sono **2** decidido; resolvido

acordar (a.cor.dar) *v.* **1** despertar (alguém) do sono **2** decidir; resolver

acorde (a.cor.de) *n.m.* **1** conjunto de três ou mais sons combinados que produzem harmonia **2** som musical

acordeão (a.cor.de.ão) *n.m.* instrumento musical formado por uma caixa com um fole no meio, com teclado num lado e botões no outro, que se abre e fecha para produzir som

acordeonista (a.cor.de.o.nis.ta) *n.2gén.* pessoa que toca acordeão

acordo (a.cor.do) *n.m.* **1** pacto entre pessoas sobre determinado assunto **2** entendimento; harmonia ANT. desacordo; **acordo ortográfico:** convenção que estabelece normas sobre a grafia das palavras de uma língua; **estar de acordo:** concordar

> O **Acordo Ortográfico** pretende aproximar a escrita de todos os países de língua oficial portuguesa.

açoriano (a.ço.ri.a.no) *adj.* relativo ao arquipélago dos Açores ♦ *n.m.* natural ou habitante dos Açores

acorrentar (a.cor.ren.tar) *v.* prender com corrente(s)

açoteia (a.ço.tei.a) *n.f.* terraço no alto de uma casa que substitui o telhado

acreditar (a.cre.di.tar) *v.* **1** aceitar como verdadeiro **2** ter confiança em **3** considerar possível ou provável

acrescentar (a.cres.cen.tar) *v.* **1** juntar (uma coisa a outra); adicionar **2** tornar maior (em tamanho ou número); aumentar

acrescento (a.cres.cen.to) *n.m.* aquilo que se acrescenta

acréscimo (a.crés.ci.mo) *n.m.* aumento

acriançado (a.cri.an.ça.do) *adj.* que tem modos de criança

acrílico (a.crí.li.co) *n.m.* ácido usado no fabrico de plásticos

acrobacia (a.cro.ba.ci.a) *n.f.* exercício de ginástica que consiste em manter o equilíbrio em cima de uma corda ou em fazer saltos difíceis; **acrobacia aérea:** conjunto de manobras difíceis e arriscadas realizadas num avião, em pleno voo

acrobata (a.cro.ba.ta) *n.2gén.* pessoa que faz exercícios de equilíbrio e habilidade

acrobático (a.cro.bá.ti.co) *adj.* **1** relativo a acrobacia **2** *(fig.)* difícil de executar; arriscado

acrochado (a.cro.cha.do) *adj. (CV)* preso; retido

acrónimo (a.cró.ni.mo) *n.m.* palavra formada a partir da combinação de letras de várias palavras (por exemplo: SMS, MP3, OVNI)

acrópole (a.cró.po.le) *n.f.* nas antigas cidades gregas, parte mais elevada e fortificada

acróstico (a.crós.ti.co) *n.m.* poema em que as letras iniciais, médias ou finais de cada verso formam nomes, quando são lidas na vertical

acta *a nova grafia é* **ata**

activação *a nova grafia é* **ativação**

activar *a nova grafia é* **ativar**

actividade *a nova grafia é* **atividade**

activo *a nova grafia é* **ativo**

acto *a nova grafia é* **ato**

actor *a nova grafia é* **ator**

actuação *a nova grafia é* **atuação**

actual *a nova grafia é* **atual**

actualidade *a nova grafia é* **atualidade**

actualização *a nova grafia é* **atualização**

actualizar *a nova grafia é* **atualizar**

actualmente *a nova grafia é* **atualmente**

actuar *a nova grafia é* **atuar**

açúcar (a.çú.car) *n.m.* substância doce que se obtém da cana-de-açúcar e da beterraba

açucarado (a.çu.ca.ra.do) *adj.* misturado com açúcar; adoçado

açucarar (a.çu.ca.rar) *v.* misturar com açúcar; adoçar

açucareiro (a.çu.ca.rei.ro) *n.m.* recipiente para guardar ou servir açúcar

açucena (a.çu.ce.na) *n.f.* planta que produz flores brancas muito perfumadas

açude (a.çu.de) *n.m.* construção feita para travar um curso de água, geralmente para o conduzir para regas, abastecimento, etc.; represa

acudir (a.cu.dir) *v.* **1** ajudar; socorrer (alguém) **2** atender a (pedido, ordem, convite)

acumulação (a.cu.mu.la.ção) *n.f.* **1** conjunto de coisas reunidas ou amontoadas **2** reunião de grande número de pessoas ou coisas **3** ato de juntar em grandes quantidades (dinheiro, riqueza)

acumulado (a.cu.mu.la.do) *adj.* **1** amontoado **2** reunido **3** poupado

acumular (a.cu.mu.lar) *v.* **1** colocar em monte; reunir **2** juntar (dinheiro, riqueza)

acusação (a.cu.sa.ção) *n.f.* **1** atribuição de uma falta ou culpa a alguém; incriminação **2** relato de um delito ou crime às autoridades; denúncia

acusado (a.cu.sa.do) *adj.* **1** que sofreu acusação; incriminado **2** que foi denunciado ♦ *n.m.* pessoa que é acusada de alguma coisa

acusar (a.cu.sar) *v.* **1** atribuir uma falta ou culpa a alguém **2** denunciar um delito ou crime ♦ **acusar-se** declarar-se culpado de algo

acústica (a.cús.ti.ca) *n.f.* **1** ciência que estuda os sons **2** conjunto de características de um local (sala de espetáculos, etc.) que favorecem ou prejudicam a propagação do som

acústico (a.cús.ti.co) *adj.* **1** relativo ao ouvido ou à audição **2** relativo a som

acutângulo (a.cu.tân.gu.lo) *adj.* diz-se do triângulo que tem todos os ângulos agudos (com menos de 90 graus)

adágio (a.dá.gi.o) *n.m.* **1** andamento musical lento **2** expressão popular; provérbio

adaptação (a.dap.ta.ção) *n.f.* **1** ato de ajustar uma coisa a outra **2** utilização de uma coisa para um fim diferente daquele para que foi criada **3** capacidade que têm os seres vivos de se acomodarem ao meio ambiente

adaptado (a.dap.ta.do) *adj.* **1** que está ajustado a **2** utilizado para fim diferente daquele para que foi criado **3** diz-se da obra (literária, musical) que foi modificada

adaptar (a.dap.tar) *v.* **1** ajustar (uma coisa a outra) **2** modificar (obra literá-

a b c d e f g h i j k l m n o p q r s t u v w x y z

ria ou musical) ◆ **adaptar-se** ajustar--se (adaptar-se a)

adás (a.dás) *interj.* **1** *(CV)* usada como cumprimento de despedida **2** *(CV)* exprime desagrado ou recusa

adega (a.de.ga) *n.f.* lugar, geralmente subterrâneo, onde se guarda vinho; cave

adepto (a.dep.to) *n.m.* pessoa que apoia (uma teoria, um clube, etc.) SIN. apoiante

adequação (a.de.qua.ção) *n.f.* ato de colocar duas ou mais coisas de acordo ou em harmonia

adequado (a.de.qua.do) *adj.* **1** que está de acordo com **2** que é próprio para

adequar (a.de.quar) *v.* pôr em harmonia com; adaptar; ajustar (adequar a)

adereço (a.de.re.ço) *n.m.* **1** objeto de adorno (brinco, colar, pulseira, etc.) **2** peças de roupa ou de decoração que são usadas num filme ou numa peça de teatro

aderente (a.de.ren.te) *adj.2gén.* **1** que adere ou cola **2** que está ligado

aderir (a.de.rir) *v.* **1** colar **2** ligar-se (aderir a)

adesão (a.de.são) *n.f.* **1** ligação física; união **2** aceitação dos princípios de (religião, política, modo de vida, etc.)

adesivo (a.de.si.vo) *n.m.* fita que cola à pele e protege feridas, curativos, etc.

adeus (a.deus) *interj.* usada quando alguém se vai embora ◆ *n.m.* **1** palavra ou gesto de despedida **2** separação física; despedida

adiamento (a.di.a.men.to) *n.m.* mudança (de aula, reunião, prazo) para outro dia

adiantado (a.di.an.ta.do) *adj.* **1** que acontece antes da data prevista **2** que está à frente de algo ou de alguém

adiantamento (a.di.an.ta.men.to) *n.m.* **1** progresso; avanço **2** dinheiro pago antes da data marcada

adiantar (a.di.an.tar) *v.* **1** mover para a frente; avançar **2** acelerar a realização de (um trabalho, uma tarefa) **3** fazer com que algo aconteça antes da data prevista **4** pagar antes da data marcada

adiante (a.di.an.te) *adv.* **1** na frente de (*caminhava adiante do grupo*) **2** no futuro (*adiante veremos o que acontece*)

adiar (a.di.ar) *v.* mudar (aula, reunião, prazo) para outra data

adição (a.di.ção) *n.f.* **1** ato de acrescentar algo **2** operação de somar; soma

adicional (a.di.ci.o.nal) *adj.2gén.* que se acrescenta SIN. acessório

adicionar (a.di.ci.o.nar) *v.* acrescentar; juntar

aditivo (a.di.ti.vo) *n.m.* **1** substância que se junta a outra para melhorar as suas qualidades **2** na operação de adição, parcela que está depois do sinal +

adivinha (a.di.vi.nha) *n.f.* pergunta difícil, que contém pistas para a resposta; enigma

adivinhar (a.di.vi.nhar) *v.* **1** descobrir a resposta a uma adivinha **2** acertar em alguma coisa por puro acaso **3** descobrir algo do passado ou do futuro por artes mágicas

adivinho (a.di.vi.nho) *n.m.* homem que adivinha factos do passado ou do futuro; bruxo

adjacente (ad.ja.cen.te) *adj.2gén.* que está junto de; próximo

adjectivação *a nova grafia é* **adjetivação**

adjectivar *a nova grafia é* **adjetivar**

adjectivo *a nova grafia é* **adjetivo**

adjetivação (ad.je.ti.va.ção) *n.f.* uso de adjetivos

adjetivar (ad.je.ti.var) *v.* qualificar com adjetivos

adjetivo (ad.je.ti.vo) *n.m.* palavra variável em género, número e grau, que descreve ou qualifica um nome

administração (ad.mi.nis.tra.ção) *n.f.* **1** ato de administrar; gestão **2** conjunto de pessoas que administram uma empresa, um serviço

administrador (ad.mi.nis.tra.dor) *n.m.* gestor

administrar (ad.mi.nis.trar) *v.* **1** dirigir (um negócio, uma empresa, etc.); gerir **2** dar a tomar (um medicamento)

administrativo (ad.mi.nis.tra.ti.vo) *adj.* relativo a administração

admiração (ad.mi.ra.ção) *n.f.* **1** sentimento de respeito e consideração por algo ou alguém **2** surpresa perante algo que não se esperava

admirado (ad.mi.ra.do) *adj.* **1** respeitado **2** surpreendido

admirador (ad.mi.ra.dor) *n.m.* pessoa que admira algo ou alguém SIN. fã

admirar (ad.mi.rar) *v.* **1** sentir respeito ou consideração por **2** observar com prazer **3** causar surpresa ou espanto ♦ **admirar-se** ficar surpreendido

admirável (ad.mi.rá.vel) *adj.2gén.* **1** que causa admiração **2** excelente

admissão (ad.mis.são) *n.f.* **1** aceitação **2** entrada

admissível (ad.mis.sí.vel) *adj.2gén.* aceitável

admitir (ad.mi.tir) *v.* **1** aceitar **2** concordar com **3** deixar entrar

adoçante (a.do.çan.te) *n.m.* substância que se usa em vez de açúcar

adoção (a.do.ção) *n.f.* **1** ato de tomar legalmente como filho uma criança que nasceu de outros pais **2** aceitação de (uma ideia, um hábito)

adoçar (a.do.çar) *v.* tornar doce

adoecer (a.do.e.cer) *v.* ficar doente

adoentado (a.do.en.ta.do) *adj.* que está um pouco doente

adolescência (a.do.les.cên.ci.a) *n.f.* período da vida humana entre a infância e a idade adulta SIN. juventude

adolescente (a.do.les.cen.te) *n.2gén.* pessoa que está na adolescência SIN. jovem

adopção *a nova grafia é* **adoção**

adoptado *a nova grafia é* **adotado**

adoptar *a nova grafia é* **adotar**

adoptivo *a nova grafia é* **adotivo**

adoração (a.do.ra.ção) *n.f.* **1** admiração profunda **2** amor muito forte

adorar (a.do.rar) *v.* **1** prestar culto a (deus, santos) **2** respeitar muito; venerar **3** amar com paixão

adorável (a.do.rá.vel) *adj.2gén.* muito agradável; encantador

adormecer (a.dor.me.cer) *v.* **1** fazer dormir ANT. acordar **2** começar a dormir

adormecido (a.dor.me.ci.do) *adj.* que adormeceu ANT. acordado

adornar (a.dor.nar) *v.* enfeitar

adorno (a.dor.no) *n.m.* enfeite

adotado (a.do.ta.do) *adj.* **1** reconhecido legalmente como filho **2** tomado como próprio; assumido

adotar (a.do.tar) *v.* **1** aceitar legalmente como filho **2** seguir (uma ideia, um hábito)

adotivo (a.do.ti.vo) *adj.* que foi adotado

adquirir (ad.qui.rir) *v.* conseguir; obter

adrenalina (a.dre.na.li.na) *n.f.* **1** hormona responsável por reações do organismo face a estímulos externos **2** *(inform.)* energia; força

adro (a.dro) *n.m.* espaço em frente ou à volta da igreja

adubar (a.du.bar) *v.* usar adubo(s) para fertilizar a terra

adubo (a.du.bo) *n.m.* produto que se mistura na terra para a fertilizar

a
b
c
d
e
f
g
h
i
j
k
l
m
n
o
p
q
r
s
t
u
v
w
x
y
z

adufe (a.du.fe) *n.m.* pandeiro quadrado coberto de pele e com guizos

adulto (a.dul.to) *n.m.* pessoa que atingiu o seu pleno desenvolvimento

advento (ad.ven.to) *n.m.* chegada

Advento (Ad.ven.to) *n.m.* período de quatro semanas que precedem o Natal, como preparação para a vinda de Cristo

adverbial (ad.ver.bi.al) *adj.2gén.* relativo a advérbio

advérbio (ad.vér.bi.o) *n.m.* palavra invariável que se junta a um verbo, um adjetivo, outro advérbio ou uma frase, para exprimir tempo, modo, lugar, etc.

adversário (ad.ver.sá.ri.o) *n.m.* pessoa que se opõe

adversativo (ad.ver.sa.ti.vo) *adj.* que indica oposição

adversidade (ad.ver.si.da.de) *n.f.* má sorte; infelicidade

advertência (ad.ver.tên.ci.a) *n.f.* **1** aviso **2** conselho

advertir (ad.ver.tir) *v.* **1** avisar **2** aconselhar

advogado (ad.vo.ga.do) *n.m.* profissional que ajuda as pessoa em assuntos legais e as defende em tribunal

aéreo (a.é.re.o) *adj.* **1** próprio do ar ou da atmosfera **2** relativo a avião ou a aviação

aeróbica (a.e.ró.bi.ca) *n.f.* ginástica para modelar o corpo através de exercícios rápidos acompanhados de música

aeródromo (a.e.ró.dro.mo) *n.m.* recinto para descolagem e aterragem de aeronaves

aeromodelismo (a.e.ro.mo.de.lis.mo) *n.m.* construção de modelos de aviões em miniatura

aeronáutica (a.e.ro.náu.ti.ca) *n.f.* ciência que se dedica ao desenho, construção e pilotagem de aeronaves

aeronave (a.e.ro.na.ve) *n.f.* qualquer aparelho que se desloca no ar

aeroplano (a.e.ro.pla.no) *n.m.* veículo aéreo mais pesado que o ar

aeroporto (a.e.ro.por.to) *n.m.* lugar de onde partem e onde chegam os aviões que transportam pessoas e mercadorias

aerossol (a.e.ros.sol) *n.m.* [*pl.* aerossóis] **1** suspensão de partículas sólidas ou líquidas num gás **2** dispositivo que permite espalhar essas partículas

aeróstato (a.e.rós.ta.to) *n.m.* aparelho que se enche de um gás mais leve do que o ar para o elevar e manter na atmosfera (um balão, por exemplo)

afagar (a.fa.gar) *v.* acariciar

afago (a.fa.go) *n.m.* carícia

afastado (a.fas.ta.do) *adj.* **1** que está a certa distância **2** que aconteceu há muito tempo **3** que não tem parentesco direto

afastamento (a.fas.ta.men.to) *n.m.* **1** separação física entre seres, objetos, etc. **2** distância entre pessoas ou coisas

afastar (a.fas.tar) *v.* **1** colocar (algo) a certa distância ANT. aproximar **2** deslocar para longe ♦ **afastar-se** mover-se para longe

afável (a.fá.vel) *adj.2gén.* delicado; amável

afectado *a nova grafia é* **afetado**

afectar *a nova grafia é* **afetar**

afectividade *a nova grafia é* **afetividade**

afectivo *a nova grafia é* **afetivo**

afecto *a nova grafia é* **afeto**

afectuoso *a nova grafia é* **afetuoso**

afeição (a.fei.ção) *n.f.* sentimento de ternura e simpatia por alguém

afeiçoar-se (a.fei.ço.ar-se) *v.* sentir afeto ou carinho por (afeiçoar-se a)

aferição (a.fe.ri.ção) *n.f.* avaliação

afetado (a.fe.ta.do) *adj.* **1** diz-se de quem está atacado por uma doença **2** diz-se da pessoa que recebeu uma má notícia ou que sofreu um acidente **3** que se julga melhor que os outros; presumido

afetar (a.fe.tar) *v.* **1** atingir **2** afligir **3** dizer respeito a

afetividade (a.fe.ti.vi.da.de) *n.f.* capacidade individual para experimentar sentimentos e emoções **SIN.** emotividade

afetivo (a.fe.ti.vo) *adj.* carinhoso; afetuoso

afeto (a.fe.to) *n.m.* sentimento de carinho e ternura por uma pessoa ou por um animal

afetuoso (a.fe.tu.o.so) *adj.* carinhoso; meigo

afiado (a.fi.a.do) *adj.* aguçado; cortante

afia-lápis (a.fi.a-lá.pis) *n.m.2núm.* instrumento próprio para afiar lápis **SIN.** aguça

afiar (a.fi.ar) *v.* aguçar (lápis, objeto cortante)

afilhado (a.fi.lha.do) *n.m.* [*f.* afilhada] pessoa em relação aos seus padrinhos

afinação (a.fi.na.ção) *n.f.* **1** ajuste do tom de um instrumento musical ao tom de outro instrumento ou de uma voz **2** harmonia entre todas as notas de um instrumento, de uma orquestra, etc.

afinado (a.fi.na.do) *adj.* **1** diz-se do instrumento musical posto na altura correta **2** diz-se do motor que foi regulado **3** (*inform.*) diz-se de quem está irritado

afinal (a.fi.nal) *adv.* por fim; finalmente ♦ *interj.* (*Moç.*) indica admiração ou espanto

afinar (a.fi.nar) *v.* **1** pôr em harmonia (instrumentos musicais ou vozes) **2** regular (uma peça ou um motor) **3** ficar zangado com; irritar-se **4** (*Moç.*) assumir ares de importante

afirmação (a.fir.ma.ção) *n.f.* **1** ato de afirmar alguma coisa; declaração **2** ato de dizer que sim a uma pergunta ou a um pedido

afirmar (a.fir.mar) *v.* **1** dizer (algo); declarar **2** dizer que é verdade; garantir

afirmativo (a.fir.ma.ti.vo) *adj.* **1** que inclui afirmação **2** diz-se da resposta positiva a uma pergunta ou a um pedido

afixação (a.fi.xa.ção) *n.f.* **1** ato ou efeito de afixar **2** colagem de cartaz ou aviso em lugar público

afixar (a.fi.xar) *v.* **1** prender; segurar **2** colar (cartaz, aviso) em lugar público

aflição (a.fli.ção) *n.f.* estado de quem está aflito; preocupação

afligir (a.fli.gir) *v.* causar aflição a; preocupar ♦ **afligir-se** ficar aflito; preocupar-se

aflitivo (a.fli.ti.vo) *adj.* que causa aflição **SIN.** angustiante

aflito (a.fli.to) *adj.* **1** que está muito preocupado **2** (*inform.*) que está com vontade de ir ao quarto de banho

afluente (a.flu.en.te) *n.m.* rio que desagua noutro rio

afluir (a.flu.ir) *v.* **1** (rio) desaguar em **2** (pessoas, veículos) reunir-se em

afogado (a.fo.ga.do) *adj.* que se afogou

afogamento (a.fo.ga.men.to) *n.m.* asfixia causada por se estar debaixo de água muito tempo e não se poder respirar

afogar (a.fo.gar) *v.* matar, mergulhando em água ♦ **afogar-se** morrer por estar muito tempo debaixo de água

africanismo (a.fri.ca.nis.mo) *n.m.* palavra ou expressão originária de uma língua africana

a
b
c
d
e
f
g
h
i
j
k
l
m
n
o
p
q
r
s
t
u
v
w
x
y
z

africano (a.fri.ca.no) *adj.* relativo a África ◆ *n.m.* natural ou habitante de África

afronta (a.fron.ta) *n.f.* ofensa; insulto

afrontar (a.fron.tar) *v.* ofender; insultar

afta (af.ta) *n.f.* pequena bolha superficial e dolorosa que aparece sobretudo na boca

afugentar (a.fu.gen.tar) *v.* pôr em fuga; expulsar

afundar (a.fun.dar) *v.* **1** fazer ir ao fundo (em água ou noutro líquido) **2** *(fig.)* pôr (alguém) numa situação difícil

agachado (a.ga.cha.do) *adj.* de cócoras; abaixado

agachar-se (a.ga.char-se) *v.* ficar de cócoras; abaixar-se

agarrado (a.gar.ra.do) *adj.* **1** preso com força **2** *(fig.)* muito unido **3** *(fig.)* avarento

agarrar (a.gar.rar) *v.* **1** segurar com força **2** pegar em

agasalhar (a.ga.sa.lhar) *v.* cobrir com agasalho ◆ **agasalhar-se** proteger-se (do frio, da chuva) com agasalho

agasalho (a.ga.sa.lho) *n.m.* peça de roupa que protege do frio ou da chuva

agência (a.gên.ci.a) *n.f.* escritório onde se prestam serviços (marcação de viagens, aluguer de automóveis, venda de casas, etc.)

agenda (a.gen.da) *n.f.* livro onde se regista aquilo que tem de se fazer em cada dia, aniversários, etc.

agente (a.gen.te) *n.2gén.* **1** pessoa que pratica uma ação **2** polícia

ágil (á.gil) *adj.2gén.* **1** veloz **2** desembaraçado

agilidade (a.gi.li.da.de) *n.f.* **1** destreza **2** desembaraço

agir (a.gir) *v.* **1** proceder de determinado modo **2** provocar determinado efeito

agitação (a.gi.ta.ção) *n.f.* **1** movimento repetido e irregular **2** situação de desordem **3** estado de preocupação

agitado (a.gi.ta.do) *adj.* **1** que se movimenta muito **2** perturbado

agitar (a.gi.tar) *v.* **1** mover com força e repetidamente **2** perturbar; preocupar

aglomeração (a.glo.me.ra.ção) *n.f.* **1** ato de juntar (coisas ou pessoas); reunião **2** grande quantidade de coisas ou pessoas

aglomerado (a.glo.me.ra.do) *adj.* acumulado; reunido ◆ *n.m.* conjunto de coisas ou pessoas reunidas

aglomerar (a.glo.me.rar) *v.* juntar; reunir

agonia (a.go.ni.a) *n.f.* **1** estado de sofrimento antes da morte **2** *(fig.)* angústia; aflição

agora (a.go.ra) *adv.* **1** neste momento **2** na época em que estamos

agosto (a.gos.to) *n.m.* oitavo mês do ano; *ver nota em* **mês**

agradar (a.gra.dar) *v.* causar satisfação a; satisfazer **ANT.** desagradar

agradável (a.gra.dá.vel) *adj.2gén.* que agrada; que satisfaz **ANT.** desagradável

agradecer (a.gra.de.cer) *v.* mostrar gratidão

agradecido (a.gra.de.ci.do) *adj.* grato

agradecimento (a.gra.de.ci.men.to) *n.m.* manifestação de gratidão

agrado (a.gra.do) *n.m.* sentimento de satisfação **ANT.** desagrado

agrafador (a.gra.fa.dor) *n.m.* aparelho para agrafar folhas de papel, etc.

agrafar (a.gra.far) *v.* prender com agrafo(s)

agrafo (a.gra.fo) *n.m.* pequeno fio metálico, curvo nas pontas, que serve para prender folhas de papel

agramatical (a.gra.ma.ti.cal) *adj.2gén.* que não está de acordo com as regras da gramática

agrário (a.grá.ri.o) *adj.* **1** relativo ao campo **2** relativo à agricultura

agravado (a.gra.va.do) *adj.* que se tornou pior ou mais grave

agravamento (a.gra.va.men.to) *n.m.* aumento de intensidade de (doença, conflito, etc.)

agravar (a.gra.var) *v.* tornar(-se) grave ou mais grave ◆ **agravar-se** piorar

agredir (a.gre.dir) *v.* **1** atacar **2** insultar

agregar (a.gre.gar) *v.* reunir; juntar

agressão (a.gres.são) *n.f.* ataque (por meio de gestos ou palavras) contra alguém

agressividade (a.gres.si.vi.da.de) *n.f.* disposição para agredir ou provocar alguém

agressivo (a.gres.si.vo) *adj.* que agride; hostil

agressor (a.gres.sor) *n.m.* aquele que agride

agrião (a.gri.ão) *n.m.* [*pl.* agriões] planta de sabor acre, cujos talos e folhas são muito utilizados em saladas e sopas

agrícola (a.grí.co.la) *adj.2gén.* relativo à agricultura

agricultor (a.gri.cul.tor) *n.m.* aquele que cultiva os campos; lavrador

agricultura (a.gri.cul.tu.ra) *n.f.* atividade de cultivo da terra para dela se obterem vegetais; lavoura

agropecuária (a.gro.pe.cu.á.ri.a) *n.f.* cultivo da terra com vista à produção animal

agro-pecuária *a nova grafia é* **agropecuária**

agroturismo (a.gro.tu.ris.mo) *n.m.* turismo em zona rural, geralmente com a possibilidade de participar nas tarefas agrícolas

agro-turismo *a nova grafia é* **agroturismo**

agrupado (a.gru.pa.do) *adj.* reunido em grupo

agrupamento (a.gru.pa.men.to) *n.m.* **1** ato de agrupar; reunião **2** grupo; conjunto

agrupar (a.gru.par) *v.* reunir em grupo; juntar

água (á.gua) *n.f.* líquido transparente, sem cor, que se encontra nos lagos, rios e mares; **água potável:** água própria para se beber; **deitar água na fervura:** acalmar os ânimos; *(inform.)* **ficar em águas de bacalhau:** não ter sucesso; fracassar; **ir por água abaixo:** não resultar; fracassar

aguaceiro (a.gua.cei.ro) *n.m.* chuva forte e passageira que surge de repente

água-de-colónia (á.gua-de-co.ló.ni.a) *n.f.* [*pl.* águas-de-colónia] líquido com cheiro agradável, usado como perfume

aguado (a.gua.do) *adj.* que contém água

água-flebê (á.gua-fle.bê) *n.f.* *(STP)* água mineral gasosa e sulfurosa

água-mato (á.gua-ma.to) *n.f.* *(STP)* inundação; cheia

água-oxigenada (á.gua-o.xi.ge.na.da) *n.f.* [*pl.* águas-oxigenadas] líquido desinfetante usado para limpar feridas

aguardar (a.guar.dar) *v.* estar à espera de SIN. esperar

aguardente (a.guar.den.te) *n.f.* bebida muito alcoólica

aguarela (a.gua.re.la) *n.f.* **1** tinta diluída em água **2** pintura feita com essa tinta

águas-furtadas (á.guas-fur.ta.das) *n.f.pl.* último andar de uma casa, com janelas sobre o telhado

aguça (a.gu.ça) *n.m.* instrumento para aguçar lápis SIN. apara-lápis

a
b
c
d
e
f
g
h
i
j
k
l
m
n
o
p
q
r
s
t
u
v
w
x
y
z

aguçar (a.gu.çar) *v.* **1** tornar mais fino **2** afiar (lápis ou objeto cortante) **3** *(fig.)* estimular; excitar

agudo (a.gu.do) *adj.* **1** diz-se de um som muito fino **2** diz-se da palavra que tem acento tónico na última sílaba (*avó, café*) **3** diz-se do acento que indica som vocálico tónico, geralmente aberto **4** *(fig.)* diz-se do comentário irónico

aguentar (a.guen.tar) *v.* **1** suportar; tolerar **2** segurar; sustentar

águia (á.gui.a) *n.f.* ave de rapina, diurna, muito robusta, com grande capacidade de visão e bico e garras fortes

aguilhão (a.gui.lhão) *n.m.* ponta de ferro das varas com que se picam os bois

agulha (a.gu.lha) *n.f.* **1** pequena haste de metal aguçada numa das pontas e com um buraco na outra, por onde se enfia linha para coser **2** folha fina de algumas árvores **3** ponteiro de relógio ou de bússola

ah (ah) *interj.* exprime admiração, alegria ou espanto

ai (ai) *n.m.* grito aflitivo; gemido ♦ *interj.* exprime dor

aí (a.í) *adv.* **1** nesse lugar **2** nesse ponto

aia (ai.a) *n.f.* **1** senhora encarregada da educação de um príncipe ou de um nobre **2** dama de companhia

ai-laran (ai-la.ran) *n. (Tim.)* floresta; bosque; mata

ai-moruk (ai-mo.ruk) *n. (Tim.)* medicamento

ainda (a.in.da) *adv.* **1** até este momento **2** até aquele momento **3** um dia, no futuro **4** além disso; também; **ainda bem:** felizmente, tanto melhor

airbag (érbég) *n.m.* [*pl.* airbags] espécie de almofada que existe nos automóveis e que se enche de ar para proteger o condutor e os passageiros em caso de choque

aiuê (ai.u.ê) *interj. (Ang., Moç.)* exprime dor

ajardinado (a.jar.di.na.do) *adj.* que tem aspeto de jardim

ajardinar (a.jar.di.nar) *v.* **1** transformar em jardim **2** tratar das plantas

ajeitar (a.jei.tar) *v.* compor; arranjar

ajoelhar-se (a.jo.e.lhar-se) *v.* pôr-se de joelhos

ajuda (a.ju.da) *n.f.* auxílio; socorro

ajudante (a.ju.dan.te) *n.2gén.* pessoa que ajuda

ajudar (a.ju.dar) *v.* prestar socorro ou assistência (a alguém); socorrer

ajuizado (a.ju.i.za.do) *adj.* que tem juízo; sensato

ajuntamento (a.jun.ta.men.to) *n.m.* grupo de pessoas; multidão

ajustado (a.jus.ta.do) *adj.* **1** que está na medida certa **2** que está de acordo com **3** que foi combinado

ajustar (a.jus.tar) *v.* **1** tornar certo ou exato (uma balança, um mecanismo) **2** adaptar (uma coisa a outra) **3** pôr em ordem (contas, dívidas)

ajuste (a.jus.te) *n.m.* **1** ato de ajustar (uma balança, um mecanismo) **2** estabelecimento de um acordo; pacto; **ajuste de contas:** vingança

ala (a.la) *n.f.* parte lateral de um edifício

alado (a.la.do) *adj.* que tem asas; que voa

alagado (a.la.ga.do) *adj.* cheio de água; inundado

alagar (a.la.gar) *v.* cobrir de água; inundar

alameda (a.la.me.da) *n.f.* rua com árvores de ambos os lados

alaranjado (a.la.ran.ja.do) *adj.* de cor semelhante ao cor de laranja

alarde (a.lar.de) *n.m.* atitude exibicionista; ostentação; **fazer alarde de:** exibir-se, dar espetáculo

alargamento (a.lar.ga.men.to) *n.m.* aumento; ampliação

alargar (a.lar.gar) *v.* aumentar; ampliar

alarido (a.la.ri.do) *n.m.* barulho de vozes

alarmante (a.lar.man.te) *adj.2gén.* que alarma ou assusta

alarmar (a.lar.mar) *v.* assustar; sobressaltar

alarme (a.lar.me) *n.m.* **1** sinal ou aviso de perigo **2** grande agitação ou susto

alarve (a.lar.ve) *n.2gén.* pessoa que come demasiado

alastrar (a.las.trar) *v.* espalhar aos poucos; estender-se

alaúde (a.la.ú.de) *n.m.* antigo instrumento de cordas de origem árabe, com a parte de trás curva, tampo plano com uma abertura redonda e braço largo

alavanca (a.la.van.ca) *n.f.* **1** barra de material resistente usada para erguer um objeto pesado **2** *(fig.)* meio usado para atingir um fim

albarda (al.bar.da) *n.f.* sela grosseira, própria para resguardar o lombo dos animais de carga

albatroz (al.ba.troz) *n.m.* ave marinha de cor branca e asas muito compridas

albergar (al.ber.gar) *v.* dar hospedagem (a alguém); hospedar

albergaria (al.ber.ga.ri.a) *n.f.* casa onde se recebem hóspedes mediante pagamento; pousada

albergue (al.ber.gue) *n.m.* **1** lugar onde se recebem hóspedes **2** residência de férias para jovens

albinismo (al.bi.nis.mo) *n.m.* diminuição ou falta total de pigmentação da pele e dos pelos

albino (al.bi.no) *n.m.* pessoa ou animal que tem albinismo

albite (al.bi.te) *n.m. (CV)* petisco; pitéu

albufeira (al.bu.fei.ra) *n.f.* **1** lagoa formada pelo mar e pelas marés **2** lago artificial criado por barragem

álbum (ál.bum) *n.m.* livro para colecionar e guardar fotografias, selos, etc.

alça (al.ça) *n.f.* tira, geralmente de tecido, usada para segurar peças de roupa pelos ombros

alcachofra (al.ca.cho.fra) *n.f.* planta herbácea utilizada em medicina e em culinária

alcançado (al.can.ça.do) *adj.* **1** atingido **2** conquistado **3** *(fig.)* compreendido

alcançar (al.can.çar) *v.* **1** atingir **2** conquistar **3** *(fig.)* compreender

alcance (al.can.ce) *n.m.* distância que se pode alcançar com a vista, a voz ou o toque

alçapão (al.ça.pão) *n.m.* porta ou tampa ao nível do chão que permite a comunicação com um espaço que fica por baixo

alçar (al.çar) *v.* levantar; erguer

alcateia (al.ca.tei.a) *n.f.* grupo de lobos

alcatifa (al.ca.ti.fa) *n.f.* tapete com que se cobre totalmente o chão de uma divisão

alcatifado (al.ca.ti.fa.do) *adj.* coberto com alcatifa

alcatifar (al.ca.ti.far) *v.* cobrir com alcatifa

alcatrão (al.ca.trão) *n.m.* substância pastosa e escura, extraída do carvão e do petróleo, que é usada para pavimentar ruas e estradas

alcatroar (al.ca.tro.ar) *v.* cobrir com alcatrão

alce (al.ce) *n.m.* veado grande com pelagem escura e chifres largos, espalmados e recortados, que vive nas regiões frias do norte da Europa

alcofa (al.co.fa) *n.f.* berço, geralmente com asas, para transportar crianças de colo

álcool (ál.co.ol) *n.m.* [*pl.* álcoois] líquido transparente que arde e se evapora com facilidade, usado para desinfetar feridas

alcoólico (al.co.ó.li.co) *adj.* **1** que contém álcool **2** diz-se da pessoa que abusa de bebidas com álcool

alcoolismo (al.co.o.lis.mo) *n.m.* **1** abuso de bebidas alcoólicas **2** doença causada pelo abuso de bebidas alcoólicas

alcoolizado (al.co.o.li.za.do) *adj.* **1** que contém álcool **2** embriagado; bêbado

alcunha (al.cu.nha) *n.f.* nome que se dá a uma pessoa por causa de uma dada característica SIN. cognome

aldeamento (al.de.a.men.to) *n.m.* conjunto de casas ou apartamentos utilizados para turismo

aldeão (al.de.ão) *adj.* relativo a aldeia; rústico ♦ *n.m.* [f. aldeã, pl. aldeões, aldeãos, aldeães] natural ou habitante de uma aldeia; camponês

aldeia (al.dei.a) *n.f.* povoação pequena, menor do que a vila, e com poucos habitantes; **aldeia global:** o mundo atual, ligado por uma vasta rede de comunicações

aldeola (al.de.o.la) *n.f.* aldeia pequena

aldraba (al.dra.ba) *n.f.* **1** peça de ferro para fechar portas e janelas do lado de dentro **2** peça metálica em forma de argola para bater à porta

aldrabado (al.dra.ba.do) *adj.* **1** (inform.) enganado **2** (inform.) feito à pressa

aldrabão (al.dra.bão) *adj. e n.m.* **1** mentiroso **2** trapalhão

aldrabar (al.dra.bar) *v.* **1** fazer (algo) depressa e mal **2** mentir

aldrabice (al.dra.bi.ce) *n.f.* **1** mentira **2** trapalhada

alecrim (a.le.crim) *n.m.* arbusto aromático com flores azul-claras, brancas ou rosadas, usado em perfumaria

alegoria (a.le.go.ri.a) *n.f.* representação de uma coisa abstrata através de uma coisa concreta (usando metáforas, imagens e comparações)

alegórico (a.le.gó.ri.co) *adj.* relativo a alegoria; simbólico

alegrar (a.le.grar) *v.* causar alegria a ♦ **alegrar-se** ficar alegre

alegre (a.le.gre) *adj.2gén.* **1** que sente ou manifesta alegria; contente **2** que faz sentir alegria **3** diz-se da cor de tom vivo

alegria (a.le.gri.a) *n.f.* **1** estado de satisfação ou contentamento **2** acontecimento feliz **3** festa; divertimento

aleijado (a.lei.ja.do) *adj.* magoado; ferido

aleijar (a.lei.jar) *v.* magoar(-se) fisicamente ♦ **aleijar-se** ferir-se

aleitamento (a.lei.ta.men.to) *n.m.* ato de alimentar com leite materno SIN. amamentação

aleluia (a.le.lui.a) *n.f.* cântico de alegria ou de ação de graças ♦ *interj.* manifestação de alegria

além (a.lém) *adv.* **1** mais à frente; mais adiante **2** em lugar distante; longe ♦ *n.m.* mundo dos espíritos

alemão (a.le.mão) *adj.* relativo à Alemanha ♦ *n.m.* **1** pessoa natural da Alemanha **2** língua oficial da Alemanha, da Áustria, de parte da Suíça, da Bélgica e do Luxemburgo

alembamento (a.lem.ba.men.to) *n.m.* (Ang.) dote

além-fronteiras (a.lém-fron.tei.ras) *adv.* no estrangeiro

alentejano (a.len.te.ja.no) *adj.* relativo ao Alentejo ♦ *n.m.* pessoa natural do Alentejo

alergia (a.ler.gi.a) *n.f.* sensibilidade anormal do corpo provocada por algumas substâncias

alérgico (a.lér.gi.co) *adj.* **1** relativo a alergia **2** que sofre de alergia

alerta (a.ler.ta) *adv.* com muita atenção e vigilância ♦ *n.m.* sinal para se estar atento ou vigilante ♦ *interj.* usada para chamar a atenção ou avisar de perigo

alertar (a.ler.tar) *v.* **1** chamar a atenção (de alguém para alguma coisa) **2** assustar **3** dar sinal de perigo; avisar

aletria (a.le.tri.a) *n.f.* doce feito com uma massa de fios muito finos, ovos, leite, açúcar e canela

alfabético (al.fa.bé.ti.co) *adj.* **1** relativo ao alfabeto **2** que segue a ordem das letras do alfabeto

alfabetização (al.fa.be.ti.za.ção) *n.f.* processo de ensino e aprendizagem da leitura e da escrita; instrução

alfabetizado (al.fa.be.ti.za.do) *adj.* que aprendeu a ler e a escrever

alfabetizar (al.fa.be.ti.zar) *v.* ensinar a ler e a escrever

alfabeto (al.fa.be.to) *n.m.* conjunto das letras de uma língua dispostas segundo determinada ordem SIN. abecedário

Com o Acordo Ortográfico, o **alfabeto** português passa a ter oficialmente 26 letras.

alface (al.fa.ce) *n.f.* planta herbácea comestível com diversas variedades, muito utilizada em saladas

alfacinha (al.fa.ci.nha) *adj.2gén. (inform.)* relativo a Lisboa; lisboeta ♦ *n.2gén. (inform.)* pessoa que é natural de Lisboa; lisboeta

alfafa (al.fa.fa) *n.f.* planta espontânea que é usada para a alimentação do gado

alfaia (al.fai.a) *n.f.* utensílio; ferramenta; **alfaias agrícolas:** instrumentos usados na agricultura

alfaiataria (al.fai.a.ta.ri.a) *n.f.* loja de alfaiate

alfaiate (al.fai.a.te) *n.m.* aquele que faz roupas de homem

alfândega (al.fân.de.ga) *n.f.* posto situado na fronteira de um país, onde se controla a entrada e saída de pessoas e mercadorias

alfarroba (al.far.ro.ba) *n.f.* fruto em forma de vagem, de cor castanho-escura e sabor adocicado

alfazema (al.fa.ze.ma) *n.f.* planta com pequenas flores azuis muito perfumadas, utilizada em perfumaria; lavanda

alferes (al.fe.res) *n.2gén.* oficial que ocupa o posto acima de sargento e abaixo de tenente

alfinete (al.fi.ne.te) *n.m.* pequena haste de metal, pontiaguda de um lado e com cabeça no outro, que serve para pregar roupa

alforreca (al.for.re.ca) *n.f.* animal marinho de cor transparente e consistência mole

alga (al.ga) *n.f.* planta com diversas formas que vive em águas salgadas ou doces

algarismo (al.ga.ris.mo) *n.m.* sinal gráfico com que se representam os números

algarvio (al.gar.vi.o) *adj.* relativo ao Algarve ♦ *n.m.* pessoa natural do Algarve

algazarra (al.ga.zar.ra) *n.f.* **1** gritaria **2** confusão

algema (al.ge.ma) *n.f.* argola de metal usada para prender alguém pelos pulsos

algemar (al.ge.mar) *v.* prender com algemas

algibeira (al.gi.bei.ra) *n.f.* bolso

algo (al.go) *pron.indef.* alguma coisa; qualquer coisa (*passava-se algo, algo te fez mal*) ◆ *adv.* um pouco; um tanto (*sentia-se algo estranho*)

algodão (al.go.dão) *n.m.* **1** conjunto de fios brancos de toque suave que cobrem as sementes do algodoeiro e são usados para fazer tecidos ou limpar a pele **2** tecido feito desses fios; **algodão em rama:** algodão simples, que não foi tratado

algodão-doce (al.go.dão-do.ce) *n.m.* [*pl.* algodões-doces] doce de feira feito de fios de açúcar muito finos que se juntam em flocos em redor de um pauzinho

algodoeiro (al.go.do.ei.ro) *n.m.* planta que produz o algodão

algoritmo (al.go.rit.mo) *n.m.* processo de cálculo para resolver problemas matemáticos

alguém (al.guém) *pron.indef.* **1** pessoa cuja identidade não é referida (*alguém falou nisso*) **2** pessoa importante (*queria crescer e ser alguém*)

algum (al.gum) *det.indef.>quant.exist.*[DT] e *pron.indef.* um de entre dois ou mais

alguma (al.gu.ma) *n.f.* **1** (*inform.*) coisa negativa ou inconveniente **2** (*inform.*) asneira; disparate; **fazer alguma:** fazer uma asneira

algures (al.gu.res) *adv.* em algum lugar

alhada (a.lha.da) *n.f.* (*inform.*) situação difícil; trapalhada

alheamento (a.lhe.a.men.to) *n.m.* distração

alhear-se (a.lhe.ar-se) *v.* não dar atenção a; ignorar (alhear-se de)

alheio (a.lhei.o) *adj.* que pertence a outra pessoa

alheira (a.lhei.ra) *n.f.* chouriça feita com miolo de pão, alho e várias carnes picadas

alho (a.lho) *n.m.* planta de cheiro muito forte utilizada em culinária como condimento

alho-francês (a.lho-fran.cês) *n.m.* [*pl.* alhos-franceses] planta cujo bolbo e folhas são maiores que o alho comum e são usados em culinária

alho-porro (a.lho-por.ro) *n.m.* [*pl.* alhos-porros] → **alho-francês**

ali (a.li) *adv.* naquele lugar; lá ANT. aqui

aliado (a.li.a.do) *adj.* diz-se de pessoa, país ou grupo que está ligado a outro por aliança ou pacto; cúmplice

aliança (a.li.an.ça) *n.f.* **1** anel de noivado ou casamento **2** acordo entre pessoas, empresas, partidos ou países; pacto

aliar (a.li.ar) *v.* unir; ligar ◆ **aliar-se** unir-se; ligar-se

aliás (a.li.ás) *adv.* **1** de outro modo **2** além disso **3** a propósito

alicate (a.li.ca.te) *n.m.* ferramenta que serve para segurar pequenas peças metálicas, torcer ou cortar arame, etc.

alicerce (a.li.cer.ce) *n.m.* **1** base de um edifício ou de uma construção **2** (*fig.*) aquilo que serve de base a alguma coisa; fundamento

aliciante (a.li.ci.an.te) *adj.2gén.* que provoca interesse; estimulante

aliciar (a.li.ci.ar) *v.* **1** atrair para si **2** estimular

alimentação (a.li.men.ta.ção) *n.f.* **1** ato de dar ou tomar alimento **2** aquilo que se come; comida

alimentar (a.li.men.tar) *v.* **1** dar ou tomar alimento **2** (*fig.*) tornar mais forte ◆ *adj.2gén.* relativo aos alimentos

alimento (a.li.men.to) *n.m.* substância que serve para alimentar SIN. comida

alínea (a.lí.ne.a) *n.f.* linha que abre um novo parágrafo

alinhado (a.li.nha.do) *adj.* **1** colocado em linha reta **2** colocado numa posição simétrica ou paralela

alinhamento (a.li.nha.men.to) *n.m.* **1** ato de pôr em linha reta **2** fila de pessoas ou coisas em linha reta

alinhar (a.li.nhar) *v.* pôr em linha reta

alinhavar (a.li.nha.var) *v.* coser com pontos largos antes da costura final

alisar (a.li.sar) *v.* tornar liso

aliteração (a.li.te.ra.ção) *n.f.* repetição das mesmas letras, sílabas ou sons, numa frase

aliviado (a.li.vi.a.do) *adj.* **1** livre de um peso ou de uma dificuldade **2** que está tranquilo

aliviar (a.li.vi.ar) *v.* **1** diminuir o peso de **2** reduzir (uma dor, um sentimento)

alívio (a.lí.vi.o) *n.m.* **1** diminuição de um peso ou de uma dificuldade **2** redução da intensidade de uma dor

alma (al.ma) *n.f.* **1** parte do ser humano que não é material; espírito **2** *(fig.)* pessoa que anima um grupo ou uma atividade

almanaque (al.ma.na.que) *n.m.* publicação anual com calendário, informações científicas, tabelas, etc.

almirante (al.mi.ran.te) *n.2gén.* oficial que ocupa o posto mais alto da Marinha

almoçadeira (al.mo.ça.dei.ra) *n.f.* chávena grande e larga

almoçar (al.mo.çar) *v.* comer o almoço

almoço (al.mo.ço) *n.m.* refeição que se toma geralmente ao fim da manhã

almofada (al.mo.fa.da) *n.f.* espécie de saco cheio de uma substância mole para assento ou apoio da cabeça

almofadão (al.mo.fa.dão) *n.m.* [*aum. de* almofada] almofada grande

almofariz (al.mo.fa.riz) *n.m.* recipiente usado para esmagar substâncias sólidas com um instrumento próprio

almôndega (al.môn.de.ga) *n.f.* pequena bola de carne picada que se come depois de frita, geralmente com molho

alô (a.lô) *interj.* *(Bras.)* usa-se para atender o telefone; está?; olá

alojamento (a.lo.ja.men.to) *n.m.* **1** ato ou efeito de alojar **2** lugar onde alguém se hospeda por um certo tempo

alojar (a.lo.jar) *v.* receber (alguém) numa casa durante um certo tempo ◆ **alojar--se** instalar-se em determinado lugar

aloquete (a.lo.que.te) *n.m.* fechadura móvel SIN. cadeado

alpaca (al.pa.ca) *n.f.* animal mamífero ruminante, de pelagem longa e espessa, que habita na América do Sul

alpendre (al.pen.dre) *n.m.* cobertura saliente na entrada de uma casa

alperce (al.per.ce) *n.m.* fruto pequeno, esférico, de polpa branca ou rosada e casca aveludada SIN. damasco

alpinismo (al.pi.nis.mo) *n.m.* desporto que consiste em escalar montanhas muito altas

alpinista (al.pi.nis.ta) *n.2gén.* pessoa que pratica alpinismo

alpista (al.pis.ta) *n.f.* planta que produz os grãos usados na alimentação dos pássaros

alta (al.ta) *n.f.* autorização dada por um médico a um doente para deixar o hospital e voltar para casa

altamente (al.ta.men.te) *interj.* *(inform.)* exprime concordância ou satisfação ◆ *adj.* muito bom; excelente

altar (al.tar) *n.m.* mesa em que se celebra a missa, na religião católica

altar-mor (al.tar-mor) *n.m.* [*pl.* altares--mores] altar principal de uma igreja

alta-voz (al.ta-voz) *n.m.* sistema que permite usar um telefone num veículo, sem ter de segurar no microfone ou no auscultador

altear (al.te.ar) *v.* tornar mais alto; elevar

a
b
c
d
e
f
g
h
i
j
k
l
m
n
o
p
q
r
s
t
u
v
w
x
y
z

alteração (al.te.ra.ção) *n.f.* mudança de estado ou de posição SIN. modificação

alterado (al.te.ra.do) *adj.* que sofreu alteração SIN. modificado

alterar (al.te.rar) *v.* causar alteração em SIN. modificar

alternadamente (al.ter.na.da.men.te) *adv.* um de cada vez

alternado (al.ter.na.do) *adj.* que se sucede cada qual por sua vez

alternância (al.ter.nân.ci.a) *n.f.* repetição de elementos de um conjunto, sempre obedecendo à mesma ordem

alternar (al.ter.nar) *v.* fazer suceder repetidamente duas coisas (uma de cada vez)

alternativa (al.ter.na.ti.va) *n.f.* **1** sucessão de duas coisas, cada uma por sua vez **2** escolha entre duas coisas

alteza (al.te.za) *n.f.* tratamento dado aos príncipes e infantes e, antigamente, aos reis

altifalante (al.ti.fa.lan.te) *n.m.* aparelho usado para ampliar o som da voz; megafone

altíssimo (al.tís.si.mo) *adj.* [*superl. de* alto] muito alto

altitude (al.ti.tu.de) *n.f.* altura de um ponto da Terra em relação ao nível do mar

altivo (al.ti.vo) *adj.* orgulhoso; arrogante

alto (al.to) *adj.* **1** que tem grande altura ANT. baixo **2** que está levantado; erguido ♦ *adv.* em voz alta ♦ *interj.* usada para mandar parar; **de alto a baixo:** completamente; de uma ponta a outra

alto-mar (al.to-mar) *n.m.* [*pl.* altos-mares] qualquer ponto de mar afastado da costa

alto-relevo (al.to-re.le.vo) *n.m.* [*pl.* altos-relevos] tipo de escultura em que as figuras se destacam em relação ao fundo

altruísmo (al.tru.ís.mo) *n.m.* sentimento de preocupação pelo bem-estar e felicidade das outras pessoas

altruísta (al.tru.ís.ta) *adj.2gén.* diz-se da pessoa que ajuda os outros sem esperar nada em troca

altura (al.tu.ra) *n.f.* **1** medida de um corpo, da base até ao cimo **2** estatura de uma pessoa **3** ponto elevado; elevação **4** momento determinado; ocasião

alucinação (a.lu.ci.na.ção) *n.f.* perturbação mental que leva uma pessoa a ver e ouvir coisas que não existem na realidade

alucinante (a.lu.ci.nan.te) *adj.2gén.* **1** que faz perder o juízo **2** deslumbrante; extraordinário

alucinar (a.lu.ci.nar) *v.* **1** fazer perder o juízo **2** deslumbrar; encantar **3** perder o juízo; enlouquecer

alugar (a.lu.gar) *v.* dar ou adquirir (um bem ou um serviço) durante algum tempo, pagando um dado preço

aluguer (a.lu.guer) *n.m.* ato de ceder ou tomar um bem ou um serviço durante algum tempo mediante pagamento

alumínio (a.lu.mí.ni.o) *n.m.* elemento químico metálico usado em aviões, automóveis, utensílios de cozinha, embalagens, etc.

alunagem (a.lu.na.gem) *n.f.* aterragem na superfície da Lua

alunar (a.lu.nar) *v.* pousar na superfície da Lua

aluno (a.lu.no) *n.m.* pessoa que recebe ensinamentos de um professor SIN. estudante

aluvião (a.lu.vi.ão) *n.m.* depósito de materiais trazidos para um lugar pelas águas correntes

alva (al.va) *n.f.* primeira luz da manhã, antes do nascer do Sol SIN. alvorada

alvejar (al.ve.jar) *v.* procurar atingir com uma arma de fogo

alveolar (al.ve.o.lar) *adj.2gén.* **1** pertencente a alvéolo **2** semelhante a alvéolo

alvéolo (al.vé.o.lo) *n.m.* **1** cada uma das pequenas cavidades da colmeia onde as abelhas depositam o mel e os ovos **2** pequena cavidade no corpo humano (*alvéolo dentário, alvéolo pulmonar*)

alvíssaras (al.vís.sa.ras) *n.f.pl.* recompensa dada por uma boa notícia

alvo (al.vo) *n.m.* **1** ponto em que se procura acertar com tiro, flecha, etc. **2** *(fig.)* objetivo ◆ *adj.* branco

alvorada (al.vo.ra.da) *n.f.* primeira claridade da manhã SIN. alva

alvorecer (al.vo.re.cer) *v.* começar o dia; amanhecer ◆ *n.m.* o começo do dia; amanhecer

alvoroço (al.vo.ro.ço) *n.m.* agitação; sobressalto

ama (a.ma) *n.f.* mulher que cria ou toma conta de uma criança que não é sua

amabilidade (a.ma.bi.li.da.de) *n.f.* qualidade de quem é amável; delicadeza

amabilíssimo (a.ma.bi.lís.si.mo) *adj.* [*superl. de* amável] muito amável

amachucar (a.ma.chu.car) *v.* deformar (um corpo ou um objeto) por meio de força

amaciador (a.ma.ci.a.dor) *n.m.* **1** produto usado na lavagem da roupa para a tornar mais macia **2** creme que se usa depois do champô para tornar o cabelo mais fácil de pentear

amaciar (a.ma.ci.ar) *v.* tornar macio

amado (a.ma.do) *adj. e n.m.* que ou aquele que é muito querido

amador (a.ma.dor) *adj. e n.m.* que ou pessoa que faz alguma coisa por gosto ou prazer e não como profissão

amadorismo (a.ma.do.ris.mo) *n.m.* dedicação a uma atividade ou a um desporto por gosto, e não como profissão

amadurecer (a.ma.du.re.cer) *v.* **1** ficar maduro (fruto) **2** *(fig.)* ganhar experiência (pessoa)

amadurecido (a.ma.du.re.ci.do) *adj.* **1** que se tornou maduro (fruto) **2** *(fig.)* que se tornou experiente (pessoa)

amadurecimento (a.ma.du.re.ci.men.to) *n.m.* **1** ato ou efeito de amadurecer **2** estado de maduro

âmago (â.ma.go) *n.m.* **1** parte mais interior de qualquer coisa; cerne SIN. cerne **2** *(fig.)* parte mais importante de (um problema, uma teoria)

amaldiçoar (a.mal.di.ço.ar) *v.* lançar maldição sobre

amálgama (a.mál.ga.ma) *n.2gén.* mistura de coisas diferentes que formam um todo

amamentação (a.ma.men.ta.ção) *n.m.* ato de alimentar com leite materno SIN. aleitamento

amamentar (a.ma.men.tar) *v.* dar de mamar a

amanhã (a.ma.nhã) *adv.* no dia a seguir a hoje ◆ *n.m.* o dia seguinte ao de hoje

amanhar (a.ma.nhar) *v.* **1** cultivar (a terra) **2** preparar (peixe) para cozinhar

amanhecer (a.ma.nhe.cer) *v.* começar o dia; alvorecer ◆ *n.m.* o começo do dia; alvorecer

amansado (a.man.sa.do) *adj.* que se tornou manso; acalmado

amansar (a.man.sar) *v.* tornar manso; acalmar

amante (a.man.te) *n.2gén.* **1** pessoa que tem uma relação amorosa com outra, com quem não está casada **2** pessoa que tem muito gosto por algo

amanteigado (a.man.tei.ga.do) *adj.* que tem sabor ou consistência de manteiga

a b c d e f g h i j k l m n o p q r s t u v w x y z

amar (a.mar) *v.* sentir amor por; gostar muito de ANT. odiar

amarelado (a.ma.re.la.do) *adj.* **1** semelhante a amarelo **2** pálido; descorado

amarelo (a.ma.re.lo) *n.m.* cor da gema do ovo, do limão maduro e do sol ♦ *adj.* que está pálido ou sem cor

amarelo-claro (a.ma.re.lo-cla.ro) *n.m.* [*pl.* amarelos-claros] tom claro de amarelo

amarelo-escuro (a.ma.re.lo-es.cu.ro) *n.m.* [*pl.* amarelos-escuros] tom escuro de amarelo

amarelo-torrado (a.ma.re.lo-tor.ra.do) *n.m.* [*pl.* amarelos-torrados] tom de amarelo semelhante a castanho

amargo (a.mar.go) *adj.* **1** que tem um sabor acre e desagradável **2** que não é doce; azedo

amargura (a.mar.gu.ra) *n.f.* **1** sabor amargo **2** *(fig.)* aflição; angústia

amargurado (a.mar.gu.ra.do) *adj.* que sente amargura; angustiado

amarra (a.mar.ra) *n.f.* corrente que prende o navio à âncora

amarração (a.mar.ra.ção) *n.f.* **1** ato de amarrar uma embarcação **2** conjunto de cabos usados para amarrar uma embarcação

amarrar (a.mar.rar) *v.* **1** atar com força **2** prender (uma embarcação) com amarras

amarrotado (a.mar.ro.ta.do) *adj.* que tem vincos ou pregas SIN. enrugado

amarrotar (a.mar.ro.tar) *v.* fazer pregas ou vincos em (papel, tecido)

amassar (a.mas.sar) *v.* **1** transformar em massa ou pasta **2** deformar (um corpo ou um objeto) por meio de força

amável (a.má.vel) *adj.2gén.* delicado; simpático

amazona (a.ma.zo.na) *n.f.* mulher que monta a cavalo

ambanine (am.ba.ni.ne) *interj. (Moç.)* usa-se como cumprimento de despedida

âmbar (âm.bar) *n.m.* substância acastanhada ou amarelada e quase transparente que se obtém da resina das árvores

ambição (am.bi.ção) *n.f.* desejo intenso de riqueza, poder ou sucesso

ambicionar (am.bi.ci.o.nar) *v.* desejar muito

ambicioso (am.bi.ci.o.so) *adj.* **1** diz-se da pessoa que deseja riqueza, poder ou sucesso **2** diz-se daquilo que exige muita coragem; arrojado

ambidestro (am.bi.des.tro) *adj.* que usa ambas as mãos com facilidade

ambiental (am.bi.en.tal) *adj.2gén.* **1** relativo ao ambiente **2** próprio do ambiente

ambientalista (am.bi.en.ta.lis.ta) *n.2gén.* pessoa que se dedica ao estudo e à proteção do meio ambiente

ambientar (am.bi.en.tar) *v.* adaptar a um ambiente ♦ **ambientar-se** adaptar-se

ambiente (am.bi.en.te) *n.m.* **1** conjunto de fatores físicos e biológicos que rodeia os seres vivos **2** conjunto de condições sociais e culturais em que as pessoas vivem

ambiguidade (am.bi.gui.da.de) *n.f.* qualidade do que tem mais de um sentido ou que pode ser entendido de maneiras diferentes

ambíguo (am.bí.guo) *adj.* **1** que pode ter diferentes sentidos **2** que causa dúvida

âmbito (âm.bi.to) *n.m.* **1** espaço compreendido dentro de determinados limites **2** área de conhecimentos ou de atividade

ambos (am.bos) *det.indef.>quant.univ.*DT *e pron.indef.* **1** um e outro **2** os dois juntos

ambulância (am.bu.lân.ci.a) *n.f.* carro próprio para transportar doentes e feridos

ambulante (am.bu.lan.te) *adj.2gén.* que se desloca de lugar para lugar

ameaça (a.me.a.ça) *n.f.* palavra, gesto ou sinal que indica que se quer fazer mal a alguém

ameaçado (a.me.a.ça.do) *adj.* **1** que recebeu ameaça **2** que está em risco de desaparecer

ameaçador (a.me.a.ça.dor) *adj.* que ameaça; perigoso

ameaçar (a.me.a.çar) *v.* **1** mostrar ou dizer que se quer fazer mal a alguém **2** estar quase a acontecer

amealhar (a.me.a.lhar) *v.* juntar (dinheiro) ao longo do tempo

amedrontado (a.me.dron.ta.do) *adj.* assustado

amedrontar (a.me.dron.tar) *v.* assustar

ameia (a.mei.a) *n.f.* abertura no alto da muralha de uma fortaleza por onde se vê quem se aproxima

amêijoa (a.mêi.jo.a) *n.f.* animal de corpo mole coberto por uma concha que vive no mar e é comestível

ameixa (a.mei.xa) *n.f.* fruto arredondado de pele fina, amarelada ou vermelho--escura, produzido pela ameixeira

ameixoal (a.mei.xo.al) *n.m.* pomar de ameixeiras

ameixoeira (a.mei.xo.ei.ra) *n.f.* árvore que produz as ameixas

ámen (á.men) *interj.* usa-se no final das orações, na missa, para indicar que se está de acordo; assim seja!

amêndoa (a.mên.do.a) *n.f.* semente comestível da amendoeira com casca dura, castanha, e miolo branco

amendoado (a.men.do.a.do) *adj.* com forma de amêndoa

amendoal (a.men.do.al) *n.m.* pomar de amendoeiras

amendoeira (a.men.do.ei.ra) *n.f.* árvore que produz amêndoas

amendoim (a.men.do.im) *n.m.* semente cilíndrica, amarela e comestível de uma planta com o mesmo nome

ameno (a.me.no) *adj.* agradável

americano (a.me.ri.ca.no) *adj.* relativo à América (continente) ou aos Estados Unidos da América ♦ *n.m.* pessoa natural da América ou dos Estados Unidos da América

amestrado (a.mes.tra.do) *adj.* diz-se do animal treinado

ametista (a.me.tis.ta) *n.f.* pedra preciosa de cor púrpura ou roxa

amicíssimo (a.mi.cís.si.mo) *adj.* [*superl. de* amigo] muito amigo

amido (a.mi.do) *n.m.* composto formado por moléculas de glicose que existe nos vegetais

amigalhaço (a.mi.ga.lha.ço) *n.m.* (*inform.*) grande amigo SIN. amigão

amigão (a.mi.gão) *n.m.* (*inform.*) grande amigo

amigável (a.mi.gá.vel) *adj.2gén.* **1** próprio de amigo **2** feito com o acordo das pessoas envolvidas **3** que é fácil de aprender ou de usar

amígdala (a.míg.da.la) *n.f.* cada um dos órgãos em forma de amêndoa situados à entrada da garganta

amigdalite (a.mig.da.li.te) *n.f.* inflamação das amígdalas

amigo (a.mi.go) *adj.* que tem amizade a alguém ♦ *n.m.* **1** aquele que sente amizade por alguém ANT. inimigo **2** aquele que ajuda outra pessoa; (*inform.*) **amigo da onça:** falso amigo; (atitude, produto, tecnologia) **amigo do ambiente:** que evita os efeitos negativos sobre o ambiente

a
b
c
d
e
f
g
h
i
j
k
l
m
n
o
p
q
r
s
t
u
v
w
x
y
z

amiguinho (a.mi.gui.nho) *n.m.* [*dim. de amigo*] amigo (sobretudo entre crianças)

amistoso (a.mis.to.so) *adj.* próprio de amigo

amizade (a.mi.za.de) *n.f.* sentimento de grande afeto ou simpatia por alguém

amnésia (am.né.si.a) *n.f.* perda parcial ou total da memória

amniótico (am.ni.ó.ti.co) *adj.* diz-se do líquido que envolve o feto durante a gestação ou da bolsa que contém esse líquido (*saco amniótico*)

amo (a.mo) *n.m.* **1** chefe; patrão **2** tratamento que era dado ao rei pelos vassalos

> Repara na diferença entre **amo** (chefe, rei) e **amo** (forma do verbo *amar*).

amolador (a.mo.la.dor) *n.m.* homem que afia facas, tesouras e outros objetos cortantes

amolar (a.mo.lar) *v.* afiar (objetos cortantes)

amolecer (a.mo.le.cer) *v.* ficar mole

amolgado (a.mol.ga.do) *adj.* amassado

amolgar (a.mol.gar) *v.* amassar; achatar

amoníaco (a.mo.ní.a.co) *n.m.* gás sem cor e de cheiro muito forte, usado em produtos de limpeza e na indústria

amontoado (a.mon.to.a.do) *adj.* colocado em monte e sem ordem; empilhado ♦ *n.m.* conjunto de coisas amontoadas

amontoar (a.mon.to.ar) *v.* colocar em monte e sem ordem; empilhar

amor (a.mor) *n.m.* sentimento de afeto muito forte; paixão

amora (a.mo.ra) *n.f.* fruto doce de cor vermelha-escura que se come ao natural e em compotas

amordaçar (a.mor.da.çar) *v.* tapar a boca para impedir (alguém) de falar

amoreira (a.mo.rei.ra) *n.f.* arbusto que produz amoras e cujas folhas são usadas na alimentação do bicho-da-seda

amoroso (a.mo.ro.so) *adj.* **1** que tem ou demonstra amor **2** carinhoso; terno

amor-perfeito (a.mor-per.fei.to) *n.m.* [*pl.* amores-perfeitos] planta com flores coloridas em forma de violetas grandes

amor-próprio (a.mor-pró.pri.o) *n.m.* [*pl.* amores-próprios] respeito que cada pessoa tem por si própria

amortecedor (a.mor.te.ce.dor) *n.m.* aparelho que reduz o efeito de choques e vibrações

amortecer (a.mor.te.cer) *v.* diminuir a força de (um choque, uma queda)

amortecimento (a.mor.te.ci.men.to) *n.m.* diminuição da força ou da intensidade

amostra (a.mos.tra) *n.f.* **1** pequena quantidade de qualquer coisa **2** prova de que algo existe; sinal **3** apresentação; demonstração

amostragem (a.mos.tra.gem) *n.f.* **1** conjunto de amostras **2** recolha de pequenas quantidades de um produto para o analisar

amostrar (a.mos.trar) *v.* mostrar

amparar (am.pa.rar) *v.* **1** impedir de cair **2** dar apoio; ajudar

ampliação (am.pli.a.ção) *n.f.* **1** ato ou efeito de ampliar **2** aumento (de uma fotografia, de uma imagem, etc.)

ampliador (am.pli.a.dor) *n.m.* aparelho que aumenta uma imagem

ampliar (am.pli.ar) *v.* tornar maior; aumentar

amplificação (am.pli.fi.ca.ção) *n.f.* aumento da intensidade (de um som) ou do tamanho (de um objeto)

amplificador (am.pli.fi.ca.dor) *n.m.* aparelho que amplifica a intensidade do som

amplificar (am.pli.fi.car) *v.* aumentar a intensidade ou o tamanho de

amplitude (am.pli.tu.de) *n.f.* **1** grande extensão **2** *(fig.)* importância

amplo (am.plo) *adj.* que é grande ou tem muito espaço; vasto

ampola (am.po.la) *n.f.* pequeno tubo de vidro que contém um líquido e que é fechado para não deixar entrar ar

ampulheta (am.pu.lhe.ta) *n.f.* instrumento composto por dois vasos que comunicam por um orifício, que serve para contar tempo pela passagem de areia de um vaso para o outro

amputar (am.pu.tar) *v.* cortar (um órgão ou um membro)

amuado (a.mu.a.do) *adj.* que está aborrecido ou de mau humor

amuanado (a.mu.a.na.do) *adj. (Moç.)* acriançado

amuar (a.mu.ar) *v.* ficar aborrecido e calado

amuleto (a.mu.le.to) *n.m.* objeto que se usa para dar sorte ou proteger do azar SIN. talismã

amuo (a.mu.o) *n.m.* aborrecimento ou mau humor SIN. enfado

amurada (a.mu.ra.da) *n.f.* parapeito existente na borda de uma embarcação

anacruse (a.na.cru.se) *n.f.* parte não acentuada de uma frase musical

anaeróbio (a.na.e.ró.bi.o) *adj.* diz-se de ser vivo capaz de viver sem ar ou oxigénio

anafado (a.na.fa.do) *adj.* que é gordo; rechonchudo

anáfora (a.ná.fo.ra) *n.f.* repetição de uma ou mais palavras no princípio de frases ou versos sucessivos

anagrama (a.na.gra.ma) *n.m.* palavra formada alterando a ordem das letras de outra palavra (por exemplo, *prato* e *trapo*; *amor* e *Roma*)

anal (a.nal) *adj.2gén.* relativo ao ânus

analfabético (a.nal.fa.bé.ti.co) *adj.* **1** que não sabe ler nem escrever **2** que não tem conhecimentos (científicos, artísticos, etc.)

analfabeto (a.nal.fa.be.to) *adj. e n.m.* **1** que ou pessoa que não sabe ler nem escrever **2** que ou pessoa que tem falta de conhecimentos (científicos, artísticos, etc.)

analgésico (a.nal.gé.si.co) *n.m.* medicamento que diminui ou elimina a dor

analisar (a.na.li.sar) *v.* **1** fazer a análise de **2** examinar com atenção

análise (a.ná.li.se) *n.f.* **1** observação e estudo cuidadoso (de um texto, de uma obra, de um problema) **2** exame que se faz ao sangue

analítico (a.na.lí.ti.co) *adj.* relativo a análise

analogia (a.na.lo.gi.a) *n.f.* semelhança

análogo (a.ná.lo.go) *adj.* semelhante

ananás (a.na.nás) *n.m.* [*pl.* ananases] fruto oval, de casca alaranjada, com folhas no cimo e com o interior doce

Ananases (plural de **ananás**) escreve-se com **s** (e não com **z**).

anão (a.não) *n.m.* [*f.* anã, *pl.* anões, anãos] pessoa que é muito mais baixa que o normal

anatomia (a.na.to.mi.a) *n.f.* ciência que estuda a organização interna dos seres vivos

anatómico (a.na.tó.mi.co) *adj.* relativo a anatomia

anca (an.ca) *n.f.* parte lateral do corpo humano, da cintura até à coxa

a
b
c
d
e
f
g
h
i
j
k
l
m
n
o
p
q
r
s
t
u
v
w
x
y
z

ancestral (an.ces.tral) *adj.2gén.* muito antigo ♦ *n.m.* pessoa da família que viveu antes de nós; antepassado

ancião (an.ci.ão) *adj.* velho ♦ *n.m.* [f. anciã, *pl.* anciãos, anciães, anciões] homem muito velho

ancinho (an.ci.nho) *n.m.* instrumento de ferro em forma de pente usado para arrastar palha ou feno e para preparar a terra para o cultivo

âncora (ân.co.ra) *n.f.* peça de ferro usada para prender o navio ao fundo do mar

ancorado (an.co.ra.do) *adj.* **1** preso com âncora **2** *(fig.)* que não se move; fixo

ancoradouro (an.co.ra.dou.ro) *n.m.* lugar onde os navios lançam as âncoras SIN. porto

ancorar (an.co.rar) *v.* **1** lançar a âncora ao fundo do mar para o navio ficar parado **2** *(fig.)* tornar firme; fixar

andaime (an.dai.me) *n.m.* armação de madeira ou de ferro que permite trabalhar em construções altas

andamento (an.da.men.to) *n.m.* **1** modo de andar **2** evolução (de um processo ou de um trabalho) **3** ritmo de execução de uma peça musical **4** cada uma das partes de uma composição musical

andanças (an.dan.ças) *n.f.pl.* **1** *(inform.)* trabalho difícil **2** *(inform.)* viagens; aventuras

andar (an.dar) *v.* **1** dar passos; caminhar **2** mover-se; deslocar-se ♦ *n.m.* **1** maneira de andar **2** piso de um edifício acima do rés do chão **3** apartamento

andas (an.das) *n.f.pl.* pernas altas de pau usadas por acrobatas ou em certos espetáculos

andebol (an.de.bol) *n.m.* desporto entre duas equipas de sete jogadores, em que se joga a bola com as mãos

andebolista (an.de.bo.lis.ta) *n.2gén.* jogador de andebol

andorinha (an.do.ri.nha) *n.f.* pequeno pássaro escuro, de bico curto e largo, que aparece na primavera

androceu (an.dro.ceu) *n.m.* conjunto dos órgãos masculinos da flor; estame

anedota (a.ne.do.ta) *n.f.* história breve e divertida; piada

anel (a.nel) *n.m.* [*pl.* anéis] **1** pequena argola que se usa no dedo **2** cada uma das peças de uma corrente; elo **3** caracol ou cacho de cabelo

anelamento (a.ne.la.men.to) *n.m. (Moç.)* noivado

anelar (a.ne.lar) *adj.2gén.* que tem forma de anel ♦ *v. (Moç.)* pedir (alguém) em casamento

anemia (a.ne.mi.a) *n.f.* diminuição dos glóbulos vermelhos no sangue que provoca fraqueza

anémico (a.né.mi.co) *adj.* que tem anemia; fraco

anémona (a.né.mo.na) *n.f.* **1** planta herbácea com flores muito coloridas **2** animal marinho de corpo mole; anémona-do-mar

anestesia (a.nes.te.si.a) *n.f.* substância que faz desaparecer qualquer sensação em todo o corpo ou só numa parte, para evitar a dor durante uma operação ou um exame médico

anexação (a.ne.xa.ção) *n.f.* junção; união

anexar (a.ne.xar) *v.* juntar; unir

anexo (a.ne.xo) *n.m.* **1** coisa que está ligada a outra, da qual faz parte **2** texto ou documento que se acrescenta a um outro

anfíbio (an.fí.bi.o) *adj.* diz-se do ser vivo que pode viver tanto em terra como na água

anfiteatro (an.fi.te.a.tro) *n.m.* **1** edifício circular ou oval, com degraus à volta de uma arena, onde os romanos realizavam combates entre gladiadores e outros espetáculos **2** sala de aula ou de espetáculos com bancos dispostos como degraus

anfitrião (an.fi.tri.ão) *n.m.* [*f.* anfitriã] pessoa que recebe convidados em sua casa

ânfora (ân.fo.ra) *n.f.* vaso grande para líquidos, com duas asas

angariação (an.ga.ri.a.ção) *n.f.* recolha (de assinaturas, dinheiro, etc.)

angariar (an.ga.ri.ar) *v.* procurar obter (apoio, dinheiro, etc.) por meio de pedido

angelical (an.ge.li.cal) *adj.2gén.* → **angélico**

angélico (an.gé.li.co) *adj.* próprio de anjo

angolano (an.go.la.no) *adj.* relativo a Angola ♦ *n.m.* pessoa natural de Angola

angra (an.gra) *n.f.* pequena baía; enseada

ângulo (ân.gu.lo) *n.m.* **1** figura geométrica formada por duas semirretas que se cruzam **2** canto; esquina

angurizado (an.gu.ri.za.do) *adj. (Moç.)* muito embriagado

angústia (an.gús.ti.a) *n.f.* grande aflição; ansiedade

angustiado (an.gus.ti.a.do) *adj.* aflito; ansioso

angustiar (an.gus.ti.ar) *v.* afligir

anho (a.nho) *n.m.* filhote de ovelha; cordeiro

anilha (a.ni.lha) *n.f.* pequena argola ou arco

animação (a.ni.ma.ção) *n.f.* **1** ato de pôr (algo) em movimento **2** sentimento de alegria ou entusiasmo **3** técnica de produção de imagens em movimento a partir de desenhos ou bonecos

animado (a.ni.ma.do) *adj.* **1** que tem vida e movimento ANT. desanimado **2** que parece ter movimento (desenho, imagem) **3** alegre ou bem-disposto

animador (a.ni.ma.dor) *n.m.* **1** pessoa que apresenta um espetáculo ou um programa **2** pessoa que faz animação de imagens para cinema

animal (a.ni.mal) *n.m.* [*pl.* animais] ser vivo capaz de se mover e que tem sensibilidade ♦ *adj.2gén.* que próprio dos animais

animalzinho (a.ni.mal.zi.nho) *n.m.* [*dim. de* animal] animal pequeno

animar (a.ni.mar) *v.* **1** dar vida ou movimento a ANT. desanimar **2** *(fig.)* dar coragem ou ânimo a; encorajar

ânimo (â.ni.mo) *n.m.* força moral; coragem ANT. desânimo

aninhar (a.ni.nhar) *v.* colocar em posição confortável ♦ **aninhar-se** meter-se na cama; deitar-se

aniversariante (a.ni.ver.sa.ri.an.te) *n.2gén.* pessoa que faz anos

aniversário (a.ni.ver.sá.ri.o) *n.m.* **1** dia em que se celebra o nascimento de alguém **2** festa de anos **3** dia em que se comemora um acontecimento

anjinho (an.ji.nho) *n.m.* **1** [*dim. de* anjo] pequeno anjo **2** *(irón.)* criança traquina **3** *(irón.)* pessoa que se faz de inocente

anjo (an.jo) *n.m.* **1** para os cristãos, mensageiro entre o Deus os homens, representado como um jovem com asas **2** *(fig.)* pessoa muito bondosa

anjo-da-guarda *a nova grafia é* **anjo da guarda**

anjo da guarda (an.jo da guar.da) *n.m.* [*pl.* anjos da guarda] anjo que protege uma pessoa

a
b
c
d
e
f
g
h
i
j
k
l
m
n
o
p
q
r
s
t
u
v
w
x
y
z

ano (a.no) *n.m.* espaço de 365 dias ou de 12 meses; **ano letivo:** período durante o qual se realizam as atividades escolares; **Ano Novo:** primeiro dia do ano (1 de janeiro)

anoitecer (a.noi.te.cer) *v.* começar a noite ♦ *n.m.* o fim do dia

anomalia (a.no.ma.li.a) *n.f.* estado do que não é normal; defeito

anónimo (a.nó.ni.mo) *adj.* **1** que não tem o nome ou a assinatura do autor **2** que não revela o seu nome

anormal (a.nor.mal) *adj.2gén.* que não é frequente ou que é diferente do normal

anotação (a.no.ta.ção) *n.f.* apontamento; nota

anotado (a.no.ta.do) *adj.* registado por escrito; apontado

anotar (a.no.tar) *v.* tomar nota de

ânsia (ân.si.a) *n.f.* desejo muito forte

ansiar (an.si.ar) *v.* desejar muito (ansiar por)

ansiedade (an.si.e.da.de) *n.f.* grande aflição; angústia

ansioso (an.si.o.so) *adj.* cheio de vontade; desejoso

anta (an.ta) *n.f.* monumento pré-histórico feito de grandes pedras dispostas em forma de mesa SIN. dólmen

Antárctico *a nova grafia é* **Antártico**

Antártico (An.tár.ti.co) *n.m.* oceano situado no polo sul

ante (an.te) *prep.* diante de; perante

antebraço (an.te.bra.ço) *n.m.* parte do membro superior do corpo humano entre o cotovelo e o pulso

antecedência (an.te.ce.dên.ci.a) *n.f.* qualidade do que acontece ou está antes; **com antecedência:** antes da data ou da hora marcada

anteceder (an.te.ce.der) *v.* acontecer ou estar antes; preceder

antecipação (an.te.ci.pa.ção) *n.f.* **1** facto de uma coisa acontecer antes da data prevista **2** previsão de que algo vai acontecer

antecipado (an.te.ci.pa.do) *adj.* **1** feito ou acontecido antes da data prevista; adiantado **2** percebido antes de acontecer; previsto

antecipar (an.te.ci.par) *v.* fazer antes da data marcada

antena (an.te.na) *n.f.* **1** condutor elétrico para a difusão e a receção de emissões de rádio e de televisão **2** chifre fino e comprido de alguns animais, que funciona como órgão do tato e do olfato; **antena parabólica:** antena em forma de disco côncavo que capta programas de televisão transmitidos por satélite

anteontem (an.te.on.tem) *adv.* no dia antes de ontem

antepassado (an.te.pas.sa.do) *n.m.* pessoa da família que viveu antes de nós

antepenúltimo (an.te.pe.núl.ti.mo) *adj.* que está antes do penúltimo

antera (an.te.ra) *n.f.* parte do estame da flor onde se formam os grãos de pólen

anterior (an.te.ri.or) *adj.2gén.* **1** que está antes (no tempo) ANT. posterior **2** que está à frente (no espaço)

anteriormente (an.te.ri.or.men.te) *adv.* antes

antes (an.tes) *adv.* **1** num tempo passado ANT. depois **2** em primeiro lugar **3** de preferência **4** pelo contrário

antever (an.te.ver) *v.* ver ou perceber algo antes de acontecer SIN. prever

antevéspera (an.te.vés.pe.ra) *n.f.* dia anterior à véspera

antibacteriano (an.ti.bac.te.ri.a.no) *adj.* que destrói ou impede o desenvolvimento de bactérias

antibiótico (an.ti.bi.ó.ti.co) *n.m.* medicamento que destrói as bactérias que causam doenças

anticaspa (an.ti.cas.pa) *adj.* que evita o aparecimento da caspa

anticorpo (an.ti.cor.po) *n.m.* proteína do sangue que reage à entrada de uma substância estranha (uma bactéria, um vírus) no organismo, destruindo-a ou enfraquecendo-a

antidesportivo (an.ti.des.por.ti.vo) *adj.* que é contrário às regras do desporto

antigamente (an.ti.ga.men.te) *adv.* em tempos passados; dantes

antigo (an.ti.go) *adj.* **1** que existiu no passado; anterior **2** que já não se usa; desatualizado ♦ *n.m.pl.* pessoas que viveram há muito tempo

antiguidade (an.ti.gui.da.de) *n.f.* **1** qualidade do que é antigo **2** objeto antigo e valioso

Antiguidade (An.ti.gui.da.de) *n.f.* tempo que vai do início da era cristã até ao século V

antílope (an.tí.lo.pe) *n.m.* mamífero ruminante muito veloz, com chifres longos e pernas finas e altas

antipatia (an.ti.pa.ti.a) *n.f.* sentimento de desagrado em relação a alguém ANT. simpatia

antipático (an.ti.pá.ti.co) *adj.* que provoca desagrado ANT. simpático

antipatizar (an.ti.pa.ti.zar) *v.* não gostar de ANT. simpatizar (antipatizar com)

antípodas (an.tí.po.das) *n.m.pl.* **1** pessoas que habitam em pontos opostos da Terra **2** lugares da superfície da Terra situados em pontos opostos

antipoluição (an.ti.po.lu.i.ção) *adj.* que previne ou combate a poluição

antipopular (an.ti.po.pu.lar) *adj.2gén.* que é contrário ao povo ou à opinião pública

antiquado (an.ti.qua.do) *adj.* **1** que já não se usa **2** que não está na moda

antiquíssimo (an.ti.quís.si.mo) *adj.* [*superl. de* antigo] muito antigo

antiterrorismo (an.ti.ter.ro.ris.mo) *n.m.* movimento ou luta contra o terrorismo

antiterrorista (an.ti.ter.ro.ris.ta) *adj.2gén.* que combate o terrorismo

antítese (an.tí.te.se) *n.f.* oposição entre palavras ou ideias

antitetânico (an.ti.te.tâ.ni.co) *adj.* diz-se do medicamento que evita ou combate o tétano

antivírus (an.ti.ví.rus) *n.m.2núm.* programa que identifica e desativa um vírus num computador

antologia (an.to.lo.gi.a) *n.f.* coleção de textos de vários autores SIN. coletânea

antonímia (an.to.ní.mi.a) *n.f.* oposição de sentido entre duas ou mais palavras

antónimo (an.tó.ni.mo) *n.m.* palavra com significado oposto ao de outra ANT. sinónimo

antropocêntrico (an.tro.po.cên.tri.co) *adj.* diz-se do sistema de pensamento que coloca o Homem no centro do universo

antropocentrismo (an.tro.po.cen.tris.mo) *n.m.* teoria que considera o ser humano o centro do universo

antropofagia (an.tro.po.fa.gi.a) *n.f.* hábito de comer carne humana

antropófago (an.tro.pó.fa.go) *n.m.* pessoa que come carne humana

antropologia (an.tro.po.lo.gi.a) *n.f.* estudo do Homem nos seus diversos aspetos (físico, cultural, social, etc.)

antropónimo (an.tro.pó.ni.mo) *n.m.* nome próprio de uma pessoa

anual (a.nu.al) *adj.2gén.* **1** que acontece uma vez por ano **2** que dura um ano

anualmente (a.nu.al.men.te) *adv.* em cada ano

a
b
c
d
e
f
g
h
i
j
k
l
m
n
o
p
q
r
s
t
u
v
w
x
y
z

anulação (a.nu.la.ção) *n.f.* **1** ato de tornar nulo ou sem valor **2** eliminação de alguma coisa

anulado (a.nu.la.do) *adj.* **1** sem efeito ou sem valor **2** completamente destruído

anular (a.nu.lar) *v.* **1** tornar nulo ou sem valor **2** fazer desaparecer; eliminar

anunciado (a.nun.ci.a.do) *adj.* que foi tornado público; divulgado

anunciar (a.nun.ci.ar) *v.* tornar público (um facto); divulgar; noticiar

anúncio (a.nún.ci.o) *n.m.* **1** notícia de um facto **2** mensagem publicitária **3** sintoma; sinal

ânus (â.nus) *n.m.2núm.* orifício que termina o tubo digestivo pelo qual se expelem as fezes e os gases

anzol (an.zol) *n.m.* [*pl.* anzóis] pequeno gancho metálico usado para pescar

ao (ao) contração da preposição *a* com o artigo ou pronome demonstrativo *o*

aonde (a.on.de) *adv.* a que lugar; para onde

Aonde e **onde** são palavras diferentes. Aonde indica movimento e onde indica permanência:
Aonde vão eles?
Onde estudas?

aorta (a.or.ta) *n.f.* artéria que conduz sangue às diversas partes do corpo

apagado (a.pa.ga.do) *adj.* **1** que já não arde; extinto (fogo) **2** que está desligado (aparelho) **3** que foi eliminado com apagador ou borracha (texto)

apagador (a.pa.ga.dor) *n.m.* utensílio com uma esponja usado para apagar o que se escreveu num quadro

apagar (a.pa.gar) *v.* **1** fazer desaparecer (fogo) **2** desligar (aparelho elétrico) **3** eliminar (o que se escreveu)

apaixonado (a.pai.xo.na.do) *adj.* **1** que sente paixão por **2** que gosta muito de

apaixonar-se (a.pai.xo.nar-se) *v.* sentir paixão ou amor forte por (apaixonar-se por)

apalhaçado (a.pa.lha.ça.do) *adj.* **1** com aspeto de palhaço **2** com modos de palhaço

apalpão (a.pal.pão) *n.m.* toque forte com a mão

apalpar (a.pal.par) *v.* **1** tocar com a mão **2** *(fig.)* procurar descobrir (algo)

apanha (a.pa.nha) *n.f.* colheita (de frutos, legumes, etc.)

apanha-bolas (a.pa.nha-bo.las) *n.2gén. 2núm.* pessoa que apanha as bolas que saem do campo de ténis durante um jogo

apanhada (a.pa.nha.da) *n.f.* → **caçadinhas**

apanhado (a.pa.nha.do) *adj.* **1** recolhido do chão; levantado **2** que foi pescado ou caçado (animal) **3** que foi feito prisioneiro (pessoa) **4** encontrado de repente a fazer algo (sobretudo um crime ou uma falta) ◆ *n.m.* resumo

apanhador (a.pa.nha.dor) *n.m.* pá para apanhar o lixo

apanhar (a.pa.nhar) *v.* **1** recolher do chão **2** colher (fruta, legumes) **3** pescar ou caçar **4** fazer prisioneiro **5** ficar afetado por (doença) **6** ser agredido fisicamente

aparador (a.pa.ra.dor) *n.m.* móvel da sala de jantar onde se guardam louças e utensílios para a refeição

aparafusar (a.pa.ra.fu.sar) *v.* fixar com parafuso

apara-lápis (a.pa.ra-lá.pis) *n.m.2núm.* instrumento para afiar lápis SIN. aguça

*A palavra **apara-lápis** tem a mesma forma no singular e no plural (um apara-lápis, dois apara-lápis).*

aparar (a.pa.rar) *v.* segurar com as mãos

aparato (a.pa.ra.to) *n.m.* **1** preparativo para uma festa ou cerimónia **2** demonstração exagerada de luxo

aparatoso (a.pa.ra.to.so) *adj.* **1** cheio de luxo ou riqueza **2** que chama a atenção; espetacular

aparecer (a.pa.re.cer) *v.* tornar-se visível; surgir ANT. desaparecer

aparecido (a.pa.re.ci.do) *adj.* que surgiu ou se encontrou de repente

aparecimento (a.pa.re.ci.men.to) *n.m.* **1** ato ou efeito de aparecer **2** princípio; origem

aparelhagem (a.pa.re.lha.gem) *n.f.* conjunto de aparelhos (leitor de CD, amplificador, colunas) que servem para reproduzir e gravar sons

aparelhar (a.pa.re.lhar) *v.* pôr arreios em (cavalo)

aparelho (a.pa.re.lho) *n.m.* **1** instrumento ou máquina para determinado fim **2** conjunto de órgãos com funções semelhantes ou complementares (*aparelho respiratório, digestivo, reprodutor,* etc.) **3** objeto próprio para corrigir a má formação de uma parte do corpo (por exemplo, para endireitar os dentes)

aparência (a.pa.rên.ci.a) *n.f.* **1** forma exterior; figura **2** aspeto falso; disfarce

aparente (a.pa.ren.te) *adj.2gén.* **1** que parece real mas não é; fingido **2** que se pode ver; visível

aparentemente (a.pa.ren.te.men.te) *adv.* **1** exteriormente **2** supostamente

aparição (a.pa.ri.ção) *n.f.* **1** ato ou efeito de aparecer; aparecimento **2** visão de uma pessoa morta; fantasma

aparo (a.pa.ro) *n.m.* peça metálica que se coloca na ponta da caneta para escrever

apartamento (a.par.ta.men.to) *n.m.* parte independente de um edifício de habitação

aparte (a.par.te) *n.m.* comentário que se interrompe quem está a falar

aparvalhado (a.par.va.lha.do) *adj.* **1** confuso; desconcertado **2** parvo; apalermado

apascentar (a.pas.cen.tar) *v.* levar ao pasto (o gado)

apavorado (a.pa.vo.ra.do) *adj.* cheio de medo SIN. aterrado

apavorar (a.pa.vo.rar) *v.* causar pavor; assustar

apeadeiro (a.pe.a.dei.ro) *n.m.* lugar onde os comboios param só para deixar ou para receber passageiros

apedrejar (a.pe.dre.jar) *v.* atirar pedras a

apego (a.pe.go) *n.m.* **1** ligação afetiva; estima **2** dedicação a (algo)

apelativo (a.pe.la.ti.vo) *adj.* **1** que apela ou chama **2** que atrai a atenção

apelido (a.pe.li.do) *n.m.* **1** nome de família; sobrenome **2** nome que se dá a alguém por causa de uma dada característica; alcunha

apelo (a.pe.lo) *n.m.* pedido de ajuda; chamamento

apenas (a.pe.nas) *adv.* só; somente (*tem apenas 10 anos; apenas estuda para os exames*) ◆ *conj.* logo que; mal (*apenas tinha chegado a casa quando o telefone tocou*)

apêndice (a.pên.di.ce) *n.m.* **1** parte que se acrescenta no fim de uma obra **2** saliência do intestino grosso, em forma de dedo

apendicite (a.pen.di.ci.te) *n.f.* inflamação do apêndice

aperceber-se (a.per.ce.ber.se) *v.* tomar conhecimento de (aperceber-se de)

aperfeiçoamento (a.per.fei.ço.a.men.to) *n.m.* melhoramento (de alguma coisa)

aperfeiçoar (a.per.fei.ço.ar) *v.* tornar perfeito; melhorar

aperitivo (a.pe.ri.ti.vo) *n.m.* bebida ou petisco que se toma antes da refeição

apertado (a.per.ta.do) *adj.* **1** que se apertou; atado **2** que tem pouco espaço; acanhado **3** que tem pouco tempo **4** que sofre pressão **5** (*inform.*) que tem vontade de urinar

apertar (a.per.tar) *v.* **1** unir com força **2** fazer pressão sobre **3** tornar estreito

aperto (a.per.to) *n.m.* **1** pressão com as mãos ou com algum instrumento **2** lugar estreito ou apertado **3** (*fig.*) situação difícil ou embaraçosa **4** (*fig.*) grande angústia; aflição

apesar de (a.pe.sar de) *loc.prep.* a despeito de; não obstante; **apesar de tudo:** de qualquer modo; ainda assim

apetecer (a.pe.te.cer) *v.* ter a vontade ou o desejo de; querer

apetência (a.pe.tên.ci.a) *n.f.* **1** vontade; desejo **2** gosto natural por; vocação

apetite (a.pe.ti.te) *n.m.* **1** disposição para fazer algo **2** vontade de comer

apetitoso (a.pe.ti.to.so) *adj.* **1** que tem bom sabor; saboroso **2** que atrai; tentador

apetrechar (a.pe.tre.char) *v.* equipar com tudo o que é necessário

apicultor (a.pi.cul.tor) *n.m.* pessoa que cria abelhas

apicultura (a.pi.cul.tu.ra) *n.f.* criação de abelhas

apinhado (a.pi.nha.do) *adj.* cheio de pessoas

apitar (a.pi.tar) *v.* **1** dar sinal com apito **2** dirigir um jogo de futebol; arbitrar

apito (a.pi.to) *n.m.* **1** pequeno instrumento que se faz soar por meio de sopro **2** som agudo deste instrumento

aplaudir (a.plau.dir) *v.* bater palmas em sinal de aprovação ou entusiasmo

aplauso (a.plau.so) *n.m.* **1** ato de bater palmas em sinal de aprovação ou entusiasmo **2** manifestação de apoio (a alguém)

aplicação (a.pli.ca.ção) *n.f.* **1** utilização prática **2** cumprimento (de uma lei) **3** concentração (no estudo ou no trabalho); dedicação

aplicado (a.pli.ca.do) *adj.* **1** posto em prática; utilizado **2** estudioso; atento

aplicar (a.pli.car) *v.* **1** pôr em uso; utilizar **2** colocar uma coisa sobre outra **3** impor (uma pena, um castigo, etc.)

apoderar-se (a.po.de.rar-se) *v.* **1** tomar posse de (objeto valioso, terreno, etc.) **2** conquistar; ganhar (apoderar-se de)

apodrecer (a.po.dre.cer) *v.* ficar podre

apodrecimento (a.po.dre.ci.men.to) *n.m.* estado do que fica podre; decomposição

apogeu (a.po.geu) *n.m.* **1** posição em que o Sol se encontra mais afastado da Terra **2** (*fig.*) grau mais elevado; auge

apoiado (a.poi.a.do) *adj.* **1** que tem apoio ou proteção **2** que está baseado em ♦ *interj.* usa-se para exprimir aprovação ou aplauso

apoiante (a.poi.an.te) *n.2gén.* pessoa que apoia (uma teoria, um clube, etc.) SIN. adepto

apoiar (a.poi.ar) *v.* **1** dar apoio a **2** amparar **3** proteger **4** aplaudir

apoio (a.poi.o) *n.m.* **1** tudo o que serve para amparar **2** auxílio que se presta a alguém **3** opinião positiva sobre algo

apontamento (a.pon.ta.men.to) *n.m.* **1** registo escrito breve; nota **2** anotação acerca de uma matéria ou disciplina que os alunos escrevem durante a aula

apontar (a.pon.tar) *v.* **1** registar por escrito **2** indicar com o dedo **3** dirigir uma arma para um alvo

aportar (a.por.tar) *v.* entrar num porto (uma embarcação)

após (a.pós) *prep.* **1** atrás de; a seguir a (no espaço) **2** depois de; a seguir a (no tempo) ◆ *adv.* depois

aposento (a.po.sen.to) *n.m.* divisão de uma casa

> A palavra **aposento** escreve-se com **s** (e não com **z**).

aposta (a.pos.ta) *n.f.* **1** acordo entre pessoas com opiniões diferentes segundo o qual a que acertar num facto ou numa resposta ganha o que foi combinado **2** quantia que se apostou

apostar (a.pos.tar) *v.* **1** fazer uma aposta; arriscar **2** afirmar com certeza; garantir (apostar em, apostar que)

apóstolo (a.pós.to.lo) *n.m.* cada um dos 12 discípulos de Jesus Cristo

apóstrofo (a.pós.tro.fo) *n.m.* sinal gráfico ' que indica a eliminação de uma ou mais letras numa palavra (*p'ra, d'água*)

apre (a.pre) *interj.* exprime irritação ou desprezo

apreçar (a.pre.çar) *v.* perguntar o preço de

> Não confundas **apreçar** (perguntar o preço) e **apressar** (tornar mais rápido).

apreciação (a.pre.ci.a.ção) *n.f.* **1** opinião sobre alguma coisa **2** avaliação do valor de algo **3** estima que se tem por alguém ou por algo

apreciador (a.pre.ci.a.dor) *n.m.* pessoa que aprecia

apreciar (a.pre.ci.ar) *v.* **1** considerar **2** avaliar **3** ter estima por

apreço (a.pre.ço) *n.m.* estima que se tem por alguém ou por algo

apreender (a.pre.en.der) *v.* **1** retirar (bens, objetos) da posse de alguém **2** compreender (ideias, conhecimentos)

apreensão (a.pre.en.são) *n.f.* **1** ato de retirar (bens, objetos) a alguém **2** compreensão (de ideias, conhecimentos) **3** preocupação (em relação a alguma coisa)

apreensivo (a.pre.en.si.vo) *adj.* diz-se da pessoa que está preocupada

apregoar (a.pre.go.ar) *v.* anunciar em voz alta

aprender (a.pren.der) *v.* adquirir conhecimentos sobre alguma coisa; estudar

aprendiz (a.pren.diz) *n.m.* pessoa que aprende um trabalho ou uma arte

aprendizagem (a.pren.di.za.gem) *n.f.* aquisição de conhecimentos por meio de experiência ou estudo

apresentação (a.pre.sen.ta.ção) *n.f.* **1** ato de dar a conhecer alguém ou alguma coisa **2** forma de apresentar alguma coisa **3** aparência; aspeto

apresentador (a.pre.sen.ta.dor) *n.m.* pessoa que apresenta um programa ou um espetáculo

apresentar (a.pre.sen.tar) *v.* **1** dar a conhecer uma pessoa a outra(s) **2** dar sinais de; manifestar **3** expor (ideias, pensamentos) ◆ **apresentar-se 1** pôr-se diante ou na presença de **2** dizer o seu próprio nome a alguém que se encontra pela primeira vez

apresentável (a.pre.sen.tá.vel) *adj.2gén.* **1** que se pode apresentar **2** que tem um aspeto cuidado

apressadamente (a.pres.sa.da.men.te) *adv.* **1** com rapidez; depressa **2** com pressa; precipitadamente

apressado (a.pres.sa.do) *adj.* **1** que tem pressa **2** impaciente; ansioso

apressar (a.pres.sar) *v.* fazer com que algo aconteça mais cedo ou mais depressa

a
b
c
d
e
f
g
h
i
j
k
l
m
n
o
p
q
r
s
t
u
v
w
x
y
z

aprisionado (a.pri.si.o.na.do) *adj.* preso; capturado

aprisionar (a.pri.si.o.nar) *v.* prender; capturar

aprofundamento (a.pro.fun.da.men.to) *n.m.* **1** ato ou efeito de aprofundar **2** estudo pormenorizado de alguma coisa

aprofundar (a.pro.fun.dar) *v.* **1** tornar mais profundo **2** investigar em pormenor

apropriado (a.pro.pri.a.do) *adj.* próprio para determinado fim SIN. adequado

apropriar (a.pro.pri.ar) *v.* adaptar ♦ **apropriar-se** tomar para si; ficar com (apropriar-se de)

aprovação (a.pro.va.ção) *n.f.* **1** autorização; consentimento **2** reconhecimento de esforço, trabalho, etc. **3** resultado positivo nos estudos

aprovado (a.pro.va.do) *adj.* **1** que foi aceite **2** autorizado **3** que obteve nota positiva

aprovar (a.pro.var) *v.* **1** aceitar ANT. desaprovar **2** autorizar

aproveitado (a.pro.vei.ta.do) *adj.* utilizado

aproveitamento (a.pro.vei.ta.men.to) *n.m.* **1** utilização adequada; uso **2** resultados positivos nos estudos

aproveitar (a.pro.vei.tar) *v.* **1** tirar proveito ou benefício de **2** fazer uso de ♦ **aproveitar-se** abusar da ingenuidade ou simpatia de (alguém); servir-se de (aproveitar-se de)

aproximação (a.pro.xi.ma.ção) *n.f.* **1** redução da distância entre pessoas ou coisas **2** (*fig.*) comparação entre coisas, factos ou ideias

aproximadamente (a.pro.xi.ma.da.men.te) *adv.* cerca de

aproximado (a.pro.xi.ma.do) *adj.* **1** que está a pequena distância; próximo **2** diz-se do valor que se calculou por aproximação

aproximar (a.pro.xi.mar) *v.* **1** reduzir a distância entre ANT. afastar **2** fazer comparação entre ♦ *v.refl.* **aproximar- -se 1** ligar-se a **2** ter semelhança com (aproximar-se de)

aptidão (ap.ti.dão) *n.f.* **1** disposição natural ou adquirida para determinada coisa **2** conjunto de conhecimentos necessários para desempenhar determinada função

apto (ap.to) *adj.* **1** capaz **2** adequado

apurado (a.pu.ra.do) *adj.* **1** conhecido após investigação (facto) **2** escolhido (jogador, candidato) **3** muito atento (ouvido)

apuramento (a.pu.ra.men.to) *n.m.* **1** investigação (de factos, notícias, etc.) **2** escolha (de jogadores, candidatos) **3** contagem de votos (numa eleição)

apurar (a.pu.rar) *v.* **1** investigar (factos, notícias) **2** escolher (um jogador, um candidato) **3** contar (votos)

apuro (a.pu.ro) *n.m.* situação difícil; **estar em apuros:** estar com problemas ou com dificuldades

aquaparque (a.qua.par.que) *n.m.* parque de diversões com piscinas e outras instalações aquáticas

aquário (a.quá.ri.o) *n.m.* reservatório de água, onde vivem peixes e plantas

aquático (a.quá.ti.co) *adj.* **1** relativo a água **2** que vive na água

aquecedor (a.que.ce.dor) *n.m.* aparelho que serve para aquecer um espaço fechado

aquecer (a.que.cer) *v.* **1** aumentar a temperatura de **2** ficar quente **3** (*fig.*) ficar entusiasmado; animar-se

aquecimento (a.que.ci.men.to) *n.m.* **1** ato ou efeito de tornar mais quente **2** aparelho que gera calor; **aquecimento global:** fenómeno de subida da temperatura da Terra, causada pelo efeito de estufa (retenção do calor solar provocada pela poluição atmosférica)

aqueduto (a.que.du.to) *n.m.* construção formada por arcadas e destinada a conduzir água de um lugar para outro

aquele (a.que.le) *det. e pron.dem.* [*f.* aquela] pessoa ou coisa afastada da pessoa que fala e da que ouve (*aquele verão, aqueles rapazes*)

àquele (à.que.le) contração da preposição *a* com o adjetivo ou pronome demonstrativo *aquele*

aquém (a.quém) *adv.* da parte de cá; deste lado

aqui (a.qui) *adv.* **1** neste lugar; cá ANT. ali **2** neste ponto; neste momento

aquilo (a.qui.lo) *pron.dem.* aquela(s) coisa(s)

àquilo (à.qui.lo) contração da preposição *a* com o pronome demonstrativo *aquilo*

aquisição (a.qui.si.ção) *n.f.* **1** ato de tomar posse de alguma coisa **2** coisa comprada ou obtida

aquoso (a.quo.so) *adj.* **1** que contém água **2** semelhante à água

ar (ar) *n.m.* **1** mistura de gases que forma a atmosfera **2** espaço em volta da superfície terrestre **3** aparência de uma pessoa; **ar condicionado:** sistema elétrico que permite alterar a temperatura num espaço fechado

árabe (á.ra.be) *adj.2gén.* relativo à Arábia ◆ *n.2gén.* pessoa natural da Arábia, do Norte de África e do Médio e Próximo Oriente ◆ *n.m.* língua falada na Arábia e em algumas regiões do Norte de África; arábico

arabesco (a.ra.bes.co) *n.m.* ornamento de origem árabe, no qual se combinam linhas, flores, frutos, animais, etc.

arábico (a.rá.bi.co) *adj. e n.m.*→ **árabe**

aracnídeo (a.rac.ní.de.o) *n.m.* animal invertebrado com o corpo dividido em segmentos e membros locomotores articulados em número par (como a aranha e o escorpião)

arado (a.ra.do) *n.m.* instrumento para lavrar a terra

aragem (a.ra.gem) *n.f.* vento fraco; brisa

arame (a.ra.me) *n.m.* fio metálico; **arame farpado:** fio metálico com pontas aguçadas, usado em cercas para impedir a passagem de pessoas e de animais

aranha (a.ra.nha) *n.f.* animal com muitas patas que fabrica uma teia para apanhar insetos

aranhiço (a.ra.nhi.ço) *n.m.* aranha pequena

arara (a.ra.ra) *n.f.* ave de cores muito vivas e bico curvo e forte que habita na América do Sul

arável (a.rá.vel) *adj.2gén.* que se pode cultivar

arbitragem (ar.bi.tra.gem) *n.f.* **1** decisão tomada por um árbitro **2** desempenho das funções de árbitro numa competição

arbitrar (ar.bi.trar) *v.* dirigir (uma competição desportiva)

arbitrário (ar.bi.trá.ri.o) *adj.* **1** que não segue regras ou normas **2** que só depende da vontade de quem decide

árbitro (ár.bi.tro) *n.m.* **1** pessoa que, num jogo, verifica o cumprimento das regras **2** pessoa que procura resolver um conflito entre duas partes

arbóreo (ar.bó.re.o) *adj.* que tem características de árvore

arborização (ar.bo.ri.za.ção) *n.f.* plantação de árvores

arborizado (ar.bo.ri.za.do) *adj.* que tem árvores ou plantas

arborizar (ar.bo.ri.zar) *v.* plantar árvores em

arbusto (ar.bus.to) *n.m.* planta mais pequena que uma árvore, com ramos que crescem desde a base

arca (ar.ca) *n.f.* caixa grande e retangular de madeira com tampa

arcada (ar.ca.da) *n.f.* **1** conjunto de arcos seguidos **2** cobertura em forma de arco

arcaico (ar.cai.co) *adj.* que é muito antigo e já não se usa

arcar (ar.car) *v.* aguentar; suportar (arcar com)

arcebispo (ar.ce.bis.po) *n.m.* membro da Igreja Católica com função superior à do bispo

archote (ar.cho.te) *n.m.* pau que se acende na ponta para iluminar um lugar ou um caminho

arco (ar.co) *n.m.* **1** num edifício, forma constituída por pilares ou colunas e uma estrutura curva **2** em geometria, segmento de uma curva **3** objeto com que se tocam as cordas de violinos e violoncelos **4** instrumento para atirar setas

arco-íris (ar.co-í.ris) *n.m.2núm.* arco com sete cores que aparece, por vezes, no céu quando chove e há sol

Árctico *a nova grafia é* **Ártico**

ardente (ar.den.te) *adj.2gén.* **1** que queima **2** que faz calor **3** *(fig.)* que é muito forte (desejo, sentimento)

arder (ar.der) *v.* **1** estar em chamas **2** sentir muito calor **3** ter sabor amargo ou picante

ardina (ar.di.na) *n.m.* vendedor de jornais (na rua)

ardor (ar.dor) *n.m.* **1** sensação de calor intenso **2** sabor picante

ardósia (ar.dó.si.a) *n.f.* **1** rocha de grão fino e cor cinzenta **2** quadro feito dessa pedra, onde se escreve com giz; lousa

árduo (ár.du.o) *adj.* que é difícil de fazer ou de suportar

are (a.re) *n.m.* unidade de medida para superfícies agrárias correspondente a 100 m²

área (á.re.a) *n.f.* **1** superfície que fica dentro de certos limites **2** medida de uma superfície

Repara que **área** *(superfície) é diferente de* **ária** *(peça musical).*

areal (a.re.al) *n.m.* grande extensão coberta de areia

areia (a.rei.a) *n.f.* conjunto de pequenos grãos que se desprenderam das rochas e que se encontram nas praias e nos desertos

arejado (a.re.ja.do) *adj.* que tem boa circulação de ar

arejamento (a.re.ja.men.to) *n.m.* renovação do ar num lugar fechado

arejar (a.re.jar) *v.* fazer circular o ar num lugar fechado

arena (a.re.na) *n.f.* **1** parte central dos anfiteatros romanos **2** espaço circular para touradas e outros espetáculos

arenito (a.re.ni.to) *n.m.* rocha sedimentar formada por areias ligadas por um cimento natural

arenoso (a.re.no.so) *adj.* semelhante a areia

aresta (a.res.ta) *n.f.* **1** ângulo saliente formado pelo encontro de duas superfícies planas ou curvas; esquina **2** linha de interseção de dois planos

arfar (ar.far) *v.* respirar com dificuldade

argamassa (ar.ga.mas.sa) *n.f.* pasta formada por cal ou cimento com areia e água, usada na construção civil

argila (ar.gi.la) *n.f.* rocha sedimentar, de grão muito fino, usada em cerâmica; barro

argiloso (ar.gi.lo.so) *adj.* que contém argila

argola (ar.go.la) *n.f.* **1** anel de metal ou madeira **2** brinco em forma de anel

argumentação (ar.gu.men.ta.ção) *n.f.* **1** apresentação de argumentos para defender uma opinião **2** conjunto de ideias com que se defende uma opinião

argumentar (ar.gu.men.tar) *v.* apresentar factos ou ideias para defender uma opinião

argumento (ar.gu.men.to) *n.m.* **1** ideia ou facto que serve para defender uma opinião **2** tema de um filme, de um livro ou de uma peça de teatro

arguto (ar.gu.to) *adj.* que percebe rapidamente as coisas

ária (á.ri.a) *n.f.* peça musical

aridez (a.ri.dez) *n.f.* falta de água; secura

árido (á.ri.do) *adj.* **1** seco **2** estéril

aristocracia (a.ris.to.cra.ci.a) *n.f.* grupo social formado por pessoas que têm títulos como duque, marquês, conde, etc. SIN. nobreza

aristocrata (a.ris.to.cra.ta) *n.2gén.* pessoa que pertence à aristocracia SIN. nobre

aristocrático (a.ris.to.crá.ti.co) *adj.* relativo a aristocracia SIN. nobre

aritmética (a.rit.mé.ti.ca) *n.f.* parte da matemática que estuda as operações numéricas (soma, subtração, multiplicação, divisão)

arlequim (ar.le.quim) *n.m.* palhaço; bobo

arma (ar.ma) *n.f.* **1** qualquer instrumento de defesa ou ataque **2** *(fig.)* argumento com que se procura vencer alguém numa discussão; **arma biológica:** forma de ataque que utiliza seres vivos ou substâncias derivadas de seres vivos para causar a morte de pessoas, plantas e animais; **arma de destruição maciça:** arma química, biológica ou nuclear capaz de causar morte e destruição total; **arma de fogo:** instrumento que projeta balas; **arma química:** substância asfixiante ou incendiária, usada como ataque à vida humana, animal ou vegetal

armação (ar.ma.ção) *n.f.* **1** estrutura básica de um objeto ou de uma construção **2** conjunto dos aros e das hastes nos óculos **3** equipamento de um navio

armada (ar.ma.da) *n.f.* conjunto de navios de guerra

armadilha (ar.ma.di.lha) *n.f.* **1** objeto ou dispositivo para caçar animais **2** *(fig.)* plano ou manobra para enganar alguém; cilada

armado (ar.ma.do) *adj.* **1** que tem arma **2** preparado **3** montado (tenda, móvel, etc.)

armadura (ar.ma.du.ra) *n.f.* conjunto de peças metálicas (elmo, couraça, malha, etc.) que protegia o corpo dos antigos guerreiros

armamento (ar.ma.men.to) *n.m.* conjunto de armas e apetrechos de guerra

armanço (ar.man.ço) *n.m. (inform.)* atitude de quem se gaba muito SIN. gabarolice

armante (ar.man.te) *n.2gén.* pessoa que se dá ares de importante SIN. gabarola

armar (ar.mar) *v.* **1** fornecer armas a **2** montar (tenda, móvel, etc.) ◆ **armar-se** *(inform.)* mostrar-se importante; gabar-se

armário (ar.má.ri.o) *n.m.* móvel de madeira ou metal com prateleiras e portas

armazém (ar.ma.zém) *n.m.* **1** lugar onde se guardam mercadorias **2** grande estabelecimento comercial onde se vendem produtos diversos

armazenamento (ar.ma.ze.na.men.to) *n.m.* **1** depósito ou recolha em armazém **2** conservação (de dados ou ficheiros) num dispositivo de memória do computador

armazenar (ar.ma.ze.nar) *v.* **1** recolher em armazém **2** guardar (dados, ficheiros) na memória do computador

arminho (ar.mi.nho) *n.m.* **1** animal mamífero carnívoro das regiões polares, de pelo ruivo no verão e branco no inverno **2** pele desse animal

aro (a.ro) *n.m.* pequeno círculo; arco

aroma (a.ro.ma) *n.m.* cheiro agradável; perfume

aromático (a.ro.má.ti.co) *adj.* **1** que tem aroma **2** que cheira bem

arpão (ar.pão) *n.m.* instrumento constituído por um ferro em forma de seta ligado a uma haste de madeira ou metal, usado na pesca de grandes peixes

arpejo (ar.pe.jo) *n.m.* acorde em que as notas são tocadas de modo rápido e sucessivo; harpejo

arqueado (ar.que.a.do) *adj.* dobrado em forma de arco; curvado

arquear (ar.que.ar) *v.* dar forma de arco a; curvar

arqueologia (ar.que.o.lo.gi.a) *n.f.* ciência que estuda as civilizações antigas através dos objetos e monumentos descobertos em escavações

arqueológico (ar.que.o.ló.gi.co) *adj.* **1** relativo a arqueologia **2** muito antigo

arqueólogo (ar.que.ó.lo.go) *n.m.* pessoa que se dedica à arqueologia

arquipélago (ar.qui.pé.la.go) *n.m.* conjunto de ilhas próximas umas das outras

arquitecto *a nova grafia é* **arquiteto**

arquitectura *a nova grafia é* **arquitetura**

arquiteto (ar.qui.te.to) *n.m.* pessoa que projeta e, por vezes, dirige a construção de edifícios

arquitetura (ar.qui.te.tu.ra) *n.f.* **1** arte e técnica de projetar e construir edifícios **2** *(fig.)* plano; projeto

arquivar (ar.qui.var) *v.* guardar em arquivo

arquivo (ar.qui.vo) *n.m.* **1** conjunto de documentos guardados num local **2** lugar ou edifício onde se guardam esses documentos **3** móvel de metal com gavetas, para guardar documentos

arraial (ar.rai.al) *n.m.* festa ao ar livre

arrancado (ar.ran.ca.do) *adj.* **1** tirado à força **2** obtido com esforço

arrancar (ar.ran.car) *v.* **1** puxar ou tirar com força **2** obter com esforço **3** sair de repente **4** pôr-se em movimento (veículo)

arranha-céus (ar.ra.nha-céus) *n.m. 2núm.* edifício muito alto, com muitos andares

arranhadela (ar.ra.nha.de.la) *n.f.* marca na pele feita com as unhas ou com um objeto pontiagudo

arranhão (ar.ra.nhão) *n.m.* ferimento superficial

arranhar (ar.ra.nhar) *v.* ferir (a pele) com as unhas ou com objeto pontiagudo

arranjado (ar.ran.ja.do) *adj.* **1** que se consertou; reparado **2** que está pronto; preparado

arranjar (ar.ran.jar) *v.* **1** pôr em ordem **2** consertar **3** preparar

arranjo (ar.ran.jo) *n.m.* **1** arrumação **2** conserto **3** preparação

arranque (ar.ran.que) *n.m.* **1** impulso (de um motor, de uma máquina) **2** partida súbita e rápida (de um veículo)

arrapazado • arrepiante

arrapazado (ar.ra.pa.za.do) *adj.* com modos de rapaz

arrasado (ar.ra.sa.do) *adj.* **1** destruído **2** *(fig.)* muito cansado

arrasar (ar.ra.sar) *v.* **1** destruir **2** *(fig.)* cansar muito

arrastado (ar.ras.ta.do) *adj.* **1** levado ou trazido pelo chão **2** conduzido à força; obrigado **3** *(fig.)* que demora muito tempo; feito com lentidão

arrastar (ar.ras.tar) *v.* **1** levar ou trazer de rastos **2** conduzir à força; obrigar a ♦ **arrastar-se** mover-se com dificuldade

arre (ar.re) *interj.* exprime impaciência, aborrecimento ou irritação

arrebatado (ar.re.ba.ta.do) *adj.* **1** que se deixa levar pelos sentimentos; impulsivo **2** que se precipita; imprudente

arrebatar (ar.re.ba.tar) *v.* **1** puxar ou tirar com violência **2** causar entusiasmo a

arrebitado (ar.re.bi.ta.do) *adj.* **1** que tem a ponta virada para cima **2** *(fig.)* vivo; esperto

arrebitar (ar.re.bi.tar) *v.* virar para cima ♦ **arebitar-se** tornar-se esperto e ativo

arrecadação (ar.re.ca.da.ção) *n.f.* lugar onde se guarda alguma coisa; arrumos

arrecadar (ar.re.ca.dar) *v.* **1** guardar **2** economizar

arredondado (ar.re.don.da.do) *adj.* **1** de forma redonda; circular **2** diz-se do número ou valor aproximado de outro

arredondamento (ar.re.don.da.men.to) *n.m.* **1** ato de tornar redondo **2** representação aproximada de um número em que se não se consideram os algarismos posteriores a uma certa ordem decimal

arredondar (ar.re.don.dar) *v.* **1** tornar redondo **2** tornar exato (um valor) acrescentando ou tirando uma pequena parte

arredores (ar.re.do.res) *n.m.pl.* região em volta de uma cidade, vila, etc.; proximidades

arrefecer (ar.re.fe.cer) *v.* **1** tornar frio **2** fazer perder o entusiasmo **3** ficar frio **4** *(fig.)* perder o entusiasmo

arrefecimento (ar.re.fe.ci.men.to) *n.m.* **1** perda de calor **2** *(fig.)* perda do entusiasmo

arregaçar (ar.re.ga.çar) *v.* puxar para cima (uma peça de roupa)

arregalar (ar.re.ga.lar) *v.* abrir muito (os olhos) com espanto ou admiração

arreios (ar.rei.os) *n.m.pl.* conjunto de peças com que se prepara o cavalo para ser montado

arreliar (ar.re.li.ar) *v.* aborrecer

arremessar (ar.re.mes.sar) *v.* atirar com força para longe; lançar

arremesso (ar.re.mes.so) *n.m.* lançamento (de alguma coisa) com força e para longe

arrendamento (ar.ren.da.men.to) *n.m.* acordo entre duas partes em que uma cede à outra o uso de uma casa, um quarto, etc. durante um tempo, por um dado preço; aluguer

arrendar (ar.ren.dar) *v.* dar ou tomar uma casa, um quarto, etc. durante um tempo, por um dado preço; alugar

arrepender-se (ar.re.pen.der-se) *v.* sentir-se triste por ter feito algo de mal (arrepender-se de)

arrependido (ar.re.pen.di.do) *adj.* que se sente triste por ter procedido mal

arrependimento (ar.re.pen.di.men.to) *n.m.* sentimento de tristeza que uma pessoa sente quando fez algo de mal

arrepiado (ar.re.pi.a.do) *adj.* **1** diz-se do pelo que está em pé; eriçado **2** que sente frio ou medo; assustado

arrepiante (ar.re.pi.an.te) *adj.2gén.* **1** que causa arrepio(s) **2** assustador

arrepiar (ar.re.pi.ar) *v.* **1** fazer levantar (pelos, cabelos) **2** causar susto ou medo a ♦ **arrepiar-se** sentir arrepios de medo ou frio

arrepio (ar.re.pi.o) *n.m.* tremor causado por medo ou por frio

arribação (ar.ri.ba.ção) *n.f.* deslocamento de animais, sobretudo aves, de uma região para outra em determinadas épocas do ano

arriscado (ar.ris.ca.do) *adj.* perigoso

arriscar (ar.ris.car) *v.* pôr em risco ♦ **arriscar-se** correr o risco; aventurar-se (arriscar-se a)

arroba (ar.ro.ba) *n.f.* **1** peso de quinze quilos **2** sinal gráfico @ usado para separar o nome do utilizador do endereço no correio eletrónico

arrogância (ar.ro.gân.ci.a) *n.f.* sentimento de quem se sente superior em relação às outras pessoas e as despreza SIN. altivez

arrogante (ar.ro.gan.te) *adj.2gén.* que se acha superior aos outros e os trata com desprezo SIN. altivo

arrojado (ar.ro.ja.do) *adj.* que tem ousadia ou coragem; atrevido

arrojo (ar.ro.jo) *n.m.* ousadia; atrevimento

arrombamento (ar.rom.ba.men.to) *n.m.* abertura forçada (de porta, janela, etc.)

arrombar (ar.rom.bar) *v.* abrir à força

arrotar (ar.ro.tar) *v.* dar arrotos

arroto (ar.ro.to) *n.m.* expulsão ruidosa de gases do estômago pela boca

arroz (ar.roz) *n.m.* **1** planta cultivada, em geral, nas regiões pantanosas **2** fruto desta planta, que é um grão muito utilizado na alimentação **3** refeição preparada com grãos dessa planta

arrozal (ar.ro.zal) *n.m.* plantação de arroz

arroz-doce (ar.roz-do.ce) *n.m.* doce feito com arroz cozido em leite, a que se junta açúcar, gemas de ovos, casca de limão e canela

arruamento (ar.ru.a.men.to) *n.m.* **1** alinhamento ou disposição das ruas **2** conjunto de ruas

arruinado (ar.ru.i.na.do) *adj.* **1** que está em ruínas; destruído **2** que perdeu todo os bens ou a fortuna; falido

arruinar (ar.ru.i.nar) *v.* **1** causar ruína a **2** levar à miséria

arruivado (ar.rui.va.do) *adj.* ligeiramente ruivo

arrulhar (ar.ru.lhar) *v.* cantar como os pombos ou as rolas

arrumação (ar.ru.ma.ção) *n.f.* **1** ato ou efeito de arrumar **2** boa disposição de objetos num dado espaço; ordem

arrumadela (ar.ru.ma.de.la) *n.f.* arrumação ligeira ou feita à pressa

arrumado (ar.ru.ma.do) *adj.* **1** diz-se do lugar bem organizado; posto em ordem **2** *(Bras.)* diz-se da pessoa que está vestida e pronta

arrumador (ar.ru.ma.dor) *n.m.* **1** homem que indica os lugares disponíveis para estacionamento **2** aquele que indica os lugares aos espectadores nas salas de espetáculo

arrumar (ar.ru.mar) *v.* **1** pôr em ordem; organizar **2** preparar

arrumos (ar.ru.mos) *n.m.pl.* quarto de arrumações

arsenal (ar.se.nal) *n.m.* lugar onde se fabricam e guardam armas e munições de guerra

arte (ar.te) *n.f.* **1** atividade humana que consiste em interpretar a realidade ou expressar ideias através da pintura, escultura, literatura, música, dança, teatro, etc. **2** obras que resultam dessa atividade **3** habilidade para fazer algo; jeito

artéria (ar.té.ri.a) *n.f.* **1** vaso que conduz sangue do coração para as diversas partes do corpo **2** *(fig.)* grande via de comunicação; avenida

arterial (ar.te.ri.al) *adj.2gén.* relativo a artéria

arteríola (ar.te.rí.o.la) *n.f.* pequena artéria

artesanal (ar.te.sa.nal) *adj.2gén.* **1** fabricado por artesão **2** feito à mão; manual

artesanato (ar.te.sa.na.to) *n.m.* **1** fabrico de objetos de forma tradicional, com as mãos, sem usar máquinas **2** conjunto de objetos assim fabricados

artesão (ar.te.são) *n.m.* [*f.* artesã, *pl.* artesãos] pessoa que faz objetos à mão, seguindo métodos tradicionais

Ártico (Ár.ti.co) *n.m.* oceano situado no polo norte

articulação (ar.ti.cu.la.ção) *n.f.* **1** junção natural de dois ou mais ossos **2** emissão dos sons e das palavras

articulado (ar.ti.cu.la.do) *adj.* **1** que tem uma ou mais articulações **2** que está unido; ligado **3** dito com clareza

articular (ar.ti.cu.lar) *v.* **1** unir; ligar **2** dizer; pronunciar

artífice (ar.tí.fi.ce) *n.2gén.* → **artesão**

artificial (ar.ti.fi.ci.al) *adj.2gén.* **1** que não é natural; fingido **2** que é produzido pelo homem, e não pela natureza

artifício (ar.ti.fí.ci.o) *n.m.* **1** procedimento que procura corrigir ou disfarçar o que é natural **2** processo ou recurso engenhoso

artigo (ar.ti.go) *n.m.* **1** palavra que varia em género e em número e vem sempre antes do nome **2** texto de jornal ou revista, geralmente maior do que a notícia **3** produto posto à venda; mercadoria **4** subdivisão de um capítulo

artilharia (ar.ti.lha.ri.a) *n.f.* conjunto de máquinas de guerra que servem para disparar a grande distância (canhões, obuses, lança-mísseis, etc.)

artimanha (ar.ti.ma.nha) *n.f.* aquilo que se faz para enganar alguém **SIN.** ardil

artista (ar.tis.ta) *n.2gén.* **1** pessoa que se dedica profissionalmente a uma arte (cinema, teatro, pintura) **2** pessoa que interpreta papéis em teatro, cinema, televisão ou rádio **3** *(fig.)* pessoa com muito talento numa dada atividade

artístico (ar.tís.ti.co) *adj.* **1** próprio de artista **2** feito com perfeição

artrópode (ar.tró.po.de) *n.m.* animal invertebrado com o corpo segmentado e membros locomotores articulados em número par (como os insetos, por exemplo)

árvore (ár.vo.re) *n.f.* planta grande com tronco grosso, duro e alto, do qual nascem ramos e folhas a certa altura do solo; **árvore de Natal:** pinheiro natural ou artificial que se decora com bolas, lâmpadas, fitas e outros enfeites na época do Natal; **árvore genealógica:** esquema em forma de árvore que indica a descendência de uma família através de gerações sucessivas

arvoredo (ar.vo.re.do) *n.m.* conjunto de árvores

ás (ás) *n.m.* **1** carta de jogar, peça do dominó ou face de dado que tem uma pinta **2** pessoa muito competente na sua especialidade

asa (a.sa) *n.f.* **1** membro do corpo de um animal, que serve para voar **2** parte de alguns utensílios, pela qual se lhes pega **3** plano lateral do avião

ascendência (as.cen.dên.ci.a) *n.f.* **1** movimento ou direção para cima; subida **2** linha das gerações anteriores de um indivíduo ou de uma família

a
b
c
d
e
f
g
h
i
j
k
l
m
n
o
p
q
r
s
t
u
v
w
x
y
z

ascendente (as.cen.den.te) *adj.2gén.* que sobe ♦ *n.2gén.* pessoa de quem um indivíduo descende; antepassado

ascender (as.cen.der) *v.* **1** subir **2** aumentar **3** ser promovido (ascender a)

ascensão (as.cen.são) *n.f.* **1** subida **2** promoção

ascensor (as.cen.sor) *n.m.* aparelho mecânico que transporta pessoas ou cargas para um andar superior ou inferior SIN. elevador

asco (as.co) *n.m.* aversão; nojo

asfaltado (as.fal.ta.do) *adj.* coberto de asfalto

asfaltar (as.fal.tar) *v.* cobrir (estrada, rua) com asfalto

asfalto (as.fal.to) *n.m.* **1** substância espessa e viscosa, muito escura, utilizada para pavimentar ruas **2** superfície revestida por esta substância

asfixia (as.fi.xi.a) *n.f.* dificuldade ou impossibilidade de respirar SIN. sufocação

asfixiado (as.fi.xi.a.do) *adj.* que não consegue respirar SIN. sufocado

asfixiante (as.fi.xi.an.te) *adj.2gén.* que não deixa respirar SIN. sufocante

asfixiar (as.fi.xi.ar) *v.* **1** impedir a respiração SIN. sufocar **2** não conseguir respirar

asiático (a.si.á.ti.co) *adj.* pertencente ou relativo à Ásia ♦ *n.m.* natural ou habitante da Ásia

asilo (a.si.lo) *n.m.* **1** estabelecimento de caridade para acolher pessoas necessitadas **2** lugar de refúgio

asinha (a.si.nha) *n.f.* [*dim. de* asa] asa pequena

asinino (a.si.ni.no) *adj.* **1** próprio de burro ou jumento **2** (*fig.*) estúpido

asma (as.ma) *n.f.* doença caracterizada por dificuldade de respiração

asmático (as.má.ti.co) *adj. e n.m.* que ou aquele que sofre de asma

asneira (as.nei.ra) *n.f.* **1** ato ou dito disparatado; tolice **2** dito grosseiro ou ofensivo; palavrão

asno (as.no) *n.m.* **1** burro (animal) **2** (*fig.*) pessoa estúpida ou ignorante

aspas (as.pas) *n.f./pl.* sinal gráfico " " que se utiliza para destacar uma ou mais palavras ou para citar as palavras de alguém

aspecto *a nova grafia é* **aspeto**

aspereza (as.pe.re.za) *n.f.* **1** qualidade do que é áspero; rugosidade **2** (*fig.*) rispidez; severidade

áspero (ás.pe.ro) *adj.* **1** que não é liso nem macio ANT. macio **2** desagradável ao tato ou ao ouvido **3** (*fig.*) ríspido; severo

aspérrimo (as.pér.ri.mo) *adj.* [*superl. de* áspero] muito áspero

aspeto (as.pe.to) *n.m.* **1** forma que uma pessoa ou um objeto apresenta à vista; aparência **2** cada uma das faces através das quais algo pode ser visto; lado **3** ponto de vista

aspiração (as.pi.ra.ção) *n.f.* **1** absorção de ar com aparelho de sucção (aspirador) **2** (*fig.*) desejo profundo de atingir alguma coisa; sonho

aspirador (as.pi.ra.dor) *n.m.* aparelho usado para aspirar (pó, líquidos, etc.) por meio de sucção

aspirante (as.pi.ran.te) *n.2gén.* **1** candidato (a um título, cargo ou função) **2** militar que ocupa o posto imediatamente inferior ao de alferes

aspirar (as.pi.rar) *v.* **1** atrair (pó, líquidos) para dentro de um aparelho de sucção **2** introduzir (ar) nos pulmões; inspirar **3** desejar muito (aspirar a)

aspirina (as.pi.ri.na) *n.f.* medicamento em forma de comprimido, utilizado para combater as dores e a febre

assadeira (as.sa.dei.ra) *n.f.* utensílio de cozinha, feito de louça, vidro ou barro, para assar alimentos

assado (as.sa.do) *adj.* **1** cozinhado no forno ou diretamente sobre o fogo **2** tostado; queimado ♦ *n.m.* refeição de carne ou peixe preparada no forno com pouco ou nenhum molho

assador (as.sa.dor) *n.m.* **1** aquele que assa **2** utensílio de metal ou barro que serve para assar alimentos

assaltante (as.sal.tan.te) *n.2gén.* pessoa que faz assaltos ou roubos

assaltar (as.sal.tar) *v.* **1** atacar de repente **2** atacar de surpresa para roubar

assalto (as.sal.to) *n.m.* **1** ataque repentino **2** ataque de surpresa com o objetivo de roubar

assanhado (as.sa.nha.do) *adj.* diz-se do animal enfurecido (sobretudo o gato)

assanhar (as.sa.nhar) *v.* enfurecer; irritar

assante (as.san.te) *interj. (Moç.)* exprime alegria e agradecimento

assar (as.sar) *v.* **1** cozinhar (alimento) no calor do fogo ou do forno; tostar **2** causar muito calor; queimar

assassinado (as.sas.si.na.do) *adj.* morto por assassínio

assassinar (as.sas.si.nar) *v.* **1** matar (alguém) com intenção **2** *(fig.)* destruir

assassinato (as.sas.si.na.to) *n.m.* ato de matar alguém com intenção SIN. homicídio

assassínio (as.sas.sí.ni.o) *n.m.* → **assassinato**

assassino (as.sas.si.no) *n.m.* pessoa que mata outra de forma premeditada SIN. homicida

asseado (as.se.a.do) *adj.* **1** que tem ou revela asseio; limpo **2** que é feito com cuidado e perfeição; esmerado

assegurado (as.se.gu.ra.do) *adj.* **1** que se confirmou com certeza; garantido **2** que se convenceu; convencido

assegurar (as.se.gu.rar) *v.* **1** afirmar com segurança; garantir **2** dar possibilidade de; proporcionar

asseio (as.sei.o) *n.m.* qualidade do que é limpo SIN. limpeza

assembleia (as.sem.blei.a) *n.f.* **1** reunião de pessoas com o objetivo de discutir e resolver determinado(s) assunto(s) **2** local onde se reúnem as pessoas para discutir vários problemas; **Assembleia da República:** instituição formada por deputados eleitos pelos cidadãos que tem por função elaborar e aprovar as leis que regem o país; parlamento

assemelhar (as.se.me.lhar) *v.* **1** tornar semelhante **2** julgar semelhante; comparar ♦ **assemelhar-se** ser semelhante a; parecer-se com (assemelhar-se a)

assentar (as.sen.tar) *v.* **1** fazer sentar **2** colocar de modo que fique seguro **3** tomar uma decisão **4** tomar nota **5** ficar firme ou seguro **6** ganhar juízo ou maturidade

assente (as.sen.te) *adj.2gén.* **1** pousado; apoiado **2** decidido; resolvido

assento (as.sen.to) *n.m.* **1** superfície ou objeto sobre o qual alguém se senta **2** parte de cadeira, sofá, poltrona, etc., que fica na horizontal e onde uma pessoa se senta

Lembra-te que **assento** *(lugar para sentar) é diferente de* **acento** *(sinal ortográfico).*

assessor (as.ses.sor) *n.m.* aquele que auxilia alguém no exercício das suas funções; adjunto

a
b
c
d
e
f
g
h
i
j
k
l
m
n
o
p
q
r
s
t
u
v
w
x
y
z

assexuado (as.se.xu.a.do) *adj.* **1** que não tem órgãos sexuais **2** que não tem vida sexual

assiduamente (as.si.du.a.men.te) *adv.* sem falta; regularmente

assiduidade (as.si.du.i.da.de) *n.f.* **1** característica de quem é assíduo **2** qualidade de quem não falta aos seus compromissos ou obrigações

assíduo (as.sí.du.o) *adj.* **1** que não falta aos seus compromissos e obrigações **2** que aparece frequentemente num dado lugar

assim (as.sim) *adv.* **1** desta ou dessa maneira (*se fizeres assim é mais fácil*) **2** com características semelhantes; igual (*nunca vi nada assim!*); **assim como:** do mesmo modo que; bem como; **assim que:** logo que; imediatamente a seguir

assim-assim (as.sim-as.sim) *adv.* nem muito nem pouco; nem bem nem mal; mais ou menos

assimetria (as.si.me.tri.a) *n.f.* falta de simetria; diferença grande SIN. desigualdade

assimétrico (as.si.mé.tri.co) *adj.* que é muito diferente SIN. desigual

assimilação (as.si.mi.la.ção) *n.f.* **1** conjunto de fenómenos que permitem aos seres vivos incorporar nas suas células substâncias e alimentos recebidos do exterior **2** processo pelo qual uma pessoa absorve conhecimentos, costumes, etc.

assimilar (as.si.mi.lar) *v.* **1** converter (alimentos) em substâncias necessárias ao organismo **2** absorver (conhecimentos, costumes, etc.)

assimilável (as.si.mi.lá.vel) *adj.2gén.* que se pode assimilar

assinado (as.si.na.do) *adj.* que tem assinatura

assinalar (as.si.na.lar) *v.* **1** pôr sinal em; marcar **2** indicar; distinguir **3** anunciar com sinal; sinalizar

assinante (as.si.nan.te) *n.2gén.* **1** pessoa que assina um papel ou documento; subscritor **2** pessoa que faz a assinatura de uma publicação periódica (jornal, revista, etc.) **3** pessoa que tem contrato com uma empresa para receber determinado serviço (telefónico, de *Internet*, etc.)

assinar (as.si.nar) *v.* **1** escrever o próprio nome **2** comprar antecipadamente números de um jornal ou de uma revista

assinatura (as.si.na.tu.ra) *n.f.* **1** nome da própria pessoa ou designação comercial registada no final de um documento **2** contrato que permite a uma pessoa receber determinado produto (revista, jornal, etc.) ou usar um serviço (de telefone, *Internet*, etc.) mediante o pagamento de uma dada quantia

assistência (as.sis.tên.ci.a) *n.f.* **1** conjunto de pessoas que assistem a algo (peça de teatro, concerto, conferência, etc.); público **2** auxílio que se presta a alguém

assistente (as.sis.ten.te) *n.2gén.* **1** pessoa que assiste (a um espetáculo, a uma conferência, etc.) **2** pessoa que auxilia outra no exercício das suas funções; adjunto

assistido (as.sis.ti.do) *adj.* **1** que recebeu ajuda **2** que recebeu apoio médico

assistir (as.sis.tir) *v.* **1** auxiliar; ajudar **2** estar presente; ver (assistir a)

assoalhada (as.so.a.lha.da) *n.f.* compartimento (de uma casa); aposento

assoar (as.so.ar) *v.* limpar (o nariz) de mucosidades

assobiar (as.so.bi.ar) *v.* **1** produzir assobio(s) **2** reproduzir uma melodia com assobio

assobio (as.so.bi.o) *n.m.* **1** som agudo resultante da passagem do ar pelos lábios quase fechados ou pelo orifício de um instrumento **2** apito

associação (as.so.ci.a.ção) *n.f.* **1** agrupamento de pessoas reunidas para determinado fim **2** colaboração; participação

associado (as.so.ci.a.do) *n.m.* pessoa que faz parte de uma associação; membro

associar (as.so.ci.ar) *v.* unir; ligar ♦ **associar-se** unir-se (a um grupo)

assombração (as.som.bra.ção) *n.f.* fantasma

assombrado (as.som.bra.do) *adj.* **1** diz-se de ou lugar onde aparecem fantasmas **2** muito admirado; pasmado

assombrar (as.som.brar) *v.* **1** causar pavor a; assustar **2** encher de admiração; espantar

assombro (as.som.bro) *n.m.* **1** sentimento de espanto e pavor **2** pessoa ou coisa que causa terror **3** pessoa ou coisa que causa admiração

assombroso (as.som.bro.so) *adj.* **1** assustador **2** espantoso

assumir (as.su.mir) *v.* tomar para si (um encargo, uma responsabilidade); encarregar-se de

assunto (as.sun.to) *n.m.* motivo; tema

assustadiço (as.sus.ta.di.ço) *adj.* que se assusta com facilidade

assustado (as.sus.ta.do) *adj.* que tem medo; amedrontado

assustador (as.sus.ta.dor) *adj.* que assusta; aterrador

assustar (as.sus.tar) *v.* causar susto a; amedrontar ♦ **assustar-se** sentir susto ou receio (assustar-se com)

asterisco (as.te.ris.co) *n.m.* sinal gráfico em forma de estrela *

asteroide (as.te.roi.de) *n.m.* pequeno corpo celeste que gravita à volta do Sol

asteróide *a nova grafia é* **asteroide**

astral (as.tral) *adj.2gén.* relativo a astro

astro (as.tro) *n.m.* qualquer corpo que existe no espaço (estrela, planeta, cometa ou nebulosa)

astrolábio (as.tro.lá.bi.o) *n.m.* antigo instrumento usado para medir a altura dos astros acima do horizonte

astrologia (as.tro.lo.gi.a) *n.f.* estudo da influência dos astros no destino e no comportamento das pessoas

astrólogo (as.tró.lo.go) *n.m.* pessoa que se dedica à astrologia

astronauta (as.tro.nau.ta) *n.2gén.* tripulante de um veículo espacial SIN. cosmonauta

astronáutica (as.tro.náu.ti.ca) *n.f.* ciência que se dedica a estudar e preparar viagens fora da atmosfera terrestre

astronomia (as.tro.no.mi.a) *n.f.* ciência que se dedica ao estudo dos astros

astronómico (as.tro.nó.mi.co) *adj.* **1** relativo à astronomia **2** *(fig.)* muito grande; exagerado

astrónomo (as.tró.no.mo) *n.m.* pessoa que se dedica à astronomia

astúcia (as.tú.ci.a) *n.f.* habilidade em enganar alguém; manha

astucioso (as.tu.ci.o.so) *adj.* → **astuto**

astuto (as.tu.to) *adj.* que tem habilidade para enganar; manhoso

ata (a.ta) *n.f.* texto onde se descreve o que se tratou numa reunião ou assembleia

atabalhoado (a.ta.ba.lho.a.do) *adj.* **1** que é desorganizado; atrapalhado **2** feito à pressa; confuso

atabalhoar (a.ta.ba.lho.ar) *v.* **1** dizer ou fazer de forma desordenada **2** fazer mal e à pressa

a
b
c
d
e
f
g
h
i
j
k
l
m
n
o
p
q
r
s
t
u
v
w
x
y
z

atacado (a.ta.ca.do) *adj.* **1** que sofreu ataque **2** agredido; assaltado

atacador (a.ta.ca.dor) *n.m.* cordão ou fita para apertar uma peça de calçado ou de vestuário

atacante (a.ta.can.te) *adj. e n.2gén.* que ou pessoa que ataca alguém

atacar (a.ta.car) *v.* **1** agredir; assaltar **2** censurar; criticar

atado (a.ta.do) *adj.* **1** ligado; preso **2** *(fig.)* que é acanhado ou tímido **3** *(fig.)* que não é desembaraçado

atalho (a.ta.lho) *n.m.* caminho secundário por onde se chega mais depressa ao lugar de destino

ataque (a.ta.que) *n.m.* **1** ação contra alguém; agressão **2** acusação forte **3** manifestação súbita de uma doença

atar (a.tar) *v.* **1** apertar com nó ou laço; amarrar **2** unir; ligar

atarefado (a.ta.re.fa.do) *adj.* que tem muitas tarefas para cumprir; que está muito ocupado (com trabalho)

atarracado (a.tar.ra.ca.do) *adj.* diz-se do corpo baixo e gordo

atarraxar (a.tar.ra.xar) *v.* apertar com tarraxa; aparafusar

atchim (at.chim) *interj.* imitativa do ruído produzido por espirro

até (a.té) *prep.* indica limite (de tempo ou de espaço) ◆ *adv.* também; mesmo

atear (a.te.ar) *v.* **1** lançar fogo a **2** avivar (o lume) **3** *(fig.)* fazer crescer; fomentar

atelier (atelié) *n.m.* [*pl. ateliers*] **1** local onde trabalham pessoas que têm uma atividade manual ou artística **2** estúdio fotográfico

atemorizar (a.te.mo.ri.zar) *v.* assustar; aterrorizar

atenção (a.ten.ção) *n.f.* **1** concentração num determinado objeto ou assunto **2** manifestação de respeito ou afeto; delicadeza ◆ *interj.* usada para avisar alguém

atencioso (a.ten.ci.o.so) **1** que revela cuidado ou delicadeza; delicado **2** que presta atenção; atento

atendedor (a.ten.de.dor) *n.m.* aparelho que recebe e grava mensagens telefónicas

atender (a.ten.der) *v.* **1** prestar atenção a **2** cumprir (uma ordem, um pedido) **3** servir (um cliente) **4** responder (ao telefone)

atendimento (a.ten.di.men.to) *n.m.* **1** ato ou efeito de atender **2** lugar ou secção de um serviço onde se atende o público

atentado (a.ten.ta.do) *n.m.* **1** tentativa ou prática de um crime contra alguém **2** violação de uma lei

atentamente (a.ten.ta.men.te) *adv.* **1** de forma atenta; cuidadosamente **2** com consideração; atenciosamente

atentar (a.ten.tar) *v.* **1** observar com atenção **2** cometer um atentado; **atentar em:** prestar atenção a; **atentar contra:** cometer um atentado contra

atento (a.ten.to) *adj.* que presta atenção ANT. desatento

atenuar (a.te.nu.ar) *v.* **1** diminuir a intensidade de (dor, sentimento) **2** reduzir a gravidade de (uma falta, um crime)

aterrado (a.ter.ra.do) *adj.* **1** pousado no solo (avião, paraquedas) **2** cheio de medo ou terror (pessoa)

aterrador (a.ter.ra.dor) *adj.* assustador

aterragem (a.ter.ra.gem) *n.f.* ato ou efeito de pousar no solo (um avião)

aterrar (a.ter.rar) *v.* pousar no solo (avião)

aterro (a.ter.ro) (atêrro) *n.m.* porção de terra para cobrir ou nivelar um terreno; **aterro sanitário:** terreno onde se depositam resíduos sólidos (lixos) para serem tratados, de forma a reduzir os efeitos negativos sobre o ambiente

aterrorizar (a.ter.ro.ri.zar) *v.* causar terror a; assustar

atestado (a.tes.ta.do) *adj.* confirmado; certificado ♦ *n.m.* declaração escrita e assinada por pessoa competente que garante a verdade de uma situação (doença, etc.); certidão

atestar (a.tes.tar) *v.* **1** declarar por escrito **2** afirmar **3** demonstrar

ateu (a.teu) *n.m.* [*f.* ateia] pessoa que nega a existência de qualquer divindade

atiçar (a.ti.çar) *v.* **1** avivar (lume) **2** *(fig.)* estimular (discussão, sentimento, etc.)

atilho (a.ti.lho) *n.m.* fita para atar; cordão

atinar (a.ti.nar) *v.* **1** perceber **ANT.** desatinar **2** *(inform.)* simpatizar com (atinar com)

atingir (a.tin.gir) *v.* **1** chegar a (um ponto, um lugar) **2** alcançar (um objetivo) **3** *(fig.)* compreender

atirar (a.ti.rar) *v.* **1** lançar com força **2** disparar (arma de fogo) ♦ **atirar-se** deixar-se cair; lançar-se

atitude (a.ti.tu.de) *n.f.* **1** forma de agir; comportamento **2** posição do corpo; postura

ativação (a.ti.va.ção) *n.f.* **1** ato de colocar em funcionamento **2** ato de tornar mais intenso

ativar (a.ti.var) *v.* **1** fazer funcionar **2** tornar mais intenso

atividade (a.ti.vi.da.de) *n.f.* **1** qualidade do que é ativo **2** faculdade de agir; movimento **3** função de um órgão (*atividade respiratória*) **4** processo natural (*atividade de um vulcão*) **5** vigor físico ou moral; energia **6** profissão de uma pessoa

ativo (a.ti.vo) *adj.* **1** que se move ou que tem atividade **2** diz-se da pessoa que gosta de agir; dinâmico **3** diz-se do

vulcão que está ou pode entrar em erupção

Atlântico (A.tlân.ti.co) *n.m.* oceano que banha a costa ocidental da Europa e da África e a costa oriental da América

atlas (a.tlas) *n.m.2núm.* livro com mapas ou cartas geográficas

---

A palavra **atlas** tem a mesma forma no singular e no plural (*um atlas, dois atlas*).

---

atleta (a.tle.ta) *n.2gén.* **1** pessoa que pratica um desporto, participando em competições **2** pessoa que pratica atletismo

atlético (a.tlé.ti.co) *adj.* **1** próprio de atleta **2** *(fig.)* forte; robusto

atletismo (a.tle.tis.mo) *n.m.* modalidade desportiva que inclui corrida, salto, marcha, e diversos tipos de lançamento

atmosfera (at.mos.fe.ra) *n.f.* **1** camada gasosa que envolve a Terra **2** ambiente social, cultural, etc. em que uma pessoa vive

atmosférico (at.mos.fé.ri.co) *adj.* relativo à atmosfera

ato (a.to) *n.m.* **1** aquilo que se faz; ação **2** exercício de um direito ou de um dever (*ato eleitoral*, por exemplo) **3** acontecimento social ou político formal; cerimónia **4** cada uma das partes em que se divide uma peça de teatro; **ato contínuo:** a seguir; imediatamente; **no ato:** nesse mesmo momento

atoleiro (a.to.lei.ro) *n.m.* lugar com chão mole e pantanoso **SIN.** lamaçal

atómico (a.tó.mi.co) *adj.* **1** relativo a átomo **2** relativo à energia que existe no núcleo dos átomos

átomo (á.to.mo) *n.m.* partícula mais pequena de um elemento químico

atónito (a.tó.ni.to) *adj.* muito admirado SIN. espantado, estupefacto

átono (á.to.no) *adj.* diz-se da palavra ou sílaba que não tem acento tónico

ator (a.tor) *n.m.* [*f.* atriz] pessoa que representa no teatro, cinema, televisão, etc.

atordoado (a.tor.do.a.do) *adj.* **1** tonto (de queda, espanto, pancada, etc.) **2** maravilhado; encantado

atordoar (a.tor.do.ar) *v.* **1** causar abalo ou choque **2** maravilhar

atração (a.tra.ção) *n.f.* **1** sentimento de interesse (simpatia, amor, paixão) que se tem por alguém **2** pessoa ou coisa que desperta grande interesse

atracar (a.tra.car) *v.* conduzir (embarcação) ao cais, amarrando-a

atracção *a nova grafia é* **atração**

atractivo *a nova grafia é* **atrativo**

atraente (a.tra.en.te) *adj.2gén.* que atrai a atenção ou o interesse de SIN. sedutor

atraiçoar (a.trai.ço.ar) *v.* **1** trair a confiança de **2** revelar (um segredo) **3** falhar (a memória)

atrair (a.tra.ir) *v.* **1** trazer para si **2** encantar; seduzir

atrapalhação (a.tra.pa.lha.ção) *n.f.* **1** confusão **2** embaraço

atrapalhado (a.tra.pa.lha.do) *adj.* **1** confuso; desordenado **2** que não sabe o que fazer ou dizer; embaraçado

atrapalhar (a.tra.pa.lhar) *v.* **1** perturbar **2** pôr em desordem **3** fazer mal e à pressa ◆ **atrapalhar-se** perder a calma (atrapalhar-se com)

atrás (a.trás) *adv.* **1** na retaguarda; no lado posterior (no espaço) **2** depois de; em seguida a (no tempo)

atrasado (a.tra.sa.do) *adj.* **1** que chega depois da hora marcada **2** diz-se do relógio que marca um tempo anterior ao tempo exato

atrasar (a.tra.sar) *v.* **1** causar atraso a (pessoa, transporte) **2** retardar o andamento de (relógio, trabalho)

atraso (a.tra.so) *n.m.* **1** falta de pontualidade **2** lentidão no funcionamento (de um relógio)

atrativo (a.tra.ti.vo) *n.m.* aquilo que desperta a atenção ou o interesse ◆ *adj.* que atrai

através (a.tra.vés) *adv.* de lado a lado; **através de:** por meio de; por entre

atravessado (a.tra.ves.sa.do) *adj.* **1** colocado à largura **2** cruzado

atravessar (a.tra.ves.sar) *v.* **1** passar através de **2** cruzar **3** suportar (crise, dificuldade)

atrelado (a.tre.la.do) *adj.* preso (por trela, correia, etc.) ◆ *n.m.* veículo sem motor, que tem de ser rebocado por outro

atrelar (a.tre.lar) *v.* **1** prender com trela ou correia **2** engatar (um veículo a outro) ◆ **atrelar-se** andar sempre atrás de (alguém)

atrever-se (a.tre.ver-se) *v.* ter a coragem para fazer algo difícil ou arriscado SIN. ousar (atrever-se a)

atrevido (a.tre.vi.do) *adj.* **1** ousado **2** insolente

atrevimento (a.tre.vi.men.to) *adj.* **1** ousadia **2** insolência

atribuição (a.tri.bu.i.ção) *n.f.* **1** ato ou efeito de atribuir ou dar algo **2** responsabilidade própria de um cargo ou função; competência

atribuir (a.tri.bu.ir) *v.* **1** conceder alguma coisa a alguém; dar **2** considerar como causa ou origem

atributo (a.tri.bu.to) *n.m.* **1** aquilo que é próprio de alguém; característica **2** qualidade positiva de uma pessoa; virtude

átrio (á.tri.o) *n.m.* espaço que serve de entrada principal a um edifício

atrito (a.tri.to) *n.m.* **1** fricção entre dois corpos **2** conflito entre pessoas

atrofiado (a.tro.fi.a.do) *adj.* diz-se do órgão ou membro que não se desenvolveu

atrofiar (a.tro.fi.ar) *v.* não deixar desenvolver ♦ **atrofiar-se** não se desenvolver

atropelamento (a.tro.pe.la.men.to) *n.m.* choque de um veículo com uma pessoa ou um animal, provocando a queda deste

atropelar (a.tro.pe.lar) *v.* passar por cima de (pessoa ou animal); derrubar

atuação (a.tu.a.ção) *n.f.* **1** modo de agir; procedimento **2** representação (no cinema, teatro ou televisão)

atual (a.tu.al) *adj.2gén.* **1** relativo ao tempo presente; moderno **2** que existe; real

atualidade (a.tu.a.li.da.de) *n.f.* tempo presente

atualização (a.tu.a.li.za.ção) *n.f.* **1** adaptação de alguma coisa ao tempo presente **2** instalação de uma nova versão de um equipamento ou programa de computador

atualizar (a.tu.a.li.zar) *v.* adaptar ao tempo presente; modernizar

atualmente (a.tu.al.men.te) *adv.* hoje em dia; no presente

atuar (a.tu.ar) *v.* **1** fazer alguma coisa; agir **2** desempenhar um papel num filme, peça de teatro, etc.

atulhar (a.tu.lhar) *v.* encher até não caber mais

atum (a.tum) *n.m.* [*pl.* atuns] peixe comum nas águas portuguesas, especialmente no Algarve, e muito utilizado na alimentação

aturar (a.tu.rar) *v.* suportar; tolerar

au-au (au-au) *n.m.* **1** (*infant.*) voz de cachorro ou cão **2** (*infant.*) cachorro; cão

audácia (au.dá.ci.a) *n.f.* qualidade de quem se atreve a fazer coisas difíceis ou perigosas; ousadia

audacioso (au.da.ci.o.so) *adj.* **1** ousado **2** arriscado

audaz (au.daz) *adj.2gén.* → **audacioso**

audição (au.di.ção) *n.f.* **1** perceção dos sons pelo ouvido **2** apresentação de peça de música, de teatro ou de dança perante um júri como teste para entrar num espetáculo ou numa companhia

audiência (au.di.ên.ci.a) *n.f.* **1** conjunto de pessoas que assistem a uma conferência, a um espetáculo ou a um concerto; público **2** sessão de um tribunal

áudio (áu.di.o) *adj.* relativo a som ♦ *n.m.* técnica e aparelho de registo, reprodução e transmissão do som

audiolivro (au.di.o.li.vro) *n.m.* livro que é lido em voz alta e se destina a ser ouvido, geralmente em CD, cassete ou num suporte digital

audiovisual (au.di.o.vi.su.al) *n.m.* meio de informação que utiliza ao mesmo tempo o som e a imagem

auditivo (au.di.ti.vo) *adj.* relativo ao ouvido ou à audição

auditório (au.di.tó.ri.o) *n.m.* **1** sala própria para a realização de conferências, espetáculos, concertos, etc. **2** conjunto de pessoas que assistem a uma conferência, a um espetáculo ou a um concerto

audível (au.dí.vel) *adj.2gén.* que se pode ouvir

auge (au.ge) *n.m.* ponto mais elevado

aula (au.la) *n.f.* **1** sala onde se dá ou recebe uma lição **2** explicação dada pelo professor aos alunos sobre determinada matéria; lição

aumentar (au.men.tar) *v.* tornar maior; ampliar **ANT.** diminuir

aumentativo (au.men.ta.ti.vo) *adj.* diz--se do grau dos nomes e adjetivos que exprime a ideia de grandeza ou intensidade (por exemplo *carrão*: carro grande, *felizardo*: muito feliz) **ANT.** diminutivo

aumento (au.men.to) *n.m.* **1** ato ou efeito de aumentar; ampliação **2** crescimento; desenvolvimento

áureo (áu.re.o) *adj.* **1** dourado; brilhante **2** *(fig.)* magnífico

auréola (au.ré.o.la) *n.f.* círculo ou anel dourado que rodeia a cabeça dos santos

aurícula (au.rí.cu.la) *n.f.* **1** cavidade do coração que recebe o sangue trazido pelas veias e o passa ao ventrículo correspondente **2** parte externa da orelha, em forma de concha

auricular (au.ri.cu.lar) *n.m.* peça de telemóvel composta por microfone e auscultador, usada para comunicar sem que o ouvido esteja em contacto direto com o aparelho ◆ *adj.2gén.* **1** relativo à orelha ou ao ouvido **2** relativo às aurículas do coração

aurora (au.ro.ra) *n.f.* **1** claridade que precede o nascer do dia **2** *(fig.)* começo

auscultação (aus.cul.ta.ção) *n.f.* **1** ato de auscultar os ruídos do interior do corpo através do ouvido ou do estetoscópio **2** *(fig.)* investigação

auscultador (aus.cul.ta.dor) *n.m.* **1** instrumento com que se ausculta; estetoscópio **2** peça do telefone pela qual se escuta

auscultar (aus.cul.tar) *v.* **1** escutar os ruídos do interior do corpo, através do ouvido ou do estetoscópio **2** *(fig.)* investigar

ausência (au.sên.ci.a) *n.f.* **1** falta de comparência a um compromisso **2** afastamento do lugar onde normalmente se está

ausentar-se (au.sen.tar-se) *v.* **1** afastar--se do lugar onde estava; partir **2** não participar em; faltar a

ausente (au.sen.te) *adj.2gén.* **1** que não está presente; que faltou **ANT.** presente **2** *(fig.)* que está distraído

austeridade (aus.te.ri.da.de) *n.f.* rigidez de princípios ou de opiniões; severidade

austero (aus.te.ro) *adj.* **1** severo; rigoroso **2** sem ornamentos; sério

austral (aus.tral) *adj.2gén.* **1** relativo ao hemisfério sul **2** localizado no sul

australiano (aus.tra.li.a.no) *adj.* relativo à Austrália ◆ *n.m.* pessoa natural da Austrália

austríaco (aus.trí.a.co) *adj.* relativo à Áustria ◆ *n.m.* pessoa natural da Áustria

autarca (au.tar.ca) *n.2gén.* pessoa que gere uma autarquia

autarquia (au.tar.qui.a) *n.f.* governo de uma província ou região

autárquico (au.tár.qui.co) *adj.* relativo a autarquia

autenticidade (au.ten.ti.ci.da.de) *n.f.* qualidade do que é verdadeiro; veracidade

autêntico (au.tên.ti.co) *adj.* que é real; verdadeiro

auto (au.to) *n.m.* composição teatral de tom religioso, educativo ou moral

autoavaliação (au.to.a.va.li.a.ção) *n.f.* avaliação feita pelo próprio aluno

auto-avaliação *a nova grafia é* **autoavaliação**

autobiografia (au.to.bi.o.gra.fi.a) *n.f.* relato da vida de uma pessoa feito por si própria

autobiográfico (au.to.bi.o.grá.fi.co) *adj.* relativo a autobiografia

autocaravana (au.to.ca.ra.va.na) *n.f.* veículo preparado para servir de habitação

autocarro (au.to.car.ro) *n.m.* veículo grande para transporte de pessoas dentro ou fora da cidade

autoclismo (au.to.clis.mo) *n.m.* reservatório com um dispositivo para descarregar água na retrete

autocolante (au.to.co.lan.te) *n.m.* papel ou impresso que tem cola num dos lados e que adere a outro papel ou a uma superfície

autoconfiança (au.to.con.fi.an.ça) *n.f.* confiança em si próprio; segurança

autocorreção (au.to.cor.re.ção) *n.f.* correção que alguém faz dos próprios erros

autocorrecção *a nova grafia é* **autocorreção**

autodeterminação (au.to.de.ter.mi.na.ção) *n.f.* direito de um povo escolher a sua forma de governo através do voto

autodiegético (au.to.di.e.gé.ti.co) *adj.* diz-se do narrador que participa como personagem principal na história que narra

autodisciplina (au.to.dis.ci.pli.na) *n.f.* capacidade de impor disciplina a si próprio

autoditado (au.to.di.ta.do) *n.m.* jogo educativo em que, a partir de uma figura dada, a criança procura formar a palavra que representa essa figura

autodomínio (au.to.do.mí.ni.o) *n.m.* capacidade de controlar os próprios sentimentos e comportamentos SIN. autocontrolo

autoestima (au.to.es.ti.ma) *n.f.* sentimento de confiança de uma pessoa em si mesma SIN. amor-próprio

auto-estima *a nova grafia é* **autoestima**

autoestrada (au.to.es.tra.da) *n.f.* estrada larga sem cruzamentos, com faixas separadas entre si, onde os veículos podem circular com mais velocidade do que noutras estradas e onde não podem andar bicicletas e tratores

auto-estrada *a nova grafia é* **autoestrada**

autogolo (au.to.go.lo) *n.m.* golo marcado por um jogador na baliza da própria equipa

autografar (au.to.gra.far) *v.* assinar com a própria mão

autógrafo (au.tó.gra.fo) *n.m.* assinatura, geralmente de uma pessoa famosa

automaticamente (au.to.ma.ti.ca.men.te) *adv.* **1** de forma automática; mecanicamente **2** *(fig.)* involuntariamente; sem querer

automático (au.to.má.ti.co) *adj.* **1** que funciona por meios mecânicos **2** *(fig.)* que não depende da vontade; involuntário

automatismo (au.to.ma.tis.mo) *n.m.* **1** qualidade do que é automático **2** dispositivo que permite tornar algo automático

automatização (au.to.ma.ti.za.ção) *n.f.* utilização de processos mecânicos ou eletrónicos para a realização de determinadas atividades

automatizar (au.to.ma.ti.zar) *v.* tornar automático; mecanizar

autómato (au.tó.ma.to) *n.m.* máquina ou aparelho que funciona por meios mecânicos

automobilismo (au.to.mo.bi.lis.mo) *n.m.* desporto que consiste em corridas de automóveis

automobilista (au.to.mo.bi.lis.ta) *n.2gén.* pessoa que conduz um automóvel

automóvel (au.to.mó.vel) *n.m.* veículo de quatro rodas com motor próprio SIN. carro

autonomia (au.to.no.mi.a) *n.f.* **1** direito (de uma pessoa) de tomar decisões livremente SIN. independência **2** direito

(de um povo ou de um país) de se governar por leis próprias

autonomizar (au.to.no.mi.zar) *v.* tornar
autónomo ou independente ♦ **autono-
mizar-se** tornar-se autónomo ou independente

autónomo (au.tó.no.mo) *adj.* **1** que não
depende de ninguém **2** que se governa por leis próprias

autor (au.tor) *n.m.* [*f.* autora] **1** pessoa
que faz alguma coisa **2** criador de
uma obra literária, científica ou artística

auto-rádio *a nova grafia é* **autorrádio**

auto-retrato *a nova grafia é* **autorretrato**

autoria (au.to.ri.a) *n.f.* qualidade ou condição de autor; responsabilidade

autoridade (au.to.ri.da.de) *n.f.* **1** direito
ou poder de ordenar e de se fazer
obedecer **2** membro do governo de
um país **3** pessoa muito competente
em determinado assunto

autoritário (au.to.ri.tá.ri.o) *adj.* **1** que impõe a sua vontade ou o seu pensa-
mento às outras pessoas **2** diz-se do
regime político que tem uma autoridade sem limites sobre a população

autoritarismo (au.to.ri.ta.ris.mo) *n.m.*
1 atitude de quem impõe a sua vontade ou o seu pensamento às outras
pessoas **2** governo ou regime político
que concentra o poder nas mãos de
uma autoridade ou de um pequeno
grupo; despotismo

autorização (au.to.ri.za.ção) *n.f.* licença
ou permissão para fazer algo

autorizado (au.to.ri.za.do) *adj.* permitido

autorizar (au.to.ri.zar) *v.* permitir

autorrádio (au.tor.rá.di.o) *n.m.* aparelho
de rádio próprio para automóvel

autorretrato (au.tor.re.tra.to) *n.m.* retrato de uma pessoa feito por ela própria

auxiliar (au.xi.li.ar) *v.* prestar auxílio a;
ajudar ♦ *adj.* **1** que auxilia **2** diz-se do
verbo que entra na formação da pas-
siva e dos tempos de outro verbo ♦
n.2gén. pessoa que auxilia; ajudante

auxílio (au.xí.li.o) *n.m.* ajuda; socorro

avalancha (a.va.lan.cha) *n.f.* **1** massa
de neve que se desprende do cimo
das montanhas e cai violentamente
pelas encostas **2** (*fig.*) grande quantidade de alguma coisa

avaliação (a.va.li.a.ção) *n.f.* **1** cálculo do
valor de um bem ou de um objeto
2 apreciação da competência ou do
progresso de um aluno ou de um profissional

avaliar (a.va.li.ar) *v.* **1** determinar o valor
de (um objeto, um bem) **2** apreciar o
mérito de (uma pessoa, um trabalho)

avançado (a.van.ça.do) *adj.* **1** que vai à
frente **2** que está adiantado no tempo
♦ *n.m.* jogador que tem a função de
atacante

avançar (a.van.çar) *v.* **1** andar para a
frente **ANT.** recuar **2** melhorar; progredir

avanço (a.van.ço) *n.m.* **1** vantagem em
relação a alguém ou a algo **2** melhoria; progresso

avante (a.van.te) *adv.* para a frente;
adiante ♦ *interj.* usa-se para estimular
alguém a andar para a frente ou a
continuar algo

avarento (a.va.ren.to) *adj.* que só pensa
em juntar dinheiro e não gosta de o
gastar

avareza (a.va.re.za) *n.f.* apego excessivo ao dinheiro

avaria (a.va.ri.a) *n.f.* qualquer dano que
faça com que um aparelho ou um sistema deixe de funcionar

avariado (a.va.ri.a.do) *adj.* que sofreu avaria SIN. estragado

avariar (a.va.ri.ar) *v.* causar avaria; estragar ♦ **avariar-se** sofrer avaria; estragar-se

ave (a.ve) *n.f.* animal vertebrado com bico, duas patas, asas e corpo revestidos de penas e que se reproduz em ovos; **ave de arribação/migratória:** ave que se desloca de uma região para outra, em bandos, em certas épocas do ano (como o pombo, a rola e a codorniz); **ave de rapina:** ave carnívora com bico em forma de gancho e garras fortes (como a águia, o falcão e a coruja)

aveia (a.vei.a) *n.f.* planta que produz grãos muito nutritivos, e que é um dos cereais mais cultivados para a alimentação humana e animal

avelã (a.ve.lã) *n.f.* fruto seco da aveleira, de cor castanha e casca dura, cujo interior é comestível

avelaneira (a.ve.la.nei.ra) *n.f.* árvore que produz as avelãs

aveludado (a.ve.lu.da.do) *adj.* muito macio, como veludo

avenida (a.ve.ni.da) *n.f.* rua muito larga, geralmente com árvores

avental (a.ven.tal) *n.m.* peça de pano ou plástico que se prende à cintura para não sujar a roupa quando se cozinha e em certos tipos de trabalho

aventura (a.ven.tu.ra) *n.f.* **1** situação arriscada ou pouco comum **2** acontecimento extraordinário ou imprevisto **3** relação amorosa passageira

aventurar-se (a.ven.tu.rar-se) *v.* expor-se ao desconhecido ou ao perigo; arriscar-se

aventureiro (a.ven.tu.rei.ro) *adj.* que gosta de aventuras

averiguação (a.ve.ri.gua.ção) *n.f.* pesquisa; investigação

averiguar (a.ve.ri.guar) *v.* procurar informações; investigar

avermelhado (a.ver.me.lha.do) *adj.* que tem cor semelhante ao vermelho

avesso (a.ves.so) *n.m.* lado oposto ao lado principal; parte de trás SIN. reverso

avestruz (a.ves.truz) *n.m. ou f.* ave alta e robusta, com pernas longas e fortes, que corre mas não voa, e vive sobretudo em África

aviação (a.vi.a.ção) *n.f.* **1** deslocação por ar realizada em avião, helicóptero, planador, etc. **2** conjunto de técnicas e atividades relativas ao transporte aéreo **3** conjunto de aeronaves

aviador (a.vi.a.dor) *n.m.* indivíduo que pilota um avião

avião (a.vi.ão) *n.m.* aparelho com asas e motores que se desloca no ar e que é usado para transporte de pessoas e cargas

aviar (a.vi.ar) *v.* **1** realizar (um trabalho, uma obra) **2** resolver (um assunto, um problema) **3** apressar (alguém)

aviário (a.vi.á.ri.o) *n.m.* lugar onde se reproduzem e conservam aves

avioneta (a.vi.o.ne.ta) *n.f.* avião pequeno e com motor pouco potente

avisado (a.vi.sa.do) *adj.* que recebeu aviso

avisar (a.vi.sar) *v.* **1** informar de algo (para evitar um perigo ou um dano) **2** dar um conselho a alguém sobre alguma coisa

aviso (a.vi.so) *n.m.* **1** informação que se dá a alguém sobre alguma coisa **2** conselho que se dá a alguém sobre o que deve fazer; **sem aviso:** de repente; subitamente

avistar (a.vis.tar) *v.* alcançar com a vista; ver ao longe

avo (a.vo) *n.m.* fração da unidade quando dividida em mais de dez partes iguais

avó (a.vó) *n.f.* mãe do pai ou da mãe

avô (a.vô) *n.m.* pai do pai ou da mãe

avós (a.vós) *n.f.pl.* a avó materna e a avó paterna ♦ *n.m.pl.* os pais da mãe ou os pais do pai

avozinho (a.vo.zi.nho) *n.m.* [*dim. de* avô] forma carinhosa de chamar o avô

axila (a.xi.la) *n.f.* cavidade por baixo da articulação do ombro SIN. sovaco

azáfama (a.zá.fa.ma) *n.f.* **1** grande atividade ou confusão **2** muita pressa na realização de um trabalho

azar (a.zar) *n.m.* má sorte; infelicidade

azarado (a.za.ra.do) *adj.* que tem azar

azarar (a.za.rar) *v.* dar má sorte a

azarento (a.za.ren.to) *adj.* **1** que tem azar **2** que dá azar

azedar (a.ze.dar) *v.* **1** tornar azedo **2** adquirir sabor azedo, devido à fermentação; estragar-se

azedo (a.ze.do) *adj.* **1** que tem sabor amargo **2** (*fig.*) com mau humor; irritado **3** (*fig.*) ríspido; rude

azeite (a.zei.te) *n.m.* óleo extraído da azeitona ou de outros frutos; (*inform.*) **estar com os azeites:** estar de mau humor

azeitona (a.zei.to.na) *n.f.* fruto da oliveira, pequeno, oval e com caroço, de cor preta ou verde-acastanhada, do qual se extrai o azeite

azenha (a.ze.nha) *n.f.* moinho movido a água por meio de uma roda

azevinho (a.ze.vi.nho) *n.m.* arbusto ou árvore pequena, com folhas verde-escuras e bagas vermelhas, cujos ramos se usam no Natal para decoração

azia (a.zi.a) *n.f.* sensação de enjoo ou dor no estômago

azinheira (a.zi.nhei.ra) *n.f.* árvore de folhas persistentes e dentadas que servem de alimento ao bicho-da-seda

azoto (a.zo.to) *n.m.* elemento químico gasoso, sem cor, que constitui a maior parte do ar

azul (a.zul) *n.m.* cor semelhante à do céu sem nuvens; **ouro sobre azul:** excelente; ótimo

azulado (a.zu.la.do) *adj.* que tem cor semelhante ao azul

azul-celeste (a.zul-ce.les.te) *n.m.* [*pl.* azuis-celestes] tom claro de azul, como o do céu sem nuvens

azul-claro (a.zul-cla.ro) *n.m.* [*pl.* azuis-claros] tom claro de azul

azulejo (a.zu.le.jo) *n.m.* placa de cerâmica com motivos diversos, pintada e vidrada, usada para revestir paredes, etc.

azul-escuro (a.zul-es.cu.ro) *n.m.* [*pl.* azuis-escuros] tom escuro de azul

azul-marinho (a.zul-ma.ri.nho) *n.m.* [*pl.* azuis-marinhos] tom de azul escuro, como o fundo do mar

B

b (bê) *n.m.* consoante, segunda letra do alfabeto, que está entre as letras *a* e *c*

baba (ba.ba) *n.f.* **1** saliva que escorre da boca **2** líquido pegajoso da boca de alguns animais

babá (ba.bá) *n.f. (Bras.)* mulher que toma conta de criança(s); ama

babado (ba.ba.do) *adj.* **1** molhado de baba **2** *(fig.)* orgulhoso

babalaza (ba.ba.la.za) *n.f. (Moç.)* cansaço depois de beber de mais; ressaca

babar (ba.bar) *v.* **1** molhar com baba **2** *(Moç.)* bajular ♦ **babar-se** **1** deitar baba **2** *(inform.)* gostar muito (babar-se por)

babete (ba.be.te) *n.f.* peça de pano ou plástico que se coloca sobre o peito das crianças para não se sujarem

babuíno (ba.bu.í.no) *n.m.* grande macaco africano

bacalhau (ba.ca.lhau) *n.m.* peixe abundante nos mares frios, muito utilizado na alimentação, sobretudo depois de seco e salgado

bacana (ba.ca.na) *adj.2gén.* **1** *(Bras.) (inform.)* interessante **2** *(Bras.) (inform.)* simpático

bacia (ba.ci.a) *n.f.* **1** vasilha redonda e larga para lavagens **2** parte do esqueleto humano onde acaba a coluna e começam as pernas

bacilo (ba.ci.lo) *n.m.* bactéria com forma alongada

bacio (ba.ci.o) *n.m.* pote (para urinar ou defecar); penico

baço (ba.ço) *adj.* sem brilho ♦ *n.m.* órgão situado à esquerda do estômago

bacon (beicon) *n.m.* toucinho fumado

bactéria (bac.té.ri.a) *n.f.* organismo microscópico que pode causar doenças

badalada (ba.da.la.da) *n.f.* pancada do badalo no sino

badalado (ba.da.la.do) *adj. (inform.)* diz--se do assunto ou problema muito comentado

badalar (ba.da.lar) *v.* dar badaladas (relógio, sino)

badalo (ba.da.lo) *n.m.* peça metálica suspensa no interior do sino

badana (ba.da.na) *n.f.* parte da capa de um livro que se dobra para dentro

badmínton (bad.mín.ton) *n.m.* jogo semelhante ao ténis que se joga com raquetas e uma bola com penas, que é lançada por cima de uma rede e não deve tocar no chão

bafejado (ba.fe.ja.do) *adj.* **1** que recebeu bafo ou sopro **2** *(fig.)* protegido pela sorte

bafo (ba.fo) *n.m.* **1** ar expirado pela boca; hálito **2** *(Ang.)* ralhete **3** *(Ang.)* som emitido por um aparelho

baga (ba.ga) *n.f.* fruto carnudo com sementes (como a framboesa e a uva)

bagaço (ba.ga.ço) *n.m.* **1** resíduo de fruta espremida ou moída **2** aguardente feita de uva

bagagem (ba.ga.gem) *n.f.* conjunto de malas que uma pessoa leva quando viaja

bagatela (ba.ga.te.la) *n.f.* coisa de pouco valor SIN. ninharia

bago (ba.go) *n.m.* fruto da videira; uva

baguete (ba.gue.te) *n.f.* pão comprido e fino

bagunça (ba.gun.ça) *n.f. (Bras.)* desordem; desarrumação

baía (ba.í.a) *n.f.* extensão de mar que entra na costa

bailado (bai.la.do) *n.m.* dança artística; *ballet*

bailar (bai.lar) *v.* dançar

bailarino (bai.la.ri.no) *n.m.* [*f.* bailarina] dançarino profissional

baile (bai.le) *n.m.* **1** reunião de pessoas para dançar **2** dança

bainha (ba.i.nha) *n.f.* **1** dobra cosida na extremidade de um tecido **2** parte da folha que envolve o ramo ou o caule

bairro (bair.ro) *n.m.* **1** cada uma das partes em que se divide uma cidade ou vila **2** conjunto de casas dentro de uma povoação

bairro-de-lata *a nova grafia é* **bairro de lata**

bairro de lata (bair.ro de la.ta) *n.m.* [*pl.* bairros de lata] aglomerado de casas muito pobres

baixa (bai.xa) *n.f.* **1** diminuição de valor ou de preço **2** interrupção do trabalho por doença

baixa-mar (bai.xa-mar) *n.f.* [*pl.* baixa-mares] maré baixa

baixar (bai.xar) *v.* **1** fazer descer **2** diminuir (valor ou intensidade) **3** diminuir (de valor ou intensidade) **4** *(Moç.)* pôr de lado; recusar ♦ **baixar-se** curvar-se

baixinho (bai.xi.nho) *adv.* **1** em voz baixa **2** em segredo ♦ *adj.* [*dim. de* baixo] muito baixo

baixio (bai.xi.o) *n.m.* acumulação de areia no fundo do rio ou do mar

baixo (bai.xo) *adj.* **1** que tem pouca altura (lugar) ANT. alto **2** de pequena estatura (pessoa) **3** pouco fundo (rio, poço) **4** que custa ou vale pouco ♦ *adv.*

1 em lugar pouco elevado **2** em voz baixa

baixo-relevo (bai.xo-re.le.vo) *n.m.* [*pl.* baixos-relevos] tipo de escultura em que as figuras não estão salientes em relação ao fundo

bajia (ba.ji.a) *n.f. (Moç.)* bolo feito de feijão nhemba

bala (ba.la) *n.f.* pequena peça metálica disparada por arma de fogo

balada (ba.la.da) *n.f.* **1** canção sentimental, de ritmo lento **2** poema que conta lendas e tradições, podendo ter acompanhamento musical

balado (ba.la.do) *adj. (Ang., STP)* que tem muitos bens; rico

balalão (ba.la.lão) *interj.* palavra que imita o badalar dos sinos

balança (ba.lan.ça) *n.f.* instrumento que serve para pesar (objetos, pessoas, etc.)

balançar (ba.lan.çar) *v.* **1** fazer oscilar **2** hesitar ♦ **balançar-se** oscilar

balanço (ba.lan.ço) *n.m.* **1** movimento de um lado para o outro **2** resultado global **3** *(Bras.)* → **baloiço**

balantão (ba.lan.tão) *adj. e n.m. (GB)* corajoso; valente

balão (ba.lão) *n.m.* **1** aparelho cheio de ar quente ou gás, que se eleva na atmosfera, transportando pessoas num cesto; aeróstato **2** globo de plástico fino, cheio de ar ou gás e suspenso por um fio, usado como brinquedo **3** na banda desenhada, caixa oval com os diálogos ou pensamentos

balbuciar (bal.bu.ci.ar) *v.* dizer com hesitação; gaguejar

balbúrdia (bal.búr.di.a) *n.f.* grande confusão; desordem

balcão (bal.cão) *n.m.* **1** móvel comprido de loja, café ou serviço, onde se atendem os clientes **2** superfície plana sobre os móveis da cozinha **3** no teatro, plataforma saliente, à frente dos camarotes

balda (bal.da) *n.f. (inform.)* fuga ao trabalho ou às responsabilidades

baldar-se (bal.dar-se) *v. (inform.)* não comparecer a; não dar atenção a (baldar-se a, baldar-se para)

baldas (bal.das) *n.2gén.2núm. (inform.)* pessoa desorganizada e irresponsável

balde (bal.de) *n.m.* recipiente em forma de cone largo; *(inform.)* **balde de água fria:** desilusão; desapontamento

baldio (bal.di.o) *n.m.* terreno inculto

baldroca (bal.dro.ca) *n.f.* fraude; trapaça; **trocas e baldrocas:** meios pouco honestos

balear (ba.le.ar) *v.* atingir com bala

baleeiro (ba.le.ei.ro) *n.m.* barco usado na pesca da baleia

baleia (ba.lei.a) *n.f.* grande mamífero marinho que respira através de um buraco situado no cimo da cabeça, tem barbatanas anteriores e cauda lisa horizontal

balido (ba.li.do) *n.m.* som produzido pela ovelha

balir (ba.lir) *v.* soltar balidos (a ovelha)

baliza (ba.li.za) *n.f.* **1** estaca ou outro objeto que marca um limite **2** no futebol, hóquei e outros desportos, armação retangular, fechada atrás com rede, onde deve entrar a bola

ballet (bálé) *n.m.* **1** dança artística, por vezes em bicos de pés **2** peça musical para bailado

balnear (bal.ne.ar) *adj.2gén.* **1** relativo a banho(s) **2** próprio para banhos

balneário (bal.ne.á.ri.o) *n.m.* local onde os desportistas, nadadores, etc. trocam de roupa

balofo (ba.lo.fo) *adj.* **1** muito gordo **2** fofo; mole

baloiçar (ba.loi.çar) *v.* **1** oscilar **2** andar de baloiço

baloiço (ba.loi.ço) *n.m.* brinquedo infantil que consiste num assento suspenso por cordas ou correntes fixas num suporte

báltico (bál.ti.co) *adj.* relativo à região do mar Báltico

Báltico (Bál.ti.co) *n.m.* mar situado no Norte da Europa, que banha os países escandinavos (Noruega, Suécia e Finlândia)

balúrdio (ba.lúr.di.o) *n.m. (inform.)* grande quantidade de dinheiro

bambu (bam.bu) *n.m.* planta de caule oco e flexível que serve de alimento a alguns animais, como os pandas

banal (ba.nal) *adj.2gén.* comum; vulgar

banalidade (ba.na.li.da.de) *n.f.* coisa comum ou sem importância; insignificância

banana (ba.na.na) *n.f.* fruto alongado e curvo com casca amarela, quando maduro

banana-pão (ba.na.na-pão) *n.f.* banana muito doce, que se come assada ou frita

bananeira (ba.na.nei.ra) *n.f.* planta que produz bananas

banca (ban.ca) *n.f.* lavatório que existe na cozinha e serve para lavar a loiça; lava-loiça

bancada (ban.ca.da) *n.f.* conjunto de bancos dispostos em filas sucessivas num anfiteatro, estádio, etc.

bancário (ban.cá.ri.o) *adj.* relativo a banco (estabelecimento)

banco (ban.co) *n.m.* **1** móvel, com ou sem encosto, para sentar **2** estabelecimento onde se deposita, empresta ou troca dinheiro **3** secção de hospital para consultas e tratamentos urgentes **4** elevação do fundo do mar ou de um rio; **banco alimentar:** instituição que recolhe produtos alimentares provenientes de donativos e os redistribui por associações de beneficência

banda (ban.da) *n.f.* **1** grupo de músicos **2** parte lateral; lado **3** risca larga; faixa; **banda desenhada:** sequência de imagens com pequenos textos dentro de balões, através da qual se conta uma história

bandalheira (ban.da.lhei.ra) *n.f. (inform.)* grande confusão e desordem

bandeira (ban.dei.ra) *n.f.* peça de tecido com cores e desenhos, ligada a uma haste, que representa um país ou uma associação

bandeirola (ban.dei.ro.la) *n.f.* bandeira pequena

bandeja (ban.de.ja) *n.f.* tabuleiro pequeno

bandido (ban.di.do) *n.m.* pessoa que pratica atos criminosos

bando (ban.do) *n.m.* **1** grupo de animais (especialmente aves) **2** grupo de pessoas

bandó (ban.dó) *n.m.* cada uma das duas partes em que se divide o cabelo quando é repartido ao meio através de uma risca da testa à nuca

bandola (ban.do.la) *n.f. (STP)* saco de serapilheira usado na colheita do cacau

bandolete (ban.do.le.te) *n.f.* tira de material flexível em forma de semicírculo que se usa para segurar o cabelo

bandolim (ban.do.lim) *n.m.* instrumento de quatro cordas duplas, que se toca com uma palheta ou com a unha

banga (ban.ga) *n.f.* **1** *(Ang.)* vaidade; presunção **2** *(gb.)* mulher jovem; rapariga **3** *(Moç.)* taberna; botequim

bangão (ban.gão) *adj. (Ang.)* pessoa vaidosa ou elegante

banha (ba.nha) *n.f.* **1** gordura animal **2** *(inform.)* zona gorda do corpo humano

banhar (ba.nhar) *v.* **1** dar banho **2** molhar **3** correr junto de (rio) ◆ **banhar-se** tomar banho

banheira (ba.nhei.ra) *n.f.* peça do quarto de banho, grande e geralmente retangular, própria para tomar banho

banheiro (ba.nhei.ro) *n.m.* **1** pessoa que faz a vigilância das praias e socorre os banhistas **2** *(Bras.)* quarto de banho

banhista (ba.nhis.ta) *n.2gén.* pessoa que toma banho no mar, no rio ou na piscina

banho (ba.nho) *n.m.* **1** ato de molhar o corpo para se lavar ou refrescar **2** ato de entrar e permanecer na água do mar, rio ou lago para nadar; **banho de sol:** exposição do corpo a raios solares para ficar bronzeado

banho-maria (ba.nho-ma.ri.a) *n.m.* [*pl.* banhos-maria] forma de aquecer alimentos, metendo-os num recipiente que é mergulhado noutro com água a ferver

banjo (ban.jo) *n.m.* instrumento de cordas, com caixa parecida com um pandeiro

banqueiro (ban.quei.ro) *n.m.* dono de um banco

banquete (ban.que.te) *n.m.* refeição grande e festiva

banzé (ban.zé) *n.m.* som de vozes SIN. algazarra, gritaria

baptismal *a nova grafia é* **batismal**

baptismo *a nova grafia é* **batismo**

baptizado *a nova grafia é* **batizado**

baptizar *a nova grafia é* **batizar**

baque (ba.que) *n.m.* **1** ruído produzido por um objeto ao cair **2** *(fig.)* sensação forte de susto; sobressalto

baqueta (ba.que.ta) *n.f.* vara curta de madeira usada para tocar tambor

bar (bar) *n.m.* **1** estabelecimento onde se servem bebidas **2** móvel onde se guardam bebidas

barafunda (ba.ra.fun.da) *n.f.* situação de desordem SIN. confusão

barafustar (ba.ra.fus.tar) *v.* **1** protestar **2** discutir

baralhar (ba.ra.lhar) *v.* **1** misturar (cartas de jogar) **2** *(fig.)* confundir; perturbar

baralho (ba.ra.lho) *n.m.* conjunto de cartas necessárias para um jogo

barão (ba.rão) *n.m.* [f. baronesa] título de nobreza inferior ao de visconde

barata (ba.ra.ta) *n.f.* inseto com corpo oval e chato, com antenas, em geral doméstico e de hábitos noturnos; *(inform.)* **barata tonta:** pessoa desorientada

barato (ba.ra.to) *adj.* que custa pouco dinheiro ANT. caro

barba (bar.ba) *n.f.* conjunto de pelos que nascem no queixo e nas faces do homem adulto

barbaridade (bar.ba.ri.da.de) *adj.* **1** ato cruel; crueldade **2** dito disparatado; disparate

bárbaro (bár.ba.ro) *adj.* **1** cruel **2** grosseiro

barbatana (bar.ba.ta.na) *n.f.* **1** órgão espalmado, existente nos peixes e nos cetáceos, que serve para eles se deslocarem **2** calçado de borracha, largo e espalmado, usado pelos nadadores para se deslocarem com maior velocidade na água

barbear (bar.be.ar) *v.* cortar a barba a ◆ **barbear-se** cortar a própria barba

barbearia (bar.be.a.ri.a) *n.f.* cabeleireiro de homens

barbeiro (bar.bei.ro) *n.f.* cabeleireiro de homens

barbo (bar.bo) *n.m.* peixe de água doce, natural da Península Ibérica

barbudo (bar.bu.do) *adj.* que tem a barba crescida

barca (bar.ca) *n.f.* embarcação larga e pouco funda

barco (bar.co) *n.m.* qualquer embarcação

barqueiro (bar.quei.ro) *n.m.* pessoa que dirige um barco

barra (bar.ra) *n.f.* **1** peça longa e estreita de madeira, metal, etc. **2** aparelho de ginástica utilizado para exercícios de impulso e balanço **3** entrada de um porto **4** tira de tecido; **barra de deslocação:** bloco horizontal ou vertical que permite percorrer um texto ou uma janela no ecrã do computador; **barra de ferramentas:** série de símbolos dispostos na horizontal, na parte superior do ecrã do computador, que indicam operações que o utilizador pode escolher (copiar, apagar, imprimir, etc.); **barra de menus:** série de opções indicadas por palavras e dispostas na horizontal, na parte superior do ecrã do computador

barraca (bar.ra.ca) *n.f.* **1** construção de madeira ou lona; tenda **2** casa muito humilde; **armar barraca:** provocar escândalo ou confusão

barracão (bar.ra.cão) *n.m.* construção para guardar materiais; armazém

barragem (bar.ra.gem) *n.f.* construção destinada a parar ou reduzir um curso de água

barranco (bar.ran.co) *n.m.* vale profundo; precipício

barrar (bar.rar) *v.* **1** cobrir (pão, bolo) com manteiga, compota, etc. **2** impedir (a entrada, a passagem)

barreira (bar.rei.ra) *n.f.* aquilo que impede a passagem SIN. obstáculo

barrento (bar.ren.to) *adj.* **1** que contém barro **2** lamacento

barrete (bar.re.te) *n.m.* peça de malha para cobrir a cabeça; carapuço; **enfiar o barrete:** pensar que uma crítica dirigida a outra pessoa é para nós; **enfiar um barrete:** sofrer uma desilusão; ser enganado

barrica (bar.ri.ca) *n.f.* pipa pequena

barricada (bar.ri.ca.da) *n.f.* barreira feita de paus, troncos, pedras, etc.

barriga (bar.ri.ga) *n.f.* parte do tronco humano onde se encontram o estômago e os intestinos SIN. ventre, abdómen

barrigudo (bar.ri.gu.do) *adj.* que tem barriga grande

barril (bar.ril) *n.m.* [*pl.* barris] recipiente de madeira, feito de tábuas encurvadas, onde se conserva ou transporta vinho ou outros líquidos

barro (bar.ro) *n.m.* terra própria para fabricar louça

barroco (bar.ro.co) *n.m.* estilo da arquitetura e da literatura que se opôs ao classicismo renascentista entre final do século XVI até meados do século XVIII

barrote (bar.ro.te) *n.m.* viga grossa de madeira

barulheira (ba.ru.lhei.ra) *n.f.* grande barulho SIN. algazarra, gritaria

barulhento (ba.ru.lhen.to) *adj.* que faz muito barulho SIN. ruidoso

barulho (ba.ru.lho) *n.m.* **1** grande ruído ANT. silêncio **2** grande confusão; desordem

basalto (ba.sal.to) *n.m.* rocha vulcânica de cor escura

base (ba.se) *n.f.* **1** objeto que serve de apoio **2** parte essencial de alguma coisa **3** origem; princípio **4** instalação militar ou científica

baseado (ba.se.a.do) *adj.* **1** apoiado **2** fundamentado

basear (ba.se.ar) *v.* ser a base de; apoiar ♦ **basear-se** ter como base; apoiar-se (basear-se em)

basebol (ba.se.bol) (beizeból) *n.m.* jogo praticado com um bastão e uma pequena bola de borracha, disputado entre duas equipas de 9 jogadores cada

basebolista (ba.se.bo.lis.ta) *n.2gén.* pessoa que joga *basebol*

básico (bá.si.co) *adj.* **1** que serve de base **2** fundamental; essencial

basílica (ba.sí.li.ca) *n.f.* igreja muito grande

básquete (bás.que.te) *n.m.* (*inform.*) basquetebol

basquetebol (bas.que.te.bol) *n.m.* jogo entre duas equipas de 5 elementos cada, que consiste em tentar meter a bola num cesto feito de rede e com o fundo aberto

basquetebolista (bas.que.te.bo.lis.ta) *n.2gén.* pessoa que joga basquetebol

basta (bas.ta) *interj.* usada para pôr fim a alguma coisa

bastante (bas.tan.te) *adj.2gén.* que basta; que é suficiente ♦ *adv.* em quantidade suficiente; muito ♦ *det.indef.> quant.exist.*ᴰᵀ indica quantidade elevada

bastão (bas.tão) *n.m.* [*pl.* bastões] espécie de bengala para apoio ou defesa

bastar (bas.tar) *v.* ser suficiente; chegar

bastardo (bas.tar.do) *adj.* dizia-se antigamente do filho gerado fora do casamento

bastidores (bas.ti.do.res) *n.m.pl.* **1** parte do teatro situada atrás do palco **2** parte (de uma coisa ou de um assunto) que não é visível ou não é conhecida

bata (ba.ta) *n.f.* peça de vestuário que se usa por cima da roupa para a proteger

batalha (ba.ta.lha) *n.f.* **1** luta com armas entre dois exércitos **2** (fig.) grande esforço **3** (fig.) discussão violenta

batalhão (ba.ta.lhão) *n.m.* **1** conjunto de soldados **2** (fig.) grande número de pessoas

batalhar (ba.ta.lhar) *v.* **1** travar batalha com; combater **2** (fig.) esforçar-se **3** (fig.) discutir

batanga (ba.tan.ga) *n.f.* (GB) bolo de farinha de arroz

batata (ba.ta.ta) *n.f.* tubérculo comestível da batateira, oval ou arredondado, com casca fina acastanhada

batata-doce (ba.ta.ta-do.ce) *n.f.* **1** planta herbácea cujos tubérculos são comestíveis e contêm reservas açucaradas **2** tubérculo comestível dessa planta

batatal (ba.ta.tal) *n.m.* plantação de batatas

batateira (ba.ta.tei.ra) *n.f.* planta que produz batatas

batedeira (ba.te.dei.ra) *n.f.* aparelho manual ou elétrico para bater massas, ovos, etc.

batel (ba.tel) *n.m.* [*pl.* batéis] barco pequeno; bote

batelada (ba.te.la.da) *n.f.* (inform.) grande quantidade

batente (ba.ten.te) *n.m.* peça de ferro que serve para bater à porta

bater (ba.ter) *v.* **1** dar pancadas em **2** derrotar (um adversário) **3** agitar (as asas) **4** ultrapassar (um recorde)

bateria (ba.te.ri.a) *n.f.* **1** aparelho que fornece a eletricidade necessária ao funcionamento de um mecanismo ou motor **2** conjunto de instrumentos musicais de percussão (tambores, pratos, etc.)

baterista (ba.te.ris.ta) *n.2gén.* pessoa que toca bateria

batido (ba.ti.do) *adj.* **1** calcado; pisado **2** vencido; derrotado **3** (inform.) comum; vulgar ◆ *n.m.* bebida preparada com leite misturado com pedaços de fruta, chocolate, etc.

batique (ba.ti.que) *n.m.* método de impressão em tecido que consiste no uso de moldes de cera para cobrir as zonas que não devem ser tingidas

batismal (ba.tis.mal) *adj.2gén.* respeitante a batismo; **pia batismal:** vaso de pedra que contém a água para o batismo

batismo (ba.tis.mo) *n.m.* sacramento da religião cristã em que se deita água sobre a cabeça de uma pessoa, simbolizando a purificação de todos os seus pecados

batizado (ba.ti.za.do) *adj.* que recebeu o sacramento do batismo

batizar (ba.ti.zar) *v.* **1** dar o sacramento do batismo a **2** dar nome a

batom (ba.tom) *n.m.* objeto em forma de pequeno cilindro usado para pintar ou proteger os lábios

batoque (ba.to.que) *n.m.* **1** orifício numa pipa ou num barril **2** rolha que tapa esse orifício **3** (inform.) pessoa baixa e gorda

batota (ba.to.ta) *n.f.* **1** fraude num jogo **2** qualquer ato para enganar alguém

batoteiro (ba.to.tei.ro) *adj. e n.m.* que ou aquele que faz batota; trapaceiro

batráquio (ba.trá.qui.o) *n.m.* animal anfíbio (como o sapo e a rã) com os membros posteriores desenvolvidos para o salto e a natação

batuque (ba.tu.que) *n.m.* **1** instrumento de percussão africano **2** dança ao ritmo dos tambores

a b c d e f g h i j k l m n o p q r s t u v w x y z

batuta (ba.tu.ta) *n.f.* varinha com que os maestros dirigem as orquestras ou os coros

bau (bau) *n.m. (Ang.)* búfalo

baú (ba.ú) *n.m.* caixa retangular de madeira com tampa convexa **SIN.** arca

baunilha (bau.ni.lha) *n.f.* **1** planta que produz frutos compridos, dos quais se extrai uma essência aromática **2** substância de sabor agradável que se retira dessa planta e que é usada em culinária

bazar (ba.zar) *n.m.* **1** loja onde se vendem produtos diversos (brinquedos, louças, etc.) **2** nos países orientais, mercado público

bazaruca (ba.za.ru.ca) *adj.2gén. (Ang.)* tolo; maluco

BD *sigla de* **b**anda **d**esenhada

bê-á-bá (bê-á-bá) *n.m.* [*pl.* bê-á-bás] **1** conjunto das letras do alfabeto; abecedário **2** exercício em que se lê uma letra de cada vez

beata (be.a.ta) *n.f. (inform.)* ponta de cigarro

bêbado (bê.ba.do) *adj. e n.m.* → **bêbedo**

bebé (be.bé) *n.2gén.* **1** criança recém-nascida ou de pouca idade **2** filhote de um animal; cria

A palavra **bebé** só é acentuada na última sílaba.

bebedeira (be.be.dei.ra) *n.f.* embriaguez

bêbedo (bê.be.do) *adj.* que bebeu álcool em excesso; embriagado **ANT.** sóbrio ♦ *n.m.* pessoa que habitualmente toma bebidas alcoólicas em excesso

bebedouro (be.be.dou.ro) *n.m.* recipiente onde os animais bebem água

bebé-proveta (be.bé-pro.ve.ta) *n.m.* [*pl.* bebés-proveta] *(inform.)* criança gerada por meio de fecundação do óvulo fora do útero da mãe

beber (be.ber) *v.* **1** ingerir (líquidos) **2** absorver (líquidos)

bebida (be.bi.da) *n.f.* **1** líquido que se bebe **2** hábito de beber álcool em excesso

beco (be.co) (bêco) *n.m.* rua estreita e escura **SIN.** viela

bedelho (be.de.lho) *n.m.* tranca que se levanta ou baixa para abrir ou fechar a porta; *(inform.)* **meter o bedelho:** intrometer-se numa conversa

bedeteca (be.de.te.ca) (bêdêtéca) *n.f.* espaço dedicado à divulgação da banda desenhada

beduíno (be.du.í.no) *n.m.* indivíduo nómada que vive no deserto

bege (be.ge) *n.m.* cor intermédia entre o castanho claro e o branco

begónia (be.gó.ni.a) *n.f.* planta com flores vistosas de cor branca, rosada ou vermelha

beicinho (bei.ci.nho) *n.m.* [*dim. de* beiço] beiço pequeno; **fazer beicinho:** estar prestes a chorar; amuar

beiço (bei.ço) *n.m.* lábio

beija-flor (bei.ja-flor) *n.m.* [*pl.* beija-flores] ave pequena com plumagem colorida e bico longo e fino, usado para retirar o néctar das flores

beijar (bei.jar) *v.* dar beijo(s) a

beijinho (bei.ji.nho) *n.m.* **1** [*dim. de* beijo] beijo pequeno **2** búzio muito pequeno

beijo (bei.jo) *n.m.* toque com os lábios em sinal de afeto

beijoca (bei.jo.ca) *n.f.* beijo que faz ruído

beijocar (bei.jo.car) *v.* beijar muito e com ruído

beira (bei.ra) *n.f.* borda; margem; **à beira de:** junto de; muito perto de

beirada (bei.ra.da) *n.f.* beira; borda

beirado (bei.ra.do) *n.m.* → **beiral**

beiral (bei.ral) *n.m.* parte do telhado que sobressai da parede

beira-mar (bei.ra-mar) *n.f.* [*pl.* beira--mares*] zona junto ao mar SIN. costa, litoral

beirão (bei.rão) *adj.* relativo a uma das Beiras (Alta, Baixa e Litoral), antigas províncias portuguesas ◆ *n.m.* [*f.* beiroa, beirã*] pessoa natural da Beira Alta, Beira Baixa e Beira Litoral

beira-rio (bei.ra-ri.o) *n.f.* margem de um rio

belas-artes (be.las-ar.tes) *n.f.pl.* conjunto formado por pintura, escultura, arquitetura, gravura, música e dança

beldade (bel.da.de) *n.f.* mulher muito bela

beleza (be.le.za) *n.f.* qualidade do que é belo

belga (bel.ga) *adj.2gén.* relativo à Bélgica ◆ *n.2gén.* pessoa natural da Bélgica

beliche (be.li.che) *n.m.* conjunto de duas ou três camas sobrepostas

bélico (bé.li.co) *adj.* relativo a guerra

beliscão (be.lis.cão) *n.m.* [*pl.* beliscões] apertão da pele feito com as pontas dos dedos

beliscar (be.lis.car) *v.* apertar a pele com as pontas dos dedos polegar e indicador

belíssimo (be.lís.si.mo) *adj.* [*superl. de* belo] muito belo SIN. lindíssimo

belo (be.lo) *adj.* que tem beleza SIN. lindo

bem (bem) *adv.* **1** corretamente ANT. mal **2** de modo agradável **3** bastante; muito ◆ *n.m.* **1** aquilo que é bom, justo e honesto **2** aquilo que causa bem-estar ◆ **bens** *n.m.pl.* posses; riquezas

bem-comportado (bem-com.por.ta.do) *adj.* que se porta bem SIN. ajuizado

bem-disposto (bem-dis.pos.to) *adj.* que tem boa disposição; divertido ANT. mal-disposto

bem-educado (bem-e.du.ca.do) *adj.* que tem boa educação; que é amável; delicado ANT. mal-educado, mal-criado

bem-estar (bem-es.tar) *n.m.* estado de satisfação física e mental; conforto ANT. mal-estar

bem-humorado (bem-hu.mo.ra.do) *adj.* que está de bom humor ANT. mal-hu-morado

bem-me-quer (bem-me-quer) *n.m.* [*pl.* bem-me-queres] malmequer; margarida

bemol (be.mol) *n.m.* sinal musical, em forma de *b*, que indica que a nota seguinte deve baixar meio tom

bem-parecido (bem-pa.re.ci.do) *adj.* de aspeto agradável

bem-vindo (bem-vin.do) *adj.* **1** que chegou bem **2** que foi bem recebido ◆ *interj.* usa-se para saudar ou cumprimentar com alegria quem chega

bênção (bên.ção) *n.f.* [*pl.* bênçãos] **1** ato de benzer ou abençoar **2** favor que se faz ou se recebe

bendito (ben.di.to) *adj.* **1** abençoado **2** feliz

bendizer (ben.di.zer) *v.* **1** dar bênção a; abençoar **2** dizer bem de; louvar

beneficência (be.ne.fi.cên.ci.a) *n.f.* prática de fazer o bem

beneficiar (be.ne.fi.ci.ar) *v.* **1** auxiliar **2** melhorar

beneficiário (be.ne.fi.ci.á.ri.o) *n.m.* pessoa que recebe benefício

benefício (be.ne.fí.ci.o) *n.m.* **1** auxílio **2** melhoramento **3** vantagem

benéfico (be.né.fi.co) *adj.* **1** saudável **2** proveitoso

benevolência (be.ne.vo.lên.ci.a) *n.f.* bondade; tolerância

a
b
c
d
e
f
g
h
i
j
k
l
m
n
o
p
q
r
s
t
u
v
w
x
y
z

benevolente (be.ne.vo.len.te) *adj.2gén.*
1 bondoso **2** tolerante

benévolo (be.né.vo.lo) *adj.* → **benevolente**

benfeitor (ben.fei.tor) *adj. e n.m.* que ou pessoa que ajuda algo ou alguém

bengala (ben.ga.la) *n.f.* bastão que se leva na mão e serve de apoio ao caminhar

bengaleiro (ben.ga.lei.ro) *n.m.* cabide onde se colocam guarda-chuvas, casacos, etc.

benigno (be.nig.no) *adj.* que faz bem; benéfico

benjamim (ben.ja.mim) *n.m.* **1** filho mais novo **2** *(fig.)* filho predileto

benzer (ben.zer) *v.* dar a bênção a ♦ **benzer-se** fazer o sinal da cruz sobre si próprio

berbequim (ber.be.quim) *n.m.* espécie de broca para furar madeira, pedra, etc.

berbigão (ber.bi.gão) *n.m.* molusco bivalve comestível, comum no Atlântico e no Mediterrâneo SIN. amêijoa

berço (ber.ço) *n.m.* **1** cama de criança **2** *(fig.)* terra natal; origem

beribéri (be.ri.bé.ri) *n.f.* doença causada pela falta de vitamina B1

berimbau (be.rim.bau) *n.m.* instrumento musical em forma de ferradura, com uma lingueta de aço no centro, que se toca fazendo vibrar a extremidade da lingueta com o dedo indicador

beringela (be.rin.ge.la) *n.f.* **1** planta produtora de grandes bagas roxas, quase pretas, usadas na alimentação **2** fruto dessa planta

berlinda (ber.lin.da) *n.f.* antiga carruagem com quatro ou seis lugares

berlinde (ber.lin.de) *n.m.* pequena esfera de vidro ou metal usada como brinquedo

berma (ber.ma) *n.f.* numa estrada, faixa estreita situada ao lado da via onde circulam os veículos

bermudas (ber.mu.das) *n.f.pl.* calças curtas que vão quase até aos joelhos ou os ultrapassam um pouco

berrante (ber.ran.te) *adj.2gén.* diz-se da cor que é muito viva ou que atrai a atenção

berrar (ber.rar) *v.* dar berros SIN. gritar

berreiro (ber.rei.ro) *n.m.* berros altos e repetidos SIN. gritaria

berro (ber.ro) *n.m.* **1** voz de alguns animais **2** grito de uma pessoa

besoiro (be.soi.ro) *n.m.* → **besouro**

besouro (be.sou.ro) *n.m.* inseto que produz um som agudo quando voa

bessangana (bes.san.ga.na) *n.f. (Ang.)* senhora africana que usa vestuário tradicional

besta (bes.ta) *(bêsta) n.f.* animal irracional quadrúpede

bestial (bes.ti.al) *adj.2gén. (inform.)* ótimo; estupendo ♦ *interj.* exprime alegria ou entusiasmo

best-seller *n.m.* **1** livro mais vendido num determinado período; êxito de livraria **2** qualquer produto que vende bem; êxito de vendas

besugo (be.su.go) *n.m.* peixe marinho com barbatana no dorso e de cor castanha-avermelhada, frequente em Portugal

besuntar (be.sun.tar) *v.* cobrir com uma substância gordurosa

betão (be.tão) *n.m.* mistura de cimento, areia e pedra e água, utilizada em construção civil

beterraba (be.ter.ra.ba) *n.f.* **1** planta com uma raiz vermelho-escura em forma de nabo que é muito nutritiva **2** raiz dessa planta

beto (be.to) *(béto) adj. e n.m. (inform.)* jovem bem comportado mas presumido

bétula (bé.tu.la) *n.f.* árvore cultivada e espontânea, especialmente nas regiões situadas a grandes altitudes

betume (be.tu.me) *n.m.* massa usada para tapar pequenos buracos na madeira, fixar vidros nos caixilhos, etc.

bexiga (be.xi.ga) *n.f.* órgão que funciona como reservatório da urina que recebe dos rins

bezerra (be.zer.ra) *n.f.* cria de vaca até um ano de idade

bezerro (be.zer.ro) *n.m.* cria de bovino até um ano de idade SIN. novilho, vitelo

BI *sigla de* **B**ilhete de **I**dentidade

bibe (bi.be) *n.m.* bata, com ou sem mangas, que se veste às crianças para proteger a roupa

biberão (bi.be.rão) *n.m.* [*pl.* biberões] frasco com uma peça de borracha em forma de mamilo para dar leite ou outros líquidos aos bebés

Bíblia (Bí.bli.a) *n.f.* livro sagrado da religião cristã que contém o Antigo e o Novo Testamentos

bíblico (bí.bli.co) *adj.* relativo à Bíblia

bibliografia (bi.bli.o.gra.fi.a) *n.f.* lista de livros e trabalhos sobre determinado assunto

bibliográfico (bi.bli.o.grá.fi.co) *adj.* relativo a bibliografia

biblioteca (bi.bli.o.te.ca) *n.f.* **1** coleção de livros particulares ou destinados à leitura do público **2** lugar onde existem livros para consulta ou para levar para casa por algum tempo

bica (bi.ca) *n.f.* **1** cano por onde sai a água **2** café expresso (*bica* usa-se sobretudo no centro e sul de Portugal)

bicada (bi.ca.da) *n.f.* picada com o bico

bicampeão (bi.cam.pe.ão) *n.m.* aquele que foi duas vezes campeão

bicar (bi.car) *v.* picar com o bico

bicentenário (bi.cen.te.ná.ri.o) *n.m.* comemoração dos 200 anos de um acontecimento

bíceps (bí.ceps) *n.m.2núm.* músculo longo que termina em dois tendões

bicha (bi.cha) *n.f.* **1** animal de corpo comprido e sem pernas; verme **2** fila de pessoas

bichanar (bi.cha.nar) *v.* falar baixinho SIN. sussurrar

bichano (bi.cha.no) *n.m. (inform.)* gato

bicharada (bi.cha.ra.da) *n.f.* grande número de bichos

bicharoco (bi.cha.ro.co) *n.m.* bicho grande ou assustador

bicha-solitária (bi.cha-so.li.tá.ri.a) *n.f.* [*pl.* bichas-solitárias] verme parasita do intestino do homem e de muitos animais

bichinho (bi.chi.nho) *n.m.* [*dim. de* bicho] bicho pequeno

bicho (bi.cho) *n.m.* qualquer animal, especialmente pequeno; verme

bicho-carpinteiro (bi.cho-car.pin.tei.ro) *n.m.* [*pl.* bichos-carpinteiros] inseto cuja larva rói a madeira; *(inform.)* **ter bichos-carpinteiros:** não estar quieto

bicho-da-madeira (bi.cho-da-ma.dei.ra) *n.m.* [*pl.* bichos-da-madeira] inseto que rói a madeira; caruncho

bicho-da-seda (bi.cho-da-se.da) *n.m.* [*pl.* bichos-da-seda] larva cujos casulos são tecidos com seda

bicho-de-sete-cabeças *a nova grafia é* **bicho de sete cabeças**

bicho de sete cabeças (bi.cho de se.te ca.be.ças) *n.m.* grande dificuldade

bicho-do-mato *a nova grafia é* **bicho do mato**

bicho do mato (bi.cho do ma.to) *n.m.* [*pl.* bichos do mato] pessoa que não gosta de conviver com ninguém

bicho-papão (bi.cho-pa.pão) *n.m.* ser imaginário que assusta as crianças

a b c d e f g h i j k l m n o p q r s t u v w x y z

bicicleta (bi.ci.cle.ta) *n.f.* veículo sem motor, movido a pedais, constituído por duas rodas ligadas a uma armação metálica, à qual estão presos o selim e o guiador

> A palavra **bicicleta** termina em *a* (e não em *e*).

bico (bi.co) *n.m.* **1** extremidade da boca das aves **2** ponta aguçada; *(inform.)* **abrir o bico:** falar; falar de mais; contar um segredo

bico-de-obra *a nova grafia é* **bico de obra**

bico de obra (bi.co de o.bra) *n.m.* [*pl.* bicos de obra] *(inform.)* situação complicada; dificuldade

bico-de-pato *a nova grafia é* **bico de pato**

bico de pato (bi.co de pa.to) *n.m.* [*pl.* bicos de pato] pãozinho de leite usado em sanduíches

bicuatas (bi.cu.a.tas) *n.f.pl.* **1** *(Ang.)* móveis **2** *(Ang.)* objetos domésticos **3** *(Ang.)* bagagem

bicudo (bi.cu.do) *adj.* **1** que tem bico grande **2** muito aguçado **3** *(inform.)* difícil de resolver; complicado

bidão (bi.dão) *n.m.* [*pl.* bidões] recipiente cilíndrico grande, usado para conservar ou transportar líquidos

bidé (bi.dé) *n.m.* bacia oblonga para lavar as partes inferiores do tronco

bidimensional (bi.di.men.si.o.nal) *adj. 2gén.* que tem duas dimensões

bienal (bi.e.nal) *n.f.* exposição ou evento que se realiza de dois em dois anos

bifana (bi.fa.na) *n.f.* bife pequeno de carne de porco

bife (bi.fe) *n.m.* posta de carne grelhada ou frita

biforme (bi.for.me) *adj.2gén.* **1** que tem duas formas **2** diz-se do nome que apresenta uma forma para o feminino e outra para o masculino

bifurcação (bi.fur.ca.ção) *n.f.* **1** divisão de alguma coisa em dois ramos **2** ponto em que uma coisa se divide em dois

bifurcar (bi.fur.car) *v.* dividir em dois ramos a partir de um ponto

bigode (bi.go.de) *n.m.* parte da barba que se deixa crescer por cima do lábio superior

bigorna (bi.gor.na) *n.f.* peça de ferro onde se batem e moldam metais

bijutaria (bi.ju.ta.ri.a) *n.f.* joia de pouco valor

bilateral (bi.la.te.ral) *adj.2gén.* **1** que tem dois lados **2** relativo a lados opostos

bilha (bi.lha) *n.f.* vaso de barro, bojudo e de gargalo estreito

bilhar (bi.lhar) *n.m.* jogo em que se fazem rolar bolas de diferentes cores com um taco de madeira sobre uma mesa retangular forrada de feltro verde

bilhete (bi.lhe.te) *n.m.* **1** papel escrito com uma mensagem curta **2** pequeno cartão que permite assistir a espetáculos **3** senha que permite viajar em transportes públicos; **bilhete de identidade:** cartão com uma fotografia, a impressão digital e os dados pessoais de uma pessoa

bilheteira (bi.lhe.tei.ra) *n.f.* lugar onde se vendem bilhetes (para espetáculos, viagens, etc.)

bilião (bi.li.ão) *num.card.>quant.num.*[BT] *e n.m.* um milhão de milhões; a unidade seguida de doze zeros (10^{12})

biliar (bi.li.ar) *adj.2gén.* relativo a bílis

bilingue (bi.lin.gue) *adj.2gén.* **1** diz-se da pessoa que fala duas línguas **2** diz-se do texto escrito em duas línguas

bilinguismo (bi.lin.guis.mo) *n.m.* uso de duas línguas por uma pessoa ou por uma comunidade

bílis (bí.lis) *n.f.2núm.* substância líquida produzida pelo fígado

bimensal (bi.men.sal) *adj.2gén.* que acontece duas vezes por mês

bimestral (bi.mes.tral) *adj.2gén.* **1** que dura dois meses **2** que acontece de dois em dois meses

binário (bi.ná.ri.o) *adj.* **1** que tem dois elementos **2** diz-se do compasso de dois tempos

binóculo (bi.nó.cu.lo) *n.m.* instrumento portátil composto por duas lentes, usado para ver à distância

biocombustível (bi.o.com.bus.tí.vel) *n.m.* combustível renovável, produzido a partir de matéria orgânica vegetal, usado em meios de transporte para reduzir a poluição

biodegradável (bi.o.de.gra.dá.vel) *adj. 2gén.* que pode ser decomposto por organismos vivos

biodiversidade (bi.o.di.ver.si.da.de) *n.f.* conjunto de todas as espécies de seres vivos existentes em determinada região ou época

biografia (bi.o.gra.fi.a) *n.f.* descrição da vida de alguém

biográfico (bi.o.grá.fi.co) *adj.* relativo a biografia

biologia (bi.o.lo.gi.a) *n.f.* ciência que estuda os seres vivos, a sua evolução e as leis que os regem

biológico (bi.o.ló.gi.co) *adj.* **1** próprio dos seres vivos **2** que tem ligação genética **3** diz-se do que é produzido sem pesticidas nem produtos artificiais **4** diz-se da arma que usa organismos vivos (bactérias, vírus) para espalhar doenças ou matar

biólogo (bi.ó.lo.go) *n.m.* especialista em biologia

biombo (bi.om.bo) *n.m.* móvel composto por peças articuladas, usado para dividir ou isolar um espaço

biosfera (bi.os.fe.ra) *n.f.* conjunto de todos os ecossistemas existentes na Terra

biotecnologia (bi.o.tec.no.lo.gi.a) *n.f.* utilização de processos biológicos para fins produtivos

bioterrorismo (bi.o.ter.ro.ris.mo) *n.m.* forma de terrorismo em que são utilizadas armas biológicas

bípede (bí.pe.de) *adj. e n.m.* **1** que ou aquele que tem dois pés **2** que ou aquele que se desloca sobre dois pés

biqueira (bi.quei.ra) *n.f.* **1** ponta em forma de bico **2** reforço que se põe na ponta do calçado

biqueiro (bi.quei.ro) *n.m. (inform.)* pancada com biqueira; pontapé

biquinho (bi.qui.nho) *n.m.* **1** [*dim. de* bico] bico pequeno **2** gesto com os lábios apertados e trémulos, com que se exprime tristeza

biquíni (bi.quí.ni) *n.m.* fato de banho feminino composto de duas peças

birra (bir.ra) *n.f.* teima; capricho

birrento (bir.ren.to) *adj.* que faz birras SIN. teimoso, caprichoso

bis (bis) *n.m.2núm.* repetição ♦ *adv.* duas vezes ♦ *interj.* usada para pedir a repetição de algo

bisavó (bi.sa.vó) *n.f.* mãe do avô ou da avó

bisavô (bi.sa.vô) *n.m.* pai do avô ou da avó

bisbilhotar (bis.bi.lho.tar) *v.* falar da vida de alguém; fazer mexericos SIN. mexericar

bisbilhoteiro (bis.bi.lho.tei.ro) *adj. e n.m.* que ou aquele que faz mexericos SIN. mexeriqueiro

a
b
c
d
e
f
g
h
i
j
k
l
m
n
o
p
q
r
s
t
u
v
w
x
y
z

bisbilhotice (bis.bi.lho.ti.ce) *n.f.* comentário sobre a vida de alguém SIN. mexerico

bisca (bis.ca) *n.f.* **1** jogo de cartas **2** carta de jogar com maior número de pintas

biscate (bis.ca.te) *n.m.* trabalho simples e rápido

biscoito (bis.coi.to) *n.m.* pequeno bolo seco, por vezes com frutos secos, chocolate, etc.

bisnaga (bis.na.ga) *n.f.* **1** tubo de diversas formas que se usa no Carnaval para lançar água **2** tubo metálico ou de plástico que serve de embalagem a pasta dos dentes, cola, cremes, etc.

bisneiro (bis.nei.ro) *adj. (Ang.)* corrupto ♦ *n.m. (Ang.)* intermediador de negócios

bisneta (bis.ne.ta) *n.f.* filha do neto ou da neta

bisneto (bis.ne.to) *n.m.* filho do neto ou da neta

bisonte (bi.son.te) *n.m.* mamífero selvagem ruminante da América do Norte, muito corpulento, de cabeça grande e chifres curtos

bispo (bis.po) *n.m.* **1** padre que dirige uma diocese **2** no xadrez, peça que só pode ser movida na diagonal

bissectar (bis.sec.tar) *a grafia preferível é* **bissetar**

bissectriz *a nova grafia é* **bissetriz**

bissetar (bis.se.tar) *v.* dividir em duas partes iguais

bissetriz (bis.se.triz) *n.f.* reta que divide ao meio um ângulo

bissexto (bis.sex.to) *adj.* diz-se do ano em que o mês de fevereiro tem 29 dias

bissílabo (bis.sí.la.bo) *n.m.* palavra com duas sílabas

bisturi (bis.tu.ri) *n.m.* instrumento cortante utilizado em cirurgia

bit (bit) *n.m.* [*pl. bits*] unidade mínima que se pode armazenar na memória do computador

bitola (bi.to.la) *n.f.* **1** padrão; modelo **2** norma de conduta; regra; **medir pela mesma bitola:** aplicar o mesmo princípio a coisas diferentes

bivalve (bi.val.ve) *adj.2gén.* diz-se do molusco que tem duas conchas

bizarria (bi.zar.ri.a) *n.f.* coisa ou atitude bizarra; esquisitice

bizarro (bi.zar.ro) *adj.* estranho; esquisito

biznesse (biz.nes.se) *n.m. (Ang., Moç.)* negócio

blasfémia (blas.fé.mi.a) *n.f.* palavra ou atitude que insulta a religião ou algo sagrado

blindado (blin.da.do) *adj.* coberto com revestimento de aço ♦ *n.m.* carro de combate com revestimento metálico

blindagem (blin.da.gem) *n.f.* revestimento metálico, protetor ou isolador

bloco (blo.co) *n.m.* **1** massa compacta de uma substância sólida **2** caderno de folhas destacáveis **3** prédio de vários andares **4** *(fig.)* conjunto de coisas semelhantes

blogue (blo.gue) *n.m.* página da *Internet* onde uma ou mais pessoas escrevem com regularidade textos sobre um determinado tema

bloguista (blo.guis.ta) *n.2gén.* pessoa que escreve com regularidade num (ou em mais) blogue(s)

bloqueado (blo.que.a.do) *adj.* **1** em que não é possível passar, entrar ou sair; obstruído **2** que não se expressa ou movimenta livremente; reprimido

bloquear (blo.que.ar) *v.* **1** impedir a passagem **2** impedir a expressão ou o movimento

bloqueio (blo.quei.o) *n.m.* **1** interrupção da passagem de algo ou alguém **2** interrupção do pensamento ou do discurso

blusa (blu.sa) *n.f.* peça de vestuário feminino, com ou sem botões, que cobre o tronco

blusão (blu.são) *n.m.* peça de vestuário que cobre o tronco, com mangas, usada como agasalho

boa (bo.a) *n.f.* **1** jiboia **2** história ou situação interessante **3** *(irón.)* situação complicada

boa-noite (bo.a-noi.te) *n.f.* [*pl.* boas--noites] cumprimento com que se saúda alguém à noite

boa-nova (bo.a-no.va) *n.f.* [*pl.* boas--novas] notícia feliz

boas-entradas (bo.as-en.tra.das) *n.f.pl.* cumprimento que se dirige a alguém no início de um ano ou no final do ano anterior

boas-festas (bo.as-fes.tas) *n.f.pl.* cumprimento que se dirige a alguém no Natal e no Ano Novo

boas-noites (bo.as-noi.tes) *n.f.pl.*→ **boa-noite**

boas-tardes (bo.as-tar.des) *n.f.pl.* saudação usada durante a tarde

boas-vindas (bo.as-vin.das) *n.f.pl.* cumprimento com que se saúda alguém que chega

boato (bo.a.to) *n.m.* informação não confirmada; rumor

bobagem (bo.ba.gem) *n.f.* **1** *(Bras.)* tolice; disparate **2** *(Bras.)* coisa sem importância

bobar (bo.bar) *v. (Ang.)* naufragar

bobina (bo.bi.na) *n.f.* cilindro onde se enrolam fios ou fitas

bobine (bo.bi.ne) *n.f.* → **bobina**

bobo (bo.bo) *n.m.* **1** indivíduo que divertia os príncipes e os nobres com graças e caretas **2** pessoa que diverte os outros com frases e gestos tolos

boca (bo.ca) *n.f.* **1** cavidade que forma a primeira parte do aparelho digestivo e pela qual se introduzem os alimentos **2** *(inform.)* dito provocatório ou irónico; **ficar de boca aberta:** ficar muito admirado; **mandar uma boca:** interromper alguém com um comentário provocatório ou irónico para aborrecer ou chamar a atenção

bocadinho (bo.ca.di.nho) *n.m.* **1** [*dim. de* bocado] pequena quantidade **2** instante; momento

bocado (bo.ca.do) *n.m.* **1** pedaço de alguma coisa; porção **2** pequeno intervalo de tempo

bocal (bo.cal) *n.m.* **1** abertura de vaso, frasco, garrafa, etc. **2** parte do instrumento de sopro que se adapta à boca

bocejar (bo.ce.jar) *v.* abrir a boca com sono ou em sinal de aborrecimento

bocejo (bo.ce.jo) *n.m.* abertura involuntária da boca quando se está com sono ou aborrecido

bochecha (bo.che.cha) *n.f.* parte saliente e carnuda de cada uma das faces

bochechar (bo.che.char) *v.* agitar (um líquido) na boca

bócio (bó.ci.o) *n.m.* aumento do volume da glândula tiroide

boda (bo.da) *n.f.* festa para celebrar um casamento

bode (bo.de) *n.m.* mamífero ruminante com chifres ocos e pelos compridos no queixo (é o macho da cabra)

bodyboard (bódibórd) *n.m.* desporto aquático em que o surfista se desloca sobre as ondas deitado numa pequena prancha

bofes (bo.fes) *n.m.pl. (inform.)* pulmões

bofetada (bo.fe.ta.da) *n.f.* pancada na cara com a mão aberta

boi (boi) *n.m.* mamífero ruminante usado em trabalhos agrícolas e na alimentação do homem

boia (boi.a) *n.f.* **1** objeto flutuante que serve de sinal às embarcações **2** objeto circular de borracha, usado como apoio na natação

bóia *a nova grafia é* **boia**

boião (boi.ão) *n.m.* vaso bojudo para guardar conservas, pomadas, etc.

boiar (boi.ar) *v.* manter-se à superfície da água **SIN.** flutuar

boina (boi.na) *n.f.* espécie de boné, sem pala, redondo e largo

bojo (bo.jo) *n.m.* **1** parte saliente de alguma coisa **2** barriga (de um animal)

bojudo (bo.ju.do) *adj.* **1** arredondado **2** barrigudo

bola (bo.la) (bóla) *n.f.* **1** objeto esférico de borracha usado em vários desportos **2** (*inform.*) futebol **3** (*inform.*) cabeça

bola (bo.la) (bôla) *n.f.* massa, com forma redonda e cozida no forno, com que se faz a broa de milho; **bola de carne:** massa de pão, misturada com carnes variadas e cozida no forno

Repara na diferença entre **bola (ó) de futebol** *e* **bola (ô) de carne.**

bolacha (bo.la.cha) *n.f.* bolo chato, redondo ou retangular, feito de farinha muito fina, açúcar e outros ingredientes

bolada (bo.la.da) *n.f.* pancada com a bola

bolar (bo.lar) *v.* acertar com bola

bolbo (bol.bo) *n.m.* caule subterrâneo de uma planta

boleia (bo.lei.a) *n.f.* transporte gratuito num veículo

boletim (bo.le.tim) *n.m.* **1** notícia breve **2** impresso com espaço para se responder (a uma pergunta, a uma votação, etc.); **boletim meteorológico:** informações sobre o tempo (temperatura, vento, etc.) que se espera para determinado local

bolha (bo.lha) *n.f.* pequena bolsa com líquido que se forma na pele devido a queimadura, inflamação, etc.

bolinha (bo.li.nha) *n.f.* **1** [*dim. de* bola] bola pequena **2** círculo de uma cor sobre um fundo de outra cor; pinta

bolinho (bo.li.nho) *n.m.* [*dim. de* bolo] bolo pequeno

bolo (bo.lo) *n.m.* alimento doce preparado com farinha, ovos e outros ingredientes, e cozido no forno

bolor (bo.lor) *n.m.* substância que se desenvolve nos alimentos quando apodrecem **SIN.** mofo

bolo-rei (bo.lo-rei) *n.m.* [*pl.* bolos-reis] bolo doce, com frutas secas e cristalizadas, típico do Natal

bolorento (bo.lo.ren.to) *adj.* **1** que tem bolor **2** (*fig.*) que é velho ou desatualizado

bolota (bo.lo.ta) *n.f.* fruto do carvalho ou da azinheira

bolsa (bol.sa) *n.f.* **1** mala de mão feita de couro ou de tecido **2** subsídio concedido a um estudante **3** lugar onde se reúnem pessoas para comprar e vender ações ou outros valores

bolseiro (bol.sei.ro) *n.m.* estudante que recebe uma bolsa de estudo

bolso (bol.so) *n.m.* pequeno saco de pano, cosido dentro ou fora da roupa, para guardar algo

bom (bom) *adj.* **1** adequado ao fim a que se destina **ANT.** mau **2** de boa qualidade **3** bondoso **4** saudável

O adjetivo **bom** *tem o comparativo* **melhor** *e o superlativo* **ótimo**.

bomba (bom.ba) *n.f.* **1** engenho preparado para produzir uma explosão

2 aparelho usado para encher pneus **3** máquina para aspirar e elevar líquidos **4** *(fig.)* acontecimento inesperado; **bomba de gasolina:** local onde é possível abastecer um veículo com combustível

bombardeado (bom.bar.de.a.do) *adj.* **1** que foi alvo de bombardeamento **2** *(fig.)* importunado (com críticas, perguntas, etc.)

bombardeamento (bom.bar.de.a.men.to) *n.m.* ataque com bombas

bombardear (bom.bar.de.ar) *v.* **1** atacar com bombas **2** *(fig.)* importunar (com críticas, perguntas, etc.)

bombardeiro (bom.bar.dei.ro) *n.m.* avião próprio para transportar e lançar bombas

bomba-relógio (bom.ba-re.ló.gi.o) *n.f.* [*pl.* bombas-relógio] bomba com um dispositivo onde é fixado o momento da explosão

bombástico (bom.bás.ti.co) *adj.* **1** que causa estrondo **2** *(fig.)* que causa uma forte impressão

bombazina (bom.ba.zi.na) *n.f.* tecido canelado de algodão que imita veludo

bombear (bom.be.ar) *v.* movimentar (um líquido) por meio de uma bomba

bombeiro (bom.bei.ro) *n.m.* pessoa que trabalha na extinção de incêndios e noutras operações de salvamento

bombista (bom.bis.ta) *adj.2gén.* feito com bomba ou explosivo ♦ *n.2gén.* pessoa que fabrica, coloca ou lança bombas

bombo (bom.bo) *n.m.* tambor grande que se toca na vertical com uma baqueta

bombom (bom.bom) *n.m.* [*pl.* bombons] guloseima de chocolate, com ou sem recheio

bombordo (bom.bor.do) *n.m.* lado esquerdo do navio, olhado de trás para a frente

bom-dia (bom-di.a) *n.m.* [*pl.* bons-dias] cumprimento que se dirige a alguém de manhã

bonacheirão (bo.na.chei.rão) *adj.* *(inform.)* diz-se da pessoa que é muito bondosa

bonança (bo.nan.ça) *n.f.* **1** tempo calmo **2** calma; tranquilidade

bondade (bon.da.de) *n.f.* **1** disposição natural para fazer o bem ANT. maldade **2** qualidade de quem é bom

bonde (bon.de) *n.m.* *(Bras.)* elétrico

bondoso (bon.do.so) *adj.* que tem bondade; benévolo

boné (bo.né) *n.m.* chapéu com pala e de copa redonda

boneca (bo.ne.ca) *n.f.* figura com forma feminina, de pano, madeira ou plástico, usada como brinquedo

boneco (bo.ne.co) *n.m.* **1** figura com forma masculina, de pano, madeira ou plástico, usada como brinquedo **2** desenho infantil que representa pessoas ou animais; *(inform.)* **falar para o boneco:** falar sem que ninguém preste atenção

bonificação (bo.ni.fi.ca.ção) *n.f.* prémio ou oferta concedido a alguém

bonifrate (bo.ni.fra.te) *n.m.* boneco movido com fios ou arames

bonito (bo.ni.to) *adj.* agradável à vista ou ao ouvido; belo; lindo ANT. feio

bonsai (bon.sai) *n.m.* **1** árvore anã do Japão, obtida pelo corte de certos ramos e raízes **2** arte de jardinagem japonesa

bons-dias (bons-di.as) *n.m.pl.* → **bom-dia**

bónus (bó.nus) *n.m.2núm.* prémio ou oferta concedido a alguém

bonzo (bon.zo) *n.m.* sacerdote budista

a
b
c
d
e
f
g
h
i
j
k
l
m
n
o
p
q
r
s
t
u
v
w
x
y
z

boquiaberto (bo.qui.a.ber.to) *adj.* admirado; pasmado

boquinha (bo.qui.nha) *n.f.* **1** [*dim. de* boca] boca pequena **2** trejeito com a boca

borboleta (bor.bo.le.ta) *n.f.* inseto com quatro asas grandes e coloridas

borbotar (bor.bo.tar) *v.* ficar com borboto

borboto (bor.bo.to) (burbôtu) *n.m.* tufo que se forma à superfície dos tecidos de lã

borbulha (bor.bu.lha) *n.f.* **1** pequeno inchaço que se forma à superfície da pele **2** bolha gasosa que se forma no interior dos líquidos

borbulhante (bor.bu.lhan.te) *adj.2gén.* **1** que ferve **2** que tem borbulha(s)

borbulhar (bor.bu.lhar) *v.* **1** produzir bolhas ao ferver **2** cobrir-se de borbulhas ou espinhas

borda (bor.da) *n.f.* extremidade de uma superfície SIN. beira

bordado (bor.da.do) *n.m.* trabalho feito com agulha e fios, sobre um tecido ou uma tela

bordão (bor.dão) *n.m.* pau que serve para apoiar quem caminha SIN. bastão, cajado

bordar (bor.dar) *v.* fazer bordados

bordo (bor.do) (bórdu) *n.m.* lado da embarcação; **a bordo:** no interior de um barco ou de um avião

borga (bor.ga) *n.f.* divertimento; pândega

borla (bor.la) *n.f.* acesso gratuito a alguma coisa

borlista (bor.lis.ta) *n.2gén. (inform.)* pessoa que costuma comer ou divertir-se sem pagar

borra (bor.ra) (bórra) *n.f.* parte sólida que se deposita no fundo de um recipiente; sedimento

borracha (bor.ra.cha) *n.f.* **1** substância elástica obtida da árvore-da-borracha **2** pequeno pedaço desse material, usado para apagar traços de escrita ou desenho

borracho (bor.ra.cho) *adj. e n.m. (inform.)* que ou aquele que está embriagado ♦ *n.2gén. (inform.)* pessoa muito bonita

borrada (bor.ra.da) *n.f.* **1** *(inform.)* porcaria; sujeira **2** *(inform.)* coisa mal feita

borralheira (bor.ra.lhei.ra) *n.f.* local onde se acumula a borralha ou cinza da lareira

borralheiro (bor.ra.lhei.ro) *adj.* **1** que gosta de estar à lareira; friorento **2** que gosta de estar em casa; caseiro

borralho (bor.ra.lho) *n.m.* **1** brasas cobertas de cinza **2** lareira

borrão (bor.rão) *n.m.* mancha de tinta

borrar (bor.rar) *v.* sujar; manchar

borrego (bor.re.go) *n.m.* carneiro até um ano de idade

borrifar (bor.ri.far) *v.* molhar com pequenas gotas de água; salpicar

bósnio (bós.ni.o) *adj.* relativo à Bósnia e Herzegovina (país do sul da Europa) ♦ *n.m.* pessoa natural da Bósnia e Herzegovina

bosque (bos.que) *n.m.* pequena floresta SIN. mata

bossa (bos.sa) *n.f.* **1** parte saliente no dorso do camelo e do dromedário **2** parte saliente nas costas ou no peito de uma pessoa; corcunda

bosse (bos.se) *n.m.* **1** *(Moç.)* patrão **2** *(Moç.)* marido

bosta (bos.ta) *n.f.* excremento de gado bovino

bota (bo.ta) *n.f.* calçado que cobre o pé e parte da perna

botânica (bo.tâ.ni.ca) *n.f.* ciência que estuda as plantas

botânico (bo.tâ.ni.co) *adj.* relativo a botânica ♦ *n.m.* especialista em botânica

botão (bo.tão) *n.m.* [*pl.* botões] **1** pequena peça que se usa para apertar a roupa **2** flor antes de desabrochar; **falar com os seus botões:** falar consigo mesmo; refletir

botãozinho (bo.tão.zi.nho) *n.m.* [*dim. de* botão] botão pequeno

bote (bo.te) *n.m.* pequeno barco a remo ou à vela

botequim (bo.te.quim) *n.m.* bar onde se servem refeições ligeiras

botija (bo.ti.ja) *n.f.* **1** recipiente de borracha que se enche de água quente para aquecer alguma parte do corpo **2** recipiente cilíndrico com gargalo estreito para gás doméstico, oxigénio, etc.

botim (bo.tim) *n.m.* bota de cano curto

bouça (bou.ça) *n.f.* terreno que não serve para cultura SIN. baldio

bovídeos (bo.ví.de.os) *n.m.pl.* família de mamíferos ruminantes com chifres, a que pertencem os bois, os carneiros, as cabras e os antílopes

bovino (bo.vi.no) *adj.* relativo a boi

bowling (bouling) *n.m.* jogo em que se procura derrubar um conjunto de pinos colocados a certa distância, com uma bola de madeira que é lançada com força ao longo de uma pista estreita

boxe (bo.xe) *n.m.* combate em que dois adversários se confrontam com socos, usando luvas apropriadas

boxer (bócser) *n.m.* cão de tamanho médio, com pelo acastanhado curto, brilhante e macio, focinho escuro e orelhas espetadas

boxers (bócsers) *n.m.pl.* cuecas masculinas com forma de calções

braçada (bra.ça.da) *n.f.* **1** quantidade de coisas que se abarcam com os braços **2** na natação, movimento dos braços

braçadeira (bra.ça.dei.ra) *n.f.* **1** tira de pano enrolada no braço, usada como distintivo **2** tira de borracha que se enche de ar e se usa nos braços quando se aprende a nadar

braçal (bra.çal) *adj.2gén.* **1** relativo a braço(s) **2** diz-se da atividade ou do trabalho manual

bracejar (bra.ce.jar) *v.* agitar os braços; gesticular

bracelete (bra.ce.le.te) *n.f.* pulseira

braço (bra.ço) *n.m.* membro superior do corpo humano, entre o ombro e a mão; **dar o braço a torcer:** reconhecer um erro ou uma falha; **de braços abertos:** com boa vontade; com alegria

braço-de-ferro *a nova grafia é* **braço de ferro**

braço de ferro (bra.ço de fer.ro) *n.m.* [*pl.* braços de ferro] **1** medição de forças entre duas pessoas que apoiam um cotovelo sobre uma mesa e, com as mãos enlaçadas, tentam derrubar o braço do adversário **2** (*fig.*) situação em que alguém tenta dominar outra(s) pessoa(s)

brada (bra.da) *n.m.* **1** (*Moç.*) irmão **2** (*Moç.*) amigo

bradar (bra.dar) *v.* dizer em voz alta ou aos gritos

brado (bra.do) *n.m.* berro; grito

braguilha (bra.gui.lha) *n.f.* abertura na parte da frente das calças ou dos calções, que se fecha com botões ou fecho

braille (bráile) *n.m.* sistema de escrita com pequenos pontos salientes, usado pelos cegos para ler e escrever

bramido (bra.mi.do) *n.m.* rugido de animal

bramir (bra.mir) *v.* **1** rugir **2** gritar

a
b
c
d
e
f
g
h
i
j
k
l
m
n
o
p
q
r
s
t
u
v
w
x
y
z

branca (bran.ca) n.f. **1** cabelo branco **2** falha de memória

branco (bran.co) adj. **1** que tem a cor da cal, da neve ou do leite ANT. preto **2** muito pálido ◆ n.m. **1** cor da cal, da neve ou do leite **2** pessoa de pele clara

brancura (bran.cu.ra) n.f. qualidade do que é branco

brando (bran.do) adj. **1** que é dócil ou afável (pessoa, temperamento) **2** que é mole ou macio (alimento, material) **3** que tem pouca intensidade (fogo, etc.)

branqueamento (bran.que.a.men.to) n.m. ato ou efeito de tornar branco ou mais branco

branquear (bran.que.ar) v. tornar branco ou mais branco

brasa (bra.sa) n.f. **1** carvão ou lenha incandescente, sem chama **2** calor intenso **3** (inform.) pessoa bonita e atraente fisicamente

brasão (bra.são) n.m. conjunto de figuras que compõem o escudo de uma família nobre

*Repara que **brasão** se escreve com **s** (e não com **z**).*

braseiro (bra.sei.ro) n.m. recipiente de metal, barro ou louça onde se colocam brasas para aquecer um espaço

brasileirismo (bra.si.lei.ris.mo) n.m. expressão ou palavra brasileira

brasileiro (bra.si.lei.ro) adj. relativo ao Brasil ◆ n.m. pessoa natural do Brasil

bravar (bra.var) v. (Ang., Moç.) ficar bravo; zangar-se

bravio (bra.vi.o) adj. **1** não domesticado; selvagem **2** que não é cultivado; inculto **3** rude; rebelde

bravo (bra.vo) adj. **1** valente; corajoso (pessoa) **2** não domesticado; feroz (animal) **3** agitado (o mar) ◆ interj. usada para aplaudir alguém

bravura (bra.vu.ra) n.f. valentia; coragem ANT. cobardia

breca (bre.ca) (bréca) n.f. (inform.) cãibra; **ser levado da breca:** ser muito irrequieto

brecha (bre.cha) n.f. abertura; fenda

breu (breu) n.m. sólido escuro, inflamável, obtido da destilação de alcatrão, petróleo, etc.; **escuro como breu:** muito escuro

breve (bre.ve) adj.2gén. **1** que dura pouco tempo; rápido **2** que é pouco extenso; resumido ◆ adv. dentro de pouco tempo; brevemente

brevemente (bre.ve.men.te) adv. **1** em breve **2** rapidamente

briga (bri.ga) n.f. rompimento de relações; desentendimento SIN. zanga

brigada (bri.ga.da) n.f. **1** força militar ou policial **2** grupo de pessoas que fazem um trabalho em conjunto

brigadeiro (bri.ga.dei.ro) n.m. **1** oficial do exército ou da força aérea **2** pequeno bolo arredondado feito de leite condensado e chocolate

brigar (bri.gar) v. cortar relações (com alguém); zangar-se (brigar com)

brilhante (bri.lhan.te) adj.2gén. **1** que brilha; cintilante **2** (fig.) excelente

brilhantismo (bri.lhan.tis.mo) n.m. **1** qualidade do que é brilhante **2** (fig.) capacidade excecional; excelência

brilhar (bri.lhar) v. **1** lançar brilho ou luz; cintilar **2** (fig.) revelar qualidades excecionais; sobressair

brilharete (bri.lha.re.te) n.m. êxito; sucesso

brilho (bri.lho) n.m. **1** luz que um corpo irradia ou reflete **2** (fig.) vivacidade; alegria

brincadeira (brin.ca.dei.ra) *n.f.* **1** divertimento de crianças **2** passatempo **3** piada

brincalhão (brin.ca.lhão) *adj. e n.m.* que ou aquele gosta muito de brincar

brincar (brin.car) *v.* **1** entreter-se com brincadeiras infantis **2** distrair-se; divertir-se **3** dizer piadas; gracejar

brinco (brin.co) *n.m.* adorno para as orelhas

brincos-de-princesa (brin.cos-de--prin.ce.sa) *n.m.pl.* planta com flores pendentes avermelhadas ou cor-de--rosa

brindar (brin.dar) *v.* beber à saúde de alguém, levantando o copo e tocando-o noutros copos

brinde (brin.de) *n.m.* **1** ato de beber à saúde de alguém ◆ **2** palavras dirigidas à pessoa a quem se brinda **3** presente que se recebe na compra de um produto

brinquedo (brin.que.do) *n.m.* **1** objeto com que as crianças brincam **2** brincadeira; divertimento

brio (bri.o) *n.m.* **1** sentimento da própria dignidade ou do próprio valor **2** sentimento de orgulho ou vaidade

brisa (bri.sa) *n.f.* vento fresco e brando
SIN. aragem

britânico (bri.tâ.ni.co) *adj.* relativo à Grã-Bretanha ◆ *n.m.* pessoa natural da Grã-Bretanha

broa (bro.a) *n.f.* pão de milho

broca (bro.ca) *n.f.* instrumento com que se abrem furos por meio de movimento rotativo

brocado (bro.ca.do) *n.m.* tecido de seda com relevos bordados a ouro e prata

brochura (bro.chu.ra) *n.f.* caderno com poucas folhas; folheto

brócolos (bró.co.los) *n.m.pl.* planta com pequenos ramos de flores verdes usados na alimentação

bronca (bron.ca) *n.f.* **1** *(inform.)* situação desagradável e embaraçosa; escândalo **2** *(inform.)* problema; trapalhada

bronco (bron.co) *adj.* **1** rude **2** grosseiro

brônquio (brôn.qui.o) *n.m.* cada um dos canais em que se divide a traqueia e que se ramificam nos pulmões

bronquite (bron.qui.te) *n.f.* inflamação dos brônquios

bronze (bron.ze) *n.m.* **1** liga de cobre e estanho **2** *(inform.)* tom da pele queimada pelo sol; bronzeado

bronzeado (bron.ze.a.do) *n.m.* tom moreno da pele causado por exposição ao sol

bronzeador (bron.ze.a.dor) *n.m.* creme usado para bronzear a pele

bronzear-se (bron.ze.ar-se) *v.* ficar com a pele bronzeada por exposição ao sol

brotar (bro.tar) *v.* **1** germinar (planta) **2** jorrar (líquido)

bruços (bru.ços) *n.m.pl.* estilo de natação em que o nadador se move com a barriga e a cabeça voltadas para baixo, afastando e juntando os braços em movimentos circulares

bruma (bru.ma) *n.f.* nevoeiro denso

brusco (brus.co) *adj.* **1** com modos rudes; indelicado **2** súbito; inesperado

brusquidão (brus.qui.dão) *n.f.* **1** qualidade de brusco **2** falta de delicadeza

brutal (bru.tal) *adj.2gén.* **1** cruel **2** violento

brutalidade (bru.ta.li.da.de) *n.f.* **1** crueldade **2** violência

brutamontes (bru.ta.mon.tes) *n.2gén. e 2núm.* **1** pessoa corpulenta ou forte **2** pessoa grosseira ou estúpida

bruto (bru.to) *adj.* **1** diz-se de um material no seu estado natural **2** diz-se de pessoa rude ou grosseira **3** diz-se do gesto ou ato violento

a
b
c
d
e
f
g
h
i
j
k
l
m
n
o
p
q
r
s
t
u
v
w
x
y
z

bruxa (bru.xa) *n.f.* mulher com poderes mágicos que faz bruxarias e feitiços SIN. feiticeira

bruxaria (bru.xa.ri.a) *n.f.* magia feita por bruxos ou bruxas SIN. feitiçaria

bruxedo (bru.xe.do) *n.m.* → **bruxaria**

bruxo (bru.xo) *n.m.* homem com poderes mágicos que faz bruxarias e feitiços SIN. feiticeiro

BTT *sigla de* **b**icicleta **t**odo-o-terreno

buala (bu.a.la) *n.f.* **1** *(Ang.)* povoação; quimbo **2** *(Ang.)* bairro; terra

bucal (bu.cal) *adj.2gén.* relativo a boca

bucar (bu.car) *v. (Moç.)* estudar com afinco

bucha (bu.cha) *n.f.* **1** bocado de alimento que se mete à boca **2** chumaço com que se tapam fendas ♦ *n.2gén.* *(inform.)* pessoa muito gorda

bucho (bu.cho) *n.m.* estômago dos animais

buço (bu.ço) *n.m.* penugem no lábio superior do homem e de algumas mulheres

bucólico (bu.có.li.co) *adj.* **1** campestre; pastoril **2** ingénuo; puro

bué (bu.é) *adv. (inform.)* muito; demasiado

búfalo (bú.fa.lo) *n.m.* animal ruminante parecido com o boi, com chifres arqueados e virados para cima, cauda curta e pelo amarelo escuro ou preto

bufar (bu.far) *v.* expelir o ar pela boca, com força

bufete (bu.fe.te) *n.m.* sala de uma escola ou de um teatro onde se servem refeições ligeiras; bar

bug (bâg) *n.m.* [*pl.* **bugs**] erro num programa informático

bugiganga (bu.gi.gan.ga) *n.f.* objeto de pouco valor

bula (bu.la) *n.f.* carta com selo do papa gravado em chumbo ou cera

bulabula (bu.la.bu.la) *n.f. (Moç.)* conversa fiada; mexerico

bulatar (bu.la.tar) *v. (Ang.)* apertar

buldogue (bul.do.gue) *n.m.* cão de pelo curto, boca larga, lábios pendentes e focinho achatado

bule (bu.le) *n.m.* recipiente bojudo para preparar e servir chá

búlgaro (búl.ga.ro) *adj.* relativo à Bulgária (país no sudeste da Europa) ♦ *n.m.* **1** pessoa natural da Bulgária **2** língua falada na Bulgária

bulha (bu.lha) *n.f.* **1** confusão de sons; barulho **2** discussão violenta; briga

bulhar (bu.lhar) *v.* discutir violentamente; brigar

bullying *n.m.* violência física ou psicológica exercida sobre alguém, sobretudo entre alunos

bum (bum) *interj.* imita o som de um tiro, estrondo ou pancada

bumbar (bum.bar) *v. (Ang.)* trabalhar esforçadamente

bunda (bun.da) *n.f. (Bras.) (inform.)* nádegas; rabo

buracão (bu.ra.cão) *n.m.* [*aum. de* buraco] buraco grande

buraco (bu.ra.co) *n.m.* abertura em qualquer superfície; orifício

buraquinho (bu.ra.qui.nho) *n.m.* [*dim. de* buraco] buraco pequeno

burburinho (bur.bu.ri.nho) *n.m.* ruído de vozes de pessoas que falam ao mesmo tempo; murmurinho

burca (bur.ca) *n.f.* véu comprido, com abertura para os olhos, usado por mulheres muçulmanas

burgo (bur.go) *n.m.* **1** na Idade Média, povoação situada junto a um castelo ou mosteiro **2** pequena povoação

burguês (bur.guês) *n.m.* **1** na Idade Média, habitante de um burgo **2** pessoa da classe média

burguesia (bur.gue.si.a) *n.f.* classe média da sociedade

buril (bu.ril) *n.m.* instrumento com ponta de aço para cortar e gravar em metal, lavrar pedra, etc.; cinzel

burla (bur.la) *n.f.* ato para enganar ou prejudicar alguém; fraude

burlão (bur.lão) *n.m.* vigarista

burlar (bur.lar) *v.* enganar; vigarizar

burlesco (bur.les.co) *adj.* que faz rir por ser disforme ou ridículo; grotesco

burrice (bur.ri.ce) *n.f.* **1** estupidez **2** asneira

burrico (bur.ri.co) *n.m.* [*dim. de* burro] burro pequeno

burrinho (bur.ri.nho) *n.m.* [*dim. de* burro] burro pequeno

burro (bur.ro) *n.m.* mamífero menos corpulento que o cavalo, mas com orelhas mais compridas ◆ *adj. (ofensivo)* estúpido; imbecil; *(inform.)* **burro de carga**: pessoa que faz os trabalhos mais difíceis ou cansativos

busca (bus.ca) *n.f.* **1** procura (de alguma coisa) **2** investigação

buscar (bus.car) *v.* **1** tentar encontrar; procurar **2** investigar; pesquisar

bússola (bús.so.la) *n.f.* **1** caixa com uma agulha magnética que gira sobre um eixo, indicando a direção norte-sul **2** *(fig.)* orientação

busto (bus.to) *n.m.* **1** parte do corpo humano da cintura para cima **2** imagem, sem braços, do peito e da cabeça de uma pessoa

butique (bu.ti.que) *n.f.* loja de roupa

buzina (bu.zi.na) *n.f.* instrumento sonoro usado nos veículos

buzinadela (bu.zi.na.de.la) *n.f.* toque com buzina

buzinão (bu.zi.não) *n.m.* forma de protesto com fortes buzinadelas

buzinar (bu.zi.nar) *v.* tocar buzina

búzio (bú.zi.o) *n.m.* molusco marinho de concha em forma de fuso

byte (bait) *n.m.* [*pl. bytes*] grupo de *bits* (geralmente oito)

C

c (sê) *n.m.* consoante, terceira letra do alfabeto, que está entre as letras *b* e *d*

cá (cá) *adv.* **1** aqui ANT. lá **2** neste lugar **3** para aqui **4** entre nós

cabaça (ca.ba.ça) *n.f.* fruto da cabaceira, mais estreito no meio do que nas extremidades e com casca muito dura

cabaceira (ca.ba.cei.ra) *n.f.* planta que produz as cabaças

cabana (ca.ba.na) *n.f.* casa pequena e rústica, de construção simples

cabaz (ca.baz) *n.m.* cesto de verga, geralmente com tampa e asa

cabeça (ca.be.ça) *n.f.* **1** parte superior do corpo humano e anterior dos outros animais **2** pessoa ou animal considerado individualmente **3** *(fig.)* juízo **4** num dicionário ou numa enciclopédia, palavra que aparece destacada no cimo das páginas e que indica a primeira entrada da página da esquerda e a última entrada da página da direita; palavra-guia; **dos pés à cabeça:** totalmente; **não ter pés nem cabeça:** ser um disparate

cabeçada (ca.be.ça.da) *n.f.* **1** pancada com a cabeça **2** no futebol, toque na bola com a cabeça

cabeça-de-alho-chocho *a nova grafia é* **cabeça de alho chocho**

cabeça de alho chocho (ca.be.ça de a.lho cho.cho) *n.2gén.* [*pl.* cabeças de alho chocho] *(inform.)* pessoa muito distraída

cabeça-de-vento *a nova grafia é* **cabeça de vento**

cabeça de vento (ca.be.ça de ven.to) *n.2gén.* [*pl.* cabeças de vento] **1** pessoa distraída **2** pessoa que atua sem pensar

cabeçalho (ca.be.ça.lho) *n.m.* título de jornal, capítulo ou artigo

cabeça-no-ar *a nova grafia é* **cabeça no ar**

cabeça no ar (ca.be.ça no ar) *n.2gén.* [*pl.* cabeças no ar] → **cabeça de vento**

cabeceamento (ca.be.ce.a.men.to) *n.m.* no futebol, toque na bola com a cabeça

cabecear (ca.be.ce.ar) *v.* **1** mover a cabeça **2** dar toques na bola com a cabeça, no futebol

cabeceira (ca.be.cei.ra) *n.f.* **1** parte da cama onde se deita a cabeça **2** extremidade de uma mesa

cabecilha (ca.be.ci.lha) *n.2gén.* chefe de um grupo de pessoas SIN. líder

cabeçudo (ca.be.çu.do) *adj.* **1** que tem cabeça grande **2** *(fig.)* teimoso

cabedal (ca.be.dal) *n.m.* pele curtida usada em calçado, vestuário, etc.

cabedelo (ca.be.de.lo) *n.m.* elevação de areia na foz de um rio

cabeleira (ca.be.lei.ra) *n.f.* **1** conjunto dos cabelos da cabeça **2** cabelo postiço; peruca

cabeleireiro (ca.be.lei.rei.ro) *n.m.* **1** pessoa cuja profissão é tratar os cabelos de outras pessoas **2** estabelecimento comercial onde se corta e trata o cabelo

cabelinho (ca.be.li.nho) *n.m.* [*dim. de* cabelo] cabelo curto

cabelo (ca.be.lo) *n.m.* **1** conjunto de pelos que cobrem a cabeça das pessoas; **2** cada um dos pelos da cabeça

cabeludo (ca.be.lu.do) *adj.* que tem muito cabelo

caber (ca.ber) *v.* **1** poder estar dentro de **2** ser adequado a **3** vir a propósito

cabetula (ca.be.tu.la) *n.f.* (*Ang.*) dança popular

cabide (ca.bi.de) *n.m.* **1** peça usada para pendurar roupas **2** móvel em que se penduram chapéus, fatos, etc.

cabina (ca.bi.na) *n.f.* **1** parte do avião onde estão os instrumentos de comando e navegação **2** pequeno compartimento que serve para vários fins (para telefonar, votar, etc.)

cabisbaixo (ca.bis.bai.xo) *adj.* **1** com a cabeça baixa **2** (*fig.*) triste; pensativo

cabo (ca.bo) *n.m.* **1** ponta de terra que entra pelo mar **2** parte por onde se pega num utensílio **3** extremidade; ponta **4** condutor elétrico ♦ *n.2gén.* militar que ocupa um dos postos abaixo de sargento e acima de soldado; **ao fim e ao cabo:** no final; **dar cabo de:** estragar; destruir

cabobo (ca.bo.bo) *adj. e n.2gén.* (*Ang.*) que ou pessoa que tem falta de dentes; desdentado

cabo-verdiano (ca.bo-ver.di.a.no) *adj.* relativo a Cabo-Verde ♦ *n.m.* pessoa natural de Cabo-Verde

cabra (ca.bra) *n.f.* mamífero ruminante, de pelo curto e chifres curvados para trás; fêmea do bode

cabra-cega (ca.bra-ce.ga) *n.f.* [*pl.* cabras-cegas] jogo de crianças em que uma tem os olhos vendados e procura agarrar outra(s)

cabriola (ca.bri.o.la) *n.f.* **1** salto de cabra **2** pulo

cabrito (ca.bri.to) *n.m.* **1** cria da cabra; bode jovem **2** (*Ang., Bras.*) criança mestiça filha de um mulato e de uma branca ou vice-versa

cábula (cá.bu.la) *n.2gén.* estudante que não estuda ou que falta às aulas ♦ *adj.2gén.* preguiçoso ♦ *n.f.* apontamento usado fraudulentamente num exame; copianço

caca (ca.ca) *n.f.* **1** (*inform.*) fezes **2** (*inform.*) porcaria; sujidade

caça (ca.ça) *n.f.* **1** perseguição e captura de animais **2** (*fig.*) busca ♦ *n.m.* avião de combate usado para intercetar ou destruir aviões inimigos

caçada (ca.ça.da) *n.f.* perseguição e captura de animais

caçadeira (ca.ça.dei.ra) *n.f.* espingarda de caça

caçadinhas (ca.ça.di.nhas) *n.f.pl.* brincadeira infantil na qual uma criança corre atrás de outra(s) tentando apanhá-la(s); apanhada

caçador (ca.ça.dor) *n.m.* pessoa que caça animais

cação (ca.ção) *n.m.* pequeno tubarão muito utilizado na alimentação

caçar (ca.çar) *v.* procurar ou perseguir animais para os apanhar

cacaracá (ca.ca.ra.cá) *n.m.* voz da galinha; (*inform.*) **de cacaracá:** muito simples

cacarejar (ca.ca.re.jar) *v.* cantar (a galinha)

cacarejo (ca.ca.re.jo) *n.m.* canto da galinha

caçarola (ca.ça.ro.la) *n.f.* recipiente circular de barro vidrado, usado para cozinhar

caça-submarino (ca.ça-sub.ma.ri.no) *n.m.* [*pl.* caça-submarinos] navio de combate de pequeno porte capaz de manobras rápidas, usado em missões de patrulha, escolta, defesa, etc.

cacau (ca.cau) *n.m.* **1** fruto ou semente do cacaueiro **2** substância que se ex-

a b c d e f g h i j k l m n o p q r s t u v w x y z

trai da semente do cacaueiro e se usa para fabricar chocolate **3** bebida preparada com essa substância dissolvida em leite ou água

cacaueiro (ca.cau.ei.ro) *n.m.* árvore de onde se extrai o cacau

cacetada (ca.ce.ta.da) *n.f.* pancada com cacete ou pau SIN. paulada

cacete (ca.ce.te) *n.m.* **1** pau grosso e curto **2** pão de trigo comprido e fino

cachaço (ca.cha.ço) *n.m.* parte posterior do pescoço

cachalote (ca.cha.lo.te) *n.m.* mamífero marinho, corpulento, com dentes numerosos, coloração cinzenta ou preta e cabeça grande, quase quadrangular

cachão (ca.chão) *n.m.* **1** agitação de um líquido **2** fervura **3** queda de água

cachecol (ca.che.col) *n.m.* faixa de lã para agasalhar o pescoço

cachico (ca.chi.co) *n.m.* (Ang.) servidor; agente

cachimbo (ca.chim.bo) *n.m.* objeto composto de um recipiente onde arde o tabaco e de um tubo por onde se aspira o fumo

cacho (ca.cho) *n.m.* **1** conjunto de frutos presos ao mesmo pé (uvas, cerejas, etc.) **2** madeixa de cabelo encaracolado

cachoeira (ca.cho.ei.ra) *n.f.* queda de água

cachola (ca.cho.la) *n.f.* (inform.) cabeça

cachopa (ca.cho.pa) *n.f.* menina; rapariga

cachopo (ca.cho.po) *n.m.* menino; rapaz

cachorro (ca.chor.ro) *n.m.* cão jovem ou pequeno

cachorro-quente (ca.chor.ro-quen.te) *n.m.* [pl. cachorros-quentes] sanduíche de salsicha quente com mostarda

cachupa (ca.chu.pa) *n.f.* (CV) refeição preparada com milho cozido e feijão, toucinho, peixe ou carne

cacifo (ca.ci.fo) *n.m.* pequeno armário com fechadura para guardar objetos; cofre

cacimba (ca.cim.ba) *n.f.* **1** nevoeiro denso **2** chuva miudinha

cacimbar (ca.cim.bar) *v.* cair cacimba; chuviscar

caco (ca.co) *n.m.* **1** pedaço de louça partida **2** objeto velho e de pouco valor

cacoco (ca.co.co) *n.m.* **1** (Ang.) mocho **2** (Ang.) indivíduo tristonho

cacto *a nova grafia é* **cato**

cacussaria (ca.cus.sa.ri.a) *n.f.* (Ang.) estabelecimento especializado em refeições à base de cacusso

cacusso (ca.cus.so) *n.m.* (Ang.) peixe de água doce ou salgada geralmente consumido grelhado, frito ou assado, muito popular em Luanda

cada (ca.da) *det.indef.>quant. univ.*DT qualquer de entre dois ou mais; **cada vez que:** sempre que

cadáver (ca.dá.ver) *n.m.* corpo morto de uma animal ou de uma pessoa

cadavérico (ca.da.vé.ri.co) *adj.* **1** parecido com um cadáver **2** (fig.) que parece morto; muito magro

cadeado (ca.de.a.do) *n.m.* fechadura com um arco em forma de U que tem uma ponta móvel onde encaixam elos, argolas etc.

cadeia (ca.dei.a) *n.f.* **1** corrente formada de elos ou argolas de metal ligados uns aos outros **2** conjunto de coisas dispostas em série; sucessão **3** prisão

cadeira (ca.dei.ra) *n.f.* **1** assento ou banco com costas e, por vezes, com braços **2** disciplina de um curso superior

cadeirão (ca.dei.rão) *n.m.* [*aum. de* ca-deira] cadeira grande

cadeirinha (ca.dei.ri.nha) *n.f.* [*dim. de* cadeira] cadeira pequena

cadela (ca.de.la) *n.f.* fêmea do cão

cadência (ca.dên.ci.a) *n.f.* sucessão re-gular de sons ou de movimentos; ritmo

cadenciado (ca.den.ci.a.do) *adj.* que tem cadência; ritmado

cadenciar (ca.den.ci.ar) *v.* dar cadência ou ritmo a; ritmar

cadente (ca.den.te) *adj.2gén.* **1** que cai ou está a cair **2** que parece estar a cair (*estrela cadente*) que tem ritmo

caderneta (ca.der.ne.ta) *n.f.* **1** pequeno livro de apontamentos **2** caderno pe-queno com espaços para preencher com cromos **3** caderno onde o profes-sor regista a assiduidade e o compor-tamento dos alunos

caderno (ca.der.no) *n.m.* conjunto de folhas de papel unidas e sobrepostas, como num livro

caducar (ca.du.car) *v.* **1** perder a vali-dade **2** perder a força

caduco (ca.du.co) *adj.* **1** que perdeu o valor ou a validade **2** que perde a força; velho **3** diz-se da folha que cai anualmente ou ocasionalmente

café (ca.fé) *n.m.* **1** semente do cafezeiro **2** bebida preparada com esta semente, depois de torrada e moída **3** lugar onde se serve esta e outras bebidas

cafeeiro (ca.fe.ei.ro) *n.m.* arbusto cujo fruto dá as sementes do café; cafe-zeiro

cafeína (ca.fe.í.na) *n.f.* substância que existe nos grãos do café

cafetaria (ca.fe.ta.ri.a) *n.f.* estabeleci-mento onde se serve café, refeições ligeiras, bolos e bebidas

cafeteira (ca.fe.tei.ra) *n.f.* vasilha onde se prepara, aquece ou serve café

cáfila (cá.fi.la) *n.f.* grupo de camelos

cafofo (ca.fo.fo) *adj. e n.m.* (*Ang.*) que ou aquele que vê mal; pitosga

cafriela (ca.fri.e.la) *n.f.* (*gb.*) refeição pre-parada com frango, pimentos e limão

cafrique (ca.fri.que) *n.m.* (*Ang.*) golpe de luta que provoca sufocação

cafumbar (ca.fum.bar) *v.* (*Ang.*) prejudi-car

cágado (cá.ga.do) *n.m.* réptil anfíbio de água doce, semelhante à tartaruga, com carapaça chata e pescoço longo

caiaque (cai.a.que) *n.m.* barco com-prido e estreito, com um ou dois luga-res, semelhante às canoas dos esqui-mós

caiar (cai.ar) *v.* pintar com cal diluída em água

cãibra (cãi.bra) *n.f.* contração forte e dolorosa de certos músculos; breca

caído (ca.í.do) *adj.* **1** que caiu **2** atirado para baixo; derrubado **3** que está vol-tado para baixo

cair (ca.ir) *v.* **1** dar uma queda; tombar **2** vir abaixo; desabar **3** soltar-se; des-prender-se; **cair bem:** agradar (um ato, uma palavra), saber bem (um ali-mento); **cair mal:** desagradar (um ato, uma palavra); provocar má disposição (um alimento)

Repara na diferença entre **cair de cama** *(que significa ficar doente) e* **cair da cama** *(que significa dar uma queda da cama).*

cais (cais) *n.m.2núm.* **1** parte da mar-gem de um rio ou de um porto de mar destinada ao embarque e desembar-que de mercadorias e passageiros **2** nas estações de caminho de ferro ou do metro, lugar destinado ao movi-mento de passageiros

caixa (cai.xa) *n.f.* **1** recipiente para transportar ou guardar qualquer coisa

2 numa loja, local onde se fazem pagamentos ♦ *n.2gén.* numa loja, pessoa que recebe e faz pagamentos; **caixa de correio:** recetáculo, situado normalmente na entrada de um edifício ou de uma casa, onde o carteiro coloca a correspondência; sistema eletrónico que recebe e guarda as mensagens recebidas e enviadas por *email*; **caixa torácica:** conjunto de ossos do tórax, formado pelas vértebras, pelas costelas e pelo esterno

caixão (cai.xão) *n.m.* caixa retangular comprida de madeira em que se enterram os mortos

caixeiro (cai.xei.ro) *n.m.* pessoa que faz caixas; **caixeiro viajante:** vendedor que viaja por várias localidades para vender os produtos da empresa que representa

caixilharia (cai.xi.lha.ri.a) *n.f.* conjunto de caixilhos de uma construção

caixilho (cai.xi.lho) *n.m.* moldura de painéis, retratos, vidros, etc.

caixinha (cai.xi.nha) *n.f.* [*dim. de* caixa] caixa pequena; **fazer caixinha:** guardar segredo de algo

caixote (cai.xo.te) *n.m.* caixa de tamanho médio para guardar ou transportar coisas

cajado (ca.ja.do) *n.m.* pau com a extremidade superior curvada SIN. bordão

caju (ca.ju) *n.m.* fruto comestível do cajueiro

cajueiro (ca.ju.ei.ro) *n.m.* árvore que produz o caju

cal (cal) *n.f.* [*pl.* cales, cais] produto branco proveniente do calcário e usado para pintar paredes de branco

calabouço (ca.la.bou.ço) *n.m.* prisão subterrânea

calada (ca.la.da) *n.f.* silêncio profundo; **pela calada:** em silêncio; às escondidas

caladinho (ca.la.di.nho) *adj.* **1** [*dim. de* calado] muito silencioso **2** que fala pouco

calado (ca.la.do) *adj.* **1** silencioso **2** que fala pouco

calafetar (ca.la.fe.tar) *v.* tapar (fendas, aberturas) com substância própria para não entrar frio nem sair calor

calafrio (ca.la.fri.o) *n.m.* sensação de frio; arrepio

calamidade (ca.la.mi.da.de) *n.f.* grande perda ou desgraça SIN. catástrofe

cálamo (cá.la.mo) *n.m.* **1** caule herbáceo cilíndrico **2** instrumento para escrever, feito de cana ou junco **3** base oca das penas das aves, sem barbas

calão (ca.lão) *n.m.* **1** linguagem usada por certos grupos de pessoas quando falam entre si **2** nível de língua de carácter expressivo, cómico ou ofensivo

calar (ca.lar) *v.* **1** pôr em silêncio **2** impedir alguém de se manifestar; reprimir ♦ **calar-se** ficar em silêncio; não falar

calça (cal.ça) *n.f.* → **calças**

calçada (cal.ça.da) *n.f.* rua pavimentada com pedras

calçadeira (cal.ça.dei.ra) *n.f.* objeto em forma de meia cana usado para ajudar a calçar sapatos

calcadela (cal.ca.de.la) *n.f.* pisadela

calçado (cal.ça.do) *n.m.* peça de vestuário, de couro ou outro material, para calçar o pé

calcanhar (cal.ca.nhar) *n.m.* saliência posterior do pé

calção (cal.ção) *n.m.* calça curta, que desce até à coxa ou até ao joelho

calcar (cal.car) *v.* **1** comprimir com os pés; pisar **2** *(fig.)* humilhar; desprezar

calçar (cal.çar) *v.* **1** introduzir os pés em (calçado) **2** introduzir as mãos em (luvas)

calcário (cal.cá.ri.o) *adj.* relativo a cal ou a cálcio ♦ *n.m.* rocha constituída por carbonato de cálcio

calças (cal.ças) *n.f.pl.* peça de roupa que veste as ancas e as pernas

calcetar (cal.ce.tar) *v.* revestir (caminho, passeio) com pedras; empedrar

calceteiro (cal.ce.tei.ro) *n.m.* indivíduo que reveste os passeios com pedras

calcinado (cal.ci.na.do) *adj.* reduzido a cinzas ou a carvão; queimado

calcinar (cal.ci.nar) *v.* reduzir a cinzas ou a carvão; queimar

calcinhas (cal.ci.nhas) *n.f.pl.* peça interior de vestuário feminino que vai da cinta até às coxas

cálcio (cál.ci.o) *n.m.* elemento metálico, mole, leve e muito importante na alimentação humana

calço (cal.ço) *n.m.* pedra ou pedaço de madeira que se coloca debaixo de um objeto para o fixar na posição desejada; cunha

calculadora (cal.cu.la.do.ra) *n.f.* aparelho eletrónico que faz cálculos matemáticos

calcular (cal.cu.lar) *v.* **1** determinar (um resultado) por meio de cálculo **2** avaliar; estimar **3** supor; imaginar

calculista (cal.cu.lis.ta) *adj. e n.2gén.* que ou pessoa que cuida apenas dos seus interesses; interesseiro

cálculo (cál.cu.lo) *n.m.* **1** operação ou conjunto de operações matemáticas para determinar o resultado da combinação de vários números **2** substância dura que se forma em alguns órgãos como os rins ou a bexiga (*cálculo renal*, etc.)

calda (cal.da) *n.f.* **1** mistura de água com açúcar fervida **2** sumo fervido de alguns frutos para os guardar de conserva **3** caldo em que se coze arroz

caldeira (cal.dei.ra) *n.f.* recipiente metálico para aquecer água e outros líquidos

caldeirada (cal.dei.ra.da) *n.f.* refogado de peixes em camadas alternadas de tomate, cebola e batata

caldeirão (cal.dei.rão) *n.m.* panela grande

caldinho (cal.di.nho) *n.m.* [*dim. de* caldo] caldo pouco apurado

caldo (cal.do) *n.m.* alimento líquido preparado com legumes, carne, peixe e por vezes cereais ou massas, cozidos em água; **caldo verde:** sopa preparada com folhas de couve-galega ou de nabiça cortadas finas, engrossada com batata e temperada com azeite, sal e chouriço

caleidoscópico (ca.lei.dos.có.pi.co) *adj.* **1** relativo a caleidoscópio **2** (*fig.*) colorido e variado

caleidoscópio (ca.lei.dos.có.pi.o) *n.m.* instrumento cilíndrico, com pequenos fragmentos de vidro colorido no fundo, que quando refletem nos espelhos do interior produzem imagens variadas e simétricas

calendário (ca.len.dá.ri.o) *n.m.* **1** quadro em que se indicam os dias, meses, festas religiosas, etc., de um ano **2** plano das datas de determinadas atividades para um dado período

calha (ca.lha) *n.f.* **1** cano ou rego para condução de água **2** carril (de metro, elétrico ou comboio)

calhamaço (ca.lha.ma.ço) *n.m.* livro grande e pesado

calhambeque (ca.lham.be.que) *n.m.* carro muito velho

calhar (ca.lhar) *v.* **1** chegar no momento certo **2** vir a propósito **3** acontecer por acaso

calhau (ca.lhau) *n.m.* pedra pequena **SIN.** seixo

calibre (ca.li.bre) *n.m.* **1** diâmetro interior de um cilindro ou tubo **2** diâmetro exterior de uma bala **3** *(fig.)* tamanho; importância

cálice (cá.li.ce) *n.m.* **1** copo pequeno com pé e uma base circular **2** vaso de metal, usado na missa

cálido (cá.li.do) *adj.* quente

califa (ca.li.fa) *n.m.* líder espiritual de uma comunidade islâmica

caligrafia (ca.li.gra.fi.a) *n.f.* **1** arte ou técnica de escrever à mão **2** maneira própria de cada pessoa escrever à mão

caligráfico (ca.li.grá.fi.co) *adj.* relativo a caligrafia

calinada (ca.li.na.da) *n.f. (inform.)* asneira; parvoíce

calista (ca.lis.ta) *n.2gén.* pessoa que trata ou extrai calos

calma (cal.ma) *n.f.* ausência de movimento ou de perturbação SIN. sossego, tranquilidade

calmamente (cal.ma.men.te) *adv.* sem pressa; com calma SIN. tranquilamente

calmante (cal.man.te) *adj.2gén.* que acalma ♦ *n.m.* medicamento que abranda a excitação nervosa ou as dores

calmaria (cal.ma.ri.a) *n.f.* ausência de agitação ou de vento SIN. calma, tranquilidade

calmo (cal.mo) *adj.* tranquilo; sossegado

calo (ca.lo) *n.m.* **1** endurecimento da pele **2** *(fig.)* insensibilidade **3** *(fig.)* experiência

caloiro (ca.loi.ro) *n.m.* estudante do primeiro ano de um curso superior

calor (ca.lor) *n.m.* **1** temperatura elevada do ar ANT. frio **2** estado daquilo que foi aquecido **3** *(fig.)* entusiasmo

calorento (ca.lo.ren.to) *adj.* **1** que tem temperatura elevada; quente **2** diz-se da pessoa que é muito sensível ao calor

caloria (ca.lo.ri.a) *n.f.* unidade que mede a energia fornecida pelos alimentos

calórico (ca.ló.ri.co) *adj.* **1** relativo a caloria **2** rico em calorias

calorífero (ca.lo.rí.fe.ro) *adj.* que tem ou produz calor ♦ *n.m.* aparelho que aquece o ar

caloroso (ca.lo.ro.so) *adj.* **1** afetuoso; cordial **2** entusiasta; enérgico

calosidade (ca.lo.si.da.de) *n.f.* endurecimento da pele causado por fricção continuada

calote (ca.lo.te) *n.m. (inform.)* dívida que não foi paga

caloteiro (ca.lo.tei.ro) *adj. e n.m. (inform.)* que ou aquele que não paga as suas dívidas

caluda (ca.lu.da) *interj.* usada para impor silêncio

calulu (ca.lu.lu) *n.m. (Ang.)* ensopado de peixe

calunga (ca.lun.ga) *n.f.* **1** *(Ang.)* eternidade **2** *(Ang.)* mar ♦ *n.m. (Moç.)* coelho, símbolo de sagacidade

calúnia (ca.lú.ni.a) *n.f.* acusação falsa que ofende alguém

caluniar (ca.lu.ni.ar) *v.* ofender com calúnias; falar mal de; difamar

calvário (cal.vá.ri.o) *n.m.* **1** representação da crucificação de Jesus **2** *(fig.)* sofrimento

calvície (cal.ví.ci.e) *n.f.* ausência total ou parcial de cabelos na cabeça

calvo (cal.vo) *adj.* que não tem cabelo SIN. careca

cama (ca.ma) *n.f.* móvel formado por um estrado com um colchão, coberto com lençol, edredão, etc., onde se dorme; **cair ou ficar de cama:** adoecer; **cama de gato:** jogo infantil em que se usa uma laçada de fio cruzada entre os dedos para fazer diversos padrões

camabuim (ca.ma.bu.im) *n.m. (Ang.)* indivíduo que não tem dentes; desdentado

camada (ca.ma.da) *n.f.* **1** porção de coisas da mesma espécie estendidas sobre uma superfície **2** classe; categoria

camaleão (ca.ma.le.ão) *n.m.* réptil com uma língua longa e pegajosa que, para se esconder, muda de cor

camanga (ca.man.ga) *n.f. (Ang.)* comércio clandestino de diamantes ou de pedras preciosas

camanguista (ca.man.guis.ta) *n.2gén. (Ang.)* traficante de diamantes

câmara (câ.ma.ra) *n.f.* **1** recinto fechado **2** máquina fotográfica **3** máquina de filmar (no cinema e na televisão); **câmara municipal**: edifício onde se reúnem os membros eleitos para administrar um concelho ou município

camarada (ca.ma.ra.da) *n.2gén.* **1** colega **2** amigo

camaradagem (ca.ma.ra.da.gem) *n.f.* convivência agradável entre colegas ou amigos **SIN.** companheirismo

câmara-de-ar *a nova grafia é* **câmara de ar**

câmara de ar (câ.ma.ra de ar) *n.f.* [*pl.* câmaras de ar] tubo circular de borracha cheio de ar, que se ajusta à volta do aro das rodas das bicicletas, dos automóveis, etc.

camarão (ca.ma.rão) *n.m.* crustáceo marinho ou de água doce, muito apreciado na alimentação

camarata (ca.ma.ra.ta) *n.f.* quarto de dormir com diversas camas

camarim (ca.ma.rim) *n.m.* no teatro, compartimento onde os atores se preparam e mudam de roupa

camarote (ca.ma.ro.te) *n.m.* **1** pequeno quarto de dormir num navio **2** numa

sala de espetáculos, pequeno compartimento fechado, separado da plateia e aberto para o palco

camba (cam.ba) *n.m. (Ang.)* amigo

cambada (cam.ba.da) *n.f. (pop.)* grande quantidade de coisas ou pessoas

cambado (cam.ba.do) *adj.* diz-se do calçado cujo tacão está mais gasto de um lado

cambalear (cam.ba.le.ar) *v.* **1** caminhar sem pernas nas pernas; perder o equilíbrio **2** *(fig.)* hesitar; vacilar

cambalhota (cam.ba.lho.ta) *n.f.* **1** exercício que se faz apoiando a cabeça ou as mãos no chão e voltando o corpo para a frente ou para trás **2** qualquer salto acrobático

cambar (cam.bar) *v.* **1** andar com as pernas tortas **2** caminhar sem firmeza

cambiar (cam.bi.ar) *v.* trocar moeda de um país pela do outro

câmbio (câm.bi.o) *n.m.* troca da moeda de uma país pela do outro

cameleira (ca.me.lei.ra) *n.f.* árvore que produz camélias

camélia (ca.mé.li.a) *n.f.* flor da cameleira, com muitas pétalas e sem perfume

camelo (ca.me.lo) *n.m.* **1** mamífero com duas bossas, muito comum nos desertos **2** *(pop.)* homem estúpido

camião (ca.mi.ão) *n.m.* veículo destinado ao transporte de mercadorias

camião-cisterna (ca.mi.ão-cis.ter.na) *n.m.* [*pl.* camiões-cisterna] veículo pesado próprio para transportar substâncias líquidas ou gasosas

caminhada (ca.mi.nha.da) *n.f.* passeio a pé

caminhar (ca.mi.nhar) *v.* andar a pé

caminho (ca.mi.nho) *n.m.* **1** faixa de terreno por onde se pode ir de um lugar para outro **2** direção; rumo

caminho-de-ferro *a nova grafia é* **caminho de ferro**

caminho de ferro (ca.mi.nho de fer.ro) *n.m.* [*pl.* caminhos de ferro] linha formada por dois carris paralelos sobre os quais circulam os comboios

camionagem (ca.mi.o.na.gem) *n.f.* transporte por camião

camioneta (ca.mi.o.ne.ta) *n.f.* veículo com uma ou duas filas de assentos para transporte de passageiros

camionista (ca.mi.o.nis.ta) *n.2gén.* pessoa que conduz um camião

camisa (ca.mi.sa) *n.f.* **1** peça de vestuário de tecido leve para cobrir o tronco e os braços, geralmente com colarinho e botões à frente **2** peça de roupa feminina para dormir

camiseta (ca.mi.se.ta) *n.f.* (*Bras.*) camisa com ou sem mangas curtas, feita de tecido de malha

camisola (ca.mi.so.la) *n.f.* **1** peça de roupa de malha que cobre o tronco e os braços e que é usada como agasalho **2** peça de vestuário interior, de tecido de malha

camomila (ca.mo.mi.la) *n.f.* planta herbácea com flores miúdas, semelhantes a margaridas brancas com o centro amarelo, muito usada em chás

campa (cam.pa) *n.f.* **1** pedra que cobre a sepultura **2** túmulo

campainha (cam.pa.i.nha) *n.f.* aparelho sonoro, metálico, colocado na porta de entrada, para avisar quem está dentro de casa da chegada de alguém

campal (cam.pal) *adj.2gén.* **1** relativo ao campo **2** diz-se da batalha ou da missa que se realiza ao ar livre

campanário (cam.pa.ná.ri.o) *n.m.* parte da torre em que estão suspensos os sinos

campanha (cam.pa.nha) *n.f.* **1** conjunto de operações militares realizadas durante uma guerra **2** conjunto de atividades que se realizam durante um certo tempo, para atingir um objetivo (*campanha publicitária, campanha eleitoral,* etc.)

campânula (cam.pâ.nu.la) *n.f.* vaso de vidro em forma de sino

campar (cam.par) *v.* (*Ang.*) morrer

campeão (cam.pe.ão) *n.m.* [*f.* campeã] vencedor de uma prova num campeonato

campeonato (cam.pe.o.na.to) *n.m.* competição em que se disputa o título de campeão

campesino (cam.pe.si.no) *adj.* ➔ **campestre**

campestre (cam.pes.tre) *adj.* relativo ao campo

campina (cam.pi.na) *n.f.* planície extensa, sem povoações nem árvores

campino (cam.pi.no) *n.m.* **1** camponês **2** guardador de touros no Ribatejo

campismo (cam.pis.mo) *n.m.* atividade que consiste em acampar ao ar livre

campista (cam.pis.ta) *n.2gén.* pessoa que faz campismo

campo (cam.po) *n.m.* **1** região fora das grandes cidades onde as pessoas se dedicam geralmente à agricultura e à criação de animais **2** terra destinada ao cultivo ou a pastagens **3** espaço destinado a uma atividade desportiva (*campo de golfe, de futebol,* etc.)

camponês (cam.po.nês) *n.m.* [*f.* camponesa] homem que vive ou trabalha no campo

campónio (cam.pó.ni.o) *n.m.* pessoa que vive ou trabalha no campo

camundongo (ca.mun.don.go) *n.m.* (*Ang.*) indivíduo natural de Luanda

camurça (ca.mur.ça) *n.f.* **1** mamífero ruminante, de corpo forte e membros robustos, cuja pele é muito apreciada **2** pele desse animal que, depois de preparada, é utilizada em vários objetos

camurcina (ca.mur.ci.na) *n.f.* tecido que imita a camurça

cana (ca.na) *n.f.* **1** planta útil pelas aplicações do seu colmo **2** colmo seco dessa planta; **cana de pesca:** vara comprida, com uma linha que se enrola num carreto e um anzol na ponta, usada para pescar

cana-de-açúcar (ca.na-de-a.çú.car) *n.f.* [*pl.* canas-de-açúcar] planta de caule espesso que contém um suco do qual se extrai o açúcar

canadiana (ca.na.di.a.na) *n.f.* **1** muleta metálica que se apoia no antebraço **2** tenda de campismo de formato triangular

canadiano (ca.na.di.a.no) *adj.* relativo ao Canadá ◆ *n.m.* pessoa natural do Canadá

canal (ca.nal) *n.m.* **1** passagem natural ou artificial de águas **2** comunicação estreita entre dois mares ou entre dois pontos **3** braço de rio **4** estação de rádio ou de televisão

canalização (ca.na.li.za.ção) *n.f.* conjunto de canos ou canais que formam um sistema

canalizador (ca.na.li.za.dor) *n.m.* indivíduo que trabalha em instalação e reparação de canalizações

canalizar (ca.na.li.zar) *v.* **1** abrir ou colocar canos em **2** pôr canalização em **3** *(fig.)* conduzir; dirigir

canapé (ca.na.pé) *n.m.* **1** tipo de sofá com encosto e braços **2** pequena fatia de pão com molho, presunto, tomate, etc., que é servida como aperitivo

canário (ca.ná.ri.o) *n.m.* pássaro canoro de bico curto, plumagem verde ou amarela e canto melodioso

canastra (ca.nas.tra) *n.f.* cesta quadrangular larga e baixa, usada pelas peixeiras para transportar o peixe

canavial (ca.na.vi.al) *n.m.* aglomerado de canas

canção (can.ção) *n.f.* composição musical com letra destinada a ser cantada

cancela (can.ce.la) *n.f.* **1** porta gradeada e geralmente de madeira **2** armação metálica que se abre e fecha ao trânsito nas passagens de nível

cancelamento (can.ce.la.men.to) *n.m.* **1** anulação (de um evento) **2** interrupção (de um processo)

cancelar (can.ce.lar) *v.* **1** anular (um evento) **2** interromper (um processo)

cancerígeno (can.ce.rí.ge.no) *adj.* que favorece o desenvolvimento do cancro

canceroso (can.ce.ro.so) *adj.* relativo ao cancro ◆ *n.m.* pessoa que tem cancro

cancioneiro (can.ci.o.nei.ro) *n.m.* coleção de antigas canções líricas em português, castelhano e galego

cancro (can.cro) *n.m.* doença muito grave causada pelo aparecimento de células malignas que se espalham e destroem os tecidos do corpo

candando (can.dan.do) *n.m.* *(Ang.)* abraço, especialmente na passagem de ano

candeeiro (can.de.ei.ro) *n.m.* aparelho que serve para iluminar

candeia (can.dei.a) *n.f.* aparelho de iluminação a óleo

candelabro (can.de.la.bro) *n.m.* **1** candeeiro grande **2** castiçal para muitas velas

candengue (can.den.gue) *n.2gén.* *(Ang.)* criança

candidatar-se (can.di.da.tar-se) *v.* apresentar-se como candidato; concorrer (a um emprego, a um cargo) (candidatar-se a)

a
b
c
d
e
f
g
h
i
j
k
l
m
n
o
p
q
r
s
t
u
v
w
x
y
z

candidato (can.di.da.to) *n.m.* pretendente a um emprego ou cargo

candidatura (can.di.da.tu.ra) *n.f.* apresentação de uma pessoa como candidata a um emprego ou a um cargo

cândido (cân.di.do) *adj.* inocente; puro

candimba (can.dim.ba) *n.m. (Ang., Bras.)* variedade de lebre, personagem tradicional de contos populares

candongueiro (can.don.guei.ro) *n.m. (Ang.)* táxi coletivo urbano

caneca (ca.ne.ca) *n.f.* recipiente cilíndrico, com uma asa lateral, para beber ou servir líquidos

canela (ca.ne.la) *n.f.* **1** casca de uma árvore (caneleira) de aroma e sabor agradáveis, usada em doçaria e como condimento **2** face anterior da perna

canelada (ca.ne.la.da) *n.f.* pancada na canela da perna

canelado (ca.ne.la.do) *adj.* que tem sulcos; estriado ♦ *n.m.* tecido ou malha com aspeto de sulcos

caneleira (ca.ne.lei.ra) *n.f.* **1** árvore cuja casca fornece a canela **2** proteção acolchoada usada na parte da frente da perna

canelones (ca.ne.lo.nes) *n.m.pl.* massa italiana de forma cilíndrica que, depois de cozida, se recheia com carne, queijo, etc.

caneta (ca.ne.ta) *n.f.* **1** utensílio que contém tinta e serve para escrever ou desenhar **2** dispositivo com a ponta sensível à radiação emitida por um monitor, usado para desenhar ou apontar objetos diretamente num ecrã

cânfora (cân.fo.ra) *n.f.* substância branca, sólida e cristalina, de cheiro forte, usada em produtos farmacêuticos e cosméticos

canganhiça (can.ga.nhi.ça) *n.f. (Moç.)* batota; aldrabice

cangar (can.gar) *v.* **1** *(Ang.)* prender **2** *(CV)* apegar-se a alguém

canguru (can.gu.ru) *n.m.* mamífero australiano que se desloca aos saltos e tem uma bolsa no ventre, na qual conserva os filhos depois do seu nascimento

cânhamo (câ.nha.mo) *n.m.* planta herbácea de folhas muito recortadas, útil pelo óleo e pelas fibras que fornece

canhão (ca.nhão) *n.m.* **1** peça de artilharia que lança granadas a grande distância **2** peça da fechadura onde entra a chave

canhoto (ca.nho.to) *adj. e n.m.* que ou pessoa que usa preferencialmente a mão ou o pé esquerdos

canhuto (ca.nhu.to) *n.m. (GB)* cachimbo

canibal (ca.ni.bal) *n.2gén.* pessoa que come carne humana SIN. antropófago

caniçada (ca.ni.ça.da) *n.f.* sebe ou cerca feita de canas

caniço (ca.ni.ço) *n.m.* cana fina; caninha

canil (ca.nil) *n.m.* local construído para alojamento de cães

canimambo (ca.ni.mam.bo) *adj. (Moç.)* agradecido; grato ♦ *interj. (Moç.)* usada para agradecer; obrigado!

canino (ca.ni.no) *adj.* relativo a cão ♦ *n.m.* dente cónico e aguçado que rasga os alimentos

canivete (ca.ni.ve.te) *n.f.* pequena navalha com lâmina móvel

canja (can.ja) *n.f.* **1** caldo de galinha com arroz ou massa **2** *(inform.)* aquilo que se faz sem esforço

cano (ca.no) *n.m.* **1** tubo para conduzir líquidos ou gases **2** tubo por onde sai a bala nas armas de fogo **3** parte da bota que cobre a perna

canoa (ca.no.a) *n.f.* pequena embarcação a remos

canoagem (ca.no.a.gem) *n.f.* desporto praticado em canoa

cânone (câ.no.ne) *n.m.* **1** regra geral; norma **2** peça de canto coral em que as diversas partes repetem o tema inicial, em tempos diferentes

canoro (ca.no.ro) *adj.* que canta bem; melodioso

cansaço (can.sa.ço) *n.m.* **1** falta de forças causada por esforço físico, mental ou por doença SIN. fadiga **2** aborrecimento; tédio

cansado (can.sa.do) *adj.* **1** que se cansou; que tem poucas forças SIN. fatigado **2** que se aborreceu ou que está farto

cansar (can.sar) *v.* **1** produzir cansaço em SIN. fatigar **2** aborrecer; importunar

cansativo (can.sa.ti.vo) *adj.* que cansa SIN. fatigante

canseira (can.sei.ra) *n.f.* **1** (*inform.*) cansaço **2** (*inform.*) esforço para fazer algo

cantador (can.ta.dor) *n.m.* [*f.* cantadeira] pessoa que canta música popular ♦ *adj.* que gosta de cantar

cantão (can.tão) *n.m.* divisão territorial em alguns países

cantar (can.tar) *v.* emitir, com a voz, sons musicais; **cantar de galo:** falar com arrogância; **cantar vitória:** gabar-se de ter conseguido alguma coisa

cântaro (cân.ta.ro) *n.m.* recipiente grande para líquidos; **chover a cântaros:** chover muito

cantarolar (can.ta.ro.lar) *v.* cantar a meia voz; trautear

cantata (can.ta.ta) *n.f.* peça musical religiosa cantada com acompanhamento instrumental

canteiro (can.tei.ro) *n.m.* pequena área de terreno ajardinado

cântico (cân.ti.co) *n.m.* canto religioso; hino

cantiga (can.ti.ga) *n.f.* **1** composição popular para ser cantada **2** (*fig.*) mentira

cantil (can.til) *n.m.* recipiente de metal para levar água e outros líquidos

cantilena (can.ti.le.na) *n.f.* **1** canção breve e simples **2** (*fig.*) conversa aborrecida e repetida

cantina (can.ti.na) *n.f.* local onde se servem refeições em escolas, empresas, quartéis, hospitais, etc.

cantinho (can.ti.nho) *n.m.* **1** [*dim. de* canto] pequeno pedaço; bocadinho **2** local isolado dentro ou fora de uma casa ♦ **cantinhos** *n.m.pl.* brincadeira infantil em que as crianças trocam de lugar umas com as outras

canto (can.to) *n.m.* **1** ato de cantar; cantoria **2** ângulo formado pelo encontro de duas linhas ou dois planos; esquina **3** cada uma das partes de um poema longo

cantor (can.tor) *n.m.* **1** aquele que canta **2** artista que canta por profissão

cantoria (can.to.ri.a) *n.f.* **1** ato de cantar **2** reunião de vozes que cantam

canudo (ca.nu.do) *n.m.* **1** tubo comprido e estreito **2** (*inform.*) diploma de um curso superior

canzarrão (can.zar.rão) *n.m.* [*aum. de* cão] cão muito grande

cão (cão) *n.m.* mamífero carnívoro, domesticado, que tem quatro patas e o corpo coberto de pelo

cão-guia (cão-gui.a) *n.m.* [*pl.* cães-guias, cães-guia] cão treinado para guiar pessoas cegas

caos (caos) *n.m.2núm.* grande confusão; desordem

caótico (ca.ó.ti.co) *adj.* muito desordenado; confuso

cãozinho (cão.zi.nho) *n.m.* [*dim. de* cão] cão pequeno

capa (ca.pa) *n.f.* **1** peça de vestuário larga que se usa sobre a roupa **2** cobertura de papel ou outro material que envolve um livro

a b c d e f g h i j k l m n o p q r s t u v w x y z

capacete (ca.pa.ce.te) *n.m.* **1** cobertura rígida para proteger a cabeça **2** *(pop.)* cabeça

capachinho (ca.pa.chi.nho) *n.m.* *(inform.)* cabeleira postiça

capacidade (ca.pa.ci.da.de) *n.f.* **1** espaço interior de um corpo vazio que pode ser ocupado **2** possibilidade de fazer alguma coisa **3** aptidão física ou mental de uma pessoa; talento

capanga (ca.pan.ga) *n.m.* *(Bras.)* bolsa pequena que se usa na mão ou à cintura ♦ *n.f. (Ang.)* golpe de luta

capar (ca.par) *v.* extrair os órgãos reprodutores; castrar

capataz (ca.pa.taz) *n.m.* chefe de um grupo de trabalhadores

capaz (ca.paz) *adj.2gén.* que tem capacidade para; apto; hábil **ANT.** incapaz

capela (ca.pe.la) *n.f.* pequena igreja; ermida

capelão (ca.pe.lão) *n.m.* [*pl.* capelães] sacerdote responsável por uma capela

capicua (ca.pi.cu.a) *n.f.* sequência de algarismos que é a mesma quando lida da esquerda para a direita e da direita para a esquerda (por exemplo, 23432)

capilar (ca.pi.lar) *adj.2gén.* relativo ao cabelo

capim (ca.pim) *n.m.* **1** conjunto de ervas que cobrem superfícies de terreno extensas e são usadas como alimento para os animais **2** *(inform.)* dinheiro

capital (ca.pi.tal) *adj.2gén.* principal; fundamental ♦ *n.f.* principal cidade de um país, onde se encontra a sede de governo ♦ *n.m.* dinheiro ou bens que constituem o fundo ou o património de uma empresa

capitalismo (ca.pi.ta.lis.mo) *n.m.* sistema económico e social que se baseia na posse privada da riqueza e no livre comércio de produtos e mercadorias

capitania (ca.pi.ta.ni.a) *n.f.* **1** posto de capitão **2** sede onde se tratam assuntos relativos à navegação e ao tráfego marítimo

capitão (ca.pi.tão) *n.m.* [*f.* capitã, capitoa, *pl.* capitães] **1** oficial que ocupa o posto acima de tenente e abaixo de major **2** comandante de um navio **3** chefe de uma equipa

capitel (ca.pi.tel) *n.m.* [*pl.* capitéis] parte superior de uma coluna

capitulação (ca.pi.tu.la.ção) *n.f.* rendição

capitular (ca.pi.tu.lar) *v.* render-se mediante certas condições

capítulo (ca.pí.tu.lo) *n.m.* cada uma das grandes divisões de um livro, tratado, lei, contrato, etc.

capô (ca.pô) *n.m.* nos automóveis, tampa que protege o motor

capoeira (ca.po.ei.ra) *n.f.* **1** recinto onde se alojam ou criam galos, galinhas, etc. **2** *(Bras.)* antiga forma de luta dos escravos brasileiros, atualmente praticada como desporto

capota (ca.po.ta) *n.f.* cobertura de lona ou material impermeável de certos veículos

capotar (ca.po.tar) *v.* voltar-se (o automóvel) com o lado de baixo para cima

capote (ca.po.te) *n.m.* capa até aos pés

capricho (ca.pri.cho) *n.m.* **1** vontade repentina de alguma coisa **2** mudança súbita de comportamento

caprichoso (ca.pri.cho.so) *adj.* que tem caprichos ou teimas; teimoso

caprino (ca.pri.no) *adj.* relativo a cabra

cápsula (cáp.su.la) *n.f.* **1** medicamento revestido por uma película gelatinosa **2** tampa metálica de garrafa **3** parte da nave espacial onde viajam os tripulantes

captar (cap.tar) *v.* **1** atrair a si; apanhar **2** compreender; perceber

captura (cap.tu.ra) *n.f.* **1** prisão (de alguém) **2** apreensão (de alguma coisa)

capturar (cap.tu.rar) *v.* **1** prender (alguém) **2** apreender (alguma coisa)

capuchinho (ca.pu.chi.nho) *n.m.* [*dim. de* capucho] capuz pequeno

capucho (ca.pu.cho) *n.m.* → **capuz**

capulana (ca.pu.la.na) *n.f.* (*Moç.*) pano usado pelas mulheres, que envolve o tronco e vai até abaixo dos joelhos

capuz (ca.puz) *n.m.* parte de capa ou de casaco, de forma cónica, que cobre a cabeça

cara (ca.ra) *n.f.* **1** parte da frente da cabeça **SIN.** face, rosto **2** expressão da face **3** aparência exterior de algo; aspeto **4** face de uma moeda; **cara a cara:** frente a frente; **ser de caras:** ser fácil

caracol (ca.ra.col) *n.m.* [*pl.* caracóis] **1** molusco com concha em espiral e dois pares de tentáculos na cabeça, que se move muito devagar **2** madeixa de cabelo enrolado em espiral

caracoleta (ca.ra.co.le.ta) *n.f.* caracol grande

carácter (ca.rác.ter) *n.m.* [*pl.* caracteres] **1** forma de ser e de agir própria de uma pessoa **2** letra ou símbolo usado na escrita

característica (ca.rac.te.rís.ti.ca) *n.f.* propriedade que distingue uma pessoa, um animal ou uma coisa dos restantes; traço distintivo

O Acordo Ortográfico admite duas formas de escrever uma palavra nos casos em que essa palavra pode ser dita de duas maneiras: por exemplo, **característica** *(se lermos o* **c***) e* **caraterística** *(se não lermos o* **c***).*

característico (ca.rac.te.rís.ti.co) *adj.* que caracteriza ou que distingue **SIN.** distintivo, próprio

caracterização (ca.rac.te.ri.za.ção) *n.f.* **1** descrição dos traços principais (de uma pessoa) **2** utilização de cosméticos e outros acessórios para dar ao ator a aparência da personagem que interpreta

caracterizado (ca.rac.te.ri.za.do) *adj.* **1** descrito com as características próprias **2** preparado para interpretar uma personagem

caracterizar (ca.rac.te.ri.zar) *v.* **1** descrever as características de (alguém, algo) **2** fazer a caracterização de (um ator)

caramanchão (ca.ra.man.chão) *n.m.* construção ligeira coberta de de plantas trepadeiras

caramba (ca.ram.ba) *interj.* exprime ironia, admiração ou impaciência

caramelo (ca.ra.me.lo) *n.m.* **1** açúcar em ponto de rebuçado **2** guloseima feita com açúcar em ponto e outros ingredientes

cara-metade (ca.ra-me.ta.de) *n.f.* [*pl.* caras-metades] (*inform.*) pessoa com quem se namora ou se é casado

caramujo (ca.ra.mu.jo) *n.m.* pequeno molusco marinho, comestível e com concha

caranguejo (ca.ran.gue.jo) *n.m.* crustáceo comestível, de corpo coberto por uma carapaça e com quatro pares de patas

carantonha (ca.ran.to.nha) *n.f.* cara muito feia; careta

carapaça (ca.ra.pa.ça) *n.f.* revestimento duro de certos animais, como o da tartaruga

carapau (ca.ra.pau) *n.m.* peixe comestível com corpo comprido e uma serrilha ao longo do dorso; chicharro; (*inform.*)

a b c d e f g h i j k l m n o p q r s t u v w x y z

carapau de corrida: pessoa que se gaba muito

carapim (ca.ra.pim) *n.m.* sapatinho para bebé feito de malha de lã ou croché

carapinha (ca.ra.pi.nha) *n.f.* cabelo muito frisado e denso

carapuça (ca.ra.pu.ça) *n.f.* barrete de lã ou de pano; **enfiar a carapuça:** sentir-se atingido por uma crítica feita a outra pessoa

carapuço (ca.ra.pu.ço) *n.m.* barrete de lã ou tecido, de forma cónica

caráter (ca.rá.ter) *a grafia preferível é* **carácter**

caraterística (ca.ra.te.rís.ti.ca) *a grafia preferível é* **característica**

caraterístico (ca.ra.te.rís.ti.co) *a grafia preferível é* **característico**

caraterização (ca.ra.te.ri.za.ção) *a grafia preferível é* **caracterização**

caraterizado (ca.ra.te.ri.za.do) *a grafia preferível é* **caracterizado**

caraterizar (ca.ra.te.ri.zar) *a grafia preferível é* **caracterizar**

caravana (ca.ra.va.na) *n.f.* **1** conjunto de pessoas que viajam juntas **2** veículo sem motor, atrelado a um automóvel, que serve de habitação

caravela (ca.ra.ve.la) *n.f.* embarcação de velas utilizada nos séculos XV e XVI

carbono (car.bo.no) *n.m.* elemento sólido, não metálico, que se encontra em muitas substâncias da natureza

carcaça (car.ca.ça) *n.f.* **1** armação interna que sustenta a parte exterior de algo; esqueleto **2** casco velho de um navio **3** pão de tamanho médio, oval, e com pontas arredondadas

carcela (car.ce.la) *n.f.* abertura na parte da frente de calças, calções, etc., que aperta com fecho ou botões; braguilha

cardar (car.dar) *v.* pentear (lã ou fio)

cardeal (car.de.al) *n.m.* cada um dos bispos que são os principais colaboradores do Papa

cardíaco (car.dí.a.co) *adj.* **1** relativo ao coração **2** diz-se da pessoa que sofre do coração

cardinal (car.di.nal) *adj.2gén.* **1** principal **2** que indica quantidade absoluta

cardiologia (car.di.o.lo.gi.a) *n.f.* ramo da medicina que trata das doenças do coração

cardiologista (car.di.o.lo.gis.ta) *n.2gén.* especialista em cardiologia

cardo (car.do) *n.m.* planta com caule espinhoso e flores amarelas

cardume (car.du.me) *n.m.* conjunto de peixes

careca (ca.re.ca) *adj.2gén.* sem cabelo ♦ *n.f.* parte da cabeça que perdeu o cabelo ♦ *n.2gén.* pessoa que não tem cabelo

carência (ca.rên.ci.a) *n.f.* falta do que é necessário; necessidade

carenciado (ca.ren.ci.a.do) *adj.* que tem carências ou necessidades; necessitado

carente (ca.ren.te) *adj.2gén.* **1** que tem carências ou necessidades **2** que sente grande necessidade de afeto ou apoio emocional

careta (ca.re.ta) *n.f.* **1** expressão facial causada por brincadeira, desagrado ou dor **2** disfarce para o rosto; máscara

carga (car.ga) *n.f.* **1** aquilo que pode ser transportado por pessoa, animal ou veículo, ou que pode ser suportado por uma estrutura própria **2** grande quantidade de alguma coisa; fardo **3** quantidade de explosivo usada numa arma **4** ataque direto contra um conjunto de pessoas

cargo (car.go) *n.m.* **1** compromisso ou responsabilidade de alguém; encargo **2** função que uma pessoa desempenha num serviço; emprego

cariado (ca.ri.a.do) *adj.* que tem cárie(s)

cariar (ca.ri.ar) *v.* criar cárie (o dente)

carica (ca.ri.ca) *n.f.* tampa metálica de garrafa

caricato (ca.ri.ca.to) *adj.* que faz rir; ridículo

caricatura (ca.ri.ca.tu.ra) *n.f.* retrato de pessoa ou situação que acentua os seus aspetos cómicos ou ridículos

caricaturista (ca.ri.ca.tu.ris.ta) *n.2gén.* pessoa que faz caricaturas

carícia (ca.rí.ci.a) *n.f.* toque ou gesto afetuoso; afago

caridade (ca.ri.da.de) *n.f.* disposição para ajudar as pessoas que precisam; compaixão

caridoso (ca.ri.do.so) *adj.* que revela caridade ou compaixão

cárie (cá.ri.e) *n.f.* doença que altera ou decompõe os dentes e os ossos

caril (ca.ril) *n.m.* **1** condimento e corante culinário de origem indiana, composto por várias especiarias **2** molho preparado com esse corante

carimbar (ca.rim.bar) *v.* marcar com carimbo

carimbo (ca.rim.bo) *n.m.* **1** peça de metal, madeira ou plástico, que serve para marcar ou autenticar documentos **2** marca que essa peça deixa no papel

carinho (ca.ri.nho) *n.m.* **1** sentimento de ternura; afeto **2** manifestação de afeto; carícia

carinhoso (ca.ri.nho.so) *adj.* **1** em que há carinho **2** terno; meigo

carioca (ca.ri.o.ca) *n.2gén. (Bras.)* pessoa natural do Rio de Janeiro ♦ *n.m.* bebida de café a que se junta água para ficar mais fraco

carisma (ca.ris.ma) *n.m.* conjunto de qualidades de uma pessoa que despertam admiração e simpatia; magnetismo

carlinga (car.lin.ga) *n.f.* parte do avião destinada ao piloto e ao copiloto; *cockpit*

carmelita (car.me.li.ta) *n.2gén.* religioso ou religiosa da Ordem do Carmo

carmim (car.mim) *n.m.* **1** substância corante de tonalidade vermelha **2** cor vermelha, brilhante

Carnaval (Car.na.val) *n.m.* período de festa nos três dias anteriores à Quarta-Feira de Cinzas, em que as pessoas se mascaram e em que há desfiles e diversões SIN. Entrudo

carnavalesco (car.na.va.les.co) *adj.* próprio do Carnaval

carne (car.ne) *n.f.* **1** parte mole e fibrosa existente entre a pele e os ossos das pessoas e dos animais **2** parte comestível de alguns frutos; **em carne e osso:** em pessoa; **nem carne nem peixe:** nem uma coisa nem outra

carneiro (car.nei.ro) *n.m.* mamífero ruminante apreciado pela carne, pelo (lã) e leite que fornece

carniceiro (car.ni.cei.ro) *n.m.* **1** negociante de carnes **2** *(fig.)* homem cruel

carnívoro (car.ní.vo.ro) *adj.* que come carne

carnudo (car.nu.do) *adj.* **1** que tem muita carne **2** diz-se do fruto que tem muita polpa

caro (ca.ro) *adj.* **1** que tem preço elevado ANT. barato **2** *(fig.)* querido; estimado

carocha (ca.ro.cha) *n.f.* inseto grande, de cor negra ou castanha; barata ♦ *n.m. (inform.)* automóvel de marca *Volkswagen* com tejadilho em forma de concha

caroço (ca.ro.ço) *n.m.* parte interna e dura de alguns frutos que contém a semente

carótida (ca.ró.ti.da) *n.f.* cada uma das artérias que, da aorta, levam o sangue à cabeça

carpa (car.pa) *n.f.* peixe de água doce, de coloração prateada

carpelo (car.pe.lo) *n.m.* folha floral fértil, produtora de óvulos

carpete (car.pe.te) *n.f.* tapete grande

carpintaria (car.pin.ta.ri.a) *n.f.* profissão ou local de trabalho do carpinteiro

carpinteiro (car.pin.tei.ro) *n.m.* pessoa que faz trabalhos em madeira

carpir (car.pir) *v.* exprimir tristeza; lamentar-se; queixar-se

carpo (car.po) *n.m.* **1** região da mão que corresponde ao pulso **2** fruto

carraça (car.ra.ça) *n.f.* parasita que suga o sangue de muitos animais

carrada (car.ra.da) *n.f.* (*inform.*) grande quantidade de alguma coisa; **às carradas:** em grande quantidade; **ter carradas de razão:** ter toda a razão

carranca (car.ran.ca) *n.f.* expressão de mau-humor; cara feia SIN. careta

carrancudo (car.ran.cu.do) *adj.* que demonstra mau humor

carrapato (car.ra.pa.to) *n.m.* inseto parasita, transmissor de várias doenças; carraça

carrapito (car.ra.pi.to) *n.m.* pequena porção de cabelo atado no alto da cabeça

carrasco (car.ras.co) *n.m.* **1** pessoa que executa a pena de morte **2** (*fig.*) pessoa cruel

carregado (car.re.ga.do) *adj.* **1** que transporta carga **2** diz-se da arma pronta a disparar **3** que está muito cheio (lugar, recipiente) **4** diz-se do tempo sombrio **5** carrancudo (expressão facial, pessoa) **6** diz-se de cor

forte **7** diz-se de situação ou ambiente em que há tensão

carregador (car.re.ga.dor) *n.m.* **1** pessoa que transporta ou carrega mercadorias **2** dispositivo que se liga à corrente para carregar baterias ou pilhas usadas em vários aparelhos (por exemplo, telemóveis)

carregamento (car.re.ga.men.to) *n.m.* **1** colocação de carga sobre (um meio de transporte ou um animal) **2** quantidade de mercadoria transportada; carga **3** acumulação de eletricidade em (bateria, pilha) **4** abastecimento de munições numa arma

carregar (car.re.gar) *v.* **1** colocar carga em (veículo, animal) **2** transportar (algo ou alguém) de um lugar para outro **3** acumular eletricidade em (bateria, pilha) **4** abastecer de munições (uma arma) **5** transferir dinheiro para (cartão) **6** fazer pressão sobre (botão, campainha)

carreira (car.rei.ra) *n.f.* **1** percurso profissional; profissão **2** caminho habitual de um serviço de transportes; linha

carreiro (car.rei.ro) *n.m.* **1** caminho estreito **2** conjunto de formigas em fila

carreto (car.re.to) *n.m.* roda dentada que se ajusta a outra

carril (car.ril) *n.m.* [*pl.* carris] **1** viga de ferro sobre a qual circulam as rodas de certos veículos **2** sulco que fazem no chão as rodas dos veículos

carrilhão (car.ri.lhão) *n.m.* [*pl.* carrilhões] conjunto de sinos

carrinha (car.ri.nha) *n.f.* veículo de tamanho médio usado para transportar pessoas ou mercadoria

carrinho (car.ri.nho) *n.m.* **1** [*dim. de* carro] carro pequeno **2** pequeno cilindro de linhas (para coser ou bordar)

carripana (car.ri.pa.na) *n.f.* carro velho ou estragado

carro (car.ro) *n.m.* veículo com rodas para transporte de pessoas ou coisas; automóvel; **carro alegórico:** veículo enfeitado com figuras e motivos simbólicos, usado em desfiles de Carnaval; **carro de combate:** viatura de guerra armada e blindada, que se desloca sobre lagartas; **pôr o carro à frente dos bois:** agir com demasiada rapidez; precipitar-se

carroça (car.ro.ça) *n.f.* veículo puxado por animais, resguardado por grades e usado para transportar cargas ou pessoas

carroçaria (car.ro.ça.ri.a) *n.f.* estrutura metálica do automóvel

carrocel (car.ro.cel) *n.m.* → **carrossel**

carrossel (car.ros.sel) *n.m.* [*pl.* carrosséis] divertimento de feira composto por um eixo giratório com carrinhos onde as pessoas se sentam

carruagem (car.ru.a.gem) *n.f.* **1** vagão do comboio para transporte de passageiros **2** antigo meio de transporte puxado por cavalos

carta (car.ta) *n.f.* **1** mensagem escrita à mão ou impressa e enviada a alguém pelo correio **2** cada um dos cartões que formam um baralho **3** diploma de um curso; **carta de condução:** documento oficial que autoriza uma pessoa a conduzir um ou mais tipos de veículo

cartaginês (car.ta.gi.nês) *adj.* relativo à antiga cidade de Cartago (Tunísia) ♦ *n.m.* **1** pessoa natural de Cartago **2** língua fenícia falada em Cartago

cartão (car.tão) *n.m.* **1** papel muito grosso; papelão **2** pequeno retângulo de cartolina ou plástico com a identificação e, por vezes, a fotografia da pessoa que o possui **3** pequeno retângulo de plástico que permite fazer diversas operações (levantamentos, depósitos, consultas) nas caixas multibanco; **cartão de cidadão:** documento eletrónico de identificação dos cidadãos portugueses que substitui o antigo bilhete de identidade e outros cartões (segurança social, contribuinte, eleitor, etc.); **não passar cartão a:** não dar importância a; não ligar a

cartão-de-visita *a nova grafia é* **cartão de visita**

cartão de visita (car.tão de vi.si.ta) *n.m.* [*pl.* cartões de visita] pequeno retângulo de papel com o nome e o endereço de uma pessoa ou de uma empresa, usado em contactos sociais ou profissionais

cartaz (car.taz) *n.m.* papel que se afixa em lugares públicos, com anúncios, programas, etc.

carteira (car.tei.ra) *n.f.* **1** estojo com divisões para guardar papéis, dinheiro, cartões, etc. **2** bolsa de mão **3** mesa inclinada para escrever ou estudar

carteirista (car.tei.ris.ta) *n.2gén.* ladrão de carteiras

carteiro (car.tei.ro) *n.m.* funcionário dos correios que distribui a correspondência pelas casas das pessoas

cartilagem (car.ti.la.gem) *n.f.* tecido elástico e resistente que se encontra nas extremidades dos ossos

cartilha (car.ti.lha) *n.f.* livro para aprender a ler

cartografia (car.to.gra.fi.a) *n.f.* ciência e técnica de desenhar mapas

cartógrafo (car.tó.gra.fo) *n.m.* pessoa que faz mapas

cartola (car.to.la) *n.f.* chapéu com copa alta e cilíndrica, geralmente de cor preta

cartolina (car.to.li.na) *n.f.* espécie de papelão liso e fino, mais espesso do que o papel

cartoon (cartun) *n.m.* [*pl. cartoons*] desenho cómico ou crítico, publicado normalmente em revistas ou jornais

cartório (car.tó.ri.o) *n.m.* **1** arquivo de documentos públicos **2** escritório de notário

cartucho (car.tu.cho) *n.m.* **1** saco de papel para embrulhos **2** carga para armas de fogo

caruma (ca.ru.ma) *n.f.* folha fina e pontiaguda do pinheiro

carvalho (car.va.lho) *n.m.* **1** árvore ou arbusto que fornece madeira e cortiça **2** madeira dessa árvore

carvão (car.vão) *n.m.* **1** substância vegetal ou mineral, sólida e negra, obtida por meio de combustão da matéria orgânica, que é usada como combustível **2** pedaço de madeira mal queimada

casa (ca.sa) *n.f.* **1** construção destinada à habitação **2** abertura na roupa onde prende o botão **3** lugar ocupado por um algarismo em relação a outros do mesmo número **4** cada uma das divisões da tabuada **5** período de tempo correspondente a 10 anos, sobretudo na vida de alguém (*o avô da Rita está na casa dos noventa*); década

casaca (ca.sa.ca) *n.f.* peça de vestuário masculino de cerimónia, com abas que descem a partir da cintura; **cortar na casaca de alguém**: dizer mal de uma pessoa que está ausente; **virar a casaca**: mudar de opinião, de partido político, etc.

casacão (ca.sa.cão) *n.m.* casaco grande feito de tecido grosso; sobretudo

casaco (ca.sa.co) *n.m.* peça de vestuário com mangas que se usa como agasalho

casado (ca.sa.do) *adj.* que está unido a outra pessoa por casamento; **casado(s) de fresco**: casado(s) há pouco tempo

casal (ca.sal) *n.m.* **1** conjunto de macho e fêmea **2** marido e mulher **3** par de namorados

casamenteiro (ca.sa.men.tei.ro) *n.m.* pessoa que gosta de arranjar casamentos para os outros

casamento (ca.sa.men.to) *n.m.* **1** união legal entre duas pessoas que pretendem constituir família em conjunto; matrimónio **2** cerimónia em que se celebra essa união; boda

casar (ca.sar) *v.* **1** unir pelo casamento **2** (*fig.*) combinar ◆ **casar-se** unir-se pelo casamento

casarão (ca.sa.rão) *n.m.* [*aum. de* casa] casa grande

casario (ca.sa.ri.o) *n.m.* aglomerado de casas

casca (cas.ca) *n.f.* revestimento externo de frutos, sementes, ovos, etc.

cascalho (cas.ca.lho) *n.m.* **1** pedra miúda ou partida em lascas **2** (*inform.*) moedas de pouco valor

cascar (cas.car) *v.* (*inform.*) bater (cascar em)

cascata (cas.ca.ta) *n.f.* queda de água entre pedras

cascavel (cas.ca.vel) *n.f.* **1** serpente venenosa que se desloca produzindo um ruído semelhante ao de guizos **2** (*fig.*) pessoa má

casco (cas.co) *n.m.* **1** revestimento do pé de animais como o cavalo, a vaca, o veado, etc. **2** esqueleto de uma construção **3** navio sem mastros **4** vasilha para vinho

casebre (ca.se.bre) *n.m.* casa pequena e degradada

caseiro (ca.sei.ro) *adj.* **1** relativo a casa **2** que gosta de estar em casa ◆ *n.m.* pessoa que trata de uma casa ou de uma quinta na ausência do dono

casinha (ca.si.nha) *n.f.* **1** [*dim. de* casa] casa pequena **2** (*pop.*) quarto de banho

casino (ca.si.no) *n.m.* estabelecimento com salas para jogar, dançar, assistir a espetáculos, etc.

casmurro (cas.mur.ro) *adj.* teimoso

caso (ca.so) *n.m.* acontecimento; facto; **cara de caso:** aspeto de quem está preocupado; **não fazer caso de:** não se interessar por

casório (ca.só.ri.o) *n.m.* (*pop.*) casamento

casota (ca.so.ta) *n.f.* [*dim. de* casa] pequena construção para abrigar um cão

caspa (cas.pa) *n.f.* escamas finas e brancas que se desprendem do couro cabeludo

casquilho (cas.qui.lho) *n.m.* parte metálica de uma lâmpada, por onde esta se enrosca no encaixe

cassete (cas.se.te) *n.f.* pequena caixa que contém fita magnética em que se registam sons (cassete áudio) ou imagens e sons (videocassete) que se podem reproduzir num aparelho de leitura

cassetete (cas.se.te.te) *n.m.* bastão curto com alça numa das extremidades

cassumbular (cas.sum.bu.lar) *v.* (*Ang.*) apanhar à força; arrancar

casta (cas.ta) *n.f.* **1** variedade de uma espécie animal ou vegetal **2** grupo social fechado **3** (*fig.*) qualidade

castanha (cas.ta.nha) *n.f.* semente do fruto do castanheiro (ouriço), rica em amido, que se come geralmente assada ou cozida

castanheiro (cas.ta.nhei.ro) *n.m.* árvore grande que produz frutos comestíveis (castanhas)

castanho (cas.ta.nho) *n.m.* cor da casca da castanha madura

castanholas (cas.ta.nho.las) *n.f.pl.* instrumento musical composto de duas peças de madeira em forma de concha, ligadas por cordel, que se fazem bater uma na outra com os dedos

castelhano (cas.te.lha.no) *adj.* relativo a Castela (Espanha) ♦ *n.m.* **1** pessoa natural de Castela **2** pessoa natural de Espanha **3** língua falada em Espanha e em alguns países da América Latina

castelo (cas.te.lo) *n.m.* **1** construção em lugar elevado, com muralhas e torres; fortaleza **2** (*fig.*) amontoado de coisas

castiçal (cas.ti.çal) *n.m.* utensílio para segurar uma ou mais velas

castiço (cas.ti.ço) *adj.* **1** puro; genuíno **2** (*pop.*) engraçado

castigar (cas.ti.gar) *v.* fazer cumprir uma pena ou um castigo por ter feito algo condenável SIN. punir

castigo (cas.ti.go) *n.m.* pena ou obrigação que alguém tem de cumprir por ter feito algo condenável SIN. punição

castor (cas.tor) *n.m.* mamífero roedor, anfíbio, com pelo castanho, macio, e cauda achatada em forma de remo

castrar (cas.trar) *v.* extrair os órgãos reprodutores; capar

castro (cas.tro) *n.m.* **1** fortificação pré-romana e romana **2** antiga povoação fortificada

casual (ca.su.al) *adj.2gén.* que depende do acaso SIN. acidental, eventual

casualidade (ca.su.a.li.da.de) *n.f.* qualidade do que é casual SIN. acaso, eventualidade

casulo (ca.su.lo) *n.m.* **1** cobertura composta de fios muito finos, tecida pela larva do bicho-da-seda e de outros insetos **2** cápsula que envolve as sementes de certos frutos

a
b
c
d
e
f
g
h
i
j
k
l
m
n
o
p
q
r
s
t
u
v
w
x
y
z

catacumbas (ca.ta.cum.bas) *n.f.pl.* lugar subterrâneo usado como cemitério ou esconderijo

catadupa (ca.ta.du.pa) *n.f.* grande queda de água corrente; catarata; **em catadupa:** em grande quantidade

catalogar (ca.ta.lo.gar) *v.* ordenar ou apresentar em catálogo

catálogo (ca.tá.lo.go) *n.m.* lista ou publicação que apresenta coisas ou pessoas, geralmente com informações a respeito de cada uma

catar (ca.tar) *v.* procurar e matar os parasitas da pele ou do cabelo

catarata (ca.ta.ra.ta) *n.f.* **1** grande queda de água **2** doença dos olhos que impede de ver com clareza e pode levar à cegueira

catarro (ca.tar.ro) *n.m.* **1** muco originado pela inflamação das mucosas **2** constipação, acompanhada de tosse

catástrofe (ca.tás.tro.fe) *n.f.* grande desgraça, geralmente de origem natural (tempestade, sismo, etc.) SIN. calamidade

catastrófico (ca.tas.tró.fi.co) *adj.* relativo a catástrofe SIN. desastroso

catatua (ca.ta.tu.a) *n.f.* ave do grupo dos papagaios, de plumagem geralmente branca e cabeça com uma crista de penas

cata-vento (ca.ta-ven.to) *n.m.* [*pl.* cata--ventos] **1** lâmina metálica ou bandeirinha enfiada numa haste colocada no cimo de um telhado para indicar a direção do vento **2** (*fig.*) pessoa que muda frequentemente de opinião

catchupa (cat.chu.pa) *n.f.* (*CV*) → **cachupa**

catecismo (ca.te.cis.mo) *n.m.* livro onde se expõem os princípios básicos da religião cristã

catedral (ca.te.dral) *n.f.* igreja principal de uma diocese; sé

categoria (ca.te.go.ri.a) *n.f.* **1** classe; grupo **2** ordem; hierarquia **3** natureza; carácter

catembe (ca.tem.be) *n.m.* (*Moç.*) bebida preparada a partir de mistura de vinho com refrigerante

catequese (ca.te.que.se) *n.f.* ensino da doutrina da religião cristã

catequista (ca.te.quis.ta) *n.2gén.* pessoa que ensina os princípios da religião cristã

cateto (ca.te.to) *n.m.* cada um dos lados do ângulo reto de um triângulo retângulo

catita (ca.ti.ta) *adj.2gén.* (*inform.*) bem arranjado ou bem vestido SIN. elegante

cativante (ca.ti.van.te) *adj.2gén.* que cativa ou atrai SIN. atraente

cativar (ca.ti.var) *v.* ganhar a simpatia de (alguém) SIN. atrair

cativeiro (ca.ti.vei.ro) *n.m.* lugar onde se está cativo; prisão

cativo (ca.ti.vo) *n.m.* preso; encarcerado

cato (ca.to) *n.m.* planta coberta de espinhos que armazena água no caule e existe em zonas muito secas

catolicismo (ca.to.li.cis.mo) *n.m.* religião cristã que reconhece o Papa como chefe; igreja católica

católico (ca.tó.li.co) *adj.* **1** relativo à igreja católica **2** diz-se da pessoa que segue o catolicismo ♦ *n.m.* seguidor do catolicismo

catorze (ca.tor.ze) *num.card.>quant. num.*ᴰᵀ dez mais quatro ♦ *n.m.* o número 14

catraia (ca.trai.a) *n.f.* (*pop.*) rapariga; garota

catraio (ca.trai.o) *n.m.* (*pop.*) rapaz; garoto

catrapus (ca.tra.pus) *interj.* imitativa do som de uma queda repentina

catumua (ca.tu.mu.a) *n.m.* (*Ang.*) mensageiro

caturra (ca.tur.ra) *adj.* e *n.2gén.* teimoso

caturrice (ca.tur.ri.ce) *n.f.* teimosia

caução (cau.ção) *n.f.* garantia do pagamento de uma obrigação

cauda (cau.da) *n.f.* **1** extremidade posterior, mais ou menos longa, do corpo de alguns animais **2** parte traseira de um vestido comprido **3** rasto luminoso dos cometas

caudal (cau.dal) *adj.* relativo à cauda ◆ *n.m.* corrente de um rio

caule (cau.le) *n.m.* parte do eixo de uma planta que suporta as folhas

causa (cau.sa) *n.f.* aquilo que faz com que algo aconteça; razão de ser SIN. motivo; **por causa de:** devido a; em consequência de

causador (cau.sa.dor) *adj.* que causa ou provoca ◆ *n.m.* pessoa que origina um acontecimento; agente

causal (cau.sal) *adj.2gén.* **1** relativo a causa **2** que exprime causa

causar (cau.sar) *v.* ser causa de SIN. originar, provocar

cautela (cau.te.la) *n.f.* **1** cuidado para evitar um mal; prevenção **2** fração de um bilhete de lotaria

cautelosamente (cau.te.lo.sa.men.te) *adv.* com cautela; com prudência

cauteloso (cau.te.lo.so) *adj.* prudente

cava (ca.va) *n.f.* abertura no vestuário, onde se pregam as mangas

cavaca (ca.va.ca) *n.f.* **1** lasca de lenha **2** biscoito revestido de calda de açúcar

cavaco (ca.va.co) *n.m.* lasca de madeira

cavado (ca.va.do) *adj.* **1** que se cavou ou revolveu; escavado **2** que tem profundidade; fundo **3** em que se fez cava (roupa)

cavala (ca.va.la) *n.f.* peixe comestível, de cor azul esverdeada

cavalar (ca.va.lar) *adj.2gén.* **1** relativo a cavalo **2** que pertence à raça do cavalo

cavalaria (ca.va.la.ri.a) *n.f.* **1** grande quantidade de cavalos **2** tropa composta por soldados a cavalo

cavalariça (ca.va.la.ri.ça) *n.f.* local onde se recolhem cavalos SIN. estrebaria

cavaleiro (ca.va.lei.ro) *n.m.* indivíduo que anda a cavalo

cavalete (ca.va.le.te) *n.m.* suporte de madeira onde se apoia uma tela

cavalgada (ca.val.ga.da) *n.f.* passeio a cavalo

cavalgadura (ca.val.ga.du.ra) *n.f.* animal que se monta

cavalgar (ca.val.gar) *v.* montar a cavalo

cavalheiro (ca.va.lhei.ro) *adj.* delicado; gentil ◆ *n.m.* indivíduo muito educado e gentil

cavalicoque (ca.va.li.co.que) *n.m.* cavalo pequeno e fraco

cavalinho (ca.va.li.nho) *n.m.* [*dim. de* cavalo] cavalo pequeno

cavalitas (ca.va.li.tas) *elem. da loc.adv.* **às cavalitas:** às costas; sobre os ombros

cavalo (ca.va.lo) *n.m.* mamífero grande, com crina, veloz, usado para transporte de carga e em desportos como a equitação

cavalo-marinho (ca.va.lo-ma.ri.nho) *n.m.* [*pl.* cavalos-marinhos] pequeno peixe que nada em posição vertical e cujo perfil se assemelha ao do cavalo

cavaquinho (ca.va.qui.nho) *n.m.* pequeno instrumento musical de quatro cordas

cavar (ca.var) *v.* revolver (a terra) com uma enxada

cave (ca.ve) *n.f.* compartimento de uma casa abaixo do nível da rua

caveira (ca.vei.ra) *n.f.* **1** crânio e ossos da face sem carne **2** (*fig.*) rosto magro e pálido

caverna (ca.ver.na) *n.f.* cavidade subterrânea

caviar (ca.vi.ar) *n.m.* ova de esturjão, levemente salgada

cavidade (ca.vi.da.de) *n.f.* espaço oco ou vazio num corpo ou numa superfície SIN. buraco, cova

caxemira (ca.xe.mi.ra) *n.f.* tecido de lã muito fina e macia feita do pelo de um tipo de cabra da região de Caxemira (na Índia)

caxexe (ca.xe.xe) *n.m. (Ang.)* pequeno pássaro de cor azul celeste, de voo furtivo e canto semelhante a um riso; celeste; **de caxexe:** furtivamente; em segredo; de nível fraco

CD *n.m.* disco compacto

CD-R *n.m.* disco compacto gravável

CD-ROM *n.m.* unidade de armazenamento e leitura de informação usada nos computadores

cear (ce.ar) *v.* comer a ceia

cebola (ce.bo.la) *n.f.* bolbo carnudo, comestível, de cheiro forte e picante, usado em culinária

cebolada (ce.bo.la.da) *n.f.* **1** molho feito com cebolas refogadas **2** grande quantidade de cebolas

cebolinha (ce.bo.li.nha) *n.f.* [*dim. de* cebola] cebola pequena de conserva

cebolinho (ce.bo.li.nho) *n.m.* planta da cebola, antes da formação do bolbo

ceco (ce.co) *n.m.* parte inicial e alargada do intestino grosso

ceder (ce.der) *v.* **1** desistir de algo em favor de alguém **2** renunciar a (um cargo, uma função); deixar

cedilha (ce.di.lha) *n.f.* sinal que se põe debaixo da letra *c* para a pronunciar *s* (como em *rebuçado, poço, açúcar*)

cedinho (ce.di.nho) *adv.* [*dim. de* cedo] muito cedo

cedo (ce.do) *adv.* **1** antes da hora combinada ou prevista ANT. tarde **2** dentro de pouco tempo; depressa **3** de madrugada

cedro (ce.dro) *n.m.* **1** árvore grande de madeira aromática **2** madeira dessa árvore

cédula (cé.du.la) *n.f.* **1** documento escrito para ter efeitos legais **2** documento que contém informações sobre o seu portador

cegar (ce.gar) *v.* **1** tornar cego **2** ficar cego

cegarrega (ce.gar.re.ga) *n.f.* **1** som semelhante ao produzido pela cigarra **2** instrumento musical que imita o som da cigarra **3** *(fig.)* conversa aborrecida

cego (ce.go) *adj.* **1** que não vê; invisual **2** *(fig.)* dominado por um sentimento forte (fúria, paixão, etc.)

cegonha (ce.go.nha) *n.f.* ave grande, de asas largas, plumagem branca ou negra, bico vermelho comprido e patas altas

cegueira (ce.guei.ra) *n.f.* perda do sentido da visão

cegueta (ce.gue.ta) *n.2gén. (inform.)* pessoa que vê muito mal

ceia (cei.a) *n.f.* refeição tomada à noite

ceifa (cei.fa) *n.f.* **1** colheita dos cereais **2** época do ano em que se faz essa colheita

ceifar (cei.far) *v.* cortar (os cereais) com uma foice ou outro instrumento; segar

ceifeira (cei.fei.ra) *n.f.* máquina de ceifar

ceifeiro (cei.fei.ro) *n.m.* pessoa que ceifa

cela (ce.la) *n.f.* **1** quarto na prisão **2** nos conventos, aposento de um religioso

> Nota que **cela** (quarto, aposento) é diferente de **sela** (aparelho para montar a cavalo).

celebração (ce.le.bra.ção) *n.f.* ato de celebrar (um acontecimento, uma data, etc.) SIN. comemoração, festejo

celebrado (ce.le.bra.do) *adj.* que se celebrou com festa SIN. comemorado, festejado

celebrar (ce.le.brar) *v.* marcar (acontecimento, data) com uma festa SIN. comemorar

célebre (cé.le.bre) *adj.2gén.* que tem grande fama; que é muito conhecido SIN. famoso

celebridade (ce.le.bri.da.de) *n.f.* 1 fama 2 pessoa famosa

celebrizar (ce.le.bri.zar) *v.* tornar célebre, notável

celeiro (ce.lei.ro) *n.m.* lugar onde se guardam cereais

celeste (ce.les.te) *adj.2gén.* 1 relativo ao céu 2 que está no céu

celestial (ce.les.ti.al) *adj.2gén.* próprio do céu; divino

celofane (ce.lo.fa.ne) *n.m.* película muito fina, impermeável e transparente, usada como embrulho ou proteção

Celsius *adj.2gén.* diz-se da escala de temperatura em que 0 °C é a temperatura de fusão do gelo, e 100 °C a temperatura de ebulição da água

celta (cel.ta) *adj.2gén.* relativo aos povos da época pré-romana que ocuparam a Europa central e ocidental ♦ *n.2gén.* pessoa pertencente a um desses povos ♦ *n.m.* ramo de línguas faladas por esses grupos; gaélico

celtibero (cel.ti.be.ro) *adj.* relativo à Celtibéria, antiga região da Espanha, habitada por povos resultantes da mistura de celtas e iberos ♦ *n.m.* 1 indivíduo natural da Celtibéria 2 língua falada naquela região na Antiguidade

célula (cé.lu.la) *n.f.* 1 unidade microscópica básica de qualquer ser vivo 2 pequena cela 3 pequena cavidade; cubículo

celular (ce.lu.lar) *adj.2gén.* 1 relativo a célula 2 formado por células ♦ *n.m.* (Bras.) telemóvel

cem (cem) *num.card.>quant.num.*ᴰᵀ noventa mais dez ♦ *n.m.* 1 o número 100 2 *(fig.)* muitos

> *Repara que **cem** (número 100) é diferente de **sem** (preposição):*
> *Ele emprestou-lhe **cem** euros.*
> *Ela saiu de casa **sem** dinheiro.*

cemitério (ce.mi.té.ri.o) *n.m.* lugar onde se enterram os mortos

cena (ce.na) *n.f.* 1 parte do teatro onde os atores representam para o público 2 numa peça de teatro, divisão de um ato 3 situação que impressiona 4 *(fig.)* facto escandaloso; **fazer cenas:** provocar um escândalo

cenário (ce.ná.ri.o) *n.m.* 1 lugar onde se desenrola a ação (ou parte da ação) de uma peça teatral, de um filme, etc. 2 decoração do espaço de representação numa peça de teatro, num filme, etc. 3 ambiente que rodeia um acontecimento; contexto

cénico (cé.ni.co) *adj.* relativo à representação teatral

cenoura (ce.nou.ra) *n.f.* raiz comestível alongada, dura, de cor alaranjada, muito utilizada na alimentação

censo (cen.so) *n.m.* contagem (de população); recenseamento

> *Repara que **censo** (recenseamento) é diferente de **senso** (juízo, compreensão).*

censura (cen.su.ra) *n.f.* crítica; condenação

censurar (cen.su.rar) *v.* criticar; condenar

censurável (cen.su.rá.vel) *adj.* que merece censura; condenável

centeio (cen.tei.o) *n.m.* planta herbácea, cujo grão se reduz a farinha, usada para fazer pão

centelha (cen.te.lha) *n.f.* **1** partícula luminosa que se desprende de um material em brasa; faísca **2** *(fig.)* inspiração

centena (cen.te.na) *n.m.* conjunto de cem unidades; cento

centenário (cen.te.ná.ri.o) *adj.* que tem cem anos ♦ *n.m.* comemoração dos cem anos de existência

centésimo (cen.té.si.mo) *num.ord.>adj. num.*ᴰᵀ que ocupa o lugar número 100 ♦ *n.m.* cada uma das cem partes em que se dividiu uma unidade; a centésima parte

centígrado (cen.tí.gra.do) *adj.* que pertence a uma escala dividida em cem graus

centigrama (cen.ti.gra.ma) *n.m.* centésima parte do grama (símbolo: cg)

centilitro (cen.ti.li.tro) *n.m.* centésima parte do litro (símbolo: cl)

centímetro (cen.tí.me.tro) *n.m.* centésima parte do metro (símbolo: cm)

cêntimo (cên.ti.mo) *n.m.* cada uma das cem subunidades em que se divide o euro

cento (cen.to) *n.m.* conjunto de cem unidades; centena

centopeia (cen.to.pei.a) *n.f.* animal invertebrado com o corpo dividido em vinte e um segmentos, a cada um dos quais corresponde um par de patas

central (cen.tral) *adj.2gén.* **1** que fica no centro **2** que diz respeito ao centro

centralizar (cen.tra.li.zar) *v.* reunir num único centro; concentrar

centrar (cen.trar) *v.* **1** determinar o centro de **2** colocar no centro **3** concentrar num dado ponto

centrifugadora (cen.tri.fu.ga.do.ra) *n.f.* máquina que permite separar sólidos existentes em suspensão nos líquidos

centrifugar (cen.tri.fu.gar) *v.* separar (os elementos de uma mistura), submetendo-os a um movimento de rotação

centro (cen.tro) *n.m.* **1** ponto que fica no meio **2** lugar de convergência; núcleo **3** parte mais ativa de uma cidade, vila, etc. **4** sociedade; clube; **centro comercial:** grande recinto coberto, onde se encontram diversas lojas e serviços (cinemas, agências bancárias, etc.) e que dispõe normalmente de parque de estacionamento

cêntuplo (cên.tu.plo) *num.mult.>quant. num.*ᴰᵀ que contém cem vezes a mesma quantidade ♦ *n.m.* valor ou quantidade cem vezes maior

cepa (ce.pa) *n.f.* caule ou tronco da videira; **não passar da cepa torta:** não progredir; estagnar

cepo (ce.po) *n.m.* pedaço de um tronco de árvore; toro

ceptro *a nova grafia é* **cetro**

cera (ce.ra) *n.f.* **1** substância produzida pelas abelhas e com que elas constroem os favos de mel **2** produto usado para dar lustro e conservar madeiras

cerâmica (ce.râ.mi.ca) *n.f.* **1** arte de fabricar louça de barro; olaria **2** conjunto de objetos de barro cozido

cerâmico (ce.râ.mi.co) *adj.* **1** relativo a cerâmica **2** feito em cerâmica

ceramista (ce.ra.mis.ta) *n.2gén.* pessoa que trabalha em cerâmica

cerca (cer.ca) *n.f.* **1** muro ou sebe que rodeia um terreno **2** terreno vedado por muro ou sebe; **cerca de:** perto de; aproximadamente

cercado (cer.ca.do) *adj.* **1** delimitado com cerca ou sebe; vedado **2** que sofreu cerco; bloqueado

cercadura (cer.ca.du.ra) *n.f.* **1** aquilo que cerca ou delimita **2** ornamento à volta de um objeto

cercar (cer.car) *v.* **1** pôr cerca a **2** fazer cerco a **3** estar em volta de; rodear

cerco (cer.co) *n.m.* **1** ato de cercar alguma coisa **2** bloqueio

cerda (cer.da) (sêrda) *n.f.* pelo rígido e áspero de certos animais, como o porco e o cavalo

cereal (ce.re.al) *n.m.* **1** planta cujo fruto é um grão que pode ser reduzido a farinha, e é utilizado na alimentação **2** fruto dessa planta

cerebelo (ce.re.be.lo) *n.m.* parte posterior do encéfalo, responsável pela coordenação muscular e pela manutenção do equilíbrio

cerebral (ce.re.bral) *adj.2gén.* referente ao cérebro

cérebro (cé.re.bro) *n.m.* **1** órgão situado na parte anterior e superior do encéfalo, responsável pelas funções psíquicas e nervosas e pela atividade intelectual **2** *(fig.)* pensamento; inteligência

cereja (ce.re.ja) *n.f.* fruto da cerejeira, redondo e liso, em vários tons de vermelho e por vezes amarelo, com caroço

cerejal (ce.re.jal) *n.m.* terreno plantado de cerejeiras

cerejeira (ce.re.jei.ra) *n.f.* árvore que produz cerejas

cerimónia (ce.ri.mó.ni.a) *n.f.* **1** conjunto de atos formais que têm lugar numa festa, num acontecimento solene, etc. **2** conjunto de formalidades convencionais usadas na vida social **3** timidez

cerne (cer.ne) *n.m.* **1** parte central do tronco das árvores SIN. âmago **2** *(fig.)* parte mais importante de alguma coisa

ceroulas (ce.rou.las) *n.f.pl.* peça de vestuário interior masculino, usada por baixo das calças

cerrado (cer.ra.do) *adj.* **1** fechado **2** denso

cerrar (cer.rar) *v.* **1** fechar (porta, janela, etc.) **2** tapar; vedar (um espaço) **3** concluir; terminar (uma atividade, um processo)

certame (cer.ta.me) *n.m.* concurso

certamente (cer.ta.men.te) *adv.* com certeza; claro

certeiro (cer.tei.ro) *adj.* **1** que acerta **2** adequado

certeza (cer.te.za) *n.f.* **1** qualidade do que é certo **2** coisa certa; evidência **3** opinião firme; convicção

certidão (cer.ti.dão) *n.f.* documento legal em que se certifica um facto (nascimento, morte, etc.); atestado

certificado (cer.ti.fi.ca.do) *adj.* dado como certo; garantido ◆ *n.m.* documento que prova um facto ou uma situação

certificar (cer.ti.fi.car) *v.* **1** afirmar a verdade de; atestar **2** passar certidão de

certinho (cer.ti.nho) *adj.* **1** que não levanta dúvida; garantido **2** exato; correto

certo (cer.to) *adj.* **1** que é verdadeiro; que não tem erro ANT. errado **2** correto; exato **3** convencido **4** garantido ◆ *det.indef.* não determinado; um; algum; qualquer

cerveja (cer.ve.ja) *n.f.* bebida obtida por fermentação da cevada ou outros cereais

cervejaria (cer.ve.ja.ri.a) *n.f.* **1** fábrica de cerveja **2** estabelecimento onde se serve cerveja

cervical (cer.vi.cal) *adj.2gén.* relativo à cerviz

cerviz (cer.viz) *n.f.* região posterior do pescoço; nuca

cervo (cer.vo) *n.m.* mamífero ruminante, de pelo castanho-claro, com chifres quando adulto SIN. veado

a b c d e f g h i j k l m n o p q r s t u v w x y z

césar (cé.sar) *n.m.* título dos antigos imperadores romanos

cesariana (ce.sa.ri.a.na) *n.f.* operação cirúrgica para retirar um bebé da barriga da mãe quando não se pode realizar um parto normal

cessar (ces.sar) *v.* **1** pôr fim a; terminar **2** deixar de existir; parar

cesta (ces.ta) *n.f.* peça de vime, com ou sem asa, para transportar pequenos objetos

cestinho (ces.ti.nho) *n.m.* [*dim. de* cesto] cesto pequeno

cesto (ces.to) *n.m.* **1** cesta grande **2** rede de malha sem fundo, presa por um aro a uma estrutura vertical, por onde passa a bola no jogo de basquetebol

cetáceo (ce.tá.ce.o) *n.m.* animal mamífero adaptado à vida aquática (por exemplo, a baleia e o golfinho)

cetim (ce.tim) *n.m.* tecido de seda ou algodão, macio e lustroso

cetro (ce.tro) *n.m.* bastão que representa a autoridade real

céu (céu) *n.m.* **1** espaço infinito onde se encontram e movem os astros **2** espaço limitado pela linha do horizonte **3** (*fig.*) paraíso

céu-da-boca *a nova grafia é* **céu da boca**

céu da boca (céu da bo.ca) *n.m.* [*pl.* céus da boca] abóbada que separa a cavidade bucal da cavidade nasal

cevada (ce.va.da) *n.f.* **1** planta com flores em forma de espiga que produz um grão nutritivo **2** grão dessa planta **3** bebida preparada com esse grão, depois de torrado e moído

cg símbolo de centigrama

chá (chá) *n.m.* **1** infusão preparada com folhas e flores secas de uma planta em água a ferver **2** bebida preparada com água quente e folhas ou flores secas

chacal (cha.cal) *n.m.* mamífero carnívoro, voraz, semelhante ao lobo

chachada (cha.cha.da) *n.f.* (*inform.*) coisa sem importância; treta

chacina (cha.ci.na) *n.f.* assassínio de muitas pessoas; matança

chacinar (cha.ci.nar) *v.* matar com crueldade; assassinar

chacota (cha.co.ta) *n.f.* brincadeira; troça

chafariz (cha.fa.riz) *n.m.* [*pl.* chafarizes] fontanário público com uma ou mais bicas para abastecimento de água

chaga (cha.ga) *n.f.* **1** ferida aberta **2** (*fig.*) mágoa; dor

chalaça (cha.la.ça) *n.f.* (*inform.*) piada; gracejo

chalado (cha.la.do) *adj.* (*inform.*) maluco

chalé (cha.lé) *n.m.* casa de campo

chaleira (cha.lei.ra) *n.f.* recipiente em que se ferve água

chalrar (chal.rar) *v.* falar ao mesmo tempo que outras pessoas

chama (cha.ma) *n.f.* **1** labareda **2** (*fig.*) ânimo; entusiasmo

chamada (cha.ma.da) *n.f.* **1** ato de chamar **2** convocação **3** leitura em voz alta dos nomes dos alunos para verificar se estão presentes na sala de aula **4** telefonema

chamado (cha.ma.do) *adj.* **1** que recebeu convite ou convocação **2** que recebeu nome ou designação

chamamento (cha.ma.men.to) *n.m.* **1** ato de chamar **2** convocação **3** (*fig.*) vocação

chamar (cha.mar) *v.* **1** dizer em voz alta o nome de alguém **2** pedir a alguém que se aproxime ou que preste atenção **3** mandar comparecer; convocar ♦ **chamar-se** ter por nome; **chamar nomes:** insultar

chamariz (cha.ma.riz) *n.m.* aquilo que serve para chamar ou atrair a atenção

chaminé (cha.mi.né) *n.f.* **1** conduta para dar tiragem ao ar ou fumo **2** fogão de sala; lareira

champanhe (cham.pa.nhe) *n.m.* vinho espumante natural

champô (cham.pô) *n.m.* líquido ou creme para lavar o cabelo

chamuça (cha.mu.ça) *n.f.* pastel frito de forma triangular, feito com massa tenra e recheado com picado de carne ou legumes

chamuscar (cha.mus.car) *v.* queimar ligeiramente

chana (cha.na) *n.f. (Ang.)* grande planície sem árvores e alagada na época das chuvas

chanfana (chan.fa.na) *n.f.* estufado de cabrito ou carneiro, com vinho, feito numa caçarola de barro

chantagem (chan.ta.gem) *n.f.* crime que consiste em tentar obter dinheiro por meio da ameaça de revelar factos que comprometem a vítima

chantili (chan.ti.li) *n.m.* → *chantilly*

chantilly *n.m.* creme de natas batidas com açúcar ou adoçante, usado para cobrir bolos ou para acompanhar frutos

chão (chão) *n.m.* **1** terreno que pode ser pisado; solo **2** pavimento; piso

chapa (cha.pa) *n.f.* **1** peça plana, pouco espessa, feita de material rígido, usada para revestir ou proteger objetos, estruturas, etc. ♦ *n.m. (Moç.)* transporte coletivo de passageiros

chapada (cha.pa.da) *n.f. (pop.)* bofetada

chapado (cha.pa.do) *adj.* **1** revestido com chapa **2** *(inform.)* que não deixa dúvidas

chaparia (cha.pa.ri.a) *n.f.* **1** conjunto de chapas metálicas **2** revestimento feito com chapas de metal

chapelão (cha.pe.lão) *n.m.* [*aum. de* chapéu] chapéu grande

chapéu (cha.péu) *n.m.* **1** cobertura para a cabeça **2** no futebol, remate por cima do guarda-redes

chapéu-de-chuva *a nova grafia é* **chapéu de chuva**

chapéu de chuva (cha.péu de chu.va) *n.m.* [*pl.* chapéus de chuva] guarda--chuva

chapéu-de-sol *a nova grafia é* **chapéu de sol**

chapéu de sol (cha.péu de sol) *n.m.* [*pl.* chapéus de sol] guarda-sol

chapim (cha.pim) *n.m.* pequeno pássaro de bico curto e cónico e plumagem preta, amarelada no peito

chapinar (cha.pi.nar) *v.* → **chapinhar**

chapinhar (cha.pi.nhar) *v.* agitar (água ou outro líquido) com as mãos ou os pés

charada (cha.ra.da) *n.f.* enigma; adivinha

charco (char.co) *n.m.* poça de água estagnada

charcutaria (char.cu.ta.ri.a) *n.f.* loja onde se vendem alimentos fumados e enchidos (presunto, chouriço, etc.)

charlatão (char.la.tão) *n.m.* vigarista; burlão

charneca (char.ne.ca) *n.f.* terreno inculto e árido

charrua (char.ru.a) *n.f.* arado grande

charuto (cha.ru.to) *n.m.* rolo de folhas de tabaco para fumar

chassis *n.m.2núm.* suporte metálico de um veículo

chat (xát) *n.m.* [*pl.* chats] forma de comunicar com alguém em tempo real, por meio de computadores ligados à *Internet*

chateado (cha.te.a.do) *adj. (inform.)* aborrecido; zangado

chatear (cha.te.ar) *v. (inform.)* aborrecer; importunar ♦ **chatear-se** ficar aborrecido

a b c d e f g h i j k l m n o p q r s t u v w x y z

chatice (cha.ti.ce) *n.f. (inform.)* aborrecimento; maçada

chatini (cha.ti.ni) *n.m. (Moç.)* molho preparado com cebola, tomate e piripiri

chato (cha.to) *adj.* **1** liso; plano **2** *(pop.)* aborrecido; maçador

chau (chau) *interj. (inform.)* usada como cumprimento de despedida SIN. adeus

chavala (cha.va.la) *n.f. (inform.)* miúda; rapariga

chavalo (cha.va.lo) *n.m. (inform.)* miúdo; rapaz

chave (cha.ve) *n.f.* **1** instrumento que serve para abrir ou fechar uma porta **2** instrumento para apertar e desatarraxar **3** *(fig.)* solução; explicação; **fechar a sete chaves:** guardar muito bem

chave-inglesa (cha.ve-in.gle.sa) *n.f.* [*pl.* chaves-inglesas] utensílio que serve para apertar e desapertar porcas de diversos tamanhos

chaveiro (cha.vei.ro) *n.m.* estojo ou lugar onde se guardam chaves

chave-mestra (cha.ve-mes.tra) *n.f.* [*pl.* chaves-mestras] chave que serve para abrir várias fechaduras

chávena (chá.ve.na) *n.f.* recipiente com asa que serve para se tomar chá, leite, café, etc.; xícara

chaveta (cha.ve.ta) *n.f.* sinal gráfico { } que se usa para conter expressões matemáticas ou expressões escritas

ché (ché) *interj. (STP)* exprime espanto ou desconfiança

cheesecake (xiz-ceic) *n.m.* espécie de tarte preparada com queijo fresco coberto com compota (geralmente de morango ou frutos silvestres)

chefe (che.fe) *n.2gén.* **1** pessoa que dirige ou orienta SIN. líder **2** pessoa que se destaca pelas qualidades; **chefe de Estado:** pessoa que ocupa o cargo mais alto na hierarquia de uma nação

chefia (che.fi.a) *n.f.* **1** ação de dirigir; direção; comando **2** função ou atividade de chefe

chefiar (che.fi.ar) *v.* dirigir; comandar

chefreza (che.fre.za) *n.f. (CV)* confiança excessiva; atrevimento

chegada (che.ga.da) *n.f.* ato de chegar; aproximação ANT. partida

chegado (che.ga.do) *adj.* **1** que acabou de chegar **2** que se encontra muito perto **3** que tem grau de parentesco próximo

chegar (che.gar) *v.* **1** colocar perto; aproximar **2** alcançar um determinado lugar **3** aproximar-se; vir **4** ser suficiente; bastar ♦ **chegar-se** aproximar-se

cheia (chei.a) *n.f.* aumento rápido do nível de um curso de água SIN. inundação

cheio (chei.o) *adj.* **1** que está completo; repleto ANT. vazio **2** aborrecido; farto **3** que não está disponível; ocupado **4** satisfeito, por ter comido o suficiente; **em cheio:** plenamente; por completo

cheirar (chei.rar) *v.* **1** aspirar o cheiro de **2** inalar (substância em pó) **3** *(inform.)* intrometer-se em; bisbilhotar

cheirinho (chei.ri.nho) *n.m.* **1** [*dim. de* cheiro] cheiro agradável; perfume **2** pequena quantidade de alguma coisa; bocadinho

cheiro (chei.ro) *n.m.* **1** impressão produzida nos órgãos olfativos; olfato **2** faro (dos animais) **3** aroma; odor

cheque (che.que) *n.m.* documento escrito no qual uma pessoa dá ordem ao banco onde tem conta para esse banco pagar uma certa quantia a outra pessoa

Repara que **cheque** (ordem de pagamento) é diferente de **xeque** (chefe árabe).

cherne (cher.ne) *n.m.* peixe comestível de cor acastanhada e corpo alongado

chi (chi) *n.m. (infant.)* abraço

chiado (chi.a.do) *n.m.* → **chio**

chiar (chi.ar) *v.* **1** emitir chios (sons agudos) **2** emitir canto (algumas aves)

chiba (chi.ba) *n.f.* cabra nova; cabrita

chibaba (chi.ba.ba) *n.f. (Moç.)* armadilha de pesca, feita de caniço entrançado

chibo (chi.bo) *n.m.* cabrito com menos de um ano

chicandjo (chi.cand.jo) *n.m. (Moç.)* sumo de caju fermentado; cajuada

chicharro (chi.char.ro) *n.m. (pop.)* carapau grande

chichi (chi.chi) *n.m. (inform.)* urina

chichilar (chi.chi.lar) *v. (Ang.)* reter

chiclete (chi.cle.te) *n.f.* pastilha elástica

chicomo (chi.co.mo) *n.m. (Moç.)* enxada

chi-coração (chi-co.ra.ção) *n.m.* [*pl.* chi--corações] *(infant.)* abraço

> **Chi-coração** escreve-se com **ch** (e não com **x**).

chicotada (chi.co.ta.da) *n.f.* pancada com chicote

chicote (chi.co.te) *n.m.* corda ou tira de couro, geralmente com cabo de madeira

chicotear (chi.co.te.ar) *v.* bater com chicote

chifre (chi.fre) *n.m.* ponta em osso existente na cabeça de alguns animais SIN. corno

chifufununo (chi.fu.fu.nu.no) *n.m. (Moç.)* escaravelho

chigovia (chi.go.vi.a) *n.f. (Moç.)* instrumento musical de sopro feito a partir de um fruto seco

chiguinha (chi.gui.nha) *n.m.* **1** *(Moç.)* prato de massa de farinha de mandioca com amendoim e cacana **2** *(Moç.)* indivíduo de cara feia

chila (chi.la) *n.f.* abóbora pequena, usada para fazer doces

chilrear (chil.re.ar) *v.* piar (as aves)

chilreio (chil.rei.o) *n.m.* voz de ave em sons agudos e sucessivos

chima (chi.ma) *n.f. (Moç.)* prato à base de massa cozida de farinha de mandioca, milho, mapira ou outros cereais

chimpanzé (chim.pan.zé) *n.m.* grande macaco africano domesticável, com focinho alongado e braços muito compridos

chinchila (chin.chi.la) *n.f.* pequeno roedor dos Andes, de pelagem densa e macia

chinela (chi.ne.la) *n.f.* peça de calçado feminino, típico de certos trajes regionais, que cobre a parte da frente do pé, deixando o calcanhar descoberto

chinelo (chi.ne.lo) *n.m.* calçado sem tacão e aberto no calcanhar

chinês (chi.nês) *adj.* relativo à China ♦ *n.m.* **1** pessoa natural da China **2** conjunto de línguas faladas na China

chinfrim (chin.frim) *n.m. (inform.)* barulho de vozes; algazarra

chinfrineira (chin.fri.nei.ra) *n.f.* → **chinfrim**

chingar (chin.gar) *v. (Ang.)* insultar; aborrecer

chinó (chi.nó) *n.m.* cabeleira postiça

chio (chi.o) *n.m.* som prolongado, produzido por vários animais; guincho

chip (xip) *n.m.* [*pl.* chips] pequena lâmina em geral de silício, usada na construção de transístores

chique (chi.que) *adj.* elegante; bem vestido

chiqueiro (chi.quei.ro) *n.m.* **1** pocilga **2** *(fig.)* lugar imundo

chisco (chis.co) *n.m.* pequeno pedaço de algo; um pouco

chispa (chis.pa) *n.f.* faísca

a b c d e f g h i j k l m n o p q r s t u v w x y z

chispar (chis.par) *v.* **1** soltar chispas ou faíscas **2** *(inform.)* desaparecer; fugir

chispe (chis.pe) *n.m.* pé de porco

chita (chi.ta) *n.f.* **1** tecido de algodão estampado **2** animal felino com pelo amarelo e manchas pretas, semelhante ao leopardo

chiu (chiu) *interj.* usa-se para mandar calar ou para pedir silêncio

choça (cho.ça) *n.f.* cabana

chocalhar (cho.ca.lhar) *v.* **1** fazer soar o chocalho **2** agitar objetos que produzem ruído

chocalho (cho.ca.lho) *n.m.* campainha que se coloca ao pescoço dos animais

chocante (cho.can.te) *adj.2gén.* **1** que choca; que escandaliza **2** impressionante

chocar (cho.car) *v.* **1** cobrir (o ovo) aquecendo-o com o corpo, para que o embrião se desenvolva e nasça a ave; incubar **2** causar choque (moral ou psicológico); escandalizar **3** bater contra; embater em (chocar com)

chocho (cho.cho) *adj.* **1** sem suco; seco (fruto) **2** não fecundado (ovo) **3** sem interesse (assunto, conversa) **4** sem entusiasmo (festa, pessoa)

choco (cho.co) *adj.* **1** diz-se do ovo fecundado **2** diz-se da ave que está a chocar ovos **3** *(fig.)* podre; estragado

chocolate (cho.co.la.te) *n.m.* **1** substância alimentar em barra ou em pó, feita de cacau **2** bebida preparada com aquela substância

chofre (cho.fre) *n.m.* choque inesperado; **de chofre:** inesperadamente; de repente

choque (cho.que) *n.m.* **1** encontro violento de dois corpos em movimento; colisão **2** perturbação emocional; comoção **3** conflito; luta

choradeira (cho.ra.dei.ra) *n.f.* choro continuado; queixume

choramingar (cho.ra.min.gar) *v.* chorar baixinho ou com poucas lágrimas

choramingas (cho.ra.min.gas) *n.2gén. e 2núm.* pessoa que chora por tudo e por nada

chorão (cho.rão) *adj.* diz-se da pessoa que chora muito ◆ *n.m.* árvore de ramos pendentes quase até ao chão

chorar (cho.rar) *v.* verter lágrimas ANT. rir

choro (cho.ro) *n.m.* ato de chorar; pranto ANT. riso

choroso (cho.ro.so) *adj.* **1** que chora **2** que está triste

choupal (chou.pal) *n.m.* plantação de choupos

choupana (chou.pa.na) *n.f.* cabana de aspeto tosco ou pobre; casebre

choupo (chou.po) *n.m.* árvore grande e de rápido crescimento, que fornece madeira clara e leve e fibras usadas na produção de papel

chouriça (chou.ri.ça) *n.f.* → chouriço

chouriço (chou.ri.ço) *n.m.* rolo fino e comprido de carne, preparado com gordura, sangue e temperos

chover (cho.ver) *v.* **1** cair água da atmosfera em pequenas gotas **2** *(fig.)* chegar em grande quantidade; **chover no molhado:** insistir em vão

chucha (chu.cha) *n.f.* **1** *(infant.)* chupeta **2** *(infant.)* mama

chuchar (chu.char) *v.* chupar; mamar

chui (chui) *n.m. (inform.)* agente de polícia

chuinga (chu.in.ga) *n.m. (Ang., Moç., STP)* pastilha elástica; chiclete

chula (chu.la) *n.f.* dança popular do norte de Portugal

chulé (chu.lé) *n.m.* cheiro característico dos pés

chumaço (chu.ma.ço) *n.m.* material mole e flexível que se coloca entre nos ombros, do lado de dentro de uma peça de roupa

chumbar (chum.bar) *v.* **1** soldar ou tapar com chumbo **2** obturar (um dente) **3** *(inform.)* reprovar em exame; não passar de ano

chumbo (chum.bo) *n.m.* **1** elemento químico com características metálicas **2** grãos desse metal usados nas armas de caça **3** *(inform.)* reprovação

chupa (chu.pa) *n.m. (inform.)* → chupa--chupa

chupa-chupa (chu.pa-chu.pa) *n.m.* [*pl.* chupa-chupas] guloseima fixa num palito por onde se pega

chupar (chu.par) *v.* absorver (um líquido) por meio de sucção feita pelos lábios e pela língua SIN. sorver, sugar

chupeta (chu.pe.ta) *n.f.* pequena tetina que se dá aos bebés para os impedir de chupar o polegar; chucha

churrasco (chur.ras.co) *n.m.* **1** carne assada na brasa, num espeto ou numa grelha **2** refeição ao ar livre com alimentos grelhados na brasa

chusma (chus.ma) *n.f. (inform.)* grande quantidade de coisas; montão

chutar (chu.tar) *v.* dar pontapé na bola

chuteira (chu.tei.ra) *n.f.* calçado próprio para jogar futebol

chuto (chu.to) *n.m.* pontapé na bola

chuva (chu.va) *n.f.* **1** água que cai da atmosfera **2** *(fig.)* tudo o que acontece ou chega em grande quantidade

chuvada (chu.va.da) *n.f.* chuva forte, mas passageira SIN. aguaceiro

chuveiro (chu.vei.ro) *n.m.* **1** dispositivo por onde cai a água na banheira, usado para tomar duche **2** duche

chuvinha (chu.vi.nha) *n.f.* chuva miúda

chuviscar (chu.vis.car) *v.* chover pouco e com intervalos

chuvisco (chu.vis.co) *n.m.* chuva miudinha

chuvoso (chu.vo.so) *adj.* **1** em que há muita chuva **2** que ameaça chuva

cibercafé (ci.ber.ca.fé) *n.m.* café onde os clientes têm à disposição computadores para aceder à *Internet*, etc.

ciberespaço (ci.ber.es.pa.ço) *n.m.* espaço criado pela comunicação entre redes de computadores

cibernauta (ci.ber.nau.ta) *n.2gén.* pessoa que utiliza a *Internet* regularmente

cicatriz (ci.ca.triz) *n.f.* **1** marca deixada por uma ferida ou por um golpe **2** *(fig.)* sentimento doloroso causado por perda, dor ou sofrimento

cicatrização (ci.ca.tri.za.ção) *n.f.* processo de recuperação dos tecidos, formando uma cicatriz

cicatrizar (ci.ca.tri.zar) *v.* transformar-se (uma ferida) em cicatriz

cicerone (ci.ce.ro.ne) *n.2gén.* guia que dá informações durante uma visita, excursão, etc.

cíclico (cí.cli.co) *adj.* relativo a um ciclo

ciclismo (ci.clis.mo) *n.m.* prática ou exercício de andar de bicicleta

ciclista (ci.clis.ta) *n.2gén.* pessoa que anda de bicicleta

ciclo (ci.clo) *n.m.* **1** série de acontecimentos que se repetem segundo uma ordem **2** cada um dos três períodos em que se divide o ensino básico

ciclone (ci.clo.ne) *n.m.* tempestade de ventos muito violentos que giram em turbilhão SIN. furacão

ciclónico (ci.cló.ni.co) *adj.* relativo a ciclone

cidadania (ci.da.da.ni.a) *n.f.* **1** qualidade ou estado de cidadão **2** conjunto de direitos e obrigações de um cidadão

cidadão (ci.da.dão) *n.m.* [*f.* cidadã, *pl.* cidadãos] pessoa que goza de direitos civis e políticos e que está sujeita a certos deveres perante o Estado

cidade (ci.da.de) *n.f.* grande centro urbano caracterizado por um grande número de habitantes e por diversas

a b c d e f g h i j k l m n o p q r s t u v w x y z

atividades comerciais, industriais, culturais, etc.

cidade-jardim (ci.da.de-jar.dim) *n.f.* zona residencial de uma cidade com uma grande área destinada a parques e jardins

cidra (ci.dra) *n.f.* fruto da cidreira, verde e maior do que um limão

cidreira (ci.drei.ra) *n.f.* **1** árvore cujo fruto é a cidra **2** planta de aroma característico, muito usada para fazer chá

cieiro (ci.ei.ro) *n.m.* pequenas fendas na pele, especialmente nos lábios, causadas pelo frio

ciência (ci.ên.ci.a) *n.f.* **1** conjunto dos conhecimentos adquiridos pelo homem acerca do mundo que o rodeia através do estudo, da observação, da investigação e da experimentação **2** ramo do conhecimento relativo a uma área determinada (química, biologia, etc.)

ciente (ci.en.te) *adj.2gén.* que sabe; que está informado

científico (ci.en.tí.fi.co) *adj.* relativo à ciência

cientista (ci.en.tis.ta) *n.2gén.* especialista numa ciência; investigador

cigano (ci.ga.no) *n.m.* pessoa que pertence aos Ciganos, povo nómada originário da Índia, que se espalhou pela Europa

cigarra (ci.gar.ra) *n.f.* inseto abundante nas regiões quentes, que produz sons estridentes e prejudica as culturas

cigarreira (ci.gar.rei.ra) *n.f.* caixa ou estojo para guardar cigarros

cigarrilha (ci.gar.ri.lha) *n.f.* charuto pequeno

cigarro (ci.gar.ro) *n.m.* porção de tabaco enrolado em papel para se fumar

cilada (ci.la.da) *n.f.* emboscada preparada para atacar ou atrair alguém SIN. armadilha

cilindrada (ci.lin.dra.da) *n.f.* capacidade do cilindro de um motor de explosão

cilíndrico (ci.lín.dri.co) *adj.* que tem forma de cilindro

cilindro (ci.lin.dro) *n.m.* sólido geométrico formado uma superfície retangular ou quadrada enrolada, fechada por duas bases paralelas em forma de círculo

cima (ci.ma) *n.f.* parte mais alta de alguma coisa; cimo; cume; **ainda por cima:** além do mais; **ao de cima:** à superfície; à tona; **de cima a baixo:** totalmente; completamente; **de cima para baixo:** ao contrário

cimeira (ci.mei.ra) *n.f.* **1** ponto mais alto; cimo; cume **2** reunião política, económica, etc., em que participam as autoridades de diversos países

cimeiro (ci.mei.ro) *adj.* **1** que está no cimo **2** *(fig.)* muito importante

cimentar (ci.men.tar) *v.* **1** unir ou cobrir com cimento **2** *(fig.)* tornar sólido ou firme; consolidar

cimento (ci.men.to) *n.m.* substância em pó obtida a partir da mistura de calcário e de argila, que se usa na construção para ligar certos materiais

cimo (ci.mo) *n.m.* parte mais elevada SIN. alto, cume

cinco (cin.co) *num.card.>quant.num.*ᴰᵀ quatro mais um ♦ *n.m.* o número 5

cineasta (ci.ne.as.ta) *n.2gén.* pessoa que se dedica à realização de filmes; realizador

cineclube (ci.ne.clu.be) *n.m.* associação de pessoas que apreciam cinema, onde se exibem filmes

cinéfilo (ci.né.fi.lo) *n.m.* pessoa que gosta muito de cinema

cinema (ci.ne.ma) *n.m.* **1** arte de fazer filmes **2** espetáculo de projeção de filmes **3** sala destinada à projeção de filmes **4** indústria que produz os filmes

cinemateca (ci.ne.ma.te.ca) *n.f.* lugar onde são conservados filmes considerados importantes (pelo seu valor artístico, cultural, científico ou documental)

cingir (cin.gir) *v.* **1** estar à volta de; rodear **2** envolver com força; abraçar ♦ **cingir-se** limitar-se a (cingir-se a)

cinquenta (cin.quen.ta) *num.card.>quant.num.*ᴰᵀ quarenta mais dez ♦ *n.m.* o número 50

cinquentenário (cin.quen.te.ná.ri.o) *n.m.* celebração do quinquagésimo aniversário

cinta (cin.ta) *n.f.* **1** faixa comprida de pano ou couro para apertar **2** cintura **3** tira de papel que envolve livros, jornais e outros impressos

cintar (cin.tar) *v.* **1** pôr cinta em **2** cercar; rodear **3** apertar (roupa) para vincar a cintura

cintilação (cin.ti.la.ção) *n.f.* **1** ato ou efeito de cintilar **2** brilho intenso; clarão

cintilante (cin.ti.lan.te) *adj.2gén.* brilhante

cintilar (cin.ti.lar) *v.* brilhar com luz trémula; faiscar

cinto (cin.to) *n.m.* faixa de couro ou de outro material com que se ajusta a roupa à cintura; **cinto de segurança:** dispositivo que, num avião ou num automóvel, prende o passageiro ao assento, como medida de segurança

Não confundas **cinto** (faixa para prender) e **sinto** (forma do verbo sentir):
Ele conduz sempre com o **cinto** *de segurança.*
Não **sinto** *frio.*

cintura (cin.tu.ra) *n.f.* **1** parte mais estreita do corpo humano, acima das ancas e abaixo do peito **2** parte do vestuário que rodeia essa parte do corpo

cinturão (cin.tu.rão) *n.m.* **1** cinto largo em que se suspendem armas **2** faixa de tecido usada nas artes marciais para apertar o quimono, com cores diferentes de acordo com o nível do praticante

cinza (cin.za) *n.f.* pó de cor cinzenta que fica depois de se queimar algo completamente

cinzeiro (cin.zei.ro) *n.m.* **1** recipiente próprio para a cinza e as pontas dos cigarros **2** montão de cinza

cinzel (cin.zel) *n.m.* instrumento cortante numa das extremidades, que serve para gravar pedras e metais

cinzento (cin.zen.to) *adj.* da cor da cinza ♦ *n.m.* cor intermédia entre o branco e o negro; cor da cinza

cio (ci.o) *n.m.* período da vida dos animais em que estão prontos para acasalar e se reproduzir

cioso (ci.o.so) *adj.* **1** que tem ciúmes; ciumento **2** que zela cuidadosamente por algo; cuidadoso

cipreste (ci.pres.te) *n.m.* árvore muito alta, de copa espessa e de cor verde escura, cultivada com fins ornamentais

cirandar (ci.ran.dar) *v.* andar de um lado para o outro; circular

circo (cir.co) *n.m.* **1** recinto circular para espetáculos e desportos; anfiteatro **2** espetáculo de acrobacias, habilidades executadas por animais domados, números de palhaços, etc., realizado numa pista circular

circuito (cir.cui.to) *n.m.* **1** percurso em que no final se volta ao ponto de partida; volta **2** linha fechada que limita

a b c d e f g h i j k l m n o p q r s t u v w x y z

uma superfície; contorno **3** cadeia de condutores percorrida por uma corrente elétrica

circulação (cir.cu.la.ção) *n.f.* **1** ato de circular; movimento em círculo **2** movimento de pessoas e veículos; trânsito **3** deslocação de correntes, ar ou ventos

circular (cir.cu.lar) *v.* **1** andar em círculo; girar **2** rodear; cercar ♦ *adj.2gén.* **1** em forma de círculo **2** que volta ao ponto de partida ♦ *n.f.* documento reproduzido em vários exemplares e enviado a diversas pessoas

circulatório (cir.cu.la.tó.ri.o) *adj.* relativo a circulação

círculo (cír.cu.lo) *n.m.* **1** superfície plana limitada por uma circunferência **2** anel; aro **3** grupo de pessoas com os mesmos interesses

circundante (cir.cun.dan.te) *adj.2gén.* que está em volta de algo ou de alguém

circundar (cir.cun.dar) *v.* **1** estar em volta de; rodear **2** mover-se à volta de; circular

circunferência (cir.cun.fe.rên.ci.a) *n.f.* **1** curva plana fechada cujos pontos estão a distância igual de um mesmo ponto interior (centro) **2** periferia

circunflexo (cir.cun.fle.xo) *adj.* diz-se do acento ^ que indica o som fechado das vogais *a, e, o* (por exemplo em *âmbar, êxito* e *alô*)

circunstância (cir.cuns.tân.ci.a) *n.f.* **1** particularidade ou pormenor de um facto **2** momento; ocasião

circunstancial (cir.cuns.tan.ci.al) *adj. 2gén.* **1** que depende de uma circunstância **2** diz-se da prova que se baseia em indícios e deduções

circunvalação (cir.cun.va.la.ção) *n.f.* estrada à volta de uma cidade

círio (cí.ri.o) *n.m.* **1** planta semelhante a um cato, com caule grosso e coberta de espinhos **2** vela grande de cera

cirro (cir.ro) *n.m.* nuvem constituída por pequenos cristais de gelo

cirrose (cir.ro.se) *n.f.* doença crónica do fígado

cirurgia (ci.rur.gi.a) *n.f.* especialidade médica que trata doenças e traumatismos por meio de operações

cirurgião (ci.rur.gi.ão) *n.m.* médico que faz operações

cirúrgico (ci.rúr.gi.co) *adj.* relativo a cirurgia

cisão (ci.são) *n.f.* **1** corte; separação **2** *(fig.)* divisão dentro de um grupo

cisco (cis.co) *n.m.* **1** pó de carvão **2** partícula de qualquer coisa

cisma (cis.ma) *n.f.* **1** preocupação constante **2** ideia fixa

cismar (cis.mar) *v.* **1** pensar muito em **2** preocupar-se com (cismar em)

cismático (cis.má.ti.co) *adj.* **1** pensativo **2** preocupado

cisne (cis.ne) *n.m.* ave com pescoço comprido e plumagem branca, que tem os dedos dos pés unidos por uma membrana

cisterna (cis.ter.na) *n.f.* **1** reservatório de água das chuvas **2** depósito de água

citação (ci.ta.ção) *n.f.* **1** ato ou efeito de citar **2** texto ou frase que se cita; referência

citadino (ci.ta.di.no) *adj.* relativo a cidade

citânia (ci.tâ.ni.a) *n.f.* ruínas de antigas povoações romanas da Península Ibérica

citar (ci.tar) *v.* transcrever ou mencionar (um texto, uma frase) para explicar aquilo que se afirma

cítara (cí.ta.ra) *n.f.* instrumento de cordas semelhante à lira

citrino (ci.tri.no) *n.m.* fruto como o limão, a laranja, a tangerina e outros

ciúme (ci.ú.me) *n.m.* **1** desejo de atenção ou amor exclusivo de alguém **2** inveja

ciumento (ci.u.men.to) *adj.* que tem ciúme

cívico (cí.vi.co) *adj.* **1** relativo aos cidadãos **2** que diz respeito ao bem comum

civil (ci.vil) *adj.2gén.* **1** relativo aos cidadãos de um país **2** que não é militar nem religioso

civilização (ci.vi.li.za.ção) *n.f.* conjunto das instituições, técnicas, costumes, crenças, etc., que caracterizam uma sociedade

civilizado (ci.vi.li.za.do) *adj.* **1** que se comporta com civismo; bem-educado **2** que revela avanço cultural e social; evoluído

civismo (ci.vis.mo) *n.m.* respeito pelos valores da sociedade e pelas suas instituições

clã (clã) *n.m.* grupo de pessoas com antepassados comuns; grupo familiar

clamor (cla.mor) *n.m.* **1** grito de súplica ou de protesto **2** conjunto de vozes; gritaria

clandestinidade (clan.des.ti.ni.da.de) *n.f.* estado do que é clandestino

clandestino (clan.des.ti.no) *adj.* **1** feito às escondidas **2** que está fora da legalidade; ilegal **3** que entra ilegalmente num país

claque (cla.que) *n.f.* grupo de pessoas que aplaude ou apoia um espetáculo, um partido, uma pessoa, um clube, etc.

clara (cla.ra) *n.f.* substância esbranquiçada que envolve a gema do ovo; **claras em castelo:** claras que são batidas para ficarem bem firmes

claraboia (cla.ra.boi.a) *n.f.* abertura envidraçada no telhado de um edifício

claraboia *a nova grafia é* **claraboia**

claramente (cla.ra.men.te) *adv.* **1** de um modo claro **2** de uma forma fácil de perceber

clarão (cla.rão) *n.m.* **1** luz intensa **2** raio luminoso

clarear (cla.re.ar) *v.* **1** tornar (mais) claro **2** nascer o dia; amanhecer **3** ficar sem nuvens (o céu)

clareira (cla.rei.ra) *n.f.* espaço sem vegetação no meio de um bosque

clareza (cla.re.za) *n.f.* **1** qualidade do que é claro e fácil de entender **2** limpidez; transparência

claridade (cla.ri.da.de) *n.f.* **1** qualidade do que é claro ANT. escuridão **2** luz intensa; luminosidade

clarificação (cla.ri.fi.ca.ção) *n.f.* **1** ato ou efeito de clarificar **2** esclarecimento; explicação

clarificar (cla.ri.fi.car) *v.* **1** tornar claro **2** esclarecer; explicar

clarim (cla.rim) *n.m.* instrumento de sopro, semelhante a uma trombeta, que produz um som claro e agudo

clarinete (cla.ri.ne.te) *n.m.* instrumento musical de sopro, feito de madeira e com orifícios como os da flauta

claro (cla.ro) *adj.* **1** de cor pouco carregada ANT. escuro **2** em que há luz; iluminado **3** límpido; transparente **4** diz-se do céu sem nuvens ♦ *adv.* com clareza; claramente ♦ *interj.* usada para afirmar algo ou para exprimir concordância; **às claras:** diante de todos; sem rodeios; sem ocultar nada

classe (clas.se) *n.f.* **1** grupo de pessoas, animais ou coisas com características semelhantes; ordem **2** grupo de estudantes que seguem o mesmo programa e compõem uma sala de aulas; turma **3** conjunto de pessoas

a
b
c
d
e
f
g
h
i
j
k
l
m
n
o
p
q
r
s
t
u
v
w
x
y
z

do mesmo nível social e económico **4** elegância de comportamento; requinte

classicismo (clas.si.cis.mo) *n.m.* movimento artístico que se caracteriza pelo equilíbrio e pela harmonia das formas, que reflete a influência das antiguidades grega e latina

clássico (clás.si.co) *adj.* **1** relativo à cultura dos antigos gregos e romanos **2** diz-se da obra que é considerada um modelo **3** que segue os costumes; tradicional **4** que é habitual ♦ *n.m.* **1** obra ou autor da Antiguidade **2** autor ou obra cujo valor é reconhecido por todos

classificação (clas.si.fi.ca.ção) *n.f.* **1** colocação de alguma coisa numa dada ordem ou num dado grupo, de acordo com as suas características; ordenação **2** nota de um teste ou de um exame; avaliação **3** posição de um atleta ou de uma equipa numa competição desportiva

classificado (clas.si.fi.ca.do) *adj.* que obteve classificação ou nota positiva em concurso, exame, etc.

classificar (clas.si.fi.car) *v.* **1** distribuir em classes ou grupos com características semelhantes **2** atribuir uma nota; avaliar

claustro (claus.tro) *n.m.* pátio interior de um convento

cláusula (cláu.su.la) *n.f.* cada um dos artigos de um contrato, tratado, testamento ou outro documento; condição

clausura (clau.su.ra) *n.f.* **1** espaço fechado **2** isolamento

clave (cla.ve) *n.f.* sinal colocado no princípio da pauta musical para indicar a posição das notas e determinar a entoação

clavícula (cla.ví.cu.la) *n.f.* osso que se articula com o esterno e com a omoplata

cláxon (clá.xon) (clácson) *n.m.* [*pl.* cláxones] buzina de automóvel

clemência (cle.mên.ci.a) *n.f.* disposição para perdoar; indulgência

clemente (cle.men.te) *adj.2gén.* bondoso; indulgente

clementina (cle.men.ti.na) *n.f.* fruto semelhante à tangerina, mas de cor mais escura

clérigo (clé.ri.go) *n.m.* padre

clero (cle.ro) *n.m.* **1** classe formada pelos padres **2** conjuntos dos sacerdotes de uma igreja

clicar (cli.car) *v.* pressionar o botão do rato do computador

clicável (cli.cá.vel) *adj.2gén.* **1** em que se pode clicar **2** diz-se do botão ou elemento que, quando selecionado, executa um comando ou uma operação no computador

cliente (cli.en.te) *n.2gén.* pessoa que compra algo ou usa um serviço assiduamente; consumidor

clientela (cli.en.te.la) *n.f.* conjunto dos clientes ou dos compradores

clima (cli.ma) *n.m.* conjunto das condições atmosféricas (temperatura, humidade, vento, etc.) próprias de uma região; ambiente

climatérico (cli.ma.té.ri.co) *adj.* relativo ao clima

climático (cli.má.ti.co) *adj.* relativo ao clima

clímax (clí.max) (clímacs) *n.m.* ponto culminante

clínica (clí.ni.ca) *n.f.* **1** prática da medicina pela observação direta do paciente **2** estabelecimento público ou privado onde os doentes consultam um médico, recebem tratamento ou submetem-se a exames; casa de saúde

clínico (clí.ni.co) *adj.* relativo a clínica ♦ *n.m.* médico

clipe (cli.pe) *n.m.* pequena peça de metal ou plástico que serve para prender folhas de papel

clique (cli.que) *n.m.* **1** ruído curto e seco **2** pressão no botão do rato do computador

clonagem (clo.na.gem) *n.f.* produção de células ou indivíduos geneticamente idênticos

clonar (clo.nar) *v.* reproduzir por clonagem

clone (clo.ne) *n.m.* indivíduo geneticamente idêntico a outro, produzido por meio de manipulação genética (clonagem)

cloro (clo.ro) *n.m.* gás amarelo-esverdeado, de cheiro forte, usado para desinfetar a água das piscinas

clorofila (clo.ro.fi.la) *n.f.* pigmento que dá a cor verde às plantas

clube (clu.be) *n.m.* **1** grupo de pessoas que se reúnem para partilhar gostos ou interesses **2** local onde essas pessoas se reúnem **3** grupo que pratica uma ou várias modalidades desportivas

coado (co.a.do) *adj.* passado por coador SIN. filtrado

coador (co.a.dor) *n.m.* utensílio com pequenos furos para coar líquidos SIN. filtro

coagulação (co.a.gu.la.ção) *n.f.* transformação de uma substância líquida numa massa sólida; solidificação

coagular (co.a.gu.lar) *v.* transformar uma substância líquida numa massa sólida; solidificar

coágulo (co.á.gu.lo) *n.m.* **1** massa sólida que se transformou em líquido **2** massa semissólida de sangue ou de linfa

coala (co.a.la) *n.m.* animal marsupial australiano com pelagem densa e macia, que se alimenta de folhas de eucalipto

coalhar (co.a.lhar) *v.* transformar-se em sólido; solidificar-se

coar (co.ar) *v.* passar por coador, filtro ou peneira SIN. filtrar

coautor (co.au.tor) *n.m.* autor de uma obra em conjunto com outro(s)

co-autor *a nova grafia é* **coautor**

coautoria (co.au.to.ri.a) *n.f.* autoria de várias pessoas

co-autoria *a nova grafia é* **coautoria**

coaxar (co.a.xar) *v.* emitir (a rã ou o sapo) os sons característicos da sua espécie

cobaia (co.bai.a) *n.f.* animal ou pessoa usada em experiências científicas

cobarde (co.bar.de) *adj. e n.2gén.* que ou pessoa que não tem coragem ANT. corajoso

cobardia (co.bar.di.a) *n.f.* falta de coragem ANT. coragem

coberta (co.ber.ta) *n.f.* **1** colcha da cama; manta **2** pavimento superior do navio

coberto (co.ber.to) (cubérto) *adj.* **1** que tem cobertura ou tampa; tapado **2** abrigado; resguardado **3** cheio; repleto **4** com muitas nuvens (o céu)

coberto (co.ber.to) (cubérto) *n.m.* espaço com telhado ou cobertura; alpendre

cobertor (co.ber.tor) *n.m.* manta de lã ou algodão que se estende na cama, sobre os lençóis

cobertura (co.ber.tu.ra) *n.f.* **1** aquilo que serve para cobrir **2** revestimento de um bolo **3** área máxima atingida por um meio de comunicação

cobiça (co.bi.ça) *n.f.* desejo excessivo de bens, riquezas ou privilégios SIN. ambição

cobiçar (co.bi.çar) *v.* desejar muito; ambicionar

cobói (co.bói) *n.m.* → **cowboy**

cobra (co.bra) *n.f.* **1** réptil de corpo comprido e em forma de cilindro, coberto de escamas e sem membros, que pode ser venenoso; serpente **2** *(fig.)* pessoa má

cobrador (co.bra.dor) *n.m.* pessoa que cobra ou recebe um pagamento

cobrança (co.bran.ça) *n.f.* **1** ato de cobrar um pagamento **2** quantia cobrada

cobrar (co.brar) *v.* pedir ou exigir que seja pago aquilo que é devido; receber

cobre (co.bre) *n.m.* metal avermelhado, muito maleável, que é um dos melhores condutores do calor e da eletricidade ♦ **cobres** *n.m.pl. (pop.)* dinheiro

cobrir (co.brir) *v.* **1** pôr cobertura em; tapar **2** ocupar inteiramente; encher **3** vestir; agasalhar ♦ **cobrir-se 1** proteger-se; resguardar-se **2** colocar um chapéu na cabeça

cobro (co.bro) *n.m.* termo; fim; **pôr cobro a:** acabar com; pôr fim a

coça (co.ça) *n.f.* tareia; sova

coçado (co.ça.do) *adj.* diz-se de roupa ou calçado muito gasto; puído

cocar (co.car) *v.* espreitar; observar sem ser visto

coçar (co.çar) *v.* esfregar com as unhas ou com um objeto áspero

cóccix (cóc.cix) (cócsis) *n.m.2núm.* parte terminal da coluna vertebral

cócegas (có.ce.gas) *n.f.pl.* contração dos músculos, geralmente acompanhada de riso, produzida por toques leves e repetidos na pele

coche (co.che) *n.m.* antiga carruagem fechada, puxada por cavalos

cocheiro (co.chei.ro) *n.m.* indivíduo que conduz os cavalos que puxam uma carruagem

cóchi (có.chi) *n.m. (Ang.)* pequena quantidade; bocado

cochichar (co.chi.char) *v.* falar em voz baixa; dizer segredos **SIN.** segredar

cochicho (co.chi.cho) *n.m.* sussurro; murmúrio

cociente (co.ci.en.te) *n.m.* → **quociente**

cockpit (cócpit) *n.m.* [*pl. cockpits*] compartimento de avião, nave espacial ou automóvel de corrida destinado ao piloto e ao copiloto

cocktail (cócteil) *n.m.* [*pl. cocktails*] **1** mistura de bebidas em proporções variáveis **2** reunião social em que se servem bebidas e aperitivos

cóclea (có.cle.a) *n.f.* parte do ouvido interno representada por um tubo enrolado em espiral

coco (co.co) (côco) *n.m.* **1** fruto do coqueiro **2** substância branca da amêndoa desse fruto, utilizada em culinária

cocó (co.có) *n.m.* excremento; fezes

cócoras, de (có.co.ras, de) *loc.adv.* sentado com os joelhos dobrados e com as nádegas sobre os calcanhares; agachado

cocorocó (co.co.ro.có) *n.m.* canto do galo ou da galinha

cocuana (co.cu.a.na) *n.2gén.* **1** *(Moç.)* avô; avó; tio **2** *(Moç.)* pessoa idosa

cocuruto (co.cu.ru.to) *n.m.* alto da cabeça

côdea (cô.de.a) *n.f.* **1** parte externa endurecida do pão, queijo, etc.; crosta **2** casca das árvores, dos frutos, etc.

codificar (co.di.fi.car) *v.* pôr em código **ANT.** descodificar

código (có.di.go) *n.m.* **1** conjunto de regras; regulamento **2** palavra-chave; senha; **código de barras:** código constituído por linhas negras, verticais, de várias espessuras, colocado sobre produtos de consumo ou cartões magnéticos para os identificar através de um aparelho eletrónico; **código Morse:** sistema de comunicação que utiliza combinações de traços e pontos; **código postal:** número acrescentado a um endereço para facilitar a seleção e a distribuição da correspondência

codorniz (co.dor.niz) *n.f.* pequena ave, de bico e unhas curtos, de cor amarelada no dorso e penas com manchas

coelheira (co.e.lhei.ra) *n.f.* **1** sítio onde se criam coelhos **2** coleira que se coloca sobre as omoplatas dos cavalos

coelhinho (co.e.lhi.nho) *n.m.* [*dim. de* coelho] coelho pequeno

coelho (co.e.lho) *n.m.* mamífero roedor, de orelhas grandes, cauda pequena e as patas de trás maiores do que as da frente; **matar dois coelhos de uma cajadada:** resolver dois assuntos de uma vez

coentro (co.en.tro) *n.m.* planta herbácea utilizada como condimento

coerência (co.e.rên.ci.a) *n.f.* ligação entre dois factos ou duas ideias; conexão; lógica

coerente (co.e.ren.te) *adj.2gén.* que tem coerência; lógico

coesão (co.e.são) *n.f.* **1** união entre os vários elementos de um grupo **2** (*fig.*) harmonia

coeso (co.e.so) *adj.* **1** muito ligado ou unido **2** (*fig.*) que apresenta harmonia

cofre (co.fre) *n.m.* caixa em que se guardam valores (dinheiro, joias, etc.)

cognome (cog.no.me) *n.m.* nome que se dá a uma pessoa por causa de uma dada característica SIN. alcunha

cogumelo (co.gu.me.lo) *n.m.* vegetal formado por um pé e uma cabeça em forma de chapéu, com espécies comestíveis e venenosas, que cresce em lugares húmidos

coice (coi.ce) *n.m.* pancada de alguns animais com as patas traseiras

coincidência (co.in.ci.dên.ci.a) *n.f.* **1** estado de duas ou mais coisas que se ajustam perfeitamente **2** realização de dois ou mais acontecimentos ao mesmo tempo

coincidente (co.in.ci.den.te) *adj.2gén.* **1** que se ajusta perfeitamente **2** que acontece ao mesmo tempo; simultâneo

coincidir (co.in.ci.dir) *v.* **1** ajustar-se exatamente a **2** acontecer ao mesmo tempo (coincidir com)

coincineração (co.in.ci.ne.ra.ção) *n.f.* tratamento de resíduos industriais perigosos em que estes são misturados para serem queimados

co-incineração *a nova grafia é* **coincineração**

coiote (coi.o.te) *n.m.* animal mamífero carnívoro da América do Norte, semelhante ao lobo

coisa (coi.sa) *n.f.* **1** tudo o que existe ou pode existir **2** qualquer objeto inanimado **3** algo que não se pode ou não se quer nomear **4** acontecimento; facto **5** assunto; tema **6** pensamento; ideia; **coisa nenhuma:** nada; **mais coisa menos coisa:** aproximadamente

coitadinho (coi.ta.di.nho) *n.m.* pessoa infeliz ou miserável

coitado (coi.ta.do) *adj.* que é infeliz ou miserável ◆ *interj.* exprime dó ou compaixão

cola (co.la) *n.f.* substância espessa que serve para fazer aderir papel, madeira ou outros materiais ◆ *n.2gén.* (*inform.*) pessoa maçadora

colaboração (co.la.bo.ra.ção) *n.f.* ação de colaborar com alguém SIN. cooperação

colaborador (co.la.bo.ra.dor) *n.m.* indivíduo que trabalha com uma ou mais pessoas para a realização de uma obra comum

colaborar (co.la.bo.rar) *v.* trabalhar em comum; cooperar ⟨colaborar com (alguém) em (alguma coisa)⟩

coladeira (co.la.dei.ra) *n.f. (CV)* música típica dançada aos pares ao som de instrumento(s) de corda

colado (co.la.do) *adj.* **1** fixado com cola **2** *(fig.)* muito ligado; muito encostado

colagem (co.la.gem) *n.f.* ato de fazer aderir com cola

colapso (co.lap.so) *n.m.* **1** quebra de energia ou da força vital; choque **2** *(fig.)* desmoronamento; derrocada

colar (co.lar) *v.* **1** fazer aderir com cola **2** aderir com cola ◆ *n.m.* **1** objeto de adorno que se usa à volta do pescoço **2** gola; colarinho

colarinho (co.la.ri.nho) *n.m.* parte da camisa que rodeia o pescoço SIN. gola

colateral (co.la.te.ral) *adj.2gén.* que está entre dois pontos cardeais consecutivos

cola-tudo (co.la-tu.do) *n.m.2núm.* substância adesiva que permite colar objetos de materiais diversos

colcha (col.cha) *n.f.* coberta de cama

colchão (col.chão) *n.m.* grande almofada cheia de uma substância flexível, que se coloca em cima de um estrado e sobre a qual se dorme

colcheia (col.chei.a) *n.f.* figura musical com o valor de duas semicolcheias

colchete (col.che.te) *n.m.* pequeno gancho metálico usado no vestuário para fechar e abrir a roupa

coldre (col.dre) *n.m.* bolsa de couro utilizada para transportar uma arma de fogo

coleção (co.le.ção) *n.f.* conjunto ordenado de objetos da mesma natureza (livros, obras de arte, selos, etc.)

colecção *a nova grafia é* **coleção**

coleccionador *a nova grafia é* **colecionador**

coleccionar *a nova grafia é* **colecionar**

colecionador (co.le.ci.o.na.dor) *n.m.* o que coleciona

colecionar (co.le.ci.o.nar) *v.* fazer coleção de; reunir

colectânea *a nova grafia é* **coletânea**

colectivamente *a nova grafia é* **coletivamente**

colectividade *a nova grafia é* **coletividade**

colectivo *a nova grafia é* **coletivo**

colega (co.le.ga) *n.2gén.* **1** pessoa que exerce a mesma profissão ou tem as mesmas funções **2** companheiro de escola

colégio (co.lé.gi.o) *n.m.* estabelecimento de ensino, geralmente particular

coleira (co.lei.ra) *n.f.* tira de couro ou de outro material resistente, que se põe ao pescoço de alguns animais

cólera (có.le.ra) *n.f.* **1** ataque de fúria; raiva; ira **2** grave doença contagiosa que provoca diarreia, vómitos e cólicas

colérico (co.lé.ri.co) *adj.* **1** que está muito zangado; enfurecido **2** atacado de cólera (doença)

colesterol (co.les.te.rol) *n.m.* substância que existe nas células e é absorvida com os alimentos, que pode provocar alterações no organismo quando ingerida em excesso

coletânea (co.le.tâ.ne.a) *n.f.* coleção de textos de diferentes autores SIN. antologia

colete (co.le.te) *n.m.* peça de vestuário sem mangas que se veste geralmente por cima da camisa; **colete de salvação:** peça que se põe à volta do tronco e se enche de ar, usada no mar como medida de segurança ou em situações de perigo

coletivamente (co.le.ti.va.men.te) *adv.* em grupo; juntamente

coletividade (co.le.ti.vi.da.de) *n.f.* conjunto de pessoas reunidas para um fim comum SIN. associação

coletivo (co.le.ti.vo) *adj.* **1** que abrange ou pertence a muitas pessoas ou coisas **2** diz-se do nome que, embora estando no singular, designa um conjunto de seres da mesma espécie

colheita (co.lhei.ta) *n.f.* **1** ato ou efeito de colher (produtos agrícolas) **2** produtos colhidos num dado período

colher (co.lher) (colhêr) *n.f.* peça de uso doméstico, constituída por um cabo e uma parte arredondada e côncava, que serve para tirar ou levar à boca alimentos líquidos ou pouco consistentes, ou para os mexer, misturar ou servir

colher (co.lher) (colhêr) *v.* **1** tirar da planta (frutos, flores, folhas); apanhar **2** atropelar (uma pessoa, um animal)

Repara na diferença entre **colher** *(é) de pau e* **colher** *(ê) amoras.*

colherada (co.lhe.ra.da) *n.f.* porção que cabe numa colher

colibri (co.li.bri) *n.m.* pássaro muito pequeno e de plumagem de cores vivas e brilhantes, frequente na América tropical

cólica (có.li.ca) *n.f.* dor violenta em qualquer parte da cavidade abdominal

colidir (co.li.dir) *v.* **1** fazer ir uma coisa contra outra **2** embater em; chocar contra (colidir com)

coligação (co.li.ga.ção) *n.f.* aliança de várias pessoas para o mesmo fim

coligar-se (co.li.gar-se) *v.* formar uma aliança com; juntar-se a (coligar-se com)

colina (co.li.na) *n.f.* pequena elevação de terreno SIN. outeiro

colisão (co.li.são) *n.f.* **1** embate entre dois corpos; choque **2** luta; combate

coliseu (co.li.seu) *n.m.* **1** anfiteatro romano **2** casa de espetáculos

collants *n.m.pl.* peça de vestuário interior de malha, que chega dos pés à cintura; meias-calças

colmeia (col.mei.a) *n.f.* habitação de abelhas SIN. cortiço

colmo (col.mo) *n.m.* **1** palha comprida que se extrai de várias plantas gramíneas **2** cobertura feita com essa palha

colo (co.lo) *n.m.* **1** parte do corpo humano formada pelo pescoço e pelos ombros; regaço **2** parte mais estreita e apertada de um órgão

colocação (co.lo.ca.ção) *n.f.* **1** ação ou efeito de colocar; instalação **2** emprego

colocar (co.lo.car) *v.* **1** pôr num lugar **2** instalar **3** dar emprego **4** apresentar (uma questão, um problema)

cólon (có.lon) *n.m.* [*pl.* cólones] parte do intestino grosso entre o ceco e o reto

colónia (co.ló.ni.a) *n.f.* **1** território ocupado e administrado por um país e situado, geralmente, noutro continente **2** grupo de pessoas naturais de um país que se estabelecem noutro país

colonial (co.lo.ni.al) *adj.2gén.* relativo a colónia

colonialismo (co.lo.ni.a.lis.mo) *n.m.* processo de expansão e estabelecimento de colónias

colonialista (co.lo.ni.a.lis.ta) *adj.2gén.* relativo a colonialismo ou a colónia ♦ *n.2gén.* pessoa que defende o colonialismo

colonização (co.lo.ni.za.ção) *n.f.* **1** estabelecimento de colónias **2** povoamento (de territórios) com colonos

colonizador (co.lo.ni.za.dor) *n.m.* aquele que estabelece e explora colónias

colonizar (co.lo.ni.zar) *v.* **1** estabelecer colónias em **2** povoar (território) com colonos

colono (co.lo.no) *n.m.* habitante ou membro de uma colónia

coloquial (co.lo.qui.al) *adj.2gén.* que é próprio da linguagem oral e espontânea; informal

colóquio (co.ló.qui.o) *n.m.* **1** conversa entre duas ou mais pessoas **2** reunião de especialistas de uma área do conhecimento (medicina, política, filosofia, etc.) sobre um dado tema; conferência

coloração (co.lo.ra.ção) *n.f.* **1** ato ou efeito de colorir **2** efeito produzido pelas cores

colorido (co.lo.ri.do) *adj.* **1** que tem muitas cores **2** *(fig.)* que tem vivacidade

colorir (co.lo.rir) *v.* **1** dar cor ou cores a; pintar **2** *(fig.)* tornar mais intenso ou forte; dar um aspeto agradável

colossal (co.los.sal) *adj.2gén.* **1** enorme; gigantesco **2** espetacular; extraordinário

colosso (co.los.so) *n.m.* **1** estátua muito grande **2** ser ou coisa de tamanho gigantesco

coluna (co.lu.na) *n.f.* **1** suporte vertical que serve para sustentar coberturas, abóbadas, etc.; pilar **2** divisão vertical de uma página (de um livro, jornal, etc.) **3** dispositivo em forma de caixa com uma tela na frente que serve para ampliar e reproduzir sons **4** série de objetos colocados numa linha vertical; **coluna vertebral:** conjunto de vértebras articuladas, situado na parte posterior do tronco, que sustenta o esqueleto

com (com) *prep.* estabelece várias relações, como companhia, modo, tempo, causa, adição, etc. (*foi com os amigos, estudava com vontade, arrefeceu com a noite, suei com calor, pão com manteiga*, etc.)

comadre (co.ma.dre) *n.f.* [*m.* compadre] madrinha da pessoa batizada em relação aos pais e ao padrinho dessa pessoa

comandante (co.man.dan.te) *n.m.* aquele que comanda um grupo de trabalho ou uma força militar **sin.** chefe

comandar (co.man.dar) *v.* **1** dirigir (um grupo, uma força militar) como superior; chefiar **2** dirigir (um veículo, uma embarcação); guiar

comando (co.man.do) *n.m.* **1** liderança (de um grupo de trabalho, de uma força militar, etc.); chefia **2** dispositivo que faz funcionar aparelhos (televisão, DVD, etc.) à distância

combate (com.ba.te) *n.m.* **1** luta entre adversários armados ou entre exércitos **2** confronto físico entre atletas **3** *(fig.)* oposição de ideias ou opiniões

combatente (com.ba.ten.te) *n.2gén.* pessoa que combate **sin.** soldado

combater (com.ba.ter) *v.* **1** lutar contra **2** opor-se a

combinação (com.bi.na.ção) *n.f.* **1** reunião de coisas diferentes ou semelhantes **2** plano para a realização de determinado objetivo **3** peça de roupa interior feminina

combinada (com.bi.na.da) *n.f.* *(Moç.)* veículo motorizado que combina uma parte para carga e outra para passageiros

combinado (com.bi.na.do) *adj.* **1** que foi reunido; agrupado **2** que foi decidido; planeado ◆ *n.m.* **1** aquilo que se combinou **2** refeição de hambúrguer, rissóis, salsichas ou outro alimento semelhante, servido com batatas fritas e salada e, por vezes, ovo

combinar (com.bi.nar) *v.* **1** reunir coisas diferentes ou semelhantes **2** marcar (uma atividade, um encontro) **3** fazer condizer (cores, formas, objetos)

combinatório (com.bi.na.tó.ri.o) *adj.* em que há combinação

comboio (com.boi.o) *n.m.* **1** série de carruagens atreladas umas às outras, movidas por uma locomotiva **2** conjunto de viaturas que transportam pessoal e material militar **3** fila de navios escoltados por barcos de guerra

combustão (com.bus.tão) *n.f.* **1** ato de queimar ou de arder **2** estado de uma substância consumida pelo fogo

combustível (com.bus.tí.vel) *adj.2gén.* que arde ◆ *n.m.* substância que se utiliza para produzir combustão

começar (co.me.çar) *v.* **1** dar início a; iniciar **ANT.** acabar **2** ter início; iniciar

começo (co.me.ço) *n.m.* **1** primeiro momento de existência ou de realização de alguma coisa; início **ANT.** fim **2** origem; causa

comédia (co.mé.di.a) *n.f.* **1** peça teatral ou filme que trata temas divertidos e cujo objetivo é fazer rir **2** situação divertida ou ridícula

comediante (co.me.di.an.te) *n.2gén.* **1** ator ou atriz de comédias **2** *(fig.)* pessoa que gosta de fazer rir os outros

comedido (co.me.di.do) *adj.* moderado

comedimento (co.me.di.men.to) *n.m.* moderação

comedouro (co.me.dou.ro) *n.m.* recipiente onde se põe a comida dos animais

comemoração (co.me.mo.ra.ção) *n.f.* cerimónia em que se recorda um acontecimento ou uma pessoa **SIN.** celebração

comemorar (co.me.mo.rar) *v.* festejar (um aniversário, um acontecimento) **SIN.** celebrar

comemorativo (co.me.mo.ra.ti.vo) *adj.* que serve para comemorar

comentador (co.men.ta.dor) *n.m.* **1** autor de um comentário **2** pessoa que comenta notícias e atualidades, na rádio e na televisão; crítico

comentar (co.men.tar) *v.* **1** conversar sobre; discutir **2** dar uma opinião ou explicação sobre; criticar

comentário (co.men.tá.ri.o) *n.m.* **1** opinião escrita ou oral sobre um facto ou tema **2** ponto de vista sobre algo; observação

comer (co.mer) *v.* **1** ingerir alimento(s); alimentar-se; provar **2** *(inform.)* omitir (letras, palavras) ao falar ou ao escrever

comercial (co.mer.ci.al) *adj.2gén.* **1** relativo a comércio **2** feito para dar lucro

comercialização (co.mer.ci.a.li.za.ção) *n.f.* ato de pôr à venda

comercializar (co.mer.ci.a.li.zar) *v.* colocar no mercado; pôr à venda

comerciante (co.mer.ci.an.te) *n.2gén.* pessoa que trabalha no comércio; negociante

comerciar (co.mer.ci.ar) *v.* negociar em determinada área do comércio

comércio (co.mér.ci.o) *n.m.* **1** troca de produtos por dinheiro **2** conjunto dos estabelecimentos comerciais; **comércio eletrónico:** compras e vendas feitas através da internet; **comércio justo:** tipo de comércio no qual o produtor recebe por aquilo que produz o valor real do seu trabalho

comestível (co.mes.tí.vel) *adj.2gén.* que se pode comer

cometa (co.me.ta) *n.m.* astro formado por um núcleo luminoso e um longo rasto brilhante (cauda), que atravessa o céu rapidamente

a
b
c
d
e
f
g
h
i
j
k
l
m
n
o
p
q
r
s
t
u
v
w
x
y
z

cometer (co.me.ter) *v.* fazer (algo); praticar (uma ação)

comezaina (co.me.zai.na) *n.f.* **1** grande quantidade de comida **2** refeição festiva e abundante

comichão (co.mi.chão) *n.f.* sensação que dá vontade de coçar a pele SIN. prurido

comício (co.mí.ci.o) *n.m.* reunião de cidadãos para discutir assuntos de interesse geral ou para protestar contra alguma coisa

cómico (có.mi.co) *adj.* que faz rir SIN. divertido, engraçado

comida (co.mi.da) *n.f.* **1** alimento **2** refeição

comidinha (co.mi.di.nha) *n.f.* **1** *(inform.)* aquilo que se come **2** *(inform.)* refeição

comigo (co.mi.go) *pron.pess.* **1** com a minha pessoa **2** a meu respeito **3** de mim para mim

comilão (co.mi.lão) *adj.* e *n.m.* [f. comilona] que ou aquele que come muito

cominho (co.mi.nho) *n.m.* planta cujas sementes são usadas como condimento

comissão (co.mis.são) *n.f.* **1** conjunto de pessoas encarregadas de tratar de um assunto **2** percentagem cobrada (por vendedores, etc.) sobre o valor dos negócios realizados **3** cargo temporário, geralmente desempenhado num lugar diferente daquele onde se trabalha

comissário (co.mis.sá.ri.o) *n.m.* **1** membro de uma comissão **2** chefe da polícia **3** num avião, funcionário que presta assistência aos passageiros

comité (co.mi.té) *n.m.* conjunto de pessoas encarregadas de tratar de um assunto

comitiva (co.mi.ti.va) *n.f.* grupo de pessoas que acompanha alguém SIN. séquito

como (co.mo) *conj.* **1** do mesmo modo que **2** visto que **3** conforme ♦ *adv.* de que maneira

comoção (co.mo.ção) *n.f.* emoção forte; perturbação

cómoda (có.mo.da) *n.f.* móvel com gavetas na parte da frente

comodidade (co.mo.di.da.de) *n.f.* qualidade do que é cómodo; conforto

comodismo (co.mo.dis.mo) *n.m.* atitude de quem se preocupa só com o seu bem-estar e os seus interesses

comodista (co.mo.dis.ta) *adj.* e *n.2gén.* que ou pessoa que se preocupa só com o seu bem-estar e com os seus interesses

cómodo (có.mo.do) *adj.* **1** que é fácil ou agradável de utilizar **2** que é confortável

comovente (co.mo.ven.te) *adj.2gén.* que comove ou enternece SIN. emocionante

comover (co.mo.ver) *v.* despertar uma emoção forte SIN. emocionar

comovido (co.mo.vi.do) *adj.* que se comoveu SIN. emocionado

compacto (com.pac.to) *adj.* **1** cujos elementos estão unidos entre si **2** diz-se do texto ou estilo breve; conciso **3** diz-se do espaço pequeno; reduzido

compadecer-se (com.pa.de.cer-se) *v.* **1** sentir compaixão ou pena de **2** conformar-se com (compadecer-se de, compadecer-se com)

compadre (com.pa.dre) *n.m.* [f. comadre] padrinho da pessoa batizada em relação aos pais e a madrinha dessa pessoa

compaixão (com.pai.xão) *n.f.* sentimento de dor ou de simpatia que nos causa o sofrimento ou a infelicidade de alguém

companheirismo (com.pa.nhei.ris.mo) *n.m.* relação de amizade e lealdade entre companheiros SIN. camaradagem

companheiro (com.pa.nhei.ro) *n.m.* colega; camarada

companhia (com.pa.nhi.a) *n.f.* **1** presença de uma pessoa junto de uma outra(s) pessoa(s) **2** pessoa que acompanha outra **3** associação de pessoas para um determinado fim (cultural, artístico, etc.) **4** empresa; firma

comparação (com.pa.ra.ção) *n.f.* ato de examinar duas ou mais coisas para procurar diferenças e semelhanças; confronto

comparado (com.pa.ra.do) *adj.* que se comparou; confrontado

comparar (com.pa.rar) *v.* examinar duas ou mais coisas para procurar diferenças e semelhanças; confrontar

comparativo (com.pa.ra.ti.vo) *adj.* que serve para comparar ♦ *n.m.* grau do adjetivo ou do advérbio usado para estabelecer uma comparação que pode indicar igualdade, superioridade ou inferioridade

comparável (com.pa.rá.vel) *adj.2gén.* que pode ser comparado

comparecer (com.pa.re.cer) *v.* estar presente (em determinado lugar)

comparência (com.pa.rên.ci.a) *n.f.* presença de alguém em determinado lugar

compartilhar (com.par.ti.lhar) *v.* partilhar com

compartimento (com.par.ti.men.to) *n.m.* cada uma das divisões de uma casa, de uma caixa ou de uma gaveta, etc.

compassado (com.pas.sa.do) *adj.* **1** que obedece a um ritmo **2** separado por intervalos iguais

compasso (com.pas.so) *n.m.* **1** instrumento composto de duas hastes articuladas que serve para traçar circunferências **2** divisão da pauta musical em duas, três ou quatro partes iguais, chamadas tempo

compatível (com.pa.tí.vel) *adj.2gén.* **1** que pode existir ou funcionar juntamente com outra coisa **2** diz-se do cargo que uma pessoa pode desempenhar ao mesmo tempo que outro

compatriota (com.pa.tri.o.ta) *n.2gén.* pessoa que tem a mesma pátria SIN. conterrâneo

compensação (com.pen.sa.ção) *n.f.* **1** equilíbrio entre duas coisas; igualdade **2** aquilo que compensa alguma coisa; vantagem

compensador (com.pen.sa.dor) *adj.* que traz vantagens ou benefícios

compensar (com.pen.sar) *v.* equilibrar

competência (com.pe.tên.ci.a) *n.f.* capacidade ou aptidão para fazer ou resolver alguma coisa

competente (com.pe.ten.te) *adj.2gén.* que tem capacidade para realizar ou resolver alguma coisa; capaz

competição (com.pe.ti.ção) *n.f.* **1** disputa entre adversários pelo mesmo lugar, prémio ou resultado **2** prova que põe em concorrência duas ou mais pessoas ou equipas

competir (com.pe.tir) *v.* entrar em concorrência com; rivalizar ⟨competir com (alguém), competir por (alguma coisa)⟩

competitividade (com.pe.ti.ti.vi.da.de) *n.f.* qualidade de competitivo

competitivo (com.pe.ti.ti.vo) *adj.* **1** relativo a competição **2** que gosta de competir

compilação (com.pi.la.ção) *n.f.* reunião de textos ou documentos sobre determinado assunto

a b c d e f g h i j k l m n o p q r s t u v w x y z

compilar (com.pi.lar) *v.* reunir (textos, documentos) numa obra única

compincha (com.pin.cha) *n.2gén. (inform.)* companheiro; amigo

complementar (com.ple.men.tar) *adj. 2gén.* **1** que completa **2** que serve de complemento ♦ *v.* completar; concluir

complemento (com.ple.men.to) *n.m.* **1** aquilo que completa **2** palavra ou expressão que completa o sentido de outra

completamente (com.ple.ta.men.te) *adv.* de modo completo; totalmente

completar (com.ple.tar) *v.* **1** tornar completo **2** concluir; terminar

completivo (com.ple.ti.vo) *adj.* **1** que completa **2** que serve de complemento

completo (com.ple.to) *adj.* **1** a que não falta nada; completo ANT. incompleto **2** que não tem espaço disponível; cheio **3** que chegou ao fim; concluído

complexidade (com.ple.xi.da.de) *n.f.* qualidade do que é complexo

complexo (com.ple.xo) *adj.* **1** que tem muitos elementos ou partes diferentes **2** que é difícil de resolver ou de entender; complicado

complicação (com.pli.ca.ção) *n.f.* **1** estado do que é complicado **2** aquilo que complica; dificuldade **3** coisa confusa ou obscura

complicado (com.pli.ca.do) *adj.* difícil de resolver ou de entender; complexo ANT. simples

complicar (com.pli.car) *v.* tornar difícil de resolver ou de entender

componente (com.po.nen.te) *n.2gén.* aquilo que entra na composição de algo; constituinte

compor (com.por) *v.* **1** entrar na composição de **2** dar forma a **3** criar (composições musicais, obras de arte) **4** fazer conserto em (aparelho, má-

quina) ♦ **compor-se** **1** ser constituído por **2** arranjar-se

comporta (com.por.ta) *n.f.* porta móvel que sustém a água de uma barragem, dique ou canal

comportamento (com.por.ta.men.to) *n.m.* maneira de se comportar; procedimento

comportar (com.por.tar) *v.* **1** conter em si **2** ser composto de ♦ **comportar-se** agir de determinada maneira; proceder

composição (com.po.si.ção) *n.f.* **1** modo como os elementos de um todo se dispõem; organização **2** exercício escolar que consiste em escrever um texto sobre um dado tema; redação **3** obra literária, artística ou científica **4** processo de formação de palavras em que se juntam duas ou mais formas de base

compositor (com.po.si.tor) *n.m.* pessoa que escreve peças musicais

composto (com.pos.to) *adj.* **1** formado por dois ou mais elementos **2** que se compôs; arrumado ♦ *n.m.* **1** palavra formada por um processo de composição **2** substância química formada por mais de um elemento

compostura (com.pos.tu.ra) *n.f.* comportamento que revela sobriedade e moderação

compota (com.po.ta) *n.f.* doce de frutas em calda de açúcar

compra (com.pra) *n.f.* **1** ato de comprar; aquisição **2** aquilo que se comprou **3** *(fig.)* suborno

comprador (com.pra.dor) *n.m.* pessoa que compra

comprar (com.prar) *v.* **1** adquirir mediante pagamento **2** atingir; alcançar **3** *(fig.)* subornar

compreender (com.pre.en.der) *v.* **1** entender **2** incluir

compreendido (com.pre.en.di.do) *adj.* **1** entendido; percebido **2** incluído

compreensão (com.pre.en.são) *n.f.*
1 capacidade de compreender; entendimento **2** possibilidade de conter em si; inclusão

compreensível (com.pre.en.sí.vel) *adj.*
2gén. que se pode compreender ou entender

compreensivo (com.pre.en.si.vo) *adj.*
que compreende; tolerante

compressa (com.pres.sa) *n.f.* tira de pano ou gaze que se aplica sobre uma ferida ou uma parte dorida do corpo

compressão (com.pres.são) *n.f.* redução do volume de um corpo

comprido (com.pri.do) *adj.* **1** extenso ou longo (no espaço ou no tempo)
ANT. curto **2** crescido

comprimento (com.pri.men.to) *n.m.*
1 extensão de um objeto de uma ponta à outra; tamanho **2** extensão entre dois pontos; distância

comprimido (com.pri.mi.do) *adj.* **1** que se comprimiu **2** reduzido a um tamanho menor; condensado ♦ *n.m.* medicamento em forma de pastilha

comprimir (com.pri.mir) *v.* **1** fazer compressão sobre **2** reduzir o volume ou o tamanho de

comprometer (com.pro.me.ter) *v.* **1** obrigar por meio de compromisso **2** colocar (alguém) em situação de risco ou de embaraço ♦ **comprometer-se** assumir a responsabilidade de ⟨comprometer-se a⟩

comprometido (com.pro.me.ti.do) *adj.*
1 obrigado por compromisso **2** envolvido (numa situação) **3** que ficou noivo

compromisso (com.pro.mis.so) *n.m.*
1 obrigação assumida por alguém **2** promessa formal; acordo **3** acordo político; pacto

comprovação (com.pro.va.ção) *n.f.*
1 confirmação **2** prova

comprovar (com.pro.var) *v.* **1** confirmar
2 provar

comprovativo (com.pro.va.ti.vo) *n.m.*
documento que comprova (um facto, uma afirmação)

computador (com.pu.ta.dor) *n.m.* aparelho eletrónico capaz de receber, armazenar e processar grande quantidade de informação; **computador pessoal:** computador destinado a ser usado por um utilizador individual; **computador portátil:** computador de volume e peso reduzidos, que pode ser transportado facilmente

comum (co.mum) *adj.2gén.* **1** que se aplica a várias coisas ou pessoas **2** que pertence a muitas pessoas **3** que interessa a muitas pessoas **4** que é frequente ou usual **5** diz-se do nome que se refere a um ser, um objeto, etc., sem o individualizar (por oposição a *próprio*); **em comum:** conjuntamente; com mais pessoas

comungar (co.mun.gar) *v.* **1** receber o sacramento da Eucaristia (a hóstia sagrada) **2** estar de acordo com; partilhar (ideias, crenças, opiniões) ⟨comungar de⟩

comunhão (co.mu.nhão) *n.f.* **1** sacramento da igreja católica que consiste em tomar a hóstia que representa o corpo de Cristo **2** hóstia consagrada **3** *(fig.)* acordo na maneira de pensar ou de agir; harmonia

comunicação (co.mu.ni.ca.ção) *n.f.*
1 troca de informação entre pessoas através da fala, da escrita, do comportamento, etc. **2** transmissão de uma mensagem **3** informação oral ou escrita; aviso **4** acesso entre dois locais distantes; passagem; **meios de comunicação social:** conjunto dos jornais, revistas e dos meios audiovi-

a b c d e f g h i j k l m n o p q r s t u v w x y z

suais (televisão, rádio) que têm como objetivo dar informações

comunicado (co.mu.ni.ca.do) *n.m.* informação divulgada pela comunicação social ou afixada em lugar público; mensagem oficial

comunicante (co.mu.ni.can.te) *adj.2gén.* que estabelece comunicação

comunicar (co.mu.ni.car) *v.* **1** transmitir (conhecimento, informação, opinião); divulgar **2** estabelecer comunicação com

comunicativo (co.mu.ni.ca.ti.vo) *adj.* que se comunica facilmente; expansivo

comunidade (co.mu.ni.da.de) *n.f.* **1** conjunto de pessoas que vivem na mesma área **2** conjunto de pessoas que têm algo em comum (nacionalidade, profissão, religião, etc.)

comunitário (co.mu.ni.tá.ri.o) *adj.* **1** relativo a comunidade **2** relativo à União Europeia

comutação (co.mu.ta.ção) *n.f.* substituição de um elemento por outro; troca

concavidade (con.ca.vi.da.de) *n.f.* propriedade do que é côncavo

côncavo (côn.ca.vo) *adj.* que tem uma parte curva escavada

conceber (con.ce.ber) *v.* **1** gerar (filhos) **2** criar (um plano, uma ideia) **3** entender (um motivo, uma atitude)

conceção (con.ce.ção) *n.f.* **1** ato de gerar um novo ser **2** criação (de alguma coisa) **3** ponto de vista

conceder (con.ce.der) *v.* **1** dar **2** permitir **3** aceitar

concedido (con.ce.di.do) *adj.* **1** dado **2** permitido **3** aceitado

conceito (con.cei.to) *n.m.* **1** compreensão que se tem de alguma coisa; ideia **2** ponto de vista; opinião

conceituado (con.cei.tu.a.do) *adj.* que tem boa reputação SIN. célebre

concelho (con.ce.lho) *n.m.* subdivisão do território sob administração do presidente da câmara e das outras entidades autárquicas

concentração (con.cen.tra.ção) *n.f.* **1** reunião de pessoas ou coisas num ponto **2** ato de fixar a atenção num assunto ou numa ideia

concentrado (con.cen.tra.do) *adj.* **1** reunido num ponto **2** fixado num assunto ou numa ideia

concentrar (con.cen.trar) *v.* **1** fazer convergir para um ponto **2** tornar mais denso ou espesso ♦ **concentrar-se** orientar (a atenção, o pensamento) para um assunto ou uma ideia

concêntrico (con.cên.tri.co) *adj.* **1** que tem o mesmo centro **2** que converge para um ponto

concepção *a nova grafia é* **conceção**

concertado (con.cer.ta.do) *adj.* **1** arranjado; composto **2** calmo; ameno

concertar (con.cer.tar) *v.* **1** arranjar; compor **2** harmonizar; conciliar

concertina (con.cer.ti.na) *n.f.* instrumento de forma hexagonal ou octogonal, com fole e palheta livre

concerto (con.cer.to) *n.m.* **1** espetáculo em que se executam peças musicais **2** harmonia de vozes ou de sons

concessão (con.ces.são) *n.f.* **1** ato de conceder; entrega **2** autorização; permissão

concessivo (con.ces.si.vo) *adj.* **1** relativo a concessão **2** que exprime oposição ou restrição à ação expressa na frase principal, mas não é suficiente para impedir que ela se realize (*ainda que, embora, mesmo que,* etc.)

concha (con.cha) *n.f.* **1** formação curva, dura e resistente, geralmente calcária, que reveste o corpo dos moluscos

2 colher grande e funda para servir sopa, caldo, etc.

concidadão (con.ci.da.dão) *n.m.* [*f.* concidadã, *pl.* concidadãos] pessoa que é natural da mesma cidade ou do mesmo país que outra pessoa

conciliação (con.ci.li.a.ção) *n.f.* **1** ato de estabelecer a paz entre pessoas que discutiram ou romperam relações **2** ato de combinar ou harmonizar coisas diferentes ou opostas

conciliar (con.ci.li.ar) *v.* **1** estabelecer acordo ou paz entre (pessoas) **2** criar harmonia entre (coisas diferentes ou opostas)

concílio (con.cí.li.o) *n.m.* reunião de representantes da Igreja para decidir questões de doutrina ou de disciplina da Igreja

concisão (con.ci.são) *n.f.* qualidade do que é conciso ou breve SIN. brevidade

conciso (con.ci.so) *adj.* que se exprime em poucas palavras SIN. breve, sucinto

concluir (con.clu.ir) *v.* **1** pôr fim a; terminar; acabar **2** tirar uma conclusão; deduzir

conclusão (con.clu.são) *n.f.* **1** ato de concluir; termo **2** resultado; consequência; **em conclusão:** para terminar; finalmente

conclusivo (con.clu.si.vo) *adj.* **1** que indica ou exprime conclusão **2** que conclui ou termina

concordância (con.cor.dân.ci.a) *n.f.* **1** harmonia; acordo **2** identidade de género e número, entre certas palavras, e de número e pessoa, entre outras

concordar (con.cor.dar) *v.* estar de acordo ANT. discordar (concordar com)

concórdia (con.cór.di.a) *n.f.* harmonia; entendimento

concorrência (con.cor.rên.ci.a) *n.f.* **1** oposição de interesses entre pessoas que têm um objetivo comum; rivalidade **2** competição entre produtores, comerciantes ou empresas

concorrente (con.cor.ren.te) *n.2gén.* **1** pessoa que pretende obter alguma coisa em disputa com outras **2** pessoa que participa num concurso ou numa competição

concorrer (con.cor.rer) *v.* **1** pretender a mesma coisa que outra pessoa **2** participar num concurso **3** candidatar-se a (emprego, lugar, função)

concorrido (con.cor.ri.do) *adj.* **1** que foi alvo de competição **2** diz-se do lugar em que há muita gente

concretização (con.cre.ti.za.ção) *n.f.* ato de tornar concreto ou real; realização

concretizar (con.cre.ti.zar) *v.* tornar concreto ou real ◆ **concretizar-se** realizar

concreto (con.cre.to) *adj.* **1** que existe; real **2** determinado; particular

concurso (con.cur.so) *n.m.* **1** prova ou conjunto de provas em que participam várias pessoas com o objetivo de conseguir um prémio **2** prestação de provas ou apresentação de documentos exigidos para candidatura a um emprego

condado (con.da.do) *n.m.* terra administrada por um conde

condão (con.dão) *n.m.* qualidade especial; dom; **varinha de condão:** vara mágica com que as fadas e os mágicos fazem ou desfazem encantos, nas histórias

conde (con.de) *n.m.* [*f.* condessa] título de nobreza entre visconde e marquês

condecoração (con.de.co.ra.ção) *n.f.* distinção ou medalha que se recebe como recompensa por algum serviço ou ato

condecorado (con.de.co.ra.do) *adj.* que recebeu condecoração; premiado

condecorar (con.de.co.rar) *v.* dar condecoração a (alguém); premiar

condenação (con.de.na.ção) *n.f.* **1** sentença que condena alguém a uma pena **2** pena imposta por essa sentença **3** crítica severa; censura

condenado (con.de.na.do) *adj.* **1** que foi considerado culpado **2** que é obrigado a fazer algo; forçado

condenar (con.de.nar) *v.* **1** declarar culpado **2** impor uma pena **3** criticar severamente

condenável (con.de.ná.vel) *adj.2gén.* que merece ser condenado; censurável

condensação (con.den.sa.ção) *n.f.* **1** passagem de um gás ou vapor ao estado líquido **2** redução do volume de alguma coisa

condensado (con.den.sa.do) *adj.* **1** que voltou à forma líquida (gás, vapor) **2** que foi resumido (ideia, texto)

condensador (con.den.sa.dor) *n.m.* aparelho que permite acumular vapor, energia elétrica, etc.

condensar (con.den.sar) *v.* **1** passar (gás, vapor) ao estado líquido **2** resumir ao essencial (uma ideia, um texto)

condescendência (con.des.cen.dên.ci.a) *n.f.* tolerância

condescendente (con.des.cen.den.te) *adj.2gén.* tolerante

condescender (con.des.cen.der) *v.* ceder em alguma coisa (por simpatia ou interesse)

condição (con.di.ção) *n.f.* **1** situação em que se encontra algo ou alguém; circunstância **2** hipótese; possibilidade **3** facto indispensável; exigência

condicionado (con.di.ci.o.na.do) *adj.* sujeito a condições ou restrições; dependente de

condicional (con.di.ci.o.nal) *adj.2gén.* **1** que depende de uma condição **2** que exprime uma ação dependente de condição **3** que traduz uma ação futura relativa ao passado

condicionar (con.di.ci.o.nar) *v.* **1** ser condição de (alguma coisa) **2** impor condição ou condições

condimentar (con.di.men.tar) *v.* acrescentar condimentos (sal, pimenta, etc.) a um alimento **SIN.** temperar

condimento (con.di.men.to) *n.m.* substância que realça o sabor dos alimentos **SIN.** tempero

condiscípulo (con.dis.cí.pu.lo) *n.m.* companheiro de estudos; colega

condizer (con.di.zer) *v.* estar em harmonia com (condizer com)

condolências (con.do.lên.ci.as) *n.f.pl.* manifestação de tristeza pela morte de alguém; pêsames

condomínio (con.do.mí.ni.o) *n.m.* situação em que um prédio pertence a vários proprietários; **condomínio fechado:** área residencial de acesso controlado e com jardim, piscina, etc., que podem ser utilizados apenas pelos moradores

condómino (con.dó.mi.no) *n.m.* proprietário de um apartamento ou de parte de um prédio

condor (con.dor) *n.m.* grande ave de rapina diurna, de plumagem negra, asas com manchas brancas, e sem penas na cabeça e no pescoço

condução (con.du.ção) *n.f.* **1** ato de conduzir um veículo **2** ato de levar ou trazer alguém ou algo

conduta (con.du.ta) *n.f.* **1** forma de agir; comportamento **2** tubo condutor; cano

condutor (con.du.tor) *adj.* que conduz ♦ *n.m.* pessoa que conduz um veículo

conduzir (con.du.zir) *v.* **1** guiar (um veículo) **2** levar ou trazer (alguém ou algo)

cone (co.ne) *n.m.* sólido geométrico formado por uma base circular numa das extremidades e por um vértice na outra

cónego (có.ne.go) *n.m.* padre

conexão (co.ne.xão) (conécsão) *n.f.* **1** ligação; união **2** relação lógica; nexo

confeção (con.fe.ção) *n.f.* **1** ato de confecionar; preparação **2** fabrico em série de vestuário, que se compra já pronto

confecção *a nova grafia é* **confeção**

confeccionar *a nova grafia é* **confecionar**

confecionar (con.fe.ci.o.nar) *v.* **1** preparar; fazer **2** fabricar (vestuário, joias, etc.)

confeitaria (con.fei.ta.ri.a) *n.f.* estabelecimento onde se fabricam ou vendem doces (pastéis, bolos, biscoitos, etc.) SIN. pastelaria

conferência (con.fe.rên.ci.a) *n.f.* **1** conversa entre duas ou mais pessoas sobre determinado assunto **2** debate sobre temas literários, artísticos, científicos, políticos ou religiosos

conferenciar (con.fe.ren.ci.ar) *v.* **1** conversar sobre **2** discutir (um assunto) numa conferência

conferencista (con.fe.ren.cis.ta) *n.2gén.* pessoa que faz conferências

conferir (con.fe.rir) *v.* **1** verificar se está exato **2** comparar; confrontar

confessar (con.fes.sar) *v.* **1** admitir como verdadeiro; reconhecer (culpa, sentimento) **2** contar (pecados) em confissão **3** ouvir (alguém) em confissão ♦ **confessar-se** contar os pecados a um padre

confessionário (con.fes.si.o.ná.ri.o) *n.m.* lugar onde o padre ouve as confissões

confessor (con.fes.sor) *n.m.* padre que ouve a confissão

confetes (con.fe.tes) *n.m.pl.* pedacinhos de papel de várias cores e formas que as pessoas atiram no Carnaval

confiado (con.fi.a.do) *adj.* **1** que tem confiança; esperançado **2** *(Moç.)* em quem se confia; honesto

confiança (con.fi.an.ça) *n.f.* **1** segurança de quem acredita em alguém ou em alguma coisa ANT. desconfiança **2** crença de que algo vai acontecer; convicção **3** força interior; **dar confiança:** permitir um tratamento informal ou familiar; **de confiança:** que merece ou desperta total confiança

confiante (con.fi.an.te) *adj.2gén.* **1** que confia em algo ou em alguém; crédulo **2** que confia em si próprio; seguro

confiar (con.fi.ar) *v.* ter confiança; acreditar ANT. desconfiar (confiar em)

confidência (con.fi.dên.ci.a) *n.f.* segredo ou facto íntimo que se conta a alguém

confidencial (con.fi.den.ci.al) *adj.2gén.* secreto

confidenciar (con.fi.den.ci.ar) *v.* **1** dizer em confidência **2** contar em segredo

confidente (con.fi.den.te) *n.2gén.* pessoa a quem se fazem confidências

configuração (con.fi.gu.ra.ção) *n.f.* forma exterior de um corpo ou de um sistema; aspeto

configurar (con.fi.gu.rar) *v.* dar forma a; representar

confinar (con.fi.nar) *v.* fazer fronteira ♦ **confinar-se** dedicar-se totalmente (confinar com, confinar-se a)

confins (con.fins) *n.m.pl.* lugares afastados ou distantes

confirmação (con.fir.ma.ção) *n.f.* **1** demonstração da verdade de um facto ou de uma afirmação **2** → **crisma**

confirmado (con.fir.ma.do) *adj.* demonstrado como verdadeiro

confirmar (con.fir.mar) *v.* demonstrar a verdade de um facto ou de uma afirmação ◆ **confirmar-se** provar-se verdadeiro

confiscar (con.fis.car) *v.* apreender (bens, objetos) por ordem de um juiz

confissão (con.fis.são) *n.f.* **1** declaração (de falta, culpa ou sentimento) **2** reconhecimento dos pecados cometidos, na presença de um padre

conflito (con.fli.to) *n.m.* **1** falta de entendimento entre duas ou mais pessoas **2** oposição de interesses ou de ideias; **conflito armado:** guerra entre países ou grupos rivais em que são usadas armas

conflituoso (con.fli.tu.o.so) *adj.* **1** diz-se da situação em que há conflito **2** diz-se do comportamento que causa ou pode causar conflito(s)

conformado (con.for.ma.do) *adj.* que aceita ou suporta algo negativo SIN. resignado

conformar (con.for.mar) *v.* **1** dar determinada forma a **2** adequar; adaptar ◆ **conformar-se** submeter-se a; resignar-se ⟨conformar-se com⟩

conforme (con.for.me) *conj.* **1** de acordo com; segundo **2** no momento em que; assim que ◆ *prep.* de acordo com; segundo; *(Bras.)* **estar tudo nos conformes:** estar tudo certo; estar tudo bem

conformidade (con.for.mi.da.de) *n.f.* **1** semelhança **2** concordância; **em conformidade com:** de acordo com; em concordância com

confortar (con.for.tar) *v.* trazer consolo ou conforto a; animar

confortável (con.for.tá.vel) *adj.2gén.* cómodo; agradável ANT. desconfortável

conforto (con.for.to) *n.m.* sensação de bem-estar; consolo ANT. desconforto

confrade (con.fra.de) *n.m.* membro de uma confraria

confraria (con.fra.ri.a) *n.f.* associação com fins religiosos

confrontação (con.fron.ta.ção) *n.f.* → **confronto**

confrontar (con.fron.tar) *v.* **1** colocar frente a frente **2** comparar ◆ **confrontar-se** ficar frente a frente ⟨confrontar-se com⟩

confronto (con.fron.to) *n.m.* **1** encontro face a face **2** choque de interesses ou de ideias **3** comparação

confundido (con.fun.di.do) *adj.* **1** desorientado; confuso **2** misturado; baralhado

confundir (con.fun.dir) *v.* **1** tornar confuso; desorientar **2** misturar coisas diferentes **3** tomar uma coisa por outra ◆ **confundir-se 1** ficar confuso **2** misturar-se **3** ser muito parecido com ⟨confundir-se com⟩

confusão (con.fu.são) *n.f.* **1** estado do que está confundido ou baralhado **2** falta de ordem ou de clareza; perturbação **3** ato ou efeito de tomar uma coisa por outra; engano; **armar confusão:** provocar uma discussão ou uma zanga

confusionar (con.fu.si.o.nar) *v. (Ang., Moç.)* causar sarilhos ou distúrbios; armar confusão

confuso (con.fu.so) *adj.* **1** que está fora de ordem; desordenado **2** que não é claro; complicado **3** diz-se de quem está desorientado

congelação (con.ge.la.ção) *n.f.* solidificação por ação do frio

congelado (con.ge.la.do) *adj.* **1** solidificado pela ação do frio **2** que está muito frio

congelador (con.ge.la.dor) *n.m.* compartimento do frigorífico que permite a congelação e conservação dos alimentos

congelar (con.ge.lar) *v.* **1** transformar (um líquido) em gelo **2** submeter alimentos a temperaturas muito baixas para os conservar **3** fixar (preços ou salários) **4** sentir muito frio

congénito (con.gé.ni.to) *adj.* **1** que existe no indivíduo desde o nascimento ou da gestação; inato **2** que é espontâneo; natural

congestão (con.ges.tão) *n.f.* acumulação anormal de sangue nos vasos de um órgão ou numa zona do corpo

congestionamento (con.ges.ti.o.na.men.to) *n.m.* acumulação de pessoas ou veículos num local, dificultando ou impedindo a circulação SIN. engarrafamento

congestionar (con.ges.ti.o.nar) *v.* dificultar ou impedir a circulação ♦ **congestionar-se** ficar corado; ruborizar-se

> As palavras **congestionamento** e **congestionar** escrevem-se com **g** (e não com **j**).

congolote (con.go.lo.te) *n.m. (Moç.)* bicho de mil patas; maria-café

congregação (con.gre.ga.ção) *n.f.* **1** reunião de pessoas; assembleia **2** instituto ou ordem religiosa

congregar (con.gre.gar) *v.* reunir; juntar

congresso (con.gres.so) *n.m.* **1** reunião de especialistas de determinada área para trocar ideias; colóquio **2** reunião de chefes de Estado ou dos seus representantes para tratar de assuntos de carácter internacional; conferência

congro (con.gro) *n.m.* peixe marinho, longo e azulado, com pele lisa sem escamas, muito utilizado na alimentação

conhecedor (co.nhe.ce.dor) *adj.* que conhece bem algo; entendido

conhecer (co.nhe.cer) *v.* **1** ter conhecimento de **2** encontrar alguém pela primeira vez **3** distinguir; reconhecer

conhecido (co.nhe.ci.do) *adj.* **1** que se conheceu **2** que muitas pessoas conhecem; familiar **3** que tem grande reputação; célebre

conhecimento (co.nhe.ci.men.to) *n.m.* **1** faculdade de conhecer **2** entendimento **3** domínio de uma arte, técnica ou disciplina ♦ **conhecimentos** *n.m.pl.* conjunto de informações adquiridas por meio de estudo sobre uma disciplina, arte ou ciência; saber

cónico (có.ni.co) *adj.* **1** relativo a cone **2** que tem forma de cone

conjectura *a nova grafia é* **conjetura**

conjecturar *a nova grafia é* **conjeturar**

conjetura (con.je.tu.ra) *n.f.* hipótese; suposição

conjeturar (con.je.tu.rar) *v.* fazer conjeturas; supor

conjugação (con.ju.ga.ção) *n.f.* conjunto de todas as formas flexionadas de um verbo

conjugado (con.ju.ga.do) *adj.* **1** unido; ligado **2** flexionado (verbo)

conjugal (con.ju.gal) *adj.2gén.* relativo ao casamento; matrimonial

conjugar (con.ju.gar) *v.* **1** unir; ligar **2** flexionar (um verbo)

cônjuge (côn.ju.ge) *n.m.* pessoa em relação a outra, com quem está casada

conjunção (con.jun.ção) *n.f.* palavra invariável que liga frases simples ou segmentos de frases com a mesma função sintática

conjuntamente (con.jun.ta.men.te) *adv.* em conjunto

conjuntiva (con.jun.ti.va) *n.f.* membrana mucosa que reveste a parte anterior do globo ocular e o une às pálpebras

conjuntivite (con.jun.ti.vi.te) *n.f.* inflamação da conjuntiva

conjuntivo (con.jun.ti.vo) *n.m.* modo verbal que exprime a ação como possibilidade, eventualidade, expectativa ou dúvida

conjunto (con.jun.to) *n.m.* **1** totalidade de elementos que formam um todo **2** grupo de coisas; coleção **3** grupo de pessoas; equipa **4** grupo musical; banda **5** peças de roupa feitas para serem vestidas juntas; fato

connosco (con.nos.co) *pron.pess.* **1** em nossa companhia **2** a nosso respeito

conotação (co.no.ta.ção) *n.f.* significado secundário, com valor subjetivo, atribuído a uma palavra ou expressão (por oposição a *denotação*)

conotativo (co.no.ta.ti.vo) *adj.* relativo a conotação; subjetivo

conquista (con.quis.ta) *n.f.* **1** ato ou efeito de conquistar **2** aquilo que se conquistou (prémio, território, etc.) **3** *(fig.)* ato de seduzir alguém

conquistado (con.quis.ta.do) *adj.* **1** conseguido pela força das armas **2** alcançado com esforço **3** *(fig.)* seduzido

conquistador (con.quis.ta.dor) *adj. e n.m.* que ou aquele que conquista

conquistar (con.quis.tar) *v.* **1** conseguir pela força das armas **2** alcançar com esforço **3** *(fig.)* seduzir

consagração (con.sa.gra.ção) *n.f.* **1** ato de tornar (algo) sagrado **2** homenagem pública

consagrado (con.sa.gra.do) *adj.* **1** tornado sagrado **2** dedicado a **3** reconhecido pelo seu mérito

consagrar (con.sa.grar) *v.* **1** tornar sagrado **2** dedicar a **3** prestar homenagem a ♦ **consagrar-se** dedicar-se totalmente a (consagrar-se a)

consanguíneo (con.san.guí.ne.o) *adj.* que tem o mesmo sangue ou a mesma origem

consciência (cons.ci.ên.ci.a) *n.f.* **1** conhecimento que se tem da própria existência **2** capacidade de julgar os próprios atos **3** sentido de responsabilidade

consciencializar (cons.ci.en.ci.a.li.zar) *v.* tornar (alguém) consciente de (algo); fazer perceber ♦ **consciencializar-se** tomar consciência; perceber (consciencializar-se de)

consciencioso (cons.ci.en.ci.o.so) *adj.* responsável; cuidadoso

consciente (cons.ci.en.te) *adj.2gén.* **1** que tem conhecimento ou consciência de **2** que tem bom senso; responsável

consecutivo (con.se.cu.ti.vo) *adj.* **1** que se segue, um após o outro; sucessivo **2** que expressa a consequência do que é declarado na frase principal

conseguinte (con.se.guin.te) *adj.2gén.* consequente; resultante; **por conseguinte:** por consequência

conseguir (con.se.guir) *v.* **1** obter (algo que se pretendia) **2** alcançar (um objetivo)

conselheiro (con.se.lhei.ro) *n.m.* **1** pessoa que aconselha **2** membro de um conselho

conselho (con.se.lho) *n.m.* **1** opinião que se dá sobre o que alguém deve (ou não) fazer **2** conjunto de pessoas que aconselham ou administram;

conselho diretivo: órgão encarregado da gestão de um estabelecimento de ensino

*Repara que conselho (com **s**) é diferente de concelho (com **c**):*
*A mãe deu-lhe um bom **conselho**.*
*Vivo no **concelho** do Porto.*

consenso (con.sen.so) *n.m.* acordo de ideias ou opiniões

consentimento (con.sen.ti.men.to) *n.m.* **1** autorização **2** acordo

consentir (con.sen.tir) *v.* **1** autorizar **2** aprovar

consequência (con.se.quên.ci.a) *n.f.* **1** resultado produzido por uma causa; efeito **2** conclusão lógica; dedução

consequente (con.se.quen.te) *adj.2gén.* que é efeito de uma causa; resultante

consequentemente (con.se.quen.te.men.te) *adv.* em consequência de; por essa razão

consertar (con.ser.tar) *v.* fazer um conserto em; arranjar; reparar

conserto (con.ser.to) *n.m.* reparação; arranjo

conserva (con.ser.va) *n.f.* substância alimentar conservada numa lata ou num recipiente de vidro

conservação (con.ser.va.ção) *n.f.* **1** processo de conservar uma substância, geralmente alimentar **2** defesa do estado ou da qualidade de algo; preservação

conservador (con.ser.va.dor) *adj.* que se opõe a qualquer alteração do que é tradicional ◆ *n.m.* funcionário que guarda os bens ou objetos de um museu ou de uma biblioteca

conservadorismo (con.ser.va.do.ris.mo) *n.m.* atitude de defesa de uma determinada estrutura ou situação; que se opõe a mudanças radicais

conservante (con.ser.van.te) *n.m.* substância que se acrescenta a um alimento para impedir que se estrague

conservar (con.ser.var) *v.* **1** manter em bom estado; preservar **2** manter presente; fazer durar **3** não deitar fora; guardar ◆ **conservar-se** permanecer; ficar

conservatório (con.ser.va.tó.ri.o) *n.m.* escola onde se ensina música e canto

consideração (con.si.de.ra.ção) *n.f.* **1** reflexão **2** respeito

considerado (con.si.de.ra.do) *adj.* **1** levado em conta **2** respeitado

considerar (con.si.de.rar) *v.* **1** ter consideração por **2** refletir sobre

considerável (con.si.de.rá.vel) *adj.2gén.* grande; vasto

consigo (con.si.go) *pron.pess.* **1** em sua companhia **2** de si para si **3** em benefício próprio

consistência (con.sis.tên.ci.a) *n.f.* estado do que é sólido ou consistente; firmeza

consistente (con.sis.ten.te) *adj.2gén.* que tem consistência ou solidez; firme

consistir (con.sis.tir) *v.* ser formado ou composto de (consistir em)

consoada (con.so.a.da) *n.f.* ceia na noite de Natal

consoante (con.so.an.te) *n.f.* cada uma das letras do alfabeto que não é vogal (por exemplo *b*, *c*, *d*, *f*, etc.); **consoante muda:** numa palavra, consoante que não se pronuncia

consoar (con.so.ar) *v.* celebrar a consoada

consola (con.so.la) *n.f.* pequeno aparelho eletrónico próprio para videojogos

consolação (con.so.la.ção) *n.f.* conforto; alívio

a
b
c
d
e
f
g
h
i
j
k
l
m
n
o
p
q
r
s
t
u
v
w
x
y
z

consolado (con.so.la.do) *adj.* **1** reconfortado; aliviado **2** *(fig.)* satisfeito; saciado

consolança (con.so.lan.ça) *n.f. (CV)* consolo; alívio

consolar (con.so.lar) *v.* aliviar a aflição ou dor (de alguém); reconfortar ◆ **consolar-se** satisfazer-se

consolidação (con.so.li.da.ção) *n.f.* ato de tornar mais sólido ou firme; fortalecimento

consolidado (con.so.li.da.do) *adj.* fortalecido

consolidar (con.so.li.dar) *v.* tornar (mais) sólido; fortalecer

consolo (con.so.lo) *n.m.* alívio; conforto

consonância (con.so.nân.ci.a) *n.f.* **1** combinação agradável de sons; harmonia **2** *(fig.)* concordância; acordo

consonântico (con.so.nân.ti.co) *adj.* relativo a consoante

conspiração (cons.pi.ra.ção) *n.f.* plano secreto contra algo ou alguém SIN. maquinação

conspirar (cons.pi.rar) *v.* fazer planos secretos para prejudicar alguém SIN. maquinar

conspurcar (cons.pur.car) *v.* sujar

constância (cons.tân.ci.a) *n.f.* **1** qualidade do que é constante **2** regularidade **3** persistência

constante (cons.tan.te) *adj.2gén.* **1** que não se altera; invariável **2** que persiste; perseverante **3** que consiste em ◆ *n.f.* em matemática, letra ou símbolo que mantém o mesmo valor

constar (cons.tar) *v.* **1** ser do conhecimento geral **2** estar registado ou referido em **3** consistir em; ser formado por (constar de)

constatação (cons.ta.ta.ção) *n.f.* **1** verificação **2** comprovação

constatar (cons.ta.tar) *v.* **1** verificar **2** comprovar

constelação (cons.te.la.ção) *n.f.* grupo de estrelas próximas umas das outras, que parecem formar figuras

consternado (cons.ter.na.do) *adj.* triste; desolado

consternar (cons.ter.nar) *v.* causar grande tristeza; desolar

constipação (cons.ti.pa.ção) *n.f.* inflamação do nariz e da garganta causada por vírus ou resfriamento, acompanhada de calafrios, cansaço e mal-estar geral

constipado (cons.ti.pa.do) *adj.* que tem constipação

constipar (cons.ti.par) *v.* causar constipação ◆ **constipar-se** apanhar uma constipação

constitucional (cons.ti.tu.ci.o.nal) *adj.* *2gén.* relativo à constituição (lei fundamental de um país)

constituição (cons.ti.tu.i.ção) *n.f.* **1** lei fundamental que estabelece os direitos e deveres dos cidadãos e a organização política de um Estado **2** conjunto de elementos que constituem uma coisa; composição **3** conjunto das características físicas de uma pessoa; estrutura

constituinte (cons.ti.tu.in.te) *adj.2gén.* que faz parte de um todo; integrante ◆ *n.m.* elemento integrante; componente

constituir (cons.ti.tu.ir) *v.* **1** reunir vários elementos para formar um todo; compor **2** estabelecer; organizar **3** consistir em; ser

constranger (cons.tran.ger) *v.* **1** impedir o movimento ou a liberdade de **2** deixar pouco à vontade; embaraçar

constrangido (cons.tran.gi.do) *adj.* **1** apertado **2** forçado a **3** embaraçado

constrangimento (cons.tran.gi.men.to) *n.m.* **1** pressão exercida sobre alguém; coação **2** timidez; embaraço

construção (cons.tru.ção) *n.f.* **1** ato ou arte de construir (edifícios, pontes, estradas, etc.) **2** obra construída **3** arte de compor ou elaborar algo (uma obra de arte, uma atividade, um plano, etc.)

construir (cons.tru.ir) *v.* **1** erguer (casas, pontes, estradas) com materiais diversos e de acordo com um projeto; edificar ANT. destruir **2** dispor com método as partes de um todo para criar algo; compor

construtivo (cons.tru.ti.vo) *adj.* **1** relativo a construção ANT. destrutivo **2** que permite avançar ou melhorar; positivo

construtor (cons.tru.tor) *n.m.* pessoa que constrói casas, prédios, pontes, estradas, etc.

construtora (cons.tru.to.ra) *n.f.* empresa que se dedica à construção de casas, pontes ou estradas

cônsul (côn.sul) *n.m.* [*f.* consulesa] funcionário de uma embaixada ou de um consulado, que representa um país no estrangeiro

consulado (con.su.la.do) *n.m.* **1** cargo ou função do cônsul **2** local onde o cônsul trabalha

consular (con.su.lar) *adj.2gén.* relativo a cônsul ou a consulado

consulta (con.sul.ta) *n.f.* **1** ação de pedir uma opinião ou um conselho a alguém **2** atendimento de um médico a um paciente **3** procura de informações num dicionário, catálogo, página da *Internet*, etc.

consultar (con.sul.tar) *v.* **1** pedir uma opinião ou um conselho (a alguém) **2** procurar informações (num dicionário, página da *Internet*, etc.)

consultor (con.sul.tor) *n.m.* especialista que dá conselhos em determinada área

consultório (con.sul.tó.ri.o) *n.m.* lugar onde os médicos dão consultas

consumido (con.su.mi.do) *adj.* **1** destruído pelo fogo **2** que foi comido (alimento) **3** que foi utilizado (produto) **4** que foi gasto (energia, tempo) **5** preocupado (pessoa)

consumidor (con.su.mi.dor) *n.m.* pessoa que compra ou utiliza bens e serviços SIN. cliente

consumir (con.su.mir) *v.* **1** destruir totalmente **2** comer **3** fazer uso de (bem, serviço) **4** comprar **5** gastar (energia, tempo) **6** preocupar

consumismo (con.su.mis.mo) *n.m.* tendência para consumir em excesso (sobretudo produtos ou serviços que não são indispensáveis)

consumista (con.su.mis.ta) *n.2gén.* pessoa que consome ou faz compras em excesso

consumo (con.su.mo) *n.m.* **1** ato de consumir ou fazer compras **2** utilização de produtos ou serviços **3** quantidade (de algo) que se utiliza **4** venda de produtos

conta (con.ta) *n.f.* **1** operação aritmética para calcular um valor **2** valor que se paga por uma despesa **3** documento que comprova uma despesa; fatura; **ajustar contas com:** vingar-se de; **dar conta de:** tomar consciência de; perceber; **dar conta do recado:** desempenhar bem uma tarefa; **fazer de conta:** fingir; imaginar; **tomar conta de:** cuidar de; vigiar

contactar (con.tac.tar) *v.* **1** estabelecer contacto ou relação com **2** estabelecer comunicação com (contactar com)

contacto (con.tac.to) *n.m.* **1** estado dos seres ou superfícies que se tocam; toque **2** relação de proximidade; ligação **3** convívio; relacionamento **4** número de telefone ou endereço para contactar alguém

a
b
c
d
e
f
g
h
i
j
k
l
m
n
o
p
q
r
s
t
u
v
w
x
y
z

contado (con.ta.do) *adj.* **1** que se contou ou calculou **2** que se narrou; relatado

contador (con.ta.dor) *n.m.* **1** aparelho que serve para verificar o consumo de água, gás e eletricidade **2** armário antigo com gavetas; **contador de histórias:** pessoa que narra histórias, oralmente ou por escrito

contagem (con.ta.gem) *n.f.* **1** ato ou efeito de contar; enumeração **2** valor que se obtém ao contar; resultado

contagiante (con.ta.gi.an.te) *adj.2gén.* **1** que contagia **2** que se espalha

contagiar (con.ta.gi.ar) *v.* **1** transmitir uma doença contagiosa a (alguém) **2** *(fig.)* espalhar (alegria, tristeza, etc.)

contágio (con.tá.gi.o) *n.m.* **1** transmissão de uma doença (por contacto direto ou indireto) **2** transmissão de ideias, hábitos, etc.; propagação

contagioso (con.ta.gi.o.so) *adj.* que se transmite por contágio

conta-gotas (con.ta-go.tas) *n.m.2núm.* tubo ou frasco com dispositivo para verter um líquido em gotas

contaminação (con.ta.mi.na.ção) *n.f.* **1** transmissão de uma doença infeciosa; contágio **2** introdução de substâncias poluentes num dado meio (água, ar, etc.); poluição

contaminado (con.ta.mi.na.do) *adj.* **1** que tem doença infeciosa ou infeção (animal, pessoa) **2** que está poluído (água, ar, etc.)

contaminar (con.ta.mi.nar) *v.* **1** transmitir infeção ou doença a; contagiar **2** introduzir substâncias poluentes num dado meio (água, ar, etc.); poluir

conta-quilómetros (con.ta-qui.ló.metros) *n.m.2núm.* aparelho que indica o número de quilómetros percorridos por um veículo

contar (con.tar) *v.* **1** determinar a quantidade ou o valor de; calcular **2** narrar (facto, história, conversa) **3** ter esperança de **4** ter à disposição (contar com)

contável (con.tá.vel) *adj.2gén.* **1** que pode ser contado **2** diz-se do nome que se refere a algo que se pode enumerar

contemplação (con.tem.pla.ção) *n.f.* **1** observação atenta **2** meditação; reflexão

contemplar (con.tem.plar) *v.* **1** observar atentamente **2** meditar; refletir

contemporâneo (con.tem.po.râ.ne.o) *adj.* relativo ao tempo presente; atual

contentamento (con.ten.ta.men.to) *n.m.* alegria; satisfação ANT. descontentamento

contentar (con.ten.tar) *v.* agradar a; satisfazer ◆ **contentar-se** ficar satisfeito ou contente (contentar-se com)

contente (con.ten.te) *adj.2gén.* que sente alegria ou satisfação; alegre ANT. triste

contentor (con.ten.tor) *n.m.* **1** grande caixa fechada destinada a transportar mercadorias **2** depósito para lixo ou para resíduos sólidos

conter (con.ter) *v.* **1** ter dentro de si; incluir **2** controlar; reprimir ◆ **conter-se** controlar-se; reprimir-se

conterrâneo (con.ter.râ.ne.o) *adj.* que é natural da mesma terra SIN. compatriota

contestação (con.tes.ta.ção) *n.f.* **1** oposição **2** discussão

contestar (con.tes.tar) *v.* **1** opor-se a **2** negar

conteúdo (con.te.ú.do) *n.m.* **1** aquilo que está dentro de alguma coisa **2** aquilo de que algo é formado **3** significado profundo

contexto (con.tex.to) *n.m.* conjunto de circunstâncias que rodeiam um acontecimento

contextualizar (con.tex.tu.a.li.zar) *v.* **1** inserir num contexto **2** definir as circunstâncias de um facto ou acontecimento

contido (con.ti.do) *adj.* **1** que está no interior de alguma coisa **2** que não se manifesta

contigo (con.ti.go) *pron.pess.* na tua companhia

contíguo (con.tí.guo) *adj.* que está próximo; vizinho

continência (con.ti.nên.ci.a) *n.f.* saudação militar que consiste em tocar a o boné com a ponta dos dedos da mão direita

continental (con.ti.nen.tal) *adj.2gén.* relativo a continente

continente (con.ti.nen.te) *n.m.* cada uma das maiores extensões de superfície sólida do globo terrestre (Europa, Ásia, África, América e Oceânia)

contingência (con.tin.gên.ci.a) *n.f.* possibilidade de uma coisa acontecer; eventualidade

continuação (con.ti.nu.a.ção) *n.f.* **1** ato de continuar (algo que foi interrompido) **2** prolongamento no espaço ou no tempo

continuamente (con.ti.nu.a.men.te) *adv.* sem interrupção; de modo contínuo

continuar (con.ti.nu.ar) *v.* **1** não interromper; prosseguir **2** não parar **3** seguir **4** prolongar-se

continuidade (con.ti.nu.i.da.de) *n.f.* **1** qualidade de contínuo **2** prolongamento no espaço ou no tempo

contínuo (con.tí.nu.o) *adj.* não interrompido; sucessivo **ANT.** descontínuo

contista (con.tis.ta) *n.2gén.* pessoa que escreve contos

conto (con.to) *n.m.* história breve, imaginária, com poucas personagens; **conto de fadas:** história infantil que narra acontecimentos em que participam fadas e outras figuras imaginárias

conto-da-carochinha *a nova grafia é* **conto da carochinha**

conto da carochinha (con.to da ca.ro.chi.nha) *n.m.* [*pl.* contos da carochinha] história que se conta para enganar alguém

contornar (con.tor.nar) *v.* **1** traçar o contorno de **2** andar em volta de

contorno (con.tor.no) *n.m.* linha exterior que rodeia uma figura; limite

contra (con.tra) *prep.* **1** em oposição a **2** em troca de **3** em direção a

contra-atacar (con.tra-a.ta.car) *v.* atacar em resposta a um ataque anterior

contra-ataque (con.tra-a.ta.que) *n.m.* [*pl.* contra-ataques] ataque para responder a um ataque anterior

contrabaixo (con.tra.bai.xo) *n.m.* instrumento de cordas semelhante ao violoncelo, mas maior e mais grave, que se toca com um arco

contrabalançar (con.tra.ba.lan.çar) *v.* equilibrar

contrabandista (con.tra.ban.dis.ta) *n.2gén.* pessoa que faz contrabando

contrabando (con.tra.ban.do) *n.m.* **1** introdução clandestina de produtos num país **2** mercadoria clandestina

contração (con.tra.ção) *n.f.* **1** diminuição (de tamanho ou volume) **2** redução de duas vogais a uma só vogal aberta ou a um ditongo

contracapa (con.tra.ca.pa) *n.f.* face posterior de livro ou revista

contracção *a nova grafia é* **contração**

contracenar (con.tra.ce.nar) *v.* atuar (com outros atores); representar

a
b
c
d
e
f
g
h
i
j
k
l
m
n
o
p
q
r
s
t
u
v
w
x
y
z

contraceptivo *a nova grafia é* **contracetivo**

contracetivo (con.tra.ce.ti.vo) *n.m.* substância ou método usado para evitar a fecundação de um óvulo

contradição (con.tra.di.ção) *n.f.* **1** afirmação ou atitude contrária ao que se disse ou se fez antes **2** falta de lógica; incoerência **3** objeção; oposição

contraditório (con.tra.di.tó.ri.o) *adj.* que apresenta contradição; oposto

contradizer (con.tra.di.zer) *v.* dizer o contrário do que alguém afirmou ♦ **contradizer-se** dizer o contrário do que se tinha afirmado antes

contrafeito (con.tra.fei.to) *adj.* feito contra a vontade; forçado

contraído (con.tra.í.do) *adj.* **1** que diminuiu de tamanho; encolhido **2** que não se sente à vontade; inibido **3** que se assumiu (compromisso, despesa) **4** que foi celebrado (casamento, negócio)

contrair (con.tra.ir) *v.* **1** reduzir o volume de; encolher **2** assumir (compromisso, despesa) **3** apanhar (doença, infeção) **4** adquirir (hábito)

contralto (con.tral.to) *n.m.* no canto, registo mais grave da voz feminina

contraluz (con.tra.luz) *n.f.* lugar oposto àquele em que incide luz

contramão (con.tra.mão) *n.f.* sentido contrário àquele em que um veículo deve circular

contrapartida (con.tra.par.ti.da) *n.f.* **1** coisa complementar de outra **2** relação entre dois factos ou duas coisas; **em contrapartida:** em compensação; por outro lado

contrapeso (con.tra.pe.so) *n.m.* peso que serve para compensar um outro peso

contraplacado (con.tra.pla.ca.do) *n.f.* placa de madeira constituída por várias folhas de madeira de pequena espessura

contraponto (con.tra.pon.to) *n.m.* combinação de vozes ou de melodias; polifonia

contrapor (con.tra.por) *v.* **1** opor **2** comparar

contra-relógio *a nova grafia é* **contrarrelógio**

contrariado (con.tra.ri.a.do) *adj.* **1** que sofreu oposição **2** aborrecido; descontente

contrariar (con.tra.ri.ar) *v.* **1** fazer ou dizer o contrário de; opor-se a **2** aborrecer; incomodar

contrariedade (con.tra.ri.e.da.de) *n.f.* **1** oposição entre coisas **2** situação desfavorável ou contrária; dificuldade **3** aquilo que aborrece ou contraria; aborrecimento

contrário (con.trá.ri.o) *adj.* **1** que se opõe (a algo) **2** que é contrário ou desfavorável **3** que é prejudicial

contrarrelógio (con.trar.re.ló.gi.o) *n.m.* corrida em que é cronometrado o tempo que cada concorrente leva a percorrer um circuito

contrastante (con.tras.tan.te) *adj.2gén.* que contrasta; em que há oposição

contrastar (con.tras.tar) *v.* **1** pôr em contraste ou em oposição; confrontar **2** opor-se a (contrastar com)

contraste (con.tras.te) *n.m.* **1** oposição entre coisas semelhantes **2** sinal que, em metais preciosos e joias, garante o seu valor

contratação (con.tra.ta.ção) *n.f.* ato ou efeito de contratar

contratado (con.tra.ta.do) *adj.* **1** que se contratou **2** decidido; combinado

contratar (con.tra.tar) *v.* **1** garantir por meio de contrato **2** admitir num emprego **3** decidir; combinar

contratempo (con.tra.tem.po) *n.m.* **1** situação ou facto inesperado, que impede ou contraria algo **2** compasso musical

contrato (con.tra.to) *n.m.* acordo entre duas ou mais pessoas, que se obrigam a cumprir o que foi combinado sob determinadas condições **SIN.** pacto

contratorpedeiro (con.tra.tor.pe.dei.ro) *n.m.* navio de combate, muito rápido e com grande mobilidade, equipado com torpedeiros e armas antissubmarino

contratual (con.tra.tu.al) *adj.2gén.* referente a contrato

contribuição (con.tri.bu.i.ção) *n.f.* **1** participação numa despesa comum; contributo **2** colaboração num projeto ou numa atividade; participação

contribuinte (con.tri.bu.in.te) *n.2gén.* pessoa que paga impostos

contribuir (con.tri.bu.ir) *v.* **1** participar numa despesa comum **2** pagar contribuição ou imposto **3** colaborar em alguma coisa

contributo (con.tri.bu.to) *n.m.* **1** aquilo com que se contribui **2** colaboração; participação

controlador (con.tro.la.dor) *adj.* que controla ou domina

controlar (con.tro.lar) *v.* **1** verificar **2** fiscalizar **3** dominar ♦ **controlar-se** dominar-se; conter-se

controlável (con.tro.lá.vel) *adj.2gén.* que se pode controlar ou verificar

controle (con.tro.le) *n.m.* → **controlo**

controlo (con.tro.lo) *n.m.* **1** verificação **2** vigilância **3** domínio

controvérsia (con.tro.vér.si.a) *n.f.* discussão; polémica

controverso (con.tro.ver.so) *adj.* que gera opiniões diferentes ou discussão; polémico

contudo (con.tu.do) *conj.>adv.*[DT] porém; todavia; no entanto

contundente (con.tun.den.te) *adj.2gén.* capaz de ferir ou de causar impacto

contusão (con.tu.são) *n.f.* lesão na pele produzida por embate ou impacto

convalescença (con.va.les.cen.ça) *n.f.* período de recuperação da saúde, após uma doença ou uma operação

convalescente (con.va.les.cen.te) *adj.2* que está em convalescença

convalescer (con.va.les.cer) *v.* recuperar a saúde após uma doença ou uma operação

convenção (con.ven.ção) *n.f.* **1** acordo sobre alguma coisa **2** norma de procedimento **3** reunião de pessoas para discutir algo

convencer (con.ven.cer) *v.* levar (alguém) a aceitar algo ou a acreditar em alguma coisa; persuadir ♦ **convencer-se** aceitar a verdade de

convencido (con.ven.ci.do) *adj.* **1** que se convenceu; persuadido **2** vaidoso; arrogante

convencimento (con.ven.ci.men.to) *n.m.* **1** ato ou efeito de (se) convencer **2** certeza de alguma coisa **3** vaidade

convencional (con.ven.ci.o.nal) *adj.2gén.* **1** relativo a convenção **2** que é feito de acordo com as normas sociais

convencionar (con.ven.ci.o.nar) *v.* estabelecer por meio de acordo; combinar

conveniência (con.ve.ni.ên.ci.a) *n.f.* **1** utilidade **2** vantagem **3** adequação às normas

conveniente (con.ve.ni.en.te) *adj.2gén.* **1** útil **2** vantajoso **3** adequado

convento (con.ven.to) *n.m.* local onde vive uma comunidade religiosa **SIN.** mosteiro

a
b
c
d
e
f
g
h
i
j
k
l
m
n
o
p
q
r
s
t
u
v
w
x
y
z

conventual (con.ven.tu.al) *adj.2gén.* referente a convento

convergência (con.ver.gên.ci.a) *n.f.* **1** encontro de vários elementos num ponto **2** tendência para aproximação ou união

convergente (con.ver.gen.te) *adj.2gén.* **1** que se dirige para um ponto comum **2** que se aproxima

convergir (con.ver.gir) *v.* **1** dirigir-se para (um mesmo ponto) **2** aproximar-se de (convergir em, convergir para)

conversa (con.ver.sa) *n.f.* **1** troca de palavras entre duas ou mais pessoas; diálogo **2** *(inform.)* palavras sem sentido ou sem importância; palavreado; **conversa de chacha:** conversa inútil ou sem interesse; **conversa fiada:** conversa sem importância; promessa que não se tem intenção de cumprir; **meter conversa com:** iniciar um diálogo com

conversação (con.ver.sa.ção) *n.f.* conversa (sobretudo em língua estrangeira)

conversador (con.ver.sa.dor) *adj.* que gosta de conversar

conversão (con.ver.são) *n.f.* **1** ato de (se) converter a uma ideia, religião, hábito, etc. **2** transformação de uma coisa noutra

conversar (con.ver.sar) *v.* falar com alguém

converter (con.ver.ter) *v.* **1** fazer mudar de crença, opinião ou hábito **2** transformar uma coisa em outra

convertido (con.ver.ti.do) *adj.* **1** que se converteu (a uma religião, opinião, hábito, etc.) **2** que se transformou em outra coisa

convés (con.vés) *n.m.* área da coberta superior do navio

convexo (con.ve.xo) (convécso) *adj.* que tem saliência curva; arredondado

convicção (con.vic.ção) *n.f.* opinião firme a respeito de algo; crença

convicto (con.vic.to) *adj.* que tem convicção de algo; convencido

convidado (con.vi.da.do) *n.m.* pessoa que recebeu convite

convidar (con.vi.dar) *v.* pedir a alguém que participe em (festa, cerimónia, etc.)

convincente (con.vin.cen.te) *adj.2gén.* que convence; persuasivo

convir (con.vir) *v.* **1** ser conveniente ou apropriado **2** concordar com

convite (con.vi.te) *n.m.* **1** ato de pedir a alguém que participe em algo **2** meio usado para convidar alguém (cartão, telefonema, etc.)

conviva (con.vi.va) *n.2gén.* pessoa que participa numa festa como convidado

convivência (con.vi.vên.ci.a) *n.f.* **1** vida em comum com outra(s) pessoa(s) **2** convívio harmonioso

conviver (con.vi.ver) *v.* **1** viver próximo de **2** dar-se bem com **3** adaptar-se a (conviver com)

convívio (con.ví.vi.o) *n.m.* **1** boa relação com (alguém) **2** reunião de pessoas para conversar, ouvir música, dançar, etc.

convocação (con.vo.ca.ção) *n.f.* ato de convocar ou chamar alguém; chamada

convocar (con.vo.car) *v.* **1** chamar para (reunião, greve, etc.) **2** reunir (pessoas)

convocatória (con.vo.ca.tó.ri.a) *n.f.* ordem para participar em (reunião, greve, etc.)

convosco (con.vos.co) *pron.pess.* **1** em vossa companhia **2** a vosso respeito

convulsão (con.vul.são) *n.f.* **1** contração violenta, involuntária e repetida dos músculos **2** grande agitação; alvoroço

cooperação (co.o.pe.ra.ção) *n.f.* **1** colaboração **2** solidariedade

cooperar (co.o.pe.rar) *v.* **1** trabalhar em comum **2** colaborar (cooperar com (alguém) para (alguma coisa))

cooperativa (co.o.pe.ra.ti.va) *n.f.* associação que presta serviços aos seus membros e atua em nome deles

cooperativo (co.o.pe.ra.ti.vo) *adj.* em que há cooperação; que auxilia

coordenação (co.or.de.na.ção) *n.f.* **1** organização de um grupo de trabalho, de um projeto, etc. **2** atividade do sistema nervoso central que regula os movimentos musculares

coordenada (co.or.de.na.da) *n.f.* frase ligada sequencialmente a outra da mesma natureza, com ou sem elemento de ligação entre si ♦ **coordenadas** *n.f.pl.* informações sobre a forma de encontrar uma pessoa ou um lugar

coordenado (co.or.de.na.do) *adj.* **1** organizado **2** ligado por coordenação

coordenar (co.or.de.nar) *v.* **1** organizar (atividades, pessoas) **2** ligar (duas ou mais coisas)

coordenativo (co.or.de.na.ti.vo) *adj.* **1** relativo a coordenação **2** que estabelece coordenação

copa (co.pa) *n.f.* **1** área próxima da cozinha, que pode ser usada para refeições **2** ramagem superior das árvores ♦ **copas** *n.f.pl.* naipe de cartas em que cada ponto é representado por um coração vermelho

copado (co.pa.do) *adj.* **1** que tem copa densa e abundante **2** em forma de copa

cópia (có.pi.a) *n.f.* **1** imitação **2** fotocópia **3** reprodução de um texto feita por um aluno

copianço (co.pi.an.ço) *n.m.* **1** (*inform.*) ato de copiar **2** (*inform.*) resumo da matéria de uma disciplina feito para ser usado fraudulentamente num exame

copiar (co.pi.ar) *v.* fazer a cópia de; imitar

copiloto (co.pi.lo.to) *n.2gén.* **1** piloto auxiliar **2** num rali, pessoa que ajuda o condutor

co-piloto *a nova grafia é* **copiloto**

copista (co.pis.ta) *n.2gén.* pessoa que copia textos à mão

copo (co.po) *n.m.* recipiente de vidro ou plástico, sem asa, pelo qual se bebe

copulativo (co.pu.la.ti.vo) *adj.* que une; que liga

coqueiro (co.quei.ro) *n.m.* palmeira que produz o coco

cor (cor) (cór) **; de cor:** de memória; **de cor e salteado:** muito bem; com facilidade

cor (cor) (côr) *n.f.* **1** coloração; colorido **2** substância para pintar; tinta

Repara na diferença entre **saber de cor (ó)** *e* **cor (ô) de mel***.*

coração (co.ra.ção) *n.m.* **1** órgão central da circulação do sangue, localizado entre os pulmões **2** (*fig.*) centro; núcleo

corado (co.ra.do) *adj.* **1** diz-se da pessoa que tem as faces avermelhadas **2** diz-se do alimento tostado por ação do fogo ou do calor

coragem (co.ra.gem) *n.f.* **1** força perante perigos ou dificuldades; valentia **ANT.** cobardia **2** determinação; persistência

corajoso (co.ra.jo.so) *adj.* que não tem medo; valente **ANT.** cobarde

coral (co.ral) *n.m.* **1** animal invertebrado aquático que vive nos mares quentes e é responsável pela formação de recifes **2** substância calcária que reveste esse animal **3** canto em coro **4** grupo de cantores

a b c d e f g h i j k l m n o p q r s t u v w x y z

corante (co.ran.te) *n.m.* substância que dá cor

corar (co.rar) *v.* **1** dar cor a; colorir **2** tostar ligeiramente (alimento) **3** ficar corado (por timidez ou embaraço)

corcova (cor.co.va) *n.f.* → **corcunda**

corcunda (cor.cun.da) *n.f.* SIN. corcova; parte saliente nas costas ou no peito de uma pessoa ou de um animal ♦ *n.2gén.* pessoa que tem essa saliência

corda (cor.da) *n.f.* conjunto de fios torcidos; cordão; **cordas vocais:** cada uma das duas pregas situadas de ambos os lados da laringe, cujas vibrações produzem a voz; **estar na corda bamba:** estar numa situação difícil ou incerta

cordão (cor.dão) *n.m.* **1** conjunto de fios torcidos **2** corrente de ouro ou de prata que se usa ao pescoço; **cordão umbilical:** cordão que une o feto à placenta

cordeiro (cor.dei.ro) *n.m.* cria da ovelha; anho

cordel (cor.del) *n.m.* corda muito fina

cordial (cor.di.al) *adj.2gén.* **1** afetuoso **2** sincero

cordialidade (cor.di.a.li.da.de) *n.f.* **1** simpatia **2** sinceridade

cordilheira (cor.di.lhei.ra) *n.f.* cadeia de serras ou montanhas

cordofone (cor.do.fo.ne) *n.m.* instrumento cujo som é produzido pela vibração de cordas esticadas, como o violino, a guitarra, a harpa, etc.

coreografia (co.re.o.gra.fi.a) *n.f.* **1** arte de criar os movimentos e passos de uma dança **2** movimentos e passos criados pelo coreógrafo

coreógrafo (co.re.ó.gra.fo) *n.m.* especialista em coreografia

coreto (co.re.to) *n.m.* pequena construção para concertos numa praça ou num jardim

córnea (cór.ne.a) *n.f.* membrana espessa e transparente situada na parte anterior do olho, diante da pupila

corneta (cor.ne.ta) *n.f.* instrumento de sopro feito de latão ou bronze, com tubo liso e cónico

cornetim (cor.ne.tim) *n.m.* corneta pequena

cornija (cor.ni.ja) *n.f.* remate na parte superior da parede de um edifício

corninho (cor.ni.nho) *n.m.* **1** [*dim. de* corno] corno pequeno **2** tentáculo de caracol

corno (cor.no) *n.m.* apêndice duro e recurvado que alguns animais têm na cabeça SIN. chifre

coro (co.ro) *n.m.* **1** conjunto de pessoas que cantam juntas **2** composição musical cantada em grupo; **em coro:** juntamente com outras pessoas

coroa (co.ro.a) *n.f.* **1** ornamento circular usado na cabeça; diadema **2** reverso de uma moeda **3** moeda usada na Dinamarca, na Suécia e na Noruega

coroação (co.ro.a.ção) *n.f.* cerimónia em que alguém é coroado

coroado (co.ro.a.do) *adj.* **1** que tem coroa **2** que subiu ao trono (rei, rainha)

coroar (co.ro.ar) *v.* reconhecer como rei ou rainha

corola (co.ro.la) *n.f.* conjunto das pétalas de uma flor

coronel (co.ro.nel) *n.2gén.* oficial que ocupa o posto acima de major e abaixo de general

corpinho (cor.pi.nho) *n.m.* [*dim. de* corpo] corpo pequeno ou magro

corpo (cor.po) *n.m.* **1** parte física do homem e dos animais **2** no ser humano, conjunto formado por cabeça, tronco e membros **3** cadáver **4** conjunto de pessoas com profissão ou interesses comuns (*corpo de bombeiros, corpo de baile, etc.*)

corporação (cor.po.ra.ção) *n.f.* conjunto de pessoas com profissão ou interesses comuns SIN. associação

corporal (cor.po.ral) *adj.2gén.* **1** relativo ao corpo **2** físico; material

corporativo (cor.po.ra.ti.vo) *adj.* próprio de corporação

corpulento (cor.pu.len.to) *adj.* que tem um corpo grande; volumoso

corpúsculo (cor.pús.cu.lo) *n.m.* corpo muito pequeno

correção (cor.re.ção) *n.f.* **1** ato ou efeito de corrigir; emenda **2** qualidade do que é correto; perfeição **3** castigo que se dá a alguém **4** comportamento honesto

correcção *a nova grafia é* **correção**

corre-corre (cor.re-cor.re) *n.m.* **1** pressa **2** correria

correctamente *a nova grafia é* **corretamente**

correctivo *a nova grafia é* **corretivo**

correcto *a nova grafia é* **correto**

corrector *a nova grafia é* **corretor**

corredor (cor.re.dor) *n.m.* **1** atleta que participa em corridas **2** passagem estreita no interior de uma casa ou de um edifício **3** numa rua, passagem reservada a certos veículos (por exemplo, autocarros)

correia (cor.rei.a) *n.f.* tira de couro estreita para atar

correio (cor.rei.o) *n.m.* **1** serviço de transporte e distribuição de correspondência **2** prédio ou local onde funciona esse serviço; **correio eletrónico:** sistema de transmissão de mensagens escritas entre computadores

corrente (cor.ren.te) *adj.2gén.* **1** que corre **2** vulgar **3** atual ◆ *n.f.* **1** curso de água **2** cadeia de argolas metálicas; **corrente de ar:** movimento do vento em determinada direção; **corrente elétrica:** fluxo de cargas elétricas num

elemento condutor ou semicondutor; **estar ao corrente de:** estar informado sobre

correr (cor.rer) *v.* **1** andar com velocidade **2** participar numa corrida **3** escorrer (líquido); verter

correria (cor.re.ri.a) *n.f.* **1** corrida desordenada **2** grande pressa

correspondência (cor.res.pon.dên.ci.a) *n.f.* **1** semelhança entre pessoas ou coisas **2** relação perfeita **3** troca de cartas, telegramas, postais, etc.

correspondente (cor.res.pon.den.te) *adj.2gén.* **1** equivalente **2** conveniente ◆ *n.2gén.* **1** pessoa que troca correspondência com outra **2** jornalista que faz reportagens numa determinada região

corresponder (cor.res.pon.der) *v.* **1** ter semelhança com **2** equivaler a

corretamente (cor.re.ta.men.te) *adv.* de forma certa ou apropriada SIN. acertadamente

corretivo (cor.re.ti.vo) *n.m.* aquilo que corrige; castigo

correto (cor.re.to) *adj.* **1** que não tem falha, erro ou defeito; perfeito **2** diz-se de pessoa honesta; íntegro

corretor (cor.re.tor) *n.m.* tinta ou fita branca sobre a qual se fazem emendas num texto escrito

corrida (cor.ri.da) *n.f.* **1** ato de correr **2** grande pressa; correria **3** competição em que se percorre com rapidez um determinado trajeto, a pé, a cavalo ou num veículo

corridinho (cor.ri.di.nho) *n.m.* dança típica do Algarve, de ritmo muito rápido

corrigir (cor.ri.gir) *v.* **1** emendar **2** melhorar

corrimão (cor.ri.mão) *n.m.* apoio existente ao lado de uma escada para auxiliar a subida e/ou descida

a b c d e f g h i j k l m n o p q r s t u v w x y z

corroer (cor.ro.er) v. estragar; destruir

corromper (cor.rom.per) v. **1** estragar **2** subornar

corrosão (cor.ro.são) n.f. fenómeno de desgaste ou destruição

corrosivo (cor.ro.si.vo) adj. que estraga ou destrói

corrupção (cor.rup.ção) n.f. uso de meios ilegais para obter benefícios (dinheiro, informações, etc.); suborno

corrupio (cor.ru.pi.o) n.m. grande pressa ou correria

corrupto (cor.rup.to) adj. **1** que sofreu alteração; corrompido **2** que atua com desonestidade, em benefício próprio

corsário (cor.sá.ri.o) n.m. navio particular autorizado a atacar embarcações de outra nação quando se está em guerra

corsários (cor.sá.ri.os) n.m.pl. calça que vai até meio da perna

corta-mato (cor.ta-ma.to) n.m. [pl. corta-matos] corrida de atletismo, ciclismo ou esqui que decorre num terreno com obstáculos naturais

cortante (cor.tan.te) adj. **1** que corta **2** (fig.) diz-se do som agudo **3** (fig.) diz-se do comentário agressivo

cortar (cor.tar) v. **1** separar ou dividir por meio de corte **2** retirar o excesso a (alguma coisa) **3** eliminar (despesas) **4** interromper (conversa, comentário) **5** diminuir (caminho, distância)

corta-unhas (cor.ta-u.nhas) n.m.2núm. pequeno alicate com duas lâminas afiadas e recurvadas para dentro, que serve para cortar unhas

corte (cor.te) (córte) n.m. **1** ato ou efeito de cortar **2** golpe (na pele) **3** abate (de árvores) **4** redução (de despesas) **5** quebra (de relações)

corte (cor.te) (côrte) n.f. **1** residência de um rei ou de uma rainha **2** conjunto de pessoas que frequenta essa resi-

dência **3** (fig.) namoro **4** antiga assembleia dos representantes da nação

cortejar (cor.te.jar) v. fazer a corte a; namorar

cortejo (cor.te.jo) n.m. reunião de pessoas em procissão

Cortes (Cor.tes) n.f.pl. antiga assembleia dos representantes da nação

cortês (cor.tês) adj.2gén. **1** amável **2** bem-educado

cortesão (cor.te.são) n.m. [f. cortesã] homem que vive na corte de um rei ou de uma rainha

cortesia (cor.te.si.a) n.f. **1** amabilidade **2** boa educação

córtex (cór.tex) (córtécs) n.m. [pl. córtices] camada periférica ou externa de vários órgãos

cortiça (cor.ti.ça) n.f. casca de sobreiro e de outras árvores, usada para fazer rolhas

cortiço (cor.ti.ço) n.m. caixa dentro da qual as abelhas fabricam cera e mel

cortina (cor.ti.na) n.f. peça de tecido suspensa num varão para resguardar uma janela

cortinado (cor.ti.na.do) n.m. **1** conjunto de cortinas **2** cortina grande

coruja (co.ru.ja) n.f. ave de rapina noturna, com visão e audição muito apuradas

corvo (cor.vo) n.m. pássaro com plumagem e bico pretos

coscorão (cos.co.rão) n.m. doce semelhante à filhó, feito com massa fina e molhado em calda de açúcar depois de frito

coscorão (cos.co.rão) n.m. frito tradicional semelhante à filhó

coscuvilhar (cos.cu.vi.lhar) v. bisbilhotar

coscuvilheiro (cos.cu.vi.lhei.ro) adj. e n.m. bisbilhoteiro

coscuvilhice (cos.cu.vi.lhi.ce) n.f. bisbilhotice; mexerico

coser (co.ser) *v.* unir por meio de pontos, com agulha e linha; costurar

Lembra-te que **coser** *(costurar) é diferente de* **cozer** *(cozinhar).*

cosmético (cos.mé.ti.co) *n.m.* produto destinado a melhorar a aparência de uma pessoa

cósmico (cós.mi.co) *adj.* relativo ao universo; universal

cosmonauta (cos.mo.nau.ta) *n.2gén.* tripulante de uma nave espacial SIN. astronauta

cosmos (cos.mos) *n.m.2núm.* universo

costa (cos.ta) *n.f.* região de contacto entre o mar e a terra; litoral ♦ **costas** *n.f.pl.* parte posterior do tronco humano

costado (cos.ta.do) *n.m.* parte lateral; lado

costeiro (cos.tei.ro) *adj.* relativo a costa

costela (cos.te.la) *n.f.* cada uma das peças ósseas do esqueleto do tórax

costeleta (cos.te.le.ta) *n.f.* costela de animal cortada com carne e usada na alimentação

costumar (cos.tu.mar) *v.* ter por costume ou hábito

costume (cos.tu.me) *n.m.* hábito

costura (cos.tu.ra) *n.f.* **1** união de duas peças de pano **2** conjunto de pontos dados num ferimento

costurar (cos.tu.rar) *v.* coser

costureira (cos.tu.rei.ra) *n.f.* mulher que costura por profissão

costureiro (cos.tu.rei.ro) *n.m.* homem que cria peças de vestuário

cota (co.ta) *n.f.* **1** parte proporcional com que cada pessoa contribui para determinado fim **2** revestimento usado debaixo da armadura de cavaleiro, até à altura dos joelhos **3** *(inform.)* pessoa mais velha

cotação (co.ta.ção) *n.f.* valor de uma moeda, mercadoria, etc.

cotão (co.tão) *n.m.* partículas de pó que se acumulam

coto (co.to) *n.m.* **1** resto de uma vela de cera **2** parte que resta de um membro que foi parcialmente amputado

cotonete (co.to.ne.te) *n.f.* pequena haste com algodão enrolado nas extremidades, usada para limpar os ouvidos

cotovelada (co.to.ve.la.da) *n.f.* pancada com o cotovelo

cotoveleira (co.to.ve.lei.ra) *n.f.* proteção usada no cotovelo

cotovelo (co.to.ve.lo) *n.m.* articulação do braço com o antebraço; **falar pelos cotovelos:** falar muito

cotovia (co.to.vi.a) *n.f.* pequeno pássaro de penugem cinzenta ou castanha

couro (cou.ro) *n.m.* **1** pele espessa e dura de alguns animais **2** pele curtida para usos industriais; **couro cabeludo:** pele coberta de cabelos que reveste a cabeça humana

couto (cou.to) *n.m.* território ou propriedade onde é proibida a entrada de estranhos

couve (cou.ve) *n.f.* planta com folhas verdes, onduladas, muito utilizada na alimentação

couve-flor (cou.ve-flor) *n.f.* [*pl.* couves--flores] couve cujo interior tem a forma de uma flor branca

cova (co.va) *n.f.* **1** abertura no solo **2** sepultura

covarde (co.var.de) *adj. e n.2gén.* → **cobarde**

covardia (co.var.di.a) *n.f.* → **cobardia**

coveiro (co.vei.ro) *n.m.* homem que abre as covas no cemitério

covil (co.vil) *n.m.* toca de animais ferozes

covinha (co.vi.nha) *n.f.* [*dim. de* cova] pequena cova no queixo ou nas faces

cowboy (caubói) *n.m.* [*pl.* cowboys] vaqueiro norte-americano

coxa (co.xa) *n.f.* parte da perna entre o joelho e a anca

coxear (co.xe.ar) *v.* mancar

coxo (co.xo) *adj.* que coxeia

cozedura (co.ze.du.ra) *n.f.* processo de cozer

cozer (co.zer) *v.* cozinhar ao fogo ou ao calor

cozido (co.zi.do) *adj.* que se cozeu ♦ *n.m.* refeição preparada com carne cozida, enchidos, arroz e legumes

cozinha (co.zi.nha) *n.f.* compartimento onde se preparam os alimentos

cozinhado (co.zi.nha.do) *adj.* que se cozinhou ♦ *n.m.* alimento preparado ao lume

cozinhar (co.zi.nhar) *v.* preparar os alimentos ao lume

cozinheiro (co.zi.nhei.ro) *n.m.* [*f.* cozinheira] indivíduo que cozinha

CPLP *sigla de* **C**omunidade de **P**aíses de **L**íngua **P**ortuguesa

crachá (cra.chá) *n.m.* **1** medalha honrosa **2** cartão de identificação que se usa pendurado na lapela ou ao peito

craniano (cra.ni.a.no) *adj.* relativo ao crânio

crânio (crâ.ni.o) *n.m.* parte óssea da cabeça que contém o cérebro

craque (cra.que) *n.2gén.* (*inform.*) pessoa que se destaca em determinada atividade **SIN.** ás

cratera (cra.te.ra) *n.f.* abertura no cimo de um vulcão por onde sai a lava

cravar (cra.var) *v.* **1** prender com pregos, cravos, etc. **2** fixar (o olhar) **3** (*inform.*) pedir dinheiro emprestado

cravinho (cra.vi.nho) *n.m.* botão do cravo-da-índia, que escurece quando seco e adquire um sabor picante, usado como especiaria

cravista (cra.vis.ta) *n.2gén.* pessoa que toca cravo

cravo (cra.vo) *n.m.* **1** flor do craveiro **2** instrumento musical de cordas e teclado

crawl (cról) *n.m.* estilo de natação em que o nadador se move com o peito sobre a água, dando braçadas acima do ombro e para a frente, batendo as pernas

creche (cre.che) *n.f.* infantário

crédito (cré.di.to) *n.m.* **1** confiança **2** boa reputação

credo (cre.do) *n.m.* **1** profissão de fé **2** crença política ♦ *interj.* exprime surpresa e, por vezes, aversão

creme (cre.me) *n.m.* **1** doce preparado com leite, farinha, ovos e açúcar; leite-creme **2** sopa feita com legumes passados **3** pomada

cremoso (cre.mo.so) *adj.* semelhante a creme; espesso

crenado (cre.na.do) *adj.* diz-se da folha que tem recortes arredondados

crença (cren.ça) *n.f.* **1** confiança em algo ou alguém **2** convicção profunda

crente (cren.te) *n.2gén.* pessoa que acredita ou que tem fé

crepe (cre.pe) *n.m.* **1** espécie de panqueca muito fina, composta de leite, farinha e ovos **2** tecido rugoso, transparente, de seda ou de lã fina

crepitar (cre.pi.tar) *v.* produzir estalidos por ação do fogo

crepúsculo (cre.pús.cu.lo) *n.m.* claridade antes do nascer do sol e depois do pôr do sol

crer (crer) *v.* acreditar em; ter fé em (crer em)

Lembra-te que **crer** (acreditar) é diferente de **querer** (desejar).

crescente (cres.cen.te) *adj.2gén.* que está a crescer ♦ *n.m.* forma da Lua vista da Terra, em que menos de metade dela se encontra iluminada

crescer (cres.cer) *v.* aumentar em tamanho, volume ou intensidade

crescimento (cres.ci.men.to) *n.m.* aumento em tamanho, volume ou intensidade

crespo (cres.po) *adj.* áspero

cretcheu (cret.cheu) *n.2gén. (CV)* pessoa muito querida

cretino (cre.ti.no) *adj. e n.m.* idiota

cria (cri.a) *n.f.* animal recém-nascido ou que ainda mama SIN. filhote

criação (cri.a.ção) *n.f.* 1 invenção 2 educação

criado (cri.a.do) *adj.* 1 inventado 2 educado ♦ *n.m.* pessoa que faz serviços domésticos, recebendo por eles um salário

criador (cri.a.dor) *n.m.* pessoa que cria; inventor

Criador (Cri.a.dor) *n.m.* Deus

criança (cri.an.ça) *n.f.* 1 ser humano de pouca idade; menino ou menina 2 filho; rebento 3 *(fig.)* pessoa com comportamento infantil

criançada (cri.an.ça.da) *n.f.* grupo de crianças

criancice (cri.an.ci.ce) *n.f.* atitude própria de criança

criar (cri.ar) *v.* 1 dar existência a 2 dar origem a; gerar

criatividade (cri.a.ti.vi.da.de) *n.f.* capacidade para criar ou inventar coisas

criativo (cri.a.ti.vo) *adj.* que é capaz de criar; inventivo ♦ *n.m.* pessoa que cria novos objetos, roupas, etc.; criador

criatura (cri.a.tu.ra) *n.f.* 1 qualquer ser 2 pessoa

cricri (cri.cri) *n.m.* canto do grilo

cricrilar (cri.cri.lar) *v.* cantar (o grilo)

crime (cri.me) *n.m.* falta muito grave que é punida por lei

criminal (cri.mi.nal) *adj.2gén.* relativo a crime

criminalidade (cri.mi.na.li.da.de) *n.f.* prática de atos criminosos

criminoso (cri.mi.no.so) *n.m.* aquele que praticou um crime SIN. delinquente

crina (cri.na) *n.f.* pelo longo do pescoço e da cauda do cavalo

crioulo (cri.ou.lo) *n.m.* língua nascida do contacto de um idioma europeu com línguas nativas, e que se tornou língua materna de um grupo

crisálida (cri.sá.li.da) *n.f.* inseto no estádio intermédio entre a larva e a fase adulta; ninfa

crisântemo (cri.sân.te.mo) *n.m.* planta com flores amarelas, rosadas ou alaranjadas

crise (cri.se) *n.f.* momento perigoso ou difícil de resolver

crisma (cris.ma) *n.m.* entre os católicos, sacramento em que se confirma a graça do batismo

crismar (cris.mar) *v.* dar ou receber o crisma

crista (cris.ta) *n.f.* 1 saliência carnosa na cabeça do galo e de outras aves 2 elevação; cimo; *(inform.)* **estar na crista da onda**: estar em evidência

cristal (cris.tal) *n.m.* material duro e transparente que se utiliza para fabricar jarras, copos, etc.

cristalino (cris.ta.li.no) *adj.* 1 semelhante a cristal 2 *(fig.)* claro como cristal; límpido

cristalizado (cris.ta.li.za.do) *adj.* 1 que se transformou em cristal 2 diz-se do fruto revestido de açúcar 3 *(fig.)* que não evoluiu

cristalizar (cris.ta.li.zar) *v.* 1 transformar(-se) em cristal 2 *(fig.)* não evoluir

a
b
c
d
e
f
g
h
i
j
k
l
m
n
o
p
q
r
s
t
u
v
w
x
y
z

cristão (cris.tão) *adj.* pertencente ao cristianismo ♦ *n.m.* pessoa que segue a religião cristã

cristianismo (cris.ti.a.nis.mo) *n.m.* religião fundada por Jesus Cristo

cristianizar (cris.ti.a.ni.zar) *v.* tornar(-se) cristão

cristo (cris.to) *n.m.* imagem que representa Jesus Cristo crucificado; crucifixo

critério (cri.té.ri.o) *n.m.* **1** sinal que permite distinguir uma coisa de outra(s) **2** princípio que permite distinguir o erro da verdade **3** modo de avaliação

crítica (crí.ti.ca) *n.f.* **1** análise atenta de um trabalho científico, uma peça de teatro, um filme, etc.) **2** opinião desfavorável; censura

criticar (cri.ti.car) *v.* **1** analisar uma obra de arte, um trabalho científico, um livro, etc. **2** apontar defeito(s) em; censurar

crítico (crí.ti.co) *n.m.* autor de críticas ♦ *adj.* **1** difícil **2** grave

croata (cro.a.ta) *adj.2gén.* relativo à Croácia (no centro-sul da Europa) ♦ *n.2gén.* pessoa natural da Croácia

crocante (cro.can.te) *adj.2gén.* que produz um ruído seco ao ser trincado SIN. estaladiço

croché (cro.ché) *n.m.* renda feita à mão, com uma só agulha

crocitar (cro.ci.tar) *v.* soltar a voz (o corvo, a coruja)

crocodilo (cro.co.di.lo) *n.m.* grande réptil de focinho largo e longo, que habita os rios tropicais

croissant (cruassã) *n.m.* [*pl. croissants*] pãozinho doce, em forma de meia-lua

cromar (cro.mar) *v.* recobrir com uma película metálica

cromático (cro.má.ti.co) *adj.* relativo a cores

cromeleque (cro.me.le.que) *n.m.* monumento megalítico formado por pedras ou menires dispostos em círculo

cromo (cro.mo) *n.m.* gravura a cores, que se coleciona e se cola numa caderneta

cromossoma (cro.mos.so.ma) *n.m.* cada um dos corpúsculos, visíveis ao microscópio, portadores da informação genética dos indivíduos;

crónica (cró.ni.ca) *n.f.* **1** narração de factos históricos **2** artigo de jornal ou revista sobre determinado tema

crónico (cró.ni.co) *adj.* diz-se da doença que dura muito tempo

cronista (cro.nis.ta) *n.2gén.* pessoa que escreve crónicas

cronologia (cro.no.lo.gi.a) *n.f.* sucessão de factos no tempo

cronológico (cro.no.ló.gi.co) *adj.* relativo a cronologia; temporal

cronometrar (cro.no.me.trar) *v.* medir (tempo) com cronómetro

cronómetro (cro.nó.me.tro) *n.m.* aparelho que serve para medir o tempo; relógio de precisão

croquete (cro.que.te) *n.m.* picado de carne em forma de pequeno cilindro, envolvido em gema de ovo e pão ralado e frito

cross *n.m.* [*pl. crosses*] corrida de atletismo em terreno irregular; corta-mato

crosse (cros.se) *n.m.* → cross

crosta (cros.ta) *n.f.* **1** camada externa e consistente (de pão, fruto, etc.) **2** superfície endurecida que se forma sobre uma ferida

cru (cru) *adj.* **1** que não foi cozinhado **2** que não está maduro

crucial (cru.ci.al) *adj.2gén.* **1** em forma de cruz **2** (*fig.*) que dá a solução; decisivo

crucificação (cru.ci.fi.ca.ção) *n.f.* **1** ato ou efeito de crucificar **2** condenação

crucificado (cru.ci.fi.ca.do) *adj.* **1** preso na cruz **2** condenado

crucificar (cru.ci.fi.car) *v.* **1** pregar na cruz **2** condenar **3** *(fig.)* criticar duramente

crucifixo (cru.ci.fi.xo) *n.m.* imagem de Cristo pregado na cruz

cruel (cru.el) *adj.2gén.* que sente prazer em causar dor ou sofrimento; mau

crueldade (cru.el.da.de) *n.f.* sentimento de prazer em causar dor ou sofrimento a alguém; maldade

crusta (crus.ta) *n.f.* → **crosta**

crustáceo (crus.tá.ce.o) *n.m.* animal que tem dois pares de antenas e o corpo coberto por uma crusta calcária (como, por exemplo, o caranguejo, o camarão, a lagosta, etc.)

cruz (cruz) *n.f.* figura formada por dois traços atravessados um sobre o outro

cruzado (cru.za.do) *adj.* **1** que tem forma de cruz; traçado **2** que provém de diversos pontos em direção a um só

cruzamento (cru.za.men.to) *n.m.* **1** ponto onde se encontram dois ou mais caminhos **2** acasalamento entre animais da mesma espécie mas de raças diferentes

cruzar (cru.zar) *v.* **1** dispor em forma de cruz **2** atravessar; **cruzar os braços:** ficar quieto; não fazer nada

cruzeiro (cru.zei.ro) *n.m.* **1** cruz grande de pedra **2** viagem num navio ou num iate

cruzeta (cru.ze.ta) *n.f.* cabide para pendurar roupa

cuba (cu.ba) *n.f.* recipiente grande onde se pisam as uvas ou se deita o vinho

cubata (cu.ba.ta) *n.f.* casa africana com cobertura em forma de cone feita de capim seco

cúbico (cú.bi.co) *adj.* relativo a cubo

cubículo (cu.bí.cu.lo) *n.m.* compartimento muito pequeno

cúbito (cú.bi.to) *n.m.* osso do antebraço

cubo (cu.bo) *n.m.* sólido limitado por seis faces quadradas e iguais entre si

cucar (cu.car) *v.* cantar (o cuco)

cuco (cu.co) *n.m.* **1** ave trepadora com plumagem acinzentada **2** pássaro mecânico que, em alguns relógios de parede, imita o canto dessa ave para marcar as horas

cucuricar (cu.cu.ri.car) *v.* soltar a voz (o galo)

cuecas (cu.e.cas) *n.f.pl.* peça de vestuário interior, semelhante a calções

cuidado (cui.da.do) *n.m.* **1** cautela; atenção **2** preocupação; receio

cuidadosamente (cui.da.do.sa.men.te) *adv.* com cuidado; com atenção SIN. atentamente

cuidadoso (cui.da.do.so) *adj.* que tem cuidado ou atenção SIN. atencioso

cuidar (cui.dar) *v.* tomar conta; tratar (cuidar de)

cujo (cu.jo) *pron.rel.>det.rel.*ᴰᵀ [*f.* cuja] do qual, da qual; dos quais; das quais; de quem; de que (*a árvore cujos frutos amadureceram, a criança cuja mãe chegou*)

culinária (cu.li.ná.ri.a) *n.f.* arte de cozinhar

culpa (cul.pa) *n.f.* **1** responsabilidade por um mal causado a alguém **2** falta; crime

culpado (cul.pa.do) *adj.* que é responsável por uma falta ou um crime

culpar (cul.par) *v.* lançar culpa sobre; acusar

cultivar (cul.ti.var) *v.* **1** preparar a terra para que ela produza (cereais, vegetais, etc.); plantar **2** *(inform.)* educar

cultivo (cul.ti.vo) *n.m.* ato de cultivar a terra

culto (cul.to) *adj.* educado ◆ *n.m.* conjunto das cerimónias religiosas em que se presta homenagem a um deus

cultura (cul.tu.ra) *n.f.* **1** ato ou processo de cultivar a terra; lavoura **2** conjunto dos conhecimentos de uma pessoa adquiridos por estudo e reflexão; sabedoria **3** conjunto das manifestações artísticas, conhecimentos, ideias e costumes de uma civilização ou de uma época

cultural (cul.tu.ral) *adj.2gén.* relativo a cultura

cumbu (cum.bu) *n.m. (Ang.)* dinheiro

cume (cu.me) *n.m.* parte mais elevada SIN. cimo, topo

cúmplice (cúm.pli.ce) *n.2gén.* pessoa que colaborou com outra num delito ou num crime

cumpridor (cum.pri.dor) *adj.* que cumpre as suas obrigações

cumprimentar (cum.pri.men.tar) *v.* apresentar cumprimentos (a alguém) SIN. saudar ◆ **curar-se** recuperar a saúde; restabelecer-se

cumprimento (cum.pri.men.to) *n.m.* **1** ato ou efeito de cumprir (uma obrigação) **2** gesto ou palavra de saudação; felicitação

cumprir (cum.prir) *v.* satisfazer no devido tempo (uma obrigação, uma promessa, etc.)

cúmulo (cú.mu.lo) *n.m.* **1** grau ou ponto mais alto; máximo **2** nuvem de base horizontal e contornos arredondados

cungugutar (cun.gu.gu.tar) *v. (Ang.)* murmurar

cunha (cu.nha) *n.f.* **1** objeto que se coloca debaixo de outro maior, para o elevar ou imobilizar em determinada posição **2** *(fig.)* pedido de um favor ou benefício junto de uma pessoa influente

cunhada (cu.nha.da) *n.f.* **1** irmã do marido ou irmã da esposa **2** esposa do irmão

cunhado (cu.nha.do) *n.m.* **1** irmão do marido ou irmão da esposa **2** marido da irmã

cunhar (cu.nhar) *v.* converter (metal) em moeda

cunho (cu.nho) *n.m.* marca; carimbo

cupão (cu.pão) *n.m.* parte destacável de um anúncio, que dá direito a participar num concurso, receber um prémio, etc.

cúpula (cú.pu.la) *n.f.* parte superior e côncava de certos edifícios; abóbada

cura (cu.ra) *n.f.* recuperação da saúde ◆ *n.m.* padre

curar (cu.rar) *v.* **1** tratar de (ferida, doença) **2** secar ou defumar (alimentos) ao fogo ou ao sol ◆ **curar-se** recuperar a saúde; restabelecer-se

curativo (cu.ra.ti.vo) *n.m.* aplicação de remédio ou de penso numa ferida

curgete (cur.ge.te) *n.f.* pequena abóbora alongada, semelhante a um pepino

curibotar (cu.ri.bo.tar) *v. (Ang.)* maldizer

curiosidade (cu.ri.o.si.da.de) *n.f.* **1** vontade de conhecer ou de aprender; interesse **2** facto ou informação surpreendente

curioso (cu.ri.o.so) *adj.* que tem vontade de conhecer ou de aprender; interessado

curral (cur.ral) *n.m.* recinto onde se recolhe o gado

curricular (cur.ri.cu.lar) *adj.2gén.* relativo ao programa escolar

currículo (cur.rí.cu.lo) *n.m.* documento com dados relativos a características pessoais, formação escolar e experiência profissional de uma pessoa

curso (cur.so) *n.m.* **1** caminho percorrido por um rio, da nascente à foz

2 programas de estudos específicos que permite obter um diploma

cursor (cur.sor) *n.m.* elemento gráfico se move no ecrã do computador, acompanhando os movimentos do rato

curta-metragem (cur.ta-me.tra.gem) *n.f.* filme de curta duração

curtir (cur.tir) *v.* **1** preparar couros ou peles para os conservar **2** *(inform.)* namorar

curto (cur.to) *adj.* **1** que tem pouco comprimento; pequeno ANT. comprido **2** de pouca duração; breve

curto-circuito (cur.to-cir.cui.to) *n.m.* contacto acidental de dois condutores de tensões diferentes, que provoca excesso de corrente

curtume (cur.tu.me) *n.m.* tratamento de couro e peles

curva (cur.va) *n.f.* **1** linha que não é reta; volta **2** aspeto curvo de qualquer coisa

curvado (cur.va.do) *adj.* **1** que tem curva; arqueado **2** inclinado para a frente

curvar(-se) (cur.var) *v.* **1** tornar(-se) curvo **2** inclinar(-se)

curvatura (cur.va.tu.ra) *n.f.* **1** aspeto curvo de alguma coisa **2** inclinação para frente

curvo (cur.vo) *adj.* **1** que não é reto **2** que tem forma arqueada **3** inclinado para a frente

cuspidela (cus.pi.de.la) *n.f.* ato ou efeito de cuspir

cuspir (cus.pir) *v.* lançar cuspo para fora da boca

cuspo (cus.po) *n.m.* saliva

custar (cus.tar) *v.* **1** ter determinado valor ou preço **2** ter dificuldade em; **custe o que custar:** qualquer que seja o esforço ou sacrifício

custo (cus.to) *n.m.* **1** valor; preço **2** *(fig.)* esforço; **a custo:** com esforço, com dificuldade

custódia (cus.tó.di.a) *n.f.* proteção; guarda

custoso (cus.to.so) *adj.* que custa a fazer ou a suportar; difícil

cutâneo (cu.tâ.ne.o) *adj.* relativo à pele

a
b
c
d
e
f
g
h
i
j
k
l
m
n
o
p
q
r
s
t
u
v
w
x
y
z

D

d (dê) *n.m.* consoante, quarta letra do alfabeto, que está entre as letras *c* e *e*

da (da) contração da preposição *de* com o artigo ou pronome demonstrativo *a*

dactilologia (dac.ti.lo.lo.gi.a) *n.f.* comunicação por meio de sinais feitos com os dedos

dádiva (dá.di.va) *n.f.* oferta; presente

dado (da.do) *n.m.* **1** pequeno cubo cujas faces estão marcadas com pontos de um a seis, usado em certos jogos **2** cada um dos elementos conhecidos de um problema ♦ *adj.* **1** oferecido **2** diz-se da pessoa afável; **dado que:** visto que

dador (da.dor) *n.m.* aquele que dá algo; **dador de sangue:** indivíduo que dá sangue para tratamento de doentes e feridos

daí (da.í) contração da preposição *de* com o advérbio *aí*

dali (da.li) contração da preposição *de* com o advérbio *ali*

dália (dá.li.a) *n.f.* flor com corola grande e muitas pétalas

dálmata (dál.ma.ta) *n.m.* cão de pelo branco pintalgado de preto ou castanho, com orelhas pendentes

dama (da.ma) *n.f.* **1** mulher nobre **2** peça dos jogos de xadrez e damas **3** carta do baralho com figura feminina ♦ **damas** *n.f.pl.* jogo que se joga num tabuleiro dividido em 64 quadrados, alternadamente pretos e brancos, com 12 peças brancas e 12 pretas para cada um dos (dois) jogadores; **dama**

de companhia: senhora que trabalha como assistente pessoal de uma rainha ou princesa

damasco (da.mas.co) *n.m.* fruto do damasqueiro, pequeno, amarelo, com polpa doce e casca aveludada

danado (da.na.do) *adj.* (inform.) zangado; furioso

dança (dan.ça) *n.f.* ato de dançar; bailado

dançar (dan.çar) *v.* mover o corpo ao ritmo de música; bailar

dançarino (dan.ça.ri.no) *n.m.* bailarino

danificar (da.ni.fi.car) *v.* causar dano a **SIN.** estragar

daninho (da.ni.nho) *adj.* prejudicial; nocivo

dano (da.no) *n.m.* prejuízo; estrago

dantes (dan.tes) *adv.* no passado; antigamente

daquele (da.que.le) contração da preposição *de* com o pronome ou adjetivo demonstrativo *aquele*

daqui (da.qui) contração da preposição *de* com o advérbio *aqui*

daquilo (da.qui.lo) contração da preposição *de* com o pronome demonstrativo *aquilo*

dar (dar) *v.* **1** entregar algo que se tem sem pedir nada em troca; oferecer **2** organizar (festa, jantar, encontro) **3** comunicar (uma ordem, um aviso, instruções) **4** distribuir (cartas do baralho) **5** produzir (resultados, frutos)

dardo (dar.do) *n.m.* **1** arma em forma de lança **2** haste de madeira com ponta de ferro, para lançamento em corrida

data (da.ta) *n.f.* **1** época precisa em que um facto acontece **2** *(inform.)* grande quantidade; dose

datar (da.tar) *v.* **1** atribuir uma data a (um facto, um objeto) **2** acontecer (numa determinada data) (datar de)

datilologia (da.ti.lo.lo.gi.a) *a grafia preferível é* **dactilologia**

de (de) *prep.* exprime relações de origem, causa, posse, modo, dimensão, agente, carácter, estado, profissão, etc. (*veio de casa, chorava de tristeza, livro da Ana, olhar de lado,* etc.)

deambular (de.am.bu.lar) *v.* andar à toa; vaguear

debaixo (de.bai.xo) *adv.* na parte inferior; em situação inferior

debandada (de.ban.da.da) *n.f.* fuga desordenada; correria

debandar (de.ban.dar) *v.* pôr(-se) em fuga desordenada

debate (de.ba.te) *n.m.* troca de opiniões; discussão

debater (de.ba.ter) *v.* trocar opiniões (sobre determinado assunto); discutir

debicar (de.bi.car) *v.* **1** comer pequenas quantidades de **2** picar com o bico

débil (dé.bil) *adj.2gén.* **1** que não tem força ou saúde; fraco **2** sem ânimo ou entusiasmo **3** que não tem intensidade

debilidade (de.bi.li.da.de) *n.f.* **1** falta de força; fraqueza **2** pouca intensidade

debilitar (de.bi.li.tar) *v.* **1** tirar a força ou a saúde **2** fazer perder o ânimo ou o entusiasmo **3** diminuir a intensidade de

débito (dé.bi.to) *n.m.* aquilo que se deve; dívida

debruar (de.bru.ar) *v.* pôr fita na margem de (tecido, peça de roupa)

debruçar-se (de.bru.çar-se) *v.* **1** pôr-se de bruços **2** dobrar-se para a frente; inclinar-se

debulhadora (de.bu.lha.do.ra) *n.f.* máquina para debulhar cereais

debulhar (de.bu.lhar) *v.* tirar ou separar os grãos de (cereal, fruto ou legume); descascar

década (dé.ca.da) *n.f.* período de dez anos SIN. decénio

decadência (de.ca.dên.ci.a) *n.f.* **1** enfraquecimento **2** ruína **3** humilhação

decadente (de.ca.den.te) *adj.2gén.* que está em decadência

decaedro (de.ca.e.dro) *n.m.* poliedro de dez faces

decágono (de.cá.go.no) *n.m.* polígono de dez ângulos

decagrama (de.ca.gra.ma) *n.m.* peso ou massa de dez gramas (símbolo: dag)

decair (de.ca.ir) *v.* **1** estar em decadência **2** descer; diminuir (de qualidade, nível)

decalcar (de.cal.car) *v.* **1** transferir (imagens) de uma superfície para outra **2** fazer cópia de (algo ou alguém)

decalitro (de.ca.li.tro) *n.m.* medida de dez litros (símbolo: dal)

decalque (de.cal.que) *n.m.* **1** transferência de imagens de uma superfície para outra **2** imitação; cópia

decâmetro (de.câ.me.tro) *n.m.* medida de dez metros (símbolo: dam)

decassilábico (de.cas.si.lá.bi.co) *adj.* que tem dez sílabas

decassílabo (de.cas.sí.la.bo) *n.m.* verso de dez sílabas

decatlo (de.ca.tlo) *n.m.* prova de atletismo que inclui dez modalidades

deceção (de.ce.ção) *n.f.* desilusão; desapontamento

dececionado (de.ce.ci.o.na.do) *adj.* desiludido; desapontado

dececionar (de.ce.ci.o.nar) *v.* desiludir

a
b
c
d
e
f
g
h
i
j
k
l
m
n
o
p
q
r
s
t
u
v
w
x
y
z

decência (de.cên.ci.a) *n.f.* correção de atitude ou de comportamento

decénio (de.cé.ni.o) *n.m.* período de dez anos SIN. década

decente (de.cen.te) *adj.2gén.* que é correto ou honesto ANT. indecente

decepção *a nova grafia é* **deceção**

decepcionado *a nova grafia é* **dececionado**

decepcionar *a nova grafia é* **dececionar**

decerto (de.cer.to) *adv.* com certeza; certamente

decidido (de.ci.di.do) *adj.* 1 resolvido 2 firme

decidir (de.ci.dir) *v.* 1 tomar uma decisão sobre; resolver 2 estabelecer como norma; determinar ♦ **decidir-se** optar por; escolher (decidir-se por)

decifrar (de.ci.frar) *v.* 1 ler texto ou palavra escrito em código 2 interpretar (texto ou sentido obscuro)

decigrama (de.ci.gra.ma) *n.m.* décima parte do grama (símbolo: dg)

decilitro (de.ci.li.tro) *n.m.* décima parte do litro (símbolo: dl)

décima (dé.ci.ma) *n.f.* cada uma das dez partes iguais em que se pode dividir uma coisa

decimal (de.ci.mal) *adj.2gén.* diz-se do sistema de medidas que tem por base dez

decímetro (de.cí.me.tro) *n.m.* décima parte do metro (símbolo: dm)

décimo (dé.ci.mo) *num.ord.>adj.num.*ᴰᵀ que ocupa o lugar número 10 ♦ *n.m.* uma das dez partes em que se dividiu o todo; a décima parte

decisão (de.ci.são) *n.f.* 1 aquilo que se decidiu 2 capacidade de decidir

decisivo (de.ci.si.vo) *adj.* 1 que dá a solução 2 que determina um resultado ou uma consequência SIN. determinante

declamação (de.cla.ma.ção) *n.f.* 1 ato de declamar 2 texto que se declama

declamar (de.cla.mar) *v.* ler (texto poético) em voz alta SIN. recitar

declaração (de.cla.ra.ção) *n.f.* afirmação; frase

declarado (de.cla.ra.do) *adj.* que foi afirmado; manifestado

declarar (de.cla.rar) *v.* 1 afirmar (oralmente ou por escrito) 2 aparecer de repente; surgir; manifestar-se ♦ **declarar-se** revelar (um sentimento)

declarativo (de.cla.ra.ti.vo) *adj.* em que há declaração; que afirma

declinação (de.cli.na.ção) *n.f.* 1 diminuição de intensidade; enfraquecimento 2 conjunto das flexões dos nomes e de outras classes de palavras, em algumas línguas, de acordo com a sua função sintática na frase

declínio (de.clí.ni.o) *n.m.* 1 inclinação para baixo 2 perda de intensidade ou força

declive (de.cli.ve) *n.m.* inclinação para baixo

decompor (de.com.por) *v.* 1 dividir em partes 2 fazer apodrecer; estragar ♦ **decompor-se** apodrecer; estragar-se

decomposição (de.com.po.si.ção) *n.f.* 1 divisão de uma coisa nos elementos que a constituem 2 apodrecimento

decoração (de.co.ra.ção) *n.f.* 1 ato ou efeito de decorar 2 ornamentação; enfeite 3 aquilo que serve para decorar

decorador (de.co.ra.dor) *n.m.* pessoa que trabalha em decoração

decorar (de.co.rar) *v.* 1 colocar decorações em; enfeitar 2 aprender de cor; memorizar

decorativo (de.co.ra.ti.vo) *adj.* que decora ou embeleza

decorrente (de.cor.ren.te) *adj.2gén.* consequente

decorrer (de.cor.rer) *v.* **1** passar (o tempo) **2** dar-se (um acontecimento); suceder

decorrido (de.cor.ri.do) *adj.* que decorreu; que passou; passado

decotado (de.co.ta.do) *adj.* que tem decote

decote (de.co.te) *n.m.* corte na roupa abaixo da gola

decrescente (de.cres.cen.te) *adj.2gén.* **1** que diminui **2** que está em declínio

decrescer (de.cres.cer) *v.* diminuir de tamanho, quantidade ou intensidade

decretado (de.cre.ta.do) *adj.* **1** decidido por meio de decreto ou lei **2** *(fig.)* determinado

decretar (de.cre.tar) *v.* ordenar por meio de decreto ou lei

decreto (de.cre.to) decisão do Governo ou de uma autoridade competente

décuplo (dé.cu.plo) *num.mult.>quant. num.*ᴰᵀ que contém dez vezes a mesma quantidade ♦ *n.m.* valor ou quantidade dez vezes maior

decurso (de.cur.so) *n.m.* **1** desenvolvimento de algo no tempo **2** período de tempo; duração

dedada (de.da.da) *n.f.* mancha ou impressão deixada por um dedo numa superfície

dedal (de.dal) *n.m.* objeto que se enfia no dedo médio para empurrar a agulha quando se cose

dedaleira (de.da.lei.ra) *n.f.* planta venenosa com flores de cor púrpura em forma de dedal

dedicação (de.di.ca.ção) *n.f.* afeto extremo; devoção

dedicado (de.di.ca.do) *adj.* **1** oferecido; destinado (ato, objeto) **2** aplicado; devotado (pessoa)

dedicar (de.di.car) *v.* oferecer em sinal de dedicação ♦ **dedicar-se** ocupar-se inteiramente de; entregar-se a (dedicar-se a)

dedicatória (de.di.ca.tó.ri.a) *n.f.* texto breve em que se dedica uma obra (livro, pintura, etc.) a alguém

dedilhar (de.di.lhar) *v.* **1** passar levemente os dedos sobre teclas ou cordas de um instrumento musical **2** bater com os dedos; tamborilar

dedo (de.do) *n.m.* cada uma das partes articuladas que terminam as mãos e os pés

dedução (de.du.ção) *n.f.* **1** conclusão lógica de um raciocínio **2** retirada de uma parte de; subtração

deduzir (de.du.zir) *v.* **1** concluir (algo) pelo raciocínio **2** retirar algo de; subtrair

defectivo *a nova grafia é* **defetivo**

defeito (de.fei.to) *n.m.* **1** falta de perfeição num corpo ou num objeto; imperfeição **2** funcionamento irregular de um mecanismo; falha

defeituoso (de.fei.tu.o.so) *adj.* **1** que tem defeito; imperfeito **2** que não funciona bem

defender (de.fen.der) *v.* **1** agir em defesa de; proteger **2** lutar em favor de; apoiar **3** afirmar (com argumentos) uma teoria ou uma opinião ♦ **defender-se** proteger-se de (defender-se de)

defensiva (de.fen.si.va) *n.f.* atitude ou posição de defesa

defensivo (de.fen.si.vo) *adj.* que serve para defesa

defensor (de.fen.sor) *n.m.* pessoa que defende (algo ou alguém)

defesa (de.fe.sa) *n.f.* **1** ato ou efeito de defender **2** capacidade de resistir a ataque(s) **3** estrutura defensiva **4** desculpa ou explicação

defetivo (de.fe.ti.vo) *adj.* diz-se do verbo que não apresenta todas as formas do paradigma a que pertence

a
b
c
d
e
f
g
h
i
j
k
l
m
n
o
p
q
r
s
t
u
v
w
x
y
z

défice (dé.fi.ce) *n.m.* falta; falha

deficiência (de.fi.ci.ên.ci.a) *n.f.* **1** perda de quantidade ou qualidade; falha **2** mau funcionamento de um órgão ou sistema

deficiente (de.fi.ci.en.te) *adj.2gén.* **1** em que há deficiência **2** que não é suficiente ◆ *n.2gén.* pessoa com deficiência

definição (de.fi.ni.ção) *n.f.* **1** apresentação das características próprias de (alguém ou algo) **2** frase que explica o significado de (um conceito, uma palavra)

definido (de.fi.ni.do) *adj.* **1** determinado; fixo **2** exato; preciso **3** que se refere a algo ou alguém específico ou conhecido; concreto

definir (de.fi.nir) *v.* **1** indicar as características de **2** explicar o significado de **3** determinar; fixar (data, prazo)

> **Definir**, ao contrário da forma como geralmente se lê, escreve-se primeiro com **e** e depois com dois **i**.

definitivamente (de.fi.ni.ti.va.men.te) *adv.* **1** para sempre **2** decididamente

definitivo (de.fi.ni.ti.vo) *adj.* **1** que leva a uma conclusão; decisivo (argumento, decisão) **2** que não vai sofrer alterações; final (texto, prova)

deflagrar (de.fla.grar) *v.* **1** explodir; rebentar (bomba, incêndio) **2** *(fig.)* ter início (conflito, guerra)

deformação (de.for.ma.ção) *n.f.* **1** mudança de forma ou de aspeto **2** má interpretação de (ideia, texto, etc.)

deformar (de.for.mar) *v.* **1** mudar a forma ou o aspeto de **2** alterar para pior

defrontar (de.fron.tar) *v.* **1** colocar diante de **2** enfrentar

defunto (de.fun.to) *n.m.* pessoa que morreu SIN. falecido, morto

degelo (de.ge.lo) *n.m.* derretimento progressivo do gelo

degeneração (de.ge.ne.ra.ção) *n.f.* perda de qualidades; degradação

degenerar (de.ge.ne.rar) *v.* perder qualidades; degradar-se

deglutição (de.glu.ti.ção) *n.f.* ingestão de alimentos

deglutir (de.glu.tir) *v.* ingerir (alimentos)

degolar (de.go.lar) *v.* cortar a cabeça a SIN. decapitar

degradação (de.gra.da.ção) *n.f.* perda de qualidades; deterioração

degradado (de.gra.da.do) *adj.* **1** que perdeu qualidades; deteriorado **2** que sofreu estrago(s); danificado

degradante (de.gra.dan.te) *adj.2gén.* **1** que causa dano ou estrago **2** que rebaixa; humilhante

degradar (de.gra.dar) *v.* estragar; danificar

degrau (de.grau) *n.m.* cada uma das partes de uma escada

deitado (dei.ta.do) *adj.* **1** que se deitou **2** colocado em posição horizontal

deitar (dei.tar) *v.* **1** estender na horizontal **2** meter na cama **3** fazer cair **4** atirar ◆ **deitar-se** lançar-se a; **deitar água na fervura:** tentar acalmar (alguém); **deitar por fora:** transbordar

deixar (dei.xar) *v.* **1** dar permissão para **2** não levar consigo **3** desistir de **4** abandonar **5** adiar para mais tarde **6** transmitir em herança; **deixar a desejar:** não corresponder ao que se esperava

dejectos *a nova grafia é* **dejetos**

dejetos (de.je.tos) *n.m.pl.* fezes expelidas pelo organismo; excrementos

dele (de.le) contração da preposição *de* com o pronome pessoal *ele*

delegação (de.le.ga.ção) *n.f.* **1** transmissão de poder a alguém **2** grupo de pessoas que representam um grupo, um país, etc.

delegacia (de.le.ga.ci.a) *n.f. (Bras.)* esquadra

delegado (de.le.ga.do) *n.m.* pessoa que representa um grupo ou um país

delgado (del.ga.do) *adj.* pouco espesso; fino

deliberação (de.li.be.ra.ção) *n.f.* **1** reflexão **2** decisão

deliberadamente (de.li.be.ra.da.men.te) *adv.* intencionalmente; de propósito

deliberado (de.li.be.ra.do) *adj.* **1** decidido **2** intencional

deliberar (de.li.be.rar) *v.* **1** decidir **2** refletir sobre **3** decidir

delicadamente (de.li.ca.da.men.te) *adv.* **1** com cuidado **2** com bons modos

delicadeza (de.li.ca.de.za) *n.f.* **1** atitude gentil **2** fragilidade

delicado (de.li.ca.do) *adj.* **1** atencioso **2** frágil

delícia (de.lí.ci.a) *n.f.* **1** sensação agradável **2** coisa muito saborosa

deliciar (de.li.ci.ar) *v.* causar satisfação ou prazer ♦ **deliciar-se** sentir alegria ou prazer (deliciar-se com)

delicioso (de.li.ci.o.so) *adj.* **1** agradável **2** saboroso

delimitação (de.li.mi.ta.ção) *n.f.* marcação dos limites de

delimitar (de.li.mi.tar) *v.* marcar os limites de

delirar (de.li.rar) *v.* **1** dizer ou fazer disparates (com febre alta, por exemplo) **2** *(inform.)* gostar muito de (delirar com)

delírio (de.lí.ri.o) *n.m.* **1** perturbação mental que acontece, por exemplo, quando se tem febre muito alta **2** *(inform.)* grande entusiasmo

delito (de.li.to) *n.m.* infração à lei; crime

delta (del.ta) *n.m.* terreno na foz ou na margem de um rio, formado por depósito de sedimentos arrastados nas correntes

demais (de.mais) *adv.* **1** além disso **2** em excesso

demão (de.mão) *n.f.* camada de tinta, cal, etc., que se aplica numa superfície

demarcar (de.mar.car) *v.* traçar os limites de; delimitar

demasia (de.ma.si.a) *n.f.* aquilo que é demais; excesso

demasiado (de.ma.si.a.do) *adj.* excessivo; exagerado ♦ *adv.* muito; excessivamente

demissão (de.mis.são) *n.f.* abandono (voluntário ou forçado) de um cargo ou de uma função

demitido (de.mi.ti.do) *adj.* que foi dispensado do emprego

demitir (de.mi.tir) *v.* despedir ♦ **demitir-se** abandonar um emprego ou um cargo; despedir-se

democracia (de.mo.cra.ci.a) *n.f.* **1** sistema político em que os cidadãos elegem livremente os seus governantes **2** país que tem um sistema democrático

democrata (de.mo.cra.ta) *n.2gén.* pessoa que defende a democracia

democrático (de.mo.crá.ti.co) *adj.* **1** relativo à democracia **2** relativo ao povo; popular

democratização (de.mo.cra.ti.za.ção) *n.f.* ato de tornar democrático

democratizar (de.mo.cra.ti.zar) *v.* tornar democrático ♦ **democratizar-se** tornar-se democrático

demolhar (de.mo.lhar) *v.* colocar em água

demolição (de.mo.li.ção) *n.f.* ato de demolir; destruição

demolir (de.mo.lir) *v.* deitar abaixo; destruição

a
b
c
d
e
f
g
h
i
j
k
l
m
n
o
p
q
r
s
t
u
v
w
x
y
z

demoníaco (de.mo.ní.a.co) *adj.* próprio do demónio; diabólico

demónio (de.mó.ni.o) *n.m.* espírito do mal; diabo

demonstração (de.mons.tra.ção) *n.f.* **1** manifestação (de um sentimento) **2** apresentação (de argumentos, provas ou habilidades) **3** explicação do modo de funcionamento (de um aparelho ou mecanismo)

demonstrar (de.mons.trar) *v.* **1** manifestar (sentimento) **2** apresentar (argumento, prova, habilidade) **3** explicar o funcionamento de (um aparelho ou mecanismo)

demonstrativo (de.mons.tra.ti.vo) *adj.* **1** que demonstra **2** que serve para demonstrar

demora (de.mo.ra) *n.f.* atraso; lentidão

demorado (de.mo.ra.do) *adj.* **1** atrasado **2** lento

demorar (de.mo.rar) *v.* **1** durar bastante tempo **2** permanecer por muito tempo ◆ **demorar-se** atrasar-se

demover (de.mo.ver) *v.* convencer (alguém) a mudar de ideias

denominação (de.no.mi.na.ção) *n.f.* designação; nome

denominador (de.no.mi.na.dor) *n.m.* número colocado por baixo do traço de uma fração, que indica em quantas partes se dividiu a unidade

denominar (de.no.mi.nar) *v.* dar nome a; designar

denotação (de.no.ta.ção) *n.f.* significado objetivo ou literal de uma palavra ou expressão (por oposição a *conotação*)

denotativo (de.no.ta.ti.vo) *adj.* relativo a denotação; objetivo; literal

densidade (den.si.da.de) *n.f.* espessura; consistência

denso (den.so) *adj.* espesso; consistente

dentada (den.ta.da) *n.f.* mordedura

dentado (den.ta.do) *adj.* recortado em forma de dente(s)

dentadura (den.ta.du.ra) *n.f.* **1** conjunto dos dentes; dentição **2** aparelho com dentes artificiais; placa

dental (den.tal) *adj.2gén.* relativo aos dentes

dentário (den.tá.ri.o) *adj.* relativo a dentes

dente (den.te) *n.m.* **1** órgão que serve para mastigar **2** defesa do elefante e de outros animais; **com unhas e dentes:** com todas as forças; **dente de leite:** cada um dos dentes que surgem entre os 6 e os 30 meses de idade, e que são substituídos pelos dentes definitivos por volta dos 6 anos; **dente do siso:** cada um dos últimos dentes molares que surgem normalmente por volta dos 20 anos de idade

dentição (den.ti.ção) *n.f.* conjunto dos dentes de uma pessoa ou de um animal

dentífrico (den.tí.fri.co) *n.m.* produto para lavar os dentes

dentina (den.ti.na) *n.f.* camada interna dos dentes

dentista (den.tis.ta) *n.2gén.* médico que trata dentes

dentro (den.tro) *adv.* na parte interior; **dentro de pouco tempo:** brevemente

dentuça (den.tu.ça) *n.f.* conjunto dos dentes da frente grandes e salientes

denúncia (de.nún.ci.a) *n.f.* acusação

denunciar (de.nun.ci.ar) *v.* acusar

deparar (de.pa.rar) *v.* encontrar de repente (deparar com)

departamento (de.par.ta.men.to) *n.m.* divisão de uma empresa, universidade, repartição, etc.; setor

depenado (de.pe.na.do) *adj.* **1** sem penas (ave) **2** *(inform.)* sem dinheiro (pessoa)

depenar (de.pe.nar) *v.* **1** tirar as penas a (ave) **2** *(inform.)* obter por meios fraudulentos (dinheiro)

dependência (de.pen.dên.ci.a) *n.f.* **1** estado do que depende de (algo ou alguém); subordinação **2** divisão de uma casa

dependente (de.pen.den.te) *adj.2gén.* que depende; subordinado

depender (de.pen.der) *v.* **1** estar sujeito a (algo ou alguém) **2** precisar de auxílio ou proteção (de alguém) **3** ser consequência de; resultar (depender de)

dependurar (de.pen.du.rar) *v.* → **pendurar**

depilação (de.pi.la.ção) *n.f.* eliminação dos pelos (de uma parte do corpo)

depilar (de.pi.lar) *v.* tirar os pelos (de uma parte do corpo)

depois (de.pois) *adv.* **1** em seguida ANT. antes **2** posteriormente **3** mais tarde; **depois de:** a seguir a (no tempo ou no espaço); **depois que:** logo que

depor (de.por) *v.* **1** demitir **2** testemunhar em tribunal

deposição (de.po.si.ção) *n.f.* **1** demissão **2** testemunho; depoimento

depositar (de.po.si.tar) *v.* **1** pôr (dinheiro, valores) em lugar seguro **2** pousar; colocar ♦ **depositar-se** acumular-se no fundo

depósito (de.pó.si.to) *n.m.* **1** aquilo que se dá a guardar **2** lugar onde se guarda (alguma coisa) **3** substância acumulada no fundo de um líquido

depreciativo (de.pre.ci.a.ti.vo) *adj.* que reduz o valor de; negativo

depressa (de.pres.sa) *adv.* em pouco tempo; com rapidez ANT. devagar

depressão (de.pres.são) *n.f.* **1** estado em que uma pessoa se sente triste e desanimada **2** zona mais baixa do que os terrenos situados à volta

depressar (de.pres.sar) *v.* *(Ang., Moç.)* andar depressa; acelerar

deprimente (de.pri.men.te) *adj.2gén.* que causa depressão ou tristeza

deprimido (de.pri.mi.do) *adj.* que sofre de depressão; desanimado; abatido

deprimir (de.pri.mir) *v.* causar depressão; desanimar

deputado (de.pu.ta.do) *n.m.* membro de uma assembleia, eleito para representar as pessoas que votaram nele

dérbi (dér.bi) *n.m.* competição desportiva; jogo importante

deriva (de.ri.va) *n.f.* desvio da rota; **à deriva:** sem orientação certa; sem saber para onde ir

derivação (de.ri.va.ção) *n.f.* **1** afastamento do caminho normal; desvio **2** processo de formação de palavras novas, acrescentando ou alterando elementos em palavras já existentes

derivado (de.ri.va.do) *n.m.* **1** produto ou material produzido a partir de outro **2** palavra formada a partir de uma dada palavra e de um outro elemento

derivar (de.ri.var) *v.* ter sua origem em; ser proveniente de (derivar de)

dermatologia (der.ma.to.lo.gi.a) *n.f.* estudo e tratamento das doenças de pele

dermatologista (der.ma.to.lo.gis.ta) *n.2gén.* médico que trata as doenças de pele

derme (der.me) *n.f.* pele

derradeiro (der.ra.dei.ro) *adj.* último

derramar (der.ra.mar) *v.* fazer correr; entornar (líquido)

derrame (der.ra.me) *n.m.* **1** ato ou efeito de derramar (um líquido) **2** hemorragia interna, geralmente cerebral

derrapagem (der.ra.pa.gem) *n.f.* deslizamento descontrolado de um veículo

derrapar (der.ra.par) *v.* escorregar; deslizar

a b c d e f g h i j k l m n o p q r s t u v w x y z

derreter (der.re.ter) *v.* **1** tornar líquido; liquefazer **2** *(fig.)* comover

derretido (der.re.ti.do) *adj.* **1** liquefeito **2** *(fig.)* comovido

derrota (der.ro.ta) *n.f.* mau resultado; insucesso

derrotado (der.ro.ta.do) *adj.* que perdeu; vencido

derrotar (der.ro.tar) *v.* alcançar vitória sobre; vencer

derrubado (der.ru.ba.do) *adj.* deitado abaixo; caído

derrubar (der.ru.bar) *v.* deitar abaixo; fazer cair

derrube (der.ru.be) *n.m.* queda

desabafar (de.sa.ba.far) *v.* dizer o que se sente ou pensa

desabafo (de.sa.ba.fo) *n.m.* expressão daquilo que uma pessoa sente ou pensa

desabar (de.sa.bar) *v.* vir abaixo; cair

desabitado (de.sa.bi.ta.do) *adj.* que não tem habitantes ANT. habitado

desabotoar (de.sa.bo.to.ar) *v.* desapertar os botões (de roupa) ANT. abotoar

desabrido (de.sa.bri.do) *adj.* **1** insolente (comportamento, pessoa) **2** desagradável; violento (tempo)

desabrochar (de.sa.bro.char) *v.* **1** abrir as pétalas (flor) **2** manifestar-se (pessoa, sentimento)

desacato (de.sa.ca.to) *n.m.* desobediência; desrespeito

desacordo (de.sa.cor.do) *n.m.* falta de acordo ou de entendimento SIN. divergência

desafiar (de.sa.fi.ar) *v.* **1** provocar **2** enfrentar

desafinado (de.sa.fi.na.do) *adj.* que não está no tom; dissonante ANT. afinado

desafinar (de.sa.fi.nar) *v.* produzir sons discordantes ou notas erradas ANT. afinar

desafio (de.sa.fi.o) *n.m.* **1** tarefa difícil de realizar **2** estímulo para alguém fazer algo **3** competição desportiva; partida

desafortunado (de.sa.for.tu.na.do) *adj.* que não tem sorte SIN. infeliz

desagradar (de.sa.gra.dar) *v.* causar desagrado ANT. agradar

desagradável (de.sa.gra.dá.vel) *adj.* *2gén.* **1** que não agrada ANT. agradável **2** que sabe mal **3** antipático **4** aborrecido

desagrado (de.sa.gra.do) *n.m.* descontentamento ANT. agrado

desagregação (de.sa.gre.ga.ção) *n.f.* separação em partes; fragmentação

desagregar (de.sa.gre.gar) *v.* separar ♦ **desagregar-se** fragmentar-se

desaguar (de.sa.guar) *v.* terminar o seu curso (rio); desembocar (desaguar em)

desajeitado (de.sa.jei.ta.do) *adj.* desastrado

desamparado (de.sam.pa.ra.do) *adj.* que não tem apoio ou proteção; abandonado ANT. amparado

desamparar (de.sam.pa.rar) *v.* não apoiar; abandonar ANT. amparar

desamparo (de.sam.pa.ro) *n.m.* falta de apoio; abandono ANT. amparo

desanimado (de.sa.ni.ma.do) *adj.* sem ânimo; abatido ANT. animado

desanimar (de.sa.ni.mar) *v.* **1** tirar o ânimo **2** perder o ânimo

desânimo (de.sâ.ni.mo) *n.m.* falta de ânimo ou de força; abatimento ANT. ânimo

desaparecer (de.sa.pa.re.cer) *v.* **1** deixar de estar visível ANT. aparecer **2** ficar encoberto; esconder-se **3** ir-se embora; retirar-se

desaparecido (de.sa.pa.re.ci.do) *adj.* que deixou de estar visível ♦ *n.m.* pessoa que desapareceu

desaparecimento (de.sa.pa.re.ci.men.to) *n.m.* ato ou efeito de desaparecer; sumiço

desapertar (de.sa.per.tar) *v.* **1** alargar o que estava apertado **2** desabotoar (roupa)

desapontado (de.sa.pon.ta.do) *adj.* desiludido; dececionado

desapontamento (de.sa.pon.ta.men.to) *n.m.* desilusão; deceção

desapontar (de.sa.pon.tar) *v.* desiludir; dececionar

desaprovar (de.sa.pro.var) *v.* **1** não concordar com ANT. aprovar **2** censurar

desarmado (de.sar.ma.do) *adj.* **1** que não tem arma **2** desmontado (móvel, tenda, etc.) **3** *(fig.)* desprevenido

desarmamento (de.sar.ma.men.to) *n.m.* redução de armas e de tropas

desarmar (de.sar.mar) *v.* **1** tirar as armas a **2** reduzir o armamento **3** *(fig.)* deixar alguém sem saber o que dizer

desarrumação (de.sar.ru.ma.ção) *n.f.* desordem; confusão

desarrumado (de.sar.ru.ma.do) *adj.* desordenado; confuso

desarrumar (de.sar.ru.mar) *v.* tirar do lugar ou da ordem; desorganizar

desassossego (de.sas.sos.se.go) *n.m.* agitação; alvoroço

desastrado (de.sas.tra.do) *adj.* que tem falta de jeito SIN. desajeitado

desastre (de.sas.tre) *n.m.* **1** acontecimento que causa sofrimento; catástrofe **2** falhanço total; fracasso

desastroso (de.sas.tro.so) *adj.* que causa desastre; catastrófico

desatado (de.sa.ta.do) *adj.* que não está atado ou preso; solto

desatar (de.sa.tar) *v.* **1** desfazer (nó ou laço); desprender **2** começar de repente (desatar a)

desatento (de.sa.ten.to) *adj.* que não presta atenção; distraído ANT. atento

desatinar (de.sa.ti.nar) *v.* perder a calma ou a razão ANT. atinar (desatinar com)

desatino (de.sa.ti.no) *n.m.* **1** loucura **2** disparate

desbastar (des.bas.tar) *v.* **1** tornar menos espesso **2** polir; alisar

desbaste (des.bas.te) *n.m.* **1** ato ou efeito de tornar menos espesso **2** corte

desbloquear (des.blo.que.ar) *v.* **1** desimpedir (acesso, passagem) **2** resolver (dificuldade, problema)

desbotado (des.bo.ta.do) *adj.* que perdeu a cor SIN. descorado

desbotar (des.bo.tar) *v.* perder a cor SIN. descorar

descafeinado (des.ca.fei.na.do) *n.m.* bebida de café sem cafeína

descair (des.ca.ir) *v.* inclinar-se; curvar-se ♦ **descair-se** revelar um segredo

descalçar (des.cal.çar) *v.* **1** tirar (sapatos) **2** despir (meias)

descalço (des.cal.ço) *adj.* que tem os pés nus ou só com meias

descamisar (des.ca.mi.sar) *v.* tirar as folhas que envolvem as espigas do milho; desfolhar

descansado (des.can.sa.do) *adj.* sem preocupações; tranquilo

descansar (des.can.sar) *v.* **1** tranquilizar **2** repousar **3** estar sepultado

descanso (des.can.so) *n.m.* **1** repouso **2** tranquilidade **3** pausa (de trabalho) **4** suporte (de ferro de engomar, telefone, etc.)

descapotável (des.ca.po.tá.vel) *adj.* diz-se do automóvel a que se pode fazer descair a capota

descarado (des.ca.ra.do) *adj.* atrevido; insolente

descaramento (des.ca.ra.men.to) *n.m.* atrevimento; insolência

descarga (des.car.ga) *n.f.* **1** ato de retirar a carga de um veículo **2** passagem de corrente elétrica de um corpo para outro **3** disparo de arma de fogo; tiro

descarregar (des.car.re.gar) *v.* **1** retirar a carga de (veículo) **2** disparar (arma de fogo)

descartável (des.car.tá.vel) *adj.2gén.* que se deita fora depois de usar

descascador (des.cas.ca.dor) *n.m.* objeto próprio para descascar

descascar (des.cas.car) *v.* **1** tirar a casca a (cereais, frutos) **2** retirar a cortiça de (árvore) **3** perder a camada exterior (pele, tinta)

descendência (des.cen.dên.ci.a) *n.f.* conjunto de pessoas que descendem de outra(s); filhos

descendente (des.cen.den.te) *n.2gén.* pessoa que desce de outra (filho, neto, etc.) ◆ *adj.2gén.* **1** que desce **2** que diminui

descender (des.cen.der) *v.* ter origem em (determinada família); provir de (descender de)

descer (des.cer) *v.* **1** passar de cima para baixo; abaixar **ANT.** subir **2** apear-se (de veículo) **3** desmontar (de cavalo)

descida (des.ci.da) *n.f.* **1** passagem (de algo) de cima para baixo **2** terreno inclinado **3** diminuição

desclassificado (des.clas.si.fi.ca.do) *adj.* excluído de concurso ou competição; desqualificado

desclassificar (des.clas.si.fi.car) *v.* eliminar (concorrente) de uma prova ou competição; desqualificar

descoberta (des.co.ber.ta) *n.f.* **1** ato ou efeito de descobrir; descobrimento **2** aquilo que se descobriu; invenção; criação

descoberto (des.co.ber.to) *adj.* **1** achado; encontrado **2** destapado; exposto **3** conhecido; divulgado

descobridor (des.co.bri.dor) *n.m.* pessoa que faz uma descoberta

descobrimento (des.co.bri.men.to) *n.m.* ato de descobrir algo desconhecido; descoberta

Descobrimentos (Des.co.bri.men.tos) *n.m.pl.* viagens marítimas durante as quais os navegadores portugueses encontraram territórios desconhecidos (nos séculos XV e XVI)

descobrir (des.co.brir) *v.* **1** encontrar pela primeira vez **2** pôr à vista; destapar **3** compreender; perceber

descodificação (des.co.di.fi.ca.ção) *n.f.* transformação de uma mensagem codificada em linguagem compreensível **ANT.** codificação

descodificar (des.co.di.fi.car) *v.* **1** decifrar uma mensagem codificada **ANT.** codificar **2** tornar compreensível (um texto, uma mensagem)

descolagem (des.co.la.gem) *n.f.* ato de levantar voo (uma aeronave)

descolar (des.co.lar) *v.* separar o que está colado; levantar voo (aeronave)

descolonização (des.co.lo.ni.za.ção) *n.f.* processo de atribuição de independência a uma colónia

descompor (des.com.por) *v.* **1** desarrumar **2** ralhar com

descompostura (des.com.pos.tu.ra) *n.f.* reprimenda; ralhete

descomunal (des.co.mu.nal) *adj.2gén.* extraordinário; colossal

desconcentração (des.con.cen.tra.ção) *n.f.* distração **ANT.** concentração

desconcentrado (des.con.cen.tra.do) *adj.* distraído **ANT.** concentrado

desconfiado (des.con.fi.a.do) *adj.* **1** que não confia **2** que tem receio

desconfiança (des.con.fi.an.ça) *n.f.* **1** falta de confiança **2** suspeita

desconfiar (des.con.fi.ar) *v.* **1** não confiar em; duvidar de ANT. confiar **2** recear; supor (desconfiar de)

desconfortável (des.con.for.tá.vel) *adj.2gén.* incómodo; desagradável ANT. desconfortável

desconforto (des.con.for.to) *n.m.* falta de conforto; mal-estar ANT. conforto

desconhecer (des.co.nhe.cer) *v.* não conhecer; não saber; ignorar

desconhecido (des.co.nhe.ci.do) *adj.* **1** que não é conhecido **2** misterioso; secreto ● *n.m.* **1** pessoa que nunca se viu antes ou cuja identidade se desconhece **2** aquilo que se desconhece

desconhecimento (des.co.nhe.ci.men.to) *n.m.* falta de conhecimento; ignorância

desconseguir (des.con.se.guir) *v.* (Moç.) não conseguir; não fazer

desconsolado (des.con.so.la.do) *adj.* triste; desiludido

desconsolar (des.con.so.lar) *v.* entristecer; desiludir

descontar (des.con.tar) *v.* **1** retirar uma parte de um total **2** pagar aos poucos (uma dívida) **3** não fazer caso de

descontentamento (des.con.ten.ta.men.to) *n.m.* desagrado

descontente (des.con.ten.te) *adj.* **1** triste ANT. contente **2** mal-humorado

descontínuo (des.con.tí.nu.o) *adj.* que tem interrupções; interrompido ANT. contínuo

desconto (des.con.to) *n.m.* redução no preço de alguma coisa; abatimento

descontração (des.con.tra.ção) *n.f.* relaxamento; calma

descontracção *a nova grafia é* **descontração**

descontraído (des.con.tra.í.do) *adj.* relaxado; calmo

descontrair (des.con.tra.ir) *v.* relaxar; acalmar ◆ **descontrair-se** ficar relaxado; acalmar-se

descontrolado (des.con.tro.la.do) *adj.* que não se controla; desgovernado ANT. controlado

descontrolar (des.con.tro.lar) *v.* fazer perder o controlo a ◆ **descontrolar-se** perder o domínio de si mesmo; exaltar-se

descoser (des.co.ser) *v.* desfazer a costura de; rasgar; desmanchar

descrever (des.cre.ver) *v.* **1** fazer a descrição de **2** contar com todos os pormenores

descrição (des.cri.ção) *n.f.* apresentação das características ou das qualidades de uma pessoa, de um facto ou de um lugar; retrato

*Repara que **descrição** (retrato) é diferente de **discrição** (reserva ou modéstia).*

descritivo (des.cri.ti.vo) *adj.* **1** relativo a descrição **2** que descreve algo ou alguém

descrito (des.cri.to) *adj.* **1** que se descreveu; retratado **2** narrado

descuidado (des.cui.da.do) *adj.* **1** desatento **2** precipitado

descuidar (des.cui.dar) *v.* não cuidar de ◆ **descuidar-se** esquecer-se de (tarefas, obrigações)

descuido (des.cui.do) *n.m.* **1** falta de cuidado ou de atenção; negligência **2** atitude irrefletida; precipitação

desculpa (des.cul.pa) *n.f.* **1** razão que se apresenta para explicar um erro ou uma falta; justificação **2** perdão; absolvição; **pedir desculpa:** pedir perdão

a
b
c
d
e
f
g
h
i
j
k
l
m
n
o
p
q
r
s
t
u
v
w
x
y
z

desculpar (des.cul.par) *v.* **1** justificar **2** perdoar ◆ **desculpar-se 1** justificar-se **2** pedir perdão

desde (des.de) *prep.* a começar de; a contar de

desdenhar (des.de.nhar) *v.* **1** desprezar **2** ignorar

desdentado (des.den.ta.do) *adj.* que não tem alguns ou todos os dentes

desdobrar (des.do.brar) *v.* estender ou abrir (o que estava dobrado)

desdobrável (des.do.brá.vel) *adj.2gén.* que se pode desdobrar ◆ *n.m.* impresso ou folheto que se desdobra para utilizar ou consultar

desejar (de.se.jar) *v.* **1** ter desejo de; querer; ambicionar **2** exprimir (desejo, voto); **deixar a desejar:** não ser suficiente; não bastar

desejável (de.se.já.vel) *adj.2gén.* **1** que se pode desejar **2** que é necessário ou importante

desejo (de.se.jo) *n.m.* **1** vontade forte **2** ambição

desejoso (de.se.jo.so) *adj.* que tem muita vontade; ansioso

deselegante (de.se.le.gan.te) *adj.2gén.* **1** que não tem elegância ou bom gosto **ANT.** elegante **2** que revela má educação

desembaraçado (de.sem.ba.ra.ça.do) *adj.* despachado; expedito

desembaraçar (de.sem.ba.ra.çar) *v.* livrar de obstáculo(s); desimpedir ◆ **desembaraçar-se** livrar-se de (desembaraçar-se de)

desembaraço (de.sem.ba.ra.ço) *n.m.* **1** rapidez de movimentos; agilidade **2** facilidade em resolver problemas; desenvoltura

desembarcar (de.sem.bar.car) *v.* **1** tirar de um barco, avião ou comboio **2** sair de um barco, avião ou comboio

desembarque (de.sem.bar.que) *n.m.* retirada ou saída (de mercadorias ou passageiros) de um barco, avião ou comboio

desembocar (de.sem.bo.car) *v.* **1** desaguar (rio, canal) **2** terminar (rua, caminho) (desembocar em)

desembrulhar (de.sem.bru.lhar) *v.* **1** tirar do embrulho; desempacotar **2** desdobrar; estender

desempacotar (de.sem.pa.co.tar) *v.* tirar do pacote; desembrulhar

desempatar (de.sem.pa.tar) *v.* **1** resolver uma situação de igualdade de pontos (num jogo ou numa votação) **2** tomar uma decisão; resolver

desempate (de.sem.pa.te) *n.m.* **1** fim de uma situação de igualdade de pontos (num jogo ou numa votação) **2** resolução de um problema ou de uma dificuldade

desempenhar (de.sem.pe.nhar) *v.* **1** representar (um papel) no teatro, no cinema ou na televisão **2** realizar (tarefas ou obrigações)

desempenho (de.sem.pe.nho) *n.m.* **1** representação (de um papel) **2** realização (de uma tarefa ou obrigação)

desempregado (de.sem.pre.ga.do) *n.m.* pessoa que não tem emprego, apesar de ter idade para trabalhar

desemprego (de.sem.pre.go) *n.m.* situação em que se encontra quem não tem emprego; falta de emprego

desencadear (de.sen.ca.de.ar) *v.* provocar; causar

desencaminhar (de.sen.ca.mi.nhar) *v.* desviar do caminho que se deveria seguir

desencantado (de.sen.can.ta.do) *adj.* **1** desiludido; desapontado **2** *(inform.)* encontrado

desencantar (de.sen.can.tar) *v.* **1** desiludir; desapontar **2** *(inform.)* encontrar

desencanto (de.sen.can.to) *n.m.* desilusão; desapontamento

desencontrado (de.sen.con.tra.do) *adj.* **1** que vai em direção oposta; contrário **2** que não está em harmonia; discordante

desencontrar (de.sen.con.trar) *v.* fazer com que não se encontrem (pessoas ou coisas) ♦ **desencontrar-se 1** não se encontrar **2** discordar

desencontro (de.sen.con.tro) *n.m.* **1** situação de pessoas ou coisas que não se encontram **2** diferença de ideias ou de opiniões

desencorajar (de.sen.co.ra.jar) *v.* fazer perder a coragem; desanimar

desenfreado (de.sen.fre.a.do) *adj.* **1** que não tem freio (cavalo) **2** que corre sem parar **3** *(fig.)* que não se contém; arrebatado **4** *(fig.)* que não tem limites; desmedido

desenhador (de.se.nha.dor) *n.m.* homem que faz desenhos

desenhar (de.se.nhar) *v.* representar por meio de desenho; fazer desenho(s)

desenho (de.se.nho) *n.m.* **1** representação de coisas e de pessoas por meio de linhas e sombras **2** imagem que acompanha um texto; ilustração; **desenho(s) animado(s):** filme composto por uma sequência de imagens que dá a ilusão de movimento

desenlace (de.sen.la.ce) *n.m.* desfecho; final

desenrascado (de.sen.ras.ca.do) *adj.* *(inform.)* despachado; desembaraçado

desenrolar (de.sen.ro.lar) *v.* estender (o que estava enrolado)

desenvolver (de.sen.vol.ver) *v.* fazer crescer; aumentar ♦ **desenvolver-se** crescer; progredir

desenvolvido (de.sen.vol.vi.do) *adj.* **1** que se desenvolveu; crescido **2** que se tornou melhor ou maior

desenvolvimento (de.sen.vol.vi.men.to) *n.m.* **1** crescimento de um ser ou de um organismo **2** evolução; progresso

desequilibrado (de.se.qui.li.bra.do) *adj.* **1** que perdeu o equilíbrio ANT. equilibrado **2** que sofre de perturbação mental

desequilibrar (de.se.qui.li.brar) *v.* fazer perder o equilíbrio ♦ **desiquilibrar-se** perder o equilíbrio; cair

desequilíbrio (de.se.qui.lí.bri.o) *n.m.* **1** perda do equilíbrio ANT. equilíbrio **2** perturbação mental

desertar (de.ser.tar) *v.* ausentar-se de (um lugar); abandonar

desertificação (de.ser.ti.fi.ca.ção) *n.f.* **1** transformação de uma região em deserto **2** perda de habitantes num lugar

deserto (de.ser.to) *adj.* **1** que não tem habitantes; desabitado **2** que não está ocupado; vazio ♦ *n.m.* região muito quente e seca, formada por extensas dunas

desesperado (de.ses.pe.ra.do) *adj.* **1** muito aflito **2** irrefletido

desesperar (de.ses.pe.rar) *v.* **1** tirar a esperança a **2** perder a esperança

desespero (de.ses.pe.ro) *n.m.* **1** falta de esperança; desânimo **2** grande aflição; angústia

desfavorável (des.fa.vo.rá.vel) *adj.2gén.* prejudicial ANT. favorável

desfavorecer (des.fa.vo.re.cer) *v.* prejudicar ANT. favorecer

desfavorecido (des.fa.vo.re.ci.do) *adj.* **1** prejudicado ANT. favorecido **2** pobre

desfazer (des.fa.zer) *v.* desmanchar

desfecho (des.fe.cho) *n.m.* resultado final; conclusão

desfeito (des.fei.to) *adj.* **1** desmanchado **2** desunido **3** destruído

a
b
c
d
e
f
g
h
i
j
k
l
m
n
o
p
q
r
s
t
u
v
w
x
y
z

desfiar (des.fi.ar) *v.* **1** desfazer (um tecido) em fios **2** relatar com pormenor (uma história)

desfilada (des.fi.la.da) *n.f.* série de coisas que se sucedem umas atrás das outras

desfiladeiro (des.fi.la.dei.ro) *n.m.* passagem estreita entre montanhas

desfilar (des.fi.lar) *v.* **1** marchar em fila **2** participar num desfile de moda

desfile (des.fi.le) *n.m.* **1** marcha em fila ou em coluna **2** passagem de modelos

desfocado (des.fo.ca.do) *adj.* que não está focado ou nítido ANT. focado

desfocar (des.fo.car) *v.* retirar a nitidez a ANT. focar

desfolhada (des.fo.lha.da) *n.f.* operação que consiste em tirar as folhas que envolvem as espigas de milho

desfolhar (des.fo.lhar) *v.* tirar as folhas ou as pétalas a (cereal ou flor)

desforra (des.for.ra) *n.f.* vingança

desforrar-se (des.for.rar-se) *v.* vingar-se (desforrar-se de)

desfrutar (des.fru.tar) *v.* gozar; usufruir (desfrutar de)

desgastado (des.gas.ta.do) *adj.* **1** gasto (por fricção ou atrito); consumido (por tempo ou esforço) **2** cansado

desgastante (des.gas.tan.te) *adj.2gén.* **1** que desgasta ou consome **2** cansativo

desgastar (des.gas.tar) *v.* **1** gastar (por fricção ou atrito); consumir **2** enfraquecer

desgaste (des.gas.te) *n.m.* **1** alteração da forma por fricção ou atrito; corrosão **2** cansaço; enfraquecimento

desgostar (des.gos.tar) *v.* causar desgosto a

desgosto (des.gos.to) *n.m.* tristeza; mágoa

desgostoso (des.gos.to.so) *adj.* triste; infeliz

desgraça (des.gra.ça) *n.f.* situação ou coisa que provoca dor; infelicidade

desgraçado (des.gra.ça.do) *adj.* **1** infeliz **2** miserável

desgraçar (des.gra.çar) *v.* **1** tornar infeliz ou miserável **2** prejudicar; arruinar

desgrenhado (des.gre.nha.do) *adj.* despenteado

desidratação (de.si.dra.ta.ção) *n.f.* perda excessiva de água do organismo ANT. hidratação

desidratar (de.si.dra.tar) *v.* retirar água de ANT. hidratar ♦ **desidratar-se** perder água

design (dizáin) *n.m.* [*pl. designs*] aspeto exterior de um objeto

designação (de.sig.na.ção) *n.f.* **1** indicação **2** denominação **3** nomeação

designar (de.sig.nar) *v.* **1** indicar **2** denominar **3** nomear

designativo (de.sig.na.ti.vo) *adj.* que designa; indicativo

designer (dizáiner) *n.2gén.* [*pl. designers*] pessoa que desenha objetos, roupas, etc.; desenhador

desígnio (de.síg.ni.o) *n.m.* intenção; propósito

desigual (de.si.gual) *adj.2gén.* **1** diferente ANT. igual **2** irregular

desigualdade (de.si.gual.da.de) *n.f.* falta de igualdade ou de uniformidade; diferença ANT. igualdade

desiludido (de.si.lu.di.do) *adj.* dececionado

desiludir (de.si.lu.dir) *v.* causar deceção a; desapontar ♦ **desiludir-se** sofrer uma deceção; ficar desapontado; dececionar-se

desilusão (de.si.lu.são) *n.f.* sentimento de tristeza; deceção

desimpedir (de.sim.pe.dir) *v.* tirar o que impede ou obstrui

desinfeção (de.sin.fe.ção) *n.f.* destruição de agentes infeciosos (micróbios, bactérias, etc.)

desinfecção *a nova grafia é* **desinfeção**

desinfectante *a nova grafia é* **desinfetante**

desinfectar *a nova grafia é* **desinfetar**

desinfetante (de.sin.fe.tan.te) *n.m.* produto próprio para desinfetar

desinfetar (de.sin.fe.tar) *v.* limpar com desinfetante

desinteressado (de.sin.te.res.sa.do) *adj.* **1** sem interesse; indiferente ANT. interessado **2** imparcial

desinteressar (de.sin.te.res.sar) *v.* tirar o interesse a ◆ **desinteressar-se** perder o interesse por (desinteressar-se de)

desinteresse (de.sin.te.res.se) *n.m.* **1** indiferença ANT. interesse **2** descuido

desistência (de.sis.tên.ci.a) *n.f.* renúncia; abandono

desistir (de.sis.tir) *v.* não continuar (um trabalho, um projeto); renunciar a; abandonar (desistir de)

desktop (désctóp) *n.m.* [*pl. desktops*] apresentação, no ecrã do computador, de símbolos que representam programas, documentos, arquivos, pastas, etc.; área de trabalho

desleal (des.le.al) *adj.2gén.* falso; traidor ANT. leal

deslealdade (des.le.al.da.de) *n.f.* falta de lealdade; traição ANT. lealdade

desleixado (des.lei.xa.do) *adj.* que tem falta de cuidado; desmazelado

desligado (des.li.ga.do) *adj.* **1** que não está ligado (aparelho, máquina) **2** desinteressado (pessoa)

desligar (des.li.gar) *v.* **1** desfazer a ligação de; separar **2** interromper o funcionamento de (aparelho, máquina) **3** apagar (luz)

deslizar (des.li.zar) *v.* deslocar-se com suavidade; escorregar

deslize (des.li.ze) *n.m.* **1** ato ou efeito de deslizar; escorregadela **2** (*fig.*) pequeno erro ou engano; falha

deslocação (des.lo.ca.ção) *n.f.* **1** mudança de lugar **2** desarticulação de um osso

deslocado (des.lo.ca.do) *adj.* **1** colocado fora de seu lugar habitual **2** diz-se do osso desarticulado

deslocar (des.lo.car) *v.* **1** mudar (algo) do lugar habitual **2** tirar (um osso) da articulação

deslumbrado (des.lum.bra.do) *adj.* maravilhado; fascinado

deslumbrante (des.lum.bran.te) *adj. 2gén.* que deslumbra ou fascina; maravilhoso

deslumbrar (des.lum.brar) *v.* **1** ofuscar por excesso de luz ou brilho **2** fascinar; maravilhar

desmaiar (des.mai.ar) *v.* perder os sentidos

desmaio (des.mai.o) *n.m.* perda dos sentidos

desmancha-prazeres (des.man.cha-pra.ze.res) *n.2gén.2núm.* pessoa que estraga o divertimento dos outros

desmanchar (des.man.char) *v.* desfazer

desmarcar (des.mar.car) *v.* alterar a data de (encontro ou compromisso)

desmascarar (des.mas.ca.rar) *v.* **1** tirar a máscara a **2** dar a conhecer; revelar

desmentido (des.men.ti.do) *n.m.* declaração com que se desmente algo; negação

desmentir (des.men.tir) *v.* negar o que alguém afirmou; contradizer

desmontado (des.mon.ta.do) *adj.* **1** separado em partes; desfeito **2** que desceu do cavalo; apeado

desmontar (des.mon.tar) *v.* **1** separar as peças de; desfazer **2** descer de (cavalo); apear-se

desmontável (des.mon.tá.vel) *adj.2gén.* que pode ser desmontado

desmoronamento (des.mo.ro.na.men.to) *n.m.* desabamento; queda

desmoronar-se (des.mo.ro.nar-se) *v.* desabar; cair

desnaturado (des.na.tu.ra.do) *adj.* cruel; desumano

desnecessário (des.ne.ces.sá.ri.o) *adj.* que não é necessário; inútil **ANT.** necessário

desnível (des.ní.vel) *n.m.* **1** diferença de nível **2** desigualdade de valores

desnorteado (des.nor.te.a.do) *adj.* sem rumo; perdido

desobedecer (des.o.be.de.cer) *v.* não obedecer a; desrespeitar (desobedecer a)

desobediência (des.o.be.di.ên.ci.a) *n.f.* falta de obediência; rebeldia

desobediente (des.o.be.di.en.te) *adj.* que desobedece; rebelde

desocupado (des.o.cu.pa.do) *adj.* **1** que não está ocupado; vago (lugar) **2** que não tem em que se ocupar; ocioso (pessoa)

desocupar (des.o.cu.par) *v.* **1** sair de (um lugar) **2** esvaziar (um espaço) **3** deixar de usar (telefone, computador, etc.)

desodorizante (des.o.do.ri.zan.te) *n.m.* substância que elimina o mau cheiro

desolado (des.o.la.do) *adj.* **1** triste (pessoa) **2** despovoado (lugar)

desonestidade (des.o.nes.ti.da.de) *n.f.* falta de honestidade; má-fé **ANT.** honestidade

desonesto (des.o.nes.to) *adj.* falso; fingido **ANT.** honesto

desordeiro (des.or.dei.ro) *adj.* que provoca desordem ou confusão; arruaceiro

desordem (de.sor.dem) *n.f.* **1** confusão **2** briga

desordenado (de.sor.de.na.do) *adj.* que está fora da ordem; desarrumado

desordenar (de.sor.de.nar) *v.* pôr em desordem; desarrumar

desorganização (de.sor.ga.ni.za.ção) *n.f.* falta de organização; desordem

desorganizado (de.sor.ga.ni.za.do) *adj.* **1** desarrumado **2** confuso

desorganizar (de.sor.ga.ni.zar) *v.* lançar desordem em; desarrumar

desorientação (de.so.ri.en.ta.ção) *n.f.* **1** falta de orientação ou de rumo **2** falta de segurança; atrapalhação

desorientado (de.so.ri.en.ta.do) *adj.* **1** que perdeu o rumo; desnorteado **2** que não sabe o que dizer ou fazer; atrapalhado

desorientar (de.so.ri.en.tar) *v.* **1** fazer perder o rumo **2** atrapalhar ♦ **desorientar-se 1** perder o rumo **2** atrapalhar-se

desova (de.so.va) *n.f.* postura de ovos, especialmente de peixes

desovar (de.so.var) *v.* **1** realizar a postura de ovos (especialmente os peixes) **2** *(inform.)* dar à luz

despachado (des.pa.cha.do) *adj.* que resolve problemas com rapidez **SIN.** desembaraçado

despachar (des.pa.char) *v.* **1** resolver (um problema, um trabalho, etc.) **2** *(inform.)* mandar embora (alguém) ♦ **despachar-se** fazer algo com rapidez

despedaçar (des.pe.da.çar) *v.* fazer em pedaços **SIN.** partir, quebrar

despedida (des.pe.di.da) *n.f.* **1** partida; separação **2** *(fig.)* fim; conclusão

despedimento (des.pe.di.men.to) *n.m.* dispensa dos serviços de uma pessoa; demissão

despedir (des.pe.dir) *v.* **1** dispensar alguém do seu cargo ou da sua função;

demitir **2** mandar sair; despachar ◆
despedir-se 1 demitir-se **2** saudar alguém no momento da partida; dizer adeus

despeitado (des.pei.ta.do) *adj.* ressentido; melindrado

despeito (des.pei.to) *n.m.* ressentimento; melindre

despejado (des.pe.ja.do) *adj.* **1** derramado (líquido) **2** desocupado (lugar)

despejar (des.pe.jar) *v.* **1** esvaziar o conteúdo de; derramar **2** deixar de ocupar (um lugar); desocupar

despenhadeiro (des.pe.nha.dei.ro) *n.m.* lugar alto e escarpado; precipício

despenhar-se (des.pe.nhar-se) *v.* cair de uma grande altura; precipitar-se

despensa (des.pen.sa) *n.f.* compartimento onde se guardam alimentos

> Repara na diferença entre **despensa** (compartimento) e **dispensa** (licença).

despenteado (des.pen.te.a.do) *adj.* que não está penteado; desgrenhado

despentear (des.pen.te.ar) *v.* desfazer o penteado de; desgrenhar

despercebido (des.per.ce.bi.do) *adj.* que não foi visto ou notado

desperdiçar (des.per.di.çar) *v.* gastar com exagero; esbanjar

desperdício (des.per.dí.ci.o) *n.m.* **1** gasto exagerado; esbanjamento **2** uso sem proveito; perda

despertador (des.per.ta.dor) *n.m.* relógio com dispositivo para tocar a uma determinada hora para acordar alguém

despertar (des.per.tar) *v.* **1** acordar (do sono) **2** *(fig.)* estimular (sentimentos)

desperto (des.per.to) *adj.* acordado

despesa (des.pe.sa) *n.f.* gasto (de dinheiro)

despido (des.pi.do) *adj.* **1** que não tem roupa; nu **2** sem folhas (árvore) **3** sem ornamentos (estilo)

despique (des.pi.que) *n.m.* vingança; desforra

despir (des.pir) *v.* **1** tirar a roupa a ANT. vestir **2** tirar o revestimento a ◆ **despir-se** tirar a própria roupa

despistar-se (des.pis.tar-se) *v.* **1** perder a orientação **2** deslizar (o veículo) para fora da faixa de rodagem

despiste (des.pis.te) *n.m.* saída descontrolada do veículo da faixa de rodagem

despontar (des.pon.tar) *v.* começar a aparecer; surgir; nascer

desportista (des.por.tis.ta) *adj. e n.2gén.* que ou pessoa que pratica desporto

desportivismo (des.por.ti.vis.mo) *n.m.* característica de quem respeita as regras do desporto e sabe ganhar ou perder com boa disposição e respeito pelo(s) adversário(s)

desportivo (des.por.ti.vo) *adj.* relativo a desporto

desporto (des.por.to) *n.m.* **1** exercício físico praticado individualmente ou em equipa **2** divertimento; passatempo

desposar (des.po.sar) *v.* casar com

déspota (dés.po.ta) *n.2gén.* pessoa que exerce autoridade absoluta SIN. tirano

despotismo (des.po.tis.mo) *n.m.* **1** poder absoluto de um déspota SIN. tirania **2** forma de governo baseada nesse poder

despovoado (des.po.vo.a.do) *adj.* diz-se do lugar que não tem habitantes nem casas

despovoar (des.po.vo.ar) *v.* tornar desabitado ◆ **despovoar-se** ficar sem habitantes

desprender (des.pren.der) *v.* soltar o que estava preso; desatar

despreocupação (des.pre.o.cu.pa.ção) *n.f.* ausência de preocupação SIN. tranquilidade

despreocupado (des.pre.o.cu.pa.do) *adj.* que não tem preocupação SIN. tranquilo

desprevenido (des.pre.ve.ni.do) *adj.* 1 que não se preveniu 2 que não foi informado 3 *(inform.)* sem dinheiro

desprezado (des.pre.za.do) *adj.* 1 menosprezado 2 ignorado

desprezar (des.pre.zar) *v.* 1 menosprezar 2 ignorar

desprezível (des.pre.zí.vel) *adj.2gén.* que merece desprezo

desprezo (des.pre.zo) *n.m.* 1 falta de estima por; desconsideração 2 falta de atenção a; indiferença

despropositado (des.pro.po.si.ta.do) *adj.* que não vem a propósito; disparatado

despropósito (des.pro.pó.si.to) *n.m.* disparate; tolice

desprotegido (des.pro.te.gi.do) *adj.* sem proteção; desamparado

desqualificação (des.qua.li.fi.ca.ção) *n.f.* exclusão de prova, concurso, etc.; desclassificação

desqualificado (des.qua.li.fi.ca.do) *adj.* excluído ou eliminado de prova, concurso, etc.; desclassificado

desqualificar (des.qua.li.fi.car) *v.* excluir ou eliminar de prova, concurso, etc.; desclassificar

desrespeitar (des.res.pei.tar) *v.* faltar ao respeito a; desconsiderar ANT. respeitar

desse (des.se) contração da preposição *de* com o pronome ou adjetivo demonstrativo *esse*

destacado (des.ta.ca.do) *adj.* que está em evidência; saliente

destacar (des.ta.car) *v.* 1 dar destaque a; sublinhar 2 separar; desunir ◆ **destacar-se** ter destaque; sobressair

destacável (des.ta.cá.vel) *adj.2gén.* que se pode destacar ◆ *n.m.* parte separável de uma publicação (livro, revista, jornal)

destapar (des.ta.par) *v.* retirar a tampa ou a cobertura a; descobrir (o que estava tapado)

destaque (des.ta.que) *n.m.* relevo; realce

deste (des.te) contração da preposição *de* com o pronome ou adjetivo demonstrativo *este*

destemido (des.te.mi.do) *adj.* que não tem medo SIN. corajoso, valente

desterrar (des.ter.rar) *v.* 1 fazer sair alguém de sua terra natal; exilar 2 pôr em lugar afastado; isolar

desterro (des.ter.ro) *n.m.* 1 exílio 2 isolamento

destilação (des.ti.la.ção) *n.f.* processo de separação de líquidos por evaporação, com condensação posterior

destilar (des.ti.lar) *v.* 1 provocar a separação de um líquido por evaporação e condensação do vapor 2 cair ou escorrer em gotas

destilaria (des.ti.la.ri.a) *n.f.* fábrica onde se faz a destilação

destinar (des.ti.nar) *v.* 1 guardar (algo) para um dado fim; reservar 2 decidir; resolver

destinatário (des.ti.na.tá.ri.o) *n.m.* 1 pessoa a quem se envia algo 2 pessoa a quem se dirige uma mensagem; recetor

destino (des.ti.no) *n.m.* 1 fim; objetivo 2 futuro; sorte

destoar (des.to.ar) *v.* 1 estar em desarmonia; desafinar 2 não concordar com; discordar

destravar (des.tra.var) *v.* soltar o travão ou freio

destreza (des.tre.za) *n.f.* agilidade; desembaraço

destro (des.tro) *adj.* **1** diz-se da pessoa que usa preferencialmente a mão direita **2** ágil; desembaraçado

destroçar (des.tro.çar) *v.* causar a destruição de; quebrar

destroços (des.tro.ços) *n.m.pl.* ruínas; restos

destronar (des.tro.nar) *v.* tirar do trono

destruição (des.tru.i.ção) *n.f.* **1** eliminação total; exterminação **2** ruína; perda

destruidor (des.trui.dor) *adj.* que destrói ou que serve para destruir SIN. destrutivo

destruir (des.tru.ir) *v.* **1** desfazer ANT. construir **2** demolir **3** arruinar

destrutivo (des.tru.ti.vo) *adj.* que destrói; destruidor ANT. construtivo

desumano (de.su.ma.no) *adj.* cruel

desunião (de.su.ni.ão) *n.f.* **1** separação **2** desarmonia

desunir (de.su.nir) *v.* **1** separar **2** desarmonizar

desvairado (des.vai.ra.do) *adj.* **1** que perdeu o juízo; alucinado **2** que perdeu o rumo; desnorteado

desvairar (des.vai.rar) *v.* perder o juízo; alucinar

desvantagem (des.van.ta.gem) *n.f.* falta de vantagem; prejuízo ANT. vantagem

desvendar (des.ven.dar) *v.* **1** destapar (os olhos) **2** dar a conhecer

desviado (des.vi.a.do) *adj.* **1** que está fora da posição normal; deslocado **2** que foi afastado do lugar próprio; extraviado

desviar (des.vi.ar) *v.* **1** deslocar **2** extraviar

desvio (des.vi.o) *n.m.* **1** mudança de caminho ou de posição **2** estrada secundária **3** extravio (de correspondência, dinheiro, etc.)

detalhado (de.ta.lha.do) *adj.* com muitos detalhes ou pormenores SIN. pormenorizado

detalhe (de.ta.lhe) *n.m.* característica particular SIN. pormenor

detectar *a nova grafia é* **detetar**

detective *a nova grafia é* **detetive**

detenção (de.ten.ção) *n.f.* prisão

deter (de.ter) *v.* **1** fazer parar **2** prender **3** conservar em seu poder ◆ **deter-se 1** parar **2** demorar-se

detergente (de.ter.gen.te) *n.m.* líquido para lavar ou limpar

deterioração (de.te.ri.o.ra.ção) *n.f.* **1** alteração para pior **2** perda de qualidade

deteriorar (de.te.ri.o.rar) *v.* **1** fazer perder a qualidade ou as características de (produto, alimento) **2** piorar (situação, saúde)

determinação (de.ter.mi.na.ção) *n.f.* **1** ordem; decisão **2** força de vontade; coragem

determinado (de.ter.mi.na.do) *adj.* **1** decidido (escolha, data) **2** firme (pessoa) ◆ *det.indef.>quant.exist.*[DT] certo; dado

determinante (de.ter.mi.nan.te) *n.m.* palavra que precede o nome, concordando com ele em género e número

determinar (de.ter.mi.nar) *v.* **1** fixar **2** decidir **3** causar

determinativo (de.ter.mi.na.ti.vo) *adj.* **1** que determina **2** que está antes de um nome, determinado-o

detestar (de.tes.tar) *v.* odiar

detestável (de.tes.tá.vel) *adj.2gén.* horrível

detetar (de.te.tar) *v.* descobrir (algo escondido ou oculto)

detetive (de.te.ti.ve) *n.2gén.* agente policial ou investigador privado que se dedica à pesquisa de informação e provas sobre possíveis crimes

a b c d e f g h i j k l m n o p q r s t u v w x y z

detido (de.ti.do) *adj.* preso

detonação (de.to.na.ção) *n.f.* ruído causado por explosão

detonar (de.to.nar) *v.* **1** fazer explodir **2** explodir

detrás (de.trás) *adv.* **1** na parte posterior **2** em seguida; depois

detrimento (de.tri.men.to) *n.m.* prejuízo; perda

detrito (de.tri.to) *n.m.* resíduo ◆ **detritos** *n.m.pl.* lixo

deturpar (de.tur.par) *v.* **1** alterar a forma de; deformar **2** danificar; estragar

deus (deus) *n.m.* **1** ser sobrenatural ao qual se presta veneração **2** *(fig.)* indivíduo com qualidades excecionais

Deus (Deus) *n.m.* para os cristãos, ser superior e criador de todas as coisas

deusa (deu.sa) *n.f.* **1** divindade feminina **2** *(fig.)* mulher bela

deus-dará (deus-da.rá) *elem. da loc.adv.* **ao deus-dará:** à toa; à sorte

devagar (de.va.gar) *adv.* sem pressa; lentamente ANT. depressa

devagarinho (de.va.ga.ri.nho) *adv.* muito devagar

devaneio (de.va.nei.o) *n.m.* fantasia; sonho

devastação (de.vas.ta.ção) *n.f.* destruição total; ruína

devastar (de.vas.tar) *v.* destruir completamente; arruinar

dever (de.ver) *v.* **1** ter obrigação de **2** ter de pagar (dívida) **3** estar reconhecido a **4** ter dívidas **5** ser provável ◆ *n.m.* obrigação de fazer ou não fazer uma coisa, segundo a lei ou a própria consciência ◆ **deveres** *n.m.pl.* trabalho(s) que o professor estabelece para o aluno realizar fora do horário das aulas

devidamente (de.vi.da.men.te) *adv.* como deve ser; corretamente

devido (de.vi.do) *adj.* **1** que se deve **2** necessário; obrigatório

devoção (de.vo.ção) *n.f.* **1** sentimento religioso; fé **2** afeição; dedicação

devolução (de.vo.lu.ção) *n.f.* ato ou efeito de devolver SIN. restituição

devolver (de.vol.ver) *v.* dar ou entregar de volta SIN. restituir

devorar (de.vo.rar) *v.* **1** comer rapidamente e com grande vontade **2** *(fig.)* destruir rápida e completamente

devoto (de.vo.to) *adj.* que tem devoção; religioso

dez (dez) *num.card.>quant.num.*DT nove mais um ◆ *n.m.* o número 10

dezanove (de.za.no.ve) *num.card.> quant.num.*DT dez mais nove ◆ *n.m.* o número 19

dezasseis (de.zas.seis) *num.card.> quant.num.*DT dez mais seis ◆ *n.m.* o número 16

dezassete (de.zas.se.te) *num.card.> quant.num.*DT dez mais sete ◆ *n.m.* o número 17

dezembro (de.zem.bro) *n.m.* décimo segundo e último mês do ano; *ver nota em* **mês**

dezena (de.ze.na) *n.f.* conjunto de dez unidades

dezoito (de.zoi.to) *num.card.>quant. num.*DT dez mais oito ◆ *n.m.* o número 18

dia (di.a) *n.m.* **1** tempo entre o nascer e o pôr do sol ANT. noite **2** período de 24 horas; **dia de São Nunca (à tarde):** dia que nunca chegará; jamais; **dia e noite:** constantemente; **dia santo:** dia consagrado ao culto e no qual não se trabalha; **dia sim, dia não:** em dias alternados; de dois em dois dias; **dia útil:** dia destinado à realização de atividades profissionais

dia-a-dia *a nova grafia é* **dia a dia**

dia a dia (di.a a di.a) *n.m.* [*pl.* dia a dias] sucessão de dias; quotidiano

diabetes (di.a.be.tes) *n.f.2núm.* doença caracterizada por excesso de açúcar no sangue

diabético (di.a.bé.ti.co) *adj.* relativo a diabetes ◆ *n.m.* pessoa que sofre de diabetes

diabo (di.a.bo) *n.m.* espírito do mal; demónio; **enquanto o diabo esfrega um olho:** rapidamente; num instante

diabo-azul (di.a.bo-a.zul) *n.m.* [*pl.* diabos-azuis] peixe pequeno, de coloração azul vivo nos machos, de tom mais carregado nas barbatanas da cauda e anal

diabólico (di.a.bó.li.co) *adj.* próprio do diabo; malvado

diabrete (di.a.bre.te) *n.m.* criança travessa

diabrura (di.a.bru.ra) *n.f.* travessura; traquinice

diacho (di.a.cho) *n.m.* (*inform.*) diabo

diadema (di.a.de.ma) *n.m.* coroa

diafragma (di.a.frag.ma) *n.m.* nos mamíferos, músculo que separa a cavidade torácica da cavidade abdominal, intervindo na função respiratória

diagnosticar (di.ag.nos.ti.car) *v.* determinar a origem de (doença, problema, etc.)

diagnóstico (di.ag.nós.ti.co) *n.m.* exame médico para procurar descobrir a causa de uma doença

diagonal (di.a.go.nal) *adj.* inclinado; oblíquo ◆ *n.f.* segmento de reta que une dois vértices consecutivos de um polígono ou de um poliedro

diagrama (di.a.gra.ma) *n.m.* representação gráfica de dados, factos, etc.; esquema

dialecto *a nova grafia é* **dialeto**

dialeto (di.a.le.to) *n.m.* variante local ou regional de uma língua

dialogar (di.a.lo.gar) *v.* conversar

diálogo (di.á.lo.go) *n.m.* conversa entre duas ou mais pessoas

diamante (di.a.man.te) *n.m.* pedra preciosa muito dura e brilhante

diâmetro (di.â.me.tro) *n.m.* segmento de reta que passa pelo centro de um círculo, dividindo-o em duas partes iguais

diante (di.an.te) *adv.* **1** na frente; perante **2** em primeiro lugar

dianteira (di.an.tei.ra) *n.f.* parte anterior; frente

diapasão (di.a.pa.são) *n.m.* pequeno instrumento metálico usado para afinar vozes e instrumentos

diapositivo (di.a.po.si.ti.vo) *n.m.* imagem fotográfica numa película transparente que pode ser observada com um projetor

diária (di.á.ri.a) *n.f.* quantia que se paga por dia por hospedagem ou internamento

diariamente (di.á.ri.a.men.te) *adv.* todos os dias

diário (di.á.ri.o) *adj.* que se faz ou que acontece todos os dias; quotidiano ◆ *n.m.* **1** registo escrito daquilo que se faz ou que acontece em cada dia **2** jornal que é publicado todos os dias

diarreia (di.ar.rei.a) *n.f.* perturbação intestinal que provoca evacuação frequente de fezes líquidas

dica (di.ca) *n.f.* palpite; sugestão

dicção (dic.ção) *n.f.* maneira de dizer ou de pronunciar as palavras

dicionário (di.ci.o.ná.ri.o) *n.m.* livro que explica o significado das palavras de uma língua

dicotomia (di.co.to.mi.a) *n.f.* divisão de uma coisa em duas partes

dicotómico (di.co.tó.mi.co) *adj.* dividido em dois

didáctica *a nova grafia é* **didática**

didáctico *a nova grafia é* **didático**

didática (di.dá.ti.ca) *n.f.* ciência que estuda os métodos e as técnicas de ensino

didático (di.dá.ti.co) *adj.* **1** relativo ao ensino **2** próprio para ensinar

diegese (di.e.ge.se) *n.f.* texto narrativo; história narrada

dieta (di.e.ta) *n.f.* regime especial de alimentação (por razões de saúde, para perder peso, etc.)

diferença (di.fe.ren.ça) *n.f.* **1** aquilo que distingue uma coisa de outra **2** falta de equilíbrio ou de harmonia **3** resultado da operação de subtração

diferençar (di.fe.ren.çar) *v.* **1** estabelecer a diferença entre **2** distinguir; reconhecer

diferenciação (di.fe.ren.ci.a.ção) *n.f.* estabelecimento de diferença(s) entre

diferenciar (di.fe.ren.ci.ar) *v.* → **diferençar**

diferente (di.fe.ren.te) *adj.2gén.* **1** que tem diferença(s); diverso **2** que tem variedade; variado **3** pouco frequente; raro

diferir (di.fe.rir) *v.* ser diferente; distinguir-se (diferir de)

difícil (di.fí.cil) *adj.2gén.* **1** que apresenta dificuldade; complicado ANT. fácil **2** que exige esforço; árduo

dificílimo (di.fi.cí.li.mo) *adj.* [*superl. de* difícil] muito difícil

dificuldade (di.fi.cul.da.de) *n.f.* **1** qualidade do que é difícil **2** complicação **3** obstáculo

dificultar (di.fi.cul.tar) *v.* **1** tornar difícil ou trabalhoso; complicar **2** pôr dificuldade ou obstáculo a; estorvar

difteria (dif.te.ri.a) *n.f.* doença infetocontagiosa causada por uma bactéria, que afeta a boca, a garganta, o nariz e, por vezes, os brônquios

difundido (di.fun.di.do) *adj.* espalhado; divulgado

difundir (di.fun.dir) *v.* espalhar; divulgar

♦ **difundir-se** espalhar-se; divulgar-se

difusão (di.fu.são) *n.f.* **1** divulgação (de ideias, notícias, informações) **2** transmissão (de programa de rádio, televisão, etc.)

digerido (di.ge.ri.do) *adj.* **1** transformado pela digestão **2** *(fig.)* compreendido; entendido

digerir (di.ge.rir) *v.* **1** fazer a digestão (de alimentos) **2** *(fig.)* compreender (uma explicação, uma informação)

digestão (di.ges.tão) *n.f.* transformação dos alimentos no aparelho digestivo de modo a poderem ser absorvidos pelo organismo

digestivo (di.ges.ti.vo) *adj.* **1** relativo a digestão **2** que ajuda a digestão

digitado (di.gi.ta.do) *adj.* **1** que tem dedos; que se assemelha a dedo(s) **2** introduzido no computador por meio de um teclado

digital (di.gi.tal) *adj.2gén.* **1** relativo a dedo(s) **2** relativo a dígito (algarismo)

digitalização (di.gi.ta.li.za.ção) *n.f.* ato ou processo de digitalizar

digitalizador (di.gi.ta.li.za.dor) *n.m.* aparelho que transforma imagens e textos em dados digitais reconhecíveis pelo computador

digitalizar (di.gi.ta.li.zar) *v.* converter (texto ou imagem) em dados que o computador pode processar

digitar (di.gi.tar) *v.* **1** pressionar (tecla) com os dedos **2** introduzir (informações) por meio de um teclado

dígito (dí.gi.to) *n.m.* algarismo

dignar-se (dig.nar-se) *v.* **1** ter a bondade de **2** fazer o favor de

dignidade (dig.ni.da.de) *n.f.* **1** modo de ser ou de atuar que é digno de respeito; distinção **2** pessoa que ocupa um cargo importante; autoridade

digno (dig.no) *adj.* **1** que merece (respeito, admiração, etc.) **2** que revela dignidade; respeitável **3** que está de acordo com; apropriado

dígrafo (dí.gra.fo) *n.m.* conjunto de duas letras que representam um único som (como *ch*, *lh*, *nh*, *ss* e *rr*)

digressão (di.gres.são) *n.f.* **1** viagem com paragens, geralmente para dar espetáculos; *tournée* **2** desvio do tema de uma conversa; divagação

dilatação (di.la.ta.ção) *n.f.* **1** aumento do tamanho ou do volume; ampliação **2** aumento da extensão; prolongamento

dilatado (di.la.ta.do) *adj.* **1** ampliado **2** prolongado

dilatar (di.la.tar) *v.* **1** aumentar o tamanho ou o volume de; ampliar **2** aumentar a extensão de; prolongar

dilema (di.le.ma) *n.m.* situação em que se é obrigado a escolher entre duas alternativas e não se sabe qual a melhor

diligência (di.li.gên.ci.a) *n.f.* **1** cuidado e rapidez na execução de uma tarefa; zelo **2** medida necessária para alcançar um dado fim; providência **3** antiga carruagem

diligente (di.li.gen.te) *adj.* **1** cuidadoso; zeloso **2** rápido; ágil

diluente (di.lu.en.te) *n.m.* substância que se junta a outra para diminuir a sua concentração

diluição (di.lu.i.ção) *n.f.* diminuição da concentração de uma substância

diluir (di.lu.ir) *v.* diminuir a intensidade ou a concentração de

dilúvio (di.lú.vi.o) *n.m.* chuva muito intensa

dimensão (di.men.são) *n.f.* tamanho ou extensão de alguma coisa; medida

diminuendo (di.mi.nu.en.do) *n.m.* número de que se subtrai outro na operação de subtração

diminuição (di.mi.nu.i.ção) *n.f.* **1** redução em tamanho, grau ou quantidade **2** operação de subtração

diminuidor (di.mi.nu.i.dor) *n.m.* número que se subtrai de outro na operação de subtração; subtrativo

diminuir (di.mi.nu.ir) *v.* **1** tornar menor; reduzir **ANT.** aumentar **2** subtrair (um número de outro)

diminutivo (di.mi.nu.ti.vo) *n.m.* diz-se do grau dos nomes e adjetivos que exprime a ideia de pequenez ou redução (por exemplo *casinha*: casa pequena, *baixinho*: em voz baixa) ou carinho (*mãezinha*, *avozinho*) **ANT.** aumentativo

diminuto (di.mi.nu.to) *adj.* muito pequeno em tamanho ou quantidade; reduzido

dinamarquês (di.na.mar.quês) *adj.* relativo à Dinamarca (país do norte da Europa) ♦ *n.m.* **1** pessoa natural da Dinamarca **2** língua oficial da Dinamarca

dinâmica (di.nâ.mi.ca) *n.f.* movimento ou força que produz uma ação

dinâmico (di.nâ.mi.co) *adj.* **1** relativo ao movimento **2** ativo; enérgico

dinamismo (di.na.mis.mo) *n.m.* atividade; energia

dinamite (di.na.mi.te) *n.f.* explosivo muito potente

dinamizar (di.na.mi.zar) *v.* tornar dinâmico; aumentar a atividade de; incentivar

dinastia (di.nas.ti.a) *n.f.* série de reis ou rainhas da mesma família que se sucedem no trono

dinheirão (di.nhei.rão) *n.m.* (*inform.*) grande quantidade de dinheiro

dinheiro (di.nhei.ro) *n.m.* moeda em metal ou em papel; numerário

dinossáurio (di.nos.sáu.ri.o) *n.m.* → **dinossauro**

dinossauro (di.nos.sau.ro) *n.m.* réptil de grandes dimensões, herbívoro ou

a b c **d** e f g h i j k l m n o p q r s t u v w x y z

carnívoro, com cabeça pequena e cauda longa, extinto há milhões de anos

diospireiro (di.os.pi.rei.ro) *n.m.* árvore que produz os dióspiros

diospiro (di.os.pi.ro) *n.m.* → **dióspiro**

dióspiro (di.ós.pi.ro) *n.m.* fruto com casca avermelhada, polpa gelatinosa e doce

dióxido (di.ó.xi.do) *n.m.* óxido com dois átomos de oxigénio e um átomo de outro elemento

diploma (di.plo.ma) *n.m.* título ou documento que confirma que alguém fez um curso

diplomacia (di.plo.ma.ci.a) *n.f.* **1** estudo das relações políticas, económicas e culturais entre países **2** delicadeza no tratamento de problemas ou negócios; tato

diplomar (di.plo.mar) *v.* atribuir um diploma a ◆ **diplomar-se** terminar um curso superior

diplomata (di.plo.ma.ta) *n.2gén.* **1** pessoa que representa os interesses de um país junto de outro país **2** pessoa com jeito para resolver situações complicadas

diplomático (di.plo.má.ti.co) *adj.* **1** relativo a diplomacia **2** hábil a resolver situações difíceis **3** discreto; reservado

dique (di.que) *n.m.* construção destinada a parar ou desviar águas correntes

diquende (di.quen.de) *n.m. (Ang.)* broa de milho salgada ou doce, cozida em folhas de bananeira, de milho ou de palmeira; quende

direção (di.re.ção) *n.f.* **1** sentido; orientação **2** administração; gerência **3** endereço; morada

direcção *a nova grafia é* **direção**

direccionado *a nova grafia é* **direcionado**

direccionar *a nova grafia é* **direcionar**

direcionado (di.re.ci.o.na.do) *adj.* dirigido; orientado

direcionar (di.re.ci.o.nar) *v.* encaminhar numa direção; dirigir para

directiva *a nova grafia é* **diretiva**

directivo *a nova grafia é* **diretivo**

directo *a nova grafia é* **direto**

director *a nova grafia é* **diretor**

directório *a nova grafia é* **diretório**

direita (di.rei.ta) *n.f.* **1** lado direito ANT. esquerda **2** mão direita

direitinho (di.rei.ti.nho) *adv. (inform.)* sem desvios ou paragens; diretamente ◆ *adj. (inform.)* que se comporta sempre corretamente, sem falha(s)

direito (di.rei.to) *adj.* **1** que segue a lei **2** sem erros **3** sincero **4** que está no lado do corpo humano oposto ao do coração ◆ *n.m.* **1** possibilidade, definida na lei, que as pessoas têm de fazer ou exigir algo **2** ciência que estuda as leis e a aplicação da justiça; **direitos humanos**: direitos considerados próprios de qualquer ser humano, independentemente da sua raça, sexo, idade e religião (direito à liberdade, à justiça, à igualdade, etc.)

diretiva (di.re.ti.va) *n.f.* documento que indica objetivos a atingir ou planos a executar

diretivo (di.re.ti.vo) *adj.* relativo a direção

direto (di.re.to) *adj.* **1** em linha reta; direto ANT. indireto **2** sem desvios; imediato

diretor (di.re.tor) *n.m.* aquele que dirige; administrador

diretório (di.re.tó.ri.o) *n.m.* área de disco do computador destinada ao armazenamento de ficheiros

dirigente (di.ri.gen.te) *n.2gén.* chefe; líder

dirigir (di.ri.gir) *v.* **1** chefiar; liderar **2** orientar; guiar **3** *(Bras.)* conduzir

dirigível (di.ri.gí.vel) *n.m.* grande balão comprido, cheio de gás, que se movimenta no ar por meio de hélices e lemes

discernimento (dis.cer.ni.men.to) *n.m.* **1** capacidade de compreender ou de avaliar **2** conhecimento; entendimento

disciplina (dis.ci.pli.na) *n.f.* **1** conjunto de leis ou normas que regem certas atividades ou instituições ANT. indisciplina **2** obediência às regras **3** área de conhecimentos; matéria

disciplinado (dis.ci.pli.na.do) *adj.* **1** obediente ANT. indisciplinado **2** metódico

disciplinar (dis.ci.pli.nar) *adj.2gén.* relativo a disciplina ♦ *v.* **1** fazer obedecer a regras **2** impor disciplina ou método

discípulo (dis.cí.pu.lo) *n.m.* aluno; apóstolo

disco (dis.co) *n.m.* **1** objeto chato e circular onde se gravam sons para serem reproduzidos num aparelho próprio **2** peça circular para lançamento, usada em atletismo; **disco voador:** objeto que algumas pessoas afirmam ter visto na atmosfera e cuja origem é desconhecida

disco-jóquei (dis.co-jó.quei) *n.2gén.* [*pl.* disco-jóqueis] pessoa que faz a seleção musical numa discoteca ou num bar

discordância (dis.cor.dân.ci.a) *n.f.* diferença de opiniões; divergência

discordante (dis.cor.dan.te) *adj.2gén.* que discorda

discordar (dis.cor.dar) *v.* não concordar com (alguém); ter opinião diferente ANT. concordar (discordar de)

discórdia (dis.cór.di.a) *n.f.* falta de acordo entre pessoas; desentendimento; desavença

discoteca (dis.co.te.ca) *n.f.* sala de diversão onde se pode ouvir música e dançar

discreto (dis.cre.to) *adj.* reservado; calado

discrição (dis.cri.ção) *n.f.* reserva; modéstia

> Repara que **discrição** (reserva, modéstia) é diferente de **descrição** (retrato).

discriminação (dis.cri.mi.na.ção) *n.f.* tratamento injusto ou desigual dado a alguém por causa da sua origem, raça, etc.; marginalização

discriminado (dis.cri.mi.na.do) *adj.* que é objeto de discriminação; marginalizado

discriminar (dis.cri.mi.nar) *v.* tratar (alguém) de forma injusta ou desigual por causa da sua origem, raça, etc.; marginalizar

discursar (dis.cur.sar) *v.* fazer um discurso; falar em público

discurso (dis.cur.so) *n.m.* mensagem oral, sobre determinado assunto, que uma pessoa apresenta em público

discussão (dis.cus.são) *n.f.* zanga; briga

discutição (dis.cu.ti.ção) *n.f. (CV)* discussão

discutir (dis.cu.tir) *v.* **1** examinar (um assunto) levantando questões **2** ter uma discussão (com alguém)

discutível (dis.cu.tí.vel) *adj.2gén.* **1** que se pode discutir **2** duvidoso

disdangudo (dis.dan.gu.do) *adj. (gb.)* desprezado; ignorado

disfarçado (dis.far.ça.do) *adj.* mascarado; fantasiado

disfarçar (dis.far.çar) *v.* encobrir; tapar; ocultar ♦ **disfarçar-se** mascarar-se; fantasiar-se

disfarce (dis.far.ce) *n.m.* **1** máscara; fantasia **2** *(fig.)* fingimento; dissimulação

disforme (dis.for.me) *adj.2gén.* **1** enorme **2** deformado

dislexia (dis.le.xi.a) *n.f.* perturbação na capacidade de leitura que se manifesta por falta e troca de letras, erros, etc.

disléxico (dis.lé.xi.co) *adj.* que sofre de dislexia

díspar (dís.par) *adj.2gén.* diferente; desigual

disparado (dis.pa.ra.do) *adj.* muito rápido; veloz

disparador (dis.pa.ra.dor) *n.m.* **1** numa arma de fogo, peça que faz disparar o tiro; gatilho **2** numa máquina fotográfica, mecanismo que controla o diafragma

disparar (dis.pa.rar) *v.* dar um ou mais tiros; atirar (sobre)

disparatado (dis.pa.ra.ta.do) *adj.* sem sentido; despropositado

disparatar (dis.pa.ra.tar) *v.* dizer ou fazer disparates

disparate (dis.pa.ra.te) *n.m.* coisa que se faz ou se diz sem pensar SIN. absurdo, tolice

disparo (dis.pa.ro) *n.m.* tiro

dispêndio (dis.pên.di.o) *n.m.* gasto de dinheiro

dispendioso (dis.pen.di.o.so) *adj.* caro

dispensa (dis.pen.sa) *n.f.* licença; permissão

> Repara na diferença entre **dispensa** (licença) e **despensa** (compartimento).

dispensado (dis.pen.sa.do) *adj.* **1** que obteve dispensa ou licença **2** que foi despedido

dispensar (dis.pen.sar) *v.* **1** conceder dispensa a; isentar (de um dever ou de uma obrigação) **2** despedir; demitir

dispensável (dis.pen.sá.vel) *adj.2gén.* escusado

dispersão (dis.per.são) *n.f.* **1** afastamento de pessoas ou coisas em várias direções **2** falta de concentração

dispersar (dis.per.sar) *v.* fazer ir (pessoas ou coisas) em várias direções; espalhar

disperso (dis.per.so) *adj.* espalhado

displicente (dis.pli.cen.te) *adj.2gén.* que não tem alegria SIN. descontente

disponibilidade (dis.po.ni.bi.li.da.de) *n.f.* qualidade do que está disponível

disponibilizar (dis.po.ni.bi.li.zar) *v.* tornar disponível; pôr à disposição

disponível (dis.po.ní.vel) *adj.2gén.* **1** que se pode utilizar; acessível **2** que não está ocupado; livre

dispor (dis.por) *v.* **1** arrumar **2** organizar **3** utilizar (dispor de) ♦ **dispor-se 1** preparar-se **2** decidir-se (dispor-se a)

> **Dispor** escreve-se sem acento circunflexo no **o**.

disposição (dis.po.si.ção) *n.f.* **1** colocação (de objetos) segundo determinada ordem **2** estado de espírito **3** vontade (de fazer algo)

dispositivo (dis.po.si.ti.vo) *n.m.* mecanismo próprio para determinado fim

disposto (dis.pos.to) *adj.* **1** colocado de certa forma **2** decidido **3** com vontade

disputa (dis.pu.ta) *n.f.* **1** discussão **2** competição **3** rivalidade

disputar (dis.pu.tar) *v.* **1** lutar ou competir por **2** discutir

disquete (dis.que.te) *n.f.* pequeno disco magnético, protegido por uma cobertura plástica, usado para armazenar dados informáticos, e que pode ser removido do computador

dissabor (dis.sa.bor) *n.m.* **1** desgosto **2** contratempo

dissaquela (dis.sa.que.la) *n.f. (Ang.)* ritual de evocação dos espíritos

disseminação (dis.se.mi.na.ção) *n.f.* dispersão

disseminar (dis.se.mi.nar) *v.* espalhar

dissilábico (dis.si.lá.bi.co) *adj.* diz-se da palavra que tem duas sílabas

dissílabo (dis.sí.la.bo) *n.m.* palavra que tem duas sílabas

dissimulação (dis.si.mu.la.ção) *n.f.* ocultação (de sentimentos, intenções, etc.); fingimento

dissimulado (dis.si.mu.la.do) *adj.* disfarçado; fingido

dissimular (dis.si.mu.lar) *v.* ocultar (sentimentos, intenções, etc.); fingir

dissipação (dis.si.pa.ção) *n.f.* ato ou efeito de (se) dissipar; desaparecimento

dissipar (dis.si.par) *v.* fazer desaparecer ♦ **dissipar-se** desaparecer

disso (dis.so) contração da preposição *de* com o pronome demonstrativo *isso*

dissociar (dis.so.ci.ar) *v.* separar ♦ **dissociar-se** separar-se

dissolução (dis.so.lu.ção) *n.f.* **1** ato ou efeito de (se) dissolver **2** rutura (de relação, casamento, contrato, etc.)

dissolvente (dis.sol.ven.te) *n.m.* substância líquida que transforma um corpo sólido, líquido ou gasoso numa solução homogénea

dissolver (dis.sol.ver) *v.* **1** desfazer (uma substância sólida, em pó ou pastosa) num líquido **2** anular (casamento, contrato, etc.)

dissolvido (dis.sol.vi.do) *adj.* desfeito

dissuadir (dis.su.a.dir) *v.* fazer (alguém) mudar de opinião SIN. convencer

distância (dis.tân.ci.a) *n.f.* **1** espaço existente entre dois pontos ou dois lugares **2** lapso de tempo entre dois momentos **3** afastamento; separação

distanciar (dis.tan.ci.ar) *v.* mover para longe; afastar ♦ **distanciar-se** afastar-se

distante (dis.tan.te) *adj.2gén.* afastado (no espaço ou no tempo); longínquo; remoto

distar (dis.tar) *v.* estar distante (distar de)

distensão (dis.ten.são) *n.f.* **1** deslocamento ou torção violenta (de músculo, ligamento, etc.) **2** relaxamento

dístico (dís.ti.co) *n.m.* **1** estrofe composta por dois versos **2** letreiro; rótulo

distinção (dis.tin.ção) *n.f.* **1** diferença **2** elegância **3** condecoração

distinguir (dis.tin.guir) *v.* **1** perceber a diferença entre **2** ver ao longe ♦ **distinguir-se** destacar-se

distintivo (dis.tin.ti.vo) *n.m.* placa metálica que se utiliza para identificar uma pessoa ou o cargo que ocupa na sua profissão SIN. emblema, insígnia

distinto (dis.tin.to) *adj.* **1** diferente **2** nítido **3** elegante

disto (dis.to) contração da preposição *de* com o pronome demonstrativo *isto*

distorção (dis.tor.ção) *n.f.* **1** deformação **2** deturpação

distorcer (dis.tor.cer) *v.* **1** alterar a forma de alguma coisa; deformar **2** alterar o sentido das palavras de alguém; deturpar

distração (dis.tra.ção) *n.f.* **1** falta de atenção; desatenção **2** esquecimento **3** divertimento

distracção *a nova grafia é* **distração**

distraído (dis.tra.í.do) *adj.* **1** sem atenção; absorto **2** entretido

distrair (dis.tra.ir) *v.* entreter ♦ **distrair-se 1** descuidar-se **2** entreter-se

distribuição (dis.tri.bu.i.ção) *n.f.* **1** ato ou efeito de distribuir; repartição **2** ato ou efeito de dispor de determinada forma; disposição

a b c d e f g h i j k l m n o p q r s t u v w x y z

distribuidor (dis.tri.bu.i.dor) *n.m.* **1** pessoa que distribui **2** empresa responsável pela distribuição de determinados produtos no mercado

distribuir (dis.tri.bu.ir) *v.* dar a várias pessoas; repartir; dividir

distrital (dis.tri.tal) *adj.2gén.* relativo a distrito

distrito (dis.tri.to) *n.m.* parte em que se divide um território para fins administrativos

distúrbio (dis.túr.bi.o) *n.m.* perturbação da ordem SIN. agitação, confusão

ditado (di.ta.do) *n.m.* **1** texto que uma pessoa escreve enquanto outra pessoa lê em voz alta **2** dito popular; provérbio

ditador (di.ta.dor) *n.m.* pessoa que controla todos os poderes do Estado e exerce poder absoluto

ditadura (di.ta.du.ra) *n.f.* **1** sistema de governo em que o poder é exercido por uma pessoa, não respeitando os direitos e liberdades dos cidadãos **2** país que tem um sistema ditatorial

ditar (di.tar) *v.* dizer em voz alta (frase, texto) para que outra pessoa escreva

ditatorial (di.ta.to.ri.al) *adj.2gén.* próprio de ditadura

ditenda (di.ten.da) *n.f. (Ang.)* oficina; fábrica

dito (di.to) *n.m.* **1** aquilo que se diz ou disse; afirmação **2** expressão popular; máxima; **dito e feito:** feito logo a seguir; sem interrupção

ditongo (di.ton.go) *n.m.* grupo de dois fonemas (vogal e semivogal) que se pronunciam de uma só vez (como em *mãe, não, céu* e *aula*)

diurno (di.ur.no) *adj.* que acontece durante o dia

diva (di.va) *n.f.* **1** deusa **2** *(fig.)* mulher muito bela

divã (di.vã) *n.m.* sofá sem costas nem braços

divagação (di.va.ga.ção) *n.f.* **1** ato de caminhar sem rumo **2** desvio do assunto principal

divagar (di.va.gar) *v.* **1** caminhar sem rumo; vaguear **2** afastar-se do assunto principal **3** sonhar

divergência (di.ver.gên.ci.a) *n.f.* **1** afastamento progressivo **2** diferença de opinião

divergente (di.ver.gen.te) *adj.2gén.* **1** que se afasta **2** que tem opinião diferente; oposto

divergir (di.ver.gir) *v.* **1** afastar-se progressivamente **2** estar em desacordo; opor-se

diversão (di.ver.são) *n.f.* **1** distração; passatempo **2** mudança de rumo; desvio

diversidade (di.ver.si.da.de) *n.f.* variedade; multiplicidade

diversificar (di.ver.si.fi.car) *v.* tornar diferente; variar

diverso (di.ver.so) *adj.* **1** diferente **2** variado

divertido (di.ver.ti.do) *adj.* que diverte ou faz rir; engraçado ANT. aborrecido

divertimento (di.ver.ti.men.to) *n.m.* distração; passatempo

divertir (di.ver.tir) *v.* **1** distrair; entreter **2** fazer rir ◆ **divertir-se** distrair-se; entreter-se

dívida (dí.vi.da) *n.f.* **1** quantia em dinheiro que se deve (a alguém) **2** obrigação moral em relação a alguém

dividendo (di.vi.den.do) *n.m.* número que é dividido por outro na operação de divisão

dividido (di.vi.di.do) *adj.* **1** separado **2** discordante

dividir (di.vi.dir) *v.* **1** repartir; distribuir **2** demarcar; limitar

divinal (di.vi.nal) *adj.2gén.* maravilhoso; fantástico

divindade (di.vin.da.de) *n.f.* deus

divino (di.vi.no) *adj.* **1** relativo a deus **2** *(fig.)* perfeito

divisão (di.vi.são) *n.f.* **1** ato de dividir uma coisa em partes **2** operação pela qual se determina quantas vezes uma quantidade está contida noutra **3** linha de separação **4** falta de acordo; desavença **5** conjunto de equipas desportivas da mesma categoria

divisível (di.vi.sí.vel) *adj.2gén.* que pode ser dividido

divisor (di.vi.sor) *n.m.* número pelo qual se divide outro

divisória (di.vi.só.ri.a) *n.f.* linha ou parede que separa; divisão

divorciado (di.vor.ci.a.do) *adj.* e *n.m.* que ou pessoa que se divorciou

divorciar-se (di.vor.ci.ar-se) *v.* separar-se legalmente (pessoas casadas) (divorciar-se de)

divórcio (di.vór.ci.o) *n.m.* separação legal de duas pessoas casadas

divulgação (di.vul.ga.ção) *n.f.* ato de divulgar (um facto, uma notícia); difusão

divulgar (di.vul.gar) *v.* tornar público (facto, notícia); difundir

dizamba (di.zam.ba) *n.f.* (*Ang.*) chapéu de palha de abas largas

dizer (di.zer) *v.* **1** exprimir por palavras; afirmar **2** comunicar **3** aconselhar **4** celebrar (missa) **5** falar; **dizer adeus:** despedir-se de alguém; **dizer respeito a:** ser relativo a; **por assim dizer:** mais ou menos; **quer dizer:** ou melhor

dízima (dí.zi.ma) *n.f.* décima parte

dizuzo (di.zu.zo) *adj.* (*Ang.*) tolo; petulante

DJ *sigla de* **d**isco-**j**óquei

djico (dji.co) *n.m.* (*Moç.*) pequeno passeio; volta

dlim (dlim) *interj.* imita o som de campainhas, sinos e outros instrumentos

do (do) contração da preposição p *de* com o artigo ou pronome demonstrativo *o*

dó (dó) *n.m.* **1** compaixão; pena **2** primeira nota da escala musical

doação (do.a.ção) *n.f.* **1** ato de doar alguma coisa a alguém **2** transmissão de bens

doador (do.a.dor) *n.m.* **1** pessoa que dá alguma coisa **2** pessoa que dá o próprio sangue ou órgãos para transfusão ou transplante

doar (do.ar) *v.* **1** dar alguma coisa a alguém **2** transmitir a posse de bens

dobar (do.bar) *v.* fazer novelos (de lã ou fio)

dobra (do.bra) *n.f.* **1** prega; vinco **2** unidade monetária de São Tomé e Príncipe

dobradiça (do.bra.di.ça) *n.f.* peça de metal sobre a qual gira uma porta ou janela

dobrado (do.bra.do) *adj.* virado sobre si mesmo; curvado; enrolado

dobragem (do.bra.gem) *n.f.* substituição das partes faladas ou cantadas de um filme ou programa, por outras, numa língua diferente

dobrar (do.brar) *v.* **1** vincar (papel, tecido) **2** duplicar (número, valor) **3** curvar **4** tocar (os sinos) ◆ **dobrar-se** curvar-se; vergar-se

dobrável (do.brá.vel) *adj.2gén.* que se pode dobrar

dobro (do.bro) *num.mult.>quant.num.*^{DT} que equivale a duas vezes a mesma quantidade ◆ *n.m.* valor ou quantidade duas vezes maior

doca (do.ca) *n.f.* zona de um porto destinada à carga e descarga das embarcações

a
b
c
d
e
f
g
h
i
j
k
l
m
n
o
p
q
r
s
t
u
v
w
x
y
z

doçaria (do.ça.ri.a) *n.f.* **1** grande quantidade de doces **2** confeitaria

doce (do.ce) *adj.2gén.* **1** preparado com açúcar ANT. salgado **2** *(fig.)* meigo ♦ *n.m.* alimento feito com açúcar; guloseima

doceira (do.cei.ra) *n.f.* mulher que fabrica ou vende doces

docemente (do.ce.men.te) *adv.* com delicadeza; suavemente

docente (do.cen.te) *adj.2gén.* relativo ao ensino ♦ *n.2gén.* professor(a); **corpo docente:** conjunto dos professores de uma escola

dócil (do.cil) *adj.2gén.* **1** obediente **2** meigo

docodela (do.co.de.la) *n.2gén.* *(Moç.)* doutor; médico

documentação (do.cu.men.ta.ção) *n.f.* conjunto de documentos

documental (do.cu.men.tal) *adj.2gén.* **1** relativo a documento **2** baseado em documento

documentar (do.cu.men.tar) *v.* **1** provar (alguma coisa) com documentos **2** registar (algo) em documento(s)

documentário (do.cu.men.tá.ri.o) *n.m.* filme informativo curto que trata de factos históricos ou de assuntos da atualidade

documento (do.cu.men.to) *n.m.* **1** declaração escrita **2** aquilo que serve de prova; testemunho

doçura (do.çu.ra) *n.f.* **1** qualidade do que é doce **2** *(fig.)* meiguice

dodecaedro (do.de.ca.e.dro) *n.m.* poliedro de doze faces

doença (do.en.ça) *n.f.* **1** alteração do estado normal do organismo **2** *(fig.)* mania; **doença crónica:** doença que se prolonga ao longo da vida e que geralmente evolui de forma lenta

doente (do.en.te) *adj.2gén.* **1** que tem alguma doença; enfermo ANT. são,

saudável **2** *(inform.)* que é apaixonado por (uma atividade, um clube, etc.) ♦ *n.m.* pessoa que sofre de alguma doença SIN. paciente

doentio (do.en.ti.o) *adj.* **1** mórbido **2** prejudicial

doer (do.er) *v.* causar dor; magoar

doidice (doi.di.ce) *n.f.* falta de juízo; loucura

doido (doi.do) *adj.* que perdeu o juízo SIN. louco, maluco

dói-dói (dói-dói) *n.m.* [*pl.* dói-dóis] *(infant.)* ferida; dor

dois (dois) *num.card.>quant.num.* um mais um ♦ *n.m.* o número 2; **dois a dois:** aos pares

dólar (dó.lar) *n.m.* moeda dos Estados Unidos da América e do Canadá

dólmen (dól.men) *n.m.* [*pl.* dólmenes] construção pré-histórica feita de grandes pedras e semelhante a uma mesa

dolorido (do.lo.ri.do) *adj.* **1** magoado **2** triste

doloroso (do.lo.ro.so) *adj.* **1** que provoca dor **2** que causa desgosto

dom (dom) *n.m.* aptidão inata para fazer algo SIN. talento

domador (do.ma.dor) *n.m.* homem que domestica animais

domar (do.mar) *v.* amansar (um animal selvagem); domesticar

domba (dom.ba) *n.f.* *(Moç.)* casa dos espíritos; templo

domesticado (do.mes.ti.ca.do) *adj.* amansado

domesticar (do.mes.ti.car) *v.* amansar (um animal selvagem); domar

domesticável (do.mes.ti.cá.vel) *adj.2gén.* que pode ser domesticado

doméstico (do.més.ti.co) *adj.* **1** relativo ao lar ou à família **2** diz-se do animal criado em casa

domiciliário (do.mi.ci.li.á.ri.o) *adj.* relativo a casa

domicílio (do.mi.cí.li.o) *n.m.* residência; casa

dominador (do.mi.na.dor) *adj.* **1** que domina **2** autoritário

dominante (do.mi.nan.te) *adj.2gén.* **1** que domina **2** principal

dominar (do.mi.nar) *v.* **1** ter autoridade sobre; controlar **2** ter mais importância; prevalecer

domingo (do.min.go) *n.m.* primeiro dia da semana

domínio (do.mí.ni.o) *n.m.* **1** poder que se tem sobre algo ou alguém SIN. autoridade **2** conhecimento que se tem de uma disciplina ou área **3** direito legal de propriedade

dominó (do.mi.nó) *n.m.* jogo de 28 peças retangulares com pintas escuras marcadas de 1 a 6; **efeito dominó:** sucessão inevitável de factos, geralmente negativos, desencadeados por um facto inicial

donativo (do.na.ti.vo) *n.m.* **1** oferta; presente **2** contribuição (em dinheiro)

donde (don.de) contração da preposição *de* com o advérbio *onde*

doninha (do.ni.nha) *n.f.* pequeno mamífero carnívoro, de corpo esguio e patas curtas

dono (do.no) *n.m.* proprietário

donzela (don.ze.la) *n.f.* rapariga solteira

dopar (do.par) *v.* dar (a uma pessoa ou a um animal) uma droga para tornar mais ágil

doping (dóping) *n.m.* substância química que se dá a uma pessoa ou a um animal para lhe aumentar artificialmente a resistência e o desempenho

dor (dor) *n.f.* **1** sensação dolorosa; sofrimento **2** mágoa; tristeza; **dor de cotovelo:** inveja; ciúme

dorido (do.ri.do) *adj.* que tem dor SIN. magoado

dormência (dor.mên.ci.a) *n.f.* **1** vontade de dormir; sonolência **2** sensação de formigueiro nas mãos ou nos pés

dormente (dor.men.te) *adj.2gén.* **1** que dorme; adormecido **2** sem sensibilidade; entorpecido

dorminhoco (dor.mi.nho.co) *adj.* que dorme muito; que gosta muito de dormir

dormir (dor.mir) *v.* estar adormecido; descansar

dormitar (dor.mi.tar) *v.* dormir com sono leve

dormitório (dor.mi.tó.ri.o) *n.m.* quarto onde dormem muitas pessoas

dorna (dor.na) *n.f.* recipiente onde se pisam as uvas e se conserva o mosto

dorsal (dor.sal) *adj.2gén.* relativo à parte posterior do corpo

dorso (dor.so) *n.m.* região posterior do corpo; costas

dose (do.se) *n.f.* **1** quantidade um medicamento ou de uma substância que se toma de uma vez **2** qualquer quantidade de alguma coisa

dosear (do.se.ar) *v.* **1** dividir em doses **2** dar a dose certa

dossiê (dos.si.ê) *n.m.* → *dossier*

dossier (dossiê) *n.m.* [*pl. dossiers*] **1** conjunto de documentos relativos a determinado assunto, pessoa ou acontecimento **2** caderno, pasta ou arquivo que contém esses documentos

dotado (do.ta.do) *adj.* constituído; composto

dotar (do.tar) *v.* fornecer (dotar de)

dote (do.te) *n.m.* conjunto de bens que antigamente a mulher recebia da sua família quando casava

dourada (dou.ra.da) *n.f.* peixe com escamas douradas encontrado no Atlântico e no Mediterrâneo

dourado (dou.ra.do) *adj.* **1** que tem a cor do ouro **2** coberto de ouro

a b c d e f g h i j k l m n o p q r s t u v w x y z

dourar (dou.rar) *v.* cobrir de ouro; dar a cor do ouro a

doutor (dou.tor) *n.m.* **1** médico **2** indivíduo que fez o doutoramento

doutorado (dou.to.ra.do) *adj. e n.m.* que ou aquele que recebeu o grau de doutor

doutoramento (dou.to.ra.men.to) *n.m.* curso superior de investigação numa determinada área de conhecimento

doutrina (dou.tri.na) *n.f.* conjunto de princípios em que se baseia uma religião, um sistema político, etc.

doutro (dou.tro) contração da preposição *de* com o pronome demonstrativo *outro*

doze (do.ze) *num.card.>quant.num.*ᴰᵀ dez mais dois ♦ *n.m.* o número 12

Dr. *abrev. de* Doutor

Dra. *abrev. de* Doutora

dragão (dra.gão) *n.m.* animal imaginário com o corpo coberto de escamas, asas, garras, cauda de serpente e língua comprida, que deita fogo pela boca

drageia (dra.gei.a) *n.f.* comprimido

drama (dra.ma) *n.m.* **1** peça ou composição própria para ser encenada; tragédia **2** *(fig.)* situação triste

dramático (dra.má.ti.co) *adj.* **1** relativo a drama **2** *(fig.)* muito triste

dramatismo (dra.ma.tis.mo) *n.m.* **1** qualidade do que é dramático **2** reação excessiva perante determinada situação

dramatização (dra.ma.ti.za.ção) *n.f.* **1** transformação de um texto em peça de teatro **2** importância excessiva dada a uma situação

dramatizar (dra.ma.ti.zar) *v.* **1** adaptar (um texto) à forma dramática **2** dar demasiada importância a uma situação

dramaturgia (dra.ma.tur.gi.a) *n.f.* arte de compor peças de teatro

dramaturgo (dra.ma.tur.go) *n.m.* autor de peças de teatro

drapejar (dra.pe.jar) *v.* **1** oscilar ao vento; esvoaçar **2** dispor (um tecido) formando dobras ou ondas

drástico (drás.ti.co) *adj.* violento; radical

drenagem (dre.na.gem) *n.f.* escoamento de águas de terrenos encharcados

drenar (dre.nar) *v.* escoar as águas de (um terreno)

driblar (dri.blar) *v.* **1** enganar o adversário com movimentos do corpo, sem largar a bola; fintar **2** fazer fintas

drible (dri.ble) *n.m.* manobra feita com a bola para evitar que o adversário a apanhe; finta

drive (dráive) *n.f.* [*pl. drives*] unidade de disco de um computador destinada a armazenar dados que podem ser recuperados; leitor

droga (dro.ga) *n.f.* **1** substância que se toma para alterar o estado de espírito e que, normalmente causa dependência, além de ter graves efeitos físicos e mentais; estupefaciente **2** *(pop.)* coisa muito desagradável

drogado (dro.ga.do) *adj.* que está sob o efeito de drogas; dopado

drogaria (dro.ga.ri.a) *n.f.* loja onde se vendem produtos de limpeza, artigos de higiene, etc.

dromedário (dro.me.dá.ri.o) *n.m.* mamífero que tem uma bossa no dorso e o pescoço mais curto que o do camelo

dropes (dro.pes) *n.m.2núm.* *(Bras.)* tipo de rebuçado

druida (drui.da) *n.m.* sacerdote gaulês ou celta que exercia as funções de professor e de juiz

drupa (dru.pa) *n.f.* fruto carnoso com semente muito dura

dual (du.al) *adj.2gén.* **1** relativo a dois **2** composto de duas partes

ducal (du.cal) *adj.2gén.* relativo ao duque

duche (du.che) *n.m.* **1** jato de água que se lança sobre o corpo **2** banho de chuveiro

duelo (du.e.lo) *n.m.* combate entre duas pessoas por motivos de honra; luta

duende (du.en.de) *n.m.* criatura imaginária que, segundo a lenda, aparece de noite, fazendo travessuras

dueto (du.e.to) *n.m.* composição musical executada por dois instrumentos ou duas vozes

dulcíssimo (dul.cís.si.mo) *adj.* [*superl. de* doce] extremamente doce

dum (dum) contração da preposição *de* com o artigo ou pronome indefinido *um*

dumba nengue (dum.ba nen.gue) *n.m.* (*Moç.*) mercado ambulante espontâneo

dumba nengueiro (dum.ba nen.guei.ro) *n.m.* (*Moç.*) vendedor de um mercado ambulante

duna (du.na) *n.f.* monte de areia

duo (du.o) *n.m.* conjunto de duas pessoas ou de duas vozes

duodécimo (du.o.dé.ci.mo) *num.ord.> adj.num.*[DT] décimo segundo

duodeno (du.o.de.no) *n.m.* parte inicial do intestino delgado

dupla (du.pla) *n.f.* conjunto de duas pessoas

duplex *n.m.* → **dúplex**

dúplex (dú.plex) *n.m.* apartamento de dois pisos

duplicação (du.pli.ca.ção) *n.f.* **1** repetição **2** dobro

duplicado (du.pli.ca.do) *adj.* repetido ◆ *n.m.* cópia

duplicar (du.pli.car) *v.* **1** repetir **2** multiplicar por dois

duplo (du.plo) *num.mult.>quant.num.*[DT] que contém duas vezes a mesma quantidade ◆ *n.m.* **1** quantidade duas vezes maior que outra; dobro **2** no cinema, pessoa que substitui o ator ou a atriz nas cenas mais perigosas

duque (du.que) *n.m.* [*f.* duquesa] soberano de um ducado

durabilidade (du.ra.bi.li.da.de) *n.f.* qualidade do que dura muito tempo; resistência

duração (du.ra.ção) *n.f.* tempo entre o princípio e o fim de algo

duradouro (du.ra.dou.ro) *adj.* que dura muito tempo

durante (du.ran.te) *prep.* **1** no tempo de **2** no espaço de

durar (du.rar) *v.* **1** ter a duração de **2** continuar a existir **3** não se gastar

durável (du.rá.vel) *adj.2gén.* → **duradouro**

dureza (du.re.za) *n.f.* **1** qualidade do que é duro **2** dificuldade **3** severidade

duro (du.ro) *adj.* **1** que é rijo; sólido **ANT.** mole **2** difícil; árduo **3** severo; rigoroso

dúvida (dú.vi.da) *n.f.* **1** incerteza; hesitação **2** desconfiança; suspeita; **por via das dúvidas:** à cautela; **sem dúvida:** certamente

duvidar (du.vi.dar) *v.* **1** não estar convencido de alguma coisa **2** não acreditar no que alguém diz **3** considerar algo impossível

duvidoso (du.vi.do.so) *adj.* **1** que não é certo ou seguro; incerto **2** que não inspira confiança; suspeito

duzentos (du.zen.tos) *num.card.>quant. num.*[DT] cem mais cem ◆ *n.m.* o número 200

dúzia (dú.zi.a) *n.f.* conjunto de doze unidades; **às dúzias:** em grande número; em grande quantidade

DVD *n.m.* disco ótico com uma grande capacidade de armazenamento de imagens e sons em formato digital

E

e (é) *n.m.* vogal, quinta letra do alfabeto, que está entre as letras *d* e *f*

e (i) *conj.* **1** liga duas ou mais palavras ou frases, com a ideia de; enumeração (*estes e aqueles*); adição (*um e um são dois*) **2** usa-se para reforçar (*e agora, que fazemos?*)

E *símbolo de* este

EB *sigla de* Ensino Básico

ébano (é.ba.no) *n.m.* madeira muito resistente e escura, quase preta

ébola (é.bo.la) *n.m.* **1** doença contagiosa que provoca febre, hemorragias graves e, frequentemente, a morte **2** vírus causador dessa doença

ébrio (é.bri.o) *adj.* embriagado; bêbedo

ebulição (e.bu.li.ção) *n.f.* **1** ato ou efeito de ferver; efervescência **2** (*fig.*) euforia; excitação

echarpe (e.char.pe) (*exárpe*) *n.f.* [*pl. écharpes*] tira de tecido, geralmente comprida e leve, usada sobre os ombros ou ao pescoço

éclair (eclér) *n.m.* [*pl. éclairs*] pequeno bolo alongado, feito de massa de fartos e recheado com creme

eclesiástico (e.cle.si.ás.ti.co) *adj.* relativo à Igreja ou ao clero

eclipse (e.clip.se) *n.m.* ocultação total ou parcial de um astro por outro

eclodir (e.clo.dir) *v.* aparecer; surgir

eclosão (e.clo.são) *n.f.* aparecimento; surgimento

eco (e.co) *n.m.* repetição de um som; repercussão

ecoar (e.co.ar) *v.* **1** produzir eco **2** repetir-se

ecocentro (e.co.cen.tro) *n.m.* local destinado à receção e recolha de materiais de grandes dimensões, como eletrodomésticos ou móveis

ecografia (e.co.gra.fi.a) *n.f.* **1** técnica que permite a visualização de órgãos internos do corpo através de ultrassons **2** imagem obtida através dessa técnica

ecologia (e.co.lo.gi.a) *n.f.* disciplina que estuda as relações dos seres vivos entre si e com o meio ambiente

ecológico (e.co.ló.gi.co) *adj.* relativo a ecologia

ecologista (e.co.lo.gis.ta) *n.2gén.* pessoa que luta pela defesa e proteção do ambiente; ambientalista

economia (e.co.no.mi.a) *n.f.* ciência que se ocupa da produção e consumo de bens e serviços e da circulação da riqueza ♦ **economias** *n.f.pl.* dinheiro que se poupa; poupanças

económico (e.co.nó.mi.co) *adj.* **1** relativo a economia **2** poupado **3** barato

economista (e.co.no.mis.ta) *n.2gén.* especialista em economia

economizar (e.co.no.mi.zar) *v.* poupar

ecoponto (e.co.pon.to) *n.m.* conjunto de contentores para recolha de materiais recicláveis, como vidro, plástico e papel

ecosfera (e.cos.fe.ra) *n.f.* zona da Terra onde se desenvolvem os seres vivos

ecossistema (e.cos.sis.te.ma) *n.m.* conjunto formado por um meio ambiente e pelos seres vivos que o ocupam

ecoturismo (e.co.tu.ris.mo) *n.m.* turismo que procura proteger os recursos naturais de um local, sem ameaçar a sua conservação; turismo ecológico

ecrã (e.crã) *n.m.* **1** superfície de vidro onde se veem imagens; monitor **2** superfície branca na qual se projetam imagens; tela

éden (é.den) *n.m.* paraíso

edição (e.di.ção) *n.f.* impressão e publicação de uma obra

edificação (e.di.fi.ca.ção) *n.f.* **1** construção (de um edifício) **2** *(fig.)* fundação (de uma teoria, associação, etc.)

edificar (e.di.fi.car) *v.* **1** construir (um edifício) **2** *(fig.)* fundar (uma teoria, associação, etc.)

edifício (e.di.fí.ci.o) *n.m.* construção; prédio

editar (e.di.tar) *v.* publicar (uma obra, um livro)

editor (e.di.tor) *n.m.* aquele que publica livros e outras obras

editora (e.di.to.ra) *n.f.* empresa que se dedica à edição de livros e de outras obras

editorial (e.di.to.ri.al) *adj.2gén.* relativo a editor ou à edição ◆ *n.m.* artigo principal de um jornal ◆ *n.f.* editora

edredão (e.dre.dão) *n.m.* coberta acolchoada para a cama

educação (e.du.ca.ção) *n.f.* **1** processo de aquisição de conhecimentos e/ou aptidões; ensino; formação **2** boas maneiras; cortesia; **educação especial:** educação dirigida a alunos com necessidades educativas especiais; **educação física:** disciplina que tem o objetivo de desenvolver e agilizar o corpo por meio de exercícios próprios

educacional (e.du.ca.ci.o.nal) *adj.2gén.* relativo a educação

educado (e.du.ca.do) *adj.* **1** instruído **2** cortês

educador (e.du.ca.dor) *n.m.* pessoa que educa; **educador(a) de infância:** pessoa que se dedica ao ensino pré-escolar

educar (e.du.car) *v.* transmitir ensinamentos a; dar educação a; ensinar; instruir

educativo (e.du.ca.ti.vo) *adj.* **1** relativo a educação **2** que educa; instrutivo

efectivamente *a nova grafia é* **efetivamente**

efectivar *a nova grafia é* **efetivar**

efectivo *a nova grafia é* **efetivo**

efectuar *a nova grafia é* **efetuar**

efeito (e.fei.to) *n.m.* **1** consequência; resultado **2** impressão; sensação; **efeito de estufa:** aquecimento da superfície terrestre causado pela retenção do calor solar provocada pela poluição atmosférica; **efeitos especiais:** simulação de imagens ou sons através de recursos técnicos (óticos, digitais ou mecânicos)

efémero (e.fé.me.ro) *adj.* que dura pouco tempo SIN. passageiro, temporário

efervescência (e.fer.ves.cên.ci.a) *n.f.* **1** fervura; ebulição **2** *(fig.)* euforia; excitação

efervescente (e.fer.ves.cen.te) *adj.2gén.* **1** que ferve ou forma bolhas **2** *(fig.)* eufórico; excitado

efetivamente (e.fe.ti.va.men.te) *adv.* na realidade; de facto

efetivar (e.fe.ti.var) *v.* **1** tornar efetivo; realizar **2** nomear (uma pessoa) para cargo ou função permanente

efetivo (e.fe.ti.vo) *adj.* **1** concreto; real **2** permanente; fixo

efetuar (e.fe.tu.ar) *v.* fazer; realizar

eficácia (e.fi.cá.ci.a) *n.f.* **1** capacidade de uma causa produzir um resultado **2** capacidade de cumprir os objetivos; eficiência

eficaz (e.fi.caz) *adj.2gén.* **1** que produz o seu efeito **2** que cumpre os objetivos; eficiente

eficiência (e.fi.ci.ên.ci.a) *n.f.* **1** capacidade para produzir um dado efeito em pouco tempo ou com poucos custos **2** capacidade produtiva de uma empresa; rendimento

eficiente (e.fi.ci.en.te) *adj.2gén.* que cumpre os objetivos pretendidos; eficaz

efusivo (e.fu.si.vo) *adj.* expansivo; comunicativo

egípcio (e.gíp.ci.o) *adj.* relativo ao Egito ♦ *n.m.* pessoa natural do Egito

ego (e.go) *n.m.* personalidade de uma pessoa

egocêntrico (e.go.cên.tri.co) *adj.* que só pensa em si próprio

egocentrismo (e.go.cen.tris.mo) *n.m.* preocupação exclusiva consigo e com os seus próprios interesses

egoísmo (e.go.ís.mo) *n.m.* preocupação com os seus próprios interesses, sem pensar nos interesses dos outros

egoísta (e.go.ís.ta) *adj.2gén.* diz-se da pessoa que apenas se preocupa consigo e com os seus interesses

égua (é.gua) *n.f.* fêmea do cavalo

eia (ei.a) *interj.* **1** exprime surpresa **2** usada para animar ou estimular

eira (ei.ra) *n.f.* terreno liso, onde se secam e limpam os cereais; **sem eira nem beira:** na miséria

eis (eis) *adv.* aqui está; veja(m)

eito (ei.to) *n.m.* sucessão de coisas; **a eito:** sem interrupção; seguido

eixo (ei.xo) *n.m.* **1** peça cilíndrica em torno da qual certos corpos giram **2** linha imaginária que passa pelo centro da Terra e sobre a qual este planeta roda

ejaculação (e.ja.cu.la.ção) *n.f.* **1** expulsão de um líquido com força; jato **2** saída de esperma pela uretra

ela (e.la) *pron.pess.* pessoa ou coisa de quem se fala (género feminino); **agora é que são elas!:** agora é que vai ser!; **ela por ela:** mais ou menos igual

elaboração (e.la.bo.ra.ção) *n.f.* **1** preparação cuidada **2** produção; realização

elaborado (e.la.bo.ra.do) *adj.* **1** produzido; realizado **2** cheio de detalhes ou ornamentos; rico

elaborar (e.la.bo.rar) *v.* **1** preparar **2** produzir

elasticidade (e.las.ti.ci.da.de) *n.f.* **1** propriedade de um corpo retornar a sua forma original depois de sofrer deformação **sin.** flexibilidade **2** capacidade de se adaptar a novas circunstâncias ou situações

elástico (e.lás.ti.co) *adj.* extensível **sin.** flexível ♦ *n.m.* cordão, fita ou tecido de material que retoma a sua forma depois de ser esticado

ele (e.le) *pron.pess.* pessoa ou coisa de quem se fala (género masculino)

electrão *a nova grafia é* **eletrão**

electricidade *a nova grafia é* **eletricidade**

electricista *a nova grafia é* **eletricista**

eléctrico *a nova grafia é* **elétrico**

electrificar *a nova grafia é* **eletrificar**

electrocardiograma *a nova grafia é* **eletrocardiograma**

electrocussão *a nova grafia é* **eletrocussão**

electrocutado *a nova grafia é* **eletrocutado**

electrodoméstico *a nova grafia é* **eletrodoméstico**

electrónica *a nova grafia é* **eletrónica**

elefante (e.le.fan.te) *n.m.* grande animal mamífero com uma tromba comprida e móvel e dois grandes dentes de

marfim, que vive em regiões quentes;
elefante marinho: espécie do grupo
das focas

elegância (e.le.gân.ci.a) *n.f.* bom gosto;
requinte ANT. deselegância

elegante (e.le.gan.te) *adj.* que tem bom
gosto; requintado ANT. deselegante

eleger (e.le.ger) *v.* escolher por meio de
votação

elegia (e.le.gi.a) *n.f.* poema lírico de tom
triste

eleição (e.lei.ção) *n.f.* escolha por meio
de votos; votação

eleito (e.lei.to) *adj.* escolhido por meio
de votação

eleitor (e.lei.tor) *n.m.* pessoa que vota
ou que pode votar

eleitorado (e.lei.to.ra.do) *n.m.* conjunto
de pessoas que têm o direito de votar

eleitoral (e.lei.to.ral) *adj.2gén.* relativo a
eleição

elementar (e.le.men.tar) *adj.2gén.* básico; fundamental

elemento (e.le.men.to) *n.m.* **1** aquilo que
faz parte de um todo; componente
2 informação; dado

elenco (e.len.co) *n.m.* lista com os nomes dos atores que participaram num
filme

eletrão (e.le.trão) *n.m.* partícula de eletricidade negativa

eletricidade (e.le.tri.ci.da.de) *n.f.* forma
de energia que pode ser transformada
em outras formas, como calor, luz, movimento, etc.

eletricista (e.le.tri.cis.ta) *n.2gén.* pessoa
que se dedica à montagem e repara-
ção de instalações elétricas

elétrico (e.lé.tri.co) *adj.* **1** relativo a eletricidade **2** *(fig.)* muito rápido ◆ *n.m.* veículo movido a eletricidade sobre carris
de ferro

eletrificar (e.le.tri.fi.car) *v.* instalar dispositivo elétrico em

eletrocardiograma (e.le.tro.car.di.o.
gra.ma) *n.m.* representação gráfica do
funcionamento do coração

eletrocussão (e.le.tro.cus.são) *n.m.*
morte por descarga elétrica

eletrocutado (e.le.tro.cu.ta.do) *adj.*
morto por choque elétrico

eletrodoméstico (e.le.tro.do.més.ti.co)
n.m. utensílio elétrico de uso doméstico (como aspirador, fogão, ferro, etc.)

eletrónica (e.le.tró.ni.ca) *n.f.* parte da física que estuda os circuitos elétricos
que têm válvulas

elevação (e.le.va.ção) *n.f.* **1** altura **2** subida **3** monte

elevado (e.le.va.do) *adj.* **1** alto **2** superior

elevador (e.le.va.dor) *n.m.* aparelho
mecânico que transporta pessoas ou
carga para um andar superior ou inferior; ascensor

elevar (e.le.var) *v.* **1** pôr num lugar mais
alto; levantar **2** aumentar (preço, quantidade)

eliminação (e.li.mi.na.ção) *n.f.* ato de
eliminar algo ou alguém; exclusão

eliminar (e.li.mi.nar) *v.* retirar; excluir

eliminatória (e.li.mi.na.tó.ri.a) *n.f.* prova
que serve para selecionar os concorrentes de um concurso ou de uma
competição

elipse (e.lip.se) *n.f.* omissão de uma ou
mais palavras da frase que se suben-
tendem a partir do contexto

elite (e.li.te) *n.f.* grupo de pessoas que
se destaca pelo prestígio ou poder que
tem

elmo (el.mo) *n.m.* capacete com viseira
e crista usado até ao século XVI

elo (e.lo) *n.m.* cada um dos anéis de
uma cadeia ou corrente

a
b
c
d
e
f
g
h
i
j
k
l
m
n
o
p
q
r
s
t
u
v
w
x
y
z

elogiar (e.lo.gi.ar) *v.* fazer elogio(s); enaltecer; louvar

elogio (e.lo.gi.o) *n.m.* expressão de admiração por alguém; louvor

eloquência (e.lo.quên.ci.a) *n.f.* capacidade de falar ou de convencer com facilidade

eloquente (e.lo.quen.te) *adj.2gén.* que se fala ou que convence com facilidade

el-rei (el-rei) *n.m.* antiga forma de designar o rei

elucidar (e.lu.ci.dar) *v.* tornar claro SIN. explicar, esclarecer

elucidativo (e.lu.ci.da.ti.vo) *adj.* que elucida ou torna claro SIN. esclarecedor

em (em) *prep.* indicativa de várias relações, como lugar, tempo, modo, causa, fim, etc.

emagrecer (e.ma.gre.cer) *v.* tornar-se magro; perder peso ANT. engordar

emagrecimento (e.ma.gre.ci.men.to) *n.m.* perda de peso

email (imeil) *n.m.* [*pl. emails*] **1** sistema que permite trocar mensagens através de computadores; correio eletrónico **2** mensagem enviada por esse sistema

e-mail (i-meil) *n.m.* [*pl. e-mails*] → **email**

emancipação (e.man.ci.pa.ção) *n.f.* independência

emancipado (e.man.ci.pa.do) *adj.* independente

emancipar (e.man.ci.par) *v.* tornar independente; libertar ◆ **emancipar-se** tornar-se independente; libertar-se

emaranhado (e.ma.ra.nha.do) *adj.* **1** misturado **2** complicado ◆ *n.m.* complicação; confusão

emaranhar (e.ma.ra.nhar) *v.* **1** misturar **2** complicar

embaciado (em.ba.ci.a.do) *adj.* sem brilho ou transparência SIN. baço

embaciar (em.ba.ci.ar) *v.* tornar baço

embaixada (em.bai.xa.da) *n.f.* **1** missão de representação de um país num país estrangeiro **2** edifício onde trabalha o embaixador

embaixador (em.bai.xa.dor) *n.m.* representante de um país no estrangeiro

embaixadora (em.bai.xa.do.ra) *n.f.* representante de um país no estrangeiro

embaixatriz (em.bai.xa.triz) *n.f.* esposa do embaixador

embalado (em.ba.la.do) *adj.* **1** balançado no colo ou no berço **2** colocado em embrulho; empacotado **3** *(inform.)* apressado

embalagem (em.ba.la.gem) *n.f.* caixa ou cobertura própria para conter, proteger ou transportar objetos SIN. embrulho

embalar (em.ba.lar) *v.* **1** balançar (uma criança) no berço ou no colo para a fazer adormecer **2** colocar (objeto, mercadoria) em pacote; empacotar

embalo (em.ba.lo) *n.m.* **1** balanço **2** impulso

embalsamar (em.bal.sa.mar) *v.* preparar (um cadáver) para resistir à decomposição

embaraçado (em.ba.ra.ça.do) *adj.* **1** complicado **2** envergonhado

embaraçar (em.ba.ra.çar) *v.* **1** atrapalhar **2** envergonhar

embaraço (em.ba.ra.ço) *n.m.* **1** dificuldade **2** vergonha

embaraçoso (em.ba.ra.ço.so) *adj.* que provoca embaraço; em que há embaraço

embarcação (em.bar.ca.ção) *n.f.* navio; barco

embarcado (em.bar.ca.do) *adj.* que entrou num barco, num comboio ou num avião

embarcar (em.bar.car) *v.* meter ou entrar num barco, num comboio ou num avião

embargo (em.bar.go) *n.m.* **1** dificuldade; obstáculo **2** proibição de transporte de produtos para um dado país por parte de outro país

embarque (em.bar.que) *n.m.* **1** entrada de pessoas em barco, comboio, avião, etc. **2** lugar onde se embarca

embate (em.ba.te) *n.m.* choque violento; colisão

embater (em.ba.ter) *v.* produzir embate ou choque; chocar (embater em)

embebedar (em.be.be.dar) *v.* embriagar ◆ **embebedar-se** embriagar-se

embeber (em.be.ber) *v.* **1** molhar completamente; ensopar **2** absorver (um líquido)

embebido (em.be.bi.do) *adj.* **1** ensopado **2** absorvido

embelezar (em.be.le.zar) *v.* tornar (mais) belo; enfeitar

embirrar (em.bir.rar) *v.* sentir antipatia por; implicar com (embirrar com)

emblema (em.ble.ma) *n.m.* **1** distintivo ou insígnia de associação, partido, etc. **2** figura que representa um conceito ou uma ideia

embocadura (em.bo.ca.du.ra) *n.f.* **1** nos instrumentos de sopro, extremidade que se adapta à boca; bocal **2** foz de um rio

êmbolo (êm.bo.lo) *n.m.* cilindro ou disco que se move em vaivém no interior de seringas, bombas etc.

embondeiro (em.bon.dei.ro) *n.m.* árvore africana com tronco muito grosso, madeira branca, mole e porosa, de que se extrai uma fibra têxtil

embora (em.bo.ra) *conj.* ainda que; não obstante; se bem que

emboscada (em.bos.ca.da) *n.f.* cilada; traição

embraiagem (em.brai.a.gem) *n.f.* dispositivo de um veículo que permite ligar ou desligar o motor em relação à caixa das velocidades

embriagado (em.bri.a.ga.do) *adj.* que bebeu álcool em excesso SIN. bêbedo

embriagar (em.bri.a.gar) *v.* embebedar ◆ **embriagar-se** embebedar-se

embriaguez (em.bri.a.guez) *n.f.* estado de excitação e de descoordenação dos movimentos provocado pelo consumo excessivo de álcool; bebedeira

embrião (em.bri.ão) *n.m.* **1** qualquer ser vivo no estado primitivo de desenvolvimento, até atingir forma definitiva **2** *(fig.)* princípio

embrulhada (em.bru.lha.da) *n.f.* **1** grande confusão **2** aldrabice

embrulhado (em.bru.lha.do) *adj.* **1** empacotado **2** complicado **3** enjoado

embrulhar (em.bru.lhar) *v.* **1** colocar num embrulho ou pacote; empacotar **2** agasalhar **3** complicar

embrulho (em.bru.lho) *n.m.* objeto envolvido em papel, plástico, tecido, etc.; pacote

embutido (em.bu.ti.do) *adj.* diz-se do móvel encaixado num vão (de parede, escada, etc.)

embutir (em.bu.tir) *v.* incrustar

emenda (e.men.da) *n.f.* correção; retificação

emendar (e.men.dar) *v.* corrigir; retificar

ementa (e.men.ta) *n.f.* lista de pratos disponíveis num restaurante

emergência (e.mer.gên.ci.a) *n.f.* **1** acontecimento inesperado **2** situação de perigo

emergir (e.mer.gir) *v.* manifestar-se; aparecer

emersão (e.mer.são) *n.f.* ato de trazer ou vir à superfície de um líquido

emerso (e.mer.so) *adj.* **1** aparecido **2** que está à superfície de um líquido

emigração (e.mi.gra.ção) *n.f.* saída do país onde se nasceu para ir viver noutro país

> Repara bem na diferença entre **emigração** (saída do próprio país) e **imigração** (entrada num país estrangeiro).

emigrado (e.mi.gra.do) *adj. e n.m.* que ou pessoa que emigrou

emigrante (e.mi.gran.te) *n.2gén.* pessoa que sai do seu país para ir viver noutro

emigrar (e.mi.grar) *v.* sair de um país para ir viver noutro outro

emissão (e.mis.são) *n.f.* **1** ato ou efeito de emitir (luz, energia, radiação) **2** ato de pôr (dinheiro) em circulação **3** no esquema de comunicação, produção de um enunciado

emissário (e.mis.sá.ri.o) *n.m.* mensageiro

emissor (e.mis.sor) *adj.* que emite ou envia ♦ *n.m.* na comunicação, agente que produz a mensagem

emissora (e.mis.so.ra) *n.f.* empresa que produz e transmite programas de rádio e televisão; canal

emitir (e.mi.tir) *v.* **1** lançar de si (luz, energia, radiação) **2** pôr em circulação (dinheiro) **3** produzir (sons)

emoção (e.mo.ção) *n.f.* agitação de sentimentos SIN. comoção

emocional (e.mo.ci.o.nal) *adj.2gén.* **1** relativo a emoção **2** que provoca comoção

emocionante (e.mo.ci.o.nan.te) *adj.2gén.* que causa emoção SIN. comovente

emocionar (e.mo.ci.o.nar) *v.* provocar emoção SIN. comover ♦ **emocionar--se** sentir emoção

emoldurar (e.mol.du.rar) *v.* colocar em moldura; encaixilhar

emotividade (e.mo.ti.vi.da.de) *n.f.* capacidade ou tendência para manifestar emoções com facilidade

emotivo (e.mo.ti.vo) *adj.* **1** que provoca emoção (acontecimento, facto) **2** que manifesta emoção com facilidade (pessoa)

empacotar (em.pa.co.tar) *v.* colocar em pacote; embrulhar

empada (em.pa.da) *n.f.* pastel de massa com recheio de carne, peixe, marisco, etc.

empadão (em.pa.dão) *n.m.* refeição preparada com puré de batata e com recheio de carne, peixe ou legumes, que se leva ao forno

empalidecer (em.pa.li.de.cer) *v.* ficar pálido; perder a cor

empanturrar (em.pan.tur.rar) *v.* encher alguém de comida ♦ **empanturrar-se** encher-se de comida

emparelhado (em.pa.re.lha.do) *adj.* **1** ligado; unido **2** diz-se da rima em que os versos rimam aos pares

emparelhar (em.pa.re.lhar) *v.* **1** colocar lado a lado **2** unir; ligar

empatado (em.pa.ta.do) *adj.* **1** com igual número de pontos ou votos **2** interrompido (um processo); suspenso

empatar (em.pa.tar) *v.* **1** igualar em pontos ou votos **2** interromper (um processo); suspender

empate (em.pa.te) *n.m.* igualdade de votos ou de pontos

empatia (em.pa.ti.a) *n.f.* capacidade de compreender outra pessoa

empecilho (em.pe.ci.lho) *n.m.* obstáculo; impedimento

empedrado (em.pe.dra.do) *n.m.* revestimento de estradas ou ruas feito com pedras

empenhado (em.pe.nha.do) *adj.* **1** dedicado **2** endividado

empenhamento (em.pe.nha.men.to) *n.m.* qualidade de quem se dedica muito a algo SIN. dedicação

empenhar (em.pe.nhar) *v.* dar (algo) como garantia de pagamento; penhorar ♦ **empenhar-se 1** endividar-se **2** interessar-se por; esforçar-se por (empenhar-se em)

empenho (em.pe.nho) *n.m.* grande esforço; dedicação

empertigado (em.per.ti.ga.do) *adj.* **1** muito direito; teso **2** vaidoso; altivo

empilhar (em.pi.lhar) *v.* amontoar

empinado (em.pi.na.do) *adj.* levantado; erguido

empinar (em.pi.nar) *v.* **1** endireitar; erguer **2** encher-se de vaidade (pessoa) ♦ **empinar-se** erguer-se sobre as patas traseiras (cavalo)

empobrecer (em.po.bre.cer) *v.* **1** tornar pobre **2** ficar pobre

empobrecimento (em.po.bre.ci.men.to) *n.m.* perda de recursos ou de riqueza

empoleirado (em.po.lei.ra.do) *adj.* **1** posto num local elevado **2** em posição de destaque

empoleirar (em.po.lei.rar) *v.* pôr em poleiro; elevar ♦ **empoleirar-se** colocar-se em posição elevada

empolgante (em.pol.gan.te) *adj.2gén.* emocionante; excitante

empreender (em.pre.en.der) *v.* dar início a uma empresa ou um projeto; realizar

empreendimento (em.pre.en.di.men.to) *n.m.* **1** realização de um projeto **2** empresa; firma

empregado (em.pre.ga.do) *adj.* aplicado; utilizado ♦ *n.m.* indivíduo que tem um emprego ou que exerce uma função ao serviço de alguém; funcionário

empregador (em.pre.ga.dor) *n.m.* indivíduo que emprega ou contrata alguém; patrão

empregar (em.pre.gar) *v.* **1** fazer uso de; utilizar **2** admitir num emprego; contratar

emprego (em.pre.go) *n.m.* **1** utilização prática; aplicação **2** atividade profissional que se realiza em troca de um salário

empregue (em.pre.gue) *adj.* aplicado; utilizado

empreitada (em.prei.ta.da) *n.f.* **1** obra realizada por conta de alguém, mediante pagamento ajustado previamente **2** *(fig., inform.)* tarefa difícil e demorada

empreiteiro (em.prei.tei.ro) *n.m.* **1** pessoa encarregada da realização de uma obra **2** indivíduo responsável por uma empresa de construções

empresa (em.pre.sa) *n.f.* **1** companhia que explora um ramo de indústria ou de comércio; firma **2** realização; empreendimento

empresarial (em.pre.sa.ri.al) *adj.2gén.* relativo a empresa ou a empresário

empresário (em.pre.sá.ri.o) *n.m.* **1** dono ou administrador de uma empresa **2** indivíduo que cuida dos interesses profissionais e financeiros de um artista

emprestadar (em.pres.ta.dar) *v. (inform.)* emprestar, tendo a certeza de não vir a receber de volta aquilo que se emprestou

emprestar (em.pres.tar) *v.* ceder durante algum tempo

empréstimo (em.prés.ti.mo) *n.m.* **1** ato de emprestar **2** aquilo que se empresta **3** palavra proveniente de uma língua, que é incorporada noutra língua (como por exemplo: *bodyboard, croissant* e *hamster*)

a b c d e f g h i j k l m n o p q r s t u v w x y z

empunhar (em.pu.nhar) *v.* segurar pelo punho ou cabo; pegar

empurrão (em.pur.rão) *n.m.* ato ou efeito de empurrar; encontrão

empurrar (em.pur.rar) *v.* fazer andar ou avançar com violência

emudecer (e.mu.de.cer) *v.* **1** fazer calar **2** calar-se

ena (e.na) *interj.* exprime alegria, surpresa ou admiração

enamorado (e.na.mo.ra.do) *adj.* **1** apaixonado **2** encantado

enamorar (e.na.mo.rar) *v.* **1** apaixonar **2** encantar ♦ **enamorar-se** apaixonar-se

encabeçar (en.ca.be.çar) *v.* ser o líder de SIN. chefiar, liderar

encadeado (en.ca.de.a.do) *adj.* **1** ligado por correntes ou cadeias; preso **2** diz-se da rima em que o final de um verso rima com uma palavra que está no meio do verso seguinte

encadeamento (en.ca.de.a.men.to) *n.m.* **1** sequência ordenada de factos ou de coisas; sucessão **2** em poesia, processo através do qual se coloca no verso seguinte uma ou mais palavras que completam o sentido do verso anterior

encadear (en.ca.de.ar) *v.* dispor em sequência SIN. ligar

encadernação (en.ca.der.na.ção) *n.f.* **1** operação que consiste em revestir as folhas que compõem um livro com uma capa dura **2** capa de um livro

encaixado (en.cai.xa.do) *adj.* diz-se de uma coisa que foi colocada no interior de outra ANT. desencaixado

encaixar (en.cai.xar) *v.* **1** colocar entre coisas ou pessoas **2** (*inform.*) meter na cabeça

encaixe (en.cai.xe) *n.m.* **1** ato de encaixar **2** ponto de ligação

encaixilhar (en.cai.xi.lhar) *v.* meter em caixilho SIN. emoldurar

encaixotar (en.cai.xo.tar) *v.* meter em caixote ou em caixa SIN. empacotar

encalço (en.cal.ço) *n.m.* rasto; pista; **ir no encalço de:** seguir a pista de

encalhado (en.ca.lha.do) *adj.* **1** preso no fundo ou num obstáculo (barco) **2** (*fig.*) interrompido; parado

encalhar (en.ca.lhar) *v.* **1** ficar preso em algum obstáculo (barco) **2** (*fig.*) não ter seguimento; parar

encaminhado (en.ca.mi.nha.do) *adj.* **1** conduzido para algum lugar; levado ANT. desencaminhado **2** (*fig.*) orientado para a melhor maneira de fazer algo

encaminhar (en.ca.mi.nhar) *v.* **1** conduzir; levar **2** (*fig.*) orientar

encandear (en.can.de.ar) *v.* **1** perturbar a visão (com luz intensa); ofuscar **2** (*fig.*) deslumbrar

encantado (en.can.ta.do) *adj.* **1** deslumbrado; maravilhado **2** que sofreu encantamento ou feitiço; enfeitiçado

encantador (en.can.ta.dor) *adj.* **1** que encanta ou deslumbra **2** que causa prazer ♦ *n.m.* indivíduo capaz de fazer feitiços; feiticeiro

encantamento (en.can.ta.men.to) *n.m.* **1** sensação de deslumbramento; prazer **2** palavra, frase ou outro meio a que se atribui o poder mágico de enfeitiçar; feitiço

encantar (en.can.tar) *v.* **1** causar prazer ou admiração a; deslumbrar **2** enfeitiçar

encanto (en.can.to) *n.m.* **1** pessoa ou coisa agradável **2** atração forte; sedução

encapar (en.ca.par) *v.* cobrir ou envolver com capa protetora (livro, caderno, etc.)

encaracolado (en.ca.ra.co.la.do) *adj.* **1** semelhante a caracol **2** enrolado em espiral

encaracolar (en.ca.ra.co.lar) *v.* dar forma de caracol; enrolar

encarar (en.ca.rar) *v.* olhar de frente; enfrentar

encarecer (en.ca.re.cer) *v.* aumentar de preço

encargo (en.car.go) *n.m.* **1** compromisso; dever **2** tarefa difícil; fardo

encarnado (en.car.na.do) *adj.* **1** que encarnou **2** vermelho ♦ *n.m.* cor vermelha

encarnar (en.car.nar) *v.* tomar forma humana

encarregado (en.car.re.ga.do) *adj.* que tem algo ou alguém a seu cargo ♦ *n.m.* aquele que é responsável por alguma coisa; **encarregado de educação:** pessoa que é responsável pelo aproveitamento escolar (notas, faltas, etc.) de um aluno

encarregar (en.car.re.gar) *v.* atribuir (função, tarefa) a alguém ♦ **encarregar-se** responsabilizar-se por (encarregar-se de)

encarregue (en.car.re.gue) *adj.2gén.* que está incumbido de uma função ou tarefa; encarregado

encavalitar (en.ca.va.li.tar) *v.* pôr às cavalitas ♦ **encavalitar-se** pôr-se às cavalitas

encefálico (en.ce.fá.li.co) *adj.* relativo a encéfalo

encéfalo (en.cé.fa.lo) *n.m.* conjunto de todas as partes do sistema nervoso central que estão alojadas no crânio

encenação (en.ce.na.ção) *n.f.* **1** interpretação de uma peça de teatro **2** *(fig.)* fingimento; cena

encenador (en.ce.na.dor) *n.m.* pessoa que faz a montagem de um espetáculo

encenar (en.ce.nar) *v.* pôr em cena um espetáculo, sobretudo teatral

enceradora (en.ce.ra.do.ra) *n.f.* eletrodoméstico usado para encerar e dar lustro aos soalhos

encerar (en.ce.rar) *v.* cobrir (uma superfície) de cera

encerrado (en.cer.ra.do) *adj.* **1** fechado **2** guardado **3** terminado

encerramento (en.cer.ra.men.to) *n.m.* **1** fecho **2** final

encerrar (en.cer.rar) *v.* **1** fechar **2** guardar **3** terminar

encestar (en.ces.tar) *v.* no basquetebol, introduzir a bola no cesto, marcando pontos

encetar (en.ce.tar) *v.* dar início a; começar

encharcado (en.char.ca.do) *adj.* que ficou cheio de água; ensopado

encharcar (en.char.car) *v.* encher de água; ensopar

enchente (en.chen.te) *n.f.* **1** inundação; cheia **2** *(fig.)* grande quantidade de pessoas

encher (en.cher) *v.* ocupar o espaço de; preencher ANT. esvaziar ♦ **encher-se** **1** ficar cheio **2** *(inform.)* perder a paciência; fartar-se; aborrecer-se (encher-se de)

enchido (en.chi.do) *n.m.* alimento em forma de tubo preparado com carne inserida numa tripa ou noutro invólucro flexível; chouriço

enchimento (en.chi.men.to) *n.m.* **1** ato ou efeito de encher **2** recheio

enciclopédia (en.ci.clo.pé.di.a) *n.f.* **1** obra em que se tratam todos os ramos do conhecimento **2** *(fig.)* pessoa que tem muitos conhecimentos

enciclopédico (en.ci.clo.pé.di.co) *adj.* relativo a enciclopédia

encoberto (en.co.ber.to) *adj.* **1** escondido; oculto **2** enevoado (o céu)

a b c d e f g h i j k l m n o p q r s t u v w x y z

encobrir (en.co.brir) *v.* **1** esconder; ocultar **2** manter em segredo; não revelar **3** encher-se de nuvens (o céu)

encolarinhado (en.co.la.ri.nha.do) *adj.* **1** que tem ou traz colarinho **2** *(fig.)* bem vestido

encolher (en.co.lher) *v.* **1** tornar mais pequeno **ANT.** esticar **2** diminuir de tamanho ◆ **encolher-se** mostrar-se tímido ou receoso

encolhido (en.co.lhi.do) *adj.* **1** que diminuiu de tamanho; contraído **2** *(fig.)* tímido

encomenda (en.co.men.da) *n.f.* **1** pedido de mercadoria a um fornecedor ou fabricante **2** objeto encomendado

encomendar (en.co.men.dar) *v.* **1** fazer uma encomenda de; pedir **2** mandar fazer

encontrão (en.con.trão) *n.m.* choque entre pessoas, coisas ou animais **SIN.** empurrão

encontrar (en.con.trar) *v.* **1** deparar com; achar **2** recuperar (um objeto perdido); reaver **3** ir ter com alguém

encontro (en.con.tro) *n.m.* **1** reunião de pessoas ou coisas **2** choque violento **3** competição desportiva **4** congresso sobre determinado tema

encorajamento (en.co.ra.ja.men.to) *n.m.* ânimo; incentivo

encorajar (en.co.ra.jar) *v.* dar coragem e ânimo a **SIN.** estimular, incentivar

encorpado (en.cor.pa.do) *adj.* corpulento; forte

encorrilhar (en.cor.ri.lhar) *v.* fazer pregas ou vincos **SIN.** enrugar

encosta (en.cos.ta) *n.f.* declive de monte ou montanha **SIN.** vertente

encostar (en.cos.tar) *v.* **1** colocar (algo) junto de alguma coisa para que não caia **2** fechar (porta, janela) sem trancar **3** parar; estacionar ◆ **encostar-se**

estender-se durante algum tempo; deitar-se

encosto (en.cos.to) *n.m.* **1** costas de um assento **2** *(fig.)* proteção

encovado (en.co.va.do) *adj.* **1** metido em cova ou buraco; escondido **2** diz--se dos olhos que parecem estar no fundo das órbitas, por cansaço ou magreza

encravar (en.cra.var) *v.* **1** fixar com prego(s); pregar **2** *(inform.)* colocar (alguém) numa situação difícil; comprometer

encrenca (en.cren.ca) *n.f.* *(inform.)* situação difícil; embaraço

encrespado (en.cres.pa.do) *adj.* **1** diz--se do cabelo frisado **2** diz-se da pessoa irritada

encruzilhada (en.cru.zi.lha.da) *n.f.* lugar onde se cruzam estradas ou caminhos; **estar numa encruzilhada:** não saber o que fazer

encurralar (en.cur.ra.lar) *v.* **1** meter em curral **2** colocar em local fechado **3** cercar

encurtar (en.cur.tar) *v.* **1** diminuir de tamanho; reduzir **2** impor limite(s); limitar

endereçar (en.de.re.çar) *v.* **1** pôr endereço em (envelope, postal) **2** enviar (mensagem, carta, etc.)

endereço (en.de.re.ço) *n.m.* indicação do nome e da morada (em carta, encomenda, postal, etc.); direção; **endereço eletrónico:** expressão que identifica um utilizador numa rede de computadores, permitindo o envio e a receção de mensagens

endiabrado (en.di.a.bra.do) *adj.* que é muito travesso; traquina

endinheirado (en.di.nhei.ra.do) *adj.* que tem muito dinheiro; rico

endireitar (en.di.rei.tar) *v.* **1** pôr direito; compor **ANT.** entortar **2** corrigir; emendar

endividar (en.di.vi.dar) *v.* fazer (alguém) contrair dívidas ♦ **endividar-se** contrair dívidas

endocarpo (en.do.car.po) *n.m.* camada mais interna do pericarpo dos frutos, que está em contacto com a(s) semente(s)

endoidecer (en.doi.de.cer) *v.* tornar(-se) doido; enlouquecer

endoscopia (en.dos.co.pi.a) *n.f.* exame visual das cavidades e órgãos internos do corpo

endurecer (en.du.re.cer) *v.* **1** tornar(-se) duro; enrijecer **2** *(fig.)* tornar(-se) mais resistente à dor, ao sofrimento, etc.

endurecimento (en.du.re.ci.men.to) *n.m.* **1** transformação de uma substância num corpo sólido **2** espessamento da pele; calo **3** *(fig.)* resistência à dor, ao sofrimento, etc.

energético (e.ner.gé.ti.co) *adj.* relativo a energia

energia (e.ner.gi.a) *n.f.* **1** capacidade de produzir trabalho ou movimento **2** força física; vigor **3** força moral; ânimo

enérgico (e.nér.gi.co) *adj.* **1** ativo; dinâmico **2** severo; ríspido

enervado (e.ner.va.do) *adj.* irritado; impaciente

enervante (e.ner.van.te) *adj.2gén.* que enerva; irritante

enervar (e.ner.var) *v.* irritar ♦ **enervar-se** ficar nervoso ou irritado

enevoado (e.ne.vo.a.do) *adj.* coberto de névoa ou de nuvens (o céu)

enevoar (e.ne.vo.ar) *v.* **1** cobrir com névoa **2** tornar escuro

enfadar (en.fa.dar) *v.* aborrecer; incomodar ♦ **enfadar-se** aborrecer-se; incomodar-se

enfado (en.fa.do) *n.m.* aborrecimento; tédio

enfadonho (en.fa.do.nho) *adj.* aborrecido; cansativo

enfarruscar (en.far.rus.car) *v.* sujar com carvão ou fuligem

enfartado (en.far.ta.do) *adj.* que comeu demasiado **SIN.** empanturrado

enfarte (en.far.te) *n.m.* lesão dos tecidos de um órgão causada pela obstrução de um vaso sanguíneo

ênfase (ên.fa.se) *n.f.* realce; destaque

enfastiado (en.fas.ti.a.do) *adj.* aborrecido

enfastiar (en.fas.ti.ar) *v.* provocar aborrecimento ou irritação; aborrecer ♦ **enfastiar-se** sentir-se aborrecido ou irritado

enfático (en.fá.ti.co) *adj.* em que há ênfase

enfatizar (en.fa.ti.zar) *v.* dar ênfase ou destaque a **SIN.** realçar

enfeitar (en.fei.tar) *v.* colocar enfeite(s) em **SIN.** adornar

enfeite (en.fei.te) *n.m.* adorno; ornamento

enfeitiçado (en.fei.ti.ça.do) *adj.* encantado; seduzido

enfeitiçar (en.fei.ti.çar) *v.* encantar; seduzir

enfermagem (en.fer.ma.gem) *n.f.* **1** profissão de enfermeiro(a) **2** prestação de cuidados especializados a doentes ou feridos

enfermaria (en.fer.ma.ri.a) *n.f.* área de um hospital ou de uma clínica destinada ao tratamento de doentes

enfermeiro (en.fer.mei.ro) *n.m.* pessoa formada em enfermagem

enferrujado (en.fer.ru.ja.do) *adj.* **1** coberto de ferrugem **2** *(fig.)* que se mexe com dificuldade; entorpecido **3** *(fig.)* esquecido daquilo que aprendeu

enferrujar (en.fer.ru.jar) *v.* tornar-se ferrugento; oxidar

enfiada (en.fi.a.da) *n.f.* **1** ato de enfiar **2** série de objetos em fila **3** sequência de atos ou de palavras; **de enfiada:** um a seguir ao outro

enfiado (en.fi.a.do) *adj.* **1** que se atravessou com um fio **2** empurrado com força **3** *(fig.)* assustado; acanhado

enfiar (en.fi.ar) *v.* **1** fazer passar um fio por **2** empurrar com força **3** vestir (roupa); calçar (sapatos)

enfim (en.fim) *adv.* por último; finalmente

enforcado (en.for.ca.do) *adj.* morto por enforcamento

enforcamento (en.for.ca.men.to) *n.m.* morte por asfixia provocada pela suspensão de uma pessoa com uma corda ou faixa à volta do pescoço

enforcar (en.for.car) *v.* suspender (alguém ou a si mesmo) pelo pescoço, com uma corda ou faixa, num local alto, causando morte por asfixia

enfraquecer (en.fra.que.cer) *v.* tornar fraco; debilitar; ficar fraco

enfraquecimento (en.fra.que.ci.men.to) *n.m.* perda de força ou de intensidade; fraqueza

enfrentar (en.fren.tar) *v.* **1** olhar de frente; encarar **2** bater-se contra; defrontar

enfurecer (en.fu.re.cer) *v.* encher de fúria; irritar ◆ **enfurecer-se** ficar furioso; irritar-se

enfurecido (en.fu.re.ci.do) *adj.* furioso; raivoso

enganado (en.ga.na.do) *adj.* **1** que se enganou; errado **2** que foi vítima de burla ou engano

enganador (en.ga.na.dor) *adj.* que engana

enganar (en.ga.nar) *v.* **1** fazer (alguém) acreditar em algo que não é verdadeiro **2** praticar fraude contra (alguém) ◆ **enganar-se** errar; equivocar-se

engano (en.ga.no) *n.m.* **1** erro; lapso **2** burla; fraude

enganoso (en.ga.no.so) *adj.* → **enganador**

engarrafado (en.gar.ra.fa.do) *adj.* **1** metido em garrafa **2** diz-se do trânsito muito intenso, que não anda **3** *(Moç.)* sem vontade própria; enfeitiçado

engarrafamento (en.gar.ra.fa.men.to) *n.m.* **1** ato ou efeito de colocar em garrafa(s) **2** acumulação de pessoas ou veículos, dificultando ou impedindo a circulação

engarrafar (en.gar.ra.far) *v.* **1** meter em garrafa **2** bloquear (uma estrada, um caminho)

engasgado (en.gas.ga.do) *adj.* **1** entalado **2** *(fig.)* atrapalhado

engasgar-se (en.gas.gar-se) *v.* ficar com a garganta obstruída; entalar-se

engatar (en.ga.tar) *v.* **1** ligar por meio de engate (veículos); atrelar **2** *(pop.)* seduzir

engate (en.ga.te) *n.m.* **1** aparelho com que se atrelam animais a viaturas **2** *(pop.)* ato de seduzir alguém

engendrar (en.gen.drar) *v.* produzir; criar

engenharia (en.ge.nha.ri.a) *n.f.* ciência que se dedica ao planeamento e construção de pontes, estradas, etc.

engenheiro (en.ge.nhei.ro) *n.m.* pessoa formada em engenharia

engenho (en.ge.nho) *n.m.* **1** aparelho para tirar água de poços **2** *(fig.)* talento

engenhoca (en.ge.nho.ca) *n.f.* aparelho ou máquina complicada ou mal feita

engenhoso (en.ge.nho.so) *adj.* **1** habilidoso **2** inventivo

engessar (en.ges.sar) *v.* cobrir com gesso

englobar (en.glo.bar) *v.* incluir; abranger

engolir (en.go.lir) *v.* **1** fazer entrar no estômago, partindo da boca e passando através da faringe e do esófago **2** *(fig.)* suportar (sofrimento, dor, insulto)

engomado (en.go.ma.do) *adj.* passado a ferro

engomar (en.go.mar) *v.* passar (roupa) a ferro

engordar (en.gor.dar) *v.* tornar(-se) gordo; aumentar de peso **ANT.** emagrecer

engraçado (en.gra.ça.do) *adj.* que tem graça **SIN.** cómico, divertido

engraçar (en.gra.çar) *v.* simpatizar com (engraçar com)

engravidar (en.gra.vi.dar) *v.* **1** tornar grávida **2** ficar grávida

engraxadela (en.gra.xa.de.la) *n.f.* **1** passagem ligeira de graxa **2** *(fig.)* bajulação

engraxador (en.gra.xa.dor) *n.m.* **1** aquele que engraxa sapatos **2** *(fig.)* indivíduo bajulador

engraxar (en.gra.xar) *v.* **1** dar graxa a; polir **2** *(fig.)* bajular

engrenagem (en.gre.na.gem) *n.f.* **1** dispositivo constituído por um sistema de rodas dentadas para transmissão de movimento **2** organização (de uma empresa, instituição, etc.)

engrenar (en.gre.nar) *v.* **1** ajustar os dentes de uma roda dentada com outra peça, fazendo-as girar **2** meter uma mudança (num veículo)

engrossar (en.gros.sar) *v.* tornar(-se) mais grosso ou mais espesso

enguia (en.gui.a) *n.f.* peixe comestível de corpo fino, longo e cilíndrico e pele escorregadia

enigma (e.nig.ma) *n.m.* **1** coisa difícil de compreender; mistério **2** pergunta difícil, que contém pistas para a resposta; enigma

enigmático (e.nig.má.ti.co) *adj.* misterioso

enjaular (en.jau.lar) *v.* **1** prender (animal feroz) em jaula **2** colocar (pessoa) na cadeia

enjoado (en.jo.a.do) *adj.* **1** que está maldisposto **2** *(fig.)* aborrecido; farto **3** *(fig.)* que está sempre de mau humor

enjoar (en.jo.ar) *v.* causar enjoo a; sentir enjoo

enjoativo (en.jo.a.ti.vo) *adj.* que causa enjoo

enjoo (en.jo.o) *n.m.* **1** sensação de má disposição e vontade de vomitar; náusea **2** *(fig.)* sensação de aborrecimento; tédio

enlaçar (en.la.çar) *v.* **1** prender **2** abraçar

enlameado (en.la.me.a.do) *adj.* sujo ou coberto de lama

enlamear (en.la.me.ar) *v.* sujar ou cobrir de lama

enlatado (en.la.ta.do) *adj.* guardado em lata ♦ *n.m.* alimento conservado em lata; conserva

enlatar (en.la.tar) *v.* guardar ou conservar em lata

enlouquecer (en.lou.que.cer) *v.* perder o juízo ou a razão; ficar louco; endoidecer

enojado (e.no.ja.do) *adj.* **1** que sente nojo ou repulsa **2** que sente tédio; aborrecido

enojar (e.no.jar) *v.* **1** provocar nojo ou repulsa **2** causar aborrecimento

enorme (e.nor.me) *adj.2gén.* que é muito grande ou maior que o normal **SIN.** descomunal, imenso

enquadramento (en.qua.dra.men.to) *n.m.* **1** conjunto de circunstâncias em que ocorre um facto; contexto **2** colocação de um elemento em relação à

a b c d e f g h i j k l m n o p q r s t u v w x y z

imagem do visor de uma máquina de fotografar ou de filmar

enquadrar (en.qua.drar) *v.* **1** meter (espelho, quadro) em moldura; emoldurar **2** colocar (um facto, uma situação) em determinado contexto

enquanto (en.quan.to) *conj.* durante o tempo em que

enraivecer (en.rai.ve.cer) *v.* causar raiva a; enfurecer ♦ **enraivecer-se** sentir raiva; enfurecer-se

enraizado (en.ra.i.za.do) (enra-izádu) *adj.* **1** que criou raízes (planta) **2** *(fig.)* que se fixou em algum lugar (pessoa) **3** *(fig.)* que se tornou comum (hábito, costume)

enraizar-se (en.ra.i.zar-se) (enra-izárse) *v.* **1** criar raízes **2** *(fig.)* fixar-se em determinado lugar **3** *(fig.)* tornar-se um hábito

enrascada (en.ras.ca.da) *n.f. (inform.)* situação complicada **SIN.** embrulhada

enredo (en.re.do) *n.m.* conjunto de acontecimentos que formam a ação de uma narrativa (história, filme, novela, etc.) **SIN.** intriga, trama

enregelado (en.re.ge.la.do) *adj.* muito frio; congelado

enregelar (en.re.ge.lar) *v.* tornar(-se) muito frio; congelar

enriçar (en.ri.çar) *v.* tornar (o cabelo) crespo e emaranhado

enriquecer (en.ri.que.cer) *v.* **1** tornar(-se) rico **2** tornar(-se) melhor; aperfeiçoar(-se)

enriquecimento (en.ri.que.ci.men.to) *n.m.* **1** ato ou efeito de (se) tornar rico **2** melhoria de qualidade; aperfeiçoamento

enrodilhar (en.ro.di.lhar) *v.* **1** enrolar; torcer **2** *(fig.)* enredar; confundir

enrolamento (en.ro.la.men.to) *n.m.* ato ou efeito de (se) enrolar

enrolar (en.ro.lar) *v.* dobrar, formando um rolo ♦ **enrolar-se** tomar a forma de um rolo; dobrar-se

enroscado (en.ros.ca.do) *adj.* enrolado sobre si mesmo; encolhido

enroscar-se (en.ros.car-se) *v.* **1** enrolar-se em volta de **2** dobrar-se

enrouquecer (en.rou.que.cer) *v.* ficar rouco

enrugado (en.ru.ga.do) *adj.* que tem rugas ou pregas **SIN.** amarrotado

enrugar (en.ru.gar) *v.* fazer rugas ou pregas em **SIN.** amarrotar

ensaboadela (en.sa.bo.a.de.la) *n.f.* **1** lavagem rápida com sabão **2** *(inform.)* ralhete; repreensão

ensaboar (en.sa.bo.ar) *v.* **1** lavar com sabão **2** *(inform.)* ralhar a; repreender

ensaiar (en.sai.ar) *v.* **1** fazer o ensaio de (espetáculo, peça); preparar **2** fazer o teste de; experimentar

ensaio (en.sai.o) *n.m.* **1** sessão preparatória de algo que se vai apresentar em público **2** teste para avaliação de alguma coisa; experiência; **ensaio geral:** último ensaio, com atores, figurinos e cenários definitivos, pouco antes da apresentação de um espetáculo ao público; situação ou experiência que se realiza antes de um evento ou cerimónia importante, para garantir que tudo correrá bem

ensaísta (en.sa.ís.ta) *n.2gén.* autor de ensaios literários

ensanguentado (en.san.guen.ta.do) *adj.* coberto de sangue

enseada (en.se.a.da) *n.f.* baía pequena

ensinamento (en.si.na.men.to) *n.m.* **1** aquilo que se ensina **2** lição; exemplo

ensinar (en.si.nar) *v.* **1** transmitir conhecimentos sobre; instruir **2** treinar (um animal)

ensino (en.si.no) *n.m.* transmissão de conhecimentos; instrução

ensolarado (en.so.la.ra.do) *adj.* iluminado pelo sol; luminoso

ensonado (en.so.na.do) *adj.* que tem sono **SIN.** sonolento

ensopado (en.so.pa.do) *adj.* muito molhado; encharcado

ensopar (en.so.par) *v.* molhar-se muito; encharcar-se

ensurdecedor (en.sur.de.ce.dor) *adj.* muito ruidoso; barulhento

ensurdecer (en.sur.de.cer) *v.* **1** causar a perda do sentido da audição **2** perder o sentido da audição

ensurdecimento (en.sur.de.ci.men.to) *n.m.* diminuição ou perda da audição; surdez

entalado (en.ta.la.do) *adj.* **1** trilhado **2** engasgado **3** *(inform.)* em situação difícil

entalar (en.ta.lar) *v.* **1** trilhar **2** *(inform.)* colocar numa situação difícil ◆ **entalar-se 1** engasgar-se **2** trilhar-se

entalhe (en.ta.lhe) *n.m.* corte ou ranhura na madeira

entanto (en.tan.to) *adv.* nesse meio tempo; entretanto; **no entanto:** porém; apesar disso; contudo

então (en.tão) *adv.* **1** nesse tempo **2** nesse caso; **desde então:** desde esse tempo; desde esse momento

entardecer (en.tar.de.cer) *v.* aproximar-se a noite; anoitecer ◆ *n.m.* o fim do dia; o anoitecer

ente (en.te) *n.m.* criatura; ser

enteado (en.te.a.do) *n.m.* pessoa em relação ao seu padrasto ou madrasta

entendedor (en.ten.de.dor) *adj.* que entende; conhecedor

entender (en.ten.der) *v.* **1** compreender; perceber **2** achar; julgar ◆ **entender-se** dar-se bem com (entender-se com)

entendido (en.ten.di.do) *adj.* **1** compreendido **2** combinado ◆ *n.m.* especialista em determinada área do conhecimento; perito

entendimento (en.ten.di.men.to) *n.m.* **1** inteligência; razão **2** acordo; combinação

enternecer-se (en.ter.ne.cer-se) *v.* comover-se

enternecido (en.ter.ne.ci.do) *adj.* comovido

enternecimento (en.ter.ne.ci.men.to) *n.m.* **1** ternura **2** compaixão

enterrado (en.ter.ra.do) *adj.* **1** colocado debaixo da terra; sepultado **2** *(fig.)* escondido **3** *(fig.)* esquecido

enterrar (en.ter.rar) *v.* colocar debaixo da terra; sepultar; soterrar

enterro (en.ter.ro) *n.m.* ato de enterrar (um cadáver) **SIN.** funeral

entidade (en.ti.da.de) *n.f.* **1** associação de pessoas que desenvolvem uma atividade; instituição **2** ser humano; indivíduo

entoação (en.to.a.ção) *n.f.* **1** maneira de emitir um som **2** tom correto ou afinado de um som musical

entoar (en.to.ar) *v.* **1** dizer em voz alta **2** cantar **3** recitar

entornar (en.tor.nar) *v.* fazer cair, despejando o conteúdo; derramar

entorpecer (en.tor.pe.cer) *v.* tirar a energia ou o vigor; enfraquecer ◆ **entorpecer-se** perder a energia ou o vigor; enfraquecer-se

entorpecido (en.tor.pe.ci.do) *adj.* sem energia; enfraquecido

entorse (en.tor.se) *n.f.* distensão violenta dos ligamentos e das partes moles que rodeiam as articulações

entortar (en.tor.tar) *v.* **1** tornar torto **ANT.** endireitar **2** curvar

entrada (en.tra.da) *n.f.* **1** ato ou efeito de entrar; ingresso **2** lugar por onde se entra; acesso **3** bilhete que permite entrar em determinado local **4** palavra ou expressão registada num dicionário ou numa enciclopédia

entrançado (en.tran.ça.do) *adj.* em forma de trança(s) SIN. entrelaçado

entrançar (en.tran.çar) *v.* dispor em forma de trança SIN. entrelaçar

entranhado (en.tra.nha.do) *adj.* **1** introduzido; cravado **2** íntimo; profundo

entranhar (en.tra.nhar) *v.* fazer penetrar; cravar ◆ **entranhar-se** introduzir--se; fixar-se

entranhas (en.tra.nhas) *n.f.pl.* **1** vísceras da cavidade abdominal **2** *(fig.)* parte mais profunda; profundezas

entrar (en.trar) *v.* **1** passar de fora para dentro **2** introduzir-se em **3** iniciar-se

entrave (en.tra.ve) *n.m.* obstáculo; impedimento

entre (en.tre) *prep.* designa situação ou espaço intermédio, reciprocidade, pouca quantidade, etc.

entreaberto (en.tre.a.ber.to) *adj.* **1** ligeiramente aberto **2** diz-se do céu sem nuvens

entreabrir (en.tre.a.brir) *v.* abrir um pouco ◆ **entreabrir-se** abrir-se um pouco; tornar-se límpido

entreajuda (en.tre.a.ju.da) *n.f.* ajuda que duas ou mais pessoas prestam umas às outras

entreajudar-se (en.tre.a.ju.dar-se) *v.* ajudarem-se duas ou mais pessoas umas às outras

entrecosto (en.tre.cos.to) *n.m.* carne da zona entre as costelas dos animais

entrega (en.tre.ga) *n.f.* **1** ato ou efeito de entregar **2** *(fig.)* dedicação (a algo ou alguém)

entregar (en.tre.gar) *v.* **1** passar algo para as mãos ou a posse de alguém; dar **2** devolver (um objeto) **3** denunciar (uma pessoa) ◆ **entregar-se 1** dar-se por vencido **2** deixar-se dominar por **3** dedicar-se a (entregar-se a)

entregue (en.tre.gue) *adj.* **1** dado **2** recebido **3** dedicado a

entrelaçado (en.tre.la.ça.do) *adj.* **1** unido **2** misturado

entrelaçar (en.tre.la.çar) *v.* ligar uma coisa a outra

entrepor (en.tre.por) *v.* colocar (algo ou alguém) entre duas coisas

entreposto (en.tre.pos.to) *adj.* colocado no meio ◆ *n.m.* **1** grande depósito de mercadorias **2** centro de comércio internacional

entretanto (en.tre.tan.to) *adv.* neste ou naquele intervalo

entretenimento (en.tre.te.ni.men.to) *n.m.* distração; divertimento

entreter (en.tre.ter) *v.* desviar a atenção de; distrair ◆ **entreter-se** ocupar-se com passatempo; distrair-se (entreter--se com)

entretido (en.tre.ti.do) *adj.* **1** distraído **2** divertido

entrevista (en.tre.vis.ta) *n.f.* série de perguntas que um jornalista faz a uma pessoa para conhecer a sua opinião sobre determinado assunto

entrevistado (en.tre.vis.ta.do) *n.m.* pessoa que responde às perguntas numa entrevista

entrevistador (en.tre.vis.ta.dor) *n.m.* pessoa que faz as perguntas numa entrevista

entrevistar (en.tre.vis.tar) *v.* fazer perguntas a alguém sobre determinado assunto

entristecer (en.tris.te.cer) *v.* **1** tornar triste **2** ficar triste

entroncado (en.tron.ca.do) *adj.* corpulento; robusto

entroncamento (en.tron.ca.men.to) *n.m.* **1** ponto onde se encontram duas ou mais coisas **2** junção de duas vias, especialmente férreas

Entrudo (En.tru.do) *n.m.* → **Carnaval**

entulho (en.tu.lho) *n.m.* lixo

entupir (en.tu.pir) *v.* tapar (um cano, orifício, etc.); obstruir

entusiasmado (en.tu.si.as.ma.do) *adj.* cheio de entusiasmo; animado

entusiasmar (en.tu.si.as.mar) *v.* encher de entusiasmo; animar ♦ **entusiasmar-se** ficar entusiasmado; animar-se

entusiasmo (en.tu.si.as.mo) *n.m.* manifestação de alegria ou de excitação
SIN. arrebatamento

entusiasta (en.tu.si.as.ta) *adj.2gén.* que demonstra grande entusiasmo ou apreço por alguém ou alguma coisa

entusiástico (en.tu.si.ás.ti.co) *adj.* em que há entusiasmo

enumeração (e.nu.me.ra.ção) *n.f.* **1** apresentação sucessiva de várias coisas; lista **2** contagem numérica; conta

enumerar (e.nu.me.rar) *v.* **1** contar um a um **2** indicar por meio de números

enunciação (e.nun.ci.a.ção) *n.f.* afirmação; declaração

enunciado (e.nun.ci.a.do) *adj.* afirmado; declarado ♦ *n.m.* **1** afirmação; declaração **2** conjunto de perguntas de um teste ou de uma prova escrita

enunciar (e.nun.ci.ar) *v.* afirmar; declarar

envaidecer-se (en.vai.de.cer-se) *v.* tornar-se vaidoso; vangloriar-se

envelhecer (en.ve.lhe.cer) *v.* tornar-se velho

envelhecido (en.ve.lhe.ci.do) *adj.* **1** que se tornou velho **2** que tem aspeto de antigo **3** *(fig.)* que perdeu o brilho ou a cor

envelhecimento (en.ve.lhe.ci.men.to) *n.m.* **1** ato ou efeito de envelhecer **2** processo de fermentação do vinho em tonel ou pipa

envelope (en.ve.lo.pe) *n.m.* invólucro de papel, dobrado em forma de bolsa, utilizado para enviar cartas e cartões

envenenado (en.ve.ne.na.do) *adj.* **1** que tomou veneno **2** que contém substância tóxica **3** *(fig.)* cheio de má intenção

envenenamento (en.ve.ne.na.men.to) *n.m.* **1** ato de dar ou tomar veneno **2** contaminação com substâncias tóxicas **3** *(fig.)* corrupção

envenenar (en.ve.ne.nar) *v.* **1** dar veneno a; intoxicar **2** contaminar com substâncias tóxicas

enveredar (en.ve.re.dar) *v.* seguir em determinada direção (enveredar por)

envergadura (en.ver.ga.du.ra) *n.f.* **1** importância **2** competência

envergonhado (en.ver.go.nha.do) *adj.* **1** com vergonha **2** tímido **3** humilhado

envergonhar (en.ver.go.nhar) *v.* **1** causar vergonha ou embaraço a **2** manchar (honra, reputação, memória) ♦ **envergonhar-se** ficar envergonhado

envernizar (en.ver.ni.zar) *v.* **1** aplicar verniz em **2** dar brilho a; polir

enviado (en.vi.a.do) *adj.* **1** que se enviou; mandado **2** encaminhado; conduzido ♦ *n.m.* pessoa que é encarregada de uma missão; **enviado especial:** jornalista que faz a cobertura noticiosa dos acontecimentos em determinada região; correspondente

enviar (en.vi.ar) *v.* **1** mandar **2** atirar

envidraçado (en.vi.dra.ça.do) *adj.* que tem vidraças ou vidros

envidraçar (en.vi.dra.çar) *v.* colocar vidros em

envio (en.vi.o) *n.m.* ato de enviar; remessa

enviuvar (en.vi.u.var) *v.* perder o marido ou a mulher (por morte); ficar viúvo ou viúva

envolto (en.vol.to) *adj.* **1** rodeado **2** coberto

envolvente (en.vol.ven.te) *adj.2gén.* **1** que rodeia ou cerca **2** que inclui **3** que seduz

envolver (en.vol.ver) *v.* **1** rodear **2** cobrir **3** incluir

envolvimento (en.vol.vi.men.to) *n.m.* **1** participação de alguém em algo **2** relação afetiva ou amorosa

enxada (en.xa.da) *n.f.* utensílio de ferro para cavar e revolver a terra

enxaguar (en.xa.guar) *v.* passar por água para retirar o sabão

enxame (en.xa.me) *n.m.* **1** conjunto de abelhas **2** (*fig.*) multidão

enxaqueca (en.xa.que.ca) *n.f.* mal-estar causado por dores de cabeça, acompanhado de enjoo e vómitos

enxofre (en.xo.fre) *n.m.* elemento químico sólido e combustível, de cor amarelada

enxotar (en.xo.tar) *v.* mandar embora; afugentar

enxoval (en.xo.val) *n.m.* conjunto de peças de roupa e objetos necessários para um bebé ou uma pessoa que está a montar casa

enxovalhado (en.xo.va.lha.do) *adj.* **1** amarrotado **2** (*fig.*) humilhado

enxovalhar (en.xo.va.lhar) *v.* **1** amarrotar **2** (*fig.*) humilhar

enxugar (en.xu.gar) *v.* secar

enxurrada (en.xur.ra.da) *n.f.* grande quantidade de água que corre com força, resultante de chuvas abundantes

enxurro (en.xur.ro) *n.m.* → **enxurrada**

enxuto (en.xu.to) *adj.* seco

eólico (e.ó.li.co) *adj.* produzido pela ação do vento

epicentro (e.pi.cen.tro) *n.m.* ponto da superfície terrestre onde chega primeiro uma onda sísmica

épico (é.pi.co) *adj.* **1** relativo a epopeia **2** (*inform.*) heroico; extraordinário

epidemia (e.pi.de.mi.a) *n.f.* doença infeciosa que ataca simultaneamente muitas pessoas ao mesmo tempo na mesma região

epiderme (e.pi.der.me) *n.f.* parte externa da pele

epiglote (e.pi.glo.te) *n.f.* válvula que impede a entrada dos alimentos na laringe

epilepsia (e.pi.lep.si.a) *n.f.* doença cerebral que se manifesta por convulsões e perda dos sentidos

epiléptico *a nova grafia é* **epilético**

epilético (e.pi.lé.ti.co) *adj.* **1** relativo a epilepsia **2** que sofre de epilepsia

epílogo (e.pí.lo.go) *n.m.* conclusão (de narrativa ou evento); desfecho

episódio (e.pi.só.di.o) *n.m.* **1** ação secundária ligada à ação principal numa obra literária **2** cada uma das partes em que se divide uma série de televisão

epíteto (e.pí.te.to) *n.m.* qualificação elogiosa ou negativa dada a alguém; alcunha

época (é.po.ca) *n.f.* **1** período de tempo marcado por algum facto importante **2** qualquer período de tempo; ocasião

epopeia (e.po.pei.a) *n.f.* **1** poema em que se celebra uma ação grandiosa e heroica **2** (*fig.*) acontecimento emocionante; aventura

equação (e.qua.ção) *n.f.* enunciado matemático de igualdade entre duas expressões, geralmente separadas pelo sinal =

equador (e.qua.dor) *n.m.* círculo máximo da esfera terrestre, perpendicular ao eixo da Terra

equatorial (e.qua.to.ri.al) *adj.2gén.* **1** relativo ao equador **2** situado no equador

equestre (e.ques.tre) *adj.2gén.* relativo a cavalo

equídeo (e.quí.de.o) *adj.* relativo a cavalo ◆ *n.m.* cavalo

equidistante (e.qui.dis.tan.te) *adj.2gén.* diz-se do ponto ou do objeto que está à mesma distância (em relação a outros)

equilátero (e.qui.lá.te.ro) *adj.* diz-se do triângulo que tem os três ângulos iguais

equilibrado (e.qui.li.bra.do) *adj.* **1** que está em posição estável **2** que revela bom senso e estabilidade emocional

equilibrar (e.qui.li.brar) *v.* **1** colocar em equilíbrio **2** tornar harmonioso

equilíbrio (e.qui.lí.bri.o) *n.m.* **1** posição estável **ANT.** desequilíbrio **2** *(fig.)* harmonia

equilibrista (e.qui.li.bris.ta) *n.2gén.* pessoa que faz exercícios de equilíbrio no circo; acrobata

equinócio (e.qui.nó.ci.o) *n.m.* momento em que o Sol, no seu movimento aparente, corta o equador celeste, fazendo com que o dia e a noite tenham duração igual

equipa (e.qui.pa) *n.f.* **1** conjunto de pessoas que participam em conjunto numa competição desportiva **2** grupo de pessoas que trabalham juntas

equipado (e.qui.pa.do) *adj.* que tem tudo o que é necessário (para determinada atividade ou função)

equipamento (e.qui.pa.men.to) *n.m.* conjunto de instrumentos necessários para uma atividade ou profissão

equipar (e.qui.par) *v.* fornecer o material necessário (para uma atividade ou profissão)

equitação (e.qui.ta.ção) *n.f.* arte ou técnica de andar a cavalo

equitativo (e.qui.ta.ti.vo) *adj.* justo; imparcial

equivalência (e.qui.va.lên.ci.a) *n.f.* igualdade de valor, de natureza ou de função

equivalente (e.qui.va.len.te) *adj.2gén.* que tem igual valor ou peso; correspondente

equivaler (e.qui.va.ler) *v.* ser igual em valor, natureza ou função

equivocar-se (e.qui.vo.car-se) *v.* enganar-se

equívoco (e.quí.vo.co) *n.m.* engano; erro

era (e.ra) *n.f.* período de tempo marcado por um facto importante **SIN.** época

eremita (e.re.mi.ta) *n.2gén.* pessoa que vive sozinha num lugar deserto

ergonomia (er.go.no.mi.a) *n.f.* disciplina que procura adequar um objeto ou um espaço à função e às pessoas a que se destina

ergonómico (er.go.nó.mi.co) *adj.* adaptado às características e necessidades do utilizador

erguer (er.guer) *v.* colocar em lugar (mais) alto; levantar ◆ **erguer-se** pôr-se em pé; levantar-se

erguido (er.gui.do) *adj.* **1** levantado **2** em posição vertical

eriçado (e.ri.ça.do) *adj.* **1** levantado (pelo, cabelo) **2** arrepiado **3** zangado

eriçar-se (e.ri.çar-se) *v.* **1** levantar-se **2** arrepiar-se **3** zangar-se

erigir (e.ri.gir) *v.* **1** levantar **2** construir

ermida (er.mi.da) *n.f.* templo ou capela num lugar desabitado

ermo (er.mo) *adj.* desabitado; deserto

a b c d e f g h i j k l m n o p q r s t u v w x y z

erosão (e.ro.são) *n.f.* desgaste produzido no relevo terrestre pela ação do ar, do vento, da água e dos seres vivos

erosivo (e.ro.si.vo) *adj.* que causa erosão

errado (er.ra.do) *adj.* **1** que contém erro(s) ANT. certo **2** enganado **3** incorreto

errante (er.ran.te) *adj.2gén.* **1** que caminha sem destino **2** que não tem residência fixa

errar (er.rar) *v.* **1** enganar-se em; falhar ANT. acertar **2** cometer erro **3** andar sem rumo; vaguear

errata (er.ra.ta) *n.f.* lista de erros que aparece normalmente no início ou no final de um livro, com a indicação das respetivas correções (esta lista é acrescentada já depois da publicação do livro)

erro (er.ro) *n.m.* **1** decisão, ato ou resposta incorreta **2** juízo falso; engano **3** falta; culpa; **erro de palmatória:** erro imperdoável

erudição (e.ru.di.ção) *n.f.* conhecimento vasto adquirido pelo estudo SIN. sabedoria

erudito (e.ru.di.to) *adj.* que tem muitos conhecimentos SIN. sábio

erupção (e.rup.ção) *n.f.* **1** emissão violenta de lava e cinzas de um vulcão **2** aparecimento de pequenas lesões na pele

eruptivo (e.rup.ti.vo) *adj.* **1** relativo a erupção **2** que causa erupção

erva (er.va) *n.f.* planta rasteira de caule tenro; relva; **erva aromática:** erva que é usada como tempero em culinária; **erva daninha:** erva que prejudica o crescimento de outras plantas

erva-cidreira (er.va-ci.drei.ra) *n.f.* [*pl.* ervas-cidreiras] planta de aroma característico, muito usada para fazer chá

ervanária (er.va.ná.ri.a) *n.f.* loja onde se vendem plantas medicinais e produtos naturais

ervanário (er.va.ná.ri.o) *n.m.* pessoa que recolhe ou vende plantas medicinais

ervilha (er.vi.lha) *n.f.* legume de cor verde em forma de grão

ervilheira (er.vi.lhei.ra) *n.f.* planta trepadeira, com frutos em forma de vagens que contêm sementes verdes e redondas, usadas na alimentação

ES *sigla de* **E**nsino **S**ecundário

esbaforido (es.ba.fo.ri.do) *adj.* sem fôlego; ofegante

esbanjamento (es.ban.ja.men.to) *n.m.* gasto excessivo

esbanjar (es.ban.jar) *v.* gastar em excesso; dissipar

esbarrar (es.bar.rar) *v.* chocar com (algo ou alguém); embater em (esbarrar com)

esbater (es.ba.ter) *v.* atenuar as cores ou sombras de (desenho, quadro); suavizar

esbatido (es.ba.ti.do) *adj.* que foi atenuado ou enfraquecido; suavizado

esbelto (es.bel.to) *adj.* elegante; gracioso

esboçar (es.bo.çar) *v.* **1** fazer o esboço de; delinear **2** descrever em traços gerais

esboço (es.bo.ço) *n.m.* **1** plano inicial (de pintura, desenho, escultura, etc.) **2** noção geral de alguma coisa

esbofetear (es.bo.fe.te.ar) *v.* dar bofetada(s) a

esborrachar (es.bor.ra.char) *v.* esmagar(-se)

esbranquiçado (es.bran.qui.ça.do) *adj.* **1** quase branco **2** pálido

esbugalhado (es.bu.ga.lha.do) *adj.* diz-se do olho muito aberto ou muito saliente

esbugalhar (es.bu.ga.lhar) v. arregalar (os olhos)

esburacado (es.bu.ra.ca.do) adj. que está cheio de buracos

esburacar (es.bu.ra.car) v. abrir buracos em

escabeche (es.ca.be.che) n.m. 1 molho de azeite, vinagre, louro, alho e cebola, usado para temperar ou conservar peixe ou carne 2 (pop.) barulheira; confusão

escacar (es.ca.car) v. reduzir a cacos; quebrar ◆ **escacar-se** ficar reduzido a cacos; quebrar-se

escada (es.ca.da) n.f. série de degraus, dispostos em plano inclinado, para subir ou descer; **escada rolante**: série de degraus metálicos acionados mecanicamente

escadaria (es.ca.da.ri.a) n.f. série de escadas separadas por patamares

escadote (es.ca.do.te) n.m. escada portátil formada por duas peças que se abrem em ângulo

escafandro (es.ca.fan.dro) n.m. fato impermeável completamente fechado, usado por mergulhadores quando querem permanecer muito tempo debaixo de água

escala (es.ca.la) n.f. 1 sequência de valores que serve de padrão 2 graduação de instrumentos de medida 3 sucessão de notas musicais 4 paragem de avião ou navio para receber carga ou passageiros ou para reabastecimento de combustível 5 proporção entre um desenho ou mapa e a medida real do objeto ou lugar representado

escalada (es.ca.la.da) n.f. 1 aumento progressivo; subida 2 atividade desportiva cujo objetivo é superar um obstáculo vertical (montanha, parede, etc.)

escalão (es.ca.lão) n.m. cada um dos pontos ou graus de uma escala; nível

escalar (es.ca.lar) v. 1 subir; trepar 2 colocar numa escala; graduar 3 cortar em escala (o cabelo)

escaldado (es.cal.da.do) adj. 1 queimado com líquido a ferver 2 (fig.) que aprendeu com a experiência

escaldante (es.cal.dan.te) adj.2gén. 1 que escalda ou queima 2 (fig.) que gera polémica ou discussão (assunto, tema)

escaldão (es.cal.dão) n.m. queimadura provocada por sol intenso ou por contacto com substâncias muito quentes

escaldar-se (es.cal.dar-se) v. queimar-se com líquido muito quente ou vapor

escaleno (es.ca.le.no) adj. diz-se do triângulo que tem os lados todos diferentes

escalfar (es.cal.far) v. aquecer em líquido muito quente sem deixar cozer (ovos, etc.)

escalope (es.ca.lo.pe) n.m. fatia fina de carne, panada e frita

escama (es.ca.ma) n.f. pequena placa semelhante a uma lâmina que cobre a pele dos peixes e dos répteis

escamado (es.ca.ma.do) adj. 1 que ficou sem escamas 2 (fig.) zangado; furioso

escamar (es.ca.mar) v. retirar as escamas a ◆ **escamar-se** 1 perder as escamas 2 (fig.) ficar zangado

escancarado (es.can.ca.ra.do) adj. 1 totalmente aberto 2 claro; evidente

escancarar (es.can.ca.rar) v. abrir totalmente ◆ **escancarar-se** abrir-se totalmente

escandalizado (es.can.da.li.za.do) adj. chocado; indignado

escandalizar (es.can.da.li.zar) v. causar choque ou indignação ◆ **escandalizar-se** sentir-se ofendido

escândalo (es.cân.da.lo) *n.m.* **1** situação ou facto que ofende sentimentos, crenças ou convenções e que provoca indignação ou censura **2** desordem; tumulto

escandaloso (es.can.da.lo.so) *adj.* **1** que causa escândalo **2** que ofende; vergonhoso

escangalhar (es.can.ga.lhar) *v.* estragar; desmanchar ♦ **escangalhar-se** estragar-se; danificar-se

escapada (es.ca.pa.da) *n.f.* **1** saída precipitada ou repentina **2** fuga a um dever ou a uma obrigação que não se quer cumprir

escapadela (es.ca.pa.de.la) *n.f.* → **escapada**

escapar (es.ca.par) *v.* livrar-se de (situação desagradável ou perigosa); fugir; evitar (escapar de)

escaparate (es.ca.pa.ra.te) *n.m.* armário envidraçado onde se expõem objetos SIN. montra, vitrina

escape (es.ca.pe) *n.m.* **1** fuga; escapadela **2** expulsão dos gases de um motor

escapulir-se (es.ca.pu.lir-se) *v.* (*inform.*) escapar; fugir

escarafunchar (es.ca.ra.fun.char) *v.* limpar com dedo; esgaravatar

escaramuça (es.ca.ra.mu.ça) *n.f.* briga de pouca importância

escaravelho (es.ca.ra.ve.lho) *n.m.* inseto geralmente de cor escura, nocivo à agricultura

escarcéu (es.car.céu) *n.m.* confusão; alvoroço

escarlate (es.car.la.te) *adj. e n.m.* vermelho

escarlatina (es.car.la.ti.na) *n.f.* doença infeciosa e muito contagiosa que provoca febre alta e o aparecimento de manchas vermelhas na pele e nas mucosas

escarnecer (es.car.ne.cer) *v.* troçar de; zombar; gozar (escarnecer de)

escárnio (es.cár.ni.o) *n.m.* troça; zombaria

escarpa (es.car.pa) *n.f.* encosta muito íngreme; declive

escarpado (es.car.pa.do) *adj.* que tem um grande declive; íngreme

escarrar (es.car.rar) *v.* deitar (escarro, sangue, etc.) pela boca; expetorar

escarro (es.car.ro) *n.m.* matéria viscosa segregada pelas vias respiratórias e lançada pela boca; expetoração

escassear (es.cas.se.ar) *v.* existir em pouca quantidade

escassez (es.cas.sez) *n.f.* insuficiência; falta ANT. abundância

escasso (es.cas.so) *adj.* que existe em pequena quantidade; raro ANT. abundante

escavação (es.ca.va.ção) *n.f.* **1** trabalho realizado para nivelar ou abrir corte num terreno **2** conjunto de trabalhos efetuados para recolha de vestígios arqueológicos

escavacar (es.ca.va.car) *v.* quebrar; partir

escavadora (es.ca.va.do.ra) *n.f.* máquina própria para escavar terrenos

escavar (es.ca.var) *v.* formar cova ou cavidade em; cavar

esclarecedor (es.cla.re.ce.dor) *adj.* que esclarece; compreensível

esclarecer (es.cla.re.cer) *v.* tornar claro ou compreensível; explicar

esclarecido (es.cla.re.ci.do) *adj.* que foi explicado; elucidado

esclarecimento (es.cla.re.ci.men.to) *n.m.* explicação do sentido de (palavras, texto, informação, etc.); elucidação

escoamento (es.co.a.men.to) *n.m.* **1** plano inclinado, por onde se escoam as águas **2** circulação de pessoas e veículos

escoar (es.co.ar) *v.* fazer escorrer (um líquido)

escocês (es.co.cês) *adj.* relativo à Escócia ♦ *n.m.* pessoa natural da Escócia

escola (es.co.la) *n.f.* **1** estabelecimento público ou privado onde se ensina e aprende **2** edifício onde se ensina e aprende **3** teoria artística ou de pensamento; doutrina

escolar (es.co.lar) *adj.2gén.* relativo a escola

escolaridade (es.co.la.ri.da.de) *n.f.* **1** frequência ou permanência na escola **2** conhecimentos adquiridos na escola; **escolaridade obrigatória:** período durante o qual os jovens são obrigados a frequentar a escola

escolha (es.co.lha) *n.f.* opção; preferência; **escolha múltipla:** método de avaliação de conhecimentos em que uma pessoa tem de escolher uma de várias respostas apresentadas para cada pergunta

escolher (es.co.lher) *v.* optar por; preferir

escolhido (es.co.lhi.do) *adj.* preferido; selecionado

escolta (es.col.ta) *n.f.* grupo de pessoas ou de forças policiais destacadas para acompanhar e proteger alguém ou algo

escoltar (es.col.tar) *v.* acompanhar (alguém ou algo) para dar proteção

escombros (es.com.bros) *n.m.pl.* destroços; ruínas

esconde-esconde (es.con.de-es.con.de) *n.m.* jogo infantil em que uma criança tenta descobrir as outras, que se esconderam

esconder (es.con.der) *v.* **1** pôr num lugar onde não se possa descobrir; ocultar **2** não dizer ou não contar algo; omitir

esconderijo (es.con.de.ri.jo) *n.m.* lugar onde se esconde algo ou alguém

escondidas (es.con.di.das) *n.f.pl.* jogo infantil em que uma criança tenta descobrir as outras, que se esconderam

escondido (es.con.di.do) *adj.* que se escondeu; encoberto; oculto

escopro (es.co.pro) *n.m.* **1** ferramenta metálica para lavrar pedra, madeira e metal **2** instrumento cirúrgico com extremidade cortante, usado em operações aos ossos

escorbuto (es.cor.bu.to) *n.m.* doença crónica provocada por falta de vitamina C e caracterizada por hemorragias

escorpião (es.cor.pi.ão) *n.m.* pequeno animal com carapaça, patas em forma de pinças e cauda terminada numa ponta venenosa

escorraçado (es.cor.ra.ça.do) *adj.* mandado embora com desprezo; enxotado

escorraçar (es.cor.ra.çar) *v.* mandar embora com desprezo; enxotar

escorrega (es.cor.re.ga) *n.m.*→ **escorregão**

escorregadela (es.cor.re.ga.de.la) *n.f.* **1** queda causada por piso molhado, desequilíbrio, etc. **2** *(fig.)* engano; lapso

escorregadio (es.cor.re.ga.di.o) *adj.* que faz escorregar

escorregão (es.cor.re.gão) *n.m.* brinquedo composto por uma tábua inclinada, sobre a qual as crianças deslizam SIN. escorrega

escorregar (es.cor.re.gar) *v.* cair; deslizar

escorrer (es.cor.rer) *v.* **1** fazer correr (um líquido) **2** correr em fio (lágrimas, sangue, suor) **3** tombar; descair

a b c d e f g h i j k l m n o p q r s t u v w x y z

escotilha (es.co.ti.lha) *n.f.* abertura retangular ou quadrada no convés, no porão ou nas cobertas do navio

escova (es.co.va) *n.f.* utensílio com pelos flexíveis, usado para limpar, alisar ou dar brilho

escovadela (es.co.va.de.la) *n.f.* limpeza rápida com escova

escovar (es.co.var) *v.* limpar com escova

escravatura (es.cra.va.tu.ra) *n.f.* **1** sistema que admite a existência de escravos como parte da sua organização económica **2** condição de escravo; escravidão **3** tráfico de pessoas

escravidão (es.cra.vi.dão) *n.f.* condição de escravo; servidão

escravismo (es.cra.vis.mo) *n.m.* → **escravatura**

escravizar (es.cra.vi.zar) *v.* **1** reduzir à condição de escravo **2** oprimir; subjugar

escravo (es.cra.vo) *n.m.* **1** pessoa privada de liberdade e submetida a um poder absoluto **2** pessoa que vive em total dependência de algo ou alguém

escreto (es.cre.to) *adj. (CV)* atrevido; esperto

escrever (es.cre.ver) *v.* **1** representar por meio de caracteres gráficos; redigir **2** compor (obra literária, música, tese)

escriba (es.cri.ba) *n.m.* indivíduo que copiava manuscritos, antes da invenção da imprensa SIN. copista

escrita (es.cri.ta) *n.f.* **1** representação do pensamento e da palavra por meio de signos gráficos **2** conjunto de signos num sistema de representação gráfica **3** maneira de escrever; caligrafia

escrito (es.cri.to) *adj.* representado por letras; redigido

escritor (es.cri.tor) *n.m.* autor de obras literárias ou científicas

escritório (es.cri.tó.ri.o) *n.m.* gabinete de trabalho

escritura (es.cri.tu.ra) *n.f.* documento legal, reconhecido pelo notário, que torna válido um contrato ou um negócio

Escrituras (Es.cri.tu.ras) *n.f.pl.* conjunto dos livros que compõem a Bíblia (Antigo e Novo Testamento)

escrivaninha (es.cri.va.ni.nha) *n.f.* mesa de trabalho; secretária

escrivão (es.cri.vão) *n.m.* funcionário que escreve documentos legais

escrúpulo (es.crú.pu.lo) *n.m.* **1** remorso **2** forte sentido moral

escrupuloso (es.cru.pu.lo.so) *adj.* exigente; rigoroso

escudar (es.cu.dar) *v.* **1** defender com escudo **2** *(fig.)* proteger; amparar

escudo (es.cu.do) *n.m.* **1** unidade monetária de Cabo Verde **2** antiga arma de defesa composta por uma peça circular de metal, presa à mão ou ao braço do guerreiro **3** antiga unidade monetária de Portugal

esculpir (es.cul.pir) *v.* **1** fazer uma escultura **2** gravar (figuras, desenhos) em matéria dura, como madeira, pedra ou metal

escultor (es.cul.tor) *n.m.* aquele que faz esculturas

escultura (es.cul.tu.ra) *n.f.* **1** arte de representar objetos ou pessoas em relevo, moldando pedra, madeira ou outro material duro **2** obra de arte que resulta desse processo

escultural (es.cul.tu.ral) *adj.2gén.* **1** relativo a escultura **2** com formas perfeitas

escuras (es.cu.ras) *elem. da loc.adv.* **às escuras:** com falta de luz; sem entender nada

escurecer (es.cu.re.cer) *v.* tornar-se escuro

escuridão (es.cu.ri.dão) *n.f.* ausência de luz; obscuridade ANT. claridade

escuro (es.cu.ro) *adj.* **1** que tem pouca ou nenhuma luz ANT. claro **2** que tem cor negra; negro **3** *(fig.)* sombrio; triste

escusado (es.cu.sa.do) *adj.* desnecessário; dispensável

escuta (es.cu.ta) *n.f.* ato de escutar; vigia ♦ *n.2gén. (inform.)* → **escuteiro**

escutar (es.cu.tar) *v.* **1** ouvir com atenção **2** dar ouvidos a; seguir o conselho de

escuteiro (es.cu.tei.ro) *n.m.* membro de um grupo de escutismo

escutismo (es.cu.tis.mo) *n.m.* movimento que procura o aperfeiçoamento moral, intelectual e físico das crianças e dos jovens, por meio do desenvolvimento do seu espírito cívico

esdrúxulo (es.drú.xu.lo) *adj.* diz-se da palavra que tem acento tónico na antepenúltima sílaba *(mágico, fantástico, câmara)*

esfaquear (es.fa.que.ar) *v.* dar facada(s) em

esfarelar (es.fa.re.lar) *v.* reduzir a pó; esmigalhar

esfarrapado (es.far.ra.pa.do) *adj.* **1** feito em farrapos; roto **2** *(fig.)* diz-se da desculpa que não tem fundamento

esfarrapar (es.far.ra.par) *v.* reduzir a farrapos; rasgar

esfera (es.fe.ra) *n.f.* **1** sólido cuja superfície tem todos os pontos equidistantes do centro **2** globo; bola; **esfera celeste:** esfera imaginária, na qual se situam os corpos celestes; **esfera terrestre:** planeta Terra

esférico (es.fé.ri.co) *adj.* em forma de esfera ♦ *n.m. (inform.)* bola de futebol

esferográfica (es.fe.ro.grá.fi.ca) *n.f.* caneta com uma pequena esfera móvel na extremidade por onde é distribuída a tinta

esferovite (es.fe.ro.vi.te) *n.f.* material plástico muito leve, usado em embalagens

esfinge (es.fin.ge) *n.f.* **1** estátua com cabeça humana e o corpo de leão **2** *(fig.)* enigma; mistério

esfoladela (es.fo.la.de.la) *n.f.* arranhão superficial

esfolar (es.fo.lar) *v.* tirar a pele a

esfomeado (es.fo.me.a.do) *adj.* que tem muita fome; faminto

esforçado (es.for.ça.do) *adj.* que se esforça; diligente; trabalhador

esforçar-se (es.for.çar-se) *v.* fazer esforço (esforçar-se por)

esforço (es.for.ço) *n.m.* **1** aplicação de força física ou mental para conseguir algo **2** aquilo que exige muito trabalho para ser realizado

esfregão (es.fre.gão) *n.m.* pedaço de material próprio para esfregar

esfregar (es.fre.gar) *v.* lavar com escova ou esfregão; friccionar

esfregona (es.fre.go.na) *n.f.* utensílio para limpeza do chão formado por um cabo com tiras de pano absorvente na ponta

esganado (es.ga.na.do) *adj.* **1** sufocado **2** *(pop.)* sôfrego

esganar (es.ga.nar) *v.* matar por estrangulamento; asfixiar; sufocar

esganiçado (es.ga.ni.ça.do) *adj.* diz-se da voz muito aguda; estridente

esgar (es.gar) *n.m.* expressão do rosto SIN. trejeito

esgazeado (es.ga.ze.a.do) *adj.* diz-se do olhar inquieto ou agitado

esgotado (es.go.ta.do) *adj.* **1** que foi gasto até ao fim **2** muito cansado

esgotamento (es.go.ta.men.to) *n.m.* **1** ato de gastar até ao fim **2** grande cansaço; exaustão

a b c d e f g h i j k l m n o p q r s t u v w x y z

esgotante (es.go.tan.te) *adj.2gén.* muito cansativo; extenuante

esgotar (es.go.tar) *v.* **1** tirar até à última gota **2** gastar até ao fim **3** deixar de estar disponível para venda ♦ **esgotar-se** cansar-se muito

esgoto (es.go.to) *n.m.* **1** cano ou conduta por onde escorrem líquidos e lixos **2** sistema de canalização destinado a conduzir as águas e os detritos

esgrima (es.gri.ma) *n.f.* desporto praticado com uma espada

esgrimir (es.gri.mir) *v.* **1** praticar esgrima **2** discutir **3** lutar

esgrimista (es.gri.mis.ta) *n.2gén.* pessoa que pratica esgrima

esgueirar-se (es.guei.rar.se) *v.* afastar-se cautelosamente; fugir

esguelha (es.gue.lha) *n.f.* soslaio; **de esguelha:** de lado

esguichar (es.gui.char) *v.* sair com força (um líquido); jorrar

esguicho (es.gui.cho) *n.m.* jato (de um líquido)

esguio (es.gui.o) *adj.* **1** comprido e estreito **2** magro e alto

esmagado (es.ma.ga.do) *adj.* achatado; comprimido

esmagador (es.ma.ga.dor) *adj.* **1** que esmaga **2** que não admite discussão; indiscutível

esmagar (es.ma.gar) *v.* **1** deformar por compressão ou choque; achatar **2** *(fig.)* destruir completamente; aniquilar

esmaltar (es.mal.tar) *v.* cobrir de esmalte

esmalte (es.mal.te) *n.m.* **1** substância transparente e pastosa que se aplica em objetos de metal, porcelana, etc., e que depois de seca tem um aspeto brilhante **2** substância branca e resistente, que reveste e protege a coroa dos dentes

esmerado (es.me.ra.do) *adj.* feito com esmero ou cuidado SIN. refinado

esmeralda (es.me.ral.da) *n.f.* **1** pedra preciosa geralmente de cor verde **2** cor verde dessa pedra

esmerar (es.me.rar) *v.* fazer com esmero, com perfeição ♦ **esmerar-se** esforçar-se muito por

esmero (es.me.ro) *n.m.* **1** cuidado extremo; perfeição **2** requinte; elegância

esmigalhar (es.mi.ga.lhar) *v.* reduzir a migalhas; moer; triturar

esmola (es.mo.la) *n.f.* dinheiro, roupa ou qualquer outra forma de ajuda que se dá às pessoas pobres

esmolinha (es.mo.li.nha) *n.f.* [*dim. de* esmola] esmola pequena

esmorecer (es.mo.re.cer) *v.* perder o ânimo; enfraquecer

esmurrar (es.mur.rar) *v.* **1** dar murros a; socar **2** estragar; danificar (um automóvel, por exemplo)

esófago (es.ó.fa.go) *n.m.* órgão do aparelho digestivo que estabelece a comunicação da faringe com o estômago

espaçado (es.pa.ça.do) *adj.* **1** em que há intervalos regulares **2** vagaroso; lento

espaçar (es.pa.çar) *v.* **1** criar espaços ou intervalos entre **2** prolongar

espacial (es.pa.ci.al) *adj.2gén.* relativo ao espaço

espaço (es.pa.ço) *n.m.* **1** medida que separa duas linhas ou dois pontos **2** duração; intervalo **3** lugar; área

espaçoso (es.pa.ço.so) *adj.* que tem muito espaço SIN. amplo, extenso

espada (es.pa.da) *n.f.* arma branca de lâmina comprida ♦ **espadas** *n.f.pl.* naipe de cartas em que cada ponto é representado por uma ponta de lança; **estar entre a espada e a parede:** estar numa situação difícil de resolver; estar num dilema

espadachim (es.pa.da.chim) *n.m.* aquele que luta com espada

espadarte (es.pa.dar.te) *n.m.* peixe cinzento-prateado de grande porte, com o maxilar superior alongado em forma de espada

espadeirar (es.pa.dei.rar) *v.* ferir com a espada

espádua (es.pá.du.a) *n.f.* região que corresponde à omoplata; ombro

espaldar (es.pal.dar) *n.m.* aparelho de ginástica preso à parede, constituído por traves horizontais, geralmente de madeira

espalhafato (es.pa.lha.fa.to) *n.m.* **1** confusão; barulheira **2** ostentação; vaidade

espalhafatoso (es.pa.lha.fa.to.so) *adj.* **1** barulhento; ruidoso **2** que gosta de chamar a atenção; vaidoso

espalhar (es.pa.lhar) *v.* **1** tornar público; divulgar **2** lançar em muitas direções; disseminar ♦ **espalhar-se** difundir-se; estender-se

espalmado (es.pal.ma.do) *adj.* **1** aberto como a palma da mão **2** alisado

espalmar (es.pal.mar) *v.* tornar plano e aberto; alisar

espanhol (es.pa.nhol) *adj.* relativo a Espanha ♦ *n.m.* **1** pessoa natural de Espanha **2** língua falada em Espanha

espantado (es.pan.ta.do) *adj.* admirado; surpreendido

espantalho (es.pan.ta.lho) *n.m.* figura de pano que se coloca nos campos para afugentar os pássaros

espanta-pardais (es.pan.ta-par.dais) *n.m.2núm.* figura ou qualquer objeto usado para afugentar os pássaros

espantar (es.pan.tar) *v.* **1** causar espanto a; surpreender **2** mandar embora; enxotar

espanto (es.pan.to) *n.m.* surpresa; admiração

espantoso (es.pan.to.so) *adj.* que provoca espanto; extraordinário

espargata (es.par.ga.ta) *n.f.* posição de ginástica em que as pernas, totalmente esticadas, se afastam completamente para os lados, ficando coladas ao chão

espargir (es.par.gir) *v.* espalhar (líquido) em pequenas gotas; borrifar

espargo (es.par.go) *n.m.* planta com rebentos longos e estreitos que são usados em culinária

esparguete (es.par.gue.te) *n.m.* massa em forma de cilindros compridos e finos

esparregado (es.par.re.ga.do) *n.m.* puré de legumes verdes (espinafres, grelos) servido como acompanhamento

esparrela (es.par.re.la) *n.f.* *(inform.)* armadilha; **cair na esparrela:** ser enganado

espátula (es.pá.tu.la) *n.f.* espécie de faca sem gume, de madeira, plástico ou metal

especado (es.pe.ca.do) *adj.* que está de pé e imóvel; parado

especial (es.pe.ci.al) *adj.2gén.* **1** que é próprio de uma coisa ou de uma pessoa; característico; particular **2** destinado a determinado fim; específico **3** fora do comum; excelente

especialidade (es.pe.ci.a.li.da.de) *n.f.* **1** profissão ou área do conhecimento que uma pessoa domina **2** prato característico de um restaurante ou de uma região

especialista (es.pe.ci.a.lis.ta) *n.2gén.* pessoa que se dedica a determinada área de conhecimento ou profissão **SIN.** perito

especializado (es.pe.ci.a.li.za.do) *adj.* **1** relativo a uma área específica **2** próprio para; específico **3** que se especializou em determinada área

a
b
c
d
e
f
g
h
i
j
k
l
m
n
o
p
q
r
s
t
u
v
w
x
y
z

especializar-se (es.pe.ci.a.li.zar-se) *v.* tornar-se especialista em

especialmente (es.pe.ci.al.men.te) *adv.* **1** de propósito **2** particularmente

especiaria (es.pe.ci.a.ri.a) *n.f.* erva aromática usada para temperar alimentos SIN. condimento, tempero

espécie (es.pé.ci.e) *n.f.* **1** conjunto de pessoas ou animais que têm características comuns **2** género; tipo; **uma espécie de:** um tipo de; semelhante a

especificação (es.pe.ci.fi.ca.ção) *n.f.* descrição pormenorizada das características de

especificar (es.pe.ci.fi.car) *v.* **1** determinar a espécie de; classificar **2** descrever com pormenor; detalhar

especificidade (es.pe.ci.fi.ci.da.de) *n.f.* característica particular SIN. particularidade

específico (es.pe.cí.fi.co) *adj.* próprio de uma espécie SIN. característico, peculiar

espécime (es.pé.ci.me) *n.m.* exemplo; amostra

espectacular *a nova grafia é* **espetacular**

espectáculo *a nova grafia é* **espetáculo**

espectador (es.pec.ta.dor) *n.m.* pessoa que assiste a um espetáculo

espectro (es.pec.tro) *a grafia preferível é* **espetro**

espelhar (es.pe.lhar) *v.* **1** refletir **2** brilhar

espelho (es.pe.lho) *n.m.* superfície polida que reflete a imagem dos objetos

espera (es.pe.ra) *n.f.* **1** ato de esperar **2** demora **3** emboscada

esperado (es.pe.ra.do) *adj.* **1** aguardado **2** previsto

esperança (es.pe.ran.ça) *n.f.* sentimento de quem acredita na realização ou obtenção do que se deseja SIN. confiança

esperançado (es.pe.ran.ça.do) *adj.→* **esperançoso**

esperançoso (es.pe.ran.ço.so) *adj.* que tem esperança SIN. confiante

esperar (es.pe.rar) *v.* **1** ter esperança em; confiar **2** estar à espera de; aguardar

espermatozoide (es.per.ma.to.zoi.de) *n.m.* célula reprodutora masculina, de pequenas dimensões, que se liga ao óvulo para formar um novo ser

espermatozóide *a nova grafia é* **espermatozoide**

espernear (es.per.ne.ar) *v.* **1** agitar violentamente as pernas **2** *(fig.)* protestar contra

espertalhão (es.per.ta.lhão) *n.m.* indivíduo astuto que procura enganar alguém SIN. finório

esperteza (es.per.te.za) *n.f.* **1** qualidade de quem é esperto; perspicácia **2** ato desonesto para enganar alguém; astúcia

esperto (es.per.to) *adj.* **1** acordado; atento **2** inteligente; perspicaz

espesso (es.pes.so) *adj.* **1** grosso **2** volumoso

espessura (es.pes.su.ra) *n.f.* **1** grossura **2** volume

espetacular (es.pe.ta.cu.lar) *adj.2gén.* **1** grandioso **2** excelente

espetáculo (es.pe.tá.cu.lo) *n.m.* **1** apresentação pública de uma peça teatral, um concerto, um filme, etc. **2** pessoa ou coisa excecional

espetada (es.pe.ta.da) *n.f.* pedaços de carne, de peixe e/ou de legumes que se enfiam e assam num pequeno espeto

espetado (es.pe.ta.do) *adj.* **1** enfiado em espeto **2** atravessado por objeto pontiagudo **3** diz-se do cabelo virado para cima

espetador (es.pe.ta.dor) *a grafia preferível é* **espectador**

espetar (es.pe.tar) *v.* **1** enfiar a ponta aguçada de um objeto em **2** enfiar num espeto

espeto (es.pe.to) *n.m.* **1** haste de ferro ou de madeira aguçada numa das pontas, na qual se enfiam alimentos para assar **2** *(fig.)* pessoa alta e muito magra

espetro (es.pe.tro) *n.m.* fantasma

espevitado (es.pe.vi.ta.do) *adj.* **1** avivado **2** estimulado **3** atrevido

espevitar (es.pe.vi.tar) *v.* **1** avivar (chama) **2** estimular (pessoas, sentimentos, etc.) ♦ **espevitar-se** ser atrevido

espia (es.pi.a) *n.f.* **1** mulher que vigia secretamente alguém ou algo para obter informações agente secreta **2** cabo grosso para amarrar uma embarcação ao cais, a uma boia, etc.

espiadela (es.pi.a.de.la) *n.f.* ato de observar algo rapidamente e às escondidas

espião (es.pi.ão) *n.m.* homem que vigia secretamente alguém ou algo para obter informações; agente secreto

espiar (es.pi.ar) *v.* **1** observar em segredo, geralmente para obter informações; espionar **2** observar às escondidas

espicaçado (es.pi.ca.ça.do) *adj.* **1** furado **2** *(fig.)* estimulado

espicaçar (es.pi.ca.çar) *v.* **1** furar com o bico **2** *(fig.)* estimular

espiga (es.pi.ga) *n.f.* haste de certos cereais (trigo, milho, etc.) que contém os grãos

espigado (es.pi.ga.do) *adj.* **1** que formou espiga (cereal) **2** diz-se do cabelo com ponta dividida em dois

espigadote (es.pi.ga.do.te) *adj. (inform.)* crescido

espigão (es.pi.gão) *n.m.* **1** espiga grande **2** porção de pele que se destaca junto das unhas

espigar (es.pi.gar) *v.* **1** germinar **2** crescer

espigueiro (es.pi.guei.ro) *n.m.* lugar onde se guardam as espigas

espinafre (es.pi.na.fre) *n.m.* planta herbácea, com folhas grossas verde escuras

espinal (es.pi.nal) *adj.2gén.* relativo à espinha dorsal **SIN.** espinhal

espingarda (es.pin.gar.da) *n.f.* arma de fogo de cano comprido

espinha (es.pi.nha) *n.f.* **1** conjunto das vértebras que se sobrepõem umas às outras na parte dorsal do tronco, formando uma coluna que vai do crânio ao cóccix; coluna vertebral **2** osso alongado, fino e pontiagudo do esqueleto dos peixes **3** borbulha que aparece à superfície da pele

espinhela (es.pi.nhe.la) *n.f.* **1** extremidade inferior do osso esterno, nas aves **2** *(pop.)* coluna dorsal

espinho (es.pi.nho) *n.m.* prolongamento agudo e rígido de algumas plantas; pico

espinhoso (es.pi.nho.so) *adj.* **1** que tem muitos espinhos **2** *(fig.)* difícil; delicado

espionagem (es.pi.o.na.gem) *n.f.* atividade de quem procura descobrir informações secretas de uma país estrangeiro, de uma empresa concorrente, etc.

espionar (es.pi.o.nar) *v.* investigar secretamente; espiar

espiral (es.pi.ral) *n.f.* linha curva em forma de caracol, que se desenrola a partir de um ponto, afastando-se gradualmente dele

espírito (es.pí.ri.to) *n.m.* **1** coisa imaterial; alma **2** ideia central; significado (de uma obra, de um texto, etc.)

espiritual (es.pi.ri.tu.al) *adj.2gén.* **1** imaterial **2** religioso ♦ *n.m.* cântico religioso de origem africana

espiritualidade (es.pi.ri.tu.a.li.da.de) *n.f.* **1** qualidade do que é espiritual **2** religiosidade

espirrar (es.pir.rar) *v.* dar espirros

espirro (es.pir.ro) *n.m.* expulsão ruidosa e súbita do ar pelo nariz

esplanada (es.pla.na.da) *n.f.* espaço privativo de um restaurante ou café, ao ar livre, com mesas e cadeiras

esplêndido (es.plên.di.do) *adj.* magnífico; maravilhoso

esplendor (es.plen.dor) *n.m.* **1** brilho intenso **2** *(fig.)* luxo

esponja (es.pon.ja) *n.f.* **1** animal marinho de forma irregular, cujo esqueleto fornece a matéria chamada esponja **2** substância leve e porosa que absorve líquidos

esponjoso (es.pon.jo.so) *adj.* **1** macio **2** absorvente

espontaneamente (es.pon.ta.ne.a.men.te) *adv.* **1** naturalmente **2** voluntariamente **3** subitamente

espontaneidade (es.pon.ta.nei.da.de) *n.f.* qualidade do que é espontâneo SIN. naturalidade

espontâneo (es.pon.tâ.ne.o) *adj.* **1** natural **2** instintivo

espora (es.po.ra) *n.f.* utensílio de metal que se adapta ao calçado do cavaleiro e que, picando o animal, faz com que ele ande ou acelere o movimento

esporádico (es.po.rá.di.co) *adj.* que acontece poucas vezes SIN. raro

esporão (es.po.rão) *n.m.* saliência córnea no tarso de alguns machos galináceos

esporo (es.po.ro) *n.m.* célula assexuada capaz de se reproduzir, dando origem a um novo organismo

esposa (es.po.sa) *n.f.* mulher casada (em relação ao seu marido)

esposo (es.po.so) *n.m.* homem casado (em relação à sua mulher)

espreguiçadeira (es.pre.gui.ça.dei.ra) *n.f.* cadeira articulada e comprida, própria para uma pessoa se estender ou para sentar um bebé que ainda não anda

espreguiçadela (es.pre.gui.ça.de.la) *n.f.* ato de se espreguiçar

espreguiçar-se (es.pre.gui.çar-se) *v.* esticar os braços e as pernas, com preguiça

espreitar (es.prei.tar) *v.* observar secretamente; espiar

espremedor (es.pre.me.dor) *n.m.* aparelho manual ou elétrico utilizado para espremer frutos

espremer (es.pre.mer) *v.* comprimir; apertar

espuma (es.pu.ma) *n.f.* substância esbranquiçada que se forma à superfície dos líquidos agitados ou em fermentação

espumante (es.pu.man.te) *n.m.* vinho naturalmente gasoso; champanhe

espumar (es.pu.mar) *v.* **1** formar espuma **2** *(fig.)* enfurecer-se

espumoso (es.pu.mo.so) *adj.* **1** que tem espuma **2** gasoso (vinho)

esquadra (es.qua.dra) *n.f.* **1** posto policial **2** conjunto de navios de guerra

esquadrão (es.qua.drão) *n.m.* **1** grupo de navios de guerra menor que a esquadra **2** secção de um regimento de cavalaria

esquadria (es.qua.dri.a) *n.f.* **1** corte em ângulo reto **2** *(fig.)* simetria

esquadrilha (es.qua.dri.lha) *n.f.* conjunto de aviões

esquadro (es.qua.dro) *n.m.* instrumento em forma de triângulo retângulo com que se traçam ângulos retos e se tiram perpendiculares

esquálido (es.quá.li.do) *adj.* muito pálido

esquecer (es.que.cer) *v.* **1** não se lembrar de **ANT.** lembrar, recordar **2** não pensar em **3** não fazer caso de **4** abandonar ◆ **esquecer-se** não se lembrar (esquecer-se de)

esquecido (es.que.ci.do) *adj.* **1** que se esqueceu **2** diz-se da pessoa que tem má memória

esquecimento (es.que.ci.men.to) *n.m.* **1** falha de memória **2** abandono

esquelético (es.que.lé.ti.co) *adj.* **1** relativo ao esqueleto **2** *(fig.)* muito magro

esqueleto (es.que.le.to) *n.m.* **1** estrutura formada por ossos, cartilagens e ligamentos que protege os órgãos internos dos seres humanos e dos animais vertebrados; ossatura **2** estrutura; armação **3** *(fig.)* plano (de um projeto ou trabalho); esboço

esquema (es.que.ma) *n.m.* desenho em que se representa de forma simples uma coisa ou uma ideia; esboço

esquentador (es.quen.ta.dor) *n.m.* aquecedor

esquerda (es.quer.da) *n.f.* **1** lado esquerdo **ANT.** direita **2** mão esquerda

esquerdo (es.quer.do) *adj.* **1** situado no lado do coração **2** que usa preferencialmente a mão esquerda; canhoto

esqui (es.qui) *n.m.* **1** prancha com a borda da frente revirada, usada para deslizar sobre a neve ou sobre a água **2** desporto praticado na neve com essas pranchas; **esqui aquático:** desporto em que a pessoa é puxada por um barco e desliza na água sobre um ou dois esquis

esquiador (es.qui.a.dor) *n.m.* pessoa que faz esqui

esquiar (es.qui.ar) *v.* deslizar com esquis sobre a neve ou sobre a água

esquilo (es.qui.lo) *n.m.* pequeno mamífero roedor com uma cauda muito comprida, que vive nas árvores e se alimenta de frutos secos e sementes

esquimó (es.qui.mó) *n.2gén.* pessoa que nasceu ou habita no polo norte

esquina (es.qui.na) *n.f.* **1** ângulo formado pelo encontro de duas ruas **2** canto exterior formado por dois planos que se cortam

esquisitice (es.qui.si.ti.ce) *n.f.* atitude ou comportamento estranho ou invulgar

esquisito (es.qui.si.to) *adj.* estranho; invulgar

esquivar-se (es.qui.var-se) *v.* **1** fugir de algo desagradável; evitar **2** livrar-se de; safar-se (esquivar-se a, esquivar-se de)

esquivo (es.qui.vo) *adj.* que evita o contacto e a convivência com pessoas; arisco

esse (es.se) *det. e pron.dem.* pessoa ou coisa que está próxima da pessoa com quem falamos (*esse rapaz, esses livros*)

essência (es.sên.ci.a) *n.f.* **1** conjunto das qualidades que definem um ser ou uma coisa **2** princípio fundamental; ideia mais importante

essencial (es.sen.ci.al) *adj.2gén.* **1** que constitui a essência; fundamental **2** indispensável; necessário

esta (es.ta) *pron.dem.* designação de pessoa ou coisa próxima da pessoa que fala (*estas raparigas, esta semana*)

estabelecer (es.ta.be.le.cer) *v.* **1** pôr em vigor **2** criar; fundar ◆ **estabelecer-se**

1 fixar residência **2** montar (fábrica, loja, etc.)

estabelecimento (es.ta.be.le.ci.men.to) *n.m.* **1** criação; fundação **2** loja

estabilidade (es.ta.bi.li.da.de) *n.f.* qualidade de estável; firmeza; segurança

estábulo (es.tá.bu.lo) *n.m.* lugar onde se abriga o gado; curral

estaca (es.ta.ca) *n.f.* pau aguçado que se crava na terra para segurar ou prender a si alguma coisa

estacada (es.ta.ca.da) *n.f.* espaço protegido por estacas

estacado (es.ta.ca.do) *adj.* **1** protegido com estacas **2** imóvel; parado

estação (es.ta.ção) *n.f.* **1** local de paragem de veículos para entrada e saída de passageiros **2** repartição de serviços públicos (correios, etc.) **3** cada uma das quatro divisões do ano; **estação de serviço:** área situada junto à estrada com bomba de abastecimento de combustível, lavabos e loja, cafetaria ou restaurante; **estação espacial:** satélite utilizado para pesquisas e experiências científicas no espaço

Com o Acordo Ortográfico, **as estações do ano** passam a escrever-se com inicial minúscula.

estacar (es.ta.car) *v.* **1** segurar com estacas **2** parar de repente

estacionamento (es.ta.ci.o.na.men.to) *n.m.* **1** ato de estacionar **2** parque para veículos

estacionar (es.ta.ci.o.nar) *v.* **1** encostar (um veículo) **2** parar; deter-se **3** não progredir; estagnar

estacionário (es.ta.ci.o.ná.ri.o) *adj.* **1** imóvel; parado **2** que não evolui; estagnado

estada (es.ta.da) *n.f.*→ **estadia**

estadia (es.ta.di.a) *n.f.* permanência em algum lugar; estada

estádio (es.tá.di.o) *n.m.* **1** campo para competições desportivas, com bancadas em anfiteatro para o público **2** fase de um processo; período

estado (es.ta.do) *n.m.* situação; condição; **estado civil:** situação de uma pessoa em relação à família ou à sociedade (solteira, casada, divorciada, etc.); **estado de choque:** perda de controlo emocional causada por uma situação violenta ou inesperada (um acidente, por exemplo)

Estado (Es.ta.do) *n.m.* **1** nação organizada politicamente **2** conjunto das organizações que administram um país

estado-membro (es.ta.do-mem.bro) *n.m.* [*pl.* estados-membros] país que pertence a uma comunidade internacional de países

estafa (es.ta.fa) *n.f.* **1** *(inform.)* cansaço extremo **2** *(inform.)* trabalho difícil

estafado (es.ta.fa.do) *adj.* muito cansado SIN. exausto, fatigado

estafar (es.ta.far) *v.* cansar; fatigar ♦ **estafar-se** cansar-se; fatigar-se

estafeta (es.ta.fe.ta) *n.f.* prova de corrida dividida em etapas, em que os elementos da mesma equipa se vão substituindo durante o percurso ♦ *n.2gén.* mensageiro

estagiar (es.ta.gi.ar) *v.* fazer um estágio

estagiário (es.ta.gi.á.ri.o) *n.m.* pessoa que faz um estágio

estágio (es.tá.gi.o) *n.m.* período de aprendizagem de um atividade profissional

estagnação (es.tag.na.ção) *n.f.* **1** estado do líquido que se encontra parado **2** falta de progresso ou de movimento

estagnado (es.tag.na.do) *adj.* diz-se do líquido que não corre; parado

estagnar (es.tag.nar) *v.* **1** impedir que corra; estancar **2** parar o progresso de; paralisar **3** não evoluir

estalactite (es.ta.lac.ti.te) *n.f.* formação sedimentar, de forma alongada, pendente da abóbada das grutas calcárias

estalada (es.ta.la.da) *n.f.* bofetada

estaladiço (es.ta.la.di.ço) *adj.* que produz um ruído seco ao ser trincado SIN. crocante

estalagem (es.ta.la.gem) *n.f.* casa que recebe hóspedes SIN. pousada

estalagmite (es.ta.lag.mi.te) *n.f.* formação sedimentar que cresce no chão nas grutas calcárias

estalar (es.ta.lar) *v.* **1** produzir som breve e seco **2** partir; rachar **3** *(fig.)* surgir de repente

estaleiro (es.ta.lei.ro) *n.m.* lugar onde se constroem e reparam navios

estalido (es.ta.li.do) *n.m.* ruído breve e seco

estalinhos (es.ta.li.nhos) *n.m.pl.* pequenos rolos de papel que explodem quando atirados ao chão, usados no Carnaval

estalo (es.ta.lo) *n.m.* **1** ruído seco do que se racha ou parte **2** bofetada

estame (es.ta.me) *n.m.* órgão masculino das flores

estampa (es.tam.pa) *n.f.* **1** imagem impressa por meio de chapa gravada **2** *(fig.)* pessoa muito bonita

estampado (es.tam.pa.do) *adj.* **1** impresso **2** que é evidente; visível **3** diz-se do tecido com motivos ou padrões

estampar (es.tam.par) *v.* imprimir; gravar ◆ **estampar-se 1** *(inform.)* chocar com **2** *(inform.)* cair

estancar (es.tan.car) *v.* **1** impedir que um líquido corra **2** deter-se; parar

estância (es.tân.ci.a) *n.f.* **1** lugar onde se fica durante algum tempo em férias, tratamento, etc. **2** grupo de versos; estrofe

estandarte (es.tan.dar.te) *n.m.* distintivo de uma corporação religiosa, militar ou civil; bandeira

estanho (es.ta.nho) *n.m.* elemento químico metálico, usado para soldar

estante (es.tan.te) *n.f.* móvel com prateleiras para livros, papéis, etc.

estar (es.tar) *v.* **1** encontrar-se num dado local **2** fazer uma visita a **3** encontrar-se com **4** ficar situado **5** estar prestes a; **estar mortinho/morto por:** estar ansioso por; **estar nas suas sete quintas:** estar bem ou satisfeito; **estar-se nas tintas para:** não querer saber de

estatal (es.ta.tal) *adj.2gén.* pertencente ou relativo ao Estado

estático (es.tá.ti.co) *adj.* imóvel; parado

estatística (es.ta.tís.ti.ca) *n.f.* ciência que se ocupa de obter, organizar, analisar e interpretar dados numéricos

estatístico (es.ta.tís.ti.co) *adj.* relativo a estatística

estátua (es.tá.tu.a) *n.f.* **1** obra de escultura que representa uma pessoa, um animal ou uma figura alegórica **2** *(fig.)* pessoa imóvel

estatueta (es.ta.tu.e.ta) *n.f.* estátua pequena

estatura (es.ta.tu.ra) *n.f.* altura de uma pessoa

estatuto (es.ta.tu.to) *n.m.* regulamento

estável (es.tá.vel) *adj.2gén.* firme; sólido

este (es.te) (éste) *n.m.* ponto cardeal e direção onde nasce o Sol (símbolo: E); leste; nascente

este (es.te) (êste) *det. e pron.dem.* designa a pessoa ou coisa que está próxima de quem fala (*este aluno; estes dias*)

a b c d e f g h i j k l m n o p q r s t u v w x y z

esteira (es.tei.ra) *n.f.* tecido utilizado como um tapete, feito de junco ou de palha

estela (es.te.la) *n.f.* coluna ou placa vertical de pedra com inscrições (geralmente em sepulturas)

estendal (es.ten.dal) *n.m.* **1** lugar onde se estende a roupa lavada para secar **2** grande quantidade de objetos espalhados

estender (es.ten.der) *v.* **1** desdobrar **2** espalhar **3** prolongar ♦ **estender-se 1** deitar-se **2** cair

estendido (es.ten.di.do) *adj.* **1** desdobrado **2** estendido **3** prolongado **4** deitado

estepe (es.te.pe) *n.f.* região árida com predomínio de erva

esterco (es.ter.co) *n.m.* **1** excremento de animal **2** adubo **3** sujeira

estéril (es.té.ril) *adj.2gén.* **1** que não produz; improdutivo **2** que não pode ter filhos; infértil **3** *(fig.)* inútil

esterilidade (es.te.ri.li.da.de) *n.f.* **1** condição de estéril **2** *(fig.)* falta de criatividade

esterilização (es.te.ri.li.za.ção) *n.f.* operação que torna uma pessoa ou animal incapaz de ter filhos

esterilizado (es.te.ri.li.za.do) *adj.* que se tornou infértil

esterilizar (es.te.ri.li.zar) *v.* **1** tornar estéril ou improdutivo **2** destruir os germes de

esterno (es.ter.no) *n.m.* osso da parte da frente do tórax, ao qual se ligam as costelas

estética (es.té.ti.ca) *n.f.* harmonia de formas e de cores; beleza

esteticista (es.te.ti.cis.ta) *n.2gén.* pessoa que faz tratamentos de beleza

estético (es.té.ti.co) *adj.* **1** relativo a estética **2** belo

estetoscópio (es.te.tos.có.pi.o) *n.m.* instrumento próprio para ouvir sons do coração, dos pulmões, etc.

estibordo (es.ti.bor.do) *n.m.* lado direito do navio para quem olha da parte de trás (popa) para a parte da frente (proa)

esticão (es.ti.cão) *n.m.* puxão forte

esticar (es.ti.car) *v.* **1** puxar com força para estender **ANT.** encolher **2** prolongar (um assunto, uma conversa)

estilhaçar (es.ti.lha.çar) *v.* partir em pequenos fragmentos; escacar

estilhaço (es.ti.lha.ço) *n.m.* pedaço ou lasca (de vidro, madeira, etc.); fragmento

estilingue (es.ti.lin.gue) *n.m.* (*Ang., Bras.*) fisga para matar pássaros

estilista (es.ti.lis.ta) *n.2gén.* pessoa que desenha peças de vestuário; criador(a) de moda

estilístico (es.ti.lís.ti.co) *adj.* relativo a estilo

estilo (es.ti.lo) *n.m.* **1** maneira de dizer, escrever, compor, pintar, etc. **2** conjunto de aspetos que caracterizam determinada época (*estilo manuelino, estilo gótico*, etc.) **3** tipo; género

estima (es.ti.ma) *n.f.* **1** afeto; consideração **2** avaliação; cálculo

estimação (es.ti.ma.ção) *n.f.* **1** ato de avaliar uma coisa; cálculo; avaliação **2** sentimento de afeto por alguém ou por algo; estima; **animal de estimação:** animal de companhia que vive habitualmente com o dono

estimado (es.ti.ma.do) *adj.* **1** calculado **2** querido

estimar (es.ti.mar) *v.* **1** avaliar; calcular **2** gostar de; apreciar

estimativa (es.ti.ma.ti.va) *n.f.* avaliação ou cálculo aproximado

estimulação (es.ti.mu.la.ção) *n.f.* ato ou efeito de estimular; incentivo

estimulante (es.ti.mu.lan.te) *adj.2gén.* que estimula; estimulador ♦ *n.m.* medicamento que aumenta as capacidades físicas e psíquicas

estimular (es.ti.mu.lar) *v.* dar estímulo a; incentivar

estímulo (es.tí.mu.lo) *n.m.* incentivo

estipulado (es.ti.pu.la.do) *adj.* decidido; estabelecido

estipular (es.ti.pu.lar) *v.* decidir por meio de contrato ou acordo; estabelecer

estirador (es.ti.ra.dor) *n.m.* mesa em que se assenta e estica o papel para desenhar

estofar (es.to.far) *v.* cobrir com estofo

---

*Repara que **estofar** (cobrir com estofo) é diferente de **estufar** (guisar).*

---

estofo (es.to.fo) *n.m.* tecido utilizado para forrar sofás, cadeiras, etc.

estoirar (es.toi.rar) *v.* → **estourar**

estoiro (es.toi.ro) *n.m.* → **estouro**

estojo (es.to.jo) *n.m.* caixa com divisões para guardar certos objetos (lápis, canetas, joias, óculos, etc.)

estomacal (es.to.ma.cal) *adj.2gén.* relativo ao estômago

estômago (es.tô.ma.go) *n.m.* **1** órgão do tubo digestivo que desempenha um papel importante na digestão **2** *(fig.)* coragem; sangue-frio

estónio (es.tó.ni.o) *adj.* relativo à Estónia (país do nordeste da Europa) ♦ *n.m.* pessoa natural da Estónia

estonteante (es.ton.te.an.te) *adj.2gén.* que provoca encanto ou deslumbramento SIN. deslumbrante

estopa (es.to.pa) *n.f.* parte mais grosseira do linho

estore (es.to.re) *n.m.* cortina que se enrola e desenrola por meio de um mecanismo próprio

estória (es.tó.ri.a) *n.f.* narrativa de carácter ficcional ou popular; conto

estorninho (es.tor.ni.nho) *n.m.* pássaro de plumagem negra e lustrosa com reflexos esverdeados

estorricar (es.tor.ri.car) *v.* secar demasiado; queimar-se

estorvar (es.tor.var) *v.* causar estorvo a; incomodar; atrapalhar

estorvo (es.tor.vo) *n.m.* aquilo que impede ou dificulta alguma coisa SIN. embaraço, empecilho

estourar (es.tou.rar) *v.* **1** fazer rebentar com estrondo **2** rebentar

estouro (es.tou.ro) *n.m.* ruído provocado por detonação SIN. estrondo

estouvado (es.tou.va.do) *adj.* que faz coisas sem cuidado ou sem pensar SIN. imprudente, travesso

estrábico (es.trá.bi.co) *adj.* que sofre de estrabismo; vesgo

estrabismo (es.tra.bis.mo) *n.m.* desvio de um dos olhos

estrada (es.tra.da) *n.f.* caminho largo e geralmente coberto de asfalto, por onde circulam veículos automóveis

estrado (es.tra.do) *n.m.* **1** estrutura de madeira elevada **2** parte da cama onde assenta o colchão

estragado (es.tra.ga.do) *adj.* **1** que está em mau estado; danificado **2** podre; deteriorado

estragar (es.tra.gar) *v.* causar estrago em; danificar ♦ **estragar-se** perder qualidades; deteriorar-se; apodrecer

estrago (es.tra.go) *n.m.* **1** dano **2** apodrecimento

estrangeirismo (es.tran.gei.ris.mo) *n.m.* palavra ou locução de origem estrangeira usada em português; empréstimo

estrangeiro (es.tran.gei.ro) *adj.* que é natural de outro país ♦ *n.m.* pessoa natural de um país diferente daquele em que está

a
b
c
d
e
f
g
h
i
j
k
l
m
n
o
p
q
r
s
t
u
v
w
x
y
z

estrangulamento (es.tran.gu.la.men.to) n.m. **1** morte por asfixia; sufocação **2** estreitamento de uma via (estrada, rio, etc.)

estrangular (es.tran.gu.lar) v. **1** esganar **2** estreitar

estranhar (es.tra.nhar) v. **1** achar estranho **2** não se adaptar a

estranheza (es.tra.nhe.za) n.f. **1** surpresa **2** desconfiança

estranho (es.tra.nho) adj. **1** desconhecido **2** invulgar **3** misterioso ♦ n.m. **1** pessoa desconhecida **2** pessoa natural de outro país

estratagema (es.tra.ta.ge.ma) n.m. meio de que alguém se serve para enganar outra pessoa SIN. artimanha

estratégia (es.tra.té.gi.a) n.f. **1** arte de coordenar forças militares, políticas e económicas envolvidas num conflito ou na defesa de um país **2** conjunto dos meios e planos para atingir um fim

estratégico (es.tra.té.gi.co) adj. **1** relativo a estratégia **2** astucioso

estrato (es.tra.to) n.m. camada; faixa

estratosfera (es.tra.tos.fe.ra) n.f. região da atmosfera que começa a cerca de 13 quilómetros acima da superfície da Terra

estrear (es.tre.ar) v. **1** usar pela primeira vez; inaugurar **2** dar início a; começar

estrebaria (es.tre.ba.ria) n.f. lugar onde se recolhem os animais de carga e os arreios SIN. cavalariça

estreia (es.trei.a) n.f. **1** primeiro uso que se faz de algo **2** primeira representação de uma peça ou de um filme

estreitar (es.trei.tar) v. **1** tornar estreito; apertar **2** reduzir; diminuir

estreito (es.trei.to) adj. que tem pouco espaço; apertado ANT. largo ♦ n.m. canal natural que liga dois mares

estrela (es.tre.la) n.f. **1** astro que tem luz própria **2** (fig.) pessoa famosa (do cinema, teatro, música, etc.); **Estrela Polar:** estrela mais brilhante da constelação Ursa Menor, que está mais próxima do polo norte; **ver estrelas:** sentir uma dor aguda e forte

estrela-cadente (es.tre.la-ca.den.te) n.f. [pl. estrelas-cadentes] meteoro que deixa um rasto luminoso quando entra em contacto com os gases da atmosfera terrestre

estrelado (es.tre.la.do) adj. **1** diz-se do céu coberto de estrelas **2** diz-se do ovo frito sem ser batido

estrela-do-mar (es.tre.la-do-mar) n.f. [pl. estrelas-do-mar] animal marinho com o corpo em forma de estrela e com cinco ou mais braços

estrelar (es.tre.lar) v. **1** fritar (ovo) sem misturar a clara e a gema **2** encher de estrelas

estrelícia (es.tre.lí.ci.a) n.m. planta originária da África do Sul com caule dividido em dois e flor em forma de espada, de cor alaranjada

estrelinha (es.tre.li.nha) n.f. **1** [dim. de estrela] estrela pequena **2** tipo de massa miúda em forma de estrela

estremadura (es.tre.ma.du.ra) n.f. região localizada na extremidade de um país

estremecer (es.tre.me.cer) v. **1** fazer tremer; abanar **2** sobressaltar-se; assustar-se

estremecimento (es.tre.me.ci.men.to) n.m. **1** tremor **2** susto

estria (es.tri.a) n.f. linha fina que forma um sulco (na pele ou numa superfície)

estriado (es.tri.a.do) adj. com estrias ou sulcos

estribeira (es.tri.bei.ra) n.f. estribo curto; (inform.) **perder as estribeiras:** descontrolar-se

estribo (es.tri.bo) *n.m.* **1** peça em que o cavaleiro apoia o pé quando cavalga **2** degrau para apoio à entrada e saída de carruagens

estridente (es.tri.den.te) *adj.2gén.* que tem um som agudo e penetrante

estrilheiro (es.tri.lhei.ro) *n.m. (Ang., Moç.)* desordeiro; brigão

estrilho (es.tri.lho) *n.m.* **1** *(inform.)* barafunda; confusão **2** *(Ang., Moç.)* zanga indignada; protesto

estrofe (es.tro.fe) *n.f.* grupo de versos SIN. estância

estroina (es.troi.na) *n.2gén. (inform.)* pessoa leviana ou irresponsável; doidivanas

estrondo (es.tron.do) *n.m.* **1** ruído forte **2** agitação

estrondoso (es.tron.do.so) *adj.* **1** ruidoso **2** espetacular

estrugido (es.tru.gi.do) *n.m.* preparado de cebola e azeite com diversos temperos SIN. refogado

estrumar (es.tru.mar) *v.* adubar (a terra) com estrume

estrume (es.tru.me) *n.m.* mistura composta do dejeto de animais e de palha; adubo

estrutura (es.tru.tu.ra) *n.f.* **1** organização das diferentes partes de um edifício, de um sistema, ou de uma obra; esqueleto **2** objeto construído; construção **3** aquilo que sustenta alguma coisa; armação

estrutural (es.tru.tu.ral) *adj.2gén.* **1** relativo a estrutura **2** fundamental; essencial

estruturar (es.tru.tu.rar) *v.* organizar

estuário (es.tu.á.ri.o) *n.m.* alargamento de um rio junto à foz

estudado (es.tu.da.do) *adj.* **1** adquirido por meio de estudo; aprendido **2** cuidadosamente examinado; ponderado

estudante (es.tu.dan.te) *n.2gén.* pessoa que estuda SIN. aluno

estudantil (es.tu.dan.til) *adj.2gén.* relativo a estudante

estudar (es.tu.dar) *v.* **1** frequentar aulas ou curso de **2** aprender (arte, ciência ou técnica)

estúdio (es.tú.di.o) *n.m.* **1** compartimento onde se fazem gravações sonoras **2** local onde se gravam cenas de um filme **3** oficina de pintor, fotógrafo ou escultor **4** apartamento com uma única divisão

estudioso (es.tu.di.o.so) *adj.* que estuda muito

estudo (es.tu.do) *n.m.* **1** esforço ou exercício que se faz para compreender um assunto ou uma matéria **2** conhecimento adquirido pela aplicação das capacidades intelectuais **3** exame cuidadoso; análise

estufa (es.tu.fa) *n.f.* galeria envidraçada para cultivo de plantas de regiões quentes; **efeito de estufa:** aquecimento da superfície da Terra provocado pela concentração de poluição na atmosfera

estufar (es.tu.far) *v.* guisar

*Repara que **estufar** (guisar) é diferente de **estofar** (cobrir com estofo).*

estupefacto (es.tu.pe.fac.to) *adj.* admirado; pasmado; perplexo

estupendo (es.tu.pen.do) *adj.* excelente; fantástico

estupidez (es.tu.pi.dez) *n.f.* falta de inteligência e de delicadeza

estúpido (es.tú.pi.do) *adj.* **1** que não é inteligente; burro **2** que é grosseiro ou indelicado

esturjão (es.tur.jão) *n.m.* peixe de grande porte, cuja ova é usada para fazer caviar

a
b
c
d
e
f
g
h
i
j
k
l
m
n
o
p
q
r
s
t
u
v
w
x
y
z

esturricar (es.tur.ri.car) *v.* torrar muito; queimar

esturro (es.tur.ro) *n.m.* estado do que está queimado; **cheirar a esturro:** haver sinal de algum problema; haver razão para desconfiar

esvaziar (es.va.zi.ar) *v.* tornar vazio; desocupar **ANT.** encher ◆ **esvaziar-se** ficar vazio

esverdeado (es.ver.de.a.do) *adj.* semelhante a verde

esvoaçar (es.vo.a.çar) *v.* mover as asas para voar

ET *sigla de* **e**xtra**t**errestre

etapa (e.ta.pa) *n.f.* cada um dos estados de um processo **SIN.** fase

ETAR *sigla de* **e**stação de **t**ratamento de **á**guas **r**esiduais

etário (e.tá.ri.o) *adj.* relativo a idade

et cetera *loc.conj.* e outras coisas mais; e assim por diante (abreviatura: etc.)

éter (é.ter) *n.m.* **1** líquido que se evapora e que é inflamável **2** região superior da atmosfera; ar

eternamente (e.ter.na.men.te) *adv.* por toda a eternidade; para sempre **SIN.** perpetuamente

eternidade (e.ter.ni.da.de) *n.f.* **1** característica do que não tem início ou fim **2** tempo depois da morte **3** *(fig.)* grande demora

eterno (e.ter.no) *adj.* **1** que não tem fim; perpétuo **2** que não muda; inalterável

ética (é.ti.ca) *n.f.* conjunto de normas e princípios morais que regem a conduta de uma pessoa, de um grupo ou de uma sociedade

ético (é.ti.co) *adj.* relativo à ética

etimologia (e.ti.mo.lo.gi.a) *n.f.* estudo da origem e da evolução das palavras

etiqueta (e.ti.que.ta) *n.f.* **1** rótulo ou marca que identifica um produto (com origem, data de validade, composi-

ção, tamanho, etc.); letreiro **2** conjunto de normas a que obedece um ato público; cerimónia

etiquetar (e.ti.que.tar) *v.* pôr etiqueta em; rotular

etnia (et.ni.a) *n.f.* conjunto de pessoas com uma civilização e uma língua comuns

étnico (ét.ni.co) *adj.* **1** relativo a etnia **2** próprio de um povo

etnografia (et.no.gra.fi.a) *n.f.* estudo dos povos

eu (eu) *pron.pess.* designa a pessoa que fala (*eu estudo*)

EUA *sigla de* **E**stados **U**nidos da **A**mérica

eucalipto (eu.ca.lip.to) *n.m.* **1** árvore alta, com folhas estreitas e compridas que têm um aroma forte **2** madeira dessa árvore

euforia (eu.fo.ri.a) *n.f.* alegria intensa e repentina; entusiasmo

eufórico (eu.fó.ri.co) *adj.* muito entusiasmado

EUR *forma abreviada de* euro

euro (eu.ro) *n.m.* unidade monetária adotada pela maioria dos estados--membros da União Europeia

eurodeputado (eu.ro.de.pu.ta.do) *n.m.* deputado eleito para o Parlamento Europeu

europeu (eu.ro.peu) *adj.* relativo à Europa ◆ *n.m.* [*f.* europeia] habitante da Europa

evacuação (e.va.cu.a.ção) *n.f.* **1** saída (de algum lugar) **2** expulsão de fezes; defecação

evacuar (e.va.cu.ar) *v.* **1** sair de um lugar **2** expelir as fezes pelo ânus

evangelho (e.van.ge.lho) *n.m.* doutrina cristã

Evangelho (E.van.ge.lho) *n.m.* cada um dos quatro primeiros livros do Novo Testamento

evaporação (e.va.po.ra.ção) *n.f.* transformação de um líquido em vapor; vaporização

evaporar (e.va.po.rar) *v.* **1** fazer passar um líquido ao estado de vapor **2** *(fig.)* desaparecer ◆ **evaporar-se** transformar-se em vapor

evasão (e.va.são) *n.f.* fuga; **evasão fiscal:** não pagamento de impostos

evasiva (e.va.si.va) *n.f.* frase com que se procura fugir de uma dificuldade; subterfúgio

evasivo (e.va.si.vo) *adj.* que se usa para fugir a uma dificuldade

evento (e.ven.to) *n.m.* acontecimento; facto

eventual (e.ven.tu.al) *adj.2gén.* que depende do acaso SIN. acidental, casual

eventualidade (e.ven.tu.a.li.da.de) *n.f.* acontecimento inesperado ou incerto SIN. acaso

evidência (e.vi.dên.ci.a) *n.f.* **1** qualidade do que é evidente **2** indício; sinal

evidenciar-se (e.vi.den.ci.ar-se) *v.* **1** tornar-se claro ou evidente **2** destacar-se

evidente (e.vi.den.te) *adj.2gén.* **1** claro **2** indiscutível

evidentemente (e.vi.den.te.men.te) *adv.* sem dúvida; claro; sim

evitar (e.vi.tar) *v.* **1** escapar a **2** impedir

evitável (e.vi.tá.vel) *adj.2gén.* que pode ou deve ser evitado

evocação (e.vo.ca.ção) *n.f.* lembrança; recordação

evocar (e.vo.car) *v.* **1** chamar alguém (sobretudo um ser sobrenatural) **2** lembrar; recordar

evolução (e.vo.lu.ção) *n.f.* processo gradual de transformação SIN. progresso

evoluído (e.vo.lu.í.do) *adj.* **1** desenvolvido **2** moderno

evoluir (e.vo.lu.ir) *v.* passar por uma transformação gradual SIN. progredir

evolutivo (e.vo.lu.ti.vo) *adj.* relativo a evolução

EVT *sigla de* **E**ducação **V**isual e **T**ecnológica

exactamente *a nova grafia é* **exatamente**

exactidão *a nova grafia é* **exatidão**

exacto *a nova grafia é* **exato**

exagerado (e.xa.ge.ra.do) *adj.* excessivo

exagerar (e.xa.ge.rar) *v.* fazer ou dizer (algo) em excesso; exceder-se

exagero (e.xa.ge.ro) *n.m.* **1** qualidade do que é excessivo **2** aquilo que excede o normal em tamanho ou quantidade

exaltação (e.xal.ta.ção) *n.f.* **1** grande excitação ou entusiasmo **2** estado de irritação

exaltado (e.xal.ta.do) *adj.* **1** elogiado **2** irritado

exaltar (e.xal.tar) *v.* elogiar ◆ **exaltar-se** irritar-se

exame (e.xa.me) *n.m.* **1** ato de examinar; inspeção **2** prova (oral ou escrita); teste

examinador (e.xa.mi.na.dor) *n.m.* aquele que examina

examinando (e.xa.mi.nan.do) *n.m.* aquele que é examinado

examinar (e.xa.mi.nar) *v.* **1** fazer o exame de; inspecionar **2** observar com atenção; estudar

exatamente (e.xa.ta.men.te) *adv.* com exatidão; rigorosamente; precisamente

exatidão (e.xa.ti.dão) *n.f.* **1** qualidade do que é exato SIN. precisão **2** rigor absoluto ou total

exato (e.xa.to) *adj.* **1** certo **2** rigoroso

exaustão (e.xaus.tão) *n.f.* cansaço extremo; esgotamento

exaustivo (e.xaus.ti.vo) *adj.* que abrange todos os pormenores SIN. cuidadoso, detalhado

a
b
c
d
e
f
g
h
i
j
k
l
m
n
o
p
q
r
s
t
u
v
w
x
y
z

exausto (e.xaus.to) *adj.* muito cansado; esgotado

exaustor (e.xaus.tor) *n.m.* aparelho que aspira fumos e cheiros de cozinhas e recintos fechados

exceção (ex.ce.ção) *n.f.* 1 desvio da regra geral; restrição 2 situação privilegiada; privilégio

excecional (ex.ce.ci.o.nal) *adj.2gén.* fora do comum SIN. extraordinário

excedente (ex.ce.den.te) *n.m.* aquilo que sobra SIN. excesso

exceder (ex.ce.der) *v.* ir além de; ultrapassar

excelência (ex.ce.lên.ci.a) *n.f.* qualidade do que é excelente SIN. superioridade

excelente (ex.ce.len.te) *adj.2gén.* muito bom SIN. magnífico

excelentíssimo (ex.ce.len.tís.si.mo) *adj.* [*superl. de* excelente] que é muito excelente

excêntrico (ex.cên.tri.co) *adj.* 1 situado fora do centro; que se afasta do centro 2 fora do comum; original

excepção *a nova grafia é* **exceção**

excepcional *a nova grafia é* **excecional**

excepto *a nova grafia é* **exceto**

exceptuar *a nova grafia é* **excetuar**

excerto (ex.cer.to) *n.m.* passagem (de um texto, de uma música) SIN. trecho

excessivo (ex.ces.si.vo) *adj.* exagerado; demasiado

excesso (ex.ces.so) *n.m.* 1 sobra; resto 2 falta de moderação; abuso

exceto (ex.ce.to) *prep.>adv.*ᴰᵀ excluindo; salvo

excetuar (ex.ce.tu.ar) *v.* deixar de fora; não incluir; excluir

excitação (ex.ci.ta.ção) *n.f.* 1 entusiasmo; animação 2 irritação; exaltação

excitado (ex.ci.ta.do) *adj.* 1 que sofreu estímulo; animado 2 que se exaltou; irritado

excitante (ex.ci.tan.te) *adj.2gén.* que excita ou estimula SIN. estimulante

excitar (ex.ci.tar) *v.* 1 estimular 2 irritar 3 irritar-se ♦ **excitar-se** estimular-se

exclamação (ex.cla.ma.ção) *n.f.* grito de admiração, prazer, espanto, etc.; interjeição; **ponto de exclamação:** sinal gráfico ! indicativo de admiração

exclamar (ex.cla.mar) *v.* 1 soltar um grito de admiração 2 dizer em voz alta

exclamativo (ex.cla.ma.ti.vo) *adj.* que exprime exclamação

excluído (ex.clu.í.do) *adj.* 1 que não foi incluído; rejeitado 2 que foi mandado embora; expulso

excluir (ex.clu.ir) *v.* 1 não incluir; rejeitar 2 mandar embora; expulsar 3 não referir; omitir

exclusão (ex.clu.são) *n.f.* ato ou efeito de excluir ou de ser excluído

exclusivamente (ex.clu.si.va.men.te) *adv.* só; unicamente

exclusividade (ex.clu.si.vi.da.de) *n.f.* 1 qualidade do que é único 2 direito exclusivo de venda de um produto; monopólio

exclusivo (ex.clu.si.vo) *adj.* 1 que exclui ou elimina 2 que pertence ou se destina a uma só pessoa; pessoal

excremento (ex.cre.men.to) *n.m.* fezes

excursão (ex.cur.são) *n.f.* viagem de recreio ou de estudo

excursionista (ex.cur.si.o.nis.ta) *n.2gén.* pessoa que faz uma excursão

execução (e.xe.cu.ção) *n.f.* 1 ato ou modo de fazer algo; realização 2 cumprimento de uma pena de morte

executado (e.xe.cu.ta.do) *adj.* 1 feito; realizado 2 que sofreu a pena de morte; morto

executar (e.xe.cu.tar) *v.* realizar (um trabalho, um projeto, uma obra); fazer

Executar escreve-se com **x** (e não com **z**).

executivo (e.xe.cu.ti.vo) *adj.* **1** que executa ou realiza **2** que tem a seu cargo executar ou fazer cumprir as leis ◆ *n.m.* **1** funcionário superior de uma empresa **2** governo de um país

exemplar (e.xem.plar) *adj.2gén.* que serve de exemplo ◆ *n.m.* **1** modelo que deve ser imitado por suas qualidades **2** cada um dos livros que se imprimem de uma vez **3** cada indivíduo da mesma espécie animal, vegetal ou mineral

exemplificação (e.xem.pli.fi.ca.ção) *n.f.* explicação por meio de exemplos; demonstração

exemplificar (e.xem.pli.fi.car) *v.* explicar com exemplos; demonstrar

exemplo (e.xem.plo) *n.m.* **1** aquilo que serve para esclarecer uma regra ou uma afirmação **2** aquilo que pode ser imitado; modelo

exercer (e.xer.cer) *v.* **1** cumprir os deveres de (um cargo) **2** praticar (uma profissão ou atividade)

exercício (e.xer.cí.ci.o) *n.m.* **1** desempenho de uma função ou profissão; prática **2** atividade física que se pratica regularmente; ginástica

exercitar (e.xer.ci.tar) *v.* exercer (uma prática) com regularidade; praticar

exército (e.xér.ci.to) *n.m.* conjunto das forças militares terrestres de um país

exibição (e.xi.bi.ção) *n.f.* **1** apresentação (de filme, peça, etc.) **2** ostentação; vaidade

exibir (e.xi.bir) *v.* pôr à vista; mostrar; apresentar

exigência (e.xi.gên.ci.a) *n.f.* **1** aquilo que se pede com insistência **2** aquilo que é necessário para um dado fim

exigente (e.xi.gen.te) *adj.2gén.* **1** que pede com insistência **2** que quer sempre o melhor

exigir (e.xi.gir) *v.* **1** pedir com insistência; reclamar **2** ter necessidade de; precisar

exilado (e.xi.la.do) *n.m.* indivíduo que deixou o seu país por vontade própria ou por ter sido obrigado SIN. expatriado

exilar (e.xi.lar) *v.* expulsar da pátria SIN. expatriar ◆ **exilar-se** sair do próprio país para ir viver no estrangeiro

exílio (e.xí.li.o) *n.m.* **1** saída (forçada ou voluntária) da pátria **2** lugar onde vive uma pessoa que deixou a sua pátria

existência (e.xis.tên.ci.a) *n.f.* **1** facto de existir SIN. vida **2** aquilo que existe; ser

existente (e.xis.ten.te) *adj.2gén.* que existe; que está vivo

existir (e.xis.tir) *v.* ter existência; viver; ser

êxito (ê.xi.to) *n.m.* resultado positivo ou satisfatório SIN. sucesso

êxodo (ê.xo.do) (eizudu) *n.m.* emigração ou saída em massa de um povo, ou de grande quantidade de pessoas

exorbitante (e.xor.bi.tan.te) *adj.2gén.* excessivo; exagerado

exorcista (e.xor.cis.ta) *n.2gén.* pessoa que expulsa demónios ou espíritos malignos

exótico (e.xó.ti.co) *adj.* que não é vulgar; estranho; esquisito

expandir (ex.pan.dir) *v.* **1** tornar amplo; alargar **2** tornar conhecido; espalhar ◆ **expandir-se 1** alargar-se **2** espalhar-se

expansão (ex.pan.são) *n.f.* **1** alargamento (de tamanho ou volume) **2** difu-

a
b
c
d
e
f
g
h
i
j
k
l
m
n
o
p
q
r
s
t
u
v
w
x
y
z

são (de ideias, notícias, etc.) **3** manifestação (de sentimentos)

expansivo (ex.pan.si.vo) *adj.* que exprime facilmente os seus sentimentos SIN. comunicativo

expatriado (ex.pa.tri.a.do) *n.m.* → **exilado**

expatriar (ex.pa.tri.ar) *v.* → **exilar**

expectativa (ex.pec.ta.ti.va) *n.f.* esperança

expectoração *a nova grafia é* **expetoração**

expedição (ex.pe.di.ção) *n.f.* **1** viagem de exploração **2** envio (de encomendas, cartas, etc.)

expedir (ex.pe.dir) *v.* enviar

expedito (ex.pe.di.to) *adj.* desembaraçado; despachado

expelir (ex.pe.lir) *v.* lançar fora; eliminar

experiência (ex.pe.ri.ên.ci.a) *n.f.* **1** teste para verificação de uma teoria ou hipótese; ensaio **2** conhecimentos que se adquirem ao longo da vida; prática

experiente (ex.pe.ri.en.te) *adj.2gén.* que tem experiência ou prática

experimentado (ex.pe.ri.men.ta.do) *adj.* **1** que foi tentado ou testado **2** que tem experiência de alguma coisa

experimental (ex.pe.ri.men.tal) *adj.2gén.* **1** relativo a experiência **2** baseado na experiência; empírico

experimentalmente (ex.pe.ri.men.tal. men.te) *adv.* de modo experimental

experimentar (ex.pe.ri.men.tar) *v.* **1** verificar por meio de experiência; testar; ensaiar **2** provar (alimentos, roupa) **3** vivenciar; sentir

expetativa (ex.pe.ta.ti.va) *a grafia preferível é* **expectativa**

expetoração (ex.pe.to.ra.ção) *n.f.* expulsão, por meio da tosse, de secreções das vias respiratórias

expiação (ex.pi.a.ção) *n.f.* cumprimento de pena ou castigo; penitência

expiração (ex.pi.ra.ção) *n.f.* **1** saída de ar dos pulmões através das vias respiratórias **2** fim de um prazo

expirar (ex.pi.rar) *v.* **1** expelir ar dos pulmões pelas vias respiratórias **2** dar o último suspiro; morrer **3** chegar ao fim; terminar (prazo)

explicação (ex.pli.ca.ção) *n.f.* **1** esclarecimento **2** aula particular de uma disciplina **3** justificação

explicador (ex.pli.ca.dor) *n.m.* pessoa que dá lições particulares de uma disciplina

explicar (ex.pli.car) *v.* **1** tornar claro ou compreensível **2** apresentar a origem ou o motivo de **3** interpretar o sentido de

explicativo (ex.pli.ca.ti.vo) *adj.* que serve para explicar; elucidativo

explicitar (ex.pli.ci.tar) *v.* tornar claro; clarificar

explícito (ex.plí.ci.to) *adj.* **1** claro **2** visível

explodir (ex.plo.dir) *v.* **1** causar uma explosão; estourar **2** *(fig.)* manifestar-se de forma intensa e súbita

exploração (ex.plo.ra.ção) *n.f.* **1** investigação; pesquisa **2** abuso da simpatia ou da ingenuidade de alguém

explorador (ex.plo.ra.dor) *n.m.* aquele que explora; aventureiro

explorar (ex.plo.rar) *v.* **1** investigar; pesquisar **2** abusar da boa-fé de alguém

explosão (ex.plo.são) *n.f.* **1** rebentamento acompanhado de estrondo; detonação **2** *(fig.)* manifestação súbita de emoções ou sentimentos

explosivo (ex.plo.si.vo) *n.m.* substância inflamável, capaz de produzir explosão

expoente (ex.po.en.te) *n.m.* número que indica o grau da potência a que uma quantidade é elevada

expor (ex.por) *v.* **1** apresentar; mostrar **2** contar; narrar

exportação (ex.por.ta.ção) *n.f.* venda de produtos de um país para outro ANT. importação

exportador (ex.por.ta.dor) *n.m.* pessoa ou empresa que vende produtos de um país para outro ANT. importador

exportar (ex.por.tar) *v.* vender para outro país (produtos nacionais) ANT. importar

exposição (ex.po.si.ção) *n.f.* **1** exibição pública de obras de arte, produtos, etc. **2** lugar onde se expõem produtos **3** narração de factos

expositor (ex.po.si.tor) *n.m.* **1** móvel em que se expõe alguma coisa; mostruário **2** pessoa ou entidade que apresenta trabalhos ou produtos numa exposição

exposto (ex.pos.to) *adj.* que está à vista do público

expressamente (ex.pres.sa.men.te) *adv.* **1** claramente **2** com o objetivo de

expressão (ex.pres.são) *n.f.* **1** manifestação de pensamentos **2** frase com que se exprime uma ideia **3** aparência do rosto; semblante; **expressão idiomática:** frase com sentido próprio que normalmente não pode ser entendida de forma literal; frase feita

expressar (ex.pres.sar) *v.* → **exprimir**

expressividade (ex.pres.si.vi.da.de) *n.f.* qualidade do que é expressivo

expressivo (ex.pres.si.vo) *adj.* **1** que se exprime com clareza **2** que tem vivacidade

expresso (ex.pres.so) *adj.* claro; explícito ◆ *n.m.* **1** comboio ou camioneta que vai até ao seu destino sem fazer paragens **2** café tirado em máquina de pressão, que fica com uma camada de espuma no topo

exprimir (ex.pri.mir) *v.* manifestar por palavras ou gestos; revelar ◆ **exprimir-se** manifestar-se por palavras ou gestos; dar a conhecer; revelar-se

expulsão (ex.pul.são) *n.f.* **1** retirada violenta de alguém de um dado lugar **2** ato de expulsar alguém de um grupo ou de uma organização

expulsar (ex.pul.sar) *v.* **1** mandar embora ou retirar (alguém) com violência **2** excluir (alguém) de um grupo ou de uma organização

expulso (ex.pul.so) *adj.* **1** afastado de algum lugar **2** excluído de um grupo ou de uma organização

êxtase (êx.ta.se) *n.m.* sentimento muito intenso de alegria, prazer ou admiração SIN. arrebatamento

extasiado (ex.ta.si.a.do) *adj.* encantado; arrebatado

extensão (ex.ten.são) *n.f.* **1** dimensão **2** duração **3** importância

extensivo (ex.ten.si.vo) *adj.* que se aplica a um grande número de pessoas ou casos SIN. abrangente

extenso (ex.ten.so) *adj.* **1** vasto **2** demorado

extenuado (ex.te.nu.a.do) *adj.* muito cansado; estafado

extenuante (ex.te.nu.an.te) *adj.2gén.* cansativo; estafante

extenuar (ex.te.nu.ar) *v.* cansar(-se)

exterior (ex.te.ri.or) *adj.2gén.* **1** situado do lado de fora; externo ANT. interior **2** relativo a países estrangeiros ◆ *n.m.* **1** lado de fora **2** aspeto físico; aparência

exterminar (ex.ter.mi.nar) *v.* destruir completamente; eliminar (por morte)

extermínio (ex.ter.mí.ni.o) *n.m.* destruição total

externato (ex.ter.na.to) *n.m.* estabelecimento de ensino onde estudam alunos externos

a
b
c
d
e
f
g
h
i
j
k
l
m
n
o
p
q
r
s
t
u
v
w
x
y
z

externo (ex.ter.no) *adj.* **1** que está ou vem do lado de fora; exterior **ANT.** interno **2** diz-se do aluno que não dorme na escola onde tem aulas

extinção (ex.tin.ção) *n.f.* **1** ato de extinguir (um fogo) **2** desaparecimento definitivo de uma espécie de ser vivo

extinguir (ex.tin.guir) *v.* tornar extinto; apagar (fogo)

extinto (ex.tin.to) *adj.* **1** apagado (fogo) **2** desaparecido (espécie ou ser vivo) **3** morto (pessoa)

extintor (ex.tin.tor) *n.m.* aparelho cilíndrico portátil usado para apagar incêndios

extra (ex.tra) *adj.inv.* **1** de qualidade superior **2** que ultrapassa o normal; extraordinário **3** que se faz a mais; suplementar

extração (ex.tra.ção) *n.f.* **1** ato de retirar algo de algum lugar **2** sorteio dos números da lotaria ou de outro jogo

extracção *a nova grafia é* **extração**

extracto *a nova grafia é* **extrato**

extradiegético (ex.tra.di.e.gé.ti.co) *n.m.* narrador que não participa na história que narra

extraescolar (ex.tra.es.co.lar) *adj.2gén.* que não pertence à escola ou ao programa escolar

extra-escolar *a nova grafia é* **extraescolar**

extrair (ex.tra.ir) *v.* **1** retirar; arrancar **2** em matemática, determinar a raiz de um número

extraordinário (ex.tra.or.di.ná.ri.o) *adj.* **1** fora do comum **SIN.** excecional **2** digno de admiração

extraterrestre (ex.tra.ter.res.tre) *n.2gén.* ser ou habitante de um planeta diferente da Terra

extrato (ex.tra.to) *n.m.* **1** fragmento (de um objeto) **2** excerto (de um texto)

extravagância (ex.tra.va.gân.ci.a) *n.f.* **1** originalidade **2** capricho

extravagante (ex.tra.va.gan.te) *adj.2gén.* **1** original **2** caprichoso

extraviar (ex.tra.vi.ar) *v.* **1** perder **2** roubar

extravio (ex.tra.vi.o) *n.m.* **1** perda (de mala, correspondência, etc.) **2** roubo (de bens ou dinheiro)

extremamente (ex.tre.ma.men.te) *adv.* muito

extremidade (ex.tre.mi.da.de) *n.f.* ponta; limite

extremo (ex.tre.mo) *adj.* **1** situado na extremidade; final **2** que atingiu o ponto máximo **3** que é muito grave ♦ *n.m.* ponto mais distante; extremidade

extrovertido (ex.tro.ver.ti.do) *adj.* que comunica com facilidade; expansivo **ANT.** introvertido

exuberância (e.xu.be.rân.ci.a) *n.f.* **1** abundância **2** vivacidade

exuberante (e.xu.be.ran.te) *adj.2gén.* **1** abundante **2** animado

F

f (éfe) *n.m.* consoante, sexta letra do alfabeto, que está entre as letras *e* e *g*

fá (fá) *n.m.* quarta nota da escala musical

fã (fã) *n.2gén.* pessoa que tem grande admiração por alguém ou por alguma coisa SIN. admirador, adepto

fábrica (fá.bri.ca) *n.f.* instalação onde se faz a transformação de matérias-primas em produtos para serem comercializados

fabricação (fa.bri.ca.ção) *n.f.* **1** produção (de algo) numa fábrica **2** criação (de alguma coisa)

fabricante (fa.bri.can.te) *n.2gén.* empresa ou pessoa que fabrica produtos

fabricar (fa.bri.car) *v.* **1** produzir (algo) a partir de matéria-prima **2** criar; inventar

fabrico (fa.bri.co) *n.m.* **1** produção (de algo) **2** produto fabricado

fabril (fa.bril) *adj.2gén.* relativo a fábrica

fábula (fá.bu.la) *n.f.* narrativa breve em que as personagens são animais que agem como seres humanos e que ilustram uma lição moral através do seu comportamento

fabuloso (fa.bu.lo.so) *adj.* **1** imaginário **2** extraordinário

faca (fa.ca) *n.f.* instrumento cortante composto de lâmina e cabo; **ter a faca e o queijo na mão:** ter o poder de fazer ou de decidir alguma coisa

facada (fa.ca.da) *n.f.* **1** golpe com faca **2** *(fig.)* traição

facalhão (fa.ca.lhão) *n.m.* [*aum. de* faca] faca grande

façanha (fa.ça.nha) *n.f.* feito heroico SIN. proeza

face (fa.ce) *n.f.* **1** rosto; cara **2** lado da frente; superfície; **face a face:** diante de alguém; frente a frente; **em face de:** perante; diante de; **fazer face a:** enfrentar (sobretudo dificuldades)

faceta (fa.ce.ta) *n.f.* característica especial de uma pessoa ou de uma coisa; traço

fachada (fa.cha.da) *n.f.* face exterior de um edifício SIN. frontaria

facho (fa.cho) *n.m.* archote

facial (fa.ci.al) *adj.2gén.* relativo a face

fácil (fá.cil) *adj.2gén.* **1** que se faz sem dificuldade; simples ANT. difícil **2** que se compreende sem esforço; claro

facilidade (fa.ci.li.da.de) *n.f.* qualidade do que é fácil; simplicidade

facílimo (fa.cí.li.mo) *adj.* [*superl. de* fácil] muito fácil

facilitador (fa.ci.li.ta.dor) *adj.* que facilita

facilitar (fa.ci.li.tar) *v.* **1** tornar fácil; simplificar **2** pôr à disposição; proporcionar

facilmente (fa.cil.men.te) *adv.* com facilidade; sem esforço

facto (fac.to) *n.m.* acontecimento; caso; **de facto:** na realidade; com efeito

factor *a nova grafia é* **fator**

factura *a nova grafia é* **fatura**

facturação *a nova grafia é* **faturação**

facturar *a nova grafia é* **faturar**

faculdade (fa.cul.da.de) *n.f.* **1** capacidade de fazer algo; aptidão **2** escola de ensino superior que concede graus acadêmicos (licenciatura, mestrado, doutoramento)

facultar (fa.cul.tar) v. **1** permitir **2** possibilitar

facultativo (fa.cul.ta.ti.vo) adj. que não é obrigatório SIN. opcional

fada (fa.da) n.f. **1** figura feminina imaginária a que se atribuem poderes mágicos **2** (fig.) mulher muito bela

fadiga (fa.di.ga) n.f. cansaço

fadista (fa.dis.ta) n.2gén. pessoa que canta fado

fado (fa.do) n.m. **1** canção típica de Lisboa e Coimbra **2** destino; sorte

fagote (fa.go.te) n.m. instrumento musical de sopro, de madeira, com palheta dupla

fagulha (fa.gu.lha) n.f. faísca; faúlha

faia (fai.a) n.f. **1** árvore de grande porte, cuja madeira é muito apreciada **2** madeira dessa árvore

faiança (fai.an.ça) n.f. louça fina de barro

faina (fai.na) n.f. trabalho; azáfama

faisão (fai.são) n.m. ave pouco maior do que a galinha, com plumagem colorida e cauda longa

faísca (fa.ís.ca) n.f. partícula lançada por um material em brasa; faúlha

faiscante (fa.is.can.te) adj.2gén. **1** que lança faíscas **2** brilhante; cintilante

faiscar (fa.is.car) v. **1** lançar faíscas **2** brilhar; cintilar

faixa (fai.xa) n.f. **1** tira de pano para usar à cintura **2** tira de gaze para fazer curativos; ligadura **3** zona de gravação de um disco ou de um CD; **faixa de rodagem:** parte central da estrada, destinada ao trânsito de veículos

fala (fa.la) n.f. ato ou faculdade de falar

fala-barato (fa.la-ba.ra.to) n.m.pl. (inform.) pessoa que fala muito e a despropósito

falador (fa.la.dor) adj. que fala muito SIN. tagarela

falange (fa.lan.ge) n.f. cada um dos ossos que formam o esqueleto dos dedos

falangeta (fa.lan.ge.ta) n.f. terceira falange dos dedos

falanginha (fa.lan.gi.nha) n.f. segunda falange dos dedos; falange média

falante (fa.lan.te) n.2gén. **1** pessoa que fala **2** sujeito considerado enquanto utilizador de uma língua; locutor

falar (fa.lar) v. exprimir-se por meio de palavras; dizer ♦ n.m. **1** ato de exprimir por palavras **2** maneira de exprimir um pensamento ou uma ideia; **falar pelos cotovelos:** falar muito; **falar por falar:** dizer (algo) sem objetivo

falatório (fa.la.tó.ri.o) n.m. conversa sem interesse ou sem fundamento; mexerico

falcão (fal.cão) n.m. ave de rapina diurna com bico em forma de gancho e garras afiadas

falecer (fa.le.cer) v. morrer

falecido (fa.le.ci.do) adj. e n.m. que ou pessoa que morreu; morto

falecimento (fa.le.ci.men.to) n.m. morte

falésia (fa.lé.si.a) n.f. costa em que as rochas descem a pique até ao mar; escarpa

falha (fa.lha) n.f. **1** falta; defeito **2** fenda; racha

falhado (fa.lha.do) adj. que não teve sucesso; que não resultou

falhanço (fa.lhan.ço) n.m. fracasso; derrota

falhar (fa.lhar) v. **1** errar o alvo **2** não se realizar

falir (fa.lir) v. não ter sucesso; fracassar

falsete (fal.se.te) n.m. técnica que permite cantar em tons mais agudos

falsidade (fal.si.da.de) n.f. **1** qualidade do que é falso **2** mentira **3** fingimento

falsificar (fal.si.fi.car) *v.* **1** fazer passar por verdadeiro (algo que é falso) **2** copiar de forma fraudulenta

falso (fal.so) *adj.* **1** que não é verdadeiro; mentiroso ANT. verdadeiro **2** simulado; fingido **3** desleal; traidor

falta (fal.ta) *n.f.* **1** ausência **2** carência **3** erro **4** transgressão

faltar (fal.tar) *v.* **1** não existir **2** não estar presente **3** não cumprir as normas (faltar a)

fama (fa.ma) *n.f.* **1** boa reputação **2** glória

família (fa.mí.li.a) *n.f.* **1** grupo de pessoas unidas por laços de parentesco **2** grupo de seres com características semelhantes; **família de palavras:** conjunto de palavras formadas a partir de uma mesma palavra simples

familiar (fa.mi.li.ar) *adj.2gén.* **1** que é da mesma família **2** habitual **3** íntimo ♦ *n.m.* pessoa que pertence à mesma família SIN. parente

familiarizado (fa.mi.li.a.ri.za.do) *adj.* **1** habituado **2** íntimo

familiarizar-se (fa.mi.li.a.ri.zar-se) *v.* **1** tornar-se familiar ou íntimo **2** habituar-se (familiarizar-se com)

faminto (fa.min.to) *adj.* que tem muita fome SIN. esfomeado

famoso (fa.mo.so) *adj.* que tem fama SIN. célebre

fanático (fa.ná.ti.co) *adj.* **1** entusiasta **2** intolerante

fanatismo (fa.na.tis.mo) *n.m.* **1** dedicação excessiva a algo ou a alguém; paixão **2** adesão cega a uma doutrina; intolerância

faneca (fa.ne.ca) *n.f.* peixe marinho de cor castanha dourada no dorso e esbranquiçada no ventre, com boca e olhos grandes, comum na costa portuguesa

fanfarra (fan.far.ra) *n.f.* **1** conjunto de instrumentos de metal **2** banda de música composta por instrumentos de metal e de percussão que atua em ocasiões festivas

fanfarrão (fan.far.rão) *adj.* que se gaba muito; gabarola

fanhoso (fa.nho.so) *adj.* que parece falar pelo nariz

fanico (fa.ni.co) *n.m. (pop.)* desmaio

fantasia (fan.ta.si.a) *n.f.* **1** capacidade de criar coisas na imaginação **2** coisa criada pela imaginação **3** traje utilizado no Carnaval; disfarce

fantasiar (fan.ta.si.ar) *v.* imaginar; sonhar

fantasioso (fan.ta.si.o.so) *adj.* imaginativo

fantasma (fan.tas.ma) *n.m.* espírito de uma pessoa morta que supostamente aparece a alguém

fantasmagórico (fan.tas.ma.gó.ri.co) *adj.* **1** próprio de fantasma **2** irreal; ilusório

fantástico (fan.tás.ti.co) *adj.* **1** imaginário **2** extraordinário **3** inacreditável

fantochada (fan.to.cha.da) *n.f.* **1** espetáculo com fantoches **2** *(fig.)* cena ridícula; palhaçada

fantoche (fan.to.che) *n.m.* **1** boneco de pano em forma de luva, na qual se introduz a mão para o mover; marioneta **2** *(fig.)* pessoa sem vontade própria ou que se deixa influenciar

faqueiro (fa.quei.ro) *n.m.* **1** estojo onde se guardam talheres **2** conjunto completo de talheres

faraó (fa.ra.ó) *n.m.* antigo soberano do Egito

farda (far.da) *n.f.* roupa de trabalho SIN. uniforme

fardado (far.da.do) *adj.* que tem farda vestida

a b c d e f g h i j k l m n o p q r s t u v w x y z

fardar (far.dar) *v.* vestir com farda ♦ **fardar-se** vestir-se com farda

fardo (far.do) *n.m.* **1** embrulho; pacote **2** (*fig.*) coisa difícil de suportar

farejar (fa.re.jar) *v.* **1** cheirar **2** (*fig.*) adivinhar

farelo (fa.re.lo) *n.m.* conjunto dos resíduos mais grossos dos cereais moídos

farfalhudo (far.fa.lhu.do) *adj.* **1** vistoso **2** volumoso

farináceo (fa.ri.ná.ce.o) *adj.* **1** relativo a farinha **2** que contém ou produz farinha

faringe (fa.rin.ge) *n.f.* órgão de forma oval que se estende da base do crânio ao início do esófago

faringite (fa.rin.gi.te) *n.f.* inflamação da faringe

farinha (fa.ri.nha) *n.f.* pó resultante da moagem de cereais

farinha-de-pau *a nova grafia é* **farinha de pau**

farinha de pau (fa.ri.nha de pau) *n.f.* farinha de mandioca muito fina, usada em culinária

farmacêutico (far.ma.cê.u.ti.co) *adj.* relativo a farmácia ♦ *n.m.* funcionário ou diretor de uma farmácia

farmácia (far.má.ci.a) *n.f.* estabelecimento onde se preparam e vendem medicamentos

fármaco (fár.ma.co) *n.m.* medicamento

farnel (far.nel) *n.m.* pequena refeição que se leva para uma viagem, para o trabalho ou para a escola SIN. merenda

faro (fa.ro) *n.m.* **1** olfato dos animais **2** (*fig.*) perspicácia

farofa (fa.ro.fa) *n.f.* farinha de mandioca frita em manteiga ou outra gordura

farófias (fa.ró.fi.as) *n.f.pl.* doce feito com claras de ovos batidas em castelo, regadas com um creme e polvilhadas com canela

farol (fa.rol) *n.m.* **1** torre com um foco luminoso no topo, construída junto ao mar para servir de guia à navegação **2** pequena lanterna de veículos

faroleiro (fa.ro.lei.ro) *n.m.* encarregado de um farol

farolim (fa.ro.lim) *n.m.* **1** farol pequeno **2** cada um dos quatro pequenos faróis de um veículo

farpa (far.pa) *n.f.* **1** ponta de metal em forma de ângulo agudo **2** lasca de madeira

farpado (far.pa.do) *adj.* recortado em forma de farpa

farra (far.ra) *n.f.* diversão ou festa muito animada SIN. borga, pândega

farrapo (far.ra.po) *n.m.* pedaço de pano velho ou gasto SIN. trapo

farripa (far.ri.pa) *n.f.* tira fina de cabelo

farrusco (far.rus.co) *adj.* **1** sujo de carvão ou fuligem **2** escuro; negro

farsa (far.sa) *n.f.* **1** peça de teatro de carácter burlesco **2** (*fig.*) impostura; mentira

farta (far.ta) *elem. da loc.adv.* **à farta:** em abundância; com fartura

fartar (far.tar) *v.* **1** saciar (a fome ou a sede) **2** aborrecer; cansar ♦ **fartar-se** aborrecer-se; cansar-se (fartar-se de)

farto (far.to) *adj.* **1** cheio; abundante **2** (*fig.*) aborrecido; cansado

fartura (far.tu.ra) *n.f.* **1** grande quantidade; abundância **2** doce feito com farinha e água, frito e polvilhado com açúcar e canela

fascinação (fas.ci.na.ção) *n.f.* atração muito forte por algo ou alguém SIN. deslumbramento, encantamento

fascinante (fas.ci.nan.te) *adj.2gén.* que fascina SIN. deslumbrante, encantador

fascinar (fas.ci.nar) *v.* causar deslumbramento ou fascínio SIN. deslumbrar, encantar

fascínio (fas.cí.ni.o) *n.m.* qualidade daquilo que atrai muito, pela sua beleza ou força SIN. deslumbramento, encanto

fascismo (fas.cis.mo) *n.m.* ideologia ou movimento que defende um sistema político ditatorial e a repressão de qualquer forma de oposição

fascista (fas.cis.ta) *adj.2gén.* relativo ao fascismo ◆ *n.2gén.* pessoa que defende o fascismo

fase (fa.se) *n.f.* **1** cada um dos estados de um processo; etapa **2** cada uma das aparências da lua

fasquia (fas.qui.a) *n.f.* tira de madeira ou de outro material que os atletas têm de transpor no salto à vara e no salto em altura

fastidioso (fas.ti.di.o.so) *adj.* que cansa ou aborrece; aborrecido

fastio (fas.ti.o) *n.m.* **1** falta de apetite **2** aborrecimento; tédio

fatal (fa.tal) *adj.2gén.* **1** que causa a morte; mortal **2** que tem consequências negativas; desastroso

fatalidade (fa.ta.li.da.de) *n.f.* **1** facto ou destino que não se pode evitar; fado **2** acontecimento infeliz; desgraça

fatalista (fa.ta.lis.ta) *adj.2gén.* **1** que acredita no destino **2** pessimista

fatia (fa.ti.a) *n.f.* pedaço mais ou menos fino de um alimento

fatiar (fa.ti.ar) *v.* cortar às fatias

fático (fá.ti.co) *adj.* diz-se da função da linguagem em que o ato comunicativo tem como objetivo assegurar ou manter o contacto entre o locutor e o interlocutor

fatigado (fa.ti.ga.do) *adj.* cansado

fatigante (fa.ti.gan.te) *adj.2gén.* cansativo

fatigar (fa.ti.gar) *v.* cansar ◆ **fatigar-se** cansar-se

fatiota (fa.ti.o.ta) *n.f. (inform.)* roupa

fato (fa.to) *n.m.* **1** vestuário masculino composto de calça e casaco **2** conjunto de peças de roupa

fato-de-banho *a nova grafia é* **fato de banho**

fato de banho (fa.to de ba.nho) *n.m.* [*pl.* fatos de banho] **1** traje de banho feminino com apenas uma peça, que cobre o tronco **2** peça de vestuário masculina ou feminina usada na praia ou na piscina

fato-de-treino *a nova grafia é* **fato de treino**

fato de treino (fa.to de trei.no) *n.m.* [*pl.* fatos de treino] vestuário desportivo constituído por calças e camisola ou blusão

fato-macaco (fa.to-ma.ca.co) *n.m.* [*pl.* fatos-macaco] fato de trabalho de uma só peça, que cobre o tronco e os membros

fator (fa.tor) *n.m.* **1** numa operação de multiplicação, cada um dos números que se multiplicam **2** causa; condição

fatura (fa.tu.ra) *n.f.* registo de produtos vendidos, com a indicação de quantidades, preços, etc. SIN. recibo

faturação (fa.tu.ra.ção) *n.f.* **1** ato de fazer faturas de produtos vendidos **2** valor total das vendas de uma empresa, num dado período

faturar (fa.tu.rar) *v.* **1** fazer fatura de **2** incluir (um produto) numa fatura

faúlha (fa.ú.lha) *n.f.* faísca; centelha

fauna (fau.na) *n.f.* conjunto de espécies animais de uma região ou de uma época

fauno (fau.no) *n.m.* divindade campestre com pés e chifres de cabra, que vivia nos bosques

fausto (faus.to) *n.m.* luxo

faustoso (faus.to.so) *adj.* luxuoso

fava (fa.va) *n.f.* **1** planta leguminosa muito cultivada pelo valor nutritivo das suas sementes **2** semente dessa planta; *(inform.)* **mandar à fava:** mandar embora com desprezo; **pagar as favas:** sofrer as consequências; suportar a responsabilidade

favela (fa.ve.la) *n.f. (Bras.)* ➔ **bairro de lata**

favo (fa.vo) *n.m.* alvéolo onde as abelhas depositam o mel

favor (fa.vor) *n.m.* **1** serviço que se faz por amizade ou simpatia **2** benefício; vantagem; **a/em favor de:** em benefício de; com vantagem para

favorável (fa.vo.rá.vel) *adj.2gén.* **1** que favorece ou auxilia ANT. desfavorável **2** que é a favor de

favorecer (fa.vo.re.cer) *v.* **1** dar ajuda a ANT. desfavorecer, prejudicar **2** ser a favor de

favorecido (fa.vo.re.ci.do) *adj.* ajudado; protegido ANT. desfavorecido

favorito (fa.vo.ri.to) *n.m. e adj.* preferido; predileto

fax (fács) *n.m. [pl. faxes]* **1** aparelho que permite copiar à distância através da linha telefónica **2** documento transmitido através da rede telefónica

faz-de-conta (faz-de-con.ta) *n.m.2núm.* mundo do imaginário SIN. fantasia, imaginação

fazenda (fa.zen.da) *n.f.* **1** propriedade rural **2** tecido de lã

fazendeiro (fa.zen.dei.ro) *n.m.* dono de uma fazenda

fazer (fa.zer) *v.* **1** produzir; realizar **2** montar; fabricar; **fazer pouco de:** troçar de; **não fazer mal:** não ter importância; **tanto faz:** não importa; é indiferente

faz-tudo (faz-tu.do) *n.2gén. e 2núm.* **1** pessoa que tem várias profissões **2** pessoa que conserta todo o tipo de objetos **3** palhaço

fé (fé) *n.f.* **1** crença religiosa **2** confiança que se tem em alguém ou em alguma coisa

febra (fe.bra) *n.f.* fatia de carne sem osso nem gordura; fêvera

febre (fe.bre) *n.f.* **1** subida da temperatura do corpo acima do normal (37 °C) **2** *(fig.)* desejo intenso; exaltação

febril (fe.bril) *adj.2gén.* **1** que tem febre **2** *(fig.)* exaltado

fecal (fe.cal) *adj.2gén.* relativo a fezes

fechado (fe.cha.do) *adj.* **1** que não está aberto; encerrado ANT. aberto **2** diz-se do negócio ou contrato concluído **3** *(fig.)* reservado; tímido

fechadura (fe.cha.du.ra) *n.f.* peça metálica para fechar portas, gavetas, etc.

fechar (fe.char) *v.* **1** tapar a abertura de ANT. abrir **2** impedir a passagem **3** pôr fim a

fecho (fe.cho) *n.m.* **1** peça metálica em que pousa a aldraba ou o ferrolho **2** qualquer peça que serve para fechar **3** *(fig.)* fim

fecho-ecler (fe.cho-e.cler) *n.m. [pl. fechos-ecleres]* fecho com duas bandas de dentes de metal ou de plástico que, ao unirem-se ou separarem-se, fecham ou abrem peças de roupa, malas, etc.

fécula (fé.cu.la) *n.f.* amido existente na batata

fecundação (fe.cun.da.ção) *n.f.* união de uma célula sexual masculina com uma célula sexual feminina para dar origem a um novo ser vivo

fecundar (fe.cun.dar) *v.* dar origem a (um novo ser vivo); gerar

fecundo (fe.cun.do) *adj.* **1** fértil **2** rico

fedelho (fe.de.lho) *n.m. (inform.)* miúdo

federação (fe.de.ra.ção) *n.f.* união; associação

feição (fei.ção) *n.f.* **1** aparência exterior; forma **2** maneira de agir ♦ **feições** *n.f.pl.* traços do rosto; fisionomia

feijão (fei.jão) *n.m.* **1** planta trepadeira com vagem e semente comestíveis **2** semente comestível dessa planta

feijão-frade (fei.jão-fra.de) *n.m.* [*pl.* feijões-frades] semente de cor clara, com uma pequena mancha preta no centro

feijão-manteiga (fei.jão-man.tei.ga) *n.m.* [*pl.* feijões-manteiga] semente amarelada e maior que o feijão-frade

feijão-verde (fei.jão-ver.de) *n.m.* [*pl.* feijões-verdes] vagem comestível do feijoeiro

feijoada (fei.jo.a.da) *n.f.* refeição preparada com feijão e carne

feijoal (fei.jo.al) *n.m.* plantação de feijão

feijoca (fei.jo.ca) *n.f.* planta trepadeira com vagens grossas e sementes alimentícias

feijoeiro (fei.jo.ei.ro) *n.m.* planta trepadeira que produz feijões

feio (fei.o) *adj.* **1** desagradável à vista ou ao ouvido ANT. bonito **2** que ofende; vergonhoso

feira (fei.ra) *n.f.* **1** reunião de negociantes num lugar público para vender produtos diversos **2** exposição destinada a exibir novos produtos ao público

feirante (fei.ran.te) *n.2gén.* pessoa que vende em feira(s)

feita (fei.ta) *n.f.* ocasião; vez; **dessa/desta feita:** nessa/nesta ocasião

feitiçaria (fei.ti.ça.ri.a) *n.f.* magia feita por bruxos ou bruxas SIN. bruxaria

feiticeira (fei.ti.cei.ra) *n.f.* mulher com poderes mágicos que faz feitiços SIN. bruxa

feiticeiro (fei.ti.cei.ro) *n.m.* homem com poderes mágicos que faz bruxarias e feitiços SIN. bruxo

feitiço (fei.ti.ço) *n.m.* **1** magia feita por feiticeiro ou feiticeira **2** *(fig.)* atração forte

feitio (fei.ti.o) *n.m.* **1** aparência de um ser ou de uma coisa; forma **2** temperamento de uma pessoa; carácter

feito (fei.to) *adj.* **1** realizado **2** terminado ♦ *n.m.* **1** aquilo que se fez; obra **2** ato heroico; façanha

feitoria (fei.to.ri.a) *n.f.* casa de comércio pertencente à Coroa e situada nos portos das antigas colónias

feixe (fei.xe) *n.m.* conjunto de coisas unidas SIN. molho

fel (fel) *n.m.* **1** líquido amargo e viscoso, de cor amarelo-esverdeada, segregado pelo fígado **2** sabor amargo

felicidade (fe.li.ci.da.de) *n.f.* **1** qualidade ou estado de feliz ANT. infelicidade **2** boa fortuna; sorte

felicíssimo (fe.li.cís.si.mo) *adj.* [*superl. de* feliz] muito feliz

felicitação (fe.li.ci.ta.ção) *n.f.* ato de felicitar alguém; cumprimento ♦ **felicitações** *n.f.pl.* parabéns; cumprimentos

felicitar (fe.li.ci.tar) *v.* dar parabéns a; cumprimentar

felino (fe.li.no) *adj.* relativo ao gato ou aos animais da mesma família (tigre, leão, etc.) ♦ *n.m.* animal carnívoro de cabeça arredondada e focinho curto

feliz (fe.liz) *adj.2gén.* **1** que tem muita sorte; afortunado ANT. infeliz **2** contente; satisfeito

felizardo (fe.li.zar.do) *n.m.* *(inform.)* pessoa que tem muita sorte SIN. sortudo

felizmente (fe.liz.men.te) *adv.* **1** com êxito ANT. infelizmente **2** por sorte

felpo (fel.po) *n.m.* pelo levantado e macio em tecido ou estofo

felpudo (fel.pu.do) *adj.* coberto de pequenos pelos; macio

feltro (fel.tro) *n.m.* tecido usado no fabrico de chapéus e outros objetos;

a b c d e f g h i j k l m n o p q r s t u v w x y z

caneta de feltro: caneta com ponta porosa, usada para escrever e colorir

fêmea (fê.me.a) *n.f.* **1** animal do sexo feminino **2** ser humano do sexo feminino; mulher

feminino (fe.mi.ni.no) *adj.* **1** próprio de fêmea **2** relativo a mulher(es) ♦ *n.m.* género gramatical oposto ao género masculino

> **Feminino**, ao contrário da forma como geralmente se lê, escreve-se primeiro com um **e** e depois com dois **i**.

fémur (fé.mur) *n.m.* osso da coxa

fenda (fen.da) *n.f.* abertura estreita SIN. fresta, frincha

fenício (fe.ní.ci.o) *adj.* relativo à antiga Fenícia (na costa do Mediterrâneo) ♦ *n.m.* **1** membro de um povo que desenvolveu grande atividade comercial na região mediterrânica **2** antiga língua falada pelos Fenícios

fénix (fé.nix) (fénics) *n.f.* **1** ave fabulosa que, segundo a crença, vivia muitos séculos e que depois de queimada renascia das próprias cinzas **2** *(fig.)* pessoa ou coisa muito rara

feno (fe.no) *n.m.* erva seca que se utiliza para alimentar o gado

fenomenal (fe.no.me.nal) *adj.2gén.* excecional

fenómeno (fe.nó.me.no) *n.m.* **1** facto que se pode observar **2** acontecimento raro ou surpreendente

fera (fe.ra) *n.f.* **1** qualquer animal feroz, carnívoro **2** *(fig.)* pessoa cruel

feriado (fe.ri.a.do) *n.m.* dia em que não se trabalha para se celebrar uma festa civil ou religiosa

férias (fé.ri.as) *n.f.pl.* período destinado ao descanso de trabalhadores ou estudantes

ferida (fe.ri.da) *n.f.* lesão produzida por pancada ou golpe; ferimento

ferido (fe.ri.do) *adj.* **1** que sofreu ferimento SIN. magoado **2** *(fig.)* ofendido ♦ *n.m.* pessoa que se feriu ou que sofreu lesão

ferimento (fe.ri.men.to) *n.m.* → **ferida**

ferir (fe.rir) *v.* **1** causar ferimento a SIN. magoar **2** *(fig.)* ofender ♦ **ferir-se** magoar-se; aleijar-se

fermentação (fer.men.ta.ção) *n.f.* transformação química da matéria orgânica por ação de fermentos

fermentar (fer.men.tar) *v.* decompor(-se) por fermentação; levedar

fermento (fer.men.to) *n.m.* **1** substância orgânica que provoca a fermentação **2** massa de farinha que fermentou e que se utiliza para levedar o pão

ferocidade (fe.ro.ci.da.de) *n.f.* **1** crueldade **2** violência extrema

feroz (fe.roz) *adj.2gén.* **1** cruel **2** muito violento

ferradela (fer.ra.de.la) *n.f.* **1** mordedela; dentada **2** picada (de inseto)

ferrado (fer.ra.do) *adj.* **1** obstinado; teimoso **2** diz-se da pessoa que está concentrada (numa atividade, no sono, etc.); mergulhado

ferradura (fer.ra.du.ra) *n.f.* chapa de ferro em forma de semicírculo que se prega no casco dos cavalos

ferramenta (fer.ra.men.ta) *n.f.* **1** qualquer instrumento usado numa arte ou profissão **2** *(fig.)* meio para alcançar um fim

ferrão (fer.rão) *n.m.* órgão em forma de agulha, existente na extremidade do corpo de alguns insetos (por exemplo, da abelha)

ferrar (fer.rar) *v.* **1** morder **2** picar

ferreirinha (fer.rei.ri.nha) *n.f.* pequena ave sedentária, com a plumagem da cabeça e do pescoço cinzento-prateada, partes superiores com riscas de cor acastanhada e bico curto

ferreiro (fer.rei.ro) *n.m.* homem que trabalha o ferro

ferrenho (fer.re.nho) *adj.* **1** *(inform.)* severo **2** *(inform.)* teimoso

férreo (fér.re.o) *adj.* **1** feito de ferro **2** *(fig.)* que não cede; inflexível

ferrinhos (fer.ri.nhos) *n.m.pl.* instrumento musical formado por um triângulo de ferro ou aço que se percute com outro ferro

ferro (fer.ro) *n.m.* metal maleável, duro, abundante na natureza e usado para diversos fins; **ferro de engomar:** instrumento de base triangular usado para alisar a roupa por meio de calor; **a ferro e fogo:** de forma violenta

ferroada (fer.ro.a.da) *n.f.* picada com ferrão

ferrolho (fer.ro.lho) *n.m.* peça de ferro com que se fecham portas ou janelas

ferro-velho (fer.ro-ve.lho) *n.m.* [*pl.* ferros-velhos] local onde se compram e vendem objetos velhos ou usados

ferroviário (fer.ro.vi.á.ri.o) *adj.* relativo a comboio(s)

ferrugem (fer.ru.gem) *n.f.* **1** óxido de ferro hidratado que se forma na superfície do ferro exposto à humidade **2** *(pop.)* velhice

ferrugento (fer.ru.gen.to) *adj.* **1** que tem ferrugem **2** *(pop.)* velho

fértil (fér.til) *adj.2gén.* **1** produtivo; fecundo **2** abundante; rico

fertilidade (fer.ti.li.da.de) *n.f.* qualidade do que é fértil SIN. fecundidade

fertilização (fer.ti.li.za.ção) *n.f.* **1** ato ou efeito de fertilizar **2** fecundação

fertilizante (fer.ti.li.zan.te) *n.m.* produto que se deita na terra para aumentar a produção agrícola; adubo

fertilizar (fer.ti.li.zar) *v.* tornar fértil ou produtivo

fervedor (fer.ve.dor) *n.m.* recipiente próprio para ferver leite e outros líquidos

fervente (fer.ven.te) *adj.2gén.* **1** que ferve **2** que vibra

ferver (fer.ver) *v.* entrar ou estar em ebulição; borbulhar; **ferver em pouca água:** zangar-se com facilidade

fervilhar (fer.vi.lhar) *v.* ferver pouco mas continuamente

fervor (fer.vor) *n.m.* **1** calor intenso; ardência **2** *(fig.)* intensidade; paixão

fervura (fer.vu.ra) *n.f.* estado do líquido que ferve; **deitar água na fervura:** acalmar uma discussão

festa (fes.ta) *n.f.* **1** reunião de pessoas para comemorar alguma coisa; comemoração **2** *(fig.)* alegria **3** carícia; afago

festança (fes.tan.ça) *n.f.* festa grande ou muito animada

festão (fes.tão) *n.m.* → **festança**

festarola (fes.ta.ro.la) *n.f.* festa popular

festejar (fes.te.jar) *v.* comemorar (algo) com uma festa; celebrar

festejo (fes.te.jo) *n.m.* **1** ato ou efeito de festejar **2** festa; comemoração

festim (fes.tim) *n.m.* refeição abundante e demorada em que participam muitas pessoas, geralmente para comemorar alguma coisa

festinha (fes.ti.nha) *n.f.* **1** [*dim. de* festa] festa para poucos convidados **2** carícia feita com a mão

festival (fes.ti.val) *n.m.* espetáculo artístico ou desportivo, geralmente competitivo, que se realiza durante um breve período de tempo

festividade (fes.ti.vi.da.de) *n.f.* festa civil ou religiosa

festivo (fes.ti.vo) *adj.* **1** relativo a festa **2** alegre; divertido

feto (fe.to) *n.m.* **1** ser na fase inicial do seu desenvolvimento; embrião **2** planta com folhas compostas recortadas

a
b
c
d
e
f
g
h
i
j
k
l
m
n
o
p
q
r
s
t
u
v
w
x
y
z

feudal (feu.dal) *adj.2gén.* relativo a feudalismo

feudalismo (feu.da.lis.mo) *n.m.* sistema existente na Europa durante a Idade Média caracterizado por uma relação de dependência entre vassalos (trabalhadores das terras) e suseranos (donos das terras)

fêvera (fê.ve.ra) *n.f.* fatia de carne sem osso nem gordura; febra

fevereiro (fe.ve.rei.ro) *n.f.* segundo mês do ano; *ver nota em* **mês**

fezes (fe.zes) *n.f.pl.* resíduos resultantes da digestão, que são expelidos pelo ânus sin. excrementos

fiação (fi.a.ção) *n.f.* fábrica ou lugar onde se transformam fibras têxteis em fios

fiado (fi.a.do) *adj.* 1 comprado ou vendido a crédito 2 diz-se da pessoa que confiou; crédulo

fiambre (fi.am.bre) *n.m.* carne de porco, geralmente cortada em fatias finas

fiança (fi.an.ça) *n.f.* valor depositado como garantia de pagamento; caução

fiar (fi.ar) *v.* 1 reduzir a fio 2 vender a crédito ♦ **fiar-se** confiar; acreditar (fiar-se em)

fiável (fi.á.vel) *adj.2gén.* em que se pode confiar

fibra (fi.bra) *n.f.* 1 elemento fino e comprido encontrado nos tecidos animais e vegetais e em certas substâncias minerais 2 *(fig.)* coragem

fibroso (fi.bro.so) *adj.* semelhante a fibra

ficar (fi.car) *v.* 1 permanecer num dado lugar 2 alojar-se num local 3 estar situado 4 permanecer no tempo; **ficar bem:** assentar bem (roupa, penteado, etc.); ser conveniente (atitude, comportamento, etc.); **ficar de:** assumir o compromisso de (fazer algo); **ficar de fora:** ser excluído; não fazer parte de;

ficar mal: assentar mal (roupa, penteado, etc.); ser inconveniente (atitude, comportamento, etc.)

ficção (fic.ção) *n.f.* 1 construção de coisas imaginárias; fantasia 2 história criada pela imaginação; **ficção científica:** género de livros e filmes que tem como tema central o conhecimento científico e tecnológico na sociedade do futuro

ficcional (fic.ci.o.nal) *adj.2gén.* 1 relativo a ficção 2 inventado; imaginado

ficcionista (fic.ci.o.nis.ta) *n.2gén.* pessoa que escreve obras de ficção

ficha (fi.cha) *n.f.* 1 peça com um ou mais pinos que encaixam na tomada, para estabelecer a ligação elétrica 2 pequena peça usada em determinados jogos 3 conjunto dos dados pessoais importantes para registos médicos, policiais, etc.

ficheiro (fi.chei.ro) *n.m.* 1 lugar onde se guardam fichas 2 conjunto de fichas 3 conjunto de informações que é conservado na memória do computador

fictício (fic.tí.ci.o) *adj.* que não é verdadeiro ou real; criado pela imaginação sin. imaginário

fidalgo (fi.dal.go) *adj. e n.m.* nobre

fidalguia (fi.dal.gui.a) *n.f.* nobreza

fidelidade (fi.de.li.da.de) *n.f.* lealdade

fiel (fi.el) *adj.2gén.* 1 que demonstra lealdade; fiel 2 que revela rigor; exato

fielmente (fi.el.men.te) *adv.* com rigor; exatamente

fígado (fí.ga.do) *n.m.* órgão situado perto do tubo digestivo e que é responsável pela secreção biliar

figo (fi.go) *n.m.* fruto da figueira, geralmente verde ou roxo, com polpa avermelhada

figueira (fi.guei.ra) *n.f.* árvore produtora de figos

figura (fi.gu.ra) *n.f.* **1** forma exterior de um corpo; aspeto **2** desenho que ilustra um texto; ilustração; **fazer boa/má figura:** sair-se bem/mal; **figura de urso:** atitude ridícula ou dececionante

figurado (fi.gu.ra.do) *adj.* diz-se do sentido de uma palavra que não é exatamente o sentido principal dessa palavra (por exemplo, em sentido figurado, *ter fibra* significa *ter coragem*); metafórico

figurante (fi.gu.ran.te) *n.2gén.* pessoa que representa um papel secundário numa peça ou num filme

figurão (fi.gu.rão) *n.m.* **1** [*aum. de* figura] *(pop.)* pessoa importante **2** *(pop.)* boa figura

figurar (fi.gu.rar) *v.* fazer parte de; participar em ⟨figurar em⟩

figurativo (fi.gu.ra.ti.vo) *adj.* que representa (algo) através de um símbolo; simbólico

figurino (fi.gu.ri.no) *n.m.* desenho ou modelo de roupa feito por profissionais

fila (fi.la) *n.f.* série de pessoas ou coisas colocadas umas atrás das outras SIN. fileira

filamento (fi.la.men.to) *n.m.* **1** fio bastante fino **2** fio no interior de uma lâmpada elétrica

filarmónica (fi.lar.mó.ni.ca) *n.f.* banda de música

fileira (fi.lei.ra) *n.f.* → fila

filete (fi.le.te) *n.m.* posta fina de peixe ou de carne, geralmente frita

filha (fi.lha) *n.f.* pessoa do sexo feminino em relação aos seus pais

filho (fi.lho) *n.m.* pessoa do sexo masculino em relação aos seus pais

filhó (fi.lhó) *n.f.* [*pl.* filhós] doce de farinha e ovos, frito e polvilhado com açúcar e canela

filho-da-terra *a nova grafia é* **filho da terra**

filho da terra (fi.lho da ter.ra) *n.m. (Ang., GB, Moç.)* pessoa que é natural do país; autóctone

filhós (fi.lhós) *n.f.* [*pl.* filhoses] → filhó

filhote (fi.lho.te) *n.m.* **1** cria de animal **2** filho pequeno ou muito novo

filiação (fi.li.a.ção) *n.f.* relação de parentesco entre pais e filhos

filiado (fi.li.a.do) *n.m.* membro de uma associação; associado

filial (fi.li.al) *adj.2gén.* relativo a filho ♦ *n.f.* estabelecimento comercial que depende de outro; sucursal

filiar (fi.li.ar) *v.* adotar como filho ♦ **filiar-se** tornar-se sócio ou membro (de clube, partido, etc.) ⟨filiar-se em⟩

filipar (fi.li.par) *v.* **1** *(Ang.)* sacudir **2** *(Ang.)* abater

filipino (fi.li.pi.no) *adj.* **1** relativo às Filipinas (no oceano Pacífico) **2** relativo à dinastia dos Filipes, reis de Espanha e Portugal ♦ *n.m.* pessoa natural das Filipinas

filmagem (fil.ma.gem) *n.f.* ato de filmar; gravação

filmar (fil.mar) *v.* fazer um filme de

filme (fil.me) *n.m.* sequência de imagens registadas em película através de uma câmara e projetadas num ecrã

filosofar (fi.lo.so.far) *v.* refletir sobre problemas da realidade ou da vida

filosofia (fi.lo.so.fi.a) *n.f.* estudo dos princípios e das causas da realidade; sabedoria

filosófico (fi.lo.só.fi.co) *adj.* relativo a filosofia

filósofo (fi.ló.so.fo) *n.m.* **1** especialista em filosofia **2** pessoa que reflete sobre a realidade e sobre a vida

filtração (fil.tra.ção) *n.f.* ato de filtrar

filtrado (fil.tra.do) *adj.* que foi passado por filtro

filtrar (fil.trar) *v.* passar por filtro; coar

filtro (fil.tro) *n.m.* utensílio feito de material poroso para coar líquidos

fim (fim) *n.m.* **1** momento ou ponto em que algo termina; termo **ANT.** início, princípio **2** objetivo; intenção; **a fim de:** com o objetivo de; **ao fim e ao cabo:** afinal; em conclusão; **por fim:** finalmente; por último; **sem fim:** eternamente; contínuo

fim-de-semana *a nova grafia é* **fim de semana**

fim de semana (fim de se.ma.na) *n.m.* [*pl.* fins de semana] período em que geralmente não se trabalha, e que vai da sexta-feira à noite até domingo à noite

final (fi.nal) *adj.2gén.* relativo ao fim **SIN.** derradeiro, último

finalidade (fi.na.li.da.de) *n.f.* propósito; fim

finalista (fi.na.lis.ta) *n.2gén.* **1** estudante que frequenta o último ano de um curso **2** pessoa ou equipa que participa na última prova de uma competição

finalizar (fi.na.li.zar) *v.* terminar; concluir

finalmente (fi.nal.men.te) *adv.* **1** por fim **2** enfim

finanças (fi.nan.ças) *n.f.pl.* dinheiro e bens de um país, de uma empresa ou de uma pessoa

financeiro (fi.nan.cei.ro) *adj.* relativo a finanças

financiar (fi.nan.ci.ar) *v.* pagar os custos de

finca-pé (fin.ca-pé) *n.m.* [*pl.* finca-pés] teimosia; **fazer finca-pé:** insistir em; teimar

findar (fin.dar) *v.* pôr fim a; terminar

findo (fin.do) *adj.* que chegou ao fim **SIN.** terminado

fingido (fin.gi.do) *adj.* **1** falso **2** simulado

fingidor (fin.gi.dor) *n.m.* aquele que finge

fingimento (fin.gi.men.to) *n.m.* **1** falta de sinceridade **2** dissimulação de sentimento

fingir (fin.gir) *v.* **1** fazer de conta **2** simular

finito (fi.ni.to) *adj.* que tem fim; limitado

finlandês (fin.lan.dês) *adj.* relativo à Finlândia ◆ *n.m.* **1** pessoa natural da Finlândia **2** língua oficial da Finlândia

fino (fi.no) *adj.* **1** que tem diâmetro reduzido **ANT.** grosso **2** que é pouco espesso; delgado **3** aguçado; afiado

finório (fi.nó.ri.o) *n.m.* indivíduo astuto que procura enganar alguém **SIN.** espertalhão

finta (fin.ta) *n.f.* tentativa de enganar o adversário com movimentos do corpo, evitando que apanhe a bola

fintar (fin.tar) *v.* evitar que o adversário apanhe a bola, controlando-a com movimentos do corpo

fio (fi.o) *n.m.* **1** fibra ou filamento de um tecido **2** corrente fraca de um líquido; **a fio:** sem interrupção; continuamente; **de fio a pavio:** do princípio ao fim totalmente; **fio condutor:** filamento metálico condutor de eletricidade; numa conversa, assunto sobre o qual se fala; **fio dental:** fio usado para remover pedaços de comida de entre os dentes

fio-de-prumo *a nova grafia é* **fio de prumo**

fio de prumo (fi.o de pru.mo) *n.m.* [*pl.* fios de prumo] esfera metálica suspensa por um fio que se usa para verificar se um objeto está vertical

fiorde (fi.or.de) *n.m.* golfo estreito e profundo, entre montanhas

fios-de-ovos *a nova grafia é* **fios de ovos**

fios de ovos (fi.os de o.vos) *n.m.pl.* doce em forma de fios, feitos com gemas de ovos e cozidos em calda de açúcar

firma (fir.ma) *n.f.* empresa

firmamento (fir.ma.men.to) *n.f.* céu

firme (fir.me) *adj.2gén.* estável; seguro

firmeza (fir.me.za) *n.f.* estabilidade; segurança

fiscal (fis.cal) *n.2gén.* pessoa encarregada de verificar o cumprimento de leis ou normas; **fiscal de linha:** no futebol, auxiliar do árbitro, que assinala quando a bola sai das linhas laterais ou de fundo ou quando há fora de jogo

fiscalização (fis.ca.li.za.ção) *n.f.* verificação do cumprimento de leis ou normas

fiscalizar (fis.ca.li.zar) *v.* verificar o cumprimento de leis ou normas; vigiar

fisco (fis.co) *n.m.* parte da administração pública encarregada de cobrar impostos

fisga (fis.ga) *n.f.* pequena vara a que se prende um elástico, usada para atirar pedras

fisgada (fis.ga.da) *n.f.* dor súbita; pontada

fisgado (fis.ga.do) *adj.* **1** apanhado **2** (*inform.*) preparado com antecedência

fisgar (fis.gar) *v.* **1** capturar com fisga **2** apanhar **3** (*inform.*) perceber rapidamente

física (fí.si.ca) *n.f.* ciência que estuda os fenómenos que não alteram a estrutura interna dos corpos

físico (fí.si.co) *adj.* **1** relativo à física **2** relativo ao corpo ♦ *n.m.* **1** especialista em física **2** aspeto exterior de uma pessoa; corpo

físico-química (fí.si.co-quí.mi.ca) *n.f.* [*pl.* físico-químicas] disciplina que estuda problemas comuns à física e à química

fisiologia (fi.si.o.lo.gi.a) *n.f.* disciplina que estuda as fenómenos e as funções dos diferentes órgãos dos seres vivos

fisiológico (fi.si.o.ló.gi.co) *adj.* relativo a fisiologia

fisionomia (fi.si.o.no.mi.a) *n.f.* conjunto de traços do rosto SIN. feições, semblante

fisioterapeuta (fi.si.o.te.ra.peu.ta) *n.2gén.* especialista em fisioterapia

fisioterapia (fi.si.o.te.ra.pi.a) *n.f.* tratamento de lesões ou doenças através de exercícios, massagens e agentes físicos (como a água, a luz ou o calor)

fissura (fis.su.ra) *n.f.* fenda; greta

fita (fi.ta) *n.f.* faixa de tecido ou de papel; **fazer fitas:** causar escândalo; fingir; **fita métrica:** tira dividida em centímetros e metros, usada para fazer medições

fita-cola (fi.ta-co.la) *n.f.* [*pl.* fitas-cola] fita plástica com uma superfície adesiva, utilizada para fechar embalagens ou fixar vários tipos de objetos

fitar (fi.tar) *v.* fixar a vista em; olhar

fitinha (fi.ti.nha) *n.f.* **1** [*dim. de* fita] fita pequena **2** (*pop.*) condecoração

fito (fi.to) *n.m.* objetivo; propósito

fivela (fi.ve.la) *n.f.* peça a que se prende uma correia, uma fita, etc.

fixação (fi.xa.ção) *n.f.* **1** colagem **2** ideia fixa

fixador (fi.xa.dor) *n.m.* produto que fixa

fixamente (fi.xa.men.te) *adv.* de modo fixo; atentamente

fixar (fi.xar) *v.* **1** prender **2** olhar para ♦ **fixar-se** estabelecer residência (em algum lugar)

a b c d e f g h i j k l m n o p q r s t u v w x y z

fixe (fi.xe) *adj.2gén.* **1** *(inform.)*; simpático **2** *(inform.)* ótimo ♦ *interj. (inform.)* exprime prazer, entusiasmo ou alegria

fixo (fi.xo) *adj.* **1** preso **2** imóvel **3** firme

flacidez (fla.ci.dez) *n.f.* falta de firmeza

flácido (flá.ci.do) *adj.* que não tem firmeza; mole

flagelar (fla.ge.lar) *v.* **1** castigar; chicotear **2** atormentar; afligir

flagelo (fla.ge.lo) *n.m.* **1** castigo **2** desgraça

flagrante (fla.gran.te) *adj.2gén.* visto no próprio momento em que aconteceu

flamenco *n.m.* música e dança populares da Andaluzia (região do Sul da Espanha), de origem cigana

flamengo (fla.men.go) *adj.* relativo à Flandres (região situada parte na França, parte na Holanda e na Bélgica) ♦ *n.m.* **1** pessoa natural da Flandres **2** dialeto falado na Bélgica

flamingo (fla.min.go) *n.m.* ave pernalta de grande porte, com pescoço longo e plumagem rosada

flanco (flan.co) *n.m.* **1** região lateral do corpo, entre a anca e as costelas **2** parte lateral; lado

flanela (fla.ne.la) *n.f.* tecido de lã ou algodão cardado

flash (fláx) *n.m.* clarão forte e rápido que se acende na máquina fotográfica quando há pouca luz

flat (flát) *adj.inv.* diz-se do mar calmo, sem ondas; liso ♦ *n.m. (Bras., Moç.)* apartamento

flauta (flau.ta) *n.f.* instrumento de sopro, em forma de tubo, com diversos buracos por onde sai o ar

flautim (flau.tim) *n.m.* instrumento de sopro menor e mais fino do que a flauta

flautista (flau.tis.ta) *n.2gén.* pessoa que toca flauta

flecha (fle.cha) *n.f.* arma com a forma de uma haste pontiaguda; seta

flectir *a nova grafia é* **fletir**

fletir (fle.tir) *v.* dobrar; flexionar

flexão (fle.xão) *n.f.* **1** movimento que consiste em dobrar o corpo ou uma parte do corpo **2** conjunto das formas que tomam as palavras variáveis

flexibilidade (fle.xi.bi.li.da.de) *n.f.* **1** qualidade do que é flexível; elasticidade **2** capacidade de adaptação a diferentes situações

flexionar (fle.xi.o.nar) *v.* **1** dobrar; fletir **2** fazer a flexão de (uma palavra)

flexível (fle.xí.vel) *adj.2gén.* **1** diz-se do material que se dobra com facilidade; elástico **2** diz-se de pessoa que se adapta facilmente a novas situações

floco (flo.co) *n.m.* **1** pequena massa de neve **2** tufo de pelo ♦ **flocos** *n.m.pl.* produto alimentar feito à base de partículas de cereais, que se tomam geralmente acompanhados de leite ou iogurte

flor (flor) *n.f.* órgão vegetal das plantas, composto por cálice, pétalas coloridas e sementes; **à flor de:** à superfície; **não ser flor que se cheire:** não inspirar confiança; **flor de estufa:** pessoa muito frágil e delicada

flora (flo.ra) *n.f.* vegetação característica de uma região

floral (flo.ral) *adj.2gén.* relativo a flor

floreira (flo.rei.ra) *n.f.* vaso para flores

florescente (flo.res.cen.te) *adj.2gén.* **1** que floresce **2** *(fig.)* próspero

florescer (flo.res.cer) *v.* **1** dar flor; desabrochar **2** *(fig.)* prosperar

floresta (flo.res.ta) *n.f.* conjunto denso de árvores que cobrem uma vasta extensão de terreno sin. mata; **floresta virgem:** floresta que nunca foi visitada ou explorada

florestação (flo.res.ta.ção) *n.f.* plantação de árvores em floresta

florestal (flo.res.tal) *adj.2gén.* relativo a floresta

floricultor (flo.ri.cul.tor) *n.m.* pessoa que cultiva flores

floricultura (flo.ri.cul.tu.ra) *n.f.* cultura de flores

florido (flo.ri.do) *adj.* **1** que tem flor(es) **2** diz-se do tecido com flores; estampado

florir (flo.rir) *v.* cobrir-se de flores; desabrochar

florista (flo.ris.ta) *n.2gén.* **1** pessoa que vende flores **2** loja onde se vendem flores

fluência (flu.ên.ci.a) *n.f.* facilidade de falar (sobretudo uma língua estrangeira)

fluente (flu.en.te) *adj.2gén.* **1** que flui; líquido **2** que é fácil ou natural; espontâneo

fluidez (flu.i.dez) *n.f.* qualidade do que corre ou desliza facilmente

fluido (flu.i.do) *n.m.* qualquer substância capaz de fluir como os líquidos

fluir (flu.ir) *v.* correr; deslizar

fluminense (flu.mi.nen.se) *adj.2gén.* **1** relativo a rio; fluvial **2** relativo ao Rio de Janeiro (no Brasil) ◆ *n.2gén.* pessoa natural do Rio de Janeiro

flúor (flú.or) *n.m.* elemento gasoso, venenoso e com cheiro intenso, usado em doses pequenas na composição da pasta de dentes

fluorescente (flu.o.res.cen.te) *adj.2gén.* que emite luz na escuridão

flutuação (flu.tu.a.ção) *n.f.* **1** oscilação **2** variação

flutuante (flu.tu.an.te) *adj.2gén.* **1** que flutua; oscilante **2** variável; inconstante

flutuar (flu.tu.ar) *v.* **1** ficar à tona de um líquido; boiar **2** agitar-se ao vento; ondular **3** *(fig.)* hesitar

fluvial (flu.vi.al) *adj.2gén.* relativo a rio; próprio de rio

fluxo (flu.xo) *n.m.* **1** movimento constante de algo; corrente **2** *(fig.)* grande quantidade (de pessoas ou veículos) **3** *(fig.)* sucessão (de acontecimentos)

fobia (fo.bi.a) *n.f.* medo muito intenso de alguma coisa

foca (fo.ca) *n.f.* mamífero anfíbio, de pelo raso e membros curtos, espalmados em barbatanas, que se alimenta de peixe e vive nas regiões frias

focado (fo.ca.do) *adj.* **1** que está nítido ANT. desfocado **2** *(fig.)* concentrado

focagem (fo.ca.gem) *n.f.* ato de regular um sistema ótico para obter uma imagem nítida

foca-leopardo (fo.ca-le.o.par.do) *n.f.* a maior das focas que vive na Antártida, pode medir mais de 3 metros e pesar mais de 500 kg, tem pelagem cinzenta e manchas escuras na garganta

focar (fo.car) *v.* regular um sistema ótico para obter uma imagem nítida ANT. desfocar ◆ **focar-se** *(fig.)* concentrar-se em

focinho (fo.ci.nho) *n.m.* parte anterior da cabeça de vários animais

foco (fo.co) *n.m.* ponto para onde convergem os raios luminosos; **em foco:** em destaque

fofinho (fo.fi.nho) *adj.* **1** [*dim. de* fofo] muito fofo **2** amoroso

fofo (fo.fo) *adj.* **1** mole; macio **2** amoroso; querido

fofoca (fo.fo.ca) *n.f. (Bras.) (inform.)* mexerico; bisbilhotice

fofoqueiro (fo.fo.quei.ro) *n.m. (Bras.) (inform.)* bisbilhoteiro; coscuvilheiro

fogaça (fo.ga.ça) *n.f.* pão grande e doce

fogão (fo.gão) *n.m.* aparelho doméstico alimentado a eletricidade, gás ou lenha, utilizado para cozinhar; **fogão de sala**: vão aberto na parede de um compartimento onde se queima lenha para aquecer o ambiente

fogareiro (fo.ga.rei.ro) *n.m.* utensílio portátil de ferro, latão ou barro, que funciona a carvão, gás ou petróleo, e é usado para cozinhar

fogo (fo.go) *n.m.* **1** produção de calor, luz, fumo e gases resultantes da combustão de uma substância inflamável; lume **2** incêndio; **brincar com o fogo**: não encarar seriamente coisas importantes; arriscar demais; **fogo cruzado**: disparos cujas trajetórias se cruzam; **fogo posto**: fogo provocado intencionalmente por alguém; **pegar fogo**: incendiar; incendiar-se; **pôr as mãos no fogo por**: confiar totalmente em

fogo-de-artifício *a nova grafia é* **fogo de artifício**

fogo de artifício (fo.go de ar.ti.fí.ci.o) *n.m.* [*pl.* fogos de artifício] foguetes lançados no céu em ocasiões de festa que produzem efeitos de luz e um ruído forte

fogoso (fo.go.so) *adj.* **1** que tem fogo; ardente **2** *(fig.)* apaixonado; arrebatado

foguear (fo.gue.ar) *v.* incendiar

fogueira (fo.guei.ra) *n.f.* monte de lenha ou de matérias de combustão fácil a que se pega fogo

foguetão (fo.gue.tão) *n.m.* veículo para transporte de satélites artificiais para o espaço

foguete (fo.gue.te) *n.m.* peça de pirotecnia carregada de pólvora, à qual se pega fogo e que forma jogos de luzes ao rebentar; **deitar foguetes antes da festa**: festejar uma coisa antes de ter a certeza de a conseguir

foice (foi.ce) *n.f.* utensílio agrícola constituído por um cabo curto, ao qual se fixa uma lâmina curva e estreita, com gume serreado, utilizado para ceifar ou segar; **meter a foice em seara alheia**: meter-se num assunto que não lhe diz respeito

folar (fo.lar) *n.m.* bolo que os padrinhos dão aos afilhados, na Páscoa

folclore (fol.clo.re) *n.m.* **1** conjunto das tradições populares (música, dança, provérbios, lendas) de um país ou de uma região **2** estudo dessas tradições

folclórico (fol.cló.ri.co) *adj.* **1** relativo a folclore **2** *(inform.)* muito colorido; berrante

fole (fo.le) *n.m.* instrumento usado para atear o lume

fôlego (fô.le.go) *n.m.* **1** respiração **2** *(fig.)* ânimo

foleirada (fo.lei.ra.da) *n.f.* *(inform.)* aquilo que é de mau gosto ou de má qualidade

foleiro (fo.lei.ro) *adj.* *(inform.)* que revela mau gosto ou má qualidade

folga (fol.ga) *n.f.* período de descanso; pausa

folgado (fol.ga.do) *adj.* **1** largo (roupa) **2** descansado (pessoa, vida) **3** fácil (trabalho, vida)

folgar (fol.gar) *v.* **1** alargar **2** divertir-se

folha (fo.lha) *n.f.* **1** órgão vegetal, geralmente verde e em forma de lâmina, que se insere no caule **2** pedaço retangular de papel; **folha de presença**: folha onde assinam as pessoas que assistem a uma aula, conferência, etc.; **novo/novinho em folha**: que ainda não foi utilizado

folhado (fo.lha.do) *n.m.* pastel de massa trabalhada em camadas finas, recheado de carne, peixe ou legumes

folhagem (fo.lha.gem) *n.f.* conjunto das folhas de uma planta ou árvore

folhear (fo.lhe.ar) *v.* **1** dividir em folhas **2** percorrer as folhas de (livro, jornal, etc.)

folhetim (fo.lhe.tim) *n.m.* fragmento de romance publicado num jornal ou emitido na rádio

folheto (fo.lhe.to) *n.m.* impresso com uma ou mais folhas

folhinha (fo.lhi.nha) *n.f.* **1** [*dim. de* folha] folha pequena **2** lâmina de madeira, fina e larga, para revestir móveis

folho (fo.lho) *n.m.* tira de tecido franzida ou com pregas que se aplica em peças de roupa, cortinas, toalhas, etc.

folia (fo.li.a) *n.f.* festa; borga

folião (fo.li.ão) *adj.* que gosta de se divertir; brincalhão

fome (fo.me) *n.f.* **1** grande vontade de comer **2** falta de alimentos; miséria **3** *(fig.)* desejo ardente

fomentar (fo.men.tar) *v.* apoiar o desenvolvimento ou progresso de; estimular

fomento (fo.men.to) *n.m.* apoio; estímulo

fonador (fo.na.dor) *adj.* produtor de som ou voz; **aparelho fonador:** conjunto de órgãos que intervêm na produção dos sons da língua

fone (fo.ne) *n.m.* realização concreta de um fonema

fonema (fo.ne.ma) *n.m.* cada um dos sons com que se formam palavras

fonética (fo.né.ti.ca) *n.f.* disciplina que estuda e descreve os sons das línguas

fonético (fo.né.ti.co) *adj.* relativo a fonética

fónico (fó.ni.co) *adj.* relativo à voz ou aos sons da linguagem

fontainha (fon.ta.i.nha) *n.f.* fonte pequena

fontanário (fon.ta.ná.ri.o) *n.m.* fonte artificial; chafariz

fonte (fon.te) *n.f.* **1** nascente de água **2** chafariz **3** região lateral do crânio **4** *(fig.)* origem

fora (fo.ra) *adv.* no exterior; no estrangeiro ♦ *prep.* exceto; além de; *(inform.)* **dar o fora:** sair; fugir

fora-de-jogo *a nova grafia é* **fora de jogo**

fora de jogo (fo.ra de jo.go) *n.m.2núm.* no futebol, infração cometida pelo jogador que, ao receber a bola, tem apenas um ou nenhum adversário entre ele e a baliza

foragido (fo.ra.gi.do) *adj. e n.m.* fugitivo

foral (fo.ral) *n.m.* carta real que regulava a administração de uma localidade ou concedia privilégios

forasteiro (fo.ras.tei.ro) *adj. e n.m.* **1** estranho **2** estrangeiro

forca (for.ca) *n.m.* instrumento de execução formado por uma corda presa a uma trave de madeira, com um nó corrediço e uma laçada que se colocava ao redor do pescoço do condenado, estrangulando-o

força (for.ça) *n.f.* **1** agente físico capaz de alterar o estado de repouso ou de movimento de um corpo **2** robustez física **3** energia; coragem; **à força:** com violência; **à (viva) força:** custe o que custar; **força aérea:** força responsável pela aviação militar e pela defesa aérea do país; **forças armadas:** conjunto do poder militar (exército, marinha e aviação) do país

forçado (for.ça.do) *adj.* **1** obrigado; pressionado **2** não natural; artificial

forçar (for.çar) *v.* **1** aplicar força a (porta, janela, etc.) **2** obter pela força **3** obrigar pela força (forçar a)

forja (for.ja) *n.f.* oficina onde se fundem metais; **estar na forja:** estar em preparação

a b c d e f g h i j k l m n o p q r s t u v w x y z

forjado (for.ja.do) *adj.* **1** trabalhado na forja **2** *(fig.)* criado; inventado

forjar (for.jar) *v.* **1** preparar (metal) na forja **2** *(fig.)* criar; inventar

forma (for.ma) (fórma) *n.f.* **1** formato de alguma coisa **2** aparência física de alguém **3** estado físico de uma substância; **de forma alguma/nenhuma:** de modo nenhum; **desta/dessa forma:** deste/desse modo; *(inform.)* **estar em baixo de forma:** estar cansado ou deprimido; **estar em forma:** estar em boas condições físicas

forma (for.ma) (fôrma) *n.f.* **1** recipiente onde se levam a cozer no forno massa de bolos e outros preparados culinários **2** molde (para sapatos)

formação (for.ma.ção) *n.f.* **1** criação de alguma coisa **2** disposição de objetos ou pessoas **3** modo como uma pessoa é educada

formado (for.ma.do) *adj.* **1** constituído **2** licenciado

formador (for.ma.dor) *n.m.* pessoa que dá formação; professor

formal (for.mal) *adj.2gén.* **1** relativo a forma ou estrutura **2** que está de acordo com as normas; solene

formalidade (for.ma.li.da.de) *n.f.* **1** norma de procedimento **2** protocolo; etiqueta

formalizar (for.ma.li.zar) *v.* executar de acordo com as regras

formando (for.man.do) *n.m.* pessoa que está prestes a terminar um curso superior

formão (for.mão) *n.m.* peça retangular, com uma lâmina larga e achatada numa das extremidades e cabo na outra, usada para trabalhar madeira

formar (for.mar) *v.* **1** dar forma a; estruturar **2** dispor em determinada ordem; organizar ♦ **formar-se 1** tomar forma; estruturar-se **2** tirar um curso superior

formatação (for.ma.ta.ção) *n.f.* preparação de um suporte de dados ou de um meio magnético para receber e armazenar informação

formatar (for.ma.tar) *v.* preparar (suporte de dados ou meio magnético) para receber informação

formativo (for.ma.ti.vo) *adj.* que ensina; educativo

formato (for.ma.to) *n.m.* **1** forma exterior de uma pessoa ou de uma coisa; configuração **2** dimensões de um impresso (livro, revista, etc.); tamanho (altura e largura)

formatura (for.ma.tu.ra) *n.f.* **1** disposição ordenada de tropas **2** final de um curso superior

formidável (for.mi.dá.vel) *adj.2gén.* que é muito bom ou que é melhor do que se esperava SIN. excelente, espantoso

formiga (for.mi.ga) *n.f.* **1** pequeno inseto que vive em colónias **2** *(fig.)* pessoa poupada e trabalhadora

formigão (for.mi.gão) *n.m.* [*aum. de* formiga] formiga grande

formigueiro (for.mi.guei.ro) *n.m.* **1** construção feita debaixo da terra pelas formigas **2** *(inform.)* comichão **3** *(fig.)* impaciência

formoso (for.mo.so) *adj.* belo

formosura (for.mo.su.ra) *n.f.* beleza

fórmula (fór.mu.la) *n.f.* **1** receita **2** regra

formular (for.mu.lar) *v.* **1** redigir como fórmula **2** dizer de forma rigorosa

formulário (for.mu.lá.ri.o) *n.m.* impresso com questões e espaços em branco para serem preenchidos

fornada (for.na.da) *n.f.* **1** quantidade de alimentos que se cozem de uma só vez **2** *(fig., inform.)* conjunto de coisas que se fazem de uma vez

fornalha (for.na.lha) *n.f.* **1** parte do fogão própria para assar alimentos **2** *(fig.)* lugar muito quente

fornecedor (for.ne.ce.dor) *n.m.* pessoa ou empresa que fornece SIN. abastecedor

fornecer (for.ne.cer) *v.* abastecer

fornecimento (for.ne.ci.men.to) *n.m.* abastecimento

forno (for.no) *n.m.* **1** compartimento de um fogão onde se assam ou aquecem alimentos **2** construção em forma de abóbada onde se coze barro, porcelana, etc.

foro (fo.ro) *n.m.* competência; alçada

forrado (for.ra.do) *adj.* **1** diz-se da roupa ou do calçado que tem forro **2** diz-se da superfície revestida de papel, madeira ou outro material

forrageiro (for.ra.gei.ro) *adj.* **1** relativo a forragem **2** destinado à alimentação do gado

forragem (for.ra.gem) *n.f.* erva, palha ou grão para alimentar o gado

forrar (for.rar) *v.* **1** cobrir com forro **2** revestir com papel ou outro material

forreta (for.re.ta) *n.2gén. (inform.)* pessoa que só pensa em juntar dinheiro; sovina

forro (for.ro) *n.m.* **1** qualquer material que enche ou reveste a parte interna de peça de roupa, almofada, calçado, etc. **2** pessoa natural de São Tomé e Príncipe

fortalecer (for.ta.le.cer) *v.* tornar forte ou mais forte ♦ **fortalecer-se** ficar mais forte

fortalecimento (for.ta.le.ci.men.to) *n.m.* ato ou efeito de tornar mais forte

fortaleza (for.ta.le.za) *n.f.* construção destinada a proteger um lugar de um ataque inimigo SIN. forte, fortificação

forte (for.te) *adj.* **1** que tem força; robusto ANT. fraco **2** que tem coragem; valente ♦ *n.m.* **1** fortaleza **2** aptidão natural; talento; **forte e feio:** com intensidade ou dureza; muito

fortificação (for.ti.fi.ca.ção) *n.f.* → **fortaleza**

fortificante (for.ti.fi.can.te) *adj.2gén.* que dá força ou vigor ♦ *n.m.* medicamento ou substância que ajuda a fazer recuperar as forças

fortificar (for.ti.fi.car) *v.* **1** tornar forte; fortalecer **2** munir com meios de defesa ♦ **fortificar-se 1** tornar-se forte; fortalecer-se **2** defender-se

fortuna (for.tu.na) *n.f.* **1** conjunto de bens que pertencem a uma pessoa; riqueza **2** boa ou má sorte na vida; destino; **fazer fortuna:** ficar rico; enriquecer

fórum (fó.rum) *n.m.* [*pl.* fóruns] **1** local onde se debate um determinado tema **2** centro de atividades culturais

fosco (fos.co) *adj.* que perdeu o brilho; baço

fosfato (fos.fa.to) *n.m.* qualquer sal do ácido fosfórico

fósforo (fós.fo.ro) *n.m.* **1** elemento não metálico, inflamável e luminoso **2** palito com uma substância inflamável numa das extremidades

fossa (fos.sa) *n.f.* **1** cavidade natural ou artificial, mais ou menos profunda, no solo; cova; buraco **2** *(Bras.) (inform.)* depressão; angústia; **fossas nasais:** cavidades alongadas do nariz que comunicam com o exterior pelas narinas; *(Bras.) (inform.)* **estar/ficar na fossa:** estar/ficar deprimido ou desanimado

fóssil (fós.sil) *n.m.* **1** resto ou vestígio de animal ou vegetal de uma época passada **2** *(fig.)* coisa antiga ou que já não se usa

fosso (fos.so) *n.m.* **1** cova; buraco **2** escavação em torno de uma fortaleza ou de um castelo para impedir ataques inimigos

foto (fo.to) *n.f. (inform.)* fotografia

a b c d e f g h i j k l m n o p q r s t u v w x y z

fotocópia (fo.to.có.pi.a) *n.f.* **1** reprodução de documentos por meio de um processo fotográfico **2** cópia obtida através desse processo

fotocopiadora (fo.to.co.pi.a.do.ra) *n.f.* máquina que produz cópias instantâneas de um texto ou de uma imagem

fotocopiar (fo.to.co.pi.ar) *v.* fazer fotocópia de; reproduzir

fotografar (fo.to.gra.far) *v.* tirar fotografia(s) a; retratar

fotografia (fo.to.gra.fi.a) *n.f.* retrato feito com máquina fotográfica; **fotografia tipo passe:** fotografia pequena que é utilizada em documentos de identificação

fotográfico (fo.to.grá.fi.co) *adj.* **1** relativo a fotografia **2** *(fig.)* exato; rigoroso

fotógrafo (fo.tó.gra.fo) *n.m.* pessoa que se dedica à fotografia, como profissional ou como amador

fotossíntese (fo.tos.sín.te.se) *n.f.* função pela qual as plantas verdes fixam o carbono do dióxido de carbono do exterior e libertam oxigénio quando estão em presença de luz; função clorofilina

foz (foz) *n.f.* lugar onde desagua um rio

fração (fra.ção) *n.f.* **1** parte de um todo; parcela **2** em matemática, expressão que designa uma ou mais partes iguais em que se dividiu uma unidade

fracassar (fra.cas.sar) *v.* não ter êxito SIN. falhar

fracasso (fra.cas.so) *n.m.* mau resultado; insucesso

fracção *a nova grafia é* **fração**

fraccionar *a nova grafia é* **fracionar**

fraccionário *a nova grafia é* **fracionário**

fracionar (fra.ci.o.nar) *v.* dividir em frações ou em partes; fragmentar

fracionário (fra.ci.o.ná.ri.o) *adj.* que indica uma ou mais partes em que foi dividida a unidade

fraco (fra.co) *adj.* **1** que não tem força; débil ANT. forte **2** de má qualidade **3** pouco intenso ♦ *n.m.* simpatia; gosto; **dar parte de fraco:** mostrar medo ou dúvida; **ter um fraco por:** gostar muito de

fracote (fra.co.te) *adj. (inform.)* bastante fraco

fractura *a nova grafia é* **fratura**

fracturar *a nova grafia é* **fraturar**

frade (fra.de) *n.m.* membro de uma ordem religiosa SIN. monge

fradinho (fra.di.nho) *adj.* diz-se de uma variedade de feijão miúdo

fraga (fra.ga) *n.f.* rocha escarpada SIN. penhasco

fragata (fra.ga.ta) *n.f.* navio de guerra

frágil (frá.gil) *adj.2gén.* **1** que é pouco resistente; que parte com facilidade **2** que tem pouca força física; débil

fragilidade (fra.gi.li.da.de) *n.f.* **1** qualidade de frágil **2** falta de força física; debilidade

fragmentação (frag.men.ta.ção) *n.f.* ato ou efeito de (se) fragmentar

fragmentar (frag.men.tar) *v.* reduzir(-se) a fragmentos; fracionar-se

fragmento (frag.men.to) *n.m.* **1** pedaço de uma coisa que se partiu ou rasgou **2** parte de um todo; fração

fralda (fral.da) *n.f.* peça de material macio e absorvente que se coloca entre as pernas e a envolver as nádegas dos bebés

framboesa (fram.bo.e.sa) *n.f.* fruto pequeno, vermelho quando maduro, com aroma muito intenso e sabor doce

francês (fran.cês) *adj.* relativo a França ♦ *n.m.* **1** pessoa natural de França **2** língua oficial de França, Bélgica, Luxemburgo, Suíça, Canadá, etc.

franciscano (fran.cis.ca.no) *adj.* **1** relativo à ordem religiosa de S. Francisco de Assis **2** diz-se da pobreza extrema

franco (fran.co) *adj.* **1** que revela franqueza; sincero **2** livre de obstáculos; desimpedido ♦ *n.m.* unidade monetária da Guiné-Bissau

franga (fran.ga) *n.f.* galinha nova que ainda não põe ovos

franganito (fran.ga.ni.to) *n.m.* **1** frango pequeno **2** *(pop.)* rapaz; adolescente

frangipani (fran.gi.pa.ni) *n.m.* *(Moç.)* arbusto com flores muito perfumadas e que perde toda a folhagem no período da floração

frango (fran.go) *n.m.* **1** galo jovem **2** no futebol, situação em que o guarda-redes falha uma defesa fácil e permite o golo

franja (fran.ja) *n.f.* **1** remate de tecido em forma de fios soltos **2** repa de cabelo

franjinha (fran.ji.nha) *n.f.* [*dim. de* franja] pequena franja

franqueza (fran.que.za) *n.f.* sinceridade; honestidade

franquiar (fran.qui.ar) *v.* selar

franzido (fran.zi.do) *adj.* **1** enrugado **2** vincado

franzino (fran.zi.no) *adj.* magro; delgado

franzir (fran.zir) *v.* **1** enrugar **2** vincar

fraquejar (fra.que.jar) *v.* **1** enfraquecer **2** perder a coragem ou o ânimo; desanimar

fraqueza (fra.que.za) *n.f.* falta de força física ou de coragem; debilidade

fraquinho (fra.qui.nho) *n.m.* [*dim. de* fraco] preferência; predileção

frasco (fras.co) *n.m.* recipiente de vidro ou louça, com tampa ou rolha, para líquidos e substâncias sólidas

frase (fra.se) *n.f.* palavra ou conjunto de palavras contendo pelo menos um verbo principal e que transmite(m) uma mensagem; **frase complexa:** frase que contém mais de um verbo e mais de uma oração; **frase feita:** conjunto de palavras que funcionam como uma unidade, com um sentido específico; **frase simples:** frase que contém um só verbo; oração

frásico (frá.si.co) *adj.* relativo a frase

fraternal (fra.ter.nal) *adj.2gén.* **1** relativo a irmãos **2** *(fig.)* afetuoso

fraternidade (fra.ter.ni.da.de) *n.f.* **1** laço de parentesco entre irmãos **2** sentimento de afeto em relação às outras pessoas; amor ao próximo

fraterno (fra.ter.no) *adj.* **1** próprio de irmãos **2** afetuoso; carinhoso

fratura (fra.tu.ra) *n.f.* rutura parcial ou total de um osso ou de uma cartilagem

fraturar (fra.tu.rar) *v.* partir (osso, cartilagem)

fraude (frau.de) *n.f.* ato praticado com o objetivo de enganar ou prejudicar alguém; burla

freguês (fre.guês) *n.m.* [*f.* freguesa] comprador; cliente

freguesia (fre.gue.si.a) *n.f.* **1** subdivisão de um concelho **2** conjunto de fregueses; clientela

frei (frei) *n.m.* membro de uma ordem religiosa SIN. monge

freio (frei.o) *n.m.* peça metálica presa às rédeas das cavalgaduras e que lhes atravessa a boca, servindo para as conduzir

freira (frei.ra) *n.f.* mulher que é membro de uma ordem religiosa SIN. monja

frenesim (fre.ne.sim) *n.m.* **1** excitação **2** impaciência

frenético (fre.né.ti.co) *adj.* impaciente; inquieto

frente (fren.te) *n.f.* **1** parte anterior de alguma coisa ANT. retaguarda **2** fachada de um edifício **3** linha avançada de um exército; **fazer frente a:** resistir a; **ir em frente:** continuar; avançar

a
b
c
d
e
f
g
h
i
j
k
l
m
n
o
p
q
r
s
t
u
v
w
x
y
z

frente-a-frente *a nova grafia é* **frente a frente**

frente a frente (fren.te a fren.te) *n.m. 2núm.* conversa em direto entre duas pessoas

frequência (fre.quên.ci.a) *n.f.* **1** ato ou efeito de ir com regularidade a certo lugar **2** repetição de um facto ou acontecimento **3** número de vezes em que acontece algo num dado espaço de tempo

frequentador (fre.quen.ta.dor) *n.m.* pessoa que vai com frequência a determinado lugar

frequentar (fre.quen.tar) *v.* **1** ir muitas vezes a (algum lugar) **2** assistir a (aulas, curso)

frequente (fre.quen.te) *adj.2gén.* que acontece muitas vezes; continuado ANT. raro

fresca (fres.ca) *n.f.* ar fresco e ameno; aragem; **à fresca:** com pouca roupa ou com vestuário leve; **pela fresca:** na hora em que há menos calor (no verão)

fresco (fres.co) *adj.* **1** que não é frio nem quente **2** ameno **3** recente **4** leve ♦ *n.m.* **1** pintura feita sobre uma parede rebocada **2** quadro pintado por esse processo; *(inform.)* **pôr-se ao fresco:** ir-se embora; fugir

frescura (fres.cu.ra) *n.f.* **1** estado de fresco **2** vivacidade

fresquinha (fres.qui.nha) *n.f.* **1** ar fresco e ameno **2** hora em que o tempo está mais fresco

fresta (fres.ta) *n.f.* abertura estreita SIN. fenda, frincha

fretar (fre.tar) *v.* dar ou alugar (meio de transporte) durante um período de tempo, mediante pagamento

frete (fre.te) *n.m.* **1** valor que se paga por um transporte **2** *(pop.)* coisa incómoda; tarefa desagradável; **fazer um frete:** fazer ou suportar algo com esforço

fricção (fric.ção) *n.f.* **1** ato de friccionar ou esfregar **2** *(fig.)* diferença de opinião; discordância

friccionar (fric.ci.o.nar) *v.* esfregar

frieira (fri.ei.ra) *n.f.* inflamação da pele produzida pelo frio

frieza (fri.e.za) *n.f.* **1** falta de calor; temperatura baixa **2** *(fig.)* comportamento de quem não exprime os seus sentimentos; indiferença

frigideira (fri.gi.dei.ra) *n.f.* utensílio redondo, pouco fundo e com um cabo comprido, utilizado para fritar alimentos

frigorífico (fri.go.rí.fi.co) *n.m.* eletrodoméstico com um gerador de frio artificial, destinado a conservar e a manter alimentos frescos

frincha (frin.cha) *n.f.* abertura estreita SIN. fenda, fresta

frio (fri.o) *adj.* **1** que tem temperatura baixa; que não está quente ANT. quente **2** que arrefeceu **3** *(fig.)* que conserva a calma e não se descontrola **4** *(fig.)* que não manifesta os seus sentimentos ♦ *n.m.* sensação produzida pela falta de calor ANT. calor

friorento (fri.o.ren.to) *adj.* que sente muito frio

frisado (fri.sa.do) *adj.* **1** enrugado (tecido, alface) **2** encaracolado (cabelo) **3** sublinhado (assunto, tema)

frisar (fri.sar) *v.* **1** encaracolar (o cabelo) **2** sublinhar (assunto, tema)

friso (fri.so) *n.m.* barra ou faixa pintada ou esculpida numa parede

fritar (fri.tar) *v.* cozinhar (alimento) em gordura vegetal ou animal a alta temperatura

frito (fri.to) *adj.* **1** diz-se do alimento cozinhado em gordura a alta temperatura **2** *(fig., inform.)* diz-se da pessoa que está numa situação difícil; em apuros

fritura (fri.tu.ra) *n.f.* qualquer alimento frito

frívolo (frí.vo.lo) *adj.* que tem pouca importância; superficial

frondoso (fron.do.so) *adj.* coberto de folhas ou de ramos; denso

fronha (fro.nha) *n.f.* cobertura de travesseiro ou de almofada

frontal (fron.tal) *adj.2gén.* **1** referente à fronte ou à testa **2** *(fig.)* que é dito ou feito abertamente; sincero; franco

frontaria (fron.ta.ri.a) *n.f.* frente principal de um edifício sin. fachada

fronte (fron.te) *n.f.* **1** parte da face anterior do crânio situada entre as sobrancelhas e o couro cabeludo; testa **2** rosto de uma pessoa; face

fronteira (fron.tei.ra) *n.f.* linha que separa duas regiões ou dois países sin. limite, raia

fronteiriço (fron.tei.ri.ço) *adj.* situado perto da fronteira

frota (fro.ta) *n.f.* **1** conjunto de barcos **2** conjunto de veículos pertencentes a uma só pessoa ou empresa

frouxo (frou.xo) *adj.* **1** que não está esticado ou apertado; solto **2** que não tem energia ou força; fraco

frugal (fru.gal) *adj.2gén.* **1** moderado (sobretudo na alimentação); sóbrio **2** diz-se da refeição ligeira ou de digestão fácil

frustração (frus.tra.ção) *n.f.* **1** desapontamento; deceção **2** fracasso; falhanço

frustrado (frus.tra.do) *adj.* **1** desapontado; dececionado **2** que não teve êxito; fracassado

frustrante (frus.tran.te) *adj.2gén.* que não tem o resultado esperado; que causa frustração sin. dececionante

frustrar (frus.trar) *v.* **1** causar deceção; desiludir **2** fazer falhar; inutilizar ♦ **frustrar-se** não dar resultado; fracassar

fruta (fru.ta) *n.f.* frutos comestíveis; **fruta cristalizada:** frutos conservados em calda de açúcar; **fruta da época:** frutos que são próprios de uma determinada época do ano

frutaria (fru.ta.ri.a) *n.f.* loja onde se vende fruta

fruteira (fru.tei.ra) *n.f.* recipiente onde se guarda ou serve fruta

fruticultura (fru.ti.cul.tu.ra) *n.f.* cultura de árvores de fruto

frutífero (fru.tí.fe.ro) *adj.* **1** que produz frutos **2** *(fig.)* produtivo; proveitoso

fruto (fru.to) *n.m.* **1** órgão vegetal que contém a(s) semente(s) **2** produto de árvores ou da terra **3** resultado; proveito **4** filho; descendente; **dar frutos:** ter resultado(s) positivo(s)

frutose (fru.to.se) *n.f.* açúcar existente nos frutos e no mel

frutuoso (fru.tu.o.so) *adj.* **1** que produz muitos frutos **2** *(fig.)* que tem bons resultados; proveitoso

fubeiro (fu.bei.ro) *n.m.* **1** *(Ang.)* vendedor de fuba **2** *(Ang.)* comerciante reles **3** *(Ang.)* taberneiro

fuga (fu.ga) *n.f.* **1** ato ou efeito de fugir; evasão **2** saída de gás ou de líquido

fugida (fu.gi.da) *n.f.* **1** retirada rápida; fuga **2** ida e volta rápida a um lugar; escapadela; **de fugida:** depressa; com rapidez

fugidio (fu.gi.di.o) *adj.* que passa muito depressa; fugaz

fugido (fu.gi.do) *adj.* **1** que fugiu (sobretudo da prisão) **2** que desapareceu; sumido

fugir (fu.gir) *v.* **1** afastar-se para evitar um perigo, um incómodo, etc. **2** sair do local onde se estava preso; evadir-se **3** desaparecer; sumir

fugitivo (fu.gi.ti.vo) *n.m.* pessoa que fugiu

Fugir e **fugitivo** escrevem-se com **g** (e não com **j**).

a b c d e f g h i j k l m n o p q r s t u v w x y z

fuinha (fu.i.nha) *n.f.* pequeno mamífero carnívoro, de corpo flexível e esguio, focinho pontiagudo e patas curtas

fulano (fu.la.no) *n.m.* indivíduo; sujeito

fulcral (ful.cral) *adj.2gén.* que é muito importante SIN. fundamental

fulgor (ful.gor) *n.m.* luminosidade intensa; clarão

fuligem (fu.li.gem) *n.f.* substância preta, gordurosa, composta por partículas muito pequenas, que se forma na queima de um combustível e se deposita nas chaminés

fulminante (ful.mi.nan.te) *adj.2gén.* **1** que lança raios **2** que mata rapidamente **3** que brilha como um raio

fulminar (ful.mi.nar) *v.* **1** lançar raios **2** matar rapidamente; destruir **3** *(fig.)* censurar com violência

fulo (fu.lo) *adj.* *(inform.)* muito zangado SIN. furioso

fumaça (fu.ma.ça) *n.f.* fumo espesso

fumado (fu.ma.do) *adj.* **1** que se fumou **2** que tem cor de fumo; escurecido

fumador (fu.ma.dor) *n.m.* pessoa que fuma; **fumador passivo:** pessoa que, apesar de não fumar, está perto de quem fuma e inala fumo de tabaco

fumar (fu.mar) *v.* aspirar e expirar o fumo do tabaco

fumarada (fu.ma.ra.da) *n.f.* grande quantidade de fumo

fumegante (fu.me.gan.te) *adj.* que solta fumo; que está muito quente

fumegar (fu.me.gar) *v.* deitar fumo; queimar

fumeiro (fu.mei.ro) *n.m.* espaço entre o fogão e o telhado onde se penduram chouriços e carnes para defumar

fumo (fu.mo) *n.m.* **1** mistura de gases ou vapores que se desprende dos corpos em combustão **2** *(fig.)* hábito de fumar **3** *(Ang.)* conselheiro do soba **4** *(Moç.)* chefe de um grupo de povoações

funboard (fanbórd) *n.m.* desporto náutico praticado sobre uma prancha munida de mastro e vela

função (fun.ção) *n.f.* **1** desempenho de uma atividade ou de um cargo **2** profissão; trabalho **3** aquilo a que uma coisa se destina; utilidade; uso; **em função de:** tendo em conta; dependendo de; **função da linguagem:** conjunto de características de um enunciado determinadas pelo objetivo da comunicação

funcho (fun.cho) *n.m.* planta herbácea muito aromática, com flores amareladas, utilizada em culinária, perfumaria e com fins terapêuticos

funcional (fun.ci.o.nal) *adj.2gén.* **1** relativo às funções de um órgão ou de um aparelho **2** que é fácil de utilizar; prático

funcionamento (fun.ci.o.na.men.to) *n.m.* **1** ato ou efeito de funcionar; ação; atividade **2** modo como alguma coisa funciona

funcionar (fun.ci.o.nar) *v.* exercer a sua função; trabalhar

funcionário (fun.ci.o.ná.ri.o) *n.m.* pessoa que exerce uma função SIN. empregado

fundação (fun.da.ção) *n.f.* **1** base sobre a qual se constrói um edifício; alicerce **2** criação de uma organização, empresa, etc.; instituição

fundado (fun.da.do) *adj.* **1** apoiado em base sólida; alicerçado **2** criado; instituído

fundador (fun.da.dor) *n.m.* pessoa que funda alguma coisa SIN. criador

fundamental (fun.da.men.tal) *adj.2gén.* que serve de base ou fundamento SIN. essencial

fundamentar (fun.da.men.tar) *v.* documentar; provar ♦ **fundamentar-se** apoiar-se (fundamentar-se em)

fundamento (fun.da.men.to) *n.m.* **1** base de uma estrutura ou construção; alicerce **2** razão para que algo aconteça; motivo; **sem fundamento:** sem razão ou justificação

fundão (fun.dão) *n.m.* parte mais profunda no leito de um rio

fundar (fun.dar) *v.* instituir; criar ♦ **fundar-se** basear-se (fundar-se em)

fundear (fun.de.ar) *v.* lançar (ferro ou âncora); ancorar

fundição (fun.di.ção) *n.f.* fábrica ou oficina onde se fundem e trabalham metais

fundido (fun.di.do) *adj.* derretido (metal)

fundir (fun.dir) *v.* tornar líquido (um metal); derreter ♦ **fundir-se** derreter-se

fundo (fun.do) *adj.* que está abaixo da superfície; que tem profundidade; profundo ♦ *n.m.* **1** parte mais baixa de um local onde corre água **2** parte mais distante de um ponto **3** parte mais interior; âmago

fúnebre (fú.ne.bre) *adj.2gén.* relativo a morte ou a funeral

funeral (fu.ne.ral) *n.m.* cerimónia em que se enterra um cadáver SIN. enterro

funerária (fu.ne.rá.ri.a) *n.f.* empresa que realiza funerais; agência funerária

funerário (fu.ne.rá.ri.o) *adj.* relativo a morte ou a funeral

fungar (fun.gar) *v.* **1** produzir som, absorvendo ou expelindo ar pelo nariz **2** *(fig.)* choramingar

fungo (fun.go) *n.m.* **1** organismo sem clorofila, que se reproduz por esporos e absorve nutrientes de matéria orgânica, e que se encontra em lugares húmidos e pouco iluminados **2** cogumelo

funil (fu.nil) *n.m.* [*pl.* funis] utensílio de forma cónica que serve para passar líquidos para dentro de recipientes com gargalo estreito

funje (fun.je) *n.m. (Ang.)* massa cozida, geralmente de farinha de milho, mandioca ou batata-doce

fúnji (fún.ji) *n.m. (Ang.)* → funje

fura-bolos (fu.ra-bo.los) *n.m.2núm.* dedo indicador

furacão (fu.ra.cão) *n.m.* tempestade com ventos muito fortes SIN. ciclone

furador (fu.ra.dor) *n.m.* instrumento usado para furar papel ou outro material

furão (fu.rão) *n.m.* pequeno mamífero carnívoro, de corpo flexível, patas curtas e pelagem acinzentada

furar (fu.rar) *v.* **1** fazer furos em; cravar **2** passar através de; penetrar

furgão (fur.gão) *n.m.* carrinha para transporte de mercadorias

furgoneta (fur.go.ne.ta) *n.f.* veículo fechado para transporte de mercadorias pouco pesadas

fúria (fú.ri.a) *n.f.* raiva; ira

furioso (fu.ri.o.so) *adj.* muito zangado; colérico

furna (fur.na) *n.f.* cavidade profunda de uma rocha SIN. caverna, gruta

furo (fu.ro) *n.m.* **1** buraco; orifício **2** *(fig.)* oportunidade; ocasião

furor (fu.ror) *n.m.* **1** fúria extrema **2** estado de grande excitação

furriel (fur.ri.el) *n.m.* militar que ocupa posição superior a cabo e inferior a sargento

furtado (fur.ta.do) *adj.* roubado

furtar (fur.tar) *v.* roubar

furtivo (fur.ti.vo) *adj.* que procura passar despercebido; que se faz às escondidas; secreto

a b c d e f g h i j k l m n o p q r s t u v w x y z

furto (fur.to) *n.m.* roubo

fusa (fu.sa) *n.f.* figura musical que vale duas semifusas ou metade de uma semicolcheia

fusão (fu.são) *n.f.* **1** ato ou efeito de fundir ou derreter **2** união; aliança (de empresas, etc.)

fuselagem (fu.se.la.gem) *n.f.* parte principal e mais resistente do avião, constituída pelo espaço onde se instalam os tripulantes, os passageiros e a carga, e onde se fixam as asas do aparelho

fusível (fu.sí.vel) *n.m.* fio metálico que se usa num circuito para interromper a corrente quando a intensidade ultrapassa um dado limite

fuso (fu.so) *n.m.* utensílio que recebe o fio (na roca); **fuso horário:** cada uma das 24 partes em que a superfície terrestre se divide e nas quais a hora é a mesma

fuste (fus.te) *n.m.* **1** pau de madeira fino e comprido **2** na arquitetura clássica, tronco da coluna, entre a base e o capitel

futebol (fu.te.bol) *n.m.* jogo entre duas equipas de 11 jogadores cada, num campo retangular, em que cada grupo procura meter uma bola na baliza do adversário, sem lhe tocar com os membros superiores; **futebol de praia:** futebol adaptado para ser jogado à beira-mar, com uma bola impermeabilizada; **futebol de salão:** modalidade de futebol que se pratica num recinto fechado; futsal

futebolista (fu.te.bo.lis.ta) *n.2gén.* pessoa que joga futebol

fútil (fú.til) *adj.2gén.* que não tem importância; superficial

futilidade (fu.ti.li.da.de) *n.f.* qualidade do que tem pouco ou nenhum valor

futsal (fut.sal) *n.m.* futebol de salão

futuro (fu.tu.ro) *n.m.* **1** tempo que se segue ao presente **2** aquilo que ainda não aconteceu; destino; **de futuro:** de hoje em diante

fuzilamento (fu.zi.la.men.to) *n.m.* morte por disparo com arma de fogo

fuzilar (fu.zi.lar) *v.* matar com arma de fogo

G

g (gê) *n.m.* consoante, sétima letra do alfabeto, que está entre as letras *f* e *h*
♦ *símbolo de* grama

gabar (ga.bar) *v.* fazer o elogio de; louvar ♦ **gabar-se** mostrar-se muito vaidoso; armar-se (gabar-se de)

gabardina (ga.bar.di.na) *n.f.* capa impermeável para proteger da chuva

> A palavra **gabardina** termina em **a** (e não em **e**).

gabarola (ga.ba.ro.la) *adj. e n.2gén. (inform.)* que ou pessoa que se gaba muito; armante

gabarolice (ga.ba.ro.li.ce) *n.f.* qualidade de quem se gaba muito; armanço

gabinete (ga.bi.ne.te) *n.m.* **1** sala de trabalho; escritório **2** compartimento reservado (para consultas médicas, leitura, experiências científicas, etc.)

gabiru (ga.bi.ru) *n.m.* **1** *(pop.)* patife; malandro **2** miúdo alegre ou travesso

gadanho (ga.da.nho) *n.m.* garra de uma ave de rapina; unha

gado (ga.do) *n.m.* conjunto dos animais criados para trabalhos agrícolas e consumo doméstico

gafanhoto (ga.fa.nho.to) *n.m.* inseto de corpo alongado com dois pares de asas e patas posteriores fortes, que se desloca por saltos SIN. saltão

gafe (ga.fe) *n.f.* ação ou dito impensado, que provoca embaraço; lapso

gagá (ga.gá) *adj.2gén. (inform.)* que perdeu as suas faculdades intelectuais; senil

gago (ga.go) *adj.* que gagueja

gaguejar (ga.gue.jar) *v.* pronunciar as palavras com interrupções; hesitar

gaguez (ga.guez) *n.f.* dificuldade de pronúncia que leva a repetir ou a prolongar certas sílabas

gaiato (gai.a.to) *n.m.* rapaz travesso; jovem brincalhão

gaio (gai.o) *n.m.* ave sedentária com penas acastanhadas, asas e cauda negras, bico curto e poupa riscada

gaiola (gai.o.la) *n.f.* caixa com grades para prisão de animais, particularmente de aves SIN. jaula

gaioleiro (gai.o.lei.ro) *n.m.* homem que faz ou vende gaiolas

gaiolo (gai.o.lo) *n.m.* armadilha para apanhar pássaros

gaita (gai.ta) *n.f.* instrumento musical de palheta; pífaro

gaita-de-foles *a nova grafia é* **gaita de foles**

gaita de foles (gai.ta de fo.les) *n.f.* [*pl.* gaitas de foles] instrumento composto por diversos tubos ligados a um saco feito de couro, que se enche de ar através de um tubo superior

gaivota (gai.vo.ta) *n.f.* ave aquática de cor branca ou acinzentada, comum em Portugal

gajo (ga.jo) *n.m. (inform.)* pessoa de quem não se quer dizer o nome; tipo

gala (ga.la) *n.f.* festa solene; cerimónia

galã (ga.lã) *n.m.* **1** num filme ou numa peça, ator que faz o papel de herói ou sedutor **2** homem muito bonito ou namoradeiro

galáctico (ga.lác.ti.co) *adj.* relativo a galáxia

galaico (ga.lai.co) *adj.* relativo à Galiza (Espanha); galego

galante (ga.lan.te) *adj.2gén.* **1** elegante; distinto **2** gentil; delicado

galão (ga.lão) *n.m.* **1** distintivo militar **2** copo alto de café com leite

galardão (ga.lar.dão) *n.m.* **1** distinção; prémio **2** honra; glória

galardoar (ga.lar.do.ar) *v.* dar um prémio ou galardão a; premiar

galáxia (ga.lá.xi.a) *n.f.* sistema astral composto por um elevado número de estrelas e outros astros, poeira cósmica e gás

Galáxia (Ga.lá.xi.a) *n.f.* sistema astral a que pertence o sistema solar; Via Láctea

galé (ga.lé) *n.f.* antiga embarcação de vela movida a remos

galego (ga.le.go) *adj.* relativo à Galiza (Espanha) ♦ *n.m.* **1** pessoa natural da Galiza **2** língua românica falada na Galiza

galeirão (ga.lei.rão) *n.m.* ave pernalta do tamanho do pato, com bico curto e forte

galera (ga.le.ra) *n.f.* **1** antigo navio de vela, com dois ou três mastros e movido a remos **2** *(Bras.) (inform.)* grupo de amigos; malta

galeria (ga.le.ri.a) *n.f.* **1** varanda envidraçada **2** corredor subterrâneo **3** espaço destinado a guardar e expor objetos de arte **4** numa sala de espetáculo, tribuna comprida destinada ao público

galerista (ga.le.ris.ta) *n.2gén.* dono de uma galeria de arte

galgar (gal.gar) *v.* **1** saltar por cima de; transpor **2** subir; trepar

galgo (gal.go) *n.m.* cão ágil e rápido com corpo esguio, focinho comprido e pernas longas

galheteiro (ga.lhe.tei.ro) *n.m.* utensílio de mesa onde se colocam o azeite, o vinagre, o saleiro e o pimenteiro

galho (ga.lho) *n.m.* **1** ramo (de árvore) **2** chifre (de animal)

galhofa (ga.lho.fa) *n.f.* **1** brincadeira; risota **2** gozo; troça

galhofeiro (ga.lho.fei.ro) *adj. e n.m.* alegre; brincalhão

galicismo (ga.li.cis.mo) *n.m.* palavra ou frase de origem francesa, integrada noutra língua

galináceo (ga.li.ná.ce.o) *adj.* relativo às aves terrestres, como as galinhas, os perus e os faisões

galinha (ga.li.nha) *n.f.* ave doméstica, fêmea do galo, com uma crista carnuda, asas curtas e bico forte; **deitar--se com as galinhas:** deitar-se (para dormir) muito cedo; **pele de galinha:** pele arrepiada; *(irón.)* **quando as galinhas tiverem dentes:** nunca; jamais

galinha-d'água (ga.li.nha-d'á.gua) *n.f.* [*pl.* galinhas-d'água] ave pernalta de tamanho médio e plumagem escura

galinheiro (ga.li.nhei.ro) *n.m.* lugar onde se guardam as galinhas; capoeira

galinhola (ga.li.nho.la) *n.f.* ave pernalta migratória de bico comprido, plumagem cinzento-avermelhada com manchas escuras, e voo curto e lento

galo (ga.lo) *n.m.* **1** ave doméstica, macho adulto da galinha, com crista carnuda, asas curtas e largas, penas longas e coloridas **2** *(pop.)* inchaço na cabeça, causado por pancada ou queda

galocha (ga.lo.cha) *n.f.* bota alta de borracha

galopante (ga.lo.pan.te) *adj.2gén.* **1** que galopa **2** que apresenta evolução rápida (doença, fenómeno)

galopar (ga.lo.par) *v.* **1** andar a galope **2** desenvolver-se rapidamente

galope (ga.lo.pe) *n.m.* passo mais rápido do cavalo

gama (ga.ma) *n.f.* **1** série (de produtos, ideias, etc.) **2** escala (de cores)

gamado (ga.ma.do) *adj.* **1** *(pop.)* roubado **2** *(Bras.)* apaixonado

gamanço (ga.man.ço) *n.m.* *(pop.)* roubo

gamão (ga.mão) *n.m.* jogo de dados entre duas pessoas no qual o objetivo é fazer avançar as peças sobre um tabuleiro de dois compartimentos

gamar (ga.mar) *v.* *(inform.)* roubar

gamba (gam.ba) *n.f.* **1** crustáceo parecido com o camarão **2** espécie de viola

gâmeta (gâ.me.ta) *n.m.* cada uma das células sexuais (femininas ou masculinas) que, ao unir-se a outra do género oposto, forma o ovo

gamo (ga.mo) *n.m.* mamífero ruminante, de pelo escuro com manchas brancas, e chifres ramificados e espalmados nas pontas

gana (ga.na) *n.f.* desejo intenso; ânsia

ter ganas de: ter muita vontade de

ganância (ga.nân.ci.a) *n.f.* desejo ávido de riqueza; ambição

ganancioso (ga.nan.ci.o.so) *adj.* que só pensa em acumular riquezas; ambicioso

gancho (gan.cho) *n.m.* **1** peça curva de metal, para agarrar ou para suspender algo **2** arame curvo usado para prender o cabelo; travessão

gando (gan.do) *n.m.* grande crocodilo africano; jacaré

ganga (gan.ga) *n.f.* tecido de algodão resistente, usado sobretudo em calças e blusões

gânglio (gân.gli.o) *n.m.* **1** cada uma das dilatações situadas ao longo dos vasos linfáticos ou dos nervos que contêm fibras e células nervosas **2** nódulo causado pela inflamação de uma dessas dilatações

gângster (gângs.ter) *n.2gén.* membro de um bando de malfeitores; bandido

ganha-pão (ga.nha-pão) *n.m.* [*pl.* ganha-pães] **1** profissão ou atividade necessária à subsistência **2** pessoa que vive do seu trabalho

ganhar (ga.nhar) *v.* **1** obter por meio de esforço ou trabalho; conquistar **2** ficar à frente numa competição; vencer

ganho (ga.nho) *n.m.* lucro; proveito

ganido (ga.ni.do) *n.m.* grito emitido pelos cães

ganir (ga.nir) *v.* soltar ganidos (o cão)

ganso (gan.so) *n.m.* ave palmípede corpulenta, com plumagem branca e pescoço comprido

ganso-patola (gan.so-pa.to.la) *n.m.* [*pl.* gansos-patolas] ave marinha palmípede de grandes dimensões, com plumagem branca e pontas negras nas asas

garagem (ga.ra.gem) *n.f.* local onde se guardam automóveis

garanhão (ga.ra.nhão) *n.m.* cavalo destinado a reprodução

garante (ga.ran.te) *n.m.* → garantia

garantia (ga.ran.ti.a) *n.f.* **1** palavra ou ato com que se garante que se vai cumprir aquilo que se deve; penhor; caução **2** segurança; certeza **3** documento que garante a qualidade de um produto, responsabilizando o fabricante pelo seu funcionamento, durante um dado período

garantido (ga.ran.ti.do) *adj.* **1** seguro **2** certo

garantir (ga.ran.tir) *v.* **1** dar a certeza de; assegurar **2** responsabilizar-se por

garatuja (ga.ra.tu.ja) *n.f.* desenho ou letra mal feitos SIN. gatafunho, rabisco

garça (gar.ça) *n.f.* ave pernalta, com um penacho na cabeça, pescoço e bico

a b c d e f g h i j k l m n o p q r s t u v w x y z

compridos, que vive em bandos junto de rios e lagoas

garça-real (gar.ça-re.al) *n.f.* [*pl.* garças--reais] garça com bico amarelo, pescoço e cabeça brancos, pelagem cinzenta e patas pardas e compridas

gare (ga.re) *n.f.* parte coberta das estações de caminho de ferro onde embarcam e desembarcam passageiros

garfada (gar.fa.da) *n.f.* quantidade de alimentos que o garfo leva de uma vez

garfo (gar.fo) *n.m.* instrumento com dentes usado para segurar alimentos

gargalhada (gar.ga.lha.da) *n.f.* risada ruidosa e prolongada

gargalo (gar.ga.lo) *n.m.* parte superior e estreita de garrafa ou garrafão

garganta (gar.gan.ta) *n.f.* **1** parte anterior do pescoço, por onde os alimentos passam da boca para o estômago **2** passagem estreita entre montanhas; desfiladeiro

gargarejar (gar.ga.re.jar) *v.* agitar um líquido na garganta

gargarejo (gar.ga.re.jo) *n.m.* **1** ato de gargarejar **2** líquido usado para gargarejar

garina (ga.ri.na) *n.f.* **1** (*inform.*) rapariga **2** (*inform.*) namorada

garino (ga.ri.no) *n.f.* **1** (*inform.*) rapaz **2** (*inform.*) namorado

garnisé (gar.ni.sé) *n.2gén.* galinha pequena, criada em capoeira

garota (ga.ro.ta) *n.f.* rapariga jovem

garotada (ga.ro.ta.da) *n.f.* **1** conjunto de garotos **2** brincadeira; criancice

garotice (ga.ro.ti.ce) *n.f.* ato próprio de garoto **SIN.** brincadeira, criancice

garoto (ga.ro.to) *n.m.* **1** rapaz jovem **2** café com leite em chávena de café

garra (gar.ra) *n.f.* **1** unha forte, curva e pontiaguda de alguns animais **2** (*fig.*) força de vontade

garrafa (gar.ra.fa) *n.f.* vasilha, geralmente de vidro, com gargalo estreito e comprido

garrafão (gar.ra.fão) *n.m.* garrafa grande, geralmente de plástico

garrafa-termo (gar.ra.fa-ter.mo) *n.f.* [*pl.* garrafas-termos] garrafa de vidro de parede dupla, revestida de material metálico ou plástico, para conservar a temperatura dos líquidos colocados no interior

garrafeira (gar.ra.fei.ra) *n.f.* lugar onde se guardam as garrafas

garrafinha (gar.ra.fi.nha) *n.f.* [*dim. de* garrafa] garrafa pequena

garraio (gar.rai.o) *n.m.* touro novo que ainda não foi corrido

garrido (gar.ri.do) *adj.* que tem cores fortes; vistoso

garrote (gar.ro.te) *n.m.* tira de borracha, com que se interrompe a circulação nos braços ou nas pernas para evitar perda de sangue

garupa (ga.ru.pa) *n.f.* parte posterior do cavalo, entre o lombo e a cauda

gás (gás) *n.m.* **1** substância que existe no estado gasoso **2** (*fig.*) estado de grande alegria ou entusiasmo; animação; **a todo o gás:** muito depressa

gaseificado (ga.sei.fi.ca.do) *adj.* diz-se da bebida que contém gás

gasóleo (ga.só.le.o) *n.m.* produto proveniente da destilação do petróleo, usado como combustível

gasolina (ga.so.li.na) *n.f.* substância obtida da destilação do petróleo e usada nos motores de automóveis

gasolineira (ga.so.li.nei.ra) *n.f.* bomba de gasolina

gasosa (ga.so.sa) *n.f.* bebida refrigerante com gás

gasoso (ga.so.so) *adj.* **1** que apresenta propriedades semelhantes às do ar **2** diz-se da bebida com gás

gaspacho (gas.pa.cho) *n.m.* sopa fria preparada com pão, tomate, pimento, cebola e alho, e temperada com azeite, sal e vinagre

gastador (gas.ta.dor) *adj.* que gasta muito (sobretudo dinheiro) SIN. perdulário

gastar (gas.tar) *v.* **1** utilizar dinheiro para fazer compras **2** esbanjar (fortuna) **3** consumir (energia) **4** usar (roupa, calçado)

gasto (gas.to) *adj.* consumido; usado ♦ *n.m.* despesa; consumo

gastrenterite (gas.tren.te.ri.te) *n.f.* inflamação das mucosas do estômago e dos intestinos

gástrico (gás.tri.co) *adj.* relativo ao estômago

gastrintestinal (gas.trin.tes.ti.nal) *adj.* *2gén.* relativo ao estômago e ao intestino

gastrite (gas.tri.te) *n.f.* inflamação das paredes internas do estômago

gastronomia (gas.tro.no.mi.a) *n.f.* arte de cozinhar; culinária

gastronómico (gas.tro.nó.mi.co) *adj.* relativo a gastronomia

gastrónomo (gas.tró.no.mo) *n.m.* pessoa que aprecia comida e culinária

gastrópode (gas.tró.po.de) *n.m.* molusco com concha univalve, ou sem concha, que se encontra em água salgada ou doce

gata (ga.ta) *n.f.* fêmea do gato; **andar de gatas:** andar apoiando as mãos e os joelhos no chão

gatafunho (ga.ta.fu.nho) *n.m.* desenho ou letra mal feitos SIN. rabisco

gatão (ga.tão) *n.m.* [*aum. de* gato] gato grande

gataria (ga.ta.ri.a) *n.f.* grande quantidade de gatos

gatarrão (ga.tar.rão) *n.m.* [*aum. de* gato] gato grande

gateira (ga.tei.ra) *n.f.* abertura numa porta ou parede para os gatos entrarem e saírem de casa

gatilho (ga.ti.lho) *n.m.* dispositivo das armas de fogo que serve para disparar

gatinhar (ga.ti.nhar) *v.* andar de gatas

gato (ga.to) *n.m.* mamífero felino doméstico, de cabeça redonda, garras que se retraem, com uma boa visão noturna; **dar-se como o cão e o gato:** dar-se muito mal

gato-pingado (ga.to-pin.ga.do) *n.m.* (*inform.*) pessoa insignificante; zé-ninguém

gato-sapato (ga.to-sa.pa.to) *n.m.* (*inform.*) coisa desprezível; **fazer gato-sapato de alguém:** tratar mal alguém

gatunagem (ga.tu.na.gem) *n.f.* bando de gatunos

gatuno (ga.tu.no) *n.m.* ladrão; larápio

gaulês (gau.lês) *adj.* relativo à antiga Gália (atual França) ♦ *n.m.* **1** pessoa natural da Gália **2** língua céltica falada na Gália

gaveta (ga.ve.ta) *n.f.* compartimento corrediço de um móvel que se abre e fecha

gavetão (ga.ve.tão) *n.m.* [*aum. de* gaveta] gaveta grande

gaveteiro (ga.ve.tei.ro) *n.m.* móvel alto e estreito com muitas gavetas

gavião (ga.vi.ão) *n.m.* ave de rapina diurna, plumagem azulada e patas com unhas pontiagudas, que se alimenta de outras aves e de roedores

gavinha (ga.vi.nha) *n.f.* órgão vegetal, em forma de fio, para fixar plantas

gaze (ga.ze) *n.f.* tecido leve, que se usa para fazer curativos

gazela (ga.ze.la) *n.f.* mamífero ruminante de pernas longas, muito veloz, e chifres em espiral

a b c d e f g h i j k l m n o p q r s t u v w x y z

gazeta (ga.ze.ta) *n.f.* **1** publicação periódica; jornal **2** falta a um compromisso, sobretudo por preguiça; **fazer gazeta:** faltar às aulas ou ao trabalho

gazeteiro (ga.ze.tei.ro) *n.m.* pessoa que falta muito (a aulas, ao trabalho)

gazua (ga.zu.a) *n.f.* instrumento de ferro para abrir fechaduras

GB *sigla de* **Grã-Bretanha**

geada (ge.a.da) *n.f.* camada fina de gelo, em forma de pequenos cristais, que cobre as superfícies expostas quando a temperatura desce muito

gear (ge.ar) *v.* formar-se geada; cair geada

gel (gel) *n.m.* substância de aspeto gelatinoso

geladeira (ge.la.dei.ra) *n.f. (Bras.)* frigorífico

gelado (ge.la.do) *adj.* **1** coberto de gelo **2** muito frio ♦ *n.m.* sorvete

gelar (ge.lar) *v.* transformar em gelo; congelar

gelataria (ge.la.ta.ri.a) *n.f.* loja onde se servem gelados

gelatina (ge.la.ti.na) *n.f.* proteína extraída de ossos, cartilagens e tendões dos animais, que, quando é dissolvida em água, fica com consistência de geleia

gelatinoso (ge.la.ti.no.so) *adj.* que tem a consistência e o aspeto da gelatina; pegajoso

geleia (ge.lei.a) *n.f.* compota

gelo (ge.lo) *n.m.* **1** água no estado sólido **2** frio muito intenso

gema (ge.ma) *n.f.* parte amarela do ovo

gemada (ge.ma.da) *n.f.* alimento preparado com gema de ovo crua, batida com açúcar

gémeo (gé.me.o) *n.m.* cada um dos filhos que nasceu do mesmo parto

gemer (ge.mer) *v.* dar gemidos; queixar-se

gemido (ge.mi.do) *n.m.* expressão de dor; queixa

geminado (ge.mi.na.do) *adj.* **1** agrupado aos pares; duplicado **2** diz-se de cada uma de duas casas, encostadas uma na outra e com uma parede comum

geminar (ge.mi.nar) *v.* agrupar aos pares; duplicar

gene (ge.ne) *n.m.* partícula do cromossoma que faz com que certas características passem de pais para filhos

genealogia (ge.ne.a.lo.gi.a) *n.f.* **1** apresentação em forma de diagrama da origem e dos membros de uma família **2** conjunto de antepassados de uma pessoa

genealógico (ge.ne.a.ló.gi.co) *adj.* relativo a genealogia

general (ge.ne.ral) *n.2gén.* oficial que ocupa o posto mais alto do exército e da força aérea

generalidade (ge.ne.ra.li.da.de) *n.f.* **1** qualidade do que é geral, do que abrange a totalidade de coisas **2** maioria; **na generalidade:** na maior parte dos casos; em geral

generalização (ge.ne.ra.li.za.ção) *n.f.* difusão (de um hábito, de uma ideia, de um método, etc.) SIN. vulgarização

generalizado (ge.ne.ra.li.za.do) *adj.* que se tornou comum SIN. vulgarizado

generalizar (ge.ne.ra.li.zar) *v.* tornar conhecido de muitas pessoas SIN. vulgarizar

genericamente (ge.ne.ri.ca.men.te) *adv.* em geral

genérico (ge.né.ri.co) *adj.* **1** geral; abrangente **2** vago; superficial ♦ *n.m.* **1** lista com o nome dos participantes na realização de um filme ou de um programa **2** medicamento vendido a preço baixo

género (gé.ne.ro) *n.m.* **1** conjunto de seres com características comuns; espécie **2** estilo; tipo **3** distinção feita entre palavras masculinas (como a palavra *menino*) e femininas (como a palavra *menina*)

generosidade (ge.ne.ro.si.da.de) *n.f.* qualidade de quem é generoso SIN. bondade

generoso (ge.ne.ro.so) *adj.* que gosta de dar ou de ajudar SIN. bom

génese (gé.ne.se) *n.f.* **1** origem e desenvolvimento dos seres; geração **2** início de alguma coisa; princípio

Génesis (Gé.ne.sis) *n.f.* primeiro livro da Bíblia, onde é descrita a criação do mundo

genética (ge.né.ti.ca) *n.f.* ciência que estuda a transmissão de características hereditárias entre os seres vivos

genético (ge.né.ti.co) *adj.* relativo a genética ou a gene

gengibre (gen.gi.bre) *n.m.* **1** planta das regiões tropicais, com flores em espiga, caule com aroma forte e sabor picante, utilizada em farmácia e culinária **2** caule comestível dessa planta, usado como condimento e como medicamento

gengiva (gen.gi.va) *n.f.* mucosa que cobre os espaços entre os dentes

gengivite (gen.gi.vi.te) *n.f.* inflamação das gengivas

genial (ge.ni.al) *adj.2gén.* excelente; fantástico

genica (ge.ni.ca) *n.f. (pop.)* ânimo; vigor

génio (gé.ni.o) *n.m.* **1** temperamento de uma pessoa; maneira de ser **2** capacidade para criar coisas novas; talento **3** nos contos e nas lendas, ser sobrenatural com poderes mágicos para fazer o bem ou o mal

genitais (ge.ni.tais) *n.m.pl.* órgãos sexuais ou reprodutores

genital (ge.ni.tal) *adj.2gén.* que se destina à procriação; reprodutor

genoma (ge.no.ma) *n.m.* conjunto de genes distribuídos por vinte e três pares de cromossomas que constitui a informação genética de cada ser

genro (gen.ro) *n.m.* marido da filha

gente (gen.te) *n.f.* **1** número indeterminado de pessoas **2** multidão de pessoas

gentil (gen.til) *adj.2gén.* amável; delicado

gentileza (gen.ti.le.za) *n.f.* amabilidade; delicadeza

gentílico (gen.tí.li.co) *n.m.* nome do natural ou habitante de um lugar

genuíno (ge.nu.í.no) *adj.* **1** puro; verdadeiro **2** sincero; franco

geocêntrico (ge.o.cên.tri.co) *adj.* **1** relativo ao centro da Terra **2** diz-se do sistema que toma a Terra como centro

geografia (ge.o.gra.fi.a) *n.f.* ciência que estuda a Terra e, em particular, os seus fenómenos físicos e humanos (rios, mares, montanhas, clima e povos)

geográfico (ge.o.grá.fi.co) *adj.* relativo a geografia

geógrafo (ge.ó.gra.fo) *n.m.* especialista em geografia

geologia (ge.o.lo.gi.a) *n.f.* ciência que estuda a estrutura da Terra, a sua natureza, forma e origem (estuda os terrenos, rochas e minerais, por exemplo)

geológico (ge.o.ló.gi.co) *adj.* relativo a geologia

geólogo (ge.ó.lo.go) *n.m.* especialista em geologia

geómetra (ge.ó.me.tra) *n.2gén.* especialista em geometria

geometria (ge.o.me.tri.a) *n.f.* ciência que estuda as propriedades e as dimensões das linhas, das superfícies e dos volumes

a b c d e f **g** h i j k l m n o p q r s t u v w x y z

geométrico (ge.o.mé.tri.co) *adj.* **1** relativo a geometria **2** rigoroso; exato

geosfera (ge.os.fe.ra) *n.f.* parte sólida da Terra

geração (ge.ra.ção) *n.f.* **1** função pela qual um ser produz outro ser da mesma espécie; procriação **2** conjunto de pessoas que têm a mesma idade ou idades próximas **3** criação de alguma coisa; produção; **de última geração:** que utiliza as mais recentes tecnologias

geracional (ge.ra.ci.o.nal) *adj.2gén.* próprio de uma geração

gerador (ge.ra.dor) *adj.* que gera; produtor ♦ *n.m.* máquina que converte qualquer forma de energia em energia elétrica

geral (ge.ral) *adj.2gén.* **1** que se aplica a muitos casos ou a muitas pessoas; genérico; universal **2** que não é específico; vago; indeterminado; **em geral:** habitualmente; normalmente

geralmente (ge.ral.men.te) *adv.* normalmente; na maior parte das vezes

gerânio (ge.râ.ni.o) *n.m.* planta com caule forte, folhas grandes e pequenas flores de cores vivas

gerar (ge.rar) *v.* **1** dar existência a; criar **2** provocar; causar ♦ **gerar-se** ter origem

gerbo (ger.bo) *n.m.* animal roedor de hábitos noturnos que salta nas patas traseiras para se deslocar

gerência (ge.rên.ci.a) *n.f.* **1** ato de gerir uma empresa ou uma organização; administração **2** conjunto de pessoas que gerem uma empresa ou uma organização

gerente (ge.ren.te) *adj.2gén.* que gere; que dirige ♦ *n.2gén.* pessoa responsável pela gestão de uma empresa ou de uma organização; administrador

geringonça (ge.rin.gon.ça) *n.f.* objeto mal feito e que se desmancha com facilidade; engenhoca

gerir (ge.rir) *v.* **1** administrar (um negócio, uma empresa) **2** resolver (um conflito, um problema)

germânico (ger.mâ.ni.co) *adj.* **1** relativo à Alemanha **2** relativo às regiões onde se fala alemão

germano (ger.ma.no) *adj.* relativo à antiga Germânia (atual Alemanha); alemão ♦ *n.m.* natural da antiga Germânia; alemão

germe (ger.me) *n.m.* [*pl.* germes] **1** ser vivo microscópico que pode transmitir doenças; micróbio **2** fase inicial do desenvolvimento de um ser; embrião **3** (*fig.*) origem; início

gérmen (gér.men) *n.m.* [*pl.* gérmenes] → **germe**

germicida (ger.mi.ci.da) *n.m.* substância que destrói os germes ou micróbios

germinação (ger.mi.na.ção) *n.f.* **1** desenvolvimento, a partir de um embrião, que dá origem a um novo ser **2** processo de desenvolvimento de uma semente

germinar (ger.mi.nar) *v.* **1** começar a desenvolver-se; brotar **2** ter origem em; principiar

gerúndio (ge.rún.di.o) *n.m.* forma nominal do verbo terminada em *-ndo* (por exemplo *falando, correndo, indo*)

gesso (ges.so) *n.m.* mineral usado em moldes e para imobilizar membros fraturados

gestação (ges.ta.ção) *n.f.* **1** tempo entre a conceção e o parto; gravidez **2** tempo que uma coisa leva a formar-se; desenvolvimento

gestão (ges.tão) *n.f.* **1** ato de gerir **2** administração; gerência

gesticular (ges.ti.cu.lar) *v.* fazer gestos; acenar

gesto (ges.to) *n.m.* **1** movimento do corpo, sobretudo das mãos, dos braços e da cabeça **2** forma de se manifestar; atitude

gestor (ges.tor) *n.m.* pessoa que gere

gestual (ges.tu.al) *adj.2gén.* **1** relativo a gesto(s) **2** que se exprime por meio de gestos

gibão (gi.bão) *n.m.* primata com braços muito longos e sem cauda que vive nas árvores e é oriundo da Ásia (está ameaçado de extinção)

giesta (gi.es.ta) *n.f.* arbusto com flores amarelas ou brancas perfumadas

gigante (gi.gan.te) *adj.2gén.* que é muito grande; enorme ♦ *n.m.* [f. giganta] **1** criatura imaginária de tamanho extraordinário e com poderes sobrenaturais **2** pessoa muito alta

gigantesco (gi.gan.tes.co) *adj.* que é muito alto ou muito grande SIN. enorme

gilete (gi.le.te) *n.f.* lâmina de barbear descartável

gimnodesportivo (gim.no.des.por.ti.vo) *adj.* diz-se do local reservado para a prática de desporto

ginásio (gi.ná.si.o) *n.m.* recinto onde se pratica ginástica

ginasta (gi.nas.ta) *n.2gén.* pessoa que pratica ginástica

ginástica (gi.nás.ti.ca) *n.f.* prática de exercícios físicos para fortalecer e dar mais flexibilidade ao corpo

ginástico (gi.nás.ti.co) *adj.* relativo a ginástica

gincana (gin.ca.na) *n.f.* competição que inclui várias atividades e provas com obstáculos que é necessário vencer com rapidez

gineceu (gi.ne.ceu) *n.m.* parte feminina reprodutiva de uma flor

ginga (gin.ga) *n.f. (Moç.)* bicicleta; ndjinga

gingão (gin.gão) *adj. (Ang., Moç.) (inform.)* arrogante; vaidoso

gingar (gin.gar) *v.* mover o corpo de um lado para o outro; bambolear-se

ginja (gin.ja) *n.f.* fruto da ginjeira, semelhante à cereja, de cor vermelha escura e sabor amargo

> **Ginja** escreve-se primeiro com um **g** e depois com um **j**.

ginjinha (gin.ji.nha) *n.f.* bebida feita com aguardente, ginjas e açúcar

gira-discos (gi.ra-dis.cos) *n.m.2núm.* aparelho elétrico constituído por um prato giratório onde se coloca um disco de vinil, cujo som é reproduzido por um amplificador e transmitido por colunas

girafa (gi.ra.fa) *n.f.* animal com pernas e pescoço muito longos e pelo amarelo-claro com manchas acastanhadas, que habita as planícies africanas

girar (gi.rar) *v.* andar à roda; rodar

girassol (gi.ras.sol) *n.m.* [pl. girassóis] flor grande e amarela, que se volta para o sol

giratório (gi.ra.tó.ri.o) *adj.* **1** que gira em torno de um eixo **2** diz-se do movimento circular

gíria (gí.ri.a) *n.f.* linguagem que é utilizada por pessoas de um dado grupo profissional ou social

girino (gi.ri.no) *n.m.* larva dos anfíbios, com cauda e guelras externas, que se desenvolve dentro de água

giríssimo (gi.rís.si.mo) *adj.* [superl. de giro] muito giro

giro (gi.ro) *n.m.* **1** rotação; volta **2** passeio ♦ *adj. (inform.)* bonito

giz (giz) *n.m.* pau branco ou de cor com que se escreve no quadro preto

a
b
c
d
e
f
g
h
i
j
k
l
m
n
o
p
q
r
s
t
u
v
w
x
y
z

glacial (gla.ci.al) *adj.2gén.* frio como gelo
SIN. gelado, gélido

glaciar (gla.ci.ar) *n.m.* grande massa de
gelo que se forma pela acumulação
de neve e que desliza devagar

gladiador (gla.di.a.dor) *n.m.* na Roma
antiga, lutador que enfrentava outros
lutadores ou feras numa arena

gladíolo (gla.dí.o.lo) *n.m.* planta com flores coloridas em espiga, e cujo fruto é
constituído por uma cápsula, onde se
encontram as sementes

glândula (glân.du.la) *n.f.* órgão cuja função é produzir uma secreção

glandular (glan.du.lar) *adj.2gén.* relativo
a glândula

glicínia (gli.cí.ni.a) *n.f.* planta com flores
de cor lilás muito perfumadas

glicose (gli.co.se) *n.f.* açúcar que se encontra nas plantas e especialmente
nos frutos, e que é a principal fonte
de energia para os organismos vivos

global (glo.bal) *adj.2gén.* **1** que se considera em conjunto, sem ter em conta as
partes; total **2** relativo a todo o mundo;
mundial

globalidade (glo.ba.li.da.de) *n.f.* totalidade; generalidade

globalmente (glo.bal.men.te) *adv.* no
conjunto; na totalidade

globo (glo.bo) *n.m.* **1** objeto redondo
2 esfera que representa a Terra

globular (glo.bu.lar) *adj.2gén.* **1** relativo
a glóbulo **2** em forma de glóbulo

glóbulo (gló.bu.lo) *n.m.* corpo pequeno
e esférico que se encontra no sangue

glória (gló.ri.a) *n.f.* celebridade; fama

glorificar (glo.ri.fi.car) *v.* prestar homenagem a; louvar

glorioso (glo.ri.o.so) *adj.* **1** célebre **2** notável

glosa (glo.sa) *n.f.* composição poética
em que cada estrofe acaba com um
dos versos do mote

glossário (glos.sá.ri.o) *n.m.* lista de palavras ordenadas alfabeticamente que
é apresentada no final de uma obra

glote (glo.te) *n.f.* abertura na parte superior da laringe

glucose (glu.co.se) *n.f.* → **glicose**

gluglu (glu.glu) *n.m.* voz do peru

glutão (glu.tão) *adj.* que come muito e
com avidez; comilão

gnomo (gno.mo) *n.m.* figura imaginária
de um anão que vive na floresta e tem
poderes mágicos

gnu (gnu) *n.m.* antílope africano com pelagem cinzenta e com a face e cauda
negras

goela (go.e.la) *n.f. (inform.)* garganta

goiaba (goi.a.ba) *n.f.* fruto da goiabeira,
arredondado, de cor verde amarelada
na casca e laranja na polpa

goiabeira (goi.a.bei.ra) *n.f.* árvore do
Brasil com flores pequenas e brancas,
cujo fruto é a goiaba

gola (go.la) *n.f.* parte da roupa que fica
em volta do pescoço; colarinho

golada (go.la.da) *n.f.* porção de líquido
que se engole de uma vez SIN. gole,
trago

gole (go.le) *n.m.* quantidade de um líquido que se engole de uma vez SIN.
golada, trago

goleada (go.le.a.da) *n.f.* **1** grande número de golos **2** vitória obtida com muitos golos

goleador (go.le.a.dor) *n.m.* jogador que
marca golos

golear (go.le.ar) *v.* vencer (um jogo de
futebol) por uma grande diferença de
golos

golfada (gol.fa.da) *n.f.* sopro de vento

golfe (gol.fe) *n.m.* jogo em que se procura inserir uma pequena bola em buracos distribuídos ao longo de um percurso, com a ajuda de um taco

golfinho (gol.fi.nho) *n.m.* mamífero aquático de tom cinzento, com focinho alongado, olhos pequenos, que vive nos mares temperados e quentes

golfista (gol.fis.ta) *n.2gén.* pessoa que joga golfe

golfo (gol.fo) *n.m.* porção de mar que entra pela terra

golo (go.lo) *n.m.* entrada da bola na baliza, em vários desportos

golpe (gol.pe) *n.m.* **1** choque entre dois corpos; pancada **2** ferimento feito com instrumento cortante; corte **3** acontecimento súbito que causa dor; choque

golpear (gol.pe.ar) *v.* ferir com objeto cortante; cortar

goma (go.ma) *n.f.* **1** substância de aspeto viscoso e transparente das plantas **2** pequena guloseima de diversas formas, com sabor a frutas, feita à base de gelatina e açúcar

gomo (go.mo) *n.m.* cada uma das partes em que se dividem certos frutos

gonar (go.nar) *v.* (*Moç.*) dormir

gôndola (gôn.do.la) *n.f.* embarcação comprida e chata, com as extremidades elevadas, movida a remos (é muito usada nos canais de Veneza, em Itália)

gongo (gon.go) *n.m.* instrumento musical de percussão composto por um disco metálico que se faz vibrar com uma baqueta

gongoenha (gon.go.e.nha) *n.f.* (*Ang.*) caldo frio, feito de farinha de mandioca e mel ou açúcar

gorar (go.rar) *v.* fracassar

goraz (go.raz) *n.m.* peixe de corpo alongado e comprido, olhos muito dilatados e cabeça grande

gordo (gor.do) *adj.* **1** que tem gordura **ANT.** magro **2** corpulento; volumoso

gorducho (gor.du.cho) *adj.* (*inform.*) que é um pouco gordo

gordura (gor.du.ra) *n.f.* **1** substância adiposa; banha **2** qualquer substância gorda usada na alimentação (manteiga, óleo, etc.) **3** excesso de peso; obesidade

gorduroso (gor.du.ro.so) *adj.* **1** que tem excesso de gordura **2** que está sujo de gordura; untuoso

gorila (go.ri.la) *n.m.* grande macaco da África equatorial, muito forte, com braços compridos e focinho curto

gorjear (gor.je.ar) *v.* cantar (uma ave)

gorjeio (gor.jei.o) *n.m.* canto das aves

gorjeta (gor.je.ta) *n.f.* pequena gratificação em dinheiro que se dá a quem prestou um serviço

gorro (gor.ro) *n.m.* barrete de lã

gostar (gos.tar) *v.* **1** achar bom ou agradável; apreciar **2** sentir simpatia por (gostar de)

gostinho (gos.ti.nho) *n.m.* pequeno gosto; pequeno prazer

gosto (gos.to) *n.m.* **1** paladar; sabor **2** satisfação; prazer

gostoso (gos.to.so) *adj.* que tem sabor agradável **SIN.** saboroso

gota (go.ta) *n.f.* pequena porção de um líquido ao cair; pingo; **gota a gota**: em pequenas quantidades; às pingas

goteira (go.tei.ra) *n.f.* cano que conduz a água da chuva dos telhados

gotejar (go.te.jar) *v.* cair em gotas; pingar

gótico (gó.ti.co) *n.m.* estilo de arquitetura da Europa ocidental dos séculos XII a XV, caracterizado pela forma ogival das abóbadas e dos arcos

gotícula (go.tí.cu.la) *n.f.* [*dim. de* gota] gota muito pequena

governação (go.ver.na.ção) *n.f.* ato de governar

governador (go.ver.na.dor) *n.m.* homem que governa

governamental (go.ver.na.men.tal) *adj. 2gén.* relativo a governo

governante (go.ver.nan.te) *n.2gén.* pessoa que governa

governar (go.ver.nar) *v.* exercer o governo de SIN. administrar, dirigir

governo (go.ver.no) *n.m.* **1** administração de um Estado **2** poder executivo **3** controlo; domínio

gozar (go.zar) *v.* **1** tirar proveito de; desfrutar **2** rir-se de alguém ou de alguma coisa; ridicularizar

gozo (go.zo) *n.m.* **1** satisfação **2** troça

graça (gra.ça) *n.f.* **1** dito engraçado; piada **2** bênção concedida por Deus; **de graça:** sem pagar; gratuitamente

gracejar (gra.ce.jar) *v.* dizer coisas engraçadas; dizer piadas

gracejo (gra.ce.jo) *n.m.* dito engraçado SIN. piada

gracinha (gra.ci.nha) *n.f.* **1** dito ou gesto engraçado; piada **2** pessoa ou coisa encantadora; encanto

graciosidade (gra.ci.o.si.da.de) *n.f.* elegância; beleza

gracioso (gra.ci.o.so) *adj.* elegante; belo

graçola (gra.ço.la) *n.f.* piada de mau gosto ou inconveniente

gradação (gra.da.ção) *n.f.* aumento ou diminuição gradual (de cor, luz, etc.)

grade (gra.de) *n.f.* série de barras paralelas verticais de madeira ou metal

gradeado (gra.de.a.do) *n.m.* → **gradeamento**

gradeamento (gra.de.a.men.to) *n.m.* conjunto de grades para vedar janelas, jardins, parques, etc.

graduação (gra.du.a.ção) *n.f.* **1** divisão em graus **2** *(fig.)* categoria; classe

graduado (gra.du.a.do) *adj.* dividido em graus

gradual (gra.du.al) *adj.2gén.* que se faz passo a passo SIN. progressivo

gradualmente (gra.du.al.men.te) *adv.* progressivamente

graduar (gra.du.ar) *v.* **1** dividir em graus **2** ordenar por categorias ♦ **graduar--se** tirar um curso superior; formar-se (graduar-se em)

grafar (gra.far) *v.* escrever uma palavra

grafema (gra.fe.ma) *n.m.* cada uma das letras que, na escrita, representam os sons

grafia (gra.fi.a) *n.f.* **1** representação escrita de uma palavra **2** maneira de escrever

gráfico (grá.fi.co) *adj.* relativo à escrita ♦ *n.m.* representação de dados por meio de um esquema

grafismo (gra.fis.mo) *n.m.* **1** forma de representar as palavras de uma língua; grafia **2** representação visual de uma ideia ou de uma mensagem; *design*

grafite (gra.fi.te) *n.f.* mineral de cor preta, utilizado no fabrico de lápis

grafiti (gra.fi.ti) *n.m.* palavra, frase ou desenho pintado num muro ou numa parede

grafonola (gra.fo.no.la) *n.f.* antigo instrumento de gravação e reprodução de sons

grainha (gra.i.nha) *n.f.* pequena semente de uva, tomate, etc.

gralha (gra.lha) *n.f.* **1** ave semelhante ao corvo **2** erro ao escrever uma palavra **3** *(fig.)* pessoa muito faladora

grama (gra.ma) *n.m.* milésima parte do quilograma (símbolo: g) ♦ *n.f.* erva rasteira prejudicial às culturas

Atenção que **grama**, no sentido de *unidade de medida*, é do género masculino:
O saco pesa **quinhentos gramas.**

gramar (gra.mar) *v.* **1** *(inform.)* aguentar uma situação incómoda; suportar **2** *(inform.)* gostar de; apreciar

gramática (gra.má.ti.ca) *nf* **1** disciplina que estuda a organização e o funcionamento de uma língua **2** livro que contém os princípios e as normas da organização e funcionamento da língua

gramatical (gra.ma.ti.cal) *adj.2gén.* **1** relativo a gramática **2** que está de acordo com a gramática

gramaticalmente (gra.ma.ti.cal.men.te) *adv.* conforme as regras da gramática

gramático (gra.má.ti.co) *n.m.* pessoa que estuda a gramática

gramínea (gra.mí.ne.a) *n.f.* planta de caule cilíndrico, geralmente oco, com flores em forma de espiga e fruto em grão, como por exemplo o trigo, o arroz e o milho

grampo (gram.po) *n.m.* gancho

granada (gra.na.da) *n.f.* projétil explosivo que se lança com a mão ou com arma de fogo

grandalhão (gran.da.lhão) *adj.* [*aum. de* grande] que é muito grande ♦ *n.m.* [*f.* grandalhona] homem alto e corpulento

grande (gran.de) *adj.2gén.* **1** de tamanho maior que o normal ANT. pequeno **2** crescido **3** longo **4** poderoso; **à grande:** com luxo; em excesso

O adjetivo **grande** tem o comparativo **maior** e o superlativo **máximo**.

grandeza (gran.de.za) *n.f.* **1** qualidade do que é grande; tamanho **2** nobreza de sentimentos; coragem

grandiosidade (gran.di.o.si.da.de) *n.f.* qualidade do que é muito grande e luxuoso

grandioso (gran.di.o.so) *adj.* que é muito grande; gigantesco

granítico (gra.ní.ti.co) *adj.* **1** relativo a granito **2** formado de granito

granito (gra.ni.to) *n.m.* rocha muito utilizada em construções e pavimentos

granizar (gra.ni.zar) *v.* cair granizo SIN. saraivar

granizo (gra.ni.zo) *n.m.* água congelada em forma de pequenas bolas brancas e duras que caem das nuvens SIN. saraiva

granja (gran.ja) *n.f.* pequena propriedade agrícola

granulado (gra.nu.la.do) *adj.* reduzido a grãos; com aspeto de grãos ♦ *n.m.* substância que se apresenta sob a forma de grânulos

grânulo (grâ.nu.lo) *n.m.* [*dim. de* grão] pequeno grão

grão (grão) *n.m.* **1** fruto dos cereais, pequeno e arredondado **2** semente de certos legumes

grão-de-bico (grão-de-bi.co) *n.m.* [*pl.* grãos-de-bico] planta herbácea muito cultivada pelo valor alimentício das suas sementes

grasnar (gras.nar) *v.* soltar a voz (o corvo, o pato)

grasnido (gras.ni.do) *n.m.* voz (de corvo ou pato)

gratidão (gra.ti.dão) *n.f.* reconhecimento; agradecimento ANT. ingratidão

gratificação (gra.ti.fi.ca.ção) *n.f.* pagamento adicional que se dá a alguém como prémio pelo seu trabalho

gratificante (gra.ti.fi.can.te) *adj.2gén.* que dá satisfação interior

gratinado (gra.ti.na.do) *n.m.* refeição que se leva ao forno para tostar

gratinar (gra.ti.nar) *v.* tostar (alimentos)

grátis (grá.tis) *adj.2gén.2núm.* de graça; gratuito ♦ *adv.* de graça; gratuitamente

grato (gra.to) *adj.* **1** agradecido **2** agradável

gratuitamente (gra.tui.ta.men.te) *adv.* sem pagar

gratuito (gra.tui.to) *adj.* **1** que não se paga; grátis **2** sem motivo; injustificado

grau (grau) *n.m.* **1** cada uma das partes em que se divide uma escala **2** categoria; classe **3** título universitário

graúdo (gra.ú.do) *adj.* grande; crescido

gravação (gra.va.ção) *n.f.* registo de sons ou imagens em disco, fita, filme, etc.

gravado (gra.va.do) *adj.* **1** registado em disco, fita ou filme **2** guardado na memória; memorizado

gravador (gra.va.dor) *n.m.* aparelho que grava sons ou imagens em cassete vídeo, fita magnética, etc.

gravar (gra.var) *v.* **1** fixar (sons ou imagens) em disco ou em fita magnética **2** esculpir com buril ou cinzel (em pedra, madeira ou outro material) **3** guardar na memória; memorizar

gravata (gra.va.ta) *n.f.* tira de tecido, estreita e comprida, que se usa com um nó à volta do pescoço

grave (gra.ve) *adj.2gén.* **1** que tem gravidade; sério **2** diz-se da palavra com acento tónico na penúltima sílaba (*chave, segredo, maravilha*)

grávida (grá.vi.da) *n.f.* mulher que vai ter um bebé

gravidade (gra.vi.da.de) *n.f.* **1** característica do que é grave; seriedade **2** força atrativa que a Terra exerce sobre os corpos

gravidez (gra.vi.dez) *n.f.* estado da mulher ou da fêmea durante o tempo em que se desenvolve o feto (período de 9 meses na mulher); gestação

gravura (gra.vu.ra) *n.f.* **1** arte de fixar e reproduzir imagens, símbolos, etc. em diversos materiais **2** imagem; estampa

graxa (gra.xa) *n.f.* mistura de pó de fuligem ou de outras substâncias com gordura, para dar brilho a couro (de calçado, arreios, etc.); **dar graxa a:** elogiar alguém para obter alguma coisa

graxista (gra.xis.ta) *n.2gén. (pop.)* pessoa que dá graxa para obter alguma coisa

grego (gre.go) *adj.* relativo à Grécia ♦ *n.m.* **1** pessoa natural da Grécia **2** língua oficial da Grécia **3** *(Ang.)* trapaceiro; bandido

grelado (gre.la.do) *adj.* que tem grelo(s)

grelar (gre.lar) *v.* formar grelo(s); germinar

grelha (gre.lha) *n.f.* grade de ferro para assar alimentos sobre brasas

grelhado (gre.lha.do) *adj.* assado na grelha ou no grelhador

grelhador (gre.lha.dor) *n.m.* utensílio de cozinha para grelhar alimentos

grelhar (gre.lhar) *v.* assar ou torrar sobre a grelha

grelo (gre.lo) *n.m.* rebento de algumas plantas

greta (gre.ta) *n.f.* **1** corte (na pele) **2** fenda (no solo)

gretar (gre.tar) *v.* ficar com greta ou fenda **SIN.** fender, rachar

greve (gre.ve) *n.f.* interrupção voluntária e coletiva do trabalho feita por funcionários, geralmente para tentar obter melhores condições de trabalho; **greve de fome:** recusa de comer, em sinal de protesto contra alguma coisa

grevista (gre.vis.ta) *n.2gén.* pessoa que participa numa greve

grilhão (gri.lhão) *n.m.* **1** cadeia grossa de ferro ou outro metal **2** corrente de ouro ou outro metal fino

grilo (gri.lo) *n.m.* inseto de cor escura, com antenas mais longas que o corpo e patas posteriores desenvolvidas para o salto, cujo macho produz um som estridente com as asas

grinalda (gri.nal.da) *n.f.* coroa de flores

gripe (gri.pe) *n.f.* doença muito contagiosa, que geralmente provoca febre, dores de cabeça e de garganta e, por vezes, dificuldades respiratórias

grisalho (gri.sa.lho) *adj.* **1** diz-se do cabelo que tem brancas **2** que tem cor acinzentada

gritar (gri.tar) *v.* **1** soltar gritos; berrar **2** falar muito alto

gritaria (gri.ta.ri.a) *n.f.* **1** ato ou efeito de gritar **2** ruído confuso de muitas vozes; berreiro

grito (gri.to) *n.m.* som agudo emitido pela voz humana; berro

grosa (gro.sa) *n.f.* conjunto de 12 dúzias

groselha (gro.se.lha) *n.f.* **1** fruto pequeno, de cor branca ou vermelha e sabor ácido, utilizado para fazer geleia ou xarope **2** xarope desse fruto que se bebe misturado com água

groselheira (gro.se.lhei.ra) *n.f.* arbusto espinhoso com flores de cor amarelo--esverdeada, cujo fruto é a groselha

grosseirão (gros.sei.rão) *adj.* que é muito grosseiro SIN. mal-educado

grosseiro (gros.sei.ro) *adj.* **1** feito sem cuidado; tosco **2** que é rude ou indelicado; mal-educado

grossista (gros.sis.ta) *n.2gén.* comerciante que vende por grosso

grosso (gros.so) *adj.* **1** largo; espesso ANT. fino **2** volumoso; corpulento; **por grosso:** em grandes quantidades; por atacado

grossura (gros.su.ra) *n.f.* espessura; largura

grotesco (gro.tes.co) *adj.* que choca ou faz rir por ser disforme ou muito estranho; ridículo; caricato

grua (gru.a) *n.f.* aparelho próprio para levantar e deslocar cargas pesadas SIN. guindaste

grude (gru.de) *n.m.* cola dissolvida em água, usada para unir peças de madeira

grunhido (gru.nhi.do) *n.m.* voz do porco

grunhir (gru.nhir) *v.* soltar grunhidos (o porco)

grupo (gru.po) *n.m.* **1** conjunto de pessoas ou coisas reunidas **2** conjunto de coisas que formam um todo **3** sequência de palavras organizada em torno de um núcleo (nome, adjetivo, verbo, advérbio ou preposição); **grupo sanguíneo:** cada um dos tipos de sangue humano

gruta (gru.ta) *n.f.* cavidade natural ou artificial numa rocha; caverna

guache (gua.che) *n.m.* **1** substância corante que se dissolve em água e se utiliza para pintar **2** pintura feita com essa substância

guarda (guar.da) *n.f.* vigilância; proteção ♦ *n.2gén.* pessoa encarregada de guardar ou vigiar; vigilante

guarda-chuva (guar.da-chu.va) *n.m.* [*pl.* guarda-chuvas] objeto portátil que se usa para abrigar da chuva

guarda-costas (guar.da-cos.tas) *n. 2gén. e 2núm.* pessoa que acompanha outra para a proteger

guardador (guar.da.dor) *n.m.* homem que guarda (alguma coisa)

guarda-fatos (guar.da-fa.tos) *n.m.2núm.* [*pl.* guarda-fatos] armário próprio para guardar peças de roupa

guarda-florestal (guar.da-flo.res.tal) *n.2gén.* [*pl.* guardas-florestais] pessoa que vigia as florestas e matas nacionais

guarda-joias (guar.da-joi.as) *n.m.2núm.* pequeno cofre onde se guardam joias e outros objetos de valor

guarda-jóias *a nova grafia é* **guarda--joias**

guarda-lamas (guar.da-la.mas) *n.m.* *2núm.* peça colocada por cima ou diante das rodas de um veículo para resguardar dos salpicos de lama

guardanapo (guar.da.na.po) *n.m.* pano ou papel com que se limpa a boca e as mãos

guarda-nocturno *a nova grafia é* **guarda-noturno**

guarda-noturno (guar.da-no.tur.no) *n.m.* [*pl.* guardas-noturnos] indivíduo que faz a vigilância de uma loja, de um banco, etc. durante a noite

guardar (guar.dar) *v.* **1** estar de guarda a; vigiar **2** colocar no local devido; arrumar

guarda-redes (guar.da-re.des) *n.2gén. e 2núm.* jogador que guarda a baliza da sua equipa para impedir a entrada da bola pelo adversário

guarda-rios (guar.da-ri.os) *n.m.2núm.* ave aquática com bico muito comprido, que caça pequenos peixes e insetos mergulhando nos rios

guarda-roupa (guar.da-rou.pa) *n.m.* [*pl.* guarda-roupas] **1** móvel ou compartimento onde se guardam peças de roupa **2** conjunto das peças de roupa de uma pessoa

guarda-sol (guar.da-sol) *n.m.* [*pl.* guarda-sóis] objeto portátil para abrigar do sol

guarda-vestidos (guar.da-ves.ti.dos) *n.m.2núm.* → **guarda-fatos**

guardião (guar.di.ão) *n.m.* → **guarda-costas**

guarida (gua.ri.da) *n.f.* abrigo; proteção

guarnecer (guar.ne.cer) *v.* abastecer

guarnição (guar.ni.ção) *n.f.* **1** enfeite; adorno **2** acompanhamento de um prato principal **3** força que defende um quartel ou uma fortificação

guelra (guel.ra) *n.f.* órgão respiratório dos peixes e de outros animais aquáticos SIN. brânquia

guerra (guer.ra) *n.f.* **1** luta armada entre grupos ou países; conflito **2** concorrência; competição

guerrear (guer.re.ar) *v.* fazer guerra a; combater

guerreiro (guer.rei.ro) *n.m.* homem que participa na guerra

guerrilha (guer.ri.lha) *n.f.* força militar não disciplinada ou bando armado

guerrilheiro (guer.ri.lhei.ro) *n.m.* membro de uma guerrilha

guia (gui.a) *n.2gén.* pessoa que guia ou conduz alguém; condutor ♦ *n.m.* **1** roteiro turístico **2** publicação com instruções de alguma coisa

guiador (gui.a.dor) *n.m.* peça que dirige os movimentos de um veículo SIN. volante

guião (gui.ão) *n.m.* texto escrito que contém a ação e os diálogos de um filme

guiar (gui.ar) *v.* **1** encaminhar; orientar **2** conduzir; levar

guiché (gui.ché) *n.m.* abertura no vidro de um balcão por onde se fala para quem está do outro lado

guilhotina (gui.lho.ti.na) *n.f.* **1** instrumento de decapitação, constituído por uma lâmina cortante que se desloca de cima para baixo **2** máquina de cortar metais, madeira, papel, etc.

guinar (gui.nar) *v.* desviar-se de repente

guinchar (guin.char) *v.* soltar guinchos

guincho (guin.cho) *n.m.* som muito agudo

guindaste (guin.das.te) *n.m.* aparelho próprio para levantar e deslocar cargas pesadas SIN. grua

guineense (gui.ne.en.se) *adj.2gén.* relativo à Guiné-Bissau ◆ *n.2gén.* pessoa natural da Guiné-Bissau

guisado (gui.sa.do) *n.m.* refeição preparada com alimentos refogados

guisar (gui.sar) *v.* cozinhar com refogado; refogar

guita (gui.ta) *n.f.* **1** cordel **2** *(inform.)* dinheiro

guitarra (gui.tar.ra) *n.f.* instrumento musical com seis pares de cordas, braço comprido e caixa de madeira; **guitarra elétrica:** instrumento semelhante à guitarra, cuja caixa está ligada a um amplificador elétrico

guitarrista (gui.tar.ris.ta) *n.2gén.* pessoa que toca guitarra

guizo (gui.zo) *n.m.* brinquedo esférico que produz um som agudo

gula (gu.la) *n.f.* sofreguidão

gulodice (gu.lo.di.ce) *n.f.* **1** gosto exagerado por doces **2** alimento doce

guloseima (gu.lo.sei.ma) *n.f.* qualquer alimento doce

guloso (gu.lo.so) *adj.* **1** que gosta de gulodices; lambareiro **2** que gosta muito de comer; comilão

gume (gu.me) *n.m.* lado mais afiado de uma lâmina

gustação (gus.ta.ção) *n.f.* ato de saborear alimentos; prova

gustativo (gus.ta.ti.vo) *adj.* relativo ao gosto ou ao paladar

gutural (gu.tu.ral) *adj.2gén.* diz-se do som rouco que sai da garganta

a b c d e f g h i j k l m n o p q r s t u v w x y z

H

h (agá) *n.m.* consoante, oitava letra do alfabeto, que está entre as letras *g* e *i*

H1N1 *n.m.* vírus responsável pela gripe A (uma variante da gripe suína)

hábil (há.bil) *adj.2gén.* que tem habilidade ou aptidão; que é capaz ANT. inábil

habilidade (ha.bi.li.da.de) *n.f.* capacidade; aptidão

habilidosamente (ha.bi.li.do.sa.men.te) *adv.* **1** com habilidade **2** com inteligência

habilidoso (ha.bi.li.do.so) *adj.* que tem habilidade; que é capaz

habilmente (ha.bil.men.te) *adv.* com habilidade; com jeito

habitação (ha.bi.ta.ção) *n.f.* lugar ou casa onde se vive SIN. domicílio, residência

habitante (ha.bi.tan.te) *n.2gén.* pessoa que habita ou vive em determinado lugar SIN. residente

habitar (ha.bi.tar) *v.* residir ou viver em; morar em

habitat *n.m.* [*pl.* habitats] ambiente próprio de um ser vivo ou de uma espécie; meio natural

hábito (há.bi.to) *n.m.* **1** uso regular; costume **2** roupa usada por padres e freiras

habituação (ha.bi.tu.a.ção) *n.f.* ato de habituar ou habituar-se a alguma coisa

habituado (ha.bi.tu.a.do) *adj.* que tem um hábito; acostumado

habitual (ha.bi.tu.al) *adj.2gén.* que se faz ou acontece por hábito SIN. frequente, usual

habitualmente (ha.bi.tu.al.men.te) *adv.* geralmente; normalmente

habituar (ha.bi.tu.ar) *v.* fazer tomar o hábito de ♦ **habituar-se** adquirir o hábito de (habituar-se a)

hálito (há.li.to) *n.m.* ar que sai pela boca na expiração; bafo

hall (ól) *n.m.* [*pl.* halls] compartimento de entrada de uma casa ou edifício; átrio

halo (ha.lo) *n.m.* círculo brilhante luminoso SIN. auréola

haltere (hal.te.re) *n.m.* instrumento de ginástica para ser elevado com os braços, que é constituído por duas esferas de ferro ligadas por uma haste

halterofilismo (hal.te.ro.fi.lis.mo) *n.m.* desporto em que se levantam dois pesos ligados por uma barra (halteres)

halterofilista (hal.te.ro.fi.lis.ta) *n.2gén.* pessoa que pratica halterofilismo

hambúrguer (ham.búr.guer) *n.m.* bife de carne picada, geralmente redondo

hamster *n.m.* [*pl.* hamsters] mamífero roedor semelhante a um rato pequeno, com cauda curta e peluda e bochechas com papos

hangar (han.gar) *n.m.* abrigo para mercadorias, aviões, etc.

hardware (árduér) *n.m.* conjunto dos elementos físicos de um computador (como teclado, monitor e impressora)

harmonia (har.mo.ni.a) *n.f.* **1** combinação agradável de sons **2** disposição bem ordenada das partes de um todo; proporção **3** entendimento entre pessoas; acordo

harmónica (har.mó.ni.ca) *n.f.* gaita de beiços

harmónico (har.mó.ni.co) *adj.* → **harmonioso**

harmónio (har.mó.ni.o) *n.m.* pequeno instrumento musical portátil, semelhante a um órgão

harmonioso (har.mo.ni.o.so) *adj.* que tem harmonia; melodioso; proporcionado

harmonização (har.mo.ni.za.ção) *n.f.* ato ou efeito de tornar (mais) harmonioso; conciliação

harmonizar (har.mo.ni.zar) *v.* pôr em harmonia; equilibrar

harpa (har.pa) *n.f.* instrumento musical triangular de cordas que se dedilham com as duas mãos

harpejo (har.pe.jo) *n.m.* execução de sons de notas musicais de um acorde, uma após outra

harpista (har.pis.ta) *n.2gén.* pessoa que toca harpa

haste (has.te) *n.f.* **1** pau fino **2** mastro de bandeira **3** caule de flor ou fruto **4** chifre de animal

hastear (has.te.ar) *v.* fazer subir num mastro (vela, bandeira) SIN. içar

haver (ha.ver) *v.* **1** existir **2** manter-se **3** realizar-se **4** acontecer

O verbo **haver**, no sentido de existir, só se utiliza na 3.ª pessoa do singular:
Há demasiados alunos na cantina.
Houve muitas pessoas presentes

hectare (hec.ta.re) *n.m.* unidade de medida agrária equivalente a cem ares (símbolo: ha)

hectograma (hec.to.gra.ma) *n.m.* massa ou peso de cem gramas (símbolo: hg)

hectolitro (hec.to.li.tro) *n.m.* medida de cem litros (símbolo: hl)

hectómetro (hec.tó.me.tro) *n.m.* medida de cem metros (símbolo: hm)

hélice (hé.li.ce) *n.f.* aparelho giratório que serve para fazer avançar helicópteros e navios

helicóptero (he.li.cóp.te.ro) *n.m.* aeronave que se eleva por meio de hélices horizontais

hélio (hé.li.o) *n.m.* elemento gasoso, incolor e sem cheiro

hem (hem) *interj.* **1** exprime dúvida **2** exprime espanto ou indignação

hematose (he.ma.to.se) *n.f.* fenómeno respiratório de transformação do sangue venoso em sangue arterial

hemiciclo (he.mi.ci.clo) *n.m.* espaço semicircular, geralmente com bancadas para espectadores

hemisfério (he.mis.fé.ri.o) *n.m.* cada uma das metades do globo terrestre

hemoglobina (he.mo.glo.bi.na) *n.f.* proteína existente nos glóbulos vermelhos, responsável pela cor vermelha do sangue e pela transmissão de oxigénio às células

hemorragia (he.mor.ra.gi.a) *n.f.* derramamento de sangue para fora dos vasos sanguíneos

hendecágono (hen.de.cá.go.no) *n.m.* polígono com onze ângulos e onze lados

hepático (he.pá.ti.co) *adj.* relativo ao fígado

hepatite (he.pa.ti.te) *n.f.* inflamação do fígado

heptágono (hep.tá.go.no) *n.m.* polígono de sete ângulos e sete lados

hera (he.ra) *n.f.* planta trepadeira

Lembra-te que **hera** (planta trepadeira) é diferente de **era** (época histórica e imperfeito do verbo ser).

a b c d e f g **h** i j k l m n o p q r s t u v w x y z

herança (he.ran.ça) *n.f.* **1** conjunto de bens que se recebem por morte de alguém **2** conjunto de qualidades ou valores transmitidos pelos pais, pelas gerações anteriores, pela tradição, etc.

herbáceo (her.bá.ce.o) *adj.* relativo a erva

herbário (her.bá.ri.o) *n.m.* coleção de plantas secas, organizadas e classificadas

herbicida (her.bi.ci.da) *n.m.* substância que destrói ervas daninhas

herbívoro (her.bí.vo.ro) *adj.* diz-se do animal que se alimenta de vegetais

herdade (her.da.de) *n.f.* propriedade rústica

herdar (her.dar) *v.* receber, após a morte de uma pessoa, bens que lhe pertenciam

herdeiro (her.dei.ro) *n.m.* pessoa que herda (bens, qualidades, etc.) SIN. descendente, sucessor

hereditariedade (he.re.di.ta.ri.e.da.de) *n.f.* processo de transmissão de traços físicos e psicológicos de pais para filhos

hereditário (he.re.di.tá.ri.o) *adj.* transmitido de pais para filhos

hermético (her.mé.ti.co) *adj.* **1** fechado de forma a não deixar entrar o ar **2** difícil de compreender; obscuro

herói (he.rói) *n.m.* [*f.* heroína] **1** homem admirado por um ato de coragem, força ou outra qualidade **2** personagem principal de um filme ou de um romance

heroico (he.roi.co) *adj.* próprio de herói; corajoso

heróico *a nova grafia é* **heroico**

heroísmo (he.ro.ís.mo) *n.m.* coragem; bravura

herpes (her.pes) *n.m.2núm.* doença de pele que provoca bolhas dolorosas

hesitação (he.si.ta.ção) *n.f.* indecisão; dúvida

hesitante (he.si.tan.te) *adj.2gén.* indeciso; duvidoso

hesitar (he.si.tar) *v.* estar indeciso; ter dúvida sobre

heterodiegético (he.te.ro.di.e.gé.ti.co) *n.m.* narrador que não participa na história que narra

heterónimo (he.te.ró.ni.mo) *n.m.* personalidade criada por um escritor

hexagonal (he.xa.go.nal) *adj.2gén.* diz-se da figura geométrica que tem seis ângulos e seis lados

hexágono (he.xá.go.no) *n.m.* polígono com seis lados e seis ângulos

hibernação (hi.ber.na.ção) *n.f.* período durante o qual certos animais se refugiam no inverno

hibernar (hi.ber.nar) *v.* passar o inverno em hibernação

híbrido (hí.bri.do) *adj.* **1** diz-se do ser vivo que resulta do cruzamento de espécies **2** diz-se do automóvel que combina um motor de combustão interna e um motor elétrico

hidrângea (hi.drân.ge.a) *n.f.* planta com pequenas flores brancas, azuis ou rosadas SIN. hortênsia

hidratação (hi.dra.ta.ção) *n.f.* ato de manter a humidade natural de um corpo ANT. desidratação

hidratante (hi.dra.tan.te) *adj.2gén.* que hidrata ♦ *n.m.* produto (creme, loção) usado para hidratar a pele

hidratar (hi.dra.tar) *v.* tratar (a pele, o cabelo) com água para evitar que seque ANT. desidratar

hidrato (hi.dra.to) *n.m.* composto que resulta da combinação de moléculas de água com moléculas de outra substância; **hidrato de carbono**: composto orgânico constituído por carbono, hidrogénio e oxigénio

hidráulico (hi.dráu.li.co) *adj.* que funciona ou se movimenta por meio de água ou outro líquido

hídrico (hí.dri.co) *adj.* relativo a água

hidroavião (hi.dro.a.vi.ão) *n.m.* avião com flutuadores no trem de aterragem para pousar na água

hidroeléctrico *a nova grafia é* **hidroelétrico**

hidroelétrico (hi.dro.e.lé.tri.co) *adj.* que gera eletricidade pela utilização de força hidráulica

hidrófilo (hi.dró.fi.lo) *adj.* absorvente

hidrogénio (hi.dro.gé.ni.o) *n.m.* gás simples que se combina com o oxigénio para formar a água

hidroginástica (hi.dro.gi.nás.ti.ca) *n.f.* ginástica que se pratica dentro de água

hidrosfera (hi.dros.fe.ra) *n.f.* conjunto das partes líquidas da superfície da Terra

hiena (hi.e.na) *n.f.* mamífero carnívoro feroz, que devora carne apodrecida e que vive na África e na Ásia

hierarquia (hi.e.rar.qui.a) *n.f.* **1** forma de organização em que os elementos obedecem a uma relação de subordinação **2** classificação segundo uma escala de valor ou de importância

hierárquico (hi.e.rár.qui.co) *adj.* relativo a hierarquia

hieróglifo (hi.e.ró.gli.fo) *n.m.* símbolo usado no sistema de escrita dos antigos Egípcios

hífen (hí.fen) *n.m.* [*pl.* hífenes] sinal gráfico (-) usado para separar elementos de certas palavras, para unir pronomes pessoais átonos a verbos e para separar, no final de uma linha, uma palavra em duas partes

higiene (hi.gi.e.ne) *n.f.* limpeza; asseio

higiénico (hi.gi.é.ni.co) *adj.* relativo a higiene; limpo

hilariante (hi.la.ri.an.te) *adj.2gén.* que faz rir SIN. alegre, divertido

hino (hi.no) *n.m.* canto de celebração ou de louvor; **hino nacional:** canção oficial de um país, que é cantada em ocasiões solenes

hipericão (hi.pe.ri.cão) *n.m.* planta medicinal com caule lenhoso e flores amarelas

hipermercado (hi.per.mer.ca.do) *n.m.* grande estabelecimento comercial

hipertensão (hi.per.ten.são) *n.f.* tensão arterial alta

hípico (hí.pi.co) *adj.* relativo a cavalo

hipismo (hi.pis.mo) *n.m.* conjunto de atividades desportivas praticadas a cavalo SIN. equitação

hipnose (hip.no.se) *n.f.* estado semelhante ao sono, provocado por sugestão

hipnotizar (hip.no.ti.zar) *v.* **1** provocar hipnose em (alguém) **2** *(fig.)* encantar; enfeitiçar

hipocrisia (hi.po.cri.si.a) *n.f.* falsidade; fingimento

hipócrita (hi.pó.cri.ta) *adj.2gén.* falso; fingido

hipódromo (hi.pó.dro.mo) *n.m.* recinto onde se realizam corridas de cavalos

hipopótamo (hi.po.pó.ta.mo) *n.m.* mamífero robusto, de pele espessa e focinho longo, que vive junto dos lagos e rios em África

hipotenusa (hi.po.te.nu.sa) *n.f.* lado oposto ao ângulo reto, no triângulo retângulo

hipótese (hi.pó.te.se) *n.f.* **1** ideia de que não se tem a certeza absoluta; suposição **2** acontecimento possível, mas incerto; **por hipótese:** por suposição

hirto (hir.to) *adj.* **1** teso; rígido **2** quieto; imóvel

história (his.tó.ri.a) *n.f.* **1** conjunto de conhecimentos sobre a evolução da humanidade **2** disciplina que estuda factos políticos, económicos, culturais, etc. de um povo ou de um dado período (*história de Portugal, história dos Descobrimentos,* etc.) **3** narração de eventos fictícios; narrativa; **história aos quadradrinhos:** banda desenhada; **história da carochinha:** mentira

historiador (his.to.ri.a.dor) *n.m.* aquele que escreve sobre história

histórico (his.tó.ri.co) *adj.* relativo à história; verdadeiro

historieta (his.to.ri.e.ta) *n.f.* **1** anedota **2** conto

HIV sigla de **V**írus da **I**munodeficiência **H**umana

hobby (óbi) *n.m.* [*pl.* hobbies] passatempo

hoio-hoio (hoi.o-hoi.o) *interj. (Moç.)* usada como saudação

hoje (ho.je) *adv.* **1** no dia em que se está **2** no tempo presente; **de hoje em diante:** a partir de agora; daqui para o futuro; **hoje em dia:** na época presente; atualmente

holandês (ho.lan.dês) *adj.* relativo à Holanda (região dos Países Baixos) ♦ *n.m.* **1** pessoa natural da Holanda **2** língua falada na Holanda

holofote (ho.lo.fo.te) *n.m.* lanterna que lança uma luz forte, usada para iluminar objetos à distância

homem (ho.mem) *n.m.* **1** pessoa adulta do sexo masculino **2** ser humano **3** *(pop.)* marido

Homem *n.m.* humanidade

homenagear (ho.me.na.ge.ar) *v.* prestar homenagem a

homenagem (ho.me.na.gem) *n.f.* expressão pública de respeito ou de admiração por alguém

homenzinho (ho.men.zi.nho) *n.m.* **1** [*dim. de* homem] homem magro ou baixo **2** rapaz adolescente

homicida (ho.mi.ci.da) *n.2gén.* pessoa que mata alguém; assassino

homicídio (ho.mi.cí.di.o) *n.m.* ato de matar alguém; assassínio

homodiegético (ho.mo.di.e.gé.ti.co) *n.m.* narrador que participa como personagem secundária na história que narra

homófono (ho.mó.fo.no) *adj.* diz-se da palavra que tem pronúncia igual à de outra, mas significado e grafia diferentes (como *concelho* e *conselho* ou *censo* e *senso*)

homogéneo (ho.mo.gé.ne.o) *adj.* que apresenta unidade; uniforme

homógrafo (ho.mó.gra.fo) *adj.* diz-se da palavra que tem grafia igual à de outra, pronúncia igual ou diferente, e significado diferente (como *sede,* que se lê *séde,* e *sede,* que se lê *séde*)

homónimo (ho.mó.ni.mo) *adj.* **1** que tem o mesmo nome **2** diz-se da palavra que tem grafia e pronúncia igual a outra mas significado diferente (como *manga,* parte de uma roupa e *manga,* fruto)

honestidade (ho.nes.ti.da.de) *n.f.* **1** seriedade ANT. desonestidade **2** lealdade

honesto (ho.nes.to) *adj.* **1** sério ANT. desonesto **2** leal

honorários (ho.no.rá.ri.os) *n.m.pl.* pagamento por serviços prestados por profissionais liberais

honra (hon.ra) *n.f.* **1** sentimento de dignidade de uma pessoa **2** consideração que alguém merece pelo seu trabalho ou pelos seus atos

honrado (hon.ra.do) *adj.* **1** honesto **2** respeitado

honrar (hon.rar) *v.* tratar com respeito; respeitar

honroso (hon.ro.so) *adj.* **1** em que há respeito; digno **2** que dá honra; que distingue

hóquei (hó.quei) *n.m.* jogo entre duas equipas, cujo objetivo é introduzir uma pequena bola ou disco na baliza contrária, usando um taco recurvado na ponta; **hóquei em patins:** hóquei praticado sobre patins de rodas por duas equipas de cinco jogadores

hora (ho.ra) *n.f.* **1** intervalo de tempo correspondente a 60 minutos (símbolo: h) **2** (*fig.*) ocasião; momento; **a horas:** a tempo; pontualmente; **a toda a hora:** constantemente; sempre; **fazer horas:** fazer alguma coisa enquanto se espera por alguém

horário (ho.rá.ri.o) *n.m.* tabela que indica as horas a que se realizam determinadas atividades (aulas, espetáculos, partida ou chegada de transportes, etc.)

horda (hor.da) *n.f.* grande quantidade de pessoas SIN. multidão

horizontal (ho.ri.zon.tal) *adj.2gén.* **1** relativo ao horizonte **2** deitado

horizonte (ho.ri.zon.te) *n.m.* **1** linha em que a terra e o mar parecem unir-se ao céu **2** espaço da superfície terrestre que se alcança com a vista

hormona (hor.mo.na) *n.f.* molécula produzida por glândulas ou células

hormonal (hor.mo.nal) *adj.2gén.* relativo a hormona

horóscopo (ho.rós.co.po) *n.m.* estudo dos astros no momento do nascimento de uma pessoa, com o objetivo de prever os acontecimentos da sua vida

horrendo (hor.ren.do) *adj.* **1** que assusta; horripilante **2** que é muito feio; horrível

horrível (hor.rí.vel) *adj.2gén.* muito mau; péssimo

horror (hor.ror) *n.m.* **1** sentimento de medo ou receio **2** sentimento de nojo ou de aversão

horrorizado (hor.ro.ri.za.do) *adj.* muito assustado; apavorado

horrorizar (hor.ro.ri.zar) *v.* causar medo ou horror a; apavorar

horroroso (hor.ro.ro.so) *adj.* **1** que causa horror; medonho **2** que é muito mau; péssimo

horta (hor.ta) *n.f.* terreno plantado de hortaliças e legumes

hortaliça (hor.ta.li.ça) *n.f.* designação dos legumes usados na alimentação humana; verduras

hortelã (hor.te.lã) *n.f.* planta herbácea aromática, usada em farmácia e culinária; menta

hortelão (hor.te.lão) *n.m.* [*f.* horteloa, *pl.* hortelãos, hortelões] indivíduo que trata de uma horta

hortense (hor.ten.se) *adj.2gén.* **1** relativo a horta **2** produzido numa horta

hortênsia (hor.tên.si.a) *n.f.* planta com pequenas flores brancas, azuis ou rosadas SIN. hidrângea

hortícola (hor.tí.co.la) *adj.2gén.* produzido numa horta SIN. hortense

horto (hor.to) (ôrtu) *n.m.* **1** horta pequena **2** local onde se vendem plantas

hospedar (hos.pe.dar) *v.* receber como hóspede; alojar ♦ **hospedar-se** ficar hospedado; alojar-se

hospedaria (hos.pe.da.ri.a) *n.f.* casa que serve de abrigo a hóspedes; pensão

hóspede (hós.pe.de) *n.2gén.* pessoa que fica durante algum tempo numa pensão ou num hotel

hospedeira (hos.pe.dei.ra) *n.f.* senhora que atende os passageiros num avião

a b c d e f g h i j k l m n o p q r s t u v w x y z

hospedeiro (hos.pe.dei.ro) *n.m.* **1** dono de uma hospedaria **2** animal ou planta onde se instala um organismo parasita

hospício (hos.pí.ci.o) *n.m.* hospital para pessoas com doenças mentais

hospital (hos.pi.tal) *n.m.* estabelecimento onde se tratam pessoas doentes

hospitalar (hos.pi.ta.lar) *adj.2gén.* relativo a hospital

hospitaleiro (hos.pi.ta.lei.ro) *adj.* que dá boa hospitalidade; acolhedor

hospitalidade (hos.pi.ta.li.da.de) *n.f.* bom acolhimento

hospitalizar (hos.pi.ta.li.zar) *v.* internar em hospital

hóssi (hós.si) *n.m.* **1** *(Moç.)* deus **2** *(Moç.)* rei

hóstia (hós.ti.a) *n.f.* partícula de massa de trigo sem fermento que é consagrada na missa

hostil (hos.til) *adj.2gén.* **1** inimigo **2** agressivo

hostilidade (hos.ti.li.da.de) *n.f.* **1** oposição **2** agressividade

hostilizar (hos.ti.li.zar) *v.* **1** tratar com agressividade **2** fazer guerra a; combater

hotel (ho.tel) *n.m.* estabelecimento onde se alugam quartos

hotelaria (ho.te.la.ri.a) *n.f.* atividade de administração de hotéis

humanamente (hu.ma.na.men.te) *adv.* de maneira humana; com bondade

humanidade (hu.ma.ni.da.de) *n.f.* **1** conjunto de todos os seres humanos **2** *(fig.)* benevolência; bondade

humanitário (hu.ma.ni.tá.ri.o) *adj.* que procura o bem-estar da humanidade

humanizar (hu.ma.ni.zar) *v.* tornar humano

humano (hu.ma.no) *adj.* **1** relativo ao homem **2** composto por homens e mulheres **3** bondoso; compreensivo

humedecer (hu.me.de.cer) *v.* **1** tornar húmido **2** ficar húmido

humidade (hu.mi.da.de) *n.f.* estado do que está ligeiramente molhado

húmido (hú.mi.do) *adj.* que tem humidade; que está ligeiramente molhado

humildade (hu.mil.da.de) *n.f.* qualidade de quem reconhece os próprios erros ou defeitos; simplicidade; modéstia

humilde (hu.mil.de) *adj.2gén.* **1** simples; modesto **2** pobre

humilhação (hu.mi.lha.ção) *n.f.* ato de tratar alguém com desprezo; afronta

humilhante (hu.mi.lhan.te) *adj.2gén.* que trata com desprezo; que ofende

humilhar (hu.mi.lhar) *v.* tratar com desprezo ♦ **humilhar-se** rebaixar-se

humor (hu.mor) *n.m.* capacidade para apreciar o que é cómico

humorista (hu.mo.ris.ta) *n.2gén.* pessoa que escreve piadas

humorístico (hu.mo.rís.ti.co) *adj.* cómico

húmus (hú.mus) *n.m.2núm.* matéria orgânica, misturada com partículas minerais do solo, proveniente de restos animais e vegetais decompostos ou em decomposição

hurra (hur.ra) *interj.* designativa de alegria ou de aprovação

I

i *n.m.* vogal, nona letra do alfabeto, que está entre as letras *h* e *j*

ião (i.ão) *n.m.* átomo ou grupo de átomos com carga elétrica

iate (i.a.te) *n.m.* barco de recreio

ibérico (i.bé.ri.co) *adj.* relativo à Península Ibérica ♦ *n.m.* pessoa natural da Península Ibérica

ibero (i.be.ro) *adj.* relativo aos iberos, um dos primeiros povos que habitou a Península Ibérica ♦ *n.m.* indivíduo pertencente aos iberos

içar (i.çar) *v.* fazer subir SIN. erguer, levantar

icebergue (i.ce.ber.gue) *n.m.* grande bloco de gelo flutuante

ícone (í.co.ne) *n.m.* símbolo que pode ser selecionado no ecrã pelo utilizador

ida (i.da) *n.f.* 1 ato de ir a algum lugar; partida 2 viagem

idade (i.da.de) *n.f.* 1 cada um dos períodos em que se divide a vida 2 número de anos de alguém ou de alguma coisa 3 época histórica; tempo

ideal (i.de.al) *adj.2gén.* 1 que só existe no pensamento; mental 2 que é perfeito; exemplar ♦ *n.m.* 1 princípio ou valor que se defende e em que se acredita 2 modelo de perfeição

ideia (i.dei.a) *n.f.* 1 representação mental de uma coisa; noção 2 informação; conhecimento 3 lembrança; recordação; **ideia feita:** opinião, positiva ou negativa, que se criou a respeito de algo ou de alguém sem motivo; **ideia fixa:** pensamento que surge muitas vezes na cabeça de alguém

idem *pron. dem.* o mesmo; a mesma coisa (abreviatura: *id.*)

idêntico (i.dên.ti.co) *adj.* que não apresenta nenhuma diferença em relação a outra coisa SIN. parecido, semelhante

identidade (i.den.ti.da.de) *n.f.* 1 característica do que é igual ou parecido; semelhança 2 conjunto dos elementos (nome, sexo, impressões digitais, etc.) que permitem identificar uma pessoa

identificação (i.den.ti.fi.ca.ção) *n.f.* 1 ato ou efeito de identificar 2 documento que comprova a identidade de alguém

identificar (i.den.ti.fi.car) *v.* 1 provar a identidade de 2 tornar idêntico ou igual ♦ **identificar-se** 1 apresentar documentos que provam a identidade de uma pessoa 2 partilhar aquilo que alguém sente ou pensa (identificar-se com)

idiofone (i.di.o.fo.ne) *n.m.* instrumento musical cujo som é produzido pela vibração do próprio instrumento (como o xilofone, o triângulo e as castanholas)

idioma (i.di.o.ma) *n.m.* língua própria de um povo ou de uma região

idiomático (i.di.o.má.ti.co) *adj.* relativo a idioma

idiomatismo (i.di.o.ma.tis.mo) *n.m.* expressão idiomática; frase feita

idiota (i.di.o.ta) *adj. e n.2gén.* 1 que ou pessoa que é pouco inteligente SIN. estúpido, imbecil 2 que ou pessoa que não tem bom senso

idiotice (i.di.o.ti.ce) *n.f.* ação ou comentário idiota SIN. parvoíce

ídolo (í.do.lo) *n.m.* **1** imagem ou figura que se adora como se fosse um deus **2** pessoa por quem se sente grande admiração

idoso (i.do.so) *adj.* que tem muita idade SIN. velho

iglu (i.glu) *n.m.* casa em forma de cúpula, que os esquimós constroem com blocos de neve dura ou gelo

ignorado (ig.no.ra.do) *adj.* **1** desconhecido **2** desprezado

ignorância (ig.no.rân.ci.a) *n.f.* **1** falta de informação sobre alguma coisa; desconhecimento **2** falta de conhecimentos ou de prática sobre uma atividade ou disciplina

ignorante (ig.no.ran.te) *adj.2gén.* **1** que desconhece alguma coisa, por falta de informação **2** que não tem conhecimento ou prática de algo, por falta de estudo

ignorar (ig.no.rar) *v.* **1** não saber ou não conhecer **2** não dar atenção a **3** não obedecer a

igreja (i.gre.ja) *n.f.* edifício destinado ao culto de uma religião; templo; **igreja matriz:** igreja principal de uma localidade

igual (i.gual) *adj.2gén.* **1** que não apresenta diferenças; idêntico ANT. desigual, diferente **2** que tem o mesmo tamanho, valor ou as mesmas características; **sem igual:** único

igualar (i.gua.lar) *v.* **1** tornar igual **2** obter o mesmo resultado que

igualdade (i.gual.da.de) *n.f.* **1** semelhança de tamanho, valor ou de características ANT. desigualdade **2** correspondência perfeita entre as partes de um todo

igualmente (i.gual.men.te) *adv.* de modo igual; também

iguana (i.gua.na) *n.f.* réptil de grande porte que possui uma crista da cabeça até à cauda

iguaria (i.gua.ri.a) *n.f.* **1** alimento muito saboroso **2** qualquer comida

ilegal (i.le.gal) *adj.2gén.* que não é legal; proibido por lei ANT. legal

ilegalidade (i.le.ga.li.da.de) *n.f.* qualidade do que é ilegal ou que não está de acordo com a lei ANT. legalidade

ilegítimo (i.le.gí.ti.mo) *adj.* **1** que é contrário à lei **2** que não tem justificação

ilegível (i.le.gí.vel) *adj.2gén.* que não se pode ou não se consegue ler ANT. legível

ilha (i.lha) *n.f.* porção de terra menor que um continente, cercada de água por todos os lados

ilhéu (i.lhéu) *n.m.* **1** pessoa natural de uma ilha **2** ilha pequena; ilhota **3** rochedo no meio do mar

ilhota (i.lho.ta) *n.f.* pequena ilha; ilhéu

ilíaco (i.lí.a.co) *n.m.* osso da cintura pélvica e da bacia

ilícito (i.lí.ci.to) *adj.* **1** que é proibido por lei **2** que é contrário às normas sociais

ilimitado (i.li.mi.ta.do) *adj.* que não tem limites; infinito ANT. limitado

iludir (i.lu.dir) *v.* fazer acreditar naquilo que não é verdadeiro; enganar ♦ **iludir-se** enganar-se

iluminação (i.lu.mi.na.ção) *n.f.* **1** ato ou efeito de iluminar **2** estado do que está iluminado

iluminar (i.lu.mi.nar) *v.* **1** colocar luz sobre **2** enfeitar com luz(es) **3** *(fig.)* inspirar

iluminismo (I.lu.mi.nis.mo) *n.m.* movimento cultural e intelectual na Europa do século XVIII, caracterizado pela confiança na razão e na ciência e pela defesa da liberdade de pensamento

iluminura (i.lu.mi.nu.ra) *n.f.* miniatura pintada a cores com que se ilustravam pergaminhos e manuscritos

ilusão (i.lu.são) *n.f.* **1** imagem ou interpretação falsa, produzida pela imaginação ou pelos sentidos; fantasia **2** crença ou ideia falsa; erro

ilusionismo (i.lu.si.o.nis.mo) *n.m.* arte de produzir ilusões através de truques feitos sobretudo com as mãos SIN. magia

ilusionista (i.lu.si.o.nis.ta) *n.2gén.* pessoa que se dedica ao ilusionismo SIN. mágico

ilusório (i.lu.só.ri.o) *adj.* **1** enganador **2** falso

ilustração (i.lus.tra.ção) *n.f.* **1** imagem que ajuda a compreender um texto ou que o decora **2** explicação; esclarecimento

ilustrado (i.lus.tra.do) *adj.* **1** que tem ilustrações (livro, dicionário) **2** que tem muitos conhecimentos (pessoa)

ilustrador (i.lus.tra.dor) *n.m.* artista que faz ilustrações SIN. desenhador

ilustrar (i.lus.trar) *v.* **1** decorar com ilustrações ou imagens **2** exemplificar; esclarecer

ilustrativo (i.lus.tra.ti.vo) *adj.* que ilustra ou exemplifica através da imagem; que esclarece

ilustre (i.lus.tre) *adj.2gén.* notável; famoso; célebre

imaculado (i.ma.cu.la.do) *adj.* **1** sem mancha ou nódoa; limpo **2** *(fig.)* puro; perfeito

imagem (i.ma.gem) *n.f.* **1** representação de uma pessoa ou de um objeto **2** cópia; reprodução

imaginação (i.ma.gi.na.ção) *n.f.* faculdade de criar ou inventar SIN. criatividade, fantasia

imaginar (i.ma.gi.nar) *v.* **1** criar na imaginação; fantasiar; sonhar **2** pensar (algo) como verdadeiro; julgar; supor

imaginário (i.ma.gi.ná.ri.o) *adj.* que só existe na imaginação; fictício ◆ *n.m.* aquilo que é criado pela imaginação

imaginativo (i.ma.gi.na.ti.vo) *adj.* que tem muita imaginação; criativo

íman (í.man) *n.m.* [*pl.* ímanes] substância que atrai o ferro e outros metais; magnete

imaturidade (i.ma.tu.ri.da.de) *n.f.* estado do que não atingiu o seu desenvolvimento completo

imaturo (i.ma.tu.ro) *adj.* que não atingiu o desenvolvimento completo

imbecil (im.be.cil) *adj.* e *n.2gén.* **1** que ou pessoa que é pouco inteligente SIN. estúpido, idiota **2** que ou pessoa que não tem bom senso

imbumbável (im.bum.bá.vel) *adj.2gén.* *(Ang.)* que detesta o trabalho

imediatamente (i.me.di.a.ta.men.te) *adv.* sem demora; logo

imediato (i.me.di.a.to) *adj.* **1** rápido **2** próximo

imensamente (i.men.sa.men.te) *adv.* em grande quantidade ou com força; muitíssimo

imensidão (i.men.si.dão) *n.f.* **1** extensão ilimitada; vastidão **2** grande quantidade; infinidade

imenso (i.men.so) *adj.* **1** que não se pode medir ou contar; infinito; ilimitado **2** que é muito grande; enorme

imersão (i.mer.são) *n.f.* ato de mergulhar algo em água ou de ir ao fundo

imigração (i.mi.gra.ção) *n.f.* entrada num país estrangeiro para aí viver e trabalhar

> *Repara bem na diferença entre* **imigração** *(entrada num país estrangeiro) e* **emigração** *(saída do próprio país).*

imigrante (i.mi.gran.te) *n.2gén.* pessoa que vai para um país estrangeiro para aí viver e trabalhar

imigrar (i.mi.grar) *v.* entrar num país estrangeiro para aí viver e trabalhar

iminente (i.mi.nen.te) *adj.2gén.* que está quase a acontecer; próximo

imitação (i.mi.ta.ção) *n.f.* **1** ato ou efeito de imitar **2** reprodução exata de alguma coisa; cópia

imitador (i.mi.ta.dor) *n.m.* artista que faz imitações

imitar (i.mi.tar) *v.* ter como exemplo; reproduzir; copiar

imobilidade (i.mo.bi.li.da.de) *n.f.* ausência de movimento

imobilizar (i.mo.bi.li.zar) *v.* impedir (algo ou alguém) de se mover; fixar ◆ **imobilizar-se** ficar imóvel; parar

imoral (i.mo.ral) *adj.2gén.* contrário à moral; desonesto ANT. moral

imoralidade (i.mo.ra.li.da.de) *n.f.* ato contrário às regras de conduta ou ao princípio de honestidade

imortal (i.mor.tal) *adj.2gén.* que não morre ou não tem fim; eterno ANT. mortal

imortalidade (i.mor.ta.li.da.de) *n.f.* condição de imortal; eternidade ANT. mortalidade

imóvel (i.mó.vel) *adj.2gén.* que não se move; parado ◆ *n.m.* bem que não se pode transportar, como um terreno, uma casa ou um prédio

impaciência (im.pa.ci.ên.ci.a) *n.f.* **1** falta de paciência **2** pressa

impacientar (im.pa.ci.en.tar) *v.* fazer perder a paciência a ◆ **impacientar-se** perder a paciência; enervar-se

impaciente (im.pa.ci.en.te) *adj.2gén.* **1** que não tem paciência **2** que tem pressa

impacte (im.pac.te) *n.m.* → impacto

impacto (im.pac.to) *n.m.* **1** choque de dois ou mais corpos; embate **2** impressão forte causada por um acontecimento

impagável (im.pa.gá.vel) *adj.2gén.* **1** que não tem preço; precioso **2** muito cómico; divertido

impala (im.pa.la) *n.2gén.* antílope africano de pelagem castanha ou avermelhada, com chifres em forma de lira

ímpar (ím.par) *adj.2gén.* **1** diz-se do número que não é divisível por dois **2** único; extraordinário

imparável (im.pa.rá.vel) *adj.2gén.* **1** que não para **2** *(fig.)* incansável

imparcial (im.par.ci.al) *adj.2gén.* que é justo nas suas decisões ou opiniões; isento

imparcialidade (im.par.ci.a.li.da.de) *n.f.* qualidade de quem avalia ou decide de forma objetiva e justa; isenção

impávido (im.pá.vi.do) *adj.* que não tem medo; corajoso

impecável (im.pe.cá.vel) *adj.2gén.* que não tem falha ou defeito; perfeito

impedido (im.pe.di.do) *adj.* **1** que não permite a passagem; fechado **2** diz-se do telefone que está ocupado

impedimento (im.pe.di.men.to) *n.m.* aquilo que impede alguma coisa; obstáculo

impedir (im.pe.dir) *v.* **1** servir de obstáculo a; obstruir **2** não permitir; opor-se a

impelir (im.pe.lir) *v.* **1** dar impulso a; empurrar **2** *(fig.)* estimular; incitar

impenetrável (im.pe.ne.trá.vel) *adj.2gén.* **1** que não permite acesso ou passagem **2** *(fig.)* que não se pode compreender; misterioso

impensado (im.pen.sa.do) *adj.* dito ou feito sem pensar SIN. irrefletido

impensável (im.pen.sá.vel) *adj.2gén.* que não se pode imaginar

imperador (im.pe.ra.dor) *n.m.* [*f.* imperatriz] soberano de um império

imperativo (im.pe.ra.ti.vo) *adj.* **1** que ordena **2** autoritário ◆ *n.m.* **1** dever; ordem **2** modo verbal que exprime uma ordem, um pedido, um conselho ou um convite

imperceptível *a nova grafia é* **impercetível**

impercetível (im.per.ce.tí.vel) *adj.2gén.* que é muito pequeno ou pouco importante

imperdoável (im.per.do.á.vel) *adj.2gén.* que não se pode perdoar

imperfeição (im.per.fei.ção) *n.f.* **1** estado do que não é perfeito **2** pequeno defeito; falha

imperfeito (im.per.fei.to) *adj.* **1** que não é perfeito **2** que tem falha ou defeito; defeituoso ◆ *n.m.* tempo verbal que exprime uma ação não acabada

imperial (im.pe.ri.al) *adj.2gén.* **1** relativo a império ou imperador **2** luxuoso; pomposo ◆ *n.f.* copo grande de cerveja

império (im.pé.ri.o) *n.m.* **1** forma de governo em que um país é governado por um imperador ou uma imperatriz **2** conjunto de países ou territórios que são governados por um imperador ou uma imperatriz

impermeabilidade (im.per.me.a.bi.li.da.de) *n.f.* qualidade do que não deixa entrar água

impermeável (im.per.me.á.vel) *adj.2gén.* que não se deixa atravessar por líquidos ◆ *n.m.* casaco de material resistente, usado para proteger da chuva

impertinência (im.per.ti.nên.ci.a) *n.f.* **1** atrevimento **2** mau humor

impertinente (im.per.ti.nen.te) *adj.2gén.* **1** atrevido; insolente **2** que tem mau humor; rabugento

impessoal (im.pes.so.al) *adj.2gén.* que não se refere a uma pessoa em particular

ímpeto (ím.pe.to) *n.m.* movimento repentino; impulso

impetuoso (im.pe.tu.o.so) *adj.* **1** que se move com rapidez e força; violento **2** que age sem pensar; impulsivo

impingir (im.pin.gir) *v.* forçar alguém a aceitar algo

implacável (im.pla.cá.vel) *adj.2gén.* que não perdoa; inflexível

implantação (im.plan.ta.ção) *n.f.* introdução de um sistema, governo, etc. (por exemplo, *implantação da República*)

implantar (im.plan.tar) *v.* introduzir um sistema político, um governo, etc.

implante (im.plan.te) *n.m.* qualquer material natural (como um tecido ou um órgão) ou artificial (como um tubo ou uma válvula) introduzido no organismo

implicação (im.pli.ca.ção) *n.f.* **1** estado de quem está implicado ou envolvido **2** aquilo que não é dito claramente mas que é sugerido **3** sentimento de antipatia

implicância (im.pli.cân.ci.a) *n.f.* sentimento de aversão ou antipatia; má vontade

implicar (im.pli.car) *v.* **1** ter como resultado; originar **2** tornar necessário; exigir **3** dar a entender; pressupor **4** demonstrar antipatia em relação a alguém (implicar com)

implícito (im.plí.ci.to) *adj.* que não é dito claramente SIN. subentendido

implorar (im.plo.rar) *v.* pedir muito; suplicar

imponência (im.po.nên.ci.a) *n.f.* qualidade do que é grande ou luxuoso; majestade

imponente (im.po.nen.te) *adj.2gén.* grandioso; majestoso

impopular (im.po.pu.lar) *adj.2gén.* que não agrada à maioria das pessoas ANT. popular

impor (im.por) *v.* **1** tornar obrigatório ou necessário **2** pôr em vigor; criar **3** pôr em cima; sobrepor

importação (im.por.ta.ção) *n.f.* compra de produtos originários de um país estrangeiro ANT. exportação

importador (im.por.ta.dor) *n.m.* pessoa ou empresa que compra produtos de um país para outro

importância (im.por.tân.ci.a) *n.f.* **1** qualidade do que é importante, do que tem valor ou interesse **2** atitude de respeito e consideração por uma pessoa

importante (im.por.tan.te) *adj.2gén.* **1** que tem valor ou interesse **2** que merece respeito e consideração **3** que é básico; essencial

importar (im.por.tar) *v.* **1** trazer (produtos) de um país para outro **2** ter importância; interessar

importunar (im.por.tu.nar) *v.* aborrecer; incomodar

imposição (im.po.si.ção) *n.f.* **1** colocação de uma coisa por cima de outra **2** ato de obrigar alguém a aceitar algo **3** ordem a que tem de se obedecer

impossibilidade (im.pos.si.bi.li.da.de) *n.f.* **1** qualidade do que é impossível ANT. possibilidade **2** coisa que não pode existir ou ser realizada

impossibilitar (im.pos.si.bi.li.tar) *v.* tornar impossível

impossível (im.pos.sí.vel) *adj.2gén.* **1** que não pode existir ou ser feito ANT. possível **2** que é muito difícil

imposto (im.pos.to) *n.m.* contribuição em dinheiro que as pessoas pagam ao Estado; taxa

impostor (im.pos.tor) *adj. e n.m.* mentiroso; hipócrita

impostura (im.pos.tu.ra) *n.f.* **1** mentira; fraude **2** falsidade; hipocrisia

impotente (im.po.ten.te) *adj.2gén.* **1** que não tem poder ou força **2** fraco; débil

imprecisão (im.pre.ci.são) *n.f.* falta de precisão ou de rigor ANT. precisão

impreciso (im.pre.ci.so) *adj.* que não é claro ou rigoroso; vago ANT. preciso

imprensa (im.pren.sa) *n.f.* **1** máquina que serve para imprimir; prensa **2** conjunto dos jornais, das revistas e publicações impressas **3** conjunto dos jornalistas e repórteres

imprescindível (im.pres.cin.dí.vel) *adj.2gén.* que é absolutamente necessário

impressão (im.pres.são) *n.f.* **1** ato ou efeito de imprimir **2** aquilo que se imprimiu **3** influência sobre os órgãos dos sentidos; **impressão digital:** marca deixada pela pressão do dedo sobre uma superfície, usada como elemento de identificação

impressionante (im.pres.si.o.nan.te) *adj.2gén.* que impressiona; admirável; comovente

impressionar (im.pres.si.o.nar) *v.* **1** provocar admiração ou respeito **2** comover; perturbar

impressionismo (im.pres.si.o.nis.mo) *n.m.* movimento artístico do fim do século XIX que se preocupou sobretudo com a cor e com a luz na pintura

impressionista (im.pres.si.o.nis.ta) *adj.2gén.* relativo ao impressionismo; próprio do impressionismo

impresso (im.pres.so) *n.m.* papel com espaços em branco para as pessoas preencherem com indicações pessoais; formulário

impressora (im.pres.so.ra) *n.f.* dispositivo que imprime texto ou elementos gráficos em papel

imprevidente (im.pre.vi.den.te) *adj.2gén.* descuidado; imprudente

imprevisível (im.pre.vi.sí.vel) *adj.2gén.* que não se pode prever; que acontece por acaso **SIN.** casual, eventual

imprevisto (im.pre.vis.to) *adj.* que não foi previsto; inesperado ◆ *n.m.* acontecimento inesperado

imprimir (im.pri.mir) *v.* **1** reproduzir em papel um texto ou uma imagem através de equipamento próprio **2** tornar público; publicar

improdutivo (im.pro.du.ti.vo) *n.m.* que não produz; estéril **ANT.** produtivo

impróprio (im.pró.pri.o) *adj.* **1** que não é próprio; inadequado **2** que fica mal; inconveniente

improvável (im.pro.vá.vel) *adj.2gén.* **1** que tem poucas hipóteses de acontecer **2** que não se pode provar

improvisação (im.pro.vi.sa.ção) *n.f.* ato ou efeito de improvisar

improvisar (im.pro.vi.sar) *v.* **1** fazer de repente, sem preparação **2** arranjar à pressa

improviso (im.pro.vi.so) *n.m.* coisa feita sem preparação ou sem ensaio; **de improviso:** à pressa; sem preparação

imprudência (im.pru.dên.ci.a) *n.f.* **1** falta de prudência **2** atitude ou comentário que revela falta de reflexão ou de cuidado

imprudente (im.pru.den.te) *adj.2gén.* que revela falta de prudência **SIN.** descuidado

impulsionar (im.pul.si.o.nar) *v.* **1** dar impulso ou movimento a; empurrar **2** dar força ou energia a; incentivar

impulsivo (im.pul.si.vo) *adj.* que atua sem pensar **SIN.** arrebatado

impulso (im.pul.so) *n.m.* **1** movimento produzido quando se empurra algo com força **2** movimento que não depende da vontade; ímpeto **3** *(fig.)* estímulo

impureza (im.pu.re.za) *n.f.* substância que polui ou contamina

impuro (im.pu.ro) *adj.* que está poluído; contaminado

imundície (i.mun.dí.ci.e) *n.f.* **1** falta de limpeza; porcaria **2** monte de lixo; sujeira

imundo (i.mun.do) *adj.* muito sujo **SIN.** porco

imune (i.mu.ne) *adj.2gén.* **1** que está livre de (uma obrigação, um dever) **2** que não é afetado por (uma doença, uma coisa negativa)

imunidade (i.mu.ni.da.de) *n.f.* **1** direito que permite a uma pessoa ficar livre de uma obrigação, um dever, etc. **2** conjunto dos mecanismos que o corpo tem para combater certas doenças

imunitário (i.mu.ni.tá.ri.o) *adj.* relativo à capacidade de combater certas doenças

imutável (i.mu.tá.vel) *adj.2gén.* que não muda **SIN.** inalterável

inabitado (i.na.bi.ta.do) *adj.* sem habitantes **SIN.** desabitado, despovoado

inacabado (i.na.ca.ba.do) *adj.* não acabado **SIN.** incompleto

inaceitável (i.na.cei.tá.vel) *adj.2gén.* que não se pode aceitar ou admitir **SIN.** inadmissível

inacessível (i.na.ces.sí.vel) *adj.2gén.* **1** onde é impossível andar ou entrar **2** que não se consegue compreender; incompreensível **3** que não se deixa influenciar; insensível

inacreditável (i.na.cre.di.tá.vel) *adj.2gén.* em que é difícil acreditar **SIN.** incrível

inactividade *a nova grafia é* **inatividade**

inactivo *a nova grafia é* **inativo**

inadequado (i.na.de.qua.do) *adj.* que não é próprio ou adequado **SIN.** impróprio, inconveniente

a b c d e f g h **i** j k l m n o p q r s t u v w x y z

inadiável (i.na.di.á.vel) *adj.2gén.* que não se pode adiar

inadmissível (i.nad.mis.sí.vel) *adj.2gén.* que se não pode admitir ou aceitar SIN. inaceitável

inalação (i.na.la.ção) *n.f.* ato de absorver (gás, perfume, pó) por inalação

inalar (i.na.lar) *v.* absorver (gás, perfume, pó) pelas vias respiratórias; inspirar

inalterado (i.nal.te.ra.do) *adj.* que não se alterou

inalterável (i.nal.te.rá.vel) *adj.2gén.* que não se altera; imutável

inanimado (i.na.ni.ma.do) *adj.* **1** que não tem vida; morto **2** que não tem forças; desmaiado

inaptidão (i.nap.ti.dão) *n.f.* falta de aptidão SIN. incapacidade

inapto (i.nap.to) *adj.* que não é apto SIN. incapaz

inatividade (i.na.ti.vi.da.de) *n.f.* falta de atividade SIN. inércia

inativo (i.na.ti.vo) *adj.* que não tem atividade; parado

inato (i.na.to) *adj.* que existe na pessoa desde o nascimento SIN. congénito

inauguração (i.nau.gu.ra.ção) *n.f.* **1** cerimónia com que se celebra a abertura de uma loja, a estreia de uma peça de teatro, etc. **2** início de uma atividade ou de um processo; começo

inaugurar (i.nau.gu.rar) *v.* ato de abrir (uma loja, um museu) ou de apresentar pela primeira vez ao público (um filme, uma peça)

incalculável (in.cal.cu.lá.vel) *adj.2gén.* **1** que não se pode calcular ou imaginar **2** que é muito numeroso

incandescência (in.can.des.cên.ci.a) *n.f.* estado de um corpo que se tornou luminoso por estar sujeito a uma temperatura elevada

incandescente (in.can.des.cen.te) *adj. 2gén.* que está em brasa

incansável (in.can.sá.vel) *adj.2gén.* **1** que não se cansa **2** que não descansa ou que não para; enérgico

incapacidade (in.ca.pa.ci.da.de) *n.f.* falta de capacidade ou de aptidão (física ou intelectual)

incapacitar (in.ca.pa.ci.tar) *v.* tornar incapaz

incapaz (in.ca.paz) *adj.2gén.* que não é capaz; inapto ANT. capaz

incendiar (in.cen.di.ar) *v.* fazer arder ◆ **incendiar-se** pegar fogo; arder

incendiário (in.cen.di.á.ri.o) *adj.* próprio para atear fogo ◆ *n.m.* pessoa que provoca um incêndio de propósito

incêndio (in.cên.di.o) *n.m.* grande fogo que alastra rapidamente e causa muitos danos

incenso (in.cen.so) *n.m.* substância que produz um cheiro aromático quando é queimada

Incenso escreve-se primeiro com um **c** e depois com um **s**.

incentivar (in.cen.ti.var) *v.* dar força ou ânimo a SIN. estimular

incentivo (in.cen.ti.vo) *n.m.* aquilo que se faz ou se diz para dar força ou ânimo a alguém SIN. estímulo

incerteza (in.cer.te.za) *n.f.* falta de certeza SIN. dúvida

incerto (in.cer.to) *adj.* **1** que não é certo ou seguro; duvidoso **2** que tem dúvidas; hesitante **3** que não se sabe com certeza; vago

inchaço (in.cha.ço) *n.m.* aumento de volume em alguma parte do corpo

inchado (in.cha.do) *adj.* que aumentou de volume SIN. dilatado

inchar (in.char) *v.* **1** fazer aumentar de volume **2** aumentar de volume

incidente (in.ci.den.te) *n.m.* acontecimento imprevisto

incidir (in.ci.dir) *v.* **1** cair (sobre); atingir **2** acontecer; ocorrer

incineração (in.ci.ne.ra.ção) *n.f.* ato ou efeito de queimar **SIN.** queima

incineradora (in.ci.ne.ra.do.ra) *n.f.* aparelho próprio para queimar lixos, resíduos industriais, etc.

incinerar (in.ci.ne.rar) *v.* reduzir a cinzas **SIN.** queimar

incisão (in.ci.são) *n.f.* corte

incisivo (in.ci.si.vo) *adj.* **1** que corta **2** *(fig.)* que causa uma sensação forte ♦ *n.m.* dente próprio para cortar, que ocupa a parte da frente dos maxilares

incitamento (in.ci.ta.men.to) *n.m.* estímulo; incentivo

incitar (in.ci.tar) *v.* estimular; incentivar (incitar (alguém) a)

inclinação (in.cli.na.ção) *n.f.* **1** desvio de um objeto ou de um corpo para um dos lados **2** *(fig.)* interesse que uma pessoa tem por alguma coisa; tendência; vocação

inclinado (in.cli.na.do) *adj.* **1** que está desviado para um dos lados **2** *(fig.)* que tem gosto ou interesse por

inclinar (in.cli.nar) *v.* desviar para um dos lados ♦ **inclinar-se 1** ficar desviado para um dos lados **2** dobrar o corpo; curvar-se

incluído (in.clu.í.do) *adj.* **1** que faz parte de **2** que foi acrescentado a

incluir (in.clu.ir) *v.* **1** pôr dentro de; acrescentar **2** conter dentro de si; abranger

inclusão (in.clu.são) *n.f.* ato ou efeito de incluir **SIN.** acrescento

inclusivamente (in.clu.si.va.men.te) *adv.* até mesmo; até

inclusive (in.clu.si.ve) *adv.* **1** sem retirar nada; incluindo tudo **2** até mesmo; até

inclusivo (in.clu.si.vo) *adj.* que inclui ou abrange; abrangente **ANT.** exclusivo

incoerência (in.co.e.rên.ci.a) *n.f.* **1** falta de ligação entre as diversas partes de um todo **2** ato ou comentário sem lógica

incoerente (in.co.e.ren.te) *adj.2gén.* **1** que não está bem ligado ou bem organizado **2** que não é lógico; absurdo

incógnita (in.cóg.ni.ta) *n.f.* **1** em matemática, valor desconhecido que é preciso determinar na resolução de um problema (normalmente é indicada por meio da letra x) **2** *(fig.)* aquilo que não se sabe; mistério

incógnito (in.cóg.ni.to) *adj.* **1** que não se conhece; desconhecido **2** que esconde a sua verdadeira identidade ♦ *adv.* secretamente; às escondidas

incolor (in.co.lor) *adj.2gén.* que não tem cor

incomodado (in.co.mo.da.do) *adj.* **1** que está de mau humor; aborrecido **2** que se sente mal; enjoado

incomodar (in.co.mo.dar) *v.* aborrecer; perturbar ♦ **incomodar-se** ficar aborrecido ou perturbado

incomodativo (in.co.mo.da.ti.vo) *adj.* que incomoda

incómodo (in.có.mo.do) *adj.* que incomoda; desagradável; desconfortável ♦ *n.m.* **1** aquilo que incomoda; aborrecimento **2** esforço que se faz para conseguir algo; trabalho

incomparável (in.com.pa.rá.vel) *adj.2gén.* que não tem comparação **SIN.** único

incompatível (in.com.pa.tí.vel) *adj.2gén.* que não pode existir juntamente com (outra coisa ou outra pessoa)

incompetência (in.com.pe.tên.ci.a) *n.f.* falta de conhecimentos ou de capacidade; incapacidade

incompetente (in.com.pe.ten.te) *adj.2gén.* que não tem capacidade para **SIN.** incapaz

incompleto (in.com.ple.to) *adj.* que não está completo ou acabado; inacabado ANT. completo

incompreendido (in.com.pre.en.di.do) *adj.* **1** que não é compreendido **2** que não é aceite ou reconhecido

incompreensão (in.com.pre.en.são) *n.f.* falta de compreensão

incompreensível (in.com.pre.en.sí.vel) *adj.2gén.* **1** que não se percebe **2** que não se pode compreender

inconcebível (in.con.ce.bí.vel) *adj.2gén.* **1** que não se pode imaginar ou perceber **2** que causa espanto ou admiração

incondicional (in.con.di.ci.o.nal) *adj. 2gén.* que não depende de nada SIN. total

inconformado (in.con.for.ma.do) *adj.* que não aceita ou que resiste a (alguma coisa)

inconfundível (in.con.fun.dí.vel) *adj. 2gén.* que não se confunde com outra coisa ou com outra pessoa

inconsciência (in.cons.ci.ên.ci.a) *n.f.* **1** estado de quem perdeu a consciência; desmaio **2** falta de responsabilidade; irresponsabilidade

inconsciente (in.cons.ci.en.te) *adj.2gén.* **1** que perdeu a consciência; desmaiado **2** dito ou feito de maneira irresponsável

inconsolável (in.con.so.lá.vel) *adj.2gén.* que está muito triste

inconstante (in.cons.tan.te) *adj.2gén.* que muda frequentemente SIN. variável

inconstar (in.cons.tar) *v. (Moç.)* não constar

incontrolado (in.con.tro.la.do) *adj.* que não está controlado; descontrolado ANT. controlado

inconveniente (in.con.ve.ni.en.te) *adj. 2gén.* que não é adequado; inadequado

♦ *n.m.* resultado desagradável de alguma coisa; desvantagem

incorreção (in.cor.re.ção) *n.f.* **1** falta de correção; erro **2** falta de delicadeza; indelicadeza

incorrecção *a nova grafia é* **incorreção**

incorrecto *a nova grafia é* **incorreto**

incorreto (in.cor.re.to) *adj.* **1** errado **2** indelicado

incorrigível (in.cor.ri.gí.vel) *adj.2gén.* **1** que não se pode corrigir ou consertar **2** que insiste num erro ou num defeito

incrédulo (in.cré.du.lo) *adj.* que não acredita em alguma coisa

incrementar (in.cre.men.tar) *v.* tornar maior; aumentar

incremento (in.cre.men.to) *n.m.* aumento

incrível (in.crí.vel) *adj.2gén.* em que é difícil acreditar SIN. inacreditável

incubação (in.cu.ba.ção) *n.f.* **1** processo de chocar ovos de modo natural ou artificial **2** período de tempo desde que se apanha uma doença até ao aparecimento dos primeiros sintomas

incubadora (in.cu.ba.do.ra) *n.f.* pequena câmara para abrigar recém-nascidos (sobretudo prematuros, que exigem cuidados especiais)

incubar (in.cu.bar) *v.* **1** chocar ovos **2** ser portador de uma doença

inculto (in.cul.to) *adj.* **1** não cultivado; baldio **2** *(fig.)* que não tem conhecimentos adquiridos por meio de estudo; ignorante

incurável (in.cu.rá.vel) *adj.2gén.* **1** que não tem cura; crónico **2** *(fig.)* que não tem correção; incorrigível

indecente (in.de.cen.te) *adj.2gén.* que não é próprio ou adequado ANT. decente

indecisão (in.de.ci.são) *n.f.* hesitação; dúvida

indeciso (in.de.ci.so) *adj.* **1** que não toma uma decisão SIN. hesitante, vacilante **2** que não tem a certeza (de algo)

indefeso (in.de.fe.so) *adj.* que não tem defesa ou proteção SIN. desprotegido

indefinido (in.de.fi.ni.do) *adj.* **1** que não tem um fim marcado; indeterminado **2** que não se consegue explicar bem; vago **3** diz-se do determinante ou pronome que se refere a uma pessoa ou coisa indeterminada

indelicadeza (in.de.li.ca.de.za) *n.f.* falta de delicadeza

indelicado (in.de.li.ca.do) *adj.* que não é delicado ou atencioso; grosseiro

indemnização (in.dem.ni.za.ção) *n.f.* compensação em dinheiro por um prejuízo ou uma perda

indemnizar (in.dem.ni.zar) *v.* dar dinheiro a alguém para compensar um prejuízo ou uma perda

independência (in.de.pen.dên.ci.a) *n.f.* **1** qualidade de quem é livre ou não depende de mais ninguém SIN. autonomia, liberdade **2** estado do país que tem um governo próprio ou que não depende de outro país

independente (in.de.pen.den.te) *adj. 2gén.* que não depende de nada nem de ninguém SIN. autónomo, livre

independentemente (in.de.pen.den.te.men.te) *adv.* de modo independente; livremente; **independentemente de:** sem ter em conta; apesar de

indesejável (in.de.se.já.vel) *adj.2gén.* que não é desejado SIN. inconveniente

indestrutível (in.des.tru.tí.vel) *adj.2gén.* **1** que não se pode destruir; firme **2** que não muda; inabalável

indeterminado (in.de.ter.mi.na.do) *adj.* que não é exato SIN. indefinido, vago

index (ín.dex) *n.m.* [*pl.* índices] **1** lista de assuntos ou termos contidos num livro **2** dedo indicador

indiano (in.di.a.no) *adj.* relativo à Índia (país da Ásia) ♦ *n.m.* pessoa natural da Índia

indicação (in.di.ca.ção) *n.f.* **1** palavra ou gesto com que se indica alguma coisa; sinal **2** conselho; sugestão

indicador (in.di.ca.dor) *adj.* que indica algo; indicativo ♦ *n.m.* dedo da mão, entre o dedo polegar e o dedo médio

indicar (in.di.car) *v.* mostrar por meio de gestos ou sinais; apontar

indicativo (in.di.ca.ti.vo) *adj.* que indica algo; indicador ♦ *n.m.* **1** modo verbal que exprime a ação como uma realidade ou uma certeza **2** conjunto de algarismos que se marcam antes do número de telefone quando se liga para uma região diferente

índice (ín.di.ce) *n.m.* lista ordenada dos temas ou das partes de um livro que aparece no início ou no final do livro com a indicação da página onde começa cada uma desssa partes

indício (in.dí.ci.o) *n.m.* sinal; vestígio

Índico (Ín.di.co) *n.m.* oceano que banha o sul da Índia, a África e a Austrália

indiferença (in.di.fe.ren.ça) *n.f.* falta de entusiasmo ou de curiosidade SIN. desinteresse

indiferente (in.di.fe.ren.te) *adj.2gén.* que não tem interesse por algo ou por alguém SIN. desinteressado

indígena (in.dí.ge.na) *n.2gén.* pessoa que é natural do lugar onde vive SIN. nativo

indigestão (in.di.ges.tão) *n.f.* paragem ou perturbação da digestão, que geralmente causa enjoo e vómitos

indigesto (in.di.ges.to) *adj.* que é difícil de digerir; que causa enjoo

indignação (in.dig.na.ção) *n.f.* sentimento de revolta perante uma injustiça; fúria

indignado (in.dig.na.do) *adj.* revoltado; furioso

indignar (in.dig.nar) *v.* causar indignação; revoltar ♦ **indignar-se** ficar indignado; revoltar-se

indigno (in.dig.no) *adj.* **1** que não merece (confiança, respeito, etc.) **2** que não é adequado ou conveniente; impróprio

índio (ín.di.o) *adj.* relativo aos nativos do continente americano ♦ *n.m.* pessoa natural do continente americano

indirecta a nova grafia é **indireta**

indirecto a nova grafia é **indireto**

indireta (in.di.re.ta) *n.f.* observação irónica e pouco clara, dita para atingir alguém

indireto (in.di.re.to) *adj.* que não é direto; que tem desvios ANT. direto

indisciplina (in.dis.ci.pli.na) *n.f.* falta de disciplina; desobediência ANT. disciplina

indisciplinado (in.dis.ci.pli.na.do) *adj.* que não respeita a disciplina; desobediente ANT. disciplinado

indiscreto (in.dis.cre.to) *adj.* diz-se da pessoa que não sabe guardar segredo ou que fala demais; intrometido; bisbilhoteiro

indiscrição (in.dis.cri.ção) *n.f.* **1** característica de quem conta segredos ou fala demais **2** atitude ou comentário próprio de quem conta segredos ou fala demais

indiscutível (in.dis.cu.tí.vel) *adj.2gén.* que é muito claro SIN. evidente

indispensável (in.dis.pen.sá.vel) *adj.2gén.* que não se pode dispensar; que é obrigatório SIN. imprescindível

indisposição (in.dis.po.si.ção) *n.f.* mal-estar; enjoo

indisposto (in.dis.pos.to) *adj.* maldisposto; enjoado

indistinto (in.dis.tin.to) *adj.* pouco claro; vago; confuso

individual (in.di.vi.du.al) *adj.2gén.* **1** relativo a indivíduo **2** próprio para uma pessoa

individualidade (in.di.vi.du.a.li.da.de) *n.f.* **1** conjunto de características próprias de uma pessoa SIN. personalidade **2** pessoa importante

individualismo (in.di.vi.du.a.lis.mo) *n.m.* tendência para pensar só em si, sem se preocupar com as outras pessoas SIN. egoísmo

individualista (in.di.vi.du.a.lis.ta) *adj.2gén.* que só pensa em si mesmo SIN. egoísta

individualizar (in.di.vi.du.a.li.zar) *v.* distinguir especificamente (uma coisa de outra); particularizar ♦ **individualizar-se** distinguir-se; destacar-se

individualmente (in.di.vi.du.al.men.te) *adv.* de modo individual; separadamente

indivíduo (in.di.ví.du.o) *n.m.* **1** ser humano; pessoa **2** ser pertencente a uma espécie animal; exemplar **3** homem de quem não se sabe o nome; sujeito

indivisível (in.di.vi.sí.vel) *adj.2gén.* **1** que não se pode dividir ou separar **2** que apresenta grande unidade

índole (ín.do.le) *n.f.* conjunto de características próprias de uma pessoa SIN. temperamento

indolência (in.do.lên.ci.a) *n.f.* preguiça

indolente (in.do.len.te) *adj.2gén.* preguiçoso

indolor (in.do.lor) *adj.2gén.* que não causa dor

indústria (in.dús.tri.a) *n.f.* **1** atividade de transformação de matérias-primas em bens de consumo **2** conjunto das empresas que se dedicam a essa atividade

industrial (in.dus.tri.al) *adj.2gén.* **1** relativo a indústria **2** produzido pela indústria

industrialização (in.dus.tri.a.li.za.ção) *n.f.* **1** aplicação das técnicas industriais **2** desenvolvimento da indústria

industrializar (in.dus.tri.a.li.zar) *v.* **1** criar indústrias ou fábricas em determinada zona **2** fabricar segundo processos industriais

induzir (in.du.zir) *v.* **1** causar; provocar **2** aconselhar alguém a fazer algo

INE *sigla de* **I**nstituto **N**acional de **E**statística

inédito (i.né.di.to) *adj.* **1** diz-se da obra que não foi publicada SIN. original **2** diz-se daquilo que nunca foi visto

inesgotável (i.nes.go.tá.vel) *adj.2gén.* que não termina; ilimitado

inesperado (i.nes.pe.ra.do) *adj.* que causa surpresa SIN. imprevisto, repentino

inesquecível (i.nes.que.cí.vel) *adj.2gén.* que não se esquece; memorável

inevitável (i.ne.vi.tá.vel) *adj.2gén.* que não se pode evitar; fatal

inexistência (i.ne.xis.tên.ci.a) *n.f.* ausência; falta

inexistente (i.ne.xis.ten.te) *adj.2gén.* **1** que não existe ANT. existente **2** que falta

inexperiência (i.nex.pe.ri.ên.ci.a) *n.f.* falta de experiência ou prática

inexperiente (i.nex.pe.ri.en.te) *adj.2gén.* que não tem experiência ou prática

inexplicável (i.nex.pli.cá.vel) *adj.2gén.* que não se pode explicar; que não se compreende

inexplorado (i.nex.plo.ra.do) *adj.* que não foi explorado; desconhecido

infâmia (in.fâ.mi.a) *n.f.* atitude vergonhosa ou desprezível

infância (in.fân.ci.a) *n.f.* período que vai do nascimento de uma pessoa até ao início da adolescência; meninice

infantaria (in.fan.ta.ri.a) *n.f.* conjunto de tropas que combatem a pé

infantário (in.fan.tá.ri.o) *n.m.* estabelecimento onde ficam crianças pequenas durante o dia SIN. creche

infante (in.fan.te) *n.m.* [*f.* infanta] **1** filho de um rei **2** criança

infantil (in.fan.til) *adj.2gén.* **1** próprio de criança **2** diz-se do adulto que se comporta como uma criança

infantilidade (in.fan.ti.li.da.de) *n.f.* **1** qualidade de infantil **2** comportamento próprio de criança; criancice

infantojuvenil (in.fan.to.ju.ve.nil) *adj. 2gén.* **1** relativo à infância e à juventude **2** destinado a crianças e jovens

infanto-juvenil *a nova grafia é* **infantojuvenil**

infeção (in.fe.ção) *n.f.* ação originada por micróbios introduzidos num organismo; contaminação

infecção *a nova grafia é* **infeção**

infeccionar (in.fec.ci.o.nar) *a grafia preferível é* **infecionar**

infeccioso (in.fec.ci.o.so) *a grafia preferível é* **infecioso**

infecionar (in.fe.ci.o.nar) *v.* **1** originar uma infeção em; contaminar; contagiar **2** ganhar infeção; ficar infecionado

infecioso (in.fe.ci.o.so) *adj.* **1** que resulta de infeção **2** que produz infeção

infectado *a nova grafia é* **infetado**

infectar *a nova grafia é* **infetar**

infelicidade (in.fe.li.ci.da.de) *n.f.* **1** estado de quem está infeliz ANT. felicidade **2** desgraça **3** (*Moç.*) morte

infeliz (in.fe.liz) *adj.2gén.* **1** que sente muita tristeza ANT. feliz **2** que não tem sorte; desgraçado **3** não apropriado; inconveniente

infelizmente (in.fe.liz.men.te) *adv.* por azar

inferior (in.fe.ri.or) *adj.2gén.* **1** situado abaixo de ANT. superior **2** que vale menos **3** que é mais fraco ou menor

inferioridade (in.fe.ri.o.ri.da.de) *n.f.* qualidade do que é inferior

infernal (in.fer.nal) *adj.2gén.* **1** relativo ao inferno **2** que é muito mau; diabólico; terrível

inferno (in.fer.no) *n.m.* situação que causa muito sofrimento; tortura

Inferno (In.fer.no) *n.m.* para os cristãos, lugar para onde vão as almas dos pecadores quando morrem

infértil (in.fér.til) *adj.2gén.* que não dá frutos; estéril

infetado (in.fe.ta.do) *adj.* que sofreu infeção

infetar (in.fe.tar) *v.* provocar infeção em; contaminar; contagiar ♦ **infetar-se** contaminar-se com uma doença

infiel (in.fi.el) *adj.2gén.* que engana ou atraiçoa SIN. desleal, traidor

infiltração (in.fil.tra.ção) *n.f.* penetração de um líquido através das fendas de uma estrutura sólida (parede, teto, etc.)

infiltrar-se (in.fil.trar-se) *v.* **1** penetrar (um líquido) através das fendas de um corpo sólido **2** introduzir-se discretamente (uma pessoa) num grupo ou num lugar

infindável (in.fin.dá.vel) *adj.2gén.* que não tem fim SIN. interminável

infinitivo (in.fi.ni.ti.vo) *n.m.* modo verbal que exprime uma ação de maneira indeterminada e que representa o verbo (por exemplo: *falar, rir, comer*)

infinito (in.fi.ni.to) *adj.* **1** que não tem limite nem fim; ilimitado **2** que tem um tamanho ou um valor imenso; incalculável

inflação (in.fla.ção) *n.f.* subida geral dos preços dos bens de consumo (comida, água, luz, transportes, etc.)

inflamação (in.fla.ma.ção) *n.f.* inchaço, calor e vermelhidão numa parte do corpo

inflamado (in.fla.ma.do) *adj.* que tem inflamação

inflamar (in.fla.mar) *v.* **1** provocar inflamação **2** pegar fogo a **3** arder

inflamatório (in.fla.ma.tó.ri.o) *adj.* relativo a inflamação

inflamável (in.fla.má.vel) *adj.2gén.* que arde facilmente

inflexibilidade (in.fle.xi.bi.li.da.de) *n.f.* qualidade de inflexível; rigidez SIN. rigor, severidade

inflexível (in.fle.xí.vel) *adj.2gén.* **1** que não se pode dobrar; rígido **2** diz-se da pessoa muito severa; rigoroso

infligir (in.fli.gir) *v.* aplicar (castigo, pena, etc.)

inflorescência (in.flo.res.cên.ci.a) *n.f.* conjunto de flores de uma planta

influência (in.flu.ên.ci.a) *n.f.* **1** efeito que uma pessoa ou uma coisa tem sobre algo ou sobre alguém **2** poder ou autoridade que uma pessoa tem

influenciar (in.flu.en.ci.ar) *v.* ter efeito sobre; alterar

influente (in.flu.en.te) *adj.2gén.* importante

informação (in.for.ma.ção) *n.f.* **1** comunicação ou receção de notícias **2** conjunto de conhecimentos sobre determinado assunto

informador (in.for.ma.dor) *n.m.* aquele que informa

informal (in.for.mal) *adj.2gén.* **1** que não tem cerimónia; descontraído **2** diz-se da linguagem espontânea e descontraída usada entre colegas e amigos; coloquial **3** diz-se da roupa que uma pessoa usa quando está à vontade, sem formalidade

informar (in.for.mar) *v.* **1** dar informações a **2** instruir; ensinar ♦ **informar-se** procurar ou recolher informações; investigar

informática (in.for.má.ti.ca) *n.f.* ciência que estuda os computadores e o tratamento da informação através da utilização de computadores

informático (in.for.má.ti.co) *adj.* relativo a informática ou a computadores ♦ *n.m.* especialista em computadores

informativo (in.for.ma.ti.vo) *adj.* que serve para informar

informatizado (in.for.ma.ti.za.do) *adj.* que utiliza computadores ou sistemas informáticos

informe (in.for.me) *adj.2gén.* que não tem forma bem definida; vago; incerto

infortúnio (in.for.tú.ni.o) *n.m.* infelicidade; desgraça

infração (in.fra.ção) *n.f.* ato de não respeitar uma lei ou uma regra; desobediência

infracção *a nova grafia é* **infração**

infractor *a nova grafia é* **infrator**

infrator (in.fra.tor) *n.m.* pessoa que não respeita uma lei ou uma regra

infringir (in.frin.gir) *v.* não respeitar (uma lei, uma regra)

infusão (in.fu.são) *n.f.* bebida quente que se prepara mergulhando ervas em água a ferver

ingenuidade (in.ge.nu.i.da.de) *n.f.* característica da pessoa simples e sincera, que não tem má intenção; inocência

ingénuo (in.gé.nu.o) *adj.* simples; sincero; inocente

ingerir (in.ge.rir) *v.* engolir (alimentos, bebidas)

ingestão (in.ges.tão) *n.f.* ato de introduzir alimentos no organismo pela boca; deglutição

inglês (in.glês) *adj.* relativo a Inglaterra ♦ *n.m.* **1** pessoa natural de Inglaterra **2** língua oficial do Reino Unido, dos Estados Unidos, da Austrália, da Nova Zelândia, etc.

ingratidão (in.gra.ti.dão) *n.f.* falta de gratidão por um favor ou uma ajuda que se recebeu ANT. gratidão

ingrato (in.gra.to) *adj.* diz-se da pessoa que não mostra gratidão por um favor ou uma ajuda que recebeu

ingrediente (in.gre.di.en.te) *n.m.* substância usada para preparar um bolo, um alimento ou uma refeição

íngreme (ín.gre.me) *adj.2gén.* que é muito inclinado; que é difícil de subir ou descer SIN. escarpado

inhaca (i.nha.ca) *n.m.* (*Ang., Moç.*) chefe supremo; rei

inhame (i.nha.me) *n.m.* planta herbácea, própria de regiões tropicais, que possui tubérculos comestíveis

inibição (i.ni.bi.ção) *n.f.* timidez; embaraço

inibido (i.ni.bi.do) *adj.* que não se sente à vontade; tímido

inibir (i.ni.bir) *v.* intimidar; embaraçar

iniciação (i.ni.ci.a.ção) *n.f.* **1** ato de iniciar alguma coisa; início **2** aprendizagem das primeiras noções de uma ciência, arte, etc.

iniciado (i.ni.ci.a.do) *adj.* que já começou; principiado ♦ *n.m.* pessoa que está a começar a aprender alguma coisa; principiante

inicial (i.ni.ci.al) *adj.2gén.* que está no princípio ♦ *n.f.* primeira letra de uma palavra

inicialmente (i.ni.ci.al.men.te) *adv.* no princípio

iniciar (i.ni.ci.ar) *v.* **1** dar início a; começar **2** num computador, executar o procedimento de arranque

iniciativa (i.ni.ci.a.ti.va) *n.f.* **1** ideia ou ato que dá origem a uma atividade ou a um projeto **2** capacidade de imaginar ou de fazer coisas novas

início (i.ní.ci.o) *n.m.* primeiro momento de alguma coisa; começo; princípio ANT. fim

inigualável (i.ni.gua.lá.vel) *adj.2gén.* que não tem igual SIN. único

inimigo (i.ni.mi.go) *adj.* **1** que não é amigo; hostil **2** que está em oposição; contrário ♦ *n.m.* **1** indivíduo que sente ódio por uma pessoa e que procura prejudicá-la ANT. amigo **2** adversário; rival

inimizade (i.ni.mi.za.de) *n.f.* sentimento de aversão ou ódio por alguém

ininterrupto (i.nin.ter.rup.to) *adj.* não interrompido; contínuo

injala (in.ja.la) *n.f. (Moç.)* fome

injeção (in.je.ção) *n.f.* **1** introdução de um líquido num órgão ou na pele com uma seringa **2** líquido que se injeta

injecção *a nova grafia é* **injeção**

injectado *a nova grafia é* **injetado**

injectar *a nova grafia é* **injetar**

injetado (in.je.ta.do) *adj.* introduzido por meio de injeção (líquido, medicamento)

injetar (in.je.tar) *v.* introduzir (líquido) nos músculos ou nas veias por meio de seringa

injúria (in.jú.ri.a) *n.f.* ofensa; insulto

injuriar (in.ju.ri.ar) *v.* ofender; insultar

injurioso (in.ju.ri.o.so) *adj.* ofensivo; insultuoso

injustamente (in.jus.ta.men.te) *adv.* **1** de modo injusto **2** sem razão

injustiça (in.jus.ti.ça) *n.f.* **1** atitude contrária à justiça ANT. justiça **2** falta de respeito pelos direitos de alguém

injustificado (in.jus.ti.fi.ca.do) *adj.* que não tem ou não teve justificação

injusto (in.jus.to) *adj.* **1** que vai contra a justiça ANT. justo **2** que não respeita os direitos de alguém **3** que não tem razão de ser; injustificado

inocência (i.no.cên.ci.a) *n.f.* **1** qualidade de quem não faz mal a ninguém nem tem má intenção **2** característica de quem acredita em tudo o que lhe dizem

inocentar (i.no.cen.tar) *v.* declarar inocente

inocente (i.no.cen.te) *adj.2gén.* **1** que não é culpado **2** que não tem malícia

inofensivo (i.no.fen.si.vo) *adj.* que não faz mal; que não prejudica

inoportuno (i.no.por.tu.no) *adj.* que acontece num mau momento; despropositado

inorgânico (i.nor.gâ.ni.co) *adj.* que não é animal ou vegetal; mineral

inovação (i.no.va.ção) *n.f.* **1** ato de fazer algo de uma forma diferente **2** coisa nova; novidade

inovador (i.no.va.dor) *adj.* **1** que faz coisas novas ou diferentes **2** que tem ideias originais

inovar (i.no.var) *v.* fazer algo de maneira diferente

inox (i.nox) *n.m.* aço que não enferruja

inoxidável (i.no.xi.dá.vel) *adj.2gén.* que não ganha ferrugem

inquérito (in.qué.ri.to) *n.m.* investigação com o objetivo de descobrir alguma coisa

inquietação (in.qui.e.ta.ção) *n.f.* preocupação

inquietante (in.qui.e.tan.te) *adj.2gén.* preocupante

inquietar (in.qui.e.tar) *v.* preocupar ♦ **inquietar-se** ficar preocupado

inquieto (in.qui.e.to) *adj.* preocupado

inquilino (in.qui.li.no) *n.m.* pessoa que mora numa casa alugada

inquirir (in.qui.rir) *v.* fazer perguntas; interrogar

Inquisição *n.f.* tribunal criado pela igreja católica no século XIII para julgar pessoas acusadas de heresia e feitiçaria; Santo Ofício

inquisidor (in.qui.si.dor) *n.m.* juiz do tribunal da Inquisição

inquisidor-geral (in.qui.si.dor-ge.ral) *n.m.* [*pl.* inquisidores-gerais] presidente do tribunal da Inquisição

insaciável (in.sa.ci.á.vel) *adj.2gén.* que não se farta; que não se satisfaz

insatisfação (in.sa.tis.fa.ção) *n.f.* desagrado; aborrecimento

insatisfeito (in.sa.tis.fei.to) *adj.* descontente; aborrecido

inscrever (ins.cre.ver) *v.* **1** gravar em pedra, metal ou noutro material **2** escrever (o próprio nome ou o de outrem) numa lista ou num serviço ◆ **inscrever-se** matricular-se

inscrição (ins.cri.ção) *n.f.* **1** gravação em pedra, metal ou noutro material **2** frase escrita na fachada ou na parede de um monumento **3** matrícula (numa escola, num curso, etc.) **4** ato de escrever o próprio nome ou o de outrem numa lista ou num serviço

inscrito (ins.cri.to) *adj.* **1** gravado **2** matriculado

insecticida (in.sec.ti.ci.da) *a nova grafia é* **inseticida**

insectívoro (in.sec.tí.vo.ro) *a grafia preferível é* **insetívoro**

insecto (in.sec.to) *a nova grafia é* **inseto**

insegurança (in.se.gu.ran.ça) *n.f.* **1** falta de segurança; instabilidade **2** falta de confiança de uma pessoa nas suas próprias capacidades

inseguro (in.se.gu.ro) *adj.* **1** que não é seguro; instável **2** diz-se da pessoa

que sente falta de confiança em si própria

insensato (in.sen.sa.to) *adj.* que não revela bom senso; imprudente

insensibilidade (in.sen.si.bi.li.da.de) *n.f.* falta de sensibilidade; desinteresse; indiferença

insensível (in.sen.sí.vel) *adj.2gén.* que não mostra interesse por alguma coisa; indiferente

inseparável (in.se.pa.rá.vel) *adj.2gén.* **1** que não se pode separar; indivisível **2** diz-se da pessoa que está quase sempre junto de outra

inserção (in.ser.ção) *n.f.* introdução de uma coisa noutra

inserir (in.se.rir) *v.* introduzir

inseticida (in.se.ti.ci.da) *n.m.* produto que serve para matar insetos

insetívoro (in.se.tí.vo.ro) *adj.* diz-se do animal ou da planta que se alimenta de insetos

inseto (in.se.to) *n.m.* animal com o corpo dividido em cabeça, tórax e abdómen, com dois pares de asas e três pares de patas

insígnia (in.síg.ni.a) *n.f.* pequena placa de metal que se usa para identificar uma pessoa ou o cargo que ocupa SIN. distintivo, emblema

insignificância (in.sig.ni.fi.cân.ci.a) *n.f.* coisa com pouca importância ou pouco valor SIN. bugiganga, ninharia

insignificante (in.sig.ni.fi.can.te) *adj.2gén.* **1** que tem pouca importância ou pouco valor **2** que é muito pequeno; minúsculo

insinuação (in.si.nu.a.ção) *n.f.* ato de dar a entender alguma coisa sem a dizer claramente

insinuante (in.si.nu.an.te) *adj.2gén.* que sabe como agradar; que atrai

a b c d e f g h i j k l m n o p q r s t u v w x y z

insinuar (in.si.nu.ar) *v.* dar a entender; sugerir ♦ **insinuar-se** conquistar a simpatia de alguém

insípido (in.sí.pi.do) *adj.* que não tem sabor

insistência (in.sis.tên.ci.a) *n.f.* teimosia

insistente (in.sis.ten.te) *adj.2gén.* teimoso

insistir (in.sis.tir) *v.* **1** fazer algo novamente; repetir **2** manter uma atitude ou um comportamento; teimar (insistir em)

insolação (in.so.la.ção) *n.f.* doença provocada pela exposição prolongada aos raios solares

insolência (in.so.lên.ci.a) *n.f.* **1** falta de respeito; atrevimento **2** falta de educação; grosseria

insolente (in.so.len.te) *adj.2gén.* **1** atrevido **2** grosseiro

insólito (in.só.li.to) *adj.* que não é habitual; surpreendente

insolúvel (in.so.lú.vel) *adj.2gén.* **1** que não se dissolve **2** *(fig.)* diz-se do problema que não tem solução

insónia (in.só.ni.a) *n.f.* dificuldade em adormecer

insosso (in.sos.so) *adj.* **1** que não tem sal; que tem pouco sal **2** *(fig.)* que não tem graça; aborrecido

inspeção (ins.pe.ção) *n.f.* observação cuidada; vigilância

inspecção *a nova grafia é* **inspeção**

inspeccionar *a nova grafia é* **inspecionar**

inspecionar (ins.pe.ci.o.nar) *v.* observar cuidadosamente; vigiar

inspector *a nova grafia é* **inspetor**

inspetor (ins.pe.tor) *n.m.* pessoa que inspeciona; fiscal

inspiração (ins.pi.ra.ção) *n.f.* **1** entrada de ar nos pulmões **2** ideia súbita, geralmente brilhante **3** pessoa que esti-mula a criatividade (de um poeta, artista, etc.); musa

inspirar (ins.pi.rar) *v.* **1** introduzir ar nos pulmões **2** estimular a capacidade criativa de alguém, dando ânimo e vontade de trabalhar; motivar

instabilidade (ins.ta.bi.li.da.de) *n.f.* **1** falta de estabilidade ou de firmeza **2** falta de segurança; insegurança; incerteza

instalação (ins.ta.la.ção) *n.f.* **1** montagem (de loja, máquina, móvel, etc.) **2** conjunto de aparelhos instalados para determinado fim

instalar (ins.ta.lar) *v.* **1** montar (loja, máquina, móvel, etc.) **2** dar alojamento a ♦ **instalar-se** ficar alojado; hospedar-se

instantaneamente (ins.tan.ta.ne.a.men.te) *adv.* num instante; imediatamente

instantâneo (ins.tan.tâ.ne.o) *adj.* **1** que dura muito pouco tempo; súbito **2** que se prepara rapidamente (café, bolo, etc.)

instante (ins.tan.te) *n.m.* espaço de tempo muito curto; momento; **num instante:** muito depressa; rapidamente

instauração (ins.tau.ra.ção) *n.f.* ato de colocar em funcionamento (um sistema, um regime político, etc.) **SIN.** estabelecimento, fundação

instaurar (ins.tau.rar) *v.* colocar em funcionamento (um sistema, um regime político, etc.) **SIN.** estabelecer, fundar

instável (ins.tá.vel) *adj.2gén.* **1** que não tem equilíbrio, que pode cair **2** diz-se daquilo que muda; variável; mutável

instintivo (ins.tin.ti.vo) *adj.* **1** relativo a instinto **2** dito ou feito por instinto, sem reflexão; involuntário

instinto (ins.tin.to) *n.m.* impulso natura que leva os animais e as pessoas a atuar de determinada forma; **por ins-tinto:** espontaneamente; sem pensar

instituição (ins.ti.tu.i.ção) *n.f.* **1** ato de instituir ou criar; criação **2** organiza-ção que realiza atividades de inte-resse público (*instituição de caridade, instituição de solidariedade social,* etc.)

instituir (ins.ti.tu.ir) *v.* criar; fundar

instituto (ins.ti.tu.to) *n.m.* **1** organização pública ou privada **2** centro de estu-dos e de investigação **3** estabeleci-mento de ensino superior

instrução (ins.tru.ção) *n.f.* **1** ensino; for-mação **2** conhecimentos adquiridos por meio de estudo; saber ♦ **instru-ções** *n.f.pl.* explicações sobre o modo como funciona um aparelho ou como se utiliza um produto; manual

instruído (ins.tru.í.do) *adj.* que recebeu instrução; educado; culto

instruir (ins.tru.ir) *v.* ensinar; educar

instrumental (ins.tru.men.tal) *adj.2gén.* **1** relativo a instrumento **2** diz-se da música interpretada apenas por ins-trumentos (por oposição a *vocal*)

instrumentista (ins.tru.men.tis.ta) *n. 2gén.* pessoa que toca um instrumento musical

instrumento (ins.tru.men.to) *n.m.* **1** ob-jeto que produz sons musicais **2** ferra-menta usada para fazer um trabalho (mecânico, artístico, etc.); utensílio **3** *(fig.)* meio que se utiliza para conse-guir um resultado; recurso

instrutivo (ins.tru.ti.vo) *adj.* que serve para educar SIN. educativo

instrutor (ins.tru.tor) *n.m.* professor; monitor

insubordinação (in.su.bor.di.na.ção) *n.f.* recusa em obedecer SIN. desobe-diência, indisciplina

insubordinado (in.su.bor.di.na.do) *adj.* desobediente; indisciplinado

insubstituível (in.subs.ti.tu.í.vel) *adj. 2gén.* que não pode ser substituído SIN. único

insucesso (in.su.ces.so) *n.m.* falta de êxito; mau resultado SIN. fracasso

insuficiência (in.su.fi.ci.ên.ci.a) *n.f.* falta; carência

insuficiente (in.su.fi.ci.en.te) *adj.2gén.* que não é suficiente; escasso; pouco

insuflar (in.su.flar) *v.* introduzir ar em; encher de ar

insuflável (in.su.flá.vel) *adj.2gén.* que se pode encher de ar

insular (in.su.lar) *adj.2gén.* relativo a ilha; próprio de ilha

insulina (in.su.li.na) *n.f.* hormona segre-gada pelo pâncreas, que tem uma função importante na regulação dos níveis de açúcar no sangue

insultar (in.sul.tar) *v.* dirigir insultos a SIN. injuriar, ofender

insulto (in.sul.to) *n.m.* ofensa; injúria

insuportável (in.su.por.tá.vel) *adj.2gén.* **1** que é muito difícil suportar **2** que é muito desagradável

insurreição (in.sur.rei.ção) *n.f.* **1** revolta contra a ordem estabelecida **2** oposi-ção forte; rebeldia

insustentável (in.sus.ten.tá.vel) *adj.2gén.* **1** que não se pode suportar; insuportá-vel **2** que não tem razão de ser; injustifi-cado

intacto (in.tac.to) *adj.* **1** que não foi to-cado ou alterado; intocado **2** que não sofreu danos; ileso

íntegra (ín.te.gra) *n.f.* totalidade; todo; **na íntegra:** na totalidade; por inteiro

integração (in.te.gra.ção) *n.f.* **1** ato ou efeito de incluir um elemento num conjunto **2** processo de adaptação de uma pessoa a um grupo ou a uma so-ciedade

integrado (in.te.gra.do) *adj.* **1** incluído **2** adaptado

a b c d e f g h i j k l m n o p q r s t u v w x y z

integral (in.te.gral) *adj.2gén.* **1** inteiro; completo; total **2** diz-se do alimento que mantém todas as suas propriedades originais

integrante (in.te.gran.te) *adj.2gén.* que faz parte de (alguma coisa)

integrar (in.te.grar) *v.* incluir num todo; juntar ◆ **integrar-se** adaptar-se

integridade (in.te.gri.da.de) *n.f.* **1** qualidade do que está inteiro **2** honestidade; retidão

íntegro (ín.te.gro) *adj.* **1** inteiro; completo **2** justo; reto

inteiramente (in.tei.ra.men.te) *adv.* **1** totalmente **2** perfeitamente

inteirar (in.tei.rar) *v.* completar ◆ **inteirar-se** informar-se

inteiro (in.tei.ro) *adj.* **1** completo; total **2** diz-se do número formado só de unidades; que não tem frações

intelecto (in.te.lec.to) *n.m.* inteligência; entendimento

intelectual (in.te.lec.tu.al) *adj.2gén.* relativo a intelecto; mental ◆ *n.2gén.* pessoa que se interessa por atividades que exigem inteligência e raciocínio

inteligência (in.te.li.gên.ci.a) *n.f.* capacidade para conhecer, compreender e julgar factos e coisas, aplicando corretamente os conhecimentos SIN. entendimento, raciocínio

inteligente (in.te.li.gen.te) *adj.2gén.* **1** que é capaz de pensar, de compreender **2** que compreende com facilidade

inteligível (in.te.li.gí.vel) *adj.2gén.* que se entende bem SIN. compreensível

intenção (in.ten.ção) *n.f.* objetivo que se pretende alcançar; propósito; **sem intenção:** sem querer; de modo involuntário

intencional (in.ten.ci.o.nal) *adj.2gén.* que é feito de propósito; por querer SIN. deliberado

intencionalidade (in.ten.ci.o.na.li.da.de) *n.f.* característica do que é intencional; intenção

intensidade (in.ten.si.da.de) *n.f.* grau elevado (de som, sentimento, sensação, etc.); força

intensificar (in.ten.si.fi.car) *v.* tornar mais intenso ou mais forte; aumentar

intensivo (in.ten.si.vo) *adj.* que se faz de forma intensa e em pouco tempo (*curso intensivo*, por exemplo)

intenso (in.ten.so) *adj.* forte

intento (in.ten.to) *n.m.* intenção; propósito

interação (in.te.ra.ção) *n.f.* **1** ação ou intervenção realizada entre duas pessoas ou entre dois corpos **2** troca de informação entre o utilizador e um sistema informático

interacção *a nova grafia é* **interação**

interactividade *a nova grafia é* **interatividade**

interactivo *a nova grafia é* **interativo**

interagir (in.te.ra.gir) *v.* ter comunicação ou diálogo; relacionar-se (interagir com)

interajuda (in.te.ra.ju.da) *n.f.* → **entreajuda**

interatividade (in.te.ra.ti.vi.da.de) *n.f.* possibilidade de troca de informações entre uma pessoa e um sistema de comunicação (computador, televisão, etc.)

interativo (in.te.ra.ti.vo) *adj.* que permite a troca de informações e de dados

intercalar (in.ter.ca.lar) *adj.2gén.* que se realiza no meio de alguma coisa ◆ *v.* colocar entre duas coisas

intercâmbio (in.ter.câm.bi.o) *n.m.* troca recíproca; permuta

interceder (in.ter.ce.der) *v.* falar ou agir a favor de alguém (interceder por)

interceptar *a nova grafia é* **intercetar**

intercetar (in.ter.ce.tar) *v.* **1** interromper o curso de (automóvel, míssil, etc.); parar **2** ficar com informação ou objeto dirigido a outra pessoa sem que ela note

intercontinental (in.ter.con.ti.nen.tal) *adj.2gén.* **1** situado entre continentes **2** que liga dois continentes

intercultural (in.ter.cul.tu.ral) *adj.2gén.* relativo a duas ou mais culturas

interdependente (in.ter.de.pen.den.te) *adj.2gén.* diz-se das pessoas ou das coisas que dependem umas das outras

interdição (in.ter.di.ção) *n.f.* proibição; impedimento

interdisciplinar (in.ter.dis.ci.pli.nar) *adj.2gén.* que é comum a duas ou mais disciplinas

interdisciplinaridade (in.ter.dis.ci.pli.na.ri.da.de) *n.f.* relação entre duas ou mais disciplinas

interditar (in.ter.di.tar) *v.* proibir

interdito (in.ter.di.to) *adj.* proibido

interdizer (in.ter.di.zer) *v.* proibir; impedir

interessado (in.te.res.sa.do) *adj.* que tem interesse ou curiosidade por; cuja atenção está voltada para ANT. desinteressado

interessante (in.te.res.san.te) *adj.2gén.* que desperta interesse; que prende a atenção SIN. cativante

interessar (in.te.res.sar) *v.* **1** dizer respeito a; tocar **2** provocar o interesse de; cativar **3** ter interesse ou importância; importar ♦ **interessar-se** sentir interesse por (interessar-se por)

nteresse (in.te.res.se) *n.m.* **1** importância que uma coisa tem para alguém **2** vontade de conhecer algo; curiosidade **3** vantagem; proveito

interesseiro (in.te.res.sei.ro) *adj. e n.m.* que ou pessoa que só pensa nos seus próprios interesses, procurando obter vantagens e benefícios

interface (in.ter.fa.ce) *n.f.* dispositivo que liga duas unidades de um sistema informático

interferência (in.ter.fe.rên.ci.a) *n.f.* **1** ato de interferir em alguma coisa **2** alteração na receção de sons ou imagens

interferir (in.ter.fe.rir) *v.* tomar parte em (conversa, discussão); participar (interferir em)

interior (in.te.ri.or) *adj.* situado do lado de dentro; interno ANT. exterior ♦ *n.m.* **1** lado de dentro **2** parte de um país que está longe do mar

interiorizar (in.te.ri.o.ri.zar) *v.* adotar ideias, comportamentos, etc. de outras pessoas; assimilar

interjeição (in.ter.jei.ção) *n.f.* palavra usada para exprimir um sentimento, dar uma ordem, chamar a atenção ou imitar um som (por exemplo: *ai, chiu, zás*); exclamação

interligação (in.ter.li.ga.ção) *n.f.* ligação de duas ou mais coisas entre si

interligar (in.ter.li.gar) *v.* ligar (duas ou mais coisas) entre si

interlocutor (in.ter.lo.cu.tor) *n.m.* pessoa com quem se fala

intermediário (in.ter.me.di.á.ri.o) *n.m.* **1** pessoa que procura resolver problemas entre pessoas ou grupos **2** pessoa que leva os produtos do produtor para o consumidor

intermédio (in.ter.mé.di.o) *adj.* que está entre duas coisas; **por intermédio de:** com o auxílio de; por meio de

interminável (in.ter.mi.ná.vel) *adj.2gén.* que não tem fim SIN. infindável

intermitente (in.ter.mi.ten.te) *adj.2gén.* que tem intervalos ou interrupções SIN. descontínuo

internacional (in.ter.na.ci.o.nal) *adj. 2gén.* 1 relativo a duas ou mais nações 2 realizado entre duas ou mais nações ♦ *n.2gén.* atleta que representa o seu país em competições onde estão representados diversos países

internamento (in.ter.na.men.to) *n.m.* ato de levar uma pessoa para uma instituição (colégio interno, hospital, etc.)

internar (in.ter.nar) *v.* levar uma pessoa para uma instituição (colégio, hospital, etc.)

internato (in.ter.na.to) *n.m.* estabelecimento de ensino em que os alunos moram na própria escola; colégio interno

internauta (in.ter.nau.ta) *n.2gén.* pessoa que utiliza regularmente a *Internet*; cibernauta

Internet (intérnét) *n.f.* rede mundial de comunicação por computadores, que permite a troca de mensagens e o acesso a grandes quantidades de informação

interno (in.ter.no) *adj.* 1 que está ou vem do lado de dentro; interior ANT. externo 2 diz-se do aluno que dorme na escola onde tem aulas

interpor (in.ter.por) *v.* pôr no meio

interposição (in.ter.po.si.ção) *n.f.* ato de colocar algo ou alguém entre duas coisas ou entre duas pessoas

interpretação (in.ter.pre.ta.ção) *n.f.* 1 explicação do significado de uma palavra, de um texto ou de uma obra 2 atuação de um músico, de um cantor ou de um ator

interpretar (in.ter.pre.tar) *v.* 1 explicar o significado de 2 atribuir um significado a 3 desempenhar um papel (no ci-

nema, no teatro) 4 interpretar uma peça musical (cantando ou tocando)

intérprete (in.tér.pre.te) *n.2gén.* 1 pessoa que faz tradução simultânea; tradutor 2 pessoa que toca ou canta uma peça musical

interrogação (in.ter.ro.ga.ção) *n.f.* dúvida; pergunta

interrogar (in.ter.ro.gar) *v.* fazer perguntas; perguntar

interrogativa (in.ter.ro.ga.ti.va) *n.f.* frase em forma de pergunta

interrogativo (in.ter.ro.ga.ti.vo) *adj.* 1 que indica interrogação 2 diz-se da palavra que serve para fazer uma pergunta

interrogatório (in.ter.ro.ga.tó.ri.o) *n.m.* conjunto de perguntas feitas a alguém com o objetivo de esclarecer um facto ou um crime

interromper (in.ter.rom.per) *v.* impedir a continuação de; parar

interrupção (in.ter.rup.ção) *n.f.* ato ou efeito de interromper; paragem; suspensão

interruptor (in.ter.rup.tor) *n.m.* dispositivo que serve para abrir ou fechar um circuito elétrico

interrutor (in.ter.ru.tor) *a grafia preferível é* **interruptor**

interseção (in.ter.se.ção) *n.f.* 1 corte 2 cruzamento

intersecção (in.ter.sec.ção) *a grafia preferível é* **interseção**

intersectar (in.ter.sec.tar) *a grafia preferível é* **intersetar**

intersetar (in.ter.se.tar) *v.* 1 cortar 2 atravessar

intervalo (in.ter.va.lo) *n.m.* 1 espaço entre duas coisas 2 período que separa duas épocas ou dois acontecimentos 3 espaço de tempo entre duas aulas ou entre duas partes de um espetáculo ou de uma competição desportiva; pausa **4** diferença entre as alturas de duas notas musicais

intervenção (in.ter.ven.ção) *n.f.* interferência; participação

interveniente (in.ter.ve.ni.en.te) *n.2gén.* pessoa que intervém, que participa; participante

intervir (in.ter.vir) *v.* tomar parte em; participar

intestinal (in.tes.ti.nal) *adj.2gén.* relativo a intestino

intestino (in.tes.ti.no) *n.m.* parte do tubo digestivo que une o estômago ao ânus e se divide em delgado e grosso

intimamente (in.ti.ma.men.te) *adv.* de modo íntimo; profundamente

intimar (in.ti.mar) *v.* ordenar

intimidade (in.ti.mi.da.de) *n.f.* **1** qualidade do que é íntimo **2** vida íntima; privacidade **3** relação muito próxima; familiaridade

intimidar (in.ti.mi.dar) *v.* assustar; amedrontar

íntimo (ín.ti.mo) *adj.* **1** que está na parte mais interior ou mais profunda **2** diz-se da pessoa amiga com quem se tem uma relação muito forte **3** diz-se daquilo que se faz apenas com amigos e familiares (*jantar íntimo, cerimónia íntima*)

intitular (in.ti.tu.lar) *v.* dar título ou nome a; chamar

intolerância (in.to.le.rân.ci.a) *n.f.* falta de tolerância ANT. tolerância

intolerante (in.to.le.ran.te) *adj.* que não aceita ou compreende diferenças de opinião ou de comportamento ANT. tolerante

intolerável (in.to.le.rá.vel) *adj.2gén.* que não se pode tolerar ou admitir SIN. inaceitável, inadmissível

intoxicação (in.to.xi.ca.ção) *n.f.* dano causado no organismo por uma substância tóxica que se ingere ou se inala;

envenenamento; **intoxicação alimentar:** mal-estar acompanhado de vómitos, febre e diarreia, provocado por alimentos estragados ou com bactérias, toxinas, etc.

intoxicar (in.to.xi.car) *v.* provocar intoxicação; envenenar

intransigência (in.tran.si.gên.ci.a) *n.f.* **1** intolerância **2** severidade

intransigente (in.tran.si.gen.te) *adj.2gén.* **1** intolerante **2** severo

intransitivo (in.tran.si.ti.vo) *adj.* diz-se do verbo que não necessita de complementos

intriga (in.tri.ga) *n.f.* **1** boato; mexerico **2** conspiração para prejudicar alguém **3** enredo (de livro, filme ou peça)

intrigado (in.tri.ga.do) *adj.* **1** admirado **2** desconfiado

intrigante (in.tri.gan.te) *adj.2gén.* estranho; misterioso

intrigar (in.tri.gar) *v.* provocar curiosidade ou admiração

intriguista (in.tri.guis.ta) *adj.* e *n.2gén.* que ou pessoa que faz intrigas; mexeriqueiro

introdução (in.tro.du.ção) *n.f.* **1** ato de pôr uma coisa dentro de outra **2** texto que aparece no início de um livro e que apresenta o tema da obra

introdutório (in.tro.du.tó.ri.o) *adj.* que serve de introdução; inicial

introduzir (in.tro.du.zir) *v.* pôr uma coisa dentro de outra; inserir

intrometer-se (in.tro.me.ter-se) *v.* dar uma opinião sobre algo que não lhe diz respeito

intrometido (in.tro.me.ti.do) *adj.* que se intromete no que não lhe diz respeito

intromissão (in.tro.mis.são) *n.f.* ato ou efeito de se intrometer

introvertido (in.tro.ver.ti.do) *adj.* pouco comunicativo; reservado ANT. extrovertido

intrujão (in.tru.jão) *n.m.* aldrabão; vigarista

intrujar (in.tru.jar) *v.* enganar; aldrabar

intrujice (in.tru.ji.ce) *n.f.* aldrabice; vigarice

intruso (in.tru.so) *adj.* diz-se de quem entra num lugar sem ser convidado ou que toma posse de algo a que não tem direito

intuição (in.tu.i.ção) *n.f.* **1** capacidade para perceber coisas imediatamente, sem pensar muito **2** suspeita de que algo vai acontecer; pressentimento

intuitivo (in.tu.i.ti.vo) *adj.* relativo a intuição

intuito (in.tui.to) *n.m.* objetivo; fim

inúmero (i.nú.me.ro) *adj.* que existe em grande quantidade; que é muito numeroso

inundação (i.nun.da.ção) *n.f.* situação em que um lugar se enche de água (devido a chuvas intensas, subida das águas de rios e lagos ou por se deixar uma torneira aberta, por exemplo) ANT. cheia

inundar (i.nun.dar) *v.* cobrir com água; alagar

inútil (i.nú.til) *adj.2gén.* **1** que não tem utilidade; desnecessário; dispensável ANT. útil **2** que não vale a pena

inutilizar (i.nu.ti.li.zar) *v.* tornar inútil ou incapaz; danificar

invadir (in.va.dir) *v.* **1** ocupar (um lugar) usando força ou violência **2** entrar de repente em **3** *(fig.)* espalhar-se por

invalidez (in.va.li.dez) *n.f.* estado da pessoa que não pode trabalhar por razões de saúde

inválido (in.vá.li.do) *adj.* **1** que não tem saúde ou capacidade física para trabalhar **2** que não é válido; nulo

invariável (in.va.ri.á.vel) *adj.2gén.* **1** que não varia SIN. imutável, inalterável

2 diz-se da palavra que tem sempre a mesma forma

invasão (in.va.são) *n.f.* **1** ocupação (de um lugar) usando força ou violência **2** *(fig.)* difusão

invasor (in.va.sor) *adj.* que invade ou ocupa pela força

inveja (in.ve.ja) *n.f.* desejo de possuir algo que outra pessoa tem SIN. cobiça

invejar (in.ve.jar) *v.* desejar ter algo que outra pessoa tem SIN. cobiçar

invejável (in.ve.já.vel) *adj.2gén.* **1** que causa inveja **2** de grande valor; considerável

invejoso (in.ve.jo.so) *adj.* que sente inveja

invenção (in.ven.ção) *n.f.* **1** ato de inventar algo; criação **2** coisa inventada; descoberta **3** coisa imaginada; fantasia

invencível (in.ven.cí.vel) *adj.2gén.* **1** que não pode ser vencido **2** que não se pode atingir ou alcançar

inventado (in.ven.ta.do) *adj.* **1** criado **2** descoberto **3** imaginado

inventar (in.ven.tar) *v.* **1** criar (algo novo) **2** descobrir (algo desconhecido) **3** imaginar (algo que não existe)

inventário (in.ven.tá.ri.o) *n.m.* lista de bens de uma pessoa ou de uma empresa

inventivo (in.ven.ti.vo) *adj.* que inventa ou imagina coisas novas SIN. criativo

invento (in.ven.to) *n.m.* coisa inventada; invenção

inventor (in.ven.tor) *n.m.* pessoa que inventa algo novo SIN. autor, criador

inverno (in.ver.no) *n.m.* estação do ano depois do outono e antes da primavera; *ver nota em* **estação**

inversão (in.ver.são) *n.f.* **1** colocação de duas ou mais coisas em sentido oposto **2** alteração da posição ou da direção de coisas ou objetos

inverso (in.ver.so) *adj.* voltado para o lado oposto; contrário

invertebrado (in.ver.te.bra.do) *adj.* diz--se do animal que não tem esqueleto interno

inverter (in.ver.ter) *v.* **1** virar para o sentido oposto **2** trocar a posição ou a direção de

invertido (in.ver.ti.do) *adj.* **1** virado para o lado contrário **2** que sofreu alteração; deslocado

investigação (in.ves.ti.ga.ção) *n.f.* pesquisa; busca

investigador (in.ves.ti.ga.dor) *n.m.* pessoa que investiga alguma coisa

investigar (in.ves.ti.gar) *v.* procurar conhecer melhor algo, estudando e examinando; pesquisar

investimento (in.ves.ti.men.to) *n.m.* **1** utilização de dinheiro com o objetivo de ter lucro **2** aplicação de tempo, esforço, etc., a fim de obter algo

investir (in.ves.tir) *v.* **1** utilizar tempo, esforço, etc., a fim de obter algo **2** usar dinheiro num negócio ou numa empresa para obter lucro

invisível (in.vi.sí.vel) *adj.2gén.* que não se vê; oculto

invisual (in.vi.su.al) *adj.2gén.* que não vê; cego ◆ *n.2gén.* pessoa que não tem o sentido da visão; pessoa cega

invocar (in.vo.car) *v.* pedir auxílio ou proteção a; chamar

invólucro (in.vó.lu.cro) *n.m.* aquilo que serve para cobrir ou envolver; cobertura; revestimento

involuntariamente (in.vo.lun.ta.ri.a.men.te) *adv.* sem querer; contra a vontade

involuntário (in.vo.lun.tá.ri.o) *adj.* que se faz sem querer; inconsciente; instintivo

invulgar (in.vul.gar) *adj.2gén.* que é pouco comum **SIN.** raro

invulnerável (in.vul.ne.rá.vel) *adj.2gén.* que não pode ser atingido ou atacado

iodo (i.o.do) *n.m.* substância de cor violeta que se encontra no mar e nas algas; **tintura de iodo:** solução alcoólica usada como desinfetante

ioga (i.o.ga) *n.m.* disciplina baseada em posições corporais e no controlo da respiração, que procura estabelecer o equilíbrio entre o corpo e a mente

iogurte (i.o.gur.te) *n.m.* alimento preparado com leite coalhado, por vezes aromatizado ou com pedaços de frutas, que geralmente se come frio

ioió (io.ió) *n.m.* brinquedo formado por dois discos unidos no centro por um pequeno cilindro em volta do qual se prende um cordão que faz subir e descer o brinquedo

ir (ir) *v.* **1** deslocar-se de um lugar para outro; dirigir-se para **2** estar presente em determinado lugar; comparecer ◆ **ir-se 1** sair de um lugar; partir **2** gastar-se; desaparecer **3** morrer

ira (i.ra) *n.f.* fúria; cólera

irado (i.ra.do) *adj.* muito zangado; furioso

íris (í.ris) *n.f.2núm.* membrana do globo ocular onde se encontra a pupila

irlandês (ir.lan.dês) *adj.* relativo à República da Irlanda (país a oeste do Reino Unido) ◆ *n.m.* pessoa natural da Irlanda

irmã (ir.mã) *n.f.* **1** pessoa do sexo feminino que tem os mesmos pais **2** mulher que faz parte de uma ordem religiosa; freira

irmão (ir.mão) *n.m.* **1** pessoa do sexo masculino que tem os mesmos pais **2** membro de uma ordem religiosa; frade

ironia (i.ro.ni.a) *n.f.* forma de humor que consiste em dizer o contrário daquilo que se pensa ou sente

a
b
c
d
e
f
g
h
i
j
k
l
m
n
o
p
q
r
s
t
u
v
w
x
y
z

irónico (i.ró.ni.co) *adj.* **1** em que há ironia **2** que dá a entender o contrário do que se diz

irra (ir.ra) *interj.* indica desaprovação, descontentamento ou aversão

irracional (ir.ra.ci.o.nal) *adj.2gén.* **1** que é contrário à razão; ilógico **2** diz-se do animal que não possui razão ou capacidade para pensar

irradiar (ir.ra.di.ar) *v.* lançar (luz, calor)

irreal (ir.re.al) *adj.2gén.* **1** que não é real ou verdadeiro **ANT.** real **2** que é fruto da imaginação; imaginário

irrecuperável (ir.re.cu.pe.rá.vel) *adj. 2gén.* que não pode ser recuperado; perdido

irredutível (ir.re.du.tí.vel) *adj.2gén.* **1** que não se pode reduzir ou decompor **2** diz-se da pessoa que não se deixa convencer; inflexível

irreflectido *a nova grafia é* **irrefletido**

irrefletido (ir.re.fle.ti.do) *adj.* dito ou feito sem pensar **SIN.** impensado

irreflexão (ir.re.fle.xão) *n.f.* **1** falta de reflexão; precipitação **2** ato ou comentário que não foi pensado; imprudência

irregular (ir.re.gu.lar) *adj.* **1** que tem quebras ou falhas; desigual **ANT.** regular **2** que não está de acordo com as regras **3** diz-se do verbo que sofre alteração do radical e cuja flexão se afasta da flexão do paradigma a que pertence

irregularidade (ir.re.gu.la.ri.da.de) *n.f.* existência de quebras ou falhas; desigualdade **ANT.** regularidade

irremediável (ir.re.me.di.á.vel) *adj.2gén.* **1** que não tem remédio ou solução **2** que não se pode evitar

irreparável (ir.re.pa.rá.vel) *adj.2gén.* que não pode ser remediado ou recuperado

irrequieto (ir.re.qui.e.to) *adj.* que não fica quieto e sossegado **SIN.** agitado

irresistível (ir.re.sis.tí.vel) *adj.2gén.* **1** a que não se consegue resistir **2** que não se pode dominar (choro, riso, etc.)

irrespirável (ir.res.pi.rá.vel) *adj.2gén.* **1** que não se pode respirar **2** (*fig.*) insuportável

irresponsabilidade (ir.res.pon.sa.bi.li.da.de) *n.f.* falta de responsabilidade; atitude de quem age sem pensar nas consequências dos seus atos **ANT.** responsabilidade

irresponsável (ir.res.pon.sá.vel) *adj. 2gén.* **1** diz-se da pessoa que age sem pensar nas consequências dos seus atos **ANT.** responsável **2** diz-se do comportamento ou do comentário irrefletido

irreverência (ir.re.ve.rên.ci.a) *n.f.* falta de respeito

irreverente (ir.re.ve.ren.te) *adj.2gén.* que mostra falta de respeito

irrigação (ir.ri.ga.ção) *n.f.* **1** circulação de líquidos (sangue, linfa, etc.) no organismo **2** rega artificial de terrenos

irrigar (ir.ri.gar) *v.* **1** conduzir (líquidos) **2** molhar com água; regar

irritabilidade (ir.ri.ta.bi.li.da.de) *n.f.* estado de quem se irrita com facilidade

irritação (ir.ri.ta.ção) *n.f.* **1** estado de nervosismo ou de fúria **2** ligeira inflamação na pele

irritadiço (ir.ri.ta.di.ço) *adj.* que se irrita com facilidade

irritado (ir.ri.ta.do) *adj.* enervado; furioso

irritante (ir.ri.tan.te) *adj.2gén.* que causa irritação **SIN.** enervante

irritar (ir.ri.tar) *v.* **1** pôr (alguém) nervoso; enervar **2** fazer zangar (alguém); enfurecer **3** causar inflamação (na pele) ◆ **irritar-se 1** ficar nervoso; enervar-se **2** ficar zangado; enfurecer-se

irritável (ir.ri.tá.vel) *adj.2gén.* que se irrita com facilidade

isca (is.ca) *n.f.* → **isco**

isco (is.co) *n.m.* **1** aquilo que se põe no anzol para atrair os peixes; engodo **2** *(fig.)* aquilo que atrai ou que chama a atenção de uma pessoa; atrativo; **morder o isco:** cair numa armadilha preparada por alguém; deixar-se enganar

isento (i.sen.to) *adj.* **1** que está livre de uma obrigação; dispensado **2** que é justo nas suas decisões ou opiniões; imparcial

islâmico (is.lâ.mi.co) *adj.* relativo ao islamismo

islamismo (is.la.mis.mo) *n.m.* religião fundada pelo profeta árabe Maomé

islandês (is.lan.dês) *adj.* relativo à Islândia (país que é uma ilha no norte do oceano Atlântico) ◆ *n.m.* **1** pessoa natural da Islândia **2** língua falada na Islândia

isolado (i.so.la.do) *adj.* **1** que está afastado das outras pessoas; solitário **2** diz-se do lugar distante e desabitado

isolador (i.so.la.dor) *adj.* que serve para isolar

isolamento (i.so.la.men.to) *n.m.* **1** separação de uma coisa em relação a outras **2** estado da pessoa que vive afastada das outras pessoas

isolante (i.so.lan.te) *adj.2gén.* **1** diz-se do material que não conduz a corrente elétrica **2** diz-se do material que não deixa passar o calor ou o som

isolar (i.so.lar) *v.* **1** separar (uma coisa ou uma pessoa) de outras **2** cobrir (algo) com material isolante ◆ **isolar-se** ir para um lugar afastado e distante

isóscele (i.sós.ce.le) *adj.2gén.* diz-se do triângulo ou do trapézio que tem dois lados iguais

isósceles (i.sós.ce.les) *adj.inv.* → **isóscele**

isqueiro (is.quei.ro) *n.m.* pequeno utensílio de metal ou plástico, usado para fazer lume

isso (is.so) *pron.dem.* essa ou essas coisas

istmo (ist.mo) *n.m.* **1** faixa estreita de terra que liga uma península ao continente **2** parte estreita que une duas partes maiores de alguma coisa

isto (is.to) *pron.dem.* esta ou estas coisas

italiano (i.ta.li.a.no) *adj.* relativo a Itália ◆ *n.m.* **1** pessoa natural de Itália **2** língua falada em Itália

itálico (i.tá.li.co) *n.m.* tipo de letra inclinada para a direita; grifo

item (i.tem) *n.m.* [*pl.* itens] cada uma das partes de um texto escrito, de um contrato, de um regulamento, etc.

itinerante (i.ti.ne.ran.te) *adj.2gén.* que se desloca de um lugar para outro; que muda de lugar sin. ambulante

itinerário (i.ti.ne.rá.ri.o) *n.m.* caminho a seguir numa viagem; roteiro

J

j (jóta) *n.m.* consoante, décima letra do alfabeto, que está entre as letras *i* e *k*

já (já) *adv.* **1** neste instante; agora mesmo; imediatamente (*vamos já para casa*) **2** nesse tempo; no passado (*já era linda em criança*) **3** logo; num instante (*voltamos já*) **4** antes; anteriormente (*um filme já visto*); **desde já:** a partir deste momento; de agora em diante; **já que:** visto que; uma vez que; **para já:** neste momento; por enquanto

jacarandá (ja.ca.ran.dá) *n.m.* árvore da América do Sul com flores de cor violeta, que fornece madeira escura e muito resistente

jacaré (ja.ca.ré) *n.m.* réptil grande, com o focinho largo e curto e com pele muito grossa, que vive nos rios e pântanos da América do Sul

jacinto (ja.cin.to) *n.m.* planta com flores coloridas em forma de espigas, perfumadas e dispostas em cachos

jackpot *n.m.* [*pl.* jackpot] prémio mais alto de um jogo, resultante da acumulação do valor do prémio durante várias semanas

jacto (ja.de) *a nova grafia é* **jato**

jade (ja.de) *n.m.* pedra semipreciosa esverdeada e muito dura, utilizada em joias e objetos de decoração

jaguar (ja.guar) *n.m.* mamífero carnívoro de cor amarelada, com manchas pretas e irregulares em todo o corpo, parecido com o tigre

jamais (ja.mais) *adv.* **1** nunca **2** de modo algum

janeiras (ja.nei.ras) *n.f.pl.* cantigas populares de boas-festas que são cantadas por ocasião do Ano Novo

janeiro (ja.nei.ro) *n.m.* primeiro mês do ano; *ver nota em* **mês**

janela (ja.ne.la) *n.f.* **1** abertura na parede de um edifício **2** parte da superfície do ecrã do computador, de forma retangular, que mostra um ficheiro ou um programa

jangada (jan.ga.da) *n.f.* armação flutuante feita com tábuas, troncos ou outros objetos leves

janota (ja.no.ta) *adj.2gén.* elegante

janta (jan.ta) *n.f.* (*inform.*) jantar

jantar (jan.tar) *n.m.* refeição que se toma ao fim da tarde ou no início da noite ♦ *v.* comer a refeição da noite

jantarada (jan.ta.ra.da) *n.f.* jantar abundante

jante (jan.te) *n.f.* aro da roda de automóvel, bicicleta, etc. em que encaixa o pneu

japonês (ja.po.nês) *adj.* relativo ao Japão (na Asia) ♦ *n.m.* **1** pessoa natural do Japão **2** língua falada no Japão

jaqueta (ja.que.ta) *n.f.* casaco curto

jarda (jar.da) *n.f.* medida de comprimento inglesa, equivalente a 0,914 metros

jardim (jar.dim) *n.m.* espaço público ou privado onde se cultivam flores e árvores; **jardim botânico:** parque onde se cultivam diversas plantas para estudo e que pode ser visitado; **jardim zoológico:** local onde vivem e estão expostos ao público animais de várias espécies

jardim-de-infância *a nova grafia é* **jardim de infância**

jardim de infância (jar.dim de in.fân.ci.a) *n.m.* [*pl.* jardins de infância] estabelecimento de ensino onde ficam crianças pequenas durante o dia SIN. jardim-escola, jardim-infantil

jardim-escola (jar.dim-es.co.la) *n.m.* [*pl.* jardins-escola] ➔ **jardim de infância**

jardim-infantil (jar.dim-in.fan.til) *n.m.* [*pl.* jardins-infantis] ➔ **jardim de infância**

jardinagem (jar.di.na.gem) *n.f.* arte de cultivar e tratar de jardins

jardinar (jar.di.nar) *v.* cultivar e tratar de um jardim

jardineira (jar.di.nei.ra) *n.f.* guisado de carne, geralmente vitela, preparado com vários legumes frescos

jardineiras (jar.di.nei.ras) *n.f.pl.* calças ou calções de ganga ou sarja, com peitilho e alças

jardineiro (jar.di.nei.ro) *n.m.* pessoa que trata de jardins

jarra (jar.ra) *n.f.* vaso de vidro ou de louça para flores

jarrão (jar.rão) *n.m.* jarra grande

jarreta (jar.re.ta) *n.2gén.* **1** (*inform.*) pessoa que veste mal e à moda antiga **2** (*inform.*) pessoa idosa e ridícula

jarro (jar.ro) *n.m.* **1** vaso alto, bojudo, com asa e bico, próprio para conter líquidos **2** planta que dá flores brancas em forma de cone, com uma haste amarela no meio

jasmim (jas.mim) *n.m.* planta trepadeira, de pequenas flores aromáticas brancas, amarelas ou rosadas

jato (ja.to) *n.m.* **1** porção de um líquido que sai com força de uma vez; jorro **2** aeronave cuja propulsão é feita por meio da saída de um fluido

jaula (jau.la) *n.f.* caixa de grades utilizada para aprisionar animais selvagens

javali (ja.va.li) *n.m.* animal mamífero corpulento, de pelo espesso e cinzento; porco selvagem

jazer (ja.zer) *v.* **1** estar deitado ou estendido **2** estar sepultado

jazida (ja.zi.da) *n.f.* depósito natural de minério

jazigo (ja.zi.go) *n.m.* pequeno monumento que serve de sepultura a um ou mais mortos, geralmente da mesma família; túmulo

jazz *n.m.* género musical de origem norte-americana que dá muita importância à improvisação

jeans (djins) *n.m.pl.* calças de ganga

jeira (jei.ra) *n.f.* terreno que uma junta de bois pode lavrar num dia; leira

jeito (jei.to) *n.m.* **1** maneira de ser ou de agir **2** aptidão natural; vocação; **a jeito:** em boa posição; em momento oportuno; a propósito; **com jeito:** com cuidado; com delicadeza; **dar jeito:** ser útil; ser oportuno; **fazer jeito:** vir a propósito; ser conveniente

jeitoso (jei.to.so) *adj.* **1** que tem jeito; habilidoso **2** com boa aparência; atraente

jejuar (je.ju.ar) *v.* não comer porque não se quer (por motivos religiosos ou como protesto) ou porque se é obrigado (por razões de saúde, por exemplo)

jejum (je.jum) *n.m.* estado da pessoa que não come durante algum tempo por motivos religiosos ou outros (de saúde, etc.)

jerico (je.ri.co) *n.m.* jumento; burro

jesuíta (je.su.í.ta) *adj.2gén.* relativo à Companhia de Jesus (ordem religiosa fundada em 1540) ◆ *n.m.* **1** membro da Companhia de Jesus **2** pastel de massa folhada coberta por uma camada de claras batidas com açúcar

a b c d e f g h i j k l m n o p q r s t u v w x y z

jesus (je.sus) *interj.* exprime admiração, surpresa ou susto

jiboia (ji.boi.a) *n.f.* grande serpente não venenosa, de cor acinzentada, que se alimenta de roedores e de aves e vive na América do Sul

jibóia *a nova grafia é* **jiboia**

jindungo (jin.dun.go) *n.m. (Ang.)* malagueta

jinga (jin.ga) *n.f. (Moç.)* bicicleta

jinguba (jin.gu.ba) *n.f. (Ang., STP)* amendoim

jipe (ji.pe) *n.m.* veículo próprio para circular em terrenos difíceis

joalharia (jo.a.lha.ri.a) *n.f.* **1** arte de fabricar joias **2** loja onde se vendem joias

joalheiro (jo.a.lhei.ro) *n.m.* fabricante ou vendedor de joias

joanete (jo.a.ne.te) *n.m.* saliência na base do dedo grande do pé

joaninha (jo.a.ni.nha) *n.f.* pequeno inseto de cabeça pequena, com patas curtas e asas vermelhas com pintas pretas

jobar (jo.bar) *v. (Moç.)* trabalhar

jocoso (jo.co.so) *adj.* que faz rir SIN. cómico, engraçado

joelhada (jo.e.lha.da) *n.f.* pancada dada com o joelho

joelheira (jo.e.lhei.ra) *n.f.* qualquer proteção para os joelhos

joelho (jo.e.lho) *n.m.* parte anterior e saliente correspondente à articulação que permite dobrar as pernas

jogada (jo.ga.da) *n.f.* aquilo que um jogador faz quando chega a sua vez; lance

jogador (jo.ga.dor) *n.m.* pessoa que participa num jogo

jogar (jo.gar) *v.* **1** participar num jogo **2** praticar uma modalidade desportiva

jogo (jo.go) *n.m.* **1** atividade física ou intelectual que uma pessoa realiza para se distrair; passatempo; distração **2** atividade realizada segundo regras que estabelecem quem vence e quem perde; competição; **jogos olímpicos:** competição desportiva internacional, que se realiza de quatro em quatro anos

jogral (jo.gral) *n.m.* artista medieval que tocava, cantava e recitava poesia

joia (joi.a) *n.f.* **1** objeto de material valioso e por vezes com pedras preciosas, que se usa como adorno **2** quantia que se paga pela entrada numa associação ou num clube

jóia *a nova grafia é* **joia**

jóquei (jó.quei) *n.m.* corredor profissional nas corridas de cavalos

jóquer (jó.quer) *n.m.* **1** carta extra de um baralho, geralmente com a figura de um bobo **2** sorteio de um número de série registado num boletim

jornada (jor.na.da) *n.f.* viagem; caminhada

jornal (jor.nal) *n.m.* publicação periódica com notícias, reportagens, entrevistas, anúncios e outro tipo de informação (empregos, filmes em exibição, previsão do tempo, etc.); periódico

jornalismo (jor.na.lis.mo) *n.m.* **1** atividade de quem trabalha em jornais, na televisão ou na rádio (a escrever artigos, fazer entrevistas, apresentar noticiários, etc.) **2** meios de comunicação social (rádio, televisão, jornais)

jornalista (jor.na.lis.ta) *n.2gén.* profissional que trabalha em comunicação social (jornais, rádio, televisão)

jornalístico (jor.na.lís.ti.co) *adj.* relativo a jornal ou a jornalista

jorrar (jor.rar) *v.* sair com força e abundância

jorro (jor.ro) *n.m.* saída impetuosa e abundante de um líquido

jovem (jo.vem) *adj.2gén.* que tem pouca idade; novo ◆ *n.2gén.* pessoa com pouca idade; adolescente

jovial (jo.vi.al) *adj.2gén.* **1** que é alegre e divertido; bem-disposto **2** que tem graça; engraçado

joystick (jóistic) *n.m.* dispositivo manual formado por uma alavanca com botões que se move sobre uma base e que se liga ao computador para controlar o movimento em jogos, simuladores de voo, etc.

juba (ju.ba) *n.f.* pelo que cresce ao longo do pescoço e na cabeça do leão

judeu (ju.deu) *adj.* **1** relativo ao judaísmo **2** relativo à Judeia, antiga região da Palestina ◆ *n.m.* **1** pessoa que segue a religião judaica **2** pessoa natural da Judeia

judicial (ju.di.ci.al) *adj.2gén.* relativo a justiça ou a tribunal

judo (ju.do) *n.m.* luta defensiva sem armas, de origem japonesa, que se baseia na agilidade dos praticantes

judoca (ju.do.ca) *n.2gén.* pessoa que pratica judo

juiz (ju.iz) *n.m.* funcionário público que tem poder para julgar; **juiz de linha:** no futebol, pessoa que assinala com uma pequena bandeira a saída da bola pela linha lateral ou pela linha de fundo; árbitro auxiliar

juízo (ju.í.zo) *n.m.* **1** capacidade de avaliar pessoas e coisas; entendimento; razão **2** opinião sobre algo ou alguém; avaliação; **não ter juízo:** portar-se mal; **ter juízo:** portar-se bem

> **Juízo** escreve-se com um acento agudo no **i**.

julgamento (jul.ga.men.to) *n.m.* **1** ato de julgar alguém num tribunal **2** opinião positiva ou negativa sobre algo ou alguém

julgar (jul.gar) *v.* **1** decidir como juiz **2** avaliar **3** supor

julho (ju.lho) *n.m.* sétimo mês do ano; *ver nota em* **mês**

juliana (ju.li.a.na) *n.f.* **1** mistura de legumes picados para sopa **2** sopa feita com legumes picados

jumento (ju.men.to) *n.m.* burro; asno

junção (jun.ção) *n.f.* união

junco (jun.co) *n.m.* **1** planta herbácea, alongada e flexível **2** embarcação chinesa a remo ou à vela

junho (ju.nho) *n.m.* sexto mês do ano; *ver nota em* **mês**

júnior (jú.ni.or) *adj.2gén.* que é mais jovem ◆ *n.m.* [*pl.* juniores] praticante de uma modalidade desportiva com idade entre os 16 e os 19 anos

junquilho (jun.qui.lho) *n.m.* flor amarela muito aromática, de uma planta com o mesmo nome

junta (jun.ta) *n.f.* **1** parelha de bois ou vacas **2** grupo de trabalho

juntamente (jun.ta.men.te) *adv.* **1** ao mesmo tempo que (outra coisa) **2** na companhia de (alguém)

juntar (jun.tar) *v.* **1** reunir; agrupar **2** acrescentar; somar

juntinho (jun.ti.nho) *adj.* muito próximo

junto (jun.to) *adj.* **1** unido **2** próximo

Júpiter (Jú.pi.ter) *n.m.* o maior dos planetas do sistema solar, situado entre Marte e Saturno

jura (ju.ra) *n.f.* promessa solene SIN. juramento

juramento (ju.ra.men.to) *n.m.* afirmação ou promessa solene

jurar (ju.rar) *v.* **1** afirmar que se está a dizer a verdade **2** prometer que se fará determinada coisa

a
b
c
d
e
f
g
h
i
j
k
l
m
n
o
p
q
r
s
t
u
v
w
x
y
z

júri (jú.ri) *n.m.* conjunto de pessoas que avaliam o resultado de um concurso, de uma prova desportiva, etc.

jurídico (ju.rí.di.co) *adj.* relativo às leis ou à justiça

jurista (ju.ris.ta) *n.2gén.* pessoa que estudou e aplica as leis

jus (jus) *n.m.* direito; **fazer jus a:** fazer por merecer

justamente (jus.ta.men.te) *adv.* 1 de modo justo; com justiça 2 precisamente; exatamente

justiça (jus.ti.ça) *n.f.* 1 forma de atuar que respeita as leis e os direitos das pessoas ANT. injustiça 2 poder de aplicar as leis

justiceiro (jus.ti.cei.ro) *adj.* 1 que é rigoroso na aplicação da justiça 2 que defende a aplicação da justiça fora dos tribunais e com violência

justificação (jus.ti.fi.ca.ção) *n.f.* explicação apresentada por alguém para jus-tificar algo (uma falta, um atraso, etc.); desculpa

justificar (jus.ti.fi.car) *v.* 1 explicar o motivo de um comportamento 2 provar que algo é justo ou necessário ♦ **justificar-se** 1 explicar o seu próprio comportamento 2 provar que se é inocente

justo (jus.to) *adj.* 1 que atua de forma correta e com justiça; reto ANT. injusto 2 adequado; apropriado 3 diz-se da roupa apertada

juta (ju.ta) *n.f.* fibra têxtil fornecida por uma planta com o mesmo nome

juvenil (ju.ve.nil) *adj.2gén.* relativo a juventude; próprio da juventude ♦ *n.2gén.* praticante de uma modalidade desportiva com idade entre os 14 e os 16 anos

juventude (ju.ven.tu.de) *n.f.* período da vida humana entre a infância e a idade adulta SIN. adolescência

K

k (cápa) *n.m.* consoante, décima primeira letra do alfabeto, que está entre as letras *j* e *l*

Com o Acordo Ortográfico, o **k** passa oficialmente a fazer parte do alfabeto português.

kanimambo (ka.ni.mam.bo) *adj. (Moç.)* agradecido; grato ◆ *interj. (Moç.)* usada para agradecer; obrigado!

karaoke *n.m.* tipo de espetáculo em que uma pessoa canta ao som de música gravada, enquanto a letra passa num ecrã

karaté (ka.ra.té) *n.m.* método de combate e defesa pessoal em que não se usa arma e que consiste em dar golpes rápidos e fortes, com as mãos e os pés, em determinadas partes do corpo do adversário

karateca (ka.ra.te.ca) *n.2gén.* pessoa que pratica karaté

kart *n.m.* [*pl. karts*] pequeno automóvel de competição, com um único lugar, sem carroçaria nem caixa de mudanças

karting *n.m.* desporto automóvel praticado com *karts*; corrida de *karts*

kartista (kar.tis.ta) *n.2gén.* pessoa que pratica *karting*

kartódromo (kar.tó.dro.mo) *n.m.* pista própria para a realização de corridas de *karts*

ketchup *n.m.* molho cremoso feito de tomate e outros condimentos (como cebola, sal e açúcar)

kg *símbolo de* quilograma

kilt *n.m.* [*pl. kilts*] saia de pregas em tecido de lã com desenhos de xadrez que faz parte do traje nacional da Escócia

king *n.m.* jogo de cartas disputado por quatro adversários individuais ou por duas equipas

kispo *n.m.* blusão feito de material impermeável, geralmente curto

kit *n.m.* [*pl. kits*] **1** estojo com diversos artigos para um fim específico (*kit de primeiros socorros*, *kit de ferramentas*, etc.) **2** conjunto de peças que se vendem soltas para serem utilizadas numa montagem

kiwi *n.m.* [*pl. kiwis*] **1** fruto de casca castanha e polpa esverdeada e doce, com pequenas sementes pretas, que é rico em vitamina C **2** ave da Nova Zelândia com plumagem castanha, bico longo e asas muito curtas, que a impedem de voar

kl *símbolo de* quilolitro

km *símbolo de* quilómetro

kwanza (kwan.za) *n.m.* unidade monetária de Angola

L

l (éle) *n.m.* consoante, décima segunda letra do alfabeto, que está entre as letras *k* e *m*

lá (lá) *adv.* **1** naquele lugar; ali **2** sexta nota da escala musical

lã (lã) *n.f.* **1** pelo ondulado e macio que cobre o corpo de alguns animais (carneiro, ovelha, etc.) **2** tecido feito desse pelo

labareda (la.ba.re.da) *n.f.* chama grande e alta

lábia (lá.bi.a) *n.f.* (*inform.*) conversa para enganar alguém; manha

labial (la.bi.al) *adj.2gén.* **1** relativo a lábio **2** diz-se da consoante que se articula com os lábios

lábio (lá.bi.o) *n.m.* parte exterior do contorno da boca; beiço

labirinto (la.bi.rin.to) *n.m.* **1** estrutura formada por caminhos cruzados de tal maneira que é muito difícil encontrar a saída **2** (*fig.*) coisa complicada; confusão

labor (la.bor) *n.m.* trabalho difícil e demorado

laboral (la.bo.ral) *adj.2gén.* relativo a trabalho

laboratório (la.bo.ra.tó.ri.o) *n.m.* lugar onde se fazem experiências científicas

labuta (la.bu.ta) *n.f.* **1** trabalho difícil e cansativo **2** qualquer trabalho

laca (la.ca) *n.f.* substância que se vaporiza sobre o cabelo para fixar o penteado

laçada (la.ça.da) *n.f.* nó que se desata facilmente

lacaio (la.cai.o) *n.m.* criado

laçar (la.çar) *v.* **1** fazer laço em; atar **2** prender (um animal em movimento) por meio de laço

laço (la.ço) *n.m.* **1** nó; laçada **2** aliança; ligação

lacónico (la.có.ni.co) *adj.* breve; conciso

lacrau (la.crau) *n.m.* → **escorpião**

lacre (la.cre) *n.m.* substância resinosa misturada com corante, usada para fechar cartas, garrafas, etc.

lacrimal (la.cri.mal) *adj.2gén.* relativo a lágrimas

lacrimejar (la.cri.me.jar) *v.* ter os olhos cheios de lágrimas

lácteo (lác.te.o) *adj.* **1** relativo a leite **2** que contém leite

lacticínio (lac.ti.cí.ni.o) *a grafia preferível é* **laticínio**

lactose (lac.to.se) *n.f.* açúcar existente no leite dos mamíferos

lacuna (la.cu.na) *n.f.* falta; falha

lacustre (la.cus.tre) *adj.2gén.* relativo a lago

ladainha (la.da.i.nha) *n.f.* → **lengalenga**

ladear (la.de.ar) *v.* **1** estar perto de **2** fazer o contorno de

ladeira (la.dei.ra) *n.f.* inclinação de terreno SIN. encosta

ladeiro (la.dei.ro) *adj.* diz-se de um prato pouco fundo

ladino (la.di.no) *adj.* **1** traquina **2** espertalhão

lado (la.do) *n.m.* **1** parte que fica à direita ou à esquerda de alguma coisa **2** cada uma das faces de um sólido geométrico **3** sítio; lugar; **ao lado de:**

junto de; perto de; **estar do lado de:** ser a favor de; apoiar; **lado a lado:** ao lado do outro; juntos; **pôr de lado:** deixar de reserva (para mais tarde); abandonar

ladrão (la.drão) *n.m.* [*f.* ladra] pessoa que rouba

ladrar (la.drar) *v.* soltar latidos (o cão)

ladrilho (la.dri.lho) *n.m.* pequena placa de cerâmica, geralmente quadrada ou retangular; mosaico

lagar (la.gar) *n.m.* tanque onde se pisam frutos, como uvas e azeitonas

lagarta (la.gar.ta) *n.f.* larva de insetos, com o corpo alongado e mole

lagartixa (la.gar.ti.xa) *n.f.* pequeno lagarto insetívoro e trepador, frequente em muros e pedras SIN. sardanisca

lagarto (la.gar.to) *n.m.* réptil maior que a lagartixa, com corpo longo, patas curtas e cauda comprida

lagarto-de-colarinho (la.gar.to-de--co.la.ri.nho) *n.m.* [*pl.* lagartos-de--colarinho] animal australiano que possui membranas de pele à volta do pescoço, que abre em situações de perigo para parecer maior e assustar os inimigos

lago (la.go) *n.m.* porção de água cercada de terra

lagoa (la.go.a) *n.f.* pequena extensão de água cercada de terra

lagosta (la.gos.ta) *n.f.* crustáceo com o corpo revestido de uma carapaça, com espinhos e antenas longas

lagostim (la.gos.tim) *n.m.* crustáceo com dez patas, semelhante à lagosta mas sem antenas

lágrima (lá.gri.ma) *n.f.* gota de líquido incolor e salgado que sai dos olhos quando se chora; **lágrimas de crocodilo:** choro fingido, apenas para chamar a atenção

laguna (la.gu.na) *n.f.* **1** braço de mar pouco profundo entre bancos de areia ou ilhas, na foz de certos rios **2** lagoa de água salgada cercada por um recife de coral

laia (lai.a) *n.f.* qualidade; feitio; **à laia de:** à maneira de

laico (lai.co) *adj.* que não pertence a uma ordem religiosa SIN. leigo

laje (la.je) *n.f.* placa de pedra ou de cerâmica usada para cobrir pavimentos

> **Laje** escreve-se com **j** (e não com **g**).

lajeado (la.je.a.do) *n.m.* pavimento coberto de laje(s)

lama (la.ma) *n.f.* terra molhada e pastosa; lodo ♦ *n.m.* **1** mamífero ruminante da América do Sul **2** monge budista

lamaçal (la.ma.çal) *n.m.* lugar coberto de lama SIN. atoleiro

lamacento (la.ma.cen.to) *adj.* cheio de lama

lambão (lam.bão) *adj.* → **lambareiro**

lambareiro (lam.ba.rei.ro) *adj.* que gosta muito de comer coisas doces SIN. guloso

lambarice (lam.ba.ri.ce) *n.f.* alimento doce ou muito saboroso SIN. gulodice, guloseima

lamber (lam.ber) *v.* **1** passar a língua por **2** comer com sofreguidão

lambidela (lam.bi.de.la) *n.f.* ato ou efeito de lamber

lambreta (lam.bre.ta) *n.f.* veículo motorizado semelhante à motocicleta, mas com rodas mais pequenas e com assento em vez de selim

lambuzar (lam.bu.zar) *v.* sujar de comida ou de gordura ♦ **lambuzar-se** ficar sujo de comida ou de gordura

a
b
c
d
e
f
g
h
i
j
k
l
m
n
o
p
q
r
s
t
u
v
w
x
y
z

lamecense (la.me.cen.se) *adj.2gén.* relativo a Lamego ♦ *n.2gén.* pessoa natural de Lamego

lamecha (la.me.cha) *adj.2gén.* diz-se da pessoa que é muito sensível ou muito mimada SIN. piegas

lamela (la.me.la) *n.f.* lâmina de vidro, muito fina, para observações ao microscópio

lamentação (la.men.ta.ção) *n.f.* queixume; lamento

lamentar (la.men.tar) *v.* ter pena de; lastimar ♦ **lamentar-se** chorar exprimindo tristeza ou dor; queixar-se

lamentável (la.men.tá.vel) *adj.2gén.* que causa tristeza ou pena

lamento (la.men.to) *n.m.* **1** gesto ou palavra que exprime dor ou tristeza; queixa; gemido **2** choro; pranto

lâmina (lâ.mi.na) *n.f.* **1** placa de metal, chata e muito fina **2** pequena placa de vidro para observações ao microscópio **3** gume de uma faca

laminado (la.mi.na.do) *adj.* **1** composto de lâminas **2** cortado em fatias finas

laminar (la.mi.nar) *v.* cortar em forma de lâmina(s)

lâmpada (lâm.pa.da) *n.f.* objeto de vidro, com formas diversas, que serve para iluminar

lamparina (lam.pa.ri.na) *n.f.* recipiente com substância combustível e um pavio no centro, que dá luz fraca

lampejo (lam.pe.jo) *n.m.* **1** clarão ou brilho repentino **2** *(fig.)* ideia súbita; inspiração

lampião (lam.pi.ão) *n.m.* poste de iluminação de rua

lampreia (lam.prei.a) *n.f.* animal aquático parecido com a enguia e muito apreciado como alimento

lamúria (la.mú.ri.a) *n.f.* lamento ou choro continuado SIN. queixume

lança (lan.ça) *n.f.* haste comprida terminada numa lâmina pontiaguda

lançamento (lan.ça.men.to) *n.m.* **1** ato de lançar; arremesso **2** ato de enviar uma nave, um satélite, etc. para o espaço **3** colocação de um novo produto no mercado

lançar (lan.çar) *v.* **1** atirar; arremessar **2** enviar para o espaço **3** colocar (um novo produto) no mercado

lance (lan.ce) *n.m.* jogada

lancha (lan.cha) *n.f.* barco pequeno com motor

lanchar (lan.char) *v.* comer o lanche

lanche (lan.che) *n.m.* refeição ligeira que se faz entre o almoço e o jantar; merenda

lancheira (lan.chei.ra) *n.f.* pequena mala de mão onde se leva o lanche

lanço (lan.ço) *n.m.* conjunto dos degraus de uma escada entre dois patamares

lanho (la.nho) *n.m.* golpe feito com instrumento cortante

lanifício (la.ni.fí.ci.o) *n.m.* **1** fábrica onde são produzidos tecidos de lã **2** tecido de lã

lantejoula (lan.te.jou.la) *n.f.* pequeno enfeite brilhante, circular e com um furo no meio, que se cose num tecido

lanterna (lan.ter.na) *n.f.* aparelho portátil que serve para iluminar e que funciona com pilhas

lapa (la.pa) *n.f.* **1** molusco de concha univalve, muito frequente nos rochedos do litoral **2** *(fig.)* pessoa importuna ou insistente

lapela (la.pe.la) *n.f.* parte anterior e superior do casaco, voltada para fora

lapidar (la.pi.dar) *v.* **1** talhar e polir pedras preciosas, vidros, etc. **2** *(fig.)* aperfeiçoar ♦ *adj.2gén.* **1** relativo a lápide **2** *(fig.)* perfeito; fundamental

lápide (lá.pi.de) *n.f.* **1** pedra gravada com uma inscrição que lembra um acontecimento notável ou a memória de alguém **2** laje que cobre um túmulo

lápis (lá.pis) *n.m.2núm.* utensílio cilíndrico de madeira usado para escrever

lapiseira (la.pi.sei.ra) *n.f.* instrumento cilíndrico em que se introduz grafite, utilizado para escrever ou desenhar

lápis-lazúli (lá.pis-la.zú.li) *n.m.* [*pl.* lápis-lazúlis] mineral de cor azul utilizado em objetos ornamentais

lapso (lap.so) *n.m.* **1** espaço de tempo; intervalo **2** erro; engano

lar (lar) *n.m.* lugar onde se vive; casa; habitação

laracha (la.ra.cha) *n.f. (pop.)* dito engraçado; piada SIN. chalaça

laranja (la.ran.ja) *n.f.* fruto da laranjeira, arredondado e com gomos sumarentos, coberto por uma casca cor de laranja

laranjada (la.ran.ja.da) *n.f.* bebida feita com sumo da laranja

laranjal (la.ran.jal) *n.m.* pomar de laranjeiras

laranjeira (la.ran.jei.ra) *n.f.* árvore com flores brancas e folhas perfumadas que produz laranjas

lareira (la.rei.ra) *n.f.* vão aberto na parede de um compartimento ou na base de uma chaminé, no qual se acende fogo para aquecer o ambiente; fogão de sala

larga (lar.ga) *n.f.* liberdade; **à larga:** com abundância; livremente; **dar largas a:** dar liberdade a; deixar correr

largada (lar.ga.da) *n.f.* partida de um lugar; saída

largar (lar.gar) *v.* **1** soltar (corda, rédea) **2** deixar cair (um objeto) **3** deixar sair (calor, fumo) **4** ir embora; partir

largo (lar.go) *adj.* **1** que tem bastante espaço; amplo ANT. estreito **2** que é importante ou numeroso; considerável

largura (lar.gu.ra) *n.f.* **1** extensão que vai do lado esquerdo ao lado direito de um objeto **2** qualidade do que é largo

laringe (la.rin.ge) *n.f.* cavidade situada entre a faringe e a traqueia e onde se encontram as cordas vocais

laringite (la.rin.gi.te) *n.f.* inflamação da laringe

larva (lar.va) *n.f.* primeiro estado de desenvolvimento dos insetos

lasanha (la.sa.nha) *n.f.* refeição preparada com tiras largas de massa, recheadas com carne picada ou legumes e cobertas com molho branco, que se leva ao forno para gratinar

lasca (las.ca) *n.f.* fragmento de madeira, pedra ou metal; tira

lascar (las.car) *v.* partir em lascas

lasso (las.so) *adj.* solto; largo; frouxo

lástima (lás.ti.ma) *n.f.* **1** sentimento de pena; compaixão **2** desgraça; infelicidade

lastimar (las.ti.mar) *v.* ter pena de; lamentar ♦ **lastimar-se** queixar-se

lastimável (las.ti.má.vel) *adj.2gén.* digno de lástima; lamentável

lata (la.ta) *n.f.* **1** folha de ferro estanhada e fina **2** recipiente feito com esse material **3** *(pop.)* atrevimento; descaramento

latada (la.ta.da) *n.f.* **1** grade disposta ao longo de uma parede para suportar plantas trepadeiras **2** *(pop.)* bofetada

latão (la.tão) *n.m.* liga de cobre e zinco, que pode também conter outros metais

latejar (la.te.jar) *v.* palpitar; pulsar

latente (la.ten.te) *adj.2gén.* **1** que não se manifesta; oculto; encoberto **2** que

a
b
c
d
e
f
g
h
i
j
k
l
m
n
o
p
q
r
s
t
u
v
w
x
y
z

existe como possibilidade, embora ainda não seja real; potencial

lateral (la.te.ral) *adj.2gén.* **1** relativo a lado **2** que está ao lado

laticínio (la.ti.cí.ni.o) *n.m.* alimento derivado do leite ou preparado com leite (como queijo, manteiga e iogurte)

latido (la.ti.do) *n.m.* voz do cão

latim (la.tim) *n.m.* língua falada pelos antigos Romanos

latino (la.ti.no) *adj.* **1** relativo ao latim **2** relativo aos povos do Sul da Europa e da América do Sul ♦ *n.m.* pessoa natural de países cujas línguas derivam do latim

latir (la.tir) *v.* soltar latidos (o cão)

latitude (la.ti.tu.de) *n.f.* distância, em graus, de um lugar ao equador

lato (la.to) *adj.* largo; extenso

lava (la.va) *n.f.* matérias em fusão lançadas pelos vulcões

lavabo (la.va.bo) *n.m.* quarto de banho

lavagante (la.va.gan.te) *n.m.* crustáceo maior do que o lagostim e menor do que a lagosta, frequente na costa portuguesa

lavagem (la.va.gem) *n.f.* ato ou efeito de lavar

lava-loiça (la.va-loi.ça) *n.m.* [*pl.* lava--loiças] → **lava-louça**

lava-louça (la.va-lou.ça) *n.m.* [*pl.* lava--louças] lavatório existente na cozinha para lavar a loiça; banca

lavanda (la.van.da) *n.f.* planta aromática, com flores azuladas ou violetas, de onde se extrai um óleo que é usado em perfumaria; alfazema

lavandaria (la.van.da.ri.a) *n.f.* loja onde se leva roupa para lavar e, normalmente, para passar a ferro

lavar (la.var) *v.* limpar com água e sabão ou detergente

lavatório (la.va.tó.ri.o) *n.m.* móvel com bacia, para lavar o rosto e as mãos

lavável (la.vá.vel) *adj.2gén.* que se pode lavar

lavoura (la.vou.ra) *n.f.* agricultura

lavrado (la.vra.do) *adj.* cultivado

lavrador (la.vra.dor) *n.m.* agricultor

lavrar (la.vrar) *v.* preparar a terra para semear; cultivar

lazer (la.zer) *n.m.* tempo livre depois do trabalho ou da escola; descanso; repouso

leal (le.al) *adj.2gén.* fiel; sincero

lealdade (le.al.da.de) *n.f.* fidelidade; sinceridade

leão (le.ão) *n.m.* animal mamífero carnívoro, com pelo castanho-amarelado e juba em volta da cabeça, considerado o rei dos animais

leão-marinho (le.ão-ma.ri.nho) *n.m.* [*pl.* leões-marinhos] mamífero aquático, carnívoro, de cor negra e pequenas orelhas, maior do que a foca

lebre (le.bre) *n.f.* mamífero roedor, de orelhas compridas e muito veloz, maior do que o coelho

lebre-das-neves (le.bre-das-ne.ves) *n.f.* [*pl.* lebres-das-neves] lebre que habita as regiões muito frias e cuja pelagem muda de cor (é branca no inverno e castanha na primavera) para não ser vista pelos seus predadores

leccionar *a nova grafia é* **lecionar**

lecionar (le.ci.o.nar) *v.* dar aulas ou explicações a; ensinar

lectivo *a nova grafia é* **letivo**

legado (le.ga.do) *n.m.* conjunto de bens que uma pessoa deixa a alguém quando morre SIN. herança

legal (le.gal) *adj.2gén.* **1** que é permitido por lei ANT. ilegal **2** *(Bras.)* certo; regularizado **3** *(Bras.)* ótimo; fixe ♦ *adv.* *(Bras.)* muito bem

legalidade (le.ga.li.da.de) *n.f.* qualidade do que é legal ou que está de acordo com a lei ANT. ilegalidade

legalização (le.ga.li.za.ção) *n.f.* ato de tornar legal

legalizar (le.ga.li.zar) *v.* tornar legal

legalmente (le.gal.men.te) *adv.* de acordo com a lei; segundo a lei

legar (le.gar) *v.* deixar como herança

legenda (le.gen.da) *n.f.* texto que aparece na parte de baixo do ecrã (na televisão ou no cinema) com a tradução do texto original de um filme ou de um programa falado numa língua estrangeira

legendado (le.gen.da.do) *adj.* que tem legendas

legendagem (le.gen.da.gem) *n.f.* conjunto das legendas de um filme ou de um programa

legendar (le.gen.dar) *v.* pôr legendas em (filme, programa)

legião (le.gi.ão) *n.f.* grande unidade do exército romano

legibilidade (le.gi.bi.li.da.de) *n.f.* estado do que se pode ler; clareza

legionário (le.gi.o.ná.ri.o) *n.m.* militar que faz parte de uma legião

legislação (le.gis.la.ção) *n.f.* conjunto de leis

legislar (le.gis.lar) *v.* 1 fazer leis 2 impor uma lei

legislativo (le.gis.la.ti.vo) *adj.* 1 relativo a leis 2 diz-se de um dos três poderes do Estado, ao qual compete fazer as leis

legitimidade (le.gi.ti.mi.da.de) *n.f.* 1 qualidade do que é legítimo; legalidade 2 qualidade do que é autêntico; autenticidade

legítimo (le.gí.ti.mo) *adj.* 1 conforme a lei; legal 2 autêntico; genuíno

legível (le.gí.vel) *adj.2gén.* que se pode ler **ANT.** ilegível

légua (lé.gua) *n.f.* 1 medida de distância equivalente a cinco quilómetros 2 *(fig.)* grande distância

legume (le.gu.me) *n.m.* nome genérico de plantas herbáceas e leguminosas usadas na alimentação humana **SIN.** hortaliça, verdura

leguminosas (le.gu.mi.no.sas) *n.f.pl.* família de plantas com fruto em forma de vagem (como a ervilha, o grão-de-bico e a lentilha)

lei (lei) *n.f.* 1 conjunto de regras que indicam o que é proibido e o que é permitido 2 regra que explica fenómenos naturais (*lei da gravidade*, por exemplo)

leigo (lei.go) *adj.* 1 que não faz parte de uma ordem religiosa; laico 2 diz-se da pessoa que não tem experiência em determinado assunto; desconhecedor

leilão (lei.lão) *n.m.* venda pública de objetos a quem oferecer o maior preço

leiloar (lei.lo.ar) *v.* vender em leilão

leira (lei.ra) *n.f.* faixa de terreno para cultivo

leitão (lei.tão) *n.m.* porco muito jovem

leitaria (lei.ta.ri.a) *n.f.* 1 loja onde se vende leite 2 fábrica onde se trata o leite e se fabricam os seus derivados

leite (lei.te) *n.m.* líquido branco segregado pelas glândulas mamárias das fêmeas dos mamíferos; **leite condensado:** leite enlatado muito açucarado, usado para fazer doces

leite-creme (lei.te-cre.me) *n.m.* [*pl.* leites-creme] doce feito com leite, farinha, ovos e açúcar

leiteira (lei.tei.ra) *n.f.* 1 vendedora de leite 2 vasilha em que se serve o leite

leiteiro (lei.tei.ro) *adj.* 1 que produz leite 2 relativo à produção de leite ♦ *n.m.* vendedor de leite

leito (lei.to) *n.m.* 1 terreno sobre o qual corre um rio 2 cama

leitoa (lei.to.a) *n.f.* fêmea do leitão

a
b
c
d
e
f
g
h
i
j
k
l
m
n
o
p
q
r
s
t
u
v
w
x
y
z

leitor (lei.tor) *n.m.* **1** pessoa que lê **2** aparelho que faz a leitura de códigos, sinais, dados, etc.; **leitor de CD:** dispositivo que permite reproduzir o que está gravado num disco magnético

leitoso (lei.to.so) *adj.* que tem cor ou aparência de leite

leitura (lei.tu.ra) *n.f.* **1** ato ou efeito de ler **2** maneira de entender um texto ou uma mensagem; interpretação

lema (le.ma) *n.m.* frase curta que exprime um objetivo ou um ideal SIN. divisa

lembrança (lem.bran.ça) *n.f.* **1** memória; recordação **2** ideia; sugestão

lembrar (lem.brar) *v.* trazer à memória; recordar ANT. esquecer ◆ **lembrar-se** guardar na memória; recordar-se (lembrar-se de)

leme (le.me) *n.m.* **1** aparelho com que se dirigem os barcos e os aviões **2** *(fig.)* direção; governo

lenço (len.ço) *n.m.* **1** pedaço de pano ou de papel próprio para assoar o nariz **2** pedaço de tecido quadrangular usado para adornar ou proteger o pescoço e a cabeça

lençol (len.çol) *n.m.* pano fino que se coloca na cama, sobre o colchão

lenda (len.da) *n.f.* narração de acontecimentos fantásticos que se vai transmitindo ao longo do tempo, de forma escrita ou oral

lendário (len.dá.ri.o) *adj.* **1** relativo a lenda **2** muito conhecido; célebre

lengalenga (len.ga.len.ga) *n.f.* narrativa longa e aborrecida SIN. ladainha

lenha (le.nha) *n.f.* madeira para queimar

lenhador (le.nha.dor) *n.m.* homem que corta ou racha lenha

lenhoso (le.nho.so) *adj.* que tem aspeto ou consistência de madeira

lentamente (len.ta.men.te) *adv.* devagar; vagarosamente

lente (len.te) *n.f.* pequeno disco de vidro, com um dos lados curvo, usado para ver melhor alguma coisa; **lente de contacto:** lente que se adapta à córnea por simples aderência e que normalmente é usada para corrigir um problema de visão

lentidão (len.ti.dão) *n.f.* demora; vagar

lentilha (len.ti.lha) *n.f.* semente de uma planta com o mesmo nome, em forma de pequenos discos, usada na alimentação humana

lento (len.to) *adj.* vagaroso; demorado ANT. rápido

leoa (le.o.a) *n.f.* fêmea do leão

leopardo (le.o.par.do) *n.m.* animal mamífero carnívoro, muito ágil, com pelo amarelado e manchas escuras

leopardo-das-neves (le.o.par.do-das--ne.ves) *n.m.* [*pl.* leopardos-das-neves] felino de pelagem cinzenta, longa e densa com manchas, e cabeça relativamente pequena, que habita as montanhas da Ásia

lépido (lé.pi.do) *adj.* **1** alegre; jovial **2** ágil; ligeiro

lepra (le.pra) *n.f.* doença infeciosa, caracterizada por manchas e feridas na pele

leproso (le.pro.so) *n.m.* pessoa que sofre de lepra

leque (le.que) *n.m.* pequeno abano de abrir e fechar, que se agita para refrescar do calor

ler (ler) *v.* **1** conhecer as letras do alfabeto, juntando-as em palavras **2** dizer em voz alta (uma palavra ou um texto escrito)

lés (lés) *n.m.* ponta; extremidade; **de lés a lés:** de uma ponta à outra

lesão (le.são) *n.f.* **1** ferimento **2** dano

lesar (le.sar) *v.* **1** magoar **2** prejudicar

lesionar (le.si.o.nar) *v.* causar lesão ou ferimento a alguém ♦ **lesionar-se** sofrer lesão; magoar-se

lesma (les.ma) *n.f.* **1** animal de corpo mole, que se desloca devagar e prejudica as culturas **2** *(fig.)* pessoa lenta ou preguiçosa

leste (les.te) *n.m.* ponto cardeal e direção onde nasce o sol (símbolo: E); este; nascente

letivo (le.ti.vo) *adj.* relativo a aula ou a ensino (*ano letivo*, etc.)

letra (le.tra) *n.f.* cada um dos sinais gráficos do alfabeto, que representam os sons da língua; *(inform.)* **letra de médico**: caligrafia muito difícil de ler; **letra grande/maiúscula**: uma das duas formas de representar as letras, que corresponde ao tamanho maior; **letra pequena/minúscula**: uma das duas formas de representar as letras, que corresponde ao tamanho menor

letreiro (le.trei.ro) *n.m.* tabuleta com informação útil

léu (léu) *n.m.* *(pop.)* preguiça; **ao léu**: a descoberto (parte do corpo); nu (pessoa)

leucemia (leu.ce.mi.a) *n.f.* doença grave caracterizada por um aumento de glóbulos brancos (leucócitos) no sangue

leucócito (leu.có.ci.to) *n.m.* glóbulo branco do sangue

levado (le.va.do) *adj.* transportado; conduzido; *(inform.)* **ser levado da breca**: ser muito travesso; ser traquina

levantamento (le.van.ta.men.to) *n.m.* **1** ato de levantar **2** revolta **3** pesquisa

levantar (le.van.tar) *v.* **1** pôr em pé; colocar na vertical **2** erguer; içar **3** dar origem a (problema, dúvida) ♦ **levantar-se 1** pôr-se de pé; erguer-se **2** sair da cama

levar (le.var) *v.* **1** transportar consigo ANT. trazer **2** conduzir; guiar

leve (le.ve) *adj.2gén.* **1** que tem pouco peso ANT. pesado **2** que se desloca com facilidade; ágil **3** sem exageros; simples

levedar (le.ve.dar) *v.* fermentar

levedura (le.ve.du.ra) *n.f.* fermento

leveza (le.ve.za) *n.f.* **1** qualidade do que é leve **2** delicadeza **3** simplicidade

lexical (le.xi.cal) *adj.2gén.* **1** relativo a léxico **2** relativo a palavra

léxico (lé.xi.co) *n.m.* conjunto das palavras de uma língua SIN. vocabulário

lezíria (le.zí.ri.a) *n.f.* terreno baixo, nas margens de um rio, que fica alagado pelas enchentes

libelinha (li.be.li.nha) *n.f.* → **libélula**

libélula (li.bé.lu.la) *n.f.* inseto carnívoro de corpo estreito, olhos grandes e dois pares de asas transparentes

liberal (li.be.ral) *adj.2gén.* **1** generoso **2** tolerante

liberalismo (li.be.ra.lis.mo) *n.m.* **1** sistema político e económico que defende a liberdade individual **2** tolerância

liberdade (li.ber.da.de) *n.f.* **1** capacidade que as pessoas têm para decidir o que fazer e o que pensar **2** estado de quem é livre **3** confiança que uma pessoa tem em relação a outra; à-vontade

libertação (li.ber.ta.ção) *n.f.* **1** ato de libertar **2** independência

libertar (li.ber.tar) *v.* tornar livre; soltar ♦ **libertar-se** tornar-se livre; soltar-se

liberto (li.ber.to) *adj.* livre; solto

libra (li.bra) *n.f.* **1** unidade monetária do Reino Unido **2** antiga unidade monetária da Irlanda

lição (li.ção) *n.f.* **1** aula **2** *(fig.)* castigo **3** *(fig.)* exemplo

licença (li.cen.ça) *n.f.* autorização; permissão

a b c d e f g h i j k l m n o p q r s t u v w x y z

licenciado (li.cen.ci.a.do) *n.m.* pessoa que tem licenciatura ou curso universitário

licenciar (li.cen.ci.ar) *v.* dar licença ou permissão ♦ **licenciar-se** tirar um curso universitário; formar-se (licenciar-se em)

licenciatura (li.cen.ci.a.tu.ra) *n.f.* grau que se obtém quando se termina um curso universitário

liceu (li.ceu) *n.m.* antiga designação de escola secundária

lícito (lí.ci.to) *adj.* **1** que está de acordo com a lei; legal **2** que é permitido; autorizado

licor (li.cor) *n.m.* bebida alcoólica doce e aromática

licorne (li.cor.ne) *n.m.* animal fabuloso, com corpo de cavalo e um chifre no meio da testa SIN. unicórnio

lida (li.da) *n.f.* trabalho; faina

lidar (li.dar) *v.* ocupar-se de; enfrentar (lidar com)

líder (lí.der) *n.2gén.* chefe

liderança (li.de.ran.ça) *n.f.* função de líder; chefia

liderar (li.de.rar) *v.* chefiar; orientar

liga (li.ga) *n.f.* **1** associação; sociedade **2** mistura; combinação

ligação (li.ga.ção) *n.f.* união; junção

ligadura (li.ga.du.ra) *n.f.* faixa de tecido para proteger ferimentos

ligamento (li.ga.men.to) *n.m.* tecido fibroso que liga os ossos entre si

ligar (li.gar) *v.* **1** prender com ligadura **2** unir **3** misturar **4** *(pop.)* dar atenção a

ligeiramente (li.gei.ra.men.te) *adv.* **1** levemente **2** agilmente **3** superficialmente

ligeireza (li.gei.re.za) *n.f.* **1** qualidade do que se move com facilidade; agilidade **2** *(fig.)* falta de seriedade ou de reflexão

ligeiro (li.gei.ro) *adj.* **1** leve **2** rápido **3** superficial

lilás (li.lás) *n.m.* **1** arbusto que produz flores de cor arroxeada, azulada ou branca **2** cor arroxeada ♦ *adj.2gén.* que tem a cor daquelas flores

lima (li.ma) *n.f.* instrumento com estrias, usado para polir ou desbastar metais, unhas, etc.

limão (li.mão) *n.m.* [*pl.* limões] fruto do limoeiro, oval, com casca amarela e sabor ácido

limar (li.mar) *v.* **1** desbastar ou polir com lima **2** *(fig.)* aperfeiçoar

limbo (lim.bo) *n.m.* parte mais larga de uma folha

limiar (li.mi.ar) *n.m.* **1** entrada; patamar **2** *(fig.)* começo; princípio

limitação (li.mi.ta.ção) *n.f.* **1** marcação dos limites de algo; delimitação **2** ato de impor um limite; restrição

limitado (li.mi.ta.do) *adj.* **1** pouco extenso ANT. ilimitado **2** restrito

limitar (li.mi.tar) *v.* **1** marcar os limites de; delimitar **2** pôr limites a; restringir ♦ **limitar-se** não ir além de (limitar-se a)

limitativo (li.mi.ta.ti.vo) *adj.* que limita; restritivo

limite (li.mi.te) *n.m.* **1** linha que separa duas coisas **2** ponto extremo; fim

limo (li.mo) *n.m.* vegetação verde que cobre o chão e as pedras em zonas muito húmidas ou em fundos aquáticos

limoeiro (li.mo.ei.ro) *n.m.* árvore que produz limões

limonada (li.mo.na.da) *n.f.* refresco de limão

limpa-chaminés (lim.pa-cha.mi.nés) *n.m.2núm.* homem que retira lixo e fuligem do interior das chaminés

limpadela (lim.pa.de.la) *n.f.* limpeza rápida e superficial

limpa-neves (lim.pa-ne.ves) *n.m.2núm.* veículo usado para retirar neve das estradas

limpa-para-brisas (lim.pa-pa.ra-bri.sas) *n.m.2núm.* dispositivo com varetas de borracha que deslizam sobre a superfície exterior do vidro do automóvel

limpa-pára-brisas *a nova grafia é* **limpa-para-brisas**

limpar (lim.par) *v.* **1** tirar a sujidade ou as manchas de ANT. sujar **2** desinfetar (uma ferida) **3** *(inform.)* fazer desaparecer **4** ficar sem nuvens (o céu)

limpeza (lim.pe.za) *n.f.* **1** ato ou processo de limpar ANT. sujidade **2** estado do que está limpo; asseio

limpidez (lim.pi.dez) *n.f.* clareza; transparência

límpido (lím.pi.do) *adj.* claro; transparente

limpo (lim.po) *adj.* **1** que não tem sujidade ou manchas ANT. sujo **2** diz-se do céu sem nuvens **3** *(inform.)* diz-se da pessoa que está sem dinheiro

lince (lin.ce) *n.m.* mamífero carnívoro semelhante ao lobo, com orelhas espetadas e visão muito boa (em Portugal, é uma espécie em vias de extinção); **ter olhos de lince:** ver muito bem

lindamente (lin.da.men.te) *adv.* muito bem; perfeitamente

lindíssimo (lin.dís.si.mo) *adj.* [*superl. de* lindo] muito lindo

lindo (lin.do) *adj.* belo; bonito

linear (li.ne.ar) *adj.2gén.* **1** que se representa por meio de uma linha **2** *(fig.)* claro; simples

lingote (lin.go.te) *n.m.* barra de ouro ou outro metal fundido

língua (lín.gua) *n.f.* **1** órgão móvel situado dentro da boca, responsável pelo paladar e que auxilia na produção de sons **2** conjunto de sinais que as pessoas utilizam para comunicar; idioma; *(inform.)* **dar com a língua nos dentes:** revelar um segredo; **língua gestual:** língua com regras gramaticais e vocabulário próprios, que se exprime por gestos, utilizada sobretudo por pessoas com dificuldades auditivas; **língua materna:** língua que uma pessoa aprende na infância; **saber (alguma coisa) na ponta da língua:** saber (alguma coisa) muito bem ou de cor

linguado (lin.gua.do) *n.m.* peixe com o corpo achatado, muito apreciado na alimentação

linguagem (lin.gua.gem) *n.f.* **1** capacidade para exprimir o pensamento por meio de palavras **2** conjunto de sinais que servem para comunicar **3** maneira de falar própria de uma pessoa ou de um grupo

linguajar (lin.gua.jar) *v.* falar muito; tagarelar ♦ *n.m.* modo de falar com características próprias de uma região, de um grupo, etc.

língua-mãe (lín.gua-mãe) *n.f.* [*pl.* línguas-mães, línguas-mãe] língua que deu origem a outras línguas

linguareiro (lin.gua.rei.ro) *adj.* que fala demais; indiscreto

lingueta (lin.gue.ta) *n.f.* **1** haste de balança **2** parte móvel da fechadura

linguiça (lin.gui.ça) *n.f.* chouriço fino preparado com carne de porco

linguista (lin.guis.ta) *n.2gén.* pessoa que se dedica ao estudo das línguas

linguística (lin.guís.ti.ca) *n.f.* ciência que estuda a linguagem humana

linguístico (lin.guís.ti.co) *adj.* relativo à linguística ou à língua

linha (li.nha) *n.f.* **1** fio usado para coser ou bordar **2** fio de pesca **3** traço mais ou menos espesso; **em linha:** em fila; uns atrás dos outros

linhaça (li.nha.ça) *n.f.* semente do linho

linhagem (li.nha.gem) *n.f.* conjunto de antepassados e descendentes de uma pessoa; genealogia

a b c d e f g h i j k l m n o p q r s t u v w x y z

linho (li.nho) *n.m.* **1** planta herbácea que fornece fibras têxteis **2** tecido feito com essas fibras

líquen (lí.quen) *n.m.* [*pl.* líquenes] organismo formado a partir da associação simbiótica de fungos e algas, que aparece geralmente em rochas, árvores e arbustos de zonas húmidas

liquidação (li.qui.da.ção) *n.f.* **1** pagamento de uma conta ou dívida **2** venda de bens a preços reduzidos; saldo

liquidar (li.qui.dar) *v.* **1** pagar (conta, dívida) **2** vender a preço reduzido **3** (*fig.*) acabar com **4** (*fig.*) matar

líquido (lí.qui.do) *n.m.* **1** um dos três estados da matéria, em que ela se apresenta com volume mas sem forma própria (como a água, por exemplo) **2** qualquer bebida

lira (li.ra) *n.f.* instrumento em forma de U com uma barra horizontal no topo, onde se fixam as cordas

lírico (lí.ri.co) *adj.* **1** diz-se da obra em verso feita para ser cantada **2** diz-se do género poético ou musical em que o autor exprime os seus sentimentos; sentimental

lírio (lí.ri.o) *n.m.* **1** planta com folhas alongadas que dá flores roxas, brancas ou amarelas **2** flor dessa planta

lirismo (li.ris.mo) *n.m.* expressão dos sentimentos do autor na literatura

lis (lis) *n.2gén.* flor perfumada do lírio

lisboeta (lis.bo.e.ta) *adj.2gén.* relativo a Lisboa ◆ *n.2gén.* pessoa natural de Lisboa

liso (li.so) *adj.* **1** que não tem altos e baixos; plano **2** que não tem pregas nem rugas; macio **3** (*inform.*) que está sem dinheiro

lisonja (li.son.ja) *n.f.* elogio exagerado

lisonjeiro (li.son.jei.ro) *adj.* **1** que elogia; que provoca orgulho **2** que dá prazer; agradável

lista (lis.ta) *n.f.* **1** tira comprida e estreita **2** série de nomes ou elementos ordenados, geralmente em colunas (*lista de candidatos, lista de compras*) **3** num restaurante, indicação dos pratos e bebidas disponíveis, com os respetivos preços; ementa

listagem (lis.ta.gem) *n.f.* **1** lista **2** relatório impresso fornecido por um computador

listar (lis.tar) *v.* colocar em forma de lista

listra (lis.tra) *n.f.* tira comprida e estreita; risca

listrado (lis.tra.do) *adj.* coberto de riscas

liteira (li.tei.ra) *n.f.* cadeira portátil, coberta e fechada, sustentada por duas varas compridas levadas por dois homens ou dois animais, que antigamente era usada como meio de transporte

literacia (li.te.ra.ci.a) *n.f.* capacidade de ler e de escrever; alfabetismo

literal (li.te.ral) *adj.2gén.* que significa exatamente aquilo que está escrito; não figurado

literário (li.te.rá.ri.o) *adj.* relativo a letras ou a literatura

literatura (li.te.ra.tu.ra) *n.f.* **1** arte de escrever em verso ou em prosa **2** conjunto das obras literárias de um país ou de uma época

litoral (li.to.ral) *adj.2gén.* **1** relativo à beira-mar **2** situado à beira-mar ◆ *n.m.* região situada na costa; beira-mar

litosfera (li.tos.fe.ra) *n.f.* parte externa e rígida da Terra, que inclui a crusta terrestre

litro (li.tro) *n.m.* unidade de medida de capacidade (símbolo: l)

lívido (lí.vi.do) *adj.* muito pálido

livrar (li.vrar) *v.* tornar livre; libertar ◆ **livrar-se 1** libertar-se **2** desembaraçar--se ⟨livrar-se de⟩

livraria (li.vra.ri.a) *n.f.* loja onde se vendem livros

livre (li.vre) *adj.2gén.* **1** que tem liberdade **2** que está disponível **3** que não tem obstáculos

livreiro (li.vrei.ro) *adj.* relativo à produção de livros ◆ *n.m.* pessoa que vende livros

livremente (li.vre.men.te) *adv.* com liberdade; sem obstáculos nem restrições

livrete (li.vre.te) *n.m.* documento em que estão registadas as características de um veículo

livro (li.vro) *n.m.* conjunto de folhas impressas reunidas em volume e protegidas por uma capa; **livro de ponto:** livro usado nas escolas pelos professores para fazer o registo diário das atividades de uma turma

lixa (li.xa) *n.f.* papel com uma camada áspera utilizado para desgastar ou para polir

lixar (li.xar) *v.* desbastar com lixa; polir

lixeira (li.xei.ra) *n.f.* lugar onde existe muito lixo

lixeiro (li.xei.ro) *n.m.* funcionário que recolhe o lixo das ruas

lixívia (li.xí.vi.a) *n.f.* solução concentrada, usada para branquear a roupa

lixo (li.xo) *n.m.* sobras ou matérias inúteis produzidas por atividades domésticas ou industriais SIN. detrito, resíduo

loa (lo.a) *n.f.* **1** discurso em que se elogia alguém **2** introdução de uma composição dramática **3** *(pop.)* mentira

loba (lo.ba) *n.f.* fêmea do lobo

lobado (lo.ba.do) *adj.* **1** dividido em lobos ou lóbulos; lobulado **2** diz-se da folha vegetal com recortes que a divi-

dem em partes grandes, arredondadas, e não atingem o meio do limbo

lobisomem (lo.bi.so.mem) *n.m.* segundo a crença popular, homem que se transforma em lobo

lobo (lo.bo) ⟨lôbo⟩ *n.m.* parte arredondada de um órgão do corpo

lobo (lo.bo) ⟨lôbo⟩ *n.m.* animal carnívoro, feroz, semelhante a um cão grande

lobo-do-mar (lo.bo-do-mar) *n.m.* [*pl.* lobos-do-mar] peixe com cerca de 2,50 m de comprimento, poucas escamas e mandíbula com dentes cónicos muito fortes

lobolar (lo.bo.lar) *v. (Moç.)* casar-se segundo a tradição, oferecendo lobolo (dote) à família da noiva

lobolo (lo.bo.lo) *n.m. (Moç.)* dote

lobo-marinho (lo.bo-ma.ri.nho) *n.m.* [*pl.* lobos-marinhos] → **leão-marinho**

lóbulo (ló.bu.lo) *n.m.* **1** parte pequena e arredondada de um órgão **2** recorte pouco profundo no bordo das folhas vegetais ou em qualquer órgão

local (lo.cal) *n.m.* sítio; lugar ◆ *adj.2gén.* **1** relativo a determinado lugar **2** limitado a uma parte do corpo

localidade (lo.ca.li.da.de) *n.f.* **1** região **2** povoação

localização (lo.ca.li.za.ção) *n.f.* lugar em que uma coisa ou pessoa está

localizado (lo.ca.li.za.do) *adj.* **1** situado em determinado lugar **2** limitado a uma dada área

localizar (lo.ca.li.zar) *v.* situar ◆ **localizar-se** estar situado

loção (lo.ção) *n.f.* líquido ou creme para hidratar a pele

locomoção (lo.co.mo.ção) *n.f.* deslocação de um lugar para outro

locomotiva (lo.co.mo.ti.va) *n.f.* máquina que reboca um comboio

locução (lo.cu.ção) *n.f.* **1** maneira de dizer ou de pronunciar; dicção **2** expressão formada por um conjunto de palavras que tem um sentido próprio (por exemplo, *às cavalitas, de cócoras e à farta*)

locutor (lo.cu.tor) *n.m.* **1** indivíduo que apresenta o noticiário na televisão e na rádio **2** na comunicação oral, pessoa que emite a mensagem

lodo (lo.do) *n.m.* lama

lógica (ló.gi.ca) *n.f.* **1** ciência que estuda as leis do raciocínio **2** ligação entre dois factos ou duas ideias; coerência

lógico (ló.gi.co) *adj.* **1** diz-se daquilo que é consequência natural de uma outra coisa SIN. coerente **2** que faz sentido

logo (lo.go) *adv.* em seguida; sem demora

logotipo (lo.go.ti.po) *n.m.* → logótipo

logótipo (lo.gó.ti.po) *n.m.* símbolo que representa uma marca ou uma empresa

loiça (loi.ça) *n.f.* → louça

loiro (loi.ro) *adj.* → louro

loja (lo.ja) *n.f.* estabelecimento comercial onde se compram e vendem produtos

lojista (lo.jis.ta) *n.2gén.* pessoa que é dona de uma loja

LOL sigla usada em *emails*, mensagens curtas (SMS) e *chats* para indicar que a pessoa está a rir

lomba (lom.ba) *n.f.* parte elevada de uma superfície; saliência

lombada (lom.ba.da) *n.f.* parte de um livro onde são colados ou cosidos os cadernos e que contém o título da obra, o nome do autor e a editora

lombar (lom.bar) *adj.2gén.* relativo a lombo

lombo (lom.bo) *n.m.* **1** parte carnuda de cada um dos lados da coluna dos animais; costas **2** região junto à parte inferior da espinha dorsal; costas

lombriga (lom.bri.ga) *n.f.* verme parasita dos intestinos

lona (lo.na) *n.f.* tecido grosso e forte, usado para fazer velas de navios, tendas e toldos; *(pop.)* **estar nas lonas:** estar sem dinheiro

longamente (lon.ga.men.te) *adv.* **1** num espaço amplo **2** por muito tempo

longa-metragem (lon.ga-me.tra.gem) *n.f.* filme de longa duração

longe (lon.ge) *adj.2gén.* afastado; distante ANT. perto ♦ *adv.* a uma grande distância (no espaço ou no tempo); **de longe a longe:** de vez em quando; com grandes intervalos de tempo; **ir longe:** desenvolver-se de forma positiva; progredir

longevidade (lon.ge.vi.da.de) *n.f.* vida longa

longínquo (lon.gín.quo) *adj.* que se encontra muito longe SIN. afastado, remoto

longitude (lon.gi.tu.de) *n.f.* distância entre dois pontos afastados da superfície terrestre

longitudinal (lon.gi.tu.di.nal) *adj.2gén.* **1** relativo a longitude **2** no sentido do comprimento

longo (lon.go) *adj.* **1** que é comprido; extenso **2** que dura muito tempo; demorado; **ao longo de:** paralelamente a; durante

lonjura (lon.ju.ra) *n.f.* grande distância

lontra (lon.tra) *n.f.* mamífero carnívoro com cerca de 1 m de comprimento, pelagem densa e cauda achatada, que se alimenta de peixes e é bom nadador

lorde (lor.de) *n.m.* **1** título de nobreza atribuído em Inglaterra aos aristocratas e a alguns homens que se destacam nas suas profissões **2** membro da câmara alta do parlamento inglês

(*Câmara dos Lordes*) **3** (*pop.*) indivíduo que vive com luxo ou ostentação

lorpa (lor.pa) *adj.2gén.* parvo; imbecil

losango (lo.san.go) *n.m.* paralelogramo de lados iguais e ângulos opostos iguais

lota (lo.ta) *n.f.* local onde se vende o peixe, à chegada dos barcos de pesca

lotação (lo.ta.ção) *n.f.* número máximo de pessoas que cabem numa viatura ou num recinto (uma sala, um estádio, etc.)

lotaria (lo.ta.ri.a) *n.f.* jogo de azar em que uma pessoa compra um bilhete numerado e ganha um prémio em dinheiro se o número do bilhete que comprou for igual ao número sorteado

lote (lo.te) *n.m.* **1** parte de um todo que se divide; porção **2** parcela de um terreno

loto (lo.to) *n.m.* jogo cujo objetivo é completar os números que aparecem nos cartões, à medida que se retiram de um saco peças numeradas; quino

lótus (ló.tus) *n.m.2núm.* flor branca, rosada ou violeta que nasce de uma planta com o mesmo nome, cultivada para ornamentar lagos

louça (lou.ça) *n.f.* conjunto de recipientes de porcelana ou outro material, usados para servir comida, chá, café, etc.

louceiro (lou.cei.ro) *n.m.* armário onde se guarda louça; guarda-louça

louco (lou.co) *adj.* **1** doido **2** imprudente

loucura (lou.cu.ra) *n.f.* **1** perturbação mental; demência **2** imprudência **3** extravagância

loureiro (lou.rei.ro) *n.m.* arbusto com folhas aromáticas, que são usadas para temperar alimentos

louro (lou.ro) *adj.* que tem o cabelo da cor do ouro ♦ *n.m.* → **loureiro**

louros (lou.ros) *n.m.pl.* triunfo; glória

lousa (lou.sa) *n.f.* rocha compacta de cor cinzento-escura

> **Lousa** escreve-se com **s** (e não com **z**).

louva-a-deus (lou.va-a-deus) *n.m.2núm.* inseto carnívoro, com corpo estreito e alongado e patas da frente compridas

louvar (lou.var) *v.* **1** abençoar **2** elogiar

louvável (lou.vá.vel) *adj.2gén.* digno de louvor

louvor (lou.vor) *n.m.* **1** bênção **2** elogio

lua (lu.a) *n.f.* **1** aspeto da Lua visto da Terra **2** satélite natural de qualquer planeta **3** espaço de um mês; **andar/estar na lua**: andar/estar distraído; **pedir a lua**: pedir uma coisa impossível de alcançar; **ser de luas**: ter mudanças de humor súbitas; ser imprevisível

Lua (Lu.a) *n.f.* planeta satélite da Terra, que não tem luz própria e apenas reflete a luz do sol; **Lua cheia**: fase da lua em que se vê a sua face totalmente iluminada pelo sol; **Lua nova**: fase da lua em que se vê a sua face obscura voltada para a Terra

lua-de-mel *a nova grafia é* **lua de mel**

lua de mel (lu.a de mel) *n.f.* [*pl.* luas de mel] **1** período a seguir ao casamento **2** viagem que se faz a seguir ao casamento

luar (lu.ar) *n.m.* claridade refletida pela lua

lubrificação (lu.bri.fi.ca.ção) *n.f.* ato ou efeito de lubrificar

lubrificante (lu.bri.fi.can.te) *n.m.* substância usada para facilitar o funcionamento de uma máquina ou de um motor

lubrificar (lu.bri.fi.car) *v.* aplicar óleo (numa máquina, num motor) para facilitar o funcionamento; olear

lucidez (lu.ci.dez) *n.f.* clareza de raciocínio; razão

a b c d e f g h i j k l m n o p q r s t u v w x y z

lúcido (lú.ci.do) *adj.* que compreende com facilidade e rapidez; racional

lucrar (lu.crar) *v.* ter lucro ou proveito; ganhar

lucrativo (lu.cra.ti.vo) *adj.* que dá lucro SIN. proveitoso, vantajoso

lucro (lu.cro) *n.m.* ganho; proveito; vantagem

lúdico (lú.di.co) *adj.* **1** relativo a jogo ou a brinquedo **2** que se faz por prazer; que diverte

lufada (lu.fa.da) *n.f.* rajada de vento; aragem

lugar (lu.gar) *n.m.* **1** espaço ocupado por um corpo **2** sítio **3** localidade **4** ocasião **5** emprego

lula (lu.la) *n.f.* molusco marinho muito apreciado na alimentação

lulu (lu.lu) *n.m.* cão doméstico, pequeno e de pelo macio

lume (lu.me) *n.m.* **1** luz e calor libertados por um corpo em combustão; fogo **2** luz; claridade

luminosidade (lu.mi.no.si.da.de) *n.f.* propriedade de lançar ou de refletir luz

luminoso (lu.mi.no.so) *adj.* que tem luz própria SIN. brilhante

lunar (lu.nar) *adj.2gén.* relativo à Lua

lunático (lu.ná.ti.co) *adj.* diz-se da pessoa muito sonhadora ou distraída

lupa (lu.pa) *n.f.* lente que permite ver objetos aumentados

lúpulo (lú.pu.lo) *n.m.* planta herbácea, trepadora e aromática, usada para fazer cerveja

lusco-fusco (lus.co-fus.co) *n.m.* [*pl.* lusco-fuscos] momento em que termina o dia e começa a noite SIN. anoitecer, crepúsculo

lusíada (lu.sí.a.da) *n.2gén.* português

lusitano (lu.si.ta.no) *adj. e n.m.* português

luso (lu.so) *adj. e n.m.* → lusitano

lusodescendente (lu.so.des.cen.den.te) *n.2gén.* pessoa que descende de portugueses

luso-descendente *a nova grafia é* **lusodescendente**

lusofalante (lu.so.fa.lan.te) *n.2gén.* pessoa que fala português

lusofonia (lu.so.fo.ni.a) *n.f.* conjunto dos países em que o português é a língua oficial ou dominante

lusófono (lu.só.fo.no) *adj.* que tem o português como língua oficial ou dominante

lustre (lus.tre) *n.m.* **1** brilho **2** candeeiro de teto

lustro (lus.tro) *n.m.* brilho

lustroso (lus.tro.so) *adj.* brilhante

luta (lu.ta) *n.f.* **1** combate **2** esforço

lutador (lu.ta.dor) *n.m.* pessoa que luta

lutar (lu.tar) *v.* **1** combater **2** esforçar-se

luto (lu.to) *n.m.* **1** tristeza profunda pela morte de alguém **2** roupa, geralmente preta, que exprime a dor pela morte de alguém

luva (lu.va) *n.f.* peça de proteção para as mãos

luxação (lu.xa.ção) *n.f.* lesão provocada pelo deslocamento de dois ou mais ossos

luxemburguês (lu.xem.bur.guês) *adj.* relativo ao Luxemburgo (no centro da Europa) ◆ *n.m.* pessoa natural do Luxemburgo

luxo (lu.xo) *n.m.* **1** ostentação de riqueza **2** conjunto de bens, geralmente de preço alto, que dão prazer mas não são necessários

luxuoso (lu.xu.o.so) *adj.* que revela riqueza; caro

luz (luz) *n.f.* **1** claridade produzida por uma fonte luminosa **2** candeeiro; lâmpada

luzidio (lu.zi.di.o) *adj.* brilhante

M

m (éme) *n.m.* consoante, décima terceira letra do alfabeto, que está entre as letras *l* e *n*

mabanga (ma.ban.ga) *n.f. (Ang.)* marisco assado na própria concha ou cozinhado com quiabo, abóbora, azeite de dendê e temperos, e servido com funje de milho

maca (ma.ca) *n.f.* **1** cama articulada para transportar doentes ou feridos **2** *(Ang., Moç.)* discussão; briga

maçã (ma.çã) *n.f.* fruto da macieira, de forma arredondada, casca amarela, verde ou vermelha e polpa clara

macabro (ma.ca.bro) *adj.* **1** relativo a morte; fúnebre **2** que desperta terror; sinistro

macaca (ma.ca.ca) *n.f.* **1** fêmea do macaco **2** jogo infantil em que se salta sobre uma figura desenhada no chão

macacada (ma.ca.ca.da) *n.f.* **1** bando de macacos **2** gesto ou expressão própria de macaco; macaquice

macacão (ma.ca.cão) *n.m.* peça de vestuário inteiriça que cobre o tronco e os membros; fato-macaco

macaco (ma.ca.co) *n.m.* **1** mamífero com corpo peludo, cérebro desenvolvido e membros superiores mais compridos que os inferiores **2** aparelho que serve para levantar grandes pesos

maçada (ma.ça.da) *n.f.* aborrecimento

maçã-de-adão *a nova grafia é* **maçã de Adão**

maçã de Adão (ma.çã de A.dão) *n.f.* [*pl.* maçãs de Adão] *(pop.)* parte supe-

rior da tiroide, que nos homens é saliente

maçador (ma.ça.dor) *adj.* aborrecido

macaense (ma.ca.en.se) *adj.2gén.* relativo a Macau ♦ *n.2gén.* pessoa natural de Macau

macambuz (ma.cam.buz) *n.m. (Moç.)* pastor

macaquice (ma.ca.qui.ce) *n.f.* gesto ou expressão própria de macaco; macacada

macaquinho (ma.ca.qui.nho) *n.m.* [*dim. de* macaco] macaco pequeno; **ter macaquinhos no sótão:** ter pouco juízo; ter manias

maçar (ma.çar) *v.* aborrecer ♦ **maçar-se** aborrecer-se

maçarico (ma.ça.ri.co) *n.m.* **1** aparelho que serve para soldar ou fundir metais **2** *(inform.)* pessoa sem experiência

maçaroca (ma.ça.ro.ca) *n.f.* **1** espiga de milho **2** *(pop.)* dinheiro

macarrão (ma.car.rão) *n.m.* massa de farinha, em forma de tubos mais ou menos finos

macedónia (ma.ce.dó.ni.a) *n.f.* mistura de legumes cortados em pedaços pequenos

machada (ma.cha.da) *n.f.* machado pequeno e com cabo curto

machadada (ma.cha.da.da) *n.f.* pancada com machado

machadinha (ma.cha.di.nha) *n.f.* machado pequeno e largo

machado (ma.cha.do) *n.m.* instrumento de corte para rachar lenha

machamba (ma.cham.ba) *n.f. (Moç.)* quinta

machambeiro (ma.cham.bei.ro) *n.m. (Moç.)* dono ou trabalhador de uma machamba; fazendeiro

machimbombo (ma.chim.bom.bo) *n.m. (Ang., Moç.)* autocarro; camioneta

macho (ma.cho) *adj.* relativo ao sexo masculino ◆ *n.m.* **1** animal do sexo masculino **2** ser humano do sexo masculino; homem

maciço (ma.ci.ço) *adj.* compacto; denso ◆ *n.m.* conjunto de montanhas

macieira (ma.ci.ei.ra) *n.f.* árvore que produz maçãs

macio (ma.ci.o) *adj.* **1** suave ao tato ANT. áspero **2** brando; delicado

maço (ma.ço) *n.m.* **1** martelo de madeira **2** conjunto de coisas reunidas num volume

má-criação (má-cri.a.ção) *n.f.* [*pl.* más-criações] falta de educação; grosseria

macunde (ma.cun.de) *n.m. (Ang.)* variedade de feijão miúdo

macuto (ma.cu.to) *n.m. (Ang.)* mentira

madala (ma.da.la) *n.2gén. (Moç.)* pessoa idosa e experiente

madeira (ma.dei.ra) *n.f.* **1** parte lenhosa e dura das árvores **2** conjunto de tábuas e barrotes usados em carpintaria, construção, etc.

madeirense (ma.dei.ren.se) *adj.2gén.* relativo à ilha da Madeira ◆ *n.2gén.* pessoa natural da ilha da Madeira

madeixa (ma.dei.xa) *n.f.* pedaço de cabelo SIN. mecha

má-disposição (má-dis.po.si.ção) *n.f.* **1** mau humor **2** enjoo

madrasta (ma.dras.ta) *n.f.* mulher em relação aos filhos do marido

madre (ma.dre) *n.f.* freira superiora de um convento

madrepérola (ma.dre.pé.ro.la) *n.f.* camada brilhante da concha de certos moluscos, usada em joias, botões, etc.

madressilva (ma.dres.sil.va) *n.f.* planta trepadeira com flores aromáticas amareladas e bagas vermelhas

madrinha (ma.dri.nha) *n.f.* **1** testemunha em casamento ou batizado **2** *(fig.)* protetora

madrugada (ma.dru.ga.da) *n.f.* primeira claridade do dia, antes de nascer o Sol SIN. alvorada

madrugador (ma.dru.ga.dor) *n.m.* que se levanta muito cedo

madrugar (ma.dru.gar) *v.* levantar-se muito cedo

maduro (ma.du.ro) *adj.* **1** diz-se do fruto que atingiu a maturação **2** *(fig.)* completamente formado; adulto

mãe (mãe) *n.f.* **1** mulher que tem filho(s) **2** animal do sexo feminino que teve crias **3** *(fig.)* origem; fonte

maestro (ma.es.tro) *n.m.* diretor de uma orquestra

mãezinha (mãe.zi.nha) *n.f.* [*dim. de* mãe] mãe; mamã

mafarrico (ma.far.ri.co) *n.m.* **1** *(inform.)* diabo; demónio **2** *(inform.)* criança travessa

mafioso (ma.fi.o.so) *adj. e n.m. (Ang., Moç.)* espertalhão; sabichão

mafura (ma.fu.ra) *n.f.* **1** *(Moç.)* fruto da mafureira **2** óleo que se extrai desse fruto

mafureira (ma.fu.rei.ra) *n.f. (Moç.)* árvore que produz mafuras

magazine (ma.ga.zi.ne) *n.m.* revista

magenta (ma.gen.ta) *n.m.* vermelho muito vivo

magia (ma.gi.a) *n.f.* **1** arte de fazer aparecer e desaparecer coisas e pessoas por meio de truques; ilusionismo **2** *(fig.)* encanto; fascínio

magicar (ma.gi.car) *v.* **1** imaginar **2** pensar em; cismar

mágico (má.gi.co) *adj.* **1** relativo a magia **2** *(fig.)* encantador; fascinante ◆ *n.m.* indivíduo que faz aparecer ou desaparecer objetos ou pessoas por meio de truques; ilusionista

magistrado (ma.gis.tra.do) *n.m.* juiz

magistral (ma.gis.tral) *adj.2gén.* perfeito

magma (mag.ma) *n.m.* massa de minerais em fusão existente no interior da Terra

magnésio (mag.né.si.o) *n.m.* elemento metálico, esbranquiçado e leve, usado em carros, aviões, naves, etc.

magnete (mag.ne.te) *n.m.* substância que atrai o ferro e outros metais SIN. íman

magnético (mag.né.ti.co) *adj.* **1** capaz de atrair ferro e outros metais **2** *(fig.)* encantador; fascinante

magnetismo (mag.ne.tis.mo) *n.m.* **1** propriedade de certos metais para atrair outros **2** *(fig.)* encanto; fascínio

magnificamente (mag.ni.fi.ca.men.te) *adv.* **1** de modo magnífico **2** com esplendor

magnífico (mag.ní.fi.co) *adj.* muito bom; muito belo SIN. excelente, formidável

magnitude (mag.ni.tu.de) *n.f.* **1** medida da intensidade de um sismo **2** grandeza; importância

magno (mag.no) *adj.* muito importante

magnólia (mag.nó.li.a) *n.f.* flor branca ou cor-de-rosa que nasce de uma planta com o mesmo nome

mago (ma.go) *n.m.* mágico; feiticeiro

mágoa (má.go.a) *n.f.* desgosto; tristeza

magoado (ma.go.a.do) *adj.* **1** que se magoou; ferido **2** que sente mágoa; triste

magoar (ma.go.ar) *v.* **1** causar dor física; ferir **2** causar mágoa; entristecer

magote (ma.go.te) *n.m.* grande número de coisas ou de pessoas; montão

magreza (ma.gre.za) *n.f.* qualidade ou estado de magro

magricela (ma.gri.ce.la) *n.2gén.* pessoa muito magra

magricelas (ma.gri.ce.las) *n.2gén. 2núm.* → **magricela**

magro (ma.gro) *adj.* **1** que tem pouca carne ou pouca gordura; franzino ANT. gordo **2** diz-se do alimento com poucas gorduras

magumba (ma.gum.ba) *n.f. (Moç.)* peixe semelhante à sardinha

magusto (ma.gus.to) *n.m.* festa, geralmente ao ar livre, em que se assam castanhas

maia (mai.a) *n.f.* planta com flores amarelas que florescem no início do mês de maio

mainato (mai.na.to) *n.m. (Moç.)* empregado doméstico

maio (mai.o) *n.m.* quinto mês do ano; *ver nota em* **mês**

maionese (mai.o.ne.se) *n.f.* molho frio feito de gemas de ovos, a que se junta vinagre, sal e especiarias

maior (mai.or) *adj.* que excede outro em tamanho, espaço ou número; superior ANT. menor; *(inform.)* **ser o maior:** ser o melhor de todos

maioria (mai.o.ri.a) *n.f.* a maior parte; o maior número

maioridade (mai.o.ri.da.de) *n.f.* idade em que, segundo a lei, uma pessoa passa a ter os direitos e deveres de um adulto (segundo a lei portuguesa, atinge-se a maioridade aos 18 anos)

maioritário (mai.o.ri.tá.ri.o) *adj.* **1** relativo à maioria **2** que tem o maior número de votos

mais (mais) *det.indef.>quant.exist.*ᴰᵀ e *pron.indef.* **1** em maior quantidade; em

a b c d e f g h i j k l **m** n o p q r s t u v w x y z

maior número ANT. menos **2** o resto; os outros ◆ *adv.* em grau superior; em maior quantidade ◆ *prep. (inform.)* com (*foi às compras mais a mãe*) ◆ *conj.* e (*dois mais dois são quatro*) ◆ *n.m.2núm.* sinal da adição (+)

mais-que-perfeito (mais-que-per.fei.to) *n.m.* [*pl.* mais-que-perfeitos] tempo verbal que exprime uma ação já passada em relação a uma época ou circunstância também já passada

maiúscula (mai.ús.cu.la) *n.f.* letra grande, usada em nomes próprios, no início de textos ou períodos, ou quando se quer destacar certas palavras

Com o Acordo Ortográfico, deixa de se usar **inicial maiúscula** nos meses e estações do ano, mas passa a ser opcional em disciplinas escolares, cursos e áreas do saber, nomes de ruas e lugares e nomes de livros ou obras.

maiúsculo (mai.ús.cu.lo) *adj.* diz-se da letra de tamanho maior; grande

majestade (ma.jes.ta.de) *n.f.* **1** qualidade daquilo que impõe respeito; imponência **2** título dado a reis e rainhas

majestoso (ma.jes.to.so) *adj.* imponente; solene

major (ma.jor) *n.2gén.* oficial que ocupa o posto acima de capitão e abaixo de coronel

maka (ma.ka) *n.f. (Ang., Moç.)* discussão; briga

mal (mal) *adv.* de modo errado ANT. bem ◆ *n.m.* **1** tudo aquilo que prejudica, fere ou incomoda; prejuízo **2** desgraça; infelicidade **3** doença ◆ *conj.* assim que; logo que; **de mal a pior:** cada vez pior; **fazer mal a (alguém):** prejudicar (alguém); **levar a mal:** ficar ofendido

mala (ma.la) *n.f.* **1** objeto quadrangular de couro ou de outro tecido resistente onde se transportam roupas e objetos **2** saco de pano ou couro para levar na mão ou no ombro; carteira

malabarismo (ma.la.ba.ris.mo) *n.m.* técnica de atirar ao ar e equilibrar objetos, normalmente apresentada no circo

malabarista (ma.la.ba.ris.ta) *n.2gén.* equilibrista

mal-agradecido (mal-a.gra.de.ci.do) *adj.* ingrato

malagueta (ma.la.gue.ta) *n.f.* fruto pequeno, vermelho, alongado e picante, muito usado como condimento

malandrice (ma.lan.dri.ce) *n.f.* **1** qualidade ou ato de malandro; traquinice **2** falta de ocupação; ociosidade

malandro (ma.lan.dro) *n.m.* **1** espertalhão **2** preguiçoso **3** ladrão

malar (ma.lar) *adj.2gén.* relativo às maçãs do rosto

malária (ma.lá.ri.a) *n.f.* doença crónica que causa febre e calafrios e que é transmitida pela picada de um mosquito; paludismo

malcheiroso (mal.chei.ro.so) *adj.* que cheira mal

malcoado (mal-co.a.do) *n.m. (Moç.)* bebida tradicional feita a partir da fermentação do farelo

malcriado (mal.cri.a.do) *adj.* que tem má educação SIN. mal-educado

maldade (mal.da.de) *n.f.* **1** tendência para fazer o mal; crueldade ANT. bondade **2** travessura; traquinice

maldição (mal.di.ção) *n.f.* desejo de que algo de mau aconteça a alguém; praga ◆ *interj.* exprime raiva ou aborrecimento

maldisposto (mal.dis.pos.to) *adj.* **1** que se sente mal; enjoado **2** que está de mau humor; aborrecido

maldito (mal.di.to) *adj.* **1** amaldiçoado **2** horrível **3** malvado

maldizente (mal.di.zen.te) *adj.2gén.* diz--se da pessoa que diz mal dos outros SIN. má-língua

maldizer (mal.di.zer) *v.* **1** dizer mal de **2** queixar-se de

maldoso (mal.do.so) *adj.* cruel; mau

male (ma.le) *n.m. (Moç.)* dinheiro; riqueza

maleabilidade (ma.le.a.bi.li.da.de) *n.f.* qualidade do que é maleável; flexibilidade

maleável (ma.le.á.vel) *adj.2gén.* **1** que se dobra com facilidade; flexível **2** *(fig.)* que se adapta facilmente às circunstâncias; dócil

mal-educado (mal-e.du.ca.do) *adj.* que tem má educação; malcriado ANT. bem--educado

malefício (ma.le.fí.ci.o) *n.m.* dano; prejuízo

maléfico (ma.lé.fi.co) *adj.* que provoca dano ou prejuízo SIN. nocivo, prejudicial

malembe (ma.lem.be) *adv. (Ang.)* devagar ♦ *n.m. (Moç.)* aniversário

mal-encarado (mal-en.ca.ra.do) *adj.* carrancudo

mal-entendido (mal-en.ten.di.do) *n.m.* [*pl.* mal-entendidos] engano; erro

mal-estar (mal-es.tar) *n.m.* [*pl.* mal--estares] **1** indisposição; enjoo **2** ansiedade; inquietação

maleta (ma.le.ta) *n.f.* mala pequena

malfeito (mal.fei.to) *adj.* **1** imperfeito **2** injusto

malfeitor (mal.fei.tor) *n.m.* **1** pessoa que faz maldades **2** pessoa que pratica crimes

malformação (mal.for.ma.ção) *n.f.* defeito na forma ou no desenvolvimento de (uma parte do corpo); deformação

malga (mal.ga) *n.f.* tigela de louça para sopa

malha (ma.lha) *n.f.* cada um dos nós de um fio entrançado ou tecido

malhado (ma.lha.do) *adj.* **1** diz-se do animal que tem manchas **2** diz-se do cereal batido com o malho

malhar (ma.lhar) *v.* **1** bater com o malho em **2** debulhar (cereais) **3** *(inform.)* cair

mal-humorado (mal-hu.mo.ra.do) *adj.* que está de mau humor; irritado

malícia (ma.lí.ci.a) *n.f.* **1** habilidade para enganar; astúcia **2** tom provocador ou brincalhão

maliciosamente (ma.li.ci.o.sa.men.te) *adv.* **1** com astúcia ou manha **2** em tom provocador

malicioso (ma.li.ci.o.so) *adj.* **1** astucioso **2** provocador

maligno (ma.lig.no) *adj.* que faz mal; prejudicial

má-língua (má-lín.gua) *n.f.* [*pl.* más--línguas] hábito de dizer mal de tudo ♦ *n.2gén.* pessoa que diz mal de tudo e de todos

mal-intencionado (mal-in.ten.ci.o.na.do) *adj.* que tem más intenções ou mau carácter

malmequer (mal.me.quer) *n.m.* flor de pétalas brancas ou amarelas, com centro amarelo escuro; bem-me-quer

malote (ma.lo.te) *n.m.* mala pequena; saco de viagem

malta (mal.ta) *n.f.* conjunto de pessoas da mesma idade e com interesses comuns; grupo; bando

malte (mal.te) *n.m.* cevada germinada e seca, usada no fabrico de cerveja

maltês (mal.tês) *adj.* **1** relativo a Malta (no mar Mediterrâneo) **2** diz-se de um gato doméstico de pelo cinzento-azulado

maltrapilho (mal.tra.pi.lho) *adj.* que se veste com roupas velhas e rasgadas; esfarrapado

maltratar (mal.tra.tar) v. **1** fazer sofrer; magoar **2** danificar; estragar

maluco (ma.lu.co) adj. e n.m. doido; louco

malume (ma.lu.me) n.m. (Moç.) forma de tratamento usada com pessoas mais velhas; tio materno

maluquice (ma.lu.qui.ce) n.f. tolice; disparate

malva (mal.va) n.f. planta herbácea com flores cor-de-rosa, violeta ou púrpura

malvadez (mal.va.dez) n.f. maldade; crueldade

malvado (mal.va.do) adj. mau; cruel

mama (ma.ma) n.f. órgão das fêmeas por onde sai o leite; seio

mamã (ma.mã) n.f. (infant.) mãe

mamãe (ma.mãe) n.f. (Bras.) (inform.) mamã

mamana (ma.ma.na) n.f. (Moç.) mulher casada; senhora; dona

mamanô (ma.ma.nô) interj. (Moç.) exprime dor ou irritação

mamão (ma.mão) adj. que mama muito e com frequência

mamar (ma.mar) v. sugar o leite da mãe

mamário (ma.má.ri.o) adj. relativo a mama

mambo (mam.bo) n.m. **1** (Moç.) chefe de um povo indígena **2** (Moç.) adivinho; curandeiro

mamífero (ma.mí.fe.ro) n.m. animal vertebrado com mamas, sistema nervoso desenvolvido, respiração pulmonar, e que se alimenta de leite quando nasce

mamilo (ma.mi.lo) n.m. bico da mama

mamute (ma.mu.te) n.m. elefante fóssil com dentes longos curvados para cima e com o corpo coberto de pelos

mana (ma.na) n.f. (inform.) irmã

manada (ma.na.da) n.f. conjunto de animais (sobretudo bois); rebanho

manancial (ma.nan.ci.al) n.m. nascente; fonte

mancar (man.car) v. caminhar, apoiando-se mais numa das pernas; coxear

mancha (man.cha) n.f. pequena zona com coloração diferente (na pele, num tecido, etc.); nódoa

manchado (man.cha.do) adj. que tem manchas ou nódoas

manchar (man.char) v. pôr mancha em; sujar

manchete (man.che.te) n.f. notícia mais importante de um jornal ou de um noticiário

manco (man.co) adj. coxo

mandado (man.da.do) adj. enviado ◆ n.m. ordem escrita

mandamento (man.da.men.to) n.m. **1** ordem **2** norma

mandão (man.dão) adj. [f. mandona] que gosta de dar ordens

mandar (man.dar) v. **1** dar ordens **2** dominar; governar (mandar em)

mandarim (man.da.rim) n.m. **1** funcionário do antigo império chinês **2** língua oficial da China

mandato (man.da.to) n.m. poder dado por meio de votação a um político ou a um governo

mandíbula (man.dí.bu.la) n.f. maxila inferior do homem e dos outros vertebrados

mandioca (man.di.o.ca) n.f. raiz comestível de uma planta com o mesmo nome, usada como alimento

mando (man.do) n.m. autoridade; poder

mandrião (man.dri.ão) adj. preguiçoso; vadio

mandriar (man.dri.ar) v. não fazer nada útil SIN. preguiçar, vadiar

mandriice (man.dri.i.ce) n.f. preguiça; vadiagem

maneira (ma.nei.ra) n.f. **1** modo de ser ou de agir **2** método de realizar algo ◆

maneiras n.f.pl. atitudes ou palavras que revelam boa educação

manejar (ma.ne.jar) *v.* **1** mover com as mãos **2** trabalhar com

manejo (ma.ne.jo) *n.m.* ato de manejar alguma coisa

manequim (ma.ne.quim) *n.m.* boneco com forma humana usado para expor peças de roupa ◆ *n.2gén.* pessoa que desfila em passagens de modelo

maneta (ma.ne.ta) *n.2gén.* pessoa que não tem uma das mãos ou um braço

manga (man.ga) *n.f.* **1** parte de peça de vestuário que cobre o braço **2** fruto comestível da mangueira **3** banda desenhada de origem japonesa

mangar (man.gar) *v.* fazer troça de; troçar

mangonha (man.go.nha) *n.f.* *(Ang.)* preguiça

mangueira (man.guei.ra) *n.f.* **1** tubo de lona, borracha ou plástico para conduzir líquidos **2** árvore que produz a manga

mangungo (man.gun.go) *n.m.* *(Moç.)* merenda; farnel

manha (ma.nha) *n.f.* habilidade para enganar alguém; astúcia

manhã (ma.nhã) *n.f.* tempo que vai do nascer do Sol até ao meio-dia

manhãzinha (ma.nhã.zi.nha) *n.f.* [*dim. de* manhã] início da manhã; **de manhãzinha:** muito cedo

manhoso (ma.nho.so) *adj.* astuto; malicioso

mania (ma.ni.a) *n.f.* **1** hábito ou pensamento que se repete com frequência **2** preocupação excessiva com (alguma coisa)

maníaco (ma.ní.a.co) *adj.* **1** relativo a mania **2** que tem mania(s)

manicómio (ma.ni.có.mi.o) *n.m.* hospital para pessoas com doenças mentais

manifestação (ma.ni.fes.ta.ção) *n.f.* **1** revelação (de desejo, intenção, opinião) **2** conjunto de pessoas que se reúnem num lugar público para protestar contra alguma coisa ou para defender algo

manifestante (ma.ni.fes.tan.te) *n.2gén.* pessoa que participa numa manifestação

manifestar (ma.ni.fes.tar) *v.* revelar; exprimir ◆ **manifestar-se** tornar-se visível; revelar-se

manifesto (ma.ni.fes.to) *adj.* que pode ser visto; evidente; claro ◆ *n.m.* declaração pública em que se defende uma ideia ou uma posição

maninga (ma.nin.ga) *n.* *(Tim.)* feitiço para conquistar alguém; mandinga; abanat

maningue (ma.nin.gue) *adv. (Moç.)* muito

manipulação (ma.ni.pu.la.ção) *n.f.* **1** ato de tocar ou preparar (objetos, substâncias) com as mãos **2** ato de influenciar alguém contra a sua vontade

manipulador (ma.ni.pu.la.dor) *adj.* diz-se da pessoa que procura influenciar os comportamentos ou as opiniões de alguém

manipular (ma.ni.pu.lar) *v.* **1** tocar ou preparar (objetos, substâncias) com as mãos **2** influenciar (alguém)

manípulo (ma.ní.pu.lo) *n.m.* lugar por onde se pega em alguma coisa

manivela (ma.ni.ve.la) *n.f.* peça usada para imprimir movimento de rotação a eixos, rodas, etc.

manjar (man.jar) *n.m.* comida saborosa; iguaria ◆ *v. (inform.)* comer

manjedoura (man.je.dou.ra) *n.f.* tabuleiro em que se coloca comida para animais num estábulo

manjericão (man.je.ri.cão) *n.m.* planta herbácea aromática, usada como condimento

manjerico (man.je.ri.co) *n.m.* planta com folhas pequenas e aroma intenso

mano (ma.no) *n.m. (inform.)* irmão

manobra (ma.no.bra) *n.f.* **1** ato de fazer funcionar um aparelho ou um veículo **2** exercício militar **3** *(fig.)* modo de agir para conseguir algo; estratagema

manobrar (ma.no.brar) *v.* **1** fazer funcionar (um aparelho, um veículo) **2** usar (um instrumento)

mansão (man.são) *n.f.* casa grande e luxuosa

mansarda (man.sar.da) *n.f.* vão do telhado de uma casa SIN. águas-furtadas

mansinho (man.si.nho) *adj.* muito manso; **de mansinho:** sem fazer barulho; devagar

manso (man.so) *adj.* **1** brando; dócil **2** calmo; tranquilo

manta (man.ta) *n.f.* cobertor

manteiga (man.tei.ga) *n.f.* substância gorda que se extrai da nata do leite

manteigueira (man.tei.guei.ra) *n.f.* recipiente em que se serve a manteiga

manter (man.ter) *v.* **1** conservar **2** cumprir **3** segurar

mantilha (man.ti.lha) *n.f.* véu de renda, largo e comprido, que faz parte do traje nacional das espanholas

mantimentos (man.ti.men.tos) *n.m.pl.* alimentos

manto (man.to) *n.m.* capa grande e comprida, que se usa sobre os ombros

manual (ma.nu.al) *adj.2gén.* feito à mão ♦ *n.m.* **1** livro com explicações ou exercícios de uma disciplina escolar **2** folheto com indicações de utilização de uma máquina ou de um aparelho

manuelino (ma.nu.e.li.no) *adj.* **1** relativo ao rei D. Manuel I (1469-1521) ou ao seu reinado **2** diz-se do estilo decorativo característico dos Descobrimentos

manufactura *a nova grafia é* **manufatura**

manufacturado *a nova grafia é* **manufaturado**

manufacturar *a nova grafia é* **manufaturar**

manufatura (ma.nu.fa.tu.ra) *n.f.* **1** fabrico manual **2** obra feita à mão

manufaturado (ma.nu.fa.tu.ra.do) *adj.* feito à mão

manufaturar (ma.nu.fa.tu.rar) *v.* fabricar manualmente

manuscrever (ma.nus.cre.ver) *v.* escrever à mão

manuscrito (ma.nus.cri.to) *adj.* escrito à mão ♦ *n.m.* obra escrita à mão

manuseamento (ma.nu.se.a.men.to) *n.m.* utilização de algo com auxílio das mãos SIN. manuseio

manusear (ma.nu.se.ar) *v.* mexer com as mãos; utilizar

manutenção (ma.nu.ten.ção) *n.f.* ato de manter uma coisa de determinada maneira; conservação

mão (mão) *n.f.* **1** extremidade do braço humano, com cinco dedos, que serve para tocar e agarrar coisas **2** extremidade das patas dos animais **3** camada de tinta ou de cal; demão; **dar a mão à palmatória:** reconhecer um erro que se cometeu; **em primeira mão:** que não foi usado antes; novo; **em segunda mão:** que já foi usado; **estar à mão:** estar próximo; **feito à mão:** feito sem usar máquinas; **mãos à obra!:** expressão que se usa para incitar ao trabalho; **meter os pés pelas mãos:** atrapalhar-se; ficar confundido

mão-cheia (mão-chei.a) *n.f.* [*pl.* mãos-cheias] punhado

mão-de-obra *a nova grafia é* **mão de obra**

mão de obra (mão de o.bra) *n.f.* [*pl.* mãos de obra] trabalho manual aplicado na construção de uma obra ou no fabrico de um produto

mãos-largas (mãos-lar.gas) *n.2gén. 2núm.* pessoa muito generosa

mãozinha (mão.zi.nha) *n.f.* [*dim. de* mão] mão pequena; **dar uma mãozinha:** dar uma ajuda

mapa (ma.pa) *n.m.* representação em papel, cartolina ou outro material, de um país, de um continente ou de todo o mundo

mapa-múndi (ma.pa-mún.di) *n.m.* [*pl.* mapas-múndi] mapa que representa toda a superfície da Terra

mapico (ma.pi.co) *n.m. (Moç.)* dança executada ao som de tambores

mapira (ma.pi.ra) *n.f. (Moç.)* sorgo ou milho miúdo, usado na alimentação e no fabrico de um xarope

maqueta (ma.que.ta) *n.f.* representação em miniatura de um edifício, de uma ponte, etc.

maquete (ma.que.te) *n.f.* → **maqueta**

maquia (ma.qui.a) *n.f.* quantidade de dinheiro

maquilhagem (ma.qui.lha.gem) *n.f.* 1 aplicação de cosméticos no rosto; pintura 2 conjunto de produtos usados para maquilhar

maquilhar (ma.qui.lhar) *v.* aplicar cosméticos no rosto de ♦ **maquilhar-se** aplicar cosméticos no próprio rosto; pintar-se

máquina (má.qui.na) *n.f.* qualquer utensílio formado de peças móveis

maquinação (ma.qui.na.ção) *n.f.* intriga; conspiração

maquinal (ma.qui.nal) *adj.2gén.* 1 relativo a máquina 2 automático

maquinaria (ma.qui.na.ri.a) *n.f.* conjunto de máquinas

maquineta (ma.qui.ne.ta) *n.f.* máquina pequena

maquinismo (ma.qui.nis.mo) *n.m.* conjunto das peças de uma máquina

maquinista (ma.qui.nis.ta) *n.2gén.* pessoa que conduz uma locomotiva

mar (mar) *n.m.* 1 grande extensão de água salgada 2 *(fig.)* grande quantidade; **mar de rosas:** coisas muito boas

maracujá (ma.ra.cu.já) *n.m.* fruto redondo com interior amarelo ou vermelho-escuro quando maduro e com pequenas sementes

maracujazeiro (ma.ra.cu.ja.zei.ro) *n.m.* arbusto trepador da América do Sul, cujo fruto é o maracujá

maratona (ma.ra.to.na) *n.f.* prova de corrida a pé num percurso longo (cerca de 42 km)

maratonista (ma.ra.to.nis.ta) *n.2gén.* atleta que participa na maratona

maravilha (ma.ra.vi.lha) *n.f.* 1 aquilo que provoca admiração 2 beleza; perfeição; **às mil maravilhas:** muito bem; perfeitamente

maravilhado (ma.ra.vi.lha.do) *adj.* 1 admirado 2 encantado

maravilhar (ma.ra.vi.lhar) *v.* 1 causar admiração; espantar 2 ficar encantado; admirar-se (maravilhar-se com)

maravilhoso (ma.ra.vi.lho.so) *adj.* 1 admirável; magnífico 2 fantástico; sobrenatural

marca (mar.ca) *n.f.* 1 sinal que se faz numa coisa para a distinguir de outra; distintivo 2 nome registado de um produto; etiqueta 3 traço deixado por algo ou alguém; rasto; **passar das marcas:** passar dos limites; exceder-se

marcação (mar.ca.ção) *n.f.* 1 colocação de um sinal; sinalização 2 reserva de bilhetes ou lugares (em restaurante, cinema, etc.) 3 fixação da data para (uma consulta, um compromisso)

a
b
c
d
e
f
g
h
i
j
k
m
n
o
p
q
r
s
t
u
v
w
x
y
z

marcado (mar.ca.do) *adj.* **1** que tem marca, sinal ou etiqueta **2** que se vê bem **3** que está reservado **4** que foi combinado

marcador (mar.ca.dor) *adj.* que marca ◆ *n.m.* caneta com ponta de feltro

marcante (mar.can.te) *adj.2gén.* **1** que deixa uma impressão ou recordação forte **2** que se destaca

marcar (mar.car) *v.* **1** pôr marca, sinal ou etiqueta em **2** deixar uma impressão forte; **marcar passo:** não progredir

marcenaria (mar.ce.na.ri.a) *n.f.* **1** trabalho feito com madeira **2** oficina onde se fazem objetos em madeira

marceneiro (mar.ce.nei.ro) *n.m.* fabricante de objetos de madeira

marcha (mar.cha) *n.f.* **1** caminhada **2** andamento **3** cortejo

marchar (mar.char) *v.* andar; caminhar

marcial (mar.ci.al) *adj.2gén.* relativo a guerra; bélico; **lei marcial:** lei que autoriza o uso de força militar, em caso de emergência

marciano (mar.ci.a.no) *adj.* relativo ao planeta Marte ◆ *n.m.* suposto habitante de Marte

marco (mar.co) *n.m.* **1** sinal que serve para demarcar; baliza **2** facto importante; **marco do correio:** caixa, geralmente de forma cilíndrica, com uma ranhura, onde se deposita a correspondência

março (mar.ço) *n.m.* terceiro mês do ano; *ver nota em* **mês**

maré (ma.ré) *n.f.* movimento periódico de subida e descida das águas do mar; **maré alta:** elevação máxima do nível do mar; **maré-cheia**

mareante (ma.re.an.te) *n.m.* marinheiro; navegador

marear (ma.re.ar) *v.* dirigir uma embarcação

marechal (ma.re.chal) *n.2gén.* oficial com o grau mais elevado da hierarquia militar

maré-cheia (ma.ré-chei.a) *n.f.* [*pl.* marés-cheias] nível mais alto a que sobe a maré **SIN.** preia-mar

maremoto (ma.re.mo.to) *n.m.* espécie de terramoto produzido no mar e que pode causar ondas com mais de 4 metros de altura

maresia (ma.re.si.a) *n.f.* cheiro característico do mar

marfim (mar.fim) *n.m.* **1** material duro, de cor clara, de que são feitas as defesas do elefante **2** substância branca e dura dos dentes

margarida (mar.ga.ri.da) *n.f.* flor branca com o centro amarelo que nasce de uma planta com o mesmo nome

margarina (mar.ga.ri.na) *n.f.* substância parecida com a manteiga, que se usa para cozinhar ou para barrar o pão

margem (mar.gem) *n.f.* **1** parte onde uma coisa termina; borda **2** espaço em branco nos lados de uma página

marginal (mar.gi.nal) *adj.* relativo à margem ◆ *n.f.* estrada ou avenida situada ao longo de um curso de água ◆ *n.2gén.* pessoa que vive à margem da lei ou que não está integrada na sociedade

maria-café (ma.ri.a-ca.fé) *n.f. (Moç.)* pequeno animal invertebrado, de corpo segmentado, que se enrola em esfera para se proteger

maria-rapaz (ma.ri.a-ra.paz) *n.f.* [*pl.* marias-rapazes] rapariga ou mulher com modos e gostos considerados próprios dos rapazes

marido (ma.ri.do) *n.m.* homem com quem uma mulher está casada; esposo

marimbar-se (ma.rim.bar-se) *v. (inform.)* não fazer caso de; não dar importância a

marina (ma.ri.na) *n.f.* doca para barcos de recreio

marinha (ma.ri.nha) *n.f.* conjunto das forças militares de um país relacionadas com a defesa do mar

marinheiro (ma.ri.nhei.ro) *n.m.* **1** homem que trabalha a bordo de um barco ou navio **2** homem que sabe navegar

marinho (ma.ri.nho) *adj.* **1** relativo ao mar **2** diz-se do azul muito escuro

marioneta (ma.ri.o.ne.ta) *n.f.* **1** boneco articulado feito de pano e madeira, cujos movimentos são controlados por meio de fios **2** *(fig.)* pessoa muito influenciável

mariposa (ma.ri.po.sa) *n.f.* **1** inseto com quatro asas de cores vistosas, parecido com a borboleta **2** estilo de natação em que os braços são levantados sobre a cabeça enquanto se bate os pés para a cima e para baixo

mariquinhas (ma.ri.qui.nhas) *n.2gén. 2núm.* pessoa que tem muito medo de tudo

marisco (ma.ris.co) *n.m.* designação dos crustáceos e dos moluscos marítimos comestíveis

marítimo (ma.rí.ti.mo) *adj.* **1** relativo ao mar **2** situado à beira-mar

marmelada (mar.me.la.da) *n.f.* doce de marmelo, cozido em calda de açúcar

marmeleiro (mar.me.lei.ro) *n.m.* pequena árvore que produz marmelos

marmelo (mar.me.lo) *n.m.* fruto de sabor ácido e casca amarela, usado para fazer doces e compotas

marmita (mar.mi.ta) *n.f.* recipiente em metal para transportar e aquecer alimentos

mármore (már.mo.re) *n.m.* pedra calcária dura, fria e brilhante, utilizada em construção e em escultura

marmota (mar.mo.ta) *n.f.* **1** pescada jovem **2** roedor que tem por hábito cavar galerias, onde hiberna no tempo frio

marosca (ma.ros.ca) *n.f. (inform.)* conspiração para enganar ou prejudicar alguém SIN. tramoia

marotice (ma.ro.ti.ce) *n.f.* ato ou dito próprio de maroto SIN. travessura, traquinice

maroto (ma.ro.to) *adj.* que faz travessuras SIN. travesso, traquina

marquês (mar.quês) *n.m.* título de nobreza entre o de duque e o de conde

marquesa (mar.que.sa) *n.f.* **1** esposa do marquês **2** cama onde se deitam os doentes para serem observados

marquise (mar.qui.se) *n.f.* varanda ou galeria envidraçada

marrabenta (mar.ra.ben.ta) *n.f. (Moç.)* dança em que se executam passos laterais, enquanto se requebram as cadeiras

marrada (mar.ra.da) *n.f.* pancada dada com os chifres ou com a cabeça; cabeçada

marrão (mar.rão) *adj. (inform.)* diz-se do estudante que decora a matéria

marrar (mar.rar) *v.* **1** dar uma pancada com os chifres ou com a cabeça **2** *(inform.)* estudar muito; decorar (a matéria)

marreco (mar.re.co) *adj. (inform.)* que tem corcunda

marsupial (mar.su.pi.al) *n.m.* mamífero que tem uma bolsa onde as mães colocam os filhos quando nascem, para aí completarem o seu desenvolvimento

marsúpio (mar.sú.pi.o) *n.m.* **1** bolsa cutânea existente na maioria dos mamíferos marsupiais fêmeas **2** bolsa de te-

a b c d e f g h i j k l **m** n o p q r s t u v w x y z

cido para transportar um bebé, usada ao peito, às costas ou a tiracolo; porta--bebés

marta (mar.ta) *n.f.* mamífero carnívoro com focinho pontiagudo e pelo longo e sedoso

Marte (Mar.te) *n.m.* planeta do sistema solar, situado entre a Terra e Júpiter

martelada (mar.te.la.da) *n.f.* pancada com martelo

martelar (mar.te.lar) *v.* **1** bater com martelo em **2** *(fig.)* insistir; teimar

martelinho (mar.te.li.nho) *n.m.* [*dim. de* martelo] martelo pequeno

martelo (mar.te.lo) *n.m.* ferramenta com cabo de madeira usada para pregar pregos ou bater em alguma coisa

mártir (már.tir) *n.2gén.* pessoa que sofre muito

martírio (mar.tí.ri.o) *n.m.* grande sofrimento

marujo (ma.ru.jo) *n.m.* marinheiro

mas (mas) *conj.* porém; todavia ♦ *n.m.* **1** defeito **2** dificuldade

mascar (mas.car) *v.* mastigar sem engolir

máscara (más.ca.ra) *n.f.* **1** objeto que representa uma face humana, animal ou imaginária, que se usa como disfarce (por exemplo, no Carnaval) **2** objeto usado para proteger o rosto

mascarada (mas.ca.ra.da) *n.f.* festa em que as pessoas usam máscaras; baile de máscaras

mascarado (mas.ca.ra.do) *adj.* disfarçado; fantasiado

mascarar (mas.ca.rar) *v.* **1** cobrir com máscara; fantasiar **2** esconder; ocultar **3** usar uma máscara; fantasiar-se (mascarar-se de)

mascote (mas.co.te) *n.f.* objeto, pessoa ou animal que se pensa que dá sorte

masculino (mas.cu.li.no) *adj.* **1** próprio de macho **2** relativo ao homem ♦ *n.m.*

género gramatical oposto ao género feminino

masmorra (mas.mor.ra) *n.f.* prisão subterrânea

massa (mas.sa) *n.f.* **1** mistura de farinha com água ou outro líquido, que forma uma pasta **2** qualquer substância mole parecida com essa mistura **3** *(inform.)* dinheiro; **em massa:** em grande quantidade; em grande número; **massa cinzenta:** cérebro; inteligência; **massa folhada:** massa feita de farinha de trigo que se estende com rolo e se dobra em camadas alternadas de manteiga, e que, depois de cozida, fica com a aparência de lâminas finas

massacrar (mas.sa.crar) *v.* **1** matar de forma cruel **2** *(fig.)* aborrecer; chatear

massacre (mas.sa.cre) *n.m.* morte de um grande número de pessoas ou animais provocada com crueldade SIN. matança

massagem (mas.sa.gem) *n.f.* compressão dos músculos do corpo com as mãos, para tratar um problema de saúde ou provocar relaxamento

massagista (mas.sa.gis.ta) *n.2gén.* pessoa que faz massagens

massajar (mas.sa.jar) *v.* fazer massagem

massambala (mas.sam.ba.la) *n.f. (Ang.)* planta gramínea semelhante ao milho, cujo fruto é utilizado sob a forma de farinha e é a base de uma variedade de cerveja (macau); sorgo

masseve (mas.se.ve) *n.m. (Moç.)* dança tradicional executada ao som de um instrumento semelhante a um chocalho ♦ *n.2gén. (Moç.)* compadre; comadre

massinguita (mas.sin.gui.ta) *n.f. (Moç.)* mau presságio; agouro

massinha (mas.si.nha) *n.f.* [*dim. de massa*] massa fina ou miúda

massudo (mas.su.do) *adj.* espesso; grosso

mastigar (mas.ti.gar) *v.* **1** triturar com os dentes **2** dizer com pouca clareza

mastodonte (mas.to.don.te) *n.m.* mamífero fóssil de grande porte, semelhante ao elefante atual

mastro (mas.tro) *n.m.* **1** haste comprida, de madeira ou metal, que, nos barcos, sustenta as velas **2** pau em que se içam bandeiras

mata (ma.ta) *n.f.* conjunto denso de árvores que cobrem uma vasta extensão de terreno SIN. floresta

matabichar (ma.ta.bi.char) *v.* *(Ang., GB, Moç., STP)* tomar o pequeno-almoço

matabicho (ma.ta.bi.cho) *n.m.* *(Ang., GB, Moç., STP)* pequeno-almoço

matadouro (ma.ta.dou.ro) *n.m.* lugar destinado à matança de animais para consumo

matagal (ma.ta.gal) *n.m.* bosque extenso e cerrado

matambira (ma.tam.bi.ra) *n.f.* *(Moç.)* dinheiro

matança (ma.tan.ça) *n.f.* morte de um grande número de pessoas ou animais

matar (ma.tar) *v.* **1** causar a morte a **2** abater (animal) ♦ **matar-se** tirar a própria vida; suicidar-se

match *n.m.* competição desportiva entre dois ou mais adversários

matemática (ma.te.má.ti.ca) *n.f.* ciência que estuda os números

matematicamente (ma.te.ma.ti.ca.men.te) *adv.* rigorosamente; exatamente

matemático (ma.te.má.ti.co) *adj.* relativo a matemática ♦ *n.m.* especialista em matemática

matéria (ma.té.ri.a) *n.f.* **1** substância de que uma coisa é feita **2** disciplina escolar

material (ma.te.ri.al) *adj.2gén.* **1** relativo a matéria **2** físico ♦ *n.m.* **1** equipamento necessário a uma atividade **2** substância de que uma coisa é feita

materializar (ma.te.ri.a.li.zar) *v.* tornar real; concretizar ♦ **materializar-se** tornar-se real; concretizar-se

matéria-prima (ma.té.ri.a-pri.ma) *n.f.* [*pl.* matérias-primas] substância principal utilizada no fabrico de alguma coisa

maternal (ma.ter.nal) *adj.2gén.* próprio de mãe

maternidade (ma.ter.ni.da.de) *n.f.* **1** qualidade de mãe **2** hospital onde são acompanhadas mulheres grávidas e em trabalho de parto

materno (ma.ter.no) *adj.* relativo a mãe

matete (ma.te.te) *n.m.* *(Ang.)* papas de farinha de mandioca ou de milho cozida

matilha (ma.ti.lha) *n.f.* conjunto de cães de caça

matina (ma.ti.na) *n.f.* *(inform.)* manhã

matinal (ma.ti.nal) *adj.* relativo a manhã; que é próprio da manhã

matinas (ma.ti.nas) *n.f.pl.* primeira parte da missa, que se reza de manhã

matiz (ma.tiz) *n.m.* mistura ou combinação de várias cores

mato (ma.to) *n.m.* terreno inculto coberto de plantas não cultivadas

matraca (ma.tra.ca) *n.f.* **1** instrumento de madeira formado de tábuas com argolas móveis que se agitam **2** *(inform., fig.)* boca **3** *(inform., fig.)* pessoa muito faladora

matraquilhos (ma.tra.qui.lhos) *n.m.pl.* jogo de futebol de mesa, em que os jogadores deslocam uma pequena bola, usando varões a que estão presos bonecos que representam as duas equipas

a b c d e f g h i j k l m n o p q r s t u v w x y z

matrecos (ma.tre.cos) *n.m.pl.* → **matra-quilhos**

matreiro (ma.trei.ro) *adj.* manhoso; astuto

matrícula (ma.trí.cu.la) *n.f.* **1** inscrição num estabelecimento de ensino **2** placa com o número de registo de um veículo

matricular (ma.tri.cu.lar) *v.* **1** inscrever num estabelecimento de ensino **2** inscrever-se num estabelecimento de ensino (matricular-se em)

matrimonial (ma.tri.mo.ni.al) *adj.2gén.* relativo a matrimónio

matrimónio (ma.tri.mó.ni.o) *n.m.* casamento

matriz (ma.triz) *n.f.* **1** origem; fonte **2** molde para fundição **3** disposição de elementos matemáticos (geralmente números) num quadro retangular ou quadrado

matsavo (mat.sa.vo) *n.m. (Moç.)* hortaliça; verduras

matulão (ma.tu.lão) *n.m.* [*f.* matulona] rapaz grande e corpulento; rapagão

maturidade (ma.tu.ri.da.de) *n.f.* **1** estado ou condição de pleno desenvolvimento **2** período da vida entre a juventude e a velhice; meia-idade

matutar (ma.tu.tar) *v.* (*inform.*) pensar em; cismar

mau (mau) *adj.* **1** que faz mal; prejudicial **ANT.** bom **2** de má qualidade **3** maldoso **4** grosseiro

mau-olhado (mau-o.lha.do) *n.m.* [*pl.* maus-olhados] olhar com o suposto poder de fazer mal a alguém

mausoléu (mau.so.léu) *n.m.* monumento funerário de grandes dimensões

maus-tratos (maus-tra.tos) *n.m.pl.* crime praticado por quem agride alguém (física ou psicologicamente)

maxaca (ma.xa.ca) *n.m. (Moç.)* parentes

maxamba (ma.xam.ba) *n.f. (Moç.)* → **machamba**

maxanana (ma.xa.na.na) *n.f. (Ang.)* refogado ou cozido de folhas de abóbora e quiabo, feito com azeite de dendê ou de amendoim e temperos

maxilar (ma.xi.lar) (mácsilár) *n.m.* osso onde estão colocados os dentes

máxima (má.xi.ma) (mássima) *n.f.* sentença que exprime uma regra moral

máximo (má.xi.mo) (mássimu) *adj.* que está acima de todos os da sua espécie ou género ◆ *n.m.* **1** valor mais elevado **2** ponto mais alto de alguma coisa; cúmulo

mboa (mbo.a) *n.f.* **1** *(Moç.)* folhas de aboboreira **2** *(Moç.)* legumes

meada (me.a.da) *n.f.* quantidade de fios enrolados

mealheiro (me.a.lhei.ro) *n.m.* caixa de diversas formas onde se junta dinheiro

mecânica (me.câ.ni.ca) *n.f.* conjunto de técnicas para construção e reparação de máquinas

mecânico (me.câ.ni.co) *adj.* **1** relativo a mecânica; automático **2** que é independente da vontade; maquinal ◆ *n.m.* operário especializado na reparação de máquinas e motores

mecanismo (me.ca.nis.mo) *n.m.* **1** conjunto de peças que permitem o funcionamento de um aparelho, máquina ou motor **2** funcionamento semelhante ao de uma máquina; processo

mecanizar (me.ca.ni.zar) *v.* realizar por meio de máquina(s); automatizar

mecha (me.cha) *n.f.* → **madeixa**

meda (me.da) *n.f.* amontoado de feixes de trigo ou palha em forma de cone

medalha (me.da.lha) *n.f.* prémio que se dá a alguém por uma vitória num concurso ou numa competição; **reverso da medalha:** lado mau de qualquer coisa

média (mé.di.a) *n.f.* **1** quociente da divisão da soma dos valores considerados pelo número deles **2** valor que se obtém dividindo a soma de todas as notas pelo número de disciplinas ◆ *n.m.pl.* meios de comunicação social

mediador (me.di.a.dor) *n.m.* pessoa que serve de intermediário num conflito, negócio, etc. SIN. intermediário

mediano (me.di.a.no) *adj.* **1** que não é grande nem pequeno; médio **2** nem muito bom nem muito mau; sofrível

mediante (me.di.an.te) *prep.* **1** por meio de **2** a troco de

mediar (me.di.ar) *v.* **1** agir como mediador **2** estar entre (duas coisas)

mediático (me.di.á.ti.co) *adj.* próprio dos meios de comunicação social

medicação (me.di.ca.ção) *n.f.* utilização de medicamentos ou de outros processos curativos

medicamento (me.di.ca.men.to) *n.m.* substância usada para tratar uma doença SIN. fármaco, remédio

medição (me.di.ção) *n.f.* ato ou efeito de medir

medicar (me.di.car) *v.* tratar com medicamentos

medicina (me.di.ci.na) *n.f.* ciência que procura prevenir, curar ou atenuar as doenças

medicinal (me.di.ci.nal) *adj.2gén.* **1** relativo a medicina **2** que cura; terapêutico

médico (mé.di.co) *n.m.* pessoa formada em medicina que trata doenças ◆ *adj.* relativo a medicina SIN. clínico

medida (me.di.da) *n.f.* **1** avaliação da altura, do peso ou do comprimento de algo; tamanho **2** quantidade de uma substância; dose **3** forma de agir; decisão

medieval (me.di.e.val) *adj.2gén.* relativo à Idade Média

médio (mé.di.o) *adj.* **1** que está no meio; mediano **2** nem muito bom nem muito mau; razoável

medíocre (me.dí.o.cre) *adj.* que está abaixo da média ◆ *n.m.* classificação escolar entre o mau e o sofrível ou suficiente

medir (me.dir) *v.* **1** avaliar a medida de; calcular **2** ter a extensão, o comprimento ou a altura de; **não ter mãos a medir:** ter muito que fazer

meditação (me.di.ta.ção) *n.f.* **1** ato de pensar ou meditar em; reflexão **2** exercício de concentração mental

meditar (me.di.tar) *v.* **1** pensar sobre; refletir **2** praticar meditação

mediterrâneo (me.di.ter.râ.ne.o) *adj.* relativo ao mar Mediterrâneo; mediterrânico

Mediterrâneo (Me.di.ter.râ.ne.o) *n.m.* mar continental que banha as costas da Ásia, do sul da Europa e do norte de África

mediterrânico (me.di.ter.râ.ni.co) *adj.* → **mediterrâneo**

medo (me.do) *n.m.* aquilo que se sente perante um perigo ou uma ameaça SIN. receio, temor

medonho (me.do.nho) *adj.* que causa medo SIN. assustador, terrível

medricas (me.dri.cas) *adj.inv.* que tem muito medo

medronho (me.dro.nho) *n.m.* fruto do medronheiro, semelhante ao morango, do qual se faz uma aguardente

medroso (me.dro.so) *adj.* **1** que tem medo ANT. corajoso, valente **2** que se assusta facilmente **3** que é tímido

medula (me.du.la) *n.f.* substância mole contida no interior dos ossos

medular (me.du.lar) *adj.2gén.* relativo à medula

a
b
c
d
e
f
g
h
i
j
k
l
m
n
o
p
q
r
s
t
u
v
w
x
y
z

medusa (me.du.sa) *n.f.* animal marinho com o corpo gelatinoso em forma de campânula; alforreca

megabit (mégabit) *n.m.* [*pl. megabits*] medida de capacidade de memória correspondente a 1024 *kilobits*

megabyte (mégabáite) *n.m.* [*pl. megabytes*] unidade de medida de informação equivalente a um milhão de *bytes*

megalítico (me.ga.lí.ti.co) *adj.* diz-se do monumento formado por um ou vários megálitos

megálito (me.gá.li.to) *n.m.* grande bloco de pedra, usado em construções pré-históricas

megawatt *n.m.* unidade de potência equivalente a um milhão de watts

meia (mei.a) *n.f.* peça de vestuário de malha que cobre o pé e a perna

meia-calça (mei.a-cal.ça) *n.f.* → **meias-calças**

meia-final (mei.a-fi.nal) *n.f.* [*pl. meias-finais*] competição que antecede a final de um campeonato; semifinal

meia-lua (mei.a-lu.a) *n.f.* [*pl. meias-luas*] **1** aspeto da lua em forma de semicírculo **2** qualquer coisa com forma semicircular

meia-luz (mei.a-luz) *n.f.* [*pl. meias-luzes*] luminosidade fraca; penumbra

meia-noite (mei.a-noi.te) *n.f.* [*pl. meias-noites*] momento que divide a noite em duas partes iguais

meias-calças (mei.as-cal.ças) *n.f.pl.* peça de vestuário interior de malha elástica, que cobre dos pés à cintura; *collants*

meia-voz (mei.a-voz) *n.f.* [*pl. meias-vozes*] tom de voz mais baixo que o normal

meigo (mei.go) *adj.* carinhoso; terno

meiguice (mei.gui.ce) *n.f.* demonstração de carinho; ternura

meio (mei.o) *adj.* **1** metade de um **2** que está em posição intermédia; médio ◆ *adv.* **1** um tanto; um pouco **2** não totalmente; quase ◆ *n.m.* **1** parte de uma coisa que fica à mesma distância das suas extremidades **2** momento que separa em duas partes iguais um espaço de tempo **3** aquilo que serve para alcançar um fim; modo **4** grupo social ou profissional a que pertence uma pessoa; ambiente

meio-campo (mei.o-cam.po) *n.m.* [*pl. meios-campos*] zona central do campo de futebol

meio-dia (mei.o-di.a) *n.m.* [*pl. meios-dias*] momento que divide o dia em duas partes iguais

meio-irmão (mei.o-ir.mão) *n.m.* [*pl. meios-irmãos*] irmão só por parte de pai ou só por parte da mãe

mel (mel) *n.m.* [*pl. meles, méis*] substância doce fabricada pelas abelhas a partir do néctar das flores

melaço (me.la.ço) *n.m.* líquido espesso que resulta da cristalização do açúcar

melancia (me.lan.ci.a) *n.f.* grande fruto oval ou arredondado, de casca verde, com polpa vermelha e sementes escuras

melancolia (me.lan.co.li.a) *n.f.* tristeza profunda

melancólico (me.lan.có.li.co) *adj.* **1** que sofre de melancolia SIN. triste **2** que provoca melancolia

melanina (me.la.ni.na) *n.f.* pigmento que determina a coloração dos olhos, da pele e dos pelos

melão (me.lão) *n.m.* fruto do meloeiro, de casca verde ou amarela e com sementes no interior

melga (mel.ga) *n.f.* mosquito que habita em locais húmidos com vegetação abundante ◆ *n.2gén.* (*inform.*) pessoa importuna ou maçadora

melhor (me.lhor) *adj.2gén.* **1** que é superior em qualidade, valor ou importância ANT. pior **2** que está menos doente ♦ *n.m.* **1** aquilo que é mais acertado ou mais conveniente **2** o que é considerado superior a tudo ou a todos; **levar a melhor**: vencer

melhora (me.lho.ra) *n.f.* recuperação da saúde

melhoramento (me.lho.ra.men.to) *n.m.* mudança para melhor; melhoria

melhorar (me.lho.rar) *v.* **1** tornar melhor; aperfeiçoar **2** tornar-se melhor; aperfeiçoar-se **3** abrandar (o mau tempo)

melhoras (me.lho.ras) *n.f.pl.* restabelecimento da saúde; recuperação

melhoria (me.lho.ri.a) *n.f.* **1** mudança para melhor **2** recuperação da saúde **3** avanço; progresso

melindrado (me.lin.dra.do) *adj.* ofendido

melindrar (me.lin.drar) *v.* ofender ♦ **melindrar-se** ficar ofendido

melindroso (me.lin.dro.so) *adj.* **1** diz-se da pessoa que se ofende com facilidade **2** que deve ser tratado com cuidado; delicado

meloa (me.lo.a) *n.f.* fruto semelhante ao melão, mas mais pequeno e esférico

melodia (me.lo.di.a) *n.f.* conjunto de sons agradáveis ao ouvido

melódico (me.ló.di.co) *adj.* **1** relativo a melodia **2** que tem melodia; melodioso

melodioso (me.lo.di.o.so) *adj.* que é agradável ao ouvido SIN. harmonioso

melodrama (me.lo.dra.ma) *n.m.* **1** peça de teatro de carácter popular com enredo complicado e sentimentos exagerados **2** *(inform.)* comportamento ou sentimento exagerado

melro (mel.ro) *n.m.* **1** pássaro com plumagem preta e bico amarelo-alaranjado **2** *(fig.)* pessoa finória ou espertalhona

membrana (mem.bra.na) *n.f.* película, animal ou vegetal, que envolve e protege os órgãos, as células ou elementos destas; pele

membranofone (mem.bra.no.fo.ne) *n.m.* instrumento musical cujo som é produzido a partir de membranas esticadas (adufe, pandeiro, tambor, etc.)

membro (mem.bro) *n.m.* **1** cada um dos quatro apêndices do corpo de animais e do homem que servem para andar (as pernas) e agarrar ou segurar (os braços) **2** pessoa que pertence a uma associação; sócio

memorável (me.mo.rá.vel) *adj.2gén.* célebre; notável

memória (me.mó.ri.a) *n.f.* **1** capacidade que as pessoas têm de recordar coisas passadas **2** lembrança que uma pessoa tem de outra, que está longe ou que morreu **3** parte do computador onde se guarda informação

memorial (me.mo.ri.al) *n.m.* **1** relato de lembranças ou de factos notáveis **2** monumento comemorativo

memorização (me.mo.ri.za.ção) *n.f.* ato de fixar na memória

memorizar (me.mo.ri.zar) *v.* fixar na memória; decorar

menção (men.ção) *n.f.* referência (a algo ou a alguém); alusão

mencionado (men.ci.o.na.do) *adj.* referido

mencionar (men.ci.o.nar) *v.* referir

mendigar (men.di.gar) *v.* **1** pedir esmola **2** pedir com insistência; suplicar

mendigo (men.di.go) *n.m.* pessoa que pede esmolas SIN. pedinte

menina (me.ni.na) *n.f.* criança ou adolescente do sexo feminino; rapariga

meninge (me.nin.ge) *n.f.* cada uma das três membranas que envolvem o encéfalo e a medula espinhal

meningite (me.nin.gi.te) *n.f.* inflamação das meninges

meninice (me.ni.ni.ce) *n.f.* período de crescimento que vai do nascimento à puberdade SIN. infância

menino (me.ni.no) *n.m.* criança ou adolescente do sexo masculino; rapaz

menir (me.nir) *n.m.* monumento megalítico composto por uma pedra grande e alta, fixa verticalmente no solo

menopausa (me.no.pau.sa) *n.f.* fim dos ciclos menstruais na mulher (geralmente entre os 45 e os 50 anos de idade)

menor (me.nor) *adj.2gén.* inferior em número, tamanho ou intensidade; mais pequeno ANT. maior ♦ *n.2gén.* pessoa que ainda não atingiu a maioridade

menoridade (me.no.ri.da.de) *n.f.* estado da pessoa que ainda não atingiu 18 anos

menos (me.nos) *det.indef.>quant.exist.*[DT] *e pron.indef.* em menor quantidade; em menor número ANT. mais ♦ *prep.* exceto ♦ *n.m.2núm.* sinal da operação de subtração ou de quantidade negativa (-); **a menos que:** a não ser que; **nem mais nem menos:** exatamente; rigorosamente

menosprezar (me.nos.pre.zar) *v.* diminuir o valor ou a importância de; desprezar

menosprezo (me.nos.pre.zo) *n.m.* desvalorização da qualidade ou da importância de; desprezo

mensageiro (men.sa.gei.ro) *n.m.* aquele que leva e traz mensagens ou encomendas SIN. portador

mensagem (men.sa.gem) *n.f.* recado ou notícia; comunicação

mensal (men.sal) *adj.2gén.* relativo a mês

mensalidade (men.sa.li.da.de) *n.f.* quantia que se paga ou recebe por mês; mesada

menstruação (mens.tru.a.ção) *n.f.* perda de sangue, com origem no útero, que acontece uma vez por mês nas mulheres adultas que não estão grávidas

menta (men.ta) *n.f.* planta aromática com flores brancas ou rosadas, usada como condimento e em chás, pastas de dentes, etc.

mental (men.tal) *adj.2gén.* relativo à mente ou ao pensamento

mentalidade (men.ta.li.da.de) *n.f.* forma de pensar de um indivíduo, de um grupo ou de um povo

mentalizar (men.ta.li.zar) *v.* **1** imaginar **2** convencer ♦ **mentalizar-se** convencer-se

mente (men.te) *n.f.* **1** inteligência; razão **2** imaginação; perceção

mentir (men.tir) *v.* dizer que uma coisa é verdadeira, sabendo que é falsa

mentira (men.ti.ra) *n.f.* afirmação contrária à verdade SIN. falsidade

mentiroso (men.ti.ro.so) *adj.* **1** que diz mentiras **2** que não é verdadeiro; falso ♦ *n.m.* pessoa que diz mentiras

mentol (men.tol) *n.m.* álcool extraído da essência da hortelã-pimenta

menu *n.m.* **1** lista de pratos disponíveis num restaurante; ementa **2** lista que aparece no ecrã do computador, com as opções de um programa

meramente (me.ra.men.te) *adv.* simplesmente; unicamente

mercado (mer.ca.do) *n.m.* **1** lugar público onde se vendem alimentos e outros produtos **2** compra e venda de produtos; comércio

mercadoria (mer.ca.do.ri.a) *n.f.* qualquer produto que se pode comprar ou vender

mercantil (mer.can.til) *adj.2gén.* relativo a comércio SIN. comercial

mercê (mer.cê) *n.f.* **1** favor **2** graça; **à mercê de:** dependendo de; **mercê de:** graças a

mercearia (mer.ce.a.ri.a) *n.f.* loja onde se vendem alimentos e produtos de uso doméstico

merceeiro (mer.ce.ei.ro) *n.m.* funcionário ou dono de mercearia

mercenário (mer.ce.ná.ri.o) *n.m.* soldado que combate num exército estrangeiro a troco de dinheiro

mercúrio (mer.cú.ri.o) *n.m.* metal prateado e líquido, usado em termómetros e barómetros

Mercúrio (Mer.cú.ri.o) *n.m.* planeta do sistema solar que está mais próximo do sol

mercurocromo (mer.cu.ro.cro.mo) *n.m.* solução vermelho-escura, usada como desinfetante de feridas

merecedor (me.re.ce.dor) *adj.* que merece (alguma coisa)

merecer (me.re.cer) *v.* **1** ser digno de **2** ter direito a

merecido (me.re.ci.do) *adj.* devido; justo

merenda (me.ren.da) *n.f.* refeição ligeira; lanche

merendar (me.ren.dar) *v.* comer a merenda; lanchar

merengue (me.ren.gue) *n.m.* massa feita de claras de ovo batidas com açúcar, usada para cobrir bolos

mergulhador (mer.gu.lha.dor) *n.m.* pessoa que mergulha para fazer estudos debaixo de água

mergulhar (mer.gu.lhar) *v.* **1** meter em água; imergir **2** lançar-se à água **3** descer bruscamente **4** *(fig.)* concentrar-se (numa tarefa ou atividade)

mergulho (mer.gu.lho) *n.m.* salto para a água

meridiano (me.ri.di.a.no) *n.m.* círculo máximo que passa pelos polos e divide a Terra em dois hemisférios

meridional (me.ri.di.o.nal) *adj.2gén.* **1** relativo a meridiano **2** situado no Sul; austral

mérito (mé.ri.to) *n.m.* qualidade de quem merece aplauso ou recompensa; valor

mero (me.ro) *adj.* simples; comum; **por mero acaso:** acidentalmente; sem contar

mês (mês) *n.m.* cada um dos doze períodos em que se divide o ano

> Com o Acordo Ortográfico, os **meses do ano** passam a escrever-se com inicial minúscula.

mesa (me.sa) *n.f.* móvel com tampo horizontal, sobre o qual se come, trabalha, etc.

mesada (me.sa.da) *n.f.* quantia que se paga por mês; mensalidade

mesa-de-cabeceira *a nova grafia é* **mesa de cabeceira**

mesa de cabeceira (me.sa de ca.be.cei.ra) *n.f.* [*pl.* mesas de cabeceira] pequeno móvel, junto à cabeceira da cama

mesclado (mes.cla.do) *adj.* misturado; combinado

mesclar (mes.clar) *v.* misturar; combinar

mesmo (mes.mo) *det. e pron.dem.* **1** que não sofreu alteração; igual **2** o próprio ◆ *n.m.* a mesma coisa; a mesma pessoa ◆ *adv.* até; também; **mesmo assim:** apesar disso; **mesmo que:** ainda que; embora

mesosfera (me.sos.fe.ra) *n.f.* camada do interior da Terra, entre a litosfera e o núcleo central

mesquinho (mes.qui.nho) *adj.* **1** avarento **2** insignificante

a b c d e f g h i j k l m n o p q r s t u v w x y z

mesquita (mes.qui.ta) *n.f.* local de culto da religião muçulmana

messias (mes.si.as) *n.m.2núm.* salvador

mestiço (mes.ti.ço) *n.m.* **1** pessoa com pais de raças diferentes **2** animal nascido do cruzamento de espécies diferentes

mestre (mes.tre) *n.m.* [*f.* mestra] **1** pessoa que ensina **2** especialista numa ciência ou numa arte

mestre-de-cerimónias *a nova grafia é* **mestre de cerimónias**

mestre de cerimónias (mes.tre de ce.ri.mó.ni.as) *n.m.* [*pl.* mestres de cerimónias] **1** pessoa encarregada do protocolo em atos oficiais **2** pessoa que apresenta um espetáculo de variedades

mestre-de-obras *a nova grafia é* **mestre de obras**

mestre de obras (mes.tre de o.bras) *n.m.* [*pl.* mestres de obras] pessoa que dirige trabalhos de construção civil

mestre-escola (mes.tre-es.co.la) *n.m.* [*pl.* mestres-escolas] nome que se dava antigamente ao professor do ensino básico

mestria (mes.tri.a) *n.f.* **1** conhecimento profundo de uma arte ou disciplina **2** habilidade na execução de uma obra; perícia

mesura (me.su.ra) *n.f.* cumprimento cerimonioso; reverência; vénia

meta (me.ta) *n.f.* **1** linha de chegada numa competição desportiva **2** objetivo; fim

metade (me.ta.de) *n.f.* cada uma das duas partes iguais em que se divide uma unidade

metáfora (me.tá.fo.ra) *n.f.* figura que consiste no uso de uma realidade concreta para exprimir uma ideia abstrata

metal (me.tal) *n.m.* elemento químico, bom condutor do calor e da eletricidade

metálico (me.tá.li.co) *adj.* **1** próprio de metal **2** que é feito de metal

metalurgia (me.ta.lur.gi.a) *n.f.* indústria de produção de metais

metalúrgico (me.ta.lúr.gi.co) *adj.* relativo a metalurgia

metamorfose (me.ta.mor.fo.se) *n.f.* mudança de forma; transformação

metatarso (me.ta.tar.so) *n.m.* parte do pé entre o tarso e os dedos

metediço (me.te.di.ço) *adj.* que se mete em assuntos alheios SIN. intrometido

meteórico (me.te.ó.ri.co) *adj.* **1** relativo a meteoro **2** (*fig.*) muito rápido; fugaz

meteorito (me.te.o.ri.to) *n.m.* corpo mineral, sólido, vindo do espaço, que cai na Terra

meteoro (me.te.o.ro) *n.m.* corpo sólido que, ao entrar na atmosfera terrestre, produz um raio luminoso e que é visível durante pouco tempo

meteorologia (me.te.o.ro.lo.gi.a) *n.f.* ciência que estuda os fenómenos atmosféricos, permitindo fazer a previsão do tempo

meteorológico (me.te.o.ro.ló.gi.co) *adj.* relativo a meteorologia

meteorologista (me.te.o.ro.lo.gis.ta) *n.2gén.* especialista em meteorologia

meter (me.ter) *v.* colocar dentro; introduzir; (*inform.*) **meter água:** enganar-se; errar; **meter os pés pelas mãos:** atrapalhar-se

---

Repara na diferença entre **meter** (*introduzir*) *e* **pôr** (*colocar em cima*):
A mãe **meteu** *o carro na garagem.*
Ele **pôs** *a mesa para o almoço.*

---

metical (me.ti.cal) *n.m.* unidade monetária de Moçambique

meticuloso (me.ti.cu.lo.so) *adj.* que presta atenção aos pormenores SIN. minucioso

metódico (me.tó.di.co) *adj.* que tem método SIN. ordenado

método (mé.to.do) *n.m.* maneira ordenada de fazer as coisas; ordem

metodologia (me.to.do.lo.gi.a) *n.f.* conjunto de regras ou processos usados numa ciência, arte ou disciplina

metralhadora (me.tra.lha.do.ra) *n.f.* arma de fogo automática que dispara balas de modo rápido e sucessivo

métrica (mé.tri.ca) *n.f.* conjunto das regras de composição e organização de versos; versificação

métrico (mé.tri.co) *adj.* **1** relativo a métrica ou a versificação **2** diz-se do sistema de medidas que tem por base o metro

metro (me.tro) *n.m.* **1** unidade de medida de comprimento (símbolo: m) **2** (*inform.*) metropolitano

metrópole (me.tró.po.le) *n.f.* **1** cidade grande ou capital de um país **2** nação, relativamente às suas colónias ou províncias ultramarinas

metropolitano (me.tro.po.li.ta.no) *n.m.* meio de transporte rápido, total ou parcialmente subterrâneo

meu (meu) *det. e pron.poss.* [*f.* minha] **1** que me pertence **2** relativo a mim **3** (*inform.*) usa-se para chamar alguém

mexer (me.xer) *v.* **1** mover **2** agitar **3** tocar **4** alterar ♦ **mexer-se 1** deslocar-se **2** apressar-se

mexericar (me.xe.ri.car) *v.* bisbilhotar

mexerico (me.xe.ri.co) *n.m.* comentário ou boato sobre alguém SIN. bisbilhotice

mexicano (me.xi.ca.no) *adj.* relativo ao México ♦ *n.m.* pessoa natural do México

mexilhão (me.xi.lhão) *n.m.* molusco comestível, com concha muito escura

mezinha (me.zi.nha) (*mézinha*) *n.f.* (*pop.*) remédio caseiro

mfúcua (mfú.cu.a) *n.m.* (*Moç.*) espírito maligno vingador

mi (mi) *n.m.* terceira nota da escala musical

miadela (mi.a.de.la) *n.f.* som produzido pelo gato SIN. miado

miado (mi.a.do) *n.m.* voz do gato

miar (mi.ar) *v.* soltar miados (o gato)

miau (mi.au) *n.m.* **1** voz do gato; miado **2** (*infant.*) gato

mica (mi.ca) *n.f.* pequena quantidade; bocado

micado (mi.ca.do) *n.m.* jogo japonês em que se lançam pauzinhos sobre uma superfície, procurando retirar um a um, sem fazer mexer os outros

micar (mi.car) *v.* **1** (*inform.*) olhar fixamente para **2** (*inform.*) entender; compreender

micose (mi.co.se) *n.f.* infeção causada por um fungo

micota (mi.co.ta) *adj.2gén.* (*Moç.*) diz-se da pessoa que é muito magra

micro (mi.cro) *n.m.* (*inform.*) microfone

microbiano (mi.cro.bi.a.no) *adj.* em que há micróbio(s); causado por micróbio(s)

micróbio (mi.cró.bi.o) *n.m.* ser vivo tão pequeno que só pode ser visto ao microscópio e que pode causar doenças

microbiologia (mi.cro.bi.o.lo.gi.a) *n.f.* disciplina que estuda os micróbios

microfone (mi.cro.fo.ne) *n.m.* aparelho que permite a ampliação de sons

microonda *a nova grafia é* **micro-onda**

micro-onda (mi.cro-on.da) *n.f.* radiação eletromagnética

microondas *a nova grafia é* **micro-ondas**

micro-ondas (mi.cro-on.das) *n.m.2núm.* forno de cozinha acionado por radiações eletromagnéticas

microrganismo (mi.cror.ga.nis.mo) *n.m.* organismo animal ou vegetal de dimensões microscópicas; micróbio

microscópico (mi.cros.có.pi.co) *adj.* 1 que só é visível ao microscópio 2 *(fig.)* muito pequeno; minúsculo

microscópio (mi.cros.có.pi.o) *n.m.* instrumento ótico que dá imagens ampliadas de coisas ou seres que não são visíveis a olho nu

migalha (mi.ga.lha) *n.f.* pedaço muito pequeno de pão ou de outro alimento farináceo

migas (mi.gas) *n.f.pl.* pedaços de pão ensopados em caldo ou em sopa

migração (mi.gra.ção) *n.f.* 1 deslocação de pessoas de um país para outro 2 deslocação de espécies animais de uma região para outra em determinadas épocas do ano

migrar (mi.grar) *v.* deslocar-se de um país para outro ou de uma região para outra

migratório (mi.gra.tó.ri.o) *adj.* relativo a migração

mil (mil) *num.card.>quant.num.*ᴰᵀ 1 novecentos mais cem; um milhar 2 *(fig.)* muitos ♦ *n.m.* o número 1000

milagre (mi.la.gre) *n.m.* 1 facto extraordinário, que não se pode explicar por causas naturais e que é geralmente atribuído a Deus 2 acontecimento que provoca admiração ou espanto

milagreiro (mi.la.grei.ro) *adj.* que faz milagres

milagroso (mi.la.gro.so) *adj.* fora do comum; extraordinário

milando (mi.lan.do) *n.m. (Moç.)* discussão; briga

milenar (mi.le.nar) *adj.2gén.* que tem mil anos ou mais; milenário

milénio (mi.lé.ni.o) *n.m.* período de mil anos

milésimo (mi.lé.si.mo) *num.ord.>adj. num.*ᴰᵀ que ocupa o lugar número 1000 ♦ *n.m.* 1 cada uma das mil partes iguais em que se dividiu uma unidade 2 *(fig.)* espaço de tempo muito reduzido; instante

milha (mi.lha) *n.f.* unidade de distância usada nos países de língua inglesa e equivalente a 1609 metros

milhão (mi.lhão) *num.card.>quant.num.*ᴰᵀ mil vezes mil ♦ *n.m.* 1 o número 1 000 000 2 *(fig.)* grande quantidade

milhar (mi.lhar) *num.card.>quant.num.*ᴰᵀ *e n.m.* mil unidades

milhentos (mi.lhen.tos) *adj.* número indeterminado e muito elevado

milho (mi.lho) *n.m.* 1 planta hortícola que produz grãos, usados para fazer pão 2 *(pop.)* dinheiro

milho-rei (mi.lho-rei) *n.m.* [*pl.* milhos--reis] *(pop.)* milho de grão vermelho

miligrama (mi.li.gra.ma) *n.m.* milésima parte do grama (símbolo: mg)

mililitro (mi.li.li.tro) *n.m.* milésima parte do litro (símbolo: ml)

milímetro (mi.lí.me.tro) *n.m.* milésima parte do metro (símbolo: mm)

milionário (mi.li.o.ná.ri.o) *n.m.* pessoa muito rica

milionésimo (mi.li.o.né.si.mo) *adj.* cada uma das partes iguais de uma unidade dividida num milhão de partes

militante (mi.li.tan.te) *n.2gén.* 1 pessoa que combate; combatente 2 pessoa que defende uma causa ou uma ideia

militar (mi.li.tar) *v.* 1 combater; lutar 2 defender ativamente (uma causa, uma ideia)

milongo (mi.lon.go) *n.m. (Ang.)* medicamento; remédio

mim (mim) *pron.pess.* designa a primeira pessoa do singular e indica a pessoa que fala ou escreve *(ela trouxe o livro para mim)*

mimado (mi.ma.do) *adj.* **1** tratado com mimo **2** que tem mimo em excesso; caprichoso

mimalho (mi.ma.lho) *adj.* que é muito mimado

mimar (mi.mar) *v.* dar mimo a; acarinhar

mímica (mí.mi.ca) *n.f.* expressão do pensamento por meio de gestos

mímico (mí.mi.co) *adj.* relativo a mímica; gestual

mimo (mi.mo) *n.m.* **1** demonstração de carinho **2** pessoa ou coisa delicada **3** artista que faz mímica

mimosa (mi.mo.sa) *n.f.* flor amarela que nasce de uma árvore com o mesmo nome

mimoso (mi.mo.so) *adj.* gracioso; encantador

mina (mi.na) *n.f.* **1** galeria subterrânea para extração de minerais **2** nascente de água **3** engenho explosivo **4** *(fig.)* fonte de riqueza

minar (mi.nar) *v.* **1** abrir mina em **2** colocar mina(s) **3** *(fig.)* estragar

mindinho (min.di.nho) *n.m.* dedo mínimo da mão

mineiro (mi.nei.ro) *adj.* relativo a mina ♦ *n.m.* homem que trabalha numa mina

mineral (mi.ne.ral) *n.m.* corpo natural, sólido ou líquido, que se encontra no solo ou na água, como o sal, o carvão e o calcário

mineralogia (mi.ne.ra.lo.gi.a) *n.f.* disciplina que estuda e classifica os minerais

mineralogista (mi.ne.ra.lo.gis.ta) *n.2gén.* especialista em mineralogia

minério (mi.né.ri.o) *n.m.* mineral de que se podem extrair metais ou substâncias não metálicas

mingar (min.gar) *v. (inform.)* → **minguar**

minguante (min.guan.te) *adj.2gén.* que diminui; decrescente ♦ *n.m.* fase que se segue à lua cheia e vai diminuindo até à lua nova, em que só uma parte da superfície visível é iluminada

minguar (min.guar) *v.* **1** tornar-se menor; diminuir **2** ser cada vez mais raro; escassear

minhoca (mi.nho.ca) *n.f.* verme de corpo alongado e mole, sem patas, frequente nos lugares húmidos

minhoto (mi.nho.to) *adj.* relativo ao Minho (região no noroeste de Portugal) ♦ *n.m.* pessoa natural do Minho

miniatura (mi.ni.a.tu.ra) *n.f.* imagem ou objeto muito pequeno

minigolfe (mi.ni.gol.fe) *n.m.* jogo que se pratica num campo de golfe muito pequeno

mínima (mí.ni.ma) *n.f.* **1** valor mais baixo observado em determinado fenómeno, num dado período *(temperatura mínima, por exemplo)* **2** figura musical de valor igual a metade de uma semibreve

minimizar (mi.ni.mi.zar) *v.* **1** reduzir ao mínimo; diminuir **2** *(fig.)* desvalorizar

mínimo (mí.ni.mo) *adj.* [*superl. de* pequeno] mais pequeno ♦ *n.m.* menor valor de alguma coisa

minissaia (mi.nis.sai.a) *n.f.* saia muito curta, geralmente acima do joelho

minissérie (mi.nis.sé.ri.e) *n.f.* série televisiva apresentada em poucos episódios

ministerial (mi.nis.te.ri.al) *adj.2gén.* relativo a ministro ou a ministério

ministério (mi.nis.té.ri.o) *n.m.* departamento do Governo chefiado por um ministro

ministra (mi.nis.tra) *n.f.* mulher que dirige um ministério

ministrar (mi.nis.trar) *v.* **1** dar a tomar (um medicamento) **2** transmitir (conhecimentos)

a
b
c
d
e
f
g
h
i
j
k
l
m
n
o
p
q
r
s
t
u
v
w
x
y
z

ministro (mi.nis.tro) *n.m.* homem que dirige um ministério

minorar (mi.no.rar) *v.* tornar menor; diminuir

minorca (mi.nor.ca) *n.2gén. (inform.)* pessoa de estatura muito baixa

minoria (mi.no.ri.a) *n.f.* pequeno grupo de pessoas existente dentro de um grupo maior

minoritário (mi.no.ri.tá.ri.o) *adj.* relativo a minoria; que está em minoria

minúcia (mi.nú.ci.a) *n.f.* detalhe; pormenor

minucioso (mi.nu.ci.o.so) *adj.* detalhado; pormenorizado

minúscula (mi.nús.cu.la) *n.f.* uma das duas formas de representar as letras do alfabeto, que corresponde ao tamanho menor; letra pequena

Com o Acordo Ortográfico, passa a usar-se **inicial minúscula** nos meses e estações do ano, pontos cardeais e colaterais (mas mantêm-se as maiúsculas nas abreviaturas: N, S, E, O, etc.).

minúsculo (mi.nús.cu.lo) *adj.* **1** que é muito pequeno; reduzido **2** diz-se da letra de tamanho menor; pequena

minuto (mi.nu.to) *n.m.* **1** período de tempo formado por 60 segundos (símbolo: min) **2** *(fig.)* instante; momento

minzangala (min.zan.ga.la) *n.f. (Ang.)* juventude; rapaziada

miolo (mi.o.lo) *n.m.* parte interior do pão

miongos (mi.on.gos) *n.m.pl. (Ang.)* região renal; rins; quadris

míope (mí.o.pe) *n.2gén.* pessoa que tem miopia

miopia (mi.o.pi.a) *n.f.* deficiência visual que dificulta a visão à distância

miosótis (mi.o.só.tis) *n.2gén.2núm.* planta com flores pequenas e azuis

mira (mi.ra) *n.f.* peça usada numa arma para fazer pontaria

mirabolante (mi.ra.bo.lan.te) *adj.2gén.* espetacular; surpreendente

mirada (mi.ra.da) *n.f.* ato de mirar SIN. olhadela

miradouro (mi.ra.dou.ro) *n.m.* lugar elevado, de onde se pode observar a paisagem SIN. mirante

miragem (mi.ra.gem) *n.f.* imagem que uma pessoa pensa estar a ver, mas que não é real; ilusão

mirandês (mi.ran.dês) *n.m.* língua falada em Miranda do Douro, que é a segunda língua oficial de Portugal

mirar (mi.rar) *v.* olhar

mirone (mi.ro.ne) *n.m.* observador

mirra (mir.ra) *n.f.* planta tropical cuja casca liberta uma resina oleosa e aromática

mirrado (mir.ra.do) *adj.* **1** murcho **2** magro

mirrar (mir.rar) *v.* **1** murchar **2** emagrecer

miscelânea (mis.ce.lâ.ne.a) *n.f.* mistura de coisas diferentes

miserável (mi.se.rá.vel) *adj.2gén.* **1** que está na miséria; muito pobre **2** mesquinho; avarento

miséria (mi.sé.ri.a) *n.f.* falta de meios para sobreviver; pobreza extrema

misericórdia (mi.se.ri.cór.di.a) *n.f.* piedade; compaixão

misericordioso (mi.se.ri.cor.di.o.so) *adj.* que perdoa as faltas ou as ofensas; bondoso

mísero (mí.se.ro) *adj.* **1** muito pobre; miserável **2** muito pequeno; insignificante

missa (mis.sa) *n.f.* cerimónia religiosa celebrada por um membro da Igreja

missal (mis.sal) *n.m.* livro que contém orações e festas religiosas

missanga (mis.san.ga) *n.f.* pequena conta de vidro para enfeitar colares, pulseiras, etc.

missão (mis.são) *n.f.* dever a cumprir; obrigação

míssil (mís.sil) *n.m.* projétil com uma carga explosiva que se lança a grande velocidade em direção a um alvo

missionário (mis.si.o.ná.ri.o) *n.m.* **1** pessoa encarregada de realizar uma missão **2** pessoa que se dedica a divulgar uma causa ou uma religião

missiva (mis.si.va) *n.f.* carta que se manda a alguém

mister (mis.ter) (míster) *n.m.* [*pl. misters*] **1** senhor **2** *(inform.)* treinador de futebol

mistério (mis.té.ri.o) *n.m.* aquilo que não se conhece ou que não se consegue explicar SIN. segredo

misteriosamente (mis.te.ri.o.sa.men.te) *adv.* **1** de maneira misteriosa **2** sem explicação

misterioso (mis.te.ri.o.so) *adj.* **1** inexplicável **2** secreto

mística (mís.ti.ca) *n.f.* vida contemplativa e religiosa

místico (mís.ti.co) *adj.* **1** espiritual **2** contemplativo **3** sobrenatural

misto (mis.to) *adj.* misturado; combinado

mistura (mis.tu.ra) *n.f.* junção de várias coisas diferentes; combinação

misturada (mis.tu.ra.da) *n.f. (inform.)* conjunto de coisas misturadas

misturado (mis.tu.ra.do) *adj.* composto de elementos diferentes; combinado

misturadora (mis.tu.ra.do.ra) *n.f.* aparelho usado para esmagar e misturar alimentos

misturar (mis.tu.rar) *v.* juntar (coisas diferentes); combinar ♦ **misturar-se** juntar-se; combinar-se

mítico (mí.ti.co) *adj.* **1** relativo a mito **2** fabuloso; lendário

mito (mi.to) *n.m.* **1** relato das proezas dos deuses e heróis da Antiguidade; lenda **2** ideia que é geralmente aceite, mas que não é verdadeira

mitologia (mi.to.lo.gi.a) *n.f.* conjunto dos mitos de um povo ou de uma civilização

mitológico (mi.to.ló.gi.co) *adj.* relativo aos mitos ou a mitologia; lendário

miudagem (mi.u.da.gem) *n.f.* conjunto de crianças

miudeza (mi.u.de.za) *n.f.* **1** artigo de pouco valor; bugiganga **2** coisa sem importância; ninharia

miudinho (mi.u.di.nho) *adj.* **1** muito pequeno **2** minucioso

miúdo (mi.ú.do) *adj.* **1** muito pequeno **2** minucioso; pormenorizado ♦ *n.m.* menino; rapaz ♦ **miúdos** *n.m.pl.* vísceras de animais

mixórdia (mi.xór.di.a) *n.f. (inform.)* mistura confusa de coisas SIN. barafunda, confusão

mó (mó) *n.f.* pedra de moinho que tritura e mói o grão dos cereais e da azeitona

moagem (mo.a.gem) *n.f.* **1** ato de moer (cereais) **2** indústria ou fábrica de transformação dos cereais em farinha

móbil (mó.bil) *n.m.* motivo; causa

mobilar (mo.bi.lar) *v.* colocar móveis em (sala, quarto, escritório, etc.)

mobília (mo.bí.li.a) *n.f.* conjunto de móveis SIN. mobiliário

mobiliário (mo.bi.li.á.ri.o) *n.m.* → **mobília**

mobilidade (mo.bi.li.da.de) *n.f.* **1** característica do que se move **2** possibilidade de ir de um lugar para outro rapidamente

moca (mo.ca) (móca) *n.f.* **1** pedaço de pau; cacete **2** *(inform.)* bebedeira

moça (mo.ça) *n.f.* rapariga

moçambicano (mo.çam.bi.ca.no) *adj.* relativo à República de Moçambique ♦ *n.m.* pessoa natural de Moçambique

moçárabe (mo.çá.ra.be) *n.2gén.* cristão que durante o domínio muçulmano na Península Ibérica se converteu ao islamismo, reconvertendo-se depois da Reconquista Cristã

mochila (mo.chi.la) *n.f.* saco que se transporta às costas

mocho (mo.cho) *n.m.* ave de rapina noturna, com cabeça grande e com visão e audição muito apuradas

mocidade (mo.ci.da.de) *n.f.* juventude

moço (mo.ço) *n.m.* rapaz

moda (mo.da) *n.f.* conjunto de gostos, opiniões ou formas de agir aceites por um dado grupo numa determinada época

modal (mo.dal) *adj.2gén.* relativo a moda ou a modo

modalidade (mo.da.li.da.de) *n.f.* cada uma das atividades desportivas

modelar (mo.de.lar) *adj.2gén.* que serve de modelo; exemplar ♦ *v.* fazer o molde de

modelo (mo.de.lo) *n.m.* **1** representação de um objeto em tamanho reduzido **2** aquilo que serve de exemplo; referência ♦ *n.2gén.* pessoa que participa em desfiles de roupa

modem (módem) *n.m.* [*pl. modems*] aparelho eletrónico que permite a transmissão de dados de um computador por linha telefónica

moderação (mo.de.ra.ção) *n.f.* **1** prudência **2** equilíbrio

moderado (mo.de.ra.do) *adj.* **1** prudente **2** equilibrado

moderador (mo.de.ra.dor) *n.m.* pessoa que dirige um debate

moderar (mo.de.rar) *v.* **1** regular **2** conter ♦ **moderar-se** evitar excessos; controlar-se

modernidade (mo.der.ni.da.de) *n.f.* **1** coisa nova ou recente; novidade **2** tempo presente; atualidade

modernização (mo.der.ni.za.ção) *n.f.* adaptação aos métodos modernos; atualização

modernizar (mo.der.ni.zar) *v.* tornar moderno ♦ **modernizar-se** tornar-se moderno

moderno (mo.der.no) *adj.* **1** que segue o gosto ou as tendências da moda **2** atual; recente

modéstia (mo.dés.ti.a) *n.f.* falta de vaidade; simplicidade

modesto (mo.des.to) *adj.* que não é vaidoso; simples

modificação (mo.di.fi.ca.ção) *n.f.* alteração

modificado (mo.di.fi.ca.do) *adj.* alterado

modificador (mo.di.fi.ca.dor) *n.m.* **1** aquilo que modifica **2** palavra ou expressão que acrescenta alguma informação à frase, mas que não é obrigatória

modificar (mo.di.fi.car) *v.* alterar; transformar ♦ **modificar-se** sofrer modificação; transformar-se

modo (mo.do) *n.m.* **1** forma de ser ou de estar **2** maneira de se exprimir; estilo **3** maneira de fazer algo; método **4** cada uma das variações que os verbos apresentam para exprimir a atitude do sujeito em relação à ação; **de modo que:** de maneira que, para; **de modo a:** com o objetivo de, para

módulo (mó.du.lo) *n.m.* **1** unidade ou peça que pode ser combinada com outras para formar um todo **2** parte separável de uma nave espacial

moeda (mo.e.da) *n.f.* **1** peça, geralmente metálica e circular, que serve para comprar e vender coisas **2** unidade utilizada num país como padrão para fixar o preço das coisas

moela (mo.e.la) *n.f.* parte musculosa do tubo digestivo de muitos animais

moer (mo.er) *v.* esmagar; triturar

mofo (mo.fo) *n.m.* aglomerado de fungos, que se desenvolve na matéria orgânica em decomposição SIN. bolor, ranço

mogno (mog.no) *n.m.* **1** árvore tropical produtora de madeira avermelhada, muito usada no fabrico de móveis **2** madeira dessa árvore

moído (mo.í.do) *adj.* esmagado; triturado

moinho (mo.i.nho) *n.m.* **1** aparelho para moer grãos de cereais **2** lugar onde se moem cereais

moiro (moi.ro) *n.m.* → mouro

moita (moi.ta) *n.f.* mata espessa de plantas rasteiras

mola (mo.la) *n.f.* **1** utensílio usado para prender ou segurar objetos **2** peça que serve para impulsionar por meio de pressão

molar (mo.lar) *n.m.* dente situado lateralmente, cuja função é mastigar os alimentos; queixal

moldar (mol.dar) *v.* **1** ajustar ao molde **2** adaptar ◆ moldar-se adaptar-se (moldar-se a)

moldável (mol.dá.vel) *adj.2gén.* **1** que se pode moldar **2** que se adapta facilmente

molde (mol.de) *n.m.* peça usada como modelo; forma

moldura (mol.du.ra) *n.f.* armação de madeira ou outro material, que se coloca à volta de espelhos, pinturas ou fotografias SIN. caixilho

mole (mo.le) *adj.* **1** que se dobra com facilidade; macio ANT. duro **2** que está sem força; fraco

molécula (mo.lé.cu.la) *n.f.* parte mais pequena de um corpo ou de uma substância, composta de um ou mais átomos

molecular (mo.le.cu.lar) *adj.2gén.* relativo a molécula

moleirinha (mo.lei.ri.nha) *n.f. (inform.)* cabeça

moleiro (mo.lei.ro) *n.m.* dono ou trabalhador de um moinho

molengão (mo.len.gão) *n.m. (inform.)* preguiçoso

molha (mo.lha) *n.f.* queda de chuva sobre alguém

molhado (mo.lha.do) *adj.* que tem água; húmido ANT. seco

molhar (mo.lhar) *v.* mergulhar num líquido; humedecer ANT. secar

molhe (mo.lhe) *n.m.* muro à entrada de um porto de mar

molho (mo.lho) (mólho) *n.m.* conjunto de coisas unidas; feixe

molho (mo.lho) (môlho) *n.m.* caldo em que se refogam alimentos, ou que os acompanha

> Repara na diferença entre **molho (ó) de chaves** e **molho (ô) de tomate**.

molungo (mo.lun.go) *n.m.* **1** *(Moç.)* Deus **2** *(Moç.)* céu

molusco (mo.lus.co) *n.m.* animal invertebrado com corpo mole, protegido por uma concha calcária

momentâneo (mo.men.tâ.ne.o) *adj.* muito rápido

momento (mo.men.to) *n.m.* **1** espaço de tempo breve; instante **2** tempo em que algo acontece; ocasião; **de momento:** no presente; agora; **de um momento para o outro:** de modo inesperado; subitamente

mona (mo.na) *n.2gén. (Ang.)* filho; filha; rebento

monarca (mo.nar.ca) *n.2gén.* rei; rainha

monarquia (mo.nar.qui.a) *n.f.* forma de governo em que o poder é exercido por um rei ou por uma rainha

monárquico (mo.nár.qui.co) *adj.* relativo a monarquia ♦ *n.m.* defensor da monarquia

monção (mon.ção) *n.f.* **1** vento periódico, característico do sul e sudeste da Ásia **2** estação da chuvas durante o verão, na Índia e no sudeste asiático

monetário (mo.ne.tá.ri.o) *adj.* relativo a dinheiro ou a moeda

monge (mon.ge) *n.m.* membro de uma ordem religiosa

monhé (mo.nhé) *n.2gén.* **1** *(Moç.)* *(ofensivo)* mestiço de árabe e negro **2** *(Moç.)* *(ofensivo)* comerciante de ascendência árabe, indiana ou paquistanesa

monitor (mo.ni.tor) *n.m.* ecrã do computador

mono (mo.no) *(môno)* *n.m.* **1** *(inform.)* pessoa sem iniciativa **2** *(inform.)* coisa inútil ou sem valor

monocromático (mo.no.cro.má.ti.co) *adj.* que tem uma só cor

monolingue (mo.no.lin.gue) *adj.2gén.* diz-se do texto ou dicionário escrito numa única língua

monólogo (mo.nó.lo.go) *n.m.* **1** cena representada por um só ator, que fala consigo próprio **2** fala de alguém consigo próprio

monoparental (mo.no.pa.ren.tal) *adj. 2gén.* diz-se da família em que só está presente um dos progenitores (a mãe ou o pai)

monorrítmico (mo.nor.rít.mi.co) *adj.* que apresenta sempre o mesmo ritmo

monossilábico (mo.nos.si.lá.bi.co) *adj.* diz-se da palavra que tem uma sílaba

monossílabo (mo.nos.sí.la.bo) *n.m.* palavra que tem uma única sílaba

monotonia (mo.no.to.ni.a) *n.f.* **1** falta de variedade **2** aborrecimento

monótono (mo.nó.to.no) *adj.* **1** que não muda **2** aborrecido

monóxido (mo.nó.xi.do) *n.m.* óxido que contém um átomo de oxigénio

monstro (mons.tro) *n.m.* **1** ser imaginário com aspeto terrível **2** animal ou objeto enorme

monstruoso (mons.tru.o.so) *adj.* **1** horrível **2** enorme

montado (mon.ta.do) *n.m.* terreno onde existem sobreiros e azinheiras e onde os porcos pastam

montagem (mon.ta.gem) *n.f.* **1** instalação das peças de um sistema ou de um equipamento **2** organização das cenas de um filme

montanha (mon.ta.nha) *n.f.* elevação natural de terreno, mais alta do que o monte

montanha-russa (mon.ta.nha-rus.sa) *n.f.* [*pl.* montanhas-russas] divertimento composto por uma armação na qual deslizam, a grande velocidade, pequenos compartimentos abertos, com bancos onde se sentam as pessoas

montanhismo (mon.ta.nhis.mo) *n.m.* atividade de marcha ou escalada em montanha (até aos 2500 metros)

montanhista (mon.ta.nhis.ta) *n.2gén.* pessoa que faz montanhismo

montanhoso (mon.ta.nho.so) *adj.* **1** que tem muitas montanhas **2** escarpado; acidentado

montante (mon.tan.te) *n.m.* quantia (de dinheiro)

montão (mon.tão) *n.m.* conjunto de coisas acumuladas

montar (mon.tar) *v.* **1** fazer a montagem de; instalar **2** andar a cavalo

monte (mon.te) *n.m.* **1** elevação de terreno mais baixa do que a montanha **2** conjunto de coisas acumuladas

montês (mon.tês) *adj.2gén.* próprio dos montes ou das montanhas

montra (mon.tra) *n.f.* numa loja, lugar envidraçado onde se expõem os artigos para venda SIN. vitrina

monumental (mo.nu.men.tal) *adj.2gén.* **1** muito importante **2** muito grande

monumento (mo.nu.men.to) *n.m.* **1** construção de grandes dimensões e grande valor artístico **2** obra arquitetónica que relembra um facto ou uma pessoa

moqueca (mo.que.ca) *n.f.* **1** (*Ang.*) guisado de peixe com fatias de pão torrado **2** (*Bras.*) guisado de peixe ou marisco, que também pode ser feito com carne ou com ovos

morabeza (mo.ra.be.za) *n.f.* (*CV*) amabilidade; gentileza

morada (mo.ra.da) *n.f.* **1** lugar onde se mora; casa **2** indicação do lugar onde se vive; endereço

moradia (mo.ra.di.a) *n.f.* casa independente; vivenda

morador (mo.ra.dor) *n.m.* habitante; residente

moral (mo.ral) *n.f.* **1** conjunto de regras de conduta que permitem distinguir o bem e o mal **2** lição que se retira de alguma coisa

moralidade (mo.ra.li.da.de) *n.f.* **1** qualidade do que é moral **2** significado moral de certos contos ou fábulas

morango (mo.ran.go) *n.m.* fruto do morangueiro, pequeno, saboroso e vermelho quando maduro

morangueiro (mo.ran.guei.ro) *n.m.* planta herbácea e rastejante, produtora de morangos

morar (mo.rar) *v.* habitar; residir (residir em)

morcego (mor.ce.go) *n.m.* mamífero voador noturno, que se pendura de cabeça para baixo quando dorme

morcela (mor.ce.la) *n.f.* espécie de chouriço feito com sangue de porco

mordaz (mor.daz) *adj.2gén.* **1** que agride **2** irónico

mordedura (mor.de.du.ra) *n.f.* dentada; ferradela

morder (mor.der) *v.* dar dentada(s) em; ferrar

mordidela (mor.di.de.la) *n.f.* dentada; ferradela

mordiscar (mor.dis.car) *v.* morder com pouca força e várias vezes

moreia (mo.rei.a) *n.f.* peixe com corpo alongado e dentes fortes

moreno (mo.re.no) *adj.* que tem a pele acastanhada

morfologia (mor.fo.lo.gi.a) *n.f.* **1** estudo da forma exterior dos seres vivos **2** estudo da estrutura interna e dos processos de formação e variação das palavras

morfológico (mor.fo.ló.gi.co) *adj.* relativo a morfologia

moribundo (mo.ri.bun.do) *adj.* que está a morrer

morna (mor.na) *n.f.* **1** canção popular de Cabo Verde, de andamento lento e carácter sentimental, interpretada ao som de viola e cavaquinho **2** dança popular executada ao som daquela música

morno (mor.no) *adj.* que está pouco quente

morrer (mor.rer) *v.* **1** deixar de viver; falecer ANT. nascer **2** chegar ao fim; acabar

morrinha (mor.ri.nha) *n.f.* chuva miúda e persistente

morro (mor.ro) *n.m.* monte com pouca altura; colina

a
b
c
d
e
f
g
h
i
j
k
l
m
n
o
p
q
r
s
t
u
v
w
x
y
z

morsa (mor.sa) *n.f.* mamífero anfíbio das regiões polares, semelhante à foca, cujo macho tem dentes muito compridos

Morse *n.m.* sistema de comunicação que utiliza combinações de traços e pontos

mortal (mor.tal) *adj.2gén.* que provoca a morte; mortífero ANT. imortal

mortalha (mor.ta.lha) *n.f.* **1** pedaço de papel fino, usado para enrolar tabaco e fazer cigarros **2** pano com que se envolve o cadáver que vai ser sepultado

mortalidade (mor.ta.li.da.de) *n.f.* **1** condição do que é mortal ANT. imortalidade **2** número de mortes ocorridas num dado período de tempo numa região

mortandade (mor.tan.da.de) *n.f.* grande número de mortes SIN. carnificina, matança

morte (mor.te) *n.f.* **1** fim da vida ou da existência ANT. nascimento, vida **2** desaparecimento de algo; fim

mortiço (mor.ti.ço) *adj.* **1** que está a morrer **2** que está sem forças **3** que não tem brilho

mortífero (mor.tí.fe.ro) *adj.* que provoca a morte SIN. mortal

morto (mor.to) *adj.* **1** que morreu; falecido ANT. vivo **2** que não tem vida ou movimento **3** *(fig.)* muito cansado; exausto ♦ *n.m.* pessoa que morreu; **morto por:** com muita vontade de

mosaico (mo.sai.co) *n.m.* conjunto de pequenas placas de pedra, vidro ou cerâmica, ligadas por cimento, usadas para cobrir paredes e pavimentos

mosca (mos.ca) *n.f.* **1** pequeno inseto com duas asas e aparelho bucal adaptado para sugar; **estar às moscas:** estar vazio ou abandonado; **não fa-**

zer mal a uma mosca: ser incapaz de prejudicar alguém

moscardo (mos.car.do) *n.m.* mosca grande

mosquito (mos.qui.to) *n.m.* inseto pequeno com patas longas, antenas finas e duas asas transparentes, que pica e pode transmitir doenças

mostarda (mos.tar.da) *n.f.* **1** semente picante, usada como condimento **2** molho preparado com essa semente

mosteiro (mos.tei.ro) *n.m.* local onde vive uma comunidade religiosa SIN. convento

mosto (mos.to) (môstu) *n.m.* sumo das uvas antes da fermentação

mostra (mos.tra) *n.f.* apresentação; exposição; **à mostra:** à vista

mostrador (mos.tra.dor) *n.m.* parte do relógio onde são indicadas as horas

mostrar (mos.trar) *v.* colocar à vista; exibir ♦ **mostrar-se** revelar-se; aparecer

mostruário (mos.tru.á.ri.o) *n.m.* armário ou local envidraçado que serve para exibir produtos ou objetos SIN. vitrina

mota (mo.ta) *n.f. (inform.)* → motorizada

mote (mo.te) *n.m.* **1** estrofe no início de um poema, cuja ideia central é desenvolvida nos versos **2** tema **3** divisa

motim (mo.tim) *n.m.* revolta; insurreição

motivação (mo.ti.va.ção) *n.f.* causa que leva alguém a agir de determinada forma

motivado (mo.ti.va.do) *adj.* **1** que tem motivo ou causa; causado **2** que revela interesse; estimulado

motivador (mo.ti.va.dor) *adj.* que motiva SIN. estimulante

motivar (mo.ti.var) *v.* **1** causar **2** estimular

motivo (mo.ti.vo) *n.m.* causa; razão

moto (mo.to) (mótó) *n.f. (inform.)* → motorizada

motocicleta (mo.to.ci.cle.ta) *n.f.* veículo motorizado de duas rodas

motociclismo (mo.to.ci.clis.mo) *n.m.* atividade que consiste em corridas de motocicletas

motociclista (mo.to.ci.clis.ta) *n.2gén.* **1** pessoa que conduz uma motocicleta **2** pessoa que participa em corridas de motocicletas

motociclo (mo.to.ci.clo) *n.m.* veículo de duas rodas com um pequeno motor

motor (mo.tor) *n.m.* **1** mecanismo que põe uma máquina em movimento **2** aquilo o que dá impulso; **motor de pesquisa:** na *Internet*, programa que permite procurar informações a partir de uma palavra-chave ou de uma combinação de palavras

motoreta (mo.to.re.ta) *n.f.* motocicleta de baixa potência

motorista (mo.to.ris.ta) *n.2gén.* pessoa que conduz um veículo motorizado

motorizada (mo.to.ri.za.da) *n.f.* veículo de duas rodas com motor

motorizado (mo.to.ri.za.do) *adj.* que tem motor

motricidade (mo.tri.ci.da.de) *n.f.* capacidade de se mover ou de fazer algo mover-se

motriz (mo.triz) *adj.* que move ou serve para mover

mouco (mou.co) *adj.* (*inform.*) que ouve mal; surdo

mouro (mou.ro) *n.m.* **1** membro de um povo árabe que conquistou a Península Ibérica **2** seguidor do islamismo; muçulmano

mousse (musse) *n.f.* **1** doce cremoso feito com claras de ovo batidas e um ingrediente aromático (chocolate, limão ou outro) que se serve frio **2** creme fofo usado para barbear, modelar o penteado, etc.

movediço (mo.ve.di.ço) *adj.* **1** que se move muito **2** que muda de posição

móvel (mó.vel) *adj.2gén.* **1** que pode ser movido ou deslocado **2** que está sujeito a mudanças ♦ *n.m.* peça de mobiliário

mover (mo.ver) *v.* mudar de lugar ou de posição; deslocar ♦ **mover-se** mudar-se para outro lugar; deslocar-se

movimentado (mo.vi.men.ta.do) *adj.* **1** deslocado **2** agitado

movimentar (mo.vi.men.tar) *v.* pôr em movimento; mover

movimento (mo.vi.men.to) *n.m.* **1** mudança de lugar ou de posição; deslocação **2** circulação de pessoas ou de veículos; trânsito **3** grupo de pessoas reunidas para defender uma causa ou uma ideia

MP3 *n.m.* **1** formato que permite a compressão de ficheiros áudio **2** aparelho portátil que permite armazenar e reproduzir ficheiros áudio

muamba (mu.am.ba) *n.f.* (*Ang.*) guisado de galinha, carne de vaca ou peixe, temperado com azeite de dendê

muana (mu.a.na) *n.2gén.* (*Moç.*) criança; jovem

muco (mu.co) *n.m.* secreção viscosa das mucosas

mucosa (mu.co.sa) *n.f.* membrana que reveste certas cavidades do organismo que estão em comunicação com o exterior (por exemplo, o nariz)

mucoso (mu.co.so) *adj.* **1** que contém muco **2** semelhante a muco

muçulmano (mu.çul.ma.no) *adj.* relativo à doutrina do profeta Maomé ♦ *n.m.* pessoa que segue a doutrina de Maomé

muda (mu.da) *n.f.* **1** processo periódico de renovação da pele ou do pelo em certas espécies animais **2** conjunto de peças de roupa para serem trocadas

mudado (mu.da.do) *adj.* alterado; modificado

mudança (mu.dan.ça) *n.f.* alteração; modificação

mudar (mu.dar) *v.* **1** alterar **2** deslocar **3** substituir ♦ **mudar-se 1** trocar de roupa **2** ir (viver ou trabalhar) para outro local

mudez (mu.dez) *n.f.* **1** incapacidade para falar **2** ausência de sons; silêncio

mudo (mu.do) *adj.* **1** que não tem ou que perdeu a capacidade de falar **2** que está ou que fica calado **3** diz-se do som que não se pronuncia

muesli (mu.es.li) *n.m.* mistura de flocos de cereal (geralmente aveia e trigo) e frutos que se comem com leite ou com iogurte

mufana (mu.fa.na) *n.m. (Moç.)* criança

mufete (mu.fe.te) *n.m. (Ang.)* prato típico, preparado com peixe com escamas e tripas, assado na brasa com limão e jindungo

mugido (mu.gi.do) *n.m.* voz do boi, do carneiro, da cabra e de outros bovídeos

mugir (mu.gir) *v.* soltar mugidos (boi, carneiro, cabra e outros bovídeos)

muitíssimo (mui.tís.si.mo) *adj.* **1** [*superl. de* muito] em grande quantidade **2** com muita força

muito (mui.to) *det.indef.>quant.exist.*ᴰᵀ em grande quantidade; em grande número **ANT.** pouco ♦ *adv.* **1** em grande quantidade **2** com força

mujimbo (mu.jim.bo) *n.m. (Ang.)* boato

mula (mu.la) *n.f.* fêmea do mulo

mulato (mu.la.to) *n.m.* pessoa descendente de mãe branca e pai negro (ou vice-versa)

muleta (mu.le.ta) *n.f.* bastão usado como apoio para caminhar **SIN.** bengala

mulher (mu.lher) *n.f.* **1** pessoa adulta do sexo feminino **2** esposa

mulheraça (mu.lhe.ra.ça) *n.f. (inform.)* mulher alta e corpulenta

mulher-polícia (mu.lher-po.lí.ci.a) *n.f.* [*pl.* mulheres-polícia, mulheres-polícias] agente policial do sexo feminino

mulherzinha (mu.lher.zi.nha) *n.f.* **1** *(inform.)* menina com aparência de mulher adulta **2** *(inform.)* mulher grosseira ou mal-educada

multa (mul.ta) *n.f.* quantia em dinheiro que uma pessoa tem de pagar quando não cumpre uma norma ou uma lei; sanção

multar (mul.tar) *v.* aplicar uma multa a

multibanco (mul.ti.ban.co) *n.m.* sistema bancário que permite levantar dinheiro, fazer consultas e pagamentos mediante a introdução de um cartão magnético com código secreto, numa máquina própria

multicolorido (mul.ti.co.lo.ri.do) *adj.* que tem muitas cores

multicultural (mul.ti.cul.tu.ral) *adj.2gén.* **1** relativo a várias culturas **2** constituído por pessoas de várias culturas

multiculturalismo (mul.ti.cul.tu.ra.lis.mo) *n.m.* existência de várias culturas num grupo ou num país

multidão (mul.ti.dão) *n.f.* grande número de pessoas

multidisciplinar (mul.ti.dis.ci.pli.nar) *adj.* relativo a várias disciplinas

multimédia (mul.ti.mé.di.a) *n.2gén.* tecnologia que combina vários meios de expressão, como o texto, a imagem e o som

multinacional (mul.ti.na.ci.o.nal) *n.f.* empresa que tem atividades e negócios em vários países

multiplicação (mul.ti.pli.ca.ção) *n.f.* **1** ato ou efeito de multiplicar; reprodução **2** operação matemática que consiste em repetir um número tantas vezes quantas são as unidades de outro

multiplicador (mul.ti.pli.ca.dor) *adj.* que se multiplica ou reproduz ♦ *n.m.* número pelo qual outro é multiplicado

multiplicando (mul.ti.pli.can.do) *n.m.* número que é multiplicado por outro

multiplicar (mul.ti.pli.car) *v.* **1** aumentar a quantidade de; reproduzir **2** fazer uma multiplicação ♦ **multiplicar-se** crescer em número; reproduzir-se

multiplicativo (mul.ti.pli.ca.ti.vo) *adj.* **1** que provoca multiplicação **2** que indica multiplicação

multiplicidade (mul.ti.pli.ci.da.de) *n.f.* variedade; diversidade

múltiplo (múl.ti.plo) *adj.* **1** que tem várias partes **2** composto por elementos diversos **3** diz-se do número que contém outro um número exato de vezes (por exemplo, 20 é múltiplo de 5)

multirracial (mul.tir.ra.ci.al) *adj.2gén.* **1** relativo a várias raças **2** que é composto por diferentes grupos raciais

múmia (mú.mi.a) *n.f.* cadáver embalsamado

mundano (mun.da.no) *adj.* relativo ao mundo ou à sociedade

mundial (mun.di.al) *adj.* relativo a todo o mundo SIN. universal ♦ *n.m.* campeonato no qual participam diversos países

mundo (mun.do) *n.m.* **1** conjunto de todos os astros e planetas; universo **2** planeta Terra **3** a totalidade das pessoas; humanidade; **coisa do outro mundo:** coisa fora do comum; **fim do mundo:** lugar distante ou afastado; **meio mundo:** muitas pessoas; **vir ao mundo:** nascer

mungir (mun.gir) *v.* ordenhar

munição (mu.ni.ção) *n.f.* cartuchos e balas necessários para fazer fogo

municipal (mu.ni.ci.pal) *adj.2gén.* relativo a município

munícipe (mu.ní.ci.pe) *n.2gén.* pessoa que habita num município

município (mu.ni.cí.pi.o) *n.m.* zona administrada por uma câmara municipal

munido (mu.ni.do) *adj.* **1** abastecido **2** preparado

munir (mu.nir) *v.* **1** abastecer **2** preparar-se ♦ **munir-se** abastecer-se

mural (mu.ral) *adj.2gén.* relativo a muro ♦ *n.m.* pintura feita num muro ou numa parede

muralha (mu.ra.lha) *n.f.* muro que protege uma fortaleza

murar (mu.rar) *v.* cercar com muro; fortificar

murchar (mur.char) *v.* perder a frescura ou a força; secar

murcho (mur.cho) *adj.* que perdeu a frescura ou a força; seco

murmurar (mur.mu.rar) *v.* dizer em voz baixa; segredar SIN. sussurrar

murmúrio (mur.mú.ri.o) *n.m.* som abafado de vozes SIN. sussurro

muro (mu.ro) *n.m.* parede que cerca determinada área

murro (mur.ro) *n.m.* soco

musa (mu.sa) *n.f.* mulher que dá inspiração (a um poeta ou a um artista)

musaranho (mu.sa.ra.nho) *n.m.* pequeno animal mamífero com pelagem densa, patas curtas e focinho longo

musculação (mus.cu.la.ção) *n.f.* conjunto de exercícios para fortalecer os músculos

musculado (mus.cu.la.do) *adj.* robusto; forte

muscular (mus.cu.lar) *adj.2gén.* relativo a músculo

músculo (mús.cu.lo) *n.m.* órgão formado por tecido que se contrai, e que produz os movimentos do corpo

musculoso (mus.cu.lo.so) *adj.* muito forte; robusto

museu (mu.seu) *n.m.* lugar onde estão reunidas e expostas obras de arte e objetos de interesse cultural, científico, etc.

musgo (mus.go) *n.m.* planta rasteira que cresce em lugares húmidos

música (mú.si.ca) *n.f.* 1 arte de combinar vários sons com harmonia 2 conjunto de sons agradáveis

musical (mu.si.cal) *adj.2gén.* 1 relativo a música 2 harmonioso ♦ *n.m.* filme ou espetáculo com música, canto e dança

musicar (mu.si.car) *v.* compor música

músico (mú.si.co) *n.m.* 1 pessoa que compõe peças musicais 2 pessoa que toca um instrumento musical

mutação (mu.ta.ção) *n.f.* alteração de forma SIN. transformação

mutante (mu.tan.te) *n.2gén.* 1 ser vivo que sofreu mutação 2 ser imaginário, resultante da mutação da espécie humana

mutável (mu.tá.vel) *adj.2gén.* que pode mudar; alterável

mutilação (mu.ti.la.ção) *n.f.* amputação de uma parte do corpo

mutilado (mu.ti.la.do) *adj.* que perdeu um órgão ou uma parte do corpo; amputado

mutilar (mu.ti.lar) *v.* 1 cortar um órgão ou uma parte do corpo 2 *(fig.)* retirar uma parte importante de

mutuamente (mu.tu.a.men.te) *adv.* um ao outro SIN. reciprocamente

mútuo (mú.tu.o) *adj.* que acontece de uma pessoa para outra e vice-versa SIN. recíproco

muzongue (mu.zon.gue) *n.m. (Ang.)* caldo de peixes variados, cozidos com mandioca e óleo de palma

N

n (éne) *n.m.* consoante, décima quarta letra do alfabeto, que está entre as letras *m* e *o*

N *símbolo de* norte

nabiça (na.bi.ça) *n.f.* rama do nabo

nabo (na.bo) *n.m.* **1** planta herbácea, com tubérculo arredondado, de cor branca ou roxa **2** tubérculo comestível dessa planta **3** *(pop.)* pessoa estúpida

nação (na.ção) *n.f.* **1** conjunto de pessoas que vivem num território, partilham a língua, a história e a cultura, e têm um governo único **2** território onde vivem essas pessoas; país; pátria

nacional (na.ci.o.nal) *adj.2gén.* **1** relativo a uma nação **2** que pertence a uma nação

nacionalidade (na.ci.o.na.li.da.de) *n.f.* **1** estado de quem pertence a uma nação; naturalidade **2** conjunto de características de uma nação

nacionalismo (na.ci.o.na.lis.mo) *n.m.* **1** defesa dos interesses nacionais **2** movimento que defende a independência de uma região

nacionalista (na.ci.o.na.lis.ta) *adj.2gén.* relativo a nacionalismo; patriótico ♦ *n.2gén.* **1** pessoa que defende os interesses de uma nação **2** pessoa que defende a independência de uma região

naco (na.co) *n.m.* pedaço; porção

nada (na.da) *pron.indef.* coisa nenhuma **ANT.** tudo ♦ *adv.* de modo nenhum

nadador (na.da.dor) *n.m.* pessoa que pratica natação

nadador-salvador (na.da.dor-sal.va.dor) *n.m.* [*pl.* nadadores-salvadores] profis-

sional que vigia as praias e faz operações de salvamento; banheiro

nadar (na.dar) *v.* mover-se na água usando os braços e as pernas

nádega (ná.de.ga) *n.f.* cada uma das partes carnudas situadas ao fundo das costas; rabo

nadinha (na.di.nha) *n.m.* **1** [*dim. de* nada] parte muito pequena **2** coisa nenhuma

nado (na.do) *n.m.* prática de natação

naipe (nai.pe) *n.m.* cada um dos quatro grupos de cartas de um baralho

nalgum (nal.gum) contração da preposição *em* com o pronome indefinido *algum*

namorada (na.mo.ra.da) *n.f.* rapariga que namora

namoradeiro (na.mo.ra.dei.ro) *adj.* que gosta de namorar; que namora muito

namorado (na.mo.ra.do) *n.m.* rapaz que namora

namorar (na.mo.rar) *v.* **1** manter uma relação amorosa com **2** estar com o(a) namorado(a)

namoro (na.mo.ro) *n.m.* relação amorosa

nanar (na.nar) *v.* *(infant.)* dormir

nanquim (nan.quim) *n.m.* **1** tinta preta utilizada em desenhos e aguarelas **2** desenho feito com essa tinta

não (não) *adv.* de modo nenhum ♦ *n.m.* resposta negativa; recusa; **a não ser que:** exceto se; salvo se; **pelo sim, pelo não:** na dúvida

não-contável *a nova grafia é* **não contável**

não contável (não con.tá.vel) *adj.2gén.* diz-se do nome que se refere a algo que não se pode enumerar ou em que não é possível distinguir partes singulares

não-fumador *a nova grafia é* **não fumador**

não fumador (não fu.ma.dor) *n.m.* [*pl.* não fumadores] pessoa que não fuma

naquele (na.que.le) contração da preposição *em* com o adjetivo e pronome demonstrativo *aquele*

naquilo (na.qui.lo) contração da preposição em com o pronome demonstrativo *aquilo*

narciso (nar.ci.so) *n.m.* flor aromática, amarela ou branca, que nasce de uma planta com o mesmo nome

narcótico (nar.có.ti.co) *n.m.* substância que reduz a sensibilidade e que pode causar dependência; droga

narcotraficante (nar.co.tra.fi.can.te) *n. 2gén.* pessoa que se dedica ao tráfico de drogas

narcotráfico (nar.co.trá.fi.co) *n.m.* tráfico de drogas

narigão (na.ri.gão) *n.m.* [*aum. de* nariz] nariz muito grande

narigudo (na.ri.gu.do) *adj.* que tem um nariz grande

narina (na.ri.na) *n.f.* cada uma das duas aberturas do nariz

nariz (na.riz) *n.m.* **1** órgão do olfato, situado entre os olhos e a boca, que faz parte do sistema respiratório **2** focinho dos animais; **dar/bater com o nariz na porta**: não conseguir aquilo que se procurava; **meter o nariz em:** intrometer-se em; **torcer o nariz:** mostrar desagrado ou má vontade

narração (nar.ra.ção) *n.f.* **1** relato de um acontecimento ou de uma série de factos, reais ou imaginários, por meio de palavras **2** história; conto

narrador (nar.ra.dor) *n.m.* pessoa que conta uma história

narrar (nar.rar) *v.* contar (um facto, uma história); relatar

narratário (nar.ra.tá.ri.o) *n.m.* destinatário de um texto narrativo

narrativa (nar.ra.ti.va) *n.f.* **1** ato ou processo de narrar **2** relato de um acontecimento ou de uma série de factos, reais ou imaginários, por meio de palavras **3** história; conto

narrativo (nar.ra.ti.vo) *adj.* **1** relativo a narração **2** que tem forma de narração

narval (nar.val) *n.m.* mamífero cetáceo cujo macho tem um dente muito grande na maxila superior

nasal (na.sal) *adj.2gén.* relativo ao nariz

nascença (nas.cen.ça) *n.f.* **1** ato de nascer SIN. nascimento **2** início de alguma coisa; começo; princípio; **à nascença:** no momento do nascimento; no início; **de nascença:** desde o nascimento; desde o início; inato

nascente (nas.cen.te) *adj.2gén.* **1** que nasce **2** que está a começar ◆ *n.m.* lado onde nasce o Sol; este; leste ◆ *n.f.* lugar onde nasce um curso de água; fonte

nascer (nas.cer) *v.* **1** começar a existir fora do ventre materno; vir ao mundo (animal, pessoa) ANT. morrer **2** brotar (planta) **3** aparecer **4** começar

nascimento (nas.ci.men.to) *n.m.* **1** início da vida um ser vivo fora do ventre materno; nascença ANT. morte **2** aparecimento **3** começo

nassa (nas.sa) *n.f.* cesto de vime para apanhar peixes

nata (na.ta) *n.f.* **1** camada gordurosa que se forma à superfície do leite e que é usada para fazer manteiga **2** *(fig.)* a melhor parte de algo

natação (na.ta.ção) *n.f.* atividade ou desporto que consiste em nadar

natal (na.tal) *adj.2gén.* relativo ao local ou data do nascimento

Natal (Na.tal) *n.m.* festa anual em que se comemora o nascimento de Jesus Cristo (25 de dezembro)

natalício (na.ta.lí.ci.o) *adj.* **1** relativo ao dia do nascimento **2** relativo ao Natal

natalidade (na.ta.li.da.de) *n.f.* número de nascimentos ocorridos num dado período de tempo numa região

natividade (na.ti.vi.da.de) *n.f.* **1** nascimento (especialmente de Jesus Cristo e dos santos) **2** festa do Natal

nativo (na.ti.vo) *n.2gén.* pessoa que é natural do lugar onde vive SIN. indígena

nato (na.to) *adj.* que nasceu com a pessoa SIN. congénito, natural

natural (na.tu.ral) *adj.2gén.* **1** relativo à natureza; próprio da natureza **2** que não sofreu modificação nem mistura; puro **3** que não foi planeado; espontâneo **4** que nasceu em; oriundo; **ser natural de:** ter nascido em

naturalidade (na.tu.ra.li.da.de) *n.f.* **1** qualidade do que é natural; simplicidade **2** lugar onde se nasceu; origem

natureza (na.tu.re.za) *n.f.* **1** conjunto de elementos (animais, árvores, mares, rios, montanhas, etc.) do mundo físico que não foram criados pelo Homem **2** traços próprios de uma pessoa (comportamento, maneira de falar, de pensar, etc.); temperamento **3** conjunto de características de um animal ou de uma coisa; tipo

nau (nau) *n.f.* navio antigo de velas redondas

naufragar (nau.fra.gar) *v.* ir ao fundo (um navio)

naufrágio (nau.frá.gi.o) *n.m.* perda de um navio no mar

náufrago (náu.fra.go) *n.m.* pessoa que sobreviveu a um naufrágio

náusea (náu.se.a) *n.f.* vontade de vomitar; enjoo

náutica (náu.ti.ca) *n.f.* arte ou ciência de navegar; navegação

náutico (náu.ti.co) *adj.* relativo à navegação

naval (na.val) *adj.2gén.* relativo a navios ou a navegação

navalha (na.va.lha) *n.f.* instrumento cortante com uma lâmina que se dobra para dentro do cabo

nave (na.ve) *n.f.* **1** veículo, tripulado ou não, próprio para explorar o espaço e para fazer viagens entre planetas **2** espaço central de uma igreja, que vai do pórtico até o altar

navegação (na.ve.ga.ção) *n.f.* **1** viagem ou transporte por mar, lago ou rio **2** arte e ciência de dirigir um barco **3** na *Internet*, ato de fazer pesquisas em diversas páginas através da rede

navegador (na.ve.ga.dor) *n.m.* **1** pessoa que navega **2** especialista em navegação marítima ou aérea

navegar (na.ve.gar) *v.* **1** viajar por mar **2** consultar páginas da *Internet*

navegável (na.ve.gá.vel) *adj.2gén.* em que se pode navegar

navio (na.vi.o) *n.m.* barco grande; *(inform.)* **ficar a ver navios:** não conseguir aquilo que se desejava

navio-escola (na.vi.o-es.co.la) *n.m.* [*pl.* navios-escola] navio onde os futuros oficiais fazem a sua instrução

ndjinga (ndjin.ga) *n.f. (Moç.)* bicicleta; ginga

neblina (ne.bli.na) *n.f.* névoa densa e baixa

nebulosidade (ne.bu.lo.si.da.de) *n.f.* **1** estado do que é nebuloso **2** camada de nuvens em suspensão na atmosfera

nebuloso (ne.bu.lo.so) *adj.* **1** coberto de névoa ou de nuvens; enevoado; nublado **2** que não se vê bem; pouco nítido; indistinto

necessário (ne.ces.sá.ri.o) *adj.* **1** que é essencial SIN. fundamental, indispensável **2** que se deve fazer

necessidade (ne.ces.si.da.de) *n.f.* **1** aquilo que é absolutamente necessário **2** dever; obrigação **3** pobreza extrema; miséria

necessitado (ne.ces.si.ta.do) *adj.* **1** que tem necessidade de **2** diz-se da pessoa que não tem aquilo que é necessário para sobreviver (alimentos, roupa, etc.)

necessitar (ne.ces.si.tar) *v.* ter necessidade de; precisar de (necessitar de)

néctar (néc.tar) *n.m.* **1** solução açucarada produzida pelas flores e plantas, que as abelhas usam para fazer o mel **2** qualquer bebida deliciosa

NEE *sigla de* **N**ecessidades **E**ducativas **E**speciais

nega (ne.ga) *n.f.* **1** (*inform.*) recusa; rejeição **2** (*acad.*) nota negativa

negação (ne.ga.ção) *n.f.* **1** ato de afirmar que uma coisa não é verdadeira **2** ato de dizer que não a uma pergunta ou a um pedido; recusa

negar (ne.gar) *v.* **1** afirmar que algo não é verdadeiro **2** não aceitar; recusar **3** não permitir; proibir

negativa (ne.ga.ti.va) *n.f.* **1** negação **2** recusa **3** nota escolar abaixo do nível médio

negativo (ne.ga.ti.vo) *adj.* **1** que exprime negação ANT. positivo **2** diz-se do número precedido do sinal menos **3** diz-se da temperatura abaixo de zero graus centígrados ◆ *n.m.* prova fotográfica em que as partes claras do objeto fotografado aparecem escuras, e vice-versa

negligência (ne.gli.gên.ci.a) *n.f.* falta de cuidado; desleixo

negligente (ne.gli.gen.te) *adj.2gén.* descuidado; desleixado

negociação (ne.go.ci.a.ção) *n.f.* ato ou processo de negociar; acordo

negociante (ne.go.ci.an.te) *n.2gén.* pessoa que faz negócios; comerciante

negociar (ne.go.ci.ar) *v.* **1** fazer negócios **2** estabelecer acordo com

negociável (ne.go.ci.á.vel) *adj.2gén.* **1** que se pode vender ou comprar **2** diz-se do preço que pode baixar ou subir por meio de um acordo

negócio (ne.gó.ci.o) *n.m.* **1** transação comercial **2** acordo; contrato

negra (ne.gra) *n.f.* **1** nódoa escura na pele causada por pancada ou embate **2** mulher de raça negra

negrito (ne.gri.to) *n.m.* tipo de traço mais grosso que o normal, usado nos textos impressos para destacar palavras; negro

negro (ne.gro) *adj.* de cor muito escura; preto ◆ *n.m.* **1** cor do carvão ou da pelagem do corvo **2** homem de raça negra

nele (ne.le) contração da preposição *em* com pronome pessoal *ele*

nem (nem) *conj.* e não; também não ◆ *adv.* não; sequer

nenecar (ne.ne.car) *v.* (*Moç.*) embalar (uma criança); adormecer

nenhum (ne.nhum) *det.indef.>quant. univ.*ᴰᵀ **1** nem um **2** inexistente **3** ninguém

nenúfar (ne.nú.far) *n.m.* planta aquática com folhas largas e flores brancas ou amarelas

néon (né.on) *n.m.* **1** gas nobre, muito bom condutor elétrico, usado em lâmpadas e anúncios luminosos **2** peixe que habita em mares quentes e tem uma coloração brilhante

neozelandês (ne.o.ze.lan.dês) *adj.* relativo à Nova Zelândia (no Oceano Pacífico) ◆ *n.m.* pessoa natural da Nova Zelândia

Neptuno (Nep.tu.no) *n.m.* planeta do sistema solar, situado entre Urano e Plutão

nervo (ner.vo) *n.m.* órgão em forma de cordão, que conduz e transmite impulsos nervosos do cérebro para as diversas partes do corpo

nervosismo (ner.vo.sis.mo) *n.m.* estado de quem está inquieto ou irritado; tensão nervosa; irritabilidade

nervoso (ner.vo.so) *adj.* **1** relativo a nervo **2** que está inquieto ou irritado; tenso

nervura (ner.vu.ra) *n.f.* **1** canal condutor de seiva que se encontra nas folhas das plantas **2** prega fina e longa numa superfície ou num tecido

nêspera (nês.pe.ra) *n.f.* fruto arredondado de casca amarelada e mole, doce e com vários caroços

nespereira (nes.pe.rei.ra) *n.f.* árvore que produz nêsperas

nesse (nes.se) contração da preposição *em* com o determinante e pronome demonstrativo *esse*

neste (nes.te) contração da preposição *em* com o determinante e pronome demonstrativo *este*

Net *n.f. (inform.)* Internet

neta (ne.ta) *n.f.* filha do filho ou da filha

neto (ne.to) *n.m.* filho do filho ou da filha

neura (neu.ra) *n.f. (inform.)* mau humor; irritação

neutralidade (neu.tra.li.da.de) *n.f.* qualidade de neutral; imparcialidade

neutralização (neu.tra.li.za.ção) *n.f.* **1** ato de colocar em posição neutra ou imparcial **2** perda de utilidade ou de validade; anulação **3** redução de uma força militar inimiga, por meio de uma ofensiva

neutralizar (neu.tra.li.zar) *v.* **1** tornar neutro ou imparcial **2** tornar nulo ou inútil; anular **3** destruir ou reduzir (uma força inimiga) por meio de ataque

neutro (neu.tro) *adj.* **1** diz-se da pessoa que não torna partido contra ou a favor de alguém envolvido numa discussão ou disputa; imparcial **2** diz-se do género das palavras que não são masculinas nem femininas

nevão (ne.vão) *n.m.* queda de neve muito forte

nevar (ne.var) *v.* cair neve

neve (ne.ve) *n.f.* **1** chuva de cristais de gelo em flocos, formados pelo congelamento do vapor de água suspenso na atmosfera **2** flocos brancos desses cristais

neviscar (ne.vis.car) *v.* nevar pouco

névoa (né.vo.a) *n.f.* nevoeiro pouco denso

nevoeiro (ne.vo.ei.ro) *n.m.* nebulosidade formada por gotículas de água suspensas na camada mais baixa da atmosfera

nexo (ne.xo) (néçsu) *n.m.* **1** ligação; conexão **2** relação lógica; sentido

nhabedja (nha.bed.ja) *n.f. (CV)* senhora idosa

nhobedje (nho.bed.je) *n.m. (CV)* senhor idoso

nhoca (nho.ca) *n.f. (Moç.)* cobra; serpente

nicho (ni.cho) *n.m.* cavidade numa parede para colocação de uma imagem, estátua, etc.

nico (ni.co) *n.m. (inform.)* quantidade muito pequena; bocadinho

nicotina (ni.co.ti.na) *n.f.* substância com cheiro intenso existente no tabaco

ninfa (nin.fa) *n.f.* **1** divindade feminina grega que habitava os rios, as fontes, os bosques e as montanhas **2** inseto no estádio intermédio entre a larva e a fase adulta

ninguém (nin.guém) *pron.indef.* nenhuma pessoa

ninhada (ni.nha.da) *n.f.* **1** conjunto dos animais nascidos do mesmo parto **2** ovos ou aves recém-nascidas contidas num ninho

ninharia (ni.nha.ri.a) *n.f.* coisa pouco importante ou de pouco valor SIN. ninharia

ninho (ni.nho) *n.m.* **1** construção feita pelas aves com paus, ervas secas e musgo para aí porem os ovos **2** *(fig.)* casa

nisso (nis.so) contração da preposição *em* com o pronome demonstrativo *isso*

nisto (nis.to) contração da preposição *em* com o pronome demonstrativo *isto*

nitidez (ni.ti.dez) *n.f.* característica do que é nítido; qualidade daquilo que se vê ou se ouve bem SIN. clareza

nítido (ní.ti.do) *adj.* **1** que se vê ou que se ouve bem SIN. claro **2** que é fácil de compreender

nível (ní.vel) *n.m.* **1** instrumento que serve para verificar se um plano está horizontal **2** grau de elevação relativamente a um plano ou padrão; altura **3** *(fig.)* categoria; competência

nivelar (ni.ve.lar) *v.* **1** tornar (uma superfície) horizontal; aplanar **2** colocar no mesmo nível; equiparar; igualar

no (no) contração da preposição *em* com o determinante artigo definido e pronome demonstrativo *o*

nó (nó) *n.m.* **1** laço apertado **2** ponto do caule e dos ramos onde se inserem as folhas **3** articulação das falanges dos dedos

nobre (no.bre) *adj.2gén.* **1** que faz parte da nobreza; aristocrata; fidalgo **2** que revela bons sentimentos; generoso ◆ *n.2gén.* pessoa que pertence à nobreza; aristocrata; fidalgo

nobreza (no.bre.za) *n.f.* **1** classe dos nobres; aristocracia **2** generosidade **3** distinção

noção (no.ção) *n.f.* conhecimento básico que se tem de algo; ideia geral

nocivo (no.ci.vo) *adj.* que causa dano ou prejuízo SIN. prejudicial

nocturno *a nova grafia é* **noturno**

nódoa (nó.do.a) *n.f.* mancha deixada numa superfície por uma substância que tinge ou suja; **nódoa negra:** mancha azulada na pele, causada por pancada ou embate

nogueira (no.guei.ra) *n.f.* árvore de copa larga e boa madeira, que produz nozes

noitada (noi.ta.da) *n.f.* festa ou trabalho que dura toda a noite

noite (noi.te) *n.f.* **1** tempo em que o Sol está abaixo do horizonte ANT. dia **2** ausência de claridade; escuridão

noitibó (noi.ti.bó) *n.m.* ave pequena que anda de noite e se alimenta de insetos

noitinha (noi.ti.nha) *n.f.* [*dim. de* noite] fim da tarde; o anoitecer

noiva (noi.va) *n.f.* **1** mulher que vai casar **2** mulher que casou recentemente

noivado (noi.va.do) *n.m.* período de tempo em que alguém está noivo/a de outra pessoa

noivar (noi.var) *v.* ficar noivo ou noiva

noivo (noi.vo) *n.m.* **1** homem que vai casar **2** homem que casou recentemente

nojento (no.jen.to) *adj.* que causa nojo SIN. repugnante

nojo (no.jo) *n.m.* sentimento de aversão por alguma coisa SIN. repugnância

nómada (nó.ma.da) *adj.2gén.* diz-se da pessoa ou do povo que não tem habitação fixa, que muda frequentemente de lugar (em busca de pastagens, alimentos, etc.); errante

nome (no.me) *n.m.* **1** palavra com que se designam pessoas, coisas, animais, qualidades, estados ou ações, e que pode variar em género e número; substantivo **2** palavra ou conjunto de palavras que serve para designar uma pessoa **3** *(fig.)* boa reputação; fama; **chamar nomes:** insultar; ofender

nomeação (no.me.a.ção) *n.f.* **1** eleição de uma pessoa para um cargo ou uma função **2** escolha de alguém para receber um prémio

nomeadamente (no.me.a.da.men.te) *adv.* **1** em particular; especialmente **2** sobretudo; principalmente

nomeado (no.me.a.do) *adj.* **1** eleito **2** escolhido

nomear (no.me.ar) *v.* **1** designar pelo nome; chamar **2** dar nome a; denominar **3** indicar (alguém) para um cargo ou uma função

nomenclatura (no.men.cla.tu.ra) *n.f.* conjunto organizado dos termos de uma determinada área (científica, técnica ou artística) com respetivas definições; terminologia

nominal (no.mi.nal) *adj.2gén.* **1** relativo a nome **2** que só existe em nome

nonagésimo (no.na.gé.si.mo) *num. ord.>adj.num.*ᴰᵀ que ocupa o lugar número 90

nono (no.no) *num.ord.>adj.num.*ᴰᵀ que ocupa o lugar número 9

nora (no.ra) *n.f.* **1** esposa do filho **2** mecanismo próprio para tirar água dos poços

nordeste (nor.des.te) *n.m.* ponto entre o norte e o este (símbolo: NE)

nórdico (nór.di.co) *adj.* relativo aos países do Norte da Europa ♦ *n.m.* pessoa natural de um dos países do Norte da Europa

norma (nor.ma) *n.f.* regra de procedimento

normal (nor.mal) *adj.2gén.* **1** de acordo com a norma; regular **2** que é comum; habitual

normalidade (nor.ma.li.da.de) *n.f.* qualidade ou estado de normal

normalização (nor.ma.li.za.ção) *n.f.* **1** ato de fazer voltar ao estado normal; regularização **2** estabelecimento de norma(s); uniformização

normalizado (nor.ma.li.za.do) *adj.* regularizado; uniformizado

normalizar (nor.ma.li.zar) *v.* **1** fazer voltar ao estado normal; regularizar **2** estabelecer norma(s) para; uniformizar

normalmente (nor.mal.men.te) *adv.* **1** geralmente **2** naturalmente

normativo (nor.ma.ti.vo) *adj.* **1** relativo a norma **2** que serve de norma

noroeste (no.ro.es.te) *n.m.* ponto entre o norte e o oeste (símbolo: NO)

nortada (nor.ta.da) *n.f.* vento frio que sopra do norte

norte (nor.te) *n.m.* **1** ponto cardeal situado na ponta do eixo da Terra, na direção oposta ao sul (símbolo: N) **2** *(fig.)* direção; rumo

norte-americano (nor.te-a.me.ri.ca.no) *adj.* **1** relativo à América do Norte **2** relativo aos Estados Unidos da América ♦ *n.m.* [*pl.* norte-americanos] **1** pessoa natural da América do Norte **2** pessoa natural dos Estados Unidos da América

nortear (nor.te.ar) *v.* **1** dirigir para norte **2** *(fig.)* orientar

nortenho (nor.te.nho) *adj.* relativo ao norte de Portugal

norueguês (nor.ue.guês) *adj.* relativo à Noruega (no Norte da Europa) ♦ *n.m.* **1** pessoa natural da Noruega **2** língua falada na Noruega

nos (nos) *pron.pess.* designa a primeira pessoa do plural e indica o conjunto de pessoas em que se inclui quem fala ou escreve (*ele não nos viu; encontramo-nos todos em minha casa*)

a b c d e f g h i j k l m n o p q r s t u v w x y z

nós (nós) *pron.pess.* as nossas pessoas

> Não confundas **nós** (pronome pessoal da 1.ª pessoa do plural) e **noz** (fruto da nogueira):
> **Nós** andamos na mesma escola. Fizemos compota de **noz**.

nosso (nos.so) *det. e pron.poss.* **1** que nos pertence **2** relativo a nós

nostalgia (nos.tal.gi.a) *n.f.* sentimento de tristeza e saudade causado pela falta de alguém ou pela lembrança de um lugar SIN. melancolia, tristeza

nostálgico (nos.tál.gi.co) *adj.* **1** relativo a nostalgia SIN. melancólico, triste **2** que faz sentir nostalgia

nota (no.ta) *n.f.* **1** observação escrita; apontamento **2** bilhete para lembrar algo; anotação **3** sinal que representa um som musical, a sua duração e altura **4** classificação atribuída por um professor a um aluno ou por um júri a um concorrente; avaliação **5** dinheiro em papel

notabilizar (no.ta.bi.li.zar) *v.* tornar notável ou célebre ♦ **notabilizar-se** tornar-se célebre; distinguir-se

notado (no.ta.do) *adj.* **1** anotado **2** observado

notar (no.tar) *v.* **1** tomar nota de; anotar **2** reparar em; observar

notário (no.tá.ri.o) *n.m.* pessoa formada em Direito que autentica documentos e reconhece assinaturas

notável (no.tá.vel) *adj.2gén.* **1** digno de nota ou de referência **2** que merece admiração; ilustre **3** que é importante; significativo

notícia (no.tí.ci.a) *n.f.* informação sobre algo que não se sabia; novidade ♦ **notícias** *n.f.pl.* informações de interesse geral transmitidas por rádio, televisão ou pelos jornais

noticiar (no.ti.ci.ar) *v.* transmitir notícia(s); informar; anunciar

noticiário (no.ti.ci.á.ri.o) *n.m.* relato de notícias transmitido pela rádio ou pela televisão

notificar (no.ti.fi.car) *v.* dar conhecimento de (facto, notícia); avisar

notoriedade (no.to.ri.e.da.de) *n.f.* **1** fama **2** publicidade

notório (no.tó.ri.o) *adj.* conhecido de todos; público

noturno (no.tur.no) *adj.* **1** relativo à noite **2** que acontece durante a noite **3** diz-se do animal que realiza as suas atividades durante a noite (como o morcego, por exemplo)

noutro (nou.tro) contração da preposição *em* com o pronome demonstrativo *outro*

novamente (no.va.men.te) *adv.* de novo; outra vez

novato (no.va.to) *n.m.* **1** estudante que frequenta pela primeira vez um curso ou uma escola SIN. caloiro **2** pessoa ingénua ou inexperiente

nove (no.ve) *num.card.>quant.num.*^{DT} oito mais um ♦ *n.m.* o número 9

novecentos (no.ve.cen.tos) *num.card.> quant.num.*^{DT} oitocentos mais cem ♦ *n.m.* o número 900

novela (no.ve.la) *n.f.* **1** composição do género do romance, mas mais curta **2** série transmitida em episódios na televisão

novelo (no.ve.lo) *n.m.* bola de fio enrolado

novembro (no.vem.bro) *n.m.* décimo primeiro mês do ano; *ver nota em* **mês**

novena (no.ve.na) *n.f.* oração feita durante nove dias consecutivos

noventa (no.ven.ta) *num.card.>quant. num.*^{DT} oitenta mais dez ♦ *n.m.* o número 90

novidade (no.vi.da.de) *n.f.* **1** característica daquilo que é novo **2** coisa nova **3** primeira informação sobre algo **4** produto (livro, peça de roupa, etc.) que acaba de ser lançado no mercado

novilho (no.vi.lho) *n.m.* boi jovem

novíssimo (no.vís.si.mo) *adj.* [*superl. de* novo] completamente novo; muito recente

novo (no.vo) *adj.* **1** que tem pouca idade; jovem ANT. velho **2** que ainda não foi usado **3** inexperiente

noz (noz) *n.f.* fruto da nogueira, cuja parte comestível está contida numa casca muito dura

noz-moscada (noz-mos.ca.da) *n.f.* [*pl.* nozes-moscadas] semente acastanhada com o aspeto de uma pequena noz, utilizada como condimento

ntuculo (ntu.cu.lo) *n.m.* *(Moç.)* sobrinho; neto; bisneto

nu (nu) *adj.* que está sem roupa; despido

núbil (nú.bil) *adj.2gén.* que está pronto para casar; casadoiro

nublado (nu.bla.do) *adj.* diz-se do céu coberto de nuvens

nuca (nu.ca) *n.f.* parte posterior e superior do pescoço

nuclear (nu.cle.ar) *adj.2gén.* **1** relativo a núcleo **2** essencial; principal

núcleo (nú.cle.o) *n.m.* **1** parte central de alguma coisa; centro **2** grupo; aglomeração

nudez (nu.dez) *n.f.* **1** estado de quem está nu **2** ausência de roupa

nulidade (nu.li.da.de) *n.f.* **1** qualidade do que não tem valor **2** *(inform.)* pessoa incompetente

nulo (nu.lo) *adj.* **1** sem efeito ou valor; inválido **2** que não existe; inexistente

num (num) contração da preposição *em* com o determinante artigo indefinido *um*

numeração (nu.me.ra.ção) *n.f.* ordenação numérica

numerado (nu.me.ra.do) *adj.* **1** que tem número(s) **2** colocado em ordem numérica

numerador (nu.me.ra.dor) *n.m.* numa fração, termo que indica quantas partes se tomaram da unidade

numeral (nu.me.ral) *adj.2gén.* relativo a número ♦ *n.m.* palavra que indica uma quantidade numérica ou a ordem numa série

numerar (nu.me.rar) *v.* **1** pôr número(s) em **2** colocar por ordem numérica

numérico (nu.mé.ri.co) *adj.* relativo a número(s)

número (nú.me.ro) *n.m.* **1** expressão de uma quantidade; algarismo **2** exemplar de uma publicação periódica (jornal, revista, etc.) **3** categoria de nome, adjetivos, verbos, determinantes e pronomes que indica os valores de singular e plural

numeroso (nu.me.ro.so) *adj.* que apresenta grande quantidade; abundante

nunca (nun.ca) *adv.* em nenhum momento; jamais

nupcial (nup.ci.al) *adj.2gén.* relativo a casamento

núpcias (núp.ci.as) *n.f.pl.* casamento

nutrição (nu.tri.ção) *n.f.* alimentação; sustento

nutricionista (nu.tri.ci.o.nis.ta) *n.2gén.* especialista em problemas alimentares

nutrido (nu.tri.do) *adj.* **1** alimentado **2** robusto

nutriente (nu.tri.en.te) *n.m.* substância indispensável à manutenção das funções vitais do organismo; alimento

nutrir (nu.trir) *v.* alimentar

nutritivo (nu.tri.ti.vo) *adj.* que alimenta; alimentício

nuvem (nu.vem) *n.f.* conjunto de pequenas gotas de água que se mantêm no ar; **estar nas nuvens:** estar distraído

o

o (o) (ó) *n.m.* vogal, décima quinta letra do alfabeto, que está entre as letras *n* e *p*

o (o) (u) *det.art.def.m.* antes de um nome, indica o seu género e número (*o livro, o rapaz*) ◆ *pron.pess.* substitui ele ou uma palavra referida antes (*viu o pai e cumprimentou-o*) ◆ *pron.dem.* substitui *este, esse, aquele* (*na foto, o Ivo é o da direita*)

O [*símbolo de* oeste] ◆ [*símbolo de* oxigénio]

ó (ó) *interj.* usada para chamar alguém

oásis (o.á.sis) *n.m.2núm.* região fértil no meio do deserto, onde existe água

obcecado (ob.ce.ca.do) *adj.* obstinado; teimoso

obedecer (o.be.de.cer) *v.* **1** fazer aquilo que alguém manda; cumprir ANT. desobedecer **2** agir de acordo com (obedecer a)

obediência (o.be.di.ên.ci.a) *n.f.* **1** qualidade de obediente; cumprimento ANT. desobediência **2** ato de obedecer

obediente (o.be.di.en.te) *adj.2gén.* que obedece

obesidade (o.be.si.da.de) *n.f.* excesso de peso

obeso (o.be.so) *adj.* que tem excesso de peso; gordo

óbito (ó.bi.to) *n.m.* morte de uma pessoa SIN. falecimento

objeção (ob.je.ção) *n.f.* **1** argumento que se opõe a algo que foi dito antes **2** dificuldade em concretizar alguma coisa

objecção *a nova grafia é* **objeção**

objectar *a nova grafia é* **objetar**

objectiva *a nova grafia é* **objetiva**

objectividade *a nova grafia é* **objetividade**

objectivo *a nova grafia é* **objetivo**

objecto *a nova grafia é* **objeto**

objetar (ob.je.tar) *v.* opor-se a

objetiva (ob.je.ti.va) *n.f.* lente ou sistema de lentes de uma máquina fotográfica

objetividade (ob.je.ti.vi.da.de) *n.f.* **1** característica do que é objetivo SIN. subjetividade **2** qualidade do que é imparcial

objetivo (ob.je.ti.vo) *adj.* **1** diz-se da pessoa que atua ou toma decisões sem pensar nas suas preferências pessoais; imparcial **2** diz-se da opinião ou do comportamento que é muito claro; direto ◆ *n.m.* finalidade; propósito

objeto (ob.je.to) *n.m.* **1** coisa material que pode ser percebida pelos sentidos **2** assunto de que trata uma ciência, uma conversa ou uma investigação

oblíquo (o.blí.quo) *adj.* **1** que não é perpendicular nem paralelo; inclinado **2** que não é direito ou reto; indireto

oboé (o.bo.é) *n.m.* instrumento musical de sopro, feito de madeira, em forma de tubo cónico

obra (o.bra) *n.f.* **1** trabalho literário, científico ou artístico **2** ação praticada por alguém **3** edifício ou estrutura que está em construção; **obra de arte:** objeto de grande qualidade e beleza criado por um artista; **obra de referência:** dicionário, enciclopédia ou outra obra que se consulta para obter rapidamente informações sobre determinado assunto; **por obra e graça:** graças à intervenção de; por causa de

obra-prima (o.bra-pri.ma) *n.f.* [*pl.* obras--primas] o mais belo ou perfeito trabalho de um artista ou de uma época (*obra-prima de Garrett, obra-prima do Renascimento*)

obrar (o.brar) *v.* expelir excrementos pelo ânus; defecar

obreiro (o.brei.ro) *n.m.* **1** trabalhador; operário **2** pessoa que participa no desenvolvimento de uma ideia ou de um projeto

obrigação (o.bri.ga.ção) *n.f.* **1** dever; encargo **2** compromisso; responsabilidade

obrigado (o.bri.ga.do) *adj.* **1** imposto; forçado **2** agradecido ♦ *interj.* usada para agradecer

obrigar (o.bri.gar) *v.* impor; forçar

obrigatoriedade (o.bri.ga.to.ri.e.da.de) *n.f.* **1** obrigação **2** necessidade

obrigatório (o.bri.ga.tó.ri.o) *adj.* **1** imposto **2** indispensável

obscurecer (obs.cu.re.cer) *v.* tornar escuro ou confuso

obscuridade (obs.cu.ri.da.de) *n.f.* **1** ausência de luz; escuridão **2** falta de clareza

obscuro (obs.cu.ro) *adj.* **1** escuro **2** confuso

observação (ob.ser.va.ção) *n.f.* **1** ato de olhar para algo **2** estudo atento **3** comentário crítico

observador (ob.ser.va.dor) *adj. e n.m.* que ou aquele que observa

observar (ob.ser.var) *v.* **1** olhar para **2** estudar atentamente **3** obedecer a (leis, regras)

observatório (ob.ser.va.tó.ri.o) *n.m.* edifício próprio para observações meteorológicas ou astronómicas

observável (ob.ser.vá.vel) *adj.2gén.* que se pode observar

obsessão (ob.ses.são) *n.f.* ideia fixa; cisma

obsessivo (ob.ses.si.vo) *adj.* **1** relativo a obsessão **2** diz-se da ideia que está sempre na cabeça de alguém (mesmo que não se queira pensar nela)

obstáculo (obs.tá.cu.lo) *n.m.* **1** barreira que os atletas têm de transpor **2** aquilo que impede ou atrapalha o movimento; impedimento

obstante (obs.tan.te) *adj.2gén.* que impede; **não obstante:** apesar de; contudo

obstetra (obs.te.tra) *n.2gén.* especialista em obstetrícia

obstetrícia (obs.te.trí.ci.a) *n.f.* parte da medicina que trata da gravidez e do parto

obstinação (obs.ti.na.ção) *n.f.* **1** persistência **2** teimosia

obstinado (obs.ti.na.do) *adj.* **1** persistente **2** teimoso

obstrução (obs.tru.ção) *n.f.* impedimento

obstruir (obs.tru.ir) *v.* impedir a passagem de

obtenção (ob.ten.ção) *n.f.* ato ou meio de obter algo; aquisição

obter (ob.ter) *v.* **1** conseguir **2** ganhar

obturador (ob.tu.ra.dor) *n.m.* dispositivo da máquina fotográfica que regula o tempo de exposição

obturar (ob.tu.rar) *v.* tapar; fechar

obtuso (ob.tu.so) *adj.* **1** diz-se do ângulo que tem mais de 90° **2** diz-se da pessoa pouco inteligente

óbvio (ób.vi.o) *adj.* evidente; claro

ocasião (o.ca.si.ão) *n.f.* oportunidade

ocasionado (o.ca.si.o.na.do) *adj.* causado; provocado

a b c d e f g h i j k l m n **o** p q r s t u v w x y z

ocasional (o.ca.si.o.nal) *adj.2gén.* que acontece por acaso SIN. acidental, casual

ocasionar (o.ca.si.o.nar) *v.* causar; provocar

ocaso (o.ca.so) *n.m.* momento em que o Sol desaparece no horizonte SIN. poente

occipital (oc.ci.pi.tal) *adj.2gén.* diz-se do osso situado na parte posterior e inferior do crânio

oceanário (o.ce.a.ná.ri.o) *n.m.* construção semelhante a um enorme aquário para observação e estudo de animais marinhos

oceânico (o.ce.â.ni.co) *adj.* **1** relativo a oceano; marítimo **2** relativo à Oceânia

oceano (o.ce.a.no) *n.m.* grande massa de água salgada que rodeia os continentes e cobre grande parte da superfície terrestre

oceanografia (o.ce.a.no.gra.fi.a) *n.f.* ciência que estuda os oceanos

oceanográfico (o.ce.a.no.grá.fi.co) *adj.* relativo ao estudo dos oceanos

ocidental (o.ci.den.tal) *adj.2gén.* **1** relativo ao ocidente **2** natural do ocidente

ocidente (o.ci.den.te) *n.m.* **1** lado do horizonte onde o Sol se põe SIN. oeste **2** região situada a oeste

ócio (ó.ci.o) *n.m.* **1** descanso; repouso **2** falta de ocupação; preguiça

ociosidade (o.ci.o.si.da.de) *n.f.* falta de ocupação; preguiça

ocioso (o.ci.o.so) *adj.* preguiçoso

oco (o.co) *adj.* **1** que não tem nada dentro; vazio **2** *(fig.)* que não tem sentido; fútil

ocorrência (o.cor.rên.ci.a) *n.f.* acontecimento; facto

ocorrer (o.cor.rer) *v.* acontecer; suceder

octogésimo (oc.to.gé.si.mo) *num.ord.> adj.num.*ᴰᵀ que ocupa o lugar número 80

octogonal (oc.to.go.nal) *adj.2gén.* **1** diz-se da figura geométrica formada por oito ângulos e oito lados **2** diz-se do sólido cuja base é um octógono

octógono (oc.tó.go.no) *n.m.* polígono de oito lados e oito ângulos

octossílabo (oc.tos.sí.la.bo) *n.m.* palavra com oito sílabas

óctuplo (óc.tu.plo) *num.mult.>quant.num.*ᴰᵀ que contém oito vezes a mesma quantidade ♦ *n.m.* valor ou quantidade oito vezes maior

ocular (o.cu.lar) *adj.2gén.* relativo à vista

oculista (o.cu.lis.ta) *n.2gén.* pessoa que fabrica ou vende óculos

óculo (ó.cu.lo) *n.m.* instrumento equipado com lentes de aumento, próprio para ver ao longe

óculos (ó.cu.los) *n.m.pl.* sistema de duas lentes fixas numa armação que se apoia no nariz e nas orelhas, para auxiliar a visão ou para proteger a vista

ocultar (o.cul.tar) *v.* **1** esconder **2** encobrir

oculto (o.cul.to) *adj.* **1** escondido **2** ignorado

ocupação (o.cu.pa.ção) *n.f.* **1** ato de invadir ou tomar posse de um lugar **2** atividade ou trabalho que ocupa o tempo de alguém

ocupado (o.cu.pa.do) *adj.* **1** que tem muitas coisas para fazer; atarefado **2** que não está livre; preenchido

ocupante (o.cu.pan.te) *n.2gén.* **1** pessoa que ocupa um lugar **2** pessoa ou força militar que toma posse de um lugar; invasor

ocupar (o.cu.par) *v.* **1** preencher (um espaço) **2** invadir (um território) **3** dar ocupação a (alguém) ♦ **ocupar-se** dedicar-se a (ocupar-se de)

ode (o.de) *n.f.* composição poética lírica própria para ser cantada

odiar (o.di.ar) *v.* ter ódio a; detestar **ANT.** amar

ódio (ó.di.o) *n.m.* sentimento de aversão por algo ou por alguém **SIN.** raiva, rancor

odioso (o.di.o.so) *adj.* **1** que provoca ódio **SIN.** detestável **2** que é muito desagradável

odisseia (o.dis.sei.a) *n.f.* viagem longa, cheia de aventuras e dificuldades

odor (o.dor) *n.m.* cheiro; aroma

oeste (o.es.te) *n.m.* ponto cardeal e direção onde o Sol se põe (símbolo: O) **SIN.** ocidente, poente

ofegante (o.fe.gan.te) *adj.2gén.* que respira com dificuldade; arfante

ofender (o.fen.der) *v.* ferir a sensibilidade de; melindrar

ofendido (o.fen.di.do) *adj.* magoado; melindrado

ofensa (o.fen.sa) *n.f.* palavra ou ato que fere a sensibilidade de alguém; insulto

ofensiva (o.fen.si.va) *n.f.* ataque

ofensivo (o.fen.si.vo) *adj.* **1** que ofende ou magoa **2** que é próprio de ataque

oferecer (o.fe.re.cer) *v.* **1** dar como presente **2** pôr à disposição **3** propor; sugerir

oferenda (o.fe.ren.da) *n.f.* oferta; dádiva

oferta (o.fer.ta) *n.f.* **1** presente; prenda **2** proposta; sugestão

ofertar (o.fer.tar) *v.* oferecer

offline (ófláin) *adj.* **1** diz-se de um dispositivo que não está ligado a um computador **2** diz-se do sistema informático que não está ligado em rede

oficial (o.fi.ci.al) *adj.2gén.* **1** feito por um governo ou por uma autoridade competente **2** solene; formal ♦ *n.2gén.* militar que ocupa um dos postos mais elevados da hierarquia das forças armadas

oficializar (o.fi.ci.a.li.zar) *v.* tornar oficial

oficina (o.fi.ci.na) *n.f.* **1** lugar onde se exerce um ofício; *atelier* **2** lugar onde se reparam automóveis; garagem

ofício (o.fí.ci.o) *n.m.* **1** atividade manual ou mecânica **2** profissão **3** função

oftalmologia (of.tal.mo.lo.gi.a) *n.f.* parte da medicina que estuda e trata as doenças dos olhos

oftalmologista (of.tal.mo.lo.gis.ta) *n. 2gén.* especialista em doenças dos olhos

ofuscar (o.fus.car) *v.* **1** impedir a vista de **2** perturbar a visão (por meio de luz intensa) **3** deslumbrar; maravilhar

ogiva (o.gi.va) *n.f.* **1** ângulo formado por dois arcos que se cruzam na parte superior **2** parte cónica de um projétil

OGM *sigla de* **O**rganismo **G**eneticamente **M**odificado

ogre (o.gre) *n.m.* nos contos de fadas, monstro ou gigante que come pessoas

oh (oh) *interj.* exprime admiração, espanto, alegria, tristeza ou dor

oi (oi) *interj.* (*Bras.*) usa-se para cumprimentar ou chamar alguém; olá

oiro (oi.ro) *n.m.* → **ouro**

oitavo (oi.ta.vo) *num.ord.>adj.num.*ᴰᵀ que ocupa o lugar número 8 ♦ *n.m.* uma das oito partes iguais em que se dividiu uma unidade

oitavos-de-final *a nova grafia é* **oitavos de final**

oitavos de final (oi.ta.vos de fi.nal) *n.m.pl.* provas eliminatórias de uma competição com dezasseis jogadores ou equipas que disputam oito jogos

oitenta (oi.ten.ta) *num.card.>quant.num.*ᴰᵀ setenta mais dez ♦ *n.m.* o número 80

oito (oi.to) *num.card.>quant.num.*ᴰᵀ sete mais um ♦ *n.m.* o número 8; **ou oito ou oitenta:** ou tudo ou nada

oitocentista (oi.to.cen.tis.ta) *adj.2gén.* relativo ao século XIX

a
b
c
d
e
f
g
h
i
j
k
l
m
n
o
p
q
r
s
t
u
v
w
x
y
z

oitocentos (oi.to.cen.tos) *num.card.>* *quant.num.*ᴰᵀ setecentos mais cem ◆ *n.m.* **1** o número 800 **2** o século XIX

OK *adv.* sim; entendido; certamente ◆ *adj.* bom; certo; perfeito

olá (o.lá) *interj.* usa-se para saudar ou chamar alguém

olaré (o.la.ré) *interj. (pop.)* exprime satisfação ou admiração

olaria (o.la.ri.a) *n.f.* **1** fabrico de objetos em barro **2** oficina onde se fabricam objetos de barro **3** peça de barro

oleado (o.le.a.do) *adj.* que tem óleo ◆ *n.m.* tecido impermeável

olear (o.le.ar) *v.* untar com óleo

oleiro (o.lei.ro) *n.m.* homem que faz louça de barro

óleo (ó.le.o) *n.m.* líquido gorduroso, inflamável, que não se pode dissolver na água

oleosidade (o.le.o.si.da.de) *n.f.* qualidade do que é oleoso

oleoso (o.le.o.so) *adj.* **1** que tem óleo **2** que tem gordura; gorduroso

olfactivo a nova grafia é **olfativo**

olfacto a nova grafia é **olfato**

olfativo (ol.fa.ti.vo) *adj.* relativo a olfato

olfato (ol.fa.to) *n.m.* sentido do cheiro

olhadela (o.lha.de.la) *n.f.* olhar rápido; relance de olhos

olhar (o.lhar) *v.* **1** ver; observar **2** tratar de; proteger (olhar para, olhar por) ◆ *n.m.* expressão dos olhos

olheiras (o.lhei.ras) *n.f.pl.* manchas escuras debaixo dos olhos

olhinho (o.lhi.nho) *n.m.* [*dim. de* olho] olho pequeno; **fazer olhinhos (a alguém):** mostrar interesse (por alguém)

olho (o.lho) *n.m.* órgão da visão; **a olho nu:** sem auxílio de lentes; **não pregar olho:** não conseguir dormir

olimpíadas (o.lim.pí.a.das) *n.f.pl.* jogos olímpicos

olímpico (o.lím.pi.co) *adj.* relativo a olimpíadas; **jogos olímpicos:** competição desportiva que se realiza de quatro em quatro anos, e na qual estão representados diversos países e diversas modalidades

olival (o.li.val) *n.m.* terreno plantado de oliveiras

oliveira (o.li.vei.ra) *n.f.* árvore cujo fruto é a azeitona

ombreira (om.brei.ra) *n.f.* parte do vestuário correspondente ao ombro

ombro (om.bro) *n.m.* parte superior do braço

omeleta (o.me.le.ta) *n.f.* alimento preparado com ovos batidos e enrolados em forma de almofada

omelete (o.me.le.te) *n.f.* → **omeleta**

omissão (o.mis.são) *n.f.* falta; lacuna

omitir (o.mi.tir) *v.* não mencionar

omnipotência (om.ni.po.tên.ci.a) *n.f.* poder ilimitado

omnipotente (om.ni.po.ten.te) *adj.2gén.* que tem poder ilimitado

omnipresença (om.ni.pre.sen.ça) *n.f.* faculdade de estar em todos os lugares ao mesmo tempo

omnipresente (om.ni.pre.sen.te) *adj. 2gén.* que está em todos os lugares

omnisciência (om.nis.ci.ên.ci.a) *n.f.* conhecimento absoluto

omnisciente (om.nis.ci.en.te) *adj.2gén.* que sabe tudo

omnívoro (om.ní.vo.ro) *adj.* que se alimenta de substâncias animais e vegetais

omoplata (o.mo.pla.ta) *n.f.* osso do esqueleto que constitui a parte posterior do ombro

OMS *sigla de* **O**rganização **M**undial de **S**aúde

onça (on.ça) *n.f.* **1** mamífero carnívoro, semelhante ao leopardo, de pelo acinzentado ou acastanhado, com manchas escuras **2** unidade de medida de peso, equivalente a cerca de 30 gramas

onda (on.da) *n.f.* **1** massa de água que se eleva e desloca nos mares e rios; vaga **2** *(fig.)* grande quantidade de pessoas, animais ou coisas que se sucedem **3** *(fig.)* aquilo que desperta grande interesse; moda

onde (on.de) *adv.rel.* no lugar em que (a *sala onde estudo*) ♦ *adv.interr.* em que lugar? (*onde vais?*)

> **Onde** e **aonde** são palavras diferentes. **Onde** indica permanência e **aonde** indica movimento:
> **Onde** moras?
> **Aonde** vão eles?

ondulação (on.du.la.ção) *n.f.* movimento semelhante ao das ondas

ondulado (on.du.la.do) *adj.* **1** que tem ondas **2** que apresenta ondulações **3** diz-se do cabelo frisado

ondulante (on.du.lan.te) *adj.2gén.* **1** que tem ondas **2** que tem curvas; irregular

ondular (on.du.lar) *v.* **1** formar ondas **2** frisar (o cabelo)

ondulatório (on.du.la.tó.ri.o) *adj.* **1** relativo a onda **2** que forma onda(s)

ONG *sigla de* **O**rganização **N**ão **G**overnamental

ónix (ó.nix) *n.m.2núm.* pedra semipreciosa com várias cores em riscas paralelas

online (ónláin) *adj.* **1** que pode ser consultado ou realizado através da *Internet* **2** diz-se do sistema informático que está ligado em rede

onomatopaico (o.no.ma.to.pai.co) *adj.* relativo a onomatopeia

onomatopeia (o.no.ma.to.pei.a) *n.f.* palavra que imita sons produzidos por animais, objetos ou fenómenos naturais

ontem (on.tem) *adv.* no dia anterior ao de hoje; **de ontem para hoje:** de repente; rapidamente

ONU *sigla de* **O**rganização das **N**ações **U**nidas

onze (on.ze) *num.card.>quant.num.*ᴰᵀ dez mais um ♦ *n.m.* o número 11

oó (o.ó) *n.m. (infant.)* sono; **fazer oó:** dormir

opaco (o.pa.co) *adj.* **1** que não deixa passar a luz **2** escuro; sombrio

opção (op.ção) *n.f.* escolha

opcional (op.ci.o.nal) *adj.* que não é obrigatório sɪɴ. facultativo

ópera (ó.pe.ra) *n.f.* representação teatral cantada, com acompanhamento de uma orquestra

operação (o.pe.ra.ção) *n.f.* **1** cálculo matemático **2** intervenção cirúrgica

operacional (o.pe.ra.ci.o.nal) *adj.2gén.* que está pronto para ser utilizado

operado (o.pe.ra.do) *adj.* **1** que foi realizado **2** que sofreu uma intervenção cirúrgica

operador (o.pe.ra.dor) *n.m.* **1** médico que faz intervenções cirúrgicas; cirurgião **2** símbolo matemático que indica uma operação a realizar

operadora (o.pe.ra.do.ra) *n.f.* empresa que presta certos serviços

operar (o.pe.rar) *v.* fazer uma operação

operariado (o.pe.ra.ri.a.do) *n.m.* classe dos trabalhadores

operário (o.pe.rá.ri.o) *n.m.* trabalhador (de uma fábrica ou indústria)

operatório (o.pe.ra.tó.ri.o) *adj.* **1** relativo a operação **2** que é próprio para intervenções cirúrgicas

opereta (o.pe.re.ta) (opereta) *n.f.* peça de teatro acompanhada de música

opinião (o.pi.ni.ão) *n.f.* maneira de pensar sobre algo; julgamento; perspetiva

a b c d e f g h i j k l m n o p q r s t u v w x y z

oponente (o.po.nen.te) *adj.2gén.* que se opõe ♦ *n.2gén.* pessoa que se opõe a algo ou a alguém SIN. adversário

oponível (o.po.ní.vel) *adj.2gén.* que se pode opor

opor (o.por) *v.* 1 colocar contra 2 pôr frente a frente 3 pôr em contraste ♦ **opor-se** 1 ser contrário a 2 não aceitar (opor-se a)

oportunamente (o.por.tu.na.men.te) *adv.* na ocasião própria; no momento certo

oportunidade (o.por.tu.ni.da.de) *n.f.* ocasião conveniente ou favorável

oportunista (o.por.tu.nis.ta) *n.2gén.* pessoa que age apenas em proveito próprio

oportuno (o.por.tu.no) *adj.* que chega ou acontece no momento certo SIN. apropriado, conveniente

oposição (o.po.si.ção) *n.f.* 1 ato ou efeito de opor ou de se opor; resistência 2 contraste

opositor (o.po.si.tor) *n.m.* adversário; rival

oposto (o.pos.to) *adj.* que se opõe SIN. contrário

opressão (o.pres.são) *n.f.* 1 sensação de falta de ar; aperto 2 sujeição imposta pela força ou por uma autoridade; tirania

opressivo (o.pres.si.vo) *adj.* 1 que provoca falta de ar 2 que oprime ou tiraniza 3 que provoca angústia

opressor (o.pres.sor) *adj. e n.m.* que ou aquele que oprime

oprimido (o.pri.mi.do) *adj.* 1 sufocado 2 tiranizado 3 angustiado

oprimir (o.pri.mir) *v.* 1 apertar; comprimir 2 submeter de forma violenta 3 afligir; angustiar

optar (op.tar) *v.* escolher (optar por)

óptica *a nova grafia é* **ótica**

óptico *a nova grafia é* **ótico**

optimismo *a nova grafia é* **otimismo**

optimista *a nova grafia é* **otimista**

óptimo *a nova grafia é* **ótimo**

opulência (o.pu.lên.ci.a) *n.f.* 1 grande quantidade de bens; riqueza 2 grande luxo; fausto

ora (o.ra) *conj.* mas; além disso ♦ *adv.* agora; neste momento

oração (o.ra.ção) *n.f.* 1 invocação a Deus ou aos santos; prece 2 frase que contém apenas um verbo principal; frase simples

oráculo (o.rá.cu.lo) *n.m.* 1 resposta de uma divindade; revelação 2 vontade de Deus anunciada pelos profetas; profecia

orador (o.ra.dor) *n.m.* pessoa que faz um discurso em público

oral (o.ral) *adj.2gén.* 1 relativo à boca; bucal 2 realizado através da fala; verbal ♦ *n.f.* prova ou parte de exame baseada em perguntas e respostas realizadas verbalmente

oralidade (o.ra.li.da.de) *n.f.* 1 qualidade do que é oral 2 parte oral de uma língua

oralmente (o.ral.men.te) *adv.* através da fala; verbalmente

orangotango (o.ran.go.tan.go) *n.m.* macaco grande com braços longos, pernas curtas, pelo comprido avermelhado e sem cauda

orar (o.rar) *v.* rezar

oratória (o.ra.tó.ri.a) *n.f.* arte de falar em público

oratório (o.ra.tó.ri.o) *adj.* relativo a oratória ♦ *n.m.* 1 local destinado às orações 2 pequeno altar

órbita (ór.bi.ta) *n.f.* 1 trajetória de um planeta à volta do Sol 2 cavidade óssea, na face, onde se situa o olho

orbital (or.bi.tal) *adj.2gén.* relativo a órbita

orca (or.ca) *n.f.* animal aquático com dorso negro e ventre branco, barbatana dorsal triangular e dentes aguçados, que se alimenta de baleias, focas e peixes

orçamental (or.ça.men.tal) *adj.2gén.* relativo a orçamento

orçamento (or.ça.men.to) *n.m.* cálculo aproximado do custo de (uma obra, um serviço, etc.)

ordeiro (or.dei.ro) *adj.* calmo; pacato

ordem (or.dem) *n.f.* **1** boa arrumação **2** sequência de coisas ordenadas **3** determinação de uma autoridade superior **4** comunidade religiosa

ordenação (or.de.na.ção) *n.f.* **1** disposição ordenada de coisas; arrumação **2** disposição de elementos de um conjunto segundo uma ordem **3** lei; regulamento

ordenadamente (or.de.na.da.men.te) *adv.* **1** segundo uma ordem **2** calmamente

ordenado (or.de.na.do) *adj.* **1** arrumado **2** calmo **3** determinado ♦ *n.m.* → **salário**

ordenar (or.de.nar) *v.* **1** pôr por ordem **2** arrumar **3** determinar

ordenha (or.de.nha) *n.f.* **1** ato ou processo de retirar o leite das tetas de vacas, cabras, etc. **2** quantidade de leite ordenhado

ordenhar (or.de.nhar) *v.* tirar leite de (vaca, cabra ou ovelha)

ordinal (or.di.nal) *adj.2gén.* que indica a ordem ou posição numa série ou num conjunto

ordinário (or.di.ná.ri.o) *adj.* **1** comum; habitual **2** mal-educado; grosseiro

orégão (o.ré.gão) *n.m.* planta herbácea, aromática, utilizada como condimento

orelha (o.re.lha) *n.f.* parte externa do ouvido dos mamíferos

orelhudo (o.re.lhu.do) *adj.* **1** (*inform.*) que tem orelhas grandes **2** (*fig.*) teimoso

orfanato (or.fa.na.to) *n.m.* estabelecimento que abriga crianças órfãs ou abandonadas

órfão (ór.fão) *n.m.* [*f.* órfã, *pl.* órfãos] criança que perdeu um dos pais ou ambos

orfeão (or.fe.ão) *n.m.* grupo ou escola que se dedica ao canto coral

orgânica (or.gâ.ni.ca) *n.f.* norma ou modelo que regula o funcionamento de (um grupo, uma atividade)

orgânico (or.gâ.ni.co) *adj.* **1** relativo a órgão ou organismo **2** diz-se do alimento produzido sem fertilizantes ou pesticidas sintéticos

organismo (or.ga.nis.mo) *n.m.* **1** ser vivo **2** corpo humano **3** instituição

organista (or.ga.nis.ta) *n.2gén.* pessoa que toca órgão

organização (or.ga.ni.za.ção) *n.f.* **1** modo de organizar algo; preparação ANT. desorganização **2** grupo que tem um objetivo comum; organismo

organizado (or.ga.ni.za.do) *adj.* **1** ordenado ANT. desorganizado **2** arrumado **3** metódico

organizador (or.ga.ni.za.dor) *n.m.* pessoa que organiza algo

organizar (or.ga.ni.zar) *v.* **1** ordenar ANT. desorganizar **2** arrumar **3** estruturar

órgão (ór.gão) *n.m.* **1** parte do corpo de um ser vivo que cumpre uma função específica (*órgão dos sentidos, órgão reprodutor*, etc.) **2** instrumento musical com teclas

orgulhar-se (or.gu.lhar-se) *v.* sentir orgulho de; envaidecer-se (orgulhar-se de)

orgulho (or.gu.lho) *n.m.* **1** sentimento ou atitude de quem se julga superior às outras pessoas; vaidade **2** satisfação de uma pessoa por ter feito algo

a b c d e f g h i j k l m n **o** p q r s t u v w x y z

bom ou por ter conseguido alguma coisa; amor-próprio

orgulhoso (or.gu.lho.so) *adj.* **1** vaidoso **2** arrogante

orientação (o.ri.en.ta.ção) **1** localização; posição **2** direção; rumo **3** modelo; guia

orientador (o.ri.en.ta.dor) *n.m.* pessoa que orienta; guia

oriental (o.ri.en.tal) *adj.2gén.* **1** relativo ao oriente **2** natural do oriente

orientar (o.ri.en.tar) *v.* indicar a direção de; guiar ♦ **orientar-se** determinar a posição em que se está, de acordo com os pontos cardeais

oriente (o.ri.en.te) *n.m.* **1** lado do horizonte onde nasce o Sol SIN. este, leste, nascente **2** região situada a leste

orifício (o.ri.fí.ci.o) *n.m.* pequena abertura SIN. buraco, furo

origem (o.ri.gem) *n.f.* **1** ponto de partida; princípio **2** local de nascimento; nacionalidade **3** aquilo que provoca algo; causa

originado (o.ri.gi.na.do) *adj.* **1** gerado por **2** nascido em **3** causado por

original (o.ri.gi.nal) *adj.2gén.* **1** inicial **2** inovador **3** excecional

originalidade (o.ri.gi.na.li.da.de) *n.f.* **1** capacidade para criar coisas; criatividade **2** qualidade do que é novo; inovação

originar (o.ri.gi.nar) *v.* **1** dar origem a; iniciar **2** ser a causa de; causar

originário (o.ri.gi.ná.ri.o) *adj.* que tem determinada origem; proveniente

oriundo (o.ri.un.do) *adj.* → originário

orla (or.la) *n.f.* **1** terreno que rodeia um rio, lago ou lagoa; margem **2** extremidade inferior de uma peça de roupa ou de um tecido

ornado (or.na.do) *adj.* decorado; enfeitado

ornamental (or.na.men.tal) *adj.2gén.* relativo a ornamento

ornamentar (or.na.men.tar) *v.* decorar; enfeitar

ornamento (or.na.men.to) *n.m.* decoração; enfeite

ornar (or.nar) *v.* → ornamentar

ornitologia (or.ni.to.lo.gi.a) *n.f.* ciência que estuda as aves

ornitorrinco (or.ni.tor.rin.co) *n.m.* mamífero aquático e ovíparo, com bico semelhante ao do pato e esporões venenosos nas patas traseiras, que habita em rios e lagos da Austrália e da Tasmânia

orquestra (or.ques.tra) *n.f.* grupo de músicos que tocam diferentes instrumentos musicais

orquestração (or.ques.tra.ção) *n.f.* **1** adaptação de uma composição musical a uma orquestra **2** organização de um evento, uma campanha política, etc.

orquestral (or.ques.tral) *adj.2gén.* **1** relativo a orquestra **2** que pertence a uma orquestra

orquestrar (or.ques.trar) *v.* **1** adaptar a uma orquestra **2** organizar

orquídea (or.quí.de.a) *n.f.* **1** planta herbácea, cujas flores se agrupam em cachos e têm formas exóticas **2** flor dessa planta

ortofonia (or.to.fo.ni.a) *n.f.* articulação dos sons de uma língua

ortografar (or.to.gra.far) *v.* escrever corretamente

ortografia (or.to.gra.fi.a) *n.f.* **1** escrita correta das palavras **2** maneira de escrever

ortográfico (or.to.grá.fi.co) *adj.* relativo à ortografia

ortopedia (or.to.pe.di.a) *n.f.* parte da medicina que trata das deformações de ossos, articulações, músculos e tendões

ortopédico (or.to.pé.di.co) *adj.* relativo a ortopedia

ortopedista (or.to.pe.dis.ta) *n.2gén.* especialista em ortopedia

orvalhada (or.va.lha.da) *n.f.* **1** formação de orvalho **2** orvalho que se formou durante a noite

orvalhado (or.va.lha.do) *adj.* coberto de orvalho

orvalhar (or.va.lhar) *v.* **1** cair orvalho **2** chuviscar

orvalho (or.va.lho) *n.m.* humidade da atmosfera que se condensa e deposita em gotas no solo e na vegetação quando a temperatura desce muito durante a noite

oscilação (os.ci.la.ção) *n.f.* **1** movimento de um lado para o outro; balanço **2** mudança de estado ou de posição; variação **3** falta de decisão; hesitação

oscilar (os.ci.lar) *v.* **1** balançar **2** variar **3** hesitar

ossada (os.sa.da) *n.f.* conjunto dos ossos de um cadáver

ossatura (os.sa.tu.ra) *n.f.* conjunto dos ossos dos vertebrados SIN. esqueleto

ósseo (ós.se.o) *adj.* **1** relativo a osso **2** formado por osso

osso (os.so) *n.m.* cada uma das peças duras que formam o esqueleto dos vertebrados

ossudo (os.su.do) *adj.* **1** que tem ossos grandes e salientes **2** que é muito magro

ostensivo (os.ten.si.vo) *adj.* **1** evidente **2** provocador

ostentação (os.ten.ta.ção) *n.f.* **1** demonstração de orgulho ou vaidade **2** exibição de luxo ou riqueza

ostentar (os.ten.tar) *v.* **1** exibir com aparato **2** revelar; mostrar

ostra (os.tra) *n.f.* molusco de concha rugosa que produz pérolas

otário (o.tá.ri.o) *adj. e n.m. (inform.)* palerma

ótica (ó.ti.ca) *n.f.* **1** parte da física que estuda a luz e os fenómenos da visão **2** ponto de vista; perspetiva

ótico (ó.ti.co) *adj.* **1** relativo a ótica **2** relativo à visão ou aos olhos **3** diz-se do nervo que liga o olho ao cérebro e que transmite as impressões causadas pela luz na retina

otimismo (o.ti.mis.mo) *n.m.* tendência para encarar as coisas de uma forma positiva e confiante ANT. pessimismo

otimista (o.ti.mis.ta) *adj.2gén.* **1** relativo a otimismo ANT. pessimista **2** que revela otimismo ◆ *n.2gén.* pessoa que encara tudo de uma forma positiva e confiante

ótimo (ó.ti.mo) *adj.* [*superl. de* bom] magnífico; excelente ANT. péssimo

otite (o.ti.te) *n.f.* inflamação do ouvido

otorrino (o.tor.ri.no) *n.m. (inform.)* otorrinolaringologista

otorrinolaringologia (o.tor.ri.no.la.rin.go.lo.gi.a) *n.f.* parte da medicina que trata dos ouvidos, do nariz e da laringe

otorrinolaringologista (o.tor.ri.no.la.rin.go.lo.gis.ta) *n.2gén.* especialista em otorrinolaringologia

ou (ou) *conj.* **1** indica alternativa, incerteza ou aproximação (*vens ou ficas?*, *sim ou não? umas 10 ou 12 pessoas*) **2** de outro modo; por outras palavras

ourar (ou.rar) *v.* sentir tonturas

ouriço (ou.ri.ço) *n.m.* **1** → ouriço-cacheiro **2** fruto do castanheiro que contém as sementes (castanhas)

ouriço-cacheiro (ou.ri.ço-ca.chei.ro) *n.m.* [*pl.* ouriços-cacheiros] mamífero insetívoro terrestre, cujo corpo está coberto de espinhos curtos e lisos

a
b
c
d
e
f
g
h
i
j
k
l
m
n
o
p
q
r
s
t
u
v
w
x
y
z

ouriço-do-mar (ou.ri.ço-do-mar) *n.m.* [*pl.* ouriços-do-mar] animal marinho com carapaça dura e com o corpo coberto de espinhos

ourives (ou.ri.ves) *n.m.2núm.* fabricante ou vendedor de objetos de ourivesaria

ourivesaria (ou.ri.ve.sa.ri.a) *n.f.* loja onde se vendem objetos de ouro e prata

ouro (ou.ro) *n.m.* metal amarelo e brilhante, usado no fabrico de joias e de moedas ♦ **ouros** *n.m.pl.* naipe de cartas em que cada ponto é representado por um losango vermelho; **ouro sobre azul:** excelente, ótimo

ousadia (ou.sa.di.a) *n.f.* coragem; audácia

ousado (ou.sa.do) *adj.* corajoso; audaz

ousar (ou.sar) *v.* ter coragem para; atrever-se a

outeiro (ou.tei.ro) *n.m.* pequena elevação de terreno **SIN.** colina

outono (ou.to.no) *n.f.* estação do ano depois do verão e antes do inverno; *ver nota em* **estação**

outrem (ou.trem) *pron.indef.* outra pessoa; outras pessoas

outro (ou.tro) *det. e pron.indef.* **1** não o mesmo; diferente (*frequentou outra escola*) **2** semelhante; igual (*nunca vi outro como aquele*) **3** mais um (*pediu outro gelado*); **outro tanto:** a mesma coisa; a mesma quantidade

outrora (ou.tro.ra) *adv.* antigamente; noutros tempos

outubro (ou.tu.bro) *n.m.* décimo mês do ano; *ver nota em* **mês**

ouvido (ou.vi.do) *n.m.* órgão da audição; **ao ouvido:** em voz baixa; em segredo; **de ouvido:** sem estudo; sem conhecimento direto; **entrar por um ouvido e sair pelo outro:** não prestar atenção; **ser todo ouvidos:** prestar muita atenção

ouvidor (ou.vi.dor) *n.m.* pessoa que ouve; ouvinte

ouvinte (ou.vin.te) *n.2gén.* **1** pessoa que ouve **2** pessoa que assiste a conferência, discurso ou programa **3** na comunicação oral, pessoa que recebe os enunciados produzidos pelo locutor

ouvir (ou.vir) *v.* escutar

ova (o.va) *n.f.* ovário dos peixes; *(pop.)* **uma ova!:** exclamação que indica espanto ou recusa

ovação (o.va.ção) *n.f.* aclamação pública; aplauso

oval (o.val) *adj.2gén.* que tem forma de ovo

ovário (o.vá.ri.o) *n.m.* órgão do aparelho reprodutor feminino, onde se produzem os óvulos

ovelha (o.ve.lha) *n.f.* fêmea do carneiro

ovino (o.vi.no) *adj.* relativo à ovelha ou ao carneiro

ovíparo (o.ví.pa.ro) *adj.* diz-se do animal que se desenvolve num ovo fora do corpo materno

ovívoro (o.ví.vo.ro) *adj.* diz-se do animal que se alimenta de ovos

óvni (óv.ni) *n.m.* objeto voador não identificado, supostamente de origem extraterrestre

ovo (o.vo) *n.m.* corpo duro e arredondado produzido pelas fêmeas dos pássaros e répteis, que contém o embrião

ovoide (o.voi.de) *adj.2gén.* que tem forma de ovo

ovóide *a nova grafia é* **ovoide**

ovovivíparo (o.vo.vi.ví.pa.ro) *adj.* diz-se do animal que se desenvolve num ovo dentro do corpo da fêmea

ovulação (o.vu.la.ção) *n.f.* libertação do óvulo maduro do ovário

óvulo (ó.vu.lo) *n.m.* **1** célula sexual feminina que se forma no ovário **2** corpúsculo que contém a célula sexual feminina e que origina a semente

oxalá (o.xa.lá) *interj.* exprime o desejo de que algo aconteça

oxidação (o.xi.da.ção) (ócssidassão) *n.f.* **1** fixação de oxigénio num corpo **2** criação de ferrugem

oxidar (o.xi.dar) *v.* enferrujar(-se)

óxido (ó.xi.do) *n.m.* composto de oxigénio com outro elemento

oxigenação (o.xi.ge.na.ção) (ócssijenassão) *n.f.* **1** ato de fornecer oxigénio a **2** aplicação de água oxigenada (no cabelo, por exemplo)

oxigenar (o.xi.ge.nar) *v.* **1** combinar com oxigénio **2** fornecer oxigénio **3** aplicar água oxigenada (no cabelo, por exemplo)

oxigénio (o.xi.gé.ni.o) *n.m.* gás invisível e sem cheiro, que se encontra na atmosfera e é indispensável à vida animal e vegetal

ozono (o.zo.no) *n.m.* gás azulado que protege a Terra dos raios solares perigosos; **buraco do ozono:** região da alta atmosfera onde a camada de ozono se tornou muito fina ou desapareceu; **camada de ozono:** camada final da atmosfera que envolve a Terra e que absorve as radiações libertadas pelo Sol, protegendo da sua ação negativa

a b c d e f g h i j k l m n **o** p q r s t u v w x y z

P

p (pê) *n.m.* consoante, décima sexta letra do alfabeto, que está entre as letras *o* e *q*

pá (pá) *n.f.* utensílio com uma parte achatada e um cabo, usado para cavar

pã (pã) *n.m.* deus dos pastores

pacato (pa.ca.to) *adj.* calmo; tranquilo

pachorra (pa.chor.ra) *n.f.* **1** *(inform.)* paciência; calma **2** *(inform.)* lentidão; vagar

pachorrento (pa.chor.ren.to) *adj.* **1** *(inform.)* paciente; calmo **2** *(inform.)* lento; vagaroso

paciência (pa.ci.ên.ci.a) *n.f.* qualidade de quem espera com calma; **perder a paciência:** irritar-se; **ter uma paciência de Job/santo:** ser muito paciente

paciente (pa.ci.en.te) *adj.2gén.* que tem paciência; calmo ◆ *n.2gén.* pessoa que está receber cuidados médicos; doente

pacificação (pa.ci.fi.ca.ção) *n.f.* restabelecimento da paz SIN. reconciliação

pacificar (pa.ci.fi.car) *v.* **1** restabelecer a paz; reconciliar **2** acalmar; tranquilizar

pacífico (pa.cí.fi.co) *adj.* **1** que defende e ama a paz **2** que decorre sem violência; tranquilo

Pacífico (Pa.cí.fi.co) *n.m.* oceano situado entre a Ásia, a América, a Austrália e a Nova-Guiné

pacifismo (pa.ci.fis.mo) *n.m.* defesa da paz mundial e do desarmamento

pacifista (pa.ci.fis.ta) *adj.2gén.* **1** relativo a pacifismo **2** que defende o pacifismo ◆ *n.2gén.* pessoa que defende o pacifismo

paço (pa.ço) *n.m.* palácio real

> *Repara que* **paço** *(palácio) é diferente de* **passo** *(movimento do pé e forma do verbo passar).*

pacote (pa.co.te) *n.m.* pequeno embrulho

pacto (pac.to) *n.m.* acordo entre duas ou mais pessoas SIN. ajuste, combinação

pactuar (pac.tu.ar) *v.* fazer pacto com; acordar

padaria (pa.da.ri.a) *n.f.* estabelecimento onde se fabrica ou vende pão

padecer (pa.de.cer) *v.* **1** sofrer (dor física ou moral) **2** estar doente (padecer de)

padecimento (pa.de.ci.men.to) *n.m.* **1** sofrimento **2** doença

padeiro (pa.dei.ro) *n.m.* homem que fabrica ou vende pão

padrão (pa.drão) *n.m.* **1** modelo oficial de pesos e medidas **2** desenho que se repete

padrasto (pa.dras.to) *n.m.* homem em relação aos filhos da esposa

padre (pa.dre) *n.m.* sacerdote

padrinho (pa.dri.nho) *n.m.* **1** testemunha em casamento ou batizado **2** *(fig.)* protetor

padroeiro (pa.dro.ei.ro) *n.m.* santo escolhido como protetor de um lugar

paga (pa.ga) *n.f.* **1** pagamento; recompensa **2** *(fig.)* agradecimento; gratidão

pagamento (pa.ga.men.to) *n.m.* **1** ato de pagar **2** salário **3** prestação

pagão (pa.gão) *adj.* que presta culto a vários deuses

pagar (pa.gar) *v.* **1** dar dinheiro em troca de um bem ou de um serviço **2** retribuir (um gesto delicado, uma amabilidade) **3** sofrer um castigo (por algo mau que se fez)

página (pá.gi.na) *n.f.* **1** cada um dos lados de uma folha de papel **2** na *Internet*, conjunto de informações (textos, imagens, ligações) que podem ser consultadas utilizando um programa de navegação

pago (pa.go) *adj.* **1** que se pagou **2** que recebeu pagamento

pai (pai) *n.m.* **1** homem que tem filho(s); progenitor **2** animal do sexo masculino que deu origem a uma ou mais crias **3** autor; criador

Pai Natal (Pai Na.tal) *n.m.* personagem representada por um velho de barbas brancas com roupa e capuz vermelhos, que distribui presentes pelas crianças na noite de Natal

painel (pai.nel) *n.m.* **1** pintura feita sobre tela ou madeira **2** quadro onde estão instalados os instrumentos de controlo de um mecanismo

paio (pai.o) *n.m.* enchido grosso de lombo de porco

pairar (pai.rar) *v.* **1** estar suspenso no ar; flutuar **2** estar quase a acontecer; ameaçar

pais (pais) *n.m.pl.* a mãe e o pai; progenitores

país (pa.ís) *n.m.* **1** território administrado por um governo próprio; nação **2** terra onde se nasceu; pátria

paisagem (pai.sa.gem) *n.f.* extensão de terreno que se consegue ver de um lugar; vista

paisagístico (pai.sa.gís.ti.co) *adj.* relativo a paisagem

paisana, à (pai.sa.na, à) *loc.adv.* sem traje militar; à civil

paixão (pai.xão) *n.f.* **1** amor muito intenso **2** gosto forte por alguma coisa; entusiasmo

paizinho (pai.zi.nho) *n.f.* [*dim. de* pai] pai sin. papá

pajem (pa.jem) *n.m.* rapaz que acompanhava um príncipe, um senhor ou uma dama

pala (pa.la) *n.f.* **1** parte do boné que protege os olhos **2** parte do sapato que cobre o pé

palacete (pa.la.ce.te) *n.m.* pequeno palácio

palácio (pa.lá.ci.o) *n.m.* **1** residência grande e sumptuosa onde vive um rei ou um chefe de Estado **2** grande edifício onde funcionam serviços públicos (como o *Palácio da Justiça*, por exemplo)

paladar (pa.la.dar) *n.m.* **1** sentido que permite distinguir os sabores; gosto **2** (*inform.*) sabor

palatal (pa.la.tal) *adj.2gén.* relativo ao palato

palato (pa.la.to) *n.m.* região côncava na parte superior da cavidade bucal que a separa das cavidades nasais

palavra (pa.la.vra) *n.f.* conjunto de letras ou de sons com sentido, que pertence a determinada classe gramatical sin. termo, vocábulo; **palavra de honra:** expressão que se usa para garantir a alguém que se está a falar verdade ou que se vai cumprir aquilo que se promete; **palavras cruzadas:** passatempo que consiste em preencher com letras as casas de um quadriculado, de modo a formar palavras que se cruzam e se podem ler de cima para baixo e da esquerda para a direita

palavra-chave (pa.la.vra-cha.ve) *n.f.* [*pl.* palavras-chave] **1** palavra que resume o significado de uma obra, de um texto, etc. **2** palavra ou expressão que inicia uma operação no computador

palavra-guia (pa.la.vra-gui.a) *n.f.* [*pl.* palavras-guias, palavras-guia] num dicionário ou numa enciclopédia, palavra que aparece destacada no cimo das páginas e que indica geralmente a primeira entrada da página da esquerda e a última entrada da página da direita SIN. cabeça

palavrão (pa.la.vrão) *n.m.* palavra grosseira; asneira

palavreado (pa.la.vre.a.do) *n.m.* conjunto de palavras sem importância

palavrinha (pa.la.vri.nha) *n.f.* **1** [*dim. de* palavra] palavra curta **2** conversa breve

palco (pal.co) *n.m.* parte do teatro onde os atores representam

paleio (pa.lei.o) *n.m.* *(pop.)* conversa amigável; cavaqueira

paleolítico (pa.le.o.lí.ti.co) *n.m.* período mais antigo da pré-história

palerma (pa.ler.ma) *adj. e n.2gén.* parvo; idiota

palermice (pa.ler.mi.ce) *n.f.* parvoíce; idiotice

palestiniano (pa.les.ti.ni.a.no) *adj.* relativo ao Estado da Palestina (no Médio Oriente) ♦ *n.m.* pessoa natural da Palestina

palestino (pa.les.ti.no) *adj. e n.m.* → **palestiniano**

palestra (pa.les.tra) *n.f.* exposição oral sobre determinado tema SIN. conferência

paleta (pa.le.ta) *n.f.* placa usada pelos pintores para dispor e combinar as tintas

palha (pa.lha) *n.f.* caules secos de alguns cereais

palhaçada (pa.lha.ça.da) *n.f.* **1** dito ou ato próprio de palhaço **2** brincadeira que faz rir

palhaço (pa.lha.ço) *n.m.* personagem de circo que diverte as pessoas com os seus gestos e piadas

palheiro (pa.lhei.ro) *n.m.* lugar onde se guarda a palha

palheta (pa.lhe.ta) *n.f.* pequena peça que serve para fazer soar as cordas de um instrumento musical SIN. plectro

palhinha (pa.lhi.nha) *n.f.* tubo de plástico muito fino para sorver líquidos

palhota (pa.lho.ta) *n.f.* cabana coberta de colmo ou palha

palidez (pa.li.dez) *n.f.* perda de cor nas faces

pálido (pá.li.do) *adj.* que tem pouca cor (sobretudo nas faces); descorado

pálio (pá.li.o) *n.m.* armação sustentada por varas, que se conduz em cortejos e procissões

palitar (pa.li.tar) *v.* limpar (dentes) com palito

paliteiro (pa.li.tei.ro) *n.m.* utensílio onde se guardam palitos

palito (pa.li.to) *n.m.* pauzinho aguçado que se usa para limpar entre os dentes

palma (pal.ma) *n.f.* face interna da mão ♦ **palmas** *n.f.pl.* gesto usado para aplaudir alguém, batendo com as mãos uma na outra repetidas vezes num espetáculo, concerto, etc.; aplausos

palmada (pal.ma.da) *n.f.* pancada com a palma da mão

palmar (pal.mar) *adj.2gén.* relativo à palma da mão

palmarés (pal.ma.rés) *n.m.2núm.* lista dos prémios ou das pessoas premiadas numa competição

palmatória (pal.ma.tó.ri.a) *n.f.* pequena peça de madeira com um cabo, antigamente usada como instrumento de castigo para bater na palma da mão; **erro de palmatória:** erro muito grave

palmeira (pal.mei.ra) *n.f.* árvore das regiões quentes, com tronco fino e alto e grandes folhas no cimo

palmilha (pal.mi.lha) *n.f.* peça que cobre a sola do calçado

palmípede (pal.mí.pe.de) *n.m.* ave que possui os dedos dos pés unidos por membranas

palmo (pal.mo) *n.m.* distância que vai da ponta do dedo polegar à ponta do dedo mínimo, com a mão aberta

PALOP *sigla de* **P**aíses **A**fricanos de **L**íngua **O**ficial **P**ortuguesa

palpação (pal.pa.ção) *n.f.* toque com os dedos ou com a mão inteira

palpável (pal.pá.vel) *adj.2gén.* **1** que pode ser tocado **2** que pode ser visto; percetível

pálpebra (pál.pe.bra) *n.f.* membrana que recobre os olhos

palpitação (pal.pi.ta.ção) *n.f.* movimento trémulo

palpitante (pal.pi.tan.te) *adj.2gén.* **1** que palpita **2** que mostra sinais de vida **3** *(fig.)* emocionante

palpitar (pal.pi.tar) *v.* **1** ter palpitações **2** bater (o coração) **3** agitar-se

palpite (pal.pi.te) *n.m.* pressentimento

palrador (pal.ra.dor) *adj. e n.m.* falador

palrar (pal.rar) *v.* **1** começar a falar (um bebé) **2** falar muito; tagarelar

paludismo (pa.lu.dis.mo) *n.f.* doença crónica causada por parasitas no sangue e transmitida ao homem por um mosquito; malária

panado (pa.na.do) *n.m.* filete frito de peixe ou carne, previamente passado por ovo e pão ralado SIN. escalope

panar (pa.nar) *v.* cobrir (alimento) de pão ralado antes de fritar

panca (pan.ca) *n.f.* *(inform.)* mania

pança (pan.ça) *n.f.* *(inform.)* barriga

pancada (pan.ca.da) *n.f.* **1** golpe com a mão, com um pau, etc. **2** choque; embate **3** *(pop.)* mania

pancadaria (pan.ca.da.ri.a) *n.f.* **1** situação de desordem em que ocorrem agressões físicas **2** tareia; sova

pâncreas (pân.cre.as) *n.m.2núm.* glândula alongada que faz parte do sistema digestivo, e que está situada atrás do estômago

pancreático (pan.cre.á.ti.co) *adj.* **1** relativo ao pâncreas **2** diz-se do líquido segregado pelo pâncreas

panda (pan.da) *n.m.* mamífero carnívoro com o corpo coberto de manchas brancas e pretas, que vive nas florestas da Ásia e se alimenta quase só de bambus (atualmente, esta espécie está em vias de extinção)

pândega (pân.de.ga) *n.f.* grande divertimento SIN. borga, patuscada

pândego (pân.de.go) *n.m.* indivíduo alegre ou divertido

pandeireta (pan.dei.re.ta) *n.f.* instrumento musical formado por um arco de madeira com uma pele esticada, guarnecida de guizos, que se toca com a mão

pandeiro (pan.dei.ro) *n.m.* → **pandeireta**

pandemia (pan.de.mi.a) *n.f.* epidemia que alastra rapidamente e que afeta simultaneamente um grande número de pessoas em diferentes países

pandemónio (pan.de.mó.ni.o) *n.m.* grande confusão SIN. balbúrdia

panela (pa.ne.la) *n.f.* recipiente alto de metal em que se cozinham alimentos

panelão (pa.ne.lão) *n.m.* [*aum. de* panela] panela grande

panelinha (pa.ne.li.nha) *n.f.* **1** [*dim. de* panela] panela pequena **2** *(inform.)* grupo de pessoas que se juntam para prejudicar alguém

a b c d e f g h i j k l m n o p q r s t u v w x y z

panfleto (pan.fle.to) *n.m.* folheto informativo ou publicitário

pânico (pâ.ni.co) *n.m.* medo muito forte e súbito; terror

panificação (pa.ni.fi.ca.ção) *n.f.* estabelecimento onde se fabrica ou vende pão

pano (pa.no) *n.m.* tecido de algodão, linho, lã ou seda

panorama (pa.no.ra.ma) *n.m.* **1** extensão de paisagem que se vê de um lugar elevado; vista **2** *(fig.)* visão geral; perspetiva

panorâmica (pa.no.râ.mi.ca) *n.f.* **1** vista que abrange uma grande extensão de terreno **2** exposição geral da obra de um artista ou de uma corrente artística

panorâmico (pa.no.râ.mi.co) *adj.* que permite uma vista ampla

panqueca (pan.que.ca) *n.f.* massa fina de farinha, leite e ovos, que se coze ligeiramente numa frigideira e se serve com recheio salgado ou doce

pantanal (pan.ta.nal) *n.m.* grande extensão de pântanos

pântano (pân.ta.no) *n.m.* terreno coberto de água parada

pantera (pan.te.ra) *n.f.* animal felino, com focinho curto, longos dentes caninos e pelo negro ou às manchas, que vive em África e na Ásia

pantera-negra (pan.te.ra-ne.gra) *n.f.* [*pl.* panteras-negras] animal felino, com focinho curto, longos dentes caninos e pelo negro

pantufa (pan.tu.fa) *n.f.* sapato confortável que se usa em casa, geralmente feito de tecido quente ou forrado a pelo

pão (pão) *n.m.* alimento feito de farinha amassada com água e fermento, que se coze no forno

pão-de-ló *a nova grafia é* **pão de ló**

pão de ló (pão de ló) *n.m.* [*pl.* pães de ló] bolo muito fofo, preparado com farinha, ovos e açúcar, que é típico da Páscoa

pãozinho (pão.zi.nho) *n.m.* [*dim. de* pão] pão pequeno

papa (pa.pa) *n.f.* **1** alimento espesso preparado com farinha, leite e outros ingredientes, usado na alimentação de bebés **2** *(inform.)* qualquer alimento; comida; **não ter papas na língua:** dizer tudo o que se pensa

Papa (Pa.pa) *n.m.* chefe da Igreja Católica; Santo Padre

papá (pa.pá) *n.m.* (*infant.*) pai

papa-figos (pa.pa-fi.gos) *n.m.2núm.* ave migratória com bico forte e plumagem amarela e preta

papa-formigas (pa.pa-for.mi.gas) *n.m. 2núm.* mamífero tropical com focinho tubular, língua longa e pegajosa e cauda grande, que se alimenta de formigas e térmites

papagaio (pa.pa.gai.o) *n.m.* **1** ave com penas muito coloridas, geralmente de tom verde, e grande bico curvo, que consegue imitar palavras **2** *(fig.)* pessoa que fala muito; tagarela **3** brinquedo de papel preso por um fio, que as crianças lançam ao vento

papagaio-do-mar (pa.pa.gai.o-do-mar) *n.m.* [*pl.* papagaios-do-mar] ave com bico largo e triangular, plumagem branca na face e negra nas costas

papaia (pa.pai.a) *n.f.* fruto das regiões quentes, de forma alongada, polpa alaranjada e sementes pretas

papal (pa.pal) *adj.2gén.* relativo ao Papa

papão (pa.pão) *n.m.* ser imaginário com que se mete medo às crianças

papar (pa.par) *v.* (*infant.*) comer

paparoca (pa.pa.ro.ca) *n.f.* (*inform.*) comida

papás (pa.pás) *n.m.pl.* (*infant.*) pais

papeira (pa.pei.ra) *n.f.* doença contagiosa que afeta as glândulas salivares, provocando febre e inchaço na parte interior do rosto e no pescoço SIN. trasorelho

papel (pa.pel) *n.m.* folha fina de matéria vegetal, para desenhar, pintar, escrever, fazer embrulhos, etc.

papelada (pa.pe.la.da) *n.f.* **1** grande quantidade de papéis **2** conjunto de papéis em desordem

papelão (pa.pe.lão) *n.m.* **1** papel grosso; cartão **2** depósito para recolha de papel para ser reciclado

papelaria (pa.pe.la.ri.a) *n.f.* loja onde se vende material escolar, de desenho e de escritório

papelinho (pa.pe.li.nho) *n.m.* [*dim. de* papel] papel pequeno

papiro (pa.pi.ro) *n.m.* **1** planta própria de terrenos inundados, de que os antigos Egípcios faziam folhas para escrever **2** antigo manuscrito feito sobre essas folhas

papo (pa.po) *n.m.* estômago das aves; (*inform.*) **estar no papo:** ter a certeza de ter alcançado alguma coisa

papoila (pa.poi.la) *n.f.* planta cujas flores têm geralmente pétalas vermelhas

par (par) *adj.* **1** igual; semelhante **2** diz-se do número divisível por dois ♦ *n.m.* conjunto de duas coisas, duas pessoas ou dois animais; **estar a par de:** estar informado sobre; saber

para (pa.ra) *prep.* **1** em direção a; com destino a (*ir para a escola, ir para os Açores*) **2** com o objetivo de; a fim de (*saiu para trabalhar, veio para te ver*)

parabéns (pa.ra.béns) *n.m.pl.* cumprimento que se dá pelo aniversário de alguém

parabólica (pa.ra.bó.li.ca) *n.f.* antena redonda que capta programas de televisão via satélite

para-brisas (pa.ra-bri.sas) *n.m.2núm.* chapa de vidro ou plástico colocada na frente do veículo para proteger o condutor

pára-brisas *a nova grafia é* **para-brisas**

para-choques (pa.ra-cho.ques) *n.m. 2núm.* dispositivo colocado na parte da frente e na parte de trás de um veículo para atenuar um choque

pára-choques *a nova grafia é* **para--choques**

parada (pa.ra.da) *n.f.* demonstração de força militar

paradeiro (pa.ra.dei.ro) *n.m.* lugar onde alguém se encontra

parado (pa.ra.do) *adj.* que não se move SIN. imóvel

paradoxo (pa.ra.do.xo) *n.m.* falta de coerência ou de lógica SIN. contradição

parafuso (pa.ra.fu.so) *n.m.* peça cilíndrica ou cónica, com rosca, para fixar duas peças

paragem (pa.ra.gem) *n.f.* **1** ato ou efeito de parar; pausa **2** local onde os autocarros param para largar e receber passageiros

parágrafo (pa.rá.gra.fo) *n.m.* bloco de texto indicado pela mudança de linha

paraíso (pa.ra.í.so) *n.m.* **1** lugar de felicidade eterna, segundo algumas religiões **2** sítio muito belo e agradável

para-lamas (pa.ra-la.mas) *n.m.2núm.* peça curva que cobre a roda dos veículos para proteger de salpicos, pedras, etc.

pára-lamas *a nova grafia é* **para-lamas**

paralela (pa.ra.le.la) *n.f.* cada uma de duas retas que estão no mesmo plano e nunca se cruzam

paralelepípedo (pa.ra.le.le.pí.pe.do) *n.m.* sólido geométrico limitado por seis paralelogramos, sendo os opostos iguais entre si

a b c d e f g h i j k l m n o p q r s t u v w x y z

paralelismo (pa.ra.le.lis.mo) *n.m.* **1** posição de duas linhas paralelas **2** semelhança; analogia; correspondência

paralelo (pa.ra.le.lo) *adj.* diz-se das linhas ou superfícies que estão sempre à mesma distância uma da outra ♦ *n.m.* comparação entre duas coisas; confronto

paralelogramo (pa.ra.le.lo.gra.mo) *n.m.* quadrilátero plano que tem os lados opostos paralelos e geometricamente iguais

paralisação (pa.ra.li.sa.ção) *n.f.* **1** interrupção de uma atividade **2** perda de movimento ou da sensibilidade numa parte do corpo

paralisar (pa.ra.li.sar) *v.* **1** tornar paralítico **2** fazer parar

paralisia (pa.ra.li.si.a) *n.f.* **1** impossibilidade de agir **2** incapacidade de mover o corpo ou uma parte do corpo

paralítico (pa.ra.lí.ti.co) *n.m.* pessoa que sofre de paralisia

paramédico (pa.ra.mé.di.co) *n.m.* pessoa especialmente treinada para prestar cuidados médicos de emergência

parâmetro (pa.râ.me.tro) *n.m.* norma; padrão

parapeito (pa.ra.pei.to) *n.m.* parte da janela usada como apoio para os braços ou para os cotovelos

parapente (pa.ra.pen.te) *n.m.* aparelho desportivo semelhante a um paraquedas retangular, com o qual se salta de um monte para descer planando

paraquedas (pa.ra.que.das) *n.m.2núm.* aparelho em forma de guarda-chuva formado por um tecido preso a correias que se abre para diminuir a velocidade de queda de uma pessoa que se lança de uma grande altura

pára-quedas *a nova grafia é* **paraquedas**

paraquedismo (pa.ra.que.dis.mo) *n.m.* atividade que consiste em saltar com um paraquedas de um avião ou de um helicóptero

pára-quedismo *a nova grafia é* **paraquedismo**

paraquedista (pa.ra.que.dis.ta) *n.2gén.* pessoa que se lança de paraquedas

pára-quedista *a nova grafia é* **paraquedista**

parar (pa.rar) *v.* **1** deixar de andar **2** deixar de funcionar **3** interromper **4** estacionar

para-raios (pa.ra-rai.os) *n.m.2núm.* haste metálica colocada no alto dos edifícios, para os proteger dos raios

pára-raios *a nova grafia é* **para-raios**

parasita (pa.ra.si.ta) *adj.2gén.* diz-se do organismo que vive noutro organismo, alimentando-se dele ♦ *n.2gén.* ser que vive à custa de outro

parasitar (pa.ra.si.tar) *v.* **1** alimentar-se à custa de (outro organismo) **2** viver à custa de (outra pessoa)

parceiro (par.cei.ro) *n.m.* **1** sócio **2** companheiro

parcela (par.ce.la) *n.f.* pequena parte de um todo SIN. fração

parceria (par.ce.ri.a) *n.f.* reunião de pessoas que têm um objetivo ou um projeto comum SIN. sociedade

parcial (par.ci.al) *adj.2gén.* **1** que faz parte de um todo **2** que se realiza em partes

pardal (par.dal) *n.m.* pequeno pássaro acinzentado ou acastanhado, que vive geralmente perto das habitações humanas

pardo (par.do) *adj.* de cor escura, entre o branco e o preto; acinzentado

parecença (pa.re.cen.ça) *n.f.* semelhança; analogia

parecer (pa.re.cer) *v.* **1** ter a aparência de **2** ser provável ◆ **parecer-se** ser semelhante a (parecer-se com)

parecido (pa.re.ci.do) *adj.* semelhante; análogo

paredão (pa.re.dão) *n.m.* parede grande

parede (pa.re.de) *n.f.* construção vertical que fecha um espaço ou que o divide

parelha (pa.re.lha) *n.f.* **1** conjunto de dois animais SIN. par **2** conjunto formado por duas coisas ou pessoas

parente (pa.ren.te) *n.2gén.* pessoa que pertence à mesma família

parentesco (pa.ren.tes.co) *n.m.* **1** relação que existe entre pessoas que pertencem à mesma família **2** *(fig.)* semelhança

parênteses (pa.rên.te.ses) *n.m.pl.* sinal gráfico que delimita palavras ou frases num texto; **parênteses curvos:** sinal gráfico ( ) usado para isolar palavras ou frases num texto; **parênteses retos:** sinal gráfico [ ] usado para indicar a supressão de palavra(s) ou texto

parêntesis (pa.rên.te.sis) *n.m.2núm.* → **parênteses**

pargo (par.go) *n.m.* peixe de coloração vermelha com reflexos dourados, que vive nas águas temperadas do Atlântico e do Mediterrâneo

parietal (pa.ri.e.tal) *adj.2gén.* **1** relativo a parede **2** relativo a cada um dos dois ossos curvos e achatados que se situam em ambos os lados do crânio

parir (pa.rir) *v.* **1** expulsar (o feto) do útero; dar à luz (filho, cria) **2** *(fig.)* criar (algo novo)

parlamentar (par.la.men.tar) *adj.2gén.* relativo ao parlamento ◆ *n.2gén.* membro de um parlamento

parlamento (par.la.men.to) *n.m.* **1** instituição formada por deputados eleitos pelos cidadãos que tem por função elaborar e aprovar as leis que regem o país SIN. assembleia **2** edifício onde os deputados se reúnem

pároco (pá.ro.co) *n.m.* sacerdote que é responsável por uma paróquia SIN. padre

paródia (pa.ró.di.a) *n.f.* **1** obra que imita outra **2** *(inform.)* pândega; divertimento

parónimo (pa.ró.ni.mo) *n.m.* palavra com pronúncia e grafia semelhante a outra, mas com significado diferente (como *comprimento* e *cumprimento*)

paróquia (pa.ró.qui.a) *n.f.* comunidade sob orientação espiritual de um pároco

parótida (pa.ró.ti.da) *n.f.* cada uma das glândulas salivares situadas atrás das orelhas

parque (par.que) *n.m.* **1** terreno com jardins e espaços de lazer **2** reserva natural para proteção de espécies animais e vegetais

parquê (par.quê) *n.m.* **1** revestimento do chão formado por pequenos tacos de madeira **2** pavimento revestido com esses tacos

parra (par.ra) *n.f.* folha de videira

parte (par.te) *n.f.* **1** porção de um todo; fração **2** divisão de uma obra; **posto de parte:** abandonado; esquecido; **tomar parte em:** participar em

parteira (par.tei.ra) *n.f.* mulher que assiste a partos

partição (par.ti.ção) *n.f.* divisão

participação (par.ti.ci.pa.ção) *n.f.* **1** colaboração (numa atividade, despesa, etc.) **2** informação; comunicação

participante (par.ti.ci.pan.te) *n.2gén.* pessoa que participa em alguma coisa (num projeto, numa discussão)

participar (par.ti.ci.par) *v.* **1** tomar parte em **2** informar; comunicar

participativo (par.ti.ci.pa.ti.vo) *adj.* que gosta de participar

a
b
c
d
e
f
g
h
i
j
k
l
m
n
o
p
q
r
s
t
u
v
w
x
y
z

particípio (par.ti.cí.pi.o) *n.m.* forma nominal do verbo que funciona como adjetivo (*molhado, parado, vendido*)

partícula (par.tí.cu.la) *n.f.* **1** pequena parte **2** coisa muito pequena

particular (par.ti.cu.lar) *adj.2gén.* **1** relativo apenas a certos seres, coisas ou pessoas; específico **2** que é próprio de cada pessoa; pessoal; privado

particularidade (par.ti.cu.la.ri.da.de) *n.f.* característica própria de algo ou de alguém SIN. especificidade

particularmente (par.ti.cu.lar.men.te) *adv.* **1** em especial **2** em segredo

partida (par.ti.da) *n.f.* **1** saída ANT. chegada **2** brincadeira **3** competição desportiva

partidário (par.ti.dá.ri.o) *adj. e n.m.* **1** membro ou simpatizante de um partido político **2** defensor de uma ideia ou de um movimento; adepto

partido (par.ti.do) *n.m.* associação de pessoas com a mesma ideologia ou opinião política

partilha (par.ti.lha) *n.f.* divisão em partes

partilhar (par.ti.lhar) *v.* **1** dividir em partes; repartir **2** participar de; compartir

partir (par.tir) *v.* **1** quebrar **2** ir embora **3** quebrar-se; **a partir de:** a começar em

partitivo (par.ti.ti.vo) *adj.* que reparte ◆ *n.m.* palavra que designa uma parte de um todo

partitura (par.ti.tu.ra) *n.f.* conjunto de indicações impressas ou manuscritas com as partes de uma composição musical

parto (par.to) *n.m.* processo de expulsão do feto do corpo da mãe; nascimento

parturiente (par.tu.ri.en.te) *n.f.* mulher que se encontra em trabalho de parto ou que acaba de dar à luz

parvo (par.vo) *adj. e n.m.* idiota; pateta

parvoíce (par.vo.í.ce) *n.f.* imbecilidade; idiotice

pascal (pas.cal) *adj.2gén.* relativo à Páscoa

Páscoa (Pás.co.a) *n.f.* festa anual dos Cristãos em que se comemora a ressurreição de Jesus Cristo

pascoal (pas.co.al) *adj.2gén.* → **pascal**

pasmaceira (pas.ma.cei.ra) *n.f.* coisa ou situação sem interesse SIN. monotonia

pasmado (pas.ma.do) *adj.* muito admirado SIN. espantado

pasmar (pas.mar) *v.* **1** causar admiração **2** olhar fixamente **3** ficar admirado

pasmo (pas.mo) *n.m.* surpresa; admiração; espanto

passa (pas.sa) *n.f.* uva seca

passada (pas.sa.da) *n.f.* movimento feito com os pés ao andar; passo

passadeira (pas.sa.dei.ra) *n.f.* **1** tapete estreito e comprido **2** numa rua, faixa destinada à passagem de peões

passado (pas.sa.do) *adj.* **1** que passou ou que aconteceu **2** que perdeu a atualidade; antiquado ◆ *n.m.* tempo anterior ao presente

passageiro (pas.sa.gei.ro) *adj.* que dura pouco tempo; breve ◆ *n.m.* pessoa que utiliza um meio de transporte; viajante

passagem (pas.sa.gem) *n.f.* **1** ato ou efeito de passar **2** lugar por onde se passa **3** bilhete de viagem

passaporte (pas.sa.por.te) *n.m.* documento de identificação necessário para entrar em certos países

passar (pas.sar) *v.* **1** atravessar; percorrer **2** filtrar; coar **3** transmitir; comunicar

passarada (pas.sa.ra.da) *n.f.* grande quantidade de pássaros

passarão (pas.sa.rão) *n.m.* [*aum. de* pássaro] pássaro grande

passarinho (pas.sa.ri.nho) *n.m.* [*dim. de* pássaro] pássaro pequeno

pássaro (pás.sa.ro) *n.m.* ave pequena ou média

passaroco (pas.sa.ro.co) *n.m.* pássaro pequeno

passarola (pas.sa.ro.la) *n.f.* pássaro grande

passatempo (pas.sa.tem.po) *n.m.* ocupação dos tempos livres SIN. diversão, divertimento

passe (pas.se) *n.m.* **1** cartão que permite usar os transportes públicos mediante um pagamento, geralmente mensal **2** passagem da bola feita por um jogador a outro da sua equipa

passear (pas.se.ar) *v.* ir a algum lugar para se descontrair ou para apreciar a paisagem

passeio (pas.sei.o) *n.m.* **1** ato ou efeito de passear **2** parte lateral de uma rua destinada aos peões

passiva (pas.si.va) *n.f.* conjugação dos verbos transitivos que indica que a ação é sofrida pelo sujeito da frase

passível (pas.sí.vel) *adj.2gén.* que está sujeito a determinada situação ou a determinado risco; suscetível de

passividade (pas.si.vi.da.de) *n.f.* **1** inatividade **2** indiferença

passivo (pas.si.vo) *adj.* **1** que não tem atividade; inativo **2** que sofre uma ação **3** diz-se da frase em que o sujeito sofre a ação expressa pelo verbo

passo (pas.so) *n.m.* espaço percorrido de cada vez que se desloca e pousa o pé no chão; **a dois passos:** muito perto; **marcar passo:** não progredir; **passo a passo:** lentamente; devagar

Repara que **passo** *(movimento do pé e forma do verbo passar) é diferente de* **paço** *(palácio).*

password (pássuârd) *n.f.* [*pl.* **passwords**] conjunto de caracteres que identificam o utilizador de um computador e que permitem o acesso a dados, programas ou sistemas; senha de acesso

pasta (pas.ta) *n.f.* **1** pequena mala onde se guardam livros, cadernos, documentos, etc. **2** substância mole; creme

pastagem (pas.ta.gem) *n.f.* terreno com erva onde o gado pasta SIN. pasto

pastar (pas.tar) *v.* comer erva ou vegetação rasteira

pastel (pas.tel) *n.m.* **1** pequena porção de massa recheada de carne picada, peixe, doce, etc., que se frita ou se coze no forno **2** tipo de pintura a seco com lápis de cores suaves **3** cor suave, como a desses lápis

pastelaria (pas.te.la.ri.a) *n.f.* loja onde se preparam e vendem bolos e doces

pasteleiro (pas.te.lei.ro) *n.m.* fabricante ou vendedor de bolos e doces

pasteurização (pas.teu.ri.za.ção) *n.f.* processo de conservação dos alimentos em que estes são aquecidos a uma temperatura não superior a 100 °C e arrefecidos depois rapidamente, de forma a eliminar os germes

pasteurizado (pas.teu.ri.za.do) *adj.* que foi submetido ao processo de pasteurização

pasteurizar (pas.teu.ri.zar) *v.* submeter (laticínios e outros alimentos) à pasteurização

pastilha (pas.ti.lha) *n.f.* **1** comprimido **2** guloseima de açúcar com corantes e sabor a frutos

pasto (pas.to) *n.m.* **1** terreno coberto de erva onde o gado procura alimento **2** erva que serve de alimento ao gado

pastor (pas.tor) *n.m.* homem que guarda o gado

pastorear (pas.to.re.ar) *v.* levar o gado ao pasto

pastorícia (pas.to.rí.ci.a) *n.f.* atividade de levar animais a pastar e de os vigiar

pastorício (pas.to.rí.ci.o) *adj.* relativo a pastor ou a pastorícia

pastoril (pas.to.ril) *adj.2gén.* **1** próprio de pastor SIN. campestre **2** relativo à vida e aos costumes do campo

pastoso (pas.to.so) *adj.* que tem a consistência viscosa; pegajoso

pata (pa.ta) *n.f.* **1** pé e perna de um animal **2** fêmea do pato

pataco (pa.ta.co) *n.m. (inform.)* dinheiro

patada (pa.ta.da) *n.f.* pancada com a pata ou com o pé

patamar (pa.ta.mar) *n.m.* espaço entre dois lanços de uma escada

patareco (pa.ta.re.co) *adj. (inform.)* pateta

patavina (pa.ta.vi.na) *n.f. (inform.)* coisa nenhuma; nada; **não perceber patavina:** não compreender nada

patchwork *n.m.* [*pl.* patchworks] trabalho que consiste na junção de peças de tecido de várias cores, formas e padrões

patela (pa.te.la) *n.f.* **1** disco de ferro usado no jogo da malha **2** jogo que consiste em lançar discos de ferro, a fim de derrubar pequenas estacas colocadas na vertical; jogo da malha

patente (pa.ten.te) *adj.2gén.* **1** que não deixa dúvida(s); claro; evidente **2** que está aberto a todos; acessível ♦ *n.f.* **1** documento que indica o autor ou o proprietário de uma invenção e que o autoriza a fabricá-la ou a vendê-la **2** posto militar

paternal (pa.ter.nal) *adj.2gén.* relativo a pai; próprio de pai SIN. paterno

paternidade (pa.ter.ni.da.de) *n.f.* **1** qualidade ou condição de pai **2** vínculo sanguíneo entre pai(s) e filho(s)

paterno (pa.ter.no) *adj.* → **paternal**

pateta (pa.te.ta) *adj. e n.2gén.* tolo; palerma

patetice (pa.te.ti.ce) *n.f.* tolice; palermice

patético (pa.té.ti.co) *adj.* que desperta piedade; comovente; tocante

patifaria (pa.ti.fa.ri.a) *n.f.* comportamento próprio de patife SIN. maldade

patife (pa.ti.fe) *adj. e n.2gén.* malandro

patim (pa.tim) *n.m.* calçado com rodas ou lâminas, próprio para patinar; **patim em linha:** patim com quatro rodas dispostas numa só linha, de forma a permitir movimentos mais rápidos

patinador (pa.ti.na.dor) *n.m.* pessoa que faz patinagem

patinagem (pa.ti.na.gem) *n.f.* desporto em que se usam patins

patinar (pa.ti.nar) *v.* **1** deslocar-se sobre patins **2** deslizar; escorregar

patinhar (pa.ti.nhar) *v.* **1** agitar a água, como fazem os patos **2** bater com os pés ou as mãos na água

patinho (pa.ti.nho) *n.m.* [*dim. de* pato] pato pequeno ou jovem; **cair como um patinho:** deixar-se enganar; **patinho feio:** pessoa considerada feia ou sem valor, em comparação com as outras pessoas

pátio (pá.ti.o) *n.m.* espaço aberto no interior de uma construção ou entre edifícios

pato (pa.to) *n.m.* ave aquática, de bico largo e achatado e patas espalmadas

patogénico (pa.to.gé.ni.co) *adj.* que provoca doença(s)

patologia (pa.to.lo.gi.a) *n.f.* estudo das doenças

patologista (pa.to.lo.gis.ta) *n.2gén.* especialista em patologia

patranha (pa.tra.nha) *n.f. (inform.)* mentira

patrão (pa.trão) *n.m.* [*f.* patroa, *pl.* patrões] proprietário de uma loja ou de uma empresa em relação aos seus empregados; chefe

pátria (pá.tri.a) *n.f.* país onde uma pessoa nasceu; terra natal

patriarca (pa.tri.ar.ca) *n.m.* [*f.* matriarca] **1** homem mais velho da família, respeitado pela sua idade e sabedoria; chefe de família **2** título de alguns bispos católicos

patriarcal (pa.tri.ar.cal) *adj.2gén.* **1** relativo a patriarca **2** digno de respeito; respeitável

patrimonial (pa.tri.mo.ni.al) *adj.2gén.* relativo a património

património (pa.tri.mó.ni.o) *n.m.* **1** conjunto de bens de uma família, de uma instituição ou de um país **2** (*fig.*) riqueza

pátrio (pá.tri.o) *adj.* **1** relativo à pátria; nacional **2** relativo aos pais; paternal

patriota (pa.tri.o.ta) *n.2gén.* pessoa que manifesta amor e orgulho pela sua pátria

patriótico (pa.tri.ó.ti.co) *adj.* que tem amor à pátria

patriotismo (pa.tri.o.tis.mo) *n.m.* sentimento de amor e orgulho em relação à pátria

patrocinar (pa.tro.ci.nar) *v.* dar apoio ou ajuda a; auxiliar

patrocínio (pa.tro.cí.ni.o) *n.m.* ajuda (sobretudo financeira); apoio; auxílio

patronato (pa.tro.na.to) *n.m.* classe dos patrões ou proprietários de empresas

patrono (pa.tro.no) *n.m.* defensor; protetor

patrulha (pa.tru.lha) *n.f.* **1** ronda de vigilância **2** grupo de soldados encarregado de fazer rondas

patrulhar (pa.tru.lhar) *v.* vigiar

patudo (pa.tu.do) *adj.* que tem patas ou pés grandes

patuscada (pa.tus.ca.da) *n.f.* festa com muita comida e bebida SIN. farra, pândega

patusco (pa.tus.co) *adj.* brincalhão; divertido

pau (pau) *n.m.* pedaço de madeira fino e comprido ♦ **paus** *n.m.pl.* naipe de cartas em que cada ponto é representado por um trevo preto; **pôr-se a pau:** ficar alerta

pau-brasil (pau-bra.sil) *n.m.* [*pl.* paus--brasil] **1** árvore tropical (atualmente rara) que fornece madeira avermelhada e tinta da mesma cor **2** madeira dessa árvore

paul (pa.ul) (pa-ul) *n.m.* [*pl.* pauis] pântano

paulada (pau.la.da) *n.f.* pancada com pau SIN. cacetada

pauliteiro (pau.li.tei.ro) *n.m.* participante na dança dos paulitos

paulito (pau.li.to) *n.m.* **1** cada um dos paus usados para marcar o ritmo numa dança popular de Miranda do Douro **2** pedaço redondo de madeira que serve de alvo em certos jogos

paupérrimo (pau.pér.ri.mo) *adj.* [*superl.* de pobre] muito pobre

pau-preto (pau-pre.to) *n.m.* [*pl.* paus--pretos] **1** árvore tropical que fornece madeira muito resistente e escura, quase preta **2** madeira dessa árvore

pausa (pau.sa) *n.f.* **1** paragem de curta duração SIN. intervalo **2** silêncio entre notas musicais

pausado (pau.sa.do) *adj.* lento; vagaroso

pauta (pau.ta) *n.f.* **1** conjunto das cinco linhas paralelas em que se escrevem as notas de música **2** lista de nomes dos alunos de uma turma ou de um curso

pauzinho (pau.zi.nho) *n.m.* [*dim. de* pau] pau pequeno

pavão (pa.vão) *n.m.* [*f.* pavoa] ave galinácea cuja cauda, no macho, se levanta em leque

pavilhão (pa.vi.lhão) *n.m.* **1** construção de madeira ou de outro material facilmente desmontável **2** parte externa do ouvido dos mamíferos

pavimentar (pa.vi.men.tar) *v.* cobrir (rua, estrada) com material próprio

pavimento (pa.vi.men.to) *n.m.* **1** chão **2** revestimento do solo

pavio (pa.vi.o) *n.m.* cordão fino, revestido de cera, que serve para acender velas sin. torcida; **de fio a pavio:** do princípio ao fim

pavonear-se (pa.vo.ne.ar-se) *v.* mostrar-se com vaidade; vangloriar-se

pavor (pa.vor) *n.m.* medo muito forte sin. terror

pavoroso (pa.vo.ro.so) *adj.* que causa pavor sin. assustador, terrível

paz (paz) *n.f.* **1** ausência de guerra ou conflitos **2** harmonia; tranquilidade

PC *n.m.* computador pessoal

PE *sigla de* **P**arlamento **E**uropeu

pé (pé) *n.m.* parte do corpo humano que se articula com a extremidade inferior da perna; **ao pé de:** muito perto de; junto de; **de pé:** em posição vertical; **pé ante pé:** sem fazer barulho

peão (pe.ão) *n.m.* [*pl.* peões] **1** pessoa que anda a pé **2** peça do jogo do xadrez

Repara que **peão** *(pessoa) é diferente de* **pião** *(brinquedo).*

peça (pe.ça) *n.f.* **1** cada uma das partes de um todo **2** obra teatral ou musical

pecado (pe.ca.do) *n.m.* violação de um princípio religioso

pecador (pe.ca.dor) *n.m.* pessoa que comete um pecado

pecar (pe.car) *v.* violar um princípio religioso; cometer um pecado

pechincha (pe.chin.cha) *n.f.* coisa que se compra por um preço muito baixo

pecíolo (pe.cí.o.lo) *n.m.* parte da folha que liga o limbo ao caule; pé da folha

pé-coxinho (pé-co.xi.nho) *n.m.* [*pl.* pés-coxinhos] ato de caminhar ou saltar com um pé só, suspendendo o outro; **ao pé-coxinho:** com um pé no ar e outro no chão

pecuária (pe.cu.á.ri.a) *n.f.* atividade ou indústria de criação de gado

pecuário (pe.cu.á.ri.o) *adj.* relativo a pecuária

peculiar (pe.cu.li.ar) *adj.2gén.* que é próprio de algo ou de alguém sin. característico, específico

pedacinho (pe.da.ci.nho) *n.m.* **1** [*dim. de* pedaço] pequena parte; porção; bocado **2** espaço de tempo breve; instante

pedaço (pe.da.ço) *n.m.* parte de um todo sin. bocado, porção

pedagogia (pe.da.go.gi.a) *n.f.* ciência que trata da educação e do ensino

pedagógico (pe.da.gó.gi.co) *adj.* **1** relativo a pedagogia **2** que ensina; educativo

pedagogo (pe.da.go.go) *n.m.* educador; professor

pedal (pe.dal) *n.m.* alavanca de um mecanismo que se aciona com o pé

pedalada (pe.da.la.da) *n.f.* **1** impulso dado com o pé no pedal **2** *(inform.)* força; energia

pedalar (pe.da.lar) *v.* **1** mover o pedal (de máquina, piano, etc.) **2** andar de bicicleta

pedante (pe.dan.te) *adj. e n.2gén.* diz-se da pessoa que exibe qualidades ou conhecimentos que não tem sin. presumido, pretensioso

pé-de-atleta *a nova grafia é* **pé de atleta**

pé de atleta (pé de a.tle.ta) *n.m.* [*pl.* pés de atleta] doença de pele causada por fungos, que provoca inflamação entre os dedos dos pés

pé-de-cabra *a nova grafia é* **pé de ca-bra**

pé de cabra (pé de ca.bra) *n.m.* [*pl.* pés de cabra] alavanca de metal com a ponta fendida, que serve para arrancar pregos

pé-de-meia (pé-de-mei.a) *n.m.* [*pl.* pés--de-meia] dinheiro poupado; poupanças

pedestal (pe.des.tal) *n.m.* base de uma estátua ou coluna

pedestre (pe.des.tre) *adj.2gén.* **1** que anda a pé **2** percorrido a pé **3** diz-se da estátua que representa uma pessoa de pé

pé-de-vento *a nova grafia é* **pé de vento**

pé de vento (pé de ven.to) *n.m.* [*pl.* pés de vento] rajada de vento; ventania; **fazer um pé de vento:** causar um escândalo ou uma grande confusão

pediatra (pe.di.a.tra) *n.2gén.* médico(a) de crianças

pediatria (pe.di.a.tri.a) *n.f.* ramo da medicina que trata das doenças das crianças

pediátrico (pe.di.á.tri.co) *adj.* relativo a pediatria

pedicelo (pe.di.ce.lo) *n.m.* haste que sustenta a flor

pedido (pe.di.do) *n.m.* **1** ato de pedir; solicitação **2** ordem de compra; encomenda

pedinchar (pe.din.char) *v.* pedir muito e repetidamente

pedinte (pe.din.te) *n.2gén.* pessoa que pede esmola SIN. mendigo

pedir (pe.dir) *v.* **1** dizer o que se pretende; solicitar **2** implorar **3** exigir **4** mendigar;

pedir a palavra: pedir autorização para falar

peditório (pe.di.tó.ri.o) *n.m.* recolha de dinheiro para fins de solidariedade

pedra (pe.dra) *n.f.* **1** matéria mineral dura que se encontra no solo **2** peça de certos jogos de tabuleiro; **pedra preciosa:** mineral de grande valor que é utilizado para fabricar joias

pedraço (pe.dra.ço) *n.m.* saraiva; granizo

pedrada (pe.dra.da) *n.f.* pancada ou ferimento provocado por uma pedra

pedra-pomes (pe.dra-po.mes) *n.f.* [*pl.* pedras-pomes] rocha vulcânica, acinzentada, que se utiliza para polir ou limpar

pedregoso (pe.dre.go.so) *adj.* que tem muitas pedras

pedregulho (pe.dre.gu.lho) *n.m.* pedra grande

pedreira (pe.drei.ra) *n.f.* lugar de onde se extrai pedra

pedreiro (pe.drei.ro) *n.m.* homem que trabalha em pedra

pedrês (pe.drês) *adj.2gén.* que é salpicado de branco e preto

pedúnculo (pe.dún.cu.lo) *n.m.* haste de flor ou fruto; pé

pega (pe.ga) *n.f.* **1** parte de um objeto por onde se segura **2** pequeno pano usado para pegar em objetos quentes

pegada (pe.ga.da) *n.f.* marca de pé ou de pata no solo; **pegada ecológica:** quantidade de terra e água necessária para sustentar as gerações atuais, calculada a partir dos recursos gastos por determinada população

pegado (pe.ga.do) *adj.* **1** colado; preso **2** unido; junto

pegajoso (pe.ga.jo.so) *adj.* que pega ou cola facilmente; viscoso

pegar (pe.gar) *v.* **1** segurar; agarrar **2** unir; colar

peito (pei.to) *n.m.* **1** parte da frente do tronco, entre o pescoço e o abdómen **2** seio; mama

peitoral (pei.to.ral) *adj.2gén.* **1** relativo ao peito **2** diz-se do medicamento que é benéfico para o peito

peitoril (pei.to.ril) *n.m.* rebordo da janela que serve de apoio; parapeito

peixaria (pei.xa.ri.a) *n.f.* loja onde se vende peixe

peixe (pei.xe) *n.m.* animal vertebrado, aquático, com o corpo coberto de escamas, que respira por guelras e tem barbatanas; **estar como peixe na água:** sentir-se muito bem (num lugar ou numa situação)

peixe-espada (pei.xe-es.pa.da) *n.m.* [*pl.* peixes-espada] peixe com o corpo muito alongado, prateado e brilhante

peixeira (pei.xei.ra) *n.f.* **1** mulher que vende peixe **2** (*pop.*) mulher que fala alto e de forma grosseira

peixeiro (pei.xei.ro) *n.m.* homem que vende peixe

peixe-voador (pei.xe-vo.a.dor) *n.m.* peixe dos mares tropicais, também encontrado no Algarve, cujas barbatanas lhe permitem saltar e ficar algum tempo acima das águas

peixinho (pei.xi.nho) *n.m.* [*dim. de* peixe] peixe pequeno

pejorativo (pe.jo.ra.ti.vo) *adj.* **1** diz-se da palavra ou da expressão que tem um sentido negativo **2** que expressa menosprezo; que rebaixa

pela (pe.la) *n.m.* bola de borracha usada em alguns jogos

péla *a nova grafia é* **pela**

pelada (pe.la.da) *n.f.* falta de cabelo numa parte do couro cabeludo

pelado (pe.la.do) *adj.* **1** que não tem pelo ou cabelo **2** que não tem casca; descascado **3** (*Bras.*) sem roupa; nu

pelagem (pe.la.gem) *n.f.* conjunto dos pelos que cobrem o corpo dos mamíferos

pelar (pe.lar) *v.* tirar a pele, o pelo ou a casca a ♦ **pelar-se** (*inform.*) gostar muito de (pelar-se por)

pele (pe.le) *n.f.* **1** parte exterior do corpo dos humanos e dos vertebrados **2** parte externa dos frutos e legumes; casca

pele-vermelha (pe.le-ver.me.lha) *n. 2gén.* [*pl.* peles-vermelhas] índio norte-americano

pelicano (pe.li.ca.no) *n.m.* grande pássaro de bico comprido, com uma bolsa onde guarda o peixe que apanha

película (pe.lí.cu.la) *n.f.* pele ou membrana fina

pelo (pe.lo) *n.m.* revestimento composto por pequenos fios que cobre a pele dos mamíferos

pelo (pe.lo) contração da preposição *por* com o determinante artigo definido *o*

pêlo *a nova grafia é* **pelo**

pelotão (pe.lo.tão) *n.m.* grupo de soldados escolhidos para determinada tarefa

pelote (pe.lo.te) *n.m.* (*inform.*) estado de quem está despido; nudez

pelourinho (pe.lou.ri.nho) *n.m.* coluna de pedra ou madeira num lugar público, onde eram exibidos e castigados os criminosos

pelouro (pe.lou.ro) *n.m.* **1** cada um dos departamentos em que se divide uma câmara municipal ou uma junta de freguesia **2** área de atuação; competência

peluche (pe.lu.che) *n.m.* **1** tecido macio e muito felpudo de um lado, e liso do outro **2** boneco feito desse tecido

peludo (pe.lu.do) *adj.* que tem muito(s) pelo(s)

pelve (pel.ve) *n.f.* cavidade óssea na parte inferior do tronco humano; bacia

pélvico (pél.vi.co) *adj.* relativo à pelve

pélvis (pél.vis) *n.f.2núm.* → **pelve**

pena (pe.na) *n.f.* **1** cobertura do corpo das aves **2** sentimento de compaixão; dó; **valer a pena:** merecer o esforço

penalidade (pe.na.li.da.de) *n.f.* castigo por um crime ou delito; punição; **grande penalidade:** no futebol, castigo máximo por falta cometida por um jogador dentro da sua grande área, e que consiste num pontapé a 11 metros da baliza, que só pode ser defendido pelo guarda-redes; penálti

penalizar (pe.na.li.zar) *v.* **1** aplicar pena ou castigo a **2** pôr em desvantagem

penálti (pe.nál.ti) *n.m.* → **penalty**

penalty *n.m.* no futebol, castigo máximo por falta cometida por um jogador dentro da sua grande área, e que consiste num pontapé a 11 metros da baliza, que só pode ser defendido pelo guarda-redes

penar (pe.nar) *v.* **1** sentir pena **2** sofrer (dor, aflição)

penca (pen.ca) *n.f.* **1** variedade de couve, de folhas grossas, com caule curto e talos carnudos, usada em culinária **2** (*inform.*) nariz grande

pendente (pen.den.te) *adj.2gén.* **1** que está pendurado; suspenso **2** que ainda não está decidido ou resolvido

pender (pen.der) *v.* **1** estar pendurado **2** estar inclinado **3** ter preferência por (pender para)

pendular (pen.du.lar) *adj.2gén.* **1** relativo a pêndulo **2** que oscila ♦ *n.m.* comboio muito rápido que tem suspensão oscilante

pêndulo (pên.du.lo) *n.m.* **1** corpo pesado que está pendurado num ponto fixo e que oscila num movimento de vaivém **2** peça metálica que regula o movimento do relógio

pendurar (pen.du.rar) *v.* suspender e fixar (numa corda, num gancho)

penedo (pe.ne.do) *n.m.* rochedo; penhasco

peneira (pe.nei.ra) *n.f.* utensílio redondo com o fundo em rede, usado para filtrar ♦ **peneiras** *n.f.pl.* (*inform.*) vaidade; (*inform.*) **ter peneiras:** ser muito vaidoso

peneirar (pe.nei.rar) *v.* fazer passar pela peneira SIN. coar, filtrar

peneirento (pe.nei.ren.to) *adj.* (*inform.*) que se considera melhor que os outros SIN. vaidoso

penetração (pe.ne.tra.ção) *n.f.* passagem para o interior de; entrada

penetrante (pe.ne.tran.te) *adj.2gén.* **1** que penetra **2** (*fig.*) perspicaz

penetrar (pe.ne.trar) *v.* **1** entrar **2** invadir

penha (pe.nha) *n.f.* penhasco

penhasco (pe.nhas.co) *n.m.* grande rochedo escarpado

penicilina (pe.ni.ci.li.na) *n.f.* antibiótico extraído de um fungo

penico (pe.ni.co) *n.m.* (*pop.*) bacio; pote

península (pe.nín.su.la) *n.f.* porção de terra cercada de água por todos os lados, exceto por um

peninsular (pe.nin.su.lar) *adj.2gén.* relativo a península

pénis (pé.nis) *n.m.2núm.* órgão sexual masculino

penitência (pe.ni.tên.ci.a) *n.f.* **1** arrependimento por um erro que se cometeu **2** pena imposta pelo padre à pessoa que se confessa, como forma de arrependimento pelos seus pecados

penitenciária (pe.ni.ten.ci.á.ri.a) *n.f.* prisão; cadeia

a b c d e f g h i j k l m n o p q r s t u v w x y z

penitente (pe.ni.ten.te) *n.2gén.* pessoa que confessa os seus pecados a um padre

penoso (pe.no.so) *adj.* **1** que provoca dor ou sofrimento; aflitivo **2** difícil de fazer ou de suportar; árduo

pensador (pen.sa.dor) *n.m.* **1** aquele que pensa ou reflete **2** filósofo

pensamento (pen.sa.men.to) *n.m.* **1** ato ou faculdade de pensar **2** mente **3** ideia **4** opinião

pensão (pen.são) *n.f.* **1** hotel simples; hospedaria **2** quantia que alguém recebe regularmente; renda

pensar (pen.sar) *v.* **1** refletir sobre **2** raciocinar **3** imaginar **4** ter certa opinião

pensativo (pen.sa.ti.vo) *adj.* que está concentrado nos seus próprios pensamentos SIN. absorto

pensionista (pen.si.o.nis.ta) *n.2gén.* pessoa que recebe uma pensão ou reforma

penso (pen.so) *n.m.* cobertura protetora que se aplica numa ferida SIN. curativo

pentágono (pen.tá.go.no) *n.m.* polígono de cinco lados

pentassílabo (pen.tas.sí.la.bo) *n.m.* palavra com cinco sílabas

pentatlo (pen.ta.tlo) *n.m.* prova desportiva que inclui corrida, salto, lançamento do disco, lançamento do dardo e luta

pente (pen.te) *n.m.* objeto com dentes, usado para alisar ou compor o cabelo

penteado (pen.te.a.do) *n.m.* arranjo e disposição dos cabelos

pentear (pen.te.ar) *v.* compor (cabelo) com pente

Pentecostes (Pen.te.cos.tes) *n.m.* festa católica celebrada 50 dias depois da Páscoa

penugem (pe.nu.gem) *n.f.* pelo macio e curto

penúltimo (pe.núl.ti.mo) *adj.* que está logo antes do último

penumbra (pe.num.bra) *n.f.* ponto de passagem da luz para a sombra SIN. meia-luz

pepino (pe.pi.no) *n.m.* legume alongado e com casca verde, que se come cru, geralmente em saladas

pepita (pe.pi.ta) *n.f.* grão ou palheta de metal, principalmente ouro

pequenada (pe.que.na.da) *n.f.* conjunto de crianças de pouca idade

pequenez (pe.que.nez) *n.f.* **1** qualidade do que é pequeno **2** qualidade do que tem pouco valor ou pouca importância; insignificância

pequenino (pe.que.ni.no) *adj.* [*dim.* de pequeno] que é muito pequeno; reduzido ♦ *n.m.* rapaz de pouca idade; menino

pequenito (pe.que.ni.to) *adj.* e *n.m.* → pequenino

pequeno (pe.que.no) *adj.* **1** que tem tamanho reduzido ANT. grande **2** que é pouco extenso; curto **3** que está na infância **4** que tem pouco valor; insignificante

pequeno-almoço (pe.que.no-al.mo.ço) *n.m.* [*pl.* pequenos-almoços] primeira refeição do dia, que se toma de manhã

pequerrucho (pe.quer.ru.cho) *n.m.* (*inform.*) menino muito pequeno

pera (pe.ra) *n.f.* [*pl.* peras] **1** fruto da pereira **2** porção de barba na parte inferior do queixo

pêra *a nova grafia é* **pera**

perante (pe.ran.te) *prep.* diante de; na presença de

percalço (per.cal.ço) *n.m.* situação imprevista e desagradável SIN. obstáculo, transtorno

perceba (per.ce.ba) *n.f.* crustáceo marinho comestível que vive agarrado às rochas e a corpos submersos

percebe (per.ce.be) *n.m.* → **perceba**

perceber (per.ce.ber) *v.* **1** conhecer por meio dos sentidos **2** compreender; entender

perceção (per.ce.ção) *n.f.* **1** faculdade de conhecer por meio dos sentidos; intuição **2** entendimento; compreensão

percentagem (per.cen.ta.gem) *n.f.* **1** proporção em relação a cem **2** lucro

percepção *a nova grafia é* **perceção**

perceptível *a nova grafia é* **percetível**

percetível (per.ce.tí.vel) *adj.2gén.* que pode ser percebido **SIN.** compreensível, inteligível

percevejo (per.ce.ve.jo) *n.m.* inseto de cor verde, com corpo achatado, que lança mau cheiro

percorrer (per.cor.rer) *v.* **1** passar ao longo de **2** perfazer; completar

percurso (per.cur.so) *n.m.* caminho percorrido ou a percorrer; trajeto

percussão (per.cus.são) *n.f.* **1** técnica de bater em instrumentos musicais para produzir sons **2** conjunto de instrumentos em que o som é produzido através de batimentos (ferrinhos, bateria, pratos)

percussionista (per.cus.si.o.nis.ta) *n.2gén.* pessoa que toca instrumentos de percussão

perda (per.da) *n.f.* **1** privação (de algo que se tinha ou da presença de alguém); falta **2** desaparecimento (de carta, encomenda, objeto); extravio

perdão (per.dão) *n.m.* ato de perdoar (uma falta, uma ofensa); desculpa

perdedor (per.de.dor) *n.m.* aquele que perde

perder (per.der) *v.* **1** ficar privado de (algo, alguém) **2** não encontrar (um objeto) **3** não chegar a tempo (de um

transporte) **4** não estar presente (numa aula, num espetáculo) **5** sofrer uma derrota (num jogo, numa competição); **perder os sentidos:** desmaiar

perdição (per.di.ção) *n.f.* **1** situação de desgraça **2** desonra **3** *(inform.)* tentação

perdidamente (per.di.da.men.te) *adv.* com muita intensidade; excessivamente; loucamente

perdigão (per.di.gão) *n.m.* macho da perdiz

perdigoto (per.di.go.to) *n.m.* **1** filhote de perdiz **2** salpico de saliva

perdigueiro (per.di.guei.ro) *n.m.* cão que caça perdizes

perdiz (per.diz) *n.f.* ave com bico e pequena cauda avermelhada e plumagem cinzenta, que faz o ninho no solo

perdoar (per.do.ar) *v.* conceder perdão; desculpar

perdulário (per.du.lá.ri.o) *adj.* que gasta muito (sobretudo dinheiro) **SIN.** gastador

perdurar (per.du.rar) *v.* durar muito

perecer (pe.re.cer) *v.* **1** morrer **2** acabar

peregrinação (pe.re.gri.na.ção) *n.f.* viagem a um lugar santo

peregrino (pe.re.gri.no) *n.m.* pessoa que faz uma viagem a um lugar santo

pereira (pe.rei.ra) *n.f.* árvore que produz as peras

perene (pe.re.ne) *adj.2gén.* que dura muito tempo; que não tem fim **SIN.** eterno, perpétuo

perfazer (per.fa.zer) *v.* **1** completar (um número, um valor) **2** terminar de fazer

perfeição (per.fei.ção) *n.f.* **1** qualidade daquilo que é perfeito **2** pessoa ou coisa perfeita

perfeitamente (per.fei.ta.men.te) *adv.* **1** completamente; totalmente **2** com perfeição; muito bem

perfeito (per.fei.to) *adj.* que não tem defeito **SIN.** exemplar, impecável

pérfido (pér.fi.do) *adj.* desleal; traidor

perfil (per.fil) *n.m.* **1** linha de contorno de um rosto ou de um objeto visto de lado **2** descrição dos traços gerais de algo ou de alguém

perfilhar (per.fi.lhar) *v.* **1** reconhecer legalmente como filho **2** adotar (uma ideia, um princípio)

perfumado (per.fu.ma.do) *adj.* que tem perfume SIN. cheiroso

perfumar (per.fu.mar) *v.* colocar perfume

perfumaria (per.fu.ma.ri.a) *n.f.* loja onde se vendem perfumes

perfume (per.fu.me) *n.m.* **1** produto que se usa no corpo ou nas roupas para cheirar bem **2** cheiro agradável (de flores, por exemplo); odor

perfurar (per.fu.rar) *v.* fazer furo(s) em; furar

pergaminho (per.ga.mi.nho) *n.m.* pele de carneiro, cabra, ovelha ou cordeiro, preparada para nela se escrever

pergunta (per.gun.ta) *n.f.* **1** palavra ou frase com que se faz uma interrogação **2** pedido de informação **3** questão colocada num teste ou numa prova

perguntar (per.gun.tar) *v.* **1** fazer pergunta(s) a; questionar **2** pedir uma informação ♦ **perguntar-se** interrogar-se a si próprio; questionar-se

pericarpo (pe.ri.car.po) *n.m.* parte externa do fruto, tirando as sementes

perícia (pe.rí.ci.a) *n.f.* **1** habilidade **2** competência

periferia (pe.ri.fe.ri.a) *n.f.* **1** linha que delimita externamente um corpo; contorno **2** região afastada do centro de uma cidade

periférico (pe.ri.fé.ri.co) *adj.* **1** relativo a periferia **2** situado na periferia

perigar (pe.ri.gar) *v.* estar em perigo; correr perigo

perigo (pe.ri.go) *n.m.* situação que ameaça a existência de um animal, de uma pessoa ou de um objeto SIN. risco

perigoso (pe.ri.go.so) *adj.* em que há perigo SIN. arriscado

perímetro (pe.rí.me.tro) *n.m.* **1** contorno de uma figura plana **2** medida desse contorno

periodicidade (pe.ri.o.di.ci.da.de) *n.f.* característica do que é periódico; frequência

periódico (pe.ri.ó.di.co) *adj.* que acontece em intervalos regulares; frequente; cíclico ♦ *n.m.* publicação (jornal, revista, etc.) que é colocada à venda em dias fixos

período (pe.rí.o.do) *n.m.* **1** cada uma das divisões do ano escolar **2** intervalo de tempo; época **3** frase que contém uma ou mais orações ou que tem sentido completo **4** fluxo menstrual

peripécia (pe.ri.pé.ci.a) *n.f.* acontecimento inesperado ou imprevisto; incidente

periquito (pe.ri.qui.to) *n.m.* pequeno pássaro com penas amarelas, verdes ou azuis e com cauda longa

periscópio (pe.ris.có.pi.o) *n.m.* instrumento de observação usado em submarinos

perito (pe.ri.to) *n.m.* especialista

perlimpimpim (per.lim.pim.pim) *elem. da expr. (inform.)* **pós de perlimpimpim:** pós imaginários que provocam efeitos mágicos

permanecer (per.ma.ne.cer) *v.* continuar a existir; conservar-se; ficar

permanência (per.ma.nên.ci.a) *n.f.* **1** qualidade de permanente; continuidade **2** demora num dado lugar

permanente (per.ma.nen.te) *adj.2gén.* que permanece no tempo SIN. duradouro, estável

permeabilidade (per.me.a.bi.li.da.de) *n.f.* qualidade do que é permeável

permeável (per.me.á.vel) *adj.2gén.* que se deixa atravessar pela água, pelo ar, etc.

permissão (per.mis.são) *n.f.* autorização; consentimento

permitir (per.mi.tir) *v.* autorizar; consentir

permuta (per.mu.ta) *n.f.* troca de coisas entre os respetivos donos

permutar (per.mu.tar) *v.* trocar (uma coisa por outra)

perna (per.na) *n.f.* parte de cada um dos membros inferiores do homem, entre o joelho e o pé

pernada (per.na.da) *n.f.* **1** movimento violento ou pancada com a perna **2** passada larga **3** ramo grosso de árvore

pernalta (per.nal.ta) *adj.* diz-se da ave com pernas longas e sem penas

perneta (per.ne.ta) (pernêta) *adj.2gén.* que tem falta de uma perna

pernicioso (per.ni.ci.o.so) *adj.* que faz mal sin. nocivo

pernil (per.nil) *n.m.* **1** parte mais fina da perna do porco e de outros animais **2** *(inform.)* perna magra; *(inform.)* **esticar o pernil**: morrer

pernoitar (per.noi.tar) *v.* passar a noite

pero (pe.ro) *n.m.* **1** variedade de maçã alongada e doce **2** *(inform.)* murro; **são como um pero**: de boa saúde; forte e saudável

pêro *a nova grafia é* **pero**

pérola (pé.ro.la) *n.f.* pequena bola branca e dura, produzida por algumas ostras e usada como joia

perónio (pe.ró.ni.o) *n.m.* osso longo situado na face externa da perna

perpendicular (per.pen.di.cu.lar) *adj. 2gén.* diz-se de uma linha ou de uma superfície que, cortando outra, forma com ela ângulos retos

perpetuado (per.pe.tu.a.do) *adj.* que se tornou perpétuo sin. eternizado, imortalizado

perpetuar (per.pe.tu.ar) *v.* **1** fazer durar para sempre; tornar perpétuo **2** assegurar a continuidade de (espécie, raça) **3** transmitir de forma duradoura

perpétuo (per.pé.tu.o) *adj.* que dura sempre; que não tem fim sin. eterno, perene

perplexidade (per.ple.xi.da.de) *n.f.* admiração; espanto

perplexo (per.ple.xo) *adj.* admirado; espantado

perro (per.ro) (pêrro) *adj.* **1** que é difícil de abrir ou de fechar **2** que não funciona

persa (per.sa) *adj.2gén.* relativo à antiga Pérsia (atual Irão, país da Ásia) ♦ *n.2gén.* pessoa natural da antiga Pérsia ♦ *n.m.* **1** língua oficial do Irão **2** gato doméstico de pelo longo, originário do Médio Oriente

perseguição (per.se.gui.ção) *n.f.* ato ou efeito de perseguir

perseguir (per.se.guir) *v.* **1** ir ou correr atrás de **2** importunar **3** castigar

perseverança (per.se.ve.ran.ça) *n.f.* qualidade de quem não desiste sin. persistência

perseverante (per.se.ve.ran.te) *adj. 2gén.* que revela firmeza; que não desiste sin. persistente

persiana (per.si.a.na) *n.f.* espécie de cortina de ripas finas e móveis

persistência (per.sis.tên.ci.a) *n.f.* qualidade de persistente sin. perseverança

persistente (per.sis.ten.te) *adj.2gén.* **1** que não desiste facilmente; obstinado; perseverante **2** diz-se da folha de planta que não cai durante as estações frias

a b c d e f g h i j k l m n o **p** q r s t u v w x y z

persistir (per.sis.tir) *v.* **1** ser constante **2** insistir (persistir em) **3** continuar a existir

personagem (per.so.na.gem) *n.2gén.* **1** figura humana criada por um autor e representada por um ator ou por uma atriz numa peça de teatro ou num filme **2** pessoa notável

personalidade (per.so.na.li.da.de) *n.f.* **1** maneira de ser de cada pessoa, que a distingue das outras; carácter **2** pessoa conhecida ou notável; celebridade

personalizado (per.so.na.li.za.do) *adj.* **1** feito a pensar no gosto de uma determinada pessoa **2** diz-se do cartão ou documento que tem inscrito o nome do utilizador

personalizar (per.so.na.li.zar) *v.* **1** tornar pessoal **2** adaptar à personalidade de **3** atribuir qualidades humanas a

personificação (per.so.ni.fi.ca.ção) *n.f.* **1** pessoa que representa um dado modelo ou princípio; protótipo **2** atribuição de características humanas a seres animados ou inanimados

personificar (per.so.ni.fi.car) *v.* **1** ser a personificação de; representar **2** atribuir qualidades humanas a

perspectiva *a nova grafia é* **perspetiva**

perspetiva (pers.pe.ti.va) *n.f.* **1** técnica de representar os objetos que dá a ilusão de profundidade **2** ponto de vista

perspicácia (pers.pi.cá.ci.a) *n.f.* qualidade de perspicaz SIN. sagacidade

perspicaz (pers.pi.caz) *adj.2gén.* esperto; sagaz

persuadir (per.su.a.dir) *v.* levar (alguém) a mudar de atitude ou de opinião; convencer ♦ **persuadir-se** aceitar (um facto, um argumento); convencer-se

persuasão (per.su.a.são) *n.f.* **1** ato ou efeito de persuadir **2** opinião firme; convicção

persuasivo (per.su.a.si.vo) *adj.* que é capaz de persuadir SIN. convincente

pertença (per.ten.ça) *n.f.* posse de alguma coisa; propriedade

pertencente (per.ten.cen.te) *adj.2gén.* **1** que pertence a; que faz parte de **2** próprio de; relativo a

pertencer (per.ten.cer) *v.* **1** ser propriedade de **2** fazer parte de

pertences (per.ten.ces) *n.m.pl.* **1** bens que pertencem a alguém **2** objetos de uso pessoal

pertinente (per.ti.nen.te) *adj.2gén.* **1** apropriado; oportuno **2** relevante; importante

perto (per.to) *adj.* que está próximo; vizinho ANT. longe ♦ *adv.* muito próximo de; junto de

perturbação (per.tur.ba.ção) *n.f.* **1** desordem **2** confusão **3** abalo emocional

perturbado (per.tur.ba.do) *adj.* **1** confuso **2** abalado

perturbador (per.tur.ba.dor) *adj.* que causa perturbação

perturbar (per.tur.bar) *v.* **1** causar perturbação; agitar **2** fazer perder a calma ou o controlo; abalar

peru (pe.ru) *n.m.* grande ave doméstica de penas pretas, com cauda grande e que, no macho, abrem em leque

perua (pe.ru.a) *n.f.* **1** fêmea do peru **2** *(Bras.)* *(inform.)* mulher que se veste de forma vistosa

peruca (pe.ru.ca) *n.f.* cabeleira postiça

perverso (per.ver.so) *adj.* malvado; cruel

pesadelo (pe.sa.de.lo) *n.m.* sonho que causa medo ou angústia

pesado (pe.sa.do) *adj.* **1** que pesa muito **2** *(fig.)* difícil; árduo

pêsames (pê.sa.mes) *n.m.pl.* manifestação de tristeza pela morte de alguém SIN. condolências, sentimentos

pesar (pe.sar) *v.* **1** avaliar o peso de **2** calcular **3** influenciar **4** ter peso elevado ♦ *n.m.* dor; mágoa

pesaroso (pe.sa.ro.so) *adj.* **1** triste **2** arrependido

pesca (pes.ca) *n.f.* técnica e atividade de captura de peixes

pescada (pes.ca.da) *n.f.* peixe de cor acinzentada, esbranquiçado no ventre, muito usado na alimentação

pescador (pes.ca.dor) *n.m.* indivíduo que pesca

pescar (pes.car) *v.* **1** apanhar peixe ou marisco **2** *(inform.)* entender rapidamente; perceber

pescaria (pes.ca.ri.a) *n.f.* **1** arte ou indústria de pescar **2** grande quantidade de peixe que se pescou

pescoção (pes.co.ção) *n.m.* [*aum. de* pescoço] pescoço grande

pescoço (pes.co.ço) *n.m.* parte do corpo entre a cabeça e o tronco

peseta (pe.se.ta) *n.f.* antiga unidade monetária de Espanha

peso (pe.so) *n.m.* **1** resultado da força da gravidade sobre os corpos **2** pedaço de ferro usado como padrão nas balanças **3** aquilo que é transportado; carga **4** *(fig.)* tarefa ou situação difícil de suportar; fardo

pesqueiro (pes.quei.ro) *adj.* **1** relativo a pesca **2** próprio para pescar ♦ *n.m.* barco de pesca

pesquisa (pes.qui.sa) *n.f.* **1** investigação **2** procura

pesquisar (pes.qui.sar) *v.* **1** investigar **2** procurar

pêssego (pês.se.go) *n.m.* fruto comestível do pessegueiro, com casca amarelada ou avermelhada e caroço no interior

pessegueiro (pes.se.guei.ro) *n.m.* árvore que produz os pêssegos

pessimismo (pes.si.mis.mo) *n.m.* tendência para ver sempre o lado negativo das coisas ANT. otimismo

pessimista (pes.si.mis.ta) *adj.2gén.* **1** relativo a pessimismo ANT. otimista **2** que revela pessimismo ♦ *n.2gén.* pessoa que encara tudo de uma forma negativa e que espera sempre o pior

péssimo (pés.si.mo) *adj.* [*superl. de* mau] muito mau ANT. ótimo

pessoa (pes.so.a) *n.f.* **1** ser humano; criatura **2** cada uma das formas de verbos e pronomes usadas para referir quem fala (1.ª pessoa), a quem se fala (2.ª pessoa) ou de quem se fala (3.ª pessoa)

pessoal (pes.so.al) *adj.2gén.* **1** relativo a pessoa **2** próprio de cada pessoa; individual **3** diz-se do pronome que representa a pessoa gramatical ♦ *n.m.* *(inform.)* grupo de amigos

pessoalmente (pes.so.al.men.te) *adv.* **1** em pessoa; diretamente **2** de um ponto de vista pessoal

pestana (pes.ta.na) *n.f.* conjunto de pelos que nascem nas pálpebras

pestanejar (pes.ta.ne.jar) *v.* agitar as pestanas, abrindo e fechando os olhos

peste (pes.te) *n.f.* **1** doença infeciosa e contagiosa **2** *(fig.)* criança traquina

pesticida (pes.ti.ci.da) *n.m.* inseticida usado para proteger as plantas dos parasitas

pestilência (pes.ti.lên.ci.a) *n.f.* **1** doença contagiosa; peste **2** mau cheiro; fedor

pestilento (pes.ti.len.to) *adj.* **1** que transmite peste **2** que cheira muito mal

peta (pe.ta) (pêta) *n.f.* mentira

pétala (pé.ta.la) *n.f.* cada um dos órgãos em forma de folha que compõem a corola de uma flor

a
b
c
d
e
f
g
h
i
j
k
l
m
n
o
p
q
r
s
t
u
v
w
x
y
z

petição (pe.ti.ção) *n.f.* pedido ou requerimento feito por escrito

petinga (pe.tin.ga) *n.f.* sardinha pequena

petiscar (pe.tis.car) *v.* comer pouca quantidade de; provar

petisco (pe.tis.co) *n.m.* alimento muito saboroso SIN. iguaria, pitéu

petiz (pe.tiz) *n.m.* menino; rapaz; garoto

petroleiro (pe.tro.lei.ro) *n.m.* navio próprio para transportar petróleo

petróleo (pe.tró.le.o) *n.m.* óleo natural muito escuro que se extrai do subsolo e que é usado na produção de gasolina e de outras substâncias

petrolífero (pe.tro.lí.fe.ro) *adj.* relativo a petróleo

petulante (pe.tu.lan.te) *adj.2gén.* **1** que é muito vaidoso ou arrogante **2** atrevido; insolente

peúga (pe.ú.ga) *n.f.* meia curta para homem

peugada (peu.ga.da) *n.f.* **1** marca que o pé deixa no solo; pegada **2** *(fig.)* vestígio; sinal

pevide (pe.vi.de) *n.f.* semente achatada de alguns frutos e abóboras

pez (pez) *n.m.* **1** espécie de resina que se extrai do pinheiro e de outras plantas **2** substância negra, pegajosa, que se obtém da destilação do alcatrão; piche

pezinho (pe.zi.nho) *n.m.* [*dim. de* pé] pé pequeno; **com pezinhos de lã:** sem fazer barulho; com muito cuidado

pia (pi.a) *n.f.* bacia fixa na parede para lavar mãos, louça, alimentos, etc.

piaçaba (pi.a.ça.ba) *n.f.* **1** planta tropical que produz fibras utilizadas em vassouras e noutros objetos **2** fibra dessa planta

piada (pi.a.da) *n.f.* **1** graça **2** anedota

pianista (pi.a.nis.ta) *n.2gén.* pessoa que toca piano

piano (pi.a.no) *n.m.* instrumento musical de teclas com cordas percutidas por martelos

pião (pi.ão) *n.m.* **1** brinquedo de madeira em forma de pera com uma ponta metálica, que se lança com força com auxílio de um fio, fazendo-o girar sobre a ponta **2** *(inform.)* movimento brusco de inversão do sentido de marcha de um automóvel

Repara que **pião** *(brinquedo) é diferente de* **peão** *(pessoa).*

piar (pi.ar) *v.* dar pios (a ave)

pica (pi.ca) *n.f. (infant.)* injeção

picada (pi.ca.da) *n.f.* **1** mordedura de inseto **2** ferida feita com objeto pontiagudo

picadela (pi.ca.de.la) *n.f.* → picada

picado (pi.ca.do) *adj.* **1** ferido por objeto pontiagudo **2** cortado em pequenos pedaços ◆ *n.m.* mistura de carne ou peixe cortado aos bocadinhos ou triturado

picadora (pi.ca.do.ra) *n.f.* utensílio próprio para picar carne, peixe, legumes e outros alimentos; trituradora

picante (pi.can.te) *adj.2gén.* **1** diz-se do alimento que provoca ardência; apimentado **2** *(fig.)* malicioso; provocador

pica-pau (pi.ca-pau) *n.m.* [*pl.* pica-paus] ave trepadora que usa o seu bico forte para perfurar os troncos de árvores à procura de insetos para comer

picar (pi.car) *v.* **1** ferir com objeto pontiagudo **2** fazer furo(s) em **3** cortar em pedacinhos

picareta (pi.ca.re.ta) *n.f.* utensílio de ferro para escavar terrenos duros

piche (pi.che) *n.m.* substância negra, pegajosa, que se obtém da destilação do alcatrão

picheleiro (pi.che.lei.ro) *n.m.* indivíduo que instala e repara canalizações, aparelhos sanitários, cilindros, etc. SIN. canalizador

pico (pi.co) *n.m.* **1** monte ou montanha com o topo em forma de bico **2** ponto mais elevado; auge **3** órgão pontiagudo de certas plantas; espinho

picotado (pi.co.ta.do) *n.m.* conjunto de furos feitos em sequência num papel, para facilitar o seu corte à mão

picotar (pi.co.tar) *v.* fazer furos seguidos em; perfurar

picuinhas (pi.cu.i.nhas) *adj.2gén.2núm.* diz-se da pessoa que é muito exigente em relação a pormenores; minucioso

piedade (pi.e.da.de) *n.f.* **1** compaixão pelo sofrimento de alguém; dó; pena **2** devoção religiosa; religiosidade

piedoso (pi.e.do.so) *adj.* **1** que tem piedade; bondoso **2** devoto; religioso

piegas (pi.e.gas) *adj.2gén.2núm.* diz-se da pessoa muito sensível ou mimada SIN. lamecha

pieguice (pi.e.gui.ce) *n.f.* atitude própria de pessoa piegas SIN. lamechice

piela (pi.e.la) *n.f. (inform.)* bebedeira

piercing (pírsing) *n.m.* [*pl. piercings*] **1** perfuração da pele em diferentes partes do corpo **2** brinco usado em diferentes partes do corpo

pífaro (pí.fa.ro) *n.m.* instrumento de sopro semelhante à flauta, com som agudo

pigmentação (pig.men.ta.ção) *n.f.* cor obtida a partir de pigmentos; coloração

pigmento (pig.men.to) *n.m.* substância que dá cor

pijama (pi.ja.ma) *n.m.* conjunto de calça e casaco ou camisola para dormir

pilar (pi.lar) *n.m.* coluna que sustenta uma construção

pilha (pi.lha) *n.f.* **1** aparelho que fornece energia elétrica **2** *(inform.)* conjunto de coisas colocadas umas sobre as outras; monte

pilhagem (pi.lha.gem) *n.f.* roubo; saque

pilhar (pi.lhar) *v.* roubar; saquear

pilhómetro (pi.lhó.me.tro) *n.m.* local onde se recolhem pilhas usadas

piloso (pi.lo.so) *adj.* que tem pelos SIN. peludo

pilotagem (pi.lo.ta.gem) *n.f.* técnica de condução de um veículo

pilotar (pi.lo.tar) *v.* conduzir (um veículo); guiar

piloto (pi.lo.to) *n.m.* pessoa que conduz um navio, um avião ou um carro de corridas

pimba (pim.ba) *interj.* indica um acontecimento imprevisto ou o fim de uma ação ♦ *adj.2gén. (inform.)* que é considerado de mau gosto

pimenta (pi.men.ta) *n.f.* **1** planta de origem oriental, cujos frutos têm sabor picante **2** pó obtido das bagas daquela planta e usado como tempero

pimentão (pi.men.tão) *n.m.* fruto em forma de sino, de cor verde, vermelha ou amarela, com sabor levemente picante, usado em culinária

pimenteiro (pi.men.tei.ro) *n.m.* **1** planta que produz os pimentos **2** recipiente onde se serve a pimenta

pimento (pi.men.to) *n.m.* fruto do pimenteiro, de forma cónica e sabor por vezes picante

pimpão (pim.pão) *adj.* **1** fanfarrão **2** altivo **3** elegante

pin *n.m.* [*pl. pins*] pequena peça que se prende na roupa através de um fecho ou de uma ponta afiada; alfinete de lapela

pinça (pin.ça) *n.f.* utensílio usado para prender, segurar ou apertar

a
b
c
d
e
f
g
h
i
j
k
l
m
n
o
p
q
r
s
t
u
v
w
x
y
z

pincel (pin.cel) *n.m.* instrumento formado por um cabo de madeira, com pelos sintéticos ou de animais numa das extremidades, que serve para pintar

pincelada (pin.ce.la.da) *n.f.* **1** traço feito com pincel **2** pintura rápida ou superficial

pincelar (pin.ce.lar) *v.* pintar com pincel

pinga (pin.ga) *n.f.* **1** partícula de um líquido que cai; gota **2** *(pop.)* vinho

pingado (pin.ga.do) *adj.* **1** que pingou **2** coberto de pingos **3** diz-se do café com umas gotas de leite

pingar (pin.gar) *v.* **1** soltar pingos **2** chover pouco; chuviscar

pingente (pin.gen.te) *n.m.* **1** objeto em forma de pingo **2** enfeite que se pendura; berloque

pingo (pin.go) *n.m.* **1** partícula líquida que cai; gota **2** pequena porção de alguma coisa **3** café com leite em chávena pequena

pingue-pongue (pin.gue-pon.gue) *n.m.* → ténis de mesa

pinguim (pin.guim) *n.m.* ave palmípede com asas curtas, patas espalmadas e plumagem preta, com uma faixa branca na frente, que vive no polo sul

pinguim-imperador (pin.guim-im.pe.ra.dor) *n.m.* [*pl.* pinguins-imperadores] o maior dos pinguins, tem uma faixa alaranjada junto dos ouvidos e é o macho que choca os ovos e aquece os filhos durante o inverno

pinha (pi.nha) *n.f.* fruto do pinheiro

pinhal (pi.nhal) *n.m.* terreno onde crescem pinheiros

pinhão (pi.nhão) *n.m.* semente do pinheiro

pinheirinho (pi.nhei.ri.nho) *n.m.* [*dim. de* pinheiro] pinheiro pequeno

pinheiro (pi.nhei.ro) *n.m.* árvore com folhas em forma de agulha, útil pela madeira e resina que fornece

pinho (pi.nho) *n.m.* madeira dos pinheiros

pino (pi.no) *n.m.* **1** ponto mais alto a que chega o Sol **2** posição vertical do corpo, com a cabeça para baixo

pinote (pi.no.te) *n.m.* **1** salto do cavalo quando dá coices **2** *(inform.)* salto; pulo

pinta (pin.ta) *n.f.* pequeno círculo ou pequena mancha

pintadela (pin.ta.de.la) *n.f.* pintura rápida ou ligeira

pintainho (pin.ta.i.nho) *n.m.* filhote de galinha

pintalgado (pin.tal.ga.do) *adj.* que tem pintas de várias cores; sarapintado

pintalgar (pin.tal.gar) *v.* pintar com várias cores; sarapintar

pintar (pin.tar) *v.* **1** cobrir com cores ou com tinta; colorir **2** exercer a profissão de pintor

pintarroxo (pin.tar.ro.xo) *n.m.* pequeno pássaro sedentário de bico resistente, grosso e cónico, que se alimenta de grãos e sementes

pintassilgo (pin.tas.sil.go) *n.m.* pequeno pássaro de plumagem colorida e um canto agradável

pintinha (pin.ti.nha) *n.f.* **1** [*dim. de* pinta] pinta pequena **2** franga pequena

pinto (pin.to) *n.m.* pintainho

pintor (pin.tor) *n.m.* [*f.* pintora] **1** profissional que faz as pinturas numa construção **2** artista que pinta

pintura (pin.tu.ra) *n.f.* **1** arte e técnica de pintar **2** obra executada por pintor; quadro

pio (pi.o) *n.m.* **1** voz de certas aves **2** *(inform.)* voz; fala; **perder o pio:** ficar em silêncio; não conseguir falar

piô (pi.ô) *n.m.* *(Ang.)* criança; garoto

piolho (pi.o.lho) *n.m.* inseto parasita do homem e de outros animais

pioneiro (pi.o.nei.ro) *n.m.* **1** pessoa que vai viver para uma região ainda não habitada **2** pessoa que faz ou descobre algo que ninguém conhecia; precursor

pionés (pi.o.nés) *n.m.* espécie de prego de cabeça larga e chata, usado para fixar papéis

pior (pi.or) *adj.2gén.* mais grave **ANT.** melhor ♦ *adv.* menos bem; **de mal a pior:** cada vez pior

piorar (pi.o.rar) *v.* **1** ficar pior **2** tornar-se pior

piorio (pi.o.ri.o) *n.m. (inform.)* aquilo que há de pior; **ser do piorio:** portar-se muito mal

pipa (pi.pa) *n.f.* recipiente cilíndrico de madeira para guardar vinho, azeite, etc.

piparote (pi.pa.ro.te) *n.m.* pancada com pouca força

pipo (pi.po) *n.m.* pequena pipa; barril

pipoca (pi.po.ca) *n.f.* grão de milho estalado no lume, que se come simples ou com açúcar, sal ou manteiga

pique (pi.que) *n.m.* antiga lança; **a pique:** em posição vertical

piquenique (pi.que.ni.que) *n.m.* refeição ao ar livre

pira (pi.ra) *n.f.* fogueira

pirado (pi.ra.do) *adj. (inform.)* que endoideceu; maluco; doido

pirâmide (pi.râ.mi.de) *n.f.* **1** sólido geométrico que tem por base um polígono e por lados uma série de triângulos reunidos num vértice comum **2** construção que tem a forma desse sólido

piranha (pi.ra.nha) *n.f.* peixe de água doce, carnívoro e muito voraz, com dentes cortantes

pirão (pi.rão) *n.m. (Ang.)* papa de farinha de mandioca feita com caldo de peixe cozido e temperada com azeite de dendê ou azeite de oliveira; funje

pirar (pi.rar) *v. (inform.)* perder o juízo; enlouquecer ♦ **pirar-se** *(inform.)* ir-se embora; desaparecer

pirata (pi.ra.ta) *n.2gén.* **1** marinheiro que ataca e rouba navios **2** pessoa que faz cópias de material (CD, filme, imagem) sem autorização do proprietário **3** pessoa que acede a um sistema informático sem autorização; **pirata do ar:** pessoa que toma como reféns os passageiros e a tripulação de um avião

pirataria (pi.ra.ta.ri.a) *n.f.* **1** apropriação dos bens que pertencem a alguém; roubo **2** reprodução de livros ou textos, gravações de som ou imagens, sem autorização do autor

piratear (pi.ra.te.ar) *v.* **1** tomar posse dos bens de alguém; roubar **2** fazer cópias ilegais de obras, gravações, imagens, etc.

pires (pi.res) *n.m.* prato pequeno, sobre o qual se coloca uma chávena

pirilampo (pi.ri.lam.po) *n.m.* inseto que brilha na escuridão

piripíri (pi.ri.pí.ri) *n.m.* **1** espécie de malagueta muito picante **2** molho muito picante, feito com pimentão vermelho

piroga (pi.ro.ga) *n.f.* embarcação estreita e achatada, feita de um tronco de árvore escavado

piropo (pi.ro.po) *n.m.* cumprimento simpático ou agradável que se dirige a alguém **SIN.** elogio

piroso (pi.ro.so) *adj. (inform.)* que tem mau gosto **SIN.** parolo

pirotecnia (pi.ro.tec.ni.a) *n.f.* uso de explosivos ou de fogo de artifício

pirotécnico (pi.ro.téc.ni.co) *adj.* relativo a pirotecnia

a b c d e f g h i j k l m n o p q r s t u v w x y z

pirueta (pi.ru.e.ta) *n.f.* movimento circular sobre um pé; rodopio

pisada (pi.sa.da) *n.f.* **1** pisadela **2** pegada; rasto; **seguir as pisadas de alguém:** seguir o exemplo de alguém

pisadela (pi.sa.de.la) *n.f.* pisada leve SIN. calcadela

pisadura (pi.sa.du.ra) *n.f.* nódoa negra

pisar (pi.sar) *v.* **1** calcar com os pés **2** magoar com o pé

pisca (pis.ca) *n.m.* → **pisca-pisca**

pisca-pisca (pis.ca-pis.ca) *n.m.* [*pl.* pisca-piscas] dispositivo de sinalização que tem uma luz intermitente, e que é usado para indicar a mudança de direção de um veículo

piscar (pis.car) *v.* **1** fechar e abrir muitas vezes (os olhos) **2** dar sinal de luzes (num veículo)

piscatório (pis.ca.tó.ri.o) *adj.* relativo a pesca

piscina (pis.ci.na) *n.f.* grande reservatório contendo água, usado para a prática de natação ou de mergulho

pisco (pis.co) *adj.* que pisca os olhos ♦ *n.m.* **1** pequena ave sedentária com mancha vermelha por baixo do bico, na garganta e no peito **2** (*inform.*) pessoa que come pouco

piso (pi.so) *n.m.* **1** pavimento **2** andar de um edifício

pista (pis.ta) *n.f.* **1** rasto; vestígio **2** recinto para espetáculos, jogos ou corridas **3** parte do aeroporto onde aterram e de onde descolam os aviões

pistácio (pis.tá.ci.o) *n.m.* grão comestível, semelhante a uma pequena amêndoa de tom esverdeado, utilizado em culinária e pastelaria

pistão (pis.tão) *n.m.* **1** peça que se move num corpo cilíndrico por pressão de um fluido **2** num instrumento de sopro de metal, válvula que distingue as notas quando é acionada

pistola (pis.to.la) *n.f.* arma de fogo de pequeno alcance, que se dispara com uma só mão

pitada (pi.ta.da) *n.f.* pequena porção de qualquer coisa; **não perder pitada:** não perder nenhum pormenor; aproveitar todas as oportunidades

pitar (pi.tar) *v.* (*Ang.*) comer

piteira (pi.tei.ra) *n.f.* planta de folhas espessas e espinhosas, que fornece fibras têxteis

pitéu (pi.téu) *n.m.* (*inform.*) petisco; gulodice

pitoresco (pi.to.res.co) *adj.* **1** digno de ser pintado **2** que diverte; divertido

pitosga (pi.tos.ga) *adj. e n.2gén.* (*inform.*) que ou pessoa que vê mal

pivete (pi.ve.te) (pivête) *n.m.* **1** (*inform.*) criança **2** (*inform.*) mau cheiro

pivô (pi.vô) *n.m.* → **pivot**

pivot (pivô) *n.m.* **1** haste metálica que suporta um dente **2** apresentador de um noticiário da televisão

pixel *n.m.* [*pl.* pixels] menor unidade gráfica de uma imagem

piza (pi.za) *n.f.* → **pizza**

pizaria (pi.za.ri.a) *n.f.* → **pizzaria**

pizza *n.f.* [*pl. pizzas*] prato italiano feito de massa de pão, de forma arredondada, coberta com molho de tomate, queijo, orégãos e outros ingredientes (cogumelos, presunto, azeitonas, etc.) e cozida no forno

pizzaria (piz.za.ri.a) *n.f.* **1** estabelecimento onde se fazem e/ou vendem *pizzas* **2** restaurante onde se servem *pizzas*

placa (pla.ca) *n.f.* **1** folha de metal, vidro, etc. **2** espécie de tabuleta com inscrição **3** dentadura postiça; **placa bacteriana:** depósito bacteriano de cor esbranquiçada que se forma na superfície dos dentes e das gengivas

placard (plácár) *n.m.* **1** quadro onde se registam os pontos marcados numa competição desportiva **2** quadro onde se afixam cartazes publicitários

placenta (pla.cen.ta) *n.f.* órgão que une o feto à parede do útero materno durante a gestação e que assegura a nutrição através do cordão umbilical

plácido (plá.ci.do) *adj.* **1** sereno; tranquilo **2** brando; suave

plagiar (pla.gi.ar) *v.* apresentar como sua uma obra de outrem; imitar (uma obra ou um trabalho de alguém)

plágio (plá.gi.o) *n.m.* apresentação feita por alguém do trabalho de outra pessoa como se fosse seu

plaina (plai.na) *n.f.* ferramenta manual de carpintaria própria para aplainar, desbastar e alisar madeira

planador (pla.na.dor) *n.m.* aparelho que se mantém no ar sem recurso a energia motriz

planalto (pla.nal.to) *n.m.* terreno elevado e plano

planar (pla.nar) *v.* **1** sustentar-se no ar sem mover as asas (aves) ou usar o motor (aviões) **2** estar suspenso no ar; pairar

plâncton (plânc.ton) *n.m.* conjunto de seres marinhos microscópicos

planeamento (pla.ne.a.men.to) *n.m.* **1** planificação de um trabalho ou projeto **2** organização de programas e atividades culturais, sociais, etc.; programação; **planeamento familiar:** conjunto de meios que permitem a um casal planear o número de filhos que pretende ter

planear (pla.ne.ar) *v.* **1** fazer o plano de; planificar **2** ter a intenção de; tencionar

planeta (pla.ne.ta) *n.m.* corpo que orbita em torno do Sol, com gravidade suficiente para ter uma forma quase esfé-

rica e para garantir a ausência de outros objetos na sua órbita; **planeta anão:** corpo que orbita em torno do Sol, com gravidade suficiente para ter uma forma quase esférica, mas insuficiente para garantir a ausência de outros objetos na sua órbita, e que não é um satélite

planetário (pla.ne.tá.ri.o) *n.m.* edifício com uma cúpula onde se faz a projeção dos movimentos dos corpos do sistema solar

planície (pla.ní.ci.e) *n.f.* grande extensão de terreno plano SIN. pradaria

planificação (pla.ni.fi.ca.ção) *n.f.* **1** ato ou efeito de planificar **2** definição dos objetivos de um trabalho ou de uma tarefa e dos meios para os atingir

planificar (pla.ni.fi.car) *v.* fazer um plano para

planisfério (pla.nis.fé.ri.o) *n.m.* mapa que representa a superfície terrestre num plano retangular

plano (pla.no) *adj.* em que não há diferenças de nível; liso ♦ *n.m.* **1** superfície plana **2** projeto de algo a realizar

planta (plan.ta) *n.f.* **1** organismo vegetal **2** plano de uma ponte, jardim, cidade, etc. **3** parte inferior do pé **4** mapa de um lugar; *(fig.)* **planta de estufa:** pessoa com a saúde muito frágil

plantação (plan.ta.ção) *n.f.* **1** ato ou efeito de plantar **2** aquilo que é plantado; cultura **3** terreno plantado

plantador (plan.ta.dor) *n.m.* aquele que planta

plantar (plan.tar) *v.* **1** cultivar; semear **2** pôr; colocar **3** *(fig.)* estimular o desenvolvimento de

plantio (plan.ti.o) *n.m.* **1** ato ou efeito de plantar **2** terreno plantado; plantação

planura (pla.nu.ra) *n.f.* **1** planície **2** planalto

a
b
c
d
e
f
g
h
i
j
k
l
m
n
o
p
q
r
s
t
u
v
w
x
y
z

plaqueta (pla.que.ta) *n.f.* placa pequena

plasma (plas.ma) *n.m.* parte líquida do sangue

plasticina (plas.ti.ci.na) *n.f.* espécie de massa plástica, facilmente moldável, que serve para modelar

plástico (plás.ti.co) *n.m.* material facilmente moldável, utilizado para fazer embalagens e vários objetos de uso corrente

plastificado (plas.ti.fi.ca.do) *adj.* revestido de película plástica

plastificar (plas.ti.fi.car) *v.* revestir (documento, livro, etc.) de uma película plástica transparente

plataforma (pla.ta.for.ma) *n.f.* **1** superfície plana e horizontal elevada **2** rampa de lançamento de projéteis

plátano (plá.ta.no) *n.m.* árvore de grande porte e com folhas largas

plateia (pla.tei.a) *n.f.* **1** numa sala de espetáculos, local destinado aos espectadores no andar inferior **2** conjunto de espectadores que ocupam esse local

platina (pla.ti.na) *n.f.* metal branco e brilhante, muito denso

platónico (pla.tó.ni.co) *adj.* **1** relativo ao filósofo Platão **2** *(fig.)* ideal; espiritual

plausível (plau.sí.vel) *adj.2gén.* que se pode admitir ou aceitar; razoável

playback (pleibéc) *n.m.* [*pl. playbacks*] interpretação em que o som de uma pessoa a cantar ou a falar é uma gravação, e não a voz da própria pessoa

plebe (ple.be) *n.f.* na Roma antiga, classe mais baixa da sociedade; povo

plebeu (ple.beu) *adj.* **1** relativo à plebe **2** que não pertence à nobreza ◆ *n.m.* [*f.* plebeia] membro da classe inferior na Roma antiga

plectro (plec.tro) *n.m.* → **palheta**

plenamente (ple.na.men.te) *adv.* totalmente; completamente

plenário (ple.ná.ri.o) *n.m.* **1** conjunto de membros de uma associação, reunidos numa assembleia **2** local onde se reúnem esses membros

plenitude (ple.ni.tu.de) *n.f.* estado do que é inteiro ou completo SIN. totalidade

pleno (ple.no) *adj.* **1** cheio; repleto **2** inteiro; completo

pleura (pleu.ra) *n.f.* membrana que recobre o pulmão

plinto (plin.to) *n.m.* **1** aparelho de ginástica para saltos **2** base de coluna ou pedestal

pluma (plu.ma) *n.f.* pena (de ave)

plumagem (plu.ma.gem) *n.f.* conjunto das penas de uma ave

plural (plu.ral) *adj.2gén.* **1** que indica mais de um ANT. singular **2** *(fig.)* variado; diversificado ◆ *n.m.* que indica a pluralidade em nomes, adjetivos, determinantes e verbos, opondo-se ao singular

pluralidade (plu.ra.li.da.de) *n.f.* **1** multiplicidade; diversidade **2** maioria

pluralismo (plu.ra.lis.mo) *n.m.* sistema que defende a pluralidade de partidos políticos ou de opiniões

pluricelular (plu.ri.ce.lu.lar) *adj.2gén.* diz-se do ser vivo constituído por várias células

Plutão (Plu.tão) *n.m.* um dos planetas anões do sistema solar, localizado na cintura de Kuiper

pluvial (plu.vi.al) *adj.2gén.* relativo a chuva

pluviosidade (plu.vi.o.si.da.de) *n.f.* quantidade de chuva caída numa dada região durante um certo período

pneu (pneu) *n.m.* **1** arco de borracha que protege as rodas dos veículos **2** *(inform.)* gordura acumulada na cintura de uma pessoa

pneumático (pneu.má.ti.co) *adj.* que funciona com ar comprimido

pneumologia (pneu.mo.lo.gi.a) *n.f.* estudo dos pulmões

pneumonia (pneu.mo.ni.a) *n.f.* inflamação dos pulmões

PNL *sigla de* **P**lano **N**acional de **L**eitura

pó (pó) *n.m.* **1** fragmentos que estão suspensos no ar; poeira **2** substância moída até ficar reduzida a partículas muito pequenas

pobre (po.bre) *adj.* **1** que tem poucos meios de sobrevivência ANT. rico **2** que tem pouca qualidade **3** que é pouco produtivo

pobreza (po.bre.za) *n.f.* **1** falta de meios económicos para viver; miséria **2** *(fig.)* falta de alguma coisa; carência

pobrezinho (po.bre.zi.nho) *n.m.* [*dim. de* pobre] rapaz ou indivíduo muito pobre; mendigo

poça (po.ça) *n.f.* cova pouco profunda e com água

poção (po.ção) *n.f.* líquido para beber com propriedades medicinais; **poção mágica:** bebida com propriedades mágicas

pocilga (po.cil.ga) *n.f.* **1** curral de porcos **2** *(inform.)* lugar muito sujo

poço (po.ço) *n.m.* cavidade profunda aberta no solo para se tirar água

poda (po.da) *n.f.* corte de ramos de árvores ou arbustos

podar (po.dar) *v.* cortar os ramos inúteis de árvores ou vinhas

pó-de-arroz *a nova grafia é* **pó de arroz**

pó de arroz (pó de ar.roz) *n.m.* [*pl.* pós de arroz] produto de beleza cuja base é o amido do grão de arroz reduzido a pó muito fino

poder (po.der) *v.* **1** ter a possibilidade de **2** ter autorização para **3** ser capaz de **4** ter oportunidade de **5** ser possí-

vel ♦ *n.m.* **1** capacidade **2** influência **3** autoridade

> Com o Acordo Ortográfico, a forma **pôde** (*pretérito perfeito do indicativo do verbo poder*) continua a ser acentuada para se distinguir de **pode** (forma do presente do indicativo do mesmo verbo).

poderoso (po.de.ro.so) *adj.* **1** forte **2** poderoso **3** influente

pódio (pó.di.o) *n.m.* plataforma com degraus, onde os atletas vencedores de uma prova recebem as suas medalhas

podre (po.dre) *adj.2gén.* que está em decomposição; estragado

poeira (po.ei.ra) *n.f.* terra reduzida a pó

poema (po.e.ma) *n.m.* obra em verso

poente (po.en.te) *n.m.* região do horizonte onde o Sol se põe SIN. ocaso, ocidente, oeste

poesia (po.e.si.a) *n.f.* **1** composição em verso **2** arte de compor versos

poeta (po.e.ta) *n.m.* [*f.* poetisa] autor de poemas

poética (po.é.ti.ca) **1** arte de compor versos **2** estudo sobre poesia

poético (po.é.ti.co) *adj.* **1** relativo à poesia **2** belo; encantador

poetisa (po.e.ti.sa) *n.f.* [*m.* poeta] autora de poemas

pois (pois) *conj.* porque; portanto

poisar (poi.sar) *v.* → **pousar**

poiso (poi.so) *n.m.* → **pouso**

polaco (po.la.co) *adj.* relativo à Polónia ♦ *n.m.* **1** pessoa natural da Polónia **2** língua oficial da Polónia

polar (po.lar) *adj.2gén.* **1** relativo aos polos **2** que está situado próximo dos polos **3** que é próprio das regiões polares e frias

poldro (pol.dro) *n.m.* cavalo com menos de quatro anos SIN. potro

polegada (po.le.ga.da) *n.f.* medida igual ao comprimento da segunda falange do dedo polegar

polegar (po.le.gar) *n.m.* dedo mais pequeno e grosso da mão

poleiro (po.lei.ro) *n.m.* vara existente nas gaiolas ou capoeiras, onde as aves pousam

polémica (po.lé.mi.ca) *n.f.* discussão que provoca opiniões muito diferentes SIN. controvérsia

polémico (po.lé.mi.co) *adj.* que provoca opiniões muito diferentes SIN. controverso, discutível

pólen (pó.len) *n.m.* [*pl.* pólenes] pó produzido pelos estames das flores

polichinelo (po.li.chi.ne.lo) *n.m.* marioneta; palhaço; **segredo de polichinelo:** segredo que muitas pessoas conhecem (e que, portanto, deixou de ser segredo)

polícia (po.lí.ci.a) *n.f.* força encarregada de manter a ordem pública e de garantir que as leis são cumpridas ♦ *n.2gén.* pessoa que pertence a essa força pública; agente policial

policial (po.li.ci.al) *adj.2gén.* **1** relativo à polícia **2** que envolve crime(s) ♦ *n.m.* filme ou livro em que há situações de crime e mistério

policiamento (po.li.ci.a.men.to) *n.m.* vigilância feita pela polícia

polido (po.li.do) *adj.* **1** que recebeu verniz ou lustro; envernizado **2** *(fig.)* educado

poliedro (po.li.e.dro) *n.m.* sólido que tem muitas faces planas

poliéster (po.li.és.ter) *n.m.* plástico sintético

polifonia (po.li.fo.ni.a) *n.f.* conjunto harmonioso de sons

poliglota (po.li.glo.ta) *n.2gén.* pessoa que fala muitas línguas

polígono (po.lí.go.no) *n.m.* figura plana limitada por segmentos de reta

polimento (po.li.men.to) *n.m.* **1** ato ou efeito de polir (uma superfície) **2** brilho (de uma superfície polida)

polinizar (po.li.ni.zar) *v.* provocar a fecundação da flor, utilizando o pólen

poliomielite (po.li.o.mi.e.li.te) *n.f.* doença infeciosa que ataca as células da medula espinal e do bolbo raquidiano, e que causa paralisia

polir (po.lir) *v.* **1** envernizar **2** *(fig.)* educar

polissemia (po.lis.se.mi.a) *n.f.* qualidade das palavras que possuem mais de um sentido

polissilábico (po.lis.si.lá.bi.co) *adj.* que tem mais de três sílabas

polissílabo (po.lis.sí.la.bo) *n.m.* palavra com mais de três sílabas

politécnico (po.li.téc.ni.co) *adj.* **1** que abrange várias artes ou ciências **2** diz-se do ensino que forma profissionais especializados em áreas técnicas

politeísmo (po.li.te.ís.mo) *n.m.* religião que admite vários deuses

politeísta (po.li.te.ís.ta) *adj.2gén.* relativo a politeísmo ♦ *n.2gén.* pessoa que defende o politeísmo

política (po.lí.ti.ca) *n.f.* **1** forma de governar um país e de se relacionar com outros países **2** estratégia; tática

político (po.lí.ti.co) *adj.* relativo a política ♦ *n.m.* indivíduo que se dedica à política

polo (po.lo) *n.m.* **1** cada um dos dois pontos que se encontram nos extremos da superfície terrestre (*polo norte* e *polo sul*) **2** *(fig.)* lugar ou ponto oposto a outro; extremo

pólo *a nova grafia é* **polo**

polpa (pol.pa) *n.f.* parte carnuda dos frutos e de alguns legumes

poltrona (pol.tro.na) *n.f.* cadeira de braços, geralmente estofada

poluente (po.lu.en.te) *adj.2gén.* que polui ◆ *n.m.* substância que causa poluição

poluição (po.lu.i.ção) *n.f.* **1** perda de qualidade do meio ambiente causada por substâncias nocivas; contaminação **2** sujidade existente no ar, nos rios, mares, etc.

poluir (po.lu.ir) *v.* tornar sujo ou impuro; contaminar

polvilhar (pol.vi.lhar) *v.* espalhar pó ou farinha sobre

polvo (pol.vo) *n.m.* molusco com oito tentáculos munidos de ventosas

pólvora (pól.vo.ra) *n.f.* substância explosiva

pomada (po.ma.da) *n.f.* preparado farmacêutico pastoso e mole para uso externo

pomar (po.mar) *n.m.* terreno plantado de árvores de fruto

pomba (pom.ba) *n.f.* fêmea do pombo

pombal (pom.bal) *n.m.* lugar onde se criam ou abrigam pombas

pombinho (pom.bi.nho) *n.m.* [*dim. de* pombo] pombo jovem; borracho ◆ **pombinhos** *n.m.pl.* casal de namorados ou de noivos

pombo (pom.bo) *n.m.* ave com cabeça pequena e bico curto, plumagem densa e macia, e cor que varia segundo as espécies

pombo-correio (pom.bo-cor.rei.o) *n.m.* [*pl.* pombos-correios] pombo que pode ser usado para levar mensagens

pompa (pom.pa) *n.f.* **1** aparato; ostentação **2** luxo; esplendor

pompom (pom.pom) *n.m.* pequena bola de fios de lã, usada como enfeite (em gorro, xaile, etc.)

pomposo (pom.po.so) *adj.* **1** ostensivo **2** luxuoso

ponderação (pon.de.ra.ção) *n.f.* reflexão; prudência

ponderado (pon.de.ra.do) *adj.* refletido; prudente

ponderar (pon.de.rar) *v.* pensar muito sobre; refletir

pónei (pó.nei) *n.m.* cavalo pequeno

ponta (pon.ta) *n.f.* **1** extremidade aguçada; bico **2** *(fig.)* pequena quantidade; pequena porção; **de ponta a ponta:** do princípio ao fim

pontal (pon.tal) *n.m.* ponta de terra que entra pelo mar ou pelo rio

pontão (pon.tão) *n.m.* pequena ponte

pontapé (pon.ta.pé) *n.m.* pancada com a ponta do pé; chuto

pontaria (pon.ta.ri.a) *n.f.* ato de apontar uma arma de fogo na direção do alvo

ponte (pon.te) *n.f.* construção que liga dois lugares separados por um rio, vale, etc.

ponteado (pon.te.a.do) *adj.* coberto ou marcado com pontinhos ◆ *n.m.* desenho realizado por meio de pontinhos

ponteiro (pon.tei.ro) *n.m.* espécie de agulha que indica as horas, os minutos e os segundos no mostrador do relógio

pontiagudo (pon.ti.a.gu.do) *adj.* que tem ponta aguçada **SIN.** afiado

pontinha (pon.ti.nha) *n.f.* **1** [*dim. de* ponta] pequena quantidade; pequena porção **2** vestígio; sinal

pontinho (pon.ti.nho) *n.m.* [*dim. de* ponto] ponto pequeno ◆ **pontinhos** *n.m.pl.* *(inform.)* reticências

ponto (pon.to) *n.m.* **1** pequena mancha redonda **2** sinal que se coloca sobre as letras *i* e *j* **3** sinal de pontuação . que indica o fim de um período **4** classificação atribuída a uma pergunta ou prova de uma competição **5** pedaço de linha que fica entre dois furos de agulha, quando se cose **6** no teatro, pessoa que ajuda os atores a dizer os seus textos, quando eles se esquecem; **dois pontos:** sinal de pontuação : que representa, na escrita, uma pequena pausa da linguagem oral; **em ponto:** à hora exata; **ponto cardeal:** cada uma das quatro direções correspondentes ao norte, ao sul, ao leste e ao oeste; **ponto de exclamação:** sinal gráfico ! usado no fim de frases que exprimem admiração, alegria, dor, etc.; **ponto de interrogação:** sinal gráfico ? para indicar que a frase é uma pergunta; **ponto de vista:** modo particular de encarar um assunto ou um problema; **ponto e vírgula:** sinal de pontuação ; que indica uma pausa mais longa do que a da vírgula e mais breve do que a do ponto; **ponto final:** sinal de pontuação . que indica o fim de um período; **ponto por ponto:** em pormenor; **pôr os pontos nos ii:** esclarecer todas as dúvidas

pontuação (pon.tu.a.ção) *n.f.* **1** ato ou efeito de pontuar; classificação **2** colocação dos sinais ortográficos na escrita

pontual (pon.tu.al) *adj.2gén.* **1** que cumpre o horário combinado **2** exato; preciso

pontualidade (pon.tu.a.li.da.de) *n.f.* qualidade das pessoas que cumprem os horários estabelecidos

pontuar (pon.tu.ar) *v.* **1** num texto, usar sinais de pontuação **2** num jogo ou numa prova, marcar pontos

pop *adj. e n.m.* diz-se do tipo de música com ritmo forte e que usa instrumentos elétricos

popa (po.pa) (pôpa) *n.f.* parte posterior do navio oposta à proa

popó (po.pó) *n.m. (infant.)* automóvel

população (po.pu.la.ção) *n.f.* **1** número de pessoas que habitam uma região ou um país **2** conjunto dos habitantes de uma região ou de um país

populacional (po.pu.la.ci.o.nal) *adj.2gén.* relativo a população SIN. demográfico

popular (po.pu.lar) *adj.2gén.* **1** relativo ao povo; próprio do povo ANT. impopular **2** que agrada ao povo

popularidade (po.pu.la.ri.da.de) *n.f.* característica do que é conhecido e apreciado por muitas pessoas; fama ANT. impopularidade

popularizar (po.pu.la.ri.zar) *v.* dar a conhecer a um grande número de pessoas; divulgar ◆ **popularizar-se** tornar-se conhecido e apreciado por muitas pessoas

populoso (po.pu.lo.so) *adj.* que tem muitos habitantes; muito povoado

pop-up *n.f.* numa página da *Internet* ou num programa de computador, janela que se abre automaticamente, em geral com informação extra ou publicidade

por (por) *prep.* indicativa de meio, causa, lugar, duração, preço, etc. (*enviar por e-mail, perguntar por curiosidade, andar pela praia, emprestar por uns dias, comprar por 5 euros*)

pôr (pôr) *v.* **1** colocar; dispor **2** montar; instalar **3** apresentar (uma dúvida, um problema) ◆ **pôr-se** desaparecer no horizonte (o Sol)

*Com o Acordo Ortográfico, continua a acentuar-se o verbo **pôr** no infinitivo (para evitar a confusão com a preposição por).*

porão (po.rão) *n.m.* parte de um navio ou avião destinada à carga

porca (por.ca) *n.f.* **1** fêmea do porco **2** peça de metal ou madeira com um orifício e rosca, onde se mete um parafuso

porcalhão (por.ca.lhão) *adj.* que é muito sujo; imundo

porção (por.ção) *n.f.* parte de alguma coisa SIN. bocado, pedaço

porcaria (por.ca.ri.a) *n.f.* **1** acumulação de sujidade; sujeira **2** *(inform.)* coisa sem valor ou sem qualidade

porcelana (por.ce.la.na) *n.f.* objeto de cerâmica fina e frágil

porco (por.co) *adj.* sujo; imundo ♦ *n.m.* animal doméstico, gordo e rosado, com patas curtas revestidas por cascos

porco-espinho (por.co-es.pi.nho) *n.m.* [*pl.* porcos-espinhos] pequeno mamífero roedor, com corpo revestido de picos que se eriçam

pôr-do-sol *a nova grafia é* **pôr do sol**

pôr do sol (pôr do sol) *n.m.* [*pl.* pores do sol] momento em que o Sol desaparece no horizonte SIN. ocaso, poente

porém (po.rém) *conj.>adv.* ᴰᵀ contudo; todavia; apesar disso

pormenor (por.me.nor) *n.m.* característica particular SIN. detalhe

pormenorizadamente (por.me.no.ri.za.da.men.te) *adv.* com todos os pormenores; detalhadamente

pormenorizado (por.me.no.ri.za.do) *adj.* descrito com pormenores SIN. detalhado

pormenorizar (por.me.no.ri.zar) *v.* descrever, referindo todas as características particulares

poro (po.ro) *n.m.* cada um dos orifícios da pele humana ou de uma superfície (madeira, por exemplo)

poroso (po.ro.so) *adj.* **1** que tem muitos poros **2** que deixa passar fluidos; absorvente

porquanto (por.quan.to) *conj.* porque; visto que; uma vez que

porque (por.que) *conj. e adv.* por causa de; por motivo de; por que motivo

> Repara que **porque** (por causa de) é diferente de **por que** (por qual), escrito com duas palavras:
> Molharam-se **porque** estava a chover.
> A professora explicou **por que** razão faltou.

porquê (por.quê) *adv.* por que razão ♦ *n.m.* causa; motivo

porquinho (por.qui.nho) *n.m.* [*dim. de* porco] porco pequeno

porquinho-da-índia (por.qui.nho-da-ín.di.a) *n.m.* [*pl.* porquinhos-da-índia] pequeno mamífero roedor de corpo robusto e pernas curtas, usado em experiências de laboratório

porta (por.ta) *n.f.* peça, geralmente retangular, de madeira ou de outro material, que serve para entrada ou saída de um espaço fechado

porta-aviões (por.ta-a.vi.ões) *n.m.2núm.* navio para transporte de aviões

porta-bagagens (por.ta-ba.ga.gens) *n.m.2núm.* prateleira ou espaço onde os passageiros de um meio de transporte podem colocar a sua bagagem

porta-bebés (por.ta-be.bés) *n.m.2núm.* marsúpio

porta-chaves (por.ta-cha.ves) *n.m. 2núm.* estojo ou pequeno objeto com argola(s), próprio para guardar chaves

portada (por.ta.da) *n.f.* peça desdobrável, colocada do lado de fora ou de dentro de uma janela

portador (por.ta.dor) *n.m.* pessoa que leva alguma coisa a alguém

portagem (por.ta.gem) *n.f.* **1** imposto que se paga entrada de algumas cidades, pontes ou estradas **2** lugar onde se cobra esse imposto

portal (por.tal) *n.m.* **1** porta principal de um edifício **2** sítio da *Internet* que permite ao utilizador ter acesso a notícias, informação meteorológica, compras e outros serviços

porta-moedas (por.ta-mo.e.das) *n.m. 2núm.* pequena bolsa para transportar dinheiro

portanto (por.tan.to) *conj.* por conseguinte; logo

portão (por.tão) *n.m.* porta grande

porta-retratos (por.ta-re.tra.tos) *n.m. 2núm.* moldura para colocar fotografias, com suporte para ficar em pé

portaria (por.ta.ri.a) *n.f.* **1** átrio ou porta principal de um edifício **2** documento oficial com ordens ou instruções para serem cumpridas

portar-se (por.tar-se) *v.* ter determinado comportamento; comportar-se

portátil (por.tá.til) *adj.2gén.* que pode ser transportado; que não é fixo ♦ *n.m.* computador pequeno que pode ser transportado com facilidade

porta-voz (por.ta-voz) *n.m.* [*pl.* porta--vozes] pessoa que fala em nome de outra ou em nome de um grupo

porte (por.te) *n.m.* **1** aquilo que é transportado; mercadoria **2** preço do transporte dessa carga; taxa **3** tamanho; estatura

portefólio (por.te.fó.li.o) *n.m.* **1** pasta utilizada para guardar papéis, desenhos, mapas, etc. **2** *dossier* de projetos e trabalhos para apresentar numa reunião, entrevista, etc.

porteiro (por.tei.ro) *n.m.* indivíduo que guarda a portaria de um edifício; **porteiro eletrónico:** aparelho que estabelece a comunicação entre o exterior e o interior de um edifício, permitindo

controlar a entrada e saída de pessoas

pórtico (pór.ti.co) *n.m.* átrio cuja abóbada é sustentada por colunas ou pilares na frente de um edifício

portinha (por.ti.nha) *n.f.* [*dim. de* porta] pequena porta

porto (por.to) *n.m.* local na costa ou num rio onde os navios podem ancorar

portuário (por.tu.á.ri.o) *adj.* relativo a porto

portucalense (por.tu.ca.len.se) *adj.2gén.* designativo do condado que está na origem da formação de Portugal

portuense (por.tu.en.se) *adj.2gén.* relativo ao Porto ♦ *n.2gén.* pessoa natural do Porto

português (por.tu.guês) *adj.* relativo a Portugal ♦ *n.m.* **1** pessoa natural de Portugal **2** língua oficial de Portugal, Brasil, Angola, Cabo Verde, Guiné--Bissau, Moçambique, São Tomé e Príncipe e de Timor-Leste, também falada em Macau e Goa

porventura (por.ven.tu.ra) *adj.* por acaso; talvez

pós (pós) *prep.* atrás de; a seguir a; depois de

posar (po.sar) *v.* servir de modelo para um fotógrafo, pintor ou escultor

pose (po.se) *n.f.* posição do corpo SIN. atitude, postura

posfácio (pos.fá.ci.o) *n.m.* esclarecimento no final de um livro

pós-guerra (pós-guer.ra) *n.m.* [*pl.* pós--guerras] período imediatamente a seguir a uma guerra SIN. após-guerra

posição (po.si.ção) *n.f.* **1** forma como uma pessoa ou coisa está colocada em relação ao espaço; disposição **2** maneira de colocar o corpo; postura **3** função de uma pessoa numa empresa ou numa organização; posto

4 lugar ocupado por uma pessoa no meio social

posicionamento (po.si.ci.o.na.men.to) *n.m.* 1 ato de colocar em determinada posição 2 adoção de um ponto de vista

posicionar (po.si.ci.o.nar) *v.* colocar em determinada posição ♦ **posicionar-se** tomar determinada posição

positivo (po.si.ti.vo) *adj.* 1 que diz sim; afirmativo 2 que não admite dúvida; certo 3 confiante; otimista 4 diz-se de um número maior que zero

possante (pos.san.te) *adj.2gén.* 1 robusto 2 poderoso

posse (pos.se) *n.f.* facto de possuir alguma coisa ♦ **posses** *n.f.pl.* riqueza; bens

possessão (pos.ses.são) *n.f.* domínio; posse

possessivo (pos.ses.si.vo) *adj.* 1 relativo a posse 2 diz-se do determinante ou do pronome que indica posse 3 diz-se da pessoa egoísta, que quer tudo para si

possesso (pos.ses.so) *adj.* 1 que pensa estar dominado pelo demónio; endemoninhado 2 que está furioso; irado

possibilidade (pos.si.bi.li.da.de) *n.f.* 1 qualidade do que é possível ANT. impossibilidade 2 oportunidade

possibilitar (pos.si.bi.li.tar) *v.* tornar possível

possível (pos.sí.vel) *adj.2gén.* que pode existir ou ser feito ANT. impossível ♦ *n.m.* aquilo que pode existir ou ser feito

possivelmente (pos.si.vel.men.te) *adv.* provavelmente; talvez

possuidor (pos.su.i.dor) *n.m.* aquele que possui algo; dono

possuir (pos.su.ir) *v.* 1 ter a posse de 2 ter em si

posta (pos.ta) *n.f.* pedaço de carne ou peixe; fatia

postal (pos.tal) *adj.2gén.* relativo ao correio ♦ *n.m.* cartão com uma ilustração num dos lados e espaço para escrever no outro; bilhete-postal

poste (pos.te) *n.m.* pau fixado verticalmente no solo

poster (póstér) *n.m.* [*pl.* posters] 1 cartaz impresso, decorativo ou publicitário 2 fotografia com o tamanho de um cartaz

posteridade (pos.te.ri.da.de) *n.f.* 1 tempo futuro 2 gerações futuras 3 imortalidade

posterior (pos.te.ri.or) *adj.* 1 que acontece depois ANT. anterior 2 situado atrás

posteriormente (pos.te.ri.or.men.te) *adv.* depois

postiço (pos.ti.ço) *adj.* artificial; falso

postigo (pos.ti.go) *n.m.* pequena abertura numa porta ou numa parede, geralmente para atendimento ao público; guiché

posto (pos.to) *adj.* 1 colocado em determinado lugar 2 dito; afirmado ♦ *n.m.* emprego; cargo; **estar a postos:** estar pronto para; estar atento a

póstumo (pós.tu.mo) *adj.* que acontece depois da morte de alguém

postura (pos.tu.ra) *n.f.* 1 ato ou efeito de pôr ovos 2 posição do corpo 3 comportamento; atitude

potássio (po.tás.si.o) *n.m.* metal alcalino cujos sais são utilizados como adubos

potável (po.tá.vel) *adj.2gén.* diz-se da água que se pode beber

pote (po.te) *n.m.* 1 grande recipiente de barro para líquidos 2 (*pop.*) bacio

potência (po.tên.ci.a) *n.f.* 1 capacidade de mover algo; força 2 país com um grande poder económico e militar; **em potência:** diz-se daquilo que tem possibilidade de vir a ser real, mas que para já é apenas uma possibilidade

a b c d e f g h i j k l m n o **p** q r s t u v w x y z

potencial (po.ten.ci.al) *adj.2gén.* que existe como possibilidade; que ainda não é real, mas que pode vir a ser ♦ *n.m.* **1** força ou capacidade de alguém para atingir um objetivo **2** conjunto de qualidades inatas de uma pessoa

potencialidade (po.ten.ci.a.li.da.de) *n.f.* possibilidade

potenciar (po.ten.ci.ar) *v.* **1** elevar um número a um expoente **2** intensificar; reforçar

potente (po.ten.te) *adj.2gén.* forte; vigoroso

potro (po.tro) *n.m.* cavalo jovem, com menos de um ano de idade

pouco (pou.co) *det.indef.>quant.exist.*DT e *pron.indef.* em pequena quantidade; em pequeno número **ANT.** muito ♦ *n.m.* **1** pequena quantidade **2** pequeno período de tempo ♦ *adj.* escasso; reduzido ♦ *adv.* não muito; **a pouco e pouco:** gradualmente; **fazer pouco de:** troçar de

poucochinho (pou.co.chi.nho) *n.m.* **1** [*dim. de* pouco] muito pouco **2** pedaço pequeno

poupa (pou.pa) *n.f.* **1** tufo de penas existente na cabeça de algumas aves **2** saliência do penteado, que lembra um tufo de penas

poupado (pou.pa.do) *adj.* **1** que gasta dinheiro com moderação **2** que não foi atingido por (algo negativo e com consequências más)

poupança (pou.pan.ça) *n.f.* moderação das despesas **SIN.** economia

poupar (pou.par) *v.* **1** gastar dinheiro com moderação; economizar **2** não atingir; deixar intacto

pouquinho (pou.qui.nho) *n.m.* [*dim. de* pouco] quantidade muito pequena; pequena parte ♦ *adv.* muito pouco

pouquíssimo (pou.quís.si.mo) *adj.* [*superl. de* pouco] muito pouco; quase nada

pousada (pou.sa.da) *n.f.* casa que recebe hóspedes; hospedaria **SIN.** albergue, hospedaria, pensão; **pousada de juventude:** estalagem para jovens com camaratas e quartos individuais a preços reduzidos

pousar (pou.sar) *v.* **1** colocar no chão ou noutro lugar **2** fixar (o olhar) **3** aterrar (avião)

pousio (pou.si.o) *n.m.* período, geralmente de um ano, em que as terras não são cultivadas, para repousarem

pouso (pou.so) *n.m.* **1** lugar onde uma ave descansa do voo **2** lugar onde alguém repousa temporariamente; refúgio

povinho (po.vi.nho) *n.m.* (*pop.*) povo

povo (po.vo) *n.m.* conjunto dos habitantes de um país, região, cidade ou vila

povoação (po.vo.a.ção) *n.f.* **1** ato ou efeito de povoar **2** lugar povoado

povoado (po.vo.a.do) *adj.* **1** em que existem habitantes; habitado **2** cheio de gente; concorrido ♦ *n.m.* pequena aglomeração de casas habitadas; povoação

povoar (po.vo.ar) *v.* **1** ocupar com habitantes; tornar habitado **2** encher

praça (pra.ça) *n.f.* **1** lugar público e amplo, rodeado de edifícios **2** mercado; feira

praceta (pra.ce.ta) *n.f.* praça pequena

pradaria (pra.da.ri.a) *n.f.* grande extensão de terreno plano **SIN.** planície

prado (pra.do) *n.m.* campo coberto de erva e de plantas silvestres

praga (pra.ga) *n.f.* **1** conjunto de insetos ou doenças que atacam plantas e animais **2** desejo de que algo de mau aconteça a alguém; maldição **3** grande desgraça; calamidade **4** grande quantidade de pessoas ou coisas que incomodam; **rogar uma praga (a alguém):**

lançar uma maldição (a alguém); desejar mal (a alguém)

pragmático (prag.má.ti.co) realista; objetivo

praguejar (pra.gue.jar) *v.* dizer ou rogar pragas; amaldiçoar

praia (prai.a) *n.f.* **1** faixa de terra coberta de areia que fica junto ao mar **2** margem de rio ou lago, coberta de areia, onde se pode tomar banho; **fazer praia**: ir muitas vezes à praia, sobretudo durante o verão; **praia fluvial**: margem de um rio coberta de areia

praia-mar (prai.a-mar) *n.f.* [*pl.* praia-mares] → **preia-mar**

prancha (pran.cha) *n.f.* **1** peça de madeira longa e estreita **2** plataforma de onde se pode saltar para a água **3** conjunto das várias tiras que compõem uma página de banda desenhada

prancheta (pran.che.ta) *n.f.* **1** [*dim. de* prancha] prancha pequena ou estreita **2** mesa própria para desenhar

pranto (pran.to) *n.m.* choro

prata (pra.ta) *n.f.* metal branco usado em joalharia

prataria (pra.ta.ri.a) *n.f.* conjunto de objetos de prata

prateado (pra.te.a.do) *adj.* **1** coberto com uma camada de prata **2** que é da cor da prata

pratear (pra.te.ar) *v.* **1** cobrir com uma camada de prata **2** pintar com a cor da prata

prateleira (pra.te.lei.ra) *n.f.* **1** divisão de armário ou estante **2** tábua horizontal fixa a uma parede, onde se colocam livros, louça, etc.

prática (prá.ti.ca) *n.f.* **1** maneira de exercer uma atividade **2** forma habitual de agir; costume

praticamente (pra.ti.ca.men.te) *adv.* **1** de modo prático; concretamente **2** aproximadamente; quase

praticante (pra.ti.can.te) *n.2gén.* **1** pessoa que faz ou pratica algo; autor **2** pessoa que pratica (uma atividade, um desporto, uma religião)

praticar (pra.ti.car) *v.* **1** fazer; realizar **2** exercer (uma atividade) com regularidade; exercitar

praticável (pra.ti.cá.vel) *adj.2gén.* que se pode pôr em prática SIN. realizável

prático (prá.ti.co) *adj.* **1** que é fácil de usar; funcional **2** que tem prática; experiente **3** que diz respeito às coisas materiais

pratinho (pra.ti.nho) *n.m.* **1** [*dim. de* prato] prato pequeno **2** *(inform.)* assunto ou pessoa que causa troça ou riso

prato (pra.to) *n.m.* **1** recipiente individual, geralmente circular, em que se come **2** conteúdo desse recipiente, que geralmente constitui uma refeição ◆ **pratos** *n.m.pl.* instrumento musical de percussão, formado de duas peças circulares de metal; **pôr em pratos limpos**: esclarecer (alguma coisa)

praxe (pra.xe) *n.f.* **1** aquilo que se faz habitualmente; costume **2** conjunto de regras de convivência em sociedade; etiqueta

prazer (pra.zer) *n.m.* **1** sensação muito agradável; alegria; satisfação **2** divertimento; distração

prazo (pra.zo) *n.m.* tempo determinado para a realização de uma coisa

preâmbulo (pre.âm.bu.lo) *n.m.* → **prólogo**

pré-aviso (pré-a.vi.so) *n.m.* [*pl.* pré-avisos] aviso que se faz antes de uma coisa acontecer

precário (pre.cá.ri.o) *adj.* **1** instável; incerto **2** frágil; delicado

preçário (pre.çá.ri.o) *n.m.* lista de preços

precaução (pre.cau.ção) *n.f.* cautela; prevenção

precaver (pre.ca.ver) *v.* tomar medidas para evitar que algo aconteça; prevenir ♦ **precaver-se** prevenir-se contra (algo negativo); acautelar-se

prece (pre.ce) *n.f.* **1** oração **2** súplica

precedência (pre.ce.dên.ci.a) *n.f.* **1** situação do que vem antes **2** preferência; primazia

precedente (pre.ce.den.te) *adj.2gén.* anterior; antecedente

preceder (pre.ce.der) *v.* ir ou estar na frente de; chegar ou acontecer antes SIN. anteceder

preceito (pre.cei.to) *n.m.* regra; norma

precioso (pre.ci.o.so) *adj.* **1** rico **2** valioso **3** raro

precipício (pre.ci.pí.ci.o) *n.m.* buraco profundo numa rocha; abismo

precipitação (pre.ci.pi.ta.ção) *n.f.* **1** pressa demasiada **2** falta de reflexão **3** quantidade de chuva, neve, granizo, etc. depositada no solo

precipitadamente (pre.ci.pi.ta.da. men.te) *adv.* **1** com pressa **2** sem pensar

precipitado (pre.ci.pi.ta.do) *adj.* feito com precipitação SIN. imprudente, irrefletido

precipitar (pre.ci.pi.tar) *v.* **1** lançar de cima para baixo **2** apressar; antecipar **3** atirar-se contra ♦ **precipitar-se** agir ou falar sem pensar

precisamente (pre.ci.sa.men.te) *adv.* **1** rigorosamente **2** exatamente

precisão (pre.ci.são) *n.f.* rigor absoluto ou total; exatidão ANT. imprecisão

precisar (pre.ci.sar) *v.* **1** ter necessidade de; necessitar **2** calcular ou indicar de modo preciso (precisar de)

preciso (pre.ci.so) *adj.* rigoroso; exato ANT. impreciso

preço (pre.ço) *n.m.* quantidade de dinheiro que é preciso pagar por um objeto ou um serviço; custo; **ao preço da chuva:** por um preço muito baixo; **a qualquer preço:** custe o que custar; **não ter preço:** não haver dinheiro que possa pagar; ter muito valor; **preço fixo:** preço que não pode ser alterado

precoce (pre.co.ce) *adj.* **1** que amadurece antes do tempo normal; temporão **2** que acontece antes do momento próprio; prematuro

preconceito (pre.con.cei.to) *n.m.* **1** opinião negativa que se tem sobre algo ou sobre alguém sem uma razão objetiva **2** sentimento de má vontade ou desprezo por algo ou alguém que não se conhece bem; intolerância

preconceituoso (pre.con.cei.tu.o.so) *adj.* que tem preconceito(s) em relação a algo ou a alguém; intolerante

precursor (pre.cur.sor) *adj. e n.m.* **1** que ou aquele que abre caminho; que ou aquele que vai à frente **2** que ou aquele que anuncia ou prepara algo

predador (pre.da.dor) *n.m.* animal que caça outros animais para obter alimento

predecessor (pre.de.ces.sor) *n.m.* pessoa que precede (no tempo) outra pessoa SIN. antecessor

predestinação (pre.des.ti.na.ção) *n.f.* ato de decidir como será o destino de alguém antes de ele acontecer

predestinado (pre.des.ti.na.do) *adj.* **1** eleito por Deus ou por uma divindade **2** que está reservado para um destino excecional

predestinar (pre.des.ti.nar) *v.* definir antecipadamente o destino de alguém; escolher

predial (pre.di.al) *adj.2gén.* relativo a prédio ou casa

predicado (pre.di.ca.do) *n.m.* **1** qualidade particular de uma pessoa, coisa ou animal; característica **2** função sintática desempenhada pelo grupo verbal e pelos seus modificadores

predicativo (pre.di.ca.ti.vo) *adj.* **1** relativo ao predicado **2** diz-se do verbo que estabelece a ligação entre o sujeito e o predicativo do sujeito; copulativo; **predicativo do sujeito:** palavra ou expressão que completa o sentido do verbo (copulativo) e caracteriza o sujeito da frase

predileção (pre.di.le.ção) *n.f.* preferência

predilecção *a nova grafia é* **predileção**

predilecto *a nova grafia é* **predileto**

predileto (pre.di.le.to) *adj.* preferido; favorito

prédio (pré.di.o) *n.m.* edifício

predispor (pre.dis.por) *v.* **1** dispor antes; preparar **2** preparar-se para (predispor-se a)

predisposição (pre.dis.po.si.ção) *n.f.* disposição ou tendência natural SIN. propensão

predisposto (pre.dis.pos.to) *adj.* preparado; pronto

predizer (pre.di.zer) *v.* dizer com antecedência o que vai acontecer

predominante (pre.do.mi.nan.te) *adj. 2gén.* superior em quantidade ou intensidade SIN. preponderante, prevalecente

predominar (pre.do.mi.nar) *v.* **1** ter mais influência ou importância **2** ser em maior quantidade ou intensidade

predomínio (pre.do.mí.ni.o) *n.m.* **1** domínio sobre algo **2** facto de estar em maior quantidade ou em maior número; preponderância

preencher (pre.en.cher) *v.* **1** encher completamente **2** completar algo

preenchimento (pre.en.chi.men.to) *n.m.* ato ou efeito de preencher

pré-escolar (pré-es.co.lar) *n.m.* período da educação das crianças antes da sua entrada no ensino obrigatório (geralmente entre os 3 e os 6 anos de idade)

preexistente (pre.e.xis.ten.te) *adj.2gén.* que existe (ou existiu) antes de outra coisa SIN. anterior

pré-fabricado (pré-fa.bri.ca.do) *adj.* montado com peças ou partes construídas antes

prefácio (pre.fá.ci.o) *n.m.* texto breve, no início de um livro, que explica algo sobre o livro ou sobre o seu autor SIN. preâmbulo, prólogo

preferência (pre.fe.rên.ci.a) *n.f.* **1** predileção **2** prioridade

preferencialmente (pre.fe.ren.ci.al. men.te) *adv.* de preferência; por escolha pessoal

preferir (pre.fe.rir) *v.* **1** gostar mais de **2** escolher

preferível (pre.fe.rí.vel) *adj.2gén.* que deve ser preferido; melhor

prefixação (pre.fi.xa.ção) *n.f.* formação de palavras por meio de prefixos

prefixo (pre.fi.xo) *n.m.* elemento que se coloca no início de uma palavra para formar uma nova palavra (por exemplo: *des*fazer, *in*feliz, *hiper*mercado, *contra*capa, etc.)

prega (pre.ga) *n.f.* dobra; ruga

pregado (pre.ga.do) *adj.* preso (a alguma coisa)

pregador (pre.ga.dor) (prégador) *n.m.* indivíduo que prega ou que faz sermões

pregão (pre.gão) *n.m.* anúncio de produtos ou serviços feito em voz alta por vendedores ambulantes

a
b
c
d
e
f
g
h
i
j
k
l
m
n
o
p
q
r
s
t
u
v
w
x
y
z

pregar (pre.gar) (prégár) v. fazer um discurso ou um sermão

pregar (pre.gar) (prégár) v. fixar com prego(s); cravar; **pregar uma partida:** fazer uma brincadeira a alguém por divertimento

prego (pre.go) n.m. **1** haste metálica fina, aguçada num dos extremos e com cabeça no outro, que serve para fixar um objeto **2** (inform.) bife grelhado que se come dentro do pão

preguiça (pre.gui.ça) n.f. falta de vontade de agir ou de trabalhar; indolência

preguiçar (pre.gui.çar) v. **1** entregar-se à preguiça; ficar sem fazer nada **2** espreguiçar-se

preguiçoso (pre.gui.ço.so) adj. que tem preguiça; indolente ANT. trabalhador

pré-história (pré-his.tó.ri.a) n.f. [pl. pré-histórias] período da história da humanidade que vai até ao aparecimento de utensílios de metal e à invenção da escrita

pré-histórico (pré-his.tó.ri.co) adj. relativo à pré-história

preia-mar (prei.a-mar) n.f. [pl. preia-mares] nível mais alto a que sobe a maré SIN. maré-cheia

pré-inscrição (pré-ins.cri.ção) n.f. [pl. pré-inscrições] inscrição provisória numa lista ou num serviço

prejudicado (pre.ju.di.ca.do) adj. **1** que sofreu prejuízo; lesado **2** avariado; danificado

prejudicar (pre.ju.di.car) v. **1** causar prejuízo ou dano; lesar **2** avariar; danificar ♦ **prejudicar-se** sofrer prejuízo ou dano

prejudicial (pre.ju.di.ci.al) adj.2gén. que causa prejuízo SIN. nocivo

prejuízo (pre.ju.í.zo) n.m. **1** dano **2** perda

prelúdio (pre.lú.di.o) n.m. **1** aquilo que precede ou anuncia alguma coisa; introdução **2** peça musical tocada antes da execução de uma obra

prematuro (pre.ma.tu.ro) adj. que acontece antes do momento próprio SIN. antecipado, precoce

premeditado (pre.me.di.ta.do) adj. planeado com antecedência; deliberado

premeditar (pre.me.di.tar) v. decidir com antecedência SIN. arquitetar, planear

premiado (pre.mi.a.do) n.m. pessoa que recebeu um prémio

premiar (pre.mi.ar) v. dar um prémio a SIN. galardoar, recompensar

prémio (pré.mi.o) n.m. **1** título e distinção atribuídos ao vencedor ou aos melhores classificados num concurso ou numa competição **2** retribuição em dinheiro por um serviço prestado; recompensa; **prémio de consolação:** prémio de valor simbólico que é dado a quem esteve perto de conseguir um prémio, mas não o alcançou; **prémio Nobel:** prémio que é atribuído anualmente às pessoas que se destacaram pelo seu contributo nas seguintes áreas: Física, Medicina, Literatura, Química, Economia e Paz (o prémio tem o nome do seu fundador, o engenheiro sueco Alfred Nobel, 1833-1896)

premir (pre.mir) v. fazer pressão ou força sobre; carregar em SIN. premer

pré-natal (pré-na.tal) adj.2gén. relativo ao período que antecede o nascimento

prenda (pren.da) n.f. objeto que se oferece (a alguém) SIN. oferta, presente

prendado (pren.da.do) adj. que tem qualidades ou aptidões para determinada atividade

prender (pren.der) v. **1** atar ANT. soltar **2** segurar **3** capturar ♦ **prender-se 1** ficar preso a (algo) **2** ficar ligado afetivamente a (alguém) **3** ter relação com ⟨prender-se a, prender-se com⟩

prensa (pren.sa) *n.f.* máquina para comprimir certos corpos e espremer frutos, sementes, etc.

prensar (pren.sar) *v.* apertar na prensa; comprimir

prenunciar (pre.nun.ci.ar) *v.* **1** prever o que ainda não aconteceu **2** ser indício de; indicar

prenúncio (pre.nún.ci.o) *n.m.* aquilo que precede e anuncia um acontecimento; indício

preocupação (pre.o.cu.pa.ção) *n.f.* ideia que perturba a tranquilidade de alguém SIN. inquietação

preocupado (pre.o.cu.pa.do) *adj.* que tem preocupação SIN. inquieto

preocupante (pre.o.cu.pan.te) *adj.2gén.* que preocupa SIN. inquietante

preocupar (pre.o.cu.par) *v.* causar preocupação; inquietar ♦ **preocupar-se** ficar preocupado; inquietar-se ⟨preocupar-se com⟩

pré-pagamento (pré-pa.ga.men.to) *n.m.* [*pl.* pré-pagamentos] pagamento efetuado antes de fazer o pedido de um produto ou de um serviço

preparação (pre.pa.ra.ção) *n.f.* ato ou efeito de preparar; elaboração; organização

preparado (pre.pa.ra.do) *adj.* pronto para; disposto a ♦ *n.m.* produto químico ou farmacêutico

preparar (pre.pa.rar) *v.* **1** dispor algo para ser utilizado **2** organizar **3** elaborar **4** planear ♦ **preparar-se 1** arranjar-se; vestir-se **2** estar prestes a ⟨preparar-se para⟩

preparativos (pre.pa.ra.ti.vos) *n.m.pl.* medidas que se tomam para que algo se concretize

preparatório (pre.pa.ra.tó.ri.o) *adj.* que prepara; que serve para preparar

preposição (pre.po.si.ção) *n.f.* palavra invariável que liga elementos da frase

Nota que **preposição** (com *e*) é diferente de **proposição** (com *o*).

preposicional (pre.po.si.ci.o.nal) *adj. 2gén.* relativo a preposição; em que há preposição

prepotência (pre.po.tên.ci.a) *n.f.* abuso do poder ou da autoridade que se tem

prepotente (pre.po.ten.te) *adj.2gén.* que exerce o poder ou a autoridade sem respeitar regras

pré-primária (pré-pri.má.ri.a) *n.f.* [*pl.* pré-primárias] **1** nível de ensino que antecede o ensino básico **2** escola que ensina esse nível; jardim-escola; jardim de infância

pré-requisito (pré-re.qui.si.to) *n.m.* [*pl.* pré-requisitos] condição essencial para alcançar ou obter alguma coisa

presa (pre.sa) *n.f.* **1** aquilo que um animal caça para comer **2** dente canino saliente (como o do elefante e do javali) **3** garra de ave de rapina

prescindir (pres.cin.dir) *v.* passar sem; renunciar a ⟨prescindir de⟩

prescrever (pres.cre.ver) *v.* **1** determinar; estabelecer **2** receitar (medicamento, tratamento) **3** ficar sem efeito (um prazo, um direito)

prescrição (pres.cri.ção) *n.f.* **1** indicação exata; determinação **2** receita médica **3** fim (de um prazo, de um direito)

prescrito (pres.cri.to) *adj.* **1** determinado **2** receitado **3** que perdeu a validade

pré-seleção (pré-se.le.ção) *n.f.* [*pl.* pré-seleções] primeira seleção ou escolha

pré-selecção *a nova grafia é* **pré-seleção**

a
b
c
d
e
f
g
h
i
j
k
l
m
n
o
p
q
r
s
t
u
v
w
x
y
z

presença (pre.sen.ça) *n.f.* facto de alguém estar num dado lugar; comparência

presenciar (pre.sen.ci.ar) *v.* assistir a; observar

presente (pre.sen.te) *adj.2gén.* **1** que está no lugar em que se fala ANT. ausente **2** que está à vista ◆ *n.m.* **1** tempo atual **2** oferta; prenda **3** tempo verbal que situa a ação no momento atual

presentear (pre.sen.te.ar) *v.* dar presente a; oferecer

presépio (pre.sé.pi.o) *n.m.* representação do nascimento de Cristo num estábulo

preservação (pre.ser.va.ção) *n.f.* proteção; defesa

preservar (pre.ser.var) *v.* proteger; defender

preservativo (pre.ser.va.ti.vo) *n.m.* capa de borracha flexível que se coloca no pénis durante o ato sexual, para evitar a gravidez e proteger de doenças sexualmente transmissíveis

presidência (pre.si.dên.ci.a) *n.f.* cargo ou função de presidente

presidenciais (pre.ci.den.ci.ais) *n.f.pl.* eleições para escolher o presidente da República

presidencial (pre.si.den.ci.al) *adj.2gén.* relativo a presidência ou a presidente

presidente (pre.si.den.te) *n.2gén.* **1** pessoa que desempenha o cargo mais alto numa assembleia ou numa instituição **2** chefe do governo; **Presidente da República:** chefe de Estado numa república

presidir (pre.si.dir) *v.* exercer as funções de presidente; governar; dirigir (presidir a)

presilha (pre.si.lha) *n.f.* tira de pano ou couro que se une a outra por meio de fecho, botão ou fivela, para prender alguma coisa

preso (pre.so) *adj.* **1** atado; ligado **2** detido (na prisão) ◆ *n.m.* indivíduo detido; prisioneiro

pressa (pres.sa) *n.f.* **1** necessidade de fazer algo com rapidez; urgência **2** característica do que é rápido; velocidade

presságio (pres.sá.gi.o) *n.m.* pressentimento; previsão

pressão (pres.são) *n.f.* **1** força exercida sobre um determinado ponto de uma superfície **2** *(fig.)* ação para tentar influenciar ou obrigar alguém

pressentimento (pres.sen.ti.men.to) *n.m.* sentimento instintivo de que algo vai acontecer; palpite

pressentir (pres.sen.tir) *v.* sentir antecipadamente o que vai acontecer; prever

pressionado (pres.si.o.na.do) *adj.* que sofreu ou sofre pressão

pressionar (pres.si.o.nar) *v.* **1** fazer pressão sobre (algo); comprimir **2** exercer influência sobre (alguém)

pressupor (pres.su.por) *v.* **1** supor antecipadamente; imaginar **2** dar a entender; presumir

pressuposição (pres.su.po.si.ção) *n.f.* opinião formada com base em aparências ou probabilidades; conjetura

pressuposto (pres.su.pos.to) *adj.* que se pressupôs ◆ *n.m.* **1** suposição **2** condição prévia

prestação (pres.ta.ção) *n.f.* cada umas das parcelas do pagamento periódico de uma dívida

prestar (pres.tar) *v.* **1** dar; conceder **2** ter utilidade **3** ser bom ou conveniente para

prestável (pres.tá.vel) *adj.2gén.* **1** que pode ter utilidade **2** que gosta de ajudar

prestes (pres.tes) *adj.2gén.2núm.* **1** que está quase a; próximo **2** preparado; pronto; **estar prestes a:** estar quase a

prestígio (pres.tí.gi.o) *n.m.* **1** fama **2** importância

préstimo (prés.ti.mo) *n.m.* **1** utilidade **2** valor

presumido (pre.su.mi.do) *adj.* vaidoso; presunçoso

presumir (pre.su.mir) *v.* supor; julgar

presumível (pre.su.mí.vel) *adj.2gén.* que se pode presumir ou supor

presunção (pre.sun.ção) *n.f.* vaidade; afetação

presunçoso (pre.sun.ço.so) *adj.* vaidoso; presumido

presunto (pre.sun.to) *n.m.* carne da perna do porco, depois de salgada e curada

pretendente (pre.ten.den.te) *n.2gén.* pessoa que pretende algo; candidato

pretender (pre.ten.der) *v.* **1** desejar **2** solicitar

pretensão (pre.ten.são) *n.f.* **1** desejo de obter algo **2** solicitação

pretensioso (pre.ten.si.o.so) *adj. e n.m.* vaidoso; presumido

pretenso (pre.ten.so) *adj.* suposto; imaginado

pretérito (pre.té.ri.to) *n.m.* tempo verbal que situa a ação num tempo anterior ao presente SIN. passado

pretexto (pre.tex.to) *n.m.* **1** motivo que se apresenta para não revelar a verdadeira razão de algo; desculpa **2** razão; ocasião

preto (pre.to) *adj.* de cor muito escura, como o carvão; negro ANT. branco ♦ *n.m.* cor negra; negro; **preto no branco:** de forma clara; por escrito

prevalecer (pre.va.le.cer) *v.* **1** ser superior em importância; predominar **2** continuar a existir; permanecer

prevenção (pre.ven.ção) *n.f.* conjunto de medidas para prevenir um mal; precaução

prevenido (pre.ve.ni.do) *adj.* **1** que tomou medidas para evitar algo; preca-

vido **2** que foi informado de algo; avisado

prevenir (pre.ve.nir) *v.* **1** tomar medidas para evitar algo **2** avisar com antecedência ♦ **prevenir-se** preparar-se

preventivo (pre.ven.ti.vo) *adj.* que previne; que serve para prevenir

prever (pre.ver) *v.* antever; calcular

previamente (pre.vi.a.men.te) *adv.* **1** com antecedência **2** anteriormente

prévio (pré.vi.o) *adj.* **1** que acontece antes de outra coisa; anterior **2** que antecede o principal; preliminar

previsão (pre.vi.são) *n.f.* **1** sentimento instintivo de que algo vai acontecer; pressentimento **2** cálculo antecipado de alguma coisa

previsível (pre.vi.sí.vel) *adj.2gén.* que se pode prever

previsto (pre.vis.to) *adj.* **1** pressentido **2** calculado

prima (pri.ma) *n.f.* filha do tio ou da tia

primária (pri.má.ri.a) *n.f.* antiga designação do primeiro ciclo do ensino básico

primário (pri.má.ri.o) *adj.* **1** que está primeiro; primitivo **2** que é fácil de compreender; simples; elementar **3** relativo a uma fase inicial (de um processo, de uma evolução ou de uma doença)

primata (pri.ma.ta) *n.m.* mamífero com dentição completa e membros desenvolvidos, com cinco dedos, o primeiro dos quais é oponível aos restantes

primavera (pri.ma.ve.ra) *n.f.* estação do ano antes do verão e depois do inverno; *ver nota em* **estação**

primaveril (pri.ma.ve.ril) *adj.2gén.* **1** relativo a primavera **2** que lembra a primavera

primeira (pri.mei.ra) *n.f.* mudança mais potente de um veículo, utilizada sobretudo no arranque

primeiro (pri.mei.ro) *num.ord.>adj.num.*ᴰᵀ que ocupa o lugar número 1 ♦ *n.m.* pessoa ou coisa que ocupa a posição número 1 ♦ *adv.* em primeiro lugar; primeiramente; **primeiro que:** antes que; até que; **primeiro que tudo:** antes de mais nada

primeiro-ministro (pri.mei.ro-mi.nis.tro) *n.m.* [*pl.* primeiros-ministros] chefe de governo (num sistema parlamentar)

primitivo (pri.mi.ti.vo) *adj.* **1** que é o primeiro a existir; inicial **2** relativo aos primeiros tempos da vida humana; original **3** que não tem instrução; que não evoluiu **4** *(fig.)* rudimentar; rude **5** diz-se da palavra que serve para formar outras palavras

primo (pri.mo) *n.m.* filho do tio ou da tia

primogénito (pri.mo.gé.ni.to) *n.m.* filho que nasceu em primeiro lugar; primeiro filho

primor (pri.mor) *n.m.* **1** beleza **2** perfeição

princesa (prin.ce.sa) *n.f.* filha de reis; esposa de um príncipe

principado (prin.ci.pa.do) *n.m.* país independente governado por um príncipe ou uma princesa

principal (prin.ci.pal) *adj.2gén.* que é o primeiro em importância, valor ou posição; fundamental; essencial ♦ *n.m.* **1** aquilo que é mais importante; o fundamental; o essencial **2** pessoa que chefia; chefe

príncipe (prín.ci.pe) *n.m.* **1** filho de reis **2** membro de uma família real; **príncipe consorte:** marido de uma rainha

principesco (prin.ci.pes.co) *adj.* **1** relativo a príncipe; próprio de príncipe **2** *(fig.)* sumptuoso; rico; opulento

principiante (prin.ci.pi.an.te) *adj.2gén.* que começa a aprender algo SIN. novato ♦ *n.2gén.* pessoa que começa a aprender alguma coisa

principiar (prin.ci.pi.ar) *v.* começar; iniciar

princípio (prin.cí.pi.o) *n.m.* **1** momento em que uma coisa começa; começo; início ANT. fim **2** ponto de partida; origem **3** regra de conduta; norma; **a/no princípio:** no começo; no início; **em princípio:** em termos gerais

prior (pri.or) *n.m.* pároco (em certas freguesias)

prioridade (pri.o.ri.da.de) *n.f.* **1** qualidade do que está em primeiro lugar **2** direito de passar à frente dos outros; primazia

prioritário (pri.o.ri.tá.ri.o) *adj.* **1** que é mais importante **2** que tem prioridade

prisão (pri.são) *n.f.* **1** ato ou efeito de prender (alguém); detenção **2** lugar onde se está preso; cadeia **3** *(fig.)* aquilo que limita a ação ou a liberdade

prisional (pri.si.o.nal) *adj.2gén.* relativo a prisão

prisioneiro (pri.si.o.nei.ro) *n.m.* pessoa que está presa

prisma (pris.ma) *n.m.* **1** sólido limitado por duas faces iguais e paralelas (bases) **2** *(fig.)* ponto de vista; perspetiva

privação (pri.va.ção) *n.f.* falta de coisas necessárias SIN. carência

privacidade (pri.va.ci.da.de) *n.f.* vida privada ou particular; intimidade

privada (pri.va.da) *n.f.* *(Bras.)* sanita; retrete

privado (pri.va.do) *adj.* **1** que não é público; particular; íntimo **2** que não pertence ao Estado

privar (pri.var) *v.* **1** tirar (algo a alguém) **2** impedir (algo a alguém); proibir **3** renunciar a ⟨privar de⟩ ♦ **privar-se** ficar sem (a posse de)

privativo (pri.va.ti.vo) *adj.* **1** reservado a certas pessoas; exclusivo **2** que é próprio de uma pessoa ou de um grupo; específico

privatização (pri.va.ti.za.ção) *n.f.* transferência de um bem que pertence ao Estado para o setor privado

privatizar (pri.va.ti.zar) *v.* transferir (um bem que pertence ao Estado) para o setor privado

privilegiado (pri.vi.le.gi.a.do) *adj.* 1 que goza de privilégio; beneficiado 2 que é muito rico; abastado

privilegiar (pri.vi.le.gi.ar) *v.* 1 conceder privilégio a; beneficiar 2 dar preferência a; preferir

> **Privilegiar**, ao contrário da forma como geralmente se lê, escreve-se primeiro com dois **i** e depois com um **e**.

privilégio (pri.vi.lé.gi.o) *n.m.* vantagem concedida apenas a uma pessoa ou a um grupo SIN. regalia

pró (pró) *adv.* a favor de; em defesa de ♦ *n.m.* aspeto positivo; conveniência; **os prós e os contras:** as vantagens e as desvantagens

proa (pro.a) *n.f.* parte da frente do navio

probabilidade (pro.ba.bi.li.da.de) *n.f.* 1 característica do que é provável 2 possibilidade de algo vir a acontecer

problema (pro.ble.ma) *n.m.* 1 dificuldade que é necessário resolver 2 exercício de matemática que consiste em calcular quantidades desconhecidas a partir de quantidades conhecidas 3 situação complexa ou incómoda

problemática (pro.ble.má.ti.ca) *n.f.* conjunto de problemas ou dúvidas sobre determinado assunto

problemático (pro.ble.má.ti.co) *adj.* 1 relativo a problema 2 que é difícil de compreender; complicado

procedência (pro.ce.dên.ci.a) *n.f.* 1 ponto de partida; origem 2 razão; causa

procedente (pro.ce.den.te) *adj. 2 gén.* originário; proveniente

proceder (pro.ce.der) *v.* 1 agir de determinada forma; atuar 2 ter origem em 3 descender de (proceder de)

procedimento (pro.ce.di.men.to) *n.m.* 1 maneira de proceder ou de agir; comportamento 2 modo de fazer algo; método

processamento (pro.ces.sa.men.to) *n.m.* 1 formação de um processo 2 organização e tratamento de dados num computador a fim de classificar, ordenar ou obter informações

processar (pro.ces.sar) *v.* 1 instaurar um processo judicial 2 tratar dados ou informações num computador ♦ **processar-se** desenvolver-se (um processo)

processo (pro.ces.so) *n.m.* 1 ação judicial 2 modo de fazer determinada coisa; método

procissão (pro.cis.são) *n.f.* cortejo religioso

proclamação (pro.cla.ma.ção) *n.f.* declaração pública e solene

proclamar (pro.cla.mar) *v.* declarar publicamente; anunciar

procriação (pro.cri.a.ção) *n.f.* reprodução

procriar (pro.cri.ar) *v.* 1 fazer nascer; gerar 2 reproduzir-se

procura (pro.cu.ra) *n.f.* busca

procuração (pro.cu.ra.ção) *n.f.* 1 autorização que uma pessoa dá a outra para agir em seu nome 2 documento legal que confere essa autorização

procurar (pro.cu.rar) *v.* tentar achar algo que se perdeu ou que se desconhece; buscar

prodígio (pro.dí.gi.o) *n.m.* coisa ou pessoa que causa grande admiração SIN. maravilha

produção (pro.du.ção) *n.f.* **1** ato ou efeito de produzir; criação **2** conjunto de bens produzidos pela agricultura e pela indústria

produtividade (pro.du.ti.vi.da.de) *n.f.* capacidade de produzir resultado no desempenho de determinada função; rendimento

produtivo (pro.du.ti.vo) *adj.* **1** relativo à produção **2** que produz muito; fértil **ANT.** produtivo **3** que dá rendimento; vantajoso

produto (pro.du.to) *n.m.* **1** aquilo que é produzido para ser vendido; artigo **2** resultado de um trabalho ou de uma atividade; fruto; obra **3** em matemática, resultado da operação de multiplicação

produtor (pro.du.tor) *n.m.* **1** indivíduo que produz bens ou mercadorias; fabricante **2** criador; autor

produzir (pro.du.zir) *v.* **1** fabricar **2** criar

proeza (pro.e.za) *n.f.* ato que revela coragem **SIN.** façanha

prof (prof) *n.2gén. (inform.)* professor; professora

profanar (pro.fa.nar) *v.* **1** desrespeitar uma coisa sagrada (como uma igreja ou um cemitério) **2** tratar mal algo que merece respeito

profano (pro.fa.no) *adj.* **1** que não é sagrado **2** que não é religioso; secular

profecia (pro.fe.ci.a) *n.f.* previsão de acontecimentos futuros

proferir (pro.fe.rir) *v.* pronunciar em voz alta; dizer

professor (pro.fes.sor) *n.m.* [*f.* professora] pessoa que dá aulas

profeta (pro.fe.ta) *n.m.* [*f.* profetisa] aquele que fala em nome de Deus e que anuncia os acontecimentos futuros

profético (pro.fé.ti.co) *adj.* **1** relativo a profeta ou a profecia **2** que antevê o futuro

profissão (pro.fis.são) *n.f.* **1** trabalho que uma pessoa faz regularmente e pelo qual recebe um salário; atividade profissional; emprego **2** declaração pública de uma crença, opinião ou religião

profissional (pro.fis.si.o.nal) *adj.2gén.* **1** relativo à profissão **2** diz-se da atividade praticada como ofício, e não como passatempo **3** diz-se da pessoa muito competente

profiterole (pro.fi.te.ro.le) *n.m.* pequeno bolo arredondado de massa fofa, geralmente recheado com creme e coberto com chocolate quente

profundamente (pro.fun.da.men.te) *adv.* **1** intimamente **2** intensamente

profundidade (pro.fun.di.da.de) *n.f.* **1** qualidade de profundo **2** distância que vai da superfície ou da entrada até ao fundo; fundura

profundo (pro.fun.do) *adj.* **1** cuja parte mais baixa está a uma grande distância da superfície; fundo **2** íntimo **3** inacessível **4** muito extenso **5** perspicaz

progenitor (pro.ge.ni.tor) *n.m.* **1** pai **2** antepassado

prognóstico (prog.nós.ti.co) *n.m.* **1** previsão do que vai acontecer feita a partir de sinais ou indícios **2** sinal de um acontecimento futuro; indício

programa (pro.gra.ma) *n.m.* **1** descrição escrita das diversas partes de uma cerimónia, espetáculo ou concurso **2** plano dos temas abordados numa disciplina ou num curso **3** emissão de rádio ou de televisão **4** projeto; plano **5** conjunto de instruções que um computador é capaz de seguir para executar uma tarefa

programação (pro.gra.ma.ção) *n.f.* **1** ato de estabelecer um programa; planeamento; planificação **2** conjunto de programas emitidos por uma estação de rádio ou de televisão

programador (pro.gra.ma.dor) *n.m.*
1 pessoa que organiza programas
2 profissional que desenvolve programas de computador

programar (pro.gra.mar) *v.* **1** organizar programas **2** fazer planos para; planear

programático (pro.gra.má.ti.co) *adj.* relativo a programa

progredir (pro.gre.dir) *v.* avançar; evoluir

progressão (pro.gres.são) *n.f.* **1** aumento gradual **2** progresso; evolução

progressista (pro.gres.sis.ta) *adj.2gén.*
1 relativo a progresso **2** que defende o progresso

progressivo (pro.gres.si.vo) *adj.* que avança gradualmente, por etapas SIN. gradual

progresso (pro.gres.so) *n.m.* **1** movimento para a frente; avanço **2** mudança para melhor; evolução

proibição (pro.i.bi.ção) *n.f.* ato de proibir alguma coisa SIN. impedimento, interdição

proibido (pro.i.bi.do) *adj.* **1** que não é permitido; interdito **2** que é contrário à lei; ilegal

proibir (pro.i.bir) *v.* não permitir SIN. impedir, interdizer, interditar

proibitivo (pro.i.bi.ti.vo) *adj.* **1** que proíbe ou que impede **2** diz-se do preço muito elevado

projeção (pro.je.ção) *n.f.* **1** lançamento a grande distância **2** exibição de imagens numa tela ou num ecrã **3** representação de um ou mais pontos de um sólido geométrico sobre um ou vários planos

projecção *a nova grafia é* **projeção**
projectar *a nova grafia é* **projetar**
projéctil *a nova grafia é* **projétil**

projecto *a nova grafia é* **projeto**
projector *a nova grafia é* **projetor**
projetar (pro.je.tar) *v.* **1** lançar para longe; atirar **2** fazer um projeto ou uma planta de (uma casa, uma ponte, etc.) **3** fazer incidir (luz, sombra, raio) numa direção **4** fazer a projeção de (uma figura geométrica)

projétil (pro.jé.til) *n.m.* peça disparada por uma arma de fogo; bala

projeto (pro.je.to) *n.m.* **1** intenção de fazer algo; propósito **2** esboço de um trabalho a realizar; plano

projetor (pro.je.tor) *n.m.* aparelho que projeta imagens sobre uma tela, utilizando diapositivos, filmes, etc.

prólogo (pró.lo.go) *n.m.* texto breve, no início de um livro, que explica algo sobre o livro ou sobre o seu autor SIN. preâmbulo, prefácio

prolongado (pro.lon.ga.do) *adj.* **1** aumentado **2** demorado

prolongamento (pro.lon.ga.men.to) *n.m.* **1** aumento da extensão ou da duração **2** período adicional num jogo, quando as equipas estão empatadas

prolongar (pro.lon.gar) *v.* aumentar; alongar

promessa (pro.mes.sa) *n.f.* **1** garantia dada a alguém de que se vai fazer algo **2** compromisso perante Deus ou os santos de oferecer algo (oração, sacrifício, penitência) para obter uma graça ou um benefício

prometedor (pro.me.te.dor) *adj.* **1** que promete SIN. promissor **2** que dá esperança

prometer (pro.me.ter) *v.* **1** obrigar-se a fazer ou a dar algo **2** dar esperanças de **3** fazer uma promessa

prometido (pro.me.ti.do) *adj.* **1** que se prometeu **2** que está reservado **3** que está noivo

a b c d e f g h i j k l m n o p q r s t u v w x y z

promissor (pro.mis.sor) *adj.* → **prometedor**

promoção (pro.mo.ção) *n.f.* **1** acesso a uma categoria superior **2** técnica para aumentar a venda de um produto através de publicidade, redução de preço, etc.

promocional (pro.mo.ci.o.nal) *adj.2gén.* relativo a promoção

promotor (pro.mo.tor) *n.m.* pessoa que promove; impulsionador

promover (pro.mo.ver) *v.* **1** dar impulso a; desenvolver **2** ser a causa de; gerar **3** elevar a um cargo ou a uma categoria superior

promulgar (pro.mul.gar) *v.* publicar oficialmente (lei ou decreto)

pronome (pro.no.me) *n.m.* palavra que se usa em vez de um nome ou de um grupo nominal

pronominal (pro.no.mi.nal) *adj.2gén.* **1** relativo a pronome **2** equivalente a pronome **3** diz-se do verbo conjugado com um pronome pessoal átono

prontamente (pron.ta.men.te) *adv.* sem demora; rapidamente

prontidão (pron.ti.dão) *n.f.* facilidade e rapidez a fazer alguma coisa; desembaraço

pronto (pron.to) *adj.* **1** terminado **2** preparado ♦ *interj.* indica que não há mais nada a acrescentar

> **Pronto**, usado como adjetivo, significa *terminado, preparado* e tem *s* no plural:
> *Ela não estava **pronta** mas as amigas já estavam **prontas** há muito.*
>
> Usado como interjeição, significa *é isso* e escreve-se sem *s* final:
> ***Pronto**, vamos lá embora!*

prontuário (pron.tu.á.ri.o) *n.m.* livro com informações úteis sobre as principais dificuldades de uma língua, organizadas de modo a permitir uma pesquisa rápida; **prontuário ortográfico:** livro que regista a forma correta de escrever as palavras de uma língua

pronúncia (pro.nún.ci.a) *n.f.* **1** modo de dizer as palavras **2** modo de dizer as palavras, característico de uma pessoa ou de uma região; sotaque

pronunciar (pro.nun.ci.ar) *v.* **1** expressar oralmente; articular (sons) ♦ **pronunciar-se** dar a sua opinião; manifestar-se

propagação (pro.pa.ga.ção) *n.f.* **1** reprodução (de seres vivos) **2** difusão (de ideias, notícias, etc.) **3** transmissão (de doença) por contágio

propaganda (pro.pa.gan.da) *n.f.* **1** divulgação de uma ideia ou de um programa (político, religioso, etc.) **2** difusão de uma mensagem publicitária; publicidade

propagar (pro.pa.gar) *v.* **1** multiplicar **2** espalhar

propensão (pro.pen.são) *n.f.* tendência inata SIN. inclinação, vocação

propício (pro.pí.ci.o) *adj.* **1** favorável **2** adequado

propina (pro.pi.na) *n.f.* quantia que se paga em determinadas instituições de ensino (geralmente superior)

propor (pro.por) *v.* sugerir ♦ **propor-se** oferecer-se

proporção (pro.por.ção) *n.f.* relação entre coisas ou entre partes de um todo; comparação

proporcionado (pro.por.ci.o.na.do) *adj.* harmonioso; equilibrado

proporcional (pro.por.ci.o.nal) *adj.2gén.* **1** relativo a proporção **2** equilibrado; harmonioso

proporcionar (pro.por.ci.o.nar) *v.* dar (a alguém) a oportunidade de SIN. propiciar

proposição (pro.po.si.ção) *n.f.* **1** proposta; sugestão **2** frase; discurso

> Nota que **proposição** (com **o**) é diferente de **preposição** (com **e**).

proposicional (pro.po.si.ci.o.nal) *adj. 2gén.* relativo a proposição

propositadamente (pro.po.si.ta.da.men.te) *adv.* de propósito SIN. intencionalmente

propositado (pro.po.si.ta.do) *adj.* feito com propósito ou intenção SIN. intencional, premeditado

propósito (pro.pó.si.to) *n.m.* **1** decisão **2** intenção; **a propósito:** no momento certo ou oportuno; por falar nisso; **a propósito de:** a respeito de; **de propósito:** com intenção; intencionalmente

proposta (pro.pos.ta) *n.f.* sugestão

proposto (pro.pos.to) *adj.* sugerido

propriamente (pro.pri.a.men.te) *adv.* exatamente

propriedade (pro.pri.e.da.de) *n.f.* **1** característica de alguma coisa; qualidade **2** aquilo que pertence a uma pessoa; bem

proprietário (pro.pri.e.tá.ri.o) *n.m.* dono

próprio (pró.pri.o) *adj.* **1** que pertence ao sujeito da frase **2** adequado; conveniente **3** diz-se do nome que designa um ser, um objeto ou um lugar específico (por oposição a *comum*)

propulsão (pro.pul.são) *n.f.* **1** impulso para a frente **2** força que provoca a deslocação de um corpo

prosa (pro.sa) *n.f.* **1** texto que não é escrito em verso **2** conversa informal

prospecto *a nova grafia é* **prospeto**

prosperar (pros.pe.rar) *v.* **1** progredir **2** enriquecer

prosperidade (pros.pe.ri.da.de) *n.f.* **1** progresso **2** riqueza

próspero (prós.pe.ro) *adj.* **1** que tem êxito; bem-sucedido **2** rico; abastado

prospeto (pros.pe.to) *n.m.* impresso informativo ou publicitário SIN. folheto

prosseguimento (pros.se.gui.men.to) *n.m.* continuação

prosseguir (pros.se.guir) *v.* continuar

próstata (prós.ta.ta) *n.f.* glândula sexual masculina, situada em volta da parte inicial da uretra

protagonismo (pro.ta.go.nis.mo) *n.m.* **1** papel principal numa narrativa, num filme ou numa peça **2** posição de destaque ocupada por alguém

protagonista (pro.ta.go.nis.ta) *n.2gén.* **1** personagem principal de uma obra **2** pessoa que ocupa um lugar de destaque

protão (pro.tão) *n.m.* partícula de eletricidade positiva

proteção (pro.te.ção) *n.f.* **1** apoio **2** defesa **3** revestimento

protecção *a nova grafia é* **proteção**

protector *a nova grafia é* **protetor**

proteger (pro.te.ger) *v.* **1** apoiar **2** defender

protegido (pro.te.gi.do) *adj.* **1** apoiado **2** defendido ◆ *n.m.* **1** pessoa que recebe proteção ou ajuda **2** pessoa que goza de privilégios

proteína (pro.te.í.na) *n.f.* composto orgânico constituído por carbono, oxigénio, hidrogénio, azoto e, por vezes, enxofre e fósforo, que representa uma parte essencial da massa dos seres vivos

prótese (pró.te.se) *n.f.* peça artificial que substitui um órgão do corpo ou parte de um órgão

protestar (pro.tes.tar) *v.* manifestar-se contra; reclamar

a b c d e f g h i j k l m n o p q r s t u v w x y z

protesto (pro.tes.to) *n.m.* **1** expressão de desacordo ou de recusa **2** queixa contra alguma coisa; reclamação

protetor (pro.te.tor) *adj.* que protege ou defende ♦ *n.m.* pessoa que protege alguém ou alguma coisa

protocolo (pro.to.co.lo) *n.m.* **1** conjunto de normas que regem atos públicos ou solenes; cerimonial; etiqueta **2** acordo estabelecido entre empresas ou países

protótipo (pro.tó.ti.po) *n.m.* **1** modelo; padrão **2** modelo (de automóvel, avião, etc.) para servir de teste antes do fabrico em série

protuberância (pro.tu.be.rân.ci.a) *n.f.* saliência

protuberante (pro.tu.be.ran.te) *adj.2gén.* saliente

prova (pro.va) *n.f.* **1** aquilo que mostra ou confirma uma verdade; demonstração **2** exame; teste **3** competição desportiva **4** concurso

provação (pro.va.ção) *n.f.* grande sofrimento

provado (pro.va.do) *adj.* **1** demonstrado **2** experimentado

provador (pro.va.dor) *n.m.* pessoa cuja profissão consiste em provar vinhos

provar (pro.var) *v.* **1** demonstrar **2** experimentar

provável (pro.vá.vel) *adj.2gén.* que pode acontecer; possível **ANT.** improvável

provedor (pro.ve.dor) *n.m.* pessoa que dirige certas instituições de assistência

proveito (pro.vei.to) *n.m.* vantagem; lucro; **em proveito de:** em benefício de

proveitoso (pro.vei.to.so) *adj.* **1** útil **2** vantajoso

proveniência (pro.ve.ni.ên.ci.a) *n.f.* origem

proveniente (pro.ve.ni.en.te) *adj.2gén.* originário

provérbio (pro.vér.bi.o) *n.m.* frase de origem popular que contém um conselho ou um ensinamento (como "amor com amor se paga" e "cão que ladra não morde") **SIN.** ditado, máxima

proveta (pro.ve.ta) *n.f.* vaso de vidro, estreito e cilíndrico, para recolher gases ou medir quantidades de líquidos; tubo de ensaio

providência (pro.vi.dên.ci.a) *n.f.* medida que se toma para promover um bem ou evitar um mal; prevenção

providenciar (pro.vi.den.ci.ar) *v.* tomar medidas para

província (pro.vín.ci.a) *n.f.* zona interior de um país

provincial (pro.vin.ci.al) *adj.2gén.* **1** relativo a província **2** que é típico da província

provinciano (pro.vin.ci.a.no) *adj.* relativo ou pertencente a província

provisório (pro.vi.só.ri.o) *adj.* passageiro; temporário

provocação (pro.vo.ca.ção) *n.f.* desafio

provocador (pro.vo.ca.dor) *adj.* **1** que provoca **2** causador

provocante (pro.vo.can.te) *adj.2gén.* que provoca ou desafia **SIN.** provocador

provocar (pro.vo.car) *v.* desafiar

provocatório (pro.vo.ca.tó.ri.o) *adj.* que contém provocação **SIN.** desafiador

provoco (pro.vo.co) *n.m. (Moç.)* provocação

proximidade (pro.xi.mi.da.de) *n.f.* qualidade do que está próximo **SIN.** vizinhança

próximo (pró.xi.mo) *adj.* **1** que se segue; seguinte **2** que está perto; vizinho **3** que está quase a acontecer; prestes

prudência (pru.dên.ci.a) *n.f.* **1** cautela **2** calma

prudente (pru.den.te) *adj.2gén.* **1** cauteloso **2** sensato

prumo (pru.mo) *n.m.* instrumento composto de uma peça metálica suspensa num fio, que é usado para verificar se uma parede está na vertical; **a prumo:** na vertical

prurido (pru.ri.do) *n.f.* sensação que dá vontade de coçar a pele SIN. comichão

pseudónimo (pseu.dó.ni.mo) *n.m.* nome escolhido por uma pessoa para não divulgar a sua identidade

psicologia (psi.co.lo.gi.a) *n.f.* estudo das atividades mentais e do comportamento de alguém

psicológico (psi.co.ló.gi.co) *adj.* relativo a psicologia

psicólogo (psi.có.lo.go) *n.m.* especialista em psicologia

psicomotricidade (psi.co.mo.tri.ci.da.de) *n.f.* capacidade de coordenar mentalmente os movimentos corporais

psiquiatra (psi.qui.a.tra) *n.2gén.* especialista em psiquiatria

psiquiatria (psi.qui.a.tri.a) *n.f.* ramo da medicina que estuda as perturbações mentais

psíquico (psí.qui.co) *adj.* que diz respeito à mente

psiu (psiu) *interj.* usada para chamar alguém ou para impor silêncio

puberdade (pu.ber.da.de) *n.f.* conjunto das transformações físicas e psicológicas que ocorrem quando uma criança se torna adolescente

púbico (pú.bi.co) *adj.* relativo ao púbis

púbis (pú.bis) *n.m.2núm.* **1** parte anterior do osso ilíaco **2** parte triangular do baixo abdómen, coberta de pelos nos adultos

publicação (pu.bli.ca.ção) *n.f.* **1** ato ou efeito de publicar **2** obra publicada **3** jornal ou revista

publicamente (pu.bli.ca.men.te) *adv.* em público; à vista de todos

publicar (pu.bli.car) *v.* **1** divulgar **2** editar

publicidade (pu.bli.ci.da.de) *n.f.* técnica para dar a conhecer um produto ou um conjunto de produtos

publicitar (pu.bli.ci.tar) *v.* **1** tornar público; divulgar **2** fazer publicidade a

publicitário (pu.bli.ci.tá.ri.o) *adj.* relativo a publicidade ♦ *n.m.* pessoa que trabalha em publicidade

público (pú.bli.co) *adj.* **1** que pertence a todos; comum **2** que todos conhecem **3** que se faz para todos ♦ *n.m.* **1** conjunto da população; povo **2** pessoas que assistem a um espetáculo; assistência

público-alvo (pú.bli.co-al.vo) *n.m.* [*pl.* públicos-alvo] grupo de consumidores com características comuns (sexo, idade, profissão, etc.) a quem se dirige uma mensagem ou uma campanha publicitária

púcara (pú.ca.ra) *n.f.* púcaro pequeno

pucarinho (pu.ca.ri.nho) *n.m.* [*dim. de* púcaro*]* púcaro pequeno

púcaro (pú.ca.ro) *n.m.* pequeno vaso com asa, geralmente de barro

pudico (pu.di.co) (pudíco) *adj.* **1** tímido **2** reservado

pudim (pu.dim) *n.m.* doce de consistência cremosa, feito geralmente com leite e ovos, que é cozido no forno ou em banho-maria

pudor (pu.dor) *n.f.* sentimento de vergonha ou de timidez

a
b
c
d
e
f
g
h
i
j
k
l
m
n
o
p
q
r
s
t
u
v
w
x
y
z

puericultura (pu.e.ri.cul.tu.ra) *n.f.* especialidade que se dedica ao estudo do desenvolvimento físico e psíquico das crianças, desde a gestação até à puberdade

pular (pu.lar) *v.* dar pulos SIN. saltar

pulga (pul.ga) *n.f.* pequeno inseto parasita do homem e de outros animais, que pode transmitir doenças através da sua picada; **estar com a pulga atrás da orelha:** estar desconfiado; **estar em pulgas:** estar irrequieto ou ansioso

pulgão (pul.gão) *n.m.* inseto parasita que suga a seiva das plantas

pulinho (pu.li.nho) *n.m.* **1** [*dim. de* pulo] pulo pequeno **2** visita rápida

pulmão (pul.mão) *n.m.* órgão situado no tórax, que faz parte do sistema respiratório

pulmonar (pul.mo.nar) *adj.2gén.* relativo a pulmão

pulo (pu.lo) *n.m.* salto

pulôver (pu.lô.ver) *n.m.* [*pl.* pulôveres] camisola exterior de malha, com ou sem mangas, que se veste pela cabeça

púlpito (púl.pi.to) *n.m.* tribuna elevada, numa igreja, de onde o padre fala

pulsação (pul.sa.ção) *n.f.* batimento do coração e das artérias

pulsar (pul.sar) *v.* bater (o coração); palpitar

pulseira (pul.sei.ra) *n.f.* joia ou argola que se usa em volta do pulso

pulso (pul.so) *n.m.* articulação do antebraço com a mão

pulverizador (pul.ve.ri.za.dor) *n.m.* dispositivo que espalha um pó ou um líquido em gotas minúsculas SIN. vaporizador

pulverizar (pul.ve.ri.zar) *v.* **1** reduzir a pó **2** vaporizar

pum (pum) *interj.* imita o ruído produzido pela queda de um objeto ou por uma explosão

puma (pu.ma) *n.f.* mamífero felino e carnívoro de grande porte, da América do Sul

pumba (pum.ba) *interj.* imita o som produzido pela queda de uma pessoa ou de um objeto

punhado (pu.nha.do) *n.m.* pequena quantidade

punhal (pu.nhal) *n.m.* arma com um cabo e uma lâmina curta

punhalada (pu.nha.la.da) *n.f.* **1** golpe ou ferimento feito com punhal **2** *(fig.)* ofensa; traição

punho (pu.nho) *n.m.* **1** mão fechada **2** pulso **3** parte da manga que cerca o pulso

punição (pu.ni.ção) *n.f.* castigo

punir (pu.nir) *v.* castigar

punível (pu.ní.vel) *adj.2gén.* que pode ser punido ou castigado

pupila (pu.pi.la) *n.f.* abertura, no centro da íris, que regula a entrada de luz no olho

pupilo (pu.pi.lo) *n.m.* **1** aluno; discípulo **2** criança protegida por alguém

puré (pu.ré) *n.m.* creme preparado com alimentos cozidos e esmagados

pureza (pu.re.za) *n.f.* **1** qualidade do que é puro ou autêntico **2** ausência de maldade; inocência

purificação (pu.ri.fi.ca.ção) *n.f.* eliminação de todas as impurezas SIN. limpeza

purificar (pu.ri.fi.car) *v.* tornar puro; livrar de impurezas SIN. limpar

puro (pu.ro) *adj.* **1** limpo **2** autêntico **3** límpido **4** inocente

puro-sangue (pu.ro-san.gue) *n.m.* [*pl.* puros-sangues] animal (especialmente cavalo) de raça pura, cuja reprodução é feita a partir de animais com qualidades idênticas

púrpura (púr.pu.ra) *n.f.* **1** substância corante vermelho-escura **2** cor vermelho-escura, semelhante ao roxo

purpurina (pur.pu.ri.na) *n.f.* pó brilhante, prateado ou dourado, que é usado em trabalhos manuais, pinturas, etc.

pus (pus) *n.m.* líquido espesso e amarelado que se forma numa ferida infecionada

puto (pu.to) *n.m.* (*inform.*) miúdo; garoto

putrefação (pu.tre.fa.ção) *n.f.* decomposição da matéria orgânica SIN. apodrecimento

putrefacção *a nova grafia é* **putrefação**

puxa (pu.xa) *interj.* exprime admiração, aborrecimento ou impaciência

puxado (pu.xa.do) *adj.* que exige muito esforço; difícil

puxador (pu.xa.dor) *n.m.* peça de madeira, porcelana ou metal, por onde se puxa para abrir portas e gavetas

puxão (pu.xão) *n.m.* ato de puxar com força; esticão

puxar (pu.xar) *v.* **1** mover (algo) para perto de si **2** arrastar **3** esticar **4** tirar

puzzle (pâzle) *n.m.* [*pl.* *puzzles*] **1** jogo que consiste em combinar pequenas peças diferentes para formar uma imagem única (uma figura, um mapa, etc.) **2** (*fig.*) problema difícil de resolver; quebra-cabeças

a b c d e f g h i j k l m n o **p** q r s t u v w x y z

Q

q (quê) *n.m.* consoante, décima sétima letra do alfabeto, que está entre as letras *p* e *r*

quadra (qua.dra) *n.f.* **1** conjunto de quatro versos **2** qualquer período de tempo; época

quadradinho (qua.dra.di.nho) *n.m.* [*dim. de* quadrado] quadrado pequeno; **história aos quadradinhos:** banda desenhada

quadrado (qua.dra.do) *n.m.* polígono com quatro lados iguais e quatro ângulos retos ♦ *adj.* **1** que tem quatro lados iguais e quatro ângulos retos **2** *(inform.)* diz-se da pessoa baixa e gorda **3** *(inform.)* diz-se da pessoa pouco sensível ou pouco inteligente

quadragésimo (qua.dra.gé.si.mo) *num. ord.>adj.num.*ᴰᵀ que ocupa a posição número 40 ♦ *n.m.* uma das quarenta partes em que se dividiu uma unidade

quadrangular (qua.dran.gu.lar) *adj.2gén.* formado por quatro ângulos; que tem quatro cantos

quadrângulo (qua.drân.gu.lo) *n.m.* polígono com quatro lados

quadrante (qua.dran.te) *n.m.* **1** cada uma das quatro partes em que se divide uma circunferência **2** arco de 90° **3** mostrador de um relógio solar **4** antigo instrumento de navegação que permitia medir a altura dos astros e calcular a latitude

quadríceps (qua.drí.ceps) *n.m.2núm.* → **quadricípite**

quadricípite (qua.dri.cí.pi.te) *n.m.* grande músculo exterior da perna

quadrícula (qua.drí.cu.la) *n.f.* pequeno quadrado

quadriculado (qua.dri.cu.la.do) *adj.* dividido em pequenos quadrados

quadriga (qua.dri.ga) *n.f.* antigo carro de duas rodas puxado por quatro cavalos

quadril (qua.dril) *n.m.* região do corpo entre a cintura e a coxa; anca

quadrilátero (qua.dri.lá.te.ro) *n.m.* polígono com quatro lados

quadrilha (qua.dri.lha) *n.f.* grupo de ladrões ou bandidos

quadringentésimo (qua.drin.gen.té.si.mo) *num.ord.>adj.num.*ᴰᵀ que ocupa o lugar número 400 ♦ *n.m.* uma das quatrocentas partes em que se dividiu uma unidade

quadrissílabo (qua.dris.sí.la.bo) *n.m.* palavra com quatro sílabas

quadro (qua.dro) *n.m.* **1** objeto quadrado ou retangular que se coloca numa parede para nele se escrever **2** obra de pintura ou desenho

quadrúpede (qua.drú.pe.de) *n.m.* animal que tem quatro patas

quadruplicar (qua.dru.pli.car) *v.* multiplicar por quatro

quádruplo (quá.dru.plo) *num.mult.> quant.num.*ᴰᵀ que contém quatro vezes a mesma quantidade ♦ *n.m.* valor ou quantidade quatro vezes maior

qual (qual) *pron.interr.* que coisa ou que pessoa ♦ *pron.rel.* precedido de artigo definido, refere a pessoa ou coisa mencionada anteriormente (*visitei a Rita, a qual fazia anos; li o livro, o qual* *me foi oferecido*); **cada qual:** cada um; **tal e qual:** exatamente

qualidade (qua.li.da.de) *n.f.* **1** característica positiva de uma pessoa; dom **2** característica de uma coisa; atributo

qualificação (qua.li.fi.ca.ção) *n.f.* **1** preparação específica para um cargo ou uma função; habilitação **2** apuramento para uma competição ou para um concurso; classificação

qualificado (qua.li.fi.ca.do) *adj.* apto; habilitado

qualificar (qua.li.fi.car) *v.* **1** atribuir uma qualidade a **2** considerar apto ◆ **qualificar-se** ser considerado apto para (qualificar-se para)

qualificativo (qua.li.fi.ca.ti.vo) *adj.* **1** que qualifica **2** que exprime uma qualidade ◆ *n.m.* palavra que serve para qualificar (alguém ou alguma coisa)

qualitativo (qua.li.ta.ti.vo) *adj.* relativo a qualidade

qualquer (qual.quer) *det.indef.>quant. univ.*[DT] todo, toda (*qualquer um pode participar*) ◆ *pron.indef.* designa pessoa ou coisa indeterminada (*dá-me um qualquer, qualquer dos livros é bom*)

O plural de **qualquer** é **quaisquer** (e não quaisqueres).

quando (quan.do) *adv.interr.* em que tempo ou em que ocasião (*quando voltas?*) ◆ *conj.* no momento em que (*quando chegares, avisa-me*); **de vez em quando:** às vezes; ocasionalmente; **quando muito:** na melhor das hipóteses; no máximo

quantia (quan.ti.a) *n.f.* soma em dinheiro SIN. importância, verba

quantidade (quan.ti.da.de) *n.f.* **1** qualidade daquilo que pode ser medido ou contado **2** número, peso ou volume de alguma coisa **3** grande número de coisas ou pessoas

quantificação (quan.ti.fi.ca.ção) *n.f.* determinação da quantidade de (algo); avaliação

quantificador (quan.ti.fi.ca.dor) *n.m.* palavra que antecede o nome e dá informações sobre a quantidade, o número ou a parte daquilo que é referido

quantificar (quan.ti.fi.car) *v.* determinar a quantidade de; avaliar

quantitativo (quan.ti.ta.ti.vo) *adj.* **1** relativo a quantidade **2** que indica quantidade

quanto (quan.to) *det.interr.>quant.interr.*[DT] *e pron.interr.* que número ou quantidade de pessoas ou coisas (*quantos anos tens?, quanto custa?*) ◆ *pron.rel.> quant.rel.*[DT] indica valor indefinido de coisas ou de pessoas (*disse tudo quanto queria*); **quanto a:** no que respeita a; relativamente a

quá-quá (quá-quá) *n.m.* **1** (*infant.*) grasnar do pato **2** pato

quarenta (qua.ren.ta) *num.card.>quant. num.*[DT] trinta mais dez ◆ *n.m.* o número 40

quarentão (qua.ren.tão) *n.m.* [f. quarentona] pessoa com idade entre os 40 e os 50 anos

quarentena (qua.ren.te.na) *n.f.* **1** período de quarenta dias **2** período de isolamento de pessoas com doenças contagiosas

quarta (quar.ta) *n.f.* **1** mudança de velocidade a seguir à terceira **2** (*inform.*) quarta-feira

quarta-feira (quar.ta-fei.ra) *n.f.* [*pl.* quartas-feiras] quarto dia da semana

quarteirão (quar.tei.rão) *n.m.* **1** a quarta parte de um cento; 25 unidades **2** terreno quadrangular formado por quatro ruas que se cruzam duas a duas **3** conjunto de casas situadas nesse terreno

a
b
c
d
e
f
g
h
i
j
k
l
m
n
o
p
q
r
s
t
u
v
w
x
y
z

quartel (quar.tel) *n.m.* **1** conjunto de instalações onde se alojam forças militares **2** período de 25 anos

quartel-general (quar.tel-ge.ne.ral) *n.m.* [*pl.* quartéis-generais] instalações que funcionam como sede de comando de uma região militar e que são ocupadas por oficiais generais

quarteto (quar.te.to) *n.m.* conjunto de quatro vozes ou quatro instrumentos musicais

quartinho (quar.ti.nho) *n.m.* [*dim. de* quarto] quarto pequeno

quarto (quar.to) *num.ord.>adj.num.*^{DT} que ocupa o lugar número 4 ◆ *n.m.* **1** uma das quatro partes em que se dividiu o todo; a quarta parte **2** quinze minutos **3** divisão de uma casa onde se dorme **4** cada uma das fases da lua em que só se vê uma parte desse planeta; **quarto crescente:** fase da lua nos sete dias antes da lua cheia; **quarto minguante:** fase da lua nos sete dias seguintes à lua cheia

quartzo (quart.zo) *n.m.* mineral encontrado em diversas rochas

quase (qua.se) *adv.* **1** a pouca distância de; perto **2** aproximadamente **3** por um triz

quaternário (qua.ter.ná.ri.o) *adj.* diz-se do compasso (musical) que tem quatro tempos iguais

quatro (qua.tro) *num.card.>quant.num.*^{DT} três mais um ◆ *n.m.* o número 4

quatrocentos (qua.tro.cen.tos) *num. card.>quant.num.*^{DT} trezentos mais cem ◆ *n.m.* o número 400

que (que) *pron.rel.* o qual (*o livro que lhe dei*) ◆ *pron.interr.* qual coisa? (*que aconteceu? que fazes aí?*) ◆ *adv.* exprime intensidade; quão; como (*que belo dia!*) ◆ *det.interr.* introduz pergunta sobre alguma coisa ou alguém (*que horas são? que livro compraste?*) ◆

conj. e; mas; ou; porque; para que; embora; quando; se

quê (quê) *pron.interr.* como?

quebra-cabeças (que.bra-ca.be.ças) *n.m.2núm.* **1** jogo que consiste em encaixar peças para formar uma imagem, um mapa, etc. **2** problema difícil de resolver; dificuldade

quebradiço (que.bra.di.ço) *adj.* que se quebra com facilidade SIN. frágil

quebra-nozes (que.bra-no.zes) *n.m. 2núm.* instrumento utilizado para partir a casca de nozes e avelãs

quebrar (que.brar) *v.* **1** partir **2** interromper

queda (que.da) *n.f.* **1** tombo **2** diminuição

queijada (quei.ja.da) *n.f.* pastel feito com leite, ovos, queijo, açúcar e massa de trigo

queijaria (quei.ja.ri.a) *n.f.* fábrica de queijos

queijo (quei.jo) *n.m.* alimento produzido a partir da nata do leite, que é comprimida e posta a secar

queima (quei.ma) *n.f.* **1** destruição pelo fogo **2** incineração (de lixo ou resíduos)

queimada (quei.ma.da) *n.f.* queima de mato para preparar o terreno para plantar

queimadela (quei.ma.de.la) *n.f.* queimadura leve ou superficial

queimadura (quei.ma.du.ra) *n.f.* lesão produzida na pele por fogo ou calor excessivo

queimar (quei.mar) *v.* **1** consumir pelo fogo **2** pôr fogo a **3** escaldar ◆ **queimar-se 1** incendiar-se **2** sofrer queimaduras

queixa (quei.xa) *n.f.* **1** reclamação **2** lamento

queixar-se (quei.xar-se) *v.* **1** manifestar tristeza ou dor **2** lamentar-se

queixinhas (quei.xi.nhas) *adj.2gén.2núm.* que está sempre a denunciar as faltas dos outros

queixo (quei.xo) *n.m.* região saliente da maxila inferior

queixoso (quei.xo.so) *n.m.* pessoa que apresenta queixa

queixume (quei.xu.me) *n.m.* lamento ou choro continuado SIN. lamúria

quem (quem) *pron.rel.* 1 o qual, a qual, os quais, as quais (*é o rapaz com quem falaste*) 2 a pessoa ou as pessoas que (*não viu quem lá estava*) ♦ *pron.interr.* que pessoa?; que pessoas? (*quem chegou?*)

quente (quen.te) *adj.2gén.* que tem ou que produz calor ANT. frio

quentinho (quen.ti.nho) *adj.* 1 que está quente 2 que é confortável

quentura (quen.tu.ra) *n.f.* 1 estado do que está quente; calor 2 conforto; proteção

queque (que.que) *n.m.* pequeno bolo fofo, preparado com manteiga, ovos e açúcar

quer (quer) *conj.* liga palavras indicando alternativa (*quer queiram, quer não; quer chova, quer faça sol*)

querer (que.rer) *v.* ter vontade de; desejar

Lembra-te que **querer** (desejar) é diferente de **crer** (acreditar).

querido (que.ri.do) *adj.* muito estimado; muito apreciado ♦ *n.m.* pessoa amada

querubim (que.ru.bim) *n.m.* anjo

questão (ques.tão) *n.f.* 1 assunto 2 discussão 3 pergunta

questionar (ques.ti.o.nar) *v.* fazer uma pergunta; perguntar ♦ **questionar-se** interrogar-se

questionário (ques.ti.o.ná.ri.o) *n.m.* lista de perguntas

quetzal (quet.zal) *n.m.* ave da América Central com plumagem brilhante, verde e vermelha, e cauda muito longa

quicuanga (qui.cu.an.ga) *n.f.* (*Ang.*) bolo em forma de pão feito de farinha de mandioca, água e sal, que é cozido ao sol

quieto (qui.e.to) *adj.* 1 que não se mexe; parado 2 calmo; tranquilo

quilha (qui.lha) *n.f.* peça de um navio que vai da proa à popa

quilo (qui.lo) *n.m.* → **quilograma**

quilocaloria (qui.lo.ca.lo.ri.a) *n.f.* mil calorias (símbolo: kcal)

quilograma (qui.lo.gra.ma) *n.m.* mil gramas (símbolo: kg)

quilolitro (qui.lo.li.tro) *n.m.* mil litros (símbolo: kl)

quilómetro (qui.ló.me.tro) *n.m.* mil metros (símbolo: km)

quimera (qui.me.ra) *n.f.* ideia impossível de realizar SIN. ilusão, utopia

química (quí.mi.ca) *n.f.* ciência que estuda a composição e as propriedades dos elementos da natureza, as suas transformações e a forma como reagem entre si

químico (quí.mi.co) *adj.* relativo a química ♦ *n.m.* especialista em química

quimo (qui.mo) *n.m.* massa formada pelos alimentos que se encontram no estômago, depois da digestão

quimono (qui.mo.no) *n.m.* túnica comprida, de trespasse e mangas largas, que se aperta com um cinto, usada em artes marciais

quina (qui.na) *n.f.* 1 carta, peça de dominó ou face de dado com cinco pintas 2 no jogo do loto, série horizontal de cinco números

quincaju (quin.ca.ju) *n.m.* mamífero noturno com cabeça arredondada, orelhas e focinho curtos, cauda longa e pelagem densa, que se alimenta de frutos e de insetos

quinhão (qui.nhão) *n.m.* → **quota**

quinhentista (qui.nhen.tis.ta) *adj.2gén.* relativo ao século XVI

quinhentos (qui.nhen.tos) *num.card.> quant.num.*ᴰᵀ quatrocentos mais cem ♦ *n.m.* **1** o número 500 **2** o século XVI

quinquagenário (quin.qua.ge.ná.ri.o) *n.m.* pessoa com cerca de 50 anos de idade

quinquagésimo (quin.qua.gé.si.mo) *num.ord.>adj.num.*ᴰᵀ que ocupa o lugar número 50 ♦ *n.m.* uma das cinquenta partes em que se dividiu o todo

quinta (quin.ta) *n.f.* **1** casa de campo com terreno para criar animais ou para praticar agricultura **2** num automóvel, mudança de velocidade a seguir à quarta **3** *(inform.)* quinta-feira

quinta-feira (quin.ta-fei.ra) *n.f.* [*pl.* quintas-feiras] quinto dia da semana

quintal (quin.tal) *n.m.* terreno com jardim ou horta, junto de uma casa

quinteto (quin.te.to) *n.m.* conjunto de cinco instrumentos musicais ou de cinco vozes

quinto (quin.to) *num.ord.>adj.num.*ᴰᵀ que ocupa o lugar número 5 ♦ *n.m.* uma das cinco partes em que se dividiu uma unidade; quinta parte

quíntuplo (quín.tu.plo) *num.mult.> quant.num.*ᴰᵀ que contém cinco vezes a mesma quantidade ♦ *n.m.* valor ou quantidade cinco vezes maior

quinze (quin.ze) *num.card.>quant.num.*ᴰᵀ dez mais cinco ♦ *n.m.* o número 15

quinzena (quin.ze.na) *n.f.* período de quinze dias

quinzenal (quin.ze.nal) *adj.2gén.* **1** relativo a quinzena **2** que acontece de 15 em 15 dias

quiosque (qui.os.que) *n.m.* pequena loja, numa rua ou num jardim, onde se vendem jornais e revistas

quiquia (qui.qui.a) *n.f.* *(gb.)* mocho

quisimussi (qui.si.mus.si) *n.m.* **1** *(Moç.)* festa do Natal **2** *(Moç.)* festas do fim do ano

quissanje (quis.san.je) *n.m.* *(Ang.)* instrumento musical formado por uma série de lâminas sonoras dispostas sobre uma tábua de madeira

quissapo (quis.sa.po) *n.m.* saco de fibra entrançada, usado para transportar produtos agrícolas

quisto (quis.to) *n.m.* acumulação de uma substância mole num órgão ou num tecido, que provoca aumento de volume desse órgão ou tecido

quitare (qui.ta.re) *n.m.* *(Ang.)* dinheiro

quites (qui.tes) *adj.2gén.* *(inform.)* em igualdade; empatados

quivi (qui.vi) *n.m.* → **kiwi**

quizomba (qui.zom.ba) *n.f.* **1** ritmo africano, de origem angolana, de compasso binário **2** dança executada ao som desse ritmo

quociente (quo.ci.en.te) *n.m.* resultado de uma divisão; **quociente de inteligência:** valor médio da inteligência de uma pessoa expresso em números

quórum (quó.rum) *n.m.* número de pessoas necessário para se tomar uma decisão numa assembleia

quota (quo.ta) *n.f.* parte de um todo que pertence a cada pessoa SIN. quinhão

quotidiano (quo.ti.di.a.no) *adj.* que acontece todos os dias ♦ *n.m.* aquilo que se faz todos os dias; dia a dia

R

r (érre) *n.m.* consoante, décima oitava letra do alfabeto, que está entre as letras *q* e *s*

rã (rã) *n.f.* batráquio de cor verde, com olhos salientes e patas longas, que vive junto de charcos e riachos

rabanada (ra.ba.na.da) *n.f.* fatia de pão frita depois de embebida em leite e passada por ovo

rabanete (ra.ba.ne.te) *n.m.* planta, cuja raiz é um pequeno tubérculo comestível de cor vermelha

rabi (ra.bi) *n.m.* sacerdote judaico

rabino (ra.bi.no) *adj.* irrequieto; travesso ♦ *n.m.* sacerdote judaico

rabiscar (ra.bis.car) *v.* fazer rabiscos em SIN. garatujar

rabisco (ra.bis.co) *n.m.* letra ou traço mal feito SIN. garatuja

rabo (ra.bo) *n.m.* **1** extremidade posterior, mais ou menos longa, do corpo de muitos animais; cauda **2** nádegas; **fugir com o rabo à seringa:** evitar responsabilidades; **meter o rabo entre as pernas:** dar-se por vencido; admitir uma derrota

rabo-de-cavalo *a nova grafia é* **rabo de cavalo**

rabo de cavalo (ra.bo de ca.va.lo) *n.m.* [*pl.* rabos de cavalo] penteado em que o cabelo é puxado atrás e preso de forma a cair como a cauda de um cavalo

rabugento (ra.bu.gen.to) *adj.* que está impaciente ou com mau humor SIN. resmungão

rabujar (ra.bu.jar) *v.* resmungar

raça (ra.ça) *n.f.* grupo de pessoas que apresentam características hereditárias comuns, como a cor da pele ou do cabelo, o feitio dos olhos, etc.

ração (ra.ção) *n.f.* porção de alimento necessária para consumo diário de um ser humano ou de um animal

racha (ra.cha) *n.f.* fenda; abertura

rachar (ra.char) *v.* abrir ao meio

racial (ra.ci.al) *adj.2gén.* **1** relativo a raça **2** próprio da raça

rácico (rá.ci.co) *adj.* → **racial**

raciocinar (ra.ci.o.ci.nar) *v.* pensar; refletir

raciocínio (ra.ci.o.cí.ni.o) *n.m.* **1** encadeamento de ideias que leva a uma conclusão **2** pensamento

racional (ra.ci.o.nal) *adj.* **1** que tem a capacidade de raciocinar **2** que está de acordo com a razão; sensato

racionalidade (ra.ci.o.na.li.da.de) *n.f.* **1** qualidade do que é racional; sensatez **2** faculdade de usar a razão

racionalizar (ra.ci.o.na.li.zar) *v.* **1** procurar compreender ou explicar de forma lógica **2** organizar (uma atividade) de modo eficaz

racionalmente (ra.ci.o.nal.men.te) *adv.* **1** de acordo com a razão **2** de forma eficaz

racionamento (ra.ci.o.na.men.to) *n.m.* distribuição ou venda de bens essenciais (comida, água, etc.) de forma controlada, para assegurar uma distribuição justa entre as pessoas

racionar (ra.ci.o.nar) *v.* distribuir ou vender de forma controlada

racismo (ra.cis.mo) *n.m.* **1** tratamento injusto ou desigual dado a alguém por causa da sua raça; discriminação racial **2** teoria que afirma a superioridade de uma raça em relação a outra(s)

racista (ra.cis.ta) *adj.2gén.* relativo a racismo ♦ *n.2gén.* pessoa que defende ideias ou atitudes próprias do racismo

radar (ra.dar) *n.m.* técnica ou equipamento que serve para localizar objetos distantes

radiação (ra.di.a.ção) *n.f.* **1** emissão de raios luminosos ou de calor **2** energia emitida sob a forma de partículas ou de ondas

radiador (ra.di.a.dor) *n.m.* aquecedor

radiante (ra.di.an.te) *adj.2gén.* **1** que emite raios **2** *(fig.)* que está muito contente

radical (ra.di.cal) *adj.* **1** relativo a raiz **2** básico; fundamental **3** diz-se da atividade desportiva que exige esforço e que envolve algum perigo ♦ *n.m.* parte invariável de uma palavra, que contém o seu sentido básico

radicar (ra.di.car) *v.* **1** fazer penetrar **2** ter origem ♦ **radicar-se** instalar-se (numa casa) (radicar em, radicar-se em)

rádio (rá.di.o) *n.m.* **1** aparelho recetor de sons emitidos por ondas hertzianas **2** osso do antebraço

radioactividade *a nova grafia é* **radioatividade**

radioactivo *a nova grafia é* **radioativo**

radioatividade (ra.di.o.a.ti.vi.da.de) *n.f.* propriedade de certos elementos para emitir radiações quando se produz a decomposição dos seus átomos

radioativo (ra.di.o.a.ti.vo) *adj.* que contém radioatividade

radiofonia (ra.di.o.fo.ni.a) *n.f.* sistema de transmissão do som por ondas hertzianas

radiofónico (ra.di.o.fó.ni.co) *adj.* **1** relativo a radiofonia **2** divulgado pela rádio

radiografar (ra.di.o.gra.far) *v.* fazer radiografia de (órgão ou parte do corpo)

radiografia (ra.di.o.gra.fi.a) *n.f.* fotografia do interior do corpo obtida por meio de radiações

radioso (ra.di.o.so) *adj.* **1** brilhante **2** muito alegre

radioterapia (ra.di.o.te.ra.pi.a) *n.f.* método de tratamento por meio de radiações

rafeiro (ra.fei.ro) *n.m.* cão sem raça definida, resultante do cruzamento de diversas raças

ráfia (rá.fi.a) *n.f.* **1** palmeira que fornece fibras resistentes e flexíveis **2** fio obtido dessas fibras

rafting (ráfting) *n.m.* desporto aquático praticado num barco insuflável, e que consiste em descer rios com correntes rápidas e percursos acidentados

râguebi (râ.gue.bi) *n.m.* jogo entre duas equipas de quinze jogadores, cujo objetivo é levar uma bola oval para além da linha de fundo do adversário ou fazê-la passar entre os dois postes da baliza

raia (rai.a) *n.f.* peixe com o corpo achatado e com uma cauda larga

raiado (rai.a.do) *adj.* que tem riscas

raiar (rai.ar) *v.* **1** emitir raios luminosos **2** surgir no horizonte (Sol)

rainha (ra.i.nha) *n.f.* [*m.* rei] **1** soberana de um reino ou esposa de um rei **2** segunda peça mais importante do jogo do xadrez

rainha-cláudia (ra.i.nha-cláu.di.a) *n.f.* [*pl.* rainhas-cláudias] variedade de ameixa pequena e de cor verde

raio (rai.o) *n.m.* **1** traço de luz que sai de um foco luminoso **2** descarga elétrica; trovão **3** segmento de reta que une o centro de uma circunferência a qualquer ponto da circunferência

raiva (rai.va) *n.f.* **1** fúria; cólera **2** doença grave que pode ser transmitida ao homem através da mordedura de um cão

raivoso (rai.vo.so) *adj.* **1** que sofre de raiva **2** furioso

raiz (ra.iz) *n.f.* [*pl.* raízes] **1** parte da planta que a liga à terra e permite a absorção de água e dos alimentos necessários **2** parte interior de alguma coisa; base **3** parte invariável de uma palavra, que é comum às palavras da mesma família; radical

rajá (ra.já) *n.m.* rei ou príncipe indiano

rajada (ra.ja.da) *n.f.* aumento súbito da força do vento

rajado (ra.ja.do) *adj.* → **raiado**

ralação (ra.la.ção) *n.f.* **1** preocupação **2** aborrecimento

ralado (ra.la.do) *adj.* **1** passado pelo ralador **2** preocupado **3** aborrecido

ralador (ra.la.dor) *n.m.* utensílio de cozinha com uma lâmina e orifícios, usado para ralar alimentos

ralar (ra.lar) *v.* **1** passar (alimentos) pelo ralador; moer **2** causar preocupação a
♦ **ralar-se** ficar preocupado

ralhar (ra.lhar) *v.* repreender em voz alta

ralhete (ra.lhe.te) *n.m.* censura em voz alta SIN. repreensão

rali (ra.li) *n.m.* corrida de veículos motorizados em estradas públicas, com provas cronometradas

ralo (ra.lo) *n.m.* **1** tampa crivada de orifícios para coar líquidos **2** peça com buracos que se adapta a uma porta para deixar passar o ar

rama (ra.ma) *n.f.* conjunto de ramos e folhas de uma planta SIN. ramada, ramagem

ramada (ra.ma.da) *n.f.* → **rama**

ramagem (ra.ma.gem) *n.f.* → **rama**

ramal (ra.mal) *n.m.* subdivisão de uma estrada ou de uma linha; ramificação

ramalhete (ra.ma.lhe.te) *n.m.* pequeno ramo de flores

ramificação (ra.mi.fi.ca.ção) *n.f.* divisão em ramos; subdivisão

ramificar-se (ra.mi.fi.car-se) *v.* **1** subdividir-se em ramos ou raízes **2** *(fig.)* estender-se; alastrar-se

raminho (ra.mi.nho) *n.m.* [*dim. de* ramo] ramo pequeno

ramo (ra.mo) *n.m.* **1** parte da planta que nasce do tronco ou do caule; galho **2** porção de flores ligadas por um laço ou por uma fita

rampa (ram.pa) *n.f.* plano inclinado SIN. declive

rancho (ran.cho) *n.m.* **1** grupo folclórico **2** comida feita para soldados e marinheiros **3** propriedade rural americana

ranço (ran.ço) *n.m.* cheiro próprio do que tem humidade ou de substância em decomposição SIN. mofo

rancor (ran.cor) *n.f.* **1** mágoa; ressentimento **2** ódio profundo

rancoroso (ran.co.ro.so) *adj.* cheio de rancor

rançoso (ran.ço.so) *adj.* que tem ranço

ranger (ran.ger) *v.* **1** roçar os dentes uns nos outros **2** produzir um som áspero, causado por fricção; chiar

ranho (ra.nho) *n.m.* secreção das mucosas nasais

ranhoso (ra.nho.so) *adj.* **1** que tem ranho **2** que não se assoa

ranhura (ra.nhu.ra) *n.f.* fenda estreita e comprida

rap (rép) *n.m.* estilo musical em que as palavras não são cantadas, mas ditas rápida e ritmadamente

rapagão (ra.pa.gão) *n.m.* [*aum. de* rapaz] rapaz corpulento e robusto

rapar (ra.par) *v.* **1** cortar rente **2** tirar, raspando

rapariga (ra.pa.ri.ga) *n.f.* mulher jovem; adolescente

rapaz (ra.paz) *n.m.* homem jovem; adolescente

rapaziada (ra.pa.zi.a.da) *n.f.* conjunto de rapazes ou de rapazes e raparigas

rapazinho (ra.pa.zi.nho) *n.m.* [*dim. de* rapaz] menino

rapazito (ra.pa.zi.to) *n.m.* → **rapazinho**

rapazola (ra.pa.zo.la) *n.m.* **1** [*dim. de* rapaz] rapaz pequeno **2** homem adulto que se comporta como um rapaz

rapazote (ra.pa.zo.te) *n.m.* → **rapazola**

rapidamente (ra.pi.da.men.te) *adv.* **1** depressa **2** em pouco tempo **3** com urgência

rapidez (ra.pi.dez) *n.f.* qualidade do que é rápido SIN. pressa, velocidade

rápido (rá.pi.do) *adj.* **1** veloz ANT. lento **2** breve ◆ *adv.* com rapidez; depressa

rapinar (ra.pi.nar) *v.* roubar

rapioqueiro (ra.pi.o.quei.ro) *adj.* diz-se da pessoa que gosta de festas ou patuscadas

raposa (ra.po.sa) *n.f.* mamífero carnívoro muito ágil, com pelo denso, focinho pontiagudo e cauda comprida

raposa-do-árctico *a nova grafia é* **raposa-do-ártico**

raposa-do-ártico (ra.po.sa-do-ár.ti.co) *n.f.* [*pl.* raposas-do-ártico] raposa que vive em regiões muito frias, e cuja pelagem é branca no inverno e castanha quando não há neve, para se confundir com o meio

raposo (ra.po.so) *n.m.* macho da raposa

rappel (rápél) *n.m.* processo de descida de uma montanha ou parede alta com a ajuda de uma corda

rapsódia (rap.só.di.a) *n.f.* peça musical formada a partir de trechos ou temas de canções populares

raptar (rap.tar) *v.* levar alguém do lugar onde se encontra, usando violência, a fim de exigir dinheiro para a sua libertação

rapto (rap.to) *n.m.* ato de levar alguém usando violência, a fim de exigir dinheiro para a sua libertação

raptor (rap.tor) *n.m.* aquele que rapta

raqueta (ra.que.ta) *n.f.* objeto formado por uma parte oval ou circular com uma rede e um cabo, usado em jogos como o pingue-pongue, o ténis e o *badminton*

raquítico (ra.quí.ti.co) *adj.* **1** que sofre de raquitismo **2** pouco desenvolvido

raquitismo (ra.qui.tis.mo) *n.m.* doença da infância que causa deformações ósseas por carência de vitamina D

raramente (ra.ra.men.te) *adv.* poucas vezes

rarear (ra.re.ar) *v.* ser raro; tornar-se raro

raridade (ra.ri.da.de) *n.f.* **1** qualidade do que é raro **2** objeto pouco vulgar

raro (ra.ro) *adj.* que acontece poucas vezes; pouco frequente; invulgar ANT. frequente

rasante (ra.san.te) *adj.2gén.* **1** que vai muito próximo ou paralelo a **2** diz-se do voo a baixa altitude, próximo do solo

rasar (ra.sar) *v.* **1** tornar raso ou plano; nivelar **2** tocar de leve; roçar

rascunhar (ras.cu.nhar) *v.* fazer o rascunho de; esboçar

rascunho (ras.cu.nho) *n.m.* esboço de um texto ou de um desenho

rasgado (ras.ga.do) *adj.* **1** que se rasgou **2** que é alongado

rasgão (ras.gão) *n.m.* **1** fenda em papel ou tecido **2** golpe ou ferida na pele feito com objeto cortante

rasgar (ras.gar) *v.* **1** romper **2** ferir **3** cavar (a terra) ◆ **rasgar-se** romper-se

raso (ra.so) *adj.* **1** plano; liso **2** rente; rasteiro

raspa (ras.pa) *n.f.* fragmento de algo que se raspou SIN. apara

raspador (ras.pa.dor) *n.m.* utensílio que serve para raspar

raspagem (ras.pa.gem) *n.f.* ato ou efeito de raspar

raspanete (ras.pa.ne.te) *n.m.* (inform.) pequeno ralhete

raspão (ras.pão) *n.m.* arranhão; **de raspão:** ao de leve; superficialmente

raspar (ras.par) *v.* **1** desbastar **2** alisar **3** ralar (fruta, legumes) ♦ **raspar-se** (inform.) fugir; desaparecer

rasteira (ras.tei.ra) *n.f.* movimento rápido em que se mete uma perna entre as pernas de outra pessoa para a fazer cair; **passar uma rasteira a alguém:** fazer com que alguém caia; procurar enganar ou prejudicar alguém

rasteiro (ras.tei.ro) *adj.* **1** que se estende pelo chão **2** que se ergue pouco acima do chão

rastejante (ras.te.jan.te) *adj.2gén.* que rasteja

rastejar (ras.te.jar) *v.* **1** arrastar-se sobre o ventre **2** mover-se tocando o chão **3** (fig.) humilhar-se

rastilho (ras.ti.lho) *n.m.* fio coberto de pólvora ou de outra substância explosiva

rasto (ras.to) *n.m.* **1** pegada **2** indício; **de rastos:** rastejando; em situação difícil

ratão (ra.tão) *n.m.* [*aum. de* rato] rato grande

ratazana (ra.ta.za.na) *n.f.* **1** mamífero roedor de cor cinzenta, maior do que o rato **2** fêmea do rato

raticida (ra.ti.ci.da) *n.m.* produto próprio para matar ratos

ratinho (ra.ti.nho) *n.m.* **1** [*dim. de* rato] rato pequeno **2** (inform.) vontade de comer

rato (ra.to) *n.m.* **1** pequeno mamífero roedor de focinho pontiagudo, orelhas grandes e cauda comprida **2** dispositivo que permite executar funções no computador sem usar o teclado

ratoeira (ra.to.ei.ra) *n.f.* **1** armadilha para caçar ratos **2** (fig.) manobra para enganar alguém; cilada

ravina (ra.vi.na) *n.f.* declive de terreno provocado por enxurrada SIN. barranco

razão (ra.zão) *n.f.* **1** faculdade de raciocinar; inteligência **2** motivo para determinada atitude; justificação **3** relação entre duas quantidades; **ter razão:** estar certo

razoável (ra.zo.á.vel) *adj.* **1** aceitável **2** médio

razoavelmente (ra.zo.a.vel.men.te) *adv.* **1** de modo razoável **2** bem; bastante

ré (ré) *n.f.* **1** parte de trás do navio **2** mulher acusada num julgamento ♦ *n.m.* segunda nota da escala musical

reabastecer (re.a.bas.te.cer) *v.* abastecer novamente de

reabastecimento (re.a.bas.te.ci.men.to) *n.m.* novo abastecimento

reabilitar (re.a.bi.li.tar) *v.* recuperar

reabrir (re.a.brir) *v.* abrir de novo

reação (re.a.ção) *n.f.* **1** resposta a um estímulo **2** ação oposta a outra

reacção *a nova grafia é* **reação**

reagir (re.a.gir) *v.* **1** ter uma reação **2** resistir **3** opor-se

real (re.al) *adj.2gén.* **1** que existe de verdade; verdadeiro ANT. irreal **2** relativo a rei ou realeza ♦ *n.m.* **1** tudo o que existe de verdade; realidade **2** unidade monetária do Brasil

realçar (re.al.çar) *v.* fazer sobressair SIN. destacar, salientar

realce (re.al.ce) *n.m.* relevo; destaque

realejo (re.a.le.jo) *n.m.* instrumento musical semelhante a um órgão portátil, que se faz tocar movendo uma manivela

realeza (re.a.le.za) *n.f.* **1** cargo de rei ou de rainha **2** monarquia **3** família real

realidade (re.a.li.da.de) *n.f.* **1** qualidade do que é real ANT. irrealidade **2** aquilo que existe de facto; o real

realismo (re.a.lis.mo) *n.m.* **1** atitude de compreensão e aceitação prática e objetiva da realidade **2** movimento do final do século XIX que defende a representação do real de forma exata e objetiva

realista (re.a.lis.ta) *adj.2gén.* relativo a realismo ♦ *n.2gén.* **1** pessoa que defende o realismo na arte e na literatura **2** pessoa que tem espírito prático e objetivo

realização (re.a.li.za.ção) *n.f.* **1** concretização; execução **2** acompanhamento da execução de filme, peça ou programa televisivo

realizador (re.a.li.za.dor) *n.m.* **1** aquele que realiza **2** pessoa responsável pela direção técnica e artística de filme, peça ou programa televisivo

realizar (re.a.li.zar) *v.* **1** tornar real **2** pôr em prática **3** fazer **4** cumprir ♦ **realizar-se 1** concretizar-se **2** cumprir-se

realmente (re.al.men.te) *adv.* na realidade; verdadeiramente

reanimar (re.a.ni.mar) *v.* **1** dar novas forças **2** dar novo ânimo

reaparecer (re.a.pa.re.cer) *v.* aparecer de novo

reatar (re.a.tar) *v.* **1** recomeçar (algo interrompido) **2** restabelecer (um contacto, uma relação)

reaver (re.a.ver) *v.* tornar a ter SIN. recuperar

rebaixar (re.bai.xar) *v.* **1** tornar mais baixo **2** humilhar ♦ **rebaixar-se** humilhar-se

rebanho (re.ba.nho) *n.m.* conjunto de animais (ovelhas, cabras) guardados por um pastor

rebate (re.ba.te) *n.m.* sinal de alarme tocado com o sino

rebelar-se (re.be.lar-se) *v.* **1** opor-se **2** revoltar-se

rebelde (re.bel.de) *adj.2gén.* **1** que se revoltou; revolucionário **2** que não obedece; indisciplinado ♦ *n.2gén.* **1** pessoa que se revolta **2** pessoa que não obedece

rebeldia (re.bel.di.a) *n.f.* **1** oposição **2** desobediência **3** teimosia

rebelião (re.be.li.ão) *n.f.* revolta

rebentação (re.ben.ta.ção) *n.f.* local onde o mar bate contra os rochedos ou a praia

rebentar (re.ben.tar) *v.* **1** explodir **2** surgir **3** desabrochar **4** quebrar com violência

rebento (re.ben.to) *n.m.* **1** início do desenvolvimento de um ramo, folha ou flor; botão **2** *(fig.)* filho; descendente

rebocador (re.bo.ca.dor) *n.m.* navio que reboca outro(s) navio(s)

rebocar (re.bo.car) *v.* puxar (veículo ou barco) por meio de cabo ou corda

rebolar (re.bo.lar) *v.* fazer mover como uma bola

reboque (re.bo.que) *n.m.* ato ou processo de rebocar (um veículo, um barco)

rebordo (re.bor.do) *n.m.* borda voltada para fora

rebuçado (re.bu.ça.do) *n.m.* guloseima que se chupa, feita com açúcar solidificado, com aromas

rebuliço (re.bu.li.ço) *n.m.* grande movimentação SIN. agitação, confusão

recado (re.ca.do) *n.m.* mensagem curta, oral ou escrita, que uma pessoa dirige a outra

recaída (re.ca.í.da) *n.f.* **1** novo aparecimento dos sinais de uma doença que estava quase curada **2** repetição de um hábito ou de um comportamento (sobretudo negativo)

recair (re.ca.ir) *v.* **1** repetir (hábito ou comportamento negativo) **2** piorar (de doença)

recanto (re.can.to) *n.m.* lugar mais afastado

recapitular (re.ca.pi.tu.lar) *v.* **1** repetir **2** relembrar

recarga (re.car.ga) *n.f.* **1** repetição de um ataque militar ou policial **2** no futebol, novo remate depois de a bola ter sido devolvida pelo adversário ou pelo poste da baliza **3** nova dose de um produto que se aplica à embalagem anterior quando esta acaba

recarregar (re.car.re.gar) *v.* **1** fazer novo ataque **2** no futebol, rematar novamente **3** colocar nova dose (numa embalagem)

recatado (re.ca.ta.do) *adj.* **1** discreto; reservado **2** escondido; resguardado

recear (re.ce.ar) *v.* **1** ter receio ou medo de; temer **2** ter quase a certeza; acreditar

receber (re.ce.ber) *v.* **1** tomar ou aceitar aquilo que é oferecido, dado ou mandado **2** admitir **3** cobrar **4** acolher

receção (re.ce.ção) *n.f.* **1** chegada; acolhimento **2** local de um edifício onde se recebem clientes, visitantes, etc.

rececionista (re.ce.ci.o.nis.ta) *n.2gén.* pessoa que trabalha na receção de um hotel, de uma empresa, etc.

receio (re.cei.o) *n.m.* medo; temor

receita (re.cei.ta) *n.f.* **1** indicação escrita de um medicamento e do modo de o aplicar feita por um médico a um doente **2** informação sobre os ingredientes e o modo de preparar alimentos

receitar (re.cei.tar) *v.* **1** passar uma receita médica **2** *(fig.)* recomendar; aconselhar

recém-casado (re.cém-ca.sa.do) *n.m.* [*pl.* recém-casados] pessoa que casou há pouco tempo

recém-chegado (re.cém-che.ga.do) *n.m.* [*pl.* recém-chegados] pessoa que chegou há pouco tempo

recém-nascido (re.cém-nas.ci.do) *n.m.* [*pl.* recém-nascidos] criança que nasceu há pouco tempo

recente (re.cen.te) *adj.2gén.* **1** que aconteceu há pouco tempo; fresco **2** que tem pouco tempo de vida; novo

receoso (re.ce.o.so) *adj.* que tem receio SIN. medroso, temeroso

receção a nova grafia é **receção**

recepcionista a nova grafia é **rececionista**

receptáculo a nova grafia é **recetáculo**

receptor a nova grafia é **recetor**

recessão (re.ces.são) *n.f.* **1** crise económica **2** recuo

recetáculo (re.ce.tá.cu.lo) *n.m.* **1** recipiente para guardar algo **2** extremidade alargada da haste de uma planta que sustenta e protege as flores

recetor (re.ce.tor) *n.m.* **1** aquele que recebe algo **2** aparelho que recebe as ondas emitidas pelos transmissores **3** na comunicação, agente que recebe a mensagem

recheado (re.che.a.do) *adj.* que tem recheio

rechear (re.che.ar) *v.* colocar recheio em SIN. encher

> *Rechear* escreve-se com **ch** (e não com **x**).

recheio (re.chei.o) *n.m.* **1** aquilo que recheia ou enche alguma coisa **2** preparado com que se enchem certos animais ou certos tipos de massa

rechonchudo (re.chon.chu.do) *adj.* que é gordo; anafado

recibo (re.ci.bo) *n.m.* documento que comprova o facto de se ter recebido alguma coisa (sobretudo dinheiro) SIN. fatura

reciclado (re.ci.cla.do) *adj.* que passou por um processo de reciclagem; reaproveitado

reciclagem (re.ci.cla.gem) *n.f.* **1** reaproveitamento de materiais (vidro, papel, etc.) **2** atualização dos conhecimentos profissionais

reciclar (re.ci.clar) *v.* **1** reaproveitar (materiais) **2** atualizar (conhecimentos)

reciclável (re.ci.clá.vel) *adj.2gén.* que se pode reciclar

recife (re.ci.fe) *n.m.* conjunto de rochedos a pouca profundidade, perto da costa

recinto (re.cin.to) *n.m.* espaço fechado

recipiente (re.ci.pi.en.te) *n.m.* qualquer objeto que pode conter alguma coisa

reciprocamente (re.ci.pro.ca.men.te) *adv.* um ao outro SIN. mutuamente

recíproco (re.cí.pro.co) *adj.* que se faz ou se dá em troca de algo semelhante SIN. mútuo

recital (re.ci.tal) *n.m.* apresentação de uma peça musical ou sessão em que são recitados textos poéticos

recitar (re.ci.tar) *v.* ler (texto poético) em voz alta SIN. declamar

reclamação (re.cla.ma.ção) *n.f.* protesto; queixa

reclamar (re.cla.mar) *v.* **1** protestar **2** queixar-se

reclame (re.cla.me) *n.m.* mensagem publicitária; anúncio

reclinar (re.cli.nar) *v.* encostar SIN. recostar ♦ **reclinar-se** encostar-se

recobrar (re.co.brar) *v.* recuperar

recoleção (re.co.le.ção) *n.f.* recolha dos bens que a natureza fornece (frutos, raízes, caça, peixe, etc.)

recolecção *a nova grafia é* **recoleção**

recolector *a nova grafia é* **recoletor**

recoletor (re.co.le.tor) *adj.* diz-se do sistema económico ou do povo que baseia a sua atividade na recolha daquilo que a natureza fornece, através da caça, da pesca e da apanha de vegetais

recolha (re.co.lha) *n.f.* **1** ato de recolher **2** garagem onde se guardam automóveis

recolher (re.co.lher) *v.* **1** guardar **2** colher **3** receber **4** reunir ♦ **recolher-se** deitar-se para descansar

recolhimento (re.co.lhi.men.to) *n.m.* **1** isolamento **2** reflexão

recomeçar (re.co.me.çar) *v.* começar novamente SIN. reiniciar

recomeço (re.co.me.ço) *n.m.* novo começo

recomendação (re.co.men.da.ção) *n.f.* **1** conselho **2** aviso

recomendado (re.co.men.da.do) *adj.* aconselhado

recomendar (re.co.men.dar) *v.* aconselhar; indicar

recomendável (re.co.men.dá.vel) *adj. 2gén.* **1** aconselhável **2** digno de respeito e admiração

recompensa (re.com.pen.sa) *n.f.* prémio; compensação

recompensar (re.com.pen.sar) *v.* premiar; compensar

recompor (re.com.por) *v.* compor de novo; reorganizar ♦ **recompor-se** acalmar-se

reconciliação (re.con.ci.li.a.ção) *n.f.* restauração da paz entre pessoas que estavam zangadas

reconciliado (re.con.ci.li.a.do) *adj.* que fez as pazes

reconciliar (re.con.ci.li.ar) *v.* restaurar a paz entre pessoas que estavam zangadas ♦ **reconciliar-se** fazer as pazes

reconfortante (re.con.for.tan.te) *adj. 2gén.* consolador; animador

reconfortar (re.con.for.tar) *v.* consolar; animar

reconhecer (re.co.nhe.cer) *v.* **1** identificar (alguém que já se conhece) **2** aceitar como verdadeiro; admitir

reconhecido (re.co.nhe.ci.do) *adj.* **1** identificado **2** admitido como verdadeiro **3** agradecido

reconhecimento (re.co.nhe.ci.men.to) *n.m.* **1** identificação (de uma pessoa) **2** gratidão (por algo que se recebeu)

reconquista (re.con.quis.ta) *n.f.* recuperação de algo que se tinha perdido

Reconquista (Re.con.quis.ta) *n.f.* entre os séculos VIII e XV, movimento de recuperação dos territórios da Península Ibérica que tinham sido conquistados pelos muçulmanos

reconquistar (re.con.quis.tar) *v.* recuperar

reconsiderar (re.con.si.de.rar) *v.* pensar melhor SIN. repensar

reconstituição (re.cons.ti.tu.i.ção) *n.f.* **1** ato ou efeito de reconstituir **2** reorganização **3** recuperação

reconstituir (re.cons.ti.tu.ir) *v.* **1** reorganizar **2** recuperar **3** relembrar (algo que aconteceu)

reconstrução (re.cons.tru.ção) *n.f.* ato ou efeito de reconstruir

reconstruir (re.cons.tru.ir) *v.* construir de novo

recontagem (re.con.ta.gem) *n.f.* nova contagem

recontar (re.con.tar) *v.* **1** tornar a contar **2** narrar de novo

recordação (re.cor.da.ção) *n.f.* aquilo que se conserva na memória SIN. lembrança

recordar (re.cor.dar) *v.* **1** trazer à memória coisas passadas; lembrar ANT. esquecer **2** ter semelhança com ♦ **recordar-se** vir à memória; lembrar-se

recorde (re.cor.de) *n.m.* o melhor resultado obtido numa atividade ou numa prova desportiva, que ultrapassa os resultados anteriores

recordista (re.cor.dis.ta) *n.2gén.* pessoa que obtém o melhor resultado até à data numa atividade ou numa prova desportiva

recorrer (re.cor.rer) *v.* **1** pedir ajuda a **2** servir-se de; usar (recorrer a)

recortado (re.cor.ta.do) *adj.* **1** que se recortou **2** destacado

recortar (re.cor.tar) *v.* **1** cortar seguindo uma linha ou um tracejado **2** retirar cortando **3** fazer sobressair

recorte (re.cor.te) *n.m.* **1** pedaço que se recortou (de jornal ou revista) **2** contorno de uma figura ou de um objeto

recostar (re.cos.tar) *v.* encostar SIN. reclinar ♦ **recostar-se** encostar-se

recozer (re.co.zer) *v.* **1** tornar a cozer **2** cozer demasiado

recrear (re.cre.ar) *v.* causar prazer a; divertir; entreter ♦ **recrear-se** divertir-se; entreter-se

recreativo (re.cre.a.ti.vo) *adj.* que diverte ou que dá prazer SIN. lúdico

recreio (re.crei.o) *n.m.* **1** divertimento; lazer **2** intervalo entre aulas **3** na escola, lugar fora da sala de aula onde se pode brincar, jogar à bola, etc.

recriação (re.cri.a.ção) *n.f.* nova criação

recriar (re.cri.ar) *v.* criar de novo

recruta (re.cru.ta) *n.2gén.* soldado durante o período de instrução básica

recrutar (re.cru.tar) *v.* **1** convocar para o serviço militar **2** reunir (pessoas)

recta *a nova grafia é* **reta**

rectangular *a nova grafia é* **retangular**

rectângulo *a nova grafia é* **retângulo**

rectidão *a nova grafia é* **retidão**

rectificação *a nova grafia é* **retificação**

rectificar *a nova grafia é* **retificar**

rectilíneo *a nova grafia é* **retilíneo**

recto *a nova grafia é* **reto**

récua (ré.cu.a) *n.f.* conjunto de éguas

recuar (re.cu.ar) *v.* andar para trás **ANT.** avançar

recuo (re.cu.o) *n.m.* movimento para trás

recuperação (re.cu.pe.ra.ção) *n.f.* **1** ato ou efeito de recuperar algo **2** restabelecimento (de saúde)

recuperar (re.cu.pe.rar) *v.* reaver (algo que se tinha perdido) ◆ **recuperar-se** voltar ao estado de saúde normal; restabelecer-se

recurso (re.cur.so) *n.m.* meio para resolver um problema; solução

recusa (re.cu.sa) *n.f.* **1** rejeição **2** negação

recusar (re.cu.sar) *v.* **1** não aceitar **2** negar

redação (re.da.ção) *n.f.* **1** trabalho escolar que consiste em desenvolver um tema proposto pelo professor ou de escolha livre; composição **2** conjunto das pessoas que escrevem os artigos de um jornal, revista, etc.

redacção *a nova grafia é* **redação**

redactor *a nova grafia é* **redator**

redator (re.da.tor) *n.m.* pessoa que escreve os artigos de um jornal, de uma revista ou de um canal de televisão

rede (re.de) *n.f.* malha para apanhar peixes e outros animais

rédea (ré.de.a) *n.f.* **1** correia que se prende ao freio de um animal de montar **2** *(fig.)* controlo; direção

redemoinhar (re.de.mo.i.nhar) *v.* **1** formar redemoinho **2** dar voltas; girar

redemoinho (re.de.mo.i.nho) *n.m.* **1** movimento em espiral **2** massa de água ou de ar que descreve esse movimento

redenção (re.den.ção) *n.f.* salvação (religiosa)

redentor (re.den.tor) *adj.* que redime ou liberta

Redentor (Re.den.tor) *n.m.* Jesus Cristo

redigir (re.di.gir) *v.* escrever

redil (re.dil) *n.m.* curral para cabras ou ovelhas

redimir (re.di.mir) *v.* libertar de uma falta ou de um pecado

redobrado (re.do.bra.do) *adj.* **1** aumentado para o dobro **2** muito mais forte

redobrar (re.do.brar) *v.* aumentar; multiplicar

redoma (re.do.ma) *n.f.* tubo de vidro fechado para proteger peças delicadas

redondamente (re.don.da.men.te) *adv.* totalmente; completamente; absolutamente

redondeza (re.don.de.za) *n.f.* qualidade do que é redondo

redondezas (re.don.de.zas) *n.f.pl.* lugares próximos ou vizinhos **SIN.** arredores

redondilha (re.don.di.lha) *n.f.* verso de cinco sílabas métricas (*redondilha menor*) ou de sete sílabas métricas (*redondilha maior*)

redondinho (re.don.di.nho) *adj.* **1** circular; esférico **2** *(fig.)* gordinho; rechonchudo

redondo (re.don.do) *adj.* **1** que tem forma de círculo **2** esférico; circular **3** *(fig.)* gordo

redor (re.dor) *n.m.* espaço à volta de alguma coisa; roda; **ao/em redor:** em volta; à volta

redução (re.du.ção) *n.f.* diminuição

redundância (re.dun.dân.ci.a) *n.f.* repetição de palavras ou de ideias

redundante (re.dun.dan.te) *adj.2gén.* repetitivo; excessivo

redutor (re.du.tor) *adj.* que reduz ou diminui

reduzido (re.du.zi.do) *adj.* 1 diminuído 2 escasso

reduzir (re.du.zir) *v.* 1 diminuir 2 limitar 3 simplificar ◆ **reduzir-se** limitar-se (reduzir-se a)

reedição (re.e.di.ção) *n.f.* nova edição de uma obra

reeditar (re.e.di.tar) *v.* fazer nova edição de

reeleger (re.e.le.ger) *v.* eleger novamente

reeleição (re.e.lei.ção) *n.f.* nova eleição

reeleito (re.e.lei.to) *adj.* que foi eleito novamente

reembolsar (re.em.bol.sar) *v.* 1 pagar o que se deve; indemnizar 2 devolver (dinheiro)

reembolso (re.em.bol.so) *n.m.* 1 pagamento do que se deve; indemnização 2 devolução de dinheiro

reencontrar (re.en.con.trar) *v.* encontrar novamente

reencontro (re.en.con.tro) *n.m.* novo encontro

reentrância (re.en.trân.ci.a) *n.f.* curva ou ângulo para dentro

reenviar (re.en.vi.ar) *v.* 1 tornar a enviar 2 devolver

reenvio (re.en.vi.o) *n.m.* 1 novo envio 2 devolução

reescrever (re.es.cre.ver) *v.* escrever novamente

reescrita (re.es.cri.ta) *n.f.* 1 ato de voltar a escrever algo 2 aquilo que se escreveu novamente

reestruturação (re.es.tru.tu.ra.ção) *n.f.* reorganização

reestruturar (re.es.tru.tu.rar) *v.* reorganizar

refastelado (re.fas.te.la.do) *adj.* sentado ou deitado comodamente

refastelar-se (re.fas.te.lar-se) *v.* sentar-se ou deitar-se em lugar muito cómodo; estirar-se

refazer (re.fa.zer) *v.* 1 tornar a fazer 2 consertar; reparar

refeição (re.fei.ção) *n.f.* conjunto de alimentos que se tomam de cada vez a certas horas do dia

refeito (re.fei.to) *adj.* 1 feito de novo 2 consertado; reparado

refeitório (re.fei.tó.ri.o) *n.m.* sala onde se servem refeições SIN. cantina

refém (re.fém) *n.2gén.* [*pl.* reféns] pessoa que é mantida contra a sua vontade em determinado lugar e que normalmente é libertada quando o raptor obtém aquilo que pretende

referência (re.fe.rên.ci.a) *n.f.* ato de referir alguma coisa SIN. alusão, citação, menção

referendo (re.fe.ren.do) *n.m.* pergunta que se faz à população sobre um assunto de interesse nacional e que é respondida por meio de votação

referente (re.fe.ren.te) *adj.2gén.* que se refere; relativo ◆ *n.m.* entidade (animal, pessoa, coisa) real ou imaginária a que uma palavra se refere

referido (re.fe.ri.do) *adj.* relatado; mencionado

referir (re.fe.rir) *v.* relatar; mencionar ◆ **referir-se** dizer respeito a (referir-se a)

refilão (re.fi.lão) *adj.* que refila ◆ *n.m.* [*f.* refilona] pessoa que responde de forma grosseira SIN. resmungão, respondão

refilar (re.fi.lar) *v.* responder de forma grosseira SIN. resmungar

a b c d e f g h i j k l m n o p q **r** s t u v w x y z

refinação (re.fi.na.ção) *n.f.* → **refinaria**

refinado (re.fi.na.do) *adj.* **1** que é muito fino **2** delicado; requintado

refinar (re.fi.nar) *v.* **1** tornar mais fino **2** tornar mais requintado

refinaria (re.fi.na.ri.a) *n.f.* fábrica onde se refina um produto

reflectido *a nova grafia é* **refletido**

reflectir *a nova grafia é* **refletir**

refletido (re.fle.ti.do) *adj.* **1** reproduzido numa superfície refletora; espelhado **2** dito ou feito com reflexão; ponderado

refletir (re.fle.tir) *v.* **1** reproduzir a imagem de **2** pensar **3** *(fig.)* exprimir; revelar

reflexão (re.fle.xão) *n.f.* ato de pensar muito em; ponderação

reflexivo (re.fle.xi.vo) *adj.* **1** que reflete **2** diz-se do verbo ou do pronome que indica uma ação que recai sobre o sujeito que a pratica; reflexo

reflexo (re.fle.xo) *adj.* diz-se do verbo ou do pronome que indica uma ação que recai sobre o sujeito que a pratica; reflexivo ◆ *n.m.* **1** efeito produzido pela luz refletida **2** resposta ou reação a um estímulo

reflorestação (re.flo.res.ta.ção) *n.f.* plantação de novas árvores numa floresta

refogado (re.fo.ga.do) *n.m.* prato feito com molho de cebola, alho e outros ingredientes; guisado

refogar (re.fo.gar) *v.* cozinhar em refogado; guisar

reforçado (re.for.ça.do) *adj.* aumentado em força ou em espessura; mais resistente

reforçar (re.for.çar) *v.* tornar mais forte SIN. fortalecer

reforço (re.for.ço) *n.m.* aquilo que serve para reforçar algo; aumento de força

reforma (re.for.ma) *n.f.* **1** nova organização; modificação **2** situação das pessoas que deixam de trabalhar por atingirem determinada idade ou por doença **3** pensão que essas pessoas recebem por mês; **reforma ortográfica**: mudança introduzida nas regras de ortografia de determinada língua

reformado (re.for.ma.do) *adj.* **1** modificado **2** que obteve a reforma ◆ *n.m.* pessoa que deixou de trabalhar por idade ou por doença

reformar (re.for.mar) *v.* dar nova forma ou aparência a; modificar ◆ **reformar-se** obter a reforma

reformular (re.for.mu.lar) *v.* **1** dar nova forma a; modificar **2** dizer de outra maneira

refrão (re.frão) *n.m.* verso ou versos que se repetem no fim da cada grupo de versos de um poema

refrear (re.fre.ar) *v.* **1** conter (o cavalo) com o freio **2** reprimir; conter ◆ **refrear-se** dominar-se; conter-se

refrescante (re.fres.can.te) *adj.2gén.* que refresca; refrigerante

refrescar (re.fres.car) *v.* tornar fresco; refrigerar

refresco (re.fres.co) *n.m.* bebida que serve para matar a sede ou aliviar o calor, e que se toma fresca SIN. refrigerante

refrigeração (re.fri.ge.ra.ção) *n.f.* **1** ato ou processo de tornar algo mais fresco **2** abaixamento artificial da temperatura

refrigerante (re.fri.ge.ran.te) *n.m.* → **refresco**

refugiado (re.fu.gi.a.do) *n.m.* pessoa que abandona o seu país e procura abrigo num outro país, geralmente para escapar a perseguição, guerra, etc.

refugiar-se (re.fu.gi.ar-se) *v.* procurar refúgio; abrigar-se; esconder-se

refúgio (re.fú.gi.o) *n.m.* lugar onde alguém se refugia SIN. abrigo, esconderijo

refutar (re.fu.tar) *v.* **1** afirmar o contrário; opor-se a **2** não aceitar

rega (re.ga) *n.f.* ato ou processo de regar

regaço (re.ga.ço) *n.m.* cavidade formada pelo abdómen e pelas coxas quando se está sentado SIN. colo

regada (re.ga.da) *n.f.* terreno banhado por curso de água

regador (re.ga.dor) *n.m.* recipiente com um bico, próprio para regar plantas

regalado (re.ga.la.do) *adj.* muito satisfeito; deleitado

regalar-se (re.ga.lar-se) *v.* sentir grande prazer; deleitar-se

regalia (re.ga.li.a) *n.f.* vantagem; privilégio

regalo (re.ga.lo) *n.m.* grande prazer; satisfação

regar (re.gar) *v.* molhar (as plantas)

regata (re.ga.ta) *n.f.* competição entre embarcações

regatear (re.ga.te.ar) *v.* **1** discutir o preço de **2** discutir com modos grosseiros; refilar

regateiro (re.ga.tei.ro) *n.m.* **1** aquele que discute o preço **2** *(inform.)* aquele que fala ou discute de modo grosseiro

regato (re.ga.to) *n.m.* pequeno ribeiro

regedor (re.ge.dor) *n.m.* aquele que rege ou governa; administrador

regedoria (re.ge.do.ri.a) *n.f.* cargo ou função de regedor

regelado (re.ge.la.do) *adj.* **1** muito frio; gélido **2** congelado

regelar (re.ge.lar) *v.* transformar em gelo; congelar ♦ **regelar-se** ficar gelado; congelar-se

regência (re.gên.ci.a) *n.f.* ato de reger ou dirigir; direção; governo

regeneração (re.ge.ne.ra.ção) *n.f.* nova formação ou nova organização; reconstituição

regenerar (re.ge.ne.rar) *v.* formar de novo; reconstituir ♦ **regenerar-se** formar-se novamente; reconstituir-se

regente (re.gen.te) *n.2gén.* **1** pessoa que rege ou que governa **2** numa escola, professor que é responsável por uma disciplina

reger (re.ger) *v.* governar; dirigir ♦ **reger-se** orientar-se; regular-se (reger-se por)

região (re.gi.ão) *n.f.* parte de um país SIN. zona

regicídio (re.gi.cí.di.o) *n.m.* assassinato de um rei ou uma rainha

regime (re.gi.me) *n.m.* **1** sistema político de um país **2** dieta alimentar

regimento (re.gi.men.to) *n.m.* unidade militar composta por dois ou mais batalhões

régio (ré.gi.o) *adj.* **1** relativo a rei; real **2** *(fig.)* magnífico

regional (re.gi.o.nal) *adj.2gén.* referente a uma região

regionalismo (re.gi.o.na.lis.mo) *n.m.* palavra ou expressão própria de uma região

regionalização (re.gi.o.na.li.za.ção) *n.f.* divisão de um território em regiões

registador (re.gis.ta.dor) *n.m.* **1** pessoa que regista **2** aparelho que regista automaticamente certos movimentos ou variações

registar (re.gis.tar) *v.* **1** tomar nota de (algo); anotar **2** fazer o registo de (alguém ou alguma coisa); inscrever

registo (re.gis.to) *n.m.* **1** ato ou efeito de registar; inscrição **2** caderno ou livro onde se anotam informações que se desejam guardar

a
b
c
d
e
f
g
h
i
j
k
l
m
n
o
p
q
r
s
t
u
v
w
x
y
z

rego (re.go) *n.m.* **1** sulco para escoar água; vala **2** ruga entre as dobras da pele

regougar (re.gou.gar) *v.* **1** emitir a voz (a raposa) **2** *(fig.)* resmungar

regozijar (re.go.zi.jar) *v.* causar alegria ♦ **regozijar-se** alegrar-se

regozijo (re.go.zi.jo) *n.m.* grande satisfação; prazer

regra (re.gra) *n.f.* norma; regulamento

regressar (re.gres.sar) *v.* voltar ao ponto de partida SIN. retornar

regressivo (re.gres.si.vo) *adj.* **1** que regressa ou que volta para trás **2** que se faz do fim para o princípio

regresso (re.gres.so) *n.m.* volta ao ponto de partida SIN. retorno

régua (ré.gua) *n.f.* objeto com que se traçam linhas retas

reguada (re.gua.da) *n.f.* pancada com a régua

regueifa (re.guei.fa) *n.f.* **1** pão branco entrançado **2** *(pop.)* prega de gordura no corpo

regueira (re.guei.ra) *n.f.* **1** sulco ou rego por onde passa água **2** pequeno curso de água

reguila (re.gui.la) *adj.* **1** *(inform.)* malandro **2** *(inform.)* refilão

regulação (re.gu.la.ção) *n.f.* **1** definição ou estabelecimento de regras **2** conjunto de normas ou regras **3** ato de fazer funcionar algo corretamente

regulado (re.gu.la.do) *adj.* **1** que está de acordo com as regras **2** que funciona corretamente

regulador (re.gu.la.dor) *adj.* que serve para regular

regulamentação (re.gu.la.men.ta.ção) *n.f.* **1** ato de definir ou impor regras **2** conjunto de regras que orientam uma atividade, uma empresa ou uma instituição

regulamentar (re.gu.la.men.tar) *adj. 2gén.* **1** relativo a regulamento **2** que está de acordo com as regras ♦ *v.* estabelecer regra(s); impor regras

regulamento (re.gu.la.men.to) *n.m.* conjunto de regras (de uma empresa, associação, escola, etc.)

regular (re.gu.lar) *adj.2gén.* **1** que não varia ANT. irregular **2** que está de acordo com as regras **3** diz-se do verbo cujo radical não se altera e que segue o modelo da conjugação a que pertence ♦ *v.* estabelecer regra(s); impor regras

regularidade (re.gu.la.ri.da.de) *n.f.* **1** qualidade do que é regular ANT. irregularidade **2** ordem; harmonia

regularização (re.gu.la.ri.za.ção) *n.f.* **1** ato de tornar regular **2** correção

regularizar (re.gu.la.ri.zar) *v.* **1** tornar regular **2** pôr em ordem

regularmente (re.gu.lar.men.te) *adv.* **1** frequentemente; geralmente **2** nem bem nem mal; razoavelmente

régulo (ré.gu.lo) *n.m.* **1** rei jovem **2** chefe de um povo ou de um Estado africano

rei (rei) *n.m.* [*f.* rainha] **1** homem que governa uma monarquia SIN. soberano **2** peça mais importante do jogo do xadrez

reimpressão (re.im.pres.são) *n.f.* nova tiragem de uma obra impressa, geralmente sem modificações na apresentação ou no conteúdo

reimprimir (re.im.pri.mir) *v.* fazer nova impressão (de livro, jornal, etc.)

reinado (rei.na.do) *n.m.* **1** governo de um rei ou de uma rainha **2** duração desse governo

reinante (rei.nan.te) *adj.2gén.* **1** que reina; que desempenha a função de rei ou rainha **2** que domina; dominante

reinar (rei.nar) *v.* **1** governar como rei ou rainha **2** ter influência ou poder sobre; dominar **3** estar em uso ou em vigor

reineta (rei.ne.ta) *n.f.* variedade de maçã de sabor ligeiramente ácido

reiniciar (re.i.ni.ci.ar) *v.* iniciar novamente SIN. recomeçar

reino (rei.no) *n.m.* Estado governado por um rei ou por uma rainha

reitor (rei.tor) *n.m.* diretor de uma universidade ou de uma ordem religiosa

reitoria (rei.to.ri.a) *n.f.* **1** cargo de reitor **2** local onde trabalha um reitor

reivindicação (rei.vin.di.ca.ção) *n.f.* exigência; reclamação

reivindicar (rei.vin.di.car) *v.* exigir; reclamar

reivindicativo (rei.vin.di.ca.ti.vo) *adj.* relativo a reivindicação

rejeição (re.jei.ção) *n.f.* recusa

rejeitar (re.jei.tar) *v.* não aceitar; recusar

rejeitável (re.jei.tá.vel) *adj.2gén.* que se pode ou deve rejeitar

rejuvenescer (re.ju.ve.nes.cer) *v.* **1** tornar jovem **2** parecer mais jovem

rela (re.la) *n.f.* **1** armadilha para pássaros **2** pequeno batráquio sem cauda, de cor verde e com a extremidade de cada dedo em forma de disco **3** brinquedo com som semelhante ao que é produzido por esse batráquio

relação (re.la.ção) *n.f.* **1** ligação entre factos ou pessoas **2** lista; listagem ♦ **relações** *n.f.pl.* conjunto de pessoas conhecidas ou amigas de alguém

relacionado (re.la.ci.o.na.do) *adj.* **1** que tem relação **2** que diz respeito a

relacionamento (re.la.ci.o.na.men.to) *n.m.* **1** capacidade de conviver com outras pessoas **2** ligação entre pessoas; relação

relacionar (re.la.ci.o.nar) *v.* fazer a relação de ♦ **relacionar-se** manter relação com; dar-se (relacionar-se com)

relâmpago (re.lâm.pa.go) *n.m.* clarão resultante de trovoada

relampejar (re.lam.pe.jar) *v.* **1** produzir-se um relâmpago **2** brilhar de repente

relançar (re.lan.çar) *v.* lançar de novo (produto, livro, etc.)

relance (re.lan.ce) *n.m.* vista de olhos; **de relance:** superficialmente

relatar (re.la.tar) *v.* fazer o relato de SIN. contar

relativo (re.la.ti.vo) *adj.* **1** que se refere a **2** que tem relação com **3** diz-se da palavra que estabelece uma relação entre duas frases, referindo-se à palavra ou expressão que a antecede

relato (re.la.to) *n.m.* **1** ato ou efeito de relatar **2** descrição; narração **3** reportagem de uma competição desportiva

relatório (re.la.tó.ri.o) *n.m.* **1** relato minucioso **2** relato mais ou menos oficial que explica como algo se passou

relaxado (re.la.xa.do) *adj.* descontraído; descansado

relaxamento (re.la.xa.men.to) *n.m.* descontração; alívio

relaxante (re.la.xan.te) *adj.2gén.* que relaxa; que descontrai

relaxar (re.la.xar) *v.* descontrair-se

relembrar (re.lem.brar) *v.* voltar a lembrar; recordar

relento (re.len.to) *n.m.* humidade da noite; orvalho; **ao relento:** ao ar livre; no exterior

reler (re.ler) *v.* ler novamente

reles (re.les) *adj.inv.* **1** de má qualidade **2** ordinário; desprezível

relevância (re.le.vân.ci.a) *n.f.* importância

relevante (re.le.van.te) *adj.2gén.* importante

relevo (re.le.vo) *n.m.* **1** saliência **2** elevação ou depressão de terreno **3** destaque

a
b
c
d
e
f
g
h
i
j
k
l
m
n
o
p
q
r
s
t
u
v
w
x
y
z

religião (re.li.gi.ão) *n.f.* conjunto de crenças, ideias e rituais relacionados com a existência de um ser supremo

religiosa (re.li.gi.o.sa) *n.f.* freira; monja

religiosidade (re.li.gi.o.si.da.de) *n.f.* **1** qualidade do que é religioso **2** tendência para aceitar a existência de um ser supremo

religioso (re.li.gi.o.so) *adj.* relativo a religião; próprio da religião ♦ *n.m.* frade; monge

relinchar (re.lin.char) *v.* soltar relinchos (o cavalo)

relincho (re.lin.cho) *n.m.* voz do cavalo

relíquia (re.lí.qui.a) *n.f.* coisa preciosa, rara ou antiga

relógio (re.ló.gi.o) *n.m.* aparelho que marca as horas, os minutos e, por vezes os segundos (pode também indicar o dia da semana, o mês e o ano)

Relógio escreve-se com g mas re-lojoaria e relojoeiro escrevem-se com j.

relojoaria (re.lo.jo.a.ri.a) *n.f.* estabelecimento onde se fabricam, consertam ou vendem relógios

relojoeiro (re.lo.jo.ei.ro) *n.m.* aquele que faz, vende ou conserta relógios

relutância (re.lu.tân.ci.a) *n.f.* **1** oposição; resistência **2** hesitação; vacilação

relutante (re.lu.tan.te) *adj.2gén.* **1** que resiste **2** hesitante

reluzente (re.lu.zen.te) *adj.2gén.* brilhante

reluzir (re.lu.zir) *v.* brilhar muito

relva (rel.va) *n.f.* erva baixa, geralmente tratada

relvado (rel.va.do) *n.m.* **1** terreno coberto de relva **2** campo de futebol

relvar (rel.var) *v.* cobrir de relva

remador (re.ma.dor) *n.m.* aquele que rema

remar (re.mar) *v.* mover os remos de um barco para o fazer deslocar

rematado (re.ma.ta.do) *adj.* acabado; pronto

rematar (re.ma.tar) *v.* **1** acabar; concluir **2** lançar a bola à baliza; concluir uma jogada

remate (re.ma.te) *n.m.* **1** acabamento; conclusão **2** lançamento da bola para a baliza do adversário

remediado (re.me.di.a.do) *adj.* diz-se da pessoa que tem o suficiente para sobreviver

remediar (re.me.di.ar) *v.* **1** tratar **2** corrigir **3** resolver

remédio (re.mé.di.o) *n.m.* **1** aquilo o que serve para prevenir ou tratar uma doença; medicamento **2** solução para um problema

remela (re.me.la) *n.f.* substância amarelada que se acumula na união das pálpebras

remeloso (re.me.lo.so) *adj.* que tem remelas

remendado (re.men.da.do) *adj.* que tem remendo(s)

remendão (re.men.dão) *adj.* que faz remendos

remendar (re.men.dar) *v.* pôr remendos em; consertar

remendo (re.men.do) *n.m.* pedaço de pano, couro, etc., com que se conserta uma peça de roupa ou um objeto

remessa (re.mes.sa) *n.f.* **1** ato de remeter; envio **2** aquilo que se envia

remesso (re.mes.so) *n.m.* lançamento; arremesso

remetente (re.me.ten.te) *n.2gén.* pessoa que envia ou remete (alguma coisa)

remeter (re.me.ter) *v.* enviar; mandar

remexer (re.me.xer) *v.* **1** tornar a mexer **2** mexer muito; revolver (remexer em)

remissão (re.mis.são) *n.f.* **1** indicação que se faz num livro, enviando o leitor para outro ponto ou outra página desse livro **2** perdão pelos pecados cometidos

remo (re.mo) *n.m.* vara comprida de madeira, terminada em forma de pá, usada para fazer mover um barco

remoção (re.mo.ção) *n.f.* mudança de um lugar para o outro; afastamento

remodelação (re.mo.de.la.ção) *n.f.* modificação da forma ou do aspeto de

remodelar (re.mo.de.lar) *v.* dar nova forma ou novo aspeto a

remoer (re.mo.er) *v.* **1** moer de novo **2** repetir o que já foi dito **3** pensar muito (num assunto)

remoinho (re.mo.i.nho) *n.m.* → rede-moinho

remontar (re.mon.tar) *v.* ter origem (em determinada época); datar de ⟨remontar a⟩

remorso (re.mor.so) *n.m.* arrependimento

remoto (re.mo.to) *adj.* **1** que aconteceu há muito tempo sin. distante, longínquo **2** muito afastado no espaço

remover (re.mo.ver) *v.* **1** afastar **2** retirar

remuneração (re.mu.ne.ra.ção) *n.f.* **1** salário **2** recompensa

remunerar (re.mu.ne.rar) *v.* pagar um salário

rena (re.na) *n.f.* mamífero ruminante robusto, com chifres desenvolvidos e cascos adaptados para andar na neve, que vive nas regiões frias do Norte da Europa

renal (re.nal) *adj.2gén.* relativo aos rins

renascentista (re.nas.cen.tis.ta) *adj. 2gén.* relativo ao Renascimento

renascer (re.nas.cer) *v.* **1** nascer de novo **2** reaparecer **3** recuperar forças

renascimento (re.nas.ci.men.to) *n.m.* **1** ato ou efeito de renascer **2** reaparecimento

Renascimento (Re.nas.ci.men.to) *n.m.* movimento cultural e artístico dos séculos XV e XVI, que se baseou nos modelos da Antiguidade clássica grega e romana

renda (ren.da) *n.f.* **1** obra de malha feita com fio e que forma desenhos **2** dinheiro que se recebe regularmente

rendado (ren.da.do) *adj.* que tem renda(s); enfeitado com renda(s)

render (ren.der) *v.* **1** dar lucro **2** dar resultado ♦ **render-se 1** admitir uma derrota **2** entregar as armas

rendição (ren.di.ção) *n.f.* ato de se render ou de admitir uma derrota sin. capitulação

rendimento (ren.di.men.to) *n.m.* **1** produtividade **2** lucro **3** salário

renegar (re.ne.gar) *v.* **1** abandonar (ideia, crença, religião) **2** rejeitar **3** negar **4** trair

renhido (re.nhi.do) *adj.* disputado com muita animação ou entusiasmo; animado

renitente (re.ni.ten.te) *adj.2gén.* que resiste; resistente

renome (re.no.me) *n.m.* boa reputação; fama

renovação (re.no.va.ção) *n.f.* **1** restauro **2** melhoria **3** recomeço

renovar (re.no.var) *v.* **1** restaurar **2** melhorar **3** recomeçar

renovável (re.no.vá.vel) *adj.2gén.* **1** que se pode renovar **2** diz-se da energia ou do recurso que provém de fontes naturais (como o vento, a água e o sol) e que, portanto, se renova

rentabilizar (ren.ta.bi.li.zar) *v.* tornar rentável ou lucrativo

rentável (ren.tá.vel) *adj.2gén.* que produz bom rendimento sin. lucrativo

a
b
c
d
e
f
g
h
i
j
k
l
m
n
o
p
q
r
s
t
u
v
w
x
y
z

rente (ren.te) *adv.* pelo pé; pela raiz

renúncia (re.nún.ci.a) *n.f.* **1** abandono de um cargo ou de uma função **2** desistência

renunciar (re.nun.ci.ar) *v.* **1** abandonar um cargo ou uma função **2** desistir de ⟨renunciar a⟩

reorganizar (re.or.ga.ni.zar) *v.* **1** organizar de novo **2** reformar **3** melhorar

repa (re.pa) *n.f.* tira de cabelo que cai sobre a testa; franja

reparação (re.pa.ra.ção) *n.f.* conserto; arranjo

reparar (re.pa.rar) *v.* **1** consertar **2** observar ⟨reparar em⟩

reparo (re.pa.ro) *n.m.* chamada de atenção **SIN.** advertência

repartição (re.par.ti.ção) *n.f.* **1** divisão de algo em partes; distribuição **2** local onde funciona um serviço de atendimento público

repartir (re.par.tir) *v.* separar em partes; distribuir; dividir

repatriar (re.pa.tri.ar) *v.* fazer (alguém) voltar à pátria ♦ **repatriar-se** voltar à pátria por vontade própria

repelente (re.pe.len.te) *adj.2gén.* **1** que repele **2** repugnante ♦ *n.m.* substância que se aplica na pele para afastar insetos

repelir (re.pe.lir) *v.* afastar de si **SIN.** rejeitar

repenicar (re.pe.ni.car) *v.* produzir sons agudos e repetidos

repensar (re.pen.sar) *v.* pensar outra vez; reconsiderar

repente (re.pen.te) *n.m.* movimento ou ato inesperado; ímpeto; **de repente:** subitamente

repentinamente (re.pen.ti.na.men.te) *adv.* de repente; subitamente

repentino (re.pen.ti.no) *adj.* súbito; imprevisto

repercussão (re.per.cus.são) *n.f.* efeito; consequência

repercutir (re.per.cu.tir) *v.* **1** refletir (luz) **2** ecoar (um som) ♦ **repercutir-se 1** ter influência em **2** espalhar-se (facto, notícia) ⟨repercutir-se em⟩

repertório (re.per.tó.ri.o) *n.m.* **1** lista de assuntos apresentados por determinada ordem **2** conjunto de obras musicais ou dramáticas de um autor, de um grupo ou de uma época

repetente (re.pe.ten.te) *n.2gén.* estudante que repete um ano letivo ou uma disciplina (por ter reprovado)

repetição (re.pe.ti.ção) *n.f.* **1** ato de voltar a fazer alguma coisa **2** nova ocorrência (de um fenómeno) **3** figura de estilo que consiste em repetir diversas vezes a mesma palavra ou frase

repetidamente (re.pe.ti.da.men.te) *adv.* muitas vezes; frequentemente

repetido (re.pe.ti.do) *adj.* **1** que acontece mais de uma vez **2** que existe em número elevado ou em excesso

repetir (re.pe.tir) *v.* tornar a dizer ou a fazer ♦ **repetir-se** acontecer novamente

repetitivo (re.pe.ti.ti.vo) *adj.* em que há repetição

repicar (re.pi.car) *v.* tocar repetidamente (o sino)

repleto (re.ple.to) *adj.* muito cheio

réplica (ré.pli.ca) *n.f.* **1** resposta **2** imitação

replicar (re.pli.car) *v.* responder discordando **SIN.** contestar, ripostar

repolho (re.po.lho) *n.m.* variedade de couve cujas folhas crescem formando um conjunto apertado, com forma arredondada

repontar (re.pon.tar) *v.* responder de modo desagradável **SIN.** refilar

repor (re.por) *v.* **1** tornar a pôr **2** devolver

reportagem (re.por.ta.gem) *n.f.* trabalho de informação em que um jornalista descreve em pormenor determinado tema ou acontecimento

reportar-se (re.por.tar-se) *v.* fazer referência a; aludir a (reportar-se a)

repórter (re.pór.ter) *n.2gén.* pessoa que faz reportagens

reportório (re.por.tó.ri.o) *n.m.* → **repertório**

reposição (re.po.si.ção) *n.f.* **1** ato de recolocar ou voltar a pôr no mesmo lugar **2** ato de voltar ao estado anterior **3** restituição; devolução

repousar (re.pou.sar) *v.* descansar

repouso (re.pou.so) *n.m.* **1** descanso **2** imobilidade

repreender (re.pre.en.der) *v.* dar uma repreensão a SIN. censurar, ralhar

repreensão (re.pre.en.são) *n.f.* crítica severa SIN. censura, ralhete

represa (re.pre.sa) *n.f.* construção feita para travar um curso de água SIN. açude

represália (re.pre.sá.li.a) *n.f.* vingança

representação (re.pre.sen.ta.ção) *n.f.* **1** imagem, desenho ou pintura que representa algo ou alguém **2** espetáculo teatral; encenação **3** interpretação de um papel no cinema, no teatro ou na televisão; atuação

representante (re.pre.sen.tan.te) *n.2gén.* pessoa que representa outra(s) pessoa(s) ou uma organização

representar (re.pre.sen.tar) *v.* **1** dar uma imagem de; retratar **2** ser a imagem de; simbolizar **3** interpretar (um papel)

representativo (re.pre.sen.ta.ti.vo) *adj.* que representa

repressão (re.pres.são) *n.f.* ato de reprimir ou conter (sentimento, movimento, etc.)

repressivo (re.pres.si.vo) *adj.* que serve para reprimir

reprimir (re.pri.mir) *v.* **1** conter (lágrimas, riso, sentimento) **2** combater (um hábito, um movimento) ♦ **reprimir-se** conter os próprios sentimentos, gestos, etc.; dominar-se

reprodução (re.pro.du.ção) *n.f.* **1** facto de se fazer uma cópia de alguma coisa; imitação **2** facto de dar vida a outros seres da mesma espécie; multiplicação

reprodutivo (re.pro.du.ti.vo) *adj.* **1** que produz de novo **2** relativo a reprodução

reprodutor (re.pro.du.tor) *adj.* **1** que reproduz **2** que serve para a reprodução

reproduzir (re.pro.du.zir) *v.* **1** produzir de novo **2** copiar; imitar **3** contar ou mostrar com pormenor ♦ **reproduzir-se** multiplicar-se

reprovação (re.pro.va.ção) *n.f.* **1** rejeição; condenação **2** não aprovação (num exame); chumbo

reprovado (re.pro.va.do) *adj.* **1** rejeitado **2** chumbado

reprovar (re.pro.var) *v.* **1** rejeitar **2** chumbar (num exame)

reprovável (re.pro.vá.vel) *adj.2gén.* que merece reprovação SIN. condenável

réptil (rép.til) *n.m.* [*pl.* répteis] animal vertebrado de sangue frio, com o corpo coberto por escamas ou placas, que se desloca rastejando

república (re.pú.bli.ca) *n.f.* forma de governo em que os cidadãos elegem os seus representantes e o chefe de Estado para exercerem o poder em nome do povo

a b c d e f g h i j k l m n o p q **r** s t u v w x y z

republicano (re.pu.bli.ca.no) *adj.* relativo a república ◆ *n.m.* pessoa que defende a república

repudiar (re.pu.di.ar) *v.* rejeitar

repugnância (re.pug.nân.ci.a) *n.f.* 1 sensação de mal-estar ou enjoo 2 sentimento de antipatia ou aversão

repugnante (re.pug.nan.te) *adj.2gén.* 1 que provoca mal-estar ou enjoo 2 que causa antipatia ou aversão

repugnar (re.pug.nar) *v.* causar desagrado ou aversão

repulsa (re.pul.sa) *n.f.* sentimento de aversão ou repugnância

repulsivo (re.pul.si.vo) *adj.* que causa repulsa SIN. repugnante

reputação (re.pu.ta.ção) *n.f.* 1 opinião que se tem sobre alguém 2 fama; prestígio

repuxar (re.pu.xar) *v.* 1 puxar para trás 2 esticar muito

repuxo (re.pu.xo) *n.m.* jato de água que sai com força e se eleva

requeijão (re.quei.jão) *n.m.* queijo fresco, feito a partir do soro do leite

requerer (re.que.rer) *v.* 1 pedir (por escrito) 2 exigir 3 ser digno de

requerimento (re.que.ri.men.to) *n.m.* documento escrito que contém um pedido ou uma reivindicação

requintado (re.quin.ta.do) *adj.* elegante; delicado

requinte (re.quin.te) *n.m.* elegância; delicadeza

requisição (re.qui.si.ção) *n.f.* pedido

requisitar (re.qui.si.tar) *v.* pedir

requisito (re.qui.si.to) *n.m.* condição necessária para se atingir um objetivo; exigência

rês (rês) *n.f.* [*pl.* reses] animal quadrúpede cuja carne é utilizada para a alimentação humana

rescaldo (res.cal.do) *n.m.* 1 calor proveniente de um incêndio 2 resultado de alguma coisa

rés-do-chão *a nova grafia é* **rés do chão**

rés do chão (rés do chão) *n.m.2núm.* pavimento de uma casa ou de um prédio que fica ao nível do solo

reserva (re.ser.va) *n.f.* 1 marcação antecipada de um lugar (em espetáculo, hotel, etc.) 2 aquilo que se guarda para utilizar mais tarde 3 timidez; acanhamento 4 extensão de terreno destinada à proteção de espécies animais e vegetais

reservado (re.ser.va.do) *adj.* 1 marcado (lugar em espetáculo, hotel, etc.) 2 guardado para mais tarde 3 tímido 4 protegido

reservar (re.ser.var) *v.* 1 guardar; armazenar 2 marcar antecipadamente

reservatório (re.ser.va.tó.ri.o) *n.m.* lugar próprio para armazenar alguma coisa SIN. depósito, recipiente

resfriado (res.fri.a.do) *n.m.* gripe

resgatar (res.ga.tar) *v.* 1 libertar 2 recuperar 3 pagar (uma dívida)

resgate (res.ga.te) *n.m.* 1 libertação de alguém mediante pagamento 2 preço pago por essa libertação 3 pagamento de uma dívida

resguardado (res.guar.da.do) *adj.* 1 coberto 2 protegido

resguardar (res.guar.dar) *v.* 1 cobrir 2 proteger

resguardo (res.guar.do) *n.m.* abrigo; proteção

residência (re.si.dên.ci.a) *n.f.* lugar onde se mora SIN. domicílio, lar

residencial (re.si.den.ci.al) *adj.2gén.* relativo a residência ◆ *n.f.* casa que aceita hóspedes; pensão

residente (re.si.den.te) *n.2gén.* pessoa que vive em determinado lugar SIN. habitante

residir (re.si.dir) *v.* **1** morar em; habitar **2** ser composto de ⟨residir em⟩

residual (re.si.du.al) *adj.2gén.* relativo a resíduo

resíduo (re.sí.du.o) *n.m.* **1** aquilo que sobra ou resta de alguma coisa; resto **2** qualquer substância que resulta de uma operação industrial ou de um processo químico

Resíduo *escreve-se com* **s** (*e não com* **z**).

resignação (re.sig.na.ção) *n.f.* **1** aceitação (de um mal ou de uma injustiça) sem revolta **2** renúncia a um cargo ou a uma função; abdicação

resignado (re.sig.na.do) *adj.* que aguenta um mal ou uma injustiça sem se revoltar SIN. conformado

resignar (re.sig.nar) *v.* renunciar a; abdicar de ♦ **resignar-se** submeter-se (a um mal ou a uma injustiça); conformar-se

resina (re.si.na) *n.f.* produto natural, viscoso, que se extrai de alguns vegetais

resinoso (re.si.no.so) *adj.* **1** que tem resina **2** pegajoso; viscoso

resistência (re.sis.tên.ci.a) *n.f.* **1** qualidade do que é resistente **2** capacidade de suportar algo (como frio, fome, dor) **3** oposição; reação

resistente (re.sis.ten.te) *adj. e n.2gén.* que ou pessoa que resiste SIN. forte

resistir (re.sis.tir) *v.* **1** conservar-se firme **2** lutar por **3** opor-se ⟨resistir a⟩

resma (res.ma) *n.f.* **1** conjunto de quinhentas folhas de papel **2** grande quantidade de coisas

resmungão (res.mun.gão) *adj.* que está impaciente ou com mau humor; rabugento ♦ *n.m.* [*f.* resmungona] pessoa que responde de forma grosseira SIN. refilão, respondão

resmungar (res.mun.gar) *v.* falar em voz baixa, com mau humor

resmunguice (res.mun.gui.ce) *n.f.* hábito de resmungar

resolução (re.so.lu.ção) *n.f.* **1** decisão **2** solução

resoluto (re.so.lu.to) *adj.* decidido; determinado

resolver (re.sol.ver) *v.* decidir; determinar ♦ **resolver-se** decidir-se

resolvido (re.sol.vi.do) *adj.* combinado; acertado

respectivamente *a nova grafia é* **respetivamente**

respectivo *a nova grafia é* **respetivo**

respeitado (res.pei.ta.do) *adj.* tratado com respeito; considerado

respeitador (res.pei.ta.dor) *adj.* que respeita; que mostra respeito

respeitante (res.pei.tan.te) *adj.2gén.* que diz respeito; relativo

respeitar (res.pei.tar) *v.* **1** cumprir regras ou compromissos assumidos **2** ter respeito ou consideração por

respeitável (res.pei.tá.vel) *adj.* **1** que é digno de respeito **2** bastante grande; considerável

respeito (res.pei.to) *n.m.* sentimento de consideração por alguém; deferência

respeitoso (res.pei.to.so) *adj.* que demonstra respeito; atencioso

respetivamente (res.pe.ti.va.men.te) *adv.* **1** de maneira recíproca **2** na devida ordem

respetivo (res.pe.ti.vo) *adj.* relativo a cada um; próprio

respiração (res.pi.ra.ção) *n.f.* movimento de inspiração (entrada de ar nos pulmões) e de expiração (saída de ar dos pulmões)

respirar (res.pi.rar) *v.* fazer entrar e sair o ar nos pulmões

respiratório (res.pi.ra.tó.ri.o) *adj.* **1** relativo a respiração **2** que serve para respirar

respirável (res.pi.rá.vel) *adj.2gén.* que se pode respirar

respiro (res.pi.ro) *n.m.* ato ou efeito de respirar; respiração

resplandecente (res.plan.de.cen.te) *adj.2gén.* muito brilhante

resplandecer (res.plan.de.cer) *v.* brilhar muito

resplendor (res.plen.dor) *n.m.* brilho intenso

respondão (res.pon.dão) *n.m.* [*f.* respondona] pessoa que responde de forma grosseira SIN. refilão, resmungão

responder (res.pon.der) *v.* **1** dizer ou escrever em resposta; retorquir **2** responsabilizar-se por (responder por)

responsabilidade (res.pon.sa.bi.li.da.de) *n.f.* **1** dever que uma pessoa tem de assumir as consequências dos seus atos ANT. irresponsabilidade **2** qualidade de quem é acusado de alguma coisa; culpa

responsabilização (res.pon.sa.bi.li.za.ção) *n.f.* atribuição de responsabilidade (a alguém)

responsabilizar (res.pon.sa.bi.li.zar) *v.* **1** tornar responsável **2** atribuir a responsabilidade a; culpar ♦ **responsabilizar-se** assumir a responsabilidade (responsabilizar-se por)

responsável (res.pon.sá.vel) *adj.2gén.* **1** que assume a responsabilidade dos seus atos ANT. irresponsável **2** que cumpre os seus deveres e compromissos ♦ *n.2gén.* pessoa que ocupa

uma posição de chefia dentro de um grupo

resposta (res.pos.ta) *n.f.* **1** ato ou efeito de responder **2** solução de um problema ou de um teste **3** reação a um estímulo

ressaca (res.sa.ca) *n.f.* **1** movimento das ondas que se quebram contra um obstáculo **2** (*inform.*) mal-estar provocado por excesso de bebidas alcoólicas

ressaltar (res.sal.tar) *v.* **1** tornar saliente; dar relevo a **2** sobressair; destacar-se

ressalto (res.sal.to) *n.m.* salto de um corpo ou de um projétil depois de bater numa superfície ou noutro corpo SIN. ricochete

ressentido (res.sen.ti.do) *adj.* diz-se da pessoa que está magoada ou ofendida SIN. melindrado

ressentimento (res.sen.ti.men.to) *n.m.* sentimento de tristeza causado por uma ofensa ou injustiça SIN. melindre

ressentir-se (res.sen.tir-se) *v.* **1** sentir-se ofendido; melindrar-se **2** sentir os efeitos de (alguma coisa) (ressentir-se de)

ressequido (res.se.qui.do) *adj.* **1** que está muito seco **2** muito magro; mirrado

ressequir (res.se.quir) *v.* **1** fazer perder a humidade **2** perder a humidade; secar

ressoar (res.so.ar) *v.* soar com força; ecoar

ressonância (res.so.nân.ci.a) *n.f.* **1** propriedade de aumentar a intensidade de um som **2** repercussão de sons; eco

ressonar (res.so.nar) *v.* respirar com ruído durante o sono SIN. roncar

ressurgir (res.sur.gir) *v.* surgir novamente SIN. reaparecer

ressurreição (res.sur.rei.ção) *n.f.* **1** ato de voltar à vida, depois da morte **2** reaparecimento

ressuscitado (res.sus.ci.ta.do) *adj.* **1** que voltou à vida **2** que reapareceu

ressuscitar (res.sus.ci.tar) *v.* **1** voltar à vida, depois da morte **2** aparecer novamente **3** *(fig.)* tornar mais intenso; renovar

restabelecer (res.ta.be.le.cer) *v.* **1** fazer existir novamente **2** pôr novamente em bom estado ♦ **restabelecer-se** recuperar a saúde; curar-se

restabelecimento (res.ta.be.le.ci.men.to) *n.m.* **1** regresso ao estado ou à situação anterior **2** conserto **3** recuperação da saúde

restante (res.tan.te) *adj.2gén.* que resta; que sobra ♦ *n.m.* aquilo que resta ou sobra

restar (res.tar) *v.* ficar como resto SIN. sobrar

restauração (res.tau.ra.ção) *n.f.* **1** ato de estabelecer novamente (um sistema político, por exemplo) **2** conserto ou reparação de algo **3** setor de atividade relacionado com restaurantes

restaurante (res.tau.ran.te) *n.m.* estabelecimento onde se preparam e servem refeições

restaurar (res.tau.rar) *v.* **1** estabelecer novamente **2** consertar; reparar

restauro (res.tau.ro) *n.m.* **1** trabalho de recuperação de obras de arte, construções, etc. **2** conserto; reparação

réstia (rés.ti.a) *n.f.* **1** cordão feito de hastes ou caules secos **2** raios de luz que passam através de uma abertura estreita

restituição (res.ti.tu.i.ção) *n.f.* entrega de uma coisa à pessoa a quem pertence SIN. devolução

restituir (res.ti.tu.ir) *v.* devolver

resto (res.to) *n.m.* **1** aquilo que fica de um todo; sobra **2** em matemática, resultado de uma subtração; diferença

restolhada (res.to.lha.da) *n.f.* **1** grande quantidade de restolho; restos **2** *(fig.)* ruído semelhante ao de quem anda sobre restolho **3** *(fig.)* barulho

restolho (res.to.lho) *n.m.* **1** palha ou caule que fica no campo após a colheita **2** *(fig.)* ruído; barulho

restrição (res.tri.ção) *n.f.* condição que limita ou restringe SIN. limitação

restringir (res.trin.gir) *v.* **1** tornar mais estreito ou apertado **2** impor limites; limitar

restritivo (res.tri.ti.vo) *adj.* que restringe ou limita SIN. limitativo

restrito (res.tri.to) *adj.* **1** pequeno **2** limitado

resultado (re.sul.ta.do) *n.m.* **1** efeito de uma ação; consequência **2** produto de uma operação matemática **3** situação final de uma competição, expressa em números

resultante (re.sul.tan.te) *adj.2gén.* que resulta SIN. consequente

resultar (re.sul.tar) *v.* **1** ser consequência ou efeito de **2** dar bom resultado

resumidamente (re.su.mi.da.men.te) *adv.* em resumo

resumido (re.su.mi.do) *adj.* **1** abreviado **2** conciso

resumir (re.su.mir) *v.* dizer ou explicar em poucas palavras SIN. abreviar, condensar

resumo (re.su.mo) *n.m.* apresentação curta e rápida de um texto, de um assunto, de um filme ou de uma ideia SIN. síntese

---

Resumo escreve-se com **s** (e não com **z**).

a b c d e f g h i j k l m n o p q r s t u v w x y z

resvalar (res.va.lar) *v.* cair por um declive; escorregar

resvés (res.vés) *adj.2gén.* exato; justo ◆ *adv.* **1** à justa **2** na medida certa

reta (re.ta) *n.f.* linha que segue sempre a mesma direção

retábulo (re.tá.bu.lo) *n.m.* painel de madeira pintado que decora a parte de trás de um altar

retaguarda (re.ta.guar.da) *n.f.* parte posterior de um objeto ou de um lugar; traseira ANT. frente, vanguarda

retalhar (re.ta.lhar) *v.* **1** cortar em pedaços **2** ferir com instrumento cortante

retalhista (re.ta.lhis.ta) *n.2gén.* pessoa que vende a retalho

retalho (re.ta.lho) *n.m.* **1** pedaço de tecido que sobra de uma peça **2** parte de um todo; fração; **vender a retalho:** vender quantidades pequenas

retangular (re.tan.gu.lar) *adj.* que tem a forma de um retângulo

retângulo (re.tân.gu.lo) *n.m.* paralelogramo com ângulos retos

retardar (re.tar.dar) *v.* **1** atrasar **2** demorar

retenção (re.ten.ção) *n.f.* ato ou efeito de reter

reter (re.ter) *v.* **1** não deixar sair ou escapar; manter **2** fazer parar; deter **3** reprimir; conter

reticências (re.ti.cên.ci.as) *n.f.pl.* sinal de pontuação ... que indica uma pausa ou interrupção do sentido da frase

retidão (re.ti.dão) *n.f.* **1** qualidade do que é reto **2** honestidade

retido (re.ti.do) *adj.* **1** que se demorou em determinado lugar **2** que foi preso; detido **3** que se reprimiu; contido

retificação (re.ti.fi.ca.ção) *n.f.* correção; emenda

retificar (re.ti.fi.car) *v.* corrigir; emendar

retilíneo (re.ti.lí.ne.o) *adj.* que tem a forma de uma linha reta

retina (re.ti.na) *n.f.* membrana interna do globo ocular onde se formam as imagens

retiniano (re.ti.ni.a.no) *adj.* relativo à retina; próprio da retina

retinir (re.ti.nir) *v.* produzir um som forte, agudo e repetido

retintim (re.tin.tim) *n.m.* som resultante do choque de dois objetos sonoros

retirada (re.ti.ra.da) *n.f.* **1** saída; abandono **2** recuo de tropas

retirado (re.ti.ra.do) *adj.* **1** diz-se do lugar distante ou sem habitantes SIN. isolado **2** diz-se da pessoa que vive afastada do convívio com outras pessoas

retirar (re.ti.rar) *v.* **1** tirar do sítio onde está **2** fazer sair **3** desviar ◆ **afastar--se** ir embora; afastar-se

retiro (re.ti.ro) *n.m.* **1** lugar afastado das grandes cidades **2** afastamento voluntário de uma pessoa para um lugar sossegado, geralmente para descanso ou reflexão

reto (re.to) *adj.* **1** sem curvatura; direito **2** honesto; íntegro ◆ *n.m.* parte terminal do intestino

retocar (re.to.car) *v.* dar retoques em; aperfeiçoar

retoma (re.to.ma) *n.f.* **1** recuperação económica **2** aceitação de um objeto usado por parte de uma loja na compra de um objeto semelhante

retomar (re.to.mar) *v.* **1** recuperar **2** recomeçar

retoque (re.to.que) *n.m.* **1** correção final; aperfeiçoamento **2** última demão (de tinta)

retorcer (re.tor.cer) *v.* **1** torcer muito **2** torcer novamente ◆ **retorcer-se** dobrar uma parte do corpo; contorcer-se

retorcido (re.tor.ci.do) *adj.* **1** muito torcido; deformado **2** *(fig.)* diz-se do temperamento difícil (de uma pessoa); complicado **3** *(fig.)* diz-se do estilo pouco claro (ao falar ou escrever); rebuscado

retornado (re.tor.na.do) *adj.* que regressa ao lugar de onde partiu ♦ *n.m.* pessoa que regressou a Portugal vinda das antigas colónias ultramarinas, depois da descolonização (após o 25 de abril de 1974)

retornar (re.tor.nar) *v.* voltar ao ponto de partida **SIN.** regressar

retorno (re.tor.no) *n.m.* **1** regresso **2** devolução

retorquir (re.tor.quir) *v.* responder

retrair (re.tra.ir) *v.* **1** puxar para si, rapidamente **2** encolher; contrair ♦ **retrair-se 1** encolher-se; contrair-se **2** afastar-se do convívio com alguém; isolar-se **3** *(fig.)* não se manifestar; conter-se

retratado (re.tra.ta.do) *adj.* **1** cuja imagem foi reproduzida, através de pintura, desenho ou fotografia **2** descrito com pormenor

retratar (re.tra.tar) *v.* **1** tirar o retrato a; fotografar **2** fazer o retrato de; pintar

retrato (re.tra.to) *n.m.* **1** imagem de uma pessoa reproduzida por fotografia, pintura, etc. **2** descrição pormenorizada de algo

retrete (re.tre.te) *n.f.* sanita

retribuição (re.tri.bu.i.ção) *n.f.* aquilo que se dá em troca de um favor ou de um trabalho; remuneração; recompensa

retribuir (re.tri.bu.ir) *v.* dar retribuição ou recompensa

retroactivo *a nova grafia é* **retroativo**

retroativo (re.tro.a.ti.vo) *adj.* que tem efeito sobre factos passados

retroceder (re.tro.ce.der) *v.* andar para trás; recuar

retrocesso (re.tro.ces.so) *n.m.* movimento para trás; recuo

retrógrado (re.tró.gra.do) *adj.* diz-se da pessoa que se opõe ao progresso

retroprojector *a nova grafia é* **retroprojetor**

retroprojetor (re.tro.pro.je.tor) *n.m.* projetor que reproduz imagens de um acetato, ampliando-as numa tela ou numa parede

retrós (re.trós) *n.m.* [*pl.* retroses] fio de seda torcido, geralmente usado em costura

retrospectiva *a nova grafia é* **retrospetiva**

retrospectivo *a nova grafia é* **retrospetivo**

retrospetiva (re.tros.pe.ti.va) *n.f.* apresentação de algo passado; recapitulação

retrospetivo (re.tros.pe.ti.vo) *adj.* relativo a factos passados

retrovisor (re.tro.vi.sor) *n.m.* espelho de um veículo automóvel que dá as imagens dos objetos que estão atrás do condutor

retumbante (re.tum.ban.te) *adj.2gén.* **1** que provoca estrondo **2** *(fig.)* extraordinário

réu (réu) *n.m.* [*f.* ré] pessoa acusada num julgamento

reumático (reu.má.ti.co) *adj.* **1** relativo a reumatismo **2** que sofre de reumatismo

reumatismo (reu.ma.tis.mo) *n.m.* doença que causa dor nas articulações

reunião (re.u.ni.ão) *n.f.* **1** junção de coisas que estavam separadas **2** encontro de pessoas num mesmo lugar

reunir (re.u.nir) *v.* **1** unir de novo; juntar **2** participar numa reunião

reutilização (reu.ti.li.za.ção) *n.f.* **1** nova utilização de algo **2** aproveitamento de materiais usados, como vidro, pa-

a
b
c
d
e
f
g
h
i
j
k
l
m
n
o
p
q
r
s
t
u
v
w
x
y
z

pel e plástico para serem novamente utilizados

reutilizar (re.u.ti.li.zar) *v.* **1** utilizar novamente **2** aproveitar (vidro, papel, etc.) para nova utilização, após reciclagem

revelação (re.ve.la.ção) *n.f.* **1** ato de revelar algo (um segredo, um sentimento, uma opinião); divulgação **2** aquilo que surge de repente como um conhecimento ou experiência nova; descoberta

revelar (re.ve.lar) *v.* **1** pôr a descoberto **2** manifestar; divulgar

revenda (re.ven.da) *n.f.* venda de algo que foi comprado antes

revendedor (re.ven.de.dor) *n.m.* pessoa ou loja que vende produtos que foram comprados para depois serem vendidos

revender (re.ven.der) *v.* **1** tornar a vender **2** vender aquilo que se comprou

rever (re.ver) *v.* **1** tornar a ver **2** fazer a revisão de; corrigir

reverência (re.ve.rên.ci.a) *n.f.* **1** respeito por alguém; consideração **2** cumprimento respeitoso; vénia

reverso (re.ver.so) *n.m.* lado oposto ou contrário

reverter (re.ver.ter) *v.* **1** voltar ao ponto de partida; retroceder **2** voltar para a posse de **3** ser destinado a (reverter para)

revés (re.vés) *n.m.* [*pl.* reveses] acontecimento imprevisto desagradável; desgraça

revestimento (re.ves.ti.men.to) *n.m.* aquilo que reveste ou serve para revestir SIN. cobertura

revestir (re.ves.tir) *v.* cobrir

reviravolta (re.vi.ra.vol.ta) *n.f.* **1** volta rápida sobre o próprio corpo; pirueta **2** mudança brusca de uma situação

revisão (re.vi.são) *n.f.* **1** ato ou efeito de rever **2** nova leitura (de um texto, de um trabalho)

> **Revisão** escreve-se com **s** (e não com **z**).

revisor (re.vi.sor) *n.m.* pessoa que confere os bilhetes ou passes em transportes públicos

revista (re.vis.ta) *n.f.* **1** publicação periódica **2** exame minucioso

revistar (re.vis.tar) *v.* **1** passar revista a **2** examinar

revisto (re.vis.to) *adj.* **1** examinado **2** corrigido

reviver (re.vi.ver) *v.* **1** tornar a viver **2** adquirir nova vida **3** relembrar

revogar (re.vo.gar) *v.* declarar sem efeito SIN. anular

revolta (re.vol.ta) *n.f.* **1** sentimento de indignação causado por uma injustiça, por exemplo; fúria **2** manifestação violenta de um grupo de pessoas contra um governo ou uma situação; motim; rebelião

revoltado (re.vol.ta.do) *adj.* **1** furioso **2** amotinado

revoltar (re.vol.tar) *v.* **1** provocar revolta **2** causar indignação ♦ **revoltar-se 1** sentir revolta; indignar-se **2** manifestar-se violentamente contra (autoridade, etc.)

revolto (re.vol.to) (revôlto) *adj.* **1** remexido; revolvido **2** diz-se do cabelo despenteado; degrenhado **3** diz-se do mar agitado; tumultuoso

revoltoso (re.vol.to.so) *adj.* que se revoltou SIN. rebelde, revoltado

revolução (re.vo.lu.ção) *n.f.* **1** movimento, por vezes violento, destinado a modificar a política ou as instituições de um país **2** (*fig.*) transformação profunda

revolucionar (re.vo.lu.ci.o.nar) *v.* **1** causar revolta **2** pôr em desordem **3** provocar alteração profunda em

revolucionário (re.vo.lu.ci.o.ná.ri.o) *adj.* relativo a revolução ◆ *n.m.* **1** pessoa que participa numa revolução **2** pessoa que defende alterações profundas; renovador

revolver (re.vol.ver) *v.* mover de baixo para cima SIN. agitar, remexer

revólver (re.vól.ver) *n.m.* pequena arma de fogo com um cilindro giratório e cano curto

reza (re.za) *n.f.* oração; prece

rezar (re.zar) *v.* dizer orações SIN. orar

ria (ri.a) *n.f.* braço de rio, onde se pode andar de barco; canal

riacho (ri.a.cho) *n.m.* rio pequeno SIN. regato, ribeiro

ribanceira (ri.ban.cei.ra) *n.f.* margem de um rio, elevada e íngreme

ribeira (ri.bei.ra) *n.f.* curso de água maior que o regato e menor que o rio; pequeno rio SIN. ribeiro

ribeirinho (ri.bei.ri.nho) *adj.* **1** que vive junto de um rio **2** situado na margem de um rio

ribeiro (ri.bei.ro) *n.m.* rio pequeno SIN. regato, riacho

ricaço (ri.ca.ço) *n.m.* [*aum. de* rico] (*inform.*) homem muito rico

rico (ri.co) *adj.* **1** que tem dinheiro ou bens valiosos ANT. pobre **2** produtivo; fértil

ricochete (ri.co.che.te) *n.m.* salto de um corpo ou de um projétil depois de bater numa superfície ou noutro corpo SIN. ressalto

ridicularizar (ri.di.cu.la.ri.zar) *v.* **1** rir de; zombar **2** humilhar

ridículo (ri.dí.cu.lo) *adj.* **1** que provoca riso ou troça; caricato; grotesco **2** que tem pouca importância ou pouco valor; insignificante

rifa (ri.fa) *n.f.* **1** sorteio realizado por meio de bilhetes numerados **2** bilhete numerado para esse sorteio

rigidez (ri.gi.dez) *n.f.* **1** estado ou qualidade do que é rígido; dureza **2** severidade na forma de pensar ou de agir; austeridade

rígido (rí.gi.do) *adj.* **1** duro; rijo **2** severo; austero

rigor (ri.gor) *n.m.* **1** severidade **2** exatidão **3** intolerância

rigoroso (ri.go.ro.so) *adj.* **1** severo **2** exato **3** intolerante

rijo (ri.jo) *adj.* **1** duro; resistente **2** forte; robusto

rim (rim) *n.m.* [*pl.* rins] cada um dos dois órgãos cuja função é filtrar o sangue e produzir a urina

rima (ri.ma) *n.f.* som final repetido em dois ou mais versos

rimado (ri.ma.do) *adj.* que tem rima

rimar (ri.mar) *v.* formar rima

rímel (rí.mel) *n.m.* produto usado para colorir as pestanas

ringue (rin.gue) *n.m.* estrado quadrado, cercado por cordas, para a prática de boxe e outros desportos

rinoceronte (ri.no.ce.ron.te) *n.m.* animal mamífero robusto, com cabeça grande, um ou dois chifres e pele grossa, que vive nas regiões quentes da África e da Ásia

rinque (rin.que) *n.m.* recinto plano e resguardado, próprio para patinagem

rio (ri.o) *n.m.* **1** curso natural de água que desagua no mar, num lago ou noutro rio **2** (*fig.*) grande quantidade de coisas

ripa (ri.pa) *n.f.* pedaço de madeira comprido e estreito

ripostar (ri.pos.tar) *v.* responder discordando SIN. contestar, replicar

riqueza (ri.que.za) *n.f.* **1** posse de grande quantidade de bens e dinheiro;

fortuna; luxo ANT. pobreza **2** grande quantidade de alguma coisa; abundância

rir (rir) *v.* mostrar alegria através de sons e movimentos do rosto ANT. chorar

risada (ri.sa.da) *n.f.* gargalhada

risca (ris.ca) *n.f.* traço; linha; **à risca:** com rigor

riscado (ris.ca.do) *adj.* **1** que tem risco(s) ou traço(s); listrado **2** marcado com riscos (para sublinhar ou apagar)

riscar (ris.car) *v.* **1** fazer riscos em **2** sublinhar **3** apagar

risco (ris.co) *n.m.* **1** traço **2** plano; planta **3** perigo; **em risco de:** em perigo de; quase a; **risco de vida:** possibilidade de morrer (sobretudo quando se está ferido ou doente)

risinhos (ri.si.nhos) *n.m.pl.* série de risos em voz baixa, para que ninguém ouça

riso (ri.so) *n.m.* **1** ato ou efeito de rir; risada ANT. choro **2** expressão de alegria ou de satisfação

risonho (ri.so.nho) *adj.* **1** que ri; sorridente **2** que exprime alegria; contente **3** que pode trazer alegria; prometedor ◆ *n.m.* sequência de caracteres tipográficos que ilustram uma expressão facial, usados na comunicação por telemóvel e *Internet* para exprimir alegria, tristeza, espanto, etc.; *smiley*

risota (ri.so.ta) *n.f.* **1** sucessão de risos **2** *(pop.)* atitude de gozo; galhofa

rispidez (ris.pi.dez) *n.f.* **1** agressividade **2** dureza

ríspido (rís.pi.do) *adj.* **1** agressivo **2** duro

rissol (ris.sol) *n.m.* pastel em forma de meia lua, recheado de carne, peixe ou legumes, cuja massa é passada por ovo e pão ralado antes de se fritar

riste (ris.te) *n.m.* peça de ferro em que se apoia o cabo da lança; **em riste:** em posição de ataque; erguido

ritmado (rit.ma.do) *adj.* que tem ritmo; cadenciado

ritmar (rit.mar) *v.* **1** dar ritmo a; cadenciar **2** marcar o ritmo; acompanhar

rítmico (rít.mi.co) *adj.* **1** relativo a ritmo **2** que tem ritmo

ritmo (rit.mo) *n.m.* **1** sucessão, a intervalos regulares, de um som ou de um movimento **2** velocidade com que se realiza um processo ou a uma atividade

rito (ri.to) *n.m.* **1** conjunto de regras e cerimónias de uma religião; ritual **2** cerimónia que segue determinadas regras

ritual (ri.tu.al) *n.m.* **1** conjunto de regras e cerimónias de uma religião; rito **2** conjunto de regras a seguir em determinadas ocasiões; cerimonial; etiqueta

rival (ri.val) *adj.2gén.* pessoa que compete com outra pela mesma coisa SIN. adversário, concorrente

rivalidade (ri.va.li.da.de) *n.f.* concorrência; competição

rivalizar (ri.va.li.zar) *v.* concorrer; competir

rixa (ri.xa) *n.f.* discussão violenta SIN. briga

rizoma (ri.zo.ma) *n.m.* caule subterrâneo, alongado e com escamas, rico em reservas

roaz (ro.az) *n.m.* espécie de golfinho

robalo (ro.ba.lo) *n.m.* peixe que tem o dorso cheio de manchas escuras

robe (ro.be) *n.m.* peça de vestuário que se usa por cima da roupa de dormir SIN. roupão

roberto (ro.ber.to) *n.m.* fantoche

robô (ro.bô) *n.m.* aparelho com aparência humana, capaz de executar tarefas

robot (rôbô) *n.m.* → robô

robustez (ro.bus.tez) *n.f.* **1** força física; vigor **2** solidez; resistência

robusto (ro.bus.to) *adj.* **1** forte; vigoroso **2** sólido; resistente

roca (ro.ca) *n.f.* pequena vara de madeira na qual se enrola o algodão, a lã ou o linho para ser fiado

roça (ro.ça) *n.f.* **1** *(Bras.)* terreno cultivado **2** *(Bras.)* o campo (por oposição a cidade)

roçar (ro.çar) *v.* tocar de leve

rocha (ro.cha) *n.f.* **1** massa mineral que forma parte da crosta terrestre **2** grande bloco de pedra; rochedo; penedo

rochedo (ro.che.do) *n.m.* rocha escarpada e alta **SIN.** penhasco

rochoso (ro.cho.so) *adj.* **1** coberto de rochas **2** relativo a rocha

rock (róc) *n.m.* estilo musical surgido nos Estados Unidos da América, que utiliza guitarras elétricas, baixo, bateria, diversos instrumentos de sopro e percussão, etc.

roda (ro.da) *n.f.* **1** peça circular que gira em volta de um eixo e que serve para imprimir movimento **2** grupo de pessoas dispostas em círculo **3** perímetro da saia; **à roda de:** à volta de (um lugar); cerca de (um dado valor); **correr sobre rodas:** evoluir bem; não ter problemas; **roda dos alimentos:** esquema em forma de círculo que representa os grupos de alimentos de acordo com a sua importância na alimentação e as quantidades diárias em que devem ser consumidos

rodada (ro.da.da) *n.f.* volta completa de uma roda

rodado (ro.da.do) *adj.* **1** que tem roda(s) **2** diz-se da saia que tem muita roda

rodagem (ro.da.gem) *n.f.* **1** fase inicial do funcionamento de um motor ou maquinismo **2** recolha e registo de imagens num filme; filmagem

roda-gigante (ro.da-gi.gan.te) *n.f.* [*pl.* rodas-gigantes] divertimento de feira

formado por duas rodas paralelas que giram em volta de um eixo, com bancos oscilantes onde as pessoas se sentam

rodapé (ro.da.pé) *n.m.* **1** faixa que protege e remata a parte inferior de uma parede **2** nota no final de uma página ou na zona inferior de um ecrã

rodar (ro.dar) *v.* **1** fazer girar ou andar à roda **2** fazer a rodagem de (um filme); filmar **3** mover-se em torno de um eixo; girar

roda-viva (ro.da-vi.va) *n.f.* [*pl.* rodas-vivas] **1** movimento contínuo; azáfama; agitação **2** grande confusão; barafunda; trapalhada

rodear (ro.de.ar) *v.* andar à roda de; circundar ◆ **rodear-se** conviver com (rodear-se de)

rodeio (ro.dei.o) *n.m.* **1** volta em redor de alguma coisa; giro **2** modo de falar evitando referir o assunto principal; evasiva

rodela (ro.de.la) *n.f.* pequena roda em forma de disco

rodilha (ro.di.lha) *n.f.* pano velho usado para fazer limpezas **SIN.** trapo

rodízio (ro.dí.zi.o) *n.m.* pequena roda que se fixa nos pés dos móveis para os deslocar

rodopiar (ro.do.pi.ar) *v.* **1** andar num rodopio **2** dar muitas voltas

rodopio (ro.do.pi.o) *n.m.* **1** rotação do corpo, tendo as pernas como eixo **2** série de voltas ou giros

rodovia (ro.do.vi.a) *n.f.* via destinada à circulação de veículos **SIN.** estrada

rodoviária (ro.do.vi.á.ri.a) *n.f.* empresa que se dedica ao transporte rodoviário de pessoas e mercadorias

rodoviário (ro.do.vi.á.ri.o) *adj.* **1** relativo a rodovia **2** diz-se do transporte que se faz por estrada

roedor (ro.e.dor) *adj.* que rói ◆ *n.m.* pequeno animal mamífero com um par de dentes incisivos longos e com os membros posteriores geralmente maiores que os anteriores (como por exemplo, o rato e o esquilo)

roer (ro.er) *v.* triturar com os dentes; desgastar; **ser duro de roer:** ser difícil de resolver; ser muito trabalhoso

rogar (ro.gar) *v.* pedir por favor e com insistência SIN. implorar, suplicar

rogo (ro.go) (rôgo) *n.m.* **1** ato ou efeito de rogar SIN. súplica **2** pedido a um santo ou a Deus

roído (ro.í.do) *adj.* **1** cortado com os dentes **2** que se corroeu; desgastado **3** *(fig.)* atormentado (com medo, ciúme, inveja, etc.)

rojo (ro.jo) *n.m.* movimento de quem se arrasta; **de rojo:** de rastos

rol (rol) *n.m.* série de coisas enumeradas SIN. lista

rola (ro.la) *n.f.* ave migratória pequena, semelhante ao pombo, com pelagem acinzentada

rolamento (ro.la.men.to) *n.m.* mecanismo que permite a certos aparelhos rodar com menor atrito

rolante (ro.lan.te) *adj.2gén.* **1** que rola ou gira sobre si próprio **2** que se move sobre rodas ou ao longo de trilhos

rolar (ro.lar) *v.* **1** fazer girar **2** mover-se sobre si mesmo **3** mover-se em círculos **4** passar; decorrer (tempo)

roldana (rol.da.na) *n.f.* disco móvel em torno de um eixo, usado para levantar objetos pesados

roleta (ro.le.ta) *n.f.* jogo de azar em que o número sorteado é aquele em que parar a bola colocada no prato giratório

rolha (ro.lha) *n.f.* peça de cortiça ou de outra substância para meter no gargalo de garrafas

roliço (ro.li.ço) *adj.* gordo

rolo (ro.lo) *n.m.* **1** peça cilíndrica mais ou menos comprida **2** bolo enrolado; torta

romã (ro.mã) *n.f.* fruto de forma arredondada, casca amarela ou avermelhada, com bagos vermelhos e sumarentos no interior

romagem (ro.ma.gem) *n.f.* viagem a um lugar santo SIN. peregrinação

romance (ro.man.ce) *n.m.* **1** obra literária de ficção, em prosa, mais longa que a novela e o conto **2** relação amorosa; namoro

romancista (ro.man.cis.ta) *n.2gén.* pessoa que escreve romances

românico (ro.mâ.ni.co) *n.m.* **1** estilo da arquitetura da Europa ocidental dos séculos XI e XII, caracterizado pelo predomínio das construções religiosas e pelo uso de arcos de volta perfeita **2** família de línguas derivadas do latim

romano (ro.ma.no) *adj.* relativo a Roma (cidade italiana) ♦ *n.m.* **1** pessoa natural de Roma **2** língua falada na Roma antiga; latim

romântico (ro.mân.ti.co) *adj.* **1** relativo a romance **2** apaixonado; sentimental

romaria (ro.ma.ri.a) *n.f.* **1** festa popular; arraial **2** viagem a um santuário; peregrinação

romãzeira (ro.mã.zei.ra) *n.f.* árvore que produz romãs

rombo (rom.bo) *n.m.* **1** grande buraco ou abertura **2** *(fig.)* grande perda de dinheiro

romeiro (ro.mei.ro) *n.m.* peregrino

romeno (ro.me.no) *adj.* relativo à Roménia (no sudeste da Europa) ♦ *n.m.* **1** pessoa natural da Roménia **2** língua falada na Roménia

rompante (rom.pan.te) *n.m.* gesto brusco ou atitude repentina SIN. ímpeto, impulso; **de rompante:** de repente; de forma brusca

romper (rom.per) *v.* **1** separar em pedaços; rasgar **2** passar através de **3** aparecer **4** nascer (o sol) **5** terminar (uma relação, um compromisso) ◆ **romper-se** ficar em pedaços; rasgar-se

rompimento (rom.pi.men.to) *n.m.* **1** abertura de buraco ou rasgão **2** interrupção de um processo **3** final de uma relação ou de um compromisso entre pessoas

roncar (ron.car) *v.* **1** respirar com ruído durante o sono; ressonar **2** produzir um som baixo e contínuo (um motor, por exemplo)

ronco (ron.co) *n.m.* **1** ruído forte produzido pela respiração de certas pessoas enquanto dormem **2** som próprio de um motor em funcionamento

ronda (ron.da) *n.f.* serviço de vigilância noturna; inspeção

rondar (ron.dar) *v.* **1** passar em volta de **2** fazer a ronda de; vigiar

ronga (ron.ga) *n.f.* língua falada em Moçambique e no Zimbabué

ronrom (ron.rom) *n.m.* ruído produzido pela traqueia do gato, geralmente quando está contente ou tranquilo

ronronar (ron.ro.nar) *v.* fazer ronrom (o gato)

roque (ro.que) *n.m.* no jogo do xadrez, movimento combinado do rei e de uma das torres

ror (ror) *n.m.* *(inform.)* grande quantidade

rosa (ro.sa) *n.f.* flor da roseira, com várias cores, com perfume agradável e caule geralmente coberto de espinhos ◆ *n.m.* cor vermelha misturada com branco; cor-de-rosa

rosácea (ro.sá.ce.a) *n.f.* abertura circular em parede, fechada por um vitral, em forma de rosa

rosado (ro.sa.do) *adj.* **1** que tem cor semelhante a cor-de-rosa **2** corado; avermelhado

rosa-dos-ventos *a nova grafia é* **rosa dos ventos**

rosa dos ventos (ro.sa dos ven.tos) *n.f.* [*pl.* rosas dos ventos] gráfico circular com os pontos cardeais (norte, sul, este, oeste)

rosário (ro.sá.ri.o) *n.m.* objeto formado por uma sucessão de contas enfiadas, cada uma das quais representa uma oração

rosbife (ros.bi.fe) *n.m.* pedaço de carne de vaca que se serve tostado por fora e mal passado por dentro

rosca (ros.ca) *n.f.* volta em espiral

roseira (ro.sei.ra) *n.f.* arbusto que dá rosas

roseiral (ro.sei.ral) *n.m.* plantação de roseiras

rosmaninho (ros.ma.ni.nho) *n.m.* planta aromática com flores violáceas ou brancas, usada em perfumaria e na medicina popular

rosnadela (ros.na.de.la) *n.f.* ato ou efeito de rosnar

rosnar (ros.nar) *v.* **1** emitir (o cão) um ruído ameaçador, mostrando os dentes **2** *(fig.)* falar em voz baixa ou por entre dentes

rossio (ros.si.o) *n.m.* praça grande

rosto (ros.to) *n.f.* **1** cara; face **2** parte da frente de um objeto (moeda, livro, etc.)

rota (ro.ta) *n.f.* percurso de uma embarcação ou avião; rumo

rotação (ro.ta.ção) *n.f.* movimento em torno de um eixo

rotativo (ro.ta.ti.vo) *adj.* **1** que faz rodar ou girar **2** que roda; giratório **3** que se faz em alternância

roteiro (ro.tei.ro) *n.m.* indicação dos caminhos, ruas, etc. de uma região SIN. itinerário

a
b
c
d
e
f
g
h
i
j
k
l
m
n
o
p
q
r
s
t
u
v
w
x
y
z

rotina (ro.ti.na) *n.f.* hábito de fazer as coisas sempre da mesma maneira

rotineiro (ro.ti.nei.ro) *adj.* **1** relativo a rotina **2** que segue a rotina

roto (ro.to) *adj.* rompido; rasgado

rottweiler (rótvailer) *n.m.* [*pl. rottweilers*] cão grande, robusto com pelo macio, geralmente preto, muito usado como cão de guarda

rótula (ró.tu.la) *n.f.* pequeno osso situado na parte anterior da articulação do joelho

rotular (ro.tu.lar) *v.* pôr rótulo em; etiquetar

rótulo (ró.tu.lo) *n.m.* etiqueta de uma embalagem que dá informações sobre o conteúdo

rotunda (ro.tun.da) *n.f.* praça de forma circular

roubar (rou.bar) *v.* tirar algo que pertence a alguém sem o seu consentimento

roubo (rou.bo) *n.m.* **1** ato ou efeito de roubar **2** coisa roubada

rouco (rou.co) *adj.* que tem voz áspera

roulotte (rulóte) *n.f.* [*pl. roulottes*] veículo que serve de habitação em passeios turísticos ou campismo e que se move atrelado a um automóvel; caravana

roupa (rou.pa) *n.f.* conjunto de peças de vestuário ou de cama

roupão (rou.pão) *n.m.* peça de roupa que se veste geralmente sobre o pijama ou a camisa de noite ou depois do banho

roupa-velha (rou.pa-ve.lha) *n.f.* refeição preparada com as sobras do bacalhau e dos legumes da ceia de Natal, refogadas em azeite e alho

roupeiro (rou.pei.ro) *n.m.* armário para roupa

rouquidão (rou.qui.dão) *n.f.* alteração da voz para um tom áspero e baixo, geralmente causado por inflamação da laringe

rouxinol (rou.xi.nol) *n.m.* pequeno pássaro apreciado pelo seu canto

roxo (ro.xo) *n.m.* cor entre o vermelho e o violeta

RSU *sigla de* **R**esíduos **S**ólidos **U**rbanos

rua (ru.a) *n.f.* caminho rodeado de casas ou árvores, dentro de uma povoação

rubéola (ru.bé.o.la) *n.f.* doença contagiosa, semelhante ao sarampo, caracterizada por febre, dificuldade respiratória e manchas avermelhadas na pele

rubi (ru.bi) *n.m.* mineral cristalizado de cor vermelha forte, utilizado em joalharia

rubor (ru.bor) *n.m.* cor vermelha

rubrica (ru.bri.ca) *n.f.* **1** assinatura abreviada **2** assunto; tema

rubricar (ru.bri.car) *v.* assinar de forma abreviada

rubro (ru.bro) *adj.* de cor vermelha forte ◆ *n.m.* cor vermelha intensa

ruço (ru.ço) *adj.* diz-se da pessoa que tem cabelo louro

rude (ru.de) *adj.* que revela falta de educação ou de delicadeza SIN. grosseiro

rudemente (ru.de.men.te) *adv.* de modo rude; com rudeza

rudeza (ru.de.za) *n.f.* falta de educação; grosseria

rudimentar (ru.di.men.tar) *adj.2gén.* simples; elementar

rudimentos (ru.di.men.tos) *n.m.pl.* **1** primeiras noções de uma ciência ou arte **2** conhecimentos gerais de um assunto

ruela (ru.e.la) *n.f.* [*dim. de* rua] rua pequena e estreita SIN. viela

rufar (ru.far) *v.* produzir rufos (tambor)

rufia (ru.fi.a) *n.m.* indivíduo que se envolve em brigas

rufo (ru.fo) *n.m.* som produzido pelo tambor

ruga (ru.ga) *n.f.* franzido natural da pele; prega

rugby (ragbi) *n.m.* desporto entre duas equipas de 15 jogadores que tentam levar uma bola oval até à linha de fundo ou fazê-la passar por entre os postes de uma baliza em forma de H

rugido (ru.gi.do) *n.m.* voz do leão, do tigre e de outros felinos

rugir (ru.gir) *v.* soltar rugidos (o leão, o tigre e outros felinos)

rugoso (ru.go.so) *adj.* que tem rugas; engelhado ANT. liso

ruído (ru.í.do) *n.m.* barulho; som

ruidoso (ru.i.do.so) *adj.* **1** que provoca ruído SIN. barulhento **2** em que há ruído

ruim (ru.im) *adj.2gén.* **1** mau **2** prejudicial

ruína (ru.í.na) *n.f.* **1** restos ou destroços de um edifício **2** destruição **3** *(fig.)* decadência

ruir (ru.ir) *v.* **1** cair com estrondo e depressa (um edifício); desmoronar-se **2** *(fig.)* frustrar-se

ruivo (rui.vo) *adj.* diz-se da pessoa que tem o cabelo de cor avermelhada ♦ *n.m.* peixe marinho comestível, de cor vermelha

rum (rum) *n.m.* aguardente obtida da destilação do melaço depois de fermentado

rumar (ru.mar) *v.* ir em direção a; dirigir-se para (rumar a, rumar para)

ruminação (ru.mi.na.ção) *n.f.* processo que acontece nos animais ruminantes, que mastigam os alimentos ligeiramente e os engolem, para mais tarde os mastigar de novo, engolindo-os no final

ruminante (ru.mi.nan.te) *adj.2gén.* diz-se do animal que rumina

ruminar (ru.mi.nar) *v.* **1** mastigar novamente os alimentos que voltam do estômago à boca **2** *(fig.)* cismar

rumo (ru.mo) *n.m.* **1** direção do navio ou do avião **2** destino; caminho **3** *(fig.)* orientação; **sem rumo:** sem saber para onde ir ou o que fazer; desorientado

rumor (ru.mor) *n.m.* **1** ruído confuso de vozes; burburinho **2** *(fig.)* boato

rumorejante (ru.mo.re.jan.te) *adj.2gén.* que rumoreja; sussurrante

rumorejar (ru.mo.re.jar) *v.* produzir rumor; sussurrar

rupestre (ru.pes.tre) *adj.2gén.* **1** que cresce sobre os rochedos **2** diz-se da inscrição ou pintura que se encontra em rochedos

ruptura *a nova grafia é* **rutura**

rural (ru.ral) *adj.* relativo ao campo SIN. campestre, rústico

rusga (rus.ga) *n.f.* busca feita de surpresa pela polícia, para prender pessoas suspeitas de crimes

russo (rus.so) *adj.* relativo à Rússia ♦ *n.m.* **1** pessoa natural da Rússia **2** língua falada na Rússia

rústico (rús.ti.co) *adj.* **1** relativo ao campo; rural **2** simples; tosco

rutura (ru.tu.ra) *n.f.* **1** fratura **2** corte de relações **3** interrupção **4** buraco

S

s (ésse) *n.m.* consoante, décima nona letra do alfabeto, que está entre as letras *r* e *t*

S [símbolo de sul]

sábado (sá.ba.do) *n.m.* sétimo dia da semana

sabão (sa.bão) *n.m.* substância que serve para lavar e desengordurar (mãos, roupa, etc.)

sabedor (sa.be.dor) *adj.* e *n.m.* que ou aquele que sabe muito; conhecedor

sabedoria (sa.be.do.ri.a) *n.f.* **1** qualidade de quem tem muitos conhecimentos **2** grande quantidade de conhecimentos adquiridos; erudição **3** bom senso; ponderação

saber (sa.ber) *v.* **1** ter conhecimento de **2** estar habilitado para **3** estar convencido de **4** ter muitos conhecimentos **5** ter o sabor ou o gosto de ◆ *n.m.* **1** conhecimentos adquiridos; erudição **2** experiência que se adquiriu; prática; **saber bem:** ter bom sabor; agradar; **saber mal:** ter mau sabor; desagradar

sabiá (sa.bi.á) *n.m.* pássaro de canto muito agradável, com plumagem avermelhada, cinzenta ou preta, com as partes inferiores lisas ou manchadas

sabichão (sa.bi.chão) *n.m.* **1** pessoa que tem muitos conhecimentos **2** pessoa que se gaba de saber muitas coisas, mas que na verdade não sabe

sabido (sa.bi.do) *adj.* **1** que se sabe ou conhece; conhecido **2** que tem muitos conhecimentos; conhecedor **3** diz-se de quem procura enganar alguém; astuto; finório

sábio (sá.bi.o) *adj.* que tem muitos conhecimentos SIN. erudito ◆ *n.m.* pessoa que adquiriu muitos conhecimentos

sabonete (sa.bo.ne.te) *n.m.* sabão perfumado, usado para lavar as mãos, a cara e o corpo

saboneteira (sa.bo.ne.tei.ra) *n.f.* recipiente onde se coloca o sabonete, no lavatório

sabor (sa.bor) *n.m.* impressão (agradável ou desagradável) que certas substâncias deixam na boca SIN. gosto, paladar

saborear (sa.bo.re.ar) *v.* **1** avaliar o sabor de; provar **2** comer devagar e com prazer **3** (*fig.*) apreciar; gozar

saboroso (sa.bo.ro.so) *adj.* **1** que tem gosto ou sabor **2** que é agradável ao paladar

sabotar (sa.bo.tar) *v.* danificar um objeto, mecanismo, meio de transporte, etc., para impedir o seu funcionamento

sabre (sa.bre) *n.m.* espada curta

sabrina (sa.bri.na) *n.f.* sapato leve e flexível, de pele ou tecido, com salto raso

sabugueiro (sa.bu.guei.ro) *n.m.* árvore ou arbusto que produz flores brancas e tem propriedades medicinais

saca (sa.ca) *n.f.* saco grande; bolsa

sacada (sa.ca.da) *n.f.* quantidade de coisas que cabem numa saca

sacana (sa.ca.na) *adj.* e *n.2gén.* patife; canalha

sacar (sa.car) *v.* tirar de repente e com força; arrancar

sacarina (sa.ca.ri.na) *n.f.* substância que substitui o açúcar; adoçante

saca-rolhas (sa.ca-ro.lhas) *n.m.2núm.* instrumento com que se tiram as rolhas das garrafas

sacarose (sa.ca.ro.se) *n.f.* substância extraída da cana-de-açúcar e da beterraba, usada como adoçante

sacerdote (sa.cer.do.te) *n.m.* [*f.* sacerdotisa] padre

sacha (sa.cha) *n.f.* ato ou efeito de sachar

sachar (sa.char) *v.* escavar ou remover a terra com uma pequena enxada

sacho (sa.cho) *n.m.* enxada pequena para escavar a terra

sachola (sa.cho.la) *n.f.* enxada pequena de boca larga, usada para escavar a terra

saciar (sa.ci.ar) *v.* **1** aliviar a fome ou a sede **2** satisfazer completamente; fartar

saco (sa.co) *n.m.* bolsa de pano, couro, plástico ou outro material, com uma abertura na parte superior, que serve para transportar objetos; **saco amniótico**: saco que contém o líquido amniótico (o líquido que envolve o feto) durante a gestação

saco-cama (sa.co-ca.ma) *n.m.* [*pl.* sacos-cama] saco de tecido acolchoado usado para dormir dentro de uma tenda ou ao ar livre

sacola (sa.co.la) *n.f.* bolsa que se usa a tiracolo

sacramento (sa.cra.men.to) *n.m.* **1** ritual sagrado da religião cristã **2** hóstia consagrada

sacrificado (sa.cri.fi.ca.do) *adj.* **1** que fez um sacrifício **2** que foi oferecido a uma divindade

sacrificar (sa.cri.fi.car) *v.* **1** oferecer em sacrifício **2** desistir de algo coisa em favor de alguém ◆ **sacrificar-se 1** obrigar-se a alguma coisa para atingir um dado fim **2** dedicar-se totalmente a

sacrifício (sa.cri.fí.ci.o) *n.m.* **1** oferta em honra de uma divindade **2** ato de perder alguma coisa para ajudar alguém

sacrilégio (sa.cri.lé.gi.o) *n.m.* falta de respeito pela religião ou pelas coisas sagradas

sacristão (sa.cris.tão) *n.m.* [*f.* sacristã, *pl.* sacristães, sacristãos] pessoa encarregada do arranjo da sacristia ou de uma igreja

sacristia (sa.cris.ti.a) *n.f.* casa junto à igreja onde se guardam os objetos de culto e as vestes dos sacerdotes

sacro (sa.cro) *adj.* sagrado; santo ◆ *n.m.* osso da coluna vertebral, constituído por cinco vértebras fundidas, que se situa na região posterior da bacia

sacudidela (sa.cu.di.de.la) *n.f.* abanão

sacudido (sa.cu.di.do) *adj.* abanado; agitado

sacudir (sa.cu.dir) *v.* **1** agitar várias vezes; abanar **2** livrar-se de; enxotar

sadio (sa.di.o) *adj.* **1** que tem boa saúde **SIN.** saudável **2** que é bom ou próprio para a saúde

safa (sa.fa) *n.f.* *(inform.)* borracha utilizada para apagar o que se escreveu ou desenhou; **safa!**: exclamação que exprime admiração, aborrecimento, etc.

safado (sa.fa.do) *adj.* **1** apagado com borracha **2** *(pop.)* que não tem vergonha; descarado

safanão (sa.fa.não) *n.m.* empurrão; abanão

safar (sa.far) *v.* apagar com borracha ◆ **safar-se** evitar algo desagradável; escapar a

safári (sa.fá.ri) *n.m.* viagem na selva africana para caçar ou observar animais selvagens

a
b
c
d
e
f
g
h
i
j
k
l
m
n
o
p
q
r
s
t
u
v
w
x
y
z

safio (sa.fi.o) *n.m.* peixe robusto e longo, com pele lisa, denominado congo quando adulto

safira (sa.fi.ra) *n.f.* pedra preciosa de cor azul

safo (sa.fo) *adj.* que escapou; livre

safra (sa.fra) *n.f.* colheita

saga (sa.ga) *n.f.* história ou narrativa cheia de factos extraordinários; lenda

sagacidade (sa.ga.ci.da.de) *n.f.* **1** capacidade para compreender rapidamente as coisas; perspicácia **2** habilidade para enganar alguém; manha

sagaz (sa.gaz) *adj.2gén.* **1** esperto; perspicaz **2** manhoso; astuto

sagitário (sa.gi.tá.ri.o) *n.m.* guerreiro armado com arco e setas ou flechas

sagrado (sa.gra.do) *adj.* **1** relativo a Deus ou à religião; santo **2** que merece respeito profundo; venerável **3** que não se pode desrespeitar; inviolável

sagui (sa.gui) *n.m.* pequeno macaco, de pelagem macia e densa e cauda longa e fina

saia (sa.i.a) *n.f.* peça de vestuário feminino que se aperta na cintura e desce sobre as pernas até uma altura variável

saibro (sai.bro) *n.m.* areia grossa

saída (sa.í.da) *n.f.* **1** lugar por onde se sai de algum sítio **2** partida (de um lugar para outro) **3** interesse em comprar determinado produto; procura; venda **4** resposta ou observação engraçada, dita de repente; graça; piada

saído (sa.í.do) *adj.* **1** saliente **2** atrevido

sair (sa.ir) *v.* **1** passar de dentro para fora **2** ir à rua **3** partir **4** ser publicado **5** ter semelhança com; **sair a:** parecer--se com; **sair-se bem:** ter bom resultado; **sair-se mal:** ter mau resultado

sal (sal) *n.m.* **1** substância branca que se dissolve na água e se utiliza para conservar ou dar sabor aos alimentos

2 *(fig.)* malícia; graça ◆ **sais** *n.m.pl.* substância em pó que se usa para diversos fins (para o banho, por exemplo, ou para reanimar uma pessoa que desmaiou)

sala (sa.la) *n.f.* **1** compartimento de uma casa onde se tomam as refeições (*sala de jantar*), onde se recebem pessoas (*sala de visitas*) ou onde se convive (*sala de estar*) **2** qualquer compartimento amplo de um edifício, destinado a diversos fins (*sala de espera*, *sala de reuniões*, etc.)

salada (sa.la.da) *n.f.* **1** prato preparado com verduras e legumes crus ou cozidos, ovos cozidos, etc., temperados com molho de azeite e vinagre, maionese, ou outro **2** *(fig.)* confusão; **salada de frutas:** sobremesa preparada com frutas cruas cortadas em pedaços pequenos; **salada russa:** refeição preparada com legumes cozidos misturados com peixe ou carne e temperados com maionese; grande confusão

saladeira (sa.la.dei.ra) *n.f.* recipiente onde se serve a salada

salamaleque (sa.la.ma.le.que) *n.m.* cumprimento exagerado, com gestos de reverência e vénias SIN. mesura, vénia

salamandra (sa.la.man.dra) *n.f.* **1** batráquio semelhante ao lagarto, de pele brilhante e por vezes manchada de amarelo **2** fogão móvel para aquecimento

salame (sa.la.me) *n.m.* **1** chouriço de carne de porco **2** doce em forma de rolo preparado com chocolate e bolacha partida de forma grosseira

salão (sa.lão) *n.m.* sala grande

salário (sa.lá.ri.o) *n.m.* quantidade de dinheiro que um funcionário recebe regularmente (em geral, no fim de cada mês) como forma de pagamento pelo seu trabalho SIN. ordenado, vencimento

saldar (sal.dar) *v.* **1** pagar (uma dívida) **2** vender a preços baixos

saldo (sal.do) *n.m.* diferença entre receitas e despesas ◆ **saldos** *n.m.pl.* produtos que se vendem a preço mais baixo do que o normal; promoções

saleiro (sal.lei.ro) *n.m.* recipiente onde se guarda ou serve sal

salga (sal.ga) *n.f.* ato ou efeito de salgar

salgadinho (sal.ga.di.nho) *n.m.* alimento salgado servido como aperitivo; entrada

salgado (sal.ga.do) *adj.* **1** temperado com sal ANT. doce **2** que tem demasiado sal

salgar (sal.gar) *v.* **1** conservar (alimento) em sal **2** temperar com sal

sal-gema (sal-ge.ma) *n.m.* [*pl.* sais--gemas] sal comum, que se encontra em minas

salgueiro (sal.guei.ro) *n.m.* árvore de ramos longos, finos e pendentes; chorão

salicultor (sa.li.cul.tor) *n.m.* pessoa que trabalha numa salina ou que produz sal

salicultura (sa.li.cul.tu.ra) *n.f.* atividade de produção e exploração de sal

saliência (sa.li.ên.ci.a) *n.f.* parte que sai de um plano ou de uma superfície; relevo

salientar (sa.li.en.tar) *v.* **1** tornar bem visível **2** fazer sobressair; destacar ◆ **salientar-se 1** tornar-se conhecido ou famoso **2** comportar-se de maneira a chamar a atenção das pessoas

saliente (sa.li.en.te) *adj.2gén.* **1** que sai do plano em que se assenta; que se destaca; proeminente **2** *(fig.)* que chama a atenção; evidente

salina (sa.li.na) *n.f.* terreno com água do mar, de onde se extrai o sal

salino (sa.li.no) *adj.* **1** que contém sal **2** que tem as propriedades de um sal

salitre (sa.li.tre) *n.m.* substância usada em fogos de artifício, explosivos e fósforos

saliva (sa.li.va) *n.f.* líquido transparente produzido por glândulas situadas na boca, que facilita a ingestão dos alimentos SIN. cuspo

salivar (sa.li.var) *adj.2gén.* relativo a saliva ◆ *v.* segregar ou expelir saliva

salmão (sal.mão) *n.m.* **1** peixe de rio, de corpo alongado e coberto de escamas pequenas, cuja carne é rosada **2** cor avermelhada, como a desse peixe

salmo (sal.mo) *n.m.* cântico de louvor a Deus

salmonela (sal.mo.ne.la) *n.f.* bactéria que pode causar febre tifoide, intoxicações alimentares e gastrenterites

salmonete (sal.mo.ne.te) *n.m.* salmão pequeno

saloio (sa.loi.o) *adj.* diz-se da pessoa que vive no campo SIN. aldeão, camponês

salpicado (sal.pi.ca.do) *adj.* **1** marcado com pontos coloridos ou salpicos **2** disposto alternadamente; alternado

salpicão (sal.pi.cão) *n.m.* chouriço grosso feito de carne do lombo do porco

salpicar (sal.pi.car) *v.* lançar pequenas gotas de um líquido sobre; borrifar

salpico (sal.pi.co) *n.m.* **1** gota de um líquido que salta e borrifa **2** chuva fraca

salsa (sal.sa) *n.f.* **1** planta aromática que se utiliza como condimento **2** dança sul-americana

salsicha (sal.si.cha) *n.f.* enchido pequeno, preparado com carne de porco temperada com sal e outros condimentos, que se come em cachorros, por exemplo

salsicharia (sal.si.cha.ri.a) *n.f.* **1** fábrica de salsichas **2** loja onde se vendem salsichas

salsicheiro (sal.si.chei.ro) *n.m.* fabricante ou vendedor de salsichas

saltada (sal.ta.da) *n.f.* **1** ato ou efeito de saltar; salto **2** viagem ou visita rápida

saltador (sal.ta.dor) *adj.* que salta; que dá pulos

saltão (sal.tão) *adj.* que salta muito ◆ *n.m.* inseto de corpo alongado com dois pares de asas e patas posteriores fortes, que se desloca aos saltos SIN. gafanhoto

saltar (sal.tar) *v.* **1** atirar-se de um lugar para outro SIN. pular **2** deslocar-se dando saltos

salteado (sal.te.a.do) *adj.* **1** não seguido; alternado **2** diz-se do alimento cozido em fogo forte com bastante gordura, com cuidado para não pegar ao fundo; **saber de cor e salteado:** saber muito bem

saltear (sal.te.ar) *v.* cozinhar (alimento) em gordura bem quente, mexendo-o para que não agarre ao fundo

saltimbanco (sal.tim.ban.co) *n.m.* artista que anda de lugar em lugar, apresentando-se em feiras, circos, etc.

saltinho (sal.ti.nho) *n.m.* [*dim. de* salto] salto pequeno; **dar um saltinho a:** fazer uma viagem ou uma visita rápida a

saltitão (sal.ti.tão) *adj.* que gosta de saltitar

saltitar (sal.ti.tar) *v.* dar pequenos saltos; caminhar aos saltinhos

salto (sal.to) *n.m.* **1** movimento de elevação do corpo para transpor um espaço ou um obstáculo; pulo **2** parte do calçado que eleva o calcanhar; tacão **3** (*fig.*) subida repentina

salubre (sa.lu.bre) *adj.2gén.* que faz bem à saúde SIN. sadio, saudável

salutar (sa.lu.tar) *adj.2gén.* **1** que é bom para a saúde; benéfico **2** (*fig.*) que procura melhorar algo; construtivo

salva (sal.va) *n.f.* **1** bandeja de prata **2** saudação; **salva de palmas:** aplauso entusiástico coletivo; ovação

salvação (sal.va.ção) *n.f.* **1** libertação de alguém de uma situação de perigo ou de uma dificuldade **2** cumprimento; saudação **3** vitória; triunfo

salvador (sal.va.dor) *adj.* que salva ◆ *n.m.* aquele que salva ou liberta SIN. libertador

salvaguarda (sal.va.guar.da) *n.f.* **1** proteção concedida por uma autoridade a alguém **2** aquilo que serve de garantia ou de proteção

salvaguardar (sal.va.guar.dar) *v.* **1** pôr a salvo; proteger **2** garantir; assegurar

salvamento (sal.va.men.to) *n.m.* ato de ou efeito de salvar; salvação

salvar (sal.var) *v.* **1** livrar de perigo ou de dificuldade **2** proteger; preservar ◆ **salvar-se 1** livrar-se de perigo ou de dificuldade **2** escapar com vida; sobreviver

salva-vidas (sal.va-vi.das) *n.m.2núm.* barco próprio para salvar pessoas em risco de afogamento

salve (sal.ve) (sálvé) *interj.* exprime saudação ou cumprimento

salvo (sal.vo) *adj.* **1** livre de perigo ou de doença **2** que não sofreu dano; ileso ◆ *prep.>adv.*ᴰᵀ exceto; fora; **a salvo:** em lugar seguro; **são e salvo:** livre de perigo; **salvo se:** a não ser que

samarra (sa.mar.ra) *n.f.* casaco grosso de fazenda, com gola de pele

samba (sam.ba) *n.m.* dança brasileira cantada, de origem africana, com ritmo rápido

sambar (sam.bar) *v.* dançar ao som do samba

sanatório (sa.na.tó.ri.o) *n.m.* estabelecimento destinado ao internamento de doentes (sobretudo de doenças pulmonares, ósseas ou mentais)

sanção (san.ção) *n.f.* **1** aprovação de uma lei **2** pena prevista para quem não cumpre uma lei

sancionar (san.ci.o.nar) *v.* **1** confirmar; aprovar **2** penalizar; castigar

sandália (san.dá.li.a) *n.f.* calçado que só tem sola e correias ou fitas que a ligam ao pé

sande (san.de) *n.f. (inform.)* → **sanduíche**

sandes (san.des) *n.f.2núm. (inform.)* → **sanduíche**

sanduíche (san.du.í.che) *n.f.* conjunto de duas fatias de pão, entre as quais se põem alimentos (queijo, fiambre, salada, etc.)

saneamento (sa.ne.a.men.to) *n.m.* conjunto das instalações necessárias para assegurar a higiene e a saúde de uma população (como por exemplo, a canalização de água e a rede de esgotos)

sanfona (san.fo.na) *n.f.* instrumento medieval de cordas, com teclas e uma caixa de ressonância, dentro da qual gira uma roda, que é acionada através de uma manivela

sangrar (san.grar) *v.* verter sangue

sangrento (san.gren.to) *adj.* **1** de que sai sangue **2** que está coberto de sangue **3** que é muito violento; cruel

sangue (san.gue) *n.m.* líquido espesso e vermelho (composto de plasma, glóbulos brancos, glóbulos vermelhos e plaquetas) que circula nas artérias e nas veias; **laços de sangue:** relação de parentesco; **sangue arterial:** sangue oxigenado nos pulmões e que circula nas artérias; **sangue azul:** nobreza; fidalguia; **sangue venoso:** sangue que as veias levam ao cora-

ção, para ser conduzido aos pulmões e aí receber oxigénio

sanguessuga (san.gues.su.ga) *n.f.* **1** verme que vive em águas doces e tem ventosas em cada extremidade do corpo, através das quais suga o sangue de vertebrados **2** *(fig., inform.)* pessoa que vive à custa de alguém, pedindo-lhe favores ou dinheiro

sanguinário (san.gui.ná.ri.o) *adj.* **1** relativo a sangue **2** cruel; feroz

sanguíneo (san.guí.ne.o) *adj.* **1** relativo a sangue **2** que contém sangue **3** que é da cor do sangue

sanidade (sa.ni.da.de) *n.f.* **1** qualidade do que tem saúde **2** conjunto de condições propícias à saúde; higiene

sanita (sa.ni.ta) *n.f.* lugar onde se eliminam as fezes e a urina **SIN.** sanita

sanitário (sa.ni.tá.ri.o) *adj.* **1** relativo à saúde e higiene **2** relativo a quarto de banho

sanitários (sa.ni.tá.ri.os) *n.m.pl.* instalações próprias para higiene e necessidades pessoais, situadas em local público

sânscrito (sâns.cri.to) *n.m.* antiga língua sagrada da Índia

santidade (san.ti.da.de) *n.f.* **1** qualidade ou estado de santo **2** pureza; virtude; **Sua Santidade:** título ou forma de tratamento de alguns chefes religiosos, como o Papa e o Dalai-Lama

santificar (san.ti.fi.car) *v.* tornar santo

santinho (san.ti.nho) *n.m.* [*dim. de* santo] pequena estátua ou imagem de um santo; **santinho/santinha!:** exclamação usada quando se ouve alguém espirrar

santo (san.to) *adj.* relativo a Deus ou à religião; sagrado ♦ *n.m.* **1** pessoa cujo valor foi reconhecido pela Igreja após a sua morte **2** *(fig.)* pessoa muito bondosa

santola (san.to.la) *n.f.* crustáceo semelhante a um caranguejo grande, com carapaça áspera e pernas longas e finas

santuário (san.tu.á.ri.o) *n.m.* lugar ou edifício consagrado a um culto ou religião; lugar santo

são (são) *adj.* **1** que tem saúde **2** que está em bom estado **3** que está curado **4** diz-se do fruto que não está podre ◆ *n.m.* forma reduzida de santo, usada antes de nomes começados por consoante (como são Pedro, são Marcos, são Vicente, etc.)

> Repara na diferença entre o adjetivo **são** (que significa saudável) e a forma do verbo ser:
> *Ele é* **são** *como um pero.*
> *Elas* **são** *colegas de turma*

são-bernardo (são-ber.nar.do) *n.m.* [*pl.* são-bernardos] cão grande dos Alpes, de pelo farto, ruivo e branco, treinado para descobrir viajantes enterrados na neve

são-tomense (são-to.men.se) *adj.2gén.* relativo a São Tomé e Príncipe ◆ *n. 2gén.* pessoa natural de São Tomé e Príncipe

sapador (sa.pa.dor) *n.m.* **1** soldado que trabalha com materiais explosivos, abrindo galerias subterrâneas, etc. **2** bombeiro que pertence a um grupo encarregado de combater incêndios, fazer salvamentos e socorrer pessoas

saparrão (sa.par.rão) *n.m.* **1** [*aum. de* sapo] sapo grande **2** (*fig.*) pessoa gorda e desajeitada

sapatada (sa.pa.ta.da) *n.f.* pancada dada com a mão **SIN.** palmada

sapatão (sa.pa.tão) *n.m.* [*aum. de* sapato] sapato grande

sapataria (sa.pa.ta.ri.a) *n.f.* loja onde se vende calçado

sapateado (sa.pa.te.a.do) *n.m.* **1** dança em que o ritmo é marcado pelos sapatos **2** ritmo marcado com os pés

sapatear (sa.pa.te.ar) *v.* dançar, batendo com o salto ou a sola do sapato no chão, de modo a produzir ruído

sapateira (sa.pa.tei.ra) *n.f.* **1** caranguejo grande, com carapaça de exterior liso, de aspeto semelhante ao da santola **2** móvel ou parte de um armário onde se guardam sapatos

sapateiro (sa.pa.tei.ro) *n.m.* aquele que fabrica, vende ou conserta calçado

sapatilha (sa.pa.ti.lha) *n.f.* calçado leve usado na prática de alguns desportos e com vestuário informal; ténis

sapatinho (sa.pa.ti.nho) *n.m.* [*dim. de* sapato] sapato pequeno

sapato (sa.pa.to) *n.m.* calçado de sola dura que cobre o pé; **estar com a pedra no sapato:** estar desconfiado

sapo (sa.po) *n.m.* batráquio semelhante à rã, com olhos salientes, pele áspera e membros posteriores desenvolvidos para o salto, que se alimenta de insetos

saque (sa.que) *n.m.* roubo; pilhagem

saquear (sa.que.ar) *v.* roubar; pilhar

saquinho (sa.qui.nho) *n.m.* [*dim. de* saco] saco pequeno

saquito (sa.qui.to) *n.m.* → **saquinho**

saracotear-se (sa.ra.co.te.ar-se) *v.* mover-se agitando o corpo

saraiva (sa.rai.va) *n.f.* granizo

saraivada (sa.rai.va.da) *n.f.* queda abundante de saraiva

saraivar (sa.rai.var) *v.* cair saraiva **SIN.** granizar

sarampo (sa.ram.po) *n.m.* doença infetocontagiosa, que ataca principalmente as crianças, provocando febre alta e cobrindo o corpo de pintas vermelhas

sarapintado (sa.ra.pin.ta.do) *adj.* que tem pintas de várias cores SIN. pintalgado

sarapintar (sa.ra.pin.tar) *v.* pintar com diversas cores SIN. pintalgar

sarar (sa.rar) *v.* **1** tornar são; curar **2** cicatrizar **3** *(fig.)* fazer desaparecer (dor, tristeza, etc.); apagar

sarau (sa.rau) *n.m.* **1** reunião de pessoas que se encontram para ouvir música, poesia, dançar ou jogar **2** concerto musical que se realiza à noite

sarcasmo (sar.cas.mo) *n.m.* ironia cruel, com que se procura insultar ou ofender alguém

sarcástico (sar.cás.ti.co) *adj.* irónico

sarda (sar.da) *n.f.* pequena mancha castanha na pele

sardanisca (sar.da.nis.ca) *n.f.* pequeno lagarto insetívoro e trepador, frequente em muros e pedras SIN. lagartixa

sardão (sar.dão) *n.m.* espécie de lagarto de cor verde

sardento (sar.den.to) *adj.* que tem sardas

sardinha (sar.di.nha) *n.f.* pequeno peixe vulgar na costa portuguesa; **como sardinha em lata:** muito apertado entre pessoas; sem poder mexer-se; **puxar a brasa à sua sardinha:** defender os seus interesses

sardinhada (sar.di.nha.da) *n.f.* refeição em que o prato principal é sardinha assada

sardinheira (sar.di.nhei.ra) *n.f.* planta com flores grandes de várias cores, cultivada como ornamental

sargaço (sar.ga.ço) *n.m.* algas marinhas flutuantes, de cor verde-escura ou acastanhada

sargento (sar.gen.to) *n.2gén.* militar que ocupa um posto abaixo de oficial e acima de cabo

sarilho (sa.ri.lho) *n.m.* **1** situação difícil; complicação **2** confusão; trapalhada

sarja (sar.ja) *n.f.* tecido resistente de algodão, linho ou lã

sarjeta (sar.je.ta) *n.f.* abertura existente nas ruas, ao lado dos passeios, para escoamento das águas SIN. valeta

sarna (sar.na) *n.f.* doença de pele, contagiosa, provocada por um ácaro e que causa grande comichão

sarrabiscar (sar.ra.bis.car) *v.* fazer sarrabiscos em SIN. gatafunhar

sarrabisco (sar.ra.bis.co) *n.m.* desenho ou risco mal feito SIN. gatafunho

sarrabulho (sar.ra.bu.lho) *n.m.* refeição preparada com sangue, miúdos de porco e banha derretida

sarrafo (sar.ra.fo) *n.m.* **1** peça retangular de madeira alta e pouco espesso; ripa **2** sobras de madeira cortada

satanás *n.m.* espírito do mal; demónio; diabo

satânico (sa.tâ.ni.co) *adj.* diabólico; infernal

satélite (sa.té.li.te) *n.m.* **1** corpo celeste que gira em torno de um planeta principal **2** aparelho enviado para o espaço para recolher dados e imagens da Terra e de outros planetas e para transmitir sinais de rádio e televisão

sátira (sá.ti.ra) *n.f.* **1** composição poética que ridiculariza os hábitos de uma época, instituição ou pessoa **2** texto que critica ou ironiza algo ou alguém

satírico (sa.tí.ri.co) *adj.* **1** relativo a sátira **2** sarcástico; mordaz

satirizar (sa.ti.ri.zar) *v.* **1** criticar com sarcasmo; ridicularizar **2** escrever sátiras

satisfação (sa.tis.fa.ção) *n.f.* contentamento; alegria ♦ **satisfações** *n.f.pl.* explicação que se dá a alguém para um determinado comportamento (uma

a b c d e f g h i j k l m n o p q r s t u v w x y z

falta, um atraso, etc.); justificações; desculpas

satisfatório (sa.tis.fa.tó.ri.o) *adj.* **1** que causa satisfação **2** razoável; aceitável

satisfazer (sa.tis.fa.zer) *v.* **1** agradar a; contentar **2** matar a fome ou a sede; saciar **3** cumprir (uma promessa, uma ordem); realizar **4** ser suficiente; bastar ◆ **satisfazer-se** ficar contente ou satisfeito; contentar-se

satisfeito (sa.tis.fei.to) *adj.* **1** contente; alegre **2** saciado; farto **3** cumprido; realizado

saturação (sa.tu.ra.ção) *n.f.* **1** estado de uma solução que contém o máximo de substância dissolvida a determinada temperatura **2** satisfação de um apetite ou de um desejo; saciedade **3** estado do que atingiu o limite (de força, de resistência, etc.); cansaço

saturado (sa.tu.ra.do) *adj.* **1** cheio **2** saciado **3** cansado

saturar (sa.tu.rar) *v.* **1** levar ao ponto de saturação **2** encher totalmente **3** saciar **4** cansar

Saturno (Sa.tur.no) *n.m.* planeta do sistema solar, com órbita entre a de Júpiter e a de Urano

saudação (sau.da.ção) *n.f.* gesto ou palavra de cumprimento; felicitação

saudade (sau.da.de) *n.f.* sentimento de tristeza pela ausência de uma pessoa ou pela perda de uma coisa de que se gostava muito ◆ **saudades** *n.f.pl.* cumprimentos que se enviam a pessoas que estão longe ou que já não vemos há muito tempo

saudar (sau.dar) *v.* cumprimentar; felicitar

saudável (sau.dá.vel) *adj.2gén.* **1** que tem saúde; são ANT. doente **2** que é bom para a saúde; benéfico

saúde (sa.ú.de) *n.f.* **1** bom estado físico e mental; bem-estar **2** ausência de doença(s) **3** força física; robustez; **beber à saúde de:** beber em honra de; **saúde!:** expressão que se usa quando se faz um brinde, quando se tocam os copos, ou quando alguém espirra; **ter uma saúde de ferro:** ser muito saudável

saudoso (sau.do.so) *adj.* **1** que sente saudades **2** que provoca saudades

sauna (sau.na) *n.f.* banho de vapor, geralmente a temperaturas elevadas

savana (sa.va.na) *n.f.* vegetação própria dos climas tropicais húmidos, em que predominam as plantas herbáceas e arbustos rasteiros

sável (sá.vel) *n.m.* peixe marinho que se reproduz em água doce, tem o corpo em forma de lança e é coberto de escamas

saxofone (sa.xo.fo.ne) *n.m.* instrumento musical de sopro feito de metal

saxofonista (sa.xo.fo.nis.ta) *n.2gén.* pessoa que toca saxofone

sazonal (sa.zo.nal) *adj.2gén.* próprio de uma estação do ano

scanner (scéner) *n.m.* [*pl.* *scanners*] → **digitalizador**

scone (scóne) *n.m.* bolo pequeno, feito de farinha, ovos e leite, que geralmente se come com manteiga ou compota

se (se) *pron.pess.* designa a terceira pessoa do singular ou do plural (*ela magoou-se na escola; eles encontravam-se com frequência*) ◆ *conj.* no caso de; dado que

sé (sé) *n.f.* igreja principal SIN. catedral

seara (se.a.ra) *n.f.* campo semeado de cereais; **meter a foice em seara alheia:** meter-se num assunto que não lhe diz respeito

sebáceo (se.bá.ce.o) *adj.* que tem sebo; gorduroso

sebe (se.be) *n.f.* vedação feita de ramos ou varas entrelaçadas

sebenta (se.ben.ta) *n.f.* caderno com apontamentos das aulas

sebento (se.ben.to) *adj.* muito sujo; imundo

sebo (se.bo) *n.m.* **1** substância segregada pelas glândulas sebáceas, que tem a função de proteger a pele **2** substância ou camada gordurosa

seca (se.ca) (séca) *n.f.* **1** falta de chuva **2** (fig.) coisa aborrecida; maçada

secador (se.ca.dor) *n.m.* **1** aparelho elétrico utilizado para secar o cabelo **2** pequeno aparelho para secar as mãos

secagem (se.ca.gem) *n.f.* ato ou processo de secar; enxugamento

secante (se.can.te) *adj.2gén.* **1** que faz secar **2** que aborrece ◆ *n.f.* linha ou superfície que interseta outra

secar (se.car) *v.* **1** fazer perder a humidade **2** perder a humidade **3** murchar **4** deixar de correr (um líquido, um rio)

secção (sec.ção) *n.f.* **1** divisão (de algo inteiro) em partes; corte **2** parte separada de um todo; parcela **3** cada uma das divisões de um serviço ou de uma empresa; departamento

seco (se.co) *adj.* **1** que não tem água nem humidade; enxuto **ANT.** molhado **2** diz-se do terreno sem vegetação; árido **3** diz-se de quem é muito magro **4** diz-se da flor que murchou **5** diz-se do alimento a que se extraiu a humidade para o conservar **6** (fig.) diz-se do gesto ou tom ríspido

secreção (se.cre.ção) *n.f.* conjunto das substâncias elaboradas pelas células, que podem ser ou não expelidas pelo organismo

secretaria (se.cre.ta.ri.a) *n.f.* departamento de um serviço ou de uma empresa onde se trata da correspon-

dência, arquivo de documentos, e onde se atende o público

secretária (se.cre.tá.ri.a) *n.f.* **1** móvel de escritório, geralmente com gavetas, onde se escreve e se guardam documentos; escrivaninha **2** mulher que trata da correspondência e de outros documentos, e que organiza reuniões de trabalho numa instituição ou numa empresa

secretário (se.cre.tá.ri.o) *n.m.* homem que trata da correspondência e de outros documentos, e que organiza reuniões de trabalho numa instituição ou numa empresa

secretário-geral (se.cre.tá.ri.o-ge.ral) *n.m.* [pl. secretários-gerais] líder de um partido político ou de uma organização

secreto (se.cre.to) *adj.* **1** que está em segredo; incógnito **2** que não é conhecido ou divulgado; confidencial **3** que não se manifesta; íntimo

sectário (sec.tá.ri.o) *adj.* **1** relativo a seita religiosa **2** (fig.) diz-se da pessoa que apoia um grupo ou uma ideia de forma intolerante, sem admitir opiniões diferentes da sua; intolerante

sector (sec.tor) *a grafia preferível é* **setor**

> O Acordo Ortográfico admite duas formas de escrever uma palavra nos casos em que essa palavra pode ser dita de duas maneiras: por exemplo **sector** (se lermos o **c**) e **setor** (se não lermos o **c**).

sectorial (sec.to.ri.al) *a grafia preferível é* **setorial**

secular (se.cu.lar) *adj.2gén.* **1** relativo a século **2** que é muito antigo **3** diz-se do clérigo que não fez votos religiosos e não está sujeito a ordens monásticas

século (sé.cu.lo) *n.m.* **1** período de cem anos **2** *(fig.)* muito tempo

secundário (se.cun.dá.ri.o) *adj.* **1** que está em segundo lugar **2** de menor importância; insignificante **3** diz-se do ensino intermédio entre o básico e o superior

secura (se.cu.ra) *n.f.* **1** estado do que está seco **2** *(fig.)* frieza; rispidez

seda (se.da) *n.f.* **1** substância produzida pela larva do bicho-da-seda **2** tecido feito com essa substância

sedativo (se.da.ti.vo) *adj. e n.m.* calmante

sede (se.de) (séde) *n.f.* **1** lugar onde alguém se pode sentar ou fixar **2** lugar onde funciona um tribunal ou um governo **3** lugar onde uma empresa tem o seu estabelecimento principal

sede (se.de) (sêde) *n.f.* **1** sensação causada pela necessidade de beber; secura **2** *(fig.)* desejo intenso; ânsia

sedentário (se.den.tá.ri.o) *adj.2gén.* **1** que está quase sempre sentado **2** que vive sempre na mesma região

sedentarismo (se.den.ta.ris.mo) *n.m.* qualidade de sedentário; inatividade

sedento (se.den.to) *adj.* **1** que tem muita sede **2** *(fig.)* que tem um grande desejo de alguma coisa; ávido

sediado (se.di.a.do) *adj.* que tem sede em determinado local

sedimentação (se.di.men.ta.ção) *n.f.* **1** depósito de partículas em suspensão **2** acumulação de sedimentos em camadas, dando origem a rochas

sedimentar (se.di.men.tar) *adj.2gén.* **1** que contém sedimento(s) **2** diz-se da rocha resultante da consolidação de sedimentos ♦ *v.* formar sedimento ♦ **sedimentar-se** tornar-se firme ou sólido

sedimento (se.di.men.to) *n.m.* **1** substâncias sólidas que são transportadas e depositadas pelo ar, pela água ou pelo gelo **2** parte sólida que se deposita no fundo de um recipiente; borra

sedoso (se.do.so) *adj.* **1** que tem sedas ou pelos **2** macio como a seda

sedução (se.du.ção) *n.f.* **1** ato de seduzir ou de ser seduzido **2** atração por alguma coisa ou por alguém; fascínio

sedutor (se.du.tor) *adj.* que seduz ou atrai; fascinante ♦ *n.m.* aquele que seduz

seduzir (se.du.zir) *v.* **1** atrair; encantar **2** enganar; subornar

segar (se.gar) *v.* cortar (cereais, ervas) com instrumento próprio; ceifar

segmentação (seg.men.ta.ção) *n.f.* divisão em segmentos; fragmentação

segmentar (seg.men.tar) *v.* dividir em segmentos; fragmentar

segmento (seg.men.to) *n.m.* cada uma das partes em que se dividiu um todo; secção; porção; **segmento de reta:** parte de uma linha reta compreendida entre dois pontos

segredar (se.gre.dar) *v.* dizer em segredo SIN. murmurar, segredar

segredo (se.gre.do) *n.m.* **1** coisa que não se deve contar a ninguém **2** aquilo que só poucas pessoas sabem; mistério; enigma **3** aquilo que se diz em voz baixa ao ouvido de alguém; **em segredo:** sem que ninguém saiba; sem testemunhas

segregação (se.gre.ga.ção) *n.f.* **1** separação; afastamento **2** ato de isolar pessoas ou grupos em função da sua condição social, cultural, etc.; marginalização

segregar (se.gre.gar) *v.* **1** pôr de lado; separar **2** marginalizar; discriminar **3** produzir (secreção)

seguida (se.gui.da) *n.f.* seguimento; continuação; **de seguida:** logo depois; sem interrupção; **em seguida:** depois

seguido (se.gui.do) *adj.* sem interrupção; contínuo; consecutivo

seguidor (se.gui.dor) *n.m.* **1** pessoa que continua algo que outra pessoa começou; continuador **2** pessoa que segue uma ideia ou uma doutrina; adepto

seguimento (se.gui.men.to) *n.m.* **1** acompanhamento **2** continuação **3** prolongamento

seguinte (se.guin.te) *adj.2gén.* que segue; imediato ♦ *n.m.* **1** aquele ou aquilo que se segue **2** aquilo que acontece depois

seguir (se.guir) *v.* **1** ir depois de **2** acompanhar **3** perseguir **4** espiar **5** percorrer **6** prestar atenção a **7** tomar como modelo **8** continuar **9** partir ♦ **seguir-se** ser consequência de; resultar

segunda (se.gun.da) *n.f.* mudança de velocidade a seguir à primeira

segunda-feira (se.gun.da-fei.ra) *n.f.* [*pl.* segundas-feiras] segundo dia da semana

segundo (se.gun.do) *num.ord.>adj.num.*ᴰᵀ que ocupa o lugar número 2 ♦ *n.m.* **1** sexagésima parte do minuto (símbolo: s) **2** *(fig.)* espaço de tempo muito curto; instante ♦ *prep.* de acordo com; conforme ♦ *adv.* em lugar a seguir ao primeiro

seguradora (se.gu.ra.do.ra) *n.f.* companhia de seguros

segurança (se.gu.ran.ça) *n.f.* **1** confiança; tranquilidade **2** firmeza; certeza ♦ *n.2gén.* pessoa cuja profissão é proteger alguém ou alguma coisa; guarda

segurar (se.gu.rar) *v.* **1** tornar seguro; fixar **2** agarrar; pegar **3** amparar; suster **4** controlar; dominar

seguro (se.gu.ro) *adj.* **1** firme; preso **2** livre de cuidados; a salvo **3** certo; garantido **4** em que se pode confiar **5** eficaz

seio (sei.o) *n.m.* **1** órgão que produz o leite, na mulher e nas fêmeas; mama; peito **2** *(fig.)* parte interior de alguma coisa; **no seio de:** no interior de

seis (seis) *num.card.>quant.num.*ᴰᵀ cinco mais um ♦ *n.m.* o número 6

seiscentésimo (seis.cen.té.si.mo) *num.ord.>adj.num.*ᴰᵀ que ocupa o lugar número 600

seiscentos (seis.cen.tos) *num.card.>quant.num.*ᴰᵀ quinhentos mais cem ♦ *n.m.* o número 600

seita (sei.ta) *n.f.* doutrina religiosa que se afasta da crença ou da opinião geral

seiva (sei.va) *n.f.* líquido nutritivo que circula nas plantas

seixo (sei.xo) *n.m.* pedra pequena ꜱɪɴ. calhau

sela (se.la) *n.f.* assento que se coloca sobre o lombo do cavalo, onde o cavaleiro se senta

Nota que **sela** (assento) é diferente de **cela** (quarto, aposento).

selado (se.la.do) *adj.* **1** que tem sela (cavalo) **2** que tem selo (envelope, postal) **3** que foi confirmado (acordo, contrato)

selar (se.lar) *v.* **1** pôr sela em (cavalo) **2** pôr selo em (envelope, postal) **3** confirmar (um acordo, um contrato)

seleção (se.le.ção) *n.f.* **1** ato de selecionar; escolha; eleição **2** conjunto de coisas escolhidas **3** conjunto dos melhores atletas de uma modalidade desportiva, escolhidos para representar uma região ou um país; **seleção natural:** sobrevivência das espécies animais ou vegetais mais fortes

selecção *a nova grafia é* **seleção**

seleccionador *a nova grafia é* **selecionador**

a
b
c
d
e
f
g
h
i
j
k
l
m
n
o
p
q
r
s
t
u
v
w
x
y
z

seleccionar *a nova grafia é* **selecionar**

selecionador (se.le.ci.o.na.dor) *n.m.* **1** aquele que faz uma seleção **2** aquele que escolhe e prepara um grupo de atletas ou jogadores para representar um clube, uma região ou um país numa competição desportiva

selecionar (se.le.ci.o.nar) *v.* fazer a seleção de SIN. escolher

selectivo *a nova grafia é* **seletivo**

selecto *a nova grafia é* **seleto**

seletivo (se.le.ti.vo) *adj.* **1** relativo a seleção **2** que faz seleção

seleto (se.le.to) *adj.* **1** escolhido; selecionado **2** distinto; excelente

selim (se.lim) *n.m.* assento triangular de bicicleta ou de motocicleta

selo (se.lo) *n.m.* **1** pequeno papel retangular, adesivo numa das faces, destinado a pagar o envio de correspondência pelo correio **2** carimbo utilizado para autenticar documentos

selva (sel.va) *n.f.* **1** floresta muito densa **2** terreno que não é cultivado e onde a vegetação cresce sem controlo **3** *(fig.)* grande quantidade de coisas

selvagem (sel.va.gem) *adj.2gén.* **1** próprio da selva **2** desabitado **3** feroz **4** *(fig.)* grosseiro

sem (sem) *prep.* indica falta, ausência ou exclusão

> Repara que **sem** (preposição) é diferente de **cem** (número 100):
> *Ela saiu de casa sem dinheiro.*
> *Ele emprestou-lhe cem euros.*

sem-abrigo (sem-a.bri.go) *n.2gén. e 2núm.* pessoa que não tem casa, que vive na rua

semáforo (se.má.fo.ro) *n.m.* posto de sinalização colocado nos cruzamentos de ruas e estradas para regular o trân-

sito, através da mudança da cor das luzes (vermelho, amarelo e verde)

semana (se.ma.na) *n.f.* período de sete dias seguidos

semanada (se.ma.na.da) *n.f.* quantia de dinheiro que se dá ou se recebe por semana

semanal (se.ma.nal) *adj.2gén.* **1** relativo à semana **2** que acontece uma vez por semana

semanalmente (se.ma.nal.men.te) *adv.* **1** de sete em sete dias **2** uma vez por semana

semanário (se.ma.ná.ri.o) *n.m.* jornal que se publica uma vez por semana ♦ *adj.* → **semanal**

semântica (se.mân.ti.ca) *n.f.* disciplina que se ocupa da significação das palavras

semântico (se.mân.ti.co) *adj.* relativo a semântica

semblante (sem.blan.te) *n.m.* **1** expressão do rosto; face; cara **2** aparência; aspeto

semeado (se.me.a.do) *adj.* **1** em que se lançaram sementes; cultivado **2** *(fig.)* espalhado; disperso

semeador (se.me.a.dor) *n.m.* aquele que semeia

semear (se.me.ar) *v.* deitar sementes na terra para fazer germinar (cereais, legumes, etc.); cultivar; **estar à mão de semear:** estar muito perto; estar ao alcance da mão

semelhança (se.me.lhan.ça) *n.f.* qualidade do que é semelhante SIN. parecença

semelhante (se.me.lhan.te) *adj.* parecido no aspeto, no carácter, etc.; idêntico ♦ *n.m.* pessoa ou coisa da mesma espécie de outra

semente (se.men.te) *n.f.* **1** grão que se lança na terra para germinar, dando origem a uma nova planta **2** parte do fruto que provém do desenvolvimento do óvulo (vegetal) após a fecundação e que contém o embrião **3** origem; germe

sementeira (se.men.tei.ra) *n.f.* **1** ato de semear **2** tempo em que se semeia

semestral (se.mes.tral) *adj.2gén.* **1** relativo a semestre **2** que se faz ou acontece de seis em seis meses

semestre (se.mes.tre) *n.m.* período de seis meses seguidos

sem-fim (sem-fim) *n.m.* [*pl.* sem-fins] **1** quantidade ou número indeterminado **2** extensão ilimitada; vastidão

semicerrado (se.mi.cer.ra.do) *adj.* meio cerrado; entreaberto

semicerrar (se.mi.cer.rar) *v.* não fechar totalmente; deixar entreaberto

semicírculo (se.mi.cír.cu.lo) *n.m.* metade de um círculo

semicolcheia (se.mi.col.chei.a) *n.f.* figura musical que vale metade da colcheia

semidobrado (se.mi.do.bra.do) *adj.* meio dobrado

semifinal (se.mi.fi.nal) *n.f.* competição que antecede a final de um campeonato SIN. meia-final

semifinalista (se.mi.fi.na.lis.ta) *n.2gén.* atleta que participa numa semifinal

seminal (se.mi.nal) *adj.2gén.* **1** relativo a sémen **2** que produz sémen

seminário (se.mi.ná.ri.o) *n.m.* **1** escola onde se formam os sacerdotes **2** congresso cultural ou científico **3** grupo de estudos que inclui pesquisa e debate

semínima (se.mí.ni.ma) *n.f.* figura musical que vale metade de uma mínima ou duas colcheias

semiprecioso (se.mi.pre.ci.o.so) *adj.* que tem valor inferior ao de uma pedra preciosa

semi-recta *a nova grafia é* **semirreta**

semirreta (se.mir.re.ta) *n.f.* parte de uma reta limitada por um ponto

semivogal (se.mi.vo.gal) *n.f.* som intermédio entre a consoante e a vogal, que entra na formação de um ditongo juntamente com uma vogal

sem-número (sem-nú.me.ro) *n.m.2núm.* **1** grande número **2** número indeterminado

sempre (sem.pre) *adv.* **1** em todo o tempo **2** sem fim; continuamente **3** afinal; finalmente; **para sempre:** definitivamente; eternamente; **sempre que:** todas as vezes que

sena (se.na) *n.f.* carta de jogar, peça de dominó ou face de dado que tem seis pintas

senado (se.na.do) *n.m.* **1** conjunto de representantes dos cidadãos encarregados de aprovar ou alterar as leis **2** assembleia formada por professores de diversas faculdades

senão (se.não) *prep.* exceto; a não ser ◆ *conj.* quando não; de outro modo ◆ *n.m.* **1** desvantagem **2** defeito

senha (se.nha) *n.f.* **1** gesto combinado; sinal **2** bilhete usado para viajar em transportes públicos **3** palavra que um guarda dirige a alguém que dele se aproxima para identificação **4** sequência de letras ou algarismos que permite o acesso a um computador ou a um programa

senhor (se.nhor) *n.m.* **1** tratamento de cerimónia dado ao homem com quem se fala ou a quem se escreve **2** dono; proprietário **3** homem de quem não se sabe o nome; **ser senhor de si:** não depender de ninguém; **ser senhor do seu nariz:** não aceitar opiniões ou conselhos de ninguém

senhora (se.nho.ra) *n.m.* **1** tratamento de cerimónia dado à mulher com quem se fala ou a quem se escreve **2** dona; proprietária **3** mulher de quem não se

a b c d e f g h i j k l m n o p q r **s** t u v w x y z

sabe o nome **4** esposa em relação ao marido

senhorio (se.nho.ri.o) *n.m.* proprietário de um prédio que se encontra alugado

senil (se.nil) *adj.2gén.* relativo à velhice ou às pessoas velhas

sénior (sé.ni.or) *adj.2gén.* **1** que é o mais velho **2** que é o mais antigo em determinada atividade ♦ *n.2gén.* [*pl.* seniores] desportiva, em geral, com mais de dezoito anos de idade

seno (se.no) *n.m.* razão entre o cateto oposto a um ângulo de um triângulo retângulo e a hipotenusa

sensação (sen.sa.ção) *n.f.* **1** impressão causada pelo meio exterior num órgão dos sentidos (gosto, visão, audição, etc.) **2** choque ou espanto causado por um acontecimento; emoção

sensacional (sen.sa.ci.o.nal) *adj.2gén.* **1** que produz uma sensação forte **2** extraordinário; fantástico

sensatez (sen.sa.tez) *n.f.* **1** bom senso; equilíbrio **2** prudência; cautela

sensato (sen.sa.to) *adj.* **1** que atua com sensatez; ajuizado **2** prudente; cauteloso

sensibilidade (sen.si.bi.li.da.de) *n.f.* **1** faculdade de sentir **2** qualidade de sensível **3** facilidade em comover-se

sensibilizar (sen.si.bi.li.zar) *v.* **1** tornar alguém sensível a (um problema, uma questão); chamar a atenção para **2** comover; emocionar **3** ficar comovido; emocionar-se

sensitivo (sen.si.ti.vo) *adj.* **1** relativo aos sentidos **2** relativo às sensações

sensível (sen.sí.vel) *adj.2gén.* **1** que tem sensibilidade **2** que é percebido pelos sentidos **3** que se comove com facilidade **4** muito delicado; frágil **5** bom; humano **6** que se ofende facilmente; suscetível

senso (sen.so) *n.m.* **1** capacidade de julgar; entendimento **2** prudência; sensatez; **bom senso:** capacidade para julgar e decidir corretamente

Repara que **senso** *(juízo, compreensão) é diferente de* **censo** *(recenseamento).*

sensor (sen.sor) *n.m.* dispositivo eletrónico que reage a estímulos (luz, calor, som) e que serve para detetar corpos num local, localizar alvos, etc.

sensorial (sen.so.ri.al) *adj.2gén.* relativo a sensação

sensual (sen.su.al) *adj.2gén.* **1** relativo aos sentidos **2** que é fisicamente atraente

sensualidade (sen.su.a.li.da.de) *n.f.* **1** qualidade de sensual **2** gosto pelos prazeres transmitidos pelos órgãos dos sentidos

sentar (sen.tar) *v.* colocar em assento ♦ **sentar-se** pôr-se sobre um assento

sentença (sen.ten.ça) *n.f.* **1** decisão do juiz, depois de um julgamento, em relação a um crime ou delito **2** máxima

sentido (sen.ti.do) *adj.* magoado; ofendido ♦ *n.m.* **1** cada um dos órgãos de perceção das sensações (audição, visão, gosto, tato e olfato) **2** significado de uma palavra ou expressão **3** propósito; objetivo **4** direção; rumo; **fazer sentido:** ser lógico, coerente; **perder os sentidos:** desmaiar

sentimental (sen.ti.men.tal) *adj.2gén.* **1** que diz respeito ao sentimento **2** que se comove facilmente; emotivo

sentimentalista (sen.ti.men.ta.lis.ta) *n.2gén.* pessoa que exagera os sentimentos e as emoções

sentimento (sen.ti.men.to) *n.m.* **1** capacidade de sentir **2** sensação subjetiva (de alegria, tristeza, amor, medo, etc.)

em relação a alguém ou a alguma coisa ◆ **sentimentos** *n.m.pl.* manifestação de tristeza pela morte de alguém; pêsames

sentinela (sen.ti.ne.la) *n.f.* **1** soldado que guarda um posto **2** pessoa que vigia

sentir (sen.tir) *v.* **1** perceber por meio dos sentidos **2** experimentar (um sentimento) **3** ser sensível a **4** pressentir **5** sofrer a ação de ◆ **sentir-se** levar a mal; melindrar-se

separação (se.pa.ra.ção) *n.f.* **1** divisão; rutura **2** afastamento; distância

separadamente (se.pa.ra.da.men.te) *adv.* **1** de modo separado **2** isoladamente **3** espaçadamente

separado (se.pa.ra.do) *adj.* **1** que está à parte; isolado **2** diz-se da pessoa que já não vive com o cônjuge

separador (se.pa.ra.dor) *n.m.* **1** aquilo que serve para separar; divisória **2** folha de cartolina ou plástico que se coloca numa pasta de arquivo para separar papéis ou documentos

separar (se.pa.rar) *v.* **1** desunir (o que estava ligado) **2** pôr de lado **3** afastar **4** distinguir **5** dividir ◆ **separar-se 1** desligar-se **2** afastar-se

septissílabo (sep.tis.sí.la.bo) *n.m.* palavra com sete sílabas

septuagenário (sep.tu.a.ge.ná.ri.o) *adj. e n.m.* que ou aquele que tem entre 70 e 79 anos de idade

septuagésimo (sep.tu.a.gé.si.mo) *num. ord.>adj.num.*ᴰᵀ que ocupa o lugar número 70

séptuplo (sép.tu.plo) *num.mult.>quant. num.*ᴰᵀ que contém sete vezes a mesma quantidade ◆ *n.m.* valor ou quantidade sete vezes maior

sepultado (se.pul.ta.do) *adj.* enterrado (em sepultura)

sepultar (se.pul.tar) *v.* colocar numa sepultura; enterrar

sepultura (se.pul.tu.ra) *n.f.* cova onde se enterram os cadáveres SIN. campa, túmulo

sequela (se.que.la) *n.f.* **1** continuação de alguma coisa **2** consequência de uma doença

sequência (se.quên.ci.a) *n.f.* **1** seguimento; continuação **2** sucessão; série

sequencial (se.quen.ci.al) *adj.2gén.* em que há sequência

sequer (se.quer) *adv.* **1** ao menos; pelo menos **2** nem mesmo; **nem sequer:** nem ao menos

sequestrador (se.ques.tra.dor) *n.m.* aquele que rapta alguém ou que desvia um avião ou outro meio de transporte

sequestrar (se.ques.trar) *v.* **1** raptar uma pessoa, geralmente para pedir dinheiro em troca da sua libertação **2** desviar um avião ou outro meio de transporte, fazendo os passageiros reféns

sequestro (se.ques.tro) *n.m.* **1** rapto (de pessoa) **2** desvio (de avião)

séquito (sé.qui.to) *n.f.* grupo de pessoas que acompanha alguém SIN. comitiva

ser (ser) *v.* **1** existir **2** estar **3** desempenhar uma função **4** acontecer **5** pertencer ◆ *n.m.* **1** ato de existir; existência; vida **2** aquilo que existe e que tem vida; ser vivo **3** indivíduo da espécie humana; pessoa; **ser de:** ser natural de; pertencer a; **ser vivo:** qualquer organismo vivo (animal ou planta)

serão (se.rão) *n.m.* **1** trabalho feito à noite, fora do horário normal **2** reunião familiar à noite, depois do jantar

serapilheira (se.ra.pi.lhei.ra) *n.f.* tecido grosseiro utilizado para envolver fardos, fazer sacos resistentes, etc.

sereia (se.rei.a) *n.f.* **1** ser lendário, com corpo de mulher da cintura para cima

a
b
c
d
e
f
g
h
i
j
k
l
m
n
o
p
q
r
s
t
u
v
w
x
y
z

e corpo de peixe da cintura para baixo, que atraía os navegantes com o seu canto **2** *(fig.)* mulher muito bela e atraente

serenamente (se.re.na.men.te) *adv.* com serenidade SIN. suavemente, tranquilamente

serenar (se.re.nar) *v.* **1** acalmar; sossegar **2** ficar calmo; acalmar-se

serenata (se.re.na.ta) *n.f.* concerto vocal ou instrumental realizado à noite e ao ar livre

serenidade (se.re.ni.da.de) *n.f.* tranquilidade; calma

sereno (se.re.no) *adj.* **1** tranquilo; calmo **2** ameno; agradável

seriação (se.ri.a.ção) *n.f.* colocação ou disposição em série; ordenação

série (sé.ri.e) *n.f.* **1** conjunto de coisas dispostas umas a seguir às outras; sequência **2** grupo de coisas ou de pessoas que têm algo em comum **3** filme ou programa transmitido em episódios na televisão; **em série:** sem interrupção; **fora de série:** excecional

seriedade (se.ri.e.da.de) *n.f.* **1** qualidade de quem ou daquilo que é sério **2** importância de um assunto ou de um facto; gravidade **3** honestidade; retidão

seringa (se.rin.ga) *n.f.* instrumento que serve para injetar ou retirar líquidos do organismo

sério (sé.ri.o) *adj.* **1** em que se pode confiar; honesto **2** que não ri; sisudo **3** que tem consequências graves; grave **4** que é importante; **levar a sério:** dar importância a

sermão (ser.mão) *n.m.* **1** discurso sobre um assunto religioso **2** *(fig.)* discurso longo e aborrecido para convencer alguém **3** *(pop.)* repreensão; descompostura

serpente (ser.pen.te) *n.f.* **1** réptil de corpo comprido e em forma de cilindro, coberto de escamas, que pode ser venenoso; cobra **2** *(fig.)* pessoa má ou traiçoeira

serpenteado (ser.pen.te.a.do) *adj.* **1** que é parecido com o movimento das serpentes **2** que não forma uma linha reta; ondulado

serpentear (ser.pen.te.ar) *v.* andar aos ziguezagues, não seguindo um caminho reto

serpentina (ser.pen.ti.na) *n.f.* fita de papel colorido que se joga no Carnaval

serra (ser.ra) *n.f.* **1** instrumento com uma lâmina de aço comprida e dentada, que se usa para cortar madeira, metais, etc. **2** grande extensão de montanhas

serração (ser.ra.ção) *n.f.* oficina onde se serra madeira

serradura (ser.ra.du.ra) *n.f.* → **serrim**

serralharia (ser.ra.lha.ri.a) *n.f.* oficina onde se fazem trabalhos em ferro

serralheiro (ser.ra.lhei.ro) *n.m.* indivíduo que trabalha o ferro, especialmente em fechaduras, grades, etc.

serrania (ser.ra.ni.a) *n.f.* **1** conjunto de serras; cordilheira **2** terreno montanhoso

serrano (ser.ra.no) *adj.* relativo a serra

serrar (ser.rar) *v.* cortar com serra

serrilha (ser.ri.lha) *n.f.* **1** recorte em forma de dentes de serra **2** contorno com pequenas saliências num selo ou numa moeda

serrim (ser.rim) *n.m.* partículas muito pequenas que se soltam da madeira quando é serrada; serradura

serrote (ser.ro.te) *n.m.* tipo de serra com lâmina curta e geralmente mais larga numa das extremidades

sertã (ser.tã) *n.f.* frigideira larga e pouco funda

sertão (ser.tão) *n.m.* região afastada da costa e distante de povoações; interior

servente (ser.ven.te) *adj.2gén.* que serve
♦ *n.2gén.* empregado que faz trabalhos de limpeza

serventia (ser.ven.ti.a) *n.f.* utilização; uso

serviçal (ser.vi.çal) *n.2gén.* pessoa que faz serviços domésticos

serviço (ser.vi.ço) *n.m.* **1** ato ou efeito de servir **2** trabalho a fazer **3** profissão **4** uso **5** proveito **6** conjunto das peças usadas para servir refeições

servidão (ser.vi.dão) *n.f.* condição de servo ou escravo **SIN.** escravidão

servidor (ser.vi.dor) *n.m.* **1** computador que disponibiliza informação e serviços a outros computadores ligados em rede **2** sistema fornecedor de ligação à *Internet*

sérvio (sér.vi.o) *adj.* relativo à Sérvia (país do sudeste da Europa) ♦ *n.m.* **1** pessoa natural da Sérvia **2** língua falada na Sérvia

servir (ser.vir) *v.* **1** trabalhar para (pessoa, empresa) **2** prestar qualquer serviço a **3** estar às ordens de **4** pôr na mesa (uma refeição) **5** auxiliar **6** fornecer

servo (ser.vo) *n.m.* na sociedade medieval, indivíduo ligado a uma terra e dependente de um senhor

servo-croata (ser.vo-cro.a.ta) *adj.2gén.* relativo à Sérvia e à Croácia ♦ *n.m.* língua do grupo eslávico, falada por sérvios e croatas

sésamo (sé.sa.mo) *n.m.* **1** planta tropical de cujas sementes se extrai um óleo muito apreciado **2** semente dessa planta, utilizada em culinária

sesmaria (ses.ma.ri.a) *n.f.* terreno não cultivado; **lei das Sesmarias:** lei do reinado de D. Fernando (1375) que obrigava os donos de terras abandonadas ou não cultivadas a entregá-las a pessoas desempregadas, com o objetivo de desenvolver a agricultura

sessão (ses.são) *n.f.* tempo em que se realiza determinada atividade, reunião ou espetáculo

sessenta (ses.sen.ta) *num.card.>quant. num.*^{DT} cinquenta mais dez ♦ *n.m.* o número 60

sesta (ses.ta) *n.f.* tempo de descanso depois do almoço

set *n.m.* [*pl. sets*] cada uma das partes em que se divide um jogo de voleibol ou uma partida de ténis

seta (se.ta) *n.f.* **1** arma com a forma de uma haste pontiaguda; flecha **2** sinal com essa forma que indica um sentido

sete (se.te) *num.card.>quant.num.*^{DT} seis mais um ♦ *n.m.* o número 7

setecentos (se.te.cen.tos) *num.card.> quant.num.*^{DT} seiscentos mais cem ♦ *n.m.* **1** o número 700 **2** o século XVIII

seteira (se.tei.ra) *n.f.* abertura estreita nos muros das fortificações e nas naus, por onde se disparavam as setas

setembro (se.tem.bro) *n.m.* nono mês do ano; *ver nota em* **mês**

setenta (se.ten.ta) *num.card.>quant. num.*^{DT} sessenta mais dez ♦ *n.m.* o número 70

setentrional (se.ten.tri.o.nal) *adj.2gén.* **1** situado a norte **2** que é natural do norte

sétimo (sé.ti.mo) *num.ord.>adj.num.*^{DT} que ocupa o lugar número 7 ♦ *n.m.* uma das sete partes em que se dividiu uma unidade

setor (se.tor) *n.m.* **1** ramo ou secção de um serviço ou de uma empresa; departamento **2** subdivisão de uma região; zona

> O Acordo Ortográfico admite duas formas de escrever uma palavra nos casos em que essa palavra pode ser dita de duas maneiras: por exemplo, **setor** (se não lermos o **c**) e **sector** (se lermos o **c**).

a b c d e f g h i j k l m n o p q r **s** t u v w x y z

setorial (se.to.ri.al) *adj.2gén.* relativo a setor

sétuplo (sé.tu.plo) *a grafia preferível é* **séptuplo**

seu (seu) *det. e pron.poss.* [*f.* sua] **1** que lhe pertence; dele ou dela **2** que lhes pertence; deles ou delas

severidade (se.ve.ri.da.de) *n.f.* **1** austeridade; rigor **2** rigidez; inflexibilidade

severo (se.ve.ro) *adj.* **1** austero; rigoroso **2** rígido; inflexível **3** sério; grave

sexagenário (se.xa.ge.ná.ri.o) *adj. e n.m.* que ou aquele que tem entre 60 e 69 anos de idade

sexagésimo (se.xa.gé.si.mo) *num.ord.> adj.num.*ᴰᵀ que ocupa o lugar número 60 ◆ *n.m.* uma das sessenta partes em que se dividiu uma unidade

sexo (se.xo) *n.m.* **1** conjunto de características que distinguem o macho e a fêmea **2** órgãos sexuais do homem e da mulher

sexta (sex.ta) *n.f.* (*inform.*) sexta-feira

sexta-feira (sex.ta-fei.ra) *n.f.* [*pl.* sextas-feiras] sexto dia da semana

sextante (sex.tan.te) *n.m.* **1** instrumento usado a bordo de um navio ou de uma aeronave, que permite medir a altura dos astros **2** a sexta parte de um círculo; arco de 60 graus

sexto (sex.to) *num.ord.>adj.num.*ᴰᵀ que ocupa o lugar número 6 ◆ *n.m.* uma das seis partes em que se dividiu uma unidade

sêxtuplo (sêx.tu.plo) *num.mult.>quant. num.*ᴰᵀ que contém seis vezes a mesma quantidade ◆ *n.m.* valor ou quantidade seis vezes maior

sexuado (se.xu.a.do) *adj.* que tem órgãos próprios para a reprodução

sexual (se.xu.al) *adj.2gén.* relativo ao sexo ou aos órgãos reprodutores

sexualidade (se.xu.a.li.da.de) *n.f.* **1** conjunto das características físicas, fisio-

lógicas e psicológicas que as pessoas apresentam, conforme o sexo a que pertencem **2** manifestação do instinto sexual nos seres vivos

shopping (xóping) *n.m.* centro comercial

shorts (xórtx) *n.m.pl.* calções curtos

show (xou) *n.m.* **1** espetáculo **2** (*inform.*) coisa fantástica; maravilha

si (si) *n.m.* sétima nota da escala musical ◆ *pron.pess.* **1** designa a terceira pessoa do singular ou do plural e indica a(s) pessoa(s) de quem se fala ou escreve (*ela quer tudo para si; eles só pensam em si*) **2** designa a terceira pessoa do singular e indica a pessoa a quem se fala ou escreve (*fale por si*)

siamês (si.a.mês) *n.m.* **1** pessoa ou animal que nasceu ligado a outro, partilhando um ou mais órgãos **2** gato com o corpo alongado e elegante, pelo curto e macio e olhos azuis

sibilante (si.bi.lan.te) *adj.2gén.* que produz um som agudo e prolongado

sicrano (si.cra.no) *n.m.* indivíduo cujo nome não se conhece ou não se quer dizer sɪɴ. sujeito

sida (si.da) *n.f.* doença causada pelo vírus da imunodeficiência humana, que destrói as defesas imunitárias do organismo

sideral (si.de.ral) *adj.2gén.* **1** relativo aos astros ou às estrelas **2** próprio do céu; celeste

sidra (si.dra) *n.f.* bebida alcoólica de baixa graduação obtida pela fermentação do sumo de maçã

sigilo (si.gi.lo) *n.m.* segredo

sigla (si.gla) *n.f.* sequência formada pelas letras ou sílabas iniciais de palavras (por exemplo, UE é a sigla de União Europeia, PALOP é a sigla de Países Africanos de Língua Oficial Portuguesa)

significação (sig.ni.fi.ca.ção) *n.f.* → **significado**

significado (sig.ni.fi.ca.do) *n.m.* **1** aquilo que uma coisa significa ou representa; significação **2** sentido de uma palavra ou de uma expressão **3** importância; valor

significante (sig.ni.fi.can.te) *n.m.* conjunto de sons associados a um determinado significado numa língua

significar (sig.ni.fi.car) *v.* ter o significado ou o sentido de; querer dizer

significativo (sig.ni.fi.ca.ti.vo) *adj.* **1** que tem significado **2** que contém informação importante

signo (sig.no) *n.m.* **1** símbolo; sinal **2** cada uma das doze partes em que se divide o zodíaco **3** cada um das doze constelações que correspondem a essas doze partes, e cada uma das figuras que as representam

sílaba (sí.la.ba) *n.f.* som ou conjunto de sons de uma palavra que se pronunciam de uma só vez

silábico (si.lá.bi.co) *adj.* relativo a sílaba

silenciar (si.len.ci.ar) *v.* impor silêncio; calar

silêncio (si.lên.ci.o) *n.m.* **1** ausência total de ruído ANT. barulho **2** sossego; calma; **silêncio!**: exclamação usada para mandar calar alguém

silenciosamente (si.len.ci.o.sa.men.te) *adv.* **1** sem fazer barulho; sem ruído **2** sem que ninguém note; em segredo

silencioso (si.len.ci.o.so) *adj.* **1** que não fala; calado **2** que não produz ruído **3** calmo; sossegado

silhueta (si.lhu.e.ta) *n.f.* linha de contorno de um objeto ou de uma pessoa

silo (si.lo) *n.m.* construção própria para guardar grãos

silva (sil.va) *n.f.* arbusto silvestre, com caules longos cobertos de espinhos

silvado (sil.va.do) *n.m.* terreno onde crescem silvas

silvestre (sil.ves.tre) *adj.2gén.* **1** que é próprio da selva; selvagem **2** diz-se da planta que dá flores ou frutos sem ser cultivada; espontâneo

silvo (sil.vo) *n.m.* som agudo

sim (sim) *adv.* indica afirmação ou consentimento ♦ *n.m.* consentimento; **dar o sim**: consentir; autorizar; **pelo sim, pelo não**: por cautela; na dúvida

simbolicamente (sim.bo.li.ca.men.te) *adv.* **1** por meio de símbolos **2** em sentido figurado

simbólico (sim.bó.li.co) *adj.* **1** relativo a símbolo **2** que tem carácter de símbolo **3** que serve de símbolo

simbolismo (sim.bo.lis.mo) *n.m.* **1** expressão de algo através de símbolos **2** conjunto ou sistema de símbolos

simbolizar (sim.bo.li.zar) *v.* ser símbolo de; representar

símbolo (sím.bo.lo) *n.m.* **1** objeto ou imagem que representa uma ideia ou um conceito (por exemplo, a pomba é o símbolo da paz) **2** sinal que representa uma instituição, um clube, etc.

simbologia (sim.bo.lo.gi.a) *n.f.* **1** estudo ou interpretação dos símbolos **2** conjunto de símbolos

simetria (si.me.tri.a) *n.f.* **1** semelhança entre duas metades de alguma coisa **2** harmonia resultante da combinação de elementos diversos

simétrico (si.mé.tri.co) *adj.* **1** que tem simetria **2** que tem harmonia; equilibrado

similar (si.mi.lar) *adj.2gén.* que é da mesma natureza ou espécie SIN. parecido; semelhante

símio (sí.mi.o) *n.m.* mamífero com corpo peludo, cérebro desenvolvido e membros superiores mais compridos do que os inferiores SIN. macaco

a b c d e f g h i j k l m n o p q r s t u v w x y z

simpatia (sim.pa.ti.a) *n.f.* inclinação natural de uma pessoa por alguém ou por alguma coisa; afeto

simpático (sim.pá.ti.co) *adj.* que é agradável; afável ANT. antipático

simpatizante (sim.pa.ti.zan.te) *n.2gén.* pessoa que apoia um partido, uma associação, uma teoria, etc.; apoiante

simpatizar (sim.pa.ti.zar) *v.* sentir simpatia por; gostar de (simpatizar com)

simples (sim.ples) *adj.2gén.2núm.* **1** que não é complicado ANT. complicado **2** fácil de resolver **3** sem mistura **4** comum **5** modesto **6** ingénuo

simplicidade (sim.pli.ci.da.de) *n.f.* **1** qualidade do que é simples **2** facilidade **3** modéstia **4** ingenuidade

simplicíssimo (sim.pli.cís.si.mo) *adj.* [*superl. de* simples] que é muito simples

simplificar (sim.pli.fi.car) *v.* tornar simples; tornar mais simples

simplório (sim.plò.ri.o) *adj.* diz-se da pessoa que acredita em tudo o que lhe dizem ou que se deixa enganar com facilidade; ingénuo

simulação (si.mu.la.ção) *n.f.* **1** falta de sinceridade; fingimento; dissimulação **2** experiência realizada para verificar o funcionamento de algo (de uma máquina, de um procedimento de emergência, etc.)

simulado (si.mu.la.do) *adj.* que não é verdadeiro SIN. falso, fingido

simulador (si.mu.la.dor) *adj. e n.m.* que ou o que imita o funcionamento de algo

simultaneidade (si.mul.ta.nei.da.de) *n.f.* qualidade daquilo que acontece ao mesmo tempo que outra coisa

simultâneo (si.mul.tâ.ne.o) *adj.* que acontece ao mesmo tempo que outra coisa

sina (si.na) *n.f. (pop.)* sorte; destino

sinagoga (si.na.go.ga) *n.f.* templo judeu

sinal (si.nal) *n.m.* **1** tudo o que representa ou faz lembrar alguma coisa **2** indício; marca **3** gesto com a mão, com os olhos ou com a cabeça; aceno **4** pinta na pele **5** imagem cujo desenho ou cor transmitem uma mensagem (como os sinais de trânsito, por exemplo) **6** representação gráfica convencional (como os sinais de pontuação, por exemplo); **sinal de pontuação:** sinal gráfico (vírgula, ponto final, ponto e vírgula, etc.) que indica separação entre unidades de um texto escrito, tornando mais claras as pausas, entoações, etc.

sinaleiro (si.na.lei.ro) *n.m.* indivíduo encarregado de regular o trânsito

sinalização (si.na.li.za.ção) *n.f.* conjunto dos sinais instalados em estradas, caminhos de ferro, aeroportos, etc., para orientar e garantir a segurança das pessoas e dos veículos

sinalizar (si.na.li.zar) *v.* marcar por meio de sinais

sinceridade (sin.ce.ri.da.de) *n.f.* qualidade de quem é sincero SIN. franqueza

sincero (sin.ce.ro) *adj.* **1** franco **2** leal

sincronia (sin.cro.ni.a) *n.f.* ocorrência em simultâneo de dois ou mais factos ou acontecimentos; simultaneidade

sincrónico (sin.cró.ni.co) *adj.* que se realiza ao mesmo tempo; simultâneo

sincronizar (sin.cro.ni.zar) *v.* **1** tornar simultâneo (movimento, ação, etc.) **2** ajustar; adaptar

sindical (sin.di.cal) *adj.2gén.* relativo ou pertencente a sindicato

sindicalista (sin.di.ca.lis.ta) *adj.2gén.* relativo a sindicato ou a sindicalismo ♦ *n.2gén.* pessoa que apoia ou é membro de um sindicato

sindicato (sin.di.ca.to) *n.m.* associação de trabalhadores que procura defender os seus interesses

síndroma (sín.dro.ma) *n.f.* ➜ **síndrome**

síndrome (sín.dro.me) *n.f.* doença

sineta (si.ne.ta) *n.f.* [*dim. de* sino] sino pequeno

sinfonia (sin.fo.ni.a) *n.f.* composição musical destinada a ser executada por uma orquestra

sinfónico (sin.fó.ni.co) *adj.* relativo a sinfonia

singelo (sin.ge.lo) *adj.* simples; modesto

singular (sin.gu.lar) *adj.2gén.* **1** relativo a uma só pessoa; individual ANT. plural **2** diz-se do número gramatical que indica uma só pessoa ou coisa (*uma criança, uma casa*) **3** que é único na sua espécie **4** que não é comum; raro

sinistrado (si.nis.tra.do) *adj. e n.m.* ferido

sinistro (si.nis.tro) *adj.* ameaçador; assustador ♦ *n.m.* acontecimento que provoca prejuízo, sofrimento ou morte; acidente

sino (si.no) *n.m.* objeto de bronze em forma de campânula, que geralmente está colocado em torres e em campanários

sinonímia (si.no.ní.mi.a) *n.f.* igualdade ou semelhança de sentido entre duas ou mais palavras

sinónimo (si.nó.ni.mo) *n.m.* palavra que tem significado igual ou semelhante ao de outra ANT. antónimo

sintáctico *a nova grafia é* **sintático**

sintagma (sin.tag.ma) *n.m.* ➜ **grupo**

sintático (sin.tá.ti.co) *adj.* **1** relativo à sintaxe **2** que obedece às regras da sintaxe

sintaxe (sin.ta.xe) *n.f.* disciplina que estuda a combinação das palavras na frase

síntese (sín.te.se) *n.f.* resumo dos pontos principais de um assunto ou de um texto SIN. sumário

sintético (sin.té.ti.co) *adj.* **1** resumido; conciso **2** produzido por método artificial

sintetizar (sin.te.ti.zar) *v.* resumir; condensar

sintoma (sin.to.ma) *n.m.* **1** alteração no estado do organismo que indica que uma pessoa está doente **2** sinal de que algo vai acontecer; indício

sintomatologia (sin.to.ma.to.lo.gi.a) *n.f.* conjunto de sintomas próprios de uma doença

sintonia (sin.to.ni.a) *n.f.* harmonia; acordo

sintonizar (sin.to.ni.zar) *v.* **1** ajustar (rádio, televisor) ao comprimento de onda da emissora pretendida **2** pôr de acordo; harmonizar

sinuoso (si.nu.o.so) *adj.* que tem curvas; tortuoso

sirene (si.re.ne) *n.f.* aparelho que produz um sinal sonoro de alarme ou de chamada

sisal (si.sal) *n.m.* **1** planta própria das regiões quentes, produtora de fibras rígidas usadas para fazer tapeçarias, cordas, etc. **2** fibra que se extrai dessa planta

sísmico (sís.mi.co) *adj.* relativo a sismo

sismo (sis.mo) *n.m.* tremor de terra SIN. terramoto

sismógrafo (sis.mó.gra.fo) *n.m.* instrumento que regista a intensidade e a duração dos sismos

siso (si.so) *n.m.* bom senso; juízo; **dente do siso:** cada um dos últimos dentes molares que surgem normalmente por volta dos 20 anos de idade

sistema (sis.te.ma) *n.m.* **1** qualquer forma de classificação ou ordenação (*sistema decimal, sistema métrico,* etc.) **2** conjunto de órgãos com funções semelhantes ou complementares (*sistema nervoso, sistema linfá-*

tico, etc.); **sistema solar:** conjunto do Sol e dos astros que estão sob a influência do seu campo de gravitação, que inclui os oito planetas (Mercúrio, Vénus, Terra, Marte, Júpiter, Saturno, Urano, Neptuno), os planetas anões (Plutão, Ceres e Éris), os satélites naturais e pequenos corpos celestes

sistemático (sis.te.má.ti.co) *adj.* **1** relativo a sistema **2** que obedece a um sistema **3** *(fig.)* metódico; ordenado

sistematização (sis.te.ma.ti.za.ção) *n.f.* organização de acordo com um sistema; classificação

sistematizado (sis.te.ma.ti.za.do) *adj.* ordenado de determinada forma; classificado

sistematizar (sis.te.ma.ti.zar) *v.* organizar segundo determinado critério

sístole (sís.to.le) *n.f.* contração das paredes do coração que provoca a saída do sangue da aurícula para o ventrículo ou desta cavidade para as artérias

sisudo (si.su.do) *adj.* **1** que não ri; sério **2** sensato; prudente

site (sáite) *n.m.* [*pl. sites*] ➜ **sítio**

sítio (sí.ti.o) *n.m.* **1** local; lugar **2** povoação; localidade **3** página ou conjunto de páginas da *Internet* onde se encontra informação sobre um tema, uma pessoa, uma empresa, etc.

situação (si.tu.a.ção) *n.f.* **1** localização no espaço; posição **2** estado em se encontra uma pessoa ou uma coisa; circunstância **3** conjunto de circunstâncias económicas, políticas, etc., num dado momento; contexto

situado (si.tu.a.do) *adj.* **1** localizado **2** estabelecido

situar (si.tu.ar) *v.* colocar em determinado lugar; localizar ♦ **situar-se** estar em determinado lugar; localizar-se (situar-se em)

skate (sceit) *n.m.* [*pl. skates*] pequena prancha de madeira ou plástico, assente em duas ou quatro rodas, usada como patim para os dois pés

slide (sláid) *n.m.* [*pl. slides*] ➜ **dispositivo**

slogan (slôgan) *n.m.* [*pl. slogans*] frase curta e apelativa, usada para promover um produto, uma marca ou uma ideia

SMS *n.m.* serviço de mensagens curtas ♦ *n.f.* mensagem de texto que é enviada de um telefone (móvel ou fixo) ou de um *site* para outro telefone

snack-bar (snéc-bár) *n.m.* [*pl. snack-bars*] estabelecimento onde se servem refeições simples e rápidas

snobe (sno.be) *adj.* e *n.2gén.* que ou pessoa que se julga superior às outras pessoas; arrogante; pedante

snobismo (sno.bis.mo) *n.m.* qualidade de snobe; arrogância; pedantismo; presunção

só (só) *adj.* **1** que está sem companhia; sozinho; solitário **2** que está num local afastado; isolado **3** que é apenas um; único ♦ *adv.* apenas; somente; unicamente

soalheiro (so.a.lhei.ro) *adj.* que tem muito sol

soalho (so.a.lho) *n.m.* pavimento de madeira. SIN. sobrado

soar (so.ar) *v.* produzir som

Lembra-te que **soar** (produzir som) é diferente de **suar** (transpirar).

sob (sob) *prep.* **1** debaixo de (*deitou-se sob uma árvore*) **2** no tempo de (*sob o reinado de D. Manuel*)

soberania (so.be.ra.ni.a) *n.f.* **1** poder supremo de um soberano **2** conjunto dos poderes que formam uma nação politicamente organizada

soberano (so.be.ra.no) *n.m.* rei; monarca

soberba (so.ber.ba) *n.f.* **1** arrogância **2** avareza

soberbo (so.ber.bo) *adj.* **1** arrogante **2** avarento **3** magnífico

sobra (so.bra) *n.f.* aquilo que resta; resto; excesso; **de sobra:** em excesso; bastante

sobrado (so.bra.do) *n.m.* → **soalho**

sobranceiro (so.bran.cei.ro) *adj.* **1** que se eleva sobre; elevado **2** arrogante; altivo

sobrancelha (so.bran.ce.lha) *n.f.* conjunto de pelos por cima dos olhos **SIN.** sobrolho

sobrar (so.brar) *v.* restar; ficar

sobre (so.bre) *prep.* **1** em cima de (*livro pousado sobre a mesa*) **2** acerca de (*filme sobre a vida do escritor*)

sobreaviso (so.bre.a.vi.so) *n.m.* prevenção; precaução; **estar de sobreaviso:** estar prevenido; estar alerta

sobrecapa (so.bre.ca.pa) *n.f.* cobertura impressa de papel que reveste e protege a capa de um livro

sobrecarga (so.bre.car.ga) *n.f.* **1** carga excessiva **2** tarefa difícil; excesso de trabalho

sobrecarregar (so.bre.car.re.gar) *v.* **1** carregar em excesso **2** obrigar a um esforço excessivo

sobredotado (so.bre.do.ta.do) *adj.* que possui capacidades intelectuais ou físicas acima do que é considerado normal

sobreiro (so.brei.ro) *n.m.* árvore de onde se extrai a cortiça

sobrelotação (so.bre.lo.ta.ção) *n.f.* carga ou ocupação excessiva

sobrelotado (so.bre.lo.ta.do) *adj.* muito cheio

sobremesa (so.bre.me.sa) *n.f.* doce ou fruta que se come no fim da refeição

sobrenatural (so.bre.na.tu.ral) *adj.2gén.* **1** que é superior às forças da natureza **2** extraordinário; maravilhoso

sobrepor (so.bre.por) *v.* **1** colocar em cima ou por cima **2** acrescentar; juntar ♦ **sobrepor-se 1** colocar-se sobre **2** elevar-se acima de (sobrepor-se a)

sobreposição (so.bre.po.si.ção) *n.f.* **1** colocação de uma coisa por cima de outra **2** ato de acrescentar uma coisa a outra; junção

sobrescrito (so.bres.cri.to) *n.m.* invólucro para carta ou cartão, geralmente em papel dobrado em forma de bolsa **SIN.** envelope

sobressair (so.bres.sa.ir) *v.* estar ou ficar saliente; ressaltar; destacar-se

sobressaltado (so.bres.sal.ta.do) *adj.* **1** inquieto; agitado **2** que acordou de repente; estremunhado

sobressaltar (so.bres.sal.tar) *v.* **1** surpreender **2** assustar ♦ **sobressaltar-se 1** ficar surpreendido **2** assustar-se

sobressalto (so.bres.sal.to) *n.m.* reação brusca causada por uma emoção forte; susto; agitação

sobresselente (so.bres.se.len.te) *adj. 2gén.* diz-se da peça ou do objeto que se destina a substituir outra(o) em caso de avaria; que está de reserva

sobretudo (so.bre.tu.do) *adv.* acima de tudo; principalmente ♦ *n.m.* casaco masculino, largo e comprido, geralmente de tecido grosso, que se usa sobre a roupa para proteger do frio

sobrevivência (so.bre.vi.vên.ci.a) *n.f.* **1** continuação da vida ou da existência **2** qualidade do que resiste à passagem do tempo; continuidade

sobrevivente (so.bre.vi.ven.te) *adj. e n.2gén.* **1** que ou pessoa que escapou com vida a um desastre **2** que ou pessoa que continua viva depois de outras pessoas terem morrido

a b c d e f g h i j k l m n o p q r s t u v w x y z

sobreviver (so.bre.vi.ver) *v.* **1** continuar a viver depois de outra pessoa ter morrido **2** escapar a (um desastre ou uma situação de perigo)

sobrevoar (so.bre.vo.ar) *v.* voar por cima de

sobriedade (so.bri.e.da.de) *n.f.* **1** estado do que não é excessivo; moderação **2** estado de quem não está embriagado

sobrinha (so.bri.nha) *n.f.* filha de um irmão ou de uma irmã

sobrinha-neta (so.bri.nha-ne.ta) *n.f.* [*pl.* sobrinhas-netas] filha do sobrinho ou da sobrinha

sobrinho (so.bri.nho) *n.m.* filho de um irmão ou de uma irmã

sobrinho-neto (so.bri.nho-ne.to) *n.m.* [*pl.* sobrinhos-netos] filho do sobrinho ou da sobrinha

sóbrio (só.bri.o) *adj.* **1** moderado; comedido **2** que não está embriagado

sobrolho (so.bro.lho) *n.m.* → **sobrancelha**

soca (so.ca) *n.f.* calçado simples, geralmente com base de madeira, em que se enfia o pé, ficando o calcanhar a descoberto

socalco (so.cal.co) *n.m.* parcela de terreno mais ou menos plano, situado numa encosta, e amparado por um muro

socapa (so.ca.pa) *n.f.* aquilo que é usado como disfarce; máscara; **à socapa:** disfarçadamente; às escondidas

socar (so.car) *v.* dar socos em

social (so.ci.al) *adj.2gén.* **1** relativo à sociedade **2** que vive em sociedade **3** que gosta de conviver com as outras pessoas; sociável

socialização (so.ci.a.li.za.ção) *n.f.* adaptação de uma pessoa a um grupo social

socializar (so.ci.a.li.zar) *v.* **1** tornar social **2** integrar num grupo ou numa sociedade

sociável (so.ci.á.vel) *adj.2gén.* que gosta de conviver com as outras pessoas SIN. afável

sociedade (so.ci.e.da.de) *n.f.* **1** conjunto de pessoas que vivem em determinado lugar, unidas por hábitos, costumes e leis **2** grupo de pessoas que se unem para atingir determinado objetivo; associação

sócio (só.ci.o) *n.m.* **1** membro de uma sociedade ou de uma associação **2** companheiro; parceiro

sociocultural (so.ci.o.cul.tu.ral) *adj.2gén.* relativo a aspetos culturais e sociais

socioeconómico (so.ci.o.e.co.nó.mi.co) *adj.* relativo a fatores sociais e económicos

sociologia (so.ci.o.lo.gi.a) *n.f.* ciência que se dedica ao estudo da organização e do funcionamento das sociedades humanas, incluindo as suas leis, instituições, valores, etc.

sociólogo (so.ci.ó.lo.go) *n.m.* especialista em sociologia

soco (so.co) (sôcu) *n.m.* calçado com sola de madeira SIN. tamanco

soco (so.co) (sôcu) *n.m.* pancada com a mão fechada SIN. murro

socorrer (so.cor.rer) *v.* **1** prestar auxílio a; ajudar **2** usar como ajuda (socorrer-se de)

socorrismo (so.cor.ris.mo) *n.m.* conjunto de procedimentos e meios usados para prestar os primeiros socorros a pessoas doentes ou feridas

socorrista (so.cor.ris.ta) *n.2gén.* pessoa que tem preparação própria para prestar os primeiros socorros em casos de acidente ou de doença súbita

socorro (so.cor.ro) *n.m.* assistência que se presta numa situação de perigo; auxílio; ajuda ♦ *interj.* indica um pedido de ajuda; **primeiros socorros:** auxílio prestado por uma equipa especializada de médicos e enfermeiros a pessoas vítimas de acidente ou de doença súbita, antes de serem transportadas para o hospital

soda (so.da) *n.f.* **1** bebida gasosa **2** carbonato de sódio

sofá (so.fá) *n.m.* assento geralmente estofado, com encosto e braços

sofá-cama (so.fa-ca.ma) *n.m.* [*pl.* sofás--camas] sofá que tem um colchão debaixo do assento e que se transforma numa cama

sofisticado (so.fis.ti.ca.do) *adj.* **1** feito com tecnologia avançada; complexo **2** que tem bom gosto; requintado

sôfrego (sô.fre.go) *adj.* **1** que come ou bebe com muita pressa; voraz **2** que está muito desejoso; ansioso

sofreguidão (so.fre.gui.dão) *n.f.* **1** ato de comer ou beber com muita pressa; voracidade **2** desejo intenso de conseguir algo; ansiedade

sofrer (so.frer) *v.* **1** sentir dor(es); padecer **2** preocupar-se; afligir-se **3** aguentar; suportar

sofrimento (so.fri.men.to) *n.m.* **1** dor física ou moral; padecimento **2** sentimento de tristeza profunda; angústia

software (sóftuér) *n.m.* conjunto dos meios não materiais (em oposição a *hardware*) que permitem o funcionamento do computador e o tratamento automático da informação

sogra (so.gra) *n.f.* mãe da esposa ou mãe do marido

sogro (so.gro) *n.m.* pai da esposa ou pai do marido

soja (so.ja) *n.f.* planta cujas sementes fornecem um óleo e proteínas com alto valor nutritivo

sol (sol) *n.m.* **1** luz do Sol **2** quinta nota da escala musical; **de sol a sol:** durante todo o dia; de manhã à noite; **quer chova, quer faça sol:** em qualquer circunstância

Sol (Sol) *n.m.* estrela central do nosso sistema planetário, em torno da qual giram a Terra e os outros planetas

sola (so.la) *n.f.* **1** peça que forma a parte inferior do calçado **2** planta do pé

solar (so.lar) *adj.2gén.* relativo ao Sol ♦ *n.m.* casa nobre; palacete

solarengo (so.la.ren.go) *adj.* relativo a solar (palacete)

solavanco (so.la.van.co) *n.m.* balanço de um veículo numa estrada com altos e baixos; abanão

solda (sol.da) *n.f.* liga metálica, fusível, usada para unir peças metálicas

soldadinho (sol.da.di.nho) *n.m.* soldado pequeno, usado como brinquedo

soldado (sol.da.do) *n.2gén.* militar que ocupa o posto mais baixo do exército e da força aérea

soldar (sol.dar) *v.* unir com solda

soldo (sol.do) *n.m.* salário de um militar; **a soldo de:** ao serviço de; às ordens de

soleira (so.lei.ra) *n.f.* **1** parte de uma porta que fica junto ao chão **2** limiar da porta

solene (so.le.ne) *adj.2gén.* **1** que se faz com pompa; pomposo **2** que se celebra com cerimónias públicas; formal **3** sério; grave

soletrar (so.le.trar) *v.* ler devagar, pronunciando separadamente as letras de uma palavra, uma de cada vez

solfejar (sol.fe.jar) *v.* **1** ler um trecho musical, entoando-o ou pronunciando apenas o nome das notas **2** cantarolar uma melodia

solfejo (sol.fe.jo) *n.m.* exercício musical para se aprender a ler as notas

solha (so.lha) *n.f.* **1** peixe de corpo achatado **2** *(pop.)* bofetada

solicitação (so.li.ci.ta.ção) *n.f.* pedido

solicitar (so.li.ci.tar) *v.* pedir

solidão (so.li.dão) *n.f.* estado de quem está só SIN. isolamento

solidariedade (so.li.da.ri.e.da.de) *n.f.* ajuda que se dá a quem precisa; apoio

solidário (so.li.dá.ri.o) *adj.* que presta auxílio a quem precisa; que ajuda

solidez (so.li.dez) *n.f.* **1** segurança; firmeza **2** resistência; dureza

solidificação (so.li.di.fi.ca.ção) *n.f.* passagem de um líquido ao estado sólido

solidificar (so.li.di.fi.car) *v.* tornar sólido
◆ **solidificar-se** tornar-se sólido

sólido (só.li.do) *adj.* **1** consistente **2** resistente **3** seguro ◆ *n.m.* corpo que tem as três dimensões (comprimento, largura e altura)

solista (so.lis.ta) *n.2gén.* pessoa que executa uma peça musical ou uma dança sozinha

solitário (so.li.tá.ri.o) *adj.* **1** que vive em solidão; só **2** que está situado num lugar afastado; ermo

solo (so.lo) *n.m.* **1** chão; terra **2** melodia ou dança executada por uma só pessoa

solta (sol.ta) *n.f.* libertação; **à solta:** em liberdade

soltar (sol.tar) *v.* **1** libertar (o que estava preso) ANT. prender **2** desatar; desprender **3** lançar (aroma, som) ◆ **soltar-se 1** libertar-se **2** desprender-se

solteirão (sol.tei.rão) *adj. e n.m.* [f. solteirona] *(inform.)* que ou aquele que nunca casou

solteiro (sol.tei.ro) *adj. e n.m.* que ou aquele que não casou

solto (sol.to) *adj.* **1** livre **2** desatado **3** largo **4** espalhado

solução (so.lu.ção) *n.f.* **1** resposta certa a um teste ou problema matemático; resultado **2** resolução de um problema ou de uma dificuldade; conclusão **3** líquido com uma substância dissolvida

soluçar (so.lu.çar) *v.* **1** ter soluços **2** chorar

solucionar (so.lu.ci.o.nar) *v.* encontrar a solução para (um problema, uma dificuldade) SIN. resolver

soluço (so.lu.ço) *n.m.* **1** ruído provocado pela expulsão do ar que entra no peito quando há uma contração do diafragma (por exemplo, quando se come ou se bebe) **2** choro; gemido

soluto (so.lu.to) *n.m.* substância dissolvida noutra (chamada *solvente*)

solúvel (so.lú.vel) *adj.2gén.* **1** que se pode dissolver (num líquido) **2** que pode ser resolvido; que tem solução

solvente (sol.ven.te) *n.m.* substância líquida na qual outras substâncias se dissolvem

som (som) *n.m.* **1** aquilo que se percebe através dos ouvidos; sensação auditiva **2** ruído; barulho

soma (so.ma) *n.f.* **1** operação que consiste em reunir num só número duas ou mais parcelas; adição **2** resultado de uma adição **3** quantia em dinheiro; verba **4** quantidade; número

somar (so.mar) *v.* **1** juntar duas ou mais parcelas para achar o total **2** adicionar; acrescentar

sombra (som.bra) *n.f.* **1** espaço sem luz ou onde não existe luz direta; escuridão **2** parte escura de um desenho ou quadro **3** forma de alguém ou de algo em que apenas se percebe o contorno; silhueta; **sombras chinesas:** silhuetas feitas com as mãos em frente de uma luz, junto a uma parede, criando imagens diversas

sombreado (som.bre.a.do) *adj.* **1** em que há sombra(s) **2** escurecido **3** *(fig.)* triste

sombrinha (som.bri.nha) *n.f.* [*dim. de* sombra] guarda-sol pequeno

sombrio (som.bri.o) *adj.* **1** que tem ou que produz sombra **2** escuro **3** *(fig.)* triste

somente (so.men.te) *adv.* apenas; só

sonâmbulo (so.nâm.bu.lo) *adj. e n.m.* que ou aquele que anda ou fala enquanto dorme

sonata (so.na.ta) *n.f.* peça musical para um ou dois instrumentos

sonda (son.da) *n.f.* **1** instrumento para conhecer a profundidade da água, perfurar terrenos, etc. **2** *(fig.)* pesquisa; investigação; **sonda espacial:** aparelho que se lança no espaço com instrumentos próprios para recolher informações

sondagem (son.da.gem) *n.f.* **1** investigação feita com auxílio de uma sonda **2** pesquisa realizada através de perguntas feitas à população sobre determinado assunto

sondar (son.dar) *v.* **1** explorar ou medir com sonda **2** pesquisar (por meio de perguntas feitas às pessoas) **3** estudar profundamente

soneca (so.ne.ca) *n.f. (inform.)* sono curto

soneira (so.nei.ra) *n.f. (inform.)* vontade forte de dormir

soneto (so.ne.to) *n.m.* composição poética de catorze versos dispostos em duas quadras seguidas de dois tercetos

sonhado (so.nha.do) *adj.* **1** que só existe em sonhos; irreal **2** muito desejado; ansiado

sonhador (so.nha.dor) *adj. e n.m.* **1** que ou pessoa que sonha **2** que ou pes-

soa que fantasia, que parece estar fora da realidade

sonhar (so.nhar) *v.* **1** ter sonhos **2** fantasiar; imaginar (sonhar com); **sonhar acordado:** entregar-se a fantasias; distrair-se; **sonhar alto:** ter sonhos muito ambiciosos ou difíceis de concretizar

sonho (so.nho) *n.m.* **1** conjunto de imagens e ideias que passam no espírito durante o sono **2** desejo intenso; aspiração **3** pequeno bolo leve e fofo, feito de farinha e ovos, frito e passado por calda de açúcar

soninho (so.ni.nho) *n.m.* [*dim. de* sono] sono leve

sono (so.no) *n.m.* **1** estado de quem dorme **2** necessidade ou vontade de dormir

sonolência (so.no.lên.ci.a) *n.f.* vontade de dormir; sono

sonolento (so.no.len.to) *adj.* que tem sono; ensonado

sonoridade (so.no.ri.da.de) *n.f.* **1** qualidade do que tem som **2** característica do que é agradável ao ouvido; musicalidade **3** som claro e nítido

sonorização (so.no.ri.za.ção) *n.f.* técnica de reprodução e ampliação do som

sonoro (so.no.ro) *adj.* **1** que produz ou amplia som **2** que tem um som claro e agradável; melodioso; harmonioso **3** que tem um som intenso; ruidoso

sonso (son.so) *adj.* que finge ser ingénuo; dissimulado

sopa (so.pa) *n.f.* **1** alimento líquido de consistência variável preparado com legumes e, por vezes, leguminosas, massas, peixe e carne, cozidos em água **2** pedaço de pão embebido num caldo ou noutro líquido; **cair como sopa no mel:** acontecer exatamente como se desejava; **ou sim ou sopas:** ou sim ou não; uma coisa ou outra

sopapo (so.pa.po) *n.m.* murro; bofetão

sopé (so.pé) *n.m.* parte inferior de uma encosta; base

soporífero (so.po.rí.fe.ro) *n.m.* substância que causa sono

soprano (so.pra.no) *n.m.* timbre de voz mais agudo de mulher ou de rapaz muito jovem ♦ *n.2gén.* pessoa que tem esse tipo de voz

soprar (so.prar) *v.* **1** produzir sopro **2** encher de ar **3** *(fig.)* cochichar

sopro (so.pro) *n.m.* **1** ar expirado pela boca; hálito; bafo **2** vento fresco e brando; brisa; aragem

soquete (so.que.te) *n.f.* meia curta; peúga

sorgo (sor.go) *n.m.* planta gramínea

sorna (sor.na) *n.f.* *(inform.)* vontade de dormir ou lentidão a fazer algo; preguiça ♦ *n.2gén.* pessoa muito lenta ou preguiçosa; indolente

soro (so.ro) *n.m.* **1** líquido que se separa do leite e do sangue depois de coagulados **2** solução usada para alimentar ou hidratar uma pessoa doente, ou para lhe injetar medicamentos

sorrateiramente (sor.ra.tei.ra.men.te) *adv.* às escondidas; pela calada

sorrateiro (sor.ra.tei.ro) *adj.* **1** que faz as coisas às escondidas; dissimulado; disfarçado **2** que esconde as suas verdadeiras intenções; manhoso; matreiro

sorridente (sor.ri.den.te) *adj.2gén.* **1** que sorri; risonho; alegre **2** que anuncia algo de bom; prometedor; promissor

sorrir (sor.rir) *v.* **1** rir sem ruído **2** mostrar-se alegre **3** agradar **4** ser favorável

sorriso (sor.ri.so) *n.m.* riso leve, sem som; **sorriso amarelo:** sorriso que revela desilusão ou embaraço; sorriso forçado

sorte (sor.te) *n.f.* **1** destino **2** felicidade; **à sorte:** ao acaso; **por sorte:** felizmente; **sorte grande:** o primeiro prémio da lotaria

sorteado (sor.te.a.do) *adj.* **1** escolhido por sorteio **2** que teve um prémio num sorteio **3** *(Ang., Moç.)* que tem muita sorte

sortear (sor.te.ar) *v.* **1** tirar à sorte (para decidir quem faz algo, quem recebe um prémio) **2** escolher por sorteio

sorteio (sor.tei.o) *n.m.* **1** escolha (de pessoas ou coisas) ao acaso, escrevendo os nomes em papéis, bolas, etc. **2** distribuição de prémios em que se escolhem ao acaso os números dos bilhetes e o prémio é dado a quem tiver esses números

sortido (sor.ti.do) *adj.* **1** abastecido **2** variado ♦ *n.m.* mistura de várias coisas

sortilégio (sor.ti.lé.gi.o) *n.m.* **1** feitiço **2** encanto

sortudo (sor.tu.do) *n.m.* *(inform.)* pessoa que tem muita sorte SIN. felizardo

sorver (sor.ver) *v.* **1** beber devagar, fazendo barulho **2** aspirar para dentro da boca; sugar

sorvete (sor.ve.te) *n.m.* gelado

SOS *n.m.* pedido de socorro numa situação de emergência

sósia (só.si.a) *n.2gén.* pessoa muito parecida com outra

soslaio (sos.lai.o) *elem. da loc.adv.* **de soslaio:** de lado; de esguelha

sossegado (sos.se.ga.do) *adj.* quieto; calmo; tranquilo

sossegar (sos.se.gar) *v.* **1** pôr em sossego; acalmar **2** ficar mais tranquilo; acalmar-se **3** adormecer

sossego (sos.se.go) *n.m.* ausência de agitação ou de barulho SIN. calma, tranquilidade

sótão (só.tão) *n.m.* [*pl.* sótãos] compartimento entre o último andar e o telhado de uma casa

sotaque (so.ta.que) *n.m.* pronúncia característica de uma pessoa ou de pessoas de determinada região

soterrar (so.ter.rar) *v.* cobrir de terra; enterrar

soturno (so.tur.no) *adj.* **1** escuro; sombrio **2** triste; melancólico

soutien (sutiã) *n.m.* → **sutiã**

souto (sou.to) *n.m.* plantação de castanheiros

sova (so.va) *n.f.* tareia

sovaco (so.va.co) *n.f.* cavidade por baixo da articulação do ombro SIN. axila

sovar (so.var) *v.* dar uma sova em; bater em

sovina (so.vi.na) *adj. e n.2gén.* que ou pessoa que só pensa em juntar dinheiro e que não gosta de o gastar SIN. avarento

sozinho (so.zi.nho) *adj.* que não tem companhia; só

spray (sprei) *n.m.* [*pl.* sprays] recipiente de onde sai um líquido em gotas muito finas; pulverizador

sprint *n.m.* [*pl.* sprints] **1** aumento de velocidade na parte final ou em cada etapa de uma corrida (de atletismo ou ciclismo) **2** em atletismo e ciclismo, corrida de velocidade numa pequena distância

Sr. *abrev. de* senhor

Sra. *abrev. de* senhora

stand *n.m.* [*pl.* stands] **1** espaço reservado a cada participante numa exposição ou feira **2** espaço de exposição e venda ao público; salão de vendas

stick *n.m.* [*pl.* sticks] espécie de taco recurvado na extremidade inferior, usado para conduzir ou bater a bola, no hóquei e no golfe

stop *n.m.* [*pl.* stops] **1** sinal de trânsito que indica paragem obrigatória **2** paragem

stor (stor) (stôr) *n.m. (inform.)* professor

stress *n.m.* [*pl.* stresses] tensão física, psicológica e mental, causada geralmente por ansiedade ou excesso de trabalho

suangue (su.an.gue) *n. (Tim.)* feiticeiro; bruxo

suão (su.ão) *adj.* diz-se do vento quente que sopra do sul

suar (su.ar) *v.* verter suor pelos poros da pele; transpirar

*Lembra-te que de **suar** (transpirar) é diferente de **soar** (produzir som).*

suave (su.a.ve) *adj.2gén.* **1** agradável **2** delicado **3** pouco intenso

suavemente (su.a.ve.men.te) *adv.* **1** com suavidade; com delicadeza **2** a pouco e pouco; gradualmente

suavidade (su.a.vi.da.de) *n.f.* **1** doçura **2** delicadeza

suavizar (su.a.vi.zar) *v.* tornar suave; atenuar

subaquático (sub.a.quá.ti.co) *adj.* situado debaixo de água; que vive debaixo de água

subchefe (sub.che.fe) *n.2gén.* funcionário(a) imediatamente abaixo do chefe

subclasse (sub.clas.se) *n.f.* grupo inferior à classe e superior à ordem

subconsciente (sub.cons.ci.en.te) *n.m.* nível da vida mental do qual uma pessoa tem pouca ou nenhuma consciência

subdesenvolvido (sub.de.sen.vol.vi.do) *adj.* pouco desenvolvido

súbdito (súb.di.to) *adj. e n.m.* que ou aquele que está sob o domínio de um rei, príncipe ou nobre

subdividir (sub.di.vi.dir) *v.* **1** dividir mais uma vez (o resultado de uma outra divisão) **2** dividir em partes ou em ramos; ramificar

subdivisão (sub.di.vi.são) *n.f.* **1** nova divisão do que já está dividido **2** ramificação

subentender (sub.en.ten.der) *v.* perceber o que foi apenas sugerido; deduzir

subentendido (sub.en.ten.di.do) *adj.* que não é dito claramente SIN. implícito

subestimar (sub.es.ti.mar) *v.* não dar o devido valor a; desprezar

subida (su.bi.da) *n.f.* **1** passagem para um ponto superior; ascensão **2** encosta por onde se sobe **3** aumento de preço ou de valor

subido (su.bi.do) *adj.* **1** que está num nível elevado **2** que se levantou

subir (su.bir) *v.* **1** mover-se de baixo para cima ANT. descer **2** elevar-se **3** aumentar **4** trepar por **5** elevar **6** aumentar o preço de; **subir à cabeça:** perturbar a razão; sentir-se muito importante

subitamente (su.bi.ta.men.te) *adv.* de um momento para o outro; inesperadamente; repentinamente

súbito (sú.bi.to) *adj.* inesperado; repentino; **de súbito:** de repente; inesperadamente

subjectividade *a nova grafia é* **subjetividade**

subjectivo *a nova grafia é* **subjetivo**

subjetividade (sub.je.ti.vi.da.de) *n.f.* **1** característica daquilo que é subjetivo ANT. objetividade **2** domínio das sensações, dos gostos ou dos interesses da própria pessoa

subjetivo (sub.je.ti.vo) *adj.* **1** relativo a uma pessoa; pessoal ANT. objetivo **2** que atua de acordo com os próprios gostos ou interesses

subjugar (sub.ju.gar) *v.* submeter pela força SIN. dominar

sublime (su.bli.me) *adj.2gén.* **1** grandioso **2** elevado **3** magnífico

sublinhado (su.bli.nha.do) *adj.* **1** que se sublinhou **2** *(fig.)* salientado; destacado ♦ *n.m.* linha que se traça por baixo de uma palavra ou de uma frase para a destacar

sublinhar (su.bli.nhar) *v.* **1** traçar uma linha por baixo de (uma ou mais palavras) **2** *(fig.)* fazer sobressair; destacar

submarino (sub.ma.ri.no) *adj.* que anda debaixo das águas do mar ♦ *n.m.* navio que se desloca debaixo de água

submergir (sub.mer.gir) *v.* **1** meter debaixo de água; afundar **2** mergulhar

submerso (sub.mer.so) *adj.* coberto pelas águas; afundado

submeter (sub.me.ter) *v.* **1** meter debaixo **2** sujeitar; dominar ♦ **submeter--se** obedecer às ordens de (alguém); render-se

submissão (sub.mis.são) *n.f.* **1** ato ou efeito de (se) submeter **2** obediência; sujeição

submisso (sub.mis.so) *adj.* **1** obediente **2** dócil

subordinação (su.bor.di.na.ção) *n.f.* **1** ato ou efeito de obedecer; obediência **2** relação de dependência de uma coisa ou uma pessoa em relação a outra

subordinado (su.bor.di.na.do) *adj.* **1** dependente; subalterno **2** diz-se da oração que, numa frase complexa, desempenha uma função sintática relativamente a uma oração subordinante ♦ *n.m.* aquele que trabalha sob as ordens de alguém

subordinante (su.bor.di.nan.te) *adj. 2gén.* **1** que subordina **2** diz-se da oração que estabelece uma relação de subordinação com outra (subordinada)

subordinar (su.bor.di.nar) *v.* colocar uma coisa na dependência de outra SIN. submeter, sujeitar

subordinativo (su.bor.di.na.ti.vo) *adj.* **1** relativo à subordinação **2** diz-se da conjunção que introduz uma oração subordinada

subornar (su.bor.nar) *v.* dar dinheiro a alguém em troca de algo ilegal

suborno (su.bor.no) *n.m.* **1** oferta de dinheiro a alguém para tentar obter algo ilegal SIN. corrupção **2** dinheiro com que se suborna alguém

subscrever (subs.cre.ver) *v.* **1** escrever o próprio nome no fim de (uma carta, um documento); assinar **2** aprovar; aceitar **3** comprar antecipadamente números de um jornal ou de uma revista; assinar

subscrição (subs.cri.ção) *n.f.* contrato que permite a uma pessoa receber determinado produto (revista, jornal, etc.) ou usufruir de um serviço (de telefone, *Internet*, etc.) durante um certo período; assinatura

subsidiar (sub.si.di.ar) *v.* dar subsídio a; financiar

subsídio (sub.sí.di.o) *n.m.* ajuda em dinheiro; financiamento

subsistência (sub.sis.tên.ci.a) *n.f.* **1** manutenção da vida; sustento **2** conjunto de meios necessários à vida

subsistir (sub.sis.tir) *v.* **1** continuar a existir; manter-se vivo **2** satisfazer as próprias necessidades; sustentar-se

subsolo (sub.so.lo) *n.m.* camada mais profunda do solo

substância (subs.tân.ci.a) *n.f.* **1** qualquer espécie de matéria **2** parte essencial (de uma coisa) **3** parte mais nutritiva de um alimento **4** conteúdo (de alguma coisa)

substancial (subs.tan.ci.al) *adj.2gén.* **1** nutritivo **2** essencial **3** considerável

substantivo (subs.tan.ti.vo) *n.m.* → **nome**

substituição (subs.ti.tu.i.ção) *n.f.* colocação de uma coisa ou de uma pessoa no lugar de outra SIN. troca

substituído (subs.ti.tu.í.do) *adj.* que foi colocado no lugar de outra coisa ou outra pessoa; trocado

substituir (subs.ti.tu.ir) *v.* **1** colocar uma pessoa ou uma coisa no lugar de outra **2** fazer as vezes de **3** tomar o lugar de

substituível (subs.ti.tu.í.vel) *adj.2gén.* que pode ser substituído

substituto (subs.ti.tu.to) *adj.* **1** que substitui **2** que se usa para fazer as vezes de outro ♦ *n.m.* pessoa que exerce as funções de outra pessoa, que não está presente ou não está capaz de as exercer SIN. suplente

subterfúgio (sub.ter.fú.gi.o) *n.m.* meio subtil de sair de uma dificuldade; evasiva

subterrâneo (sub.ter.râ.ne.o) *adj.* **1** situado debaixo da terra **2** que se faz às escondidas ♦ *n.m.* construção ou abertura natural debaixo da terra

subtil (sub.til) *adj.2gén.* **1** que é pouco espesso; ténue; fino **2** que percebe rapidamente as coisas; penetrante **3** *(fig.)* feito com delicadeza; delicado

subtileza (sub.ti.le.za) *n.f.* **1** finura **2** delicadeza **3** agudeza de espírito

subtítulo (sub.tí.tu.lo) *n.m.* título secundário

subtotal (sub.to.tal) *n.m.* resultado obtido a partir da soma de algumas parcelas; resultado parcial

subtração (sub.tra.ção) *n.f.* operação que tem por fim saber, dados dois números, quanto falta ao menor para ser igual ao maior SIN. diminuição

subtracção *a nova grafia é* **subtração**

subtractivo *a nova grafia é* **subtrativo**

subtrair (sub.tra.ir) *v.* **1** fazer subtração de **2** diminuir **3** roubar

a
b
c
d
e
f
g
h
i
j
k
l
m
n
o
p
q
r
s
t
u
v
w
x
y
z

subtrativo (sub.tra.ti.vo) *adj.* **1** relativo a subtração **2** que deve ser tirado; subtraído

suburbano (su.bur.ba.no) *adj.* **1** relativo a subúrbio **2** situado nos arredores de uma cidade

subúrbio (su.búr.bi.o) *n.m.* zona ou bairro situado perto de uma cidade

suca (su.ca) *interj.* **1** *(Moç.)* usa-se para expulsar alguém ou para exprimir reprovação ou rejeição **2** *(Moç.)* exprime espanto ou indignação

sucata (su.ca.ta) *n.f.* **1** depósito de objetos velhos ou usados **2** conjunto de coisas inúteis

sucateiro (su.ca.tei.ro) *n.m.* aquele que negoceia em objetos velhos ou usados

sucção (suc.ção) *n.f.* **1** ato ou efeito de sugar (com a boca) **2** aspiração com aparelho próprio

suceder (su.ce.der) *v.* **1** vir ou acontecer depois **2** ocorrer (um facto) **3** ser substituto ou sucessor de (alguém)

sucedido (su.ce.di.do) *adj.* acontecido; ocorrido

sucessão (su.ces.são) *n.f.* **1** sequência de coisas ou de pessoas; série **2** continuação; seguimento **3** transmissão de bens de uma pessoa que morreu; herança

sucessivamente (su.ces.si.va.men.te) *adv.* **1** um a seguir ao outro; seguidamente **2** várias vezes; repetidamente

sucessivo (su.ces.si.vo) *adj.* **1** que acontece sem interrupção; contínuo **2** que vem depois; seguinte

sucesso (su.ces.so) *n.m.* resultado muito positivo SIN. êxito, triunfo

sucessor (su.ces.sor) *adj. e n.m.* **1** que ou aquele que sucede a alguém (num cargo ou numa função) **2** que ou aquele que recebe uma herança; herdeiro

sucinto (su.cin.to) *adj.* dito ou escrito em poucas palavras SIN. breve, conciso

suco (su.co) *n.m.* líquido que se extrai da carne e dos vegetais SIN. sumo

suculento (su.cu.len.to) *adj.* **1** que tem muito suco; sumarento **2** que alimenta; nutritivo

sucumbir (su.cum.bir) *v.* **1** cair sob o peso de **2** não resistir **3** morrer

sucursal (su.cur.sal) *n.f.* agência de uma loja ou de um banco; filial

sudeste (su.des.te) *n.m.* ponto entre o sul e o este (símbolo: SE)

sudoeste (su.do.es.te) *n.m.* ponto entre o sul e o oeste (símbolo: SO)

sudoku *n.m.* jogo formado por uma tabela em que o jogador deve preencher os quadrados vazios de forma a obter os algarismos de 1 a 9 em cada linha, coluna e quadrado de 3x3

sueca (su.e.ca) *n.f.* **1** mulher natural da Suécia **2** jogo de cartas com quatro jogadores em que cada um joga com dez cartas

sueco (su.e.co) *adj.* relativo à Suécia (país do norte da Europa) ◆ *n.m.* **1** indivíduo natural da Suécia **2** língua oficial da Suécia

sueste (su.es.te) *n.m.* → **sudeste**

suficiência (su.fi.ci.ên.ci.a) *n.f.* **1** quantidade que é suficiente; abundância **2** conjunto de conhecimentos e qualidades de uma pessoa para determinado trabalho; qualificação; habilitação

suficiente (su.fi.ci.en.te) *adj.2gén.* **1** que chega para o que é necessário; bastante **2** que está entre o bom e o mau; regular

sufixação (su.fi.xa.ção) *n.f.* formação de palavras por meio de sufixos

sufixo (su.fi.xo) *n.m.* elemento que se coloca no fim de uma palavra para formar outra palavra (por exemplo: *pint**or**, clarid**ade**, termina**ção***)

sufocação (su.fo.ca.ção) *n.f.* **1** perda da respiração **2** morte por asfixia **3** sensação de falta de ar

sufocante (su.fo.can.te) *adj.2gén.* **1** que causa falta de ar; asfixiante **2** diz-se do tempo muito quente e abafado

sufocar (su.fo.car) *v.* **1** impedir a respiração a; asfixiar **2** sentir dificuldade em respirar **3** *(fig.)* impedir a expressão de (uma vontade, um desejo, etc.); reprimir

sufrágio (su.frá.gi.o) *n.m.* **1** escolha por meio de voto; votação **2** voto, numa eleição **3** aprovação

sugar (su.gar) *v.* **1** absorver (um líquido) com a boca; chupar **2** retirar por sucção; aspirar **3** *(fig.)* obter algo de alguém por meios fraudulentos ou com violência; apropriar-se de

sugerir (su.ge.rir) *v.* **1** fazer uma sugestão **2** propor **3** insinuar

sugestão (su.ges.tão) *n.f.* **1** proposta **2** insinuação **3** inspiração

sugestionar (su.ges.ti.o.nar) *v.* influenciar por meio de sugestão

sugestivo (su.ges.ti.vo) *adj.* **1** que sugere ou insinua **2** que atrai; insinuante; atraente

suíça (su.í.ça) *n.f.* barba que se deixa crescer em cada uma das partes laterais da face, junto das orelhas SIN. patilha

suicida (su.i.ci.da) *adj. e n.2gén.* que ou pessoa que se mata a si própria

suicidar-se (su.i.ci.dar.se) *v.* causar a morte a si próprio; matar-se

suicídio (su.i.cí.di.o) *n.m.* ato de se matar, de tirar a própria vida

suíço (su.í.ço) *adj.* relativo à Suíça (país do centro da Europa) ♦ *n.m.* pessoa natural da Suíça

suinicultor (su.i.ni.cul.tor) *n.m.* criador de porcos

suinicultura (su.i.ni.cul.tu.ra) *n.f.* criação de porcos

suíno (su.í.no) *adj.* relativo ao porco (animal); porcino ♦ *n.m.* porco

suite (suíte) *n.f.* [*pl. suites*] **1** quarto de dormir com quarto de banho anexo **2** composição instrumental com andamentos diversos

sujar (su.jar) *v.* tornar sujo; manchar ANT. limpar ♦ **sujar-se** ficar sujo; manchar-se

sujeição (su.jei.ção) *n.f.* obediência; submissão

sujeira (su.jei.ra) *n.f.* **1** → **sujidade 2** *(fig.)* coisa mal feita

sujeitar (su.jei.tar) *v.* dominar; subjugar ♦ **sujeitar-se 1** limitar-se (sujeitar-se a) **2** submeter-se

sujeito (su.jei.to) *n.m.* **1** pessoa de quem não se diz o nome; fulano **2** função desempenhada por um grupo nominal ou equivalente, com o qual o verbo concorda

sujidade (su.ji.da.de) *n.f.* **1** estado do que está sujo ANT. limpeza **2** falta de limpeza SIN. imundície, porcaria

sujo (su.jo) *adj.* que não é ou que não está limpo; que está coberto de sujeira ANT. limpo SIN. imundo, porco

sul (sul) *n.m.* ponto cardeal situado na direção oposta ao norte (símbolo: S)

sul-africano (sul-a.fri.ca.no) *adj.* relativo à África do Sul ♦ *n.m.* [*pl. sul-africanos*] pessoa natural da África do Sul

sul-americano (sul-a.me.ri.ca.no) *adj.* relativo à América do Sul ♦ *n.m.* [*pl. sul-americanos*] pessoa natural da América do Sul

sulco (sul.co) *n.m.* **1** rego feito pelo arado **2** rasto que o navio deixa na água **3** ruga; prega

a b c d e f g h i j k l m n o p q r s t u v w x y z

sulfato (sul.fa.to) *n.m.* sal do ácido sulfúrico

sulfúrico (sul.fú.ri.co) *adj.* diz-se do ácido derivado do enxofre, que é muito corrosivo

sulfuroso (sul.fu.ro.so) *adj.* que tem enxofre

sultana (sul.ta.na) *n.f.* **1** mulher ou filha do sultão **2** variedade de uva

sultão (sul.tão) *n.m.* título de certos príncipes muçulmanos

suma (su.ma) *n.f.* **1** resumo **2** essência; **em suma:** em resumo

sumarento (su.ma.ren.to) *adj.* que tem muito sumo SIN. suculento

sumário (su.má.ri.o) *n.m.* resumo dos pontos principais de uma matéria ou de um tema SIN. síntese

sumativo (su.ma.ti.vo) *adj.* **1** que resume **2** diz-se do teste que engloba os pontos principais de uma matéria

sumiço (su.mi.ço) *n.m.* desaparecimento

sumir (su.mir) *v.* desaparecer

sumo (su.mo) *n.m.* líquido que se extrai dos frutos ou dos legumes; suco ♦ *adj.* **1** que é o mais elevado (em poder, categoria, etc.); supremo; máximo **2** que é muito grande; enorme

sumptuoso (sump.tu.o.so) *adj.* em que há muito luxo SIN. faustoso,

suor (su.or) *n.m.* **1** líquido salgado, incolor e de cheiro mais ou menos forte, eliminado através dos poros da pele **2** *(fig.)* esforço; sacrifício

super (su.per) *adj.2gén. (inform.)* de nível ou qualidade superior; excecional

superar (su.pe.rar) *v.* **1** ser superior a; exceder **2** ir além de; ultrapassar **3** alcançar vitória sobre; vencer

superficial (su.per.fi.ci.al) *adj.2gén.* **1** que diz respeito à superfície de um corpo; externo **2** *(fig.)* que é pouco profundo; ligeiro **3** *(fig.)* que não chega ao mais importante; fútil

superfície (su.per.fí.ci.e) *n.f.* **1** parte externa dos corpos **2** extensão de uma área delimitada **3** *(fig.)* aspeto exterior; aparência

supérfluo (su.pér.flu.o) *adj.* **1** que é mais do que se precisa; excessivo **2** que não é necessário; inútil

super-homem (su.per-ho.mem) *n.m.* [*pl.* super-homens] indivíduo com qualidades (força, inteligência, bondade, etc.) em grau superior ao que é próprio do ser humano

superior (su.pe.ri.or) *adj.* **1** que está acima de; elevado ANT. inferior **2** que tem maior altura; mais alto **3** que é de melhor qualidade; muito bom ♦ *n.2gén.* pessoa que tem autoridade sobre outra; chefe

superioridade (su.pe.ri.o.ri.da.de) *n.f.* **1** qualidade do que é superior **2** autoridade **3** vantagem

superlativo (su.per.la.ti.vo) *adj.* grau do adjetivo ou do advérbio que exprime uma qualidade no grau mais elevado

superlotado (su.per.lo.ta.do) *adj.* muito cheio

superlotar (su.per.lo.tar) *v.* encher demasiado

supermercado (su.per.mer.ca.do) *n.m.* estabelecimento de venda de produtos alimentares e artigos de uso corrente, onde os clientes se servem

super-mulher (su.per-mu.lher) *n.f.* [*pl.* super-mulheres] **1** mulher que desempenha com facilidade as funções de mãe, profissional, esposa ou companheira **2** mulher com qualidades (força, inteligência, bondade, etc.) em grau superior ao normal

superpotência (su.per.po.tên.ci.a) *n.f.* país que se destaca pelo seu poder político, económico e militar

superpovoado (su.per.po.vo.a.do) *adj.* que tem muitos ou demasiados habitantes

supersónico (su.per.só.ni.co) *adj.* que se move com velocidade superior à velocidade do som

superstição (su.pers.ti.ção) *n.f.* crença que não tem explicação lógica ou racional

supersticioso (su.pers.ti.ci.o.so) *adj.* 1 relativo a superstição 2 que tem superstição ♦ *n.m.* pessoa que acredita em superstições

supervisionar (su.per.vi.si.o.nar) *v.* inspecionar; controlar

suplantar (su.plan.tar) *v.* vencer; superar

suplementar (su.ple.men.tar) *adj.2gén.* que serve de suplemento **SIN.** adicional

suplemento (su.ple.men.to) *n.m.* 1 o que se dá a mais; complemento 2 aquilo que se acrescenta a um todo 3 caderno, geralmente ilustrado, que completa um número de um jornal

suplente (su.plen.te) *adj. e n.2gén.* que ou pessoa que substitui outra **SIN.** substituto

súplica (sú.pli.ca) *n.f.* pedido insistente **SIN.** rogo

suplicar (su.pli.car) *v.* pedir muito **SIN.** rogar

suplício (su.plí.ci.o) *n.m.* sofrimento moral ou físico muito intenso **SIN.** tormento, tortura

supor (su.por) *v.* 1 admitir por hipótese 2 considerar 3 imaginar

suportar (su.por.tar) *v.* 1 aguentar 2 sofrer

suportável (su.por.tá.vel) *adj.2gén.* que se pode suportar

suporte (su.por.te) *n.m.* aquilo que sustenta alguma coisa; apoio; base

suposição (su.po.si.ção) *n.f.* 1 ato ou efeito de supor 2 opinião que não se baseia em provas; hipótese

supositório (su.po.si.tó.ri.o) *n.m.* medicamento cónico que se introduz pelo ânus

supostamente (su.pos.ta.men.te) *adv.* supondo que é assim; por hipótese

suposto (su.pos.to) *adj.* 1 admitido por hipótese; hipotético 2 imaginário; fictício

suprassumo (su.pras.su.mo) *n.m.* grau mais elevado de alguma coisa; máximo; cúmulo

supra-sumo *a nova grafia é* **suprassumo**

supremacia (su.pre.ma.ci.a) *n.f.* poder ou autoridade suprema **SIN.** superioridade

supremo (su.pre.mo) *adj.* 1 que está acima de tudo; superior 2 extremo; máximo 3 divino

supressão (su.pres.são) *n.f.* 1 ato de retirar ou cortar uma parte de um todo; eliminação 2 falta de palavras ou frases num texto; omissão

suprimir (su.pri.mir) *v.* 1 fazer desaparecer; eliminar 2 cortar; riscar 3 não mencionar; omitir

suprir (su.prir) *v.* 1 completar 2 abastecer 3 substituir

surdez (sur.dez) *n.f.* perda total ou parcial da audição

surdina (sur.di.na) *n.f.* 1 peça móvel que se aplica a instrumentos para lhes abafar e suavizar a sonoridade 2 pedal esquerdo do piano 3 som baixo, abafado; **em surdina:** em voz baixa

surdo (sur.do) *adj. e n.m.* que ou aquele que não ouve ou ouve pouco

surdo-mudo (sur.do-mu.do) *adj. e n.m.* [*pl.* surdos-mudos] que ou pessoa que não ouve nem fala

surf (sârf) *n.m.* desporto em que o praticante acompanha o rebentar das ondas mantendo-se em equilíbrio sobre uma prancha

surfista (sur.fis.ta) *adj.2gén.* relativo a *surf* ♦ *n.2gén.* praticante de *surf*

surgir (sur.gir) *v.* 1 erguer-se 2 aparecer 3 nascer 4 ocorrer

suricata (su.ri.ca.ta) *n.m.* pequeno mamífero africano com cerca de meio metro de comprimento, pelagem acastanhada e cauda comprida, que se alimenta principalmente de insetos

surpreendente (sur.pre.en.den.te) *adj. 2gén.* 1 que causa surpresa; inesperado 2 admirável; magnífico

surpreender (sur.pre.en.der) *v.* 1 causar surpresa a 2 aparecer de repente a 3 apanhar em flagrante ♦ **surpreender-se** ficar surpreendido; espantar-se

surpreendido (sur.pre.en.di.do) *adj.* 1 apanhado de repente, de surpresa 2 admirado; espantado

surpresa (sur.pre.sa) *n.f.* 1 espanto causado por algo inesperado; admiração 2 coisa ou facto que surpreende; novidade

surpreso (sur.pre.so) *adj.* espantado; surpreendido; perplexo

surra (sur.ra) *n.f.* tareia; sova

surrar (sur.rar) *v.* bater em

surripiar (sur.ri.pi.ar) *v. (inform.)* tirar às escondidas; roubar

surtir (sur.tir) *v.* ter como resultado; provocar; **surtir efeito:** dar bom resultado; ter êxito

surto (sur.to) *n.m.* 1 aumento rápido e significativo (de alguma coisa) 2 aparecimento repentino (de uma doença)

susceptibilidade *a nova grafia é* **suscetibilidade**

susceptível *a nova grafia é* **suscetível**

suscetibilidade (sus.ce.ti.bi.li.da.de) *n.f.* tendência para se ofender ou melindrar; sensibilidade

suscetível (sus.ce.tí.vel) *adj.2gén.* 1 que pode sofrer alterações ou adquirir certas qualidades 2 que adoece facilmente 3 que se ofende com facilidade; sensível

suscitar (sus.ci.tar) *v.* fazer nascer ou aparecer SIN. originar

suserano (su.se.ra.no) *n.m.* no sistema feudal, dono de uma propriedade, de quem os vassalos dependiam; senhor feudal

suspeita (sus.pei.ta) *n.f.* desconfiança

suspeitar (sus.pei.tar) *v.* 1 supor 2 desconfiar (suspeitar de)

suspeito (sus.pei.to) *adj.* 1 que não inspira confiança 2 que se julga ser falsificado ou ilegal; duvidoso ♦ *n.m.* indivíduo que se pensa ser o autor de um crime ou de um ato condenável

suspender (sus.pen.der) *v.* 1 suster no ar; pendurar 2 interromper temporariamente 3 impedir de fazer 4 proibir durante certo tempo

suspensão (sus.pen.são) *n.f.* 1 interrupção temporária ou definitiva (de uma atividade) 2 estado do que está suspenso ou pendurado 3 estado das partículas sólidas que flutuam num líquido

suspense (suspânse) *n.m.* estado de ansiedade e impaciência em relação a algo que pode acontecer (num filme, numa situação); tensão

suspenso (sus.pen.so) *adj.* 1 pendurado; pendente 2 que flutua (num líquido) 3 parado; interrompido 4 *(fig.)* hesitante; perplexo

suspensórios (sus.pen.só.ri.os) *n.m.pl.* tiras de tecido ou cabedal que seguram as calças, passando pelos ombros

suspirar (sus.pi.rar) *v.* **1** dar suspiros **2** desejar muito; ambicionar (suspirar por)

suspiro (sus.pi.ro) *n.m.* **1** respiração mais ou menos prolongada produzida por dor, prazer, saudade, etc. **2** *(fig.)* lamento; gemido

sussurrar (sus.sur.rar) *v.* dizer em voz baixa SIN. murmurar, segredar

sussurro (sus.sur.ro) *n.m.* **1** som baixo de vozes; murmúrio **2** barulho suave e continuado das folhas ou do vento **3** zumbido de certos insetos

sustenido (sus.te.ni.do) *n.m.* sinal que indica que a nota à sua direita deve subir meio tom ◆ *adj.* diz-se da nota que é alterada pelo sinal #

sustentação (sus.ten.ta.ção) *n.f.* **1** ato ou efeito de sustentar; apoio **2** conservação; manutenção

sustentáculo (sus.ten.tá.cu.lo) *n.m.* suporte; apoio

sustentar (sus.ten.tar) *v.* **1** segurar por baixo; suportar **2** manter em equilíbrio; aguentar **3** garantir a subsistência de; alimentar

sustentável (sus.ten.tá.vel) *adj.2gén.* que se pode manter ou defender

sustento (sus.ten.to) *n.m.* **1** alimento **2** conservação **3** proteção

suster (sus.ter) *v.* **1** segurar para que não caia; amparar **2** *(fig.)* conter; moderar

susto (sus.to) *n.m.* medo repentino; sobressalto

sutiã (su.ti.ã) *n.m.* peça de vestuário feminino que serve para amparar os seios

sutura (su.tu.ra) *n.f.* costura que une os rebordos de um corte ou de uma ferida

suturar (su.tu.rar) *v.* fazer sutura de (um corte, uma ferida)

sweatshirt (suétxârt) *n.f.* [*pl. sweatshirts*] camisola de malha de algodão com mangas e gola com fecho ou botões

a
b
c
d
e
f
g
h
i
j
k
l
m
n
o
p
q
r
s
t
u
v
w
x
y
z

T

t (tê) *n.m.* consoante, vigésima letra do alfabeto, que está entre as letras *s* e *u*

tabacaria (ta.ba.ca.ri.a) *n.f.* loja onde se vende tabaco, jornais, revistas, etc.

tabaco (ta.ba.co) *n.m.* plantas cujas folhas servem para fumar, cheirar ou mascar

tabágico (ta.bá.gi.co) *adj.* relativo a tabaco

tabagismo (ta.ba.gis.mo) *n.m.* consumo de tabaco

tabaqueira (ta.ba.quei.ra) *n.f.* **1** estojo para guardar tabaco **2** empresa ou fábrica produtora de tabaco

tabefe (ta.be.fe) *n.m.* *(pop.)* bofetada

tabela (ta.be.la) *n.f.* **1** quadro onde se registam nomes de pessoas e outras indicações (horários, preços, etc.) **2** lista de preços; **à tabela:** conforme o horário previsto

taberna (ta.ber.na) *n.f.* estabelecimento onde se vende vinho e se servem refeições ligeiras; tasca

tabique (ta.bi.que) *n.m.* parede interior que divide um compartimento; divisória

tablete (ta.ble.te) *n.f.* **1** comprimido ou alimento em forma de retângulo **2** barra de chocolate

tabu (ta.bu) *n.m.* proibição de determinados atos ou comportamentos por motivos culturais ou religiosos ♦ *adj.2gén.* que é proibido; interdito

tábua (tá.bu.a) *n.f.* **1** peça de madeira plana, pouco espessa e relativamente larga **2** quadro para consulta de dados; índice; catálogo; **tábua de salva-**

ção: aquilo que se usa como último recurso numa situação desesperada

tabuada (ta.bu.a.da) *n.f.* tabela ou quadro que apresenta o resultado das quatro operações aritméticas feitas com os números de 1 a 10

tabuleiro (ta.bu.lei.ro) *n.m.* **1** peça plana com um rebordo em volta **2** quadro de madeira com divisões para certos jogos **3** pavimento de uma ponte

tabuleta (ta.bu.le.ta) *n.f.* placa com avisos ou indicações úteis (direções, horários de funcionamento, proibições, etc.)

taça (ta.ça) *n.f.* **1** copo pouco fundo e de boca larga, geralmente com pé **2** troféu, geralmente de prata, com a forma de um vaso largo com pé **3** competição desportiva; torneio

tacada (ta.ca.da) *n.f.* pancada com o taco

tacão (ta.cão) *n.m.* salto do calçado

tacha (ta.cha) *n.f.* prego curto, de cabeça chata e larga; **arreganhar a tacha:** mostrar os dentes; rir

tacho (ta.cho) *n.m.* **1** utensílio de barro ou de metal em que se cozinham os alimentos **2** *(inform.)* emprego bem pago

taco (ta.co) *n.m.* **1** haste com que se bate a bola em certos jogos (golfe, polo, hóquei, *basebol* e bilhar) **2** pedaço de madeira retangular, utilizado no revestimento de pisos **3** *(Moç.)* dinheiro

tactear *a nova grafia é* **tatear**

táctica *a nova grafia é* **tática**

táctico *a nova grafia é* **tático**

táctil (tác.til) *adj.2gén.* **1** relativo a tato **2** que pode ser tocado; palpável

tacto *a nova grafia é* **tato**

tacudo (ta.cu.do) *adj. (Moç.)* que tem muito taco (dinheiro); milionário

tafal-tafal (ta.fal-ta.fal) *n.f. (gb.)* logro; trafulhice

tagarela (ta.ga.re.la) *adj. e n.2gén.* que ou pessoa que fala muito

tagarelar (ta.ga.re.lar) *v.* falar muito; palrar

tagarelice (ta.ga.re.li.ce) *n.f.* **1** hábito de falar muito **2** conversa sobre coisas pouco importantes

tailandês (tai.lan.dês) *adj.* relativo à Tailândia (país do sudeste da Ásia) ♦ *n.m.* [*f.* tailandesa] **1** pessoa natural da Tailândia **2** língua oficial da Tailândia

tainha (ta.i.nha) (taínha) *n.f.* peixe com corpo em forma de fuso e com riscas escuras longitudinais

tal (tal) *det. e pron.dem.* este; esse; aquele; isto; isso; aquilo ♦ *adj.2gén.* igual; semelhante ♦ *adv.* desse modo; assim ♦ *n.2gén.* pessoa de quem não se diz o nome; sujeito; **como tal:** sendo assim; por essa razão; **tal qual:** exatamente; assim mesmo

tala (ta.la) *n.f.* **1** placa usada com ligaduras para imobilizar um membro fraturado ou uma parte do corpo **2** qualquer objeto que aperta ou segura

talão (ta.lão) *n.m.* parte de um bilhete ou recibo com uma indicação breve do seu conteúdo

talco (tal.co) *n.m.* **1** mineral muito pouco duro e gorduroso ao tato **2** pó deste mineral, muito usado como artigo de higiene corporal

talento (ta.len.to) *n.m.* **1** capacidade com que se nasce ou que se adquire para fazer muito bem determinada coisa; jeito; habilidade **2** pessoa com essa capacidade

talentoso (ta.len.to.so) *adj.* que tem muito talento; dotado

talha (ta.lha) *n.f.* **1** corte; incisão **2** obra de arte em madeira

talhada (ta.lha.da) *n.f.* porção cortada de certos frutos grandes (melão, melancia, etc.); fatia grande

talhado (ta.lha.do) *adj.* **1** que foi cortado **2** adequado; apropriado

talhante (ta.lhan.te) *n.m.* funcionário ou dono de um talho

talhar (ta.lhar) *v.* **1** dividir em partes iguais; cortar **2** cortar (tecido) à medida do corpo **3** esculpir (pedra, madeira, etc.)

talhe (ta.lhe) *n.m.* **1** forma; feitio **2** corte de uma peça de vestuário

talher (ta.lher) *n.m.* conjunto de garfo, colher e faca

talho (ta.lho) *n.m.* estabelecimento onde se corta e se vende carne para a alimentação

talisca (ta.lis.ca) *n.f. (CV)* mandioca seca em bocados

talismã (ta.lis.mã) *n.m.* objeto que se usa para dar sorte ou proteger do azar SIN. amuleto

talo (ta.lo) *n.m.* corpo da planta não diferenciado em caule e folhas

taluda (ta.lu.da) *n.f. (pop.)* o maior prémio da lotaria; sorte grande

talvez (tal.vez) *adv.* possivelmente; provavelmente; porventura

tamanco (ta.man.co) *n.m.* calçado de couro grosseiro com base de madeira; soca

tamanho (ta.ma.nho) *adj.* **1** tão grande; tão extenso **2** tão forte; tão violento ♦ *n.m.* **1** grandeza física (volume, área, comprimento, medida, etc.) **2** cada uma das medidas de roupa, geralmente ex-

a
b
c
d
e
f
g
h
i
j
k
l
m
n
o
p
q
r
s
t
u
v
w
x
y
z

pressas em número, que corresponde a uma dimensão do corpo humano (altura, peso, etc.)

tâmara (tâ.ma.ra) *n.f.* fruto da tamareira, alongado e com caroço, que geralmente se come seco

também (tam.bém) *adv.* **1** do mesmo modo; da mesma forma; igualmente **2** além disso; ainda **3** por outro lado; mas; porém

tambor (tam.bor) *n.m.* instrumento musical de percussão, formado por uma caixa cilíndrica cujos fundos são peles esticadas, sobre as quais se bate com duas baquetas

tamboril (tam.bo.ril) *n.m.* peixe com cabeça grande e boca semicircular, com dentes pontiagudos

tampa (tam.pa) *n.f.* peça móvel com que se tapa um recipiente ou uma caixa

tampão (tam.pão) *n.m.* **1** tampa grande **2** peça com que se tapa o depósito de gasolina

tampo (tam.po) *n.m.* parte superior e horizontal de uma mesa, cadeira, etc.

tanga (tan.ga) *n.f.* **1** calções de banho de tamanho reduzido **2** peça de roupa usada à volta das ancas **3** *(Moç.)* vela de barco; *(inform.)* **dar tanga a (alguém):** divertir-se à custa de (alguém)

tangente (tan.gen.te) *n.f.* linha que toca outra linha, sem a intersetar; **à tangente:** a custo, por pouco; **passar à tangente:** obter a nota positiva mínima num teste ou num exame escolar

tangerina (tan.ge.ri.na) *n.f.* fruto amarelo-avermelhado, arredondado, com gomos sumarentos

tangerineira (tan.ge.ri.nei.ra) *n.f.* árvore que produz tangerinas

tango (tan.go) *n.m.* dança de origem africana que se desenvolveu sobretudo na Argentina

tangram (tan.gram) *n.m.* [*pl.* tangrams] *puzzle* chinês com sete peças cujo objetivo é formar figuras diferentes

tanque (tan.que) *n.m.* **1** reservatório para água e outros líquidos **2** carro de combate armado e blindado

tanso (tan.so) *adj. e n.m. (inform.)* palerma; tolo; idiota

tanto (tan.to) *det.indef.>quant.exist.*[DT] *e pron.indef.* **1** grande número, grau ou quantidade; tão numeroso; tão grande **2** ♦ *n.m.* **1** porção ou quantia indeterminada **2** extensão ou tamanho igual ao de outro ♦ *adv.* **1** de tal modo **2** em tão grande quantidade **3** com tal força

tão (tão) *adv.* **1** tanto **2** em tal grau **3** de tal maneira

TAP *sigla de* **T**ransportes **A**éreos **P**ortugueses

tapa (ta.pa) *n.f.* alimento ligeiro, muito comum em Espanha, servido como entrada de uma refeição ou como prato principal

tapada (ta.pa.da) *n.f.* **1** área de mata cercada e protegida, onde se cria caça **2** qualquer terreno cercado por um muro

tapado (ta.pa.do) *adj.* **1** que tem tampa ou cobertura; coberto **2** cercado; vedado **3** entupido (o nariz) **4** *(fig., inform.)* diz-se de quem não é inteligente; estúpido

tapar (ta.par) *v.* **1** cobrir com tampa, rolha, testo, etc. **2** entupir (nariz, ouvidos) **3** encobrir ♦ **tapar-se** cobrir-se (com roupa, manta, etc.)

tapeçaria (ta.pe.ça.ri.a) *n.f.* tecido trabalhado ou bordado com que se revestem paredes, soalhos, etc.

tapetão (ta.pe.tão) *n.m.* [*aum. de* tapete] tapete grande

tapete (ta.pe.te) *n.m.* peça de lã ou de fibra, de tamanho variável, usada para cobrir pavimentos SIN. alcatifa, carpete; **tapete rolante:** mecanismo formado por uma superfície plana em movimento, usado por exemplo em aeroportos para transportar malas e mercadorias

tapioca (ta.pi.o.ca) *n.f.* fécula extraída das raízes da mandioca

tapir (ta.pir) *n.m.* mamífero de corpo pesado e focinho em forma de tromba, que vive nas florestas da América e da Ásia

tara (ta.ra) *n.f.* **1** embalagem de um produto **2** peso dessa embalagem **3** peso de um veículo sem carga **4** (inform.) desequilíbrio mental; mania **5** (inform.) pessoa ou coisa muito bonita

tarado (ta.ra.do) *adj.* que é mentalmente desequilibrado; doido

tarântula (ta.rân.tu.la) *n.f.* aranha grande e peluda, cuja picada geralmente é venenosa

tardar (tar.dar) *v.* **1** demorar; atrasar **2** chegar tarde **3** acontecer com atraso

tarde (tar.de) *adv.* **1** fora de tempo; depois da hora combinada ou prevista ANT. cedo **2** perto do fim do dia; em hora avançada ♦ *n.f.* tempo que vai desde o meio-dia ao anoitecer

tardinha (tar.di.nha) *n.f.* [*dim. de* tarde] fim da tarde; últimas horas da tarde

tardio (tar.di.o) *adj.* **1** que acontece depois do tempo previsto **2** que se prolonga no tempo; demorado

tareco (ta.re.co) *n.m.* (inform.) gato

tarefa (ta.re.fa) *n.f.* trabalho que se deve fazer em certo tempo

tareia (ta.rei.a) *n.f.* sova; surra

tarifa (ta.ri.fa) *n.f.* tabela de preços cobrados por determinado serviço SIN. tarifário

tarifário (ta.ri.fá.ri.o) *n.m.* → tarifa

tarraxa (tar.ra.xa) *n.f.* **1** parafuso **2** cavilha

tarso (tar.so) *n.m.* região posterior do esqueleto do pé

tártaro (tár.ta.ro) *n.m.* **1** depósito calcário que se acumula nos dentes; pedra **2** depósito que se forma em recipientes para líquidos; sarro

tartaruga (tar.ta.ru.ga) *n.f.* réptil com quatro patas curtas e corpo protegido por uma carapaça, que se desloca devagar

tartaruga-de-couro (tar.ta.ru.ga-de--cou.ro) *n.f.* [*pl.* tartarugas-de-couro] a maior de todas as tartarugas marinhas, com barbatanas frontais e carapaça escura com riscas

tarte (tar.te) *n.f.* alimento (doce ou salgado) que consiste numa base de massa que vai ao forno e é recheada com frutas, compota, creme, legumes, carne ou peixe

tasca (tas.ca) *n.f.* estabelecimento onde se vende vinho e se servem refeições ligeiras; taberna

tatear (ta.te.ar) *v.* **1** apalpar **2** pesquisar

tática (tá.ti.ca) *n.f.* forma hábil de conduzir um negócio, um jogo, etc. SIN. estratégia

tático (tá.ti.co) *adj.* relativo a tática SIN. estratégico

tátil (tá.til) *a grafia preferível é* **táctil**

tato (ta.to) *n.m.* **1** sentido que permite conhecer as coisas através do toque com a mão **2** capacidade para falar com alguém ou tratar de um assunto com delicadeza; jeito

tatu (ta.tu) *n.m.* mamífero com o corpo protegido por uma carapaça muito dura, que se enrola em caso de ataque, e que é frequente no Brasil

tatuagem (ta.tu.a.gem) *n.f.* desenho ou palavra que se grava na pele usando substâncias corantes

tatuar (ta.tu.ar) *v.* fazer tatuagem

tauromaquia (tau.ro.ma.qui.a) *n.f.* arte de tourear

tautau (tau.tau) *n.m.* (*infant.*) palmada; bofetada

taxa (ta.xa) *n.f.* valor que se paga pela utilização de um serviço; imposto

táxi (tá.xi) (tácsi) *n.m.* automóvel que transporta pessoas mediante pagamento

taxista (ta.xis.ta) *n.2gén.* pessoa que conduz um táxi

tchau (tchau) *interj.* adeus; até à vista

tchovar (tcho.var) *v.* (*Moç.*) empurrar

te (te) *pron.poss.* **1** a ti (*ontem vi-te*) **2** para ti (*comprei-te um presente*)

tê (tê) *n.m.* régua em forma da letra T

tear (te.ar) *n.m.* máquina própria para tecer

teatral (te.a.tral) *adj.2gén.* **1** relativo a teatro **2** (*fig.*) diz-se da expressão ou do gesto pouco natural; forçado

teatro (te.a.tro) *n.m.* **1** arte de representar **2** lugar onde se representam comédias, revistas, etc. **3** (*fig.*) lugar onde se deu um acontecimento

tecelagem (te.ce.la.gem) *n.f.* **1** operação de tecer **2** ofício de tecelão

tecelão (te.ce.lão) *n.m.* [*pl.* tecelões, *f.* teceloa, tecelã] aquele que trabalha em teares

tecer (te.cer) *v.* **1** entrelaçar fios para formar tecidos ou objetos (redes, cestas, etc.) **2** (*fig.*) compor (uma história) **3** (*fig.*) tramar (uma intriga)

tecido (te.ci.do) *n.m.* **1** qualquer obra de fios entrelaçados **2** conjunto de células associadas

tecla (te.cla) *n.f.* cada uma das peças de um aparelho (computador, etc.) ou instrumento (piano, etc.) que se pressionam com os dedos; **bater na mesma tecla**: insistir no mesmo assunto; teimar

teclado (te.cla.do) *n.m.* conjunto das teclas de um instrumento musical, aparelho ou máquina

teclar (te.clar) *v.* **1** bater as teclas de (instrumento musical, telefone, etc.) **2** comunicar com alguém através do computador

teclista (te.clis.ta) *n.2gén.* pessoa que toca um instrumento de teclas

técnica (téc.ni.ca) *n.f.* **1** aplicação prática dos conhecimentos de uma ciência ou de uma arte **2** modo de fazer alguma coisa

técnico (téc.ni.co) *adj.* próprio de uma arte ou ciência ♦ *n.m.* indivíduo especialista numa ciência, numa arte ou numa atividade; perito

tecnologia (tec.no.lo.gi.a) *n.f.* conjunto dos instrumentos e processos específicos de qualquer arte, ofício ou técnica

tecnológico (tec.no.ló.gi.co) *adj.* relativo a tecnologia

tecto *a nova grafia é* **teto**

tédio (té.di.o) *n.m.* aborrecimento

tegumento (te.gu.men.to) *n.m.* **1** revestimento externo do corpo dos animais (pele, escamas, penas, etc.) **2** revestimento de certos órgãos vegetais

teia (tei.a) *n.f.* **1** rede tecida por muitas espécies de aranhas **2** (*fig.*) enredo (de um filme, de uma história); intriga

teima (tei.ma) *n.f.* ato de teimar; obstinação

teimar (tei.mar) *v.* insistir (teimar em)

teimosia (tei.mo.si.a) *n.f.* insistência; obstinação

teimoso (tei.mo.so) *adj.* que teima sin. obstinado

tejadilho (te.ja.di.lho) *n.m.* teto de um veículo

tela (te.la) *n.f.* **1** tecido de linho, lã, seda, etc. **2** pano grosso sobre o qual se pintam os quadros **3** quadro; pintura

telecomandar (te.le.co.man.dar) *v.* comandar à distância

telecomando (te.le.co.man.do) *n.m.* comando à distância

telecomunicações (te.le.co.mu.ni.ca.ções) *n.f.pl.* sistema de comunicações em que se utilizam o telégrafo, a rádio, o telefone ou a televisão

teledisco (te.le.dis.co) *n.m.* filme de vídeo de curta duração destinado a apresentar e promover uma canção, um músico ou um grupo musical

teleférico (te.le.fé.ri.co) *n.m.* pequeno elevador para transporte de pessoas ou de materiais, que rola sobre um cabo aéreo entre dois lugares altos ou com altitudes diferentes

telefonadela (te.le.fo.na.de.la) *n.f.* (*inform.*) telefonema rápido

telefonar (te.le.fo.nar) *v.* falar por telefone

telefone (te.le.fo.ne) *n.m.* aparelho que serve para falar à distância

telefonema (te.le.fo.ne.ma) *n.m.* comunicação transmitida ou recebida pelo telefone

telefonia (te.le.fo.ni.a) *n.f.* antiga designação do aparelho de rádio

telefónico (te.le.fó.ni.co) *adj.* relativo a telefone

telefonista (te.le.fo.nis.ta) *n.2gén.* pessoa encarregada de fazer, atender e passar telefonemas (numa empresa, num hospital, etc.)

telegrafar (te.le.gra.far) *v.* enviar uma mensagem usando um telégrafo

telegráfico (te.le.grá.fi.co) *adj.* **1** relativo a telégrafo **2** (*fig.*) breve; conciso

telégrafo (te.lé.gra.fo) *n.m.* aparelho para transmitir comunicações escritas à distância

telegrama (te.le.gra.ma) *n.m.* comunicação por meio de telégrafo

telejornal (te.le.jor.nal) *n.m.* noticiário transmitido pela televisão

telemóvel (te.le.mó.vel) *n.m.* telefone portátil que estabelece comunicação com outros aparelhos sem necessitar de um cabo para a ligação à rede de telecomunicações

telenovela (te.le.no.ve.la) *n.f.* novela transmitida, em episódios, pela televisão

teleobjectiva *a nova grafia é* **teleobjetiva**

teleobjetiva (te.le.ob.je.ti.va) *n.f.* objetiva de máquina fotográfica ou de filmar com distância focal bastante grande

telepatia (te.le.pa.ti.a) *n.f.* transmissão do pensamento de uma pessoa para outra sem nenhum meio de comunicação natural

telescópio (te.les.có.pi.o) *n.m.* instrumento para observação a grande distância, sobretudo dos astros

telespectador (te.les.pec.ta.dor) *n.m.* pessoa que assiste a um programa de televisão

telespetador (te.les.pe.ta.dor) *a grafia preferível é* **telespectador**

televisão (te.le.vi.são) *n.f.* **1** processo de transmissão de imagens e sons à distância, por meio de ondas eletromagnéticas ou por cabo **2** aparelho que recebe imagens e sons por esse processo; televisor

televisivo (te.le.vi.si.vo) *adj.* relativo a televisão

televisor (te.le.vi.sor) *n.m.* aparelho que recebe imagens e sons à distância, por meio de ondas eletromagnéticas ou por cabo **SIN.** televisão

telha (te.lha) *n.f.* **1** peça de barro cozido ou de vidro usada na cobertura de edifícios **2** (*fig.*) mau humor **3** (*fig.*) mania; cisma

telhado (te.lha.do) *n.m.* **1** parte externa e superior de um edifício, formada por telhas **2** cobertura de um edifício

tema (te.ma) *n.m.* assunto sobre o qual se escreve ou fala; tópico

temática (te.má.ti.ca) *n.f.* conjunto dos temas de uma obra literária ou artística

temático (te.má.ti.co) *adj.* relativo a tema

temer (te.mer) *v.* **1** ter medo ou receio de SIN. recear **2** desconfiar

temerário (te.me.rá.ri.o) *adj.* **1** audacioso; ousado **2** arriscado; perigoso

temeroso (te.me.ro.so) *adj.* que sente temor SIN. medroso, receoso

temido (te.mi.do) *adj.* receado

temível (te.mí.vel) *adj.2gén.* **1** que deve ser temido **2** que causa medo

temor (te.mor) *n.m.* **1** receio perante uma ameaça ou um perigo; medo **2** sentimento de profundo respeito e obediência; reverência

têmpera (têm.pe.ra) *n.f.* **1** consistência que se dá aos metais mergulhando-os em água fria **2** carácter ou comportamento de uma pessoa

temperado (tem.pe.ra.do) *adj.* **1** diz-se do alimento que tem tempero; condimentado **2** diz-se do clima que não é muito quente nem muito frio; ameno

temperamental (tem.pe.ra.men.tal) *adj.2gén.* **1** relativo a temperamento **2** que age repentinamente, sem pensar; impulsivo

temperamento (tem.pe.ra.men.to) *n.m.* **1** conjunto das características psicológicas e morais de uma pessoa; carácter; índole **2** personalidade forte de uma pessoa; génio

temperar (tem.pe.rar) *v.* **1** deitar tempero em **2** *(fig.)* suavizar; moderar

temperatura (tem.pe.ra.tu.ra) *n.f.* **1** grau de calor ou de frio de um corpo ou de um lugar **2** excesso de calor no corpo; febre

tempero (tem.pe.ro) *n.m.* substância (sal, pimenta, etc.) que se junta aos alimentos para realçar o seu sabor

tempestade (tem.pes.ta.de) *n.f.* agitação violenta do ar, acompanhada de chuva e trovoada SIN. temporal

tempestuoso (tem.pes.tu.o.so) *adj.* **1** sujeito a tempestade **2** *(fig.)* agitado

templo (tem.plo) *n.m.* edifício destinado ao culto de uma religião SIN. igreja

tempo (tem.po) *n.m.* **1** sucessão de momentos, horas, dias, anos, em que se verificam os acontecimentos **2** condições atmosféricas num dado momento em determinado lugar **3** ocasião própria; oportunidade **4** época; período **5** variação verbal que indica o momento em que a ação se realiza **6** demora; vagar **7** prazo; **a tempo:** pontualmente; **dar tempo ao tempo:** esperar com paciência; **de tempos a tempos:** de vez em quando; **meio tempo:** intervalo

têmpora (têm.po.ra) *n.f.* cada uma das regiões laterais da cabeça; fonte

temporada (tem.po.ra.da) *n.f.* **1** certo espaço de tempo; época **2** época destinada à realização de determinada atividade

temporal (tem.po.ral) *adj.2gén.* **1** relativo às têmporas **2** relativo a tempo **3** que passa com o tempo; passageiro ♦ *n.m.* agitação violenta do ar, acompanhada de chuva e trovoada; tempestade

temporário (tem.po.rá.ri.o) *adj.* que dura só um certo tempo SIN. passageiro, provisório

temporizador (tem.po.ri.za.dor) *n.m.* interruptor que liga ou desliga um aparelho (aquecedor, etc.) automaticamente numa hora marcada no interruptor

tenacidade (te.na.ci.da.de) *n.f.* **1** resistência **2** teimosia **3** firmeza

tenaz (te.naz) *adj.2gén.* **1** resistente **2** teimoso **3** firme ♦ *n.f.* instrumento de ferro, próprio para agarrar alguma coisa; pinça

tenção (ten.ção) *n.f.* aquilo que se pretende fazer SIN. intenção, propósito

tencionar (ten.ci.o.nar) *v.* ter a intenção de; planear

tenda (ten.da) *n.f.* **1** barraca desmontável de tecido resistente utilizada por campistas, alpinistas, etc. **2** pequena loja de mercearia **3** barraca de feira

tendão (ten.dão) *n.m.* fibra que liga os músculos aos ossos ou a outros órgãos

tendência (ten.dên.ci.a) *n.f.* **1** inclinação; propensão; vocação **2** orientação; direção

tendencioso (ten.den.ci.o.so) *adj.* que tem tendência para prejudicar alguém

tender (ten.der) *v.* **1** estender **2** ter tendência ou inclinação para **3** dirigir-se; encaminhar-se **4** ter por fim; destinar-se **5** inclinar-se; voltar-se (tender para)

tendinite (ten.di.ni.te) *n.f.* inflamação de um ou mais tendões

tenebroso (te.ne.bro.so) *adj.* **1** escuro; sombrio **2** assustador; medonho

tenente (te.nen.te) *n.2gén.* oficial que ocupa o posto acima de alferes e abaixo de capitão

ténia (té.ni.a) *n.f.* verme parasita do intestino do homem e de muitos animais; bicha solitária

ténis (té.nis) *n.m.2núm.* **1** jogo com bola e raquetas praticado num pavimento dividido ao meio por uma rede **2** sapatilha; **ténis de mesa:** jogo semelhante ao ténis que se joga com raquetas e uma bola, sobre uma mesa dividida ao meio por uma rede; pingue-pongue

tenista (te.nis.ta) *n.2gén.* pessoa que joga ténis

tenor (te.nor) *n.m.* **1** voz masculina mais aguda **2** cantor que possui esse tipo de voz

tenro (ten.ro) *adj.* que se pode cortar ou mastigar com facilidade SIN. macio, mole

tensão (ten.são) *n.f.* **1** estado do que está esticado ou tenso **2** rigidez em certas partes do corpo **3** estado de ansiedade; irritação **4** agressividade entre duas ou mais pessoas; hostilidade

tenso (ten.so) *adj.* **1** estendido; esticado **2** teso; rígido **3** *(fig.)* que está nervoso; ansioso; preocupado

tentação (ten.ta.ção) *n.f.* **1** desejo muito forte de fazer ou dizer alguma coisa **2** coisa ou pessoa que desperta a vontade de fazer algo

tentáculo (ten.tá.cu.lo) *n.m.* órgão que têm muitos animais e que serve para procurar e agarrar alimentos

tentador (ten.ta.dor) *adj.* **1** que provoca o desejo ou a vontade de (fazer ou dizer algo) SIN. aliciante, estimulante **2** que estimula

tentar (ten.tar) *v.* **1** fazer um esforço para **2** seduzir **3** estimular

tentativa (ten.ta.ti.va) *n.f.* **1** esforço para conseguir alguma coisa **2** experiência; teste

tentilhão (ten.ti.lhão) *n.m.* pássaro pequeno, sedentário, de cores vivas e canto agradável

tento (ten.to) *n.m.* no futebol, ponto conseguido quando a bola entra na baliza adversária SIN. golo

ténue (té.nu.e) *adj.2gén.* fraco; débil

teologia (te.o.lo.gi.a) *n.f.* **1** estudo dos princípios de uma religião **2** estudo ou tratado acerca de Deus

teológico (te.o.ló.gi.co) *adj.* relativo a teologia ou a teólogo

teólogo (te.ó.lo.go) *n.m.* especialista em teologia

teor (te.or) *n.m.* **1** conteúdo de um texto **2** quantidade; percentagem **3** *(fig.)* qualidade; género

teorema (te.o.re.ma) *n.m.* proposição que tem de ser demonstrada para ser admitida como verdadeira

teoria (te.o.ri.a) *n.f.* **1** conjunto dos princípios fundamentais de uma arte ou de uma ciência **2** conhecimento organizado sobre determinado assunto ou tema

teórico (te.ó.ri.co) *adj.* relativo a teoria ♦ *n.m.* **1** pessoa que formula uma teoria **2** *(inform.)* pessoa com pouco sentido prático

tépido (té.pi.do) *adj.* pouco quente SIN. morno

ter (ter) *v.* **1** possuir **2** segurar **3** sofrer de **4** conter **5** ser obrigado a **6** ser composto de **7** ser do tamanho de **8** dar à luz

> Segundo o Acordo Ortográfico, o verbo *ter* e os seus derivados continuam a ser acentuados na 3.ª pessoa do plural:
> Os alunos **têm** aulas de manhã.
> As nuvens são gotas de água que se **mantêm** no ar.

terapeuta (te.ra.peu.ta) *n.2gén.* especialista na aplicação de tratamentos a pessoas doentes

terapêutica (te.ra.pêu.ti.ca) *n.f.* → **terapia**

terapêutico (te.ra.pêu.ti.co) *adj.* **1** relativo a terapêutica **2** que tem propriedades curativas; medicinal

terapia (te.ra.pi.a) *n.f.* meio usado para tratar determinada doença SIN. tratamento

terça (ter.ça) *n.f. (inform.)* terça-feira

terça-feira (ter.ça-fei.ra) *n.f.* [*pl.* terças--feiras] terceiro dia da semana

terceira (ter.cei.ra) *n.f.* num automóvel, mudança de velocidade a seguir à segunda

terceiro (ter.cei.ro) *num.ord.>adj.num.*DT que ocupa o lugar número 3; **terceira idade:** etapa da vida de uma pessoa que se segue à idade adulta

terceto (ter.ce.to) *n.m.* conjunto de três versos

terciário (ter.ci.á.ri.o) *adj.* **1** que ocupa o terceiro lugar **2** relativo ao conjunto de atividades económicas que integra os serviços (comércio, transportes, finanças, educação, saúde, etc.)

terço (ter.ço) *n.m.* **1** cada uma das três partes em que foi dividida uma unidade **2** terça parte de um rosário

terçolho (ter.ço.lho) *n.m.* inflamação na pálpebra; terçol

terebintina (te.re.bin.ti.na) *n.f.* essência extraída da resina do pinheiro e usada na produção de tintas e vernizes

termal (ter.mal) *adj.2gén.* relativo a termas

termas (ter.mas) *n.f.pl.* estabelecimento onde se fazem tratamentos com águas medicinais quentes

térmico (tér.mi.co) *adj.* **1** relativo a calor ou a termas **2** que conserva a temperatura do seu conteúdo

terminação (ter.mi.na.ção) *n.f.* **1** modo como uma coisa acaba **2** conclusão; fim **3** extremidade; ponta **4** parte final de uma palavra

terminal (ter.mi.nal) *adj.2gén.* relativo ao fim ou à extremidade SIN. final

terminantemente (ter.mi.nan.te.men.te) *adv.* que não admite recusa; que não admite opção; categoricamente

terminar (ter.mi.nar) *v.* **1** pôr termo a; finalizar **2** concluir; acabar **3** chegar ao fim; acabar

término (tér.mi.no) *n.m.* fim

terminologia (ter.mi.no.lo.gi.a) *n.f.* conjunto organizado dos termos próprios de um determinada área (científica, técnica ou artística), geralmente acompanhados das respetivas definições; nomenclatura

térmita (tér.mi.ta) *n.f.* → **térmite**

térmite (tér.mi.te) *n.f.* inseto que vive em comunidades dentro de ninhos construídos em regiões quentes e que se alimenta de madeira e de outras matérias vegetais

termiteira (ter.mi.tei.ra) *n.f.* ninho de térmites, construído com terra e outros resíduos

termo (ter.mo) (têrmu) *n.m.* **1** limite; prazo **2** fim; conclusão **3** palavra; vocábulo; **pôr termo a:** acabar; concluir; **sem termo:** sem fim

termómetro (ter.mó.me.tro) *n.m.* instrumento para avaliar a temperatura dos corpos

termos (ter.mos) (térmus) *n.m. ou f. 2 núm.* recipiente revestido de material metálico ou plástico, destinado a manter a temperatura dos líquidos colocados no seu interior; garrafa-termo

termosfera (ter.mos.fe.ra) *n.f.* camada atmosférica a grande altitude (de 95 a 500 km) caracterizada por uma subida da temperatura

ternário (ter.ná.ri.o) *adj.* **1** que tem três elementos **2** que tem três tempos

terno (ter.no) *adj.* meigo; afetuoso

ternura (ter.nu.ra) *n.f.* qualidade do que é terno SIN. carinho, meiguice

terra (ter.ra) *n.f.* **1** parte sólida da superfície terrestre **2** terreno que pode ser pisado; chão **3** parte do solo que é possível cultivar **4** região; localidade **5** país; **deitar/lançar por terra:** fazer cair; fazer fracassar; **ficar em terra:** perder o meio de transporte; não partir; **terra a terra:** franco; sincero; natural; **terra batida:** terreno compacto, natural, apreciado para a prática de alguns desportos e corridas de automóveis; **terra firme:** parte sólida do globo terrestre, por oposição à parte líquida (formada por lagos, rios e mares); **terra natal:** lugar onde uma pessoa nasceu; pátria

Terra (Ter.ra) *n.f.* planeta do sistema solar, no qual habitam o homem e os seres vivos conhecidos

terraço (ter.ra.ço) *n.m.* pavimento descoberto, no alto de uma casa ou de um prédio

terramoto (ter.ra.mo.to) *n.m.* tremor de terra SIN. sismo

terra-nova (ter.ra-no.va) *n.m.* cão grande, de pelo comprido e macio, pertencente a uma raça originária da ilha da Terra Nova (no Canadá)

terreno (ter.re.no) *adj.* próprio da Terra; terrestre ♦ *n.m.* espaço de terra mais ou menos extenso; **ganhar terreno:** numa corrida, aumentar a distância em relação a outros concorrentes; ter vantagem em relação a outras pessoas; **perder terreno:** numa corrida, reduzir a distância em relação a outros concorrentes; perder vantagem em relação a outras pessoas

térreo (tér.re.o) *adj.* diz-se do piso que fica ao nível do solo, do rés do chão

terrestre (ter.res.tre) *adj.2gén.* **1** relativo à Terra; próprio da Terra **2** que vive na parte sólida do globo

terrina (ter.ri.na) *n.f.* recipiente em que se serve a sopa

terríola (ter.ri.o.la) *n.f.* povoação com poucas casas e poucos habitantes SIN. aldeola

territorial (ter.ri.to.ri.al) *adj.2gén.* relativo a território

território (ter.ri.tó.ri.o) *n.m.* **1** grande extensão de terra **2** superfície de um país ou de um Estado **3** espaço natural ocupado por uma espécie

a
b
c
d
e
f
g
h
i
j
k
l
m
n
o
p
q
r
s
t
u
v
w
x
y
z

terrível (ter.rí.vel) *adj.2gén.* medonho; assustador

terrivelmente (ter.ri.vel.men.te) *adv.* **1** de forma assustadora **2** intensamente

terror (ter.ror) *n.m.* **1** medo muito forte SIN. pavor **2** pessoa ou coisa que assusta

terrorismo (ter.ro.ris.mo) *n.m.* prática de atos violentos (com bombas, raptos, etc.), por motivos políticos ou religiosos

terrorista (ter.ro.ris.ta) *n.2gén.* pessoa que pratica o terrorismo

tese (te.se) *n.f.* **1** teoria com que se explica ou defende uma determinada ideia **2** trabalho escrito para obtenção do grau de mestre ou doutor numa universidade

teso (te.so) *adj.* **1** esticado; tenso **2** imóvel; hirto **3** *(pop.)* que não tem dinheiro

tesoura (te.sou.ra) *n.f.* instrumento cortante formado de duas lâminas que se movem em torno de um eixo comum

tesouraria (te.sou.ra.ri.a) *n.f.* secção de uma instituição onde se fazem pagamentos e outras operações financeiras

tesoureiro (te.sou.rei.ro) *n.m.* pessoa que recebe, guarda e administra o dinheiro numa associação ou numa empresa

tesouro (te.sou.ro) *n.m.* **1** grande porção de dinheiro, joias ou objetos preciosos; riqueza **2** conjunto dos recursos financeiros (bens e dinheiro) de um país **3** *(fig.)* pessoa ou coisa muito valiosa para alguém

testa (tes.ta) *n.f.* parte da face situada entre as sobrancelhas e o couro cabeludo SIN. fronte

testamento (tes.ta.men.to) *n.m.* **1** documento em que uma pessoa declara a quem deixa os seus bens depois de morrer **2** *(fig.)* carta muito longa

testar (tes.tar) *v.* submeter a teste ou testes; experimentar

teste (tes.te) *n.m.* **1** experiência; ensaio **2** prova; exame

testemunha (tes.te.mu.nha) *n.f.* pessoa que viu ou ouviu determinado facto e que é chamada para descrever o que viu ou ouviu

testemunhar (tes.te.mu.nhar) *v.* **1** dar testemunho de; atestar **2** confirmar; certificar **3** presenciar; ver

testemunho (tes.te.mu.nho) *n.m.* **1** depoimento de testemunha **2** prova **3** demonstração

testículo (tes.tí.cu.lo) *n.m.* cada uma das glândulas genitais masculinas que produzem os espermatozoides

testo (tes.to) *n.m.* tampa de um tacho ou de uma panela

teta (te.ta) *n.f.* glândula mamária; mama

tétano (té.ta.no) *n.m.* doença infeciosa, caracterizada por contração dolorosa dos músculos do corpo e por convulsões

tetina (te.ti.na) *n.f.* peça de borracha em forma de mamilo que se adapta ao biberão

teto (te.to) *n.m.* **1** parte superior e interna de qualquer casa ou lugar **2** *(fig.)* casa; abrigo

tetraedro (te.tra.e.dro) *n.m.* sólido limitado por quatro faces triangulares

tetrassílabo (te.tras.sí.la.bo) *n.m.* palavra com quatro sílabas

tetravó (te.tra.vó) *n.f.* mãe do trisavô ou da trisavó

tetravô (te.tra.vô) *n.m.* pai do trisavô ou da trisavó

tétum (té.tum) *n.m.* língua nacional e uma das línguas oficiais (juntamente com o português) de Timor-Leste

teu (teu) *det. e pron.poss.* [*f.* tua] refere-se à segunda pessoa do singular e indica posse ou pertença (*o teu dicionário, o teu livro*)

têxtil (têx.til) *adj.2gén.* **1** relativo a tecido(s) **2** próprio para tecer

texto (tex.to) *n.m.* **1** conjunto de palavras ou frases escritas de um autor ou de uma obra **2** qualquer material escrito que se destina a ser dito ou lido em voz alta

textual (tex.tu.al) *adj.2gén.* **1** relativo a texto **2** que reproduz fielmente o texto

textura (tex.tu.ra) *n.f.* **1** forma como se combinam as partículas ou elementos de uma coisa **2** aspeto dessa combinação **3** tecido; trama

texugo (te.xu.go) *n.m.* mamífero carnívoro, baixo e gordo, com focinho pontiagudo e pelagem rija, de cor negra e cinzenta

tez (tez) *n.f.* pele (sobretudo do rosto)

TGV *n.m.* comboio de alta velocidade

ti (ti) *pron.pess.* designa a segunda pessoa do singular e indica a pessoa a quem se fala ou escreve (*comprei-o para ti; não vou sem ti*)

TI *sigla de* **T**ecnologias de **I**nformação

tia (ti.a) *n.f.* irmã do pai ou da mãe

tia-avó (ti.a-a.vó) *n.f.* [*pl.* tias-avós] irmã do avô ou da avó

tíbia (tí.bi.a) *n.f.* o mais grosso dos dois ossos da perna

TIC *sigla de* **T**ecnologias de **I**nformação e **C**omunicação

tigela (ti.ge.la) *n.f.* vasilha de louça, côncava e sem asas, usada geralmente para sopa; malga

tigelão (ti.ge.lão) *n.f.* [*aum. de* tigela] tigela grande

tigelinha (ti.ge.li.nha) *n.f.* [*dim. de* tigela] tigela pequena

tigrado (ti.gra.do) *adj.* que tem malhas escuras, como a pele do tigre

tigre (ti.gre) *n.m.* mamífero carnívoro, de pelo amarelo escuro com listas negras, que vive na Ásia

tijoleira (ti.jo.lei.ra) *n.f.* peça de barro cozido, de formato regular e espessura reduzida, utilizada no revestimento de pavimentos e paredes

tijolo (ti.jo.lo) *n.m.* peça avermelhada de barro moldado e cozido

til (til) *n.m.* [*pl.* tiles] sinal ~ usado para indicar que a vogal ou o ditongo sobre o qual se coloca é pronunciado pelo nariz (por exemplo: *irmã, mão*)

tília (tí.li.a) *n.f.* planta cujas folhas e flores são utilizadas para preparar chá e medicamentos

tilintar (ti.lin.tar) *v.* produzir um som semelhante ao de campainhas ou moedas quando caem

timbale (tim.ba.le) *n.m.* tambor semiesférico, de estrutura metálica e que se usa nas orquestras

timbila (tim.bi.la) *n.f.* (*Moç.*) instrumento de percussão semelhante a um xilofone formado por um teclado de madeira que se percute com duas baquetas

timbre (tim.bre) *n.m.* **1** carimbo; selo **2** qualidade que distingue um som de outro som **3** tom da voz humana

timidamente (ti.mi.da.men.te) *adv.* **1** com timidez **2** com receio; receosamente

timidez (ti.mi.dez) *n.f.* qualidade de quem é tímido SIN. acanhamento, vergonha

tímido (tí.mi.do) *adj.* **1** acanhado; envergonhado **2** medroso; receoso

timorense (ti.mo.ren.se) *adj.* relativo a Timor ♦ *n.2gén.* pessoa natural de Timor

tímpano (tím.pa.no) *n.m.* membrana fina que existe no interior do ouvido

tina (ti.na) *n.f.* recipiente para conter líquidos

tingir (tin.gir) *v.* 1 dar uma cor nova ou diferente a; colorir 2 fazer manchas em 3 meter em tinta ♦ **tingir-se** adquirir determinada cor

tinha (ti.nha) *n.f.* doença de pele do homem e de alguns animais

tinir (ti.nir) *v.* produzir sons agudos ou metálicos

tino (ti.no) *n.m.* 1 capacidade de avaliar pessoas e coisas; juízo; bom senso 2 cuidado para evitar situações desagradáveis ou perigos; prudência

tinta (tin.ta) *n.f.* líquido colorido para escrever, pintar, tingir, etc.; *(inform.)* **estar-se nas tintas para:** não se importar com; não querer saber de

tinta-da-china *a nova grafia é* **tinta da China**

tinta da China (tin.ta da Chi.na) *n.f.* [*pl.* tintas da China] tinta preta utilizada em desenhos e aguarelas; nanquim

tinteiro (tin.tei.ro) *n.m.* 1 pequeno recipiente com tinta para escrever 2 parte da impressora onde está depositada a tinta

tintim (tin.tim) *elem. da loc.adv.* **tintim por tintim:** com todos os pormenores; sem omitir nada

tinto (tin.to) *adj.* 1 tingido; colorido 2 diz-se do vinho de cor escura

tintura (tin.tu.ra) *n.f.* solução de substratos vegetais ou minerais em álcool ou éter; **tintura de iodo:** solução alcoólica preparada com iodo e usada como desinfetante

tinturaria (tin.tu.ra.ri.a) *n.f.* estabelecimento onde se tingem tecidos

tio (ti.o) *n.m.* irmão do pai ou da mãe

tio-avô (ti.o-a.vô) *n.m.* [*pl.* tios-avôs] irmão do avô ou da avó

típico (tí.pi.co) *adj.* 1 característico 2 simbólico

tipo (ti.po) *n.m.* 1 conjunto de características que distinguem uma classe 2 exemplar; modelo 3 *(pop.)* qualquer indivíduo; fulano; sujeito

tipografia (ti.po.gra.fi.a) *n.f.* 1 arte de composição e impressão de textos 2 oficina onde se realizam essas operações

tique (ti.que) *n.m.* 1 movimento involuntário e repetitivo 2 movimento ou gesto próprio de determinada pessoa

tiquetaque (ti.que.ta.que) *n.m.* som regular e cadenciado, como o de um relógio

tira (ti.ra) *n.f.* 1 pedaço de pano, papel ou outro material, mais comprido do que largo 2 na banda desenhada, faixa horizontal constituída por três ou mais quadros em que se conta uma história através de desenhos 3 risca; listra

tiracolo (ti.ra.co.lo) *n.m.* correia atravessada de um lado do pescoço para o outro lado do corpo, passando por baixo do braço; **a tiracolo:** de um ombro para o lado oposto; obliquamente

tiragem (ti.ra.gem) *n.f.* número de exemplares de uma publicação (jornal, livro, revista)

tirania (ti.ra.ni.a) *n.m.* 1 poder absoluto de um tirano; despotismo 2 forma de governo baseada nesse poder; ditadura

tirânico (ti.râ.ni.co) *adj.* 1 relativo a tirania ou a tirano 2 despótico; cruel

tirano (ti.ra.no) *n.m.* pessoa que exerce autoridade absoluta. SIN. déspota

tira-nódoas (ti.ra-nó.do.as) *n.m.2núm.* substância própria para fazer desaparecer nódoas nos tecidos

tiranossauro (ti.ra.nos.sau.ro) *n.m.* grande dinossauro carnívoro e bípede,

tirar (ti.rar) *v.* **1** fazer sair; arrancar; extrair **2** diminuir; reduzir **3** privar de **4** roubar **5** puxar; **sem tirar nem pôr:** exatamente; tal e qual; **tirar a limpo:** esclarecer; investigar; **tirar partido de:** aproveitar-se de

tira-teimas (ti.ra-tei.mas) *n.m.2núm.* **1** prova ou argumento muito forte **2** *(inform.)* livro que ajuda a esclarecer dúvidas

tiritar (ti.ri.tar) *v.* tremer de frio ou de medo

tiro (ti.ro) *n.m.* disparo de arma de fogo

tiroide (ti.roi.de) *n.f.* glândula situada na laringe, que exerce importante função no desenvolvimento humano

tiróide *a nova grafia é* **tiroide**

tiroteio (ti.ro.tei.o) *n.m.* disparo sucessivo de tiros

tisana (ti.sa.na) *n.f.* bebida preparada com ervas medicinais; chá

titi (ti.ti) *n.2gén. (infant.)* tia; tio

titular (ti.tu.lar) *n.2gén.* **1** pessoa que possui algo; detentor **2** pessoa que ocupa um cargo ou uma função

título (tí.tu.lo) *n.m.* **1** designação de um livro, capítulo, jornal ou artigo, que geralmente indica o tema de que se trata **2** qualificação que exprime uma função, um cargo ou uma dignidade **3** grau concedido a alguém pelo seu trabalho ou mérito em determinada área

toa (to.a) *n.f.* cabo para rebocar uma embarcação; **à toa:** ao acaso; sem motivo; em vão

toada (to.a.da) *n.f.* **1** cantiga com melodia simples e monótona **2** som confuso **3** rumor; boato

toalha (to.a.lha) *n.f.* **1** pano de linho, algodão ou outro material, usado para cobrir uma mesa **2** peça de felpo ou de outro material absorvente para secar o corpo

toalheiro (to.a.lhei.ro) *n.m.* cabide ou suporte para pendurar toalhas

toalhete (to.a.lhe.te) *n.m.* **1** lenço de papel húmido **2** toalha pequena

tobogã (to.bo.gã) *n.m.* **1** trenó baixo, com patins de metal, próprio para deslizar na neve **2** desporto praticado num trenó desse tipo, numa pista mais inclinada

toca (to.ca) *n.f.* **1** buraco no solo ou no tronco de uma árvore, onde se escondem animais (coelhos, esquilos, etc.); lura; covil **2** *(fig.)* esconderijo; refúgio

tocado (to.ca.do) *adj.* **1** diz-se do fruto que começou a apodrecer; pisado **2** diz-se da pessoa que sentiu emoção; comovido; enternecido **3** *(inform.)* diz-se da pessoa que está um pouco embriagada; alegre

tocador (to.ca.dor) *n.m.* aquele que toca

tocante (to.can.te) *adj.2gén.* **1** que se relaciona com; relativo a **2** que provoca emoção; comovente

tocar (to.car) *v.* **1** pôr a mão ou o dedo em **2** executar uma peça musical **3** comover **4** caber (a alguém) **5** mencionar

tocha (to.cha) *n.f.* vela grande e grossa de cera SIN. archote, círio

todavia (to.da.vi.a) *conj.>adv.*ᴰᵀ contudo; porém; apesar disso

todo (to.do) *det.indef.>quant.univ.*ᴰᵀ a totalidade de pessoas ou de coisas ♦ *adj.* inteiro; completo; total ♦ *adv.* completamente ♦ *n.m.* **1** conjunto de partes que constituem uma unidade; soma; totalidade **2** aspeto geral de alguma coisa; **ao todo:** no conjunto; no total

toga (to.ga) *n.f.* capa ou manto que os antigos romanos usavam sobre o corpo

tola (to.la) (tóla) *n.f. (pop.)* cabeça

a b c d e f g h i j k l m n o p q r s t u v w x y z

toldar (tol.dar) *v.* **1** cobrir com toldo **2** encobrir ◆ **toldar-se 1** tornar-se escuro **2** perder a transparência ou a limpidez

toldo (tol.do) *n.m.* cobertura para abrigar do sol ou da chuva

tolerância (to.le.rân.ci.a) *n.f.* **1** respeito por maneiras de pensar ou de agir diferentes da nossa **2** compreensão; indulgência ANT. intolerância

tolerante (to.le.ran.te) *adj.2gén.* **1** que respeita opiniões e atitudes diferentes das suas **2** compreensivo; indulgente ANT. intolerante

tolerar (to.le.rar) *v.* **1** permitir; consentir **2** suportar (uma coisa desagradável)

tolerável (to.le.rá.vel) *adj.2gén.* **1** suportável **2** aceitável

tolher (to.lher) *v.* dificultar (a ação, o movimento); impedir; paralisar

tolice (to.li.ce) *n.f.* coisa que se faz ou se diz sem pensar SIN. asneira, disparate, parvoíce

tolo (to.lo) *adj. e n.m.* **1** que ou aquele que não tem juízo; pateta **2** que ou aquele que enlouqueceu; maluco **3** que ou aquilo que não tem lógica; disparatado

tom (tom) *n.m.* **1** altura de um som **2** modo de dizer algo **3** intensidade de uma cor

tomada (to.ma.da) *n.f.* **1** conquista pela força (de um lugar, de um território) **2** peça que se monta nas instalações elétricas para obter energia ou corrente

tomar (to.mar) *v.* **1** pegar em; agarrar **2** conquistar **3** ficar com **4** ocupar **5** aceitar **6** beber **7** ingerir

tomate (to.ma.te) *n.m.* fruto de cor avermelhada, com casca lisa e brilhante e polpa suculenta, com grainhas, utilizado na alimentação, sobretudo em saladas

tomateiro (to.ma.tei.ro) *n.m.* planta que produz tomates

tombadilho (tom.ba.di.lho) *n.m.* parte mais elevada na popa de um navio

tombar (tom.bar) *v.* **1** deitar abaixo; derrubar **2** cair **3** inclinar-se

tombo (tom.bo) *n.m.* queda; trambolhão

tômbola (tôm.bo.la) *n.f.* **1** recipiente cilíndrico oco que roda sobre si mesmo, usado na realização de sorteios **2** espécie de lotaria com prémios variados

tomilho (to.mi.lho) *n.m.* planta aromática, utilizada como condimento e na extração de óleos essenciais

tomo (to.mo) *n.m.* cada uma das partes de uma obra que é encadernada separadamente SIN. volume

tona (to.na) *n.f.* película fina que cobre certos frutos; pele; casca; **à tona:** à superfície; **vir à tona:** ser referido (um assunto); tornar-se conhecido (um facto, um problema)

tonal (to.nal) *adj.2gén.* relativo a tom ou tonalidade musical

tonalidade (to.na.li.da.de) *n.f.* **1** variação de um som; modulação **2** variação de uma cor; matiz

tonel (to.nel) *n.m.* recipiente para líquidos maior que uma pipa, formado por dois tampos planos e por aduelas unidas e presas por arcos metálicos

tonelada (to.ne.la.da) *n.f.* peso de mil quilos

tonelagem (to.ne.la.gem) *n.f.* capacidade de carga de um veículo expressa em toneladas

tónica (tó.ni.ca) *n.f.* **1** vogal ou sílaba que se pronuncia com maior força **2** *(fig.)* destaque; ênfase

tónico (tó.ni.co) *adj.* **1** relativo ao tom **2** que dá força ou energia **3** que se pronuncia com maior intensidade (sílaba, vogal)

tonificar (to.ni.fi.car) v. fortalecer (pele, músculo)

tonto (ton.to) adj. **1** que tem tonturas **2** zonzo **3** pateta

tontura (ton.tu.ra) n.f. sensação de falta de equilíbrio SIN. vertigem

top n.m. [pl. tops] **1** classificação mais elevada numa escala **2** lista de produtos mais vendidos **3** peça de roupa, geralmente feminina, que cobre a parte superior do corpo

topar (to.par) v. **1** encontrar pela frente **2** (inform.) perceber

tópico (tó.pi.co) n.m. questão principal de uma conversa, de um discurso ou de um debate SIN. assunto, tema

topo (to.po) n.m. parte mais alta de alguma coisa SIN. cimo, cume

topografia (to.po.gra.fi.a) n.f. **1** descrição minuciosa de uma região **2** representação no papel da configuração de um terreno, com as suas elevações e depressões

topográfico (to.po.grá.fi.co) adj. relativo a topografia

topónimo (to.pó.ni.mo) n.m. nome de um lugar (cidade, vila, povoação, etc.)

toque (to.que) n.m. **1** contacto com a mão **2** pancada; embate **3** som de um instrumento musical **4** sinal sonoro para chamar alguém; **a toque de caixa:** com muita pressa

torácico (to.rá.ci.co) adj. relativo ao tórax

toranja (to.ran.ja) n.f. fruto arredondado, com casca amarela, sumarento e de sabor ácido

tórax (tó.rax) (tóracs) n.m. [pl. tóraces] cavidade superior do tronco humano, onde se alojam os órgãos da respiração e da circulação

torcer (tor.cer) v. **1** fazer girar sobre si **2** entortar **3** inclinar ♦ **torcer-se** contorcer-se; contrair-se; **dar o braço a**

torcer: reconhecer um erro ou uma falha; **torcer o nariz:** mostrar desagrado; **torcer por:** apoiar (uma pessoa, um clube, uma equipa)

torcicolo (tor.ci.co.lo) n.m. contração dos músculos do pescoço, que provoca dor

torcida (tor.ci.da) n.f. **1** cordão fino, revestido de cera, que serve para acender velas; pavio **2** (Bras.) claque

torcido (tor.ci.do) adj. **1** torto **2** curvo **3** forçado

tordo (tor.do) n.m. pássaro de bico negro e cauda muito comprida, com canto muito agradável

tormenta (tor.men.ta) n.f. **1** tempestade violenta, sobretudo no mar; temporal **2** (fig.) grande agitação **3** (fig.) sofrimento

tormento (tor.men.to) n.m. **1** sofrimento físico muito forte SIN. suplício, tortura **2** grande aflição; angústia

tornado (tor.na.do) n.m. vento muito forte que sopra num movimento espiral sobre uma região, destruindo casas e arrancando árvores à medida que se desloca

tornar (tor.nar) v. **1** voltar ao lugar de onde saiu; regressar **2** voltar a (situação ou tempo anterior) **3** repetir **4** devolver ♦ **tornar-se** transformar-se

torneio (tor.nei.o) n.m. competição desportiva SIN. certame, concurso

torneira (tor.nei.ra) n.f. peça que permite abrir, fechar ou regular o escoamento de um líquido ou de um gás contido num recipiente ou disponível numa canalização

torno (tor.no) (tôrno) n.m. aparelho onde se faz girar uma peça de madeira ou de metal que se quer trabalhar; **em torno de:** em volta de

a
b
c
d
e
f
g
h
i
j
k
l
m
n
o
p
q
r
s
t
u
v
w
x
y
z

tornozelo (tor.no.ze.lo) *n.m.* cada uma das saliências ósseas da articulação da perna com o pé

toro (to.ro) (tóro) *n.m.* parte de tronco de árvore sem ramos

torpedeiro (tor.pe.dei.ro) *n.m.* barco destinado a conduzir e lançar torpedos

torpedo (tor.pe.do) *n.m.* arma submarina destinada a produzir explosões em navios

torpor (tor.por) *n.m.* **1** diminuição da sensibilidade ou do movimento numa parte do corpo **2** *(fig.)* indiferença; apatia

torrada (tor.ra.da) *n.f.* fatia de pão seca e estaladiça, que se come geralmente com manteiga

torradeira (tor.ra.dei.ra) *n.f.* aparelho elétrico que serve para torrar pão

torrado (tor.ra.do) *adj.* **1** seco por ação do sol ou do calor; tostado **2** queimado; esturricado

torrão (tor.rão) *n.m.* **1** pedaço de terra seca e dura **2** doce feito com amêndoas e açúcar ou mel **3** *(fig.)* terra natal; pátria

torrar (tor.rar) *v.* **1** secar pela ação do sol ou do calor; tostar **2** queimar totalmente; esturricar

torre (tor.re) *n.f.* construção alta e estreita que se destaca numa fortaleza, numa igreja ou num castelo

torreão (tor.re.ão) *n.m.* torre larga com ameias, construída sobre um castelo

torrencial (tor.ren.ci.al) *adj.2gén.* **1** relativo ou semelhante a uma torrente **2** muito abundante; forte

torrencialmente (tor.ren.ci.al.men.te) *adv.* **1** com força e velocidade; impetuosamente **2** em grande quantidade; abundantemente

torrente (tor.ren.te) *n.f.* curso de água muito rápido e forte

tórrido (tór.ri.do) *adj.* muito quente; abrasador

torso (tor.so) *n.m.* parte do corpo humano formada pelos ombros, tórax e abdómen; tronco

torta (tor.ta) *n.f.* massa enrolada e cozida com recheio doce ou salgado

torto (tor.to) *adj.* **1** torcido **2** inclinado **3** vesgo

tortuoso (tor.tu.o.so) *adj.* **1** que tem curvas; sinuoso **2** *(fig.)* desleal; injusto

tortura (tor.tu.ra) *n.f.* **1** sofrimento físico causado a uma pessoa para a obrigar a revelar algo SIN. suplício, tormento **2** grande aflição; angústia

torturado (tor.tu.ra.do) *adj.* **1** que sofreu tortura **2** muito angustiado; atormentado

torturar (tor.tu.rar) *v.* **1** submeter a tortura **2** afligir muito; atormentar

tosco (tos.co) *adj.* feito sem cuidado ou sem perfeição SIN. grosseiro, rude

tosquia (tos.qui.a) *n.f.* **1** corte da lã ou do pelo dos animais **2** época própria para cortar a lã ou o pelo dos animais **3** *(inform.)* corte de cabelo

tosquiar (tos.qui.ar) *v.* **1** cortar rente (a lã ou o pelo dos animais) **2** *(inform.)* cortar o cabelo muito curto

tosse (tos.se) *n.f.* expiração brusca, convulsa e ruidosa do ar contido nos pulmões

tossir (tos.sir) *v.* ter tosse; expelir o ar dos pulmões com um movimento brusco e ruidoso

tosta (tos.ta) *n.f.* fatia de pão torrado; torrada

tostado (tos.ta.do) *adj.* **1** torrado **2** queimado

tosta-mista (tos.ta-mis.ta) *n.f.* [*pl.* tostas-mistas] sanduíche feita com duas fatias de pão torrado recheadas com queijo e fiambre

tostão (tos.tão) *n.m.* antiga moeda portuguesa; **não valer um tostão (furado):** não ter valor; **sem um tostão:** sem dinheiro

tostar (tos.tar) *v.* queimar levemente SIN. torrar

total (to.tal) *adj.2gén.* que forma um todo; a que não falta nada; completo; inteiro ◆ *n.m.* **1** conjunto das diversas partes que formam um todo; totalidade **2** resultado de uma adição; soma

totalidade (to.ta.li.da.de) *n.m.* conjunto das diversas partes que formam um todo; todo

totalmente (to.tal.men.te) *adv.* completamente; inteiramente

totem (to.tem) *n.m.* símbolo considerado sagrado por uma tribo ou por um clã

totó (to.tó) *adj. (inform.)* pessoa acanhada ou tola ◆ *n.m.* cabelo atado de cada um dos lados da cabeça

totobola (to.to.bo.la) *n.m.* jogo em que se marcam os palpites dos resultados de jogos de futebol num impresso próprio, ganhando quem acertar nos treze resultados

totoloto (to.to.lo.to) *n.m.* jogo em que se registam num boletim seis números de 1 a 49 e em que o primeiro prémio é atribuído a quem acertar nos números que forem sorteados

touca (tou.ca) *n.f.* **1** peça de tecido ou de lã usada sobretudo por crianças **2** peça de plástico ou borracha para proteger o cabelo, no banho ou na natação

toucado (tou.ca.do) *n.f.* adorno feminino para o cabelo

toucinho (tou.ci.nho) *n.m.* camada de gordura por baixo da pele do porco

toupeira (tou.pei.ra) *n.f.* pequeno mamífero de olhos pequenos e pelagem densa, que escava a terra

tourada (tou.ra.da) *n.f.* **1** espetáculo, realizado numa arena, em que se procura dominar um touro bravo **2** manada de touros **3** *(fig.)* situação de desordem; tumulto; confusão

tourear (tou.re.ar) *v.* enfrentar um touro numa arena, procurando distraí-lo com um pano vermelho, para depois o dominar

toureiro (tou.rei.ro) *n.m.* aquele que tem como profissão enfrentar touros na arena

tournée (turné) *n.f.* [*pl. tournées*] viagem com paragens que obedecem a um percurso e programa decididos antes, geralmente para dar espetáculos; digressão

touro (tou.ro) *n.m.* **1** animal bovino do sexo masculino, adulto e não castrado **2** *(fig.)* homem muito forte

tóxico (tó.xi.co) *adj.* **1** que produz efeitos negativos no organismo SIN. venenoso **2** que contém veneno

toxicodependência (to.xi.co.de.pen.dên.ci.a) *n.f.* estado de quem depende do consumo de drogas

toxicodependente (to.xi.co.de.pen.den.te) *adj. e n.2gén.* que ou pessoa que consome habitualmente drogas e que não consegue deixar de as consumir

toxina (to.xi.na) *n.f.* substância tóxica, proveniente do metabolismo de um organismo ou de parasitas

TPC *sigla de* **t**rabalho(s) **p**ara **c**asa

trabalhador (tra.ba.lha.dor) *n.m.* indivíduo que trabalha; empregado; operário ◆ *adj.* que gosta de trabalhar; aplicado

trabalhão (tra.ba.lhão) *n.m.* [*aum. de* trabalho] trabalho que exige um grande esforço SIN. canseira, trabalheira

trabalhar (tra.ba.lhar) *v.* **1** dar determinada forma a **2** fazer algum trabalho

a
b
c
d
e
f
g
h
i
j
k
l
m
n
o
p
q
r
s
t
u
v
w
x
y
z

3 ter uma profissão **4** funcionar (uma máquina, um aparelho)

trabalheira (tra.ba.lhei.ra) *n.f.* trabalho que exige um grande esforço SIN. canseira, trabalhão

trabalho (tra.ba.lho) *n.m.* **1** emprego; atividade profissional **2** esforço necessário para realizar uma tarefa **3** obra feita; criação; **dar trabalho:** exigir esforço

trabalhoso (tra.ba.lho.so) *adj.* **1** cansativo **2** difícil

traça (tra.ça) *n.f.* **1** pequeno inseto roedor **2** esboço; desenho **3** *(pop.)* fome

traçado (tra.ça.do) *adj.* atravessado; cruzado ♦ *n.m.* plano de uma obra; planta; projeto

tração (tra.ção) *n.f.* **1** ação de uma força que desloca um objeto **2** ato de puxar, de movimentar

traçar (tra.çar) *v.* **1** riscar **2** cruzar **3** fazer esboço ou plano de **4** roer

tracção *a nova grafia é* **tração**

tracejado (tra.ce.ja.do) *n.m.* linha formada pela sequência de pequenos traços

tracejar (tra.ce.jar) *v.* **1** fazer tracejado em **2** fazer traços; riscar

traço (tra.ço) *n.m.* **1** risco feito com lápis, caneta, pincel, etc. **2** vestígio; sinal **3** linha do rosto; fisionomia; **traço de união:** hífen

tractor *a nova grafia é* **trator**

tradição (tra.di.ção) *n.f.* **1** transmissão oral de factos, lendas e costumes, de geração em geração **2** comportamentos e costumes de um povo ou de um grupo; hábito

tradicional (tra.di.ci.o.nal) *adj.2gén.* **1** relativo à tradição **2** que segue a tradição, sem querer alterá-la; conservador

tradicionalismo (tra.di.ci.o.na.lis.mo) *n.m.* atitude que rejeita qualquer mudança nas tradições ou nos antigos costumes; conservadorismo

tradicionalista (tra.di.ci.o.na.lis.ta) *adj. 2gén.* **1** relativo a tradicionalismo **2** conservador ♦ *n.2gén.* pessoa adepta do tradicionalismo

tradicionalmente (tra.di.ci.o.nal.men.te) *adv.* **1** segundo os costumes antigos **2** habitualmente

tradução (tra.du.ção) *n.f.* passagem daquilo que foi dito ou escrito numa língua para outra língua

tradutor (tra.du.tor) *adj. e n.m.* que ou aquele que traduz

traduzir (tra.du.zir) *v.* passar (texto, discurso) de uma língua para outra ♦ **traduzir-se** manifestar-se; revelar-se

tráfego (trá.fe.go) *n.m.* **1** movimento de veículos automóveis; trânsito **2** transporte de mercadorias

traficante (tra.fi.can.te) *n.2gén.* pessoa que se dedica ao comércio ilegal (de drogas, armas, etc.)

tráfico (trá.fi.co) *n.m.* comércio ilegal; contrabando

tragar (tra.gar) *v.* **1** engolir de um trago **2** comer com avidez **3** *(fig.)* fazer desaparecer

tragédia (tra.gé.di.a) *n.f.* **1** peça teatral que geralmente tem um final triste **2** situação que produz dor e sofrimento; desgraça

trágico (trá.gi.co) *adj.* **1** relativo a tragédia **2** que causa dor ou sofrimento

trago (tra.go) *n.m.* gole

traição (trai.ção) *n.f.* **1** deslealdade **2** infidelidade

traiçoeiro (trai.ço.ei.ro) *adj.* **1** relativo a traição **2** desleal

traidor (trai.dor) *adj. e n.m.* que ou aquele que atraiçoa; traiçoeiro

traineira (trai.nei.ra) *n.f.* barco de pesca aparelhado com grandes redes

trair (tra.ir) *v.* **1** ser desleal a alguém SIN. atraiçoar **2** ser infiel a (mulher ou marido) **3** revelar (um segredo íntimo)

trajar (tra.jar) *v.* usar como vestuário; vestir

traje (tra.je) *n.m.* **1** conjunto de peças de roupa exterior; vestuário **2** vestuário próprio de um grupo, de uma região ou de uma profissão

> *Repara que* **traje** *se escreve com* **j** *(e não com* **g***).*

trajecto *a nova grafia é* **trajeto**

trajectória *a nova grafia é* **trajetória**

trajeto (tra.je.to) *n.m.* espaço percorrido ou a percorrer; percurso

trajetória (tra.je.tó.ri.a) *n.f.* linha descrita por um corpo em movimento

trajo (tra.jo) *n.m.* → **traje**

tralha (tra.lha) *n.f.* **1** pequena rede de pesca **2** *(inform.)* grande quantidade de objetos de pouco valor

trama (tra.ma) *n.f.* **1** conjunto de fios que se cruzam num tecido; textura **2** sucessão de acontecimentos numa história; enredo **3** plano secreto para prejudicar alguém; conspiração

tramado (tra.ma.do) *adj.* **1** *(inform.)* que foi organizado como uma trama ou intriga **2** *(inform.)* que foi bem planeado

tramar (tra.mar) *v.* **1** tecer **2** conspirar **3** enredar **4** prejudicar

trambolhão (tram.bo.lhão) *n.m.* queda violenta, com ruído

trampolim (tram.po.lim) *n.m.* prancha elástica que fornece impulso para uma pessoa saltar ou mergulhar

tranca (tran.ca) *n.f.* barra de ferro ou de madeira que segura por dentro uma porta

trança (tran.ça) *n.f.* madeixa de cabelos entrelaçados

trancar (tran.car) *v.* fechar com tranca

trancinha (tran.ci.nha) *n.f.* [*dim. de* trança] trança pequena

tranquilamente (tran.qui.la.men.te) *adv.* sem pressa; com calma SIN. calmamente

tranquilidade (tran.qui.li.da.de) *n.f.* ausência de agitação ou de inquietação SIN. calma, sossego

tranquilizador (tran.qui.li.za.dor) *adj. e n.m.* que acalma ou o que tranquiliza

tranquilizante (tran.qui.li.zan.te) *n.m.* medicamento utilizado para reduzir a sensação de ansiedade SIN. calmante

tranquilizar (tran.qui.li.zar) *v.* tornar tranquilo; acalmar ♦ **tranquilizar-se** ficar tranquilo; acalmar-se

tranquilo (tran.qui.lo) *adj.* calmo; sereno; sossegado

transação (tran.sa.ção) *n.f.* operação comercial de compra ou venda; negócio

transacção *a nova grafia é* **transação**

transaccionar *a nova grafia é* **transacionar**

transacionar (tran.sa.ci.o.nar) *v.* fazer transações; negociar

transacto *a nova grafia é* **transato**

transatlântico (tran.sa.tlân.ti.co) *adj.* **1** situado do outro lado do Atlântico **2** que atravessa o Atlântico

transato (tran.sa.to) *adj.* que já passou; anterior

transbordante (trans.bor.dan.te) *adj. 2gén.* que transborda

transbordar (trans.bor.dar) *v.* sair pelas bordas; derramar-se

transbordo (trans.bor.do) *n.m.* **1** ato de exceder os limites de; derramamento **2** passagem (de passageiros ou mercadorias) de um meio de transporte para outro

transcendente (trans.cen.den.te) *adj. 2gén.* que ultrapassa o que é comum; superior

a b c d e f g h i j k l m n o p q r s t u v w x y z

transcender (trans.cen.der) *v.* **1** passar além de **2** ultrapassar; exceder

transcontinental (trans.con.ti.nen.tal) *adj.2gén.* que atravessa um continente

transcrever (trans.cre.ver) *v.* escrever novamente (um texto); reproduzir; copiar

transcrição (trans.cri.ção) *n.f.* reprodução (de um texto); cópia

transcrito (trans.cri.to) *adj.* que se transcreveu; reproduzido; copiado

transe (tran.se) *n.m.* **1** estado de exaltação; êxtase **2** situação de aflição; angústia

transeunte (tran.se.un.te) *n.2gén.* pessoa que se desloca a pé nas ruas SIN. peão

transferência (trans.fe.rên.ci.a) *n.f.* **1** mudança de um lugar para o outro **2** transmissão; passagem

transferidor (trans.fe.ri.dor) *n.m.* utensílio de metal ou plástico em forma de semicírculo, próprio para medir ou traçar ângulos num desenho

transferir (trans.fe.rir) *v.* **1** mudar de um lugar para outro **2** transmitir **3** adiar ◆ **transferir-se** ir para outro lugar

transfiguração (trans.fi.gu.ra.ção) *n.f.* transformação; mudança

transfigurar (trans.fi.gu.rar) *v.* **1** fazer alterar a figura ou o carácter de **2** fazer passar de um estado a outro; transformar ◆ **transfigurar-se 1** mudar de figura ou de carácter **2** passar de um estado a outro; transformar-se

transformação (trans.for.ma.ção) *n.f.* mudança de forma, de aspeto ou de hábitos; alteração

transformado (trans.for.ma.do) *adj.* que sofreu transformação; alterado

transformador (trans.for.ma.dor) *adj.* **1** que transforma **2** regenerador ◆ *n.m.* aparelho que que serve para transfor-

mar a tensão ou a intensidade de uma corrente elétrica

transformar (trans.for.mar) *v.* fazer mudar de forma, de aspeto ou de hábitos; causar alteração ◆ **transfrormar-se** mudar de forma, de aspeto ou de hábitos; sofrer alteração ⟨transformar-se em⟩

transfusão (trans.fu.são) *n.f.* operação que consiste em passar sangue, plasma ou soro de uma pessoa (dador) para outra pessoa (recetor)

transgredir (trans.gre.dir) *v.* **1** ir além de; ultrapassar **2** desobedecer a (uma regra, uma lei); infringir

transgressão (trans.gres.são) *n.f.* ato de desobedecer a uma regra ou uma lei SIN. infração

transição (tran.si.ção) *n.f.* passagem de um lugar ou de um estado para outro; mudança

transigência (tran.si.gên.ci.a) *n.f.* condescendência; tolerância

transigir (tran.si.gir) *v.* **1** chegar a um acordo; ceder **2** ser tolerante com; condescender

transitável (tran.si.tá.vel) *adj.2gén.* que permite a circulação (de pessoas, de veículos)

transitivo (tran.si.ti.vo) *adj.* diz-se do verbo que pede um ou mais complementos

trânsito (trân.si.to) *n.m.* **1** movimento de pessoas e veículos que utilizam uma via de comunicação; circulação **2** conjunto de veículos que circulam numa rua ou numa estrada

transitório (tran.si.tó.ri.o) *adj.* que dura pouco tempo SIN. passageiro

translação (trans.la.ção) *n.f.* movimento da Terra em torno do Sol

transladar (trans.la.dar) *v.* mudar de um lugar opara outro; transportar

translineação (trans.li.ne.a.ção) *n.f.* passagem de parte de uma palavra que não coube na linha de cima para o início da linha de baixo

Não te esqueças de repetir o **hífen** quando mudas de linha e a palavra que tens de dividir tem um hífen no fim da linha.

translúcido (trans.lú.ci.do) *adj.* que deixa passar a luz

transmissão (trans.mis.são) *n.f.* **1** ato ou efeito de transmitir **2** comunicação verbal ou escrita **3** passagem (de conhecimento, hábito, cargo, etc.) **4** propagação (de uma doença) **5** emissão (de rádio ou televisão)

transmissor (trans.mis.sor) *adj. e n.m.* que ou aparelho que serve para transmitir algo

transmitir (trans.mi.tir) *v.* **1** ser condutor de (som, calor, frio, etc.); conduzir; transportar **2** passar para alguém (conhecimento, informação, mensagem); comunicar **3** transferir (um bem, um objeto) para a posse de outra pessoa **4** propagar (uma doença)

transmontano (trans.mon.ta.no) *adj.* **1** situado além dos montes **2** relativo ou pertencente a Trás-os-Montes, região do nordeste de Portugal ♦ *n.m.* natural ou habitante de Trás-os-Montes e Alto Douro

transnacional (trans.na.ci.o.nal) *adj. 2gén.* de que fazem parte muitos países

transoceânico (tran.so.ce.â.ni.co) *adj.* **1** que atravessa o oceano **2** que se situa além-mar; ultramarino

transparecer (trans.pa.re.cer) *v.* aparecer através de; manifestar-se; revelar-se

transparência (trans.pa.rên.ci.a) *n.f.* **1** qualidade do que é transparente; limpidez **2** folha de plástico transparente que se usa no retroprojetor; acetato

transparente (trans.pa.ren.te) *adj.2gén.* **1** que se deixa atravessar pela luz; límpido **2** *(fig.)* que é fácil de perceber; claro; evidente

transpiração (trans.pi.ra.ção) *n.f.* **1** eliminação do suor através dos poros da pele **2** líquido eliminado através da pele; suor

transpirar (trans.pi.rar) *v.* verter suor pelos poros da pele; suar

transplantação (trans.plan.ta.ção) *n.f.* **1** ato de remover uma planta de um sítio para a plantar noutro sítio **2** → transplante

transplantar (trans.plan.tar) *v.* **1** remover uma planta de um sítio, plantando-a noutro **2** transferir um órgão de uma pessoa para outra

transplante (trans.plan.te) *n.m.* operação que consiste em mudar um órgão ou parte de um órgão de um corpo para outro corpo

transpor (trans.por) *v.* **1** ir além de; ultrapassar **2** passar por cima de; galgar

transportador (trans.por.ta.dor) *adj.* que transporta ♦ *n.m.* mecanismo ou aparelho usado para transportar coisas ou pessoas de um lugar para outro

transportadora (trans.por.ta.do.ra) *n.f.* empresa que se dedica ao transporte de mercadorias

transportar (trans.por.tar) *v.* **1** levar de um lugar para outro **2** carregar consigo

transporte (trans.por.te) *n.m.* **1** ato ou efeito de transportar pessoas ou coisas de um lugar para outro **2** meio (veículo, animal, etc.) que se utiliza para levar pessoas ou coisas de um lugar para outro

a
b
c
d
e
f
g
h
i
j
k
l
m
n
o
p
q
r
s
t
u
v
w
x
y
z

transtornado (trans.tor.na.do) *adj.* **1** desorganizado **2** perturbado emocionalmente

transtornar (trans.tor.nar) *v.* **1** alterar a ordem de; desorganizar **2** perturbar emocionalmente

transtorno (trans.tor.no) *n.m.* situação imprevista que causa incómodo ou perturbação SIN. contrariedade

transumância (tran.su.mân.ci.a) *n.f.* deslocação periódica de gado ovino

transversal (trans.ver.sal) *adj.2gén.* **1** disposto em ângulo reto **2** diz-se da rua que atravessa ou cruza outra rua ♦ *n.f.* linha ou reta que corta perpendicularmente outra; perpendicular

transversalmente (trans.ver.sal.men.te) *adv.* no sentido da largura; obliquamente

trapaça (tra.pa.ça) *n.f.* artifício para enganar ou prejudicar alguém SIN. burla, logro

trapaceiro (tra.pa.cei.ro) *adj. e n.m.* batoteiro; intrujão

trapalhada (tra.pa.lha.da) *n.f.* situação de desordem SIN. confusão

trapalhão (tra.pa.lhão) *adj. e n.m.* [*f.* trapalhona, *pl.* trapalhões] que ou pessoa que faz ou diz coisas sem cuidado, de forma desordenada ou confusa; atabalhoado

trapalhice (tra.pa.lhi.ce) *n.f.* **1** situação confusa; confusão; trapalhada **2** trabalho mal feito

trapézio (tra.pé.zi.o) *n.m.* **1** aparelho para exercícios de ginástica **2** quadrilátero com dois lados desiguais e paralelos entre si

trapezista (tra.pe.zis.ta) *n.2gén.* pessoa que faz acrobacias no trapézio

trapo (tra.po) *n.m.* pedaço de pano velho ou muito gasto SIN. farrapo

traqueia (tra.quei.a) *n.f.* canal, entre a laringe e os brônquios, que conduz o ar para os pulmões

traquejo (tra.que.jo) *n.m.* (*pop.*) prática ou experiência em determinada atividade SIN. destreza, perícia, treino

traquina (tra.qui.na) *adj. e n.2gén.* diz-se da criança que não para quieta SIN. endiabrado, travesso

traquinas (tra.qui.nas) *adj.inv.* → **traquina**

traquinice (tra.qui.ni.ce) *n.f.* brincadeira própria de criança SIN. diabrura, travessura

trás (trás) *prep.* **1** na parte posterior; atrás de **2** depois de; após ♦ *interj.* indica a queda de um corpo ou uma pancada

traseira (tra.sei.ra) *n.f.* parte de trás; retaguarda ♦ **traseiras** *n.f.pl.* parte posterior de um edifício

traseiro (tra.sei.ro) *adj.* que está situado atrás ♦ *n.m.* (*pop.*) nádegas; rabo

trasorelho (tra.so.re.lho) *n.m.* (*pop.*) → **papeira**

traste (tras.te) *n.m.* **1** peça de mobiliário velha e com pouco valor **2** (*pop.*) pessoa de mau carácter

tratado (tra.ta.do) *n.m.* **1** estudo ou obra escrita sobre tema científico, artístico, etc. **2** aliança política entre dois ou mais países; pacto

tratador (tra.ta.dor) *adj. e n.m.* **1** que ou pessoa que trata ou cuida de algo **2** que ou o que trata de animais, especialmente cavalos

tratamento (tra.ta.men.to) *n.m.* **1** comportamento em relação a alguém **2** modo de cumprimentar; cumprimento **3** forma de cuidar de um doente **4** processo de cura; terapia

tratar (tra.tar) *v.* **1** ocupar-se de **2** dar tratamento a **3** aplicar um curativo **4** alimentar **5** cuidar de **6** combinar ♦ **tratar-se 1** receber cuidados médicos **2** estar em causa (tratar de, tratar-se de)

trato (tra.to) *n.m.* **1** procedimento **2** convivência **3** delicadeza **4** acordo

trator (tra.tor) *n.m.* veículo motorizado usado como reboque ou em trabalhos agrícolas

trauma (trau.ma) *n.m.* **1** experiência emocionalmente dolorosa **2** ferimento, lesão ou contusão provocada por um agente externo; traumatismo

traumático (trau.má.ti.co) *adj.* relativo a trauma

traumatismo (trau.ma.tis.mo) *n.m.* **1** ferimento, lesão ou contusão provocada por um agente externo; trauma **2** *(fig.)* choque emocional

traumatizar (trau.ma.ti.zar) *v.* provocar trauma ou traumatismo em

trautear (trau.te.ar) *v.* cantarolar

travagem (tra.va.gem) *n.f.* ato ou efeito de fazer parar um veículo usando o travão

trava-língua (tra.va.lín.gua) *n.m.* [*pl.* trava-línguas] passatempo que consiste em dizer, com clareza e muito depressa, frases com sílabas difíceis de pronunciar, ou sílabas formadas com os mesmos sons (como em *três tristes tigres*)

travão (tra.vão) *n.m.* **1** mecanismo que faz parar ou abrandar o movimento; freio **2** *(fig.)* obstáculo; impedimento

travar (tra.var) *v.* **1** parar ou diminuir o movimento de **2** reduzir a velocidade de um veículo usando o travão **3** iniciar (um diálogo, uma luta) **4** *(fig.)* impedir a evolução de; refrear

trave (tra.ve) *n.f.* peça de madeira grossa e comprida, que suporta um teto ou que serve de apoio a uma construção

través (tra.vés) *n.m.* direção oblíqua ou diagonal; esguelha; soslaio

travessa (tra.ves.sa) *n.f.* **1** peça de madeira atravessada que une duas tábuas **2** rua estreita e secundária **3** espécie de pente para segurar o cabelo **4** prato comprido em que se servem alimentos

travessão (tra.ves.são) *n.m.* **1** sinal –, utilizado nos diálogos para marcar a fala dos interlocutores **2** gancho para prender o cabelo

travesseira (tra.ves.sei.ra) *n.f.* almofada mais curta do que o travesseiro

travesseiro (tra.ves.sei.ro) *n.m.* almofada estreita e comprida

travessia (tra.ves.si.a) *n.f.* viagem a pé ou num transporte para percorrer uma longa distância

travesso (tra.ves.so) *adj.* que faz travessuras; que não para quieto SIN. endiabrado, irrequieto, travesso

travessura (tra.ves.su.ra) *n.f.* brincadeira própria de criança SIN. diabrura, traquinice

travo (tra.vo) *n.m.* gosto amargo

trazer (tra.zer) *v.* **1** deslocar para cá ANT. levar **2** fazer-se acompanhar de **3** ser portador de (notícias, novidades) **4** ter como consequência **5** usar (roupa, chapéu, etc.)

trecho (tre.cho) *n.m.* fragmento de uma obra literária ou musical SIN. excerto

trégua (tré.gua) *n.f.* interrupção temporária de um conflito, um incómodo, uma dor, etc.; alívio; **não dar tréguas:** não dar descanso

treinador (trei.na.dor) *adj. e n.m.* que ou aquele que treina

treinar (trei.nar) *v.* **1** preparar (um atleta) para uma competição através de exercícios apropriados; praticar **2** preparar (alguém) para o desempenho de uma atividade; exercitar **3** *(fig.)* acostumar; habituar

treino (trei.no) *n.m.* **1** atividade física regular de uma pessoa ou de uma equipa para melhorar as suas capacidades ou para se preparar para uma competição; preparação **2** exercício regular de uma atividade; prática

a b c d e f g h i j k l m n o p q r s **t** u v w x y z

trejeito (tre.jei.to) *n.m.* contração da face que muda a expressão do rosto SIN. careta, esgar

trela (tre.la) *n.f.* tira de couro ou de metal usada para prender animais, sobretudo cães; **dar trela:** dar atenção ou confiança a alguém

trem (trem) *n.m.* **1** conjunto dos utensílios de cozinha **2** carruagem **3** (Bras.) comboio; **trem de aterragem:** sistema de suporte de um avião, que se apoia no solo por meio de rodas

trema (tre.ma) *n.m.* sinal gráfico ¨ formado por dois pontos justapostos, que em certas línguas se coloca sobre as vogais *i*, *e* ou *u*

tremelicar (tre.me.li.car) *v.* **1** tremer de frio ou de susto **2** tremer repetidamente

tremelique (tre.me.li.que) *n.m.* **1** ato de tremelicar **2** susto; medo

tremeliquento (tre.me.li.quen.to) *adj.* **1** que treme muito; trémulo **2** que tem muito medo; medroso

tremeluzir (tre.me.lu.zir) *v.* brilhar com luz trémula; cintilar

tremendamente (tre.men.da.men.te) *adv.* em grau ou intensidade muito elevada SIN. extremamente

tremendo (tre.men.do) *adj.* **1** horrível **2** formidável

tremer (tre.mer) *v.* ter tremuras; tiritar

tremido (tre.mi.do) *adj.* que não está seguro; trémulo

tremoço (tre.mo.ço) *n.m.* semente em forma de pequeno grão de cor amarela utilizada na alimentação

tremor (tre.mor) *n.m.* **1** agitação do corpo causada por susto, medo ou frio; estremecimento **2** grande agitação; abalo; **tremor de terra:** terramoto; sismo

trempe (trem.pe) *n.f.* arco ou triângulo de ferro assente sobre três pés, usado para colocar panelas ao lume

trémulo (tré.mu.lo) *adj.* **1** que treme ou estremece **2** que hesita; indeciso; vacilante

tremura (tre.mu.ra) *n.f.* agitação do corpo causada por susto, medo ou frio; tremor

trenó (tre.nó) *n.m.* veículo sem rodas, próprio para deslizar sobre a neve e sobre o gelo

trepadeira (tre.pa.dei.ra) *n.f.* planta que cresce apoiando-se em suportes

trepador (tre.pa.dor) *adj.* que trepa ♦ *n.m.* **1** aquele que trepa **2** ciclista que se destaca em percursos de montanha

trepar (tre.par) *v.* **1** subir a **2** elevar-se

trepidação (tre.pi.da.ção) *n.f.* **1** movimento produzido por um veículo em andamento; balanço **2** agitação rápida; estremecimento; abalo

três (três) *num.card.>quant.num.*ᴰᵀ dois mais um ♦ *n.m.* o número 3

tresloucado (tres.lou.ca.do) *adj.* e *n.m.* doido; louco

trespassar (tres.pas.sar) *v.* **1** transferir (uma loja) para outra pessoa **2** furar de lado a lado; perfurar (bala, seta, etc.)

trespasse (tres.pas.se) *n.m.* **1** transferência de uma loja para outra pessoa **2** ato de furar de um lado ao outro; perfuração

treta (tre.ta) (trêta) *n.f.* **1** (inform.) estratagema; manha **2** (inform.) coisa ou objeto sem importância **3** (inform.) aquilo que se diz para enganar alguém

trevas (tre.vas) *n.f.pl.* **1** ausência total de luz; escuridão **2** (fig.) falta de conhecimento; ignorância

trevo (tre.vo) *n.m.* planta leguminosa com três folhas

treze (tre.ze) *num.card.>quant.num.*ᴰᵀ dez mais três ♦ *n.m.* o número 13

trezentos (tre.zen.tos) *num.card.> quant.num.*ᴰᵀ duzentos mais cem ♦ *n.m.* **1** o número 300 **2** o século XIV

triagem (tri.a.gem) *n.f.* escolha; seleção

triangular (tri.an.gu.lar) *adj.2gén.* em forma de triângulo

triângulo (tri.ân.gu.lo) *n.m.* **1** figura geométrica que tem três ângulos e três lados **2** instrumento musical composto por um tubo em forma de triângulo, aberto num dos cantos e suspenso num fio, que se toca com uma vara de metal; ferrinhos

tribal (tri.bal) *adj.2gén.* relativo a tribo

tribo (tri.bo) *n.f.* conjunto de famílias que provêm de um tronco comum, sob a autoridade de um chefe

tribuna (tri.bu.na) *n.f.* **1** plataforma elevada de onde os oradores falam **2** lugar alto e reservado a autoridades, numa cerimónia ou sessão solene

tribunal (tri.bu.nal) *n.m.* **1** conjunto das pessoas que podem julgar e fazer cumprir a justiça **2** edifício onde se realizam os julgamentos

tributo (tri.bu.to) *n.m.* **1** contribuição **2** homenagem

tricentenário (tri.cen.te.ná.ri.o) *adj.* que tem 300 anos ◆ *n.m.* **1** espaço de 300 anos **2** comemoração de um acontecimento ocorrido há 300 anos

triciclo (tri.ci.clo) *n.m.* velocípede com três rodas

tricô (tri.cô) *n.m.* trabalho de malha feito com agulhas, à mão ou à máquina

tricolor (tri.co.lor) *adj.2gén.* que tem três cores

tricot (tricô) *n.m.* → **tricô**

tricotar (tri.co.tar) *v.* fazer tricô

tridimensional (tri.di.men.si.o.nal) *adj.2gén.* **1** que tem três dimensões (comprimento, largura e altura) **2** diz-se da imagem que dá a sensação de relevo

triénio (tri.é.ni.o) *n.m.* período de três anos

trigémeo (tri.gé.me.o) *n.m.* pessoa que nasceu do mesmo parto que outros dois gémeos

trigésimo (tri.gé.si.mo) *num.card.> quant.num.*^{DT} que ocupa o lugar número 30 ◆ *n.m.* uma das trinta partes em que se dividiu uma unidade; a trigésima parte

trigo (tri.go) *n.m.* planta de cujo grão se obtém farinha, que é usada para fazer pão

trigrafo (trí.gra.fo) *n.m.* conjunto de três letras que representam um único som

trigueiro (tri.guei.ro) *adj.* **1** da cor do trigo maduro **2** semelhante a trigo **3** moreno

trilhar (tri.lhar) *v.* **1** calcar **2** entalar **3** percorrer **4** seguir

trilho (tri.lho) *n.m.* **1** carril onde circulam os comboios, os elétricos, etc.. **2** caminho estreito e sinuoso entre vegetação

trilião (tri.li.ão) *num.card.>quant.num.*^{DT} um milhão de biliões; a unidade seguida de dezoito zeros (10^{18})

trilo (tri.lo) *n.m.* articulação rápida e alternada de duas notas musicais conjuntas

trilogia (tri.lo.gi.a) *n.f.* conjunto de três obras de um autor, ligadas por um tema comum

trimensal (tri.men.sal) *adj.2gén.* que acontece três vezes por mês

trimestral (tri.mes.tral) *adj.2gén.* que se realiza de três em três meses

trimestre (tri.mes.tre) *n.m.* período de três meses

trinca (trin.ca) *n.f.* golpe feito com os dentes; dentada

trincadela (trin.ca.de.la) *n.f.* dentada; mordidela

trincar (trin.car) *v.* **1** partir ou cortar com os dentes; morder **2** *(pop.)* comer

trinchar (trin.char) *v.* cortar em pedaços ou fatias (sobretudo carne)

trincheira (trin.chei.ra) *n.f.* escavação de terreno, destinada a proteger soldados em combate

trinco (trin.co) n.m. tranca da porta que se levanta ou faz correr por meio de chave

trindade (trin.da.de) n.f. grupo de três pessoas ou três coisas semelhantes

Trindade (Trin.da.de) n.f. dogma do cristianismo, segundo o qual em Deus uno há três pessoas distintas (Pai, Filho e Espírito Santo)

trineta (tri.ne.ta) n.f. filha do bisneto ou da bisneta

trineto (tri.ne.to) n.m. filho do bisneto ou da bisneta

trinta (trin.ta) num.card.>quant.num.ᴰᵀ vinte mais dez ♦ n.m. o número 30

trinta-e-um (trin.ta-e-um) n.m.2núm. 1 jogo cuja finalidade é perfazer trinta e um pontos ou aproximar-se desse número por defeito e nunca por excesso 2 (pop.) tumulto; desordem 3 (pop.) grande problema; complicação

trintão (trin.tão) n.m. [f. trintona] pessoa cuja idade se situa entre os 30 e os 40 anos

trintena (trin.te.na) n.f. 1 grupo de trinta pessoas ou coisas 2 trigésima parte

trio (tri.o) n.m. conjunto de três pessoas ou três coisas

tripa (tri.pa) n.f. (inform.) intestino; barriga ♦ **tripas** n.f.pl. feijoada preparada com parte dos intestinos da vaca ou da vitela; dobrada; **fazer das tripas coração**: fazer um grande esforço para suportar algo com paciência; **pau de virar tripas**: pessoa muito magra

tripé (tri.pé) n.m. 1 suporte de três pernas articuladas 2 banco com três pés

tripeiro (tri.pei.ro) adj. (inform.) relativo ao Porto **SIN**. portuense ♦ n.m. (inform.) pessoa natural da cidade do Porto

tripla (tri.pla) n.f. 1 peça com dois pinos que permite a ligação simultânea de três fichas à corrente 2 marcação dos três resultados possíveis (vitória, em-

pate, derrota) num boletim de apostas mútuas (no totobola, por exemplo)

triplicado (tri.pli.ca.do) adj. multiplicado por três ♦ n.m. 1 terceiro exemplar de um original 2 segunda cópia

triplicar (tri.pli.car) v. multiplicar por três

triplo (tri.plo) num.mult.>quant.num.ᴰᵀ que contém três vezes a mesma quantidade ♦ n.m. valor ou quantidade três vezes maior

tripulação (tri.pu.la.ção) n.f. conjunto de pessoas que trabalham num navio ou num avião

tripulante (tri.pu.lan.te) n.2gén. pessoa que trabalha a bordo de um navio, de um avião ou de uma nave espacial

tripular (tri.pu.lar) v. conduzir ou pilotar (um barco, um avião, uma nave)

trisavó (tri.sa.vó) n.f. mãe do bisavô ou da bisavó

trisavô (tri.sa.vô) n.m. pai do bisavô ou da bisavó

trissílabo (tris.sí.la.bo) n.m. palavra que tem três sílabas

triste (tris.te) adj.2gén. 1 que causa tristeza; doloroso **ANT**. alegre, contente 2 que sente tristeza; melancólico 3 que tem falta de cor ou de alegria; sombrio

tristeza (tris.te.za) n.f. 1 qualidade ou estado de quem está triste; melancolia **ANT**. alegria 2 mágoa; aflição

tristonho (tris.to.nho) adj. que tem aspeto ou expressão triste; melancólico

triturar (tri.tu.rar) v. 1 reduzir a pó; picar 2 mastigar (alimentos); trincar

triunfador (tri.un.fa.dor) adj. que triunfa **SIN**. vencedor, vitorioso ♦ n.m. aquele que triunfa

triunfal (tri.un.fal) adj.2gén. 1 relativo a triunfo 2 grandioso; magnífico 3 que foi bem-sucedido; vitorioso

triunfante (tri.un.fan.te) adj.2gén. que triunfa; que triunfou **SIN**. vencedor, vitorioso

triunfar (tri.un.far) *v.* alcançar um triunfo ou uma vitória SIN. vencer

triunfo (tri.un.fo) *n.m.* **1** vitória; glória **2** êxito; fama

trivial (tri.vi.al) *adj.2gén.* vulgar; banal

triz (triz) *n.m.* momento; instante; **por um triz:** por pouco

troca (tro.ca) *n.f.* **1** substituição de uma coisa por outra; mudança **2** entrega de uma coisa para obter outra, geralmente idêntica **3** partilha (de conhecimentos, de impressões, experiências, etc.)

troça (tro.ça) *n.f.* aquilo que se diz ou se faz para ridicularizar alguém SIN. escárnio, zombaria

trocadilho (tro.ca.di.lho) *n.m.* jogo de palavras, geralmente com sons parecidos, que provoca confusão ou ambiguidade

trocado (tro.ca.do) *n.m.* dinheiro em moedas; trocos

trocar (tro.car) *v.* **1** dar uma coisa e receber outra **2** converter em moeda(s) uma moeda ou nota de maior valor **3** substituir uma coisa por outra **4** interpretar mal **5** devolver um objeto que se comprou (por ter defeito, etc.) ◆ **trocar-se** mudar de roupa ou de calçado; **trocar em miúdos:** esclarecer; explicar

troçar (tro.çar) *v.* rir-se de algo ou de alguém; ridicularizar; gozar (troçar de)

trocista (tro.cis.ta) *adj. e n.2gén.* que ou pessoa que faz ou gosta de fazer troça

troco (tro.co) *n.m.* **1** dinheiro que é devolvido quando se paga com uma nota ou com moedas de valor superior ao da conta **2** *(fig.)* resposta; réplica; **a troco de:** em resposta a; em contrapartida; **não dar troco:** não ligar importância; não dar resposta; ignorar

troço (tro.ço) *n.m.* **1** pedaço de pau tosco e grosso **2** pedaço de qualquer coisa **3** parte de uma estrada, de um rio, etc. **4** caule de certas plantas, especialmente couves

troféu (tro.féu) *n.m.* qualquer símbolo de uma vitória, que é entregue ao vencedor de uma competição; taça

trolha (tro.lha) *n.m.* operário que assenta a argamassa nas paredes, conserta telhados e faz outros trabalhos de construção civil

tromba (trom.ba) *n.f.* **1** focinho saliente, muito alongado e flexível de alguns mamíferos, como o elefante **2** coluna de água que o vento levanta e faz girar **3** *(pop.)* cara; **estar de trombas:** estar carrancudo ou zangado

trombeta (trom.be.ta) *n.f.* instrumento musical de sopro, formado por um tubo metálico e comprido

trombone (trom.bo.ne) *n.m.* instrumento musical de sopro, formado por dois tubos encaixados um no outro, que se alongam ou encolhem

trombudo (trom.bu.do) *adj.* **1** que tem tromba **2** *(fig.)* carrancudo; mal humorado

trompa (trom.pa) *n.f.* instrumento musical de sopro, metálico e curvo, maior do que a trombeta

trompete (trom.pe.te) *n.m.* instrumento de sopro de metal, em forma de tubo alongado, que termina num cone

trompetista (trom.pe.tis.ta) *n.2gén.* pessoa que toca trompete

tronco (tron.co) *n.m.* **1** caule das árvores e dos arbustos, mais largo na base, junto à raiz **2** parte do corpo humano que suporta a cabeça e os membros **3** *(fig.)* geração **4** *(fig.)* origem

trono (tro.no) *n.m.* **1** cadeira imponente, geralmente colocada num lugar destacado, onde se sentam reis e rainhas em cerimónias solenes **2** poder de um rei ou de uma rainha; realeza

a b c d e f g h i j k l m n o p q r s t u v w x y z

tropa (tro.pa) *n.f.* **1** conjunto de soldados; exército **2** conjunto de atividades realizadas durante determinado tempo com as forças armadas; serviço militar

tropeção (tro.pe.ção) *n.m.* ato ou efeito de tropeçar; embate num obstáculo, que provoca desequilíbrio ou queda

tropeçar (tro.pe.çar) *v.* **1** embater com o pé em alguma coisa; esbarrar **2** não acertar em; errar (tropeçar em)

trôpego (trô.pe.go) *adj.* que tem dificuldade em andar ou em manter o equilíbrio

tropical (tro.pi.cal) *adj.2gén.* **1** relativo aos trópicos **2** situado nos trópicos **3** diz-se do clima muito quente

trópico (tró.pi.co) *n.m.* cada um dos dois círculos da esfera terrestre, paralelos ao equador, que dividem a Terra em duas zonas: zona quente e zona temperada (existem dois trópicos: o Trópico de Câncer, a norte do equador, e o Trópico de Capricórnio, a sul do equador)

troposfera (tro.pos.fe.ra) *n.f.* camada atmosférica que está mais próxima da superfície terrestre (entre 10 km a 12 km de altitude)

trotador (tro.ta.dor) *adj. e n.m.* que ou o animal que trota

trotar (tro.tar) *v.* andar a trote (o cavalo)

trote (tro.te) *n.m.* modo de andar do cavalo entre o passo e o galope

trotineta (tro.ti.ne.ta) *n.f.* brinquedo formado por uma tábua montada sobre duas rodas, onde se apoia um pé enquanto se dá impulso com o outro, e com um guiador

trotinete (tro.ti.ne.te) *n.f.* → trotineta

trouxa (trou.xa) *n.f.* embrulho de roupa ◆ *adj. e n.2gén.* *(inform.)* palerma; ingénuo

trova (tro.va) *n.f.* **1** composição poética ligeira, de carácter mais ou menos popular **2** cantiga

trovador (tro.va.dor) *n.m.* na Idade Média, poeta que compunha e cantava poesia lírica

trovadoresco (tro.va.do.res.co) *adj.* **1** relativo a trovador medieval **2** relativo à sua poesia

trovão (tro.vão) *n.m.* ruído que acompanha a descarga elétrica nas trovoadas

trovejar (tro.ve.jar) *v.* **1** soar um trovão **2** haver trovoada

trovoada (tro.vo.a.da) *n.f.* **1** série de trovões **2** grande estrondo

trufa (tru.fa) *n.f.* **1** cogumelo subterrâneo de constituição tubercular **2** doce preparado com chocolate, manteiga ou leite derretidos e ovos, apresentado em forma de bolinha(s)

trunfo (trun.fo) *n.m.* **1** em certos jogos de cartas, naipe que tem superioridade sobre os outros **2** cada uma das cartas desse naipe

truque (tru.que) *n.m.* **1** forma habilidosa de fazer algo **2** ardil; manha

truta (tru.ta) *n.f.* peixe de água doce, carnívoro, de cor esverdeada ou azulada com manchas negras

truz (truz) *interj.* ruído produzido pela queda de um corpo ou detonação de uma arma de fogo

T-shirt (tixârt) *n.f.* [*pl. T-shirts*] camisola de malha de algodão com manga curta

tsunami *n.m.* vaga marinha provocada por um tremor de terra submarino, uma erupção vulcânica ou por um tufão

tu (tu) *pron.pess.* designa a pessoa com quem se fala (*tu és inteligente; onde estavas tu?*)

tuba (tu.ba) *n.f.* instrumento de sopro de três pistões; trombeta

tubarão (tu.ba.rão) *n.m.* peixe de grande porte e muito voraz, frequente nos mares quentes

tubarão-azul (tu.ba.rão-a.zul) *n.m.* [*pl.* tubarões-azuis] peixe de águas tropicais e temperadas, com cerca de 4 metros de comprimento, focinho longo, dorso azul-escuro e ventre branco

tubarão-branco (tu.ba.rão-bran.co) *n.m.* [*pl.* tubarões-brancos] o mais feroz e agressivo dos tubarões, de tom cinzento-claro, com barbatana caudal em forma de meia-lua e dentes triangulares

tubarão-martelo (tu.ba.rão-mar.te.lo) *n.m.* [*pl.* tubarões-martelo] tubarão com cabeça achatada e larga dos lados, como um martelo, que vive em águas tropicais e temperadas, tem cerca de 4 metros de comprimento, dorso castanho-acinzentado e partes inferiores brancas

tubarão-tigre (tu.ba.rão-ti.gre) *n.m.* [*pl.* tubarões-tigre] tubarão forte e muito agressivo, com cerca de 7 metros de comprimento e 1 tonelada de peso, e dentes triangulares, adaptados a rasgar carne

tubérculo (tu.bér.cu.lo) *n.m.* caule grosso, geralmente subterrâneo, com folhas reduzidas e carregadas de reservas nutritivas

tuberculose (tu.ber.cu.lo.se) *n.f.* doença infeciosa caracterizada pela presença de lesões nodulares nos tecidos, sobretudo nos pulmões

tuberculoso (tu.ber.cu.lo.so) *adj.* 1 relativo a tuberculose 2 relativo a tubérculo ♦ *n.m.* aquele que sofre de tuberculose

tubo (tu.bo) *n.m.* 1 canal cilíndrico, aberto nas duas extremidades, por onde podem passar líquidos, gases, etc. 2 embalagem cilíndrica fechada numa ponta e aberta na outra, própria para conter pós, cremes, etc.; **tubo de ensaio:** pequeno tubo de vidro, fechado numa das pontas, usado em experiências de laboratório; **tubo digestivo:** conjunto de órgãos por onde passam os alimentos para serem assimilados pelo organismo

tubular (tu.bu.lar) *adj.2gén.* em forma de tubo

tucano (tu.ca.no) *n.m.* ave trepadora com bico grande e longo e plumagem de cores fortes (vermelha, laranja, verde ou preta)

tudo (tu.do) *pron.indef.* 1 a totalidade das coisas ANT. nada 2 aquilo que é mais importante 3 *(inform.)* todas as pessoas; **estar por tudo:** estar disposto a aguentar tudo; **mais que tudo:** em primeiro lugar; principalmente

TUE *sigla de* **T**ratado da **U**nião **E**uropeia

tufão (tu.fão) *n.m.* vento tempestuoso e forte

tufo (tu.fo) *n.m.* porção de plantas, flores, penas, etc., muito juntas

túji (tú.ji) *n.m. (Ang., Moç.)* excremento; porcaria

tule (tu.le) *n.m.* tecido transparente de seda ou de algodão

tulipa (tu.li.pa) *n.f.* → **túlipa**

túlipa (tú.li.pa) *n.f.* 1 planta com caule liso que dá flores vistosas, em forma de cálices 2 flor dessa planta

tumba (tum.ba) *n.f.* sepultura

tumor (tu.mor) *n.m.* aumento do volume de uma parte de tecido ou de um órgão

túmulo (tú.mu.lo) *n.m.* 1 cova onde se enterram os cadáveres SIN. sepultura 2 monumento funerário em memória de alguém

tumulto (tu.mul.to) *n.m.* 1 movimento desordenado 2 motim; revolta

tundra (tun.dra) *n.f.* vegetação característica da zona ártica, constituída fundamentalmente por líquenes e por musgos

túnel (tú.nel) *n.m.* passagem subterrânea

tungo (tun.go) *n.m. (Ang.)* pau para construção de cubatas; trave

túnica (tú.ni.ca) *n.f.* peça de vestuário ampla, com ou sem mangas

turbante (tur.ban.te) *n.m.* banda de tecido que se enrola à volta da cabeça e que é usada pelos homens em certos países orientais (Índia, Paquistão, etc.)

turbilhão (tur.bi.lhão) *n.m.* **1** vento tempestuoso que sopra girando **2** *(fig.)* grande agitação

turbina (tur.bi.na) *n.f.* motor cujo movimento é provocado pelo impulso de uma corrente (água, ar, vapor, gases quentes, etc.)

turbulência (tur.bu.lên.ci.a) *n.f.* **1** qualidade de turbulento **2** agitação; tumulto

turbulento (tur.bu.len.to) *adj.* **1** que não está sossegado; irrequieto **2** em que há muito movimento; agitado

turco (tur.co) *adj.* **1** relativo à Turquia (país situado no sudeste da Europa, junto à Ásia) **2** diz-se do tecido felpudo usado em toalhas de banho e roupões ♦ *n.m.* **1** pessoa natural da Turquia **2** língua oficial da Turquia

turino (tu.ri.no) *adj.* diz-se de uma raça de gado bovino

turismo (tu.ris.mo) *n.m.* **1** atividade de viajar, de conhecer lugares diferentes daquele onde se vive habitualmente **2** conjunto dos serviços necessários para essa atividade

turista (tu.ris.ta) *n.2gén.* pessoa que viaja por recreio

turística (tu.rís.ti.ca) *n.f.* segunda classe, nos aviões

turístico (tu.rís.ti.co) *adj.* relativo a turismo

turma (tur.ma) *n.f.* **1** grupo de estudantes que seguem o mesmo programa e compõem uma sala de aulas; classe **2** *(Bras.)* grupo de amigos; pessoal

turno (tur.no) *n.m.* grupo de pessoas que se revezam em certos serviços ou atos; vez; ordem; **por seu turno:** por sua vez

turquês (tur.quês) *n.f.* utensílio de metal, semelhante a uma tenaz, que serve para apertar ou arrancar um objeto

turquesa (tur.que.sa) *n.f.* pedra preciosa de cor azul

turra (tur.ra) *n.f.* **1** *(pop.)* pancada com a testa **2** *(fig.)* teima; birra

turvar (tur.var) *v.* tornar turvo ou opaco; embaciar; escurecer ♦ **turvar-se** ficar turvo ou opaco; embaciar-se; escurecer

turvo (tur.vo) *adj.* **1** que perdeu a limpidez ou a transparência; embaciado; escuro **2** *(fig.)* confuso; desorientado

tuta-e-meia (tu.ta-e-mei.a) *n.f.* [*pl.* tuta-e-meias] *(pop.)* preço muito baixo sin. bagatela, ninharia

tutano (tu.ta.no) *n.m.* **1** substância mole que preenche as cavidades dos ossos; medula **2** *(fig.)* parte mais íntima de alguma coisa; âmago

tutela (tu.te.la) *n.f.* **1** autoridade legal sobre uma pessoa menor ou incapaz **2** *(fig.)* proteção

tutor (tu.tor) *n.m.* **1** pessoa a quem, por lei, é confiada a tutela de alguém **2** *(fig.)* protetor

tutu (tu.tu) *n.m.* **1** *(infant.)* nádegas; rabo **2** saia de tule em camadas com comprimentos diferentes, usada pelas bailarinas no *ballet*

TV *sigla de* **tele**vi**s**ão

txapo-txapo (txa.po-txa.po) *adv. (Moç.)* depressa; com rapidez

txunga moyo (txun.ga mo.y.o) *n.m. (Moç.)* mercado informal

U

u *n.m.* vogal, vigésima primeira letra do alfabeto, que está entre as letras *t* e *v*

ucraniano (u.cra.ni.a.no) *adj.* relativo à Ucrânia (país do leste da Europa) ◆ *n.m.* **1** pessoa natural da Ucrânia **2** língua falada na Ucrânia

UE *sigla de* **U**nião **E**uropeia

ufa (u.fa) *interj.* exprime alívio ou cansaço

uh (uh) *interj.* exprime dor, repugnância ou intenção de assustar alguém

ui (ui) *interj.* exprime dor ou espanto

uísque (u.ís.que) *n.m.* → **whisky**

uistiti (uis.ti.ti) *n.m.* espécie de macaco muito pequeno, cujo dedo polegar não é oponível aos outros dedos

uivar (ui.var) *v.* dar uivos (o lobo, a raposa, o cão)

uivo (ui.vo) *n.m.* voz do lobo, da raposa e do cão

úlcera (úl.ce.ra) *n.f.* lesão na pele ou num tecido, de cicatrização difícil; ferida; chaga

ultimamente (ul.ti.ma.men.te) *adv.* nos últimos tempos; há pouco tempo SIN. recentemente

ultimato (ul.ti.ma.to) *n.m.* última proposta ou conjunto de condições que uma pessoa apresenta a outra

último (úl.ti.mo) *adj.* **1** que está no fim de todos os outros; final **2** mais recente; atual **3** que ocupa o lugar mais baixo; inferior **4** que não volta atrás; definitivo **5** mais pequeno; mínimo ◆ *n.m.* o que está depois de todos

ultra (ul.tra) *adj. e n.2gén.* extremista; radical

ultrajar (ul.tra.jar) *v.* insultar; injuriar

ultraje (ul.tra.je) *n.m.* insulto; injúria

ultraleve (ul.tra.le.ve) *n.m.* avião pequeno, de um ou dois lugares, com um motor pouco potente

ultramar (ul.tra.mar) *n.m.* região muito distante, situada do outro lado do mar

ultramarino (ul.tra.ma.ri.no) *adj.* relativo ou pertencente ao ultramar

ultrapassado (ul.tra.pas.sa.do) *adj.* **1** que se ultrapassou **2** superado; vencido **3** antiquado; desatualizado

ultrapassagem (ul.tra.pas.sa.gem) *n.f.* passagem de um veículo para diante de outro que circula no mesmo sentido

ultrapassar (ul.tra.pas.sar) *v.* **1** passar para a frente de um veículo ou uma pessoa que circula no mesmo sentido **2** passar além de; transpor **3** ser superior a; exceder

ultrapasteurização (ul.tra.pas.teu.ri.za.ção) *n.f.* processo de tratamento do leite em que este é aquecido a uma temperatura muito elevada durante alguns segundos, sendo arrefecido logo a seguir, de forma a eliminar bactérias

ultrapasteurizado (ul.tra.pas.teu.ri.za.do) *adj.* diz-se do leite que foi tratado por meio de ultrapasteurização

ultra-som *a nova grafia é* **ultrassom**

ultrassom (ul.tras.som) *n.m.* onda sonora de frequência superior ao limite dos sons audíveis

ultravioleta (ul.tra.vi.o.le.ta) *adj.2gén. 2núm.* diz-se da radiação emitida pelo sol que não é visível

um (um) *det.art.indef.* [*f.* uma] antecede um nome, indicando referência imprecisa e indeterminada (*um rapaz, uns livros*) ◆ *pron.indef.* **1** alguma pessoa;

alguém **2** alguma coisa; algum; algo ♦ *num.card.>quant.num.*ᴰᵀ a unidade ♦ *n.m.* **1** o número 1 **2** o que, numa série, ocupa o primeiro lugar; **um a um:** um de cada vez

umbigo (um.bi.go) *n.m.* cicatriz abdominal resultante do corte do cordão umbilical

umbila (um.bi.la) *n.f. (Ang.)* árvore ou arbusto de folhas caducas e madeira escura avermelhada, usada para construir móveis, canoas, etc.

umbilical (um.bi.li.cal) *adj.2gén.* **1** referente ao umbigo **2** diz-se do cordão que une o feto à mãe

úmero (ú.me.ro) *n.m.* osso longo que vai do ombro ao cotovelo

unânime (u.nâ.ni.me) *adj.2gén.* **1** que está de acordo **2** que exprime a vontade de todos

unanimidade (u.na.ni.mi.da.de) *n.f.* conformidade geral de ideias, pensamentos, opiniões, votos, etc.; concordância; **por unanimidade:** por consenso; por vontade de todos

unção (un.ção) *n.f.* aplicação de óleos sagrados numa pessoa

unha (u.nha) *n.f.* lâmina quase transparente que reveste a extremidade dos dedos dos pés e das mãos; **com unhas e dentes:** com determinação; com vontade; **meter a unha:** vender caro; explorar; **ser unha com carne com alguém:** ser íntimo de alguém

união (u.ni.ão) *n.f.* **1** ato ou efeito de unir; ligação **2** casamento **3** pacto

unicamente (u.ni.ca.men.te) *adv.* apenas; só

UNICEF *n.f.* Fundo das Nações Unidas para a Infância

unicelular (u.ni.ce.lu.lar) *adj.2gén.* que é constituído por uma única célula

único (ú.ni.co) *adj.* **1** que é só um; singular **2** exclusivo **3** excecional

unicórnio (u.ni.cór.ni.o) *n.m.* animal fabuloso, com corpo de cavalo e um chifre no meio da testa SIN. licorne

unidade (u.ni.da.de) *n.f.* **1** qualidade do que forma um todo **2** número um; base da numeração **3** qualquer quantidade que serve para comparar grandezas da mesma espécie **4** objeto único **5** *(fig.)* coerência; harmonia; uniformidade

unido (u.ni.do) *adj.* **1** que forma um todo juntamente com outros elementos **2** que está ligado a **3** *(fig.)* coerente; harmonioso; uniforme

unificação (u.ni.fi.ca.ção) *n.f.* união de coisas que estavam separadas

unificar (u.ni.fi.car) *v.* unir coisas que estavam separadas

uniforme (u.ni.for.me) *adj.2gén.* **1** que tem a mesma forma ou o mesmo aspeto; semelhante **2** que não varia; invariável; regular ♦ *n.m.* vestuário usado por todos os membros de uma instituição ou de um serviço (profissional, militar, etc.); farda

uniformidade (u.ni.for.mi.da.de) *n.f.* **1** regularidade **2** coerência **3** harmonia

uniformizar (u.ni.for.mi.zar) *v.* **1** tornar igual ou semelhante; normalizar **2** fazer vestir um uniforme; fardar

unilateral (u.ni.la.te.ral) *adj.2gén.* **1** situado só de um lado **2** que só trata um dos aspetos de (uma questão, um tema); parcial **3** que é decidido apenas por uma das pessoas ou partes envolvidas

unilingue (u.ni.lin.gue) *adj.2gén.* escrito ou transmitido numa só língua

unir (u.nir) *v.* **1** reunir num todo; unificar **2** pôr em contacto; ligar **3** casar ♦ **unir-se 1** ficar em contacto com; ligar-se **2** juntar-se a um grupo, partido, etc.; aderir a **3** casar-se

unissexo (u.nis.se.xo) *adj.inv.* que se destina aos dois sexos

uníssono (u.nís.so.no) *adj.* **1** que tem um som da mesma frequência que outro **2** *(fig.)* unânime; consensual; **em uníssono:** ao mesmo tempo; em coro

unitário (u.ni.tá.ri.o) *adj.* relativo a unidade

univalve (u.ni.val.ve) *adj.2gén.* diz-se da concha que é formada por uma só parte

universal (u.ni.ver.sal) *adj.2gén.* **1** relativo ou pertencente ao universo inteiro SIN. global, mundial **2** que diz respeito a todas as pessoas

universalmente (u.ni.ver.sal.men.te) *adv.* **1** em todo o mundo SIN. globalmente, mundialmente **2** por todas as pessoas

universidade (u.ni.ver.si.da.de) *n.f.* estabelecimento de ensino superior

universitário (u.ni.ver.si.tá.ri.o) *adj.* relativo a universidade

universo (u.ni.ver.so) *n.m.* **1** conjunto de todas as coisas que existem no tempo e no espaço SIN. mundo **2** a Terra e os seus habitantes **3** o sistema solar

univitelino (u.ni.vi.te.li.no) *adj.* que provém de um único óvulo; monozigótico

uno (u.no) *adj.* **1** que não se pode dividir **2** único; singular

untar (un.tar) *v.* cobrir com substância gordurosa SIN. besuntar, olear

unto (un.to) *n.m.* qualquer substância gordurosa SIN. gordura

upa (u.pa) *interj.* **1** usada para incitar alguém a levantar-se ou a subir **2** exprime esforço ao levantar um peso

urânio (u.râ.ni.o) *n.m.* elemento metálico e radioativo

Urano (U.ra.no) *n.m.* planeta do sistema solar, cuja órbita fica entre a de Saturno e a de Neptuno

Úrano (Ú.ra.no) *n.m.* → **Urano**

urbanismo (ur.ba.nis.mo) *n.m.* conjunto das questões relativas à organização das cidades

urbanístico (ur.ba.nís.ti.co) *adj.* **1** relativo a urbanização **2** relativo a arquitetura urbana

urbanização (ur.ba.ni.za.ção) *n.f.* **1** criação e desenvolvimento de construções nas cidades **2** zona ou edifício onde habitam muitas pessoas

urbanizar (ur.ba.ni.zar) *v.* tornar (um lugar) habitável; construir habitações

urbano (ur.ba.no) *adj.* relativo ou pertencente à cidade

ureia (u.rei.a) *n.f.* substância cristalina que entra na composição da urina

uréter (u.ré.ter) *n.m.* canal que conduz a urina do rim para a bexiga

uretra (u.re.tra) *n.f.* canal que conduz a urina da bexiga para o exterior

urgência (ur.gên.ci.a) *n.f.* **1** necessidade de fazer algo depressa; pressa **2** situação que exige uma solução ou intervenção médica rápida; emergência **3** serviço de um hospital onde se prestam cuidados médicos de emergência

urgente (ur.gen.te) *adj.2gén.* **1** que tem de ser feito com rapidez **2** que não pode faltar; indispensável

urina (u.ri.na) *n.f.* líquido que é segregado pelos rins e expelido pelo aparelho urinário

urinar (u.ri.nar) *v.* expelir a urina

urinário (u.ri.ná.ri.o) *adj.* relativo a urina

urna (ur.na) *n.f.* **1** caixa onde se recolhem os votos, numa eleição **2** caixa retangular em que se enterram os mortos; caixão; **ir às urnas:** participar numa eleição; votar

urrar (ur.rar) *v.* **1** dar urros; rugir **2** berrar

urro (ur.ro) *n.m.* **1** voz forte e aguda de alguns animais; rugido **2** grito forte de uma pessoa; berro

urso (ur.so) *n.m.* grande mamífero carnívoro, de pelo denso, pescoço curto e orelhas pequenas e arredondadas;

a b c d e f g h i j k l m n o p q r s t **u** v w x y z

fazer figura de urso: fazer uma figura ridícula

urso-branco (ur.so-bran.co) *n.m.* [*pl.* ursos-brancos] → **urso-polar**

urso-formigueiro (ur.so-for.mi.guei.ro) *n.m.* [*pl.* ursos-formigueiros] mamífero sul-americano, tropical, com focinho em forma de tubo, cauda grande e língua longa e pegajosa, com a qual apanha formigas SIN. papa-formigas

urso-polar (ur.so-po.lar) *n.m.* [*pl.* ursos--polares] grande urso branco que vive no polo norte, carnívoro e com patas adaptadas para nadar

urticária (ur.ti.cá.ri.a) *n.f.* mancha avermelhada na pele, acompanhada de comichão

urtiga (ur.ti.ga) *n.f.* planta herbácea com folhas revestidas de pelos que segregam uma substância que provoca irritação na pele

urze (ur.ze) *n.f.* planta que nasce em terrenos incultos, com flores pequenas e raízes grossas

usado (u.sa.do) *adj.* **1** que foi experimentado; que teve uso **2** que não é novo; gasto

usar (u.sar) *v.* **1** pôr em uso ou em prática; empregar; utilizar **2** ter o hábito de; costumar **3** utilizar (tempo, dinheiro) de forma útil, ou não; gastar **4** trazer vestido ou calçado (roupa, sapatos) ♦ **usar-se** estar em uso

uso (u.so) *n.m.* **1** utilização; emprego (de alguma coisa para determinado fim) **2** hábito; costume

usual (u.su.al) *adj.2gén.* **1** que se faz ou se usa habitualmente SIN. comum, habitual **2** que é frequente

usufruir (u.su.fru.ir) *v.* ter o direito de gozar algo; possuir (usufruir de)

usufruto (u.su.fru.to) *n.m.* **1** direito de gozar de (um bem que pertence a outra pessoa) **2** ato de aproveitar algo que dá prazer

utensílio (u.ten.sí.li.o) *n.m.* qualquer instrumento de trabalho; ferramenta

utente (u.ten.te) *n.2gén.* pessoa que utiliza um bem ou um serviço

útero (ú.te.ro) *n.m.* órgão que faz parte do aparelho genital feminino, situado na cavidade pélvica entre a bexiga e o reto, onde se gera e se desenvolve o feto, que é expulso no final da gestação

útil (ú.til) *adj.2gén.* **1** que serve para alguma coisa ANT. inútil **2** que tem vantagem; proveitoso **3** diz-se do dia em que se trabalha, em que não é feriado

utilidade (u.ti.li.da.de) *n.f.* **1** proveito **2** vantagem **3** objeto útil

utilitário (u.ti.li.tá.ri.o) *adj.* relativo a utilidade ♦ *n.m.* **1** automóvel ligeiro destinado ao transporte de mercadorias **2** programa cujo objetivo é melhorar uma função do sistema operativo ou de uma aplicação

utilização (u.ti.li.za.ção) *n.f.* ato, efeito ou modo de utilizar algo; uso SIN. emprego, uso

utilizador (u.ti.li.za.dor) *adj.* que utiliza ♦ *n.m.* **1** aquele que utiliza algo **2** pessoa que utiliza um programa informático ou um computador

utilizar (u.ti.li.zar) *v.* **1** fazer uso de; usar; empregar **2** obter vantagem de; aproveitar

utilizável (u.ti.li.zá.vel) *adj.2gén.* que se pode utilizar

utopia (u.to.pi.a) *n.f.* ideia ou projeto impossível de realizar SIN. fantasia, quimera

utópico (u.tó.pi.co) *adj.* **1** relativo a utopia SIN. fantástico, irreal **2** que é próprio da imaginação

uva (u.va) *n.f.* fruto da videira, que tem a forma de baga arredondada, rica em açúcar, e que nasce em cachos

úvula (ú.vu.la) *n.f.* saliência carnosa da parte posterior do véu palatino

V

v (vê) *n.m.* consoante, vigésima segunda letra do alfabeto, que está entre as letras *u* e *w*

vaca (va.ca) *n.f.* mamífero muito apreciado pelo leite que produz; fêmea do boi

vacaria (va.ca.ri.a) *n.f.* **1** curral onde se recolhem as vacas **2** manada de vacas

vacilante (va.ci.lan.te) *adj.2gén.* **1** que está pouco seguro; instável **2** que oscila; trémulo **3** que tem dúvidas; hesitante

vacilar (va.ci.lar) *v.* **1** andar sem firmeza; cambalear **2** oscilar **3** hesitar

vacina (va.ci.na) *n.f.* substância que se introduz no corpo, geralmente com uma seringa, para prevenir determinadas doenças

vacinação (va.ci.na.ção) *n.f.* ato de vacinar alguém

vacinado (va.ci.na.do) *adj.* que se vacinou

vacinar (va.ci.nar) *v.* introduzir uma vacina no organismo de uma pessoa ou de um animal para o proteger de certas doenças

vácuo (vá.cu.o) *adj.* vazio; oco ♦ *n.m.* espaço onde não existem moléculas nem átomos; vazio

vadiagem (va.di.a.gem) *n.f.* situação de quem não quer trabalhar nem estudar SIN. ociosidade, vagabundagem

vadiar (va.di.ar) *v.* **1** viver sem ter uma ocupação (trabalho, estudo, etc.); não fazer nada útil **2** passear de um lado para outro; vaguear

vadio (va.di.o) *adj. e n.m.* que ou aquele que não quer trabalhar nem estudar SIN. vagabundo

vaga (va.ga) *n.f.* **1** massa de água que se eleva e desloca nos mares e rios; onda **2** lugar ou espaço que não está ocupado **3** cargo disponível numa empresa ou num serviço

vagabundo (va.ga.bun.do) *adj. e n.m.* → vadio

vaga-lume (va.ga-lu.me) *n.m.* [*pl.* vaga-lumes] inseto que brilha na escuridão SIN. pirilampo

vagamente (va.ga.men.te) *adv.* **1** de modo vago ou distante; com pouca nitidez **2** de forma pouco intensa; ligeiramente

vagão (va.gão) *n.m.* carruagem de um comboio

vagar (va.gar) *v.* ficar vago; estar livre ♦ *n.m.* **1** tempo livre **2** lentidão; **com vagar:** sem pressa; lentamente

vagarosamente (va.ga.ro.sa.men.te) *adv.* devagar; lentamente

vagaroso (va.ga.ro.so) *adj.* feito sem pressa SIN. demorado, lento

vagem (va.gem) *n.f.* fruto alongado de algumas plantas, como o do feijoeiro

vagido (va.gi.do) *n.m.* choro de criança recém-nascida

vagina (va.gi.na) *n.f.* órgão sexual feminino

vagir (va.gir) *v.* chorar (a criança recém-nascida)

vago (va.go) *adj.* que não está ocupado SIN. desocupado, livre

vaguear (va.gue.ar) *v.* **1** andar sem rumo certo; vagabundear **2** *(fig.)* sonhar; divagar

vaiar (vai.ar) *v.* manifestar desagrado em relação a algo ou alguém por meio de gritos e assobios; apupar

vaidade (vai.da.de) *n.f.* **1** característica de quem gosta muito de ser elogiado ou admirado **2** qualidade de quem se julga melhor do que os outros; presunção **3** sentimento de orgulho

vaidoso (vai.do.so) *adj.* **1** que gosta muito de ser elogiado ou admirado **2** que se julga melhor do que os outros; presunçoso **3** orgulhoso

vaivém (vai.vém) *n.m.* [*pl.* vaivéns] **1** movimento oscilatório; balanço **2** nave espacial preparada para efetuar viagens entre a Terra e uma estação colocada em órbita

vala (va.la) *n.f.* cova; fosso

vale (va.le) *n.m.* **1** planície entre duas montanhas ou colinas **2** valor escrito que representa uma oferta

valentão (va.len.tão) *n.m.* **1** [*aum. de* valente] aquele que é muito valente **2** fanfarrão; gabarola

valente (va.len.te) *adj.2gén.* que não tem medo **ANT.** medroso **SIN.** corajoso, destemido

valentia (va.len.ti.a) *n.f.* coragem

valer (va.ler) *v.* **1** ter o valor ou preço de; custar **2** corresponder a; ser equivalente a **3** ter o sentido de; significar **4** merecer; **a valer**: a sério; em grande quantidade; **valer a pena**: merecer o esforço ou o sacrifício

valeta (va.le.ta) *n.f.* fosso estreito dos lados das ruas ou estradas para escoamento das águas

valete (va.le.te) *n.m.* **1** escudeiro jovem representado em carta de jogar, cujo valor é geralmente inferior à dama e ao rei **2** carta com essa figura

validação (va.li.da.ção) *n.f.* ato de tornar algo válido

validade (va.li.da.de) *n.f.* **1** qualidade do que é válido ou legal **2** estado daquilo que está dentro do prazo (de utilização, de consumo)

validar (va.li.dar) *v.* tornar válido ou legal

válido (vá.li.do) *adj.* **1** que tem validade legal **2** que tem valor **3** correto; certo

valioso (va.li.o.so) *adj.* que tem grande valor **SIN.** precioso

valor (va.lor) *n.m.* **1** conjunto de características ou qualidades que permitem apreciar uma coisa ou uma pessoa; mérito **2** quantia em dinheiro pela qual uma coisa pode ser vendida ou comprada; preço

valorização (va.lo.ri.za.ção) *n.f.* **1** aumento do valor ou do preço de algo **2** atribuição de maior importância a algo ou alguém **3** reconhecimento das qualidades de algo ou de alguém

valorizar (va.lo.ri.zar) *v.* **1** aumentar o valor de **2** atribuir mais importância a **3** reconhecer o valor de **4** dar destaque a; realçar

valsa (val.sa) *n.f.* **1** dança de salão em ritmo ternário, muito popular no século XVIII, em que os pares rodam sobre si próprios **2** composição que acompanha essa dança

valsar (val.sar) *v.* dançar a valsa

válvula (vál.vu.la) *n.f.* dispositivo que permite a passagem de uma substância em determinado sentido, fechando e abrindo uma cavidade ou orifício

vampiro (vam.pi.ro) *n.m.* **1** morcego que suga o sangue de alguns animais **2** ser imaginário que, durante a noite, suga o sangue das pessoas

vandalismo (van.da.lis.mo) *n.m.* destruição violenta de bens públicos, obras de arte e monumentos **SIN.** selvajaria

vândalo (vân.da.lo) *n.m.* pessoa que destrói bens públicos, obras de arte e monumentos, por maldade SIN. selvagem

vangloriar-se (van.glo.ri.ar-se) *v.* falar das próprias qualidades ou méritos, exagerando-os; gabar-se (vangloriar-se de)

vanguarda (van.guar.da) *n.f.* 1 primeira linha; frente; dianteira ANT. retaguarda 2 conjunto de ideias ou de pessoas que propõem algo novo, muito diferente daquilo que se fazia antes; **de vanguarda:** que é totalmente novo; inovador; **na vanguarda:** à frente

vantagem (van.ta.gem) *n.f.* 1 proveito; lucro ANT. desvantagem 2 superioridade

vantajoso (van.ta.jo.so) *adj.* proveitoso; lucrativo

vão (vão) *adj.* 1 vazio; oco 2 que não tem importância; insignificante ◆ *n.m.* [*pl.* vãos] espaço vazio; **em vão:** sem razão; inutilmente

vapor (va.por) *n.m.* substância no estado gasoso; **a todo o vapor:** muito depressa; rapidamente

vaporização (va.po.ri.za.ção) *n.f.* passagem de uma substância do estado líquido ao estado gasoso

vaporizador (va.po.ri.za.dor) *adj.* que vaporiza; que serve para vaporizar ◆ *n.m.* aparelho próprio para fazer passar um líquido para o estado gasoso

vaporizar (va.po.ri.zar) *v.* 1 fazer passar do estado líquido ao estado gasoso 2 pulverizar; borrifar

vaqueiro (va.quei.ro) *n.m.* indivíduo que guarda ou trata de gado bovino

vaquinha (va.qui.nha) *n.f.* [*dim. de* vaca] vaca pequena; **fazer uma vaquinha:** juntar-se com outras pessoas para partilhar uma despesa

vara (va.ra) *n.f.* 1 haste fina e comprida 2 conjunto de porcos

varanda (va.ran.da) *n.f.* balcão no exterior de um edifício; terraço

varão (va.rão) *n.m.* 1 indivíduo do sexo masculino 2 vara grande de ferro ou de outro metal

vareta (va.re.ta) *n.f.* vara da armação do guarda-chuva

variação (va.ri.a.ção) *n.f.* 1 conjunto de mudanças em alguém ou em alguma coisa SIN. modificação 2 passagem (de uma substância) de um estado a outro

variado (va.ri.a.do) *adj.* diverso; sortido

variante (va.ri.an.te) *adj.2gén.* que muda ou varia; variável ◆ *n.f.* 1 alteração de um plano ou de um projeto; modificação 2 caminho alternativo; desvio 3 forma alternativa de uma palavra

variar (va.ri.ar) *v.* tornar ou ficar diferente; mudar; alterar

variável (va.ri.á.vel) *adj.2gén.* 1 que varia; que pode variar 2 diz-se da palavra cuja terminação sofre alteração, conforme o género, o número, o tempo e a pessoa

varicela (va.ri.ce.la) *n.f.* doença infetocontagiosa, comum na infância, caracterizada por bolhas na pele e febre alta

variedade (va.ri.e.da.de) *n.f.* 1 conjunto de coisas diferentes SIN. diversidade, multiplicidade 2 característica do que é formado por elementos diferentes

varina (va.ri.na) *n.f.* vendedora ambulante de peixe

varinha (va.ri.nha) *n.f.* [*dim. de* vara] vara pequena e estreita; **varinha de condão:** pequena vara com que as fadas e os mágicos fazem ou desfazem encantamentos, nos contos populares; **varinha mágica:** utensílio elétrico usado para triturar ou bater alimentos

varino (va.ri.no) *n.m.* 1 pequeno barco que se faz deslocar com a ajuda de uma vara comprida 2 natural ou habitante de Ovar; ovarense

a
b
c
d
e
f
g
h
i
j
k
l
m
n
o
p
q
r
s
t
u
v
w
x
y
z

varíola (va.rí.o.la) *n.f.* doença infeciosa, muito contagiosa, caracterizada por febre, dores no corpo e bolhas na pele

vários (vá.ri.os) *det.indef.>quant.exist.*[DT] e *pron.indef.* diversos; muitos

variz (va.riz) *n.f.* veia dilatada e saliente (sobretudo nas pernas)

varredela (var.re.de.la) *n.f.* limpeza rápida ou superficial com a vassoura; vassourada

varredor (var.re.dor) *n.m.* pessoa que tem por ofício varrer espaços públicos (jardins, passeios, etc.)

varrer (var.rer) *v.* **1** limpar com vassoura; arrastar **2** (*fig.*) fazer desaparecer

varrido (var.ri.do) *adj.* **1** que foi limpo com vassoura **2** que desapareceu; eliminado **3** que perdeu o juízo; louco

várzea (vár.ze.a) *n.f.* planície cultivada nas margens de um rio

vascular (vas.cu.lar) *adj.2gén.* relativo ou pertencente a vasos, sobretudo sanguíneos (*acidente vascular cerebral, sistema vascular,* etc.)

vasculhar (vas.cu.lhar) *v.* procurar cuidadosamente; revistar; remexer

vasilha (va.si.lha) *n.f.* qualquer vaso para líquidos

vasilhame (va.si.lha.me) *n.m.* conjunto de recipientes próprios para líquidos

vaso (va.so) *n.m.* **1** objeto que serve para conter líquidos **2** recipiente para colocar plantas ou flores **3** órgão em forma de tubo, por onde circula o sangue

vassalagem (vas.sa.la.gem) *n.f.* relação de dependência entre um senhor feudal e um vassalo SIN. submissão

vassalo (vas.sa.lo) *n.m.* no sistema feudal, indivíduo que jurava fé e fidelidade a um suserano, a quem pagava

vassoura (vas.sou.ra) *n.f.* utensílio formado por um cabo de madeira ou de plástico, com pelos ou fibras na extremidade, usado para varrer o chão

vassourada (vas.sou.ra.da) *n.f.* **1** limpeza rápida ou superficial com a vassoura; varredela **2** pancada dada com uma vassoura

vassoureiro (vas.sou.rei.ro) *n.m.* aquele que faz ou vende vassouras

vassourinha (vas.sou.ri.nha) *n.f.* [*dim. de* vassoura] vassoura pequena

vastidão (vas.ti.dão) *n.f.* **1** grande extensão (de terreno, propriedade) SIN. imensidão **2** grande tamanho ou quantidade

vasto (vas.to) *adj.* **1** que é muito extenso; amplo SIN. imenso **2** que é muito grande em tamanho ou quantidade

vazão (va.zão) *n.f.* **1** esvaziamento de um líquido contido num recipiente; escoamento **2** (*fig.*) saída; venda (de produtos); **dar vazão a:** deixar sair ou correr (um líquido); dar solução ou andamento a (um processo, um trabalho)

vazar (va.zar) *v.* **1** despejar; derramar **2** tirar o conteúdo de; esvaziar

vazio (va.zi.o) *adj.* **1** que não contém nada; desocupado; vago ANT. cheio **2** que só contém ar; oco ♦ *n.m.* espaço que não é ocupado por matéria; vácuo

veado (ve.a.do) *n.m.* mamífero ruminante, de grande porte, com chifres (no macho) extensos e ramificados; cervo

vector *a nova grafia é* **vetor**

vectorial *a nova grafia é* **vetorial**

vedação (ve.da.ção) *n.f.* construção feita de ramos ou varas entrelaçadas, usada para fechar ou proteger terrenos SIN. sebe

vedado (ve.da.do) *adj.* **1** bem fechado (recipiente, terreno) **2** em que não se pode entrar ou passar (espaço, rua)

vedar (ve.dar) *v.* **1** tapar com vedação **2** proibir ou impedir o acesso a

vedeta (ve.de.ta) *n.f.* artista principal de uma peça de teatro ou de um filme

veemência (ve.e.mên.ci.a) *n.f.* intensidade; vigor

veemente (ve.e.men.te) *adj.2gén.* intenso; vigoroso

vegetação (ve.ge.ta.ção) *n.f.* conjunto das plantas de uma região ou de um país

vegetal (ve.ge.tal) *adj.2gén.* **1** relativo a planta; que vem de planta **2** semelhante a planta

vegetariano (ve.ge.ta.ri.a.no) *adj.* e *n.m.* que ou aquele que se alimenta só (ou de preferência) de vegetais

veia (vei.a) *n.f.* **1** vaso sanguíneo **2** *(fig.)* disposição; vocação

veicular (vei.cu.lar) *v.* transmitir; difundir ◆ *adj.2gén.* relativo a veículo

veículo (ve.í.cu.lo) *n.m.* **1** qualquer meio usado para transportar mercadorias, pessoas ou animais **2** automóvel; carro

veio (vei.o) *n.m.* **1** fio de água corrente **2** fenda na pedra ou na madeira

vela (ve.la) *n.f.* **1** pano forte para impelir navios, barcos, etc. **2** rolo de cera, com pavio, que serve para iluminar

velado (ve.la.do) *adj.* **1** coberto com véu **2** tapado **3** disfarçado

velar (ve.lar) *v.* **1** cobrir com véu **2** tapar; esconder **3** ficar acordado durante a noite junto de alguém (doente ou moribundo)

velcro (vel.cro) *n.m.* conjunto de duas tiras que aderem uma à outra, utilizadas para fechar peças de roupa, sacos e sapatilhas

veleiro (ve.lei.ro) *n.m.* embarcação com velas, que se desloca movida pela força do vento

velejar (ve.le.jar) *v.* navegar num barco à vela

velhaco (ve.lha.co) *adj.* e *n.m.* traiçoeiro; patife

velharia (ve.lha.ri.a) *n.f.* objeto antigo, que já não se usa SIN. antiguidade

velhice (ve.lhi.ce) *n.f.* **1** estado do que é velho **2** período da vida em que uma pessoa tem muitos anos; idade avançada

velhinha (ve.lhi.nha) *n.f.* [*dim. de* velha] mulher idosa e frágil; velhota

velhinho (ve.lhi.nho) *n.m.* [*dim. de* velho] homem idoso e frágil; velhote

velho (ve.lho) *adj.* **1** que tem muito tempo de vida ou de existência **2** que tem muita idade ANT. novo

velhote (ve.lho.te) *adj.* *(inform.)* que é muito velho ◆ *n.m.* **1** *(inform.)* pessoa de idade avançada **2** *(inform.)* pai

velocidade (ve.lo.ci.da.de) *n.f.* **1** qualidade do que é veloz SIN. rapidez **2** movimento rápido ou apressado

velocípede (ve.lo.cí.pe.de) *n.m.* veículo de duas rodas que giram por meio do impulso que os pés dão aos pedais

velório (ve.ló.ri.o) *n.m.* ato de ficar junto de uma pessoa que morreu, antes do seu enterro ou da sua cremação

veloz (ve.loz) *adj.2gén.* que se desloca a grande velocidade SIN. rápido

velozmente (ve.loz.men.te) *adv.* a grande velocidade SIN. rapidamente

veludo (ve.lu.do) *n.m.* tecido de seda ou algodão, com pelo curto e macio de um dos lados

vencedor (ven.ce.dor) *adj.* e *n.m.* que ou aquele que vence SIN. vitorioso

vencer (ven.cer) *v.* conseguir uma vitória sobre SIN. ganhar, triunfar

vencido (ven.ci.do) *adj.* derrotado ◆ *n.m.* aquele que sofreu uma derrota

vencimento (ven.ci.men.to) *n.m.* ordenado; salário

venda (ven.da) *n.f.* **1** ato ou efeito de vender **2** faixa de pano com que se tapam os olhos

vendar (ven.dar) *v.* tapar (os olhos) com venda

vendaval (ven.da.val) *n.m.* vento muito forte; temporal

vendável (ven.dá.vel) *adj.2gén.* 1 que pode ser vendido SIN. vendível 2 que se vende bem

vendedeira (ven.de.dei.ra) *n.f. (pop.)* mulher que vende SIN. vendedora

vendedor (ven.de.dor) *n.m.* [*f.* vendedora] pessoa que vende

vender (ven.der) *v.* 1 ceder a troco de uma determinada quantia 2 trabalhar como vendedor de 3 *(fig.)* trair por interesse ♦ **vender-se** deixar-se subornar

vendido (ven.di.do) *adj.* 1 que se vendeu 2 *(fig.)* que se deixou subornar

veneno (ve.ne.no) *n.m.* 1 substância que, tomada ou aplicada a um organismo, lhe destrói ou altera as funções vitais 2 *(fig.)* intenção maldosa; maldade

venenoso (ve.ne.no.so) *adj.* 1 que tem veneno; tóxico 2 diz-se do comentário em que há intenção maldosa; cruel

venerar (ve.ne.rar) *v.* adorar; respeitar

venerável (ve.ne.rá.vel) *adj.2gén.* digno de veneração ou respeito SIN. respeitável

venezuelano (ve.ne.zu.e.la.no) *adj.* relativo à Venezuela (país da América do Sul) ♦ *n.m.* pessoa natural da Venezuela

vénia (vé.ni.a) *n.f.* inclinação que se faz com a cabeça para cumprimentar alguém ou mostrar respeito; reverência

venoso (ve.no.so) *adj.* relativo a veia

ventania (ven.ta.ni.a) *n.f.* vento forte e contínuo

ventarola (ven.ta.ro.la) *n.f.* 1 leque sem varetas; abano 2 ventilador

ventas (ven.tas) *n.f.pl.* 1 *(pop.)* rosto 2 *(pop.)* focinho

ventilação (ven.ti.la.ção) *n.f.* entrada de ar num lugar fechado; arejamento

ventilador (ven.ti.la.dor) *n.m.* aparelho que renova o ar num espaço fechado

ventilar (ven.ti.lar) *v.* fazer entrar ar num espaço fechado; arejar

vento (ven.to) *n.m.* 1 deslocação do ar 2 *(fig.)* influência; causa; impulso; **contra ventos e marés:** contra todos os obstáculos; **de vento em popa:** com êxito; sem dificuldades

ventoinha (ven.to.i.nha) *n.f.* aparelho de ventilação, formado por uma roda com pás que giram, causando corrente de ar

ventosa (ven.to.sa) *n.f.* 1 órgão de certos seres vivos, com que eles se fixam ou com que aspiram os alimentos 2 peça de borracha que se aplica sobre uma superfície e que fica presa

ventoso (ven.to.so) *adj.* 1 que tem vento forte 2 exposto ao vento

ventre (ven.tre) *n.m.* parte do corpo humano onde se encontram o estômago e os intestinos; SIN. abdómen, barriga

ventrículo (ven.trí.cu.lo) *n.m.* cada uma das duas cavidades inferiores do coração

ventríloquo (ven.trí.lo.quo) *n.m.* pessoa que produz sons vocais sem quase mover os lábios

ventura (ven.tu.ra) *n.f.* 1 acaso; destino 2 boa sorte; felicidade

Vénus (Vé.nus) *n.f.* planeta do sistema solar, cuja órbita fica entre a de Mercúrio e a da Terra

ver (ver) *v.* 1 usar o sentido da vista; olhar 2 assistir a; presenciar ♦ **ver-se** 1 olhar para si próprio; contemplar-se 2 manter relação ou contacto com; conviver com 3 considerar-se

veracidade (ve.ra.ci.da.de) *n.f.* verdade; exatidão

verão (ve.rão) *n.f.* estação do ano depois da primavera e antes do outono; *ver nota em* **estação**

verba (ver.ba) *n.f.* soma em dinheiro para determinado fim SIN. quantia

verbal (ver.bal) *adj.2gén.* **1** que se faz de viva voz; oral **2** relativo a verbo

verbalizar (ver.ba.li.zar) *v.* exprimir por meio de palavras, oralmente

verbalmente (ver.bal.men.te) *adv.* por meio de palavras (ditas, e não escritas); de viva voz SIN. oralmente

verbo (ver.bo) *n.m.* palavra variável que designa uma ação, um processo ou um estado e que pode apresentar marcas de pessoa, número, modo, tempo, voz e aspeto

verdade (ver.da.de) *n.f.* **1** qualidade do que é verdadeiro; realidade **2** exatidão; rigor **3** franqueza; sinceridade; **faltar à verdade:** não dizer a verdade; mentir; **na verdade:** de facto; realmente

verdadeiro (ver.da.dei.ro) *adj.* **1** que diz a verdade; que não mente ANT. falso **2** real; autêntico **3** certo; exato **4** franco

verde (ver.de) *adj.2gén.* **1** que é da cor da relva **2** que não está maduro **3** *(fig.)* inexperiente

verde-claro (ver.de-cla.ro) *n.m.* [*pl.* verdes-claros] tom claro de verde

verde-escuro (ver.de-es.cu.ro) *n.m.* [*pl.* verdes-escuros] tom escuro de verde

verdejante (ver.de.jan.te) *adj.2gén.* que é verde; que se torna verde

verdete (ver.de.te) *n.m.* substância de cor verde que se forma na superfície de objetos de cobre expostos à humidade

verduras (ver.du.ras) *n.f.pl.* legumes usados na alimentação; hortaliça

vereador (ve.re.a.dor) *n.m.* membro de uma câmara municipal

vereda (ve.re.da) *n.f.* caminho estreito SIN. atalho

veredicto (ve.re.dic.to) *a grafia preferível é* **veredito**

veredito (ve.re.di.to) *n.m.* decisão; sentença

verga (ver.ga) *n.f.* vara fina e flexível; vime

vergar (ver.gar) *v.* **1** dobrar em arco; curvar **2** *(fig.)* submeter; dominar ♦ **vergar-se 1** ficar curvado **2** ceder ao peso de **3** *(fig.)* submeter-se; humilhar-se

vergonha (ver.go.nha) *n.f.* **1** timidez **2** humilhação **3** coisa mal feita

vergonhoso (ver.go.nho.so) *adj.* que causa vergonha; embaraçoso

verídico (ve.rí.di.co) *adj.* verdadeiro

verificação (ve.ri.fi.ca.ção) *n.f.* **1** exame **2** confirmação

verificar (ve.ri.fi.car) *v.* examinar; confirmar ♦ **verificar-se** acontecer

verme (ver.me) *n.m.* **1** minhoca; larva **2** *(fig.)* pessoa má ou desprezível

vermelhidão (ver.me.lhi.dão) *n.f.* **1** cor vermelha **2** *(fig.)* rubor nas faces

vermelho (ver.me.lho) *adj.* **1** que é da cor do sangue **2** *(fig.)* corado (nas faces) ♦ *n.m.* cor do sangue; encarnado

vermelho-escuro (ver.me.lho-es.cu.ro) *n.m.* [*pl.* vermelhos-escuros] tom escuro de vermelho

verniz (ver.niz) *n.m.* **1** substância própria para polir móveis **2** produto que se aplica sobre as unhas para lhes dar brilho ou cor

verosímil (ve.ro.sí.mil) *adj.2gén.* **1** que parece ser verdadeiro; provável **2** em que se pode acreditar; credível

verruga (ver.ru.ga) *n.f.* saliência dura que aparece na pele (sobretudo no rosto e nas mãos)

versado (ver.sa.do) *adj.* **1** tratado; discutido (assunto, problema) **2** conhecedor; perito (pessoa)

versão (ver.são) *n.f.* **1** modo de contar um facto ou uma história; interpretação **2** tradução de um texto de uma língua para outra **3** cada uma das alterações de um texto, de um filme ou de um programa em relação ao original

a
b
c
d
e
f
g
h
i
j
k
l
m
n
o
p
q
r
s
t
u
v
w
x
y
z

versátil (ver.sá.til) *adj.2gén.* **1** que se adapta facilmente a novas situações; flexível **2** que muda muito (de opinião, de humor, etc.); instável

versatilidade (ver.sa.ti.li.da.de) *n.f.* **1** flexibilidade **2** instabilidade

versificação (ver.si.fi.ca.ção) *n.f.* arte de compor versos

versificar (ver.si.fi.car) *v.* **1** pôr em verso **2** compor versos

verso (ver.so) *n.m.* **1** cada uma das linhas de um texto poético **2** parte de trás de qualquer objeto; reverso

vértebra (vér.te.bra) *n.f.* cada um dos ossos que formam a coluna vertebral

vertebrado (ver.te.bra.do) *adj.* que possui vértebras ♦ *n.m.* animal que possui coluna vertebral

vertebral (ver.te.bral) *adj.2gén.* **1** relativo às vértebras **2** que é composto por vértebras

vertente (ver.ten.te) *n.f.* **1** declive de uma montanha; encosta **2** ponto de vista; perspetiva

verter (ver.ter) *v.* entornar (um líquido)

vertical (ver.ti.cal) *adj.2gén.* **1** perpendicular ao plano horizontal **2** colocado de pé ♦ *n.f.* linha que forma ângulo reto com uma superfície plana (horizontal)

vértice (vér.ti.ce) *n.m.* ponto onde se encontram duas linhas de um ângulo

vertigem (ver.ti.gem) *n.f.* sensação de falta de equilíbrio SIN. tontura

vertiginoso (ver.ti.gi.no.so) *adj.* **1** que causa vertigem **2** *(fig.)* intenso e rápido

vesgo (ves.go) *adj. (inform.)* que sofre de estrabismo; estrábico

vesícula (ve.sí.cu.la) *n.f.* pequeno saco, semelhante à bexiga, onde se acumula a bílis

vespa (ves.pa) *n.f.* inseto semelhante à abelha, com um ferrão na extremidade posterior do abdómen

véspera (vés.pe.ra) *n.f.* dia imediatamente anterior a outro

veste (ves.te) *n.f.* vestuário; roupa

vestiário (ves.ti.á.ri.o) *n.m.* lugar onde as pessoas se vestem ou onde guardam a roupa

vestido (ves.ti.do) *adj.* coberto com roupa ♦ *n.m.* peça de vestuário feminino, que cobre o tronco e as pernas

vestígio (ves.tí.gi.o) *n.m.* **1** pegada; pisada **2** *(fig.)* indício; sinal

vestir (ves.tir) *v.* **1** cobrir com peça(s) de roupa ANT. despir(-se) **2** vestir com roupa de fantasia; fantasiar ♦ **vestir-se 1** cobrir-se com roupa **2** fantasiar-se

vestuário (ves.tu.á.ri.o) *n.m.* conjunto de peças para vestir

veterinária (ve.te.ri.ná.ri.a) *n.f.* **1** especialidade médica que se dedica ao diagnóstico e tratamento das doenças dos animais **2** médica que trata animais

veterinário (ve.te.ri.ná.ri.o) *n.m.* médico que trata animais

veto (ve.to) *n.m.* proibição; impedimento

vetor (ve.tor) *n.m.* segmento de reta orientado

vetorial (ve.to.ri.al) *adj.2gén.* relativo a vetor

véu (véu) *n.m.* **1** tecido fino com que se cobre o rosto ou a cabeça **2** *(fig.)* tudo o que serve para encobrir ou esconder

vez (vez) *n.f.* **1** momento em que se faz alguma coisa; ocasião; oportunidade **2** momento em que uma pessoa deve fazer algo; turno **3** posição de uma pessoa numa fila ou numa sequência ♦ **vezes** *n.m.2núm.* sinal da multiplicação (x); **às vezes:** em algumas ocasiões; ocasionalmente; **de vez:** para sempre; definitivamente; **de vez em quando:** algumas vezes, mas não muitas; ocasionalmente; **em vez de:** em lugar de; em substituição de; **fazer as vezes de:** desempenhar as funções de outra pessoa na sua ausência; substituir; **por vezes:** em algumas ocasiões; ocasionalmente; **uma vez que:** dado que; visto que

> Repara na diferença entre **vez** (ocasião) e **vês** (forma do verbo ver): *Deixa lá. Fica para a próxima vez. **Vês** como eles tinham razão?*

via (vi.a) *n.f.* **1** caminho que leva de um lugar a outro; estrada **2** *(fig.)* meio para obter uma coisa ou alcançar um resultado; método ◆ *prep.* através de; por *(transmissão via satélite, viagem via Londres)*; **em vias de desenvolvimento:** que ainda não atingiu o nível de progresso (económico e social) dos países considerados desenvolvidos, mas que já não é considerado subdesenvolvido; **em vias de extinção:** que está (quase) a desaparecer; **estar em vias de:** estar quase a; **por via das dúvidas:** à cautela; **Via Láctea:** conjunto de estrelas de que fazem parte o Sol e o sistema solar, que é visível à noite, quando o céu está limpo, em forma de mancha esbranquiçada e comprida; **via rápida:** estrada larga com acessos condicionados e, geralmente, sem cruzamentos; **vias respiratórias:** órgãos do aparelho respiratório que conduzem o ar até aos pulmões

viabilidade (vi.a.bi.li.da.de) *n.f.* capacidade de realização de alguma coisa

viabilizar (vi.a.bi.li.zar) *v.* tornar possível ou realizável; possibilitar

viação (vi.a.ção) *n.f.* **1** meio de transporte **2** conjunto das ruas ou estradas de uma região ou de um país

viaduto (vi.a.du.to) *n.m.* ponte sobre um vale ou uma estrada para trânsito de comboios ou de automóveis

via-férrea (vi.a-fér.re.a) *n.f.* [*pl.* vias-férreas] caminho de ferro

viagem (vi.a.gem) *n.f.* deslocação (de alguém) de um lugar para outro utilizando um meio de transporte (automóvel, avião, barco, comboio, etc.)

> Repara que **viagem** se escreve com **g**, mas **viajar** escreve-se com **j**.

viajado (vi.a.ja.do) *adj.* que fez muitas viagens

viajante (vi.a.jan.te) *adj. e n.2gén.* que ou pessoa que viaja

viajar (vi.a.jar) *v.* **1** fazer uma viagem **2** percorrer (um lugar, um país) em viagem; visitar

viatura (vi.a.tu.ra) *n.f.* qualquer veículo para transporte de pessoas ou coisas

víbora (ví.bo.ra) *n.f.* serpente muito venenosa

víbora-de-chifre (ví.bo.ra-de-chi.fre) *n.f.* [*pl.* víboras-de-chifre] víbora africana que tem sobre os olhos duas saliências parecidas com chifres

vibração (vi.bra.ção) *n.f.* **1** balanço; oscilação **2** trepidação; tremor

vibrafone (vi.bra.fo.ne) *n.m.* instrumento musical com barras de alumínio que formam um teclado, e que são percutidas com dois martelos pequenos

vibrante (vi.bran.te) *adj.2gén.* **1** que vibra; vibratório **2** diz-se do som intenso; forte **3** *(fig.)* alegre; entusiástico

vibrar (vi.brar) *v.* **1** fazer soar (instrumento musical) **2** produzir vibração em; balançar **3** sentir tremura; estremecer

vibratório (vi.bra.tó.ri.o) *adj.* que vibra

vice-campeão (vi.ce-cam.pe.ão) *n.m.* [*f.* vice-campeã, *pl.* vice-campeões] pessoa ou clube que ficou em segundo lugar num campeonato

vice-cônsul (vi.ce-côn.sul) *n.m.* [*f.* vice-consulesa, *pl.* vice-cônsules] pessoa que substitui o cônsul nas suas ausências

a b c d e f g h i j k l m n o p q r s t u **v** w x y z

vicentino (vi.cen.ti.no) *adj.* relativo ao escritor português Gil Vicente (1465--1536); gil-vicentino

vice-presidente (vi.ce-pre.si.den.te) *n.2gén.* [*pl.* vice-presidentes] pessoa que desempenha as funções de presidente, quando este está ausente

vice-rei (vi.ce-rei) *n.m.* [*f.* vice-rainha, *pl.* vice-reis] representante do rei numa província de um reino, ou num território subordinado a um reino

vice-versa (vi.ce-ver.sa) *adv.* **1** em sentido contrário **2** mutuamente

viciar (vi.ci.ar) *v.* **1** fazer (alguém) ficar com um vício **2** alterar alguma coisa, retirando-lhe qualidade; deturpar

vício (ví.ci.o) *n.m.* **1** aquilo que se faz muitas vezes; costume **2** hábito de tomar determinada substância (droga, medicamento, álcool), que é prejudicial à saúde e do qual é muito difícil uma pessoa libertar-se

viçoso (vi.ço.so) *adj.* **1** coberto de verdura **2** *(fig.)* forte; vigoroso

vida (vi.da) *n.f.* **1** estado de atividade dos animais e das plantas; existência **ANT.** morte **2** tempo que decorre desde o nascimento até à morte **3** modo de viver **4** *(fig.)* vitalidade

videira (vi.dei.ra) *n.f.* arbusto de troncos retorcidos que produz uvas **SIN.** vide

vidente (vi.den.te) *n.2gén.* **1** pessoa a quem se atribui conhecimento, por meios sobrenaturais, de coisas divinas **2** pessoa que prevê acontecimentos

vídeo (ví.de.o) *n.m.* **1** sistema de gravação de imagens e sons que se podem reproduzir num ecrã **2** aparelho que permite gravar ou reproduzir imagens e sons **3** filme gravado por esse processo

videoamador (vi.de.o.a.ma.dor) *n.m.* pessoa que filma videocassetes como passatempo, mas que não é profissional

videoclipe (vi.de.o.cli.pe) *n.m.* filme de vídeo curto destinado a apresentar ou promover uma canção, um músico ou um grupo musical; teledisco

videoclube (vi.de.o.clu.be) *n.m.* estabelecimento onde se alugam ou compram filmes gravados em DVD ou em videocassetes

videoconferência (vi.de.o.con.fe.rên.ci.a) *n.f.* debate transmitido em direto, usando equipamento de vídeo

videojogo (vi.de.o.jo.go) *n.m.* jogo em que se manipulam imagens num ecrã, numa consola ou numa televisão

videoporteiro (vi.de.o.por.tei.ro) *n.m.* dispositivo eletrónico que permite ver e falar do interior de um edifício com a pessoa se encontra à porta

videoteca (vi.de.o.te.ca) *n.f.* **1** coleção de filmes gravados em vídeo **2** local onde se podem ver ou alugar obras gravadas em vídeo

videotexto (vi.de.o.tex.to) *n.m.* sistema que permite ver informações diversas num ecrã de televisão

videovigilância (vi.de.o.vi.gi.lân.ci.a) *n.f.* vigilância feita com recurso a sistemas de vídeo (câmaras de filmar, sistemas de deteção de movimento, etc.)

vidraça (vi.dra.ça) *n.f.* **1** lâmina de vidro **2** caixilho com vidros

vidraceiro (vi.dra.cei.ro) *n.m.* fabricante ou vendedor de vidros

vidrado (vi.dra.do) *adj.* **1** diz-se da louça revestida de uma substância brilhante **2** diz-se dos olhos sem brilho **3** *(fig.)* diz--se da pessoa encantada com algo ou com alguém; apaixonado

vidrão (vi.drão) *n.m.* recipiente onde é colocado o vidro para ser reciclado

vidraria (vi.dra.ri.a) *n.f.* **1** fábrica de vidro **2** loja onde se vendem vidros

vidrinho (vi.dri.nho) *n.m.* **1** [*dim. de* vidro] vidro pequeno **2** *(fig.)* pessoa muito suscetível; **ser um vidrinho de cheiro:** ofender-se com muita facilidade

vidro (vi.dro) *n.m.* **1** substância sólida, transparente e frágil **2** lâmina que se coloca em janelas e portas

vieira (vi.ei.ra) *n.f.* molusco marinho bi-valve

viela (vi.e.la) *n.f.* rua estreita

viés (vi.és) *n.m.* direção oblíqua; **de viés:** na diagonal; oblíquo

viga (vi.ga) *n.f.* peça de madeira grossa e comprida, que suporta um teto ou serve de apoio a uma construção; trave

vigarice (vi.ga.ri.ce) *n.f.* burla; fraude

vigário (vi.gá.ri.o) *n.m. (inform.)* padre; sacerdote; *(inform.)* **conto do vigário:** aquilo que se diz ou se faz para enganar alguém; burla; **ensinar o Pai-Nosso ao vigário:** pretender ensinar a uma pessoa aquilo que ela já sabe

vigarista (vi.ga.ris.ta) *n.2gén.* pessoa que engana outra(s) através de meios fraudulentos **sin.** burlão, trapaceiro

vigarizar (vi.ga.ri.zar) *v.* enganar; burlar

vigésimo (vi.gé.si.mo) *num.ord.>adj. num.*ᴰᵀ que ocupa o lugar número 20 ♦ *n.m.* uma das dez partes em que se dividiu uma unidade; a vigésima parte

vigia (vi.gi.a) *n.f.* **1** pequena janela nos camarotes dos navios **2** vigilância ♦ *n.2gén.* pessoa que faz vigilância; sentinela; guarda

vigiar (vi.gi.ar) *v.* observar atentamente; espiar

vigilância (vi.gi.lân.ci.a) *n.f.* **1** ato de vigiar alguma coisa **2** atenção; cuidado

vigilante (vi.gi.lan.te) *adj.2gén.* que vigia; atento; cuidadoso ♦ *n.2gén.* profissional que guarda algo; segurança; guarda

vigília (vi.gí.li.a) *n.f.* **1** condição de quem está acordado **2** celebração que se faz de noite, na véspera de uma festa sagrada

vigor (vi.gor) *n.m.* força; energia

vigorar (vi.go.rar) *v.* ser válido

vigoroso (vi.go.ro.so) *adj.* robusto; forte

VIH *sigla de* **V**írus da **I**munodeficiência **H**umana

vil (vil) *adj.2gén.* mesquinho; desprezível

vila (vi.la) *n.f.* povoação maior do que uma aldeia e mais pequena do que uma cidade

vilão (vi.lão) *adj.* desprezível; vil ♦ *n.m.* [*pl.* vilãos, vilães, vilões] homem mau ou desprezível

vimaranense (vi.ma.ra.nen.se) *adj.2gén.* relativo a Guimarães ♦ *n.2gén.* pessoa natural de Guimarães

vime (vi.me) *n.m.* vara flexível com que se fazem cestos

vinagre (vi.na.gre) *n.m.* produto da fermentação do vinho e de outras substâncias alcoólicas

vinagrete (vi.na.gre.te) *n.m.* molho preparado com azeite, vinagre, sal, pimenta e salsa

vincar (vin.car) *v.* fazer vincos em; marcar dobrando

vinco (vin.co) *n.m.* marca deixada por uma dobra **sin.** prega

vincular (vin.cu.lar) *v.* ligar; unir ♦ **vincular-se** ligar-se; unir-se (vincular-se a)

vínculo (vín.cu.lo) *n.m.* **1** laço; nó **2** *(fig.)* ligação; parentesco

vinda (vin.da) *n.f.* **1** regresso **2** chegada

vindima (vin.di.ma) *n.f.* **1** apanha das uvas **2** época em que se faz a colheita das uvas

vindimador (vin.di.ma.dor) *n.m.* aquele que colhe as uvas

vindimar (vin.di.mar) *v.* apanhar as uvas

vindouro (vin.dou.ro) *adj.* que há de vir; que há de acontecer **sin.** futuro

vingança (vin.gan.ça) *n.f.* ato de fazer mal a uma pessoa como resposta a uma maldade que essa pessoa fez antes SIN. desforra, represália

vingar (vin.gar) *v.* **1** tirar vingança de **2** ter bom êxito **3** vencer ◆ **vingar-se** castigar alguém por uma ofensa anterior; desforrar-se (vingar-se de)

vingativo (vin.ga.ti.vo) *adj.* **1** em que há vingança **2** que tem prazer em vingar-se

vinha (vi.nha) *n.f.* **1** terreno plantado de videiras; vinhedo **2** arbusto de troncos retorcidos que produz as uvas; videira

vinheta (vi.nhe.ta) *n.f.* **1** cada um dos quadrados ou retângulos que constituem a sequência da história na banda desenhada **2** pequena gravura ou ornamento que ilustra um texto

vinho (vi.nho) *n.m.* bebida alcoólica que se obtém do sumo das uvas fermentado

vinícola (vi.ní.co.la) *adj.* relativo à produção de vinho

vinicultura (vi.ni.cul.tu.ra) *n.f.* produção de vinho

vinil (vi.nil) *n.m.* composto usado no fabrico de plásticos

vinte (vin.te) *num.card.>quant.num.*ᴰᵀ dez mais dez ◆ *n.m.* o número 20

vintena (vin.te.na) *n.f.* conjunto de vinte unidades

viola (vi.o.la) *n.f.* instrumento musical de cordas, com caixa de madeira em forma de 8

violação (vi.o.la.ção) *n.f.* ato de não respeitar uma regra ou uma lei; infração

violador (vi.o.la.dor) *n.m.* pessoa que não cumpre uma regra ou uma lei; infrator

violão (vi.o.lão) *n.m.* viola grande

violar (vi.o.lar) *v.* **1** não respeitar uma lei ou uma regra **2** ter relação sexual com uma pessoa contra a sua vontade

violeiro (vi.o.lei.ro) *n.m.* fabricante ou vendedor de violas

violência (vi.o.lên.ci.a) *n.f.* **1** utilização da força física para magoar alguém; brutalidade **2** intensidade de alguma coisa; força

violentíssimo (vi.o.len.tís.si.mo) *adj.* [*superl. de* violento] muito violento

violento (vi.o.len.to) *adj.* **1** que usa força física para conseguir algo; brutal **2** forte; intenso **3** agitado; tumultuoso

violeta (vi.o.le.ta) *n.f.* planta que dá flores arroxeadas e muito perfumadas ◆ *n.m.* cor da ametista (pedra preciosa)

violinista (vi.o.li.nis.ta) *n.2gén.* pessoa que toca violino

violino (vi.o.li.no) *n.m.* instrumento musical de cordas, que se toca com arco

violoncelista (vi.o.lon.ce.lis.ta) *n.2gén.* pessoa que toca violoncelo

violoncelo (vi.o.lon.ce.lo) *n.m.* instrumento musical de cordas, maior que o violino

vir (vir) *v.* **1** chegar; aparecer **2** regressar; voltar; **vir à baila:** surgir (um assunto, um nome) numa conversa; **vir ao mundo:** nascer

> Segundo o Acordo Ortográfico, o verbo *vir* e os seus derivados continuam a ser acentuados na 3.ª pessoa do plural:
> Eles **vêm** da escola de autocarro.
> Os pais **intervêm** nas atividades extra-curriculares.

vira-casaca (vi.ra-ca.sa.ca) *n.2gén.* [*pl.* vira-casacas] pessoa que muda frequentemente de opinião

virado (vi.ra.do) *adj.* **1** dobrado **2** dirigido **3** remexido

viragem (vi.ra.gem) *n.f.* **1** mudança de rumo **2** passagem de um estado para outro; transição

viral (vi.ral) *adj.2gén.* relativo a vírus

virar (vi.rar) *v.* **1** pôr do avesso; inverter **2** mudar de direção **3** *(fig.)* mudar de opinião ♦ **virar-se** mover o corpo em torno de si próprio; voltar-se; **virar as costas:** ir-se embora; abandonar; **virar a casaca:** mudar de opinião ou de partido político

viravolta (vi.ra.vol.ta) *n.f.* **1** cambalhota **2** contratempo

virgem (vir.gem) *adj.* **1** diz-se da pessoa que não teve relações sexuais **2** diz-se da terra ainda não cultivada

Virgem (Vir.gem) *n.f.* mãe de Jesus Cristo; Virgem Maria

vírgula (vír.gu.la) *n.f.* sinal de pontuação , que indica uma pausa, uma enumeração, ou que serve para ligar elementos de uma frase

viril (vi.ril) *adj.2gén.* **1** relativo a homem **2** que tem características consideradas próprias do homem **3** corajoso; forte

virilha (vi.ri.lha) *n.f.* região situada no ângulo superior da coxa

virilidade (vi.ri.li.da.de) *n.f.* **1** aparência masculina **2** energia; vigor

virose (vi.ro.se) *n.f.* qualquer doença causada por um vírus

virote (vi.ro.te) *n.m.* **1** seta curta, forte e grossa **2** *(inform.)* grande atividade; azáfama; *(inform.)* **andar num virote:** andar muito atarefado ou muito apressado

virtual (vir.tu.al) *adj.2gén.* **1** que se pode realizar; possível **2** que é simulado por computador

virtualidade (vir.tu.a.li.da.de) *n.f.* qualidade do que é virtual; possibilidade de (algo) acontecer

virtude (vir.tu.de) *n.f.* **1** qualidade muito boa de uma pessoa **2** disposição para fazer boas ações; retidão; **em virtude de:** por causa de; em consequência de

virtuoso (vir.tu.o.so) *adj.* **1** honesto **2** talentoso

vírus (ví.rus) *n.m.2núm.* **1** agente infecioso de muitas doenças **2** programa que pode danificar alguns ficheiros do computador

visão (vi.são) *n.f.* **1** faculdade de ver **2** modo de julgar **3** ilusão

visar (vi.sar) *v.* **1** ter como objetivo **2** referir-se a **3** apontar a arma a

víscera (vís.ce.ra) *n.f.* qualquer órgão desenvolvido que está alojado no tórax e no abdómen

visceral (vis.ce.ral) *adj.2gén.* relativo a víscera

visconde (vis.con.de) *n.m.* [*f.* viscondessa] título de nobreza imediatamente inferior ao de conde e superior ao de barão

viscoso (vis.co.so) *adj.* pegajoso

viseira (vi.sei.ra) *n.f.* pala de boné ou de capacete

visibilidade (vi.si.bi.li.da.de) *n.f.* qualidade ou estado do que é visível

visigodo (vi.si.go.do) *n.m.* membro do antigo povo germânico que invadiu a Península Ibérica a partir do século IV

visionário (vi.si.o.ná.ri.o) *n.m.* **1** pessoa que julga ver coisas fantásticas **2** pessoa que acredita em ideais; sonhador

visita (vi.si.ta) *n.f.* **1** ato ou efeito de visitar algo ou alguém **2** pessoa que visita outra pessoa ou um lugar

visitante (vi.si.tan.te) *n.2gén.* pessoa que visita um lugar ou outra(s) pessoa(s)

visitar (vi.si.tar) *v.* **1** ir a casa de uma pessoa para passar algum tempo com ela **2** ir a um lugar (cidade, país, museu) para o conhecer

visível (vi.sí.vel) *adj.2gén.* que pode ser visto SIN. evidente, patente

visivelmente (vi.si.vel.men.te) *adv.* de modo visível SIN. claramente

vislumbrar (vis.lum.brar) *v.* **1** ver ao longe, de forma pouco clara; entrever

2 ter uma ideia vaga sobre; conjeturar **3** aparecer gradualmente; despontar

visor (vi.sor) *n.m.* **1** dispositivo através do qual se pode verificar o enquadramento do objeto que se pretende fotografar ou filmar **2** monitor de computador; ecrã

vista (vis.ta) *n.f.* **1** ato ou efeito de ver; visão **2** aquilo que se vê; panorama **3** *(pop.)* órgãos da visão; olhos; **a perder de vista:** a grande distância; **dar nas vistas:** chamar a atenção; **ponto de vista:** modo de ver ou julgar um assunto; perspetiva

visto (vis.to) *adj.* percebido pela visão ♦ *n.m.* declaração de uma autoridade que examinou um documento ♦ *prep.* por causa de; **pelos vistos:** a julgar por aquilo que se sabe; ao que parece; **visto que:** dado que; uma vez que

vistoria (vis.to.ri.a) *n.f.* revista; inspeção

vistoriar (vis.to.ri.ar) *v.* revistar; inspecionar

vistoso (vis.to.so) *adj.* que chama a atenção; garrido; exagerado

visual (vi.su.al) *adj.2gén.* **1** relativo a vista ou a visão **2** obtido através da visão **3** que é efeito através de imagens

visualização (vi.su.a.li.za.ção) *n.f.* **1** capacidade de formar imagens visuais de coisas que não estão presentes **2** aquilo que é visível no monitor

visualizar (vi.su.a.li.zar) *v.* **1** converter (uma ideia, um projeto) em imagem **2** fazer surgir num ecrã de computador

vital (vi.tal) *adj.2gén.* **1** relativo à vida **2** *(fig.)* essencial; fundamental

vitalício (vi.ta.lí.ci.o) *adj.* que dura toda a vida

vitalidade (vi.ta.li.da.de) *n.f.* força física ou mental; energia

vitamina (vi.ta.mi.na) *n.f.* substância, fornecida por alimentos frescos ou por

medicamentos, indispensável ao equilíbrio fisiológico do indivíduo

vitela (vi.te.la) *n.f.* cria da vaca

vitelo (vi.te.lo) *n.m.* novilho; bezerro

vítima (ví.ti.ma) *n.f.* **1** pessoa que sofreu um acidente, um ataque ou uma doença **2** criatura que foi oferecida em sacrifício a uma divindade **3** pessoa que sofre uma situação de agressividade ou discriminação

vitimar (vi.ti.mar) *v.* **1** causar dano a **2** causar a morte de **3** tornar-se vítima; sacrificar-se

vitória (vi.tó.ri.a) *n.f.* triunfo; sucesso

vitorioso (vi.to.ri.o.so) *adj.* que alcançou uma vitória SIN. vencedor

vitral (vi.tral) *n.m.* vidraça formada de pedaços de vidro coloridos que formam desenhos

vitrina (vi.tri.na) *n.f.* armário ou local onde se expõem os artigos para venda SIN. montra, mostruário

viúva (vi.ú.va) *n.f.* mulher a quem morreu o marido

viuvez (vi.u.vez) *n.f.* estado da pessoa a quem morreu o marido ou a esposa

viúvo (vi.ú.vo) *n.m.* homem a quem morreu a esposa

viva (vi.va) *n.m.* **1** expressão com que saúda ou se deseja felicidade a alguém **2** grito de aplauso ou de vitória; **viva!:** usa-se para exprimir aprovação, entusiasmo e alegria, ou quando alguém espirra

vivacidade (vi.va.ci.da.de) *n.f.* **1** energia; entusiasmo **2** esperteza; perspicácia

vivaço (vi.va.ço) *adj.* *(inform.)* que é muito esperto

vivalma (vi.val.ma) *n.f.* alguma pessoa; alguém

vivaz (vi.vaz) *adj.2gén.* diz-se da planta cujos órgãos subterrâneos vivem durante vários anos, sendo a parte aérea renovada todos os anos

viveiro (vi.vei.ro) *n.m.* recinto próprio para a criação e reprodução de animais e plantas

vivência (vi.vên.ci.a) *n.f.* **1** modo como alguém vive **2** aquilo que se viveu; experiência

vivenda (vi.ven.da) *n.f.* casa; moradia

viver (vi.ver) *v.* **1** ter vida; existir **2** morar; residir **3** gozar; aproveitar

víveres (ví.ve.res) *n.m.pl.* alimentos; mantimentos

vivido (vi.vi.do) *adj.* que se viveu; experimentado

vivo (vi.vo) *adj.* **1** que vive; que tem vida **ANT.** morto **2** esperto; travesso

vizinhança (vi.zi.nhan.ça) *n.f.* **1** qualidade do que está próximo; proximidade **2** conjunto de pessoas que vivem perto umas das outras

vizinho (vi.zi.nho) *adj.* que fica junto; próximo ♦ *n.m.* pessoa que mora perto de outra(s) pessoa(s)

vizir (vi.zir) *n.m.* governador ou ministro de um reino muçulmano

voador (vo.a.dor) *adj.* **1** que voa; volante **2** *(fig.)* que se desloca a grande velocidade; muito veloz ♦ *n.m.* aparelho com rodas para as crianças aprenderem a andar

voar (vo.ar) *v.* **1** deslocar-se no ar com auxílio de asas ou de membros semelhantes **2** *(fig.)* deslocar-se a grande velocidade

vocabular (vo.ca.bu.lar) *adj.2gén.* relativo a vocábulo

vocabulário (vo.ca.bu.lá.ri.o) *n.m.* **1** conjunto das palavras de uma língua; léxico **2** conjunto das palavras e expressões de uma língua utilizadas por uma pessoa ou por um grupo

vocábulo (vo.cá.bu.lo) *n.m.* palavra

vocação (vo.ca.ção) *n.f.* gosto que uma pessoa sente por determinada atividade ou arte **SIN.** inclinação, propensão, tendência

vocacional (vo.ca.ci.o.nal) *adj.2gén.* relativo a vocação

vocal (vo.cal) *adj.2gén.* **1** relativo a voz **2** diz-se da música interpretada por meio de vozes

vocálico (vo.cá.li.co) *adj.* **1** relativo às vogais **2** constituído por vogais

vocalista (vo.ca.lis.ta) *n.2gén.* pessoa que canta num grupo ou numa banda

vocativo (vo.ca.ti.vo) *n.m.* palavra ou expressão usada para chamar alguém

você (vo.cê) *pron.pess.* **1** forma de tratamento entre pessoas que não se conhecem muito bem **2** *(pop.)* forma de tratamento entre pessoas próximas

vodca (vod.ca) *n.f.* bebida alcoólica de origem russa preparada à base de cereais (centeio, cevada, arroz, etc.)

voga (vo.ga) *n.f.* **1** movimento dos remos **2** moda; popularidade

vogal (vo.gal) *n.f.* uma das seguintes letras do alfabeto: *a, e, i, o, u*; **vogal temática:** vogal que identifica o paradigma de flexão a que pertencem os verbos (há três vogais temáticas nas formas do infinitivo: *-a, -e, -i*, correspondentes à 1.ª, 2.ª e 3.ª conjugações)

volante (vo.lan.te) *adj.2gén.* que voa; voador ♦ *n.m.* peça circular com que se dirige um veículo automóvel

volátil (vo.lá.til) *adj.2gén.* **1** que voa **2** que se evapora

vólei (vó.lei) *n.m. (inform.)* → **voleibol**

voleibol (vo.lei.bol) *n.m.* jogo entre duas equipas de seis jogadores, separadas por uma rede horizontal, em que os jogadores atiram uma bola por cima da rede para o campo do adversário, que tem de a devolver, sem a deixar tocar no chão

a b c d e f g h i j k l m n o p q r s t u v w x y z

volfrâmio (vol.frâ.mi.o) *n.m.* elemento químico usado em filamentos de lâmpadas incandescentes

volt *n.m.* [*pl.* volts] unidade de medida de potencial elétrico, de diferença de potencial, de tensão elétrica e de força eletromotriz

volta (vol.ta) *n.f.* **1** regresso **2** movimento circular **3** pequeno passeio **4** mudança; **à volta de:** cerca de; **volta e meia:** de vez em quando

voltagem (vol.ta.gem) *n.f.* força de um gerador elétrico (em volts)

voltar (vol.tar) *v.* **1** tornar a vir; reaparecer **2** recomeçar; retomar **3** pôr do avesso; remexer ♦ **voltar-se 1** mudar de posição, colocando-se de frente para; virar-se **2** dirigir-se para; encaminhar-se; **voltar com a palavra atrás:** não cumprir aquilo que se tinha dito ou prometido

voltinha (vol.ti.nha) *n.f.* pequeno passeio

volume (vo.lu.me) *n.m.* **1** espaço ocupado por um corpo; tamanho **2** intensidade do som; altura **3** conjunto de cadernos impressos e reunidos numa capa; livro

volumoso (vo.lu.mo.so) *adj.* **1** que tem grande volume **2** intenso; forte

voluntariado (vo.lun.ta.ri.a.do) *n.m.* **1** ato de realizar uma atividade por vontade própria, geralmente para ajudar alguém **2** conjunto de pessoas que realizam uma atividade por vontade própria

voluntário (vo.lun.tá.ri.o) *adj.* de livre vontade ♦ *n.m.* pessoa que se oferece para fazer alguma coisa

volúvel (vo.lú.vel) *adj.2gén.* que muda com frequência ou com facilidade SIN. inconstante, instável

volver (vol.ver) *v.* **1** voltar **2** tornar

volvido (vol.vi.do) *adj.* decorrido; passado (tempo)

vomitar (vo.mi.tar) *v.* expelir pela boca substâncias contidas no estômago

vómito (vó.mi.to) *n.m.* **1** ato ou efeito de vomitar **2** movimento que provoca a expulsão de substâncias contidas no estômago

vontade (von.ta.de) *n.f.* **1** faculdade de querer alguma coisa; desejo; intenção **2** capacidade que uma pessoa tem de fazer ou não fazer algo **3** desejo muito forte

voo (vo.o) *n.m.* **1** modo de locomoção, através dos ares, próprio das aves **2** deslocação de aeronaves através do ar

voraz (vo.raz) *adj.2gén.* **1** que come com sofreguidão **2** que come em excesso; comilão; glutão

vos (vos) *pron.pess.* designa a segunda pessoa do plural e indica as pessoas (ou a pessoa, no tratamento formal) a quem se fala ou escreve (*eu não vos vi; encontramo-nos em vossa casa*)

vós (vós) *pron.pess.* designa a segunda pessoa do plural e indica as pessoas a quem se fala ou escreve (*depende de vós; não iremos sem vós*)

> Não confundas as palavras **vós** (pronome pessoal da 2.ª pessoa do plural) e **voz** (faculdade de falar):
> *Nós não vamos; ide **vós**!*
> *Ele está sem **voz** por causa da gripe.*

vossemecê (vos.se.me.cê) *pron.pess.* (*pop.*) designa a segunda pessoa do singular e indica a pessoa com quem se fala ou a quem se escreve

vosso (vos.so) *adj. e pron.poss.* **1** que vos pertence **2** relativo a vós

votação (vo.ta.ção) *n.f.* escolha por meio de votos SIN. eleição

votar (vo.tar) *v.* aprovar ou eleger por meio de voto

voto (vo.to) *n.m.* **1** promessa **2** expressão de um desejo **3** ato de votar (numa eleição)

vovó (vo.vó) *n.f. (infant.)* avó

vovô (vo.vô) *n.m. (infant.)* avô

voz (voz) *n.f.* **1** som produzido pela laringe com o ar que sai dos pulmões; faculdade de falar **2** modificação em certos verbos para indicar se o sujeito pratica ou sofre uma ação **3** *(fig.)* opinião **4** *(fig.)* boato; **a meia voz:** em voz baixa; **de viva voz:** oralmente (e não por escrito)

> Não confundas as palavras **voz** (faculdade de falar) e **vós** (pronome pessoal da 2.ª pessoa do plural):
> *Ele está sem **voz** por causa da gripe.*
> *Nós não vamos; ide **vós**!*

vozeirão (vo.zei.rão) *n.m.* voz forte e grossa

vulcânico (vul.câ.ni.co) *adj.* relativo a vulcão

vulcanismo (vul.ca.nis.mo) *n.m.* conjunto de manifestações vulcânicas e fenómenos com elas relacionados

vulcanologia (vul.ca.no.lo.gi.a) *n.f.* ciência que estuda os fenómenos vulcânicos

vulcão (vul.cão) *n.m.* [*pl.* vulcões] abertura na crusta terrestre por onde são expelidas substâncias em fusão (lava)

vulgar (vul.gar) *adj.2gén.* **1** que é frequente ou usual; comum; habitual **2** de má qualidade; reles; ordinário

vulgarismo (vul.ga.ris.mo) *n.m.* **1** característica do que é comum; vulgaridade **2** palavra grosseira; palavrão

vulgarmente (vul.gar.men.te) *adv.* habitualmente; normalmente

vulnerável (vul.ne.rá.vel) *adj.2gén.* **1** que pode ser atingido ou ferido SIN. frágil **2** que tem poucas defesas

vulto (vul.to) *n.m.* **1** figura que se vê mal; sombra **2** *(fig.)* pessoa importante; **de vulto:** que é importante

W

w (dâblio) *n.m.* vigésima terceira letra do alfabeto, que está entre as letras *v* e *x*

Com o Acordo Ortográfico, o **w** passa oficialmente a fazer parte do alfabeto português.

walkie-talkie (uóqui-tóqui) *n.m.* [*pl. walkie-talkies*] pequeno aparelho emissor e recetor de rádio que se pode usar para comunicar a curta distância

watt *n.m.* unidade de potência (símbolo: W)

WC (dâblio-ssê) *n.m.* casa de banho

web (uéb) *n.f.* rede mundial de computadores; *Internet*

whisky (uísqui) *n.m.* [*pl. whiskies*] bebida alcoólica feita a partir da fermentação de cereais

windsurf (uíndsârf) *n.m.* desporto náutico praticado sobre uma prancha com vela

windsurfista (wind.sur.fis.ta) *n.2gén.* pessoa que pratica *windsurf*

WWW *sigla de* **W**orld **W**ide **W**eb (rede mundial de comunicação)

X

x (xis) *n.m.* consoante, vigésima quarta letra do alfabeto, que está entre as letras *w* e *y*

x-acto *a nova grafia é* **x-ato**

xadrez (xa.drez) *n.m.* jogo entre duas pessoas que se joga num tabuleiro com casas pretas e brancas, dispostas em filas verticais e horizontais

xaile (xai.le) *n.m.* peça de vestuário em forma de triângulo que se usa sobre os ombros

xarope (xa.ro.pe) *n.m.* **1** solução líquida açucarada com medicamento, usada para a tosse, etc. **2** (*inform.*) coisa desagradável; aborrecimento

x-ato (x-a.to) *n.m.* [*pl.* x-atos] instrumento cortante com uma lâmina que se pode recolher, usado para cortar papel

xenofobia (xe.no.fo.bi.a) *n.f.* antipatia pelas pessoas ou coisas estrangeiras

xenófobo (xe.nó.fo.bo) *adj. e n.m.* que ou aquele que detesta o que é estrangeiro

xeque (xe.que) *n.m.* **1** chefe de tribo árabe **2** no jogo do xadrez, ataque ao rei ou à rainha

> Nota que **xeque** (*chefe árabe*) é diferente de **cheque** (*ordem de pagamento*).

xeque-mate (xe.que-ma.te) *n.m.* [*pl.* xeques-mates, xeques-mate] lance que põe fim ao jogo do xadrez

xerife (xe.ri.fe) *n.m.* magistrado em certas povoações norte-americanas

xetetê (xe.te.tê) *adj.2gén.* (*Ang.*) diz-se do nariz achatado; esborrachado

xexé (xe.xé) *adj.2gén.* (*inform.*) envelhecido; senil

xibongo (xi.bon.go) *n.m.* (*Moç.*) nome de família; apelido

xicandarinha (xi.can.da.ri.nha) *n.f.* (*Moç.*) chaleira

xícara (xí.ca.ra) *n.f.* → **chávena**

xicombelo (xi.com.be.lo) *n.m.* (*Moç.*) pedido; súplica

xigono (xi.go.no) *n.m.* (*Moç.*) fantasma

xilofone (xi.lo.fo.ne) *n.m.* instrumento musical formado por lâminas de metal ou madeira que se tocam com baquetas

xilofonista (xi.lo.fo.nis.ta) *n.2gén.* pessoa que toca xilofone

xiluva (xi.lu.va) *n.f.* (*Moç.*) flor

xipefo (xi.pe.fo) *n.m.* (*Moç.*) candeeiro; lamparina

xirico (xi.ri.co) *n.m.* **1** (*Moç.*) aparelho recetor de rádio **2** (*Ang., Moç.*) passarinho

xisto (xis.to) *n.m.* rocha composta de placas finas dispostas em camadas

xitimela (xi.ti.me.la) *n.m.* **1** (*Moç.*) navio **2** (*Moç.*) comboio

xitolo (xi.to.lo) *n.m.* (*Moç.*) cantina

xiu (xiu) *interj.* usa-se para mandar calar ou para pedir silêncio

xixi (xi.xi) *n.m.* (*inform.*) urina

Y

y (ípsilon) *n.m.* vigésima quinta letra do alfabeto, que está entre as letras *x* e *z*

> Com o Acordo Ortográfico, o **y** passa oficialmente a fazer parte do alfabeto português.

yen *n.m.* moeda do Japão

yoga *n.m.* disciplina baseada em posições corporais e no controlo da respiração, que procura estabelecer o equilíbrio entre o corpo e a mente; ioga

yuan *n.m.* moeda da China

Z

z (zê) *n.m.* consoante, vigésima sexta letra do alfabeto, que está depois do *y*

zambe (zam.be) *n.m. (Ang.)* deus

zanga (zan.ga) *n.f.* desentendimento entre pessoas SIN. desavença

zangado (zan.ga.do) *adj.* que está de mau humor; irritado

zângão (zân.gão) *n.m.* macho da abelha, que não produz mel

> **Zângão** escreve-se com acento circunflexo no primeiro **a**.

zangar (zan.gar) *v.* causar zanga a; irritar; enfurecer ♦ **zangar-se** ficar zangado; irritar-se; enfurecer-se

zapping (záping) *n.m.* mudança rápida e consecutiva de canal de televisão, através de um comando à distância

zarabatana (za.ra.ba.ta.na) *n.f.* tubo comprido por onde se sopra para lançar setas ou pedrinhas; sarabatana

zaragata (za.ra.ga.ta) *n.f. (inform.)* desordem; algazarra; confusão

zarolho (za.ro.lho) *adj.* que é cego de um olho SIN. vesgo

zarpar (zar.par) *v.* levantar âncora; partir (barco)

zás (zás) *interj.* som produzido por uma pancada ou queda SIN. pumba!

zebra (ze.bra) *n.f.* mamífero africano com pelagem listrada de faixas escuras

zelar (ze.lar) *v.* tomar conta de (zelar por)

zelo (ze.lo) *n.m.* **1** cuidado **2** dedicação

zeloso (ze.lo.so) *adj.* cuidadoso; atento

zé-ninguém (zé-nin.guém) *n.m.* [*pl* zés-ninguém] pessoa pouco importante

zénite (zé.ni.te) *n.m.* **1** ponto da esfera celeste que, relativamente a cada lugar da Terra, é encontrado pela vertical levantada desse lugar **2** *(fig.)* ponto mais elevado; apogeu

zé-povinho (zé-po.vi.nho) *n.m.* [*pl.* zés--povinhos] figura que representa o homem comum, o povo

zero (ze.ro) *num.card.>quant.num.*ᴰᵀ número que representa a ausência de quantidade ♦ *n.m.* **1** algarismo 0 **2** nada; coisa nenhuma; **ser um zero à esquerda:** não valer nada

zigoto (zi.go.to) *n.m.* célula resultante da união do espermatozoide com o óvulo; ovo

ziguezague (zi.gue.za.gue) *n.m.* linha com muitas curvas

zincar (zin.car) *v.* revestir de zinco

zinco (zin.co) *n.m.* metal branco-azulado, brilhante, muito usado como revestimento, em canalizações, etc.

zínia (zí.ni.a) *n.f.* **1** planta ornamental originária de África, com flores muito coloridas **2** flor dessa planta

zip *n.m.* técnica e formato de compressão e armazenamento de ficheiros

zipar (zi.par) *v.* comprimir (um ficheiro) para armazenamento de dados

zoar (zo.ar) *v.* produzir ruído ao voar (um inseto); zumbir

zodiacal (zo.di.a.cal) *adj.2gén.* relativo a zodíaco

Zodíaco (Zo.dí.a.co) *n.m.* **1** zona da esfera celeste onde se distribuem doze constelações **2** conjunto dos doze signos que representam as constelações da esfera celeste

zombar (zom.bar) *v.* troçar; gozar (zombar de)

zombaria (zom.ba.ri.a) *n.f.* ato de troçar de alguém ѕɪɴ. gozo, troça

zona (zo.na) *n.f.* **1** espaço limitado; região; área **2** cada uma das partes da superfície terrestre a que corresponde determinado clima

zongola (zon.go.la) *n.m.* (*Ang.*) espião

zonzo (zon.zo) *adj.* atordoado; tonto

zoo (zo.o) *n.m.* (*inform.*) jardim zoológico

zoologia (zo.o.lo.gi.a) *n.f.* ciência que estuda os animais

zoológico (zo.o.ló.gi.co) *adj.* pertencente ou relativo à zoologia

zoólogo (zo.ó.lo.go) *n.m.* especialista em zoologia

zumbido (zum.bi.do) *n.m.* ruído produzido por certos insetos, como a abelha, a mosca, etc.

zumbir (zum.bir) *v.* produzir ruído ao voar (abelha, mosca, etc.) ѕɪɴ. zunir

zungueiro (zun.guei.ro) *n.m.* (*Ang.*) vendedor ambulante

zunir (zu.nir) *v.* → zumbir

zunzum (zun.zum) *n.m.* **1** rumor de vozes **2** zumbido de inseto

zurrar (zur.rar) *v.* dar zurros (o burro)

zurro (zur.ro) *n.m.* voz do burro

a b c d e f g h i j k l m n o p q r s t u v w x y z

Acordo Ortográfico: as palavras que mudam

Ortografia anterior	Nova ortografia
Abril	abril
abstracção	abstração
abstracto	abstrato
acção	ação
accionar	acionar
acepção	aceção
acta	ata
activa	ativa
activação	ativação
activado	ativado
activar	ativar
actividade	atividade
activo	ativo
acto	ato
actor	ator
actuação	atuação
actual	atual
actualidade	atualidade
actualização	atualização
actualizar	atualizar
actualmente	atualmente
actuar	atuar
adjectivação	adjetivação
adjectivar	adjetivar
adjectivo	adjetivo
adopção	adoção

Ortografia anterior	Nova ortografia
adoptado	adotado
adoptar	adotar
adoptivo	adotivo
afectado	afetado
afectar	afetar
afectividade	afetividade
afectivo	afetivo
afecto	afeto
afectuoso	afetuoso
Agosto	agosto
agro-pecuária	agropecuária
agro-turismo	agroturismo
água-de-colónia	água-de-colónia, água de Colónia*
anjo-da-guarda	anjo da guarda
Antárctico	Antártico
Árctico	Ártico
arquitecto	arquiteto
arquitectura	arquitetura
aspecto	aspeto
asteróide	asteroide
atracção	atração
atractivo	atrativo
auto-avaliação	autoavaliação
autocorrecção	autocorreção

* Segundo o vocabulário oficial, são possíveis estas duas grafias.

Ortografia anterior	Nova ortografia
auto-estima	autoestima
auto-estrada	autoestrada
auto-rádio	autorrádio
auto-retrato	autorretrato
bairro-de-lata	bairro de lata
baptismal	batismal
baptismo	batismo
baptizado	batizado
baptizar	batizar
bicho-de-sete-cabeças	bicho de sete cabeças
bicho-do-mato	bicho do mato
bico-de-obra	bico de obra
bico-de-pato	bico de pato
bissectriz	bissetriz
bóia	boia
braço-de-ferro	braço de ferro
cabeça-de-alho-chocho	cabeça de alho chocho
cabeça-de-vento	cabeça de vento
cabeça-no-ar	cabeça no ar
cacto	cato
caminho-de-ferro	caminho de ferro
carácter	carácter, caráter
característica	característica, caraterística
característico	característico, caraterístico
caracterização	caracterização, caraterização
caracterizado	caracterizado, caraterizado

Ortografia anterior	Nova ortografia
caracterizar	caracterizar, caraterizar
cartão-de-visita	cartão de visita
ceptro	cetro
céu-da-boca	céu da boca
chapéu-de-chuva	chapéu de chuva
chapéu-de-sol	chapéu de sol
clarabóia	claraboia
co-autor	coautor
co-autoria	coautoria
co-incineração	coincineração
colecção	coleção
coleccionador	colecionador
coleccionar	colecionar
colectânea	coletânea
colectivamente	coletivamente
colectividade	coletividade
colectivo	coletivo
concepção	conceção
confecção	confeção
confeccionar	confecionar
conjectura	conjetura
conjecturar	conjeturar
conto-da-carochinha	conto da carochinha
contracção	contração
contraceptivo	contracetivo
contra-relógio	contrarrelógio

Ortografia anterior	Nova ortografia
co-piloto	copiloto
cor-de-rosa	cor-de-rosa, cor de rosa*
correcção	correção
correctamente	corretamente
correctivo	corretivo
correcto	correto
corrector	corretor
decepção	deceção
decepcionado	dececionado
decepcionar	dececionar
defectivo	defetivo
descontracção	descontração
desinfecção	desinfeção
desinfectante	desinfetante
desinfectar	desinfetar
detectar	detetar
detective	detetive
Dezembro	dezembro
dia-a-dia	dia a dia
dialecto	dialeto
didáctica	didática
didáctico	didático
direcção	direção
direccionado	direcionado

* Segundo o vocabulário oficial, são possíveis estas duas grafias.

Ortografia anterior	Nova ortografia
direccionar	direcionar
directiva	diretiva
directivo	diretivo
directo	direto
director	diretor
directório	diretório
distracção	distração
efectivamente	efetivamente
efectivar	efetivar
efectivo	efetivo
efectuar	efetuar
Egipto	Egito
electrão	eletrão
electricidade	eletricidade
electricista	eletricista
eléctrico	elétrico
electrificar	eletrificar
electrocardiograma	eletrocardiograma
electrocussão	eletrocussão
electrocutado	eletrocutado
electrodoméstico	eletrodoméstico
electrónica	eletrónica
electrónico	eletrónico
epiléptico	epilético
espectacular	espetacular
espectáculo	espetáculo

Ortografia anterior	Nova ortografia
espectador	espectador, espetador
espectro	espetro, espectro
espermatozóide	espermatozoide
exactamente	exatamente
exactidão	exatidão
exacto	exato
excepção	exceção
excepcional	excecional
excepto	exceto
exceptuar	excetuar
expectante	expectante, expetante
expectativa	expectativa, expetativa
expectoração	expetoração
extracção	extração
extracto	extrato
extra-escolar	extraescolar
factor	fator
factura	fatura
facturação	faturação
facturar	faturar
farinha-de-pau	farinha de pau
fato-de-banho	fato de banho
fato-de-treino	fato de treino
Fevereiro	fevereiro
fim-de-semana	fim de semana
fio-de-prumo	fio de prumo

Ortografia anterior	Nova ortografia
fios-de-ovos	fios de ovos
flectir	fletir
fogo-de-artifício	fogo de artifício
fora-de-jogo	fora de jogo
fracção	fração
fraccionar	fracionar
fraccionário	fracionário
fractura	fratura
fracturar	fraturar
frente-a-frente	frente a frente
gaita-de-foles	gaita de foles
guarda-jóias	guarda-joias
guarda-nocturno	guarda-noturno
heróico	heroico
hidroeléctrico	hidroelétrico
imperceptível	impercetível
inactividade	inatividade
inactivo	inativo
incorrecção	incorreção
incorrecto	incorreto
indirecta	indireta
indirecto	indireto
infanto-juvenil	infantojuvenil
infecção	infeção
infeccioso	infecioso, infeccioso
infectado	infetado

Ortografia anterior	Nova ortografia
infectar	infetar
infracção	infração
infractor	infrator
injecção	injeção
injectado	injetado
injectar	injetar
insecticida	inseticida
insectívoro	insetívoro, insectívoro
insecto	inseto
inspecção	inspeção
inspeccionar	inspecionar
inspector	inspetor
interacção	interação
interactividade	interatividade
interactivo	interativo
interceptar	intercetar
interruptor	interruptor, interrutor
intersecção	interseção, intersecção
intersectar	intersetar, intersectar
Inverno	inverno
irreflectido	irrefletido
jacto	jato
Janeiro	janeiro
jardim-de-infância	jardim de infância
jibóia	jiboia
jóia	joia

Ortografia anterior	Nova ortografia
Julho	julho
Junho	junho
leccionar	lecionar
lectivo	letivo
limpa-pára-brisas	limpa-para-brisas
lua-de-mel	lua de mel
luso-descendente	lusodescendente
maçã-de-adão	maçã de Adão
Maio	maio
manufactura	manufatura
manufacturado	manufaturado
manufacturar	manufaturar
mão-de-obra	mão de obra
Março	março
mesa-de-cabeceira	mesa de cabeceira
mesinha-de-cabeceira	mesinha de cabeceira
mestre-de-cerimónias	mestre de cerimónias
mestre-de-obras	mestre de obras
microonda	micro-onda
microondas	micro-ondas
nocturno	noturno
Novembro	novembro
objecção	objeção
objectar	objetar
objectiva	objetiva
objectividade	objetividade

Ortografia anterior	Nova ortografia
objectivo	objetivo
objecto	objeto
oitavos-de-final	oitavos de final
olfactivo	olfativo
olfacto	olfato
óptica	ótica
óptico	ótico
optimismo	otimismo
optimista	otimista
óptimo	ótimo
Outono	outono
Outubro	outubro
ovóide	ovoide
pão-de-ló	pão de ló
pára-brisas	para-brisas
pára-choques	para-choques
pára-quedas	paraquedas
pára-quedista	paraquedista
pára-raios	para-raios
pé-de-cabra	pé de cabra
pé-de-meia	pé-de-meia, pé de meia*
pé-de-vento	pé de vento
péla	pela
pêlo	pelo

* *Segundo o vocabulário oficial, são possíveis estas duas grafias.*

Ortografia anterior	Nova ortografia
pêra	pera
percepção	perceção
perceptível	percetível
pêro	pero
perspectiva	perspetiva
pó-de-arroz	pó de arroz
pólo	polo
pôr-do-sol	pôr do sol
predilecção	predileção
predilecto	predileto
Primavera	primavera
projecção	projeção
projectar	projetar
projéctil	projétil
projecto	projeto
projector	projetor
prospecto	prospeto
protecção	proteção
protector	protetor
putrefacção	putrefação
rabo-de-cavalo	rabo de cavalo
radioactividade	radioatividade
radioactivo	radioativo
raposa-do-árctico	raposa-do-ártico
reacção	reação
recepção	receção

Ortografia anterior	Nova ortografia
recepcionista	rececionista
receptor	recetor
recolecção	recoleção
recolector	recoletor
recta	reta
rectangular	retangular
rectângulo	retângulo
rectidão	retidão
rectificação	retificação
rectificar	retificar
rectilíneo	retilíneo
recto	reto
redacção	redação
redactor	redator
reflectido	refletido
reflectir	refletir
respectivamente	respetivamente
respectivo	respetivo
retroprojector	retroprojetor
retrospectiva	retrospetiva
retrospectivo	retrospetivo
rosa-dos-ventos	rosa dos ventos
ruptura	rutura
sector	setor, sector
selecção	seleção
seleccionador	selecionador

Ortografia anterior	Nova ortografia
seleccionar	selecionar
selectivo	seletivo
selecto	seleto
Setembro	setembro
sintáctico	sintático
subjectivo	subjetivo
subtracção	subtração
susceptível	suscetível
táctica	tática
táctico	tático
táctil	táctil, tátil
tacto	tato
tecto	teto
teleobjectiva	teleobjetiva
telespectador	telespectador, telespetador
tiróide	tiroide
tracção	tração
tractor	trator
trajecto	trajeto
trajectória	trajetória
transacção	transação
transaccionar	transacionar
ultra-som	ultrassom
vector	vetor
Verão	verão
x-acto	x-ato

Gramática
e
Verbos

Comunicação e linguagem

Podemos **comunicar** de várias formas: falar, ouvir, ler, escrever. Também comunicamos com gestos, sons e sinais. O meio mais usado para comunicar é a **palavra**.

Na **comunicação** há sempre:
um **emissor** → quem produz o enunciado;
um **recetor** → quem recebe o enunciado;
uma **mensagem** → aquilo que se pretende comunicar.

A **linguagem** pode ser:
verbal → usam-se palavras para comunicar;
não verbal → usam-se gestos, sons, sinais, luzes;
mista → misturam-se várias formas de comunicação.

Texto

Os textos podem ser:
orais → quando falamos (utilizamos palavras);
escritos → quando escrevemos (utilizamos só palavras, só imagens ou palavras e imagens).
Os textos escritos podem ser em **prosa** ou em **verso** (poesias).

Frase

Chamamos **frase** a um conjunto organizado de palavras com um sentido completo que respeita as regras da gramática. A frase começa sempre com letra maiúscula e termina com um sinal de pontuação.

Uma *frase* pode ser:

simples → faz-se apenas uma afirmação;

complexa → fazem-se duas ou mais afirmações.

Em função da *entoação* usada para exprimir uma intenção comunicativa, uma frase pode ser:

declarativa → uma informação ou declaração;

imperativa → uma ordem ou um pedido;

interrogativa → uma pergunta, uma sugestão;

exclamativa → uma exclamação.

Qualquer frase (oral ou escrita) pode aparecer na forma **afirmativa** (quando afirma uma ideia) ou na forma **negativa** (quando nega uma ideia).

Grupo nominal e grupo verbal

Qualquer frase é constituída por dois grupos:

grupo nominal (**GN**) → indica quem pratica a ação e tem a função de **sujeito** (para encontrares o sujeito da frase, pergunta: *Quem é que?* ou *Que é que?*);

grupo verbal (**GV**) → indica as ações praticadas pelo sujeito e tem a função de **predicado** (para encontrares o predicado da frase, pergunta *O que faz?* ou *Como está?*).

O GN e o GV da frase têm, entre si, uma relação de concordância: se o GN é singular, o GV também é singular; se o GN é plural, o GV também é plural. Normalmente, o GN escreve-se antes do GV.

Acentos gráficos

Na linguagem escrita utilizamos três **sinais gráficos de acentuação**:

agudo `´` como em *há* e *pé*;

grave `` ` `` como em *à* e *àquilo*;

circunflexo `^` como em *êxito* e *vocês*.

Também são importantes na escrita o til (em *mãe* e *irmãos*, por exemplo) e a cedilha (em *preço* e *carroça*, por exemplo).

Sinais de pontuação

Para facilitar a leitura e a compreensão dos textos, na linguagem escrita usam-se **sinais de pontuação**:

ponto final `.` utiliza-se no final das frases;

vírgula `,` usa-se para separar os elementos da frase;

dois pontos `:` usam-se antes de uma citação, de uma fala ou de uma enumeração;

ponto e vírgula `;` usa-se para separar orações;

ponto de exclamação `!` usa-se no fim de uma frase para exprimir surpresa, receio, admiração, etc.;

ponto de interrogação `?` usa-se no fim de uma frase em que se faz uma pergunta;

reticências `...` indicam que a frase está incompleta;

travessão `—` utiliza-se nos diálogos, para indicar a fala das personagens;

Sinais auxiliares de escrita

Existem ainda os seguintes **sinais auxiliares de escrita**:

aspas " " assinalam palavras ou frases que são citações;

parênteses curvos ( ) assinalam informações diversas;

parênteses retos [ ] usados para representar o som dos fonemas;

barra oblíqua / usa-se para indicar oposição ou no final de um verso ou para indicar divisão de sílabas.

Sílaba e divisão silábica

Chamamos **sílaba** a um conjunto de letras que se pronunciam de uma só vez. Uma palavra pode ter uma, duas, três ou mais sílabas.

Quanto ao número de sílabas, as palavras classificam-se em:

monossílabos → têm só uma sílaba (*mãe, eu*);
dissílabos → têm duas sílabas (*dedo, bola*);
trissílabos → têm três sílabas (*boleia, menino*);
polissílabos → têm mais de três sílabas (*altamente, avaliação*).

Em todas as palavras há uma sílaba que se pronuncia com mais força – é a **sílaba tónica** da palavra. As restantes sílabas chamam-se **sílabas átonas**.

A sílaba tónica de uma palavra pode ser a última, a penúltima ou a antepenúltima. Conforme a posição da sílaba tónica, as palavras classificam-se em:

agudas → a sílaba tónica é a última (*avô, bebé*);
graves → a sílaba tónica é a penúltima (*bonita, medo*);
esdrúxulas → a sílaba tónica é a antepenúltima (*exercício, mágico*).

Nomes

As palavras que indicam nomes de pessoas, animais, coisas ou objetos chamam-se **nomes** (ou substantivos). Também são nomes as palavras que indicam ações, qualidades e estados.

Os nomes podem ser:

comuns → referem pessoas, coisas ou animais, sem os individualizar (*professora, dicionário, panda*);

próprios → mencionam seres ou coisas que se pretendem individualizar (*Tiago, Douro, Portugal, Camões*);

coletivos → indicam conjuntos de pessoas, animais ou coisas da mesma espécie (*arquipélago, cardume, enxame, rebanho*).

Adjetivos

Chamam-se **adjetivos qualificativos** às palavras que indicam como são as pessoas, as coisas ou os animais, atribuindo-lhes qualidades. Os adjetivos concordam sempre em género e número com os nomes que qualificam e podem escrever-se antes ou depois deles.

Os graus dos adjetivos são três:

normal → o adjetivo indica apenas a qualidade do nome, sem a aumentar nem diminuir;

comparativo → o adjetivo permite estabelecer uma comparação entre dois ou mais nomes;

superlativo → o adjetivo indica a qualidade do nome num grau muito elevado.

Determinantes e pronomes

São **determinantes** as palavras que aparecem antes dos nomes, determinando o seu género, número, posse, posição e quantidade. Os **pronomes** são usados em vez dos nomes.

Os **artigos** escrevem-se antes dos nomes, com os quais concordam em género e número; há duas espécies de artigos:

definidos → indicam um ser entre diversos da mesma espécie;

indefinidos → indicam um ser indeterminado entre outros da mesma espécie.

Determinantes **artigos**

	definidos		indefinidos	
	masculino	feminino	masculino	feminino
singular	o	a	um	uma
plural	os	as	uns	umas

Determinantes e pronomes **indefinidos**

	singular		plural	
	masculino	feminino	masculino	feminino
variáveis	algum	alguma	alguns	algumas
	nenhum	nenhuma	nenhuns	nenhumas
	outro	outra	outros	outras
	todo	toda	todos	todas
	um	uma	uns	umas
	certo	certa	certos	certas
	muito	muita	muitos	muitas
	pouco	pouca	poucos	poucas
	qualquer	qualquer	quaisquer	quaisquer
invariáveis	algo, alguém, ninguém, nada, tudo, outrem			

Pronomes **pessoais**

	1.ª pessoa	2.ª pessoa	3.ª pessoa
singular	eu me, mim comigo	tu te, ti contigo	ele, ela se, si consigo o, a lhe
plural	nós nos connosco	vós vos convosco	eles, elas se, si consigo os, as lhes

Determinantes e pronomes **possessivos**

	singular		plural	
	masculino	feminino	masculino	feminino
um possuidor	meu teu seu	minha tua sua	meus teus seus	minhas tuas suas
vários possuidores	nosso vosso seu	nossa vossa sua	nossos vossos seus	nossas vossas suas

Determinantes e pronomes **demonstrativos**

	singular		plural	
	masculino	feminino	masculino	feminino
variáveis	este esse aquele o mesmo o outro o tal	esta essa aquela a mesma a outra a tal	estes esses aqueles os mesmos os outros os tais	estas essas aquelas as mesmas as outras as tais
invariáveis	isto, isso, aquilo			

Determinantes e pronomes **interrogativos**

	singular		plural	
	masculino	feminino	masculino	feminino
variáveis	quanto? qual?	quanta? qual?	quantos? quais?	quantas? quais?
invariáveis	que?, quem?			

Pronomes **relativos**

	singular		plural	
	masculino	feminino	masculino	feminino
variáveis	cujo quanto qual	cuja quanta qual	cujos quantos quais	cujas quantas quais
invariáveis	que, quem			

Verbos

Os **verbos** indicam ações, qualidades e estados e são as palavras mais variáveis da língua portuguesa. O verbo é a palavra principal do grupo verbal e concorda sempre com o grupo nominal.

Quanto à sua função, um verbo pode ser **principal** (quando transmite o sentido da frase) ou **auxiliar** (quando é utilizado na formação dos tempos compostos e da conjugação passiva).

Os verbos têm formas diferentes conforme a **pessoa** e o **número** (singular e plural). Também variam em **modo** e **tempo**. A estas variações das formas verbais chamamos flexões.

Os *tempos* verbais indicam o momento da realização da ação:

passado → indica que os factos já aconteceram;

presente → indica que os factos acontecem agora;

futuro → indica que os factos ainda irão acontecer.

Os *modos* verbais são os seguintes:

indicativo → indica que a ação é uma realidade ou certeza;

conjuntivo → exprime a ação como uma possibilidade ou uma dúvida;

condicional → indica que a ação depende de uma condição;

imperativo → apresenta a ação como uma ordem, um pedido ou um conselho;

infinitivo → exprime a ação de forma indeterminada.

Ao conjunto ordenado das flexões dos verbos em todos os seus modos, tempos, pessoas, números e vozes chamamos *conjugação verbal*.

No infinitivo, os verbos portugueses apresentam as terminações *ar*, *er* ou *ir*, exceto o verbo *pôr* e os seus compostos (*compor*, *propor*, etc).

Os verbos portugueses agrupam-se, em três conjugações:

1.ª *conjugação* → verbos terminados em *ar*;

2.ª *conjugação* → verbos terminados em *er*;

3.ª *conjugação* → verbos terminados em *ir*.

Os verbos terminados em *or* (como o verbo *pôr* e os seus compostos) são considerados como pertencendo à 2.ª conjugação.

O Acordo Ortográfico e a conjugação verbal

Com o Acordo Ortográfico, algumas formas verbais sofrem alteração de grafia.

Perdem o acento circunflexo as formas verbais graves terminadas em -*êem*:

crêem → creem

dêem → deem

lêem → leem

vêem → veem

Nota que os verbos *ter* e *vir* (e seus derivados) continuam a ser acentuados na terceira pessoa do plural: *eles têm dois filhos, elas vêm da escola.*

Perdem o acento agudo as formas verbais graves com ditongo *oi*:

bóio → boio

bóias → boias

bóiam → boiam

Deixam de ter hífen antes da preposição *de* as formas monossilábicas do presente do indicativo do verbo *haver*:

hei-de → hei de

hás-de → hás de

há-de → há de

hão-de → hão de

Deixam de ser acentuadas algumas palavras graves que tinham acento gráfico para se distinguirem de homógrafas:

pára → **para** (do verbo *parar*) homógrafa de *para* (preposição)

péla → **pela** (do verbo *pelar*) homógrafa de *pela* (contração)

pélo → **pelo** (do verbo *pelar*) homógrafa de *pelo* (contração)

A distinção passa a ser feita pelo contexto em que a palavra ocorre.

No entanto, o acento continua a ser obrigatório na forma verbal **pôde** (3.ª pessoa do singular do pretérito perfeito do indicativo) para a diferenciar da forma **pode** (3.ª pessoa do singular do presente do indicativo) e no verbo **pôr** (no infinitivo) para o distinguir de **por** (preposição).

1.ª conjugação – estudar

indicativo

presente

eu	estudo
tu	estudas
ele	estuda
nós	estudamos
vós	estudais
eles	estudam

futuro

eu	estudarei
tu	estudarás
ele	estudará
nós	estudaremos
vós	estudareis
eles	estudarão

pret. imperfeito

eu	estudava
tu	estudavas
ele	estudava
nós	estudávamos
vós	estudáveis
eles	estudavam

pret. perfeito

eu	estudei
tu	estudaste
ele	estudou
nós	estudámos
vós	estudastes
eles	estudaram

pret. mais-que-perfeito

eu	estudara
tu	estudaras
ele	estudara
nós	estudáramos
vós	estudáreis
eles	estudaram

conjuntivo

presente

que	eu	estude
que	tu	estudes
que	ele	estude
que	nós	estudemos
que	vós	estudeis
que	eles	estudem

futuro

se	eu	estudar
se	tu	estudares
se	ele	estudar
se	nós	estudarmos
se	vós	estudardes
se	eles	estudarem

imperfeito

que	eu	estudasse
que	tu	estudasses
que	ele	estudasse
que	nós	estudássemos
que	vós	estudásseis
que	eles	estudassem

infinitivo

impessoal

estudar

pessoal

estudar	eu
estudares	tu
estudar	ele
estudarmos	nós
estudardes	vós
estudarem	eles

condicional

eu	estudaria
tu	estudarias
ele	estudaria
nós	estudaríamos
vós	estudaríeis
eles	estudariam

imperativo

estuda	tu
estudai	vós

gerúndio
estudando

particípio passado
estudado

2.ª conjugação – comer

indicativo

presente

eu	como
tu	comes
ele	come
nós	comemos
vós	comeis
eles	comem

futuro

eu	comerei
tu	comerás
ele	comerá
nós	comeremos
vós	comereis
eles	comerão

pret. imperfeito

eu	comia
tu	comias
ele	comia
nós	comíamos
vós	comíeis
eles	comiam

pret. perfeito

eu	comi
tu	comeste
ele	comeu
nós	comemos
vós	comestes
eles	comeram

pret. mais-que-perfeito

eu	comera
tu	comeras
ele	comera
nós	comêramos
vós	comêreis
eles	comeram

conjuntivo

presente

que	eu	coma
que	tu	comas
que	ele	coma
que	nós	comamos
que	vós	comais
que	eles	comam

futuro

se	eu	comer
se	tu	comeres
se	ele	comer
se	nós	comermos
se	vós	comerdes
se	eles	comerem

imperfeito

que	eu	comesse
que	tu	comesses
que	ele	comesse
que	nós	comêssemos
que	vós	comêsseis
que	eles	comessem

infinitivo

impessoal

comer

pessoal

comer	eu
comeres	tu
comer	ele
comermos	nós
comerdes	vós
comerem	eles

condicional

eu	comeria
tu	comerias
ele	comeria
nós	comeríamos
vós	comeríeis
eles	comeriam

imperativo

come	tu
comei	vós

gerúndio
comendo

particípio passado
comido

3.ª conjugação – partir

indicativo	conjuntivo	condicional

presente

eu	parto	que	eu	parta
tu	partes	que	tu	partas
ele	parte	que	ele	parta
nós	partimos	que	nós	partamos
vós	partis	que	vós	partais
eles	partem	que	eles	partam

presente (conjuntivo)

presente (condicional)

eu	partiria
tu	partirias
ele	partiria
nós	partiríamos
vós	partiríeis
eles	partiriam

futuro (indicativo)

eu	partirei
tu	partirás
ele	partirá
nós	partiremos
vós	partireis
eles	partirão

futuro (conjuntivo)

se	eu	partir
se	tu	partires
se	ele	partir
se	nós	partirmos
se	vós	partirdes
se	eles	partirem

imperativo

parte	tu
parti	vós

pret. imperfeito

eu	partia
tu	partias
ele	partia
nós	partíamos
vós	partíeis
eles	partiam

imperfeito (conjuntivo)

que	eu	partisse
que	tu	partisses
que	ele	partisse
que	nós	partíssemos
que	vós	partísseis
que	eles	partissem

gerúndio
partindo

pret. perfeito

eu	parti
tu	partiste
ele	partiu
nós	partimos
vós	partistes
eles	partiram

infinitivo

impessoal
partir

participío passado
partido

pret. mais-que-perfeito

eu	partira
tu	partiras
ele	partira
nós	partíramos
vós	partíreis
eles	partiram

pessoal

partir	eu
partires	tu
partir	ele
partirmos	nós
partirdes	vós
partirem	eles

Tempos compostos – amar

indicativo	conjuntivo	infinitivo

indicativo

pret. perfeito

eu	tenho	amado
tu	tens	amado
ele	tem	amado
nós	temos	amado
vós	tendes	amado
eles	têm	amado

pret. mais-que-perfeito

eu	tinha	amado
tu	tinhas	amado
ele	tinha	amado
nós	tínhamos	amado
vós	tínheis	amado
eles	tinham	amado

futuro composto

eu	terei	amado
tu	terás	amado
ele	terá	amado
nós	teremos	amado
vós	tereis	amado
eles	terão	amado

conjuntivo

pret. perfeito

que	tenha	amado
que	tenhas	amado
que	tenha	amado
que	tenhamos	amado
que	tenhais	amado
que	tenham	amado

pret. mais-que-perfeito

que	tivesse	amado
que	tivesses	amado
que	tivesse	amado
que	tivéssemos	amado
que	tivésseis	amado
que	tivessem	amado

futuro composto

se	eu	tiver	amado
se	eu	tiveres	amado
se	eu	tiver	amado
se	eu	tivermos	amado
se	eu	tiverdes	amado
se	eu	tiverem	amado

infinitivo

impessoal

ter amado

pessoal

ter	eu	amado
teres	tu	amado
ter	ele	amado
termos	nós	amado
terdes	vós	amado
terem	eles	amado

condicional

eu	teria	amado
tu	terias	amado
ele	teria	amado
nós	teríamos	amado
vós	teríeis	amado
eles	teriam	amado

gerúndio

tendo amado

Nota: Os tempos compostos formam-se com o verbo auxiliar *ter* (ou *haver*) e o particípio passado do verbo principal.
Os pretéritos perfeitos formam-se com os presentes do verbo auxiliar.
Os pretéritos mais-que-perfeitos formam-se com os imperfeitos do verbo auxiliar.

Conjugação pronominal – comprar

indicativo	conjuntivo	condicional

presente

presente

eu   compro-**o**
tu   compra-**lo**
ele compra-**o**
nós compramo-**lo**
vós comprai-**lo**
eles compram-**no**

presente

que eu   **o** compre
que tu   **o** compres
que ele **o** compre
que nós **o** compremos
que vós **o** compreis
que eles **o** comprem

condicional

eu   comprá-**lo**-ia
tu   comprá-**lo**-ias
ele comprá-**lo**-ia
nós comprá-**lo**-íamos
vós comprá-**lo**-íeis
eles comprá-**lo**-iam

futuro

futuro

eu   comprá-**lo**-ei
tu   comprá-**lo**-ás
ele comprá-**lo**-á
nós comprá-**lo**-emos
vós comprá-**lo**-eis
eles comprá-**lo**-ão

futuro

se eu   **o** comprar
se tu   **o** comprares
se ele **o** comprar
se nós **o** comprarmos
se vós **o** comprardes
se eles **o** comprarem

imperativo

compra-**o** tu
comprai-**o** vós

pret. imperfeito

imperfeito

eu   comprava-**o**
tu   comprava-**lo**
ele comprava-**o**
nós comprávamo-**lo**
vós comprávei-**lo**
eles compravam-**no**

imperfeito

que eu   **o** comprasse
que tu   **o** comprasses
que ele **o** comprasse
que nós **o** comprássemos
que vós **o** comprásseis
que eles **o** comprassem

gerúndio

comprando-**o**

pret. perfeito

eu   comprei-**o**
tu   compraste-**o**
ele comprou-**o**
nós comprámo-**lo**
vós compraste-**lo**
eles compraram-**no**

infinitivo

impessoal

comprá-**lo**

particípio passado

—

pret. mais-que-perfeito

eu   comprara-**o**
tu   comprara-**lo**
ele comprara-**o**
nós compráramo-**lo**
vós comprárei-**lo**
eles compraram-**no**

pessoal

comprá-**lo**   eu
comprá-**lo**   tu
comprá-**lo**   ele
comprarmo-**lo** nós
comprarde-**lo** vós
comprarem-**lo** eles

Nota: Se a forma verbal terminar em **r**, **s** ou **z**, essas letras desaparecem, e os pronomes **o**, **a**, **os**, **as** tomam as formas **lo**, **la**, **los**, **las**. Se a forma verbal terminar em **m**, os pronomes **o**, **a**, **os**, **as** tomam as formas **no**, **na**, **nos**, **nas**.

Conjugação reflexa – lavar

indicativo	conjuntivo	condicional

presente

eu	lavo-**me**		que eu	**me** lave
tu	lavas-**te**		que tu	**te** laves
ele	lava-**se**		que ele	**se** lave
nós	lavamo-**nos**		que nós	**nos** lavemos
vós	lavais-**vos**		que vós	**vos** laveis
eles	lavam-**se**		que eles	**se** lavem

presente (conjuntivo)

condicional

eu	lavar-**me**-ia
tu	lavar-**te**-ias
ele	lavar-**se**-ia
nós	lavar-**nos**-íamos
vós	lavar-**vos**-íeis
eles	lavar-**se**-iam

futuro (indicativo)

eu	lavar-me-**ei**
tu	lavar-te-**ás**
ele	lavar-se-**á**
nós	lavar-nos-**emos**
vós	lavar-vos-**eis**
eles	lavar-se-**ão**

futuro (conjuntivo)

se	eu	**me** lavar
se	tu	**te** lavares
se	ele	**se** lavar
se	nós	**nos** lavarmos
se	vós	**vos** lavardes
se	eles	**se** lavarem

imperativo

lava-**te**	tu
lavai-**vos**	vós

pret. imperfeito (indicativo)

eu	lavava-**me**
tu	lavavas-**te**
ele	lavava-**se**
nós	lavávamo-**nos**
vós	laváveis-**vos**
eles	lavavam-**se**

imperfeito (conjuntivo)

que eu	**me**	lavasse
que tu	**te**	lavasses
que ele	**se**	lavasse
que nós	**nos**	lavássemos
que vós	**vos**	lavásseis
que eles	**se**	lavassem

pret. perfeito

eu	lavei-**me**
tu	lavaste-**te**
ele	lavou-**se**
nós	lavámo-**nos**
vós	lavastes-**vos**
eles	lavaram-**se**

infinitivo

gerúndio
lavando-**se**

impessoal
lavar-**se**

pret. mais-que-perfeito

eu	lavara-**me**
tu	lavaras-**te**
ele	lavara-**se**
nós	laváramo-**nos**
vós	laváreis-**vos**
eles	lavaram-**se**

particípio passado
—

pessoal

lavar-**me**	eu
lavares-**te**	tu
lavar-**se**	ele
lavarmo-**nos**	nós
lavardes-**vos**	vós
lavarem-**se**	eles

Verbos auxiliares – estar

indicativo

presente

eu	estou
tu	estás
ele	está
nós	estamos
vós	estais
eles	estão

futuro

eu	estarei
tu	estarás
ele	estará
nós	estaremos
vós	estareis
eles	estarão

pret. imperfeito

eu	estava
tu	estavas
ele	estava
nós	estávamos
vós	estáveis
eles	estavam

pret. perfeito

eu	estive
tu	estiveste
ele	esteve
nós	estivemos
vós	estivestes
eles	estiveram

pret. mais-que-perfeito

eu	estivera
tu	estiveras
ele	estivera
nós	estivéramos
vós	estivéreis
eles	estiveram

conjuntivo

presente

que	eu	esteja
que	tu	estejas
que	ele	esteja
que	nós	estejamos
que	vós	estejais
que	eles	estejam

futuro

se	eu	estiver
se	tu	estiveres
se	ele	estiver
se	nós	estivermos
se	vós	estiverdes
se	eles	estiverem

imperfeito

que	eu	estivesse
que	tu	estivesses
que	ele	estivesse
que	nós	estivéssemos
que	vós	estivésseis
que	eles	estivessem

infinitivo

impessoal

estar

pessoal

estar	eu
estares	tu
estar	ele
estarmos	nós
estardes	vós
estarem	eles

condicional

eu	estaria
tu	estarias
ele	estaria
nós	estaríamos
vós	estaríeis
eles	estariam

imperativo

está	tu
estai	vós

gerúndio

estando

particípio passado

estado

Verbos auxiliares – ser

indicativo

presente
eu	sou
tu	és
ele	é
nós	somos
vós	sois
eles	são

futuro
eu	serei
tu	serás
ele	será
nós	seremos
vós	sereis
eles	serão

pret. imperfeito
eu	era
tu	eras
ele	era
nós	éramos
vós	éreis
eles	eram

pret. perfeito
eu	fui
tu	foste
ele	foi
nós	fomos
vós	fostes
eles	foram

pret. mais-que-perfeito
eu	fora
tu	foras
ele	fora
nós	fôramos
vós	fôreis
eles	foram

conjuntivo

presente
que	eu	seja
que	tu	sejas
que	ele	seja
que	nós	sejamos
que	vós	sejais
que	eles	sejam

futuro
se	eu	for
se	tu	fores
se	ele	for
se	nós	formos
se	vós	fordes
se	eles	forem

imperfeito
que	eu	fosse
que	tu	fosses
que	ele	fosse
que	nós	fôssemos
que	vós	fôsseis
que	eles	fossem

infinitivo

impessoal
ser

pessoal
ser	eu
seres	tu
ser	ele
sermos	nós
serdes	vós
serem	eles

condicional
eu	seria
tu	serias
ele	seria
nós	seríamos
vós	seríeis
eles	seriam

imperativo
sê	tu
sede	vós

gerúndio
sendo

particípio passado
sido

Verbos auxiliares – ter

indicativo

presente

eu	tenho
tu	tens
ele	tem
nós	temos
vós	tendes
eles	têm

futuro

eu	terei
tu	terás
ele	terá
nós	teremos
vós	tereis
eles	terão

pret. imperfeito

eu	tinha
tu	tinhas
ele	tinha
nós	tínhamos
vós	tínheis
eles	tinham

pret. perfeito

eu	tive
tu	tiveste
ele	teve
nós	tivemos
vós	tivestes
eles	tiveram

pret. mais-que-perfeito

eu	tivera
tu	tiveras
ele	tivera
nós	tivéramos
vós	tivéreis
eles	tiveram

conjuntivo

presente

que	eu	tenha
que	tu	tenhas
que	ele	tenha
que	nós	tenhamos
que	vós	tenhais
que	eles	tenham

futuro

se	eu	tiver
se	tu	tiveres
se	ele	tiver
se	nós	tivermos
se	vós	tiverdes
se	eles	tiverem

imperfeito

que	eu	tivesse
que	tu	tivesses
que	ele	tivesse
que	nós	tivéssemos
que	vós	tivésseis
que	eles	tivessem

infinitivo

impessoal

ter

pessoal

ter	eu
teres	tu
ter	ele
termos	nós
terdes	vós
terem	eles

condicional

eu	teria
tu	terias
ele	teria
nós	teríamos
vós	teríeis
eles	teriam

imperativo

tem	tu
tendes	vós

gerúndio

tendo

particípio passado

tido

Verbos auxiliares – haver

indicativo

presente
eu hei
tu hás
ele há
nós havemos
vós haveis
eles hão

futuro
eu haverei
tu haverás
ele haverá
nós haveremos
vós havereis
eles haverão

pret. imperfeito
eu havia
tu havias
ele havia
nós havíamos
vós havíeis
eles haviam

pret. perfeito
eu houve
tu houveste
ele houve
nós houvemos
vós houvestes
eles houveram

pret. mais-que-perfeito
eu houvera
tu houveras
ele houvera
nós houvéramos
vós houvéreis
eles houveram

conjuntivo

presente
que eu haja
que tu hajas
que ele haja
que nós hajamos
que vós hajais
que eles hajam

futuro
se eu houver
se tu houveres
se ele houver
se nós houvermos
se vós houverdes
se eles houverem

imperfeito
que eu houvesse
que tu houvesses
que ele houvesse
que nós houvéssemos
que vós houvésseis
que eles houvessem

infinitivo

impessoal
haver

pessoal
haver eu
haveres tu
haver ele
havermos nós
haverdes vós
haverem eles

condicional

eu haveria
tu haverias
ele haveria
nós haveríamos
vós haveríeis
eles haveriam

imperativo

há tu
havei vós

gerúndio
havendo

particípio passado
havido

Verbos irregulares – modo indicativo

caber

presente		futuro		pret. imperfeito		pret. perfeito	
eu	caibo	eu	caberei	eu	cabia	eu	coube
tu	cabes	tu	caberás	tu	cabias	tu	coubeste
ele	cabe	ele	caberá	ele	cabia	ele	coube
nós	cabemos	nós	caberemos	nós	cabíamos	nós	coubemos
vós	cabeis	vós	cabereis	vós	cabíeis	vós	coubestes
eles	cabem	eles	caberão	eles	cabiam	eles	couberam

cobrir

presente		futuro		pret. imperfeito		pret. perfeito	
eu	cubro	eu	cobrirei	eu	cobria	eu	cobri
tu	cobres	tu	cobrirás	tu	cobrias	tu	cobriste
ele	cobre	ele	cobrirá	ele	cobria	ele	cobriu
nós	cobrimos	nós	cobriremos	nós	cobríamos	nós	cobrimos
vós	cobris	vós	cobrireis	vós	cobríeis	vós	cobristes
eles	cobrem	eles	cobrirão	eles	cobriam	eles	cobriram

crer

presente		futuro		pret. imperfeito		pret. perfeito	
eu	creio	eu	crerei	eu	cria	eu	cri
tu	crês	tu	crerás	tu	crias	tu	creste
ele	crê	ele	crerá	ele	cria	ele	creu
nós	cremos	nós	creremos	nós	críamos	nós	cremos
vós	credes	vós	crereis	vós	críeis	vós	crestes
eles	creem	eles	crerão	eles	criam	eles	creram

despir

presente		futuro		pret. imperfeito		pret. perfeito	
eu	dispo	eu	despirei	eu	despia	eu	despi
tu	despes	tu	despirás	tu	despias	tu	despiste
ele	despe	ele	despirá	ele	despia	ele	despiu
nós	despimos	nós	despiremos	nós	despíamos	nós	despimos
vós	despis	vós	despireis	vós	despíeis	vós	despistes
eles	despem	eles	despirão	eles	despiam	eles	despiram

dizer

presente		futuro		pret. imperfeito		pret. perfeito	
eu	digo	eu	direi	eu	dizia	eu	disse
tu	dizes	tu	dirás	tu	dizias	tu	disseste
ele	diz	ele	dirá	ele	dizia	ele	disse
nós	dizemos	nós	diremos	nós	dizíamos	nós	dissemos
vós	dizeis	vós	direis	vós	dizíeis	vós	dissestes
eles	dizem	eles	dirão	eles	diziam	eles	disseram

fazer

presente

eu	faço
tu	fazes
ele	faz
nós	fazemos
vós	fazeis
eles	fazem

futuro

eu	farei
tu	farás
ele	fará
nós	faremos
vós	fareis
eles	farão

pret. imperfeito

eu	fazia
tu	fazias
ele	fazia
nós	fazíamos
vós	fazíeis
eles	faziam

pret. perfeito

eu	fiz
tu	fizeste
ele	fez
nós	fizemos
vós	fizestes
eles	fizeram

fugir

presente

eu	fujo
tu	foges
ele	foge
nós	fugimos
vós	fugis
eles	fogem

futuro

eu	fugirei
tu	fugirás
ele	fugirá
nós	fugiremos
vós	fugireis
eles	fugirão

pret. imperfeito

eu	fugia
tu	fugias
ele	fugia
nós	fugíamos
vós	fugíeis
eles	fugiam

pret. perfeito

eu	fugi
tu	fugiste
ele	fugiu
nós	fugimos
vós	fugistes
eles	fugiram

ir

presente

eu	vou
tu	vais
ele	vai
nós	vamos
vós	ides
eles	vão

futuro

eu	irei
tu	irás
ele	irá
nós	iremos
vós	ireis
eles	irão

pret. imperfeito

eu	ia
tu	ias
ele	ia
nós	íamos
vós	íeis
eles	iam

pret. perfeito

eu	fui
tu	foste
ele	foi
nós	fomos
vós	fostes
eles	foram

medir

presente

eu	meço
tu	medes
ele	mede
nós	medimos
vós	medis
eles	medem

futuro

eu	medirei
tu	medirás
ele	medirá
nós	mediremos
vós	medireis
eles	medirão

pret. imperfeito

eu	media
tu	medias
ele	media
nós	medíamos
vós	medíeis
eles	mediam

pret. perfeito

eu	medi
tu	mediste
ele	mediu
nós	medimos
vós	medistes
eles	mediram

mentir

presente

eu	minto
tu	mentes
ele	mente
nós	mentimos
vós	mentis
eles	mentem

futuro

eu	mentirei
tu	mentirás
ele	mentirá
nós	mentiremos
vós	mentireis
eles	mentirão

pret. imperfeito

eu	mentia
tu	mentias
ele	mentia
nós	mentíamos
vós	mentíeis
eles	mentiam

pret. perfeito

eu	menti
tu	mentiste
ele	mentiu
nós	mentimos
vós	mentistes
eles	mentiram

ouvir

presente	futuro	pret. imperfeito	pret. perfeito
eu ouço	eu ouvirei	eu ouvia	eu ouvi
tu ouves	tu ouvirás	tu ouvias	tu ouviste
ele ouve	ele ouvirá	ele ouvia	ele ouviu
nós ouvimos	nós ouviremos	nós ouvíamos	nós ouvimos
vós ouvis	vós ouvireis	vós ouvíeis	vós ouvistes
eles ouvem	eles ouvirão	eles ouviam	eles ouviram

pedir

presente	futuro	pret. imperfeito	pret. perfeito
eu peço	eu pedirei	eu pedia	eu pedi
tu pedes	tu pedirás	tu pedias	tu pediste
ele pede	ele pedirá	ele pedia	ele pediu
nós pedimos	nós pediremos	nós pedíamos	nós pedimos
vós pedis	vós pedireis	vós pedíeis	vós pedistes
eles pedem	eles pedirão	eles pediam	eles pediram

perder

presente	futuro	pret. imperfeito	pret. perfeito
eu perco	eu perderei	eu perdia	eu perdi
tu perdes	tu perderás	tu perdias	tu perdeste
ele perde	ele perderá	ele perdia	ele perdeu
nós perdemos	nós perderemos	nós perdíamos	nós perdemos
vós perdeis	vós perdereis	vós perdíeis	vós perdestes
eles perdem	eles perderão	eles perdiam	eles perderam

pôr

presente	futuro	pret. imperfeito	pret. perfeito
eu ponho	eu porei	eu punha	eu pus
tu pões	tu porás	tu punhas	tu puseste
ele põe	ele porá	ele punha	ele pôs
nós pomos	nós poremos	nós púnhamos	nós pusemos
vós pondes	vós poreis	vós púnheis	vós pusestes
eles põem	eles porão	eles punham	eles puseram

saber

presente	futuro	pret. imperfeito	pret. perfeito
eu sei	eu saberei	eu sabia	eu soube
tu sabes	tu saberás	tu sabias	tu soubeste
ele sabe	ele saberá	ele sabia	ele soube
nós sabemos	nós saberemos	nós sabíamos	nós soubemos
vós sabeis	vós sabereis	vós sabíeis	vós soubestes
eles sabem	eles saberão	eles sabiam	eles souberam

seguir
presente
eu	sigo
tu	segues
ele	segue
nós	seguimos
vós	seguis
eles	seguem

futuro
eu	seguirei
tu	seguirás
ele	seguirá
nós	seguiremos
vós	seguireis
eles	seguirão

pret. imperfeito
eu	seguia
tu	seguias
ele	seguia
nós	seguíamos
vós	seguíeis
eles	seguiam

pret. perfeito
eu	segui
tu	seguiste
ele	seguiu
nós	seguimos
vós	seguistes
eles	seguiram

trazer
presente
eu	trago
tu	trazes
ele	traz
nós	trazemos
vós	trazeis
eles	trazem

futuro
eu	trarei
tu	trarás
ele	trará
nós	traremos
vós	trareis
eles	trarão

pret. imperfeito
eu	trazia
tu	trazias
ele	trazia
nós	trazíamos
vós	trazíeis
eles	traziam

pret. perfeito
eu	trouxe
tu	trouxeste
ele	trouxe
nós	trouxemos
vós	trouxestes
eles	trouxeram

valer
presente
eu	valho
tu	vales
ele	vale
nós	valemos
vós	valeis
eles	valem

futuro
eu	valerei
tu	valerás
ele	valerá
nós	valeremos
vós	valereis
eles	valerão

pret. imperfeito
eu	valia
tu	valias
ele	valia
nós	valíamos
vós	valíeis
eles	valiam

pret. perfeito
eu	vali
tu	valeste
ele	valeu
nós	valemos
vós	valestes
eles	valeram

ver
presente
eu	vejo
tu	vês
ele	vê
nós	vemos
vós	vedes
eles	veem

futuro
eu	verei
tu	verás
ele	verá
nós	veremos
vós	vereis
eles	verão

pret. imperfeito
eu	via
tu	vias
ele	via
nós	víamos
vós	víeis
eles	viam

pret. perfeito
eu	vi
tu	viste
ele	viu
nós	vimos
vós	vistes
eles	viram

vir
presente
eu	venho
tu	vens
ele	vem
nós	vimos
vós	vindes
eles	vêm

futuro
eu	virei
tu	virás
ele	virá
nós	viremos
vós	vireis
eles	virão

pret. imperfeito
eu	vinha
tu	vinhas
ele	vinha
nós	vínhamos
vós	vínheis
eles	vinham

pret. perfeito
eu	vim
tu	vieste
ele	veio
nós	viemos
vós	viestes
eles	vieram

Guia de

palavra a definir

maravilha (ma.ra.vi.lha) *n.f.* **1** aquilo que provoca admiração **2** beleza; perfeição; **às mil maravilhas:** muito bem; perfeitamente

classificação gramatical

maravilhado (ma.ra.vi.lha.do) *adj.* **1** admirado **2** encantado

maravilhar (ma.ra.vi.lhar) *v.* **1** causar admiração; espantar **2** ficar encantado; admirar-se (maravilhar-se com)

definição

maravilhoso (ma.ra.vi.lho.so) *adj.* **1** admirável; magnífico **2** fantástico; sobrenatural

marca (mar.ca) *n.f.* **1** sinal que se faz numa coisa para a distinguir de outra; distintivo **2** nome registado de um produto; etiqueta **3** traço deixado por algo ou alguém; rasto; **passar das marcas:** passar dos limites; exceder-se

diferentes sentidos da palavra

divisão silábica

marcação (mar.ca.ção) *n.f.* **1** colocação de um sinal; sinalização **2** reserva de bilhetes ou lugares (em restaurante, cinema, etc.) **3** fixação da data para (uma consulta, um compromisso)

diferentes categorias gramaticais

marciano (mar.ci.a.no) *adj.* relativo ao planeta Marte ♦ *n.m.* suposto habitante de Marte

marco (mar.co) *n.m.* **1** sinal que ser para demarcar; baliza **2** facto importante; **marco do correio:** caixa, geralmente de forma cilíndrica, com uma ranhura, onde se deposita a correspondência

expressão

sinónimo

mata (ma.ta) *n.f.* conjunto denso de árvores que cobrem uma vasta extensão de terreno SIN. floresta

matabichar (ma.ta.bi.char) *v.* (Ang., Moç., STP) tomar o pequeno-almoço

indicação geográfica

matabicho (ma.ta.bi.cho) *n.m.* (Ang., Moç., STP) pequeno-almoço